初學記

〔唐〕徐　堅等著

上册

中華書局

圖書在版編目(CIP)數據

初學記/(唐)徐堅等著. —北京:中華書局,1962.1
(2024.11 重印)
ISBN 978-7-101-04159-0

Ⅰ.初… Ⅱ.徐… Ⅲ.百科全書-中國-唐代
Ⅳ.Z221

中國版本圖書館 CIP 數據核字(2003)第 114203 號

責任美編:周 玉
責任印製:陳麗娜

初 學 記
(全二册)
〔唐〕徐 堅等 撰
*
中 華 書 局 出 版 發 行
(北京市豐臺區太平橋西里 38 號 100073)
http://www.zhbc.com.cn
E-mail:zhbc@zhbc.com.cn
三河市鑫金馬印裝有限公司印刷
*
850×1168 毫米 1/32 · 30⅛印張 · 4 插頁 · 627 千字
1962 年 1 月第 1 版 2004 年 2 月第 2 版
2024 年 11 月第 11 次印刷
印數:31501-32200 册 定價:136.00 元

ISBN 978-7-101-04159-0

點校說明

初學記三十卷，唐徐堅等撰，是玄宗時官修的類書。全書共分二十三部，三百一十三個子目。其體例先爲「敍事」，次爲「事對」，最後是詩文，與一般類書略有不同。四庫提要認爲它「敍事雖雜取羣書，而次第若相連屬」，「在唐人類書中，博不及藝文類聚，而精則勝之，若北堂書鈔及六帖，則出此書之下遠矣」。

唐初承六朝餘緒，駢文還很盛行，文章講究詞藻典故。本書的編纂原爲便於玄宗諸皇子作文時檢查事類，故名初學記。大唐新語九云：

玄宗謂張說曰：「兒子等欲學綴文，須檢事及看文體。御覽之輩，部帙既大，尋討稍難。卿與諸學士撰集要事並要文，以類相從。務取省便，令兒子等易見成就也。」說與徐堅、韋述等編此進上，以初學記爲名。

這段話對於本書的編纂、命名，以及何以比一般的類書簡括，都作了具體說明。

本書雖不是學術著作，却不失爲一部有用的書。它的作用約有兩途。一個是保存了失傳的古書的片段，其中有不少可供我們利用的資料。如唐初魏王李泰等修撰的括地志，是一部五百多卷的地理書，原著早已不存，其序略僅見於初學記卷八總序州郡第一（一六五——一六六頁）。由此可以窺見貞觀閒政區的劃分和州縣的數目。淸人孫星衍就根據這個輪廓輯成括地志八卷。又卷二十七絹第九引晉故事：「凡民丁課田，夫五十畝，收租四斛。絹三疋，綿三斤。凡屬諸侯，皆減穀畝一斗，計所減以增諸侯。絹戶一疋，以其絹爲諸侯秩；又分民租戶斛，以爲侯奉。其餘租及舊調絹二戶三疋、綿三斤，輸爲公賦，九品相通，皆輸於官，自如舊制。」（六五七——六五八頁）這一段爲研究西晉田賦制度的重要史料，常被歷史研究者引用。這個記載，在晉書食貨志裏是沒有的，晉故事原書也久佚，幸而被本書摭引，賴以流傳至今。

另一個作用，是可以用來校正今本古書的一些譌誤。如春秋公羊傳僖公十六年「是月，六鷁退飛，過宋都。……是月者何？僅逮是月也」，何休注「是月邊也。魯人語。在正月之幾盡，故曰劣及是月也」。本書卷四月晦第四引傳文及注，「是月」皆作「提月」，注文「正月」作「是月」（六六頁）。據沈濤的考證，傳文「今本作是，乃後人據二傳改。張說季春下旬宴上池序『尾暮春之提日』，提日當作提月，正用傳文。注中正月，亦當依初學記作是月。凡月之幾盡，皆謂之提月，不必正月也。……此唐本之所以可貴也」（銅熨斗齋隨筆二提月條）。又史記秦始皇本紀，始皇三十六年「有人持璧遮使者曰『爲吾遺滈池君』，因言曰『今年祖龍死』」，本書卷五華山第五引史記「今年」作「明年」（一〇〇頁）。依閻若璩（潛邱劄記二）、梁玉繩（史記志疑五）、孫志祖（讀書脞錄三史記誤字條）諸家之說，作「明年」者是，因爲始皇之死在三十七年，不在當年。搜神記、文選潘岳西征賦注都與初學記所引合。

本書雖有上述的用處，但錯誤還是不少的。程瑤田研究古磬的「磬折倨句」之法，見初學記卷十六磬第六引三禮圖有云「股廣三寸，長尺三寸半」（三九八頁）。他反復證驗，求所謂「尺三寸半」者，終不可得。後來校錄周禮考工記磬氏的一段，發現鄭玄注有這樣的說法，才知道三禮圖是根據鄭注。可是初學記譌「鼓廣」爲「股廣」，一字之差，竟把人引入迷途。最後程氏慨然說道「如逞慧辯，幾爲初學記今本所誤。今雖據鄭注改正，然不可不錄以曉人。亦因以知考覈之難，初非可以輕心掉之也」（通藝錄樂器三事能言磬氏爲磬圖說）。類此的情形並不在少數，這不過是舉一例以概其餘。可見我們在使用這部書的時候，還要多方面地比較，仔細地甄別，不能够採取輕信的態度。

初學記現存最早的本子是明嘉靖十年（一五一三）安國的桂坡館刻本。據說安氏曾得到一個殘宋本，缺卷七、十、二十一至二十五及卷三十的下半，共缺七卷半。先用銅活字排印，缺卷一仍其舊。後來又請人把缺卷補齊，另行鏤板。後人找不到更早的本子，又震於安刻的大名，多據此本翻刻。於是活字殘本就不大被人注意，因而流傳也很少。安氏所據的殘宋本是否眞宋刻，還是個疑問，因爲後來各藏書家從沒見過宋本。缺卷是依照什麼本子補的，也不得而知。王昶另藏有一部舊刻，孫星衍曾借來給嚴可均看，嚴氏認爲是宋本，他用這個本子與徐守銘寧壽堂刻本（覆刻安本）通校一遍，以朱筆把異文注在徐本的行間。嚴校的原本下落不明，而臨本却有好幾部，我們所見的有胡景瀾、傅增湘和周由廑的三種。王昶藏本後歸陸心源，陸氏又與安刻系統的本子重校一遍，寫成校勘記八卷，刻入羣書校補。陸云該本實爲元刻，可是他在校勘記裏仍用「宋本」舊稱。比較通行的是清朝古香齋袖珍本，這個本子何所根據，並未説明。天禄琳琅續編有宋本初學記，後來在故宫藏書中發現了這部書，經鑑別仍是安刻，並非宋槧。可能此即古香齋本的底本。但古香齋本與安刻字句不盡相同，或在刻板之前作過一些校改。

據我們的比較，古香齋本的錯誤要少些，因此就採用它作底本。安本值得參考之處及嚴、陸校録的異文，合列爲校勘表，附印每卷之末。嚴、陸所據本，姑仍「宋本」的舊稱。表内「嚴陸校」一欄標明〔嚴〕〔陸〕者，是某一家獨有的，兩家同的不注。底本明顯的錯字逕作改正，不再入表。第二十五卷以後，有幾段嚴、陸所見本與安刻及古香齋本絶異，無法列表，我們另外排印，附在各該卷校勘表之後，首尾注明接某頁某行，以便參讀。

司義祖　一九六二年八月

現據一九六二年一月版重印，改正了若干錯誤。並由許逸民同志編製了本書的事對和引書索引，另行出版，以便讀者查閱。

中華書局編輯部　一九七九年三月

初學記序

聖人在上而經制明。聖人在下而述作備。經制之明。述作之備。皆本於天地之道。聖人體天地之道。成天地之文。出道以爲文。因文以駕道。達而在上。舉而措之。其見於刑〔校注　嚴云宋本刑作形形名度數猶言名物象數作刑者誤改〕名度數之間者。禮樂之文。所以明經制也。窮而在下。卷而懷之。其藏於編籍簡册之間者。詩書之文。所以備述作也。禮樂之文。炳若丹青。詩書之文。潤於金石。非吾聖人直爲是炳炳琅琅者以誇耀於千萬世之人也。由是以載其道。而濟千萬世之人者也。傳曰經天緯地之謂文。聖人措斯文於禮樂。以化成於天下者。莫若乎文王。故曰周監於二代。郁郁乎文哉。乃若文王。則可謂之文也已矣。聖人藏斯文於詩書。以化成於後世者。宜莫若乎孔子。故曰天之未喪斯文也。乃若孔子。則可謂之文也已矣。禮樂之文。隨世而存亡。不見其大全。惟是詩書垂世。煥乎其可觀者。皆貫道之器。非特雕章繢句以治聾俗之耳目者也。學者不問古人之文爲貫道之器。誦其詩。讀其書。往往獵取其新奇壯麗。以駕其道聽塗說。入乎耳。出乎口者。發爲一切之文。自許高風逸氣。可以跨越乎古今。峻峯激流。可以咣〔校注　嚴云宋本咣作戠〕駭乎觀聽。謂天地造化之工。皆在其筆端。而聖人之用心處。爲盡在此矣。所謂郁郁之文。可以明經制。未喪斯文。可以備述作。當年天下。異時來世。所賴以濟者。未嘗過而問焉。可勝。惜哉。嘗謂人生而不學。與無生同。學而不能文。與不學同。能文而不載乎道。與無文同。文之不可以已也如此。是以近世有摘六經諸子百家之言而記之。凡三十卷。開卷而上下千數百年之事。皆在其目前。可用以駢四偶六。協律諧呂。爲今人之文。以載古人之〔校注　嚴云文以載古人之六字宋本無。〕道。眞學者之初基也。愚願學者撫此以成文。因文以貫道。祈至於文王孔子之用心處而後止。毋爲獵取其新奇壯麗之語。雕章繢句。以治聾俗之耳目焉。乃善學者也。時紹興四年歲次甲寅正月上元日。右修職郎建陽縣丞〔校注　嚴云右修職郎以下八字宋本無。〕福唐劉本序。

初學記目錄

第一卷

天部上

第二卷

天部下

第三卷

歲時部上

第四卷

歲時部下

第五卷

地部上

第六卷

地部中

第七卷

地部下

第八卷

州郡部

第九卷

帝王部

第十卷

中宮部

儲宮部

帝戚部

第十一卷

職官部上

第十二卷

職官部下

第十三卷

禮部上

第十四卷

禮部下

第十五卷

樂部上

第二十二卷

武部

第二十三卷

道釋部

第二十四卷

居處部

第二十五卷

器物部

第二十六卷

器物部

第二十七卷

寶器部 花草附

第二十八卷

果木部

第二十九卷

獸部

第三十卷

鳥部　鱗介部　蟲部

初學記卷第一

光祿大夫行右散騎常侍集賢院學士副知院事東海郡開國公徐堅等奉敕撰

天部上

天第一　日第二　月第三　星第四　雲第五　風第六　雷第七

天第一

〔敍事〕　河圖括地象云。易有太極。是生兩儀。兩儀未分。其氣混沌。清濁既分。伏者爲天。偃者爲地。釋名云。天坦也。坦然高而遠也。物理論云。水土之氣。升爲天。爾雅云。春爲蒼天。夏爲昊天。秋爲旻天。冬爲上天。廣雅云。南方曰炎天。西南方曰朱天。西方曰成天。西北方曰幽天。北方曰玄天。東北方曰變天。九天亦名九野。九天之際曰九垠。魚勤反。堮也。九天之外次曰九陔。居核反。陔。階也。言其階次有九。凡天去地二億一萬六千七百八十一里半。度地之厚與天高等。天南北相去二億三萬三千五十七里二十五步。東西短減四步。纂要云。東西南北曰四方。四方之隅曰四維。天地四方曰六合。天地曰二儀。以人參之曰三才。四方上下謂之宇。往古來今謂之宙。或謂天地爲宇宙。凡天地元氣之所生。天謂之乾。地謂之坤。天圓而色玄。地方而色黃。日月謂之兩曜。五星謂之五緯。五星者。東方歲。南方熒惑。西方大白。北方辰。中央鎮。日月星謂之三辰。亦曰三光。日月五星謂之七曜。天河謂之天漢。亦曰雲漢。星漢。河漢。清漢。銀漢。天津。漢津。淺河。銀河。絳河。五經通義云。天神之大者曰昊天上帝。即耀魄寶也。亦曰天皇大帝。亦曰太一。其佐曰五帝。東方青帝靈威仰。南方赤帝赤熛怒。西方白帝白招拒。北方黑帝叶光紀。中央黃帝含樞紐。

〔**事對**〕

轉蓋 **倚杵** 桓譚新論。天如蓋轉。左旋。日月星辰隨而東西。河圖挺佐輔曰。百世之後。地高天下。如此千歲之後。而天可倚杵。洶洶莫知始終。

覆盆 **轉轂** 王充論衡曰。天平與地無異。若覆盆之狀。渾天儀曰。二十八宿半隱半見。天轉如車轂之運。

象蓋 **如笠** 劉氏正曆問曰。顓頊造渾天儀。黃帝爲蓋天。以天象蓋。虞昺窮天論曰。天形如笠而冒地之表。

玉儀 **銅渾** 尚書考靈曜曰。觀玉儀之旋。昏明主時。鄭注曰。以玉爲渾儀。故曰玉儀。漢名臣奏曰。今史官所用候臺銅儀。則混天法也。述征記曰。長安南有靈臺。上有銅渾天儀。

設位 **垂象** 易曰。天地設位。而易行于其中。又曰。天垂象。見吉凶。聖人象之。

高明 **貞觀** 禮記曰。天地之道。博也。厚也。高也。明也。悠也。久也。鄭注曰。此言其善見功成。易曰。天地之道。貞觀者也。日月之道。貞明者也。

三體 **六氣** 蔡邕天文志言。天體者三。一曰周髀。二曰宣夜。三曰渾天。左傳曰。天有六氣。降生五味。杜預注曰。六氣者。陰陽風雨晦明。

四極 **九野** 淮南子曰。昔者女媧氏煉五色石以補蒼天。斷鼇足以立四極。高誘注曰。鼇。大龜也。天廢傾。以鼇足柱之。九野見上。

九重 **八柱** 楚詞曰。圜則九重。孰營度之。王逸注曰。言天圓而九重。誰營度而知之。又八柱何當。東南何虧。注曰。言天有八山爲柱也。

折柱 **絕維** 列子曰。共工氏與顓頊爭爲帝。怒觸不周山。折天柱。絕地維。天傾西北。日月星辰就焉。地缺東南。百川水潦歸焉。宋玉大言賦曰。壯士歘兮絕天維。北斗戾兮太山夷。

雨粟 **降秬** 周書曰。神農之時。天雨粟。農耕而種之。孫氏瑞應圖曰。舜時后稷播植。天降秬秠。故詩曰。天降嘉種。惟秬惟秠。

降麰 **下穀** 漢書曰。來麰大麥也。始自天降。以致和。復天助也。孔叢子曰。魏王問子順曰。寡人聞昔者上天神異后稷。而爲之下嘉穀。周遂以興。

杞國憂 **秦密答** 列子曰。杞國昔有人憂天崩墜。身無所寄。廢於寢食。又有憂彼憂者。曉之曰。天積氣耳。奈何而崩墜乎。其人曰。天果積氣。日月星宿不當墜也。曉者曰。日月是氣中之有光耀者。正復使墜。亦不能有傷。蜀志曰。吳使張溫來聘。溫問秦密曰。天有頭乎。密曰。有之。溫曰。在何方。密曰。詩云。乃睠西顧。以此推之。頭在西方。溫曰。天有耳乎。密曰。天處高而聽卑。詩云。鶴鳴九皐。聲聞于天。若其無耳。何以聽之。溫曰。天有足乎。密曰。詩云。天步艱難。若其無足。何以步之。溫曰。天有姓乎。密曰。姓劉。曰。何以知之。密曰。其子姓劉。以此知之。**命虞** **啓魏** 史記曰。叔虞母夢天謂武王曰。余命汝生子名虞。余與之虞。及生子。有文在手曰虞。遂因命之。左傳。晉侯賜畢萬魏。卜偃曰。畢萬之後必大。萬盈數也。魏大名也。以是始賞。天啟之矣。**授楚** **錫秦** 左傳曰。公孫歸父會楚子於宋。宋人告急於晉。晉侯欲救之。伯宗曰。不可。天方授楚。未可與爭。雖晉之強。能違天乎。張衡西京賦曰。昔者天帝說秦穆公而覲之。乃爲金冊錫用此土。而翦諸鶉首。以上直截天。**油雲** **膏雨** 孟子曰。油然作雲。霈然下雨。左傳。小國之仰大國也。如百穀之仰膏雨。**榆星** **桂月** 古樂府詩曰。天上何所有。歷歷種白榆。虞喜安天論曰。俗傳月中仙人桂樹。今視其初生。見仙人之足。漸已成形。桂樹後生。**璧月** **珠露** 尙書中候曰。天地開闢。甲子冬至。日月若懸璧。五星若編珠。李顒感興賦曰。風觸波而文結兮。露霑丹而珠凝。**紫電** **文虹** 曹毗霖雨詩曰。洪霖彌旬日。翳翳四區昏。紫電光飛騞。迅雷終天奔。傅玄陽春賦曰。習習谷風。洋洋綠泉。丹霞播景。文虹竟天。**繒雲** **絲雨** 易通卦驗曰。立秋。燭陰雲出如赤繒。張協詩曰。金風扇景節。丹霞啟陰期。騰雲似漏網。密雨如散絲。**風駟** **雲車** 仲長統詩曰。春雲爲馬。秋風爲駟。按之不遲。勞之不疾。魏武帝古樂府詩曰。願得神之人。乘駕雲車。驂白鹿。上到天之門。來賜神之藥。**錦雲** **縠霧** 成公綏雲賦曰。或黼文錦章。依微要妙。宋玉神女賦曰。動霧縠以徐步。拂珮聲之珊珊。**文露** **光風** 春秋佐助期曰。武露布。文露沉。宋均注曰。甘露見其國。布散者人尙武。文采者則甘露凝重。楚詞曰。川谷徑復流潺湲。光風轉蕙汎崇蘭。王逸注曰。謂雨已出日而風。草木有光也。**祥風** **甘雨** 尙書大傳曰。德及皇天。則祥風起。括地圖曰。谷山有叢雲甘雨。**翠雲　紫蜺**　馮衍明志賦曰。駟素虯而馳騁兮。垂翠雲而相羊。揚雄大玄經曰。紫蜺圍日。其疾不割。**姮娥月　少女風**　淮南子曰。羿請不死之藥於西王母。羿妻姮娥竊之奔月。託身於月。是爲蟾蠩。而爲月精。管公明別傳曰。公明在清河。于時大旱。問何時雨。言今夜當大雨。至日向暮。了無雲氣。衆人並譏嗤公明。公明言。樹上已有少女微風。樹間陰鳥和鳴。若少女反風。陰鳥亂翔。其應至矣。須臾玄雲四集。大雨注傾。**白鶴雲　黃雀風**　易通卦驗曰。立春青陽雲出房。如積水。春分正陽雲出張。如白鶴。周處風土記曰。五月大雨。名爲濯枝。五月風發。六日乃止。黃雀風。是時海魚變爲黃雀。因以名之。以上總載天。

〔**賦**〕**晉成公綏天地賦**　天地至神。難以一言定其稱。故體而言之。則曰兩儀。性而言之。則曰柔剛。色而言之。則曰玄黃。名而言之。則曰天地。若乃玄象成文。列宿有章。三辰燭曜。五緯重光。衆星遷而環極。招搖運而指方。白虎時據於參昴。青龍垂尾於心房。玄龜匿首於女虛。朱鳥奮翼於軫張。垣屏絡繹而珠連。三台差池而鴈行。軒轅華布而曲列。攝提鼎峙而相望。

〔**詩**〕**晉傅玄兩儀詩**　兩儀始分元氣淸。列宿垂象六位成。日月西流景東征。悠悠萬物殊品名。聖人憂代念羣生。**又歌天詩**　天行一何健。日月無高蹤。百川皆赴海。三辰回泰蒙。**梁劉孝綽三光篇**　三光垂表象。天地有晷度。聲和善響應。形立景自附。素日抱玄鳥。明月懷靈兎。**陳張正見賦得秋河曙耿耿詩**　耿耿長河曙。濫濫宿雲浮。天路橫秋水。星衡轉夜流。月下姮娥落。風驚織女秋。德星猶可見。仙槎不復留。**宋之問明河篇**　八月涼風天氣晶。萬里無雲河漢明。昏見南樓清且淺。曉落西山縱復橫。洛陽城闕天中起。長河夜夜千門裏。複道連甍共蔽虧。畫堂瓊戶特相宜。雲母屏前初汎濫。水精簾外轉逶迤。倬彼昭回如練白。復出東城接南陌。南陌征人去不歸。誰知今夜擣寒衣。鴛鴦綺上踈螢度。烏鵲橋邊一鴈飛。鴈飛螢度愁難歇。坐見河傾漸微沒。已能舒卷任浮雲。不惜光輝讓明月。明河可望不可親。願得乘槎一問津。更將織女支機石。還訪成都賣卜人。

〔**讚**〕**郭璞釋天地圖讚**　祭地肆瘞。郊天致煙。氣升太一。精淪九泉。至敬不文。明德惟鮮。宋何承天天讚。軒轅改物。以經天人。容成造歷。大撓創辰。龍集有次。星紀乃分。

日第二

［敍事］說文云。日者實也。太陽之精。字從○一。象形也。又君象也。淮南子云。日出於暘谷。浴於咸池。拂於扶桑。是謂晨明。登於扶桑之上。扶桑東方之野 爰始將行。是謂朏明。朏斐 明 朏明將明也 至于曲阿。曲阿山名 是謂朝明。臨于曾泉。曾重也早食時在東方多水之地故曰曾泉 是謂早食。次于桑野。是謂晏食。臻于衡陽。是謂禺中。對于昆吾。昆吾邱在南方 是謂正中。靡于鳥次。鳥次西南方之山名 是謂小還。至于悲谷。悲谷西南方之大壑 是謂餔時。迴于女紀。女紀西方陰也 是謂大還。經于泉隅。是謂高舂。言尚未冥上蒙先舂曰高舂。 頓于連爛石。是謂下舂。連石西北山名言將欲冥下蒙悉舂故曰下舂 爰止羲和。爰息六螭。是謂懸車。日乘車駕以六龍。羲和御之。日至此而薄於虞泉。羲和至此而迴六螭 薄於虞泉。是謂黃昏。淪于蒙谷。是謂定昏。日入崦淹嵫音茲亦曰落棠山 經於細柳。細柳西方之野 入虞泉之池。曙於蒙谷之浦。蒙谷濛汜之水。日西垂景在樹端。謂之桑榆。言其光在桑榆樹上。巳上並淮南子文。又爾雅云。東至日所出為泰平。西至日所入為泰蒙。 廣雅云。日名耀靈。一名朱明。一名東君。一名大明。亦名陽烏。日御曰羲和。山海經曰。東南海之外。甘泉之間。有羲和國。有女子曰羲和。為帝俊之妻。是生十日。常浴日於甘泉。郭璞注。羲和能生日也。故曰為羲和之子。堯因是立羲和之官。以主四時。纂要云。日光曰景。星月之光。通謂之景。 日影曰晷。日氣曰晛。乃見反詩曰見晛曰消毛傳云晛日氣也。日初出曰旭。日昕曰晞。大明曰昕詩曰匪陽不晞。晞乾也。言日昕乾濕物也。日溫曰煦。在午曰亭午。在未曰昳。日晚曰旰。日將落曰薄暮。日西落。光反照於東。謂之反景。景在上曰反

景。在下曰倒景。日有愛日畏日。愛冬日也。畏夏日也。左傳曰。冬日可愛。夏日可畏。遲日遲春日也。詩曰。春日遲遲。〔事對〕

麗天　出地易曰。日月麗乎天。百穀草木麗乎地。文子曰。日出於地。萬物蕃息。合璧　連珠漢書曰。太初曆。晦朔弦望皆最密。日月如合璧。淮南子曰。若木在建木西。末有十日。其華照地。高誘注曰。末端也。若木端有十日。狀如連珠。華光照其下地。兩珥　重輪雜兵書曰。日冠者如半暈也。法當在日上。有冠文有兩珥者尤吉。管子曰。盛魄重輪。六合俱照。非日月能乎。火精　陽德范子計然曰。日者火精也。火者外景。主晝。居晝而爲明。處照而有光。春秋內事曰。日者陽德之母也。再中　三舍風俗通曰。成帝問劉向。俗說文帝被徵。後期不得立。日爲再中。向曰。文帝少即位。不容再中。淮南子云。魯陽公與韓搆難。戰酣日暮。援戈而撝之。日爲之反三舍。分陰　寸晷王隱晉書曰。陶侃少長勤整。自强不息。常語人曰。大禹聖人。乃惜寸陰。至於凡俗。當惜分陰。潘尼詩曰。尺璧信易遺。寸晷難可踰。成名非我事。所翫琴與書。麟鬬　鹿解淮南子曰。虎嘯而谷風至。麟鬬則日月蝕。許愼注曰。麒麟。大角之獸。故與日相動。又曰。日者陽之至。是以春夏則羣獸除角。禮記曰。日冬至而麋角解。日夏至鹿角解。鞠陵　蒙谷山海經曰。大荒之中有山。名曰鞠陵于大東極離瞀。日月所出。蒙谷見上。高春　下枝高春見上。山海經曰。大荒之中湯谷上有扶桑木。十日所浴。九日居下枝。一日居上枝。皆戴烏也。測景　步晷周禮曰。大司徒以土圭之法測土深淺。正日景以求地中。日南則景短多暑。日北則景長多寒。陸士衡擬連珠曰。情見於物。雖遠猶踈。神藏於形。雖近則密。是以儀天步晷。而脩短可量。臨川揆水。而淺深難測。建木　拒松呂氏春秋曰。白人之南。建木之下。日中無影。蓋天地之中也。山海經曰。大荒之中有方山。上青松名曰拒格之松。日月所出入。貫白虹　夾赤鳥漢書曰。鄒陽上書說梁孝王曰。昔荆軻慕燕丹之義。白虹貫日。太子畏之。左傳曰。哀公元年。楚有雲如衆赤鳥。夾日以飛三日。楚子使問周太史。太史曰。其當王身。若禜之。可移於令尹司馬。王曰。移腹心之疾。置之股肱。何益。王弗禜而死。孔子曰。昭王其不失國也。宜哉。夸父棄杖　魯陽揮戈山海經曰。夸父逐日。渴飲河渭。不足。北飲大澤。未至道渴而死。棄其杖化爲鄧林也。郭璞注曰。夸父神人。言能反日景。魯陽事已見上三舍注中。似騏步　類鳧飛　王充論衡曰。日晝行千里。夜行千里。騏驥晝日亦千里。然則日行舒疾與騏驥步相類。又曰。日月一日一夜行二萬六千里。與冠鳧飛相類。長安近　車輪遠　劉劭幼童傳曰。晉明帝諱紹。元帝太子也。初元帝爲江東都督。鎭揚州。時中原喪亂。有人從長安來。元帝問洛下消息。潸然流涕。帝年數歲。問泣故。具以東渡意告之。因問帝汝意謂長安何如日遠。答曰。不聞人從日邊來。只聞人從長安來。居然可知。元帝念之。明日集羣臣宴會。設以此問。明帝又以爲日近。元帝動容。問何故異昨日之言。答曰。舉頭不見長安。只見日。以是知近。帝大悅。列子曰。孔子東遊。見兩小兒鬬辨。問其何故。一兒曰。我以日始出去人近。日中時遠。日出初大如車輪。其中時如盤盂。此不爲遠者小而近者大乎。一兒曰。日初出蒼蒼涼涼。及其中時如探湯。此不爲近者熱而遠者涼乎。孔子不能決。兩兒笑曰。孰謂汝多知乎。

〔詩〕

太宗文皇帝賦秋日懸清光賜房玄齡詩　秋露凝高掌。朝光上翠微。參差麗雙闕。照耀滿重闈。仙馭隨輪轉。靈烏帶景飛。臨波無定彩。入隙有圓暉。還當葵藿志。傾葉自相依。

又賦得白日半西山詩　紅輪不暫駐。烏飛豈復停。岑霞漸漸落。溪陰寸寸生。藿葉隨光轉。葵心逐照傾。晚煙含樹色。棲鳥雜流聲。

梁簡文帝詠朝日詩　團團出天外。煜煜上層峯。光隨浪高下。影逐樹輕濃。

梁李鏡遠日詩　始臨東岳觀。俄升若木枝。萍實詎儔彩。合扇且慙規。北林耿初曜。員窗鑒早曦。照庭餘雪盡。映簷溜滴垂。徘徊匝花樹。煜爚滿春池。柳陰才靡靡。簾影復離離。曾泉豈停舍。桑榆忽在斯。迴戈安得中。長繩不可繫。沖情愛景落。清宴惜光馳。溫暉徒已荷。深心竊自知。

梁劉孝綽詠日應令詩　弭節馳暘谷。照檻出扶桑。園葵一何幸。傾葉奉離光。

陳徐陵日華詩　朝暉爛曲池。夕照滿西陂。復有當晝景。江上鑠光儀。時從高浪歇。乍逐細波移。一在彫梁上。詎比扶桑枝。

隋康孟詠日應趙王教詩　金烏升曉氣。玉檻漾晨曦。先汎扶桑海。反照若華池。洛浦全開鏡。衡山半隱規。相歡承愛景共惜寸陰移。虞世南奉和詠日午詩高天淨秋色。長漢轉曦車。玉樹陰初正。桐圭影未斜。翠蓋飛圓影。明鏡發輕花。再中良表瑞。共仰璧暉賒。褚亮奉和詠日午詩曦車且亭午。浮箭未移暉。日光無落照。樹影正中圍。草萎看稍靡。葉燥望疑稀。晝寢慙經笥。暫解入朝衣。董思恭日詩滄海十枝暉。玄圃重輪慶。蕣華發晨楹。菱彩翻朝鏡。忽遇驚風飄。自有浮雲映。更也人皆仰。無待揮戈正。

月第三

〔敘事〕淮南子云。月者太陰之精。釋名云。月闕也。言滿則復闕也。漢書云。月立夏夏至。行南方赤道。曰南陸。立秋秋分。行西方白道。曰西陸。立冬冬至。行北方黑道。曰北陸。分則同道。至則相過。晦而見西方謂之朓。朔而見東方謂之朒。亦謂之側匿。朓音他了反。朒音女六反。朓健行疾貌也。朒縮遲貌也。側匿猶縮懦亦遲貌。釋名云。朏月未成明也。魄月始生魄然也。承大月。月生二日謂之魄。承小月。月生三日謂之朏。朏音斐。朔月初之名也。朔蘇也。月死復蘇生也。晦月盡之名也。晦灰也。死爲灰。月光盡似之也。弦月半之名也。其形一旁曲。一旁直。若張弓弦也。望月滿之名也。日月遙相望也。淮南子云。月一名夜光。月御曰望舒。亦曰纖阿。

〔事對〕水氣　金精淮南子曰。日月天之使也。積陰之寒氣。久者爲水。水氣之精者爲月。河圖帝覽嬉曰。月者金之精也。觀蓂　視桂抱朴子曰。昔帝軒候鳳鳴以調律。唐堯觀蓂莢以知月。帝王世紀云。堯時有草夾階而生。每月朔日生一莢。至月半則生十五莢。至十六日後日落一莢。至月晦而盡。若月小餘一莢。王者以是占歷。應和而生。以爲堯瑞。名之蓂莢。一名歷莢。一名仙茆。虞喜安天論曰。俗傳月中仙人桂樹。今視其初生。見仙人之足。漸已成形。桂樹後生。合璧　破環合璧已見上。抱朴子曰。王生云。月不圓者月初生．及既虧之後．視之宜如三寸鏡．稍稍轉大．不當如破環．漸漸滿也． 金兔 瑤蟾河圖帝覽嬉曰．月者．金之精．又張衡靈憲曰，月者．陰精而成獸．象兔蛤焉．又劉孝綽詩曰．明明三五月．垂影當高樹．攢柯半玉蟾．叢葉映金兔．王子年拾遺記曰．瀛海南有金巒之觀．飾以衆寶．左懸則火精爲日．刻黑玉爲烏．右以水精爲月．削青瑤爲蟾兔．亦有神龍神鳳．徘徊其邊． 圓璧 破鏡庾肅之玉讚曰．圓璧月鏡．璆琳星羅．結秀藍田．擢眞荆和．古詩曰．藁砧今何在．山上復有山．何當大刀頭．破鏡飛在天． 三珥 重輪軍國占候曰．若月有三珥者．大臣有喜．若月冠而復暈者．天下有喜．崔豹古今注曰．漢明帝作太子．樂人歌四章．以贊太子之德．其一曰日重光．二曰月重輪．三曰星重曜．四曰海重潤． 似鉤 如璧枚乘月賦曰．猗嗟明月．當心而出．隱圓巖而似鉤．蔽脩堞而如鏡．何偃月賦曰．遠日如鑑．滿月如璧． 方珠 缺暈淮南子曰．方諸見月．則津而爲水．高誘注曰．方諸．陰燧大蛤也．熟摩令熱．以向月．則水生也．許愼注曰．諸．珠也．方．名也．淮南子又曰．畫隨灰而月暈闕．許愼注曰．有軍事相圍守．則月暈．以蘆灰環．缺其一面．則月暈亦闕於上． 金波 璧光漢書曰．月移彩以金波．日華耀以宣明．尚書中候曰．甲子冬至．日月若懸璧．何偃月賦曰．日月雖如璧．以光爲形． 北堂 西園陸士衡詩曰．安寢北堂上．明月入我牖．照之有餘輝．攬之不盈手．曹植詩曰．淸夜遊西園．飛蓋相追隨．明月澄淸影．列宿正參差． 居蠩 顧兔 春秋元命苞曰．月之爲言闕也．而設以蟾蠩與兔者．陰陽雙居．明陽之制陰．陰之倚陽．楚詞曰．夜光何德．死而又育．厥利維何．而顧兔在腹． 似紈扇 如玉鉤 班婕妤怨歌行曰．新裂齊紈素．鮮潔如霜雪．裁爲合歡扇．團團似明月．鮑照詩曰．始見西南樓．纖纖如玉鉤．末映西北墀．娟娟似蛾眉． 鑒阮帷 照潘室 阮籍詩曰．夜中不能寐．起坐彈鳴琴．薄帷鑒明月．淸風吹我衿．潘岳悼亡詩曰．皎皎窗中月．照我室南端．淸商應秋至．溽暑隨節闌． 吳牛喘 魏鵲飛 劉義慶世說曰．滿奮畏風．在武帝坐．北窗作琉璃屏．風實密似疎．奮有難色．帝笑之．奮答曰．臣猶吳牛．見月而喘．魏武帝短歌行曰．月明星稀．烏鵲南飛．繞樹三匝．何枝可依． 蟾兔並 麟龍

闘五經通義曰。月中有兔與蟾蠩何。兔陰也。蟾蠩陽也。而與兔並明。陰係於陽也。春秋元命苞曰。麟龍闘。日月薄蝕。〔賦〕宋謝
靈運怨曉月賦臥洞房兮當何悅。滅華燭兮弄曉月。昨三五兮既滿。今二八兮將缺。浮雲褰兮收汎灩。明舒照兮殊皎潔。墀除兮鏡
鑒。廊櫳兮澄徹。宋謝莊月賦陳王初喪應劉。端憂多暇。悄焉疚懷。弗怡中夜。于時斜漢左界。北陸南躔。白露暧空。素月流天。沉吟齊
章。殷勤陳篇。抽毫進牘。以命仲宣。仲宣跪而稱曰。臣聞日以陽德。月以陰靈。擅扶光於東沼。嗣若英於西溟。引玄兔於帝臺。集素娥於后
庭。若夫氣霽地表。雲斂天末。洞庭始波。木葉微脫。升清質之悠悠。降澄輝之藹藹。列宿掩縟。長河韜映。柔祇雪凝。圓虛水鏡。連觀霜縞。周
除水淨。歌曰。美人邁兮音塵闊。隔千里兮共明月。〔詩〕太宗文皇帝遼城望月詩玄兔月初明。澄輝照遼碣。映雲光暫隱。
隔樹光如綴。魄滿桂枝圓。輪虧鏡彩缺。臨城卻影散。帶暈重圍結。駐蹕俯九都。佇觀妖氣滅。梁元帝望江中月詩澄江涵皓月。水
影若浮天。風來如可汎。流急不成圓。秦鉤斷復接。和璧碎還聯。裂紈依岸草。斜桂逐行船。即此清江上。無俟百枝然。梁沈約詠月詩
月華臨淨夜。夜淨滅氛埃。方暉竟戶入。圓影隙中來。高樓切思婦。西園遊上才。網軒映珠綴。應門照綠苔。洞房殊未曉。清光信悠哉。梁
朱超舟中望月詩大江闊千里。孤舟無四鄰。唯餘故樓月。遠近必隨人。微風光遶暈。薄霧急移輪。若教長似扇。堪拂豔歌塵。梁庾
肩吾和望月詩桂殿月偏來。留光引上才。圓隨漢東蚌。暈逐淮南灰。渡河光不濕。移輪轍詎開。此夜臨清景。還承終宴杯。又和徐
主簿望月詩樓上徘徊月。窗中愁思人。照雪光偏冷。臨花色轉春。星流時入暈。桂長欲侵輪。願以重光曲。承君歌扇塵。梁戴暠月
重輪行詩皇儲屬明兩。副德表重輪。重輪非是暈。桂滿月恒春。海珠全更減。階蓂驟且新。婕妤比圓扇。曹王譬洛神。浮川疑讓璧。入
戶類燒銀。從來看顧兔。不曾聞鬬麟。北堂豈盈手。西園偏照人。陳張正見薄帷鑒明月詩長河上月桂。澄彩照高樓。分暉疑碎
璧。隔幔似重鉤。窗外光恒滿。帷中影暫流。豈及西園夜。長隨飛蓋遊。周王褒關山月詩關山夜月明。秋色照孤城。半形同漢陣。絲

影逐胡兵灰。寒色轉白。風多暈欲生。寄言亭上吏。遊客解雞鳴。隋庾信舟中望月詩舟子夜離家。開船望月華。山明疑有雪。岸白不關沙。天漢看珠蚌。星橋視桂花。灰飛重暈缺。蓂落獨輪斜。董思恭詠月詩北堂未安寢。西園聊騁望。玉戶照羅幃。珠軒明綺障。別客長安道。思婦高樓上。所願君莫違。清風時可訪。

星第四

[敍事] 釋名曰。星者散也。言列位布散也。漢書云。星者金之散氣。與人相應。凡萬物之精。上爲列星。長庚太白星也。春秋說題辭曰。星之爲言精也。陽之榮也。陽爲日。日分爲星。故其字日生爲星。玉羊。狼星也。金雞。質星也。周官天星皆有州國分野。角亢氐兖州。房心豫州。尾箕幽州。斗牽牛婺女揚州。虛危青州。營室東壁幷州。奎音睽婁胃徐州。昴畢冀州。觜觿以彌反參益州。東井鬼雍州。柳七星張三河。翼軫荊州。堪輿家云。玄枵爲齊之分。星紀吳越之分。析木之津燕之分。大火宋之分。壽星鄭之分。鶉尾楚之分。鶉火周之分。鶉首秦之分。實沉魏之分。火梁趙之分。降婁魯之分。訾即移反娵子于反衞之分。太史掌之以觀妖祥。穀梁云。列星曰恆星。亦曰經星。恆經皆常漢書音義云。瑞星曰景星。亦曰德星。妖星曰孛星。彗星。長星。亦曰攙搶。絕跡而去曰飛星。光跡相連曰流星。亦曰奔星。星光曰芒。爾雅云。祭星曰布。布散食於地上。

[事對] 紫極 文昌荊州星占曰。北辰一名天關。一名北極。北極者。紫宮天座也。史記曰。斗魁戴匡六星曰文昌宮。一曰上將。二曰次將。三曰貴相。四曰司命。五曰司中。六曰司祿。 天街 帝座漢書高祖三年。月暈圍參畢七重。占曰。畢昴間天街也。街北胡也。街南中國也。史記曰。中端門。門左右掖門。門內六星。諸侯也。其內五星。五帝座。 編珠 連貝尙書中候曰。天地開闢。甲子冬至。日

月若懸璧。五星若編珠。尙書考靈曜曰。日月五星。冬至起牽牛。日月若懸璧。仰觀天形如車蓋。衆星纍纍如連貝。**貫珠**　**隕石**易坤靈圖曰。至德之朝。五星若貫珠。左傳僖公十六年春。隕石于宋五。隕星也。**食昴**　**襲月**漢書鄒陽上書曰。衞先生爲秦畫長平之事。太白食昴。昭王疑之。劉向說苑。秦胡亥立。日月薄食。山林淪亡。枉矢夜光。熒惑襲月。**金精**　**石質**天官星占曰。太白者。金之精。白帝之子。大將之象也。黃石公記云。黃石。鎭星之精也。黃者。鎭星色也。石者。星質也。**五色**　**重耀**禮斗威儀曰。審候五色。宋均注曰。北斗七星有五色。宮商角徵羽。各應其星。崔豹古今注曰。漢明帝爲太子。樂人作歌曰。星重耀。以太子比德。故云重也。**虹流**　**電繞**河圖曰。太星如虹。下流華渚。女節意感。生白帝朱宣。帝王世紀。神農氏之末。少典氏娶附寶。見大電光繞北斗樞星。照郊。感附寶。孕二十月。生黃帝於壽丘。**天孫**　**婺女**漢書曰。河鼓大星。上將。其北織女。織女。天女孫也。廣雅曰。須之婺女。婺女謂之寶沉。**散錦**　**曳練**庾闡詩曰。玄景如映璧。繁星如散錦。沈約宋書曰。孫休永安二年。將守質子羣聚嬉戲。有異小兒忽來曰。我非人。熒惑星也。言訖飛上。仰而觀之。若曳一匹練。有頃而沒。**五佐**　**一使**史記。水火金木土。此五星者。天之佐。爲經緯。見伏有時。范曄後漢書曰。和帝分遣使者二人各至州郡。觀採風謠。二人初到益部。投候館吏李郃舍。郃問曰。二君發京師時。知朝廷遣二使。至郡。問何以知之。郃指星云。前有二星向益州分野。**歲精**　**昴宿**漢武帝內傳曰。西王母使者至東方朔死。上以問使者。對曰。朔是木帝精。爲歲星。下遊人中。以觀天下。非陛下之臣。春秋佐助期曰。漢相蕭何。長七尺八寸。昴星精。生耳參漏。月角大形。爾雅曰。西陸。昴星也。郭璞注。昴。西方之宿。別名旄頭。是此也。**處士憂**　**賢人聚**檀道鸞續晉陽秋曰。會稽謝敷。字慶緒。隱若耶山。忽月犯少微星。少微一名處士星。時戴逵名著於敷。時人憂之。俄而敷死。故會稽人士嘲吳人曰。吳中高士。求死不得。陳仲弓從諸子姪造荀季和父子。于時德星聚。大史奏。五百里內有賢人聚。**麒麟生**　**鯨魚死**春秋運斗樞曰。天樞得則景星見。衡星得則麒麟生。萬人壽。淮南子曰。鯨魚死而彗星出。許愼注曰。彗。除舊布新也。**三舍** **四守**宋景公時。熒惑在心。公召子韋問之。子韋曰。禍當君。可移於宰相。公曰。宰相所以與理國家。曰。可移百姓。公曰。百姓死。寡人將誰爲君。曰。可移於歲。公曰。歲荒人必死。爲人君而殺其人。誰以我爲君乎。子韋曰。君有至德之言三。天必賞君。熒惑必徙三舍。果三徙。淮南子曰。四守者。所司賞罰。許慎注曰。四守。紫宮。軒轅。咸池。天河也。**遵七紀** **行四時** 春秋運斗樞曰。五帝所同道異位。皆循斗樞機衡之分。遵七政之紀。九星之法。闕令內傳曰。北斗一星面百里。相去九萬里。置二十四氣。四宿行四時。五方立五星。主五岳也。

[**賦**] **宋張鏡觀象賦** 陟秀峯以遐眺。望靈象於九霄。覩紫宮之環周。嘉帝座之獨標。瞻華蓋之蔭藹。何虛中之迢迢。爾乃縱目遠覽。傍極四維。北監辰極。南覩太微。左則天紀槍棓。攝提大角。二咸防奢。七公理獄。右則少微軒轅。尊卑有秩。御宮典衣。女史秉筆。內率執禮。以伺邪。天牢禁愆而察失。遠尋終古。悠然獨詠。美景星之繼晝。大唐堯之德盛。嘉黃星之靡鋒。明虞舜之不競。歎熒惑之舍心。高宋景之守政。桀斬諫以星孛。紂耽荒而致彗。恆星不見而周衰。枉矢蛇行而秦滅。諒人事之有由。豈妖災之虛設。誠庸主之難悟。故明君之所察。克無爲而觀象。況德非乎明哲。

梁陸雲公星賦 漢武帝夜遊昆明之池。顧謂司馬遷相如曰。星之明麗矣。考之於歌頌。求之於經史。龍尾著於虢童。天漢表於周士。既妖謠之體陋。嗟怨刺之蚩鄙。每鬱悒而未攄。思命篇於二子。於是司馬遷對曰。臣代典天官。緒由南正。檢之圖籍。傳之視聽。臣聞連珠合璧。曜靈之所起也。春鳥秋虛。歷數之所紀也。應黃鍾而正位。建玉衡以辨方。五緯麗而周道。四野分而畫疆。至如下方爽德。上玄告變。或守位而易所。或淩光而掩炫。故夫應若轉環。信如合契。俾明鏡與元龜。宜敕身而烱戒。長卿操牋染翰。思溢情煩。遷延奉筆。繼響而言曰。日隱於西。月生於東。重輪晻而時缺。上枝棲而未融。豈若帝車之獨運。隨圓蓋而不窮。帝乃歌曰。白日沒兮明月移。繁星曙兮情未疲。

[**詩**] **北齊邢子才賀老人星詩** 瑞動星光照。化穆月輪重。庶徵符社籙。將以贊時雍。

隋煬帝月夜觀星詩 團團素月淨。翛翛夕景清。谷泉驚暗石。風松動夜聲。披衣出荊戶。躡履步山楹。欣覩明堂亮。喜見泰階平。觜參猶可識。牛女尚分明。更移斗柄轉。夜久天河橫。徘徊不能寐。參差幾種情。諸葛潁奉和月夜觀星詩 窵窱神居遠。蕭條更漏深。薄煙淨遙色。高樹肅淸陰。星月滿茲夜。粲爛還相臨。連珠欲東上。團扇漸西沉。澄水含斜漢。脩樹隱橫參。時聞送籌柝。屢見繞枝禽。聖情記餘事。振玉復鳴金。袁慶奉和月夜觀星詩 六龍初匿景。顧兔始馳光。戌井傳宵漏。山庭別夕涼。宸居多勝託。閑步出琳堂。爛爛星芒動。耿耿淸河長。靑道移天駟。北極轉文昌。喬枝猶隱畢。絕嶺半侵張。仰觀留玉裕。睿作動金相。無庸徒抱寂。何以繼連章。蕭琮奉和月夜觀星詩 陽精去南陸。大曜始西流。夕風淒謝暑。夜氣應新秋。重門月已映。嚴城漏漸脩。臨風出累樹。度月蔽層樓。靈河隔神女。仙轡動星牛。玉衡指棟落。瑤光對幌留。徒知仰閶闔。乘槎未有由。虞世南奉和月夜觀星應令詩 早秋炎景暮。初弦月彩新。淸風滌暑氣。文露淨囂塵。蕩霧銷輕縠。鮮雲卷夕鱗。休光灼前曜。瑞彩接重輪。緣情摛聖藻。並作命徐陳。宿草誠渝濫。吹噓偶搢紳。天文豈易述。徒知仰北辰。董思恭詠星詩 歷歷東井舍。昭昭右掖垣。雲際龍文出。池中鳥色翻。流暉下月露。墜影入河原。方知潁川集。別有太丘門。陳張正見星名從軍詩 將軍定朔邊。刁斗出祁連。高柳橫遙塞。長榆接遠天。井泉含凍竭。烽火映燕然。欲知客心斷。危旌萬里懸。

雲第五

〔敍事〕 春秋元命苞曰。陰陽聚爲雲。說文曰。雲。山川氣也。從雨云。象回轉形也。霒 一金反。雲覆日也。霃沉雲久陰也。淒雨雲起也。渰掩雨陰貌也。詩云。有渰淒淒。興雨祈祈。周禮保章氏以五雲之物。辨吉凶。鄭司農注云。二至二分觀雲色。靑爲虫。白爲喪。赤爲兵荒。黑爲水。黃爲豐。至謂冬夏至。分謂春秋分。又東方朔傳曰。凡占長吏下車。當視天。有黃雲來如覆車。五穀大熟。靑雲致兵。白雲致盜。烏黑雲多水。赤雲有火。公羊云。觸石而起。膚寸而合。不崇朝而雨者唯泰山雲乎京房易飛候占曰視四方常有大雲五色其下賢人隱也青雲潤澤在西北爲舉賢良黃雲如覆車大豐也西京雜記曰瑞雲曰慶雲曰景雲雲五色曰慶 慶雲或曰卿雲雲外赤內青謂之矞雲雲二色曰矞亦瑞雲也以律反 雨雲曰油雲孟子曰油然作雲 雪雲曰同雲詩云上天同雲雨雪霏霏同雲謂雲陰竟天同爲一色 雲師曰屏翳呂氏春秋云 雲將亦雲之師司馬彪注莊子云雲將雲之主師

〔事對〕

堯璧 漢鼎尚書中候曰堯沉璧於河白雲起迴風搖落漢書曰汾陰得寶鼎天子乃以禮祠之鼎至中山黃雲蓋焉又西都賦曰寶鼎見兮色紛氳吐金景兮歊浮雲

沛歌 汾辭史記高祖過沛擊筑自爲歌曰大風起兮雲飛揚威加四海兮歸故鄉漢武帝秋風詞曰秋風起兮白雲飛草木黃落兮鴈南歸

赤鳥 丹蛇左傳曰哀公元年有雲如衆赤鳥夾日以飛三日兵書曰有雲如丹蛇隨星後大戰殺將

從龍 翼鳳易曰雲從龍風從虎陸士衡雲賦曰翼靈鳳於蒼梧起潛龍於濆汙

鵬翼 魚鱗莊子曰大鵬摶扶搖而上九萬里翼若垂天之雲呂氏春秋曰山雲草莽水雲魚鱗旱雲烟火雨雲水波

扶日 干呂洛書曰蒼帝起青雲扶日赤帝起赤雲扶日黃帝起黃雲扶日東方朔十洲記曰天漢三年月氏國獻神香使者曰國有常占東風入律百旬不休青雲干呂連月不散意中國將有妙道君故搜奇異而貢神香

金枝 玉葉古今注曰黃帝與蚩尤戰於涿鹿之野常有五色雲氣金枝玉葉止於帝上有花葩之象故因作華蓋也

觸石 潤礎春秋說題辭曰雲之爲言運也動陰路觸石而起謂之雲含陽而起以精運也淮南子曰山雲蒸柱礎潤

冠纓 車蓋易通卦驗曰寒露正陰雲出如冠纓霜降太陰雲出上如羊下如磻石王沉魏書曰文帝生時有雲氣青色而圓如車其上終日望氣者以爲至貴之證非人臣之氣

膚合 寸并公羊傳曰觸石而出膚寸而合不崇朝而雨乎天下者唯泰山雲爾袁豹秋霖賦曰玄雲四集膚合寸并光幕六合菴藹杳冥

如繒 似布易通卦驗曰立秋濁陰雲出如赤繒處暑亦雲出南黃北蒼

軍中占候曰。若壬子日有黑雲似一疋布者。其國兵起。**若煙　非霧**史記曰。若煙非煙。若雲非雲。郁郁紛紛。蕭索輪囷。是謂卿雲。卿
雲。嘉氣也。魏武兵書撫要曰。孫子稱司雲氣非雲非煙。非塵非霧。形似禽獸。客吉主人之忌。**圍軫　干日**春秋文耀鉤曰。楚有蒼雲
如霓圍軫七蟠。中有荷斧之人向軫而蹲。京房風雨要決占候曰。朝雨法。有黑雲如一匹皂。干日中。即一日大雨。二匹二日雨。三匹十日
雨。**出蒼梧　至帝鄉**歸藏曰。有白雲出蒼梧。入于大梁。莊子曰。夫聖人。天下有道。與物皆昌。天下無道。則厭俗上仙。乘彼白雲。至
于帝鄉。**［賦］晉陸士衡浮雲賦**有輕虛之豔象。無實體之眞形。原厥本初。浮沉混并。六律和應。八風時邁。玄陰觸石。甘澤滂
霈。勢不崇朝。覆被無外。若層臺高觀。重樓疊閣。或如鍾首之鬱律。乍似塞門之寥廓。金柯分。玉葉散。綠翩明。嚴英煥。鸞翔鳳翥。鴻驚鶴奮。
鯨鯢泝波。鮫鰐衝遁。朱絲亂紀。羅桂失領。飛仙凌虛。隨風遊騁。有若芙蓉羣披。舜華總會。車渠繞理。馬腦縟文。**晉成公綏雲賦**於是
玄風仰散。歸雲四旋。冰消瓦解。奕奕翩翩。去則滅軌以無跡。來則幽闇以杳冥。舒則彌綸覆四海。卷則消液入無形。或狎獵鱗次。參差交
錯。上捷業以梁倚。下壘嵬而相薄。狀崴嵬而不安。吁可畏而欲落。或粲爛綺藻。若畫若規。繁縟成文。一續一離。或綉文錦章。依微要妙。綿
邈凌虛。輕翔浮漂。**［詩］唐太宗同賦含峯雲詩**翠樓含曉霧。蓮峯帶晚雲。玉葉依巖聚。金枝觸石分。横天結陣影。逐吹起羅
文。非復陽臺下。空將惑楚君。**梁沈約和王中書德充詠白雲**白雲自帝鄉。氛氳屢迴沒。蔽虧崑山樹。含吐瑤臺月。秋風西北起。
飄我過城闕。城闕以參差。白雲復離離。皎潔在天漢。倒影入華池。將過丹邱野。時至碧林垂。九重迎飛燕。萬里送翔螭。**陳張正見賦
得題新雲詩**西北春雲起。遙臨偃蓋松。根危纔吐葉。氣淺未成峯。風前飛未斷。日處影疑重。體輕無五色。詎是得從龍。**又賦得白
雲臨酒詩**白雲蓋濡水。流彩入淄川。疎葉臨嵇竹。輕鱗入鄭船。菊泛金枝下。峯斷玉山前。一朝開五色。飄飄映十千。**陳蔡凝賦得
處處春雲生詩**春色遍空明。春雲處處生。入風衣暫斂。隨車蓋轉輕。作葉還依樹。爲樓欲近城。含愁上對影。似有別離情。**隋孔範**

賦得白雲抱幽石詩白雲浮遠蓋。飄飄繞石飛。帶蓮縈錦色。拂鏡下仙衣。陣結香爐隱。羅成玉女微。能感荊王夢。陽臺雜雨歸。丁季子詠雲瑞雲千里映。祥輝四望新。隨風亂鳥足。汎水結魚鱗。布葉疑臨夏。開花詎待春。願得承嘉景。無令掩桂輪。董思恭詠雲帝鄉白雲起。飛蓋上天衢。帶月綺羅映。從風枝葉敷。參差過層閣。倏忽下蒼梧。因風望旣遠。安得久踟躕。

風第六

［敍事］ 莊子云。大塊噫依界反氣。其名曰風。言天地噫氣則萬竅怒號而爲風。易緯曰。八節之風。謂之八風。立春條風至。東北。春分明庶風至。東方。立夏清明風至。東南方。夏至景風至。南方。立秋涼風至。西南方。秋分閶闔風至。西方。立冬不周風至。西北方。冬至廣莫風至。北方。呂氏春秋說八風。東北曰融風。高誘注。亦曰融風。東風曰滔風。南方曰薰風。西南方曰巨風。西方曰飂風。西北曰厲風。北方曰寒風。爾雅云。東風曰谷風。詩云。習習谷風。南風曰凱風。詩云。凱風自南。西風曰泰風。詩云。泰風有遂。北風曰涼風。詩云。北風其涼。又大戴禮。北風曰後風。暴風從上下曰頹。從下上曰飈。亦曰扶搖。迴風曰飄。卑遙反。日出而風曰暴。陰而風曰曀。風而雨土曰霾。莫乖反。月令云。疾風曰盲風。又說文。飈。疾風也。廣雅云。大風。風俗通。猛風曰颲。列涼風曰瀏。劉微風曰飉。遼小風曰颼。搜小風從孔來曰颳。呼穴反。呂氏春秋。風師曰飛廉。爾雅云。祭風曰磔。道中磔狗而祭以止風。春晴日出而風曰光風。楚詞注。天霽日明。微風動搖草木。皆令有光。秋冬餘曰緒風。楚辭注曰。緒。餘也。謝靈運詩云。初景革緒風。新陽改故陰。風吹萬物有聲曰籟。出莊子注。終日風謂之終風。出詩。［事對］ 鳶鳴 虎嘯禮記曰。前有塵埃。則載鳴鳶。鄭注曰。鳶謂舉鳶鴟也。鴟鳴則風生。淮南子曰。虎嘯而谷風至。高誘注曰。虎。陽獸。與風同類。汾河 易水漢武帝秋風辭曰。秋風起兮白雲飛。草木黃落兮鴈南歸。

汎樓船兮濟汾河。橫中流兮揚素波。燕丹子曰。太子送荊軻於易水之上。荊軻起爲壽。歌曰。風蕭蕭兮易水寒。壯士一去兮不復還。高漸離擊筑和之。爲壯聲則士髮衝冠。爲哀聲則士皆流淚。**大王　少女**　宋玉風賦曰。此獨大王之風耳。管公明傳曰。公明言樹上已有少女微風。**銅烏　石燕**　郭緣生述征記。長安南有靈臺。高十仞。上有銅渾天儀。又有相風銅烏。或云遇千里風乃動。庾仲雍湘州記曰。零陵山有石燕。遇雨則飛。雨止還化爲石也。**折木　偃禾**　史記曰。項王圍漢王三匝。於是風從西北起。折木拔屋。揚沙石。楚軍大亂。漢王乃得數十騎遁去。尚書曰。周公居東三年。天大風。禾盡偃。大木斯拔。邦人大恐。王與大夫盡弁。以啟金縢之書。乃得周公所自以爲功代武王之說。天乃反風。禾盡起。**獵蕙　泛蘭**　宋玉風賦曰。獵蕙草。楚詞曰。光風轉蕙汎崇蘭。**鷁退　鵬搏**　左傳曰。僖公十六年春。六鷁退飛過宋都。風也。莊子曰。北溟有魚。其名曰鯤。化而爲鳥。其名曰鵬。搏扶搖上者九萬里。司馬彪注曰。扶搖。上行風。**動扇　搖翣**　班婕妤詩曰。新裂齊紈素。鮮潔如霜雪。裁爲合歡扇。團團似明月。出入君懷袖。動搖微風發。帝王世紀曰。堯時廚中自生肉脯。薄如翣。搖鼓則生風。使食物寒而不臭。名曰翣脯。翣音山甲反。**虞琴　漢筑**　帝王世紀曰。舜彈五絃琴。歌南風詩曰。南風之薰兮。可以解吾民之慍兮。漢書曰。高祖過沛。擊筑自歌。**吹阮衿　揚袁扇**　阮籍詠懷詩曰。夜中不能寢。起坐彈鳴琴。薄帷鑒明月。清風吹我衿。孫盛晉陽秋曰。袁宏爲東郡。謝安執宏手授扇。宏曰。輒當奉揚仁風。慰彼黎庶。**尹喜占　列子御**　神仙傳曰。老子將去周而出關。以升崑崙。關令尹喜占風。逆知當有神人來過。乃掃道。見老子。老子知喜命應得道。乃停關下。以長生之事授之。莊子曰。子列子御風而行。泠泠然善。旬五日而後返。司馬彪注曰。列子。鄭人列御寇也。御。迎也。泠泠然。涼貌也。**斷大刑　赦小過**　五經通義曰。不周風至則修宮室。完邊城。廣莫風至則誅有罪。斷大刑。春秋考異郵曰。條風至。王者赦小罪。而出稽留。**爰居避災　烏鵲識歲**　國語曰。海鳥曰爰居。止於魯國東門之外。臧文仲使國人祭之。展禽曰。今茲海島有災乎。夫廣川鳥獸。恒知避其災也。是歲也。海多大風。虞翻注曰。是爰居之所避也。淮南子曰。鳥鵲識歲之多風。去喬木而巢扶枝。許愼注曰。扶。傍也。[賦] 楚宋玉風賦楚襄王遊於蘭臺之宮。宋玉景差侍。有風颯然而至。王乃披襟而當之曰。快哉此風。寡人與庶人共者耶。宋玉對曰。夫此獨大王之風耳。庶人安得共之。夫風生於地。起於青蘋之末。浸淫谿谷。緣於太山之阿。舞於松柏之下。故其清涼雄風。則飄忽升降。乘凌高城。入于深宮。徘徊於桂椒之間。翱翔於激水之上。獵蕙草。離秦衡。槩新夷。披稊楊。北上玉堂。躋于羅帷。經于洞房。故其風也。清清泠泠。愈病析酲。發明耳目。寧體便人。此謂大王之雄風也。夫塕然起於窮巷之間。動沙堁。吹死灰。此謂庶人之雌風也。晉湛方生風賦有氣曰風。出自幽冥。肅然而起。寂爾而停。雖宇宙之宏遠。倏俄頃而屢經。同神功而不疾。孚至道而無情。胡馬感而增思。颶母殞而復生。啟慘冬之潛蟄。達青春之勾萌。因嚴霜以厲威。順和澤以開榮。故君德喻其靡草。風人假以爲名。及其猛勢將奮。屯雲結陰。洪氣鬱拂。殷雷發音。勃然鼓作。拂高凌深。天無澄景。嶺無停林。六鷁爲之退飛。萬竅爲之哀吟。亦有飄泠之氣。不疾不徐。颸颸微扇。亹亹清舒。王喬以之控鵠。列子以之乘虛。若乃春惠始和。重褐初釋。邀步蘭皐。遊眄平澤。響詠空嶺。朗吟竹柏。穆閑林以流惠。竦神襟而清滌。軒濠梁之逸興。暢方外之冥適。齊王融擬風賦　奄兮日光之既移。忽兮羣景之將馳。靡輕筠之碧葉。汎曾松之翠枝。總高羽而蕭瑟。韻珠露之參差。此列士之英風。長寥亮其如斯。

[詩]　太宗皇帝詠風詩　蕭條起關塞。搖颺下蓬瀛。拂林花亂彩。響谷鳥分聲。披雲羅影散。汎水織文生。勞歌大風曲。威加四海清。梁孝元帝詠風詩　樓上起朝妝。風花下砌傍。入鏡先飄粉。翻衫好染香。度舞飛長袖。傳歌共繞梁。欲因吹少女。還將拂大王。梁費昶入幌風詩　經堂汎寶瑟。乘隙動浮埃。鏘金驅響至。舉袂送芳來。能使蘭膏滅。乍見珠簾開。輕裾試一舉。令子暫遲迴。梁何遜詠風詩　可聞不可見。能重復能輕。鏡前飄落粉。琴上響餘聲。陳張正見風生翠竹裏應教詩　金風起燕觀。翠竹夾梁池。翻花疑鳳下。颺水似龍移。帶露依深葉。飄寒入勁枝。聊因萬籟響。詎待伶倫吹。陳祖孫登詠風詩　飄颺楚王宮。徘徊繞竹叢。帶葉

俱吟。樹將花共舞。空飄香變袖裏。亂曲五絃中。試上高臺聽。悲響定無窮。隋阮卓賦得風詩 高風應爽節。搖落漸疎林。吹霜旅鴈斷。臨谷曉松吟。履棄涼秋扇。恆飄清夜琴。泠泠隨列子。彌諧逸豫心。虞世南奉和詠風應魏王教詩 逐舞飄輕袖。傳歌共繞梁。動枝生亂影。吹花送遠香。王勃詠風詩 肅肅涼景生。加我林壑清。驅烟入澗戶。卷霧出山楹。去來固無跡。動息如有情。日落山水靜。爲君起松聲。董思恭詠風詩 蕭蕭度閶闔。習習下庭闈。花蝶自飄舞。蘭蕙生光輝。相烏正舉翼。退鷁已驚飛。方從列子御。更逐浮雲歸。

雷第七

〔敍事〕穀梁傳云。陰陽相薄。感而爲雷。激而爲霆。霆。電也。爾雅云。疾雷謂之霆。郭璞注。疾雷謂雷音急激者。謂之霹靂。何休注公羊云。雷疾甚者爲震。案五經通義云。震與霆。皆霹靂也。電謂之雷光也。後漢郎顗上書云。凡藏冰以時。則雷出不震。棄冰不用。則雷不發而震。雷於天地爲長子。以其首長萬物。與其出入也。易曰。震爲雷。又曰。震爲長男。雷二月出地。百八十三日。雷出則萬物出。八月入地。百八十三日。雷入則萬物入。入能除害。出則興利。人君象。易曰。雷出地奮。豫。雷者所以開發萌芽。辟除災害。萬物須雷而解。資雨而潤。故經曰。雷以動之。雨以潤之。王者從春令。則雷應節。否則發動於冬。當出反潛。易傳曰。當雷不雷。陽德弱也。抱朴子云。雷。天之鼓也。王充論衡云。圖畫之工。圖雷之狀。如連鼓形。又圖一人若力士。謂之雷公。使左手引連鼓。右手椎之。雷神曰雷公。雷有洊雷。易曰。洊雷震。洊。重也。殷雷。詩云。殷其雷。殷。音隱。雷聲。奮雷。易曰。雷出地奮。豫。迅雷。論語曰。迅雷風烈必變。〔事對〕發天 出地。漢書曰。迅雷風妖。怪雲變氣。此皆陰陽之精。本在地而上發於天。周易曰。雷出地奮。豫。

先王作樂崇德。殷薦上帝。以配祖考。**石室　金門**孟奥北征記曰，淩雲臺南角一百步有白石室，名避雷室。荆州記曰，湖陽縣樊重母畏雷。爲石室避之。悉以石爲階。師曠占曰。初雷從金門起。上田旱。下田熟。一曰。歲中兵革起。**推車　引鼓**續搜神記曰。義興人姓周。永和中出都。日暮。道邊有一新草小屋。一女子出門望。見周。周曰。日暮。求寄宿。向一更中。聞外有小兒喚阿香。官喚汝推雷車。女乃辭去。明朝視宿處。乃是一新塚。下見上。**雉雊　蟄驚**尚書洪範五行傳曰。正月雷微動而雉雊。雷諸侯之象也。雉亦人君之類也。李顒賦曰。乘雲氣之蓊鬱兮。舒電光之炯晃。驚蟄蟲於始作兮。懼遠邇之異象。**出豫　作解**上事見上。易曰。天地解而雷雨作。雷雨作而百果草木皆甲坼。象曰。雷雨作解。君子以赦過宥罪。王弼注曰。解者解也。屯難槃結。於是乎解之。**服鳧　食魚**山海經曰。揄次之山有鳧。名橐𩇯。服之不畏雷。𩇯音肥。郭璞山海經飛魚讃曰。飛魚如豚。赤文無鱗。食之辟兵。不畏雷音。**積風　衆呼**楊泉物理論曰。積風成雷。蔡詔闡論曰。衆輕折軸。呼成雷。**擊齊臺　震漢寢**淮南子曰。庶女叫天。而雷電下擊景公臺。隕支體傷折。海水大出。續漢書曰。桓帝建和二年六月乙卯。雷震憲陵寢屋。是時梁太后聽兄冀誅李固。杜喬。**蔡環塚　竺伏墳**周斐汝南先賢傳曰。蔡順母平生畏雷。自亡後。每有雷震。順輒環塚泣曰。順在此。王歆孝子傳曰。竺禰字道綸。父生時畏雷。每至天陰。輒馳至墓。伏墳哭。有白兔在其左右。遂憂卒。**折樹木　破屋舍**王充論衡曰。盛夏之時。雷霆迅疾。擊折樹木。壞敗室屋。時犯殺人。俗以爲天取龍。其犯殺人。謂之有陰過。雜兵書曰。雷電霹靂。破軍中樹木屋舍者。急徙去。吉也。雷電風所從來。不可逆而擅伐。宜愼之。**震百里　挺萬物**論語讖曰。雷震百里。聲相附。宋均注曰。雷動百里。故因以制國也。雷聲謂諸侯之政教所至相附也。說文曰。霆。雷餘聲鈴鈴。所以挺出萬物。**振咸陵　晦大澤**尚書中候曰。維天降紀。秦伯出狩。至于咸陵。天振大雷。有火流下。化爲白雀。銜綠丹書。集于公車。史記曰。高祖母劉媪常息大澤之陂。夢與神遇。是時雷霆晦冥。太公視則見蛟龍於其上。已而有娠。孕高祖。

〔賦〕**晉夏侯湛雷賦**伊朱明之季

節兮。暑燻赫以盛興。扶桑焯以揚燎兮。雷火曄以南升。大明黯其潛曜兮。天地鬱以同蒸。掣丹霆之詰琰兮。奮迅雷之崇崇。馳壯音於天上兮。激駭響於地中。徒觀其霰雹之所種鑿。火石之所燒鑠。雲雨之所澆沃。流燎之所淹濯。當衝則擢破。過拔則纖溺。山陵爲之崩盪。墪生爲之震辟。是以大聖變於烈風。小雅肅於天高。嗟乾坤之神祇兮。信靈化之誕昭。故先王制刑。擬雷霆於征伐。恢文德以經化兮。耀武義以崇烈。苟不合於大象兮。焉濟道以成哲。 晉李顒雷賦 伊青陽之肇化兮。陶萬殊於天壤。結鬱蒸以成雷兮。鼓訇輘之逸響。應萬風以相薄。包羣動而爲長。乘雲氣之鬱蓊兮。舒電光之烱晃。驚蟄蟲於始作兮。懼遠邇之異象。爾其發也。則騰躍濆薄。砰磕隱天。起偉霆於霄際。催勁木於巖巔。驅宏威之迅烈。若崩岳之賓賓。斯實陽臺之變化。固大壯之宗源也。若乃駭氣奔激。震響交撲。濆淪隱轔。崩騰磊落來無轍跡。去無阡陌。君子恐懼而修省。聖人因象以制作。審其體勢。觀其曲折。輕如伐鼓。轟若走轍。業猶地傾。纚似天裂。比五音而無當。校衆響而稱傑。於是上穆下明。順天承法。戒刑獄以致亨。孰非善而可攄。正震體於東方。立不易之恒業。豫行師而景奮。解宥過而人協。若夫洪細靡常。興廢難克。殷其山陽。勸義崇德。起五龍於河始。戕武乙於渭北。啓周成之沖昧。罰展氏之凶慝。雖通塞於萬形。猶違虛而守盈。肆大夏而有烈。奮嚴冬而弗經。保恬靜以處順。乃上善以屏營。夫有往而爲閡。若太音之希聲。 顧凱之雷電賦 太極紛綸。元氣澄練。陰陽相薄。爲雷爲電。擊武乙於河。而誅戮之罰明。震展氏之廟。而隱慝之誅見。是以宣尼。敬威忽變。夫其聲無定響。光不恒照。砰訇輪轉。倏閃藏曜。若夫子午相乘。水旱木零。仲冬奮發。代雷先行。豈隱隱之虛應。乃違和而傷生。昭王度之失節。見二儀之幽情。至乃辰開日明。太清無靄。靈眼揚積以瞿煥。壯鼓崩天而砰磕。陵堆訇隱以待傾。方地業嶪其若敗。蒼生非悟而喪魂。龍鬼失據以顚沛。光驚於泉底。聲動於天外。及其灑北斗以誕聖。震昆陽以伐違。降投鹿以命桀。島雙濆而橫尸。倒驚檜於霄際。摧騰龍於雲湄。烈天地以繞映。惟六合以動威。在虛德而卷舒。謝神鬽之難追。

〔詩〕 晉傅玄雜言詩 雷隱隱。感妾心。傾耳清聽非車音。 又驚雷歌 驚雷奮兮震萬里。威淩宇宙兮動四海。六合不維兮誰能理。

卷一校勘表

頁數	行數	排印本原文	安刻本	嚴陸校	備註
二	三	天如蓋轉左旋		天以爲蓋左旋	
二	四	百世之後	百歲之後	百代之後	
二	四	天平	天下		
二	六	虞昺	虞洪		
二	七	易行于其中		易行乎其中	
二	一一	九野見上		九野九天也見上敍事上	
二	一二	注曰		王逸注曰	
二	一四	惟秬惟秠		此下有「秬音巨」三字	
二	一四、一五	復天		犪天	
二	一五	周遂以興		此下有「[illegible]音弁」三字	
三	一〇	露霑丹		露霑卉	
三	一二	漏網		涌煙	
三	一四	則甘露凝		無「凝」字	
三	一五	草木有光		木草有光	

四	三	在清河干		見清河相	
四	三	並讙嗤公明		無「讙」字	
四	三	陰鳥和鳴		陰鳥相和鳴	
四	四	注傾	河傾		
四	四	青陽		首陽	
四	八、九	兩儀始分元氣清·列宿垂象六位成·日月西流景東征·悠悠萬物殊品名·聖人憂代念羣生·		兩儀始分·元氣上清·列宿垂象·六位時成·日月西邁·流景東征·攸攸萬物·殊品齊名·聖人憂大·實念羣生·	宋本作四言
四	九	皆赴海		若赴海	
四	一〇	玄鳥		玄烏	
四	一四	明月	流月		
五	九	六螭		「螭」下有「卽六龍也」四字	
五	一二	之水		之外	
六	七	勤整		勤厲	

六	九	陽之至		陽之主	
六	一〇	大東極離昝	天東極離聳		
六	一二	拒松		柜松	
六	一三	拒格之松		柜格之松	
六	一四	哀公元年	哀公六年		按左傳是哀公六年
六	一五	周太史		太史	
七	五	元帝念之		元帝思之	
七	六	不見長安只見日		見日不見長安	
七	一二	靡靡		歷歷	
七	一三	桑榆		桑樹	
八	二	褚亮		褚遂良	
八	二	曦車且亭午	曦東日亭午		
八	九	三日謂之魄		二日謂之魄	
八	一五	合璧已見上		「合璧」上有「漢書云太初曆晦朔弦望皆最密日月如」十六字．下有「五星如連珠」五字．無「已見上」三字．	

頁	行			
九	六	枚乘月賦		〔嚴〕按枚乘蓋誤。西京雜記四、北堂書鈔一百五十、皆作公孫乘。
九	七	熟摩令熱		熟摩拭令熱
九	八	名也		石也
九	八	月暈亦闕於上		句下有「暈音運」三字
九	九	月移彩		月穆穆
九	一二	鮮潔		皎絜
九	一二	團團		團圓
一〇	一	兔陰也		月陰也
一〇	六	遲謁		遼藹
一〇	七	妖氣		妖氛
一〇	七	涵皓月	函月影	涵月影
一〇	八	卽此		流此
一〇	一〇	故樓月		古樓月
一〇	一〇	微風光		入風先
一〇	一〇	薄霧		排霧

一一	一	色轉白	光轉白	
一一	二	騁望	盼望	
一一	七	質星	箕星	
一一	八	東井鬼	東井輿鬼	
一一	九	堪輿家	堪輿	
一一	一四	三年	十年	
一一	一五	「尙書中候曰」至「若編珠」	二十三字宋本無	
一二	四、五	重耀	重輝	注同
一二	六	太星	太白星	一九七頁八行作「有大星如虹」此似爲「大星」之訛。
一二	一〇	李部舍部問	李部舍部問	
一二	一二	大形	火形	
一二	一四	陳仲弓	「陳」上有「異苑曰」三字	
一三	一	「宋景公」以下	〔嚴〕宋景公事見呂氏春秋。宋本脫書名。	案各本皆脫

一三	九	克無爲		堯無爲	
一三	九	陸雲公		陸云公	
一三	一四	化穆		化移	
一四	一	諸葛潁		「諸葛」上有「隋」字	
一四	二	粲爛		粲爀	
一四	三	袁慶		隋袁慶	
一四	三	戌井		戒幷	戌井似不誤
一四	五	蕭琮		隋蕭琮	
一四	一五	赤雲有火公羊云		「火」下有「此東方朔別傳」六字．「云」作「傳」．	
一五	一	四方	西方		
一五	三	油然作雲		雲下有「沛然作雨」四字	
一五	四	呂氏春秋云		「云」下有「屏翳亦曰雨師」六字	
一五	六	威加四海兮歸故鄉		句下有「安得猛士兮守四方」八字	

一五	七	草木黃落兮雁南歸	句下有「蘭有秀兮菊有芳・懷佳人兮不能忘・汎樓船兮濟汾河・橫中流兮揚素波・」二十八字
一五	一一	妙道君	好道君
一五	一一	古今注	崔豹古今注
一五	一四	不崇朝而雨	不崇朝而徧雨
一五	一五	菴藹	奄藹
一五	一五	亦雲出	赤雲出
一六	一	軍中	軍國
一六	四	與物	與萬物
一六	五	和應	合應
一六	七	衝遁	衡遁
一六	一〇	唐太宗同賦含峯雲詩	唐太宗文皇帝同賦含峯雲詩
一六	一一	惑楚	感楚
一七	六	東北　東方　東南方　南方　西南方	此五注「方」下皆有「風」字

頁	行	文		宋本
一七	六、七	「秋分」至「西北方」		宋本無此十七字
一七	七	北方		北方風
一七	七	曰融風		曰焱風
一七	七	南方		東南方
一七	八	飈風		飉風
一七	一〇	莫乖反		「反」下有「謂大風揚塵」五字
一七	一一	大風		「風」下有「曰昌風」三字
一七	一一	風俗通		風俗通又曰
一七	一二	楚詞注		「詞」下有「光風轉蕙泛崇蘭」七字・「注」下有「曰」字・
一七	一三	楚辭		「辭」下有「曰凝秋冬之緒風」五字
一七	一四	禮記曰		此下有「前有水則載青旌」七字
一七	一四	鳶鴟又鴟鳴		「鴟」皆作「鵄」
一七	一五	谷風至		山風生

一八	二	流淚		流涕	
一八	二	宋玉風賦曰此獨大王之風耳		「風賦曰」下有「楚襄王遊於蘭臺之宮宋玉景差風寡人所與庶人共者耶玉曰」二十五字。「之」下有「雄」字。「之風耳」下有「王曰庶人之風可得聞乎」十字。	宋本有脫誤
一八	三	少女微風		「少」作「小」。句下有「樹間已有陰鳥如鳴甚雨至矣須臾雲四集大雨河傾」二十一字。	
一八	四	拔屋	發屋		
一八	六	宋玉風賦曰獵蕙草楚詞曰		「風賦曰」下有「翺翔激水之上將擊芙蓉之精」十二字。「獵蕙草」下有「離秦衡槩新夷拔稊楊」九字。「楚詞曰」下有「川谷徑履流潺湲」七字。	
一八	八	園圃		園圃	
一八	八	自生		有生	

一八	一〇	擊筑自歌		句下有「曰大風起兮雲飛揚．威加海內兮歸故鄉云云」十八字．	
一八	一三	涼貌也		此下有「十五日而還也」六字	
一九	一	烏鵲		烏鵲	按似應作烏鵲
一九	二	飄然		颯然	
一九	二	之風		之雄風	
一九	五	有氣		清氣	
一九	五	出自		起自	
一九	六	孚至道		等至道	
一九	八	飀飀	颲颲		
一九	九	遨步		遨步	
一九	九	遊眄		遊騁	
一九	九	朗吟	朗崩	朗嘯	
一九	一一	太宗皇帝		太宗文皇帝	
二〇	一	阮卓		阮作	
二〇	二	屢棄		屢屏	

二〇	三	入闔戶		入門戶	
二〇	四	正舉翼		正翼舉	
二〇	七	霆霆電也		少一「霆」字	
二〇	七	疾雷謂之霆	疾雷爲霆	疾雷爲霆霓	
二〇	八	謂之		之謂	
二〇	一五	風妖怪雲		風怪妖雷	
二一	一	孟輿		孟輿	
二一	四	下見上		引鼓已見敍事王充論衡中云	
二一	七	無鱗		無羽	
二一	七	雷音		雷鼓	
二一	八	闋論		閱論	
二一	九	建和二年		建和三年	
二一	九	周婓		周裴	隋志亦作「斐」
二一	一〇	竺禰		竺彌	
二一	一一	逆而擅伐		逆而相伐	
二一	一四	咸陵又注		均作「咸陽」	
二一	一五	雷霆		雷電	

二一	一五	孕高祖		遂孕高祖也
二二	一	詰琰		餤餤
二二	二	激駿響		激駿響
二二	二	種鑿		搖鑿
二二	三	靈化		靈威
二二	五	燗晃		炳晃
二二	六	催勁		摧勁
二二	六	陽臺		陽靈
二二	六	交撲		交搏
二二	一〇	以屏營		之所營
二二	一〇	爲閟		爲閑
二二	一〇	顧凱之		晉顧凱之
二二	一三	揚積以瞿		揚精以麗
二二	一三	陵堆		陵雉
二二	一四	投鹿		枝鹿
二二	一四	烈天地		烈大地
二二	一五	虛德		靈德
二二	一五	傾耳淸聽		傾耳聽

初學記卷第二

天部下

雨一　雪二　霜三　雹四　露五　霧六　虹蜺七　霽晴八

雨第一

［敍事］　釋名云雨水從雲下也雨者輔也言輔時生養尚書曰休徵曰肅時雨若休美也肅敬也若順也孔安國注云君行敬則時雨順咎徵則狂恆雨若咎惡也孔安國注云君行狂妄則常雨順京房易候云太平之時十日一雨凡歲三十六雨此休徵時若之應爾雅云小雨曰霢霂說文又曰䨲又云小雨纔落曰霹又云小雨曰微微雨曰濛濛䨲音酸霹音斯雨三日已上曰霖久雨爲霪說文又云久雨曰䨜力兼反暴雨曰涷雨時雨曰澍雨雨與雪雜下曰霰纂要云疾雨曰驟雨徐雨曰零雨雨久曰苦雨亦曰愁霖晉潘尼宋伍緝之並作苦雨賦後漢應瑒魏文帝晉傅玄陸雲胡濟袁豹並作愁霖賦雨晴曰霽雨而晝晴曰啓雨水曰潦雨雲曰渰詩曰有渰淒淒興雨祁祁渰音掩雲陰貌亦曰油雲孟子曰油然作雲霈然下雨梅熟而雨曰梅雨江東呼爲黃梅雨雨師曰屏翳亦曰屏號列子傳赤松子神農時雨師風俗通云玄冥爲雨師

［事對］　離畢　化坎毛詩云月離于畢俾滂沲矣畢月屬也月離陰星則雨鄭玄注曰將有大雨徵先見於天周易集林雜占曰占天雨否外卦得陰爲雨得陽不雨其爻發變得坎爲雨得離不雨巽化爲坎先風後雨坎

化爲巽。先雨後風。**鸛鳴**　**魚噞**毛詩曰。我來自東。零雨其濛。鸛鳴於垤。婦歎於室。鄭玄注曰。將陰則穴處者先知之。鸛好雨。將雨長鳴而喜也。淮南子曰。天且雨也。魚已噞。噞音驗。**土龍**　**石燕**淮南子曰。土龍致雨。許愼注曰。湯遭旱。作土龍。以象雲從龍也。湘州記曰。零陵山有石燕。遇風雨卽飛。止還爲石。**濯枝**　**潤葉**周處風土記曰。六月有大雨。名濯枝雨。西京雜記曰。董仲舒曰。太平之時。雨不破塊。津莖潤葉而已。**荆臺**　**灌壇**宋玉高唐賦曰。楚襄王與宋玉遊於雲夢之臺。望高唐之觀。上獨有雲氣。王問此何氣也。玉對曰。所謂朝雲也。昔者先王嘗遊於高唐。怠而晝寢。見一婦人曰。妾巫山之女也。聞君遊高唐。願薦枕席。王因幸之。去辭曰。妾在巫山之陽。高丘之阻。朝爲行雲。暮爲行雨。朝朝暮暮。陽臺之下。杜預注左傳曰。荆亦楚也。博物志云。太公爲灌壇令。文王夢見婦人哭當道。問其故。曰。吾太山神女。嫁爲西海婦。吾行必以暴風雨。灌壇令當吾道。不敢以疾風暴雨過也。夢覺。召太公語焉。三日。果疾風暴雨過。**含水**　**噀酒**楚國先賢傳曰。樊英隱於壺山。嘗有暴風從西南起。英謂學者。成都市火甚盛。因含水西向噀之。乃令記其時日。後有從蜀郡來者云。是日大火。有雲從東起。須臾大雨。葛洪神仙傳曰。欒巴者。蜀郡人也。徵入爲尚書。正朝大會。欒巴得酒不飲。面西南噀之。有司奏巴大不敬。詔問巴。巴謝曰。臣本縣都市失火。臣故噀酒爲雨滅火。非敢不敬。**蟻封**　**龍穴**東觀漢記曰。沛獻王輔善京氏易。永平五年。京師少雨。上御雲臺。自爲卦。以周易林占之。其繇曰。蟻封穴戶。大雨將至。上以問輔。輔上書曰。蹇艮下坎上。艮爲山。坎爲水。山出雲爲雨。蟻穴居。知雨將至。故以蟻興。張勃吳錄曰。湘東郡新平縣有龍穴。天旱。人共遏水。漬此穴。輒雨也。**積薪**　**環艾**謝承後漢書曰。戴封字平仲。遷西華令。其年大旱。禱請不獲。乃積薪坐其上。以自焚。火起而大雨。遠邇歎服。遷中山令。范曄後漢書曰。涼輔仕郡爲五官掾。時夏大旱。太守自祈請。輔曰。若至日中不雨。以身塞無狀。於是積薪聚艾茅以自環。搆火將自焚。未及中時。而天雲晦合。須臾澍雨。**伐殷**　**討邢**搜神記曰。武王伐紂。至河上。雨甚疾。當晝暝。揚波於河。衆甚懼。武王曰。余在天下。誰敢干志者。風波立濟。左傳曰。衛旱。卜有事於山川．不吉．甯莊子曰．昔周飢．克殷而年豐．今邢方無道．欲使衞討邢乎．從之．師興而雨．禱林　暴野淮南子曰．湯時．九年旱．以禱於桑林．而四海之雲湊．千里之雨至．晏子春秋．齊景公時旱．欲祀靈山．晏子曰．山故以石爲身．草木爲髮．天苟不雨．髮焦身熱．久旱．獨不欲雨乎．君避殿暴露．其當雨．公出野暴露．天果大雨．十夜　九旬說苑曰．楚莊王伐陳．吳救之．雨十日十夜．晴．左史倚相曰．吳師必夜至．甲裂壘壞．彼必薄我．何不行列鼓出待之．吳師見楚軍成．敗而還．傅咸懷雨賦曰．夫何遠寓之多懷兮．惠霖雨之有經．自流火以迄今兮．歷九旬而無寧．庶太淸之垂曜兮．覩日月之光明．石牛　桐魚顧微廣州記曰．鬱林郡山東南有池．池有石牛．歲旱．百姓殺牛祈雨．以牛血和泥．泥石牛背．祠畢．天雨．洪注洗牛背泥盡．卽晴．淮南子曰．董仲舒請雨．秋用桐木魚．商羊舞　黑螈躍家語曰．齊有一足鳥．飛公朝．下於殿前．舒翅而跳．齊侯遣使問孔子．曰．鳥名商羊．昔童謠曰．天將大雨．商羊鼓舞．今齊有之．將爲水災．淮南子曰．黑螈神蛇．潛泉而居．將雨則躍．螈音麗．洗兵　潤兵　流粟　流麥說苑曰．武王伐紂．過隧則斬岸．遇水則折舟．示人無反志也．至於有戎之隧．大風折旆．散宜生諫曰．此其妖歟．武王曰．非也．天落兵也．風霽而乘以大雨．散宜生又諫曰．此非妖歟．王曰．非也．天洗兵也．抱朴子曰．出軍甚雨之象．軍行雨霑衣．是潤兵也．其軍有喜．鄒子曰．朱買臣孜孜修學．不覺雨之流粟．范曄後漢書曰．高鳳字文通．家貧好學不休．其家曝麥．令鳳守雞．以竿授其手中．鳳執竿讀書．雨大至．讀書不覺．執竿如故．其妻還．麥流甚．以怒鳳．亦不愧．

[賦]　晉潘尼苦雨賦氣觸石而結蒸．雲膚合而仰浮．雨紛射而下注．潦波涌而橫流．豈信宿以爲多．乃踰月而成霖．瞻中塘之浩汗．聽長霤之涔涔．始濛篾而徐墜．終霶霈以難禁．悲列宿之匿景．悼太陽之幽沉．雲暫披而驟合．雨乍息而亟零．朝漎漎以連暮．夜淋淋以達明．黿鼉游乎門闔．蛙蝦嬉乎中庭．懼一元之幷合．畏黔首之爲魚．處者含悴於窮巷．行人歎息於長衢．宋傅亮喜雨賦惟二儀之順動．數有積於時偏．墊襄陵於唐籍．慼雲漢於周篇．匪叔葉之或遘．在盛王其固然．伊元嘉之初載．肇休明於此年．懿玉燭之方熙．慍積陽之獨愆．涸源

泉於井谷。萎嘉穎於中田。嗟我皇之翼翼。悵臨朝而輟娛。踵沖謙於禹湯。協至誠於在余。迨東作之未晏。庶雨露之夙濡。遵縣子之徙廛。尤魯侯之焚巫。祗桑林之六禱。脩季宰之再雩。誠在幽其必貫。感何遠而不孚。聆晨鸛於高垤。候宵畢於天隅。發膚雲於觸石。晦重陽於八區。春霆殷殷以遠響。興雨霈霈於載塗。洒豐浸於中疇。覃餘潤於嘉蔬。嗣良頌於多稌。兆嘉夢於惟魚。矧具臣之逢運。叉均休以等慶。陶曲成於魯稔。念歸駕於董陳。

盧照鄰秋霖賦 覽萬物兮。切獨悲此秋霖。風橫天而瑟瑟。雲覆海以沉沉。居人對之憂不解。行客見之思已深。若乃千里埋烟。百廛涵潦。青苔被壁。綠萍生道。借如尼父去魯。圍陳畏匡。將居不爨。欲濟無梁。長檐風以沐雨。永栖栖以遑遑。及夫屈平既放。登高一望。湛湛江水。悠悠千里。泣故國之長楸。見玄雲之四起。嗟乎子卿北海。伏波南川。金河別鴈。銅柱辭鳶。眺窮陰兮斷地。看積水兮連天。別有東國儒生。西都才客。屋滿鉛槧。家虛擔石。玉爲粒兮桂爲薪。堂有琴兮室無人。抗高情而出俗。馳精義以入神。論有能鳴之鴈。書成已泣之麟。覩皇天之淫溢。孰能不隅坐而含嚬。若夫繡轂銀鞍。金床玉盤。坐臥珠璧。左右羅紈。流酒爲海。積肉爲巒。覯襄陵與昏墊。曾不輟乎此歡。豈知夫堯禹之癯瘠。而孔墨之艱難。

[詩]

唐太宗詠雨詩 和風吹綠野。梅雨洒芳田。新流添舊潤。宿霧足朝烟。鴈濕行無次。花霑色更鮮。對此忻登歲。披衿弄五絃。

齊謝脁觀朝雨詩 朔風吹飛雨。蕭條江上來。既洒百常觀。復集九成臺。空濛如薄霧。散漫似輕埃。

梁孝元帝詠細雨詩 風輕不動葉。雨細未霑衣。入樓如霧上。拂馬似塵飛。

梁沈約見庭雨應詔詩 出空寧可圖。入庭倍難賦。非烟復非雲。如絲復如霧。霢霂裁欲垂。霏微不能注。雖無千金質。聊爲一辰趣。

梁劉孝威望雨詩 清陰蕩暄濁。飛雨入階廊。瞻空亂無緒。望霤耿成行。交枝含曉潤。雜葉帶新光。浮芥離還聚。沿漚滅復張。浴禽飄落羽。風荇散餘香。寄言楚臺客。雄風詎獨涼。

梁朱超對雨詩 當夏苦炎埃。習靜對花臺。落照依山盡。浮涼帶雨來。重雲出飛電。高棟響行雷。洒樹輕花發。滴沼細萍開。汎泳縈階草。奔流起砌苔。無因假輕蓋。徒然想上才。

陳陰鏗閑居對雨詩 四冥飛旱雨。三徑絕來遊。震位雷聲發。離宮電影浮。山雲遙似帶。庭葉近成舟。茅簷下亂滴。石竇引環流。寄言一高士。如何麥不收。陳張正見賦新題梅林輕雨應教詩梅樹耿長虹。芳林散輕雨。蜀郡隨仙去。陽臺帶雲聚。飄花更濯枝。潤石還侵柱。詎得零陵燕。隨風時共舞。諸葛穎賦得微雨東來應教詩微雨闇東峯。散漫洒長松。澗滿新流濁。山霑積翠濃。風起還吹燕。雲來本送龍。登年隨玉燭。名山定可封。虞世南發營逢雨應詔詩豫遊欣勝地。皇澤乃先天。油雲陰御道。膏雨潤公田。隴麥霑逾翠。山花濕更燃。稼穡良所重。方復悅豐年。魏知古奉和春日途中喜雨詩皇遊向洛城。時雨應天行。麗日登岩送。陰雲出野迎。濯枝林杏發。潤葉渚蒲生。絲入綸言喜。花依錦字明。微臣忝東觀。載筆佇西成。

雪第二

〔敍事〕 大戴禮云。天地積陰。溫則爲雨。寒則爲雪。春秋元命苞曰。陰陽凝而爲雪。曾子曰。陰氣勝則爲雪。釋名云。雪。綏也。水下遇寒而凝。綏綏然下也。氾勝之書云。雪爲五穀之精。爾雅云。雪與雨雜下曰霰。韓詩外傳云。凡草木花多五出。雪花獨六出。雪花曰霙。雪雲曰同雲。詩云。上天同雲。雨雪雰雰。同謂雲陰與天同爲一色也。西京雜記云。太平之世。雪不封條。凌弭毒害而已。漢武帝內傳。仙家上藥。有玄霜絳雪。詩傳云。自上而下曰雨雪。雨音于傅反。左傳。凡平地盈尺爲大雪。雪有七尺。雪春秋考異郵曰。庚辰大雪。雪深七尺。丈餘雪金匱曰。武王伐紂都洛邑。未成。雨雪十餘日。深丈餘。千里雪楚詞曰。增冰峩峩。飛雪千里。

〔事對〕 玉馬 銅駝臧榮緒晉書曰。新蔡王騰發于并州。於常山之眞定縣。遇天大雪。平地數丈。雪融不積。騰怪而使掘之。得玉馬高尺許。上表獻之。崔鴻北涼錄曰。先酒泉南有銅駝山。言虜犯者大雨雪。沮渠蒙遜遣工取之。得銅數萬斤。踰丈 盈尺謝莊瑞雪詩曰。審伊宮之踰丈。信銅阿之盈尺。洞秋方之玉園。

果仙京之珠澤。謝惠連賦曰：盈尺則呈瑞於豐年，袤丈則表珍於陰德。焦寢　袁門　高士傳曰：人莫知焦先所出。野火燒其廬，遭冬雪大至，先袒臥不移。人以爲死，熟視之如故。李顒雪賦曰：焦寢處而不傷，蘇滄服以延命。錄異傳曰：漢時大雪，地丈餘，洛陽令身出案行，見人家皆除雪出，有乞食者。至袁安門，无有行路，謂安已死，令人除雪入戶，見安僵臥。問何以不出，安曰：大雪人皆餓，不宜干人。令以賢舉孝廉。周闕　齊宮　太公伏符陰謀曰：武王伐紂，都洛邑，天大陰寒，雨雪十餘日。甲子朝，五車騎止王門之外，欲謁武王。師尚父使人出北門而道之，曰：天子未有出時。武王曰：諸神各有名乎？師尚父曰：南海神名祝融，北海名玄冥，東海神名勾芒，西海神名蓐收，河伯名馮修。使謁者各以名召之，神皆驚而見武王。王曰：何以教之？神曰：天伐殷立周，謹來受命，各奉其使。武王曰：予歲時亦無廢禮焉。孟子曰：齊宣王見孟子於雪宮，王曰：賢者亦有此樂乎？孟子曰：爲人上而不與人同樂者，非也。周雅　衞風　毛詩曰：上天同雲，雨雪雰雰。案此詩周小雅信南山篇也。又曰：北風其涼，雨雪其雱。惠而好我，攜手同行。案此國風衞詩也。黃竹　幽蘭　穆天子傳曰：丙辰，天子遊黃臺之丘，獵於苹澤。有降雨，天子乃休。日中大寒，北風雨雪，有凍人。天子作黃竹詩三章以哀之，曰：我徂黃竹，負閟寒。郭璞注曰：閟，閉也。宋玉諷曰：臣嘗行，僕飢馬疲，正遇主人翁出，母又到市。主人女欲置臣堂上，太高；堂下，大卑。乃更爲蘭房奧室，止臣其中。有鳴琴焉，臣援而鼓之，作幽蘭白雪之曲。曹衣　班扇　毛詩曰：蜉蝣掘閱，麻衣如雪。鄭玄注曰：喻曹昭公之君臣朝夕變易衣服，麻衣，深衣也。班婕妤怨歌行曰：新裂齊紈素，皎潔如霜雪。裁爲合歡扇，團團似明月。麻衣　柳絮　麻衣見曹衣注。劉義慶世說曰：謝太傅安寒雪日集兒女講論文義。俄而雪驟，公欣然曰：白雪紛紛何所似？兄子朗兒曰：撒鹽空中差可擬。兄女曰：未若柳絮因風起。映書　乘興　宋齊語曰：孫康家貧，常映雪讀書，淸淡，交遊不雜。語林曰：王子猷居山陰，大雪夜開室，命酌，四望皎然，因詠招隱詩。忽憶戴安道，時在剡，乘興棹舟，經宿方至，既造門而返。或問之，對曰：乘興而來，興盡而返，何必見戴。周詠　郢歌　毛詩曰：文王以天子之命，命將帥，歌采薇以遺之昔我往矣楊柳依依今我來思雨雪霏霏宋玉對問曰客有歌於郢中其爲陽春白雪國中屬而和者不過數十人是其曲彌高而和彌寡北闕車 東郭履事見上史記曰東郭先生久待公車貧寒衣履不完行雪中履有上無下足盡踐地姑射神人洛渚宓妃 莊子曰藐姑射之山有神人焉容膚若冰雪綽約若處子曹子建洛神賦云余朝京師言歸東藩覩一麗人於巖之畔乃援御者而告之曰彼何人斯若此之豔也御者對曰臣聞河洛之神名曰宓妃余告之曰髣髴兮若輕雲之蔽月飄颻兮若流風之迴雪

[賦] 謝惠連雪賦 歲將暮時既昏寒風積愁雲繁梁王不悅遊於兎園乃置旨酒命賓友召鄒生延枚叟相如末至居客之右俄而微霰零密雪下王乃歌北風於衛詩詠南山於周雅相如於是避席而起逡巡而揖曰臣聞雪宮建於東國雪山峙於西域岐昌發詠於來思周滿申歌於黃竹曹風以麻衣比色楚謠以幽蘭儷曲盈尺則呈瑞於豐年袤丈則表沴於陰德其爲狀也散漫交錯氛氳蕭索藹藹浮浮瀌瀌奕奕連翩飛灑徘徊委積始緣甍而冒棟終開簾而入隙既因方而爲圭亦遇圓而成璧眄隰則萬頃同縞瞻山則千巖俱白於是臺如重璧逵如連璐庭列瑤階林挺瓊樹皓鶴奪鮮白鷴失素亂曰白羽雖白質已輕兮白玉雖白空守貞兮未若茲雪因時興滅玄陰凝而不昧其潔太陽曜而不固其節節豈我名潔豈我貞憑雲升降從風飄零值物賦象任地頒形素因遇立汙隨染成縱心皓然何慮何營後周劉璠雪賦天地否閉凝而成雪應乎玄冬之辰在於沍寒之節蒼雲暮同嚴風曉烈散亂徘徊霡霏皎潔違朝陽之暄煦就凝陰之慘冽混二儀而並色覆萬有而皆空既奪朱而成素實矯異而爲同始飄飄而稍落遂紛紛而無窮曉連光而映淨夜合影而通朧似北荒之明月若西崑之閬風

[詩] 太宗皇帝望雪詩 秋雲宵遍嶺素雪曉凝華入牖千重碎迎風一半斜不妝空散粉無樹獨飄花縈空慚夕照破彩謝晨霞 宋鮑昭斆劉公幹詩朔風吹朔雪千里度龍山集君瑤臺下飛舞兩楹前茲晨自爲美當避豔陽年豔陽桃李節皎潔不成妍 梁沈約詠雪應令詩思鳥聚寒蘆蒼雲軫暮色夜雪合且離曉風驚復息嬋

娟入綺窗。徘徊鶩情極。弱挂不勝枝。輕飛屢低翼。玉山聊可望。瑤池豈難卽。梁裴子野詠雪詩飄飄千里雪。倏忽度龍沙。從雲合且散。因風卷復斜。拂草如連蝶。落樹似飛花。若贈離居者。折以代瑤華。梁何遜詠雪詩凝階夜似月。拂樹曉疑春。蕭散忽如盡。徘徊已復新。若逐微風起。誰言非玉塵。梁吳均詠雪詩微風搖庭樹。細雪下簾隙。縈空如霧轉。凝階似花積。不見楊柳春。徒看桂枝白。梁劉孝綽對雪詩桂華殊皎皎。柳絮亦霏霏。詎比咸池曲。飄飄千里飛。恥均班女扇。羞儷曹人衣。浮光亂粉壁。積照朗彤闈。陳張正見玄圃觀春雪詩同雲遙映嶺。瑞雪近浮空。拂鶴伊川上。飄花桂苑中。影麗重輪月。飛隨團扇風。還取長歌處。帶曲舞春風。又應衡陽王教詠雪詩九冬飄遠雪。六出表豐年。睢陽生玉樹。雲夢起瓊田。入窗輕落粉。拂柳駛飛綿。欲動淮南賦。亂下桂花前。隋王衡翫雪詩寒庭浮暮雪。疑從千里來。皎潔隨處滿。流亂逐風迴。璧臺如始搆。瓊樹似新栽。不待陽春節。誰持競落梅。陳子良詠春雪詩光映妝樓月。花承歌扇風。欲妬梅將柳。故落早春中。上官儀詠雪詩禁園凝朔氣。瑞雪掩晨曦。花明棲鳳閣。珠散影娥池。飄素迎歌上。翻光向舞移。幸因千里映。還繞萬年枝。董思恭詠雪詩天山飛雪度。言是落花朝。惜哉不我與。蕭索從風飄。鮮潔凌紈素。紛糅下枝條。良書竟何在。坐見容華銷。

霜第三

[敍事] 大戴禮云。霜。陰陽之氣也。陰氣勝則凝而爲霜。易曰。履霜堅冰。陰始凝也。釋名。霜者。喪也。其氣慘毒。物皆喪也。春秋感精符云。霜。殺伐之表。季秋霜始降。鷹隼擊。王者順天行誅。以成肅殺之威。若政令苛。則夏下霜。誅伐不行。則冬霜不殺草。京房易傳云。誅不原情。其霜附木不下地。不教而誅。其霜反在草下。淮南子云。霜神名青女。淮南子曰。青女出以降霜。高誘注。青女。天神。主霜雪。說文。䨮竹入反早霜也。皚五孩

反。霜之白者也。霜有玄霜。漢武帝內傳曰。仙家上藥有玄霜絳雪。紺碧霜王子年拾遺記曰。廣延國霜色紺碧。甘霜王子年拾遺記曰。嵰州霜甘也。〔事對〕鐘鳴 駟見山海經曰。豐山有九鐘。是知霜鳴。郭璞注曰。霜降則鐘鳴。故言知也。國語曰。駟見而隕霜。隕霜而冬裘具。賈逵曰。駟。房星也。陰凝 地升陰凝見敍事。五經通義曰。寒氣凝以爲霜。從地升也。挫物 休工孝經援神契曰。霜以挫物。禮記曰。季秋之月。霜始降。則百工休。封條 殺木張衡七命曰。晞三春之溢露。遡九秋之鳴飆。零雪寫其根。霏霜封其條。春秋元命苞曰。霜以殺木。露以潤草。仙藥 神鑪漢武內傳曰。西王母云。仙家上藥有玄霜絳雪。抱朴子云。凝霜雪於神鑪。採靈芝於嵩岳。鷹擊 豺祭鷹擊見敍事。周書曰。霜降之日。豺乃祭獸。白露爲 堅冰至毛詩曰。蒹葭蒼蒼。白露爲霜。毛萇注曰。蒹葭。蘆也。蒼蒼。盛也。白露凝而爲霜。易曰。履霜堅冰至。王弼注曰。始於履霜。至于堅冰。君子履 婦功成禮記曰。霜露既降。君子履之。必有悽愴之心。非其寒之謂也。鄭注云。以感時念親也。家語曰。霜降而婦功成。嫁娶行焉。王肅注曰。季秋霜降。嫁娶者始此也。鶂鵶畏 鴻鴈飛崔豹古今注曰。鶂鵶常向日而飛。畏霜露。夜飛則以樹葉覆其背上。五經鉤沉曰。天霜樹落葉而鴻鴈南飛。魏葛屨 齊紈扇毛詩曰。糾糾葛屨。可以履霜。摻摻女手。可以縫裳。毛萇注曰。夏葛屨。冬皮屨。葛屨履霜也。鄭玄云。魏俗至冬猶謂葛屨可用履霜。利其賤也。班婕妤怨歌行曰。新裂齊紈素。皎潔如霜雪。踐馬蹄 覆鼊繭莊子曰。馬蹄可踐霜雪。毛可以禦風寒。王子年拾遺記曰。員嶠之山名環丘。有冰蠶。以霜雪覆之。然後作繭。其色五采。織爲文錦。入水不濡。以之投火。經宿不燎。唐堯之代。海人獻以爲黼黻。尹逐伯奇 燕繫鄒衍琴操履霜操者。伯奇之所作也。伯奇。尹吉甫之子也。甫聽其後妻之言。疑其孝子伯奇。遂逐之。伯奇編水荷而衣之。采蘋花而食之。清朝履霜。而自傷無罪見放逐。乃援琴而鼓之。淮南子曰。鄒衍事燕惠王。盡忠。左右譖之。王繫之。仰天而哭。夏五月。天爲之下霜。〔詩〕梁張率詠霜詩騶見視乾度。鐘鳴測地機。秋冬交代序。朝霜白綏綏。原野生暮靄。堦墀散夕霏徘徊總嚴氣悵望淪清輝平臺寒月色池水愴風威凝陰同徂夜遞鴈獨歸飛縈叢亂蕪絕繁林紛已稀貞松非受冷芳草徒具腓蘇味道詠霜詩金祗暮律盡玉女暝氣歸孕冷隨鐘徹飄華逐劍飛淵日浮寒景乘風進曉威自有貞筠質寧將庶草腓

雹第四

[敍事] 說文云雹雨冰也從雨包聲左傳云凡雹皆冬之愆陽夏之伏陰愆陽冬溫也伏陰夏寒也聖人在上無雹雖有不爲災洪範五行傳云陰陽相脅而雹霰盛陰雨雪凝滯而冰寒陽氣薄之不相入則散而爲霰盛陽雨水溫煖而湯熱陰氣脅之不相入則轉而爲雹霰者陽脅陰也雹者陰脅陽也白虎通曰自上而下曰雨雹雨音于具反

[事對] 凝氣　雨冰春秋漢含孳曰事一精并氣凝爲雹宋均注曰謂若魯僖公脅於齊以妾爲妻脅重齊媵無迴曲之心感陰水氣乃使結而不解散許愼說文曰雹雨冰也從雨包聲　祠井　都泉陳留風俗傳曰雍丘縣夏后公祠有神井能興霧雹伏琛齊地記曰安丘城南三十里雹都泉其雹或出或否亦不爲災異　流銅　銷石涼州異物志曰有大人生於北邊偃臥於野其高如山頓脚成谷橫身塞川近之有尖銅雹擊旃注曰旃之也唯可遙看不可到下到下則雷霆流銅鐵之丸以擊人歷代紀曰石遵襲位鄴中暴風雨震雷雹如斗金石皆銷月餘乃滅　馬頭　雞子漢書曰武帝元封三年十二月雨雹大如馬頭宣帝地節四年五月山陽濟陰雨雹如雞子深二尺五寸殺二十人蜚鳥皆死　五寸　九澤史記漢景帝二年秋雨雹大者五寸深二尺淮南子曰北極之極有九澤有積冰雪雹　陽愆　陰伏並見上　折木　傷稼孔叢子曰永初三年夏河西縣大雨雹皆如杯棬大者或如斗殺畜生雉兔折樹木東觀漢記曰韓稜字伯師除爲下邳令視事未周吏人愛慕時鄰縣皆雹傷稼稜縣界獨無雹　如斧　如礪漢書曰成帝河平二年四月楚國雨雹大如斧飛鳥皆死紀年云夷王七年冬雨雹大如礪　陰脅陽

徵動羽西京雜記曰鮑敞問董仲舒曰雹何物也。仲舒曰陰氣脅陽也。風角占曰徵動羽有雹霜。　如桃李　似杯棬風俗通曰成帝問劉向曰。俗說文帝時天下斷獄二人。米一斗一錢。有此事否。對曰皆不然。後元年雨雹如桃李。深二尺。尋太宗之代不可爲升平下見上孔叢子。［詩］　陳陸瓊和張湖熟雹詩惟徵動羽。惟陰脅陽。雨冰作沴。凝氣爲祥。

露第五

［敍事］　大戴禮云。露。陰陽之氣也。夫陰氣勝則凝爲霜雪。陽氣勝則散爲雨露。說文云。露。潤澤也。從雨路聲。白虎通曰。露者。霜之始。寒則變爲霜。瑞應圖云。露色濃爲甘露。王者施德惠。則甘露降其草木。晉中興書曰。甘露降者。老得敬則松柏受之。尊賢容衆則竹葦受之。甘露者。仁澤也。其凝如脂。其美如飴。甘露一名天酒。東方朔神異經曰。西北海外有人長二千里。兩脚中間相去千里。腹圍一千餘里。但日飲天酒五斗。張華注曰。天酒。甘露也。露之異者。有朱露。丹露。玄露。青露。黃露。洞冥記曰。勒畢國人長三寸。有翼。善言語戲笑。因名語國。飲丹露爲漿。丹露者。日初出有露汁如朱也。又曰。東方朔遊吉雲之地。漢武帝問朔曰。何名吉雲。曰。其國俗常以雲氣占吉凶。若吉樂之事。則滿室雲起。五色照著於草樹。皆成五色露。露味甘。帝曰。若云五色露可以得否。朔乃東走。至夕而還。得玄黃青露。盛之璃器以授帝。帝徧賜羣臣。得露嘗者。老者皆少。疾病皆愈。［事對］　玉杯　瓊爵　漢武帝故事曰。上作承露盤。仙人掌擎玉杯。以取雲表之露。曹植魏德論曰。玄德洞幽。飛化上承。甘露以降。蜜淳冰凝。覩陽晞。瓊爵是承。獻之帝朝。以明聖徵。　晨降　宵零　楚詞曰。鑿山楹而爲室兮。下披衣於水渚。霧露其晨降兮。雲依霏而承宇。班固典引曰。甘露宵零於豐草。三危軒翥於茂樹。　潤草　垂木　春秋元命苞曰。霜以殺木。露以潤草。續晉陽秋曰。隋郡上甘露降擫陽縣。垂木露凝十餘里。　在棘　被蘭　毛詩曰。湛湛露斯。在彼杞棘。顯允君子。莫不令德。

阮籍詠懷詩曰。清露被蘭皐。凝霜霑野草。朝爲美少年。夕暮成醜老。三危 五色呂氏春秋曰。伊尹說湯曰。水之美者。有三危之露。下見上。脂凝 蜜淳何法盛晉中興書曰。甘露者。仁澤也。其凝如脂。下見上曹植魏德論。蛇游 龜飲劉向說苑曰。騰蛇游於霧露。乘於風。行非千里不止。洞冥記曰。元封二年。數過國獻能言龜。一頸長尺二寸。東方朔曰。唯承桂露以飲之。鶴警 蟬鳴周處風土記曰。白鶴性警。至八月白露降。流於草葉上。滴滴有聲。則鳴。劉向說苑曰。吳王欲伐荆。告其左右曰。敢有諫者死。舍人有少孺子者。欲諫。懷丸操彈於後園。露霑其衣。如是三朝。吳王曰。子來何露霑其衣如此。對曰。園中有樹。其上有蟬。蟬居高悲鳴飲露。不知螳蜋在其後。螳蜋曲跗取蟬。不知黄雀延頸欲啄。黄雀又不知彈丸在其下也。臣欲彈雀。又不知傍有坑而墜也。金掌 銅盤上見上。漢武帝故事。班固西都賦曰。撫仙掌以承露。擢雙立之金莖。曹植承露盤銘曰。大形見者。莫如高。物不朽者。莫如金。氣之淸者。莫如露。盛之安者。莫如盤。乃詔有司。鑄銅建承露盤于芳林園。漢宫 魏殿漢書宣帝詔曰。迺者鳳皇集太山陳留。甘露降未央宫。其赦天下。魏明帝與東阿王詔曰。昔先帝時。甘露屢降於仁壽殿前。靈芝生芳林園中。自吾建承露盤已來。甘露復降芳林園仁壽殿前。助海 濬江張衡奏事曰。飛塵增山。霧露助海。傅咸詩曰。零露濬江海。飛塵崇山岳。過謬佐台輔。安能飪鼎餗。託桐 晞薤蘇子曰。夫人生一代。若朝露之託桐葉耳。其與幾何。古今注曰。薤露。哀歌也。言人命如薤上之露。易晞。露晞明朝更復落。人死一去何時歸。色紫 色丹降陵 降郡 呂氏春秋。伊尹說湯曰。水之美者。三危之露。和之美者。揭雩之露。其色紫。拾遺記曰。崑崙山有甘露。望之色如丹。着木石則皎然如霜雪。寶器承之如飴。人君聖德則下。范曄後漢書曰。明帝永平十七年。甘露降於原陵。又曰。桓帝永康元年秋八月。魏郡言嘉禾生。甘露降。

〔詩〕

梁劉憯驚早露詩 九晼凝芳葉。百草瑩新珠。盈荷雖不潤。拂竹竟難枯。

梁顧煊賦得露詩 飛空猶蘊狀。集物始呈華。萎黄病秋荀。厭浥長春芽。非唯溥蔓草。頗亦變蒹葭。仍增江海浪。聊點木蘭花。

隋江總詠採甘露應詔詩 祥

露曉氛氳。上林朝晃朗千行珠樹出萬葉瓊枝長。徐輪動仙駕。清晏留神賞。丹水波濤汎。黄山烟霧上。風亭翠旆開。雲殿朱絃響。徒知恩禮洽。自憐名實爽。

庾抱賦得胥臺露詩 胥臺既落構。荆棘稍侵扉。棟折連雲影。梁摧照日暉。翔鵾逐不及。巢燕反無歸。唯有團階露。承睫共霑衣。

駱賓王秋露詩 玉關寒氣早。金塘秋色歸。汎掌光逾淨。添河滴尚微。變霜凝曉液。承月委圓輝。別有吳臺上。應濕楚臣衣。

董思恭詠露詩 夜色凝仙掌。晨甘下帝庭。不覺九秋至。遠向三危零。蘆渚花雖白。葵園葉尚青。晞陽一洒惠。方願益滄溟

〔頌〕 **梁神洊芳林園甘露頌** 福以德彰。慶沿業皎。矧兹嘉露。因祥特表。翻潤星夕。流甘月曉。奇越彫氛。珍逾素烏。至道伊融。大化期肇。惟此大化。實感天眷。降液丹墀。飛津綺殿。九服依風。八荒改面。敢述朦詞。式旌舞忭。

〔表〕 **隋盧思道在齊爲百官賀甘露表** 竊以河榮洛變。授祉於勛華。玄玉素鱗。降靈於湯武。其間微禽弱草。改狀移形。夜宿朝雲。星光動色。皆以照臨下土。發揮帝載。千祀一至。隔代同符。伏惟陛下上總天維。傍握河紀。持欽翼之小心。纂升平之大業。萬靈翹首。應三台以西巡。兩儀貞觀。乘六氣而東指。卿雲既出。還聞百辟之歌。河清可俟。實得萬人之歎。而上玄乃顧。神物荐委。飛甘灑潤。玉散珠連。昔魏明仙掌。竟無靈液。漢武金盤空望雲表。豈若神漿可挹。流珠九戸之前。天酒自零。凝照三階之下。斯實曠代祥符。前王罕遇。休矣美矣。皇哉唐哉。臣等並邀昌運。俱沐玄造。驟聞祕祉。亟覩冥貺。振鱗撫翼。空馳魚鳥之心。瘞玉編金。方待云亭之后。

〔啓〕 **沈約謝賜甘露啓** 約言。左右徐儼宣敕垂賜法音寺松葉上甘露。臣往年經見。不過霑條而已。時或凝結。纔若輕霧。未有玉聚珠聯。光粲若是。實由積仁上通。冥德下降。故能委華宵極。霈被後彫。慈旨曲洽。頒此祥賚。不任欣荷。謹以啓事謝以聞。

後梁蕭欣謝賜甘露啓 臣欣啓。某奉宣勅旨。垂賚便殿桃葉甘露。拜受雀躍。載懷鳥抃。伏以聖德至大。和氣茂遠。是以神液甘流。靈滋膏被。求之前代。鏡諸中古。或降邑都。尚君臣動色。遐邇趨慶。未有發瑞殿庭。呈祥翫矚。視聽罕聞。祥行絶代。臣與奉休明。曲蒙兹錫。獨深抃舞。實有常品。不任下情。謹以啓事以聞。

霧第六

〔敍事〕春秋元命苞曰．霧．陰陽之氣．陰陽怒而爲風．亂而爲霧．莊子曰．騰水上溢故爲霧．釋名．霧．冒也．氣蒙冒覆地物也．呂氏春秋云．冬行夏令．則氛霧冥冥．西京記云．太平之代．霧不塞望．浸淫被泊而已．帝王世紀曰．凡重霧三日．必大雨．雨未降．其霧不可冒行也．博物志曰．王肅張衡馬均俱冒重霧行．一人無恙．一人病．一人死．問其故．無恙者云．我飲酒．病者飽食．死者空腹．霧有赤霧青霧白霧黃霧之異．望氣經曰．十月癸巳．霧赤爲兵．青爲殃．抱朴子曰．白霧四面圍城．不出百日．大兵必至．漢成帝五舅同日封侯．其夏黃霧四塞．

〔事對〕三日　五里帝王世紀曰．帝沃丁八年．伊尹卒．年百有餘歲．大霧三日．沃丁葬以天子之禮．祀以大牢．親自臨喪三年．以報大德焉．謝承後漢書曰．張楷字公超．性好道術．能作五里霧．時關西人裴優亦作三里霧．　蛇游　豹隱韓子曰．飛龍乘雲．騰蛇游霧．雲罷霧散．與蚓蟻同矣．劉向列女傳曰．陶荅子妻者．陶大夫荅子之妻也．荅子化陶三年．名譽不興．家富三倍．其妻數諫曰．夫子能薄而官大．是謂嬰害．無功而家昌．是謂積殃．昔楚令尹子文之化．家貧而國富．福結於子孫．名垂於後代．今夫子貪富務大．不顧後害．妾聞南山有玄豹．霧雨七日不下食者．何也．欲以澤其衣毛而成其文章．故藏以遠害．今君若此．皆不免後患．按藏．隱也．故謝朓詩云．雖無玄豹姿．終隱南山霧．　圍城　繞軍上見上．抱朴子又曰．大霧繞軍．霧之所在者．其下有塞將軍之令．　烟迴　水溢宜都山川記曰．郡西北陸行三十里．有丹口．天晴出嶺．忽有霧起．迴轉如烟．不過再朝．雨必降．下見上莊子．　噏水　吹沙沈約宋書曰．後漢正月朝．天子臨德陽殿受朝賀．舍利從南方來．戲於殿前．激水化成比目魚．跳躍噏水．作霧翳日．拾遺記曰．平沙千里．色如金．細如粉．風沙起如霧．亦曰金霧．　涿野　夢澤古今注曰．黃帝與蚩尤戰於涿鹿之野．蚩尤作大霧．王粲英雄記曰．曹公赤壁敗．行雲夢大澤中．遇大霧．迷失道路．　夏井　漢墳上見圖稱陳留風俗通。漢武帝故事曰。武帝葬茂陵。芳香之氣異常。積於墳埏之間。如大霧。**銀山** **丹嶺** 湘州記曰。曲江縣有銀山。常多素霧。下見上。宜都山川記。**乘龜** **騎鹿** 王烈之安成記曰。縣人有謝廩者。行田歸路中。忽遇雲霧。霧中有一人乘龜而行。廩知神人。拜請求隨去。父曰。汝無仙骨。不得去也。楚詞曰。使梟陽先道兮。白虎爲之前後。浮雲霧而入冥兮。騎白鹿而容與。**鄧公呼吸** **猛獸吐噉** 蘇子曰。蜀鄧公呼吸成霧。東方朔十洲記曰。漢武帝天漢中。回胡國獻猛獸。使者曰。猛獸之出。生崑崙。或出玄圃。食氣飲霧。解人語。當其神也。立起風雲。吐噉霧露。百邪逆走。因名猛獸。**青山青天** **四塞四起** 徐幹中論曰。文王遇姜公於渭陽。執竿而釣。文王得之。灼若披雲而見白日。霍若開霧而覩青山。王隱晉書曰。樂廣爲尙書令。衞瓘見而奇之。令諸子造焉。曰。此人之水鏡也。每見瑩然若開霧覩青天。漢書曰。王氏五侯倶封。其日黃霧四塞終日。京房妖占曰。大霧君迷惑。雲霧四起。則時多隱士。

[詩] **太宗皇帝賦得花庭霧詩** 蘭氣已薫宮。新蕊半妝叢。色含輕重霧。香引去來風。拂樹濃舒碧。縈花薄蔽紅。還當雜行雨。髣髴隱遙空。**又遠山澄碧霧詩** 殘雲收翠嶺。夕霧結長空。帶岫凝全碧。障霞隱半紅。髣髴分初月。飄颻度曉風。還因三里處。冠蓋遠相通。**梁孝元帝詠霧詩** 三辰生遠霧。五里暗城闉。從風疑細雨。映日似游塵。乍若輕烟散。時如佳氣新。不妨鳴樹鳥。時蔽摘花人。**又** 曉霧晦階前。垂珠帶葉邊。五里浮長隰。三辰晦遠天。傍通似佳氣。卻望若飛煙。疎簾還復密。新棟更疑連。還思逢樂廣。能令露霧褰。**梁伏挺行舟遇早霧詩** 水霧雜山烟。冥冥不見天。聽猿方忖岫。聞瀨始知川。漁人惑澳浦。行舟迷泝沿。日中氣靄盡。空水共澄鮮。**梁沈趍賦得霧詩** 窈鬱蔽園林。依霏被軒牖。睇霧始疑空。瞻空復如有。遊蛇隱遙漢。文豹棲南阜。既殊三五輝。遠望徒迴首。**董思恭詠霧詩** 蒼山夜已暮。翠觀黯將沉。終南晨豹隱。巫峽夜猿吟。天寒氣不歇。景晦色方深。待訪公超市。將予赴華陰。**蘇味道詠霧詩** 氤氳起洞壑。遙裔匝平疇。乍似含龍劍。還疑映蜃樓。拂林隨雨密。度逈帶烟浮。方謝公超步。終從彥輔遊。

虹蜺第七

〔敍事〕春秋元命苞曰。虹蜺者。陰陽之精。雄曰虹。雌曰蜺。釋名云。虹。陽氣之動也。虹。攻也。純陽攻陰之氣。月令章句云。夫陰陽不和。婚姻失序。卽生此氣。虹見有青赤之色。常依陰雲而晝見於日衝。無雲不見。太陰亦不見。見輒與日相互。率以日西見於東方。故詩曰。蝃帝蝀凍在東。蝃蝀。虹也。爾雅云。蜺。雌虹也。一名挈口結反貳。爾雅云。凡虹雙出。色鮮盛者爲雄。雄曰虹。闇者爲雌。雌曰蜺。京房易傳曰。蜺。旁氣也。其占云。妻乘夫則見之。陰勝陽之表也。四時有之。唯雄虹見藏有月。有此二說。〔事對〕吐金　化玉劉敬叔異苑曰。晉陵薛願。義熙初。有虹飲其釜。須臾翕響便竭。願輦酒灌之。隨涸。吐金滿器。於是災弊日祛。而豐富歲臻。干寶搜神記曰。孔子作春秋。制孝經。既成。齋戒向北辰而拜。告備于天。乃泱鬱起白霧摩地。赤虹自上而下。化爲黃玉。長三尺。上有刻文。孔子跪受而讀之。美人　丈夫郭注爾雅曰。俗名美人。續搜神記曰。廬陵巴丘人陳濟者。作州吏。其妻獨在家。常有一丈夫。長大儀貌端正。著絳碧袍。彩色炫耀。相期於一山澗間。至於寢處。不覺有人道相感接。比鄰人觀其所至。輒有虹見。拖軒　迴館司馬相如上林賦曰。挽香沙而無見。仰攀擦而捫天。奔星更於閨闥。宛虹拖於楯軒。左思吳都賦。憲紫宮以營室。廓廟庭之漫漫。寒暑隔閡於邃宇。虹蜺迴帶於雲館。二氣　五色文子曰。天二氣卽成虹。地二氣卽洩藏。人二氣卽生病。春秋潛潭巴曰。虹出。后妃陰脅主。又曰。五色迭至。照於宮殿。有兵革之事。貫日　出暈史記曰。荊軻慕燕丹之義。白虹貫日。太子畏之。應劭曰。燕太子養荊軻。令刺秦王。精誠感天。白虹貫日。雜兵書曰。日暈有白虹貫內。在外者。從所止戰勝。屬宮　貫城漢書曰。上官桀謀廢昭帝。迎立燕王。令羣臣皆裝。是時天雨。虹下屬宮中飲井。井水竭。沈約宋書曰。劉義慶在廣陵。夜而白虹貫城。野麕入府。心甚惡之。因自陳求還。晝見　夜出薛瑩後漢書曰。靈帝光和元年。虹晝見御所居崇德後殿前庭中色青赤王韶之晉安紀曰義熙二年七月夜彩虹出西方蔽月 **太子畏** **小人祥** 上見上史記應劭注云如淳注曰虹臣氣日爲君列士傳曰荆軻發後太子見虹貫日不徹曰吾事不成矣張璠漢紀曰靈帝時虹晝見庭中引議郎蔡邕詣金商門問對曰虹蜺小人女子之祥 **陰陽交** **樞鎭散** 春秋元命苞曰陰陽交爲虹蜺春秋運斗樞曰樞星散爲虹蜺河圖稽耀鈎曰鎭星散爲虹蜺 **若鳥飛** **似龍降** 漢書曰武帝東遊東萊臨大海是歲如虹氣蒼黃若飛鳥集城陽宮上漢名臣蔡邕奏曰奉詔云五月二十九日有黑氣墮溫殿東庭中黑如車蓋騰起奮迅五色有頭體長十餘丈形皃似龍占者以虹蜺對虹著於天而降於庭以臣之聞則天所投虹也 **貫月生頊** **升天姤雄** 詩含神霧曰瑤光如蜺貫月正白感女樞生顓頊常璩華陽國志曰李特長子蕩字仲平少子雄字仲儁初特妻羅妊雄夢雙虹自地升天一虹中斷羅曰吾二兒若有先亡者必有貴者後雄遂王蜀

〔賦〕

梁江淹赤虹賦

東南嶠外爰有九石之山乃紅壁千里青蓴百仞苔滑臨水石險帶溪自非巫咸採藥羣帝上下者皆斂意焉於時夏蓮始舒春蓀未歇肅舲投渚緩拽江潭正逢巖崖相照雨雲爛色俄而雄虹赫然暈光曜水偃蹇山頂鳥弈江湄迫而察之實曰陰陽之氣信可觀也又憶昔登鑪峯上手接白雲今行九石下親弄絳蜺二奇難并感而賦曰迤邐崎嶬兮不極之連山鰅鱅虎豹兮玉虺騰軒孟夏氤氳兮荷葉涵蓮悵何意兮容與冀暫緩此憂年失世上之異人遲山中之虛跡掇仙草於危峰鐫神丹於崩石視鱣岫之吐噏養鼉梁之交積於是紫霧上河絳氛下漢白日無際碧雲卷半行雨蕭索光烟豔爛水學金波石似瓊岸鎭龜鱗之峻峻繞蛟色之漫漫俄而赤蜺電出蚴虯神驤曖昧以變依稀不常非虛非實乍滅乍光赩赫山頂照燎水陽雖圖緯之有載曠代彌識而未逢既咨嗟而躑躅聊周流而從容相番禺之廣澤憶丹山之喬峰騎傅說之一星乘夏后之兩龍彼靈物其詎幾寂火滅於山紅餘形可覽殘色未去曜蔵蕤而在草映青蔥而結樹昏青苔於丹渚曖朱草於石路霞晃朗而下飛日通曨而上度俯形命之窘獨哀時俗之不固定赤鳥之易遺乃鼎湖之可慕既

以爲騂驂四蟲之駕。方瞳一角之人。帝臺北荒之際。弇山西海之濱。流沙之野。析木之津。雲或怪彩。烟或異鱗。必雜虹蜺之氣。陰陽之神。

［詩］董思恭詠虹詩春暮萍生早。日落雨飛餘。橫彩分長漢。倒色媚淸渠。梁前朝影出。橋上晚光舒。願逐旌旗轉。飄飄侍直廬。

蘇味道詠虹詩紆餘帶星渚。窈窕戾天潯。空因壯士見。還共美人沉。逸勢含良玉。神光藻瑞金。獨留長劍彩。終負昔賢心。

霽晴第八

［敍事］說文云。霽。雨止也。霎。雨霽也。霩火郭反。雨止雲罷貌也。書稱乂時暘若。暘以乾物。霽景也。乂。治也。若。順也。孔安國注云。君政治則時暘順。此休徵之應也。僭恆暘若。恆。常也。注云。君行僭差則常暘逆。此咎徵之應也。白虎通曰。太平之時。時雨時霽。不以恆暘。而以時暘。天地之氣宣也。後漢應瑒。魏文帝。繆襲。晉傅玄。陸雲並有喜霽賦。晉湛方生有天晴詩。嵇含有悅晴詩。近代詞人作者甚衆。以苦陰霖而喜悅晴霽也。［事對］

雨止 雲罷見上說文也。 禜門 齊社禮記曰。雩禜。祭水旱也。三社義宗云。雩。祈雨之祭。禜。止雨之祭。每禜于城門。長沙耆舊傳云。文虔字仲儒。爲郡功曹吏。時霖雨廢人業。太守憂悒。召虔補戶曹。虔奉教齋戒在社三日。夜夢白頭翁謂曰。爾來何遲。虔具白所夢。太守曰。昔禹夢青繡衣男子稱蒼水使者。禹知水脈當通。若掾此夢。將可比也。明日果大霽。 收蜺 晅陽上見月令章句。又潘尼賦曰。收絳虹于漢陰。盧諶朝華賦曰。當於重陰始祛。微雨新晴。抑以泥液。晅以陽精。晅音火光反。玉篇云。日氣也。 嵇詩 陸賦嵇含悅晴詩曰。勁風歸巽林。玄雲起重基。朝霞炙瓊樹。夕影映玉芝。鳴鳳晞輕翮。應龍曝纖鬐。百穀偃而立。大木顛復持。陸雲喜霽賦序曰。永寧二年。鄴都大霖。作秋霖賦。賦成。天雨已霽。故又作喜霽賦。 縱陽門 鞭陰石漢書曰。董仲舒爲江都相。理國以春秋災異之變。推陰陽所錯行。故求雨閉諸陽。縱諸陰。其止雨反是。音義云。祈雨閉南門。止雨閉北門。宋永初山川記云。宜都郡有二大石。一爲陽。一爲陰鞭陰石則雨鞭陽石則晴牛泥盡　燕石止見雨門顧微廣州記下見湘州記　魏國興　蘇峻滅魏略五行志曰延康元年大霖雨五十餘日魏有天下乃霽將受大禪之應也晉中興徵祥記曰咸和四年陰霖五十餘日峻滅乃霽　作賦成　受祚應並見上夢白頭翁　見香鑪岫事見上盛弘之荆州記曰參山周迴數百里聳狀若香鑪至于雲霽天明景徹在襄陽北望見此山

[賦]　魏繆襲喜霽賦嗟四時之平分兮何陰陽之不均當夏至之勾萌兮或旱乾以歷旬既大麥之方登兮汨注潦以成川忍下民之昏墊兮棄嘉穀于中田悼彼昊天兮旁魄后土育我黎苗兮降之伊祜既垂曜于辰角兮申勸之以九扈何災沴之無常兮曾粢盛之弗顧覽唐氏之洪流兮悵佺傺以長懷日黃昏而不寐思達曙以獨哀白日時其潛旭兮雲滃勃而交回雷隱隱而震其響兮雨霖霖而又隤察長霤之潺湲兮若龍門之未開賴我后之明聖兮獨克躬而罪己發一言而感靈兮人靡食其何恃咨天鑒之遄速兮猶影響之未彰屯玄雲以東徂兮扇凱風以南翔穹蒼皎其呈色兮羲和粲以揚光農夫欣以斂川田畯耕於封壃　傅玄喜霽賦喜陰霖之既霽嘉良辰之肇晴悅氛電之潛匿兮樂天鑒之孔明行潦歸于百川兮七氣徹於雲庭東風穆而扇路重陽昇其舒靈去湮沒之憂患即通塗之敞平釋昏墊之蒙昧覩日月之光榮若幽龍之出泉兮超飛躍乎太清昔唐帝之欽明兮遘洪水之巨害在殷湯之盛時兮亢炎旱以歷歲伊我后之神聖兮敷皇道以居帝雖風雨之失度兮且嘉穀之無敗咸調暢以茲茂兮天人穆其交泰命怡樂之吐和兮播仁風乎無外晉陸雲喜霽賦毒霖雨之淹時兮情懷憤而無懌肅有禱於人謀兮反極陰於天作淸屏翳之洪隧兮俄太山之觸石改望舒之離畢兮躍六龍於紫閣於是朱明日皓凱風來南復火正之舊司兮黜后土於重陰夷中原之多潦兮反高岸於嵩岑委禾竦而振穎兮偃木竪而爲林敬大田之未墜兮幸神祇之有歆爾乃俯順習坎仰熾重離兼明暢而天地爽兮羣生悅而萬物齊戢流波於桂水兮起芳塵於沉泥災未及害和斯有祥翼翼黍稷油油稻粱望有年於自古兮希詩人之萬箱

[詩]　太宗皇帝初晴

落景詩晚霞聊自洽初晴彌可喜日光百花色風勁千林翠池魚躍不同園鳥聲還異寄言博通者知余物外志晉湛方生天晴詩屏翳寢神轡非廉收靈扇青天瑩如鏡凝津弈如研落帆修江湄悠悠極長眄清氣朗山壑千里遙相見梁簡文帝開霽詩景落商飆盡煙開四郊謐偃蹇暮山虹游揚下峰日水文城上動城樓水中出竟微共理功空臥淮陽秩又散絲與山氣忽洽復依晴雷音稍入嶺電影尚連城雨餘雲稍薄風收熱復生梁王筠望夕霽詩連山卷亂雲長林息衆籟密樹含綠滋遙峯凝翠靄石溜正潨潺山泉始澄汰物華方入賞跂予心期會周庾信喜晴詩比日思光景今朝始暫逢雨住便生熱雲晴即作峯水白澄還淺花紅曝更濃已歡無石燕彌欲棄泥龍又初晴詩濕花飛未遠陰雲斂尚低燕燥還爲石龍殘更是泥隋王胄雨晴詩初晴物候涼夕景照山莊殘虹低飲澗新溜上侵塘風度蟬聲遠雲開鴈路長虞世南奉和幽山雨後應令詩肅城鄰上苑黃山邇桂宮雨歇連峯翠烟開竟野通排虛翔戲鳥跨水落長虹日下林全暗雲收嶺半空山泉鳴石澗地籟響生風初晴應教詩初日明燕館新溜滿梁池歸雲半入嶺殘滴尚懸枝李百藥雨後詩晚來風景麗晴初物色華薄雲向空盡輕虹逐望斜後窗臨岸竹前階枕浦沙寂寥無與語樽酒對風花

〔文〕宋孝武帝祈晴文幽明失序就陰則滯連雨霖霪注而不替潤既違時澤而非惠幸輟霖而吐景權停雲而斂翳照鸞輅於大郊光龍旂於田際耒耜得施黍稷獲藝增高廩於嘉年登十千於茲歲

卷二校勘表

頁數	行數	排印本原文	安刻本	嚴陸校	備註
二三	六	惡也		〔嚴〕害也〔陸〕患也	
二三	七、八	曰黴黴雨曰濛濛		曰黴黴雨曰濛	
二三	一〇	袁豹	袁約		
二三	一一	列子傳		列子云	
二四	四	王問		「問」下有「玉曰」二字	
二四	八、九、一〇	嗽		「嗽」均作「噀」	
二四	九	面西南		而西南	
二四	一三	中山令	中山相		
二四	一五	疾當晝暝		疾雷晦暝	
二五	一	九年		七年	
二五	四	戚敗		戚陣	
二五	四	懷兮惠		患兮懷	
二五	七	問孔子曰鳥名商羊昔童謠		問孔子孔子曰此名商羊鳥昔童兒謠	

二五	一〇	軍行		軍出
二五	一一	甚以怒		甚怒
二五	一一	晉潘尼		晉潘岳
二五	一三	濛篾		濛瀎
二五	一四	一元		二原
二六	一	沖謙	冲軌	
二六	一	迨東作		且東作
二六	五	將居		將飢
二六	六	之長楸		之長秋
二六	七	屋滿鉛槧		屋漏鉛槧
二六	九	唐太宗		唐太宗文皇帝
二六	一一	霧上	霧止	
二六	一五	汎泳		汎沫
二七	二	耿長虹		映長虹
二七	八	陰氣勝		陰氣盛
二七	一四	數丈		數尺
二八	四	止王門		至王門
二八	五	出北門		出北闕

二八	五	北海		北海神	
二八	六	神皆警		神皆驚	
二八	一〇	母又		媪又	「媪」字疑是「媼」之誤。
二八	一〇	欲置臣堂上太高		欲臣堂上大高	
二八	一一	白雪		大雪	
二八	一一	深衣		深服	
二八	一二	團圞		團圓	
二八	一三	雪驟		雪下	
二八	一三	朗兒		胡兒	
二八	一四	家貧		家貧無油	
二九	一	雨雪霏霏		句下有「謝惠連雪賦曰姬昌發詠於來思」十三字	
二九	一	客有歌於郢中		句下有「始曰下里也國中人屬而和者數千人」十五字	
二九	二	事見上		句下有「周闕注中」四字	

二九	三	神人焉		神人居焉	
二九	四	流風之迴雪		句下有「或戲清流或翔神渚或採明珠或拾翠羽」十六字	
二九	七	夾錯		交錯	
二九	八	瀌瀌		麃麃	
二九	一〇、一一	縱心皓然		蹤心皎然	
二九	一三	太宗皇帝		太宗文皇帝	
二九	一四	破彩		破影	
三〇	三	徒看		徒見	
三〇	八	上官儀詠雪詩		詩下「禁園凝朔氣」至「董思恭詠雪詩」四十六字宋本無	
三二	二	淵日		滯日	
三二	八	陳留風俗傳		圈稱陳留風俗傳	古香齋本脫「傳」字·今補·
三二	一〇	有尖		有鐵	
三三	一	鮑敝		鮑敞	

三三	二	二尺	三尺
三三	一一	若云	吉雲
三三	一一	璃器	瑞器
三三	一三	觀陽	覩陽
三四	三	數過	數過
三四	三	頸長	頭長
三四	六	延頸欲啄黃雀	黃雀下有「欲啄螳蜋」四字
三四	七	撫仙掌	抗仙掌
三四	一一	古今注	崔豹古今注
三四	一二	揭雩	揭蕚
三四	一五	呈華	成華
三四	一五	秋筍	秋菊
三五	五	神洊	褚洊
三五	六	期肇	斯肇
三五	九	實得	實弭
三五	一〇	並邀	並遭
三五	一三	啓事	啓申

三五	一五	祥行	祥符	
三五	一五	實有	實百	
三六	一一	皆不免	者不無	
三六	一二	丹口天晴出嶺	丹山天晴山嶺	
三七	一	風俗通		「通」疑當作「傳」
三七	三	梟陽	梟楊	
三七	四	回胡	西胡	
三七	七	太宗皇帝	太宗文皇帝	
三七	九	帶岫	滯岫	
三七	一〇	細雨	細藹	
三七	一二	氣藹	氛藹	
三七	一三	蒼山夜	蒼山寂	
三八	五	挈口結反貳爾雅云	無「爾雅云」三字	
三八	八	郭注爾雅曰	爾雅云螮蝀虹也郭注云	
三八	九	儀貌	體貌	
三八	一〇	拖軒	椸軒	
三八	一〇	挽香沙	俛杳眇	
三八	一〇	攀擦	攀撩	

三八	一一	廟庭		廣庭	
三八	一二	出暈注		音運	
三八	一三	貫內在外	貫內出外	貫內出外	
三八	一四	天雨		大雨	
三八	一五	廣陵夜		廣陵有疾	
三九	一	上見上史記應劭注云		史記鄒陽書曰荊軻慕燕丹之義白虹貫日太子畏之應劭注云燕太子丹質於秦而始皇遇之無禮丹亡去後養荊軻令刺秦王精誠感天白虹貫日	
三九	二	靈帝時虹晝見庭中		靈帝光和元年七月虹晝見御作後殿前庭中色青赤	「御作」疑是「御座」之誤
三九	五	形宛		形見	
三九	九	雨雲	雲烟		
三九	九	暈光	圓光		

三九	一一	世上	俗間		
三九	一一	虛跡		靈跡	
三九	一一	養黿梁		肩黿梁	
四〇	三	紆餘		紆徐	
四〇	五	霏		霏	
四〇	六	時暘順		常暘順	
四〇	九	三社義宗		三禮義宗	
四〇	一一	上見月令章句又潘尼		月令章句云虹蜺陰陽之氣常依陰雲見於日衝無雲不見大陰亦不見雄曰虹雌曰蜺潘尼苦雨	
四〇	一三	重基		重低	「低」疑「坻」之訛
四一	二	受大禪	受祚		
四一	三	事見上		夢白頭翁見上齊社注中	
四一	三	聳狀		聳峻狀	
四一	四	大麥之方登		麰麥之方登	
四一	八	呈色	呈己	呈體	

四一	九	雲庭		天庭
四一	一二	天作淸屏翳		天祚靖屏翳
四一	一三	日皓		日皎
四一	一五	太宗皇帝		太宗文皇帝
四二	二	非廉		飛廉
四二	二	奕如		平如
四二	三	又		「又」下有「雨後詩」三字
四二	三	忽洽復依晴		忽合復俄晴
四二	六	棄泥龍		屏泥龍
四二	八	排虛		排雲

初學記卷第三

歲時部

春一　夏二　秋三　冬四

春第一

〔敍事〕禮記月令曰：孟春之月，日在虛，昏昴中，曉心中。孟，長也。日月之行，一歲十二會，觀斗所建，命其四時。孟春日月會於娵訾，而斗建寅。其日甲乙，其帝太皞，其神勾芒。鄭玄曰：此蒼精之君，木官之臣，自古以來著德立功者。太皞，宓羲也。勾芒，少皞氏之子曰重，爲木官。律中太簇。倉豆反。律，候氣之管，以銅爲之。中，猶應也。高誘注曰：萬物動生，簇地而出，故曰太簇。東風解凍，蟄蟲始振，振，動也。魚上冰，獺祭魚，鴻鴈來。此皆記時候。天氣下降，地氣上騰，天地和同，草木萌動。此陽氣蒸運，可耕之候。夏小正曰：正月啓蟄，雉震呴。呴，古雊字，古豆反。呴者，鳴也。震者，鼓其翼也。時有浚風，浚者，大風，南風。滌凍塗，滌者，變也，變而暖也。田鼠出，田鼠，嗛鼠也。嗛，儉簟反。農及雪澤，采芸，音魂。芸，似邪蒿，可食。柳稊，苦兮反。稊者，發孚也。梅杏杝斯桃則華。杝桃，山桃。月令曰：仲春之月，日在營室，昏東井中，曉箕中。仲，中也。仲春者，日月會於降婁，而斗建卯。律中夾鍾。高誘曰：是月萬物去陰而生，故候管者中夾鍾。始雨水，桃始華，倉庚鳴，倉庚，黃鸝也。鷹化爲鳩，玄鳥至。玄鳥，燕也。日夜分，雷始發聲，始電，蟄蟲咸動。夏小正曰：二月祭鮪，鮪之至，其時美。采芑，芑音杞，藘也。降燕乃睇。降，下也。

燕一名玄鳥齊人呼乙睇眄也眄者視可爲室　淮南子曰二月之夕女夷鼓歌以司天和女夷神名　月令曰季春之月日在婁昏柳中曉南斗中季少也季春日月會於大梁而斗建辰律中姑洗高誘注曰姑故也洗新也是月陽氣發故去故就新桐始華田鼠化爲鴽虹始見萍始生螮蝀謂之虹萍蓱也生氣方盛陽氣發洩勾者畢出萌者盡達屈而生者曰勾芒而直者曰萌夏小正曰三月參則伏參星伏不見螜斛則鳴螜天螻也爾雅注云天螻螻蛄　頒冰分冰以授大夫拂桐葩桐葩始生貌拂拂然　周書時訓曰三月鳴鳩拂羽戴勝降于桑拂羽以羽相擊戴勝促織紝之鳥一名戴鵀鵀音而鴆反　梁元帝纂要曰春曰青陽氣淸而溫陽　亦曰發生芳春青春陽春三春九春天曰蒼天萬物蒼蒼而生　風曰陽風春風暄風柔風惠風景曰媚景和景韶景時曰良時嘉時芳時辰曰良辰嘉辰芳辰節曰華節芳節良節嘉節韶節淑節草曰弱草芳草芔木曰華木華樹芳林芳樹林曰茂林鳥曰陽鳥時鳥陽禽候鳥時禽好鳥好禽正月孟春亦曰孟陽孟陬音鄒　上春初春開春發春獻春首春首歲初歲開歲發歲獻歲肇歲芳歲華歲二月仲春亦曰仲陽三月季春亦曰暮春末春晚春［事對］　蒼精　青祇張協雜詩曰太皡啓東節春郊禮青祇蒼精見敍事注　參伏　祥正大戴禮曰三月參則伏不見國語曰農祥晨正唐固注曰農祥房星也晨正謂晨見南方謂立春之日　穀雨　條風孝經緯曰周天七衡六間曰立春後十五日斗指寅爲雨水十五日指甲爲驚蟄後十五日指乙爲淸明後十五日指辰爲穀雨易通卦驗曰立春條風至宋均注曰條風者條達萬物之風　遲日　和風毛詩曰春日遲遲采蘩祁祁鄭注曰遲遲舒緩也陸士衡樂府詩曰游客芳春林春芳傷客心和風飛淸響鮮雲垂薄陰　淑景　鮮雲李顒悲四時詩曰舒朗景之淑鮮鮮雲事已見和風注中　九陽　三節傅玄陽春賦生氣方盛九陽奮發又樂府詩曰穆

穆三春節天氣暖且和 倉庚 玄乙毛詩曰春日載陽有鳴倉庚注曰倉庚黃鸝也蔡邕月令章句曰仲春玄鳥至玄鳥燕也爾雅
曰燕乙也 拂羽 揮鱗禮記曰季春之月鳴鳩拂其羽李顒悲四時曰春日悲兮魚揮鱗於巨川 鳴鶻 雊雉臨海異物志曰
鶻鳩一名田鶻三月鳴晝夜不止至當麥子熟鳴乃得止大戴曰正月雉震雊雊鳴也震鼓其翼 玄鳥 蒼龍呂氏春秋曰仲春之
月玄鳥至禮記曰孟春之月天子居青陽左介乘青輅駕蒼龍 降燕 來鴻 大戴禮二月降燕降下也禮記孟春之月鴻鴈來 桑
鵀 麥雉蔡邕月令章句曰季春戴鵀降於桑曹植射雉賦曰暮春之月宿麥盈野野雉羣雊 化鳩 歸鴈周禮羅氏仲春獻鳩
以養國老鄭玄注曰春鷹化爲鳩變舊爲新宜以養老助生氣禮記曰正月鴻鴈來來歸也北有鴈門故曰歸鴈 玄燕 黃鸝並見
上玄乙倉庚注 冰渙 雲滋王廙春可樂曰孟春之月冰泮渙以微流李顒悲四時曰悲陽澤之方宣雲興滋於秀石飈鳴柯於崇
山 杏花 菖葉崔寔四人月令曰清明節令蠶妾理蠶室是月也杏花盛呂氏春秋曰冬至後五旬七日菖者百草之先生也於是
始耕高誘注曰菖蒲水草 華桂 柔桑尸子曰春華秋英其名曰桂毛詩曰春日載陽爰求柔桑 蘭徑 柳衢楚辭曰獻歲發
春兮汩吾南征蘭皐被徑兮斯路漸 謝惠連三日詩曰弱柳蔭脩衢 青蘋 綠芰枚乘七發曰淹青蘋遊清風陶陽氣蕩春心
夏侯湛春可樂曰援若流之綠芰 荼柳 夭桃伍緝之春芳詩曰桃柳發荼榮丹綠粲郊邑毛詩曰桃之夭夭灼灼其華 布德
論功禮記曰立春之月天子迎春於東郊布德和令行慶施惠下及兆民大戴禮曰古者天子孟春論吏之德行功能 効功
論賞禮記曰季春之月蠶事既登分繭稱絲効功以供宗廟之服 管子曰孟春之朝君自聽朝論爵賞 帝藉 神禖禮記曰孟
春之月天子躬耕帝藉蔡邕曰天子藉田千畝以供上帝之粢盛借人力以成其功故曰帝藉 呂氏春秋曰仲春之月玄鳥至之日以
太牢祠于高禖蔡邕曰高禖神名也 獻羔 祭鮪禮記曰仲春之月天子乃獻羔開冰先薦寢廟大戴禮曰二月祭鮪鮪者魚之先

至者。祈麥　薦韭禮記曰季春之月天子乃爲麥祈實。鄭玄注曰於含秀求其成也。崔寔四民月令二月祠太社之日薦韭卵于祖禰。徇鐸　載耜尚書曰每歲孟春遒人以木鐸徇于路。注曰遒人宣令之官木鐸金鈴木舌所以振文教也。禮記曰孟春之月擇元辰天子親載耒耜帥三公九卿諸侯大夫躬耕藉田。禁火　啓冰周禮曰司烜氏掌仲春以木鐸以脩火禁。蔡邕月令章句曰仲春之月天子獻羔開冰。條桑　採艾毛詩曰蠶月條桑鄭玄曰條桑支落其葉。崔寔四民月令曰三月可採艾耳。花蓋　葉幄夏侯湛春可樂曰春可樂兮綴雜花以爲蓋集繁蘂以飾裳葉幄見下謝萬春賦。綠野　青逵謝靈運入彭蠡口詩曰春晚綠野秀。嵓高白雲屯。劉臻妻獻春頌曰玄陸降坎青逵升震陰祗送冬陽靈迎春。浴沂　禊洛論語曰暮春者春服既成冠者五六人童子六七人浴乎沂風乎舞雩詠而歸。蔡邕禊文曰洋洋暮春厥月除巳。尊卑煙鶩惟女與士自求百福在洛之涘。楡莢雨　桃花水　氾勝之書曰三月楡莢雨高地強土可種禾。韓詩章句曰溱與洧方渙渙兮謂三月桃花水下時鄭國之俗三月上巳此水招魂續魄祓除不祥之故也。

［賦］晉傅玄陽春賦乾坤絪緼冲氣穆清幽蟄既動萬物樂生依依楊柳翩翩浮萍桃之夭夭灼灼其榮。繁華煒而曜野兮煒分葩而揚英鵲營巢於高樹兮燕銜泥於廣庭覩戴勝之止桑兮聆布穀之晨鳴樂仁化之普宴兮異鷹隼之變形。

晉謝萬春遊賦青陽司候勾芒御辰陳滌灌以摧枯初莖蔚其曜新幂豐葉而爲幄靡翠草而成絪於是遠嘯良儔近命嘉賓奏羽觴而交獻羅絲竹以並陳詠新服之璀璨想舞雩之遺塵撫鳴琴而懷古登脩臺而樂春爾乃碧巘增邃灌木結陰輕雲晻曖以幕岫和風清泠而啓衿。

晉湛方生懷春賦鴻飄翮於歸風燕銜泥而來征鷙鳥感仁而革性鶗鴂乘化而變聲麥芃芃而含秀桑藹藹而敷榮華照灼以爛林葉婀娜以媚莖。

宋劉義恭感春賦聽時禽之哢音信關關以嚶嚶悲陽鴻之赴朔憐春燕之入楹天晻曖而流雲日陰翳而淪精風淑穆而吹蘭雨濛濛而洗莖草承澤而擢秀花順氣而飛馨。

梁簡文帝晚春賦待餘春於北閣藉高謙於

南陂．水篩空而照底．風入樹而香枝．嗟時序之迴斡．歎物候之推移．望初篁之傍嶺．愛新荷之發池．石憑波而倒植．林隱日而橫垂．見遊魚之戲藻．聽驚鳥之鳴雌．樹臨流而影動．嵓薄暮而雲披．既浪激而沙游．亦苔生而徑危．梁孝元帝春賦洛陽小苑之西．長安大道之東．苔染池而盡綠．桃含山而併紅．露霑枝而重葉．網縈花而曳風．隋庾信春賦宜春苑中春已歸．披香殿裏作春衣．新年鳥聲千種囀．二月楊花滿路飛．河陽一縣併是花．金谷從來滿園樹．一叢香草足礙人．數尺遊絲卽橫路．開上林而競入．擁河橋而爭渡．出麗華之金屋．下飛燕之蘭宮．釵朶多而訝重．髻鬟高而畏風．眉將柳而爭綠．面共桃而競紅．影來池裏．花落衫中．吹簫弄玉之臺．鳴珮凌波之水．移戚里而家富．入新豐而酒美．苔始綠而藏魚．麥纔靑而覆雉．隋蕭慤春賦落花無限數．飛鳥排花度．禁苑至饒風．吹花春滿路．嵓前片石迥如樓．水裏連沙聚作洲．二月鶯聲纔欲斷．三月春風已復流．分流繞小渡．塹水還相注．山頭望水雲．水底看山樹．舞餘香尙在．歌盡聲猶住．麥隴一鶯翬．菱潭兩飛鷺．

〔詩〕唐太宗首春詩寒隨窮律變．春逐鳥聲開．初風飄帶柳．晚雪間花梅．碧林靑舊竹．綠沼翠新苔．芝田初鴈去．綺樹未鶯來．南齊虞羲春郊詩風遲蝶弄蘤．景麗鳥和春．樵歌喧隴暮．魚枻亂江晨．山中芳杜若．依依獨思人．南齊王儉春夕詩露華方照歲．雲彩復經春．虛閨稍疊草．幽帳日凝塵．又春詩蘭生已匝苑．萍開欲半池．輕風搖雜蘤．細雨亂叢枝．又曰風光承露照．霧色點蘭暉．靑荑結翠藻．黃鳥弄春飛．梁簡文帝春日想上林詩春風本自奇．楊柳最相宜．柳條恆著地．楊花好上吹．處處春心動．常惜光陰移．又晚春詩紫蘭葉初滿．黃鶯哢不稀．石蹲還似獸．蘿長更加衣．水曲文魚聚．林暝鴉鳥飛．渚蒲變新節．嵓桐長舊圍．風花落未已．山窗開夜扉．梁孝元帝春日詩新鶯隱葉囀．新燕向窗飛．柳絮時依酒．梅花乍入衣．玉珂逐風度．金鞍照日暉．無令春色晚．獨望行人歸．又望春詩葉濃知柳密．花盡覺梅疎．蘭生未可握．蒲小不堪書．梁沈約傷春詩弱草半抽黃．輕條未全綠．年芳被禁籞．煙華繞層曲．寒苔卷復舒．冬泉斷方續．早花散凝金．初露泫成玉．又初春詩扶道覔陽春。相將共攜手。草色猶自非。林中都未有。無事逐梅花。空教信楊柳。且復歸去來。含情寄杯酒。梁鮑泉奉和湘東王春日詩 新鶯始新歸。新蝶復新飛。新花滿新樹。新月麗新暉。新光新氣早。新望新盈抱。新水新綠浮。新禽新聽好。新景自新還。新葉復新攀。新枝雖可結。新愁詎解顏。新思獨氛氳。新知不可聞。新扇如新月。新蓋學新雲。新落連珠淚。新點石榴裙。梁聞人蒨春日詩 高臺動春色。清池映日華。綠葵向光轉。翠柳逐風斜。林有鳴心鳥。園多奪目花。相與咸知節。歎子獨離家。周庾信詠春詩 昨夜鳥聲春。驚鳴動四鄰。今朝梅樹下。定有折花人。周宗懔春望詩 日暮春臺傍。徙倚愛餘光。都尉新移棗。司空始種楊。一枝猶桂馥。十步有蘭香。望望無萱草。忘憂竟不忘。又早春詩 昨暝春風起。今朝春氣來。鶯鳴一兩囀。花樹數重開。散粉成初蝶。剪綵作新梅。遊客傷千里。無暇上高臺。陳張正見春初賦得池應教詩 遙天收密雨。高閣映奔曦。雪盡青山路。冰銷漾水池。春光落雲葉。花影發晴枝。琴樽奉終宴。風月豈云疲。隋煬帝晚春詩 洛陽春稍晚。四望滿春輝。楊葉行將暗。桃花落未稀。窺簷燕爭入。穿林鳥亂飛。唯當關塞者。濃露方沾衣。隋陽休之春日詩 遲遲暮春日。藹藹春光上。柔露洗金盤。輕絲綴珠網。漸看階莚蔓。稍覺池蓮長。蝴蝶映花飛。楚雀緣條響。隋蕭愨春晚庭望詩 春庭聊縱望。樓臺自相隱。牕梅落晚花。池竹開初筍。泉鳴知水急。雲來覺山近。不愁花不飛。到畏花飛盡。隋江總春詩 水苔宜溜色。山櫻助落暉。浴鳥沉還戲。飄花度不歸。陳叔達春首詩 雪花聯玉樹。冰彩散瑤池。翔禽遙出沒。積翠遠參差。又早春桂林殿應詔詩 金鋪照春色。玉律動年華。朱樓雲似蓋。丹桂雪如花。水岸銜堦轉。風條出柳斜。輕輿臨太液。湛露酌流霞。虞世南春夜詩 春苑月徘徊。竹堂侵夜開。驚鳥排林度。風花隔水來。楊師道春朝閑步詩 休沐乘閑豫。清晨步北林。池塘藉芳草。蘭芷襲幽衿。霧中分曉日。花裏弄春禽。野逕香恆滿。山階筍屢侵。何須命輕蓋。桃李自成陰。上官儀奉和初春詩 步輦出披香。清歌臨太液。曉樹流鶯滿。春堤芳草積。風色翻露文。雪花上空碧。花蝶來未已。山光曖將夕。元萬頃奉和春日池臺詩日影飛花殿風文積草池鳳樓通夜敞虯輦望春移又奉和春日詩花輕蝶亂仙人杏葉密鶯啼帝女桑飛雲閣上春應至明月樓中夜未央又曰鳳輦迎風乘紫閣鸞車避日轉彤闈中塘促管淹春望後殿清歌開夜扉

夏第二

[敍事] 禮記月令曰孟夏之月日在昴昏翼中曉牽牛中鄭玄注曰孟夏者日月會於實沉而斗建巳之辰其日丙丁丙之言炳也萬物皆炳然著見而強大其帝炎帝其神祝融此赤精之君火官之臣炎帝大庭氏也祝融顓頊氏之子曰黎爲火官正者律中仲呂高誘注曰陽散在外陰實在中所以旅陽成功故曰仲呂也螻蟈鳴蚯蚓出王瓜生苦菜秀螻蟈蛙也王瓜萆挈也高誘曰螻蟈蝦蟆也萆蒲結反靡草死麥秋至斷薄刑決小罪靡草薺葶藶之屬夏小正曰四月昴則見昴星名易通卦驗曰立夏清明風至而暑鵲鳴博穀飛電見龍升天龍心星名月令曰仲夏之月日在參昏角中曉危中鄭玄注曰仲夏者日月會於鶉首而斗建午之辰律中蕤賓高誘曰是月陰氣萎蕤在下象主人陽氣在上象賓客小暑至螗蜋生鵙始鳴反舌無聲螗蜋螵蛸母也鵙伯勞也反舌百舌鳥高誘曰螗蜋代謂之天馬一名齕疣兗豫謂之巨斧是月陰作於下陽散於上伯勞夏至後應陰而殺蛇乃磔之棘上而始鳴也反舌百舌也變易其聲倣百鳥之鳴故謂之百舌也鹿角解蟬始鳴半夏生木槿榮木槿玉蒸也名蕣一名櫬夏小正五月參見則蜧蜩鳴蜧蜩者五彩具初昏大火中大火心星尚書曰日永星火以正仲夏永長也謂夏至之日也火蒼龍之中星舉中則七星見可知也鳥獸希革時毛羽希少改易革改也月令曰季夏之月日在東井昏氏中曉東壁中鄭玄曰季夏者日月會於鶉火而斗建未之辰律中林鍾溫風至蟋蟀居壁按爾雅曰蟋蟀蛬劉劭注云謂蜊蜻也孫炎云梁國謂之蛬郭璞云今促織也蛬音義或作

蛍。方言。蜻蛚。楚謂之蟋蟀。似蝗而小。正黑。有光澤如漆。有角翅。一名蜚。一名蜻蛚。幽州人謂之促織。鷹乃學習。腐草化爲螢。鷹學
習。謂攫搏。螢飛蟲。螢火也。梁元帝纂要曰。夏曰朱明。氣赤而光明。亦曰長嬴。以征反。朱夏。炎夏。三夏。九夏。天曰昊
天。言氣浩汗。風曰炎風。節曰炎節。草曰茂草。雜草。木曰蔚林。茂林。密樹。茂樹。孟夏亦曰維夏。首夏。季夏亦
曰徂暑。徂。往也。言暑始往。［事對］ 龍見　鶉棲　尚書曰。日永星火。以正仲夏。注曰。火。蒼龍之中星也。左傳曰。龍見而雩。注云。
龍見。建巳之月。蒼龍七宿之體。昏見東方。　張衡應閒曰。溽暑至而鶉火棲。寒冰沍而黿鼉蟄。　麥秋　梅雨　禮記曰。孟夏麥秋至。斷
薄刑。蔡邕月令章句曰。百穀各以其初生爲春。熟爲秋。故麥以孟夏爲秋。周處風土記曰。梅熟時雨。謂之梅雨。　翔鵙　鳴蟬　禮記。仲
夏之月。鵙始鳴。李顒羨夏篇曰。咧咧林蜩鳴。翩翩鳴鵙翔。易通卦驗曰。夏至景風至。蟬始鳴。螗蜋生。　榮槿　秀葽　禮記。仲夏木槿榮。
毛詩曰。四月秀葽。注云。不榮而實曰秀。葽。草也。　草滋　木蔚　曹植古樂府豔歌行曰。夏節純和天清涼。百草滋殖舒蘭芳。傅玄述夏
賦曰。四月維夏。運臻正陽。鹿角解於中野。草木蔚其條長。　素榡　朱李　左思蜀都賦曰。朱櫻春就。素榡夏成。魏文帝與吳質書曰。浮
甘瓜於淸泉。沉朱李於寒冰。　炎風　熾日　陳琳大暑賦曰。土潤溽以歊烝。時淟涊以溷濁。溫風鬱其彤彤。譬炎火之陶燭。曹植大暑
賦曰。炎帝掌節。祝融司方。維扶桑之高燎。熾九日之重光。　朱輅　赤旗　禮記。孟夏之月。天子居明堂左介。乘朱輅。兵書曰。夏出兵。赤
旗在前。執戟前行。　象德　封功　范子計然曰。德取象於春夏。刑取象於秋冬。　京房易占曰。夏至離王。景風用事。人君當爵有德。封
有功。　風觀　冰臺　潘岳關中記曰。桂宮一名甘泉。又作迎風觀。寒露臺以避暑。陸翽鄴中記曰。石季龍於冰井臺藏冰。三伏之日。以
冰賜大臣。　祭黍　羞桃　皇覽逸禮曰。夏則乘赤輅。駕赤駵。載赤旗。以迎夏於南郊。其祭先黍與雞。　禮記曰。仲夏之月。天子羞以含
桃。先薦寢廟。　均管　頒冰　禮記曰。仲夏之月。命樂修鞀鞞鼓。以均琴瑟管簫。周禮曰。淩人掌夏頒冰。注云。暑氣盛。以冰頒賜。　環爐

交扇 桓譚新論曰。漢中送王仲都至夏大暑日。使暴坐。又環以十罏火。不言熱而身不汗出。劉義慶世說曰。郗嘉賓三伏之月詣謝公。炎暑熏赫。雖復當風交扇。猶沾汗流離。

嘯風 歔露 王粲大暑賦曰。仰庭熠而嘯風。風既至其如湯。氣呼吸以袪和。汗雨下而霑裳。王度扇上銘曰。朱明赫離光。啓聰來清風。服給歔雲露。體夷神自融。

濯枝雨 飛芒露 周處風土記曰。仲夏濯枝盪川。注云。此節常有大雨。名濯枝。傅玄夏賦曰。和風穆而扇物。麥含露而飛芒。

黃雀風 丹魚水 周處風土記。仲夏長風扇暑。注云。此節東南常有風。俗名黃雀長風。酈元注水經曰。丹水出丹魚。先夏至前十夜伺之。魚浮水則赤光上照如火。

避暑飲 感涼會 魏文帝典論曰。大駕都許。使光祿大夫劉松北鎮袁紹軍。與紹子弟日共宴飲。常以三伏之際。晝夜酣飲。極醉至於無知。云以避一時之暑。故河朔有避暑飲。傅咸感涼賦序曰。盛夏月困於炎熱。熱甚不過旬日。而復自涼。以時之涼。命親友曲會作賦爾。

［賦］後漢繁欽暑賦 景暑方往。時惟六月。林鍾紀度。祝融司節。大火颺光。炎風酷烈。沉陽騰射。滯暑散越。區寓鬱烟。物焦人渴。煌煌野火。熿薄中原。翕翕盛熱。蒸我層軒。溫風淟涊。動靜增煩。

晉夏侯湛大暑賦 惟青春之謝兮。接朱明之季月。何太陽之赫曦。乃鬱陶以興熱。於是大呂統律。祝融紀節。蒸澤外熙。太陰內閉。若乃三伏相仍。徂暑彤彤。上無纖雲。下無微風。

隋盧思道納涼賦 祝融司方。朱明居序。氣乃初伏。節惟徂暑。積歊蒸於簾櫳。流煩溽於闤闠。陽風淟其長扇。火雲赫而四舉。爾乃警六御。按三條。擊鼉鼓。吟鳳簫。雲車錯轂。麟馬齊鑣。入雲宮之巉嵯。登仙觀之岧嶢。引雄風於洞穴。承清露於丹霄。動颸飀於翠帳。散霏微於綺寮。

［詩］唐太宗初夏詩 一朝春夏改。隔夜鳥花遷。陰陽深淺葉。曉夕重輕烟。哢鶯猶響殿。橫絲正網天。佩高蘭影接。綬細草文連。碧鱗驚棹側。玄燕舞簷前。何必汾陽處。始復有山泉。

賦得夏首啓節詩 北闕三春晚。南營九夏初。黃鸎弄朝變。翠林花落餘。瀑流還響谷。猿啼自應虛。早荷向心卷。長楊就影舒。此時歡不極。調軫坐相娛。

齊謝朓夏日詩 麥候始清和。涼雨銷炎燠。紅蓮搖弱荇。丹藤繞新竹。

梁簡文帝和湘東王首夏

詩　冷風雜細雨。垂雲助麥涼。竹木俱蔥翠。花蝶兩飛翔。燕泥銜復落。鶗吟歛更揚。臥石藤爲纜。山橋樹作梁。欲待華池上。明月吐清光。

梁蕭子範夏夜獨坐詩　節序遇徂炎。兹宵在三伏。憑軒佇涼氣。中筵倦煩燠。寂寞對空牕。清疎臨夜竹。虫音亂階草。螢光繞庭木。簾月度斜輝。風花起餘馥。梁徐怦夏詩　炎光歇中宇。清氣入房櫳。晚荷猶卷綠。疎蓮久落紅。梁徐摛夏詩　夏景厭房櫳。促席翫花叢。荷陰斜合翠。蓮影對分紅。此時避炎熱。清樽獨未空。隋庾信夏日應令詩　朱簾捲麗日。翠幕蔽重陽。五月炎氣蒸。三時刻漏長。麥隨風裏熟。梅逐雨中黄。開冰帶井水。和粉雜生香。衫含蕉葉氣。扇動竹花涼。早菱生軟角。初蓮開細房。願陪仙鶴舉。洛浦聽笙簧。

隋李德林夏日詩　夏景多煩蒸。山水暫追涼。桐枝覆玉檻。荷葉滿銀塘。輕扇搖明月。珍簟拂流黄。壺盛仙客酒。瓶貯帝臺漿。才人下銅雀。侍妓出明光。歌聲越齊市。舞曲冠平陽。微風動羅帶。薄汗染紅粧。共欣陪宴賞。千秋樂未央。隋薛道衡梅夏應教詩　長廊連紫殿。細雨應黄梅。浮雲半空上。清吹隔池來。集鳳桐花散。騰龜蓮葉開。幸逢爲善樂。頻降濟時才。又夏晚詩　流火稍西傾。夕影遍曾城。高天澄遠色。秋氣入蟬聲。隋魏彥琛初夏應詔詩　雖度芳春節。物色尚餘華。出簾飛小燕。映戶落殘花。舞衫飄細縠。歌扇掩輕紗。蘭房本宜夜。不畏日光斜。楊師道和夏日晚景應詔詩　輦路夾垂楊。離宮通建章。日落橫峯影。雲歸起夕涼。彫軒動流吹。羽蓋息迴塘。薙草生還綠。殘花踈尚香。青嵩類姑射。碧澗似汾陽。幸屬無爲日。歡娛方未央。〔書〕魏文帝與吳質書曰　事已見上朱李注中。

秋第三

〔敍事〕禮記月令曰。孟秋之月。日在張。昏尾中。曉婁中。鄭玄曰。孟秋者。日月會於鶉尾。而斗建申之辰。其日庚辛。庚之言更也。辛之言新也。日行秋西從白道。成熟萬物。月爲之佐。萬物皆肅然改更。秀實新成也。其帝少皞。其神蓐收。此白精之君。金官之臣。少昊金天氏。蓐收少皞氏之子曰該。爲金官。律中夷則。高誘曰。太陽力衰。太陰氣發。萬物彫傷。應法成性。涼風至。白露降。寒蟬鳴。鷹乃祭鳥。鷹祭鳥者。將食之示有先也。仲秋之月。日在角。昏南斗中。曉畢中。鄭玄曰。仲秋者。日月會於壽星。而斗建酉之辰。律中南呂。高誘曰。陽氣內藏。陰呂於陽。任其成功。盲風至。鴻鴈來。玄鳥歸。群鳥養羞。盲風。疾風也。玄鳥。燕也。歸謂去蟄也。凡鳥隨陽者。不以中國爲居。羞謂所養。日夜分。雷乃始收。蟄蟲坏戶。陽氣日衰。水始涸。坏。益也。季秋之月。日在角。昏牽牛中。曉東井中。鄭玄曰。季秋日月會於大火。而斗建戌之辰。律中無射。季秋氣生。則無射之律應。高誘曰。陰氣上升。陽氣下降。萬物隨陽而盛。而無射出見者也。鴻鴈來賓。雀入大水爲蛤。菊有黃華。豺乃祭獸。戮禽。來賓。言其客止未去。大水。海也。戮。殺也。霜始降。草木黃落。尚書曰。宵中星虛。以殷仲秋。宵。夜也。虛。玄武中星。以秋分日見。鳥獸毛毨。毨。理也。毛更生整理也。蘇薺反。又星殄反。淮南子曰。七月。百蟲蟄伏。青女乃出。高誘曰。青女乃青要玉女。司霜雪者。以降霜雪。夏小正曰。八月。丹鳥羞。羞。進也。白鳥。白鳥。蚊蚋。辰則伏。辰。房星。鴽爲鼠。九月。內火。火。大火。心星也。梁元帝纂要曰。秋曰白藏。氣白而收藏萬物。亦曰收成。萬物成而收斂。亦曰三秋。九秋。素秋。素商。高商。天曰旻天。旻。愍也。愍萬物之彫零。風曰商風。素風。淒風。高風。涼風。激風。悲風。景曰朗景。澄景。淸景。時曰淒辰。霜辰。霜辰可施。九月。節曰素節。商節。草曰衰草。木曰疎木。衰林。霜柯。霜條。七月孟秋。首秋。上秋。肇秋。蘭秋。八月仲秋。亦曰仲商。九月季秋。亦曰暮秋。末秋。暮商。季商。杪秋。亦曰授衣。此時婦功畢。始授衣。亦曰玄月。[事對]

火流　土王　毛詩曰。七月流火。九月授衣。易說曰。坤西南。主立秋。京房易占曰。立秋。坤王。涼風用事。周易集林曰。坤。土也。

露下　風高　易通卦驗曰。立秋。涼風至。白露下。江逌詩曰。高風催節變。凝霜督物化。

蓼風　葭露　蔡邕月令章句曰。仲秋白露節。盲風至。

秦人謂蓼風爲盲風。毛詩曰。蒹葭蒼蒼。白露爲霜。凝霧　涼煙袁淑秋情賦曰。曳悲泉之凝霧。轉絕垠之嚴雲。鮑明遠秋思賦曰。秋木兮架浦。涼煙兮冒江。勁風　皦月潘岳秋興賦曰。庭樹槭以洒落。勁風戾而吹帷。湛方生秋夜賦曰。夜悠悠而難極。月皦皦而停光。收潦　滌氣楚辭曰。悲哉秋之爲氣也。泬寥兮天高而氣清。寂慘兮收潦而水清。袁淑秋情賦曰。炎都褰埃。旻寓滌氣。涼風　凄日禮記曰。涼風至。毛詩曰。秋日凄凄。百卉具腓。長宵　短晷盧諶詩曰。凜凜素秋。日促宵長。潘岳秋興賦曰。何微陽之短晷。覺長夜之方永。金帝　玉女禮記曰。孟秋。其帝少皥。注云。少皥。金天氏。淮南子曰。至秋三月。青女乃出。降霜雪。高誘注曰。青女乃天神青要玉女。主霜雪。凝露　飛霜曹植秋思賦曰。四時更王兮秋氣悲。高雲靜兮露凝衣。徐廣秋賦曰。于時招搖西建。天高氣清。飛霜凝洒。悴葉飄零。收溫　滌暑湛方生秋夜詞曰。秋夜清白兮。播商氣以收溫。扇凄風以革涼。李顒悲四時曰。秋日兮火流天而滌暑。風入林而疎條。珠露　金風李顒感興賦曰。風觸波而文動兮。露沾卉而珠凝。張協詩曰。金風扇素節。丹露啓陰期。白帝　青女禮記曰。立秋之月。天子率三公九卿諸侯大夫以迎秋於西郊。鄭玄注曰。是月祭白帝於西郊以迎秋。青女見上玉女注中。歸燕　鳴蜩周書曰。白露後五日。玄鳥歸。又立秋後。寒蜩鳴。擊隼　化螢漢書曰。孫寶爲京兆尹。以立秋日署侯文爲東都督郵。入見。勑曰。今鷹隼始擊。當從天氣。取姦惡以成嚴霜之誅。易通卦驗曰。立秋腐草化爲螢。蟲吟　鳥擊蘇彥秋夜長曰。時禽鳴於庭柳。節蟲吟於戶堂。易通卦驗曰。秋分鷙鳥擊。木落　草衰魏文帝燕歌行曰。秋風蕭瑟天氣涼。草木零落露爲霜。李陵荅蘇武書曰。涼秋九月。塞外草衰。露葉　霜條謝惠連詩曰。團團滿葉露。淅淅振條風。何瑾悲秋曰。霜凝條兮璀璀。露霭葉兮泠泠。落英　隕葉蘇彥秋夜長曰。零葉紛其交華。落英飄以散芳。潘岳秋興賦曰。游氛朝興。槁葉夕隕。九法　五政周禮曰。大司馬之職。掌建邦國之九法。以佐王平邦國。仲秋教理兵政。管子曰。秋三月以庚辛之日發五政。一政曰禁博賽。二政曰無見五兵之刃。三政曰愼旅農。趍聚收。

四政曰補缺塞坼。修垣墻。謹門閭。五政曰敬時。五穀之皆入也。**逆寒** **迎氣**周禮曰。籥章掌仲秋擊土鼓。吹豳詩。以逆寒氣。司馬彪續漢書曰。立秋之日。夜漏未盡五刻。京都百官皆衣白絁皂領緣中衣。迎氣於西郊。**獻裘** **授几**周禮曰。司裘掌爲大裘。以供王祀天之服。仲秋獻良裘。季秋獻功裘。禮記曰。仲秋之月。天子居總章太廟。是月也。養衰老。授几杖。**月帳** **風帷**湯惠休白紵詩曰。秋風嫋嫋入曲房。羅帳含月思心傷。風帷巳上見勁風注中。**霜階** **風隙**夏侯湛秋可哀賦曰。秋夕兮遙長。哀心兮永傷。木蕭蕭以被風。階縞縞以受霜。謝靈運七夕詩曰。月弦光入戶。秋首風邊隙。**日凄凄** **風冽冽**毛詩曰。秋日凄凄。左思雜詩曰。秋風冽冽。白露爲霜。**照帷月** **盈幕風**夏侯湛秋可哀曰。月翳翳以隱雲。星朧朧而沒光。映前軒之疎幌。照後帷之閑房。宋孝武秋詩曰。蕭蕭風盈幕。**振條風** **傾枝露**楚詞曰。秋風兮蕭蕭。舒芳兮振條。孝武詩曰。泫泫露傾枝。**警露鶴** **含風蟬**周處風土記曰。鳴鶴戒露。白鶴也。此鳥性警。至八月白露降。卽鳴而相警。謝惠連懷秋詩曰。蕭瑟含風蟬。寥唳度雲鴈。

〔賦〕

漢繁欽秋思賦何晏秋之憯悽。處閑夜而懷愁。風清涼以激志兮。樹動葉而鼓條。雲朝躋于西汜兮。遂憤薄於丹邱。潛白日之玄陰兮。翳朗月於重幽。零雨濛其迅疾。黃潦汩以橫流。

晉潘岳秋興賦四運忽其代序兮。萬物紛以迴薄。覽華蒔之時育兮。察盛衰之所託。感冬索而春敷。嗟夏茂而秋落。善哉宋玉之言曰。悲哉秋之爲氣。蕭瑟兮草木搖落而變衰。憯慄兮若在遠行。登山臨水送將歸。夫送歸懷慕徒之戀。遠行有羈旅之憤。臨川感激而歎逝兮。登山懷遠而悼近。彼百感之疚心。遭一塗而難忍。嗟秋日之可哀兮。良無愁而不盡。野有歸燕。隰有翔隼。游氛朝興。槁葉夕隕。於時屏輕箑。釋纖絺。籍莞蒻。御袷衣。庭樹槭以灑落。勁風戾而吹帷。蟬嘒嘒以寒吟兮。鴈飄飄而南飛。天晃朗而彌高。日悠揚而浸微。知秋陽之短景。覺良夜之方永。月朣朧以含光。露凄清而凝冷。熠燿粲於堦闥兮。蟋蟀鳴于軒屏。聽離鴻之晨吟。望流火之餘景。云云。

晉曹毗秋興賦素秋始啓。清風激暑。葉零玉階。柯委勁楚。離禽嚶嚶而晨鳴。輕帷翩翩以微舉。夕露頹潤於蘭庭。秋虫屬響乎廊宇。齊褚彥回秋傷賦雲紛紛而夾轉兮。樹菸黃而隕落。瞻孤游之流鴻兮。觀雲間之舞鶴。景曖曖而向頽兮。時冉冉而將薄。獨悲愁而悽慘兮。斂輕裾以歸幕。虞世南秋賦觀四時之代序。對三秋之爽節。雲既淨而天高。潦將收而水潔。凝珠露之淒冷。鏡青山之幌澈。燕運幕而巢空。鴈驚群而行絕。于斯時也。登綺閣。臨飛觀。開霧縠之疎幌。褰輕綃之碧幔。映金波之皎潔。明玉繩之粲爛。看夜鵲之繞枝。望牽牛之隔漢。蓮尙香於江浦。草猶青於河畔。

〔詩〕唐太宗度秋詩夏律昨留灰。秋箭今移晷。蛾眉岫初出。洞庭波漸起。桂白發幽巖。菊黃開灞涘。運流方可歎。含毫屬微理。又初秋夜坐詩斜廊連綺閣。初月照宵帷。塞冷鴻飛疾。園秋蟬噪遲。露結林疎葉。寒輕菊吐滋。愁心逢此節。長歎獨含悲。又秋日詩爽氣澄蘭沼。秋風動桂林。露凝千片玉。菊散一叢金。日岫高低影。雲空點綴陰。蓬瀛不可望。泉石且娛心。又曰菊散金風起。荷疎玉露圓。將秋數行鴈。離夏幾林蟬。雲凝愁半嶺。露碎續高天。還似成都望。直見蛾眉前。又秋日翠微宮詩秋光凝翠嶺。涼吹肅離宮。荷疎一蓋缺。樹冷半帷空。側陣移鴻影。圓花釘菊叢。攄懷俗塵外。高眺白雲中。又遼東山夜臨秋詩煙生遙岸隱。月落半崖陰。連山驚鳥亂。隔岫斷猿吟。又山閣晚秋詩山亭秋已滿。巖牖涼風度。疎蘭尙染烟。殘菊猶承露。古石衣新苔。新巢封古樹。歷覽情無極。只尺輪光暮。晉左思雜詩秋風何冽冽。白露爲朝霜。柔條朝夕勁。綠葉日夜黃。明月出雲崖。皎皎流素光。披軒臨前庭。嗷嗷晨鴈翔。謝惠連秋詩皎皎天月明。奕奕河宿爛。蕭瑟含風蟬。寥唳度雲鴈。寒商動清閨。孤燈曖幽幔。耿介繁慮積。展轉長宵半。宋南平王劉鑠歌曰旻天清且高。秋氣發初涼。白露下微津。明月流素光。凝烟汎城闕。淒風入軒房。宋鮑昭秋日詩枯桑葉易落。疲客心易驚。今茲亦何早。已聞絡緯鳴。肅肅簟上寒。凄凄帳裏淸。物色延暮思。霜露逼朝榮。白楊方蕭瑟。長歎從此生。宋湯惠休歌曰秋風嫋嫋入曲房。羅帳含月思心傷。蟋蟀夜鳴斷人腸。長夜思君心飛揚。他人相思君相忘。錦衾瑤席徒爲芳。梁文帝初秋詩秋風忽嫋嫋。向夕引涼歸。卷幌通河色。開窗望月暉。晚花欄下照。疎螢簟上飛。直置猶如此何況送將歸。又曰盲風度函谷。墜露下芳枝。綠潭倒雲氣。青山銜月規。花心風上轉。葉影樹中移。外遊獨千里。夕歎共誰知。梁范雲贈竣公道人詩秋蓬飄秋甸。寒藻汎寒池。風條振風響。霜葉斷霜枝。幸及清江滿。無使明月虧。月虧君不來。相期竟何時。梁沈約秋夜詩月落宵向分。紫烟鬱氛氳。曀曀螢入霧。離離鴈出雲。巴童暗理瑟。漢女夜縫裙。新知樂如是。久要詎相聞。梁鮑泉秋詩曰露色已成霜。梧楸欲半黃。燕去簷恒靜。蓮寒池不香。旅情常自苦。秋夜漸應長。周弘讓立秋詩曰茲晨戒流火。商飆早已驚。雲天改夏色。木葉動秋聲。陳張正見和衡陽王秋夜詩睢苑涼風舉。章臺雲氣收。螢光連燭動。月影帶河流。綠綺朱絃汎。黃花素蟻浮。高軒揚麗藻。卽是賦新秋。隋煬帝悲秋詩曰故年秋始去。今年秋復來。露濃山氣冷。風急蟬聲哀。鳥擊初移樹。魚寒欲隱苔。斷霧時通日。殘雲尚作雷。隋陽休之秋詩曰日照前窗竹。露濕後園薇。夜虫扶砌響。輕蛾遶燭飛。隋庾信晚秋詩淒清臨晚景。疎索望寒堦。濕庭凝墜露。摶風卷落槐。日氣斜還冷。雲峰晚更霾。可怜數行鴈。點點遠空排。又和初秋詩落星初伏火。秋霜正動鍾。北閣連橫漢。南空映鬰龍。祥鸞栖竹實。靈蔡上芙蓉。自有南風曲。還來吹九重。隋蕭慤和初秋西園應教詩池亭三伏後。林館九秋前。清冷澗泉石。散漫雜風烟。蕖開千葉影。榴豔百枝然。約嶺停飛旆。凌波動畫船。又和司徒鎧曹陽辟强秋晚詩葉疎知樹落。香盡覺荷衰。山藪良多思。田園聊復歸。又秋日詩秋天擬文學。秋水擅莊蒙。草濕蘼葭露。波卷洞庭風。便坐翻木葉。長坂歇蘭叢。簷喧猶有燕。陂靜未來鴻。蟬唱聞疑斷。池清似映空。袁朗秋日應詔詩玉樹涼風舉。金塘細草萎。葉落商飆觀。鴻歸明月池。迎寒桂酒熟。含霧菊花垂。一奉章臺宴。千秋長願斯。楊師道初秋夜坐應詔詩玉琯涼初應。金壺夜漸闌。倉池流稍潔。仙掌露方團。鴈聲風處斷。樹影月中寒。爽氣長空淨。高吟覺思寬。上官儀奉和山夜臨秋詩殿帳清炎氣。輦道含秋陰。淒風移漢筑。流水入虞琴。雲飛送斷鴈。月上淨疎林。滴瀝露枝響。空濛烟壑深。又和潁川公秋夜詩泬寥空色遠。葉黃淒序變。洞浦落遵鴻。長飆送巢燕。千秋流夕景。百籟含宵喚。峻雉聆金柝。層臺切銀箭。劉禕之九成宮秋初應制詩帝圃疏金闕。仙臺駐玉鑾。野分鳴鷺岫。路接寶雞壇。林樹千霜積。山宮四序寒。蟬急知秋早。鶯疎覺夏闌。怡神紫氣外。凝睇白雲端。舜海詞波發。空驚游聖難。

冬第四

〔敍事〕禮記月令曰。孟冬之月。日在房。昏虛中。曉張中。鄭玄曰。孟冬者。日月會於析木之津。而斗建亥之辰。其日壬癸。壬之言任也。癸之言揆也。日之北行。從黑道。閉藏萬物。月爲之佐。萬物懷妊於壬癸。然萌牙。其帝顓頊。其神玄冥。此黑精之君。水官之臣。顓頊。高陽氏也。玄冥。少昊氏之子。曰修。曰熙。爲水官之臣。律中應鍾。高誘曰。陰應於陽。轉成其功。水始冰。地始凍。雉入大水化爲蜃。虹藏不見。大水。淮也。大蛤曰蜃。仲冬之月。日在箕。昏營室中。曉軫中。鄭玄曰。仲冬者。日月會於星紀。斗建子之辰。律中黃鍾。黃鍾者。律之始也。高誘曰。陽氣聚於下。陰氣盛於上。萌於黃泉下。故曰黃鍾。冰益壯。地始坼。日短至。陰陽爭。諸生蕩。爭者。陰方盛。陽欲起。蕩謂物將萌牙者。芸始生。荔挻出。蚯蚓結。麋角解。水泉動。芸。香草也。荔挻。馬薤也。水泉動。潤上行也。季冬之月。日在南斗。昏奎中。曉氐亢中。鄭玄注曰。季冬。日月會於玄枵。而斗建丑之辰。律中大呂。鴈北嚮。鵲始巢。雉雊雞乳。雊。雉鳴也。出土牛。以送寒氣。出猶作也。土牛者。丑爲牛。牛可牽止。送猶畢也。日窮于次。月窮于紀。星迴于天。數將幾終。言日月星辰。運行至此。皆周匝於故處也。次。舍也。紀。猶會也。尚書曰。日短星昴。以正仲冬。日短。冬至之日。昴。白虎中星。鳥獸氄毛。氄。辱勇反。鳥獸皆生濡毳細毛以自溫也。蔡邕月令章句曰。冬。終也。梁元帝纂要曰。冬曰玄英。氣黑而青英。亦曰安寧。亦曰玄冬。三冬。九冬。天曰上天。言時無事。在上而臨下。風曰寒風。勁風。嚴風。厲風。哀風。陰風。景曰冬景。寒景。時曰寒辰。節曰嚴節。鳥曰寒鳥。寒禽。草曰寒卉。黃草。木曰寒木。

寒柯。素木。寒條。十月孟冬。亦曰上冬。亦曰陽月。此時純陰用事。嫌其無陽。故曰陽月。十二月季冬。亦曰暮冬。杪冬。除月。暮節。暮歲。窮稔。窮紀。〔事對〕 黃鍾 玄轡 禮記曰。仲冬月律中黃鍾。李顒感冬篇曰。高陽攬玄轡。太皡御冬始。望舒游天策。曜靈協燕紀。 北陸 南郊 司馬彪續漢書曰。日在北陸謂之冬。沈約宋書曰。十月庚寅。冬至親祠圜丘於南郊。 瓊雪 珠冰 劉義恭夜雪詩曰。屯雲閉星月。飛瓊集庭樹。謝惠連雪賦。流滴垂冰。緣霤承隅。粲兮若馮夷剖蚌出明珠。 泉動 水沍 周書曰。冬至後十五日。水泉動。不動。陰不承陽。劉楨魯都賦曰。伊歲之冬。雲氣淸晞。水沍露凝。冰雪皚皚。 愛日 嚴霜 杜預注左傳曰。冬日可愛。夏日可畏。古詩曰。寒冬十一月。晨起踐嚴霜。 折冰 坼地 文子曰。冬冰可折。夏條可結。禮記曰。仲冬之月。地始坼。 風切 雲嚴 謝惠連詠冬詩曰。履霜冰彌堅。積寒風愈切。鮑昭冬詩曰。嚴雲亂山起。白日欲還次。 玄雲 素雪 阮籍詠懷詩曰。良辰在何許。凝霜沾衣衿。寒風振山岡。玄雲起重陰。鍾夫人詩曰。冽冽季冬。素雪其霏。 冰魚 霜鶴 易通卦驗曰。大雪魚負冰。鄭玄曰。魚負冰。上近冰也。鮑昭冬詩曰。眇眇負霜鶴。皎皎帶雲鴈。 龍吹 鶴語 淮南子曰。燭龍在鴈門北。蔽于委羽之山。不見日。其神人面龍身而無足。許慎注云。不見日。故龍以目照之。蓋長千里。開爲晝。瞑爲夜。吹爲冬。呼爲夏。劉敬叔異苑曰。太康二年冬。大寒。南州人見二白鶴於橋下。曰。今茲寒不減堯崩年。於是飛去。 蟄鳥 潛鱗 魏武帝出夏門行曰。孟冬十月。北風徘徊。蟄鳥潛藏。熊羆窟棲。王粲詩曰。冽冽冬日。肅肅祁寒。潛鱗在川。歸鴈載軒。 桂榮 松茂 楚詞曰。嘉南周之炎德兮。麗桂樹之冬榮。何邵游仙詩曰。青青陵上松。亭亭南山柏。光色冬夏茂。根柢無凋落。 講武 論刑 禮記曰。孟冬之月。天子命將帥講武習射。鄭玄注曰。爲仲冬大閱習之。大戴禮曰。季冬聽獄論刑者。所以正法。 納稼 儲穀 毛詩曰。十月納禾稼。黍稷穜稑。禾麻菽麥。崔寔四民月令曰。十月農事畢。五穀既登。家家儲畜。乃順時令也。 祈年 貞歲 禮記曰。孟冬之月。天子乃祈來年於天宗。注云。天宗。日月星辰也。周禮曰。天府掌季冬陳玉。以貞來歲之美惡。鄭玄注曰。問事之正曰貞。問歲美惡。謂問於龜。**戒閭**　**墐戶**禮記曰。孟冬命有司循行積聚。坏城郭。戒門閭。毛詩曰。穹窒熏鼠。塞向墐戶。注云。向北出牖。墐。塗也。**鑿冰**　**爨燧**禮記曰。季冬之月。冰方盛。水澤腹堅。命取冰。腹。厚也。此月日在北陸。冰堅厚之時。毛詩曰。二之日鑿冰冲冲。注云。冰盛水腹。命徹取冰。山林中冲冲。鑿冰之音。二日夏之十二月。淮南子曰。孟冬之月。招搖指亥。爨松燧火。**熊席**　**狐裘**呂氏春秋曰。衞靈公天寒鑿池。言不寒。宛春曰。君衣狐裘。坐熊席。四隅有火。所以不寒。**冰澗**　**凍海**陸士衡樂府苦寒行曰。北游幽朔城。原野多險艱。俯入穹谷底。仰涉高山盤。凝冰結重澗。積雪被長巒。阮籍大人先生歌曰。陽和微弱陰氣竭。海凍不流綿絮折。呼吸不通寒冽冽。**凋松**　**傷竹**論語曰。歲寒。然後知松柏之後凋。謝承後漢書曰。竇武上表曰。今冬大寒過節。毒害鳥獸。爰及池魚。城傍松竹。皆爲傷絕。**挾纊**　**賜綈**左傳曰。楚莊王圍蕭。申公巫臣曰。師人多寒。王巡三軍。撫而勉之。士皆如挾纊。史記曰。范睢相秦。魏須賈使秦。睢微行弊衣間出而見賈。曰。范叔一寒如此哉。乃取綈袍以賜之。**温席**　**叩冰**干寶搜神記曰。羅威字德行。少喪父。事母至孝。母年七十。天大寒。常以身自溫席而後授其處。師覺孝子傳曰。王祥少有德行。失母。後母憎而譖之。祥孝彌謹。盛寒河冰。網罟不施。母欲得生魚。祥解褐叩冰求之。忽冰少開。有雙鯉出游。祥垂綸而獲之。于時人謂至孝所致也。**歌赤鳳**　**祠白犬**干寶搜神記曰。漢代十月十五日。以豚酒入靈女廟。擊筑奏上弦之曲。連臂踏地。歌赤鳳來。巫俗也。崔寔四民月令曰。先後冬至各五日。買白犬養之。以供祖禰。**木皮三寸**　**地凍一丈**尸子曰。朔方之寒。冰厚六尺。木皮三寸。漢書鼂錯上書曰。夫海胡貊之地。積陰之處。木皮三寸。冰厚六尺。文穎注云。地寒故也。郭義恭廣志曰。北方地厚寒。冰厚三尺。地凍一丈。**曾冰百丈**　**飛雪千里**東方朔神異經曰。北方有曾冰萬里。厚百丈。尸子曰。朔方之寒。地凍厚六尺。北極左右有不釋之冰。楚辭曰。魂歸來。北方不可止。曾冰峨峨。飛雪千里。王逸注。北極常寒。

【賦】**晉傅玄大寒賦**五行倏而驚騖兮。四節終而電逝。諒暑往而寒來。十二月而成歲。日月會於析木兮。重陰悽而增肅在中冬之大寒兮迅季旬而逾蹙彩虹藏於虛廓兮鱗介潛而長伏若乃天地凜冽庶極氣否嚴霜夜結悲風晝起飛雪山積蕭條萬里百川咽而不流兮冰凍合於四海扶木憔悴於暘谷若華零落於濛汜

晉陸士衡感時賦 悲夫冬之爲氣何憯凜以蕭索天悠悠而彌高霧鬱鬱而四幕夜綿邈而難終日晼晚而易落敷曾雲之蔽𩃬墜零雪之揮霍寒冽冽而寖興風謖謖而妄作鳴枯條之泠泠飛落葉之漠漠山崆巃以含瘁川蜲蛇而抱涸望八極以曭漭普宇宙而寥廓伊天時之方慘冒萬物之能歡魚微微以求偶獸岳岳而相攢猿長嘯於林峯鳥高飛於雲端

晉陸雲歲暮賦 顓頊御時玄冥統官淪重陽於潛戶兮嚴積陰於司寒堅冰涸於川底兮白雪隕於雲端時凜戾其可悲兮氣蕭索以傷心悽風愴其鳴條落葉翻而灑林獸藏丘而絕迹兮鳥攀木而棲音山振枯於曾嶺兮人懷慘於重襟

梁蕭子雲歲暮直廬賦 日躔女度歲華云暮衡輕炭燥權重泉涸藏玄武於太陰蟄騰虵於高霧日臨圭而易落晷中杙而南倸凝寒氣於廣庭洞曾陰於端廡風饕切而晚作雲滄浪而晦景霰的皪於彤庭霙葳蕤於丹屏韜罘罳之飛棟沒屠蘇之高影始飄舞於圓池終停華於方井

〔詩〕 晉張華冬初歲小會詩 日月不留四氣迴周節慶代序萬國同休庶尹羣和奉爵升朝我有嘉禮式宴百寮

又雜詩曰 晷度隨天運四時互相乘東壁正昏中涸陰寒節升繁霜降當夕悲風中夜興朱炎青無光蘭膏坐自凝重衾無暖氣挾纊如懷冰

晉曹毗詠冬詩 綿邈冬宵永凛厲寒氣升離葉向晨落長風振條興夜靜輕響起天清月暉澄寒冰盈渠結素霜竟欄凝今載忽已暮來正奄復仍

宋謝靈運歲暮詩 殷憂不能寐苦此夜難頹明月照積雪朔風勁且哀運往無淹物年逝覺易催

又彭城宮中直感歲暮詩 草草眷物徂弄弄矜歲殫楚豔行復戚吳趍感絕歡脩帶緩舊裳素鬢改朱顏晚暮悲獨坐鳴鶗歇春蘭

宋鮑昭冬日詩 嚴雲亂山起白日欲還次曛霧蔽窮天夕陰晦寒地翰海有歸潮衰容不還稚今君且安歌無念老方至

梁簡文帝十月戊寅詩 喧塵是時息靜坐對重帘冬深柳條落雪後桂枝殘星明霧色盡天白鴈行單雲飛乍

想。閣冰結遠疑紈。晚橘隱重屏。枯藤帶迴竿。岳陰連水氣。山峰添月寒。又玄圃寒夕詩 洞庭門未掩。金壺漏已催。曛煙生澗曲。暗色
起林隈。雪花無有蒂。冰鏡不安臺。階楊始倒插。浦桂半新栽。陳根委落蕙。細葉發香梅。鴈去銜蘆止。猿戲遶枝來。又冬詩 玆園植蓺
積。山谷久紆蔵。賞興最多緒。眞事亦因依。是節嚴冬景。寒雲掩落暉。遠聞風瑟瑟。亂視雪霏霏。浪起川難渡。林深人至稀。山禽背逕走。野
鳥歷塘飛。北齊邢子才冬日傷志詩 昔時惰游士。任性少矜裁。朝驅馬腦勒。暮銜熊耳杯。折花贈淇水。撫瑟望藂臺。繁華宿昔
改。衰病一時來。重以三冬月。愁雲聚復開。天高日色淺。林勁鳥鳴哀。終風激簷宇。餘雪滿條枚。遠游昔宛洛。踟躕今草萊。時事方去矣。撫
已獨懷哉。隋煬帝冬夜詩 不覺歲將盡。已復入長安。月影含冰凍。風聲凄夜寒。江海波濤壯。崤潼坂險難。無因寄飛翼。徒欲動和鑾。
北齊邢子才酬魏收冬夜直史館詩 年病從衡至。動息不自安。兼豆未能飽。重裘詎解寒。況乃冬之夜。霜氣有餘酸。風音響
北牖。月影度南端。燈光明且滅。華燭新復殘。衰顏依候改。壯志與時闌。體羸不盡帶。髮落強扶冠。夜景將欲近。夕息故無寬。忽有清風贈
辭義婉如蘭。先言歎三友。末言慙一官。麗藻高鄭衞。專學美齊韓。審喻雖有屬。筆削少能刊。高足自無限。積風良可摶。空想青雲易。寧見
赤松難。寄語東山道。高駕且盤桓。

卷三校勘表

頁數	行數	排印本原文	安刻本	嚴陸校	備註
四三	九	蒸運		蒸達	
四五	三	鸐鳩	鸐鳩	鸐雉	
四五	四	左介		左个	
四六	二	金鈴		金口	
四六	五	葉幄見下謝萬春賦		謝萬春遊賦曰青陽司候勾芒御辰陳滌灌以摧枯初莖蔚其擢新纍豐葉而爲幄靡茂草而成細	
四七	八	唐太宗		太宗文皇帝	
四七	一五	祓禁籞		祓禁籞	
四八	二	新鶯		新鸎	
四八	四	鳴心		驚心	
四八	一一	助落暉		映落暉	

五〇	一〇	敲烝		歆蒸
五〇	一〇	陶燭		燭燭
五〇	一一	左介		左个
五一	五	魚浮水則		無「則」字
五一	一二	唐太宗		太宗文武聖皇帝
五一	一五	相娛		相於
五二	二	虫音		蟲鳴
五二	六	夏日		夏日涼
五二	六	夏景		夏暑
五二	九	魏彥琛		魏彥深
五二	九	舞衫		舞袖
五四	三	滌氣		滌氛
五四	七	秋夜詞		秋夜賦
五四	八	陰期		陰明
五四	九	帝於		帝白招拒
五五	四	巳上		上巳
五五	一一	慕徒	莫徙	莫從
五六	二	對三秋		列三秋

五六	四	唐太宗		太宗文武聖皇帝	
五六	五	灞涘		滿涘	
五七	一	雲氣		雲影	
五七	九	南空		南宮	
五七	一〇	清泠澗		清泠間	
五七	一四	殿帳		帳殿	
五七	一五	淨疎林		浮疎林	
五八	一	含宵喚		含宵囀	
五八	一五	懷姙於壬癸然萌牙			此句疑有脫誤
五八	一〇	「季冬之月」至「建丑之辰」		宋本無此三十三字	
五九	四	割蚌		剖蚌	
六〇	三	徹取冰		取冰於	
六〇	一〇	而獲之于時		獲之而歸	
六〇	一五	鷩鶩	競鶩		
六一	六	棲音		悽音	
六一	一四	蔽窮天		散窮天	
六二	三	賞輿	貴輿		

初學記卷第四

歲時部下

元日一　人日二　正月十五日三　晦日四　寒食五　三月三日六　五月五日七　伏日八　七月七日九　七月十五日十　重陽十一　冬至十二　臘十三　歲除十四

元日第一

〔敍事〕崔寔四民月令曰。正月一日是謂正日。潔祀祖禰。進酒降神。玉燭寶典曰。正月爲端月。春秋傳曰。履端於始。其一日爲元日。元者善之長也。先王體元以居正。又元者原也。始也。一也。首也。亦云上日。亦云正朝。亦云三元。歲之元。時之元。月之元。亦云三朔。尚書大傳云。夏以平明爲朔。殷以雞鳴爲朔。周以夜半爲朔。庭前爆竹。荆楚歲時記曰。以辟山臊惡鬼也。山臊案神異經。在西方深山中。長尺餘。犯人則病。畏爆竹聲。又俗爆竹燃草起於庭燎。進椒柏酒。四民月令曰。椒是玉衡星精。服之令人身輕能走。柏是仙藥。又云。進酒次第。當從小起。以年少者起先。服桃湯。進敷于散。荆楚歲時記曰。桃者五行之精。厭伏邪氣。制百鬼。今人又進屠蘇酒。膠牙餳。造五辛盤。周處風土記曰。月正元日。五薰鍊形。注云。五辛所以發五藏氣。莊子云。春月飲酒茹葱。以通五藏也。造桃板著戶。謂之仙木。玉燭寶典曰。像鬱壘山桃樹。百鬼畏之也。〔事對〕上日　首祚　尚書曰。正月上日。受終于文祖。孔安國注云。上日。朔日也。王羲之月儀書曰。日往月來。元正首祚。太蔟告辰。微陽始布。罄無不宜。和神養素。四始 三元漢書曰正月朔歲首立春四時之始又曰歷者序四時之端正分至之節故聖人考歷數以正三元此聖人知命之術。履端 正始臧榮緒晉書曰熊遠議曰履端元日正始之初有識之士於是觀禮樂榮耳目之觀崇玩弄之好。開元 肇祚沈約宋書曰南郊樂登歌曰開元首正禮具樂舉六典聯事九官列序何充賀正表曰璇衡運周元正肇祚伏惟陛下應乾納祜與天同休。降祉 納祜王沈賀正表曰三辰改運元正肇祚自天降祉如日之升納祜見肇祚注。百福 萬壽馮衍銘曰元正上日百福孔靈王肅賀正儀曰元正首祚璇璣改度伏稱萬壽。折松 索葦董勛答問曰歲首祝椒酒而飲之以椒性芬香又堪爲藥又折松枝男七女二七亦同此義宗懍荆楚歲時記曰正月一日是三元之日帖畫雞戶上懸葦索於其上插符其傍百鬼畏之。磔雞 放雀 沈約宋書曰舊時歲朔常設葦茭桃梗磔雞於宮及百寺之門以禳惡氣裴玄新語曰正朝縣官殺羊懸其頭於門又磔雞以疈之孔叢子曰邯鄲人以正朝獻雀於趙王而綴以五綵王大悅申叔以告子順子順曰正朝放之示有生也。桃梗 椒觴桃梗見上磔雞注崔寔四民月令曰正月之朔是謂正日躬率妻孥潔祀祖禰及祀日進酒降神畢乃室家尊卑無大無小以次列于先祖之前子婦曾孫各上椒酒於家長稱觴舉壽欣欣如也。本三統 崇百禮 白虎通曰正朔有三何本天有三統謂之三微月也三微者何謂也陽氣始施黄泉萬物始動微而未著周處風土記曰月正元日百禮兼崇。

[賦] 晉王沉正會賦伊月正之元吉兮應三統之中靈順天地以交泰協太蔟之玄精荷介祉于上帝兮祚聖皇以永貞華幄映於飛雲兮朱幕張于前庭曜五旗於東序兮表雄虹而爲旌備六代之象舞兮奮簫韶於九成睎玄夜以司晨兮望庭燎之高熺壯甲士之星羅兮偉干戚之飄揚臚人肅其齊列九賓穆以成行齊八荒於蕃服兮咸稽首以來王。

[詩] 魏陳思王曹植元會詩初歲元祚吉日惟良乃爲嘉會宴此高堂衣裳鮮潔黼黻玄黄珍膳雜遝充溢圓方俯視文軒仰瞻華梁願保茲善千載爲常歡笑盡娛樂哉未央皇室榮貴壽考無疆。隋煬帝獻歲讌宮

臣詩三元建上京六佾宴麗城朱庭容衞肅青天春氣明朝光動劍彩長階分珮聲酒闌鐘磬息欣觀禮樂成隋蕭愨奉和元日詩帝宮通夕燎天門拂曙開瑞雲生寶鼎榮光上露臺華山不凋葉宜城萬壽巵遙見飛鳧下懸知鄴縣來陳叔達初年詩和風起天路嚴氣銷冰井索索枝未柔厭厭漏猶永虞世南奉和獻歲讌宮臣詩履端初啓節長苑命高筵肆夏喧金奏重潤響冰絃絲光催柳色日彩泛槐烟微臣同濫吹謬得仰鈞天〔頌〕晉劉臻妻元日獻椒花頌曰璇穹周迴三朔肇建青陽散輝澄景載煥美哉靈花爰採爰獻聖容映之永壽於萬

人日第二

〔敍事〕荆楚歲時記曰正月七日爲人日董勛問禮俗曰正月一日爲雞二日爲狗三日爲猪四日爲羊五日爲牛六日爲馬七日爲人以七種菜爲羹剪綵爲人或鏤金薄爲人以貼屏風亦戴之頭鬢董勛問禮俗云人入新年形容改從新又造華勝相遺起於晉代見賈充李夫人典戒云像瑞圖金勝之形又取像西王母戴勝也〔事對〕董俗陳儀董勛答問曰正月人日俗剪綵爲人形劉臻妻陳氏進見儀曰正月七日上人勝於人剪綵鏤金並見敍事登西山陟安仁李充正月七日登剡西寺詩曰命駕升西山寓目眺原疇安仁峯銘曰正月七日厥日惟人策我良駟陟彼安仁〔詩〕隋陽休之正月七日登高侍宴詩廣殿麗年輝上林起春色風生拂雕輦雲迴浮綺席隋薛道衡人日思歸詩入春纔七日離家已二年人歸落鴈後思發在花前

正月十五日第三

〔敍事〕玉燭寶典曰正月十五日作膏粥以祠門戶荆楚歲時記曰今州里風俗望日祭門先以楊

枝插門。隨楊枝所指。仍以酒脯飲食及豆粥插箸而祭之。其夕迎紫姑神以卜。劉敬叔異苑曰。紫姑本人家妾。爲大婦所逐。正月十五日感激而死。故世人作其形於厠以迎之卜 史記樂書曰。漢家祀太一。以昏時祠到明。今人正月望日夜游觀燈。是其遺事。［事對］燒燈 望月 涅盤經曰。如來闍維訖。收舍利罌置金牀上。天人散花奏樂。繞城步步燃燈十二里。又西域記曰。摩喝陁國正月十五日。僧徒俗衆雲集。觀佛舍利放光雨花。古詩曰。是時鶉火中。日月正相望。鶉火中卽正月望也。泛粥 祠膏 續齊諧記曰。吳縣張成夜見一婦人立宅東南角。謂成曰。此地是君蠶室。我卽地神。明日正月半。君宜作白粥。泛膏於上以祭我。必當令君蠶百倍。言絶失所在。成如其言。爲作膏粥。年年大得蠶也。祠膏見敍事。［詩］ 蘇味道正月十五日詩 火樹銀花合。星橋鐵鎖開。暗塵隨馬去。明月逐人來。游騎皆穠李。行歌盡落梅。金吾不禁夜。玉漏莫相催。崔液夜遊詩 玉漏銀壺且莫催。鐵關金鎖徹明開。誰家見月能閑坐。何處聞燈不看來。又 神燈佛火百輪張。刻像圖形七寶裝。影裏如聞金口說。空中似散玉毫光。又金勒銀鞍控紫騮。玉輪朱幰駕青牛。驂驔始散東城曲。倏忽還逢南陌頭。

月晦第四

［敍事］ 荆楚歲時記曰。元日至于月晦。並爲酺聚飲食。每月皆弦望晦朔。以正月初年。時俗重以爲節。士女汎舟。或臨水宴樂。玉燭寶典曰。元日至月晦。人並爲酺食度水。士女悉湔裳。酹酒於水湄。以爲度厄。今世人唯晦日臨河解除。婦人或湔裙。［事對］ 提月 晦日 公羊傳曰。提月。六鷁退飛過宋都。提月者何。僅建是月晦日也。何休注曰。提月。邊也。魯人語也。在是月之幾盡。 凋蓂 掩桂 帝王世紀曰。堯有草夾階而生。每月朔生一莢。月半則生十五莢。自十六日一莢落。至月晦而盡。若月小則餘一莢。厭而不落。唯盛德之君。應和氣而生。以爲瑞草。名爲蓂莢。一名歷莢。虞喜安天論曰。俗傳月中仙人桂樹。月初則生。 ［詩］

唐太宗月晦詩晦魄移中律。凝暄起麗城。罩雲朝蓋上。穿露曉珠呈。笑樹花分色。啼枝鳥合聲。披襟歡眺望。極目暢春情。**後魏盧元明晦日汎舟應詔詩**輕灰吹上管。落蓂飄下蒂。遲遲春色華。晼晚年光麗。**北齊魏收晦日汎舟應詔詩**梟梟春枝弱。關關新鳥呼。棹唱忽逶迤。菱歌時顧慕。睿賞芳月色。宴言忘日暮。游豫慰人心。照臨康國步。

寒食第五

[敍事] **荆楚歲時記曰。去冬節一百五日。卽有疾風甚雨。謂之寒食。**據曆合在清明前二日。亦有去冬至一百六日。**禁火三日** 琴操曰。晉文公與介子綏俱亡。子綏割腕股以啖文公。文公復國。子綏獨無所得。子綏作龍蛇之歌而隱。文公求之。不肯出。乃燔左右木。子綏抱木而死。文公哀之。令人五月五日不得舉火。又周舉移書及魏武明罰令。陸翽鄴中記。並云寒食斷火。起於子推。琴操所云子綏。卽推也。又云五月五日。與今有異。皆因流俗所傳。據左傳及史記。並無介子推被焚之事。按周書司烜氏。仲春以木鐸循火禁于國中。注云。爲季春將出火也。今寒食准節氣。是仲春之末。清明是三月之初。然則禁火蓋周之舊制。**造餳大麥粥**陸翽鄴中記曰。寒食三日。醴酪。又煮粳米及麥爲酪。擣杏仁煮作粥。玉燭寶典曰。今人悉爲大麥粥。研杏仁爲酪。引餳沃之。孫楚祭子推文云。黍飯一盤。醴酪二盂。是其事。**鬬雞鏤雞子鬬雞子**玉燭寶典曰。此節城市尤多鬬雞卵之戲。左傳有季郈鬬雞。其來遠矣。古之豪家食稱畫卵。今代猶染藍茜雜色。仍加雕鏤。遞相餉遺。或置盤俎。管子曰。雕卵熟斵之。所以發積藏。散萬物。張衡南都賦曰。春卵夏筍。秋韭冬菁。便是補益滋味。其鬬卵則莫知所出。董仲舒書云。心如宿卵。爲體內藏。以據其剛髣髴。鬬理也。**打毬**劉向別錄曰。蹴鞠。黃帝所造。本兵勢也。或云起於戰國。案鞠與毬同。古人蹋蹴以爲戲。**鞦韆** 古人藝術圖云。鞦韆。北方山戎之戲。以習輕趫者。**[事對]**

魏武令　周舉書 魏武帝明罰令曰。聞太原上黨西河鴈門。冬至後百有五日。皆絶火寒食。云爲介子推。且北方沍寒之地。老少羸弱。將有不堪之患。令到人不得寒食。若犯者家長半歲刑。主吏百日刑。令長奪一月俸。范曄後漢書曰。周舉遷并州刺史。太原一郡舊俗以介子推焚骸。有龍忌之禁。至其月咸言神靈不樂舉火。舉移書於子推廟云。春中寒食一月。老少不堪。今則三日而已。　一月寒食　三日斷火周斐汝南先賢傳曰。太原舊俗以介子推焚骸。一月寒食。莫敢烟爨。陸翽鄴中記曰。并州俗冬至後百五日。爲介子推斷火冷食三日。作乾粥。今之糗是也。〔詩〕李崇嗣寒食詩　普天皆滅焰。匝地盡藏烟。不知何處火。來就客心燃。　宋之問途中寒食詩馬上逢寒食。途中屬暮春。可憐江浦望。不見洛橋人。　沈佺期嶺表逢寒食詩嶺外逢寒食。春來不見餳。洛陽新甲子。何日是清明。

三月三日第六

〔敍事〕　韓詩章句曰。鄭俗上巳溱洧兩水之上。秉蘭祓除。司馬彪續漢書禮儀志曰。三月上巳。官民並禊飲於東流水上。沈約宋書曰。魏已後但用三日。不復用巳也。荆楚歲時記曰。三月三日。士人並出水渚。爲流杯曲水之飲。注曰。續齊諧記。晉武帝問尚書摯虞曰。三日曲水。其義何指。荅曰。漢帝時平原徐肇以三月初生三女。而三日俱亡。一村以爲怪。乃相携之水濱盥洗。遂因流水以汎觴。曲水起於此。帝曰。若此談。便非嘉事。尚書郎束晳曰。摯虞小生。不足以知此。臣請說其始。昔周公卜成洛邑。因流水以汎酒。故逸詩云。羽觴隨波流。又秦昭王三月上巳置酒河曲。有金人自東而出。奉水心劍。曰。令君制有西夏。及秦霸諸侯。乃因其處立爲曲水祠。二漢相沿。皆爲盛集。帝曰。善。賜金十五斤。左遷摯虞爲陽城令。〔事對〕　元巳　上除張衡南都賦曰。暮春之禊。元巳之辰。方軌齊軫。祓于陽濱。張華上巳篇曰。姑洗應時月。元巳啓良辰。徐幹齊都賦。青陽季月。上除之良。無大無小。祓於水陽。　周禊　鄭祓應劭風俗通曰。案周禮。女巫掌歲時以祓除疾病。禊者。潔也。故於水上釁潔也。韓詩曰。三月桃花水下之時。鄭國之俗。三月上巳。於溱洧兩水上。執蘭招魂續魄。祓除不祥也。**曲水**　**迴流**曲水事具敍事注中。徐廣三日臨水詩曰。溫哉令日。爰豫爰游。興言命駕。寄權迴流。**祓灞**　**禊洛**漢書曰。武帝即位數年。無子。平陽主求良家女十餘人。飾置家。帝祓灞上而過焉。戴逵竹林七賢論曰。王濟嘗解禊洛水。**金堤**　**石壇**陸翽鄴中記。華林園中千金堤。作兩銅龍。相向吐水。以注天泉池。通御溝中。三月三日。石季龍及皇后百官臨池會。戴延之西征記曰。天泉之南有東西溝。承御溝水。水之北有積石壇。云三月三日御坐流杯之處。**南澗**　**東堂**孫綽詩序曰。以暮春之始。解禊于南澗之濱。高嶺千尋。長湖萬頃。晉起居注曰。海西泰和六年三月庚午朔。詔曰。三日臨流杯池。依東堂小會。**華林**　**蔬圃**荀勗三月三日從華林園詩曰。清節中季春。姑洗通滯塞。玉輅扶渌池。臨川蕩苛慝。潘尼巳日詩曰。藹藹疏圃。載繁載榮。淡淡天泉。載渌載清。**南浮橋**　**東流水**夏仲御別傳曰。仲御詣洛。到三月三日。洛中王公已下。莫不方軌連軫。並至南浮橋邊禊。男則朱服耀路。女則錦綺鑠爛。又宋書曰。後漢有郭虞者。三月上辰產二女。二日之中產三女。並不育。俗以為大忌。至其日諱正家。皆於東流水上為祈禳。

［賦］

晉成公綏洛禊賦考吉日。簡良辰。祓除解禊。同會洛濱。妖童媛女。嬉游河曲。或振纖手。或濯素足。臨清流。坐沙場。列罇罍。飛羽觴。

晉張協洛禊賦夫何三春之令月。嘉天氣之絪縕。和風穆以布暢。百卉曄而敷芬。游魚瀺灂於渌波。玄鳥鼓翼於高雲。美節慶之動物。悅群生之樂欣。顧新服之既成。將祓除於水濱。於是搢紳先生。嘯儔命友。攜朋接黨。童冠八九。主希孔墨。賓慕顏柳。臨崖詠游。濯足揮手。及至都人士女。奕奕祁祁。車馬岬嶱。充溢中逵。芬葩翕習。緣阿被湄。振袂生風。接衽成帷。若權戚之家。豪侈之族。綵騎停鑣。華輪方轂。青蓋雲浮。參差相屬。集乎長洲之浦。曜乎洛川之曲。遂乃停輿蕙渚。息駕蘭田。朱幔虹舒。翠幕蜺連。布椒醑。薦柔嘉。祈休吉。蠲百痾。漱清源以滌穢兮。攬綠藻之纖柯。浮素卵以蔽水。灑玄醪於中河。

晉夏侯湛禊賦羨暮春之嘉辰。美靈氣之和柔。結方軌於泰路。敷令節之宣遊。爾乃擢翠旗。垂繁纓。微雲乘軒。清風引旌。飛輪猋起。良馬電驚。粲爛虺韡。混曄發越。若乎朝春挺葩。夕霞抱月。晉阮瞻上巳會賦臨清川而嘉讌。聊暇日以遊娛。蔭朝雲而爲蓋。託茂樹以承廬。好修林之蓊蔚。樂草莽之扶疎。列肆筵而設席兮。祈吉祥於斯塗。酌羽觴而交酬。獻遐壽之無疆。同懽情而悅豫。欣斯樂之慨慷。發中懷而絃歌。託清志於宮商。梁蕭子範家園三月三日賦春亦暮止。田家上巳。時將磔於九門。節方郊於七里。翕習習之和風。照遲遲之華晷。聊潔新而濯故。式東流之前軌。居兔上漏。樹非榛栗。既無擇於爽塏。曾不訪於凶吉。右瞻則青溪千仞。北覩則龍盤秀出。與歲月而荒茫。同林藪之蕪密。懽茲嘉月。悅此時良。庭散花蘂。傍插筠篁。灑玄醪於沼沚。浮絳棗於泱泱。觀翠綸之出沒。戲青舸之低昂。周庾信三月三日華林園馬射賦歲次昭陽。月在大梁。其日上巳。其時少陽。春吏司職。青祇効祥。徵萬騎於平樂。開千門於建章。皇帝翊四校於僊園。迴六龍於天苑。華蓋平飛。風烏細轉。帷宮宿設。帳殿開筵。傍臨細柳。斜界宜年。河滑薤草。渭口澆泉。堋雲五色。的暈重圓。陽管既調。春絃實撫。玉律調鐘。金錞節鼓。於是咀銜拉鐵。逐日追風。並試長楸之埒。俱下蘭池之宮。鳴鞭則汗赭。入埒則塵紅。變三驅而畫鹿。登百尺而懸熊。禮正六耦。詩歌九節。弓如明月對堋。馬似浮雲向埒。鴈失群而行斷。猨求林而路絕。乃有六郡雄才。五陵高選。新迴馬邑之兵。始罷龍城之戰。帶尚流星。乘猶奔電。始聽鼓而唱籌。即移竿而摽箭。熊耳刻杯。飛雲畫罍。水衡之錢山積。織室之錦霞開。司筵賞至。酒正杯來。既而日下澤宮。筵闌相圃。悵從蹕之留歡。眷迴鑾之餘武。

[詩]晉張華三月三日後園會詩暮春元日。陽氣清明。祁祁甘雨。膏澤流盈。習習祥風。啓滯導生。禽鳥逸豫。桑麻滋榮。纖條被綠。翠華含英。於皇我后。欽若昊乾。順時省物。言觀中園。讌及群辟。乃命乃延。合樂華池。祓濯清川。汎彼龍舟。泝游洪源。又上巳篇仁風導和氣。勾芒御昊清。姑洗應時月。元巳啓良辰。密雲蔭朝日。零雨洒微塵。飛軒游九野。置酒會衆賓。晉潘尼三日洛水作詩暮春春服成。百草敷英蕤。聊爲三日遊。方駕結龍旗。廊廟多豪俊。都邑有艷姿。朱軒蔭蘭皐。翠幕映洛湄。沉鉤出比目。擧弋落雙飛。羽觴乘波進。素卵逐流歸。晉閭邱冲三月三日應詔詩暮春之月。春服既成。升陽

潤土．冰渙川盈．餘萌達壤．嘉木敷榮．后皇宣遊．既讌且寧．光光華輦．侁侁從臣．上蔭丹幄．下藉文茵．臨池挹盥．濯故潔新．俯鏡清流．仰睇天津．藹藹華林．嚴嚴景陽．嶫嶫峻宇．奕奕飛梁．垂蔭倒景．若翺若翔．浩浩白水．汎汎龍舟．皇在靈沼．百辟同遊．擊櫂清歌．鼓枻行謳．聞樂咸和．具醉斯柔．在昔帝虞．德被遐荒．干戚在庭．苗人來王．今我哲后．古聖齊芳．惠此中國．以綏四方．元首既明．股肱惟良．樂只君子．今日惟康．**晉阮修上巳詩**三春之秀．歲惟嘉時．零雨既濛．風以散之．英華扇耀．翔鳥群嬉．澄澄淥水．淡淡其波．修崖逶迤．長川相過．聊且逍遙．其樂如何．**宋顏延之詔宴曲水詩**惟王創物．永錫洪算．仁固開周．義高登漢．開榮洒澤．舒虹爍電．伊思鎬飲．每懷洛宴．郊餞有壇．君舉有禮．暮帳蘭甸．畫流高陛．分庭薦樂．析波浮醴．豫同夏諺．事兼出濟． **宋謝靈運三月三日侍宴西池詩** 矧乃暮春．時物芳衍．濫觴逶迤．周流蘭殿．禮備朝容．樂闋夕宴．**謝惠連上巳詩**四時著平分．三春禀融爍．遲遲和景婉．夭夭園桃灼．攜朋適郊野．昧爽辭墉廓．裴雲興翠嶺．芳飈起華薄．解轡偃崇邱．藉草繞迴壑．際渚羅時蔌．託波汎輕爵．**齊謝朓爲皇太子侍華光殿曲水宴詩**初吉云巳．芳宴在斯．載留神矚．有睟天儀．龍精已映．威仰未移．葉依黃鳥．花落春池．高宴弘敞．禁林稠密．青蹬崛起．朱樓間出．翠葆隨風．金戈動日．惆悵清管．徘徊輕佾．灩瀲入筵．河淇流阼．海若來往．觴肴沿泝．歡飲終日．清光欲暮．輕軺迴音．華組徐步．**梁簡文帝三日侍宴林光殿曲水詩** 芳年留帝賞．應物動天襟．挾苑連金陣．分衢度羽林．帷宮對廣掖．層殿邇高岑．風旗爭曳影．亭午共生陰．林花初墮蔕．池荷欲吐心．**又三日率爾成詩**綺花非一種．風絲亂百條．雲起相思觀．日照飛虹橋． **又三日侍皇太子曲水宴詩** 震德叶靈．年芳節淑．濯伊臨灞．蕩心愉目．騄騎晨野．擬金曉陸．蕙氣卷旌．神飈警轂．層岑偃蹇．聳觀岧嶢．烟生翠竹．日照綺寮．銀花晨散．金芝暮搖． **梁沈約三日侍鳳光殿曲水宴詩** 光遲蕙畝．氣婉椒臺．皇心愛矣．帝曰遊哉．玉鑾徐警．翠鳳輕迴．別殿廣臨．離宮洞啓．川祇奉壽．河宗相禮．清洛漸筵．長伊流陛．迴盪嘉羞．搖漾芳醴．輕歌易繞．弱舞難持．素雲留管，玄鶴停絲．引思爲歲．

歲亦陽止。叨服賁身。身亦昌止。徒勤丹漆。終愧文梓。又林光殿曲水宴詩宴鎬鏘玉鑾。遊汾舉仙軷。榮光沉朵旆。修風動芝蓋。淑
氣宛登晨。天行聳雲旆。帳殿臨春籞。帷宮繞芳薈。漸席周羽觴。分墀引迴瀨。穆穆玄化升。濟濟皇階泰。將御遺風軫。遠侍瑤臺會。又三
日率爾成篇麗日屬元巳。年芳俱在斯。開花已匝樹。流鸎復滿枝。洛陽繁華子。長安輕薄兒。東出千金堰。西臨鴈鶩陂。遊絲映空轉。
高柳拂池垂。綠萍文照耀。紫燕光陸離。清晨戲伊水。薄暮宿蘭池。象筵鳴寶瑟。金瓶汎玉巵。寧憶春蠶起。日暮桑欲萎。梁劉孝綽三
日侍華光殿曲水宴詩薰祓三陽暮。濯禊元巳初。皇心睠樂飲。帳殿臨春渠。豫遊高夏諺。凱樂盛周居。復以焚林日。丰茸花樹舒。
羽觴環階轉。清瀾傍席疏。妍歌已嘹亮。妙舞復紆餘。九成變絲竹。百戲起龍魚。又三日侍安成王曲水宴詩滙澤良孔殷。分區
屛中縣。跨躡兼流朵。襟喉邇封甸。五王奄鄷畢。析珪承羽傳。不資魯俗移。何得齊風變。東山富游士。北土無遺彥。一言白璧輕。片善黃金
賤。餘辰屬元巳。清祓追前諺。持此頻豫遊。須展城隅宴。芳洲亘千里。遠近光風扇。方懽厚德重。誰言薄遊倦。梁庾肩吾三日侍蘭
亭曲水宴詩策星依夜動。鑾駕忽朝遊。旌門臨苑樹。相風出鳳樓。春生露泥泥。天覆雲油油。桃花生玉澗。柳葉暗金溝。禊川分曲洛。
帳殿掩芳洲。踊躍頳魚醉。參差絳棗浮。百戲俱臨水。千鐘共逐流。北齊邢子才三日華林園公宴詩迴鑾自樂野。弭蓋屬瑤
池。五丞接光景。七友樹風儀。芳春時欲遽。覽物惜將移。新萍已冒沼。餘花尚滿枝。草滋徑蕪沒。林長山蔽虧。方筵羅玉俎。激水漾金巵。歌
聲斷且續。舞袖合還離。隋盧思道上巳禊飲詩山泉好風日。城市厭囂塵。聊持一樽酒。共尋千里春。餘光下幽桂。夕吹舞青蘋。
何時出關後。重有入林人。隋江總三日侍宴宣猷堂曲水詩上巳娛春禊。芳辰喜月離。北宮命簫鼓。南館列旌麾。繡柱擎飛
閣。雕軒傍曲池。醉魚沉遠岫。浮棗漾清漪。落花懸度影。飛絲不碍枝。樹動丹樓出。山斜翠磴危。禮周羽爵遍。樂闋光陰移。沈佺期三
月三日梨園亭侍宴詩九門馳道出。三巳禊堂開。畫鷁中川動。青龍上苑來。野花飄御座。河柳拂天杯。日晚迎祥處。笙鏞下帝臺。

〔序〕晉王羲之三月三日蘭亭序永和九年歲在癸丑暮春之初會于會稽山陰之蘭亭修禊事也群賢畢至少長咸集此地有崇山峻嶺茂林修竹又有淸流激湍映帶左右引以爲流觴曲水列坐其次雖無絲竹管絃之盛一觴一詠亦足以暢敘幽情是日也天朗氣淸惠風和暢仰觀宇宙之大俯察品類之盛所以遊目騁懷足以極視聽之娛信可樂也 齊王融三月三日曲水詩序靑鳥司辰條風發歲粤斯上巳惟暮之春禊飲之日在茲風舞之情咸蕩載懷平圃乃睠芳林飛觀神行虛簷雲構離房午設層樓間起負朝陽而抗殿跨靈沼而浮榮鏡文虹於綺疏浸蘭泉於玉砌幽幽叢薄秩秩斯干新萍汎沚華桐發岫雜夭采於柔荑亂嚶聲於錦羽禁軒承幸淸宮俟宴緹帷宿置帟幕宵懸既而滅宿登霞澄光辨色徐鑾警節鳴鐘暢音七萃連鑣九斿齊軌爾乃迴輿駐軨岳鎭淵渟睟容有穆賓儀式序授几肆筵因流波而成次蕙肴芳醴任激水以推移葆佾陳堦金匏在席咸奏翹舞籥動邪詩召鳴鳥於渰山追伶倫於嶰谷淸歌有闋羽觴無算上陳景福之賜下獻南山之壽信愷宴於在藻知和樂於食苹 梁簡文帝三日曲水詩序竊以周成洛邑自流水以禊除晉集華林同文軌而高宴莫不禮具義舉沓矩重規昭動神明雍熙鍾石是節也上巳屬辰餘萌達壤倉庚應律女夷司候爾乃分階樹羽疏泉汎爵蘭觴沿泝蕙肴來往賓儀式序盛德有容舞豔七盤歌新六變遊雲駐彩仙鶴來儀都人野老雲集霧會結軨方衢飛軒照日

五月五日第七

〔敘事〕周處風土記曰仲夏端午烹鶩角黍注云端始也謂五月五日 進筒糉續齊諧記曰屈原五月五日自投汨羅而死楚人哀之每至此日以竹筒貯米投水祭之漢建武年長沙歐回見人自稱三閭大夫謂回曰見祭甚善常苦蛟龍所竊可以菰葉塞上以綵絲約縛之二物蛟龍所畏 一名角黍風土記曰以菰葉裹粘米以象陰陽相包裹未分散 一名糉子弄反亦作粽 造

百索繫臂。風俗通曰。五月五日以五綵絲繫臂者。辟兵及鬼。令人不病溫。又曰。亦因屈原。**一名長命縷。一名續命縷。一名辟兵繒。一名五色縷。一名五色絲。一名朱索。又有條達等織組雜物以相贈遺**。孝經援神契曰。仲夏繭始出。婦人染練。咸有作務。玉燭寶典云。此節備擬甚多。其來尚矣。又有日月星辰鳥獸之狀。文繡金縷。帖畫貢獻所尊。古詩云。繞臂雙條達。**採艾懸於戶上**。玉燭寶典云。以禳毒氣。荊楚歲時記曰。宗則字文度。常以五月五日未雞鳴時採艾。見似人處。攬而取之。用灸有驗。**是日競採雜藥**。夏小正。此月蓄藥。以蠲除毒氣。**蹋百草**。荊楚歲時記曰。四人並蹋百草。今人又有鬬百草之戲。**競渡**。荊楚歲時記曰。俗謂是屈原死汨羅日。傷其死所。並命將舟楫以拯之。至今爲俗。又越地傳云。起於越王句踐。**是月俗多禁忌蓋屋及暴薦席**。風俗通云。五月蓋屋。令人頭禿。又異苑云。新野庾寔家。嘗以五月暴席。忽有一小兒死於席下。俄失所在。其後寔女子遂亡。相傳彌以爲忌。此二事通五月之事。今附於此。董勛問禮俗曰。五月俗稱惡月。俗多六齋放生。按月令。仲夏陰陽交。死生分。君子齋戒。正聲色。節嗜慾。

[**事對**]　**祭屈**　**祠陳**　祭屈已見上敍事中。謝承後漢書曰。陳臨爲蒼梧太守。推誠而理。導人以孝悌。臨徵去後。本郡以五月五日祠臨東城門上。令小童潔服舞之。

朱索　**赤符**　司馬彪續漢書曰。五月五日。朱索五色爲門戶飾。以止惡氣。抱朴子曰。或問辟五兵之道。荅以五月五日作赤靈符著心前。

採朮　**角黍**　養生要集曰。朮味苦小溫。生漢中南鄭山谷。五月五日採之。周處風土記曰。仲夏端午。烹鶩角黍。范汪祠制曰。仲夏薦角黍。

浴蘭　**懸艾**　大戴禮曰。五月五日蓄蘭爲沐浴。楚辭曰。浴蘭湯兮沐芳蕙。宗懔荊楚記曰。五月五日。荊楚人並蹋百草。採艾以爲人。懸門戶上。以攘毒氣。故師曠占曰。歲多病則艾草先生也。

厭兵繒　**續命縷**　裴玄新語曰。五月五日集五綵繒。謂之辟兵。應劭風俗通曰。五月五日續命縷。俗說益人命。

[**詩**]　**梁王筠五日望採拾詩**　裁縫逗早夏。點畫守初晨。綃紈旣妍媚。脂粉亦香新。長綵表良節。命縷應嘉辰。結蘆同楚客。採艾異詩人。折花競鮮彩。拭露染芳津。含嬌起斜盼。

斂笑動微嚬。獻璫依洛浦。懷珮似江濱。須待恩光接。中夜奉衣巾。北齊魏收五日詩 麥涼殊未畢。蜩鳴早欲聞。喧林尚黃鳥。浮天已白雲。辟兵書鬼字。神印題靈文。因想蒼梧郡。茲日祀陳君。

伏日第八

〔敍事〕 歷忌釋曰。四時代謝。皆以相生。立春木代水。水生木。立夏火代木。木生火。立冬水代金。金生水。至於立秋。以金代火。金畏火。故至庚日必伏。庚者金也。 陰陽書曰。從夏至後第三庚爲初伏。第四庚爲中伏。立秋後初庚爲後伏。謂之三伏。曹植謂之三旬。 史記曰。秦德公始爲伏祠。荆楚歲時記曰。伏日進湯餅。名爲辟惡。

〔事對〕 金藏 火升 歷忌釋曰。伏者何也。金氣伏藏之日。夏侯湛大暑賦曰。三伏相仍。徂暑彤彤。上無纖雲。下無微風。扶桑赩以增燠。大火曄其南升。 秦祠 漢擇 史記。秦德公始爲伏祠。按漢書。高帝分四郡之衆。用良平之策。還定三秦。席卷天下。蓋君子所因者本也。論功定封。加金帛重復寵異。令自擇伏日。不同凡俗。 亢陽 徂暑 王彪之井賦曰。三伏焦暑。亢陽重授。輕飈不扇。纖雲不覆。徂暑已見上。火升注中。 勞酒 薦瓜 漢書曰。楊惲報孫會宗書曰。田家作苦。歲時伏臘。烹羊炰羔。斗酒自勞。崔寔四民月令曰。初伏薦麥瓜于祖禰。 賜東方 祠黃石 漢書曰。東方朔爲郎。伏日詔賜諸郎肉。朔獨拔劍割肉。謂其同官曰。伏日當早歸。請受賜。卽懷肉而去。上問朔曰。賜肉不待詔而去。何也。上令自責。朔曰。受賜不待詔。何無禮也。拔劍割肉。一何壯也。割之不多。又何廉也。歸遺細君。又何仁也。上笑曰。令生自責。而反自譽。復賜酒一卮。肉百斤。遺細君。史記曰。張子房始所見下邳圯上老父與太公書者。後十三年。從高祖過濟北。果見穀城山下黃石。取而寶祠之。留侯死。幷黃石葬。每上塚伏臘祠黃石。

〔詩〕 程曉伏日詩 平生三伏時。道路無行車。閉門避暑臥。出入不相過。今世褦襶子。觸熱到人家。主人聞客來。嚬蹙奈此何。搖扇髀中疼。流汗正滂沱。傳戒諸高明。熱行宜見訶。 潘岳懷縣詩南陸迎修景朱明送末垂初秋啓新節炎景方赫曦朝想慶雲興夕遲白日移揮汗辭中宇登城臨淸池凉風自遠集輕衿隨風吹靈圃曜華果通衢列高椅

七月七日第九

〔敘事〕周處風土記曰七月七日其夜灑掃於庭露施几筵設酒脯時果散香粉於河鼓爾雅曰河鼓謂之牽牛織女言此二星神當會守夜者咸懷私願或云見天漢中有奕奕正白氣有耀五色以此爲徵應見者便拜而願乞富乞壽無子乞子唯得乞一不得兼求三年乃得言之頗有受其祚者吳均續齊諧記曰桂陽城武丁有仙道忽謂其弟曰七月七日織女當渡河吾向已被召弟問織女何事渡河荅曰暫詣牽牛世人至今云織女嫁牽牛是也又傅玄擬天問曰七月七日牽牛織女會天河荊楚歲時記曰七夕婦人結綵縷穿七孔針或以金銀鍮石爲針宋孝武七夕詩曰迎風披綵縷向月貫玄針陳瓜果於庭中以乞巧有喜子網於瓜上則以爲得五王傳曰竇后少小頭禿不爲家人所齒遇七月七日夜人皆看織女獨不許后出有光照室爲后之瑞崔寔四民月令曰七月七日作麴合藍丸及蜀漆丸暴經書及衣裳竹林七賢論曰阮咸字仲容七月七日諸阮庭中爛然莫非錦綈咸時總角乃豎長竿標大布犢鼻褌於庭中曰未能免俗聊復爾耳〔事對〕汎星　飛月謝莊七夕詠牽牛曰容裔汎星道逶迤濟煙潯顏延之織女贈牽牛詩曰婺女儷經星姮娥棲飛月　乘鶴　奔龍列仙傳曰王子喬見桓良曰告我家七月七日待我緱氏山頭果乘白鶴山頭望之不得到舉手謝時人數日而去謝惠連七夕詠牛女詩曰留情顧華寢遙心逐奔龍　天路　星河徐爰詠牛女詩曰結綵彪天路類芳非靈臺王鑒七夕觀織女詩曰隱隱駢千乘闐闐越星河　雲川　漢渚王微七襄怨詩曰藻帳越星波玉飾渡雲川顏測

七夕連句詩曰。雲扃息遊彩。漢渚起遙光。

鳳舄　鶴蓋 漢武帝內傳曰。七月七日。西王母降武帝。戴太眞晨纓之冠。履玄瓊鳳文之舄。劉楨魯都賦曰。素秋二七。天漢指隅。日暮宴罷。車騎就衢。蓋如飛鶴。馬如游魚。

羽車　雲輦 神仙傳曰。吳蔡經去家時已老。還更少壯。頭髮皆黑。語家中言。七月七日王君當來。至期日。王方平果來。乘羽車。駕五龍。漢武帝內傳曰。帝登蒔眞之臺齋。到七月七日夜。忽見天西南如白雲起。鬱鬱直來趍宮。後頃。西王母至。乘紫雲之輦。

九光燈　百子池 漢武帝內傳曰。七月七日。乃掃除宮掖之內。張雲錦之帷。燃九光微燈。夜二唱後。西王母駕五色之斑龍上殿。西京雜記曰。戚夫人侍高祖。至七月七日。臨百子池。

青鳥來　赤龍至 漢武故事曰。七月七日。上於承華殿齋。正中。忽有一青鳥從西而來。集殿前。上問東方朔。朔曰。此西王母來。有一青鳥如烏侍王母傍。列仙傳曰。陶安公者。六安鑄冶師也。一朝火散上。紫色衝天。安公伏冶下求哀。須臾有朱雀止冶上。曰。安公冶與天通。七月七日迎汝以赤龍。至。安公騎之。東南上。

〔賦〕

南齊謝朓七夕賦 金祇司矩。火曜方流。素鍾登御。夷則鳴秋。朱光既斂。涼雲始浮。盈夕露之藹藹。升夜月之悠悠。步廣庭而延睞。屬天媛而淹留。嗟斯靈之淑景。招好仇於服箱。驂白玉而爲飾。霏丹霞而爲裳。迴龍駕之容裔。亂鳳管之淒鏘。軾帝車而捐玦。淩天津而上翔。悵漢渚之夕漲。欣河廣之既梁。嗟闌夜而難永。泣會促而怨長。忌纖阿之方駕。忝長庚之未光。撫鳴琴而修浩。浣安歌而自傷。歌曰。月殿清兮桂觴酬。雲幄靜兮香風浮。龍鑣蹀兮玉鑾整。睠星河兮不可留。

隋庾信七夕賦 兔月先上。羊燈次安。覩牛星之曜景。視織女之闌干。於是秦娥麗妾。趙豔佳人。窈窕名燕。逶迤姓秦。嫌朝裝之半故。憐晚拭之全新。此時併捨房櫳。共往庭中。縷條緊而貫矩。針鼻細而穿空。

〔詩〕

古詩曰 迢迢牽牛星。皎皎河漢女。纖纖擢素手。軋軋弄機杼。終日不成章。泣涕零如雨。河漢清且淺。相去復幾許。盈盈一水間。脉脉不得語。

晉潘尼七月七日侍皇太子宴玄圃園詩 商風初授。辰火微流。朱明送夏。少昊迎秋。嘉木茂園。芳草被疇。於時我后。以豫以游。

宋南平王劉鑠七夕詠牛女詩 秋動清風扇。火移炎氣歇。廣簷含夜陰。高軒通夕月。安步巡芳林。傾望極雲闕。組幕縈漢陳。龍駕凌宵發。沉情未申寫。飛光已飄忽。來對眇難期。今歡自茲沒。

宋謝惠連七夕詠牛女詩 落日隱簷楹。升月照簾櫳。團團滿葉露。淅淅振條風。蹀足循廣除。瞬目矖曾穹。雲漢有靈匹。彌年闕相從。遐川阻昵愛。修渚曠淸容。投杼不成藻。聳轡騖前蹤。昔離秋已兩。今聚夕無雙。傾河易迴斡。款情難久悰。沃若靈駕旋。寂寞雲幄空。留情顧華寢。遙心逐奔龍。

宋王僧達七夕月下詩 遠山斂氛祲。廣庭揚月波。氣往風集隙。秋還露泫柯。節氣旣已孱。中宵振綺羅。來歡詎終夕。收淚泣分河。

謝靈運七夕詠牛女詩 火逝首秋節。新明弦月夕。月弦光照戶。秋首風入隙。凌峯步層崖。憑雲肆遙脈。徙倚西北庭。竦踊東南覿。紈綺無報章。河漢有駿軛。

梁簡文帝七夕穿針詩 憐從帳裏出。想見夜窗開。針欹疑月暗。縷散恨風來。

梁柳惲七夕穿針詩 代馬秋不歸。緇紈無復緒。迎寒理夜縫。映月抽纖縷。淸露下羅衣。秋風吹玉柱。流景對秋夕。餘光歘難駐。

梁劉遵七夕穿針詩 步月如有意。情來不自禁。向光抽一縷。舉袖弄雙針。

梁劉孝威七夕穿針詩 縷亂恐風來。衫輕羞指現。故穿雙眼針。特縫合歡扇。

梁沈約織女贈牽牛詩 紅粧與明鏡。二物本相親。用持施點畫。不照離居人。往秋雖一照。一照復還塵。塵生不復拂。蓬首對河津。冬夜寒如是。寧遽道陽春。初商忽云至。暫得奉衣巾。施衿已成故。每聚輒如新。

梁王筠牽牛荅織女詩 新知與生別。由來儻相値。豈如寸心中。一宵懷兩事。歡娛未繾綣。倏忽成離異。終日遙相望。秖益生愁思。猶想今春悲。尙有故年淚。忽遇長河轉。獨喜涼飈至。奔情翊鳳軫。纖阿警龍轡。

梁劉孝威詠織女詩 金鈿已照耀。白日未蹉跎。欲待黃昏至。含嬌渡淺河。

梁何遜七夕詩 仙車駐七襄。鳳駕出天潢。月映九微火。風吹百和香。逢歡暫巧笑。還淚已啼粧。別離不得語。河漢漸湯湯。

梁庾肩吾七夕詩 玉匣卷懸衣。針縷開夜扉。姮娥隨月落。織女逐星移。離前忿促夜。別後對空機。倩語雕陵鵲。塡河未可飛。

隋江總七夕詩 漢曲天楡冷。河邊月桂秋。婉孌期今夜。飄颻渡淺流。輪隨列宿動。路逐綵雲浮。橫波翻瀉淚。束素反緘愁。此時機杼息。獨向紅粧羞。

隋王

晉七夕詩天河橫欲曉。鳳駕儼應飛。落月移粧鏡。浮雲動別衣。惟逐今宵盡。愁隨還路歸。猶將宿昔淚。更上去年機。張文恭七夕詩鳳律驚秋氣。龍梭靜夜機。星橋百枝動。雲路七香飛。映月迴彤扇。凌霞曳綺衣。含情向華幄。流態入重闈。歡餘夕漏盡。怨結曉驂歸。誰念分河漢。還憶兩心違。杜審言七夕詩白露含明月。青雲斷絳河。天街七襄轉。閣道二神過。襦服鏘環珮。香筵拂綺羅。年年今夜盡。機杼別情多。

七月十五日第十

[敍事] 荆楚歲時記曰。七月十五日。僧尼道俗悉營盆供諸寺。案盂蘭盆經云。有七葉功德。並幡花歌鼓果食送之。蓋由此。[事對] 百味 五果 獻佛 供僧盂蘭盆經云。目連見其亡母生餓鬼中。即鉢盛飯往餉其母。食未入口。化成火炭。遂不得食。目連大叫。馳還白佛。佛言。汝母罪重。非汝一人所奈何。當須十方衆僧威神之力。至七月十五日。當爲七代父母厄難中者。具百味五果。以著盆中。供養十方大德。佛勅衆僧。皆爲施主祝願七代父母。行禪定意。然後受食。是時目連母得脫一切餓鬼之苦。目連白佛。未來世佛弟子行孝順者。亦應奉盂蘭盆供養。佛言大善。故後人因此廣爲華飾。乃至刻木割竹。飴蠟剪綵。摸花葉之形。極工妙之巧。中元 大獻 幡幢 花果道經云。七月十五日。中元之日。地官校勾。搜選衆人。分別善惡。諸天聖衆。普詣宮中。簡定劫數。人鬼傳錄。餓鬼囚徒。一時俱集。以其日作玄都大獻於玉京山。採諸花果。世間所有奇異物。玩弄服飾。幡幢寶蓋。莊嚴供養之具。淸膳飲食。百味芬芳。獻諸衆聖。及與道士。於其日夜講誦是經。十方大聖。齊詠靈篇。囚徒餓鬼。當時解脫。一切俱飽滿。免於衆苦。得還人中。若非如斯。難可拔贖。[賦] 楊炯盂蘭盆賦渾元告秋。羲和奏曉。太陰望兮圓魄皎。閶闔開兮涼風嫋。四海澄兮百川晶。陰陽肅兮天地窅。掃離宮。淸重閣。設皇邸。張翠幕。鸞飛鳳翔。㷔陽倏爍。雲舒霧布。翕赩曶霍。陳法供。飾盂蘭。壯神功之妙物

何造化之多端。青蓮吐而非夏。頳果搖而不寒。銅鐵鉛錫。璆琳琅玕。映以甘泉之玉樹。冠以承露之金盤。憲章三極。儀形萬類。上寥廓兮法天。下安貞兮象地。殫怪力。窮神異。少君王子。挈曳兮若來。玉女瑤姬。翩遷兮必至。鳴鶤鷄與鸑鷟。舞鵾鷄與翡翠。毒龍怒兮赫然。狂象奔兮沉醉。怖魍魎。潛魑魅。離婁明目不足見其精微。匠石洗心不足徵其奧祕。繽繽紛紛。氤氤氳氳。五色成文。若榮光休氣。發彩於重雲。蒨蒨粲粲。煥煥爛爛。三光壯觀。若合璧連珠。耿曜於長漢。夫其遠也。天台嶕起。繞之以赤霞。夫其近也。削成孤峙。覆之以蓮花。晃兮瑤臺之帝室。艷兮金闕之仙家。其高也。上諸天於大梵。其廣也。遍法界於恒沙。上可以薦元符於七廟。下可以納群動於三車。

九月九日第十一

〔敍事〕　荆楚歲時記曰。九月九日。士人並藉野飲宴。續齊諧記曰。汝南桓景隨費長房遊學。長房謂之曰。九月九日。汝南當有大災厄。急令家人縫囊盛茱萸。繫臂上。登山飲菊酒。此禍可消。景如言。舉家坐山。夕還。見雞犬一時暴死。長房曰。此可代之。今世人九日登高是也。西京雜記曰。漢武帝宮人賈佩蘭。九月九日佩茱萸。食餌。飲菊花酒。云令人長壽。蓋相傳自古。莫知其由。玉燭寶典曰。食餌者。其時黍秫並收。以因黏米嘉味。觸類嘗新。遂成積習。周官籩人職曰。羞籩之實。糗餌粉餈。干寶注曰。糗餌者。豆末屑米而蒸之。以棗豆之味。今餌餻也。方言。餌謂之餻。或謂之餈。〔事對〕　王酒　賈餌　檀道鸞續晉陽秋曰。陶潛九月九日無酒。於宅邊菊叢中摘盈把。坐其側。久望見白衣人。乃王弘送酒。即便就酌。而後歸。賈餌見敍事中。　登山　坐湖　登山見敍事中。顔測九日坐北湖聯句詩曰。亭席斂徂蕙。澄酒汎初蘭。　服黃華　佩赤實　太清諸草木方曰。九月九日採菊花與茯苓松脂。久服之令人不老。禮記曰。菊有黃華。西京雜記曰。九月九日佩茱萸。令人長壽。爾雅曰。椒樧林莍。郭璞注曰。本艸茱萸一名樧。而實赤細者。　遊龍山　戲馬臺　孟嘉別傳曰。嘉為桓溫參軍。既知其政。溫甚重之。九月九日。溫遊龍山。參僚畢集。風吹嘉帽落。不覺如廁。孫盛時在坐。溫授紙筆命嘲之。着嘉坐處。嘉歸見之。笑而請紙。卽荅。了不容思。南齊書曰。宋武帝爲宋公在彭城。九月九日登項羽戲馬臺。至今相承。以爲故事。

[賦] 宋傅亮九月九日登淩囂館賦 歲九旻之暮月。肅晨駕而朝逝。度迴壑以停轅。淩孤館而遠愬。何物慘而節哀。又雲悠而風厲。悴綠蘩於淸渚。殞豐灌於荒澨。玩中原之芬菊。惜蘭圃之凋蕙。旌竹柏之勁心。謝梧楸之零脆。

[詩] 宋謝瞻九日從宋公戲馬臺 風至授寒服。霜降休百工。巢幕無留燕。遵渚有歸鴻。輕霞冠秋日。迅商薄淸穹。聖心眷嘉節。鳴鑾戾行宮。四筵霑芳醴。中堂起絲桐。扶光迫西汜。餘歡宴有窮。宋謝靈運九日從宋公戲馬臺送孔令詩 季秋邊朔苦。旅鴈違霜雪。凄凄陽卉腓。皎皎寒潭潔。良辰感聖心。雲旗興暮節。鳴葭戾朱宮。蘭巵獻時哲。歸客遂海隅。脫冠謝朝列。河流有急瀾。浮驂無緩轍。齊王儉侍皇太子九日玄圃宴四言詩 秋日在房。鴻鴈來翔。寥寥淸景。藹藹微霜。草木搖落。幽蘭獨芳。眷言淄苑。尙想濠梁。旣暢旨酒。亦飽徽猷。有來斯悅。無遠不柔。梁劉苞九日侍宴樂遊苑正陽堂詩 上郡良家子。幽幷遊俠兒。立乘爭飲羽。側騎競紛馳。鳴珂飾華眊。金袍映玉羈。膳羞殫海陸。和齊眡秋宜。雲飛雅琴奏。風起洞簫吹。曲終高宴罷。景落樹陰移。微薄承嘉惠。飮德良不貲。取効績無紀。感恩心自知。梁王修已九日詩 霜威始落翠。寒氣初入堂。隋珠爛似燭。懸梨疑夜光。梁劉孝威九日酌菊花酒詩 霜花疑始摘。羅衣似適薰。餘杯度不取。欲持嬌使君。梁何遜九日侍宴樂遊苑詩 皇德無餘讓。重規襲帝勛。翾飛悅有道。卉木荷平分。宸襟動時豫。歲序屬涼氛。城霞朝晃朗。槐霧曉氛氳。羽觴歌湛露。佾舞奏承雲。禁林終晚宴。華池物色曛。疏樹翻高葉。寒流聚細文。晴軒連瑞氣。飛蓋御香芬。梁庾肩吾侍宴九日詩 轍迹光周頌。巡遊盛夏功。鉤陳萬騎轉。閶闔九關通。秋暉逐行漏。朔氣遶相風。獻壽重陽節。迴鑾上苑中。疏山開輦道。間樹出離宮。玉醴吹岩菊。銀牀落井桐。飲羽山西射。浮雲冀北驄。塵飛金埒滿。葉破柳條空。周王褒九日從駕詩 黃山獵地廣。靑門官路長。律改三秋節。氣應九鍾霜。射馬垂雙帶。豐貂佩兩璜。苑寒梨樹

紫山秋菊葉黄華露霏霏冷輕飈颯颯揚終慙屬車對空假侍中郎。隋江總衡州九日詩秋日正凄凄茅茨復蕭瑟姬人薦初醞。幼子問殘疾園菊抱黄華庭榴剖珠實聊以著書情暫遣他鄉日。又九月九日至微山亭詩心逐南雲逝形隨北鴈來故鄉籬下菊今日幾花開賀凱奉和九月九日詩商飈凝素籥玄覽賁黄圖曉霜驚斷鴈晨吹結栖烏寒花低岸菊涼葉下庭梧澤宮申舊典相圃叶前模玉砌分彫戟金溝轉鏤衢帶星飛夏箭映月上軒弧慶展簪裾洽恩融雨露濡天文發丹篆寶思掩玄珠承歡徒聳抃負弛竊忘軀。［書］魏文帝與鍾繇書歲往月來忽復九月九日九爲陽數而日月並應俗嘉其名以爲宜於長久故以享宴高會是月律中無射言群木庶草無有射而生至於芳菊紛然獨榮非夫含乾坤之純和體芬芳之淑氣孰能如此故屈平悲冉冉之將老思飡秋菊之落英輔體延年莫斯之貴謹奉一束以助彭祖之術。

冬至第十二

［敍事］玉燭寶典曰十一月建子周之正月冬至日南極景極長陰陽日月萬物之始律當黄鍾其管最長故有履長之賀沈約宋書曰冬至朝賀享祀皆如元日之儀又進履襪崔駰襪銘有建子之月助養元氣之事後魏北京司徒崔浩女儀云近古婦常以冬至日進履襪於舅姑皆其事也襪亦作絉並云伐反作赤豆粥歲時記云共工氏有不才子以冬至日死爲人厲畏赤豆故作粥以禳之。周禮曰冬至日在牽牛景長一丈三尺夏至日在東井景長有五寸［事對］殷昴　升辰尚書曰日短星昴以正仲冬孔安國注曰日短冬至之日也昴玄武中星亦以七星並正冬之三節也傅亮冬至詩曰星昴殷仲冬短晷窮南陸春秋考異郵曰日冬至辰星升。如正　亞歲崔寔四民月令曰冬至之日薦黍羔先薦玄冥以及祖禰其進酒肴及謁賀君師耆老如正日沈約宋書曰魏晉冬至日受萬國及百寮稱賀因小會其儀亞於歲朝。

陰化　陽升　禮記曰仲冬之月日短至陰陽爭諸生蕩鄭玄注云爭者陽欲施陰欲化爭成功也崔駰冬至襪銘曰陽升於下日永於天長履景福至于億年　陽歸　陰謝　養生要集曰南陽張平子云冬至陽氣歸內腹中熱物入胃易消化王讚皇太子會詩曰玄陰受謝靑陽啓號氣以升新光以永照　珠星　璧月　漢書曰宦者淳于陵渠覆太初歷晦朔望最密五星如連珠應劭注云謂太初上元甲子夜半朔朝冬至時七曜皆會牽牛桓譚新論曰日從天元已來訖十一月朔朝冬至日月若連璧　視朔　推元　左傳曰僖公五年正月辛卯日南至公旣視朔遂登觀臺以望而書禮也桓譚新論曰通歷數家算法推考其紀從上古天元已來訖十一月甲子夜半朔冬至　寢兵　肆樂　五經通義曰冬至所以寢兵鼓商旅不行君不聽政事易通卦驗曰冬至始人主與群臣左右從樂五日天下之衆亦家家從樂五日以迎日至之禮鄭玄注曰從者就也冬至君臣俱就大司樂之官臨其肆祭天圜丘之樂以爲祭事莫大於此　書物　候風　左傳云凡分至啓閉必書雲物爲備故也黃帝鍼灸經曰冬至日風從南來者名爲虛賊傷人　諧律歷　度晷景　易通卦驗曰冬至始人主致八能之士或調黃鍾或調六律或調五行或調律歷或調陰陽或調正德鄭玄注曰致八能之士者言選於人衆之中取習曉者使之調焉諧調和之也司馬彪續漢書曰天子常以冬夏至日御前殿合八能之士陳八音聽樂均度晷景候鍾律權土炭効陰陽也　成三光　周四極　易通卦驗曰冬至成天文鄭玄注云天文謂之三光運行照天下冬至而數訖於是時也祭而成之所以報也呂氏春秋曰冬至日行遠道周四極命之曰玄明天

〔詩〕　宋傅亮冬至詩　星昴殷仲冬短晷窮南陸柔荔迎時萋芳芸應節馥

宋袁淑詠冬至詩　連星貫初歷令月臨首歲薦樂行陰政登金贊陽滯收涼降天德萌華宜地惠司瑞紀夜晞書雲掌朝晢

宋鮑昭冬至詩　景移風度改日至晷迴換眇眇負霜鶴皎皎帶雲鴈

隋蕭慤奉和冬至應教詩　天宮初動磬緹室已飛灰暮風吹竹起陽雲覆石來析冰開荔色除雪出蘭栽懸無宋玉辨濫吹楚王臺

〔表〕　魏曹植冬至獻襪頌

表伏見舊儀國家冬至獻履貢襪所以迎福踐長先臣或爲之頌臣既玩其嘉藻願述朝慶千載昌期一陽嘉節四方交泰萬物昭蘇亞歲迎祥履長納慶不勝感節情繫帷幄拜表奉賀并獻紋履七緉襪若干副上獻以聞謹獻

臘第十三

〔敍事〕風俗通曰夏曰清祀殷曰嘉平周曰大蜡漢曰臘臘者獵也因獵取獸以祭王燭寶典曰臘者祭先祖蜡者報百神同日異祭也又禮記曰天子大蜡八伊耆氏始爲蜡蜡也者索也歲十二月合聚萬物而索饗之也八蜡者一先嗇二司嗇三農四郵表畷五猫虎六防七水庸八昆虫 漢以戌日爲臘魏臺訪議曰王者各以其行盛日爲祖衰日爲臘漢火德火衰於戌故以戌日爲臘 魏以辰魏土德王土衰辰故以辰爲臘 晉以丑晉金德金衰於丑故以丑爲臘 左傳曰虞不臘矣〔事對〕 嘉平 明祀史記曰秦惠文公十二年初臘始皇三十一年更名臘曰嘉平周處風土記曰進清醇以告蜡竭恭敬於明祀 魏丑 漢戌晉宋舊事曰魏帝遜位祖以酉日臘以丑日魏名臣奏曰大司農董遇議曰土行之君故宜以未祖以丑臘爲得盛終之節不可以戌祖辰臘也應劭風俗通曰或曰臘接也新故交接狎獵大祭以報功也漢火行衰於戌故以戌爲臘 祠彘 磔雞漢書曰高祖十年春有司奏令縣道常以春二月及臘祠社稷以羊彘王肅儀禮曰季冬大儺旁磔雞出土牛以送寒氣即今之臘除逐疫磔雞葦絞桃梗之屬 魏辰 晉丑魏臺訪議曰詔問何以用未祖丑臘臣崇對曰按月令孟冬十月臘先祖五祀謂薦田獵所得禽獸謂之臘左傳曰虞不臘矣唯見此二者而皆不書日聞先師說曰王者各以其行之盛祖以其終臘水始生於申盛於子終於辰故水行之君以子祖辰臘火始生於寅盛於午終於戌火行之君以午祖戌臘木始生於亥盛於卯終於未故木行之君以卯祖未臘金始生於巳盛於酉終於丑故金行之君以酉祖丑臘土始生於未盛於戌終於辰故土行之君以

戌祖辰臘。今魏據土德。宜以戌祖辰臘。晉起居注曰。安帝安崇四年十二月辛丑。臘祠作樂。 **勞農** **縱吏** 司馬彪續漢書曰。季冬之月。星迴歲終。陰陽已交。勞農夫享臘以送故。蔡邕獨斷曰。臘者歲終大祭。縱吏人宴飲也。 **薦禽** **祭獸** 薦田獵所得禽。已見上。應劭風俗通曰。周曰大蜡。漢改曰臘。田獵取獸祭祖。 **晨炊** **冬釀** 干寶搜神記曰。宣帝時。陰子房者。至孝有仁恩。嘗臘日晨炊而竈神形見。子房再拜受慶。家有黃羊。割以祠之。崔寔四民月令曰。十月上辛。命典饋清麴釀冬酒。以供臘祀也。 **祈五祀** **祭百神** 禮記曰。天子乃祈年于天宗。大割牲。祠于公社及門閭。臘先祖五祀。許愼說文曰。臘。冬至後壬戌臘。祭百神。 〔詩〕 **晉裴秀大蜡詩** 日躔星紀。大呂司辰。玄象改次。庶衆更新。歲事告成。八蜡報勤。告成伊何。年豐物阜。豐禋孝祀。介茲萬祜。報勤伊何。農功是歸。穆穆我后。矜茲烝黎。飲饗清祀。四方來綏。充牣郊甸。鱗集京師。交錯貿遷。紛葩相追。摻袂成幕。連袵成帷。有肉如邱。有酒如泉。有肴如林。有貨如山。率土同懽。和氣來臻。祥風叶順。降祉自天。方隅清謐。嘉祚日延。與民優游。享壽萬年。 **宋張望蜡除詩** 鮮冰迎流結。凝溜垂簾實。人欣八蜡暢。誰知歲華盡。 **北齊魏收蜡節詩** 凝寒迫清祀。有酒宴嘉平。宿心何所道。藉此慰中情。

歲除第十四

〔敍事〕 呂氏春秋季冬紀注曰。前歲一日。擊鼓驅疫癘之鬼。謂之逐除。亦曰儺。 論語曰。鄉人儺。孔子朝服立於阼階。張衡東京賦曰。卒歲大儺。 荆楚歲時記曰。歲前又爲藏鉤之戲。辛氏三秦記云。昭帝母鉤弋夫人手拳而國色。今人學藏鉤。亦法此。鉤亦作彄。 〔事對〕 **宿歲** **迎年** 荆楚記曰。歲暮家家具肴蔌。詣宿歲之位。以迎新年。相聚酣飲。 **去故** **納新** 荆楚記曰。留宿歲飯。至新年十二月。則棄之街衢。以爲去故納新也。 〔詩〕 **唐太宗守歲詩** 暮景斜芳殿。年華麗綺宮。寒鉤去冬雪。暖帶入春風。階馥舒梅素。盤花卷燭紅。共歡新故歲。迎送一宵中。 **又詩** 歲陰窮暮紀。獻節啓新芳。冬盡今宵促。年開明日長。

冰消出鏡水，梅散入風香。對此歡終宴，傾壺待曙光。於太原召侍臣賜宴守歲詩四時運灰琯，一夕變冬春。送寒餘雪盡，迎歲早梅新。梁庾肩吾歲盡應令詩歲序已云殫，春心不自安。聊開栢葉酒，試奠五辛盤。金薄圖神燕，朱泥印鬼丸。梅花應可折，惜爲雪中看。薛道衡歲窮應教詩故年隨夜盡，初春逐曉生。方驗從軍樂，飲至入西京。

卷四校勘表

頁數	行數	排印本原文	安刻本	嚴陸校	備註
六四	七	百寺		百事	
六五	二	宜城		宜春	
六六	六	膏粥		膏粥祭祀	
六六	一一	每月皆		每月皆有	
六六	一三	僅建	僅逮		
六七	一	唐太宗		太宗文武聖皇帝	
六七	六	子綏		子推	本行「子綏」四見·校錄宋本皆作「子推」·
六七	六	割腕股		割腓	
六七	七	子綏		子推	
六七	七	五月五日		三月是日	
六七	八	子綏綏卽推		子推又名子綏	
六八	四	今之糗是也		是今之糗也	

六八	一〇	漢帝時		漢章帝時
六八	一一	說其始		說其詳
六九	二	而過焉		「而過焉」下有「應劭注云祓除於水上自祓除今三月上巳禊也」十九字
六九	一一	攜朋接黨		携酒拉朋
七〇	一一	阮瞻		阮籍
七〇	一二	乃筵	初筵	
七一	一一	留帝賞		留地賞
七一	一一	亭午		亭罕
七二	一	仙軏		仙軟
七二	八	方懽		方權
七三	一四	以菰		以楝
七四	一三	以攘		以禳
七四	一五	結蘆		結廬
七五	一三	老父與		受黃石公
七六	五	有耀		有光耀

七六	九	五王	世王	代王
七六	一二	謝莊		謝萬
七六	一三	山頭		山頭至時
七六	一三	白鶴		白鶴在
七七	一	遙光		瑤光
七七	四	紫雲之輦		下有「香氣馥郁」四字
七七	六、七	有一青鳥如烏侍王母傍		未久果至青鳥侍其傍
七七	八	至安公		至期安公
七七	一〇	難永	難曉	易曉
七七	一一	未光		末光
七八	八	步月		步去
七八	九	用持		用時
七八	一四	忿捉夜	看促夜	
七九	二	鳳律		鳳曆
七九	一〇	未來世佛		如來世尊
七九	一二	玄都		玄林
八〇	二	翩遷		翩僊
八〇	八	坐山		登山

八〇	一四	椒榝林菉		椒榝醜菉
八一	一一	嬌使君	嬌向君	
八一	一四	遶相風		送徂風
八二	三	賀凱	賀敳	
八二	一三	有五寸		尺有五寸
八三	二	千億	于億	
八三	八	賊傷		〔陸〕熾傷
八三	一五	析冰		折冰
八四	七	王土衰		士衰於
八五	一	安崇		隆安
八五	五	先祖五祀	先祀五祖	
八五	一三	詣宿歲之位		爲宿歲之儲
八五	一三	酣飲		醉飲
八五	一四	十二月		十二日
八五	一四	唐太宗		太宗文武皇帝
八五	一四、一五	寒鉤	寒餅	
八六	二	惜爲		借爲

初學記卷第五

地理上

總載地第一

〔敍事〕抱朴子云。太極初搆。清濁始分。故天先成而地後定。白虎通云。地者元氣所生。萬物之祖也。淮南子云。天有九部八紀。地有九州八柱。河圖括地象曰。崑崙山爲天柱。氣上通天。崑崙者地之中也。地下有八柱。柱廣十萬里。有三千六百軸。互相牽制。名山大川。孔穴相通。九州之外。有八埏。淮南子云。東方曰沙海。東南方曰沅澤。南方曰丹澤。西方曰泉澤。西北方曰海澤。北方曰塞澤。東北方曰無通澤。河圖曰。凡天下有九區。別有九州。中國九州名赤縣。卽禹之九州也。上云九州八柱。卽大九州也。非禹貢赤縣小九州也。八埏之外。有八紘。淮南子云。東北方之紘曰和邱。曰荒土。東方之紘。曰棘林。曰桑野。東南之紘。曰大窮。曰衆安。南方之紘。曰都廣。曰反戶。西南方之紘。曰焦僥。曰炎土。西方之紘。曰金邱。曰沃野。西北之紘。曰一目。曰少所。北方之紘。曰積冰。曰委羽。八紘之外。有八極。淮南子云。東北方曰方土之山。曰蒼門。東方曰東極之山。曰開明門。東南方曰波母之山。曰陽門。南方曰南極之山。曰暑門。西南方曰編駒之山。曰白門。西方曰西極之山。曰閶闔之門。西北方曰不周之山。曰幽都門。北方曰北極之山。曰寒門。八極之廣。東西二億三萬三千里。南北二億三萬一千五百里。夏禹所治四海內地。東西二萬八千里。南北二萬六千里。地東西爲緯。南北爲經。周禮又云。東西爲廣。南北爲輪。爾雅云。東至于泰遠。西至于邠國。南至于濮鉛。北至于祝栗。謂之四極。九夷八狄七戎六蠻。謂之四海。言所居近於海。纂要云。嵩泰衡華恆。謂之五岳。江河淮濟。謂之四瀆。上中下謂之三壤。山林川澤邱陵墳衍原隰爲五土。周禮。大司徒辨五地之物。一曰山林。其動物宜毛物。其植物宜皁物。二曰川澤。其動物宜鱗物。其植物宜膏物。三曰邱陵。其動物宜羽物。其植物宜覈物。四曰墳衍。其動物宜介物。其植物宜莢物。五曰原隰。其動物宜羸物。其植物宜叢物。物理論云。地者其卦曰坤。其德曰母。其神曰祇。亦曰媼。大而名之曰黃地祇。小而名之曰神州。亦名后土。黃地祇。畢八極之內。地神州。王畿方千里內地神也。后土。社也。社。地主也。所在皆得言之也。

【事對】坤元　祇位　易曰。至哉坤元。萬物資生。含弘光大。品物咸亨。河圖曰。地之位。起形於崑崙。從廣萬里。高萬一千里。神物之所生。聖仙之所集。廣大　博厚　易曰。廣大配天地。變通配四時。莊子曰。夫地非不廣且大也。人所容足耳。禮記曰。博厚所以載物也。高明所以覆物也。博厚配地。高明配天。八柱　九則　河圖曰。天有九部八紀。地有九州八柱。天地精通。神明列序也。離騷曰。地方九則。何以墳之。注云。墳。分也。謂之九州之地。凡九品。禹何以能分別之乎。經緯　廣輪　家語曰。地東西爲緯。南北爲經。山爲積德。川爲積形。周禮大司徒掌天下土地之圖。知九州之地域廣輪之數。五物　十形　五物義見前敍事注。楊泉物理論曰。夫土地皆有形名。而人莫察焉。有龜龍體。有鱗鳳貌。有弓弩勢。有斗升象。有張舒形。有谿閉容。有隱眞之安。有累卵之危。有膏英之利。有堵埆之害。此十形者。氣勢之始終。陰陽之所極也。母德　媼神　楊泉物理論曰。地者其神曰祇。其卦曰坤。其德曰母。漢書曰。惟泰元尊。媼神蕃釐。經紀天地。作成四時。注云。媼。地神。絕維　演絡　列子曰。共工氏與顓頊爭爲天子。怒而觸不周山。天柱折。地維絕。地不滿東南。故百川歸焉。而爲渤海。張衡西京賦曰。爾乃振天維。演地絡。盪川瀆。簸林薄。亥步　章極山海經曰。帝令豎亥步自東極至西極。五億十萬九千八百八步。天地之東西二萬八千里。南北二萬六千里。淮南子曰。禹使大章步自東極至於西極。二億三千五百里七十五步。四柱　九囿張華博物志曰。崑崙東北地轉下有八玄幽都。方二十餘萬里。地下有四柱。廣十萬里。地有三千六百軸。互相牽制。洛書曰。人皇始出於提地之口。九男兄弟相像。以別長九州。爲九囿。人皇乃有中州制八輔。流謙　貴貞易曰。地道變盈而流謙。漢書曰。天道貴信。地道貴貞。不信不貞。萬物不生。政本　物祖管子曰。地者政之本也。是知地可以正政也。地不平均和調。則政不可正也。白虎通曰。地者元氣之所生。萬物之祖也。地之言施也。諦也。應施變化。審諦不設。敬始重終。故謂之地。方輿　大舟宋玉大言賦曰。方地爲輿。圓天爲蓋。河圖曰。地恆動不止。譬如人在大舟上。閉牖而坐。舟行而人不覺。取財　成化禮記曰。地載物。天垂象。取財於地。是以尊天而親地。易曰。凡天地之數。五十有五。所以成變化而行鬼神。銅儀　金柱續漢書曰。張衡作地動儀。精銅以鑄。其器圓徑八尺。形似酒樽。樽中有都柱。傍行八道。施關發機。外有八龍首銜銅丸。蟾蠩承之。其機關巧制。皆在樽中。關令內傳曰。地厚萬里。其下得太空。太空四角下有自然金柱。輒方員五千里也。七表　九域河圖曰。天有五行。地有五岳。天有七星。地有七表。張衡靈憲曰。元氣剖判。淸濁異位。地定於內。而體於陰。地有九域。山川。聖人始紀綱而後經緯。行馬　御驥易曰。牝馬地類。行地无疆。王弼注云。乾以龍御天。坤以馬行地。孫楚祖道詩曰。御天惟龍。御地以驥。利有攸往。不期而至。養材　敏樹史記曰。顓頊養材以任地。載時以象天。禮記曰。人道敏政。地道敏樹。鄭注云。樹謂植草木。東傾　右動離騷曰。康回憑怒。地何故以東南傾。王逸注曰。共工怒觸不周山。地柱折。故傾也。春秋元命苞曰。天左旋。地右動。驪市　秦樞辛氏三秦記曰。驪山始皇陵作地市。生死人交易。市平不得欺死人。云秦五地。市有斷馬利。袁淑効白馬篇曰。騎劍何翩翩。長安五陵間。秦地天下樞。八方輳才賢。無私載　有大利禮記曰。天無私覆。地無私載。日月無私照。楊泉物理論曰。凡居地有大利而無小害者上地也。　**九地　五土**　揚雄太玄經曰九地。一爲沙泥。二澤瀉。三征崖。四下田。五中田。六上田。七下山。八中山。九上山。范子計然曰夫地有五土之宜各有高下。鄭玄注孝經曰分別五土。視其高下若高田宜黍稷下田宜稻麥邱陵坂險宜種棗栗。　**九阿　四野**　穆天子傳曰天子西征至於九阿。阮籍詩曰鸞鳳振四野回雲蔭堂除。張華詩曰遊目四野外逍遙獨延佇。

〔論〕　西晉裴秀禹貢九州地域圖論　圖書之設由來尚矣。自古垂象立制而賴其用。三代置其史掌其職。暨漢祖屠咸陽丞相蕭何盡收秦圖籍今秘書既無古今地圖又無蕭何所得秦圖唯有漢氏所畫輿地及諸雜圖。各不設分率又不考正準望。不備載名山大川。其所載列雖有麤形皆不精審。不可依據。或稱外荒迂誕之言。不合事實。於義無取。今制地圖之體有六。一曰分率所以辨輪廣之度也。二曰準望所以正彼此之體也。三曰道里所以定所由之數也。四曰高下。五曰方邪。六曰迂直。此三者各因地而制行校夷險之故也。有圖象而無分率則無以審遠近之差。有分率而無準望雖得之一隅。必失之他方。雖有準望而無道里則施於山海絕隔之地不能相通。有道里無高下方邪迂直之校則徑路之數必與遠近之實相違矣。此六者參而攷之然後遠近之實定於分率。彼此之實定於準望。徑道之實定於道里度數之實定於高下。故雖有峻山巨海之隔絕域殊方之迴登降詭曲之因皆可得舉而定者也。

〔啓〕　梁昭明太子謝敕賚地圖啓　漢氏輿地形茲未擬。晉代方丈比此非妙。西之長樂唯畫古賢儒之未央止圖將帥未有洞該八藪混觀六合域中天外指掌可求。地角河源戶庭不出豈問千秋自識烏丸之地。脫逢壯武方著博物之書。

〔讚〕　宋何承天地讚　九州攸同。時惟禹跡。爰及後代。疆分里析。貢則屢遷。名猶不易。

〔文〕　顏師古神州地祇祝文　維某年敢昭告於神州地祇。惟祇包函區夏。載負群生。溥彼域中。賴茲厚德。式遵彝典。揀此元辰。敬以玉帛犧牲。粢盛庶品。明獻厥誠。備茲禋瘞。

總載山第二

〔敍事〕 國語云。山者土之聚也。爾雅云。土高有石曰山。釋名曰。山産也。言産生萬物。說文云。山宣也。
宣氣散生萬物。有石而高象形也。韓詩外傳云。夫山萬人之所瞻仰。材用生焉。寶藏植焉。飛禽萃焉。走
獸伏焉。育群物而不倦。有似夫仁人志士。是仁者所以樂山也。釋名云。山頂曰冢。亦曰巔。亦曰椒。山脊
曰岡。山大而高曰嵩。嵩高稱也。今中岳嵩山蓋依此。亦作崧。 小而高曰岑。銳而高曰嶠。卑而大曰扈。小而衆曰
巋。上大下小曰巘。山有草木曰岵。音戶。 無草木曰峐。古零反。 石載土曰岨。土載石曰崔嵬。此因形而名之。 山
東曰朝陽。山西曰夕陽。隨日照而名之。 山足曰麓。山穴曰岫。山邊曰崖。崖之高曰巖。上秀者曰峯。陬濁高
者曰岊。山坡曰坂。山三襲曰陟。山再成曰坯。山中絕曰陘。未及上曰翠微。一說山氣青縹色曰翠微。 山屬曰
嶧。言絡繹相連。今魯國有嶧山。純石相積構，連屬成山。蓋謂此也， 山狹而高曰巒。巒山曰隓。他果反，謂山形長狹者，荆州又謂
之巒。詩云。隓山喬岳。 土山曰阜。阜厚也。言其高厚。 曲阜曰阿。大阜曰陵。小陵曰邱。山精曰夔。亦曰跂。亦曰雲陽。
祭山曰庪懸。自山頂曰冢。已下並出說文釋名爾雅三書。〔事對〕 蒙險 含澤 楊文易卦序論云。險而止。山也。險而動。泉
也。動靜皆蒙險。故曰山。春秋說題辭曰。山之爲言宣也。含澤布氣。調五神也。 銀溢 金涌 漢書曰。殷得金德，銀自山溢，蘇林注曰。溢
出也。關令尹喜內傳曰。五百歲天下名山一開。開時金玉之精涌出。 石鏡 玉臺 山謙之吳興記曰。臨安縣東五里石鏡山東有石
鏡一所。徑二尺四寸。甚淸亮。張僧監潯陽記曰。石鏡山東有一員石懸崖。明淨照見人形。鄧德明南康記曰。雩都君山有玉臺，方廣數丈。
崖館 雲府 盧諶詩曰。遐舉遊名山。松喬共相追。層崖成崇館。嵓阿結重闈。庾肅之山讚曰。懸嵓杳翳。神明攸居。宮府風雲。懷吐川
渠。 石閭 金闕 漢書曰。武帝禪石閭。謝靈運太山吟曰。石閭何晻藹。明堂秘靈篇。史記曰。燕昭王使人求蓬萊方丈瀛洲。此三山黃

金白銀爲宮闕。**霞壁**　**雲峯**荆州圖副曰。丹雀山高可三十丈。北臨丹水。赤壁如霞。孔曄會稽記曰。四明山高峯軼雲。連岫蔽日。

五臺　**九室**　酈元注水經曰。溥池水西注五臺山北。其山五巒巍然。故號五臺。玉匱曰。青城山名九室之天。**九坂**　**千巖**　張璠漢記曰。梁冀聚土築山。十里九坂。世說曰。顧長康從會稽還。人問山川之美。顧云千嵒競秀。**五女**　**兩童**　揚雄蜀本紀曰。秦王獻美女於蜀王。蜀王遣五丁迎五女。見大蛇入山穴中。五丁引蛇。山崩。五女上山化爲石。魏文帝登山遠望詩曰。西山一何高。望望殊不及。上有兩仙童。不飲亦不食。**仙宮**　**神闕**　王韶之南康記曰。雩縣有君山。大風雨後。聞絃管聲。其山謂之仙宮。鄧德明南康記曰。歸美山高數百丈。遠望嵯峨。靈闕騰空。故老謂之神闕。**出日**　**落星**　山海經曰。東海之外大荒中有山。名大谷。日月所出。山謙之南徐州記曰。臨沂縣前有落星山。今云班瀆。卽綠江圖所謂落星浦。**員嶠**　**方壺**　列子曰。渤海之東有壑。其中山曰員嶠。拾遺記曰。海中三山。一名方壺。方丈。二曰蓬壺。蓬萊。三曰瀛洲。形如壺。上廣下狹。**車蓋**　**香鑪**　山謙之吳興地記曰。烏程縣車蓋山。山東舊有殷康所立亭。矚望極佳。郭仲產南雍州記曰。望楚山有三磴道。上磴道名香鑪峯。**鑿室**　**臨樹**　楚詞曰。鑿山楹以爲室。下披衣於水府。又曰。層臺累榭。臨高山。**天台**　**地首**　劉敬叔異苑曰。會稽天台山。路邈遠。自非忽生忘形。不能躋也。河圖曰。嵩高之山爲地首。**天目**　**地胏**　山謙之吳興記曰。於潛舊縣天目山極高險。且長遠。與宣城懷安並分山爲界。謝靈運遊名山志曰。地胏山者。王演山記謂之木榴山。一名地胏。永嘉郡記曰。地胏山在樂城縣東大海中。去岸百餘里。**青邱**　**丹穴**　山海經曰。青邱之山。其陽多玉。其陰多青雘。有獸如狐。九尾。有鳥如鳩。佩之不惑。又曰。丹穴山。丹水出焉。有鳥如鶴。五采而文。名曰鳳。鳥不飲不食。自歌自舞。見則天下安寧。**視三公**　**植萬物**　禮記曰。天子祭名山大川。五岳視三公。鄭玄注曰。視者。牲器之數。韓詩外傳曰。山者萬人之所瞻仰。草木生焉。萬物植焉。飛鳥集焉。走獸伏焉。

[賦]　**唐太宗小山賦**　何四序之交運。轉三陽之暮時。風辭暄而入暑。樹替錦而成帷。想蓬瀛兮靡覿。望崑

闐兮難期。抗微山於綺砌。橫促嶺於丹墀。啓一園而建址。崇數尺以成坏。既無秀峙之勢。本乏雲霞之資。承墜宇之殘霤。挂低空之斷絲。爾乃參差絕巘。威紆短逕。風暫下而將飄。烟纔高而不暝。寸中孤嶂連還斷。尺裏重巒欹復正。岫帶柳而合雙眉。石澄流兮分兩鏡。爾其移芳植秀。擢榦抽莖。松新翠薄。桂小丹輕。細影雜兮俱亂。弱勢夾兮共縈。纔有力以勝蝶。本無心而引鸎。半葉舒而嵒暗。一花散而峯明。何纖微之同景。亦卑細以相成。於是換浮權於沉思。賞輕仁於勝地。俯蟻垤而有餘。仰終南而多愧。非爲固於九折。庶無虧於一簣。聊夕翫而朝臨。足攄懷而蕩志。

梁江淹江上之山賦　瀄澼湏溶兮楚水而吳江。刻劃崤崒兮山雲而碧峯。挂青蘿兮萬仞。竪丹石兮百重。百重兮嵒嶨。如斲兮如削。巚嶷兮尖出。嵒巚兮穴鑿。波潮兮吐納。嶕崖兮積沓。見紅草之交生，眺碧樹之四合。草自然而千華。樹無情而百色。嗟人道之異茲。牽憂恚而來逼。懷爐炭於片景。抱絲緒於一息。俗逐事而變化。心應物而迴旋。既歔欷以未悟。亦緯繣而已遷。伊人壽兮幾何。譬流星之霄天。悵日暮兮吾有念。臨江上之斷山。雖不敏而無操。願從蘭芳兮與玉堅。

［詩］

唐太宗詠小山詩　近谷交縈蘂。遙峯對出蓮。徑細無全磴。松小未含煙。

梁庾肩吾賦得山詩　層雲靄峻嶺。絕澗倒危峯。刻削臨千仞，嵯峨起百重。行曦上杳杳。結霧下溶溶。仁心留此屬。休奉愧群龍。

周蕭撝上蓮山詩　獨邁青蓮嶺。超奇紫蓋峯。挂流遙似鶴。插石近如龍。沙崩聞韻鼓。霜落似鳴鍾。飛花滿叢桂。輕吹起修筇。石蒲今尚有。採摘更相逢。

陳蕭詮賦得往往孤山映詩　青山照落暉。映遠望連飛。仙峯看玉笥。關路視金微。鼓吹聲疑盡。香爐烟覺稀。共君臨水別。勞此送將歸。

陳釋惠標詠山詩　靈山蘊麗名。秀出寫蓬瀛。香鑪帶煙上。紫蓋入霞生。霧捲蓮峯出。嵒開石鏡明。定知邱壑裏。倂佇白雲情。

又　峨眉信重險。天目本仙居。金華抱丹竈。玉笥藴神書。幽人披薜荔。怨妾採蘼蕪。紫嵒無暮雨。何時送故夫。

又　丹霞拂層閣。碧水泛蓬萊。鼇岫含烟聳。蓮崖照日開，松門夾細葉。石磴染新苔。能令平子見。淹留未肯回。

蕭慤奉和望山應教詩　仙遊本多趣。復此上秋初。嵒低石倒險。嶺高松更疎。峯形疑鳥翅。塞路似狼居。矚望情無已。詞殫意有餘。隋李德林詠山詩 登嶺望重關。腰佩且鳴環。天河臨易飲。月桂近將攀。王母仙山至。夫人南岳還。何必陽臺下。要待夢容顏。隋劉斌詠山詩 霅山峙千仞。蔽日且嵯峨。紫蓋雲陰遠。香鑪烟氣多。石梁高鳥路。瀑水近天河。欲知聞道里。別自有仙歌。[序] 宋謝靈運遊名山志序 夫衣食生之所資。山水性之所適。今滯所資之累。擁其所適之性耳。俗議多云。歡足本在華堂。枕嵓潄流者乏於大志。故保其枯槁。余謂不然。君子有愛物之情。有救物之能。橫流之弊。非才不治。故有屈已以濟彼。豈以名利之場。賢於清曠之域耶。語萬乘則鼎湖有縱轡。論儲貳則嵩山有絕控。又陶朱高揖越相。留侯願辭漢傅。推此而言。可以明矣。

泰山第三

[敘事] 按泰山。五岳之東岳也。博物志云。泰山一曰天孫。言爲天帝孫也。主召魂。東方萬物始成。故知人生命之長短。五經通義云。一曰岱宗。言王者受命易姓。報功告成。必於岱宗也。東方萬物始交代之處。宗長也。言爲群岳之長。白虎通云。王者受命。必封禪。封者增高也。禪者廣厚也。禪除地爲墠。字本爲墠。以其祭神故從示 皆刻石紀號。著己之功績以自効也。天以高爲尊。地以厚爲德。故增泰山之高以示報天。禪梁甫之阯以報地。史記曰。無懷氏封泰山。禪云云。伏羲封泰山。禪云云。神農封泰山。禪云云。炎帝封泰山。禪云云。黃帝封泰山。禪云云。顓頊封泰山。禪云云。帝嚳封泰山。禪云云。堯封泰山。禪云云。舜帝封泰山。禪云云。禹封泰山。禪會稽。周成王封泰山。禪社首。秦始皇封泰山。禪梁甫。漢武帝封泰山。禪梁甫肅然及蒿里石閭。後又凡五修封泰山。後漢書曰。光武封泰山。禪梁甫。凡三。云亭。肅然。蒿里。社首。梁甫。皆泰山下小山也。石閭在西嵩下。漢官儀及泰山記云。盤道屈曲而上。凡五十餘盤。經小天門。大天門。仰視天門。如從穴中視天窗矣。自下至古封禪處。凡四十里。山頂西巖爲仙人石閭。東巖爲介邱。東南

巖名日觀日觀者鷄一鳴時見日始欲出長三丈所又東南名秦觀秦觀者望見長安吳觀者望見會稽周觀者望見齊黃河去泰山二百餘里於祠所瞻黃河如帶若在山阯山南有廟悉種柏千株大者十五六圍相傳云漢武所種小天門有秦時五大夫松見在 茅君內傳云仙家凡有三十六洞在岱宗之洞周迴三千里名曰三宮空洞之天

【事對】

仙閭 神府 漢書曰武帝封泰山禪石閭應劭注曰石閭在泰山下南方士人言仙人閭道書福地記曰泰山多芝草玉石下有洞天周迴三千里鬼神之府

雲闕 天門 袁山松後漢書曰光武封泰山雲氣成宮闕漢官儀曰泰山東上七十里至天門

五祠 三廟 漢書曰五岳四瀆皆有常祀河於臨晉江於江都淮於平氏濟於臨邑界中皆使者持節特祠唯泰山與河歲五祠江水四餘皆一禱而三祠伍緝之從征記曰泰山有上中下三廟廟前有大井水極香冷異於凡水不知何代所掘

日觀 天孫 日觀見敍事張華博物志曰泰山天帝孫也主召人魂

石閭 玉几 漢書曰武帝禪石閭劉向列仙傳曰岱宗石室中上下懸絕其中金牀玉几

金篋 玉簡 風俗通曰古封泰山禪梁甫說岱宗上有金篋玉策能知人年壽修短漢武帝探策得十八因到讀曰八十其後果壽長八十劉義恭詩曰大明總神武乘時以御天金牒封梁甫玉簡禪岱山

魯瞻 秦觀 毛詩曰泰山巖巖魯邦所瞻秦觀見敍事

鄭祀 吳觀 左傳云鄭伯請釋泰山之祀而祀周公杜預注曰鄭有助祭泰山湯沐邑在祊吳觀事見上

虞柴 兗鎭 虞書曰歲二月東巡狩至于岱宗柴周官曰兗州其鎭山曰岱山

雲封 雨坂 史記曰漢武帝封泰山白雲起封中又曰秦始皇上泰山中坂遇風雨

鉏父 芝童 葛洪神仙傳曰泰山下老父者失其姓名漢武帝東遊見老父鉏於道間頭生白光曹植飛龍篇曰晨遊泰山雲霧窈窕忽逢二童顏色鮮好乘彼白鹿手翳芝草

千樹 三宮 泰山記曰泰山廟在山南悉種栢樹千株茅君內傳曰岱宗山之洞周迴三千餘里名三宮空洞之天

神房 香井 尸子曰泰山之中有神房阿閣香井事見上

三廟注中。**稷邱君**　**崔文子**　劉向列仙傳曰。稷邱君者。泰山下道士。漢武東巡泰山。乃擁琴來拜。又曰。崔文子。泰山山人。好黃老術。潛居山下。作黃丸賣藥。有疫氣者。飲藥即愈。**鑿石釜**　**探玉策**　崔鴻前秦錄曰。處士張忠隱於泰山岩棲谷飲。修導養之法。鑿石為釜。泰山人于今法之。探玉策事見上金篋注。

［詩］李義府在巂州遙敘封禪詩　天齊摽巨鎮。日觀啓崇祠。岧嶤臨渤澥。隱嶙控河沂。建岳誠為長。升功諒在茲。帝猷符廣運。玄言暢文思。飛聲總地絡。載化撫乾維。瑞策開珍鳳。禎圖薦寶龜。東后方肆覲。西都導六師。天駕移星苑。揚罕馭風司。沸鼓喧平陸。凝蹕靜通逵。汶陽馳月羽。蒙陰警電輜。岧花飄曙輦。峯葉蕩春旗。石閭環藻衛。金壇映黼帷。仙階溢秘秬。靈檢燿祥芝。三始貽遐貺。萬歲受重釐。非質陶恩獎。趨迹奉軒墀。觸網淪幽裔。乘徼限明時。周南昔已歎。邛西今復悲。

宋謝靈運泰山吟　岱宗秀維岳。崔崒刺雲天。岝崿既嶮巇。觸石輒遷綿。登封瘞崇壇。降禪藏肅然。石閭何晻藹。明堂祕靈篇。

［祭文］後魏孝文帝祭岱岳文　維太和十九年。敢昭告於泰山東岳之靈。造化氛氳。是生二儀。玄黃既闢。山川以離。四流含靈。五岳苞祇。并兼萬象。出納望羲。岱宗穹崇。梁甫盤崛。青邱碕嶬。春阯鬱律。肇生庶類。啓光品物。上敷神工。下融靈秩。載協化文。四氣以溢。百王鐫成。莫不茲室。後魏高允祭岱宗文　維皇興二年。敢昭告於岱宗之靈。正阯坤元。作鎮東夏。齊二儀以永固。崇至德以配天。故能資元氣以造物。協陰陽而變化。若其嵓嶺峭峙。川谷幽深。神怪譎詭。倏忽百靈。吐納風雲。育成萬品。攝生之所歸焉。禎祥之所萃焉。是以歷代帝王之崇封禪。銘功以告其成。七十二君。咸在茲焉。自非功侔造化。應同自然。孰能若此者哉。自我國家。肅恭禋祀。懷柔百神。邦域之內。罔不咸秩。往以天路未夷。雖望祭有在。今大化既同。奄有淮岱。謹薦於岳宗之靈。尚饗。

衡山第四

［敍事］周官。荊州其山鎮曰衡山。徐靈期南岳記及盛弘之荊州記云。衡山者。五岳之南岳也。其來

尙矣。至於軒轅。乃以灊音潛霍之山爲其副焉。故爾雅云。霍山爲南岳。蓋因其副焉。或云衡山一名霍山。至漢武南巡。又以衡山南遠。道隔江漢。於是乃徙南岳之祭于廬江灊山。此亦承軒轅副義也。干寶搜神記云。漢武徙南岳之祭著廬江灊縣之霍山。郭璞爾雅注云。霍山在廬江郡灊縣。別名天柱山。漢武以衡山遼遠。讖緯以霍山爲岳。故祭之。故南岳衡山。朱陵之靈臺。太虛之寶洞。上承冥宿。銓德鈞物。故名衡山。下踞離宮。攝位火鄉。赤帝館其嶺。祝融託其陽。故號南岳。周旋數百里。高四千一十丈。東南臨湘川。自湘川至長沙七百里。九向九背。然後不見。禹治水。登而祭之。因夢遇玄夷使者。遂獲金簡玉字之書。得治水之要。山有三峯。其一名紫蓋。天景明澈。有一雙白鶴。徊翔其上。一峯名石囷。下有石室。中常聞諷誦聲。一峯名芙蓉。上有泉水飛流。如舒一幅練。山海經云。衡山一名岣嶁山。其上多靑雘。鳥多鸜鵒。岣音矩。嶁音縷。

〔事對〕紫蓋 朱陵 紫蓋朱陵並見敘事。九向 三峯 羅含湘中記曰。衡山遙望如陣雲。沿湘千里。九向九背。三峯見敘事。舜歌 禹嘯 羅含湘中記曰。衡山九疑。皆有舜廟。太守至官。常遣戶曹致敬修祀。則如有絃歌之聲。趙曄吳越春秋曰。禹傷父功不成。乃案黃帝中經曆。蓋見聖人所記。曰在于九疑山東南天柱。號曰宛委山。赤帝左闕。其岩之巔。承以文玉。覆以磐石。其書金簡。靑玉爲字。編以白銀。皆瑑其文。禹乃東巡。登衡山。血白馬以祭之。仰天而嘯。忽然而臥。夢見赤繡文衣男子。稱玄夷蒼水使者。顧謂禹曰。欲得我山神書者。淸齋於黃帝之岳嵒嵒之下。禹乃退齋三月。以季之日。登宛委山。發石取書。石囷 寶洞 臧榮緒晉書曰。劉驎之好遊山澤。採藥至衡山。深入忘返。見有一澗水。水南有二石囷。一開一閉。水深不得過。寶洞見敘事。玉字 石書 玉字見敘事。徐靈期南岳記曰。夏禹導水通瀆。刻石書名山之高。南岳文云。高四千一十丈。靈臺 仙宇 靈臺見敘事。衡山赤帝館其嶺。祝融宅其陽。威神堂堂。蔭映峨峨。是以宅藪神靈。室宇仙羅。**峻坡　秀壁**馬融琴賦曰。惟梧桐之所生兮。在衡山之峻坡。桓玄南遊衡山序曰。崇巒嶸以雲繞。竦秀壁於蒼眉。**執書　遺字**　盛弘之荆州記曰。初有採藥衡山。見一老翁四五年少。對坐執書。劉敬叔異苑曰。湘東姚祖。太元中爲郡吏。經衡山。望嵓下數少年並執筆作書。祖謂行旅休息。乃過之。未至百步。少年相與飛颺。遺一紙書在坐處。前數句古時字。自後皆鳥篆。**結宇　憩輿**　孫嚴宋書曰。宗炳尋名山。西陟荆巫。南登衡岳。因結宇衡山。欲懷尚平之志。桓玄南遊山詩序曰。姑洗之旬。始曁衡岳。憩輿素石。映濯水湄。**神宅　仙巖**神宅見上仙宇注。仙巖見下謝靈運詩。**鳥書　鶴舞**鳥書見上遺字注。羅含湘中記曰。衡山有懸泉滴瀝嵓間。聲泠泠如絃音。有鶴迴翔其上如舞。

[詩]　**東晉庾闡遊衡山詩**北眺衡山道。南瞻五嶺末。寂坐挹虚恬。運目情四豁。翔虬凌九霄。陸鱗困濡沫。未體江湖遊。安識南溟濶。

宋謝靈運衡山詩　嵓下一老翁。四五年少者。衡山採藥人。路迷粮亦絶。遇息嵓下坐。正見相對說。一老四五少。仙隱不可別。其書非世教。其人必賢哲。

[序]　**東晉桓玄南遊衡山詩序**　歲次降婁。夾鐘之初。理檝將遊于衡嶺。涉湘千里。林阜相屬。清川窮澄映之流。涯涘無纖埃之穢。修途逾邁。未見其極。窮日所經。莫非奇趣。姑洗之旬。始曁于衡岳。於是假足輕輿。宵言載馳。軒途三百。山徑徹通。或垂柯跨谷。俠獻交蔭。或曲溪如塞。已絶復開。或步乘長嶺。邈眺遙曠。或憩輿素石。映濯水湄。所以欣然奔悅。求路忘疲者。觸事而至也。仰瞻翠標。邈爾天際。身凌太清。獨交霞景。周覽甫畢。頓策嵓阿。管絃並奏。清徵再響。思古永逝。神氣未言。

華山第五

[敍事]　按華山。五岳之西岳也。周官。豫州。其鎭山曰華山。華山記云。山頂有池。生千葉蓮花。服之羽化。因曰華山。又白虎通云。西方華山。少陰用事。萬物生華。故曰華山。山海經曰。一名太華。太華之山。削成而四方。高

五千仞。其廣十里。薛綜注西京賦云。華山對河東首陽山。黃河流於二山之間。古語云此本一山當河。河水過之而曲行。河神巨靈以手擘開其上。以足蹈離其下。中分爲兩。以通河流。今覩手跡於華嶽上。指掌之形具在。脚跡在首陽山下。亦存焉。郭緣生述征記及華山記云。山下自華岳廟列柏南行十一里。又東迴三里至中祠。又西南出五里至南祠。南入谷口七里。又至一祠。凡欲昇山者皆祈禱焉 又南一里至天井。天井纔容人上。可長六丈餘。出井如望空視明。如在室窺窗矣。出井東南二里至峻坂。斗上。又東上百丈崖。皆須攀繩挽葛而後行。又西南出六里。又至一祠。名胡越寺神。又行二里便屆山頂。上方七里有靈泉二所。一名蒲池。一名太上泉。池北有石鼓。嘗聞其鳴。其上有三峯。直上晴霽可覩。[事對]

二華 四方 張衡西京賦云。綴以二華。謂太華少華也。少華在華山西。山海經云。泰華之山。削成而四方 地載 神開 禮記曰。天地之道。博也厚也。載華岳而不重。振河海而不洩。郭緣生述征記曰。華岳與首陽山本一山。河神巨靈析開爲二。事具在敍事中

豫鎭 秦城 周官曰。豫州其鎭山曰華山。漢書曰。賈誼過秦論曰。秦王纘六代之餘烈。振長策而御宇內。然後踐華爲城。因河爲池

四合 二岑 華山記曰。華山高嵩。四合重嶺。秀起。郭緣生述征記曰。華山有二岑。直上數千仞。自下小岑疊秀。迄于嶺表。有如削成

蓮峯 柏箭 華山記曰。華山頂生千葉蓮花。韓子曰。秦昭王令工施鉤梯而上華山。以松柏之心爲博。箭長八尺。棊長八寸。而勒之曰。昭王嘗與天神博於此。棊作綦。非 玉版 金液 崔鴻前燕錄曰。石季龍使人採藥上華山。得玉版。列仙傳曰。馬明生從安期先生受金液神丹方。乃入華陰山合金液。不樂升天。但服半劑。爲地仙。 騎龍 駕鹿 列仙傳曰。呼子先者。漢中關下卜師。壽百餘歲。臨去呼酒家嫗急裝。有仙人持二茅狗來至。先將一與酒嫗。俱騎之。乃龍也。上華山。常於山大呼言。子先酒母在此。神仙傳曰。衛叔卿常乘雲

駕白鹿見漢武帝將臣之叔卿不言而去帝悔求得其子度世令追其父度世登華岳見其父與數人博於石上敕度世令還石鼓
玉漿 華山記云華山頂有石鼓父老傳云嘗有聞其鳴者郭璞讚曰華岳靈峻削成四方爰有神女是挹玉漿 歸馬 遺璧尚書
曰歸馬于華山之陽放牛于桃林之野示天下弗服史記曰秦始皇三十六年鄭容從關東來至華陰望見素車白馬從山上下知其非
人止而待之遂至持璧與鄭容曰爲我遺鎬池君明年祖龍死 天井 石㯓 水經注曰華山中路名天井纔容人行迂迴頓曲而上
可高六丈餘山上有微涓細水流入井中亦不沾人出井望空視明如在室窺窗列仙傳曰修羊公者魏人止華陰山石室中中有懸石
榻臥其上石盡穿陷 捫蝨 持狗 崔鴻前燕錄曰王猛隱華山桓溫入關猛被褐而詣之一面說當代之事捫蝨而言傍若無人持
狗已見騎龍注中 毛女 巨靈 列仙傳曰毛女者在華陰山中山客獵師世世見之體生毛自言秦始皇宮人巨靈見敍事中 五
里霧 千葉蓮 范曄後漢書曰張楷字公超隱居弘農山學者隨之所居成市能爲五里霧後華山南遂有公超霧市千葉蓮見敍
事 集靈宮 望仙門 桓譚仙賦序曰華山下有集靈宮漢武帝欲懷集仙者故名殿爲存仙門爲望仙 [詩] 隋孔德紹行
經太華詩 紛吾世網暇靈岳展幽尋寥廓風塵遠杳冥川谷深山昏五里霧日落二華陰疎峯起蓮葉危塞隱桃林何必東郡外此
處可抽簪 沈佺期西岳詩 西鎮何穹崇壯哉信靈造諸嶺皆峻秀中峯特美好傍見巨掌存勢如拓東倒頗聞首陽去開拆此河道
磅礴壓洪源鬼峨載淸昊雲泉紛亂瀑天磴矻橫抱子先呼其巔宮女世不老下有府君廟歷載傳洒掃皇明應天遊十月戒豐鎬微末
忝閑從兼得事蘋藻宿心愛茲山意欲拾靈草陰壑已永閟雲竇絕探討芳月期再來迴策思方浩 [序] 後漢張旭華嶽碑
序 易曰天地定位山澤通氣然則山莫尊於岳澤莫崇於瀆岳有五而華處其一瀆有四而河在其數其爲靈也至矣人主廢興必有
其應故岱山石立中宗繼統太華授璧秦胡絕緒布五方則受其西列三條則居其中若廣獸奇虫山經有紀經有望秩之禮典有生殖

之祀。蓋所以宗山川而報功也。四海一統。天子乘其祀。諸侯力政強國攝其祭。其奉邑曰華陰久矣。西晉傅玄華嶽碑序 易稱法象莫大乎天地。天以高明爲稱。而岳配焉。地以廣厚爲基。而岳體焉。若夫太華之爲鎭也。五岳列位而在其首。三條分方而處其中。參兩儀以比德。協和氣之絪縕。濟雲行而雨施。興雷風以動物。是以聖帝明王。莫不燔柴加牲。尊而祀焉。〔讚〕東晉郭璞太華讚 華岳靈峻。削成四方。爰有神女。是挹玉漿。其誰遊之。龍駕雲裳。

恒山第六

〔敍事〕按恒山。五嶽之北嶽也。周官。并州。其鎭山曰恒山。風俗通曰。恒。常也。萬物伏北方有常。亦謂之常山。白虎通曰。北方爲常山者何。陰終陽始。其道常久。故曰常山 爾雅曰。常山謂之恒山。五岳圖云。恒山高三千九百丈七尺。上方三十里。周迴三千里。有太玄之泉。神草十九種。服之可度世。管子云。恒山北臨代。南俯趙。東接河海之間。早生而晚殺。五穀之所蕃熟。四種五穫焉。後魏書云。道武立廟於其上。置侍祀九十人。歲時祈禱水旱。至文成帝東巡。親禮其神焉。〔事對〕趙符 燕玉 史記曰。趙簡子謂諸子曰。吾藏寶符於常山中。往得者立爲後。諸子皆競往。無所得。無恤曰。常山臨代。代可取也。簡子曰。是知符矣。遂立之。崔鴻前燕錄曰。慕容儁壽光二年。常山寺大樹根下得璧七十。圭七十三。光色精奇。有異常玉。儁以爲神岳之命。以太牢祠之。率然 神護 孫子兵法曰。常山之蛇名曰率然。一身而兩頭。擊其一頭。則一頭至。擊其中。則兩頭俱至。神農本草曰。常山有草名神護。置之門上。每夜叱人。珪璧 蓬蔂 珪璧已見上燕玉注中。列仙傳曰。昌容者。常山道士。自稱殷女。食蓬蔂根。往來山下。見者二百餘年。顏色如二十許人。臨代 俯趙 事並見敍事中。虞巡 并鎭 虞書曰。十有一月北巡狩。至北岳。如西禮。并鎭見敍事。兩頭蛇 五穫穀 兩頭蛇事見率然注中。五稜穀事見敍事中畢昴之精　趙代之境春秋元命苞曰畢散爲冀州分爲趙國立爲常山宋均注曰常山卽恒山也是畢昴之精又曰趙國有常山臨代也無恤得符　昌容得道得符事已見趙符注昌容事已見蓬蔂注［詩］　西晉傅咸詩奕奕恆山作鎭冀方伊趙建國在岳之陽　周王褒渡河北詩　秋風吹木葉還似洞庭波常山臨代郡亭障繞黃河心悲異方樂腸絕隴頭歌薄暮臨征馬失道北山阿［文］　唐太宗祭北岳恆山文維大唐貞觀十九年以大牢之奠敬祭于恆岳之靈次蒼蒼元氣紀三光而成象茫茫后土鎭五岳以成形衡岱啓東南之趾嵩華表西中之固惟靈山之秀峙亘朔野而摽奇獸嘯龍騰風雲之所吐納霓裳鶴蓋神仙之所往還疊嶂參差凝烟含翠重岡紛糺照日分紅絕壁千尋孤峯萬仞桂華侵月松蘿挂雲幽澗冬暄飛泉夏冷實符臨代邦之美靈蛇表陣勢之奇鑠石七年無以虧其大舍波九載不能損其高巍巍乎與乾坤而永固隱隱乎橫古今而不絕屬以授旗趙郊誓師冀土敢薦牲玉惟神饗之後魏孝文帝祭恆岳文維太和十八年敬昭告于恆岳之靈天極攡高人暉肇啓幽明合歡百神同悅今龍旆鳴鑾載還伊室邁歷恆巒路鄰陰岳惟靈作鎭出納炎冰帝道資功坤儀憑德故遣兼官以牲玉薦于恆岳之靈尙饗

嵩高山第七

［敍事］　按嵩高山者五岳之中岳也釋名云嵩字或爲崧山大而高曰嵩白虎通云中央之岳獨加高字者何中央居四方之中而高故曰嵩高山續漢書云漢武帝禮登中岳聞言萬歲聲三於是以三百戶封奉祠命曰崇高邑至後漢靈帝復改崇高爲嵩高焉戴延之西征記云其山東謂太室西謂少室相去十七里嵩其總名也謂之室者以其下各有石室焉少室高八百六十丈上方十里與太室相

埒。但小耳。雜道書云。自岳神廟東北二十里至一山。名曰東龍門。其東有三臺山。昔漢武東巡過此山。見學仙女。帝觀之。遂以名焉。南有許由山。高大四絶。其北有潁水。堯聘許由。其處猶有壇墠。昔周靈王太子晉好吹笙。作鳳鳴。遊伊洛間。道人浮邱公接上嵩山。三十餘年。往來緱氏山。緱氏山近在嵩山之西也。漢世有道士從外國將貝多子來。於嵩高西脚上種之。有四樹。與衆木有異。一年三花。白色香美。

[事對] 二室 三臺 二室太室少室也。已具敍事中。三臺山漢武帝立名。在嵩山上。事已具敍事中。 神岳 天鎭 詩曰。嵩高維岳。峻極于天。維岳降神。生甫及申。庾闡建武頌曰。邈彼華岱。維岳之峻。嵩嵩高大。配天作鎭。 金璧 鳳鶴 孫嚴宋書曰。高祖表曰。沙門釋法義於嵩高廟所石壇下得玉璧三十二枚。黃金一餅。符彩潤潔。河南太守毛修之以靈岳降瑞。送諸神府。列仙傳曰。王子喬。周靈王太子晉也。好吹笙。作鳳鳴。浮邱公接上嵩高。三十餘年後。見桓良曰。告我家。七月七日待我緱氏山頭。果乘白鶴駐山頭。望之不得到。乃舉手謝時人而去。 玉人 金像 盧元明嵩山記曰。岳廟盡爲神像。有玉人高五寸。五色甚光潤。制作亦佳。莫知早晚所造。蓋岳神之像。相傳謂明公。山中人悉云。屢常失之。或經旬乃見。仙經云。嵩高山大嵓下有佛圖奇妙。有一大金像在中。來語寺僧密公。密公時在嵩寺。寺在嵩山脚下。聞之欣然。卽與人披林求索。時白霧昏迷。密公荒迷失路。一往看之。卽入山中。唯見一麝香出入三四步。側足雙跳。步步迴顧。復去十步。中有青炎出。就視之。有自然天地。 石牀 銅銚 潘岳關中記曰。嵩高山石室十餘孔。有石牀池水。食飲之具。道士多遊之。可以避世。盧元明嵩山記曰。嵩山最是栖神之靈藪。長松綠柏。生於嶺澗左右。古人住止處。有銅銚器物。東北出雲。有自然五穀神芝仙藥。 乘龍 控鶴 漢武內傳云。武帝夜夢與李少君俱上嵩山。半道有繡衣使乘龍持節從雲中下。言太一請少君。覺乃告近臣曰。如朕夢。少君將舍朕而去。控鶴事已具前鳳鶴注。又孫登天台賦曰。王喬控鶴以沖天。 玉漿 石髓 劉義慶世說曰。嵩

高山北有大穴。晉時有人誤墮穴中。見二人圍棊。下有一杯白飲。與墮者飲。氣力十倍。棊者曰。汝欲停此否。墮者曰。不願停。棊者曰。從此西行有天井。其中有蛟龍。但投身入井。自當出。若餓。取井中物食之。墮者如言。可半年。乃出蜀中。歸洛下。問張華。華曰。此仙館。夫所飲者玉漿。所食者龍穴石髓。白霧　青炎並見前金像注中。登仙臺　萬歲亭戴延之西征記曰。漢武帝於太室山作登仙臺及萬歲亭。吹笙王子　衣繡使者吹笙王子見上鳳鶴注。衣繡使者見上乘龍注。種花道士　圍棊仙人種花道士見敍事。圍棊仙人見玉漿注。月光童子　鬼谷先生嵩山記曰。月光童子常在天台。亦來於此。又曰。鬼谷先生於嵩山東南學仙。〔詩〕

唐宋之問奉使嵩山途經緱嶺詩　侵晨發洛陽城中。歌吹聲畢景至緱嶺。嶺上烟霞生。草樹饒野意。山川多古情。大隱德所薄。歸來可退耕。〔祭文〕

宋范泰爲宋公祭嵩山文劉裕敬薦中岳之靈。惟岳作鎭中畿。擬天比峻。降祉發輝。宣和陰陽。道達幽微。既曰輔順。亦昭厥違。霜露所均。萬人是依。不以虛薄。志掃不庭。仰紓國恥。俯拯黎甿。望嶺懷仁。踐境延情。金璧之贈。愧懼交盈。思樂時雍。終憑威靈。舊都既淸。三秦期廓。豈惟人謀。亦仰冥略。逝將言旋。自雍徂洛。何以寄懷。一巵淸酌。珪璧云乎。深誠攸託。

後魏孝文帝祭嵩高山文　維太和十八年。敬昭告于嵩高中岳之靈。太極分渾。兩儀是生。辰作乾寶。岳樹坤靈。昭彰天地。吐納五精。唯中挺神。祥契幽經。日月交暉。寒暑遞成。萬象合和。兆類孳盈。爰自化闢。俶慶胥庭。軒轅曜哲。伊祁載形。逮于有周。實光洛禎。川潛龍光。山隱鳳停。三才憑微。七曜依明。人倫傾首。百神柔誠。造厥區夏。歷茲三正。應符代績。孰不斯營。曰乎皇魏。飛虬玄井。螭騰穹象。用九黔嬴。新邦興略。丕猷罔淸。佗瓊指陰。淹翠濕亭。河圖曠覽。升中闕銘。朕承法統。誕邀休宏。開物成務。載鑠成齡。遷宇柳方。闡繩廛城。則直之興。百堵若星。日躔流馥。月陸芬馨。鏘旋紫宿。景曜黃衡。鸞聲嘒嘒。鸞和嚶嚶。歸蓋如雲。還輈若霆。惟嵩嵓嵓。峻極昊青。惟邑翼翼。長啓魏京。薦玉告虔。用昭永貞。納茲多福。萬國以寧。

終南山第八

〔敍事〕五經要義云。終南山。長安南山也。一名太一。又漢書曰太一山古文以爲終南山。潘岳關中記云。其山一名中南。言在天之中。居都之南。故曰中南。毛詩秦風終南詩亦云終南周之名山中南山也。福地記云。其山東接驪山太華。西連太白。至于隴山。北去長安城八十里。南入楚塞。連屬東西諸山。周迴數百里。名曰福地。辛氏三秦記云。其山從長安向西可二百里。中有石室靈芝。常有一道士不食五穀。自言太一之精。齋潔乃得見之。而所居地名曰地肺。可避洪水。相傳云。上有水神人乘船行。追之不及。猶見有故漆船者。秦時四皓亦隱於此山。〔事對〕玉堂 石室 福地記云。終南太一山在長安西南五十里。有玉堂陽宮。辛氏三秦記曰。太一在驪山西。山之秀者也。中有石室。常有一道士不食五穀。自言太一之精。秦州記曰。太一山古文以爲終南山。 匿綺 潛嘉 皇甫謐高士傳曰。四皓綺里季等共入商洛。隱地肺山。以待天下定。漢高祖徵之不至。乃深自匿終南山。崔鴻前秦錄曰。王嘉不食五穀。清虛服氣。潛隱終南山。獨菴廬而止。 張樂 表都 漢書曰。王莽下書曰。紫閣圖云。太一黃帝皆得仙而上天。張樂崑崙虔山之上。後世聖主得瑞者。張樂奏於終南山上。班固西都賦曰。左據函谷二崤之阻。表以太華終南之山。 神水 福地 辛氏三秦記曰。終南山一名地肺。可避洪水。俗人云。山上有水神人乘船行。追之不及。福地記曰。終南太一山在長安西南五十里。左右四十里內皆福地。 崔崒 巍峨 張衡西京賦曰。終南太一。崇崛崔崒。傅玄敍行賦曰。終南鬱以巍峨。太一幽淩乎昊蒼。 地肺 漆船 並見前敍事中。 巃嵸 嵳峨 潘岳西征賦曰。九嵕巀嶭。太一巃嵸。太一即終南也。孫楚登樓賦曰。青石連岡。終南嵳峨。 有條有梅 有屺有堂 詩秦風云。終南何有。有條有梅。又曰。終南何有。有屺有堂。〔賦〕漢班固終南山賦 伊彼終南。巋巀嶙囷。槩青宮。觸紫辰。

欽崟鬱律。萃于霞霈。曖嚉晻藹。若鬼若神。傍吐飛瀨。上挺修林。玄泉落落。密蔭沉沉。榮期綺季。此焉恬心。三春之季。孟夏之初。天氣肅淸。周覽八隅。皇鸞鸑鷟。警乃前駈。爾其珍怪。碧玉挺其阿。密房溜其巔。翔鳳哀鳴集其上。淸水泌流注其前。彭祖宅以蟬蛻。安期饗以延年。唯至德之爲美。我皇應福以來臻。埽神壇以告誠。薦珍馨以祈仙。嗟茲介福。永鍾億年。

〔詩〕

唐太宗望終南山詩　重巒俯渭水。碧嶂插遙天。出紅扶嶺日。入翠貯嵓烟。疊松朝若夜。複岫缺疑全。對此恬千慮。無勞訪九仙。

周宇文昶陪駕幸終南山詩　堯蓋臨河顥。漢蹕踐華嵩。日旍迴北鳳。星旆轉南鴻。青雲過宣曲。先駈背射熊。金桴拂泉底。玉琯吹雲中。古轍稱難極。新途或易窮。烟生山欲盡。潭淨水恒空。交松上連霧。修竹下來風。仙才道無別。靈氣法能同。東褭羞朝座。西桃獻夜宮。詔令王子晉。出對浮邱公。

隋胡師耽登終南山擬古詩　結廬終南山。西北望帝京。烟霞亂鳥道。俯見長安城。宮雉互相映。雙闕雲間生。鍾鼓沸閶闔。笳管咽承明。朱閣臨槐路。紫蓋飛縱橫。望望未極已。甕牖秋風驚。嵓岫草木黃。飛鴈遺寒聲。墜葉積幽徑。繁露垂荒庭。瓮中新酒熟。澗谷寒虫鳴。且對一壺酒。安知世間名。寄言市朝客。同君樂太平。

楊師道賦終南山同風字韻應詔詩　謇言懷隱逸。輟駕踐幽叢。白雲飛夏雨。碧嶺橫春虹。草綠長楊路。花疎五柞宮。登臨日將晚。蘭桂起香風。

〔銘〕

周庾信終南山義谷銘　周保定二年。大冢宰晉國公命鑿石開谷。下南山之材。惟公匡濟彝倫。弘敷庶績。燮理餘暇。披閱山經。以爲終南惇物。日月虧蔽。栝栢杶榦。椅桐梓漆。年代蘊積。于何不有。乃謀山澤之官。兼列衡虞之匠。東出藍田。則控灞乘滻。西連子午。則據涇浮渭。派別八溪。分流九谷。銅梁四注。石闕雙聳。青綺春門。溝渠交映。綠槐秋市。舟楫相通。運以冥宮。裁其梓匠。豈如運石丹泉。裁通梁陽之殿。穿渠谷水。直澆金墉之城。國富人殷。方傳千載。立功立事。敢勒山阿。銘曰。寥廓上浮。崢嶸下鎭。立壁千丈。橫峯萬仞。松桂危懸。風泉虛韻。乘輿嶺坂。轝鍤雲根。八溪分注。九谷通源。北含銅井。南浮石門。橫瀉大河。銀繩百堵。膠葛九成。徘徊千柱。桂棟凌波。梅梁垂雨。琉川奠嶺。落實摧柯。事均刋木。功侔鑿河。

石第九

[敘事] 釋名云山體曰石石硌也（硌音落一作垎）堅捍硌也山多大石曰礐（口學反）礐學也大石之形學學然山多小石曰磝（五交反）磝堯也每石堯堯獨處而出見也春秋說題辭云周易艮爲山爲小石石陰中之陽陽中之陰陰精輔陽故山含石石之爲言託也託立法也物理論云土精爲石石氣之核也氣之生石猶人筋絡之生爪牙也釋名云礫（音歷）小石也磊（雷罪反）衆石也碭（杜浪反）文石也琅玕石似珠也（出尚書注）碔砆石似玉也（出廣雅）星隕爲石（出春秋）水沫爲浮石（抱朴子云燒泥爲瓦燔木爲炭蜂窠爲蠟水沫爲浮石凡此皆去其柔脆變爲堅剛）石解散曰泐（音勒周禮曰石有時而泐）石有嘉石肺石（肺浮廢反周禮以嘉石平罷民注云嘉石文石也以肺石達窮民凡遠近惸獨老幼之欲有復於上而其長弗爲之達者立於肺石注云肺石赤石也窮民天民之窮而無告者）磁石（抱朴曰磁石引針）石鯨石燕石麟石羊石狗石牛石雞石犀石駱駝石師子石人石橋石塘石牀石室石柱石闕石閣石案石函石鼓石榔石樓石盤石印石墨石硯石鏡石砮石磬

[事對] 補天 佐岳（列子曰天地亦物也有不足石以補其闕王隱晉書曰陳總遷殿中侍御史詔遣詣終南山請雨總先除小石祠唯存大石一所而祈之上文曰峨峨大石佐岳通理含滋吐潤惠我四海）

越履 蜀鏡（盛弘之荆州記曰興安縣水邊有平石其上有石榆石履各一具俗云越王渡溪脫履墮榆於此揚雄蜀本紀曰武都丈夫化爲女子顏色美好蓋山之精也蜀王娶以爲妻無幾物故於成都郭中葬之以石鏡一枚徑二丈高五尺）

督郵 亭長（劉義慶幽明錄曰宜都建平二郡之界有五六峯參差互出上有倚石如二人像攘袂相對俗謂二郡督郵爭界於此張敏奇士劉披賦曰蓋土龍不可以升天石人不任爲亭長容貌雖似蹄足難獎）

款梓 扣桐（樂資

春秋傳曰。秦始皇使者鄭容將入函關。見華山有素車白馬。疑爲鬼神。熟視問鄭容曰。安之。荅曰。之咸陽。素車上人曰。吾華山使。願託一牘書致鎬池君所。子之咸陽道過鎬池。見一大梓。有文石取款梓。當有應者。卽以書與之。鄭容如其言。以石款梓樹。果有人來取書。劉敬叔異苑曰。晉武帝時。吳郡臨平岸崩。出一石鼓。打之無聲。以問張華。華曰。可取蜀中桐材。刻作魚形。扣之則鳴。於是如言。聲聞數十里。

宋隕　晉言　左傳隕石于宋五。隕星也。杜預注曰。但言星則嫌星使石隕。故重言隕星。又曰。石言于晉魏楡。晉侯問於師曠曰。石何故言。對曰。臣聞作事不時。怨讟動於人。則有非言之物而言。

化女　望夫　劉義慶幽明錄曰。陽羨縣小吏吳龕。有主人在溪南。嘗以一日掘頭舟過水溪。內忽見一五色浮石。取內牀頭。至夜化成一女子。又曰。武昌北山上有望夫石。狀若人立。古傳云。昔有貞婦。其夫從役。遠赴國難。携弱子餞送此山。立望夫而化爲立石。因以爲名焉。

紙臼　書研　庾仲雍湘州記曰。應陽縣蔡子池南有石臼。云是蔡倫舂紙臼。劉澄之江州記曰。興平縣蔡子池南有石穴。深二百許丈。石色靑堪爲書研。

仙博　帝棋　仙博見華山事對內。駕鹿注。張華博物志曰。桃林在弘農湖城縣休馬之山。有石焉。名曰帝臺之棋。五色而文。狀如雞卵。

井龜　印鵲　郭頒魏晉世語曰。長沙王乂封常山王。至國。掘井入地四丈。得白玉。玉下有大石。其上有靈龜。長二尺餘。干寶搜神記曰。常山張顥爲梁相。天新雨後。有鳥如山鵲。飛翔入市。人擲之。墮地。人爭取。化爲一圓石。顥椎破。得一金印。文曰。忠孝侯印。

浮磬　列錢　尚書曰。泗濱浮磬。孔安國注云。泗水濱涯也。水中見石。可以爲磬。抱朴子曰。浮磬息音。未別於衆石。洞冥記曰。漢武帝生時。有雀群翔於灞城門。改爲靑雀門。乃飾以錦文石爲列錢之形。

秦梁　漢柱　郭緣生述征記曰。秦梁地名也。或云秦始皇東巡。弗行舊道。過此水。率百官以下人提一石以塡之。俄而梁成。今覩所累石無造作之處。三輔故事曰。秦造作橫橋。漢承後置承令石柱。以南屬京兆。北屬右扶風。各分其半。

神鞭　仙跡　三齊略記曰。秦始皇作石橋。欲過海看日出處。有神人能驅石下海。石去下不速。神輒鞭之。皆流血。酈元注水經曰。思陽川水東有獨山。北有嵓。

嵓上有人坐跡。山腹石上有兩手跡。山下石上有兩脚跡。俗名之爲仙人石也。飲羽 覆書 韓詩外傳曰。楚熊渠子夜行。見寢石。以爲伏獸。彎弓射之。沒金飲羽。吳越春秋曰。禹案黃帝中經。見聖人所記曰。在乎九疑。上東南。號曰宛委。承以文玉。覆以磐石。其書金簡玉字。禹乃退齋三日。發石取書。昆明魚 零陵燕 西京記曰。昆明池刻石爲鯨魚。每至雷雨。魚常鳴吼。顧凱之啓蒙記曰。零陵郡有石燕。得風雨則飛。如眞燕。肅愼砮 臨海矢 帝王記曰。周成王時。肅愼氏來獻楛矢石砮。長尺有咫。異物志曰。夷州土無銅鐵。取磨礪青石以作弓矢。此石砮楛矢之類。

〔賦〕陳張正見石賦 連山蔽虧。亘石嶔崎。上興雲而蔚薈。下激水而推移。舒丹霞於九折。混白露於三危。鎭方城於漢水。固天闕於湯池。依島嶼而綿邈。住溪壑之嶮巇。爾乃蘊怪含靈。懷奇蓄變。獸形鳥像。畜身人面。已化陳倉之雞。復舞零陵之燕。迎一童於洛陽之水。送五婦於成都之縣。帝王憩而投壺。仙人坐而高燕。架滄海之神塘。儼夷陵之瑞埸。發黃金之祕簡。隱白玉於仙牀。雙立天門之郡。特起縉雲之堂。李廣射而爲獸。初平叱以成羊。圖孔明之八陣。亘吳橋之三梁。驚神人於武落。嚴商客於瞿塘。

〔詩〕梁朱超詠孤石詩 侵霞去日近。鎭水激流分。對影疑雙闕。孤生若斷雲。遏風靜華浪。騰烟起薄曛。雖言近七嶺。獨高成不群。

梁蕭推賦得翠石應令詩 依峯形似鏡。構嶺勢如蓮。映林同綠柳。臨池亂百川。碧苔終不落。丹字本難傳。有邁東明上。來遊皆習仙。

陳陰鏗詠石詩 天漢支機罷。仙嶺博棊餘。零陵舊是燕。昆池本學魚。雲移蓮勢出。苔駁錦文疎。還當穀城下。別自解兵書。

陳摽法師詠孤石詩 中原一孤石。地理不知年。根含彭澤浪。頂入香爐烟。崖成二鳥翼。峯作一池蓮。何時發東武。今來鎭蠡川。

陳高驪定法師詠孤石詩 迥石直生空。平湖四望通。嵓隈恒灑浪。樹杪鎭搖風。偃流還漬影。侵霞更上紅。獨拔羣峯外。孤秀白雲中。

隋崔仲方奉和周趙王詠石詩 玉繩隨月落。金碑映日鮮。入江疑濯錦。出峽似開蓮。文馬河西瑞。兵符濟北篇。會逐靈槎上。還歸天漢邊。

隋岑德潤賦得臨階危石詩 當階聳危石。殊狀宭難名。帶山疑似獸。侵波或類鯨。雲峯臨棟起。蓮影入簪生。楚人終不識。徒自蘊連城。隋虞茂賦得詠石詩蜀門鬱遐阻。燕碣遠參差。獨標千丈峻。共起百重危。鏡峯含月魄。蓋嶺逼雲。枝徒然抱貞介。填海竟誰知。蘇味道詠石詩濟北甄神貺。河西濯瑞文。聲應天池雨。影觸岱宗雲。鴈歸猶可候。羊起自成群。何當掘靈髓。高枕絕囂氛。

卷五校勘表

頁數	行數	排印本原文	安刻本	嚴陸校	備註
八七	七	南方曰		下有「浩澤西南方曰」六字	
八七	九	曰和丘 曰棘林		〔陸〕無	陸云此六字衍
八七	一〇	「曰大窮」至「曰廣都」	「廣都」作「都廣」	〔陸〕無	陸云此十三字衍
八七	一〇	曰焦僥 曰金丘		〔陸〕無	陸云此六字衍
八七	一〇、一一	曰一目 曰積冰		〔陸〕無	陸云此六字衍
八七	一二	編駒		編鈎	
八八	一三	累卵	累露		
九〇	五	不考正準望		不正準望	
九〇	一四	載負		載植	
九一	一	爾雅		〔嚴〕當作「廣雅」	
九一	五	曰垓		曰畡	
九一	六	陬濁		陬隅	

九一	一七	曰邑		曰邑
九二	一一	「荊州圖副曰」以下		〔嚴〕按此水經注逸文
九三	一一	成坯		成岯
九三	一一	殘靁		殘露
九三	一三	夾兮		交兮
九三	一四	浮權		浮懽
九三	八	唐太宗		太宗文武聖皇帝
九三	二一	青山		青岩
九四	一三	之性		之奉
九四	一四	盤道		泰山盤道
九六	一一	泰山山人		泰山上人
九六	一一	變化		時若
九七	一〇	中經曆		中經
九七	一一	赤帝左闕		「赤帝左闕」至「皆琢其文」三十二字宋本無
九七	一三	季之日		季月之日
九七	一五	靈臺見敍事		下有「徐靈期南嶽記又曰」八字

九八	三	鳥篆		鳥跡	
九八	四	遊山詩序		遊衡山詩序	
九八	一〇	步乘長嶺		乘步長嶺	
九八	一二	思古永逝神氣未言		思古永神遊氣未言	
九九	一五	乘雲		乘雲車	
一〇一	一二	圭七十三		圭七十二	
一〇一	一二	以太牢		於是設以太牢	
一〇二	一	爲冀州		於冀州	
一〇二	四	唐太宗		太宗文武聖皇帝	
一〇二	一三	聞言		聞有言	
一〇三	七	一餅		一餅	
一〇三	一五	孫登		孫綽登	
一〇四	二	歸洛下		因入洛下	
一〇四	四、五	衣繡使者		「衣繡使者」至「月光童子」四十九字宋本無	
一〇四	八	亦昭		亦代	
一〇四	一四	鸞和		鳥和	
一〇六	三	唐太宗		太宗文武聖皇帝	

一〇八	一	鄭容		「鄭容」均作「鄭客」	
一〇八	一四	後置承令			「承」疑當作「丞」
一〇九	二	九疑上		九上	
一〇九	一二	陳標		陳標	
一〇九	一二、一三	今來鎮	余來鍊	會來鍊	

初學記卷第六

地部中

總載水一　海二　河三　江四　淮五　濟六　洛水七　渭水八　涇水九

總載水第一

［敍事］　淮南子云。積陰之氣爲水。文子云。水之道上天爲雨露。下地爲江河。漢書云。書稱水曰潤下。坎爲水。位在北方。終藏萬物者也。爲政令順時。陰陽調和。終始相成。十二月咸得其氣。則水得其性。此之謂潤下。若政令逆時。霧水暴出。百川流溢。壞鄉邑。溺居人。及淫雨傷稼。是爲水不潤下。爾雅曰。水中可居者曰洲。（亦曰潬。音達旱反。）小洲曰渚。小渚曰沚。（亦曰小沚曰坻。又小沚曰磧。）凡水邊皆曰垂。曰涯。曰畔。曰干。曰漬。曰濱。涯上下坦曰漘。（一曰隒。）重涯曰岸。岸上地曰滸。曲涯曰澳。（一曰隈。）水草交曰湄。埤增水邊土人所止曰潨。水曲曰汭。水北曰陽。水南曰陰。水出山石間曰潾。（音丞。）山夾水曰澗。水注川曰谿。水注谿曰谷。水通谷曰壑。石絶水曰梁。築土遏水曰塘。（一曰堤。又曰防。）大防曰墳。水所鍾曰澤。廣澤曰衍。澤曲曰皋。障曰陂。澤無水有草木曰藪。水通流曰川。水本曰源。源曰泉。泉正出曰濫。泉側出曰氿。（音軌。）泉泉所出同所歸異曰肥。泉異出同流曰瀵。（敷問反。）深水曰潭。急水曰流。砂石上曰瀨。（亦曰湍。曰灘。曰磧。）水別流曰派。

大水有小口別通曰浦。風吹水涌曰波。亦曰浪。大波曰濤。小波曰淪。平波曰瀾。直波曰涇。水朝夕而至曰潮。風行水成文曰漣。水波如錦文曰漪。水行曰涉。逆流而上曰泝洄。順流而下曰泝游。亦曰沿流。絕流而渡曰亂。以衣涉水曰厲。繇膝以下曰揭。繇膝以上曰涉。渡水處曰津。亦曰濟。潛行水下曰泳。自水中可居已下並出爾雅釋名說文三書。水神曰天吳。山海經云。天吳八首十八尾。亦曰水伯。大波之神曰陽侯。博物志曰。昔陽國侯溺水。因爲大海之神。濤之神曰靈胥。博物志云。昔吳相伍子胥爲吳王夫差所殺。浮之於江。其神爲濤。

［事對］

流濕　潤下　易曰。水流濕。火就燥。尚書五行一曰水。水曰潤下。潤下作鹹。

包天　帶地　春秋元命苞曰。水者天地之包幕。五行之始焉。萬物之信由生。王彪之水賦曰。水帶地而壤潤。月流天而霄烱。陸士衡詩曰。逝矣經天日。悲哉帶地川。

習坎　盈科　易曰。水洊至。習坎。君子以常德行。習教事。孟子曰。水之爲物也。不盈科不行。君子之於道也。不成章不達。趙岐曰。盈。滿也。科。坎也。

八水　三川　戴延之西征記曰。關內八水。一涇二渭三灞四滻五澇六潏七灃八滈。漢書曰。河南故秦三川郡。韋昭注曰。有河洛伊。故曰三川。

秋涸　冬凝　禮記曰。仲冬之月。水始涸。淮南子曰。夫水向冬則凝而爲冰。向春則泮而爲水。

九河　八海　尚書曰。九河既道。孔安國注曰。河水分爲九道。平原以北是也。闞令內傳曰。須彌山東南有山曰崑崙。在八海內。

三江　五湖　尚書曰。三江既入。震澤底定。孔安國注云。三江已入。致定爲震澤。周禮。揚州之浸曰五湖。

榮河　温洛　尚書中候曰。堯即政七十載。修壇河洛。仲月辛日。昧明禮備。榮光出河。休氣四塞。鄭玄注云。榮光五色。從河水中出。易乾鑿度曰。帝盛德之應。洛水先溫。九日乃寒。五日變爲五色玄黃。

碧海　絳河　東方朔十洲記曰。東有碧海。廣狹浩汗。與東海等。水不鹹苦。正作碧色。王子年拾遺記曰。絳河去日南十萬里。波如絳色。多赤龍。赤色魚而肥美。可食。上仙服得之。則後天而死。

清濟　濁河　玄灞　素滻　袁宏北征賦曰。於是背梁山。截汶波。汎清濟。傍祀阿。劉劭趙都賦曰。其南也則有洪川巨瀆黃水濁河。發源積石。逕拂太華。潘岳西征賦曰。北有清渭濁涇。蘭池周曲。西有玄灞素滻。湯井溫谷。粉水　錦流盛弘之荆州記曰。筑陽縣西有粉水。源出房陵縣。取其水爲粉。鮮潔異於錦水。故因名粉水。巴郡臨江縣亦有此水。取以爲粉。舊常獻之。華陽國志曰。成都道西城。故錦官也。錦工織錦。濯流江中則鮮明。濯他江則不如。故命曰錦里城。利萬物　成百事老子曰。上善若水。水善利萬物而不爭。處衆人之所惡。故幾於道。文子曰。水之道也。大不可極。深不可測。萬物不得不生。百事不得不成。君子觀　小人溺孫卿子曰。孔子觀於東流之水。子貢問曰。君子見大水必觀焉何也。孔子曰。夫水偏與諸生而無爲也。似德。其流也卑下倨句。必循其理。似義。浩浩乎不居。似有道。其延萬仞之谷不懼。似勇。主量必平。似法。盈不求槩。似正。綽約微達。似察。以出以入就潔。似善。發源必東。似志。是以君子見大水必觀焉。禮記曰。小人溺於水。君子溺於口。夫水近於人而易以溺人。懷山襄陵　浮天載地尚書云。帝曰咨四岳。湯湯洪水方割。蕩蕩懷山襄陵。浩浩滔天。郭氏玄中記曰。天下之多者水焉。浮天載地。高下無不至。萬物無不潤者。積成江海　上爲雨露桓寬鹽鐵論曰。水積而成江海。行積而成君子。文子曰。水之道也。大不可極。深不可測。上天爲雨露。下地爲潤澤。竊壤以堙　積灰而止山海經曰。洪水滔天。鯀竊帝之息壤以堙洪水。又淮南子曰。往古之時。四極廢。九州裂。水浩瀁而不息。於是女媧積蘆灰以止滔水。親而不尊　狎而不翫禮記曰。水之於人也。親而不尊。天尊而不親。左傳曰。鄭子產謂子太叔曰。唯有德者能以寬服民。其次莫如猛。夫火烈。人望而畏之。故鮮死焉。水懦弱。民狎而翫之。則多死焉。故寬難。

[賦]　東晉王彪之水賦　寂閑居以遠詠。託上善以寄言。誠有無而大觀。鑒希微於清泉。泉清恬以夷淡。體居有而用玄。渾無心以動寂。不凝滯於方圓。湛幽邃以納汚。泯虛柔以勝堅。或滋浪於無外。或纖入於無間。故能委輸而作四海。決導而流百川。承液而生雲雨。涌凝而爲甘泉。

[詩]

梁孝元帝登堤望水詩　駈馬河堤上。非謂城隅遊。懷山殊未已。徒然勞九愁。旅泊依村樹。江槎擁戍樓。高岸翻成浦。曲港反通舟。

棗野良知歎。瓠河今可儔。願假宣尼術。泗水却橫流。梁劉孝綽太子洑落日望水詩川平落日逈。落照滿川張。復在淪波地。派別引沮漳。耿耿流長脉。熠熠動輕光。寒烏逐槎汎。驚鶴拂浪翔。臨流自多美。況此還故鄉。榜人夜理楫。櫂女闇成裝。欲待春江曙。爭塗向洛陽。後梁沈君攸賦得臨水詩開筵臨桂水。攜手望桃源。花落圓文出。風急細流翻。光浮動岸影。浪息累沙痕。滄波自可悅。濯纓何用論。陳釋慧標詠水詩會添疎勒井。經涌貳師營。玉津花色亮。銀溪錦磧明。舟如空裏汎。人似鏡中行。持將符上善。利得動高情。祖孫登詠水詩驪泉紫闕映。珠浦碧沙沉。岸闊蓮香遠。流清雲影深。風潭如拂鏡。山溜似調琴。請君看皎潔。知有淡然心。又蓮調詩長川落照日。深浦漾清風。弱柳垂江翠。新蓮夾岸紅。船行疑汎逈。月映似沉空。願逐琴高戲。乘魚入浪中。隋李巨仁賦得方塘含白水詩白水溢方塘。淼淼素波揚。疊浪搖鳬影。漣漪寫鴈行。長堤柳色翠。夾岸荇花黃。觀魚自有樂。何必在濠梁。孔德紹王澤嶺遭洪水詩地籟風聲急。天津雲色愁。悠然百川滿。俄爾萬頃浮。還似金堤溢。翻如碧海流。驚濤遙起鷺。迴岸不分牛。徒知懷趙景。終是倦陽侯。大梗誠無託。蘆灰豈暇求。思得乘槎便。蕭然河漢遊。張文琮詠水詩標名資上善。流派表靈長。地圖羅四瀆。天文載五潢。方流含玉潤。圓折動珠光。獨有蒙園吏。棲偃玩濠梁。[讚]晉郭璞釋水讚川瀆綺錯。渙瀾流帶。潛潤傍通。經營華外。殊出同歸。混之東會。戴逵水讚水德淡中。泉玄內鏡。至柔好卑。和協道性。止鑒標貴。上善興詠。爰有幽人。擁輪來映。庾肅之水讚湛湛涵淥。清瀾澄渟。妙質柔明。雲深液潤。

海第二

[敍事]釋名云。海。晦也。主引穢濁。其水黑而晦。博物志云。天地四方皆海水相通。地在其中。蓋無幾也。七戎六蠻九夷八狄。形類不同。總而言之。謂之四海。言皆近於海也。四海之外。皆復有海云。按東海

之別有渤澥。出說文。故東海共稱渤海。又通謂之滄海。博物志云。滄海之中。有蓬萊方丈瀛洲。三神山。金銀爲宮闕。仙人所集。列子稱渤海之東有大壑。名曰歸墟。莊子所云尾閭。其中有岱輿員嶠方壺瀛洲。蓬萊五山。十洲記曰。東海之別。又有溟海員海。十洲記曰。扶桑在碧海之中。有太帝宮。太眞東王所居。有蓬萊山。周迴五千里。山外有員海繞其山。海水色正黑色。謂之溟海。按莊子有北溟。則四海皆稱溟也。山海經有岐海。幼海。少海。山海經云。甌閩皆在岐海中。又云。無臯之山。南望幼海。郭璞注云。幼海。少海也。按南海大海之別有漲海。謝承後漢書曰。交阯七郡貢獻。皆從漲海出入。又外國雜傳云。大秦西南漲海中。可七八百里。到珊瑚洲。洲底大盤石。珊瑚生其上。人以鐵網取之。按西海大海之東小水名海者。則有蒲昌海。蒲類海。靑海。鹿渾海。潭彌海。陽池海。漢書曰。蒲昌海。一名鹽澤。廣袤三百里。其水渟。冬夏不減。皆以潛行地下。南出積石。又郭義恭廣志云。蒲類海在西域東北。竇固擊伊吾。戰於蒲類海。十三州記曰。允吾縣西有卑禾羌海。代謂之靑海。後魏書曰。太祖西征。次鹿渾海。郭義恭廣志云。羌中之西有潭彌海。陽池海。按北海大海之別有瀚海。瀚海之南小水名海者。則有渤鞮海。伊連海。私渠海。漢書。霍去病伐匈奴。北至瀚海。後漢竇憲伐匈奴。至渤鞮海。郭義恭廣志曰。匈奴中北有伊連海。後漢梁諷說北單于。單于喜。卽將人衆與諷俱還。到私渠海。凡四海通謂之裨海。毗之反。裨海外復有大瀛海環之。鄒子曰。所謂中國者。天下八十一分之一耳。中國名曰赤縣。內自有九州。禹之九州是也。不得爲州數。中國外如赤縣州者。亦謂之九州。有裨海環之。如一區中者。乃爲一洲。如此者九。都有大瀛海環其外。此謂八極。而天下際焉。海曰百谷王。海神曰海若。海一云朝夕池。一云天池。亦云大壑。巨壑。出老子及風俗通。海中山曰島。海中洲曰嶼。東方朔十洲記曰。有祖洲。瀛洲。玄洲。炎洲。長洲。元洲。鳳麟洲。聚窟洲。流洲。生洲。其生洲瀛洲在東海。炎洲在南海。鳳麟洲聚窟洲皆在西海。元洲玄洲在北海。已上凡十洲也。[事對] 委輸 朝宗木玄虛海賦曰。於廓靈海。長爲委輸。尚書曰。江漢朝宗于海。注云。宗。尊也。有似於朝。委水 積流禮記曰。三王之祭川也。皆先河而後海。或源也。或委也。此之謂務本。又曰。洗之在阼。其水在洗東。祖天地之左海也。鄭玄注曰。海水之所委也。孫卿子曰。不積跬步。無以至千里。不積小流。無以成江海。 叢桂 扶桑王粲遊海賦曰。若夫長洲別島。旗布星峙。桂蘭叢乎其上。珊瑚周乎其趾。東方朔十洲記曰。扶桑在碧海中。樹長數千丈。一千餘圍。兩幹同根。更相依倚。是以名扶桑。 地脉 天池闕令內傳曰。天有五億五萬五千五百五十里。地亦如之。各以四海爲脉。莊子曰。窮髮之北有溟海者。天池也。 通天 動地 張華博物志曰。舊說天河與海相通。近有人居海渚者。年年八月有浮槎來。甚大。往反不失期。此人乃立於槎上。多賫糧。乘槎去。忽不覺晝夜。奄至一處。有城郭舍屋。望室中多見織婦。見一丈夫牽牛渚次飲之。驚問此人何由至此。此人即問此爲何處。荅曰。君可詣蜀問嚴君平。此人還問君平。君平曰。某月日有客星犯斗牛。即此人到天河也。莊子曰。海水三歲一周。流相薄。即爲之地動。 滄嶼 碧津 沈懷遠南越志曰。海安縣南有小水。南注乎海。極目滄嶼。渺望溟波。十洲記曰。處玄風於西北。坐王母於神鄉。昆吾錯於流澤。扶桑鎮於碧津。離合水精而光獸於炎野。坎總衆陰。是以仙都宅於海島。 金宮 玉闕金宮事見敍事。崔琰遂初賦曰。蓬萊蔚其潛與。瀛壺森以駢羅。列金臺之巙嵯。方玉闕之嵯峨。 鯷壑 鵬溟漢書曰。會稽海外有東鯷壑。分爲二十餘國。以歲時來獻見。左思齊都賦曰。其東則有滄溟巨壑。洪浩汗漫。莊子曰。北溟有魚。其名曰鯤。化爲鳥。其名曰鵬。將徙於南溟。擊水三千里。謝莊赤鸚鵡賦。禎流隴域。祥發鵬溟。 窮髮 聶耳窮髮見天池下。山海經曰。聶耳國在無腸國東。兩手聶其耳。懸居赤水中。 無爲 善下文子曰。古之善爲君者法海。以象其大。注下以成其廣。老子曰。江海所以能爲百谷王者。以其善下之故。 負石 乘桴漢書曰。鄒陽上書。申屠狄蹈雍之河。徐衍負石入海。不容於世。義不苟取。應劭風俗通曰。姜肱字伯維。靈帝踐祚。徵肱爲太守。肱告人曰。吾以虛獲實。蘊藉聲價。盛明之際。尚不委質。今政在私門。夫何爲哉。遂乘桴浮於海。莫知其極。時人以爲非凡。**蜃樓**　**鮫室**漢書曰。海傍有蜃氣爲樓臺。木玄虛海賦曰。天深水怪。鮫人之室。**蓬嶼**　**桑田**李顒淩仙賦曰。瞻蓬萊之秀嶼。冀東叟之可尋。將乍至而反墜。患巨浪之相臨。葛洪神仙傳曰。麻姑謂王方平曰。自接待以來。見東海三爲桑田。向到蓬萊。水乃淺於往者略半也。豈復將爲陵陸乎。方平乃曰。東海行復揚塵耳。

秦橋　**漢柱**三齊記曰。靑城山秦始皇登此山築城。造石橋入海三十里。張勃吳錄曰。象林海中有小洲。生柔金。自北南行三十里有西屬國。人自稱漢子孫。有銅柱。云漢之疆埸之表。**水伯**　**波臣**山海經曰。朝陽之谷神曰天吳。是爲水伯。其爲獸也。十八尾八首人面八足也。木玄虛海賦曰。天吳乍見而髣髴。莊子曰。周顧視車轍有鮒魚焉。曰我東海之波臣也。君豈有斗升之水活我哉。**黃金闕**

紫石室　史記曰。燕王使人至蓬萊方丈瀛洲。此三神山在海中。去人不遠。有至者。望之如雲。及到。三山反在水下。有仙人不死藥焉。黃金白銀爲宮闕。東方朔十洲記曰。滄海島中有紫石宮室。九老仙都。**不死草**　**反魂樹**　東方朔十洲記曰。祖洲在東海中。地方五百里。上有不死草。生瓊田中。草似菰苗。長三尺許。人已死者。以草覆之皆活。又曰。聚窟洲在西海中。有大樹與楓木相似。樹方花香聞數百里。其名爲反魂樹。**傾瀉百川**　**迴洑萬里**劉楨魯都賦曰。巨海分焉。傾瀉百川。左思吳都賦曰。百川派別。歸海而會。潮波汩起。迴洑萬里。

〔賦〕　**後漢王粲遊海賦**　含精純之至道。將輕舉而高厲。遊余心以廣觀兮。且彷徉乎西裔。乘蘭桂之輕舟。浮大江而遙逝。翼驚風以長駈。集會稽而一眡。登陰隅以東望兮。覽滄海之體勢。吐星出日。天與水際。其深不測。其廣無葦。尋之冥地。不見涯洩。章亥所不極。盧敖所不屆。洪洪洋洋。誠不可度也。處嵎夷之正位兮。同色號於穹蒼。苞納汚之弘量。正宗廟之紀綱。總衆流而臣下。爲百谷之君王。**晉木玄虛海賦**　昔在帝嬀巨唐之世。天綱浡潏。爲凋爲瘵。洪濤瀾汗。萬里無際。江河既導。萬穴俱流。椅居豈切拔五岳。竭涸九州。其爲廣也。其爲怪也。則乃溦滐瀲灩。浮天無岸。波如連山。乍合乍散。噓吸百川。洗滌淮漢。若乃霾曀潛消。莫振莫竦。輕塵不飛。纖羅不動。猶尙呀呷。餘波溢涌。若乃偏荒速告。王命急宣。飛迅鼓楫。汎海淩川。於是候勁風。揭百尺。維長綃。掛帆席。望濤遠決。冏然鳥逝。一越三千。不終朝而濟所屆。

梁簡文帝海賦　昔禹啓龍門。群山旣鑿。高明澄氣而淸浮。厚載勢廣而盤礴。坎德洊臻。水源深博。灌注百川。控淸引濁。始乎濫觴。委輸大壑。測之渺而無際。望之杳而緜漠。鬱拂冥茫。往來日月。朏魄昏微。乍明乍沒。若夫長風鼓怒。涌浪砰磕。颶波於萬里之間。漂沫於扶桑之外。

〔詩〕唐太宗春日望海詩　披襟眺滄海。憑軾翫春芳。積流橫地紀。疏派引天潢。仙氣凝三嶺。和風扇八荒。拂潮雲布色。穿浪日舒光。照岸花分彩。迷雲雁斷行。懷卑運深廣。持滿守靈長。有形非易測。無源詎可量。洪濤經變野。翠島屢成桑。之罘思漢帝。碣石想秦皇。霓裳非本意。端拱是圖王。

宋謝靈運遊赤石進帆海詩　首夏猶淸和。芳草亦未歇。水宿淹晨暮。陰霞屢興沒。周覽倦瀛壖。況乃凌窮髮。川后時安流。天吳靜不發。揚帆采石華。挂席拾明月。溟漲無端倪。虛舟有超越。仲連輕齊組。子牟眷魏闕。矜名道不足。適己物可忽。請附任公言。終然謝天伐。

北齊祖孝徵望海詩　登高臨巨壑。不知千萬里。雲島相接連。風潮無極已。時看遠鴻度。但見驚鷗起。不假送將歸。自然傷客子。

隋煬帝望海詩　碧海雖欣矚。金臺空有聞。遠水翻如岸。遙山倒似雲。斷濤還共合。連浪或時分。馴鷗舊可狎。卉木足爲群。方知小姑射。誰復語臨汾。

又季秋觀海詩　孟軻敍遊聖。枚乘說瘉疾。逖聽乃前聞。臨深驗茲日。浮天迥無岸。含靈固非一。委輸百谷歸。朝宗萬川溢。分城碧霧晴。連洲彩雲密。欣同夫子觀。深愧玄虛筆。

隋虞茂奉和望海詩　淸蹕臨溟漲。巨海望滔滔。十洲雲霧遠。三山波浪高。長瀾疑浴日。連島類奔濤。神遊藐姑射。睿藻冠風騷。徒然雖觀海。何以効涓毫。

楊師道奉和春日望海詩　春山臨渤海。征旅輟晨裝。迴瞰盧龍塞。斜瞻肅愼鄉。洪波迴地軸。孤嶼映雲光。落日驚濤上。浮天駭浪長。仙臺隱螭駕。水府汎黿梁。碣石朝煙滅。之罘歸雁翔。北巡非漢后。東幸異秦皇。搴旗羽林客。拔距少年場。電擊駈遼水。鵬飛出帶方。將舉靑丘繳。安訪白霓裳。

〔讚〕宋謝惠連四海讚　九夷六蠻。八狄七戎。彫鏤異質。裳贏殊風。致之以德。車軌斯同。

河第三

［敍事］說文云，河者下也，隨地下流而通也。援神契曰，河者水之伯，上應天漢。穆天子傳曰，河與江淮濟三水爲四瀆，河曰河宗，四瀆之所宗也。按水經注及山海經注，河源出崑崙之墟。山海經曰，崑崙山縱廣萬里，高萬一千里，去嵩山五萬里，有青河、白河、赤河、黑河環其墟。其白水出其東北陬，屈向東南流，爲中國河。河百里一小曲，千里一大曲，發源及入中國，大率常然。東流潛行地下，至規期山，北流分爲兩源，一出葱嶺，一出于闐。其河復合，東注蒲昌海，復潛行地下，南出積石山，西南流，又東迴入塞，過燉煌、酒泉、張掖郡南，與洮河合，過安定、北地郡，北流過朔方郡西，又南流過五原郡南，又東流過雲中、西河郡東，又南流過上郡、河東郡西，而出龍門。汾水從東於此入河，河東即龍門所在。呂氏春秋曰，龍門未開，河出孟門，東大溢，是謂洪水，禹鑿龍門，始南流。至華陰潼關，與渭水合，又東迴過砥柱。砥柱，山名，河水分流，包山而過，山見水中若柱然，今陝州東河北陝縣三縣界。及洛陽，孟津所在也。至鞏縣，與洛水合，成皋與濟水合。濟水出河北，至王屋山而南，截河渡，正對成皋。又東北流，過武德，與沁水合，至黎陽、信都。信都，今冀州，絳水所在，絳水亦曰潰水，一曰漳水也。鉅鹿之北，遂分爲九河。鉅鹿，今邢州，大陸所在。大陸，澤名。九河，一曰徒駭，二太史，三馬頰，四覆釜，五胡蘇，六簡，七潔，八鉤盤，九鬲津。又合爲一河而入海。齊桓公塞九河以廣田居，故館陶、貝邱、廣川、信都、東光、河間以東城池，九河舊跡有存。漢代河決金堤，南北多罹其害，議者常欲求九河故迹而穿之，未知其所。是以班固云，自茲距漢，已亡其八枝也。河之故瀆，自沙邱堰而分，屯氏河出焉。故尚書稱導河積石，至于龍門，今絳州龍門縣界。南至于

華陰。北至于砥柱。東至于孟津。在洛北。都道所湊。古今以爲津。東過洛汭。至于大伾。洛汭。今鞏縣。在河洛合流之所也。大伾山。今汜水縣。即故成皐也。山再成曰伾。北過絳水。至于大陸。其絳水。今冀州信都。大陸澤名。今邢州鉅鹿。又北播爲九河。同爲逆河入于海是也。同合也。九河又合爲一。名爲逆河。逆迎也。言海口有朝夕潮。以迎河水。初禹自黎陽東北界分河爲二渠以引水。一南出會漯川。今河所流也。今河滑州以東。是舊漯水。一出貝邱。即九河之上。河王莽時廢塞。故俗謂之王莽河。史記河渠溝洫志並云。河之爲災害中國尤甚。禹導河自積石。歷龍門。又釃二渠以引河。如淳注。二渠一出貝邱。一則漯川。王莽時河遂塞。但用漯耳。隋煬帝於衞縣。今衞州衞縣。因淇水之入河。淇水亦曰淸水。立淇門以通河。東北行。得禹九河之故道。隋人謂之御河。

[事對]

出崑崙　導積石　並見敘事中。

包砥柱　冒石門　包砥柱見敘事。山海經曰。積石之山。其下有石門。河水冒以西南。郭璞注曰。冒猶覆也。

魚折溜　龍蹙水　河圖曰。黃帝云。余夢見兩龍挺白圖。即帝以授余於河之都。天老曰。天其授帝圖乎。試齋以往視之。黃帝乃齋河洛之間。求象見者。至於翠嬀泉。大盧魚折溜而至。乃問天老。子見中河折溜者乎。見之。與天老跪而授之。魚汎白圖。蘭葉朱文。以授黃帝。舒視之。名曰錄圖。春秋運斗樞曰。舜既爲天子五年。二月東巡狩。至于中州。與三公諸侯臨觀。黃龍五采。負圖出。置舜前。蹙入水而前去。蹙之逝反。宋均云。蹙去也。

沉白馬　祭玄貉　史記。漢武帝元光中。河決於瓠子。是時天子已用事萬里沙。還師臨決河。沉白馬璧於河。穆天子傳曰。西征。獵于滲澤。獲白狐玄貉。以祭河宗。

入葱山　淪蒲海　並見前敘事中。

鱗屋龍堂　泉室水府　楚辭曰。魚鱗屋兮龍堂。紫貝闕兮朱宮。王逸注。貝作闕。泉室水府。見下鮑昭河淸頌。

九折　兩源　淮南子曰。河水九折。注海而流不絕者。有崑崙之輸也。漢書曰。河有兩源。一出葱嶺。一出于闐。在南山下。其河北流。與葱嶺河合。東注蒲昌海。

龍宮　貝闕　漢書。武帝元光二年春。河水從頓丘南流。入渤海。

其五月河決濮陽汎十六郡發卒十萬救決河起龍泉宮貝闕事見上 捧土 轉石 朱浮與彭寵書曰奈何以區區漁陽而造怨于天子此猶河濱之人捧土塞孟津多見其不知量也謝承後漢書曰安帝時尙書陳龜上表曰仁恩廣被化流殊方使老者以壽終孤幼得保年猶臨河轉石易於反掌 汎栢 航葦 毛詩曰汎彼栢舟在彼中河又曰誰謂河廣一葦航之 玉牘 金繩 河圖考靈曜曰趙王政以白璧沉河有黑公從河出謂政曰祖龍來天寶開中有尺二玉牘河圖曰舜以大尉即位與三公臨河觀黃龍五采負圖出置舜前以黃玉爲牌白玉爲檢黃金爲繩紫芝爲泥章曰天黃帝符璽 馬圖 龜讖 禮記曰聖王之所以爲順山者不使居川不使渚者居中原用水火金木飲食必時合男女頒爵位必當年德是以天降膏露地出醴泉山出器車河出馬圖鄭玄注馬圖龍馬負圖而出孫柔瑞應圖白玉龜者師曠時出河東之崖爲聖圖出河負錄讖書 三門 九曲 酈元注水經曰砥柱山禹鑿之以通河河水分流包山而過山見水中若柱然故曰砥柱又在虢之西界望之若柱故曰砥柱三川既決水流疏分指狀表目亦謂之三門成公綏大河賦曰乘高赴下絕洑長奔馳會五戶分下三門河圖曰黃河出崑崙山東北角剛山東以北流千里折西而行至於南山南流千里至於華山之陰東流千里至於植雍北流千里至於下津河水九曲長者入于渤海 紺蓋 白璧 衞宏漢舊儀曰祭四瀆者江河淮濟用三正牲圭沉有車馬紺蓋白璧見上玉牘注 悲申屠 尋方叔 韓詩外傳曰申屠狄言非其時將投于河崔嘉聞而止之曰聖仁者民之父母也今以濡足之故不救溺人可乎狄曰昔桀殺龍逄紂殺比干而亡天下吳殺子胥陳殺洩冶而滅其國非無聖知不用故也遂負石而沉于河楚辭曰望大河之洲渚悲申屠之抗迹論語曰鼓方叔入于河成公綏大河賦曰善尼父之不濟尋方叔之遠迹懿吳起之讜言大汎舟之興役 三日變 千年清 易乾鑿度曰天降嘉應河水先清三日清變爲白白變爲赤赤變爲玄玄變爲黃各三日王子年拾遺記曰丹邱千年一燒黃河千年一淸皆至聖之君以爲大瑞又黃河淸而聖人生 榮光 休氣 尙書中候曰榮

光出河。休氣四塞。休美也。榮光五采。〔賦〕後漢應瑒靈河賦 咨靈川之遐源兮。于崑崙之神邱。凌增城之陰隅兮。賴后土之潛流。行積石之重險兮。披山麓之溢浮。蹶龍黃而南邁兮。紆鴻體而四流。涉津洛之阪泉兮。播九道乎中州。汾傾涌而騰騖兮。恒亹亹而徂征。肇乘高而迅逝兮。陽侯怖而振驚。晉成公綏大河賦 覽百川之弘壯兮。莫尚美於黃河。潛崑崙之峻極兮。出積石之嵯峨。登龍門而南遊兮。拂華陰與曲阿。凌砥柱而激湍兮。踰洛汭而揚波。體委蛇於后土兮。配靈漢於穹蒼。貫中夏之畿甸兮。經朔狄之遐荒。歷二周之北境兮。流三晉之南鄉。秦自西而啓壤兮。齊據東而畫疆。殷徒涉而求固。衛遷濟而遂強。趙決流而却魏。嬴引溝而滅梁。思先哲之攸歎。何水德之難量。〔詩〕隋蕭慤奉和濟黃河應教詩 大蕃連帝室。驂駕奉皇猷。未明駈羽騎。凌晨方畫舟。津城度維錦。岸柳夾緹油。鐘聲颺別島。旗影照蒼流。早光生劍服。朝風起節樓。滔滔細波動。裔裔輕舷浮。迴橈避近磧。放舳下前洲。全疑上天漢。不異謁蓬邱。望知雲氣合。聽識水聲秋。從君何等樂。喜從神仙遊。陳江總渡黃河詩 葱山淪外域。鹽澤隱遐方。兩源分際遠。九道派流長。未殫所聞見。無待驗詞章。留連嗟太史。惆悵踐黎陽。導波縈地節。疏氣耿天潢。憫周沉用寶。嘉晉肇爲梁。隋薛道衡渡北河詩 連旌映溆浦。疊鼓沸沙洲。桃花長新浪。竹箭下奔流。塞雲臨遠艦。胡風入陣樓。劒拔蛟將出。驂驚黿欲浮。鴈書終立効。燕相果封侯。勿恨關河遠。且寬邊地愁。劉孝孫早發成皋望河詩 清晨發巖邑。駈馬走轘轅。迴瞰黃河上。惝怳屢飛魂。鴻流導積石。驚浪下龍門。仙槎不辨處。沉璧想猶存。遠近洲渚出。颯沓鳧鴈喧。懷古空延佇。歎逝將何言。梁劉孝威公莫渡河詩 請公勿渡河。河廣風威厲。檣偃落金烏。舟傾沒犀枻。紺蓋空嚴祀。白馬徒生祭。銜石傷寡心。崩城掩霜袂。劍飛猶共水。璧沉魂俱逝。君爲川后臣。妾作江妃娣。陳張正見公無渡河詩 金堤分錦纜。白馬渡蓮舟。風嚴歌響絕。浪涌榜人愁。櫂折桃花水。颿橫竹箭流。何言沉璧處。千載偶陽侯。〔讚〕東晉郭璞爾雅圖讚 崑崙三層。號曰天柱。實惟河源。水之靈府。〔頌〕宋鮑昭河清頌 汚彼四瀆。媚此雙川。

伏靈遠紀。闕貺延年。澄源崑岳。鏡流葱山。泉室凝澱。水府清涓。宋張暢河淸頌 渾渾洪河。家國之濱。襟帶晉衞。領袖齊秦。龍門誕溜。積石傳津。乘運能有。經啓天人。化流上帝。時表初星。飛書曝瑞。龍圖照神。協靈旣偉。通氣載榮。〔文〕後魏孝文帝祭河文 維大和十九年。皇帝告于河瀆之靈。坤元涌溢。黃瀆作珍。浩浩洪流。實裨陰淪。通源導物。含介藏鱗。啓潤萬品。承育蒼旻。惟聖作則。惟禹克遵。浮檝飛帆。洞厥百川。朕承寶歷。克纂乾文。騰鑾淮方。旋鷁河瀆。龍舲御瀆。鳳旆乘雲。汎汎棹舟。翾翾泝津。妄我皇遊。光余夷濱。鑒開水利。漕典載新。千艫桓桓。萬艘斌斌。保我大儀。惟爾作神。顏師古四大河祝文 維神上通雲漢。光啓圖書。分導九枝。傍潤千里。素秋式序。用率典常。〔牋〕宋荀倫與河伯牋 伏惟河伯府君。君侯潛曜靈泉。翺翔神渚。發洪流於崑崙。揚高波於砥柱。包四瀆以稱王。總百川而爲主。

江第四

〔敍事〕釋名云。江。公也。諸水流入其中。所公共也。風俗通云。江。貢也。所出珍物可獻貢也。周官揚州其川三江。按三江。漢書地理志注。岷江爲大江。至九江爲中江。至徐陵爲北江。蓋一源而三目。鄭玄孔安國注云。左合漢爲北江。會彭蠡爲南江。岷江居其中。則爲中江。故書稱東爲中江者。明岷江至彭蠡與南北合。始得稱中也。又山海經三江者。大江。中江。北江也。汶山郡有岷山。大江所出。崍山中江所出。東注大江。岷山北江所出。東注大江。其源皆在蜀也。又韋昭說岷江松江浙江。亦悉在吳也。又沈懷遠南越志曰。廣信江。始安江。鬱林江。亦爲三江。在越也。按水經及荊州記云。江出岷山。其源若甕口。可以濫觴。在益州建寧滿江縣。潛行地底數里。至楚都遂廣十里。名爲南江。初在犍爲。與靑衣水。汶水合。至洛縣。與洛水合。東北至巴郡。與涪水。漢水。白水合。東至長沙。與澧水。沅水。湘水合。至江夏與沔水合至潯陽分爲九道潯陽記說九江一曰白烏江二蜯江三烏土江四嘉靡江五畎江六浮江七稟江八提江九菌江東會于彭澤經蕪湖名爲中江東北至南徐州名爲北江而入海也按南徐州今潤州尚書稱岷山導江東別爲沱江別爲沱水又東至于澧澧水名在荆州過九江至于東陵東陵地名東迆以氏反北會于滙胡罪反匯澤卽彭蠡也東爲中江入于海是也凡長江之別有郫江任豫益州記曰郫江大江之支也亦曰涪江亦曰湔水在蜀與洛水合郫音邳汶江益州記曰汶江源出三輪阪下墊江崔鴻西京記曰吐谷渾觀墊江源問魯和曰此水經仇池而過晉壽山沱渠始號墊江至巴郡入大江墊音疊弱柳江緣江記曰西江別支爲弱柳江浙江說文云江別流爲汜至會稽山陰爲浙江又顧野王云浙江發源東陽新安之間不與岷山之江相涉至錢塘入于海松江劉澄之揚州記吳縣有松江自吳入海今蘇州凡長江有別名則有京江在南徐州禹貢所謂北江也今潤州丹徒縣也瓜步江今揚州六合縣界西南對潤州江寧縣卽魏文帝及後魏太武帝所臨處烏江卽項羽死處今和州烏江縣也曲江枚乘七發曰觀于廣陵之曲江曲江今揚州也又始興郡有曲江今韶州是也又漢司馬相如弔秦二世賦曰臨曲江之隑州此卽長安也以其水曲折甚類廣陵之江今樂遊園凡江帶郡縣因以爲名則有丹徒江錢塘江會稽江山陰江上虞江廣陵江鬱林江廣信江始安江牂牁江成都江［事對］

導江 絕漢尚書曰岷山導江東別爲沱淮南子曰江出岷山東流絕漢入海 荆池 楚望淮南子曰昔荆楚之地汝潁以爲洫江漢以爲池左傳曰江漢沮漳楚之望也 四瀆 六川史記曰殷湯作江誥曰古禹皋陶久勞于外民乃安東爲江北爲河南爲淮西爲濟四瀆已候萬民乃居呂氏春秋曰何謂六川河水赤水遼水黑水江水淮水此六川也 吐貝 納龜春秋運斗樞曰瑤光得則江吐大貝尚書曰九江納錫大龜 濫觴 縈帶家語曰江水始出岷山其源可以濫觴及其至于江津乃方舟避風不可以涉

袁山松宜都記曰。對西陵南岸有山。其峯孤秀。人自山南上至頂。俯臨大江。如縈帶。視舟船如鳧鴈。萍實　菱華　家語曰。楚昭王渡江。江有物大如斗。圓而赤。直觸王舟。舟人取之。王大怪。使之魯問孔子。孔子曰。此萍實也。可剖而食之。吉祥唯霸者能獲之。使反。王遂食之。甚美。傳玄歌曰。有女殊代生。涉江採菱華。上翳青雲景。下鑒淥水波。鸚洲　鵲岸　酈元注水經曰。江水至江夏沙羨縣西北。又東經歎父山。江右岸當鸚鵡洲。左傳曰。昭公十六年冬。楚子伐吳。吳人敗之於鵲岸。西京記曰。今居巢江南水有鵲尾渚者是也。祭胥　弔屈　董覽吳地記曰。夫差立子胥以忠謇見亡。遂賜死。浮尸於江。夫差悔焉。與群臣於江設祭。置壇。國人因爲立廟。漢揚雄弔屈原文。過湘沅而主不容。自投江而死。作書往往摭離騷文而反之。自岷山投諸江流。以弔屈原。捐玦　喪珮　楚辭曰。捐余玦兮江中。遺余珮兮澧浦。劉向列仙傳曰。江妃二女遊江濱。見鄭交甫。遂解珮與之。交甫受珮而去。數十步。懷中無珮。女亦不見。郭璞江賦曰。感交甫之喪珮。悲神使之嬰羅。是也。沉書　投局　蕭方等三十國春秋曰。光祿殷羨之還豫章。貴遊多憑寄書。羨之至板橋。投書於江曰。沉者自沉。浮者自浮。殷洪喬不能作致書郵。臧榮緒晉書曰。陶侃語人曰。大禹聖人。乃惜寸陰。至於衆人。當惜分陰。參佐或以戲廢事者。乃取其蒱博棋局之具。悉投于江。笑吳主　歎魏帝　環濟吳紀曰。孫權詔曰。呂岱諸葛恪道步隲說北人欲以布囊盛土塞江。每讀此表。令人連日失笑。此江自天地以來。寧有可塞者乎。虞溥江表傳曰。魏文帝出廣陵。欲伐吳。望大江而歎曰。吳據洪流。且多糧穀。雖武騎千隊。無所用也。乃還。使君灘　中郎浦　酈元注水經曰。江水東流魚復縣南。又經羊腸虎臂灘。楊亮爲益州。至此而覆舟。懲其波瀾。蜀人至今猶名之爲使君灘。又曰。江水又東至華容縣西。左迤爲中夏水。右則中郎浦出焉。發黃岑　激赤岸　盛弘之荆州記曰。始安郡有東北二江。北江發源於桂陽之臨武黃岑山。東江發源於南康大庾嶠下。經始興縣界。南流西轉。與北江合於郡東。注于南海。山謙之南徐州記曰。京江。禹貢北江也。闊漫三十里。通望大壑。常以春秋朔望。輒有大濤。聲勢駭壯。極爲奇觀。濤至江北。激赤岸。尤更迅猛。黃金浦　紫貝闕　酈元注水經曰。江水東至長沙下雋縣。又東之右岸有城陵山。山有故城。東接微落山。江之南畔名黃金瀨。瀨東有黃金浦。楚辭曰。芙蓉蓋而菱華車。紫貝闕而白玉堂。王逸注。紫貝。水虫也。援神契曰。洪水出大貝。不惡小谷　不逆衆流　墨子曰。江河不惡小谷之滿已也。故能大。是故江河之水。非一源之流。老子曰。江海所以能爲百谷王者。以其無不受之。苟有所逆。衆流不至者多矣。

[賦]　東晉郭璞江賦　咨五材之並用。寔水德之靈長。惟岷山之導江。初發源於濫觴。聿經始於洛沫。攏萬川乎巴梁。衝巫峽而迅激。濟江津以起漲。極泓量而海運。狀滔天以淼茫。總括漢泗。兼包淮湘。并吞沅澧。汲引沮漳。源二分於崌崍。流九派乎潯陽。鼓洪濤於赤岸。淪餘波於柴桑。綱絡群流。商攉涓澮。表神委於江都。混流宗而東會。注五湖以漫漭。灌三江而漰沛。滈汗六州之域。經營炎景之外。所以作限於華裔。壯天地之險界。呼吸萬里。吐納靈潮。自然往復。或夕或朝。激逸勢以前驅。乃鼓怒而作濤。南齊謝朓楚江賦　爰自山南。薄暮江潭。滔滔積水。褭褭霜嵐。憂與江兮竟無際。客之行兮歲已嚴。爾乃雲沉西岫。風蕩中川。馳波鬱素。駭浪浮天。明砂宿莽。石路相懸。於是霧隱行鴈。霜耿虛林。迢迢落景。萬里生陰。列攢笳兮極浦。弭蘭鷁兮江潯。願希光兮秋月。承末照於遺簪。

[詩]　周庾信奉和泛江詩　春江下白帝。畫舸向黃牛。錦纜迴沙磧。蘭橈避荻洲。濕花隨水泛。空巢逐樹流。建平船柹下。荊門戰艦浮。岸社多群樹。山城是迴樓。日落江風靜。龍吟回上游。　隋煬帝夏日臨江詩　夏潭蔭修竹。高岸坐長楓。日落滄江靜。雲散遠山空。鷺飛林外白。蓮開水上紅。逍遙有餘興。悵望情不終。　隋薛道衡入郴江詩　仗節遵嚴會。揚舲泝急流。征塗非白馬。水勢類黃牛。跳波鳴石磧。濺沫擁沙洲。岸迴槎倒轉。灘長船却浮。緣涯頻斷挽。挂壁屢移鉤。還憶靑絲騎。東方來上頭。　隋柳顧言奉和晚日楊子江應教詩　大江都會所。長洲有舊名。西流控岷蜀。東汎邇蓬瀛。未覩纖羅動。先聽遠濤聲。涳濛雲色晦。浹疊浪華生。欲知暮雨歇。當觀飛旆輕。蘇味道九江口南濟北接蘄春南與潯陽岸詩　江路一悠哉。滔滔九派來。遠潭昏似霧。前浦沸成雷。鱗介

多潛育漁商幾泝洄風搖蜀柹下日照楚萍開近漱溢城曲斜吹蠡澤隈錫龜猶入貢浮磬罷新裁津吏揮橈疾郵僮整傳催歸心詎可問爲視落潮迴［祭文］隋薛道衡祭江文維開皇元年行軍元帥晉王謹以太牢之奠敬祭南瀆大江之神仰惟靈性包平智德擅靈長上膺東井下紀南國引雙流而分九派長四瀆而納百川自晉永嘉乾靈落網蕞爾吳越僭偽相承陳賊叔寶世濟其凶士庶爲其塗炭人神所以怨憤忝司九伐清彼一方分命將士乘流南渡仰憑靈祐咸蒙利涉今申命蒼兕躬總精銳直趨金陵行登石首庶蛟螭竄於洲渚帷蓋靜於波濤江表克平海內清泰謹申禮薦惟神尚享

淮第五

［敍事］釋名云淮圍也圍繞揚州北界東至海也周官青州其川淮泗按水經注及山海經云淮水出南陽平氏縣桐柏山其源初則涌出復潛流三十里然後長騖東北經大復山從義陽郡北東過江夏平春縣北又東過新息縣南期思縣北至厚鹿縣南與汝水合又東過廬江安豐縣與決水合東北至九江壽春縣東與潁水合壽春縣北與淝水合又東至當塗縣北與渦水合東北至下邳淮陰縣與泗水合東至廣陵淮浦縣而入海也近海數百里通朝夕潮尚書稱導淮自桐柏東會于泗沂入于海是也 孫盛晉陽秋曰秦始皇東遊望氣者云五百年後金陵有天子氣於是始皇於方山掘流西入江亦曰淮今在潤州江寧縣土俗亦號曰秦淮［事對］二山 三洲酈元注水經曰平阿縣有當塗山淮出于荆山之左當塗之右奔二山之間而揚濤北注也毛詩曰鼓鐘伐鼛淮有三洲毛注三洲淮上也 奧府 都市焦贛易林曰江河淮海天之奧府衆利所聚可以饒有焦贛易林變占曰江河淮海天之都市商人受福國家富有 注江 入海孟子曰禹排淮泗而注諸江山海經曰淮水出餘山餘山在朝陽東義鄉

西入海。郭璞注曰。今淮水出義陽平氏縣桐柏山。東北經汝南淮南譙國沛國下邳。經淮陰縣入海也。 **禹乂　晉竭** 尚書禹貢曰。淮沂其乂。孔安國注曰。二水已治。臧榮緒晉書曰。永嘉三年。淮濮水竭。 **化橘　變禽** 周禮曰。橘踰淮而北化爲枳。此地氣然也。郭璞遊仙詩曰。六龍安可頓。運流有代謝。淮海變微禽。吾生獨不化。 **溉鮒　化雉** 劉向說苑曰。莊周貧。往貸於魏文侯。文侯曰。待吾邑粟之來而獻之。周曰。乃今者周之來。見道牛蹄中有鮒魚焉。太息謂周曰。我尚可活也。周曰。須我爲汝向南詣楚王。決江淮以溉汝。鮒魚曰。今命在瓮甕之中耳。乃爲我見楚王。決江淮以溉我。汝卽求我於枯魚之肆矣。國語曰。趙簡子歎曰。雀入于淮爲蜃。黿鼉莫不能化。唯人不能。哀夫。李顒感冬篇曰。蜿虹潛太陰。文雉化淮汜。 **韓釣　王浮** 注水經曰。淮水東經淮陰縣。漢高祖封韓信爲侯國。昔韓信去下鄉而釣於此處也。王浮見下王粲賦。 **會泗沂　經譙沛** 會泗沂見敘事。經譙沛見上入海注。 **潛周鼎　沉魏璧** 楚辭曰。潛周鼎於江淮兮。爨土鬵於中宇。王逸注曰。言藏九鼎於江淮之中。魚豢魏略曰。文帝黃初六年。帝以舟軍入淮。遣使者沉璧于淮汜。 **蠙珠　玉璽** 尚書曰。禹貢云。泗濱浮磬。淮夷蠙珠曁魚。孔安國注曰。淮夷二水出蠙珠及美魚。臧榮緒晉書曰。安帝義熙十二年。左衛兵陳陽於東府前淮水中得玉璽一枚。此金陵秦淮。非四瀆淮也。以淮事少。故假此成對。

[賦] **後漢王粲浮淮賦** 從王師以南征兮。浮淮水而遐逝。背渦浦之曲流兮。望馬邱之高澨。泛洪櫓于中潮兮。飛輕舟乎濱濟。建衆檣以成林兮。譬無山之樹藝。於是迅風興濤。鉦鼓若雷。旌麾翳日。飛雲天迴。蒼鷹飄逸。遞相競軼。凌驚波以高騖。馳駭浪而赴質。加舟徒之巧極。美榜人之閑疾。白日未移。前驅已屆。羣師按部。左右就隊。舳艫千里。名卒億計。運茲威以赫怒。清海隅之蔕芥。濟元勳於一舉。垂休績於來裔。

魏文帝浮淮賦 建安十四年。王師自譙東征。大興水運。泛舟萬艘。時余從行。始入淮口。行泊東山。覩師徒。觀旌帆。赫哉盛矣。雖孝武盛唐之狩。舳艫千里。殆不過也。乃作斯賦云。淮沂水而南邁兮。泛洪濤之湟波。仰嵒岡之崇阻兮。經東山之曲阿。浮飛舟之萬艘兮。建干將之銛戈。揚雲旗之繽紛兮。聆榜人之讙譁。乃撞金鏞。爰伐雷鼓。白旆冲天。黃鉞扈扈。武將奮發。驍騎赫怒。隋杜臺卿淮賦序 古人登高有作。臨水必觀。焉吟詠比賦。可得而言矣。詩周南云。漢之廣矣。不可泳思。江之永矣。不可方思。邶風云。涇以渭濁。湜湜其沚。衛風云。河水洋洋。北流活活。小雅云。滔滔江漢。南國之紀。大雅云。豐水東注。惟禹之績。周頌云。猗與漆沮。潛有多魚。有鱣有鮪。鰷鱨鰋鯉。魯頌云。思樂泮水。薄采其芹。此皆水賦濫觴之源也。後漢班彪有覽海賦。魏文帝有滄海賦。王粲有游海賦。晉成公綏有大海賦。潘岳有滄海賦。木玄虛孫綽並有海賦。楊泉有五湖賦。郭璞有江賦。唯淮未有賦者。魏文帝雖有浮淮賦。止陳將卒赫怒。至於棄包化產。略無所載。齊天統初。以教府詞曹出除廣州長史。經淮陽。赴鎮頻經利涉。壯其淮沸浩蕩。且注亘海。南通曲江。水怪神物。于何不有。遂撰聞見。追而賦之。曰美大川之為德。諒在物而非假。決出元氏之鄉。濫流桐柏之下。始經營於赤位。終散漫於炎野。

〔詩〕

隋煬帝早渡淮詩 平淮既淼淼。曉霧復霏霏。淮甸未分色。泱漭共晨暉。晴霞轉孤嶼。錦帆出長圻。潮魚時躍浪。沙禽鳴欲飛。會待高秋晚。愁因逝水歸。

隋諸葛穎奉和出潁至淮應令詩 涉潁倦紆迴。浮淮欣逈直。遙村含水氣。遠浦澄天色。靈濤稍欲近。仙嵓行可識。玄覽屬睿辭。風雲有餘力。

蔡允恭奉和出潁至淮應令詩 久倦川涂曲。忽此望淮沂。波浪泛淼淼。眺逈情依依。稍覺金烏轉。漸見錦颿稀。欲知仁化洽。謳歌滿路歸。

弘執恭奉和出潁至淮應令詩 睿情欣逸賞。臨泛入淮淝。棹聲喧岸席。颿影出雲飛。清流含日彩。犇浪蕩霞暉。還如漳水曲。鳴笳啓路歸。

又虞世南奉和出潁至淮應令詩 良晨喜利涉。解纜入淮潯。寒流泛鷁首。霜吹響哀吟。潛鱗波裏躍。水鳥浪前沉。邗溝非復遠。悵望悅神襟。

〔吟〕

徐彥伯淮亭吟 貞寂廬兮淮山幽。憐芳若兮搴牛洲。崩湍委咽日夜流。孤客危坐心自愁。翙鶴唳兮風曉。復猿鳴兮霜秋。熠燿飛兮蟋蟀吟。倚清瑟兮横凉琴。擷瑤芳兮弔楚水。弄琪樹兮歌越岑。山碕礒兮隈曲濱。水涓漣兮環洞泊。金光延起兮驟興沒。青苔竟兮綠蘋歇。綠蘋歇兮凋朱顏。孅人寂歷兮何時閑。君不見可怜桐柏上。手葺桂樹花滿山。

〔祭文〕

隋薛道衡祭

淮文元帥晉王謹以淸滌制幣太牢之奠敬祭于東瀆大淮之靈蓋聖德應期神功宰物上齊七政下括四海自昔人喪道彝倫攸斁天隔內外地毀東南三吳成危亂之邦百越爲逋逃之藪皇帝肇開鼎業光有神器圖出龜龍鏡懸金玉憂勞庶績無忘寤寐言念蒼生情深矜養河源海外莫不來庭蹐頓呼韓歲時拜謁僞陳蕞爾尚阻聲教妖賊叔寶僭竊遺緒毒流江左冤結人神上軫皇情義申弔伐猥蒙朝寄撫寧淮甸仰惟導源桐柏長邁蓬萊標四瀆而引百川擅五林而含七德庶憑流惡之靈克成除暴之舉使水陸旌旗所向無前吳會君長東手歸服謹申薦禮惟神尚饗

濟第六

[敍事]釋名云濟濟也言源出河北濟河而南也周官兗州其川河濟按水經注及山海經云濟水出河東垣縣王屋山初名沇水風俗通云濟水出常山房子縣贊皇山此又別是一水耳應氏以爲流入河南之濟者非也東出温縣西北始名濟水孔安國注尚書泉源爲沇流去爲濟在溫西北平地又東南流當鞏縣之北而南入河與河並流過成臯成臯今汜水縣晉書地道志曰濟自大伾入河與河水鬬大伾成臯古成臯兼包鞏縣之界　溢出爲滎水東流過陽武及封丘縣北又東過冤呴縣南至定陶縣南又東北流與菏水會東至乘氏縣西分而爲二其一東北流入鉅野澤過壽張西與汶水合又北過穀城縣西又東北過盧縣北經齊郡東萊郡而入海也尚書稱導沇水東流爲濟入于河溢爲滎東出于陶丘北卽菏水所在也　又東北會于汶又東北入于海是也又水經注云初濟水至乘氏縣西分流爲二其一東北流今所入海者其一東南流東過昌邑縣北金鄉縣南至方輿爲沛水過沛縣東北至下邳而入淮淮南子云濟水宜麥周官云鸜鵒不踰

濟。

[事對] 導沇　濟河並見敍事。重源　異岸酈元注水經曰。濟水重源。出河內縣西北平地。水有二源所發。因復謂之濟。源合西源出原城西。東流注城南。東合北水。郭緣生述征記曰。河內溫縣亦有濟。入于黃河。謂濟之源。按二濟既南北異岸。而相遠亦踰千里也。吳溝　齊阻趙曄吳越春秋曰。吳王夫差興兵伐齊。掘爲深溝。通於商魯之間。北屬之濟。戰國策曰。張儀說秦王。齊據河濟。足以爲阻。鬬水　截流。戴延之西征記曰。濟水自大伾入河。與河水鬬而東流。尚書曰。導沇水東流爲濟。入于河。溢爲滎。孔安國注曰。濟水入河。並流數千里而截河。又並河數里。溢爲滎澤。德美　通和劉向說苑曰。四瀆江河淮濟。何以視諸侯。能蕩滌垢濁焉。能通百川於海焉。能蕩出雲雨焉。爲德甚美。故視諸侯也。淮南子云。淮濟水通和宜麥。馮征　袁汎馮衍明志賦曰。流山岳而周覽。徇碣石與洞庭。浮江河而入海。泝淮濟而上征。袁宏北征賦曰。於是背梁山。截汶波。汎清濟。傍祝阿。齊度量　蕩垢濁風俗通曰。濟。齊也。齊其度量。蕩垢濁。見上德美注。溢滎澤　注渤海溢滎澤見敍事。山海經曰。濟水出共山南東邱。絕鉅野澤。注入于海。

[詩] 蕭楚才奉和展禮岱宗塗經濮濟詩拂漢星旗轉。分霄日羽明。將追魯阜跡。更勒岱宗銘。林戈咽濟岸。獸鼓震河庭。葉箭凌寒矯。烏弓望曉驚。已降汾水作。仍深迎渭情。薛克搆奉和展禮岱宗塗經濮濟詩龍圖冠胥陸。鳳駕指雲亭。非烟泛濟浦。綠宇啓河汀。晝裳晨應月。文戟曙分星。四田巡揖禮。三駈道契經。行欣奉萬歲。竊抃偶千齡。

[祭文] 後魏文帝祭濟文　維太和十九年。皇帝遣太常寺守散騎常侍景昭。告于濟瀆之靈。乾光資曜。坤載播液。惟瀆暢靈。協輝陰辟。庶象憑和。升降芳瀝。蘊神包化。比土宣績。溫方涌瑞。沇源導濟。引流通滄。實侔四體。作潤岱宗。含雲吐澧。潤波湛湛。川風瀰瀰。瞻洪津而懷德。乘長波而欽智。汎龍儀之郁穆。爍玉軒而浮被。沉璋璧之明物。冀牲潔以歸寄。

洛水第七

〔敍事〕　春秋説題辭云洛之爲言繹也言水繹繹光耀也魚豢典略云洛字或作雒初漢火行忌水
故洛去水而加隹魏爲土行土水之母水得土而流土得水而柔故去隹加水周官豫州其川滎洛與
伊瀍二水爲三川秦於河南置三川郡按水經云洛水出京兆上洛縣冢領山郡經上洛弘農河南縣盧氏
蠡城陽市宜陽洛陽合伊瀍穀澗之水至鞏縣而入河也尚書稱導洛自熊耳東北會于澗瀍又東會
于伊又東北入于河是也　又周禮雍州其川洛汭此洛一名漆沮出馮翊此關輔之水非河南洛水又水經注云洛水出漳山
東經洛縣及新都與湔水合流此又在蜀土　淮南子云洛水輕利宜禾述征記云洛水底有礬石故上無冰洛之
神曰宓妃周靈王時穀洛二水鬭〔事對〕　會澗　按河　會澗見敍事河圖曰洛水地理陰精之宫帝王明聖龜書出文天
以與命地以授瑞按河合際居中護羣王道和洽吐圖佐神逆名亂教摘亡弔存故聖人觀河洛也　魚躍　鳳翔魚豢典略曰湯東
觀洛沉璧黄魚雙躍出于壇曹植兩儀篇曰帝者化八極養萬物和陰陽陰陽和鳳至河洛翔　鳳集　龍見沈約宋書曰黄帝齋于
中宫坐于玄扈洛水之上有鳳皇集不食生虫不履生草其雄自歌其雌自舞易乾鑿度曰帝王始興將起河洛龍見皆察其首黑者人
正白者地正赤者天正　黑玉　丹書帝王世紀曰湯時有神牽白狼啣鉤入殷朝者乃東觀沉璧于洛獲黄魚黑玉之瑞於是始受
命稱王淮南子曰古者至德之運珠玉潤澤洛出丹書河出綠圖　玄龜　青鯉沈約宋書曰玄龜洛書者天符也王者德至川泉則
洛出龜書河圖曰黄帝游於洛見鯉魚長三丈青身無鱗赤文成字也　龜疇　鳳柙尚書曰天乃錫禹洪範九疇彝倫攸敍孔安國
注疇類也天與禹洛出書神龜負文而出列於背有數至于九禹遂因而第之以成九類黄錄曰帝坐玄扈洛上與大司馬容光左右輔
周昌等百二十人臨觀鳳皇啣圖置帝前圖以黄玉爲柙　笙鳳　玉雞劉向列傳曰王子晉好吹笙作鳳皇鳴於伊洛之間有道士

浮邱伯。接以上嵩高山。帝王世紀曰。昭靈后名含始。游於洛池。有玉雞啣赤珠。刻曰玉英吞此者王。含始吞之。生漢祖劉季。 **堯壇** **周觀** 尚書中候曰。堯沉璧於洛。玄龜負圖出。背甲赤文成字。止壇。帝王世紀曰。武王伐紂。營洛邑而定鼎焉。今洛陽西南洛水之北有鼎中觀。是也。 **軒遊** **周卜** 帝王世紀曰。黃帝時天大霧三日。帝遊洛水之上。見大魚。殺五牲以醮之。天乃甚雨。七日七夜。魚流始得圖書。今河圖視萌篇是也。尚書曰。召公既相宅。周公往營成周。使來告卜。作洛誥曰。我又卜瀍水東。亦惟食。 **夏竭** **周鬬** 史記曰。周幽王二年。西周三川皆震。伯陽甫曰。昔伊洛竭而夏亡。今周德若二代之季。山崩川竭。亡之徵也。國語曰。周靈王二十二年。穀洛水鬬。將毁王宮。王欲壅之。太子晉曰。山。土之聚也。藪。物之歸也。川。氣之通也。澤。水之鍾也。夫天地聚於高。歸於下。今吾執政。無乃實有所僻而禍夫二川之神。王卒壅之。王室大亂。賈逵注曰。兩水會。似於鬬。 **張禊** **潘居** 張協洛禊賦曰。夫何三春之令日。喜天氣之絪緼。和風穆而布暢兮。百卉曄而敷芬。顧春服之既成兮。將祓除於水濱。潘岳閑居賦曰。退而閑居于洛之涘。 **明珠** **藻玉** 明珠見下曹植賦。山海經曰。秦冒之山。洛水出焉。東流注于河。其中有藻玉。 **沉璧** **墜鐘** 帝王世紀曰。湯沉璧于洛。獲黃魚黑玉之瑞。孫嵩宋書曰。高祖平關洛。致鐘虡舊器南還。一大鐘墜洛水。 **青雲浮** **赤光起** 尚書中候曰。武王觀于河。沉璧禮畢。且退至于日昧。榮光並塞河。沉璧。青雲浮洛。赤龍臨壇。銜玄甲之圖。吐之而去。江淹詣建平王上書曰。今聖曆欽明。天下樂業。青雲浮洛。榮光塞河。尚書中候曰。堯率羣臣。東沉璧于洛。退候至于下稷。赤光起。玄龜負書出。赤文成字。宋均注曰。稷讀曰側。 **九日温** **七夜雨** 易乾鑿度曰。帝盛德之應。洛水先温。九日乃寒。五日變爲五色玄黃。七夜雨。見上軒遊注。

〔賦〕

魏曹子建洛神賦 余從京師。言歸東藩。北過伊闕。越轘轅。經通谷。凌景山。容與乎陽林。流眄乎洛川。覩一麗人于嵒之畔。乃援御者而告之曰。彼何人斯。若斯之豔也。御者對曰。臣聞河洛之神。名宓妃。君王所見。無乃是乎。余告曰。其形也。翩若驚鴻。婉若游龍。髣髴兮若輕雲之蔽月。飄颻兮若流風之迴雪。於是忽焉縱體。以游以嬉。左倚采旄。右蔭桂旗。攘皓腕於神滸兮。採湍瀨之玄芝。收和顏而靜志兮。申禮防以自持。爾乃衆靈雜遝。命儔嘯侶。或戲清流。或翔神渚。或採明珠。或拾翠羽。從南湘之二妃。攜漢濱之游女。體迅飛鳧。飄忽若神。凌波微步。羅襪生塵。於是屏翳收風。川后靜波。馮夷鳴鼓。女媧清歌。騰文魚以警乘。鳴玉鑾以偕逝。六龍儼其齊首。載雲車之容裔。鯨鯢涌而夾轂。水禽翔而爲衛。於是越北沚。過南岡。動朱脣以徐言。陳交接之大綱。恨人神之道殊。怨盛年之莫當。撫微情以效愛。獻江南之明璫。雖潛處於太陰。長寄心於君王。

〔詩〕唐太宗臨洛水詩春蒐馳駿骨。總轡俯長河。霞處流縈錦。風前瀁卷羅。水花翻照樹。隄蘭到插波。豈必汾陰曲。秋雲發棹歌。蘇味道奉和受圖溫洛詩綠綺膺河檢。青壇俯洛濱。天旋俄制蹕。孝享屬嚴禋。陟配光三祖。懷柔洎百神。霧開中道日。雪斂屬車塵。預奉咸英奏。長歌億萬春。李嶠奉和拜洛詩七萃鑾輿動。千年瑞檢開。文如龜負出。圖似鳳銜來。殷薦三神享。明禋萬國陪。周旗黃鳥集。漢幄紫雲迴。日暮鉤陳轉。清歌上帝臺。牛鳳及奉和受圖溫洛詩八神扶玉輦。六羽警瑤溪。戒道伊川北。通旌澗水西。御圖開洛匱。刻石與天齊。瑞日波中上。仙禽霧裏低。微臣矯弱翮。抃舞接鸞鷖。薛昚惑進船於洛水詩禁園紆睿覽。仙棹叶時游。洛北風花樹。江南彩畫舟。芳生蘭蕙草。春入鳳皇樓。興盡離懷暮。煙光起夕流。

〔銘〕後漢李尤洛銘洛出熊耳。東流會集。夏禹導疏。經于洛邑。玄龜赤字。漢符是立。帝都通路。建國南鄉。萬乘終濟。造舟爲梁。三都五州。貢篚萬方。廣視遠聽。審任賢良。元首昭明。庶類是康。

渭水第八

〔敍事〕春秋說題辭云。渭之爲言布也。渭渭流行貌。周官雍州。其浸渭洛。關中記曰。渭與涇洛。一名漆沮水。一名洛水出馮翊。爲關中三川。周幽王時三川震。是也。與涇渭灞滻澇潏灃滈爲八水。按水經注及山海經注。渭水出隴西首陽縣鳥鼠同穴山。東北過狄道縣南。上邽縣北。陳倉縣南。武功縣北。槐里縣南。與澇灃二水合東至高陵與涇水合又與漆沮水合經秦漢之都至潼津而入河也尙書稱導渭自鳥鼠同穴東會于灃東會于涇又東過漆沮入于河是也三輔舊事云初秦都渭北渭南作長樂宮橋通二宮間表河以爲秦東門表汧以爲秦西門二門相去八百里渭水貫都以象天河橋横南渡以象牽牛漢都渭南開北闕以臨渭渭北則陵廟所在

〔**事對**〕

貫都 **浸雍** 三輔黄圖曰始皇都咸陽因北陵營殿端門四達以則紫宮象帝居渭水貫都以象天漢周官雍州其浸渭洛

知星 **相氣** 陳壽益部耆舊傳曰漢武帝時蜀張寬爲侍中從祀甘泉至渭橋有女子浴於渭水乳長七尺上怪其異遣問之女曰帝後第七車知我所來時寬在第七車對曰天星主祭祀者齋戒不潔則女人見葛洪神仙傳曰駙馬都尉北海巫炎字子都漢武帝出子都見於渭橋上見頭上鬱鬱有紫氣高丈餘帝召東方朔使相此君有何道術曰此君有陰道之術

垂釣 **投錢** 徐幹中論曰文王遇太公於渭濱皤然皓首持竿垂釣文王得之灼若祛雲而見日霍若開霧而覩山趙岐三輔決錄曰安陵淸者有項仲仙飲馬渭水每投三錢

晉壘 **符壇** 臧榮緒晉書曰諸葛亮率衆出斜谷高祖拒亮遂濟渭水背水爲壘裴景仁符書曰符建至長安賈玄等上尊號依舊儀立百官設壇城南於渭水之陽

造舟 **贈路** 毛詩曰文王初載天作之合在洽之陽於渭之涘文定厥祥親迎于渭造舟爲梁又曰我送舅氏曰至渭陽何以贈之路車乘黄

應德 **失紀** 漢書曰昔三代居三河而河洛出圖書秦居渭陽而水數赤瑞異應德之効也焦贛易林曰山崩谷絶天福盡竭涇渭失紀玉曆既闕

通橋 **複道** 三輔舊事曰始皇帝卽位在渭南作長樂宮橋通二宮間表河以爲秦東門表汧以爲秦西門史記曰秦始皇複道向阿房宮渡渭屬之咸陽以象天極閣道絶漢抵營室也

秦祠 **漢拜** 沈約宋書曰秦漢都西京涇渭水雖不在祀典以近咸陽故盡得此大川之祠漢書曰文帝親拜灞渭之會以郊見渭陽五帝如淳注曰二水之合也

龍飲 **雞翔** 辛氏三秦記曰龍首山長六

十里頭入渭水尾達樊川高二十丈云昔有黑龍從南山出飲渭水其行道因成土山裴景仁符書曰符健皇始四年冬山雞來入人家栖宿養子而去羣聚傍渭水而游翔與家雞無異 **出周鼎 得燕璽** 史記曰文帝十五年趙人新垣平以望氣見因說上設立渭陽五帝廟欲出周鼎常有玉英見王景暉南燕書曰姚秦皇初三年歲在丁酉於長安渭濱得赤璽上有文字曰天命燕德 **呂釣陽 馮耕陰** 史記曰太公以釣于渭周西伯將獵卜曰所獲非龍非螭非熊非羆所獲霸王之輔於是西伯獵果遇太公於渭之陽與語大悅馮衍楊節賦序曰馮子耕於驪山之阿渭水之陰廢弔問之禮絕游宦之路眇然有超物之心無偶俗之志 **導鳥穴 入龍山** 尙書曰導渭自鳥鼠同穴孔安國注云鳥鼠共爲雌雄同穴處此山遂名山曰鳥鼠渭水出焉入龍山見龍飲注 **橋法牛 氣如蜃** 三輔黃圖曰始皇兼天下都咸陽因山陵營殿端門四達以則紫宮象帝居渭水貫都以象天河橋橫南渡以法牽牛雜兵書曰東海出氣如鼈渭水出氣如蜃 **出地幹 象天河** 河圖曰鳥獸同穴山地之幹也渭水出其中象天河事見橋法牛注 **驚輿馬 御樓船** 史記曰張釋之爲廷尉漢文帝出中渭橋有一人從橋下走出乘輿馬驚使騎捕屬廷尉廷尉奏此人犯蹕當罰金漢書曰薛廣德爲御史大夫直言諫諍元帝酎祭宗廟出便門欲御樓船廣德當乘輿免冠曰宜從橋上乃從橋酈元注水經曰渭橋秦制也亦曰便門橋

[詩]

後周宇文逌至渭源詩 渭源奔鳥穴輕瀾起客亭淺淺滿澗響蕩蕩竟川鳴潘生稱運石馮子聽波聲斜去臨天牛橫來對始平合流應不雜方知性本淸

周庾信望渭水詩 樹似新亭岸沙如龍尾灣猶言今暝浦應有落帆還

隋煬帝臨渭源詩 西征乃屆此山路亦悠悠地幹紀靈異同穴吐洪流濫觴何足擬浮槎難可儔驚波鳴澗石澄岸瀉嵓樓滔滔下狄縣淼淼肆神州長林嘯白獸雲逕想青牛風歸花葉散日舉煙霧收直爲求人隱非窮轍迹遊

隋薛道衡奉和臨渭源應詔詩 玄功復禹迹至德去湯羅玉關亭障遠金方水石多八川茲一態萬里導長波驚流注陸海激浪象天河鑾旗歷嵓谷龍穴暫經過西老陪

遊宴。南風起詠歌。庶品蒙仁澤。生靈穆太和。微臣惜暮景。願駐魯陽戈。 隋柳顧言奉和春日臨渭水應令詩 飲馬投錢岸。解鈞剖璜津。風絲曳香餌。覆杯懷昔人。 韋嗣立奉和三日祓禊渭濱詩 乘春祓禊逐風光。扈蹕陪鑾渭渚傍。還識當時水濱老。衰年八十待文王。 李乂奉和三日祓禊渭濱詩 中園花柳暮春時。元巳陪遊樂在茲。此日欣逢臨渭賞。昔年空道濟汾詞。 徐彥伯奉和三日祓禊渭濱詩 晴風麗日滿芳洲。御色春筵祓錦流。皆言侍蹕璜溪讌。暫似乘槎天漢游。

涇水第九

[敍事] 周官。雍州其川涇汭。關中記云。涇與渭洛爲關中三川。與渭。灞。滻。澇。潏。灃。滈。爲關中八水。按辛氏三秦記及山海經注。涇水出安定朝郡縣西幵頭山。淮南子云。涇水出薄洛山。高誘注云。薄洛山一名幵頭山東南經新平扶風。至京兆高陵縣而入渭。與渭水合流三百里。清濁不相雜。東合漆沮水。至潼津入于河。尚書稱導渭自鳥鼠同穴。又東會于涇。又云。涇屬渭汭。並是也。屬音燭。孔安國注尚書。屬。逮也。水北曰汭。言治涇水入於渭。 史記曰。韓聞秦之好興利。欲罷音疲之。無令東伐。乃使水工鄭國間說秦。令鑿涇自中山西抵瓠口爲渠。溉田。因名鄭渠。漢武時。趙中大夫白公奏穿渠。引涇水首起谷口。尾入櫟陽。注渭中。二百里。溉田四千五百頃。因名白渠。人得其饒。歌之曰。田於何所。櫟陽谷口。鄭國在前。白渠起後。舉鍤爲雲。決渠爲雨。涇水一石。其泥數斗。且溉且糞。長我禾黍。衣食京師。億萬之口。劉澄之交州記曰。龍編縣有高山。涇水之所出。今交州也。漢書地理志曰。丹陽郡有涇縣。韋昭注云。涇水出蕪湖。北涇今宣州涇縣。

[事對] 合渭 歷峽 辛氏三秦記曰。涇渭合流三百里。清濁不合。酈元注水經曰。涇水東流歷峽。謂之涇峽。 秦卜 漢祠 史記曰。秦二世夢白虎齧其左驂。殺之。卜

涇水爲祟。二世乃齋望夷宮。欲祠涇。漢書曰。灞滻灃澇涇渭之水。皆不在大川之例。以近咸陽。盡得比山川之祠也。周震　漢壅　史記曰。幽王二年。西州三川皆震。伯陽甫曰。周將亡矣。徐廣注曰。涇渭洛也。漢成帝河平四年。長陵臨涇岸穨壅涇水。毒晉　祟秦　左傳曰。晉侯伐秦。師諸侯之師以進。濟涇而次。秦人毒涇上。師人多死。祟秦見秦卜注中。造舟　沉馬　薛瑩後漢書曰。章帝北巡。下長平御池陽宮。東至高陵。造舟至于涇而還。酈元注水經曰。涇水經望夷宮北。臨涇水以望北夷。秦二世將祠涇。沉四白馬於涇。齋於此宮內。鄭國鑿　白公穿並已見敘事。山崩涸　岸穨壅淮南子曰。硝山崩而薄洛之水涸。高誘注曰。硝山在雍。薄洛涇水也。岸穨壅見漢壅下。出涇谷　屬渭汭　山海經曰。涇西五十里曰涇谷之山。涇水出焉。東流注于渭。屬渭汭事見敘事。望夷宮　長平觀　酈元注水經曰。涇水經望夷宮北。臨涇水。又曰。涇水經長平觀北。甘露三年。呼韓邪單于入朝。上登長平觀。詔單于無謁。即是觀也。

〔詩〕徐珩日暮望涇水詩導源經隴阪。屬汭貫嬴都。下瀨波恒急。迴圻溜亦紆。毒流秦卒斃。泥糞漢田腴。獨有迷津客。懷歸漸暮途。

〔讚〕韋挺涇水讚決渠濁流。屬渭清津。流亦毒晉。靈嘗祟秦。

卷六校勘表

頁數	行數	排印本原文	安刻本	嚴陸校	備註
一一一	八	曰坻又小沚曰磧		此七字宋本無	
一一一	一二	有草木		有草	
一一二	一〇	仲冬		仲秋	
一一二	一三	水先温		水温	
一一三	三	成都道		成都	
一一三	一一	太叔曰	太叔也		
一一三	一三	記上善		託上善	
一一四	五	祖孫登詠水詩		又詩	
一一四	五、六	又蓮調詩		又詩	
一一四	八	分牛		驅牛	
一一五	二	歸塘		〔嚴〕案衆本及御覽皆作「歸塘」·今列子作「歸墟」·	
一一五	八	禾光		禾穛	

一一五	一四	洲曰嶼		嶼曰洲
一一五	一五	聚窟洲流洲生洲		流洲生洲聚窟洲
一一六	一二	隴域		覬域
一一六	一三	赤水中		聶水中
一一七	一二	一眠		一睨
一一七	一五	潡淶		洑淶
一一八	一、二	「揭百尺」至「濟所屆」		此二十八字宋本無
一一八	四	唐太宗		唐太宗文武聖皇帝
一一八	五	凝三嶺和風		和三嶺神風
一一八	一五	異質裳羸		異實裳羸
一一九	九	南流		東流
一一九	一四	「舊跡有存」至「常欲求」		此二十一字宋本無
一一九	一五	而分	南分	
一二〇	四	隰川　隰水		濕川　濕水
一二〇	六	一則隰川		一則出濕川
一二〇	六	用隰		用濕
一二〇	九	象見		蒙見
一二〇	一〇	授之		受之

一二〇	一二	祭玄貉		祭玄貂	
一二〇	一三	玄貉		玄貂	
一二一	一	造怨	結怨		
一二一	三	保年		保長年	
一二一	四	趙王政		秦王政	
一二一	五	天黄帝	天黄		
一二一	七	圖白	圖曰		
一二一	九	分下		旁達	
一二一	一一、一二	聖仁者		聖人	
一二二	三	迅逝		迅邁	
一二三	二	神協靈		人神協	
一二三	三	告于		敢昭告于	
一二三	四	光余		光餘	
一二三	六	荀倫		荀倫	
一二三	一三	沈懷遠			〔嚴〕沈懷遠吳興人
一二四	一	菌江		酋江	
一二四	九	「卽項」至「縣也」		和州烏江縣卽項羽死處	

一二四	九	曲江令		有曲江縣
一二四	一三	作江誥		作湯誥
一二四	一四	已候		已修
一二五	二	使反王遽		使返告於王王遂
一二五	一〇	之具		之類
一二五	一一	連日失笑		連日大笑
一二六	五	以起漲		以起張
一二六	一〇	畫舸		畫舫
一二六	一四	楊子江		楊子江心
一二七	一	浮磬		浮獸
一二七	三、四	士庶		氓庶
一二七	一五	餘山餘山		余山余山
一二八	六	蜿虹		宛虹
一二八	六	下鄉		下邳
一二八	八	爨士鸞	爨王鸞	
一二八	一五	淮沂水	浙淮水	
一二九	一〇	望淮沂		望淮圻
一二九	一四	碕礒		碕巇

一三一	五	千里		十里
一三一	一三	常侍景		常侍敢
一三二	八	接河合際		接河合濟
一三二	一三	青身		身青
一三二	一四	黃錄		黃籙
一三二	一五	啣圖置		鳴於伊衡圖至
一三二	一五	列傳		列仙傳
一三三	一	洛池		洛地
一三三	九	秦冒		太冒
一三四	四	唐太宗		唐太宗文武聖皇帝
一三五	一五	得此		得比
一三六	四	以釣		垂釣
一三七	二	香餌		香蓋
一三七	三	濟汾詞		濟汾祠
一三七	一四	蕪湖北涇		「北涇」二字宋本無
一三八	二	積壅		崩壅
一三八	三	涇上		涇上流
一三八	五	硝山		兩硝山皆作「硝山」

一三八	
九	
韋挺	
〔嚴〕韋挺唐人	

初學記卷第七

地部下

湖第一

〔敍事〕廣雅云。湖。池也。說文云。湖。大陂也。風俗通云。湖。都也。流瀆四面所隈都也。周官。揚州。其浸五湖。按張勃吳錄。五湖者太湖之別名。以其周行五百餘里。故以五湖爲名。虞翻又云太湖有五道別謂之五湖。或說以太湖。射貴湖。上湖。洮湖。洮湖一名長塘湖在義興滆戶伯反湖爲五湖。按國語吳越戰於五湖。直在笠澤一湖中戰耳。則知或說非也。揚州記曰。太湖一名震澤。一名笠澤。一名洞庭。史記三苗之國左洞庭右彭蠡。裴駰注云。今太湖中苞山有石穴。其深洞无知其極者。名洞庭。洞庭對彭蠡。則知此穴之名通呼洞庭。彭蠡卽宮亭湖名也。越絕書太湖週三萬六千頃。在吳興。荆州記云。宮亭卽彭蠡澤也。謂之彭澤湖。一名匯孩賄反澤。在豫章郡。青草湖一名洞庭湖。荆州記云。因青草山爲名。洞庭亦謂之太湖。在巴陵郡。雲夢澤一名巴邱湖。凡此並昭昭尤著。又廣大也。居巢縣有巢湖。揚泉湖。吳郡有臨平湖。女墳湖。鄮縣有黃金湖。山陰有鏡湖。迴踵湖。蘭湖。華湖。魚湖。山陰湖。溧陽有長塘湖。阜陵有麻湖。建鄴有後湖。一名玄武湖。蔣陵湖。高湖。潯陽有招湖。無錫有射貴湖。尸湖。小湖。耆湖。乘湖。猶湖。招湖。譙湖。雍湖。昆湖。招湖卽海鹽縣淪陷爲也。江東有滈湖。郢城有赤湖。蜀有白羊湖。山陽郡有樊梁湖。射陽湖。津湖。新安有白馬湖。常熟有赤山湖。夏架湖。丹陽湖。張昭湖。昭封婁侯。又因名婁湖。高平湖。太傅湖。太傅卽謝安也。著作簿湖。劉南蠻湖。侍中湖。張侯湖。葛塘湖。倪塘湖。庾冰湖。東陽有徐湖。永嘉有蔣公湖。自婁巳下。謂皆獨擅一湖之利。武昌有長湖。琅邪有擗湖。錢塘有明聖湖。淮湖。承湖。承湖一名詔息湖。京口有醴湖。孟佐湖。半揚湖。龍日湖。劫亭湖。新豐湖。吳興有欣湖。武陵有丹坡湖。始興有滄湖。武原淪陷爲當湖。又有洋湖。錡湖。梅湖。荆州有大井湖。高沙湖。大漥湖。馬骨湖。支湖。坡湖。赤湖。沔湖。鄖縣有鄖湖。南康有平湖。豫州有芍陂湖。南越有石湖。蘄春有桒黃湖。曲阿有後湖。王子年拾遺記。員嶠山有方湖。東方朔神異經云。亶州有溫湖。北方有石湖。其水恆冰。

[事對]

青草　赤沙　盛弘之荆州記曰。巴陵南有青草湖。週迴數百里。日月出沒其中。湖南有青草山。因以爲名。酈元注水經曰。澧水經南安縣。又東與赤沙湖會。湖水通江。南注澧水也。

荆藪　揚浸　劉澄之荆州記曰。華容縣東南有雲夢澤。一名巴邱湖。荆之藪也。周禮曰。揚州其浸曰五湖。

芍陂　笠澤　劉澄之豫州記曰。陵縣北有芍陂湖。魏將王陵與吳將張休交戰處。張勃吳錄曰。五湖者。太湖之別名。周行五百餘里。故以名焉。國語曰。戰於五湖。此一湖中戰耳。笠澤卽太湖別名。

縣淪　城陷　趙曄吳越春秋。海鹽縣淪爲招湖。徙居武原鄉。故越地也。干寶搜神記曰。由權縣秦時長水縣。始皇時童謠曰。城門有血。城當陷沒爲湖。有嫗聞之。朝朝往窺。門將欲縛之。嫗言其故。後門將以犬血塗門。嫗見血走去。忽有大水欲沒縣。主簿令幹入白令。令曰。何忽作魚。幹曰。明府亦作魚。遂淪爲湖。

魚下　龍升　鄭緝之永嘉記曰。懷化縣有蔣公湖。父老傳云。先代有祭祀祈請者。湖輙下大魚與之。秦州記曰。武都郡前有湖。義熙初。有白龍於湖升天者。

銅船　金牛　劉欣期交州記曰。有一湖。去合流北四十里。至陰日。百姓樵捕。見銅船出水上。又有水牛在湖之中。劉道眞錢塘記曰。明聖湖在縣南。父老相傳。湖中有金牛。古嘗有見其映寶雲泉。照耀流精。神化莫測。遂以明聖爲名。

分風　起雨　盛弘之荆州記曰。宮亭湖廟神甚有靈驗。塗旅經過。無不祈禱。能使湖中分風。

而帆南北南康仁空山上有平湖湖中鯿底浮在湖中動搖便起風雨秦憩范游錢塘記曰去邑十里有詔息湖古老相傳昔秦始皇巡狩經塗暫憩因以詔息爲名國語曰伍子胥諫吴王與我爭五湖之利非越乎及越滅吴范蠡乃乘扁舟游五湖三山五渚劉澄之豫州記曰城父縣有巢湖湖週五里湖中有三山湖南有四鼎山戰國策曰秦與荆戰大破之取洞庭五渚史記曰秦乘流而下漢四日而至五渚裴駰注五渚在洞庭湖石函銅斗吴志曰孫皓時吴郡言臨平湖邊得石函中有小石青白色刻上作皇帝字改元爲天璽謝綽宋拾遺曰張永開玄武湖古冢上得一銅斗有柄太祖訪之朝士何承天曰此是新威斗王莽時王公亡皆賜之一在冢內一在冢外于時江左唯有甄邯爲大司徒俄而又得一斗復有石書稱甄邯之墓白鵝赬鯉劉澄之揚州記曰新成縣東有俱山山上有湖湖中有白鵝一隻時時飛來不可常見周景式廬山記曰山頂有一窮湖湖足赬鯉鬐皆傷剝而又有一故槅槽崇山峻遠非舟檝所游豈深谷爲陵此物不與之而遷乎龍目馬骨劉楨京口記曰龍目湖秦王東觀親見形勢云此有天子氣使赭衣徒鑿湖中長岡使斷因改名丹徒今水北注江也盛弘之荆州記曰雲杜縣左右有大澨馬骨等湖夏水來則渺漭若海及冬涸則平林曠澤四眺煙日賣藥浮舟劉向列仙傳曰東方朔者楚人漢武帝時爲郎後有見於會稽賣藥五湖徐州先賢傳曰勾踐滅吴謂范蠡曰吾將與子分國而有之蠡曰君行令臣行意乃乘扁舟浮五湖終不返金銀塘珠玉泉伏滔登故臺詩序曰夫差姑蘇臺東有丹湖萬頃內有金銀塘陸賈新語曰舜藏黄金於嶃巖之山捐珠玉於五湖之泉以塞邪淫之路

[賦]西晉楊泉五湖賦余觀夫主五湖而察其雲物皇哉大矣以爲名山大澤必有記頌之章故梁山有奕奕之詩雲夢有子虛之賦夫具區者揚州之澤藪也有大禹之遺迹疏川導滯之功而獨闕然未有翰墨之美余竊憤焉敢妄不才述而賦之其辭曰濟矣大哉於此五湖乃天地之玄源陰陽之所徂上屬斗牛之精與雲漢乎同模受三方之灌溉爲百川之巨都居揚州之大澤苞吴越之具區南與長江分體東與

亘海合流。太陰之所毖。玄靈之所遊。追潮水而往還。通蓬萊與瀛洲。云云［詩］李顒涉湖 旋經義興境。頓棹石蘭渚。震澤爲何在。今惟太湖浦。圓徑縈五百。盻目渺無覩。高天淼若岸。長津雜如縷。窈窕尋灣漪。迢遞望巒嶼。驚飈揚飛湍。浮霄薄懸岨。輕禽翔雲漢。游鱗憩中滸。黯藹天時陰。嶤岧舟航舞。憑河安可殉。靜觀戒征旅。劉刪汎宮亭湖 迴艫承泒水。舉帆逐分風。滉瀁疑無際。飄颻似度空。檣烏排鳥路。船影沒河宮。孤石滄浪裏。匡山若霧中。寄謝千金子。安知萬里蓬。陳陰鏗度青草湖 洞庭春溜滿。平湖錦帆張。源水桃花色。湘流杜若香。穴去茅山近。江連巫峽長。帶天澄迥碧。映日動浮光。行舟逗遠樹。度鳥息危檣。滔滔不可測。一葦詎能航。［文］隋盧思道祭瀷湖文 維開皇元年十二月朔甲子。具位姓名。遣某官。以清酌庶羞之饋。敬祭瀷湖之靈。曰。泱漭澄湖。南服之紀。斜通海甸。旁帶江汜。深過百仞。潤踰九里。彭蠡莫儔。具區非擬。揚越不庭。多歷年紀。王師薄伐。六軍戾止。戒期指日。馬首欲東。常陰作沴。零雨其濛。水氣朝合。天雲夜同。申之苦霧。繼以嚴風。塗泥已甚。軌躅不通。有稽天罰。用沮元戎。唯夫百神受職。水靈爲大。皇王御宇。率土無外。當使日月貞明。天地交泰。雨師止其霖瀝。雲將卷其蔚薈。東渡戈船。南聳鵰旆。收尉佗之黃屋。納孫皓之青蓋。然後革車旋軫。戎卒凱歌。楚俘霧集。冀馬星羅。無德不報。有酒如河。神之聽之。斯言匪蹉。

漢水第二

［敍事］漢。楚水也。周禮、荊州其川江漢。按水經注及山海經注云。漢水出隴坻道縣嶓冢山。初名漾水。東流至武都沮縣。始爲漢水。東南至葭萌。與羌水合。至江夏安陸縣。名沔水。故有漢沔之名。即周昭王溺處也。又東至竟陵。合滄浪之水。即屈原遇漁父之處。又東過三澨水。觸大別山。南流而入江。庾仲雍漢水記曰。漢水出廣漢。漾水出嶓冢。東流至武都而與漢水合。沔水出武都沮縣。亦與漢水相合。尚書稱嶓冢導漾。東流爲漢。孔安國注

云。泉始出山爲漾水。東南流爲沔水。至漢中東行爲漢水。又東爲滄浪之水。過三澨至于大別。南入于江。東匯澤爲彭蠡。東爲北江。入于海。是也。匯迴也。音胡賄反。言漢水合大江。迴流入彭蠡澤。東北至南徐州。名爲北江而入海。［事對］

南紀　東流　詩云。滔滔江漢。南國之紀。東流見叙事。沉碑　潛璽　酈元注水經曰。沔水東經萬山北。山下有潭。中有杜元凱好尙後名。作兩碑。並述己功。一碑在峴山。一碑沉此潭中。曰。千載之後。何知不深谷爲陵。又蜀志。少府王謀等上言。前襄陽男子張嘉王休獻玉璽。璽潛漢水。於深淵。暉景燭曜。璽光徹天。遇兕　截蛟　紀年曰。周昭王十六年。伐楚荆。涉漢。遇大兕。盛弘之荆州記曰。沔水隈潭極深。先有蛟爲害。鄧遐爲襄陽太守。拔劍入水。蛟繞其足。遐自揮劍。截蛟數段。流血丹水。勇冠當時。於後遂無蛟患。近二別　過三澨　左傳曰。吳師伐郢。楚子當濟漢而陣。自小別至于大別。杜釋地曰。二別近漢之名。過三澨見敍事　解珮　弄珠　韓詩曰。鄭交甫過漢皐。遇二女。妖服珮兩珠。交甫與之言曰。願請子之珮。二女解珮與交甫而懷之。去十步。探之則亡矣。迴顧二女亦不見。張衡南都賦曰。耕父揚光於淸泠之泉。游女弄珠於漢皐之曲。酈元注水經曰。漢水東經萬山北。山下水隈。云漢女昔日游處。鱣湍　龍泉　酈元注水經。漢水東經西城縣故城。爲鱣湍。洪波渀盪。漰浪雲穨。古耆舊言。有鱣魚奮鬐。望濤直上。至此曝腮。因以名湍焉。又曰。漢水經西城縣故城南。又東爲龍泉。泉上有胡鼻山。石類胡人鼻故也。下臨龍井。渚泉深數丈。碑潭　鐘岸　碑潭見沉碑注。孫巖宋書曰。漢中城固縣漢水岸際有異聲。如雷。俄頃岸崩。有銅鐘十二。出自潛壤。體制既精。扣之淸響。楚望　荆川　左傳曰。江漢沮漳。楚之望也。周禮曰。正南曰荆州。其川江漢。其浸潁淇。鯨灘　鮫潭　酈元注水經曰。漢水過西城縣。又東經鼈池而爲鯨灘。鮫潭見上截鮫注。夢神　游女　徐幹喜夢賦曰。昔嬴子與其交遊於漢水之上。其夜夢見神女。毛詩曰。南有喬木。不可休息。漢有游女。不可求思。沉玉　亡劍　左傳曰。蔡昭侯爲兩珮與兩裘以如楚。獻一珮一裘於昭王。子常欲之。不與。三年止之。蔡侯歸。及漢。執玉而祝曰。余所濟漢而南者有若夫川。酈元注水經曰。襄陽故城北枕沔水。昔張公遇害亡劍於此。**朝海　歸江** 尚書曰。江漢朝宗于海。水經。自沔與江合流東過彭蠡澤。酈元引鄭玄云。漢與江鬬轉東成澤。**含珠　隱玉** 盛弘之荆州記曰。荆蘊玉以潤其區。漢含珠而淸其域。左思蜀都賦曰。流漢湯湯。驚浪雷奔。望之天迴。即之雲昏。水物殊品。鱗介異族。或藏蛟螭。或隱璧玉。**配天漢　對月谷** 配天漢見下蔡邕賦。酈元注水經曰。漢水右對月谷山。有月坂有月川。於其中黃壤沃衍。**黃金水　白石灘** 水經注曰。漢水經大小黃金南山。有黃金峭。水北對黃金谷。有黃金戍。又曰。漢水又東經魏興郡之錫縣故城北。爲白石灘。縣故春秋之錫穴地也。**七軍沒　六師喪** 魏志曰。征南將軍曹仁守樊。蜀關羽攻樊。時漢水溢。于禁等七軍皆沒。紀年曰。周昭王十九年。天大曀。雉兎皆震。喪六師于漢。

〔賦〕後漢蔡邕漢津賦 夫何大川之浩浩兮。洪流淼以玄淸。配名位乎天漢兮。披厚土而載形。發源自乎嶓冢。引瀁澧而東征。納湯谷之所吐兮。兼漢沔之殊名。摠畎澮之羣液。演西土之陰精。過曼山以左迴兮。旋襄陽而南縈。切大別之東山兮。與江湘乎通靈。嘉淸源之體勢。澹澶湲以安流。鱗甲育其萬類兮。蛟螭集以嬉遊。明珠胎于靈蚌兮。夜光潛乎玄洲。維神寶其充盈兮。豈魚龜之足收。

〔詩〕梁庾肩吾奉和汎舟漢水往萬山應教 桂棹架棠船。飄揚橫大川。映巖沉水底。激浪起雲邊。迴岸高花發。春塘細草懸。陪歌承睿賞。接醴侍恩筵。誰云李與郭。獨得似神仙。

李百藥渡漢水 東流旣瀰瀰。南紀信滔滔。水激沉碑岸。波駭弄珠皐。含星映淺石。浮蓋下奔濤。溜闊霞光近。川長曉氣高。檣烏轉輕翼。戲鳥落風毛。客心旣多緒。長歌且代勞。

王師渡漢水經襄陽 導漾疏源遠。歸海會流長。延波接荆夢。通望邇沮漳。高岸沉碑影。曲漵麗珠光。雲昏翠島沒。水廣素濤揚。閱川已多歎。遐睇幾增傷。臨溪猶駐馬。望峴欲霑裳。喬木下寒葉。亭林落曉霜。山公不可遇。誰與訪高陽。

宋之問漢江宴 漢廣不分天。舟移杳若仙。林虹映晚日。江鶴弄晴煙。積水浮冠蓋。搖風送管絃。嬉遊不可極。留恨此山川。

驪山湯第三

〔敍事〕 博物志云。凡水源有石流黃。其泉則温。或云神人所煖。主療人疾。辛氏三秦記云。驪山湯舊說以三牲祭。乃得入。可以去疾消病。俗云。秦始皇與神女遊而忤其旨。神女唾之則生瘡。始皇怖謝。神女爲出温泉而洗除。後人因以爲驗。漢武帝故事云。驪山湯。初始皇砌石起宇。至漢武又加修飾焉。水經注云。漁陽郡北有温泉。吳錄云。始興山出湯泉。零陵縣出温泉。丹陽記云。湯山出温泉三所。述征記云。東萊郡出温泉。臨川記云。臨川縣出温泉。廬山記云。主簿山下出温泉。安成記云。宜陽南鄉出温泉。梁州記云。漢水南出温泉。荊州記云。新陽縣出温泉。銀山縣出温泉。耒陽縣出温泉。潯陽記云。雞籠山下出温泉。始興記云。靈泉源出温泉。幽明錄云。艾縣輔山出温冷二泉。博物志云。不周雲川之水温如湯。凡諸温泉。咸能療疾。遠近歸之。〔事對〕 如沸 若湯 周景式廬山記曰。主簿山在胡郎廟南數里。山下有温泉。穴口周圍一丈許。涌出如湯沸。冬夏恆熱。梁州記云。漢水南有温泉。周圍數千步。冬夏常沸涌若湯。其熱可熟雞子。未至二十里。便望見白氣衝天。

爛鳥 遊魚 郭緣生續述征記曰。東萊郡有温泉。恆沸。鳥墜輒爛。始興記曰。靈水源有温泉。涌溜如沸。時有細赤魚出遊。莫有獲者。

温谷 湯山 温谷見下劉義恭詩。張勃吳錄曰。丹陽江乘縣有湯山。出温泉三所。 愈疾 流穢 袁山松宜都山川記曰。銀山縣有温泉。注大溪。夏纔煖。冬則大熱。上常有霧氣。百病久疾。入此水多愈。流穢見下張衡賦中。 潮泉 神井 張僧監潯陽記曰。雞籠山下澗中有數十處累石。若有人功。水常深尺餘。朝夕輒有湧泉溢出。如潮水時刻不差。朔望尤大。號爲潮泉。常如沸湯。神井見下張衡賦序。 蠲痾 攘寒 蠲痾見下張衡賦中。江乘地記曰。縣東南四十里。半湯泉半温半冷。共同一壑。謂之半湯泉。張勃云。冷水夏濯可以清暑。温水冬浴可以攘寒。 湯雞 瀹卵 常璩華陽志曰。斯臾入南山洞。温水穴冬夏常熱。其源可以湯雞豚。下湯澡洗。療宿疾。王廙洛都賦曰。雞頭溫水。魯陽神泉。不爨自沸。熱若焦然。爛毛瀹卵。煮絹濯鮮。瀹音藥。痓痾　保性王廙洛都賦曰。痿瘵痱痾。浸之則痊。功邁藥石。勳著不言。保性見下張衡賦中。暄波　灼水暄波見下劉義恭詩。酈元水經注曰。溫湯水出漁陽郡北山溫溪。即溫源也。廢疾者不能澡。以其過灼故也。溫濤　炎液曹植述行賦曰。濯余身於神井。偉溫濤之若焚。炎液見下劉義恭詩。分寒水　會冰泉臨陵縣記云。縣有溫泉。泉中有伏石分流。其陰清水常寒。其陽溫泉湧沸。飛霧如煙。雪霜無以敗其熱。劉義慶幽明錄曰。艾縣輔山有溫冷二泉。發源相去數尺。熱泉可煮雞豚。冷泉常若冰。雙流數丈而合。俱會于一溪。濯日月　飛煙霧濯日月見下張衡賦。飛煙霧見上分寒水注。萃士女　邁藥石萃士女見下張衡賦。邁藥石見上痓痾注。

〔賦〕後漢張衡溫泉賦余適驪山。觀溫泉。浴神井。美洪澤之普施。乃爲賦云。覽中域之珍怪兮。無斯水之神靈。控湯谷于瀛洲兮。濯日月乎中營。蔭高山之北延。處幽屏以閑清。於是殊方跋涉。駿奔來臻。士女曄其鱗萃。紛雜遝其如煙。亂曰。天地之德。莫若生兮。帝育蒸民。懿厥成兮。六氣淫錯。有疾癘兮。溫泉汩焉。以流穢兮。蠲除苛慝。服中正兮。熙哉帝載。保性命兮。魏曹植述行賦尋曲路之南隅。觀秦政之驪墳。哀黔首之罹毒。酷始皇之爲君。濯余身于神井。偉溫濤之若焚。

〔詩〕唐高宗過溫湯溫渚停仙蹕。豐郊駐曉旌。路曲迴輪影。岩虛傳漏聲。暖溜驚湍駛。寒空碧霧經。林黃疏葉下。野白曙霜明。眺聽良無已。煙霞斷續生。宋劉義恭溫泉秦都壯溫谷。漢京麗湯泉。炎德潛遠液。暄波起茲源。北齊劉逖浴溫湯驪岫猶懷土。新豐尚有家。神井堪消癘。溫泉足蕩邪。紫苔生石岸。黃沫擁金沙。振衣殊未已。翻能停使車。越王貞奉和過溫湯鳳輦騰宸駕。驪鑾次乾遊。坎德疏溫液。山隈派暖流。寒氛空外擁。蒸氣沼中浮。林凋帷影散。雲斂蓋陰收。霜郊暢玄覽。參差落景遒。王德眞奉和過溫湯握圖開萬寓。屬聖啓千年。驪阜疏緹騎。驚鴻映彩旃。玉霜明鳳野。金陣藻龍川。祥煙聚危岫。態水溢飛泉。停輿興睿覽。還舉大風篇。楊思玄奉和過溫湯豐城觀漢迹。溫谷幸秦餘。地接幽王壘。流分鄭國渠。風威肅文衛。日彩鏡雕輿。遠岫凝氛重。寒叢樹影疏。迴瞻漢章闕。佳氣滿宸居。鄭義眞奉和過温湯洛川方佇蹕。豐野暫停鑾。湯泉恆獨湧。溫谷豈知寒。漏鼓依巖畔。相風出樹端。嶺煙遙聚草。山月迥臨鞍。日用誠多幸。天文遂仰觀。［序］周庾信温湯碑序咸池浴日。先曆綠甲之圖。砥柱浮天。始受玄夷之命。仁則滌蕩埃氛。義則激揚清濁。勇則負山餘力。弱則鴻毛不勝。仲春則榆莢同流。三月則桃花共下。其色變者。流爲五雲之漿。其味美者。結爲三危之露。煙青於銅浦。色白於鉛溪。非神鼎而長沸。異龍池而獨湧。洗胃湔腸。輿羸起瘠。秦皇餘石。仍爲鴈齒之階。漢武舊陶。即用魚鱗之瓦。豈獨醴泉消疾。聞乎建武之朝。神水蠲痾。在乎咸康之世。［銘］周王褒温湯銘挺此溫谷。驪邱之陰。白礜上徹。丹砂下沉。華清駐老。飛流瑩心。谷神不死。川德愈深。

昆明池第四

［敍事］廣雅云。沼池也。說文云。池者。陂也。從水它聲。風俗通云。孫子有金城湯池之說。後人因此開地爲池。以養魚鱉。按漢書及西京雜記。昆明池。漢武帝元狩三年所穿也。初漢欲求身毒國。爲昆明夷所閉。昆明有滇池。方三百里。名曰滇河。漢將伐昆明。以通身毒。使謫卒伐棘上林。象滇河作昆明池。以習水戰。池週圍四十里。漢武帝平昆明夷。以其地爲益州郡。其滇水源深廣。末反淺狹。有似倒流。故曰滇河。潘岳關中記曰。昆明漢武習水戰也。中有靈沼神池。云堯時理水訖。停舟此池。蓋堯時已有沔池。漢代因而深廣耳。曹毗志怪云。漢武鑿昆明池極深。悉是灰墨。無復土。舉朝不解。以問東方朔。朔曰。臣愚不足以知之。可試問西域胡人。帝以朔不知。難以移問。至後漢明帝時。外國道人入來洛陽。時有憶方朔言者。乃試以武帝時灰墨問之。胡人云。經云天地大劫將盡。則劫燒。此劫燒之餘。乃知朔言有旨。池中有戈船。樓船。各數百艘。樓船上建樓櫓。戈船上建戈矛。四角悉垂幡旄旌葆麾蓋。照燭涯涘。又作二石人。東西相

對以象牽牛織女又刻石爲鯨魚每雷雨魚常鳴吼鬐尾皆動漢代祭以祈雨有驗至昭帝幼冲不復習戰於中養魚以給諸陵祠餘付長安市魚乃賤三秦記秦始皇作長池張渭水東西二百里南北二十里築土爲蓬萊山刻石爲鯨魚長二百丈秦又有蘭池鎬池醴有郎明天子璧池穆天子西征有玄池瑤池樂池與西王母宴所漢有建章宮太液池中築方丈瀛洲象海中神山春二月黃鵠下池中未央宮有滄池中築漸臺王莽死其上漢上林有池十五所承露池昆靈池池中有倒披蓮連錢荇浮浪根菱天泉池上有連樓閣道中有紫宮戟子池龍池魚池牟首池蒯池菌鶴池西陂池當路池東陂池太一池牛首池積草池池中有珊瑚高丈二尺一本三柯四百六十條尉佗所獻號曰烽火樹麋池含利池百子池七月七日臨百子池作于闐樂樂畢以五色縷相羈謂爲連愛東漢有九龍池御龍池靈芝池白石池濯龍池天泉池魏在鄴有淥水池瓊華池疏圃池玄武池靈芝池在洛有天泉池池中築九華臺流杯池幽泉池陰流池鳴鶴池吳有太子池孫權子和築至晉明帝呼爲太子池西晉有含利池都亭池靈芝池濛汜池張載作賦者潛靈池淥池東晉有清游池流杯池宋有天泉池華林池池有雙蓮同榦芙蓉異花並蔕紂有酒池齊景公有昭華池後梁有靈泉池後魏有鴻鴈池流化池後燕有清涼池前梁有閑豫池池有龍影五彩鑄銅龍於其上南燕有申池赫連勃勃有淥漣池大梁有蓬池襄陽有習氏魚池山簡所游者荆州有蔡子池臨沅縣有明月池益州有萬歲池天井池千秋池雙龍池邛池洛州有干將池華曲池於潛有蛟龍池

【事對】

神池　靈沼並見上敘事注　開地　伐棘並見敘事　珠濱　金堤潘岳關中記曰漢武習水戰作昆明池人釣魚綸絕而去夢於帝求去其鉤明日帝戲於池見魚銜索帝取其鉤放之間三日復游池濱得珠一雙帝曰豈非昔魚之報也張衡西京賦曰乃有昆明靈沼黑水玄沚周以金堤樹以柳杞豫章珍館揭焉中峙　湯谷　虞泉潘岳西征賦曰乃有昆明池乎其中湯湯漭漭滉瀁瀰漫浩若河漢日月麗天出入乎東西朝似湯谷夕類虞泉昔豫章之名宇披玄流而特起儀景

星於天漢。列牛女以雙峙。玄流 黑水 玄流已見上湯谷注中。黑水已見上金堤注中。漢宇 堯舟 漢書曰。漢武大修昆明池。列館環之。班固西都賦曰。集于豫章之宇。臨於昆明之池。堯舟見上敘事注。刻石 儀星 刻石見敘事。儀星見上虞泉注。名宇 珍館 名宇事已見上湯谷注中。珍館事已見上金堤注中。習戰 肄師 習戰事見上珠濱注中。魏志曰。太祖還鄴。作玄武池以肄舟師。潘岳西征賦曰。乃有昆明池乎其中。伊茲池之肇穿。肄水師於荒服。肄音異。習也。錦繡陂 柳杞堤 班固西都賦曰。集於豫章之館。臨乎昆明之池。茂樹蔭蔚。芳草被堤。蘭茝發色。曄曄猗猗。若摛錦布繡。燭燿乎其陂。柳杞堤見上金堤注。象滇 儀漢 漢書云。漢求身毒國。而爲昆明所閉。昆明國有滇河。方三百里。漢欲伐昆明。象滇河鑿池。名曰昆明池。其滇河水源深廣。末反淺狹。有似流。曰故滇。儀漢事見上虞泉注。豫章館 劫燒灰 豫章館見上金堤注。劫燒灰見上敘事注。升采鱗 浮文鷁 班固典引曰。擾緇文皓質於郊。升黃輝采鱗於沼。司馬相如子虛上林賦曰。怠而後游於清池。浮文鷁。揚旌旃。出入日月 吐納雲霧 張衡西京賦曰。乃有昆明靈沼。黑水玄沚。日月於是乎出入。象扶桑與濛汜。張載濛汜池賦曰。幽瀆滂集。潛流獨注。淡淡灃沛。更來迭去。仰承河漢。吐納雲霧。

〔詩〕 唐太宗冬日臨昆明池 石鯨分玉溜。劫燼隱平沙。柳影冰無葉。梅心凍有花。寒野凝朝霧。霜天散夕霞。歡情猶未極。落景遽西斜。 周庾信和炅法師游昆明池 秋光麗曉天。鷁舸泛中川。密菱鄣浴鳥。高荷沒釣船。碎珠縈斷菊。殘絲繞折蓮。落花催斗酒。栖烏送一絃。 隋江總秋日昆明池 靈沼蕭條望。游人意緒多。終南雲影落。渭北雨聲過。蟬噪金隄柳。鷺飲石鯨波。珠來照似月。織處寫成河。此時臨水歎。非復採蓮歌。 隋薛道衡秋遊昆明池 灞陵因靜退。靈沼暫徘徊。新船木蘭檝。舊宇豫章材。荷心宜露泫。竹徑重風來。魚潛疑刻石。沙暗似沉灰。琴逢鶴欲舞。酒遇菊初開。羈心與秋興。陶然寄一杯。 隋虞茂賦昆明池一物得織女石 隔河圖列宿。清漢象昭回。支機就鯨石。拂鏡沉池灰。船疑海槎渡。珠似客星來。所恨雙娥斂。逢秋遂不開。 隋元行恭秋游昆明池旅客傷羇還。罇酒慮登臨。池鯨隱舊石。岸菊聚新金。陣低雲色近。行高鴈影深。欹荷瀉圓露。臥柳橫清陰。衣共秋風冷。心學古灰沉。還似無人處。幽蘭入雅琴。李百藥和許侍郎游昆明池神池望不極。滄波接遠天。儀星似河漢。落景類虞泉。年深平館宇。道泰偃戈船。差池下鳧鴈。掩映生雲煙。浪華開已合。風文直且連。稅馬金堤外。橫舟石岸前。羽觴傾綠蟻。飛日落紅鮮。積水浮深智。明珠曜雅篇。大鯨方遠擊。沉灰獨未然。知君嘯儔侶。短翮徒聯翩。任希古和七月七日游昆明池秋風始搖落。秋水正澄鮮。飛眺牽牛渚。激賞鏤鯨川。岸珠淪曉魄。池灰斂曙煙。泛槎分寫漢。儀星別構天。雲光波處動。日影浪中縣。驚鴻結滿弋。游鱗入壯筌。萍葉疑江上。菱花似鏡前。長林代輕幄。細草卽芳筵。文華開翠岱。筆海控清漣。不挹蘭罇聖。空仰桂舟仙。沈佺期奉和晦日幸昆明池法駕乘春轉。神池象漢回。雙星遺舊石。孤月隱殘灰。戰鷁逢時去。恩魚望幸來。岸花緹騎遶。堤柳幔城開。思逸橫汾唱。歌流宴鎬杯。微臣彫朽質。羞覩豫章材。

冰第五

[敍事]　說文云。冰。水堅也。韓詩說云。冰者。窮谷陰氣所聚。不洩則結而爲伏陰。易曰。履霜堅冰。陰始凝也。詩云。二之日鑿冰冲冲。三之日納于凌陰。二之日。夏之十二月。三之日、夏之正月。周以十一月爲正。二之日當夏正十二月也。三之日當夏之正月。冲冲。聲也。凌陰。冰室也。十二月之時。天地大寒。水化爲冰。鑿取堅冰。至正月。納藏於室之中。人君春夏祭祀。及其常食。卒有凶事。則得以斂。人臣無冰室。其終卒。君錫之以冰。故左傳云。日在北陸而藏冰。西陸朝覿而出之。其藏冰也。深山窮谷。固陰沍寒。於是乎取之。其出之也。朝之祿位。賓客喪祭。於是乎用之。其藏之也。黑牡秬黍。以享司寒。其出之也。桃弧棘矢。以除其災。祭

司寒而藏之。獻羔而啓之。火出而畢賦。自命夫命婦至於老疾。無不受冰。夫冰以風壯。而以風出。其藏之也周。其用之也偏。則冬無愆陽。夏無伏陰。人不夭札。是也。風俗通云。積冰曰凌。冰壯曰凍。冰流曰澌。冰解曰泮。〔事對〕 象玉 比珠 曹植七啓曰。素冰象玉。皎可磨蕩。結土成龍。澧雨則傷。比珠見下顧凱之賦。 冬壯 春釋 禮記曰。孟冬之月。冰始凍。仲冬之月。冰益壯。地始坼。淮南子曰。夫水向冬則凝而爲冰。迎春則釋而爲水。冰水施易。乎前後。 六尺 百丈 漢書鼂錯上書曰。胡貉之地。積陰之處。木皮三寸。冰厚六尺。東方朔神異經曰。北方有冰萬里。厚百丈。𪕋鼠在冰下土中焉。其毛長八尺。可爲褥。卻風寒。 霜堅 風壯 並見敘事。 水複 泉沍 毛詩注曰。冰盛水複。則命取冰於山林。張衡思玄賦曰。行積冰之皚皚。清泉沍而不流。 北方鼠 東海蠶 北方鼠見上。百尺下。王子年拾遺記曰。東海員嶠山有冰蠶。長七寸。有鱗角。以霜雪覆之始爲繭。其色五綵。織爲文錦。入水不濡。投火不燎。 魚負 鳥覆 易通卦驗曰。大雪魚負冰。鄭康成注曰。負冰上近冰也。毛詩曰。誕寘之寒冰。鳥翼覆之。 履霜 積雪 履霜見敘事。楚辭曰。桂棹兮蘭枻。斲冰兮積雪。王逸注曰。遭天盛寒。斲斫冰凍。紛然如雪。言己勤苦。 夕飲 朝飡 莊子曰。朝受命而夕飲冰。我其內熱歟。謝靈運苦寒行曰。樵蘇無夙飲。鑿冰煑朝飡。悲矣采薇唱。苦哉有餘酸。 夏蟲疑 春魚上 莊子曰。夏蟲不可以語於冰者。篤於時也。曲士不可以語於道者。束於教也。孫綽天台山賦曰。哂夏蟲之疑冰。整輕翮而思矯。禮記曰。立春之日。東風解凍。又五日。蟄蟲始振。又五日。魚上冰。風不解凍。號令不行。魚不上冰。兵甲不藏。 河流澌 海結凌 薛瑩後漢書曰。光武至薊。上王郎使兵至。上發薊。晨夜馳騖。至下曲陽滹沱河。導吏還言河流澌。無船不可渡。遣王霸往視。實然。霸念恐驚衆。卽還曰。冰牢可渡。比至。冰可乘。帝遂得渡滹沱河。王隱晉書曰。慕容皝上言。正月十二日。躬征平郭。遠假陛下天地之威。將士竭命。精誠感靈。海爲冰結凌。行海中三百餘里。臣問故老。初無海冰之歲。 闔廬室 琅邪井 越絕書曰。吳闔門外郭中冢者。闔廬冰室。薛瑩後漢書曰．靈帝光和六年冬。北海東萊琅邪井冰厚丈餘．

后稷鳥　王祥魚　史記曰。姜嫄爲帝嚳元妃。出野見巨人跡。歆然悅欲踐之．踐之而身動．如孕期而生子．以爲不祥．棄渠冰上．飛鳥以其翼覆薦之．臧榮緒晉書．王祥字休徵．後母朱氏思生魚．于時河水冰堅．祥朝朝冒厲風．於涯伺魚．一朝忽冰開小穴．有雙鯉跳出．

夏頒秋刷　藏周用徧　周禮曰．祭祀供冰鑑．賓客供冰．大喪供夷槃冰．夏頒冰．掌事秋刷．鄭玄注曰．暑氣盛．王以冰頒賜．則王爲之刷清也．秋涼．冰不可用．以清除其窖也．左傳曰．夫冰以風壯而以風出．其藏之也周．其用之也徧．杜預注曰．周密也．徧及老疾也．

［賦］　西晉庾儵冰井賦　嘉陰陽之博施兮．美天道之廣宜．萬物雜而無越兮．不易類以相干．或專陽負暑兮．或固陰沍寒．塗雖殊而同歸兮．信協德而俱延．於是孟冬之月．群陰畢升．霜雪紛其交淪兮．流波結而成凌．啓南墉之重隩兮．將御熱以藏冰．山人是取．縣人是承．納幽宮之邃宇兮．靜恬淡以清徵．抱堅精之玄素兮．發川靈而長凝．於是寒往暑來．四時代序．帝將攘患炎災是禦．乃命有司。啓彼潛戶．寒風慘悴．比焉清暑．格炎靈之恣曜兮．摧盛陽之暴怒．弭和春之凄風兮．遏溫夏之苦雨．保百姓之艱難兮．俾群生之寧處．及至股肱或虧．卿士殞喪。寧神扇暑．肅厲清涼．用處凶禮。無失典常．美厚德之兼愛兮．乃惠存以及亡．

東晉顧凱之冰賦　連綿絡幕．乍結乍無．翕然靈化．得漸已粗．緗白隨川．方圓隨渠．義剛有折．照壼則虛．託形超象．比朗玄珠．一宗理而常全．經百合而彌切．轉若驚電．照若澄月．積如累空．泮若墮節．臨堅投輕．應變縷裂．瓊碎星流．精練清越．

［詩］　後梁沈君攸詠冰應教　日華照冰彩．灼爍自相明．陰潭欲半解．陽岸已全輕．未釋苔文隱．將銷草氣生．稍得觀魚上．非獨見狐驚．儻逢魏后術．當驗可爲城．

［篇］　富嘉謩明冰篇　北陸蒼茫河海凝．南山闌干晝夜冰．素彩峩峩明月升．深山窮谷不自見．安知採斵備嘉薦．陰房固沍掩寒扇．陽春二月朝始暾．春光潭沲度千門．明冰時出御至尊．彤庭赫赫九儀備．腰玉煌煌千官萃．明冰畢賦周在位．憶昨沙朔寒風漲．崑崙長河冰始壯．漫汗崚嶒積亭障．邕邕鳴鴈江上來．禁苑池臺冰始開．搖春涵綠映樓臺．豳歌七月

王風始明。冰藏用照物。軌四時不忒千萬祀。

井第六

〔敍事〕釋名云。井清也。泉之清潔者也。易傳云。井通也。物所通用也。禮記云。井與門戶竈中霤爲五祀。世本云。伯益作井。亦云黃帝見百物始穿井。周書黃帝穿井 說文云。八家爲井。象構幹形。又墨子云二舍共一井 風俗通云。井者法也。節也。言法制居人。令節其飲食。無窮竭也。久不渫滌爲井泥 易云井泥不食泥去聲 不停汚曰井渫 音洩易云井渫不食 滌井曰浚。井水清曰洌。井 易云井冽寒泉 甃。責救反聚塼修井也。易云井甃無咎 井有天井。坎井 孫子兵法云地陷曰天井又云坎井之蛙不知江海之闊 火井。雲井 異說云臨邛縣有火井漢室之盛則赫熾。桓靈之際。火勢漸微。諸葛孔明一窺而更盛。至景曜元年。人以燭投。卽滅。其年蜀幷於魏。洞冥記云。長安東七萬里有雲山山頂有井。雲從中出。若土德王則黃雲出。火德王則赤雲出。水德王則黑雲出。金德王則白雲出。木德王則青雲出 風井。金井。鹽井。冰井。荆州記曰。風井夏則風出。冬則風入。又云。益陽縣有金井數百。古老傳有金人以杖量地。輒便成井。意者疑是昔人採金。謂之金井 漢書云。蜀多鹽井。羅襃以鹽井富。後漢書。琅邪有冰井。厚丈餘 浪井。粉井。雲母井 瑞應圖曰。王者清淨則浪井出。廣志云。臨邛有粉井。得水汰粉則益光。嵩高記云。少室山有雲母井。出雲母 藻井。一名方井。風俗通云。堂殿上作以象東井藻。水草。所以厭火。魯靈光殿賦曰。圓泉方井。反植荷蕖 腐井。甘井。沸井。軍井。家井 楚辭云。淹芳芷於腐井。井腐臭也。莊子云。直木先伐。甘泉先竭。丹陽記云。句容縣有沸井。亦曰沸潭。周禮曰。挈壺氏以令軍井。

〔事對〕金瓶 瑤甕 古舞歌詩曰。淮南王自言尊。百尺高樓與天連。後園鑿井銀作牀。金瓶素綆汲寒漿。瑤甕見下郭璞賦 玉檻 球欄 山海經曰。海內崑崙墟在西北。帝之下都。高萬仞。上有九井。以玉爲檻。郭璞注曰。檻。欄也。王廙洛都賦曰。玉井球欄。疑若積霜。正殿雙甕。是曰雨堂。玉羊　金鳥韓詩外傳曰。魯哀公使人穿井。二月不得泉。得一玉羊。哀公甚懼。孔子曰。聞水之精爲玉。土之精爲羊。此羊肝乃土爾。哀公使人殺羊。其肝即土也。劉敬叔異苑曰。蘭陵昌慮縣鄧城有華山。山上有井。有鳥巢其中。金喙黑色而團翅。此鳥見則大水。井又不可窺。窺者不盈一歲輒死。綺欄　玉甃魚豢魏略曰。明帝九龍殿前爲玉井綺欄。玉甃見下江逌賦。埳鼃　谷鮒莊子曰。埳井之鼃謂東海鼈曰。吾樂歟。吾跳梁于井幹之上。休乎缺甃之涯。埳井之樂亦至矣。奚不來觀乎。東海之鼈左足未入。右膝已縶矣。易曰。井谷射鮒。甕敝漏。無禽　有魚易曰。井泥不食。舊井無禽。時舍也。易災候曰。井中有魚似蟲。出流若當。井沸五色玄珠。八家　一舍說文曰。八家一井。象構幹形。甕象也。墨子曰。備城五十步一井。屏周垣之高八尺。又曰。二舍共一井。桐生　桃落魏明帝猛虎行曰。雙桐生空井。枝葉自相加。通泉浸其根。玄雲潤其柯。師曠問天老曰。人家忌臘日殺生。於堂上有血光。一不祥。井上種桃。花落井中。二不祥。投轄　潛鼎漢書曰。陳遵每大飲。賓客滿堂。輒閉門。取客車轄投井中。孔融告昌安縣教曰。邑人高幼自言。辟得井中鼎。夫鼎久潛于井。得之休明。雖小重也。黃耳金鉉。利貞之象。國遭凶荒。彝器出。或者明以饗人。投璽　得鐘張勃吳錄曰。初漢黃門張讓等劫天子北至河上。掌璽投井中。及平。頓洛陽城南甄宮有井五色氣出。孫堅命浚井。得漢傳國璽。臧榮緒晉書曰。晉王將即祚。郭璞占國家徵得豫之睽。按卦會稽郡當出鐘。應在人家井得之。後會稽剡縣人陳清在井中得一鐘。形製尤精也。負缶　抱甕劉向說苑曰。衞有五丈夫負缶入井灌韭。終日一區。鄧析過下車教曰。爲機。重後輕前。命曰桔槔。終日漑百區。五丈夫曰。吾聞師言。有機智之巧。必有機智之心。我不爲也。莊子曰。子貢過漢陰。一丈夫方爲圃畦。鑿隧而入井。抱甕而出。子貢曰。有機於此。日浸百畦。圃者笑曰。夫有機事。必有機心。吾羞不爲也。老子廟　神農社劉義慶幽明錄曰。襄邑縣南瀨鄉。老子之舊鄉也。有老子廟。廟中有九井。能潔齋入祠者。水溫清。隨人意念。瀨鄉記曰。老子廟中有九井。汲一

井餘井水皆動盛弘之荆州記曰隋郡北界有厲鄉村村南有重山山下有一穴父老相傳云神農所生林西有兩重壍內有週圍一頃
二十畝地中有九井神農既育九井自穿又云汲一井則衆井水動卽以此爲神農社年常祠之庖犧生乎陳神農育乎楚考籍應圖於
是乎在　**重華窘**　**漢祖厄**　史記曰瞽瞍使舜穿井與象共下石塡井舜爲匿穴傍出郭璞井賦曰怪季桓之穿費兮乃獲羊於土
缶重華窘而龍化兮子求鑒以忘醜戴延之西征記曰板渚津津南原上有厄井父老云漢祖與楚戰敗走逃此井追軍至見兩鳩從井
中出故得免厄因名厄井　**泥不食**　**甘先竭**　易曰井泥不食舊井無禽時舍也莊子曰孔子圍陳蔡太公往弔之曰子幾乎直木
先伐甘泉先竭　[賦]　**西晉孫楚賦**倚崇丘以鑿井兮臨斥澤之淫洿苦行潦之滓濁兮靡淸流以自娛乃喟爾而有感兮率鄰
左之數夫豚厥土以興泉兮登甘醴於玄虛體象圓川下貫五仞幽泉騰涌津澤傍潤抱甕而汲不設機引絕彼淫飾安此璞愼俗尙其
華我篤其信旣處涅而不緇又磨之而不磷雖矢之而無妄寔游心於大順　**東晉郭璞賦**益作井龍登天鑿后土洞黃泉潛源洊臻
潏潏涓涓幽湨圓渟潫洞深玄爾乃冠玉檻甃鱗錯鼓鹿盧彈勁索飛輕裾之繽紛手爭鶩而互掇長虆蝼蛇以曾縈兮瑤甕龍騰而灑
激氣霧集以杳冥兮聲雷駭而㴔潏　**東晉江逌賦**惟大朴之既判兮聖應務以表靈演八卦以極用兮運五材以贊生鑽丹㬫於金
石兮引黃泉乎杳冥巽下火而鼎立兮木上水而井成於是大制旣契物遵其微阡遶瓜分廬宅星列修家給之永用鑿堦庭而制穴穿
重壤之十仞兮搆玉甃之百節營之不日旣汲旣渫潛流炤炤寒泉冽冽含七德以幾道兮盡衆善而莫伐　**東晉王彪之賦**考五材
之物化寂冥感而資靜水帶地而壤潤月流天而宵烱燧鑽木而發火益穿坤而構井摹玄義之靈爻仰東宿之飛景步土脉測水泉方
欄結鹿盧懸下沉瓶而互汲飛纖綆而幽牽於是杳黃壚之邃鮮潤下之潔澄瀾恬以淸渟泓冷朗以寥戾協太陰以化液體上善以流
惠　[詩]　**梁范雲悲廢井**因舊未嘗改緣甘故先竭歷稔久無禽一朝見開渫泌泉旣斯涌短綆將焉設已獲丁氏利方見管公

緤。又賦得詠井詩乃鑒長秋曲有浚廣庭前。卽源已爲浪。因方自成圓。兼冬積溫水。疊暑泌寒泉。不甘應未竭。旣涸斷翔翾。梁湯僧濟渫井得金釵 昔日倡家女。摘花露井邊。摘花還自插。照井還自憐。窺窺終不罷。笑笑自成妍。寶釵於此落。從來非一年。翠羽成泥去。金色尙如鮮。此人今不在。此物今空傳。後周宗懍麟趾殿詠新井 當爲醴泉出。先令浪井開。銅新九龍殿。石勝凌雲臺。鄭翼過嚴君平古井 嚴平本高尙。遠蹈古人風。賣卜城都市。流名大漢中。舊井改人世。寒泉久不通。年多旣罷渫。無禽乃遂空。如何屬秋氣。唯見落雙桐。蘇味道詠井 玲瓏映玉檻。澄澈瀉銀牀。流聲集孔雀。帶影出墳羊。桐落秋蛙散。桃舒春錦芳。帝力終何有。機心庶此忘。〔頌〕宋孔甯子井頌 天高聽卑。載厚流謙。揮鋒旣擊。跪拜亦霑。惟益有作。德遠事兼。明王用汲。人具爾瞻。

橋第七

〔敍事〕釋名云。橋。水梁也。爾雅云。梁莫大於溴 子役反 梁。郭璞注。梁卽橋也。或曰梁。石橋也。石杠音江謂之徛音寄亦石橋也。廣志云。獨木之橋曰榷音角亦曰彴音灼榷水上橫一木爲渡。彴今謂之略彴。說文曰。楚人謂橋爲圮。音夷凡橋有木梁石梁。舟梁謂浮橋。卽詩所謂造舟爲梁者也。造至也。音七到反。謂從舟至舟相編爲橋。周文王造舟于渭。秦公子鍼奔晉。造舟于河。在蒲坂夏陽津。今蒲津浮橋是其處。秦都咸陽。渭水貫都。造渭橋及横橋。南渡長樂宮。漢作便橋。以趨茂陵。對便門作橋。故亦謂之便門橋。並跨渭以木爲梁。漢又作霸橋。以石爲梁。長安又有飲馬橋。洛陽魏晉以前。跨洛有浮橋。洛北富平津。跨河有浮橋。卽杜預所建。又有車馬橋。鄠坂有黃橋。吳有朱雀橋。歷晉逮王敦反後。改爲乘雀橋。又有枝橋。羅落橋。張侯橋。張昭所造。故名之。又有赤蘭橋。白虎橋。雞鳴橋。蜀有七橋。一冲里橋。二市橋。三江橋。四萬里橋。五夷里橋。六笮橋。七長升橋。云李冰造。上應七星。又有鴈橋。漢安橋。廣一里半。又有陰平橋。升仙橋。相如題者。襄陽有木蘭橋。一名豬蘭橋。雀鼠谷有魯班橋。上方有鬼橋。陝城有鴨橋。清河有呂母橋。章安有赤蘭橋。上虞有百官橋。仇池有博山橋。覆津橋。鹿角橋。泗水有石橋。張良遇黃石公處也。東海有石橋。秦始皇造。欲過海也。後涼有通順橋。在燉煌。後燕有五丈橋。此皆晉魏已前昭昭尤著也。

〔事對〕造舟 鞭石 造舟事已見上敍事中。齊地記曰。秦始皇作石橋。欲渡海觀日出處。舊說始皇以術召石。石自行。至今皆東首。隱軫似鞭撻瘢勢似馳逐。

飛洛 浮河 成公綏洛禊賦曰。飛橋浮濟。造舟爲梁。春秋後傳曰。赧王三十八年。秦始作浮橋于河。

舉杯 受履 王隱晉書曰。杜預啓河橋于富平津。衆論以爲殷周所都。經聖賢而不作者。必不可故也。預曰。造舟爲梁。則河橋之謂也。遂作橋成。上從百官臨會。舉杯勸杜預曰。非君此橋不立也。預曰。非陛下之明。臣亦不獲奉成聖制。史記曰。張良嘗遊下邳圯上。有一老父衣褐至良所。直墮其履圯下。顧謂良。孺子下取履。良因長跪授之。父以足納履。笑去。作期來云。孺子可教。徐廣注曰。圯。橋也。

潛犀 陷馬 常璩華陽國志曰。蜀郡蒲江有七橋。直西門郫江曰冲里橋。西南石牛門曰市下。石犀所潛泉也。魏志曰。景元四年。伐蜀。鍾會先命牙門將許儀在前理道。會在後行。而橋穿陷馬足。於是斬儀。

蒼蛟 白獺 祖台之志怪曰。義興郡溪渚長橋下有蒼蛟。吞噉人。周處執劍橋側。伺久之。遇出。於是懸自橋上投下。蛟背而刺蛟。數創。流血滿溪。自郡渚至太湖句浦乃死。周處風土記曰。陽羨縣前有大橋。下有獺。將有兵動。獺出穴口。西向而嘷。

河厲 溴梁 段國沙洲記曰。吐谷渾於河上作橋。謂之河厲。長一百五十步。橋兩岸累石作阯階。節節相次。大材縱橫。更相鎮壓。爾雅云。梁莫大於溴梁。郭璞注云。梁即橋也。

萬里 五丈 常璩華陽國志曰。蜀郡大城南門曰江橋。自江橋南渡曰萬里橋。西上曰夷橋。從冲里橋西北逝曰長升橋。崔鴻後燕錄曰。慕容垂與劉牢之戰于五橋澤。晉大敗。車騎慕容德等引兵要牢之五丈橋。牢之馳馬跳五丈澗。會符丕救至而免。

應星 似虹 常璩華陽國志曰。李冰造七橋。上應七星。故光武謂吳漢曰。安軍宜在七星橋間也。周處風土記曰。陽羨縣前有大橋。南北七十二丈。橋中高起。有似虹形。袁君所立。牽牛

飲馬 三輔黃圖曰秦始皇兼天下都咸陽營宮殿端門四達以則紫宮渭水貫都以象天漢橫橋南渡以法牽牛三輔故事曰漢丞相夏侯嬰墓在飲馬橋東入道南今俗人謂之馬冢也 **張侯** **呂母** 山謙之丹陽記曰大長安道西張侯橋者本張子布宅處也郭緣生述征記曰壽張縣梁山際清水呂母宅在山北東北過水呂母梁積石猶在 **車馬** **螭龍** 華延儁洛陽記曰城西車馬橋去城十三里張衡思玄賦曰服靈龜以負砥亘螭龍之飛梁 **擊楹** **折柱** 環濟吳紀曰孫權赤烏八年夏有雷霆犯宮門柱又擊商津大橋楹魚豢魏略曰景初中洛陽城東橋城西橋洛水浮橋三柱三折三柱三公象也時徭役大興三公垂頭隱匿故也 **比黿鼉** **浮魚鼈** 紀年曰周穆王三十七年東至于九江比黿鼉以爲梁王充論衡曰高麗國侍婢有氣如雞子來呑之有身生子名東明東明善射王恐其害國欲殺之東明走至淹水以弓擊水魚鼈浮爲橋旣渡魚鼈解散 **張飛斷** **吳漢鋸** 蜀志曰先主爲曹公所追張飛相後據水斷橋無敢近者東觀漢記曰公孫述大司馬田戎將兵下江開至南郡據浮橋於江水吳漢鋸絕橫橋大破之 **漢宣登** **晉惠舍** 漢書曰宣帝自甘泉宿池陽宮蠻夷君長侯王迎者數萬人夾道陳上登渭橋咸稱萬歲王隱晉書惠帝太安二年九月丁丑上舍于河橋 **尾生期** **豫讓寢** 抱朴子曰尾生與婦人期橋下水至不去以至溺死雖有信不如無也樂資春秋後傳趙襄子遊於圃中至於梁馬卻不肯進青笄爲驂乘襄子曰進視梁下前類有人青笄進視梁下豫讓卻寢佯爲死人青笄云長者且有大事

〔詩〕

唐太宗賦得浮橋 曲岸非千里橋斜異七星暫低逢輦度還高値浪驚水搖文鷁動纜轉錦花縈遠近隨輪影輕重應人行梁

庾肩吾石橋 秦王金作柱漢帝玉爲梁仙人飛往易道士出歸難

後周王褒和庾司水修渭橋 東流仰天漢南渡似牽牛長堤通甬道飛梁跨造舟使者開金堰太守擁河流廣陵候濤水荆峽望陽侯波生從故舶沙漲涌新洲天星識辨對檢玉應沉鈎空悅浮雲賦非復採蓮謳

後周宗羈登渭橋 仲山朝飲馬還坐渭橋中南瞻臨別館北望盡離宮四面衣裾合三條冠蓋通蘭香想和

季雲起憶成公圯上相知早雞鳴幸共同。周庾信在司水看修渭橋 大夫參下位司職渭之陽富平移鏁柱甘泉運石梁跨虹連絕岸浮黿續斷航春舟鸚鵡色流水桃花香星精逢漢帝釣叟遇周王平隄石岸直高堰柳枝長羡言杜元凱河橋獨擧觴張文琮賦橋 造舟浮渭日鞭石表秦初星文遙瀉漢虹勢尙淩虛已授文成履空題武騎書別有臨濠上棲偃獨觀魚

關第八

〔敍事〕鄭玄注禮記曰關境上門也月令章句云關在境所以察出禦入也漢書云在天文兩河間有天關星周禮司關掌國貨之節以聽關市故有關市之賦國凶禮則無門關之征 征亦賦也 按春秋之時騎境皆有關門以察行李魯有六關 臧文仲廢六關是也 楚有昭關 伍子胥逃楚關吏拘之脅以香珠之事是也 秦地西有隴關東有函谷關、臨晉關 今蒲津關所在 南有嶢關、武關爲關中 武關卽秦詐楚之處 漢書云漢興都關中置關都尉以察僞遊用傳出入 傳卽今之過所也音張戀反下同 漢文除關無用傳漢景復置用傳漢武時楊僕征南越有功恥爲關外人爲徙函谷關於新安洛陽記云漢洛陽四關東成皐關南伊闕關西函谷關北孟津關 秦有楡中關在邊郡漢有玉門關陽關五原關蕭關在邊郡天井關在太行山居庸關在上谷江關在吳壺關在上黨橫浦關湟溪關在越後漢有散關斜谷關在秦西南藍田關在秦南廣城關轘轅關旋門關鄂坂關在洛陽白水關在南鄭爵離關在河西魏有潼關在函谷西金門關在函谷東蜀有陽安關晉有馬溺關在望都縣井陘關高梁關在趙地延壽關在新城淸泥關在秦西南太行關在上黨鴻上關在中山白馬關在沙洲銅關鐵關在吳薊關在盧氏縣衡關在蒲坂南馬耳關皇蘭關在邊郡

〔事對〕

北守 東封 東觀漢記曰王梁爲中郎將與景丹蔡遵合擊蠻破之詔梁別北守天中關又曰隗囂將王元謂囂曰請以一丸泥

爲大王東封函谷關此萬代一時也。賓叩 旅悅 周禮曰凡四方賓客叩關譏而不禁。則天下之行旅皆悅而願出於其路矣。廢六 據兩 左傳曰臧文仲不仁者三下展禽廢六關妾織蒲。漢書曰孝武時霍去病擊破匈奴左右地。分置武威等四郡據兩關。秦詐 漢徙 譙周古史考曰秦君遺楚子書曰願與會武關面相結楚子往秦君詐令一將軍伏兵武關稱爲秦王楚子至則閉關。漢書曰武帝元鼎三年冬徙函谷關於新安以故關爲弘農縣。飛牡 亡珠 漢書曰函谷關成帝元延元年函谷關決門牡自亡谷永對曰函谷拒山東之險。關守國之固。將去焉故牡飛。吳越春秋曰伍子胥奔吳到昭關關吏欲執之伍子胥曰上之所索者以我有美珠。今我已亡之矣將告子取吞之關吏因舍焉。楚塞 蜀門 戰國策曰楚有汾陘之塞。桓寬鹽鐵論曰楚自陘山設關以拒秦。左思蜀都賦曰廓靈關以爲門。察禦 何留 察禦見敍事。漢書云廚傳勿舍關津何留、何謂問是何人而停留之云何、呵也。石臺 銅嶺 酈元注水經曰居庸關山上有石臺三層蓋古關之候臺也。董覽吳地記寫崇山東兩嶺相趨名曰銅嶺。白馬 青牛 劉向七略曰公孫龍持白馬之論以度關。關令內傳曰周元極元年歲在癸丑冬十有二月二十五日。老子度函谷關關令尹喜先敕門吏曰若有老翁從東來乘青牛薄板車勿聽過關其日果見老翁乘青牛車求度關。授喜道德經五千。棄繻 解印 漢書曰初終軍從濟南當詣博士步入關關吏與軍繻。棄而去。范曄後漢書曰李固爲廣漢駱令至白水關解印綬還漢中。褭傳 封符 張瑩漢南記曰郭丹絕跡弃軍繻節褭傳從武關出謁更始。東觀漢記曰郭丹字少卿初之長安買入關符已入封符乞人歎曰不乘使者車不出關矣。白水 青泥 劉澄之梁州記曰關地西南百八十里有白水關昔李固解印綬處。孫嚴宋書曰高祖北伐沈田子入武關屯青泥姚泓自率大衆數萬奄至青泥關。春斗 冬奎 太公金匱曰春三月斗星爲天關。戰背天關向天梁敵不可當。又曰冬月奎星爲天關。雞鳴 馬入 史記曰秦王囚孟嘗君。遂變名姓。夜半至函谷關。關法雞鳴出客。孟嘗君恐追至。客有居下坐者能爲雞鳴。遂發傳出。

食頃追果至郭子横洞冥記曰東方朔得神馬一匹高九尺武帝問朔是何獸也朔曰此王母乘靈光之輦以適東王公之舍稅此馬於芝田臣之王公之壇因騎繞日三匝此馬入漢關門猶未掩 金城 玉門 闞駰上地十三洲記曰金城郡有金城關漢書曰上黨有井關敦煌龍勒有玉門關陽關 識異言 禁遊宦 禮記曰關執禁以譏禁異服識異言鄭玄注譏呵察之也賈子曰關所以禁遊宦諸侯乃無得出焉 襟帶咽喉 擊柝反拒 李尤函谷關銘曰函谷險要襟帶咽喉張衡西京賦曰關門反拒漢得久長又東京賦曰函谷擊柝於東西朝廷顚覆而莫持

〔賦〕 後漢李尤函谷關賦 惟皇漢之休烈兮包八極以據中混無外之邈邈兮惟唐典以極崇萬國喜而洞洽兮向天衢以流通襟要約之險固兮制關鍵以擒并其南則有蒼梧荔浦離水謝沐淮浦零中以窮海陸於北則有蕭居天井壺口石陘貫越代朔以臨胡庭緣邊邪指陽會玉門淩測龍推或置以西於西則有隨隴武夷白水江零沔漢阻曲路田山泉奮水遼溢連落是經爰周覽以汎觀兮歷衆關以游目惟夸關之宏麗兮嗟莫盛於函谷 晉江統函谷關賦 登彼函谷爰覽邱陵地險逶迤山岡相承深壑累降脩嶺重升下杳冥而幽曖上穹崇而高興帶以河洛重以崤阻經略封畿因固設險異服則呵奇言必撿遏姦宄於未芽殿邪僞於萌漸及文仲之斯廢乃違仁而受貶聖王制典蓋以防淫萬里順軌疆埸不侵撫四夷而守境豈恃阻於高岑彼桀紂以顚墜非山河而不深顧晉平之愛險獲汝叔之忠箴鄙魏武之墜志嘉吳起之弘心末代陵遲惡嬴氏之叛渙乃因玆而自增下淩上替山冢崒崩覽孟嘗之獲免賴博愛而多寵惟七國之西征仰斯阻而震恐豈陝險之難犯將羣帥之無勇咨漢祖之絕關又見敗於勍項尹喜爰處觀妙研情李老西徂五千遺聲張祿旣入穰侯乃傾營陵之出稟築由生衛鞅及商喪宗摧名終軍弃繻擁節飛榮覩浮僞於末俗思玄眞乎大庭

〔詩〕 唐太宗入潼關 崤函稱地險襟帶壯兩京霜峯直臨道冰河曲繞城古木參差影寒猿斷續聲冠蓋往來合風塵朝夕驚高談先馬渡僞曉預雞鳴弃繻懷遠志封泥負壯情向有眞人氣安知名不名 陳周弘正入

武關武關設地險。遊客好邅迴。將軍天上落。童子弃繻來。揮汗成雲雨。車馬颺塵埃。雞鳴不可信。天曉莫先開。隋虞茂入關絶句隴雲低不散。黄河咽復流。關山多道里。相接幾重愁。徐賢妃秋風函谷應詔秋風起函谷。朔氣動河山。偃松千嶺上。雜雨二陵間。泫雲愁廣隰。落日慘重關。此時飄紫氣。應詔眞人還。來濟出玉關絶句斂轡遵龍漢。銜悽度玉關。今日流沙外。垂涕念生還。李行言秋晚度廢關秦郊平舊險。周德眘遺黎。始聞淸夜柝。俄見落封泥。物色來無限。津途去不迷。空亭誰問馬。關戍但鳴雞。山月寒彌淨。河風曉更淒。贈言楊伯起。非復是關西。宋之問過函谷關二百四十載。海向河紛紛。六國兵同合。七雄勢未分。從成拒秦帝。策決問蘇君。雞鳴將狗盜。論德不論勳。楊齊哲過函谷關地險崤陵北。途經分陝東。逶迤泉石盡。荒涼古塞空。川光流曉日。樹影散朝風。聖德今無外。何處是關中。〔箴〕後漢崔瑗關都尉箴茫茫九州。據爲關津。唐堯積德。三代脩仁。越季不軌。爰失厥人。聖賢不用。頑嚚是親。漢潰武關。項破函谷。秦王子嬰。組爲禽僕。尉臣司關。敢告並轂。

卷七校勘表

頁數	行數	排印本原文	安刻本	嚴陸校	備註
一三九	一二	黃金湖	萬金湖		
一四〇	三	龍日	龍目		
一四〇	五	坡湖		陂湖	
一四〇	八	陵縣	陳縣		
一四〇	一三	輙下		輙出	
一四一	二	諫吳王與我爭五湖之利非越乎		諫吳王不聽而寵西施有荒國政	
一四二	一	所忐	所苾		
一四二	三	劉删	陳劉删		
一四二	一四	音陵		竟陵	
一四三	七	楚子當		楚子常	
一四六	一	雞頭		溪頭	
一四六	四	臨陵		臨川	
一四六	七	北延		比延	

一四六	一一	霧經	霧輕		
一四六	一二	黃沫	黃葉		
一四七	五	咸康	成康		
一四七	一五	旄旌		旌旄	
一四八	三	醴有			疑是「醴池」之誤
一四八	一四	之報也		之報乎	
一四八	一五	昔豫章		皆豫章	
一四九	七	見上金堤注		句下宋本有「幽明錄曰漢武鑿昆明池極深悉是灰墨無土當時怪惋莫識其意以問胡沙門胡沙門據經劫灰事以答事在敍事中」四十六字·衍「劫燒灰見上敍事注」八字·	
一四九	一〇	唐太宗		唐太宗文皇帝	
一五〇	一四	固陰	涸陰		

一五二	二	歆然悅欲踐之踐而身動		心忻然悅欲踐之而身動
		如孕期而生子		如孕者居期而生子
一五二	三	雙鯉跳出		雙鯉跳出持歸奉母
一五二	六	俱延		相延
一五二	一〇	連綿	爾乃連綿	
一五二	一〇	照壺	照盡	
一五二	一一	精練清越		清練流越
一五二	一二	日華		白華
一五二	一三	蒼茫		蒼漭
一五四	三	郢城		郳城
一五四	五	射鮒	射鯩	
一五四	九	夫鼎	失所	
一五四	一〇	平頓		軍頓
一五四	一一	卽祚	卽阼	
一五五	三	穿井		浚井
一五五	四	漢祖		漢高祖
一五五	八	潛源洊臻		潛源存湊
一五六	二	渫井	深井	

一五六	二	摘花還自插照井還自憐	摘花還自比插映還天憐		
一五六	三	尙如鮮	尙如先		
一五六	一〇	浮橋		浮梁	
一五七	一	豬蘭橋	陼蘭橋		
一五七	一	呂母橋	呂丹橋		
一五七	四	勢似		石似	
一五七	六	嘗遊下邳		少時常遊下邳	
一五七	七	圯下		橋下	
一五七	七	良因長跪授之		良因跪進	
一五七	七	納履笑去作期來云孺子可教		納履而曰此孺子可教遂授太公兵法後良爲高祖軍師	
一五七	八	石牛門曰市			案華陽國志「市」下脫「橋」字
一五七	九	橋穿		穿橋	
一五七	一〇	於是懸自橋上		宋本無此六字	

一五七	一〇	而刺蛟數創流血滿溪		而刺焉蛟數創流血丹溪
一五八	七、八	所追張飛相後		至長坂使張飛拒後
一五八	八	田戍	田戎	
一五八	一一	至於梁		至於橋
一五八	一一	進視梁下		且視梁下
一五八	一一	且有大事		句下有「讓欲殺襄子被襄子殺之」十字
一五八	一二	唐太宗		唐太宗文武皇帝
一五八	一四	天星識辨對檢玉應沉鈎		天星辨對檢玉應冰沉鈎
一五九	六	天闕星	天闕梁	
一六〇	一〇	五千		五千文
一六〇	一一	解印綬		卽解印綬
一六〇	一五	孟嘗君遂變名姓		孟嘗君因獻狐白裘與姬勸王釋之遂變名姓
一六〇	一五	恐追至客有居下坐者能爲雞鳴		恐王悔追兵至客有能爲雞鳴
一六一	一	食頃		食後
一六一	一	何獸		何禽

一六一	五	朝廷顛覆而莫持		是以朝顛而暮持
一六一	六	撿抃	撿非	
一六一	一三	由生		田生
一六一	一五	向有	宗有	
一六二	一	遊客好		遊客車
一六二	一	入關絶句		「絶句」二字誤
一六二	三	出玉關絶句		「絶句」二字誤
一六二	三	銜悽		銜悽
一六二	五	海向河		海内何
一六二	六	泉石	泉山	

初學記卷第八

州郡部

總敍州郡第一

〔敍事〕　河圖括地象曰。天有九道。地有九州。天有九部八紀。地有九州八柱。崑崙之墟。下洞含右。赤縣之州。是爲中則。東南曰神州。正南曰迎州。一曰次州西南曰戎州。正西曰拾州。中央曰冀州。西北曰柱州。一作括州正北曰玄州。亦曰宮州又曰齊州東北曰咸州。一作薄州正東曰陽州。天下九州。内效中域。以盡地化。鄒子曰。中國於天下。八十一分居其一分耳。中國名赤縣。赤縣内有九州。禹之敍九州是也。不得爲州數。中國外如赤縣州者九。謂之九州。有裨海環之。如一區中者。乃爲一州。如此者九。乃有大瀛海環其外。天地之際焉。河圖括地象曰。崑崙東南地方五千里。名神州。中有五山。帝王居之。尚書曰。禹別九州。九州攸同。堯遭洪水。使禹治之。至舜卽位。分冀州爲幽州。幷州分青州爲營州。始置十二州。禹受命。復爲九州。殷湯受命。因夏九州也。河圖曰。九州殊題。水泉剛柔各異。青徐角羽集。寬舒遲。人聲緩。其泉酸以鹹。荊揚角徵會。氣漂輕。人聲急。其泉酸以苦。梁州商徵接。

剛勇漂人聲騫其泉苦以辛兗豫宮徵合平靜有慮人聲端其泉甘以苦雍冀合商羽端駃烈人聲捷其泉辛以鹹輿地志曰至周成王時周公作輔定官分職改禹九州以徐梁合之於青雍分冀州之域爲幽幷二州大司徒之法五黨爲州職方氏掌天下之地辨九州之國保章氏掌天文以星土辨九州之地所封之國皆有分星以視吉凶秦始皇幷天下分置三十六郡三十六者三川河東南陽南郡九江鄣郡會稽潁川碭郡四水薛郡東郡琅邪齊郡上谷漁陽右北平遼西遼東代郡鉅鹿邯鄲上黨太原雲中九原鴈門上郡隴西北地漢中巴郡蜀郡黔中長沙凡三十五與內史爲三十六郡各領縣縣萬戶已上爲令減萬戶爲長平百越又置四郡閩中南海桂林象郡合四十郡郡置一守一丞兩尉以典之監侍御史掌監諸郡漢有天下王侯郡國並置焉迄于平帝戶口繁息凡新置郡國六十七與秦三十六合一百三改周雍州曰涼州復置夏之徐梁二州而改梁曰益北置朔方南有交阯別置二刺史凡十三部涼益荆揚青豫兗徐幽幷冀十一州交阯朔方二刺史合十三部刺史十三人各掌一州續漢書郡國志曰光武中興命幷省郡國明章和至于順帝凡郡國一百五仍爲十三部河南尹河東弘農京兆尹左馮翊右扶風司隸校尉所部也潁州汝南梁國沛國陳國魯國豫州刺史所部也魏郡鉅鹿常山國中山國安平國河間國清河國趙國渤海冀州刺史所部也留陽東郡東平國任城國太山濟北國山陽濟陽兗州刺史所部也東海國琅邪國彭城國廣陵下邳國徐州刺史所部也濟陽南平問原樂北國北海國東萊齊國青州刺史所部也南陽南郡江夏零陵桂杜陽武陵長沙荆州刺史所部也九江丹陽廬江會稽吳郡豫章揚州刺史所部也漢中巴郡廣漢蜀郡犍爲牂牁越巂益州永昌廣漢屬國蜀郡屬國犍爲屬國益州刺史所部也隴西漢陽武都金城安定北地武威張掖酒泉敦煌張掖屬國居延屬國涼州刺史所部也上黨太原上郡西河五原雲中定襄鴈

門朔方并州刺史所部也涿郡廣陽代郡上谷漁陽北平遼西遼東玄菟樂浪遼東屬國幽州刺史所部也南海蒼梧鬱林合浦交阯九眞日南交州刺史所部也縣邑道侯國千一百八十一戶六百六十九萬八千六百三十一口四千九百一十五萬二百二十至桓帝又置三郡高陽高涼博陵是也靈帝又置三郡南安鄱陽廬陵是也 括地志曰魏武輔正吳蜀三方鼎跱疆埸不定漢建安中置郡十二 新興樂平西平新平略陽陰平帶方譙郡樂陵章武南陽襄陵是也又省上郡朔方五原雲中定襄漁陽廬江等七郡 文帝受禪又置七郡 朝歌陽平弋陽魏興新城義陽安豐是也 明帝置六郡 平公孫度得遼西遼西遼東帝方玄菟樂浪又置上庸一郡 少帝又置平陽一郡 并得漢舊郡國五十四 平蜀得二十郡 劉備初置郡九巴東巴西梓潼江陽文山漢嘉朱提雲南涪陵并得漢舊巴郡廣漢犍爲牂牁越巂益州漢中永昌南安武都是也 晉太康平吳之後天下一統 平吳得州四交廣荊揚也郡四十三孫權置臨賀武昌朱崖新安廬陵五郡孫亮又置臨川臨海衡陽湘東四郡孫休置天門建平建安合浦四郡孫晧置始安始興邵陵安成新昌武平九德吳興東陽桂林滎陽等十一郡因立宜陽一郡並漢十八郡合四十三郡 凡州十六 太康地記曰司冀兗豫荊揚徐青幽并雍涼梁益交廣是也 晉自蕩陰敗後羌羯交侵至于劉曜陷洛陽於是司冀雍涼青并兗豫幽平秦營十二州並淪沒矣後魏孝文帝都洛陽開拓土宇明帝熙平元年凡州四十六鎭十二郡國二百八十九矣天平年凡州六十八至武定年凡州一百一十一郡五百一十九周明帝受魏禪至大象二年凡州二百一十一 隋文帝受周禪至開皇三年罷天下郡其縣但隸州而已九年平陳已後四海一家大業三年罷州爲郡四年大簿凡郡國一百八十三 唐貞觀十三年大簿凡州府三百五十八 雍華同宜岐隴幽涇寧鄜州都督府坊延原都督府靈州都督府丹夏都督府銀孟勝州都督府綏慶家蒲虞

汾。絳。秦。晉。隰。慈。呂。石。潞州都督府。沁。韓。澤。岱州都督府。忻。朔。蔚。雲。幷州都督府。其。嵐。懷。相州都督府。衞。黎。魏。洺。邢。霸。博。冀。德。觀。深。瀛。滄。定。恆。幷。幽。易。嬀。檀。平。明。營州都督府。遼。師。昌。崇。檳。威。虢。陝。穀。唐。兗。陳。潁。徐州都督府。滑。泗。譙。豫。亳。密。青。濟。濮。萊。齊州都督府。滔。宋。鄆。許。冀。曹。海。沂。洛州都督府。鄭。汴。汝。襄。夔州都督府。萬。開。隨。硤。蓬。鳳。忠。渠。通。集。興。利。溫。復。合。鄧。歸。荊州都督府。梁州都督府。均。靜。金。巴。商。洋。淪。房。壁。閬。始。梓。資。嘉。陵。果。遂州都督府。益州都督府。綿。大。榮。眉。雅。普。翼。茂州都督府。簡。向。塗。戎都督府。瀘州都督府。巂州都督府。冉。笮。維。徵。穹。郎。協。曲。褒。靡。微。姚。髳州。匡。宗。尹。會州。樂。鈞。昆。陽。光。蘄。申。壽。昌。豪。廬。沔。荊。揚州都督府。除。楚。和。安州都督府。黃。秦州都督府。成。武。渭。蘭州都督府。河。鄯。廓。儒。岷。洮。宕。臺。橋。梁州都督府。肅。甘。瓜。沙。尹。芳。文。松州都督府。扶。居。巖。奉。雅。叢。遠。其。生。諸。眞。都。闊。出。老。懿。河。湊。般。鍾。匐。厥。器。調。流。邏。率。序。淳。軌州都督府。漳。津。泣。玉。彭。祐。蛾。壘州都督府。龍。會。潭州都督府。費。江。涪。鄂。郢。潤。施。郎。岳。黔州都督府。睦。括。常。撫。郴。台。饒。虔。衡。永。郡。連。婺。道。吉。越州都督府。洪州都督府。袁。杭。宣。湖。蘇。歙。辰。至。南。夷。應。琰。莊。祥。充。播。年。恩。高州都督府。循。建。振。昭。韶。廣州都督府。羅。崖州都督府。繡。辨。端。新。春。瀦。賨。邑。潮。賀。封。梧。蒙。卽。龍。桂州都督府。廉。賓。藥。泉。欽。橫。貴。藤。象。交州都督府。儋。雷。峯。融。容。愛。龔州都督府。澄。鶩。演。白。景。林。義。智。驩州都督府。儋。崖州是也。凡縣一千五百五十一。至十四年。西克高昌。又置西州都護府及庭州。幷六縣。通前凡三百六十州。

依敍之爲十道也。〔事對〕

九圍　百郡　毛詩曰。帝命式于九圍。漢書曰。凡郡國一百三。

八輔　九州　張衡靈憲曰。中州含靈。外制八輔。尚書曰。禹別九州。

九有　十都　尚書曰。以有九有之師。爰革夏正。注云。九有。九州也。尚書大傳曰。五里爲邑。十里爲都。十都爲師。州十一師。

神州　裨縣　河圖曰。崑崙東南地方五千里。神州。史記曰。中國赤縣。有裨海環之。

三輔　六郡　漢書曰。京兆尹。左馮翊。右扶風。爲三輔。金城。隴西。天水。安定。北地。上都。爲六郡。

六輔　三河　漢書韋昭謂河東。河南。河內。爲三河。兼三輔爲六輔。

殊題　含類　河圖曰。九州殊題。水泉剛柔各異。春秋說題辭曰。州之言殊也。言殊含同類。異其界也。

涼邠　徐魯

漢書。改雍州爲涼州。尙書曰。海岱及淮惟徐州。漢官解詁曰。涼邠黑水。徐魯惟沂。〔讚〕 蕭子顯齊書郡國志讚郡國旣建。因州而部。離過十三。合不踰九。分城列邑。名號卽阜。遷移區併。代王代有。

河南道第二

〔敘事〕 河南道者。禹貢豫。徐。青。兗四州之域。尙書曰。荆河惟豫州。濟河惟兗州。海岱及淮惟徐州。海岱惟青州。按尙書兗州西北距河。謂古九河也。九河塡塞。今之河北博德倉棣等州。卽古兗州之地。今爲河北道矣。漢書天文志曰。房心爲豫州。虛危爲青州。奎婁胃爲徐州。角亢氐爲兗州之分野也。 北距河。東至海。南及淮。西至荆山。盡其地也。河南府。周地也。風雨之所交也。陰陽之和也。日至之景尺有五寸。謂之地中。昔周公營洛邑。至平王居之。宋州。宋地也。古豫州域。古商邱也。閼伯之墟。周封微子。是爲宋也。漢書地理志云。房心爲豫州。宋之分野。 漢代梁孝王都之。青州。齊地也。古爽鳩氏之墟。周封太公於營邱。爲齊也。今臨淄縣。 兗州。魯地也。魯今曲阜縣也。按漢書地理志云。奎婁爲魯。屬古徐州。古少昊氏之墟。周封周公後爲魯侯。陳州。陳地也。古豫州域。 平王東遷。鄭武公居之。今新鄭。 其後韓哀侯滅鄭而居其地。韓貞子初都河北之平陽。哀侯徙焉。 東自豫。許。略汝。鄧而西。得河南府之陽翟。福昌。新安。盡韓地也。按漢書地理志。陳。韓。鄭並角亢氐之分野。 汴州。魏地也。魏初居河北。魏絳徙居安邑。 惠王以安邑近秦。乃徙都焉。今汴州大梁城是也。 得河南滑州之境。分得韓之鄭。豫等數州之東界。屬於魏也。地理志云。魏觜觽參之分野。

〔事對〕 帝臺 天室 山海經曰。鼓鐘之山。帝臺之所以觴百神也。郭璞注曰。舉觴讌會。則於此山也。今按其山在伊闕西南。史記曰。周武王曰。我南望岳鄙。粤瞻伊洛。無遠天室。營周居于洛邑而後去之。 馬坂 龍門 戴延之西征記曰。次前至黃馬坂去計素緒十里。易乾鑿度曰。禹鑿龍門。闢伊闕。邙阜　洛川西山記。邙山西連東垣。亘阜相屬。曹植洛神賦曰。容與乎陽林。流眄乎洛川。八關　四塞酈元注水經曰。漢靈帝以何進爲大將軍。將五營士屯都亭。置伊闕。函谷。廣城。大谷。轘轅。旋門。平津。孟津等八關都尉。洛陽記曰。左成皐。右函谷。前有伊闕。卻背孟津。此四塞之固。轘轅　郟鄏闞駰十三州志曰。轘轅道凡十二曲也。今按在緱氏縣東南。左傳曰。成王定鼎于郟鄏。九坂　三川穆天子傳曰。天子西升九阪。郭璞注。今新安縣十里有九坂。史記曰。秦襄公初以周地置三川郡。金谷　銅駝郭緣生述征記曰。金谷。谷也。地有金水。自太白源南流經此谷。注穀水。華延儁洛陽記曰。兩銅駝在宮之南街。東西相向。高九尺。洛陽記謂之銅駝街。三塗　九谷左傳曰。四岳。三塗。九州之險。杜預釋例曰。三塗。陸渾山名。張衡東京賦曰。濯龍芳林。九谷八溪。方湖　曲洛酈元注水經曰。華林園景陽山北。經方湖。湖中起御座石。前建蓬萊山。穆天子傳。東遊于黃澤。宿于曲洛。梓澤　芝田劉澄之宋永初山川記曰。梓澤。地名。去王城二十四里。曹植洛神賦曰。稅駕乎蘅皋。秣駟乎芝田。已上河南府。牛蘭　狐聚酈元注水經曰。牛蘭水出魯陽縣北牛蘭山。漢書曰。梁縣有䰩狐之聚。黃陂　白水水經注曰。黃水積爲黃陂。入白水亭城西南。已上汝州。虢國　虞城漢書曰。陝州。虢國也。又曰。周封太伯後。是爲虞公。謂之虞城。茅津　柏谷杜預云。茅津在太陽縣西。漢武故事曰。帝微行至于柏谷。已上陝州。石隄　金匱水經注曰。石隄山下有祠。遁甲開山圖。熊耳山有金匱石室。鳩里　鴻闕漢衞太子東走至湖。藏金鳩里。水經注云。漢闕亭東有鴻闕。已上虢州。北利　西平十三州志曰。北利城在上蔡。崔鴻後燕錄。西平縣屬汝陰。龍泉　羊澗後漢書曰。平輿泉有二龍焉。十三州志曰。武帝時有白羊出溪澗中。已上豫州。西唐　南郭後漢書曰。高鳳隱西唐山。周地圖記曰。後魏於南郭城中置南陽郡。蓼國　謝城漢書曰。湖陽縣。故蓼國。荆州記曰。棘縣有謝城。已上唐州。胡國　陶丘漢書云。汝陰縣故胡國。晉書曰。汝陰縣有陶丘鄉。汝墳　潁浸毛詩曰。汝墳。道化行也。周禮曰。正南曰荆州。其浸潁淇。已上潁州。炎都 楚徙。帝王世紀。神農初都陳。漢書云。楚頃襄王東徙于陳。雞水 狐邱。水經注。洧水南出。謂之雞籠水。左傳。楚侵陳。克狐邱。已上陳州。二潁 五都 成公綏賦曰。俯臨二潁。魏略曰。以長安譙許昌鄴洛陽爲五都。方城 曲洧。左傳曰。楚國方城以爲城。又曰。諸侯伐鄭。至于曲洧。已上許州。蕩渠 原圃。水經注曰。陰溝出陽武縣之蕩渠。左傳曰。鄭有原圃。猶秦之有具圃。踐土 鴻溝。左傳云。晉文公作王宮於踐土。注云。鄭地。漢書曰。於滎陽下別河東南爲鴻溝。已上鄭州。逢澤 汴渠。漢書曰。逢澤在開封東北。史記曰。秦孝公使公子會諸侯於逢澤。西征記曰。倉垣城南臨汴渠。羊湖 沙海。述征記曰。汴南董生引汴水自羊湖。戰國策曰。梁君欲得九鼎。謀於沙海之上。爲日久矣。已上汴州。金隄 石濟。漢書曰。河決東郡。所築號曰金隄。述征記曰。河有一積石。謂之石濟。蒲邑 桃城 左傳曰。齊侯衞侯胥命于蒲。注曰。蒲。衞殖邑也。續漢書云。桃城在燕縣南。已上滑州。譙國 瀨鄉。晉書曰。譙國。魏明帝分置也。瀨鄉記云。老子祠在瀨鄉。麥邱 桑邑。桓譚新論曰。齊桓公行見麥邱人。水經注曰。山桑邑。俗謂之北平城。已上亳州。商邱 景亳。左傳曰。閼伯居商邱。又曰。湯有景亳之盟。棘璧 桐門 漢書曰。吳楚七國反。先擊破梁棘璧。左傳曰。楚圍宋門于桐門。已上宋州。清水 梁山。述征記曰。鉅野縣有清水。又梁山際清水。更屬岱宗。無鹽 陽穀。漢書云。無鹽縣近東平國。左傳。齊侯會于陽穀。已上鄆州。荷澤 葵邱。尚書曰。導荷澤被孟瀦。左傳曰。齊桓公會諸侯於葵邱。五丈 三朡。水經注曰。荷水俗謂之五丈溝。尚書曰。湯遂伐三朡。已上曹州。穀林 瓠子。呂氏春秋曰。堯葬穀林。漢書曰。河決瓠子堤。已上濮州。秦亭 盧邑 左傳曰。魯築亭於秦。杜預注云。范縣西北有秦亭。又曰。高弱以盧叛。杜預注曰。盧。齊高氏邑。狼水 魚山。水經注曰。狼水出大鑑山狼溪。西北流經穀城西。漢書曰。武帝瓠子歌曰。吾山平兮鉅野溢。注。吾山即魚山也。西征記。魚山北臨河。已上濟州。萊邑 蒲臺。水經注曰。萊蕪縣。昔齊景公滅萊。萊人播北谷。邑落荒蕪。故云萊蕪。三齊略記曰。海側有臺。高八丈。秦始皇於臺下縈蒲繫馬。因名蒲臺。甲山 籠水水經注曰。萌水出于甲山。述征記曰。梁鄒城西有籠水。或云齊之孝婦涌泉發於宅內。以籠覆水。所以名曰籠水。已上淄州。濟河 洙泗尚書曰。濟河惟兗州。禮記曾子謂子夏曰。吾與汝事夫子於洙泗之間。鳧嶧 龜蒙毛詩曰。建爾元子。俾侯于魯。保有鳧嶧。遂荒徐宅。又曰。奄有龜蒙。遂荒大東。已上兗州。石堰 金輿晏謨齊記曰。石塞堰。武帝時造。述征記曰。朗公金輿山孤峯瓌秀。實神嶺也。華泉 歷井左傳曰。逢丑父使齊頃公下。如華泉取飲。續征記曰。歷山有井無底。與城西南涌泉相通。已上齊州。郕城 費邑左傳曰。郕黎來朝。杜預注曰。東海昌盧縣東北有郕城。又曰。費伯帥師城郎。琅邪費縣也。後爲季氏邑。大峴 叟岡伍緝之從征記曰。大峴直度山二十五里。澗壑洞地。崖坂峭曲。四岳三塗不是過也。水經注曰。小叟岡有水二源雙會。東導一川。已上沂州。表海 營邱左傳曰。吳季札聞歌齊之聲。曰。表東海者。其太公乎。史記曰。武王封師尚父於齊營邱也。天齊 地鏡漢書曰。齊所以爲齊者。以天齊也。蘇林注。天中齊也。顧野王輿述志曰。宋文帝時。青州城南地遠望倒影如水。謂之地鏡。已上青州。龍溝 鵠壟續述征記曰。彭城水五溝到龍溝五里。張華博物志曰。徐君宮人生卵。以爲不祥。弃之水濱。有犬名鵠蒼。銜卵以歸。遂生兒。爲堰王。後鵠蒼臨死。生角而九尾。實黃龍也。葬之徐里中。見有狗壟存焉。西楚 北陵漢書曰。項羽自立爲西楚霸王。都彭城。晉書太康地志有北陵縣。屬下邳。已上徐州。邸閣 濠梁西征記曰。宿預城下邳之中路。舊邸閣。述征記曰。濠汜水公也。其水注泗。有舊魚梁。莊子遊於濠梁。則此地也。白樓 朱矢侯滔北征記曰。下邳城。韓信所都也。中城呂布所守。南臨白樓門。博物志曰。徐堰王欲行霸上國。乃溝通陳蔡之間。得朱弓彤矢。已上密州。龍臺 馬耳三齊略記曰。平昌門內有臺。高六丈。神龍出入于其中。故名龍臺城。水經注曰。馬耳山高百丈。上有石並舉。雙聳如馬耳。柴阜 焦原齊地記。柴阜榛棘森然。故云柴阜。邴原葬於其東。尸子曰。莒有焦原者。廣尋五十步。臨百仞之溪。莒國莫敢近者。有羽士見於莒子。獨卻行齊踵。已上登州。聖石 仙祠齊記曰。萊山之陰有大石。其中有人出處。云是古聖人從此而出。漢書曰。不其縣有太一仙人祠九所。三山 九穴 漢書曰。曲城縣有三山齊記云。九目山有九穴。已上萊州 呂母固 田橫島 後漢王莽末。有呂母者。其子爲縣宰所殺。母散財以招少年。共殺宰而入海中。今按其固見存。在東海縣北。漢書曰。高祖定天下。田橫懼誅。乃與從屬五百人入海。居島中。仙士石 始皇碑 崔琰述征賦曰。郁非山有仙士石室。乃往觀焉。見一道人。王隱晉書曰。海中去岸百五十步。有秦始皇碑。闊五尺。厚三尺八寸。已上海州 [箴]

揚雄豫州箴 郁郁荊河。伊洛是經。榮彼枲漆。惟用攸成。田田相拏。廬廬相距。夏殷不都。成周攸處。豫野所居。爰在鶉墟。四隩咸宅。寓內不如陪臣。執命不慮不圖。毋曰我大。莫或余敗。無曰我強。靡克余亡。王赧爲極。實絕周祀。牧臣司豫。敢告柱史。 又青州箴 茫茫青州。海岱是極。鹽鐵之地。鉛松怪石。羣水攸歸。萊夷作牧。貢篚以時。莫怠莫違。昔在文武。封呂於齊。厥土塗泥。在邱之營。五侯九伯。是總是征。馬殆其銜。御失其度。周室荒亂。小白以靖。諸侯僉服。復尊京師。小白既沒。周卒陵遲。嗟茲天王。附命下土。牧臣司青。敢告執矩。 又徐州箴 海岱伊淮。東海是渚。豫州之土。邑于蕃宇。大野既瀦。有羽有蒙。孤桐蠙珠。泗沂攸同。降周任姜。鎮于琅邪。姜姓絕苗。田氏攸都。事起猶微。不慮不圖。禍如邱山。本在萌芽。牧臣司徐。敢告僕夫。 又兗州箴 攸攸濟河。兗州之寓。九河既導。雷夏攸處。草繇木條。漆絲絺紵。濟漯既通。降邱宅土。成湯五徙。卒都于亳。盤庚北渡。牧野是宅。箕子歔欷。故居爲墟。牧臣司兗。敢告執書。

關內道第三

[敍事] 關內道者。禹貢雍州之域。 尚書曰。黑水西河惟雍州。按雍州自隴而西分爲隴右道。漢書天文志曰。東井輿鬼爲雍州分野。東自同華。略河而北。西自岐隴原會。極于北垂。盡其地也。京兆府挾灃灞。據函崤。 班固西都賦曰。左據函谷二崤之險。又曰。挾灃灞。據隴首。得百二方千里。漢書曰。秦得百二。蘇林曰。言秦地險固。以二萬人足當得諸侯百萬人。河

圖曰秦地方千里。周都豐鎬。秦都咸陽。漢都長安。今武功縣。后稷所封也。史記后稷封於斄是也。豳州。昔公劉所居也。華州。古鄭國也。詩譜曰周宣王封其弟於咸林是爲鄭國。岐州。秦德公初居之所也。夏州。赫連氏之都也。

〔事對〕四塞　八川　漢書婁敬云關中被山帶河四塞之固。相如上林賦曰蕩蕩乎八川。灃滈澇潏涇渭灞滻。神皐　福地　西京賦曰寔惟奥區神皐。遁甲開山圖曰驪山西有阜名風涼原。雍州之福地。金城　石柱　漢書關中金城千里。三輔舊事曰石柱以南屬京兆。北屬扶風。細柳　長楊　漢書曰周亞夫軍細柳。漢宮名有長楊。温水　滄池　三秦記渭水橋西有温水。又長安記建章宮有太液滄池。雞頭　鶉首　雍州記雞頭山在鄠縣。史記天賜秦穆公鶉首之地。漢京　秦里　西都賦曰弘我以漢京。又西京賦曰秦里其朔。丹水　黃山　山海經南山多黃丹水出焉。西京賦曰繞黃山而款牛首。已上京兆府。桃塞　柏原　左傳晉侯使詹嘉守桃林之塞。杜預曰今潼關是也。水經注灌水於孤柏之原西流。蒲池　學市　水經注華山上靈泉名蒲池。高士傳云張楷隱華山。學者從之成市。已上華州。韓原　姚谷　古今地名云韓武子食宷於韓原。後漢書云姚谷屬白水。塹洛　分華　史記曰秦簡公塹洛蒲城縣東長城是也。後漢書曰孝明帝分華山都置武鄉郡。已上同州。蒲谷　柏城　水經注曰蒲谷水源出中部縣。又曰豬水流經柏城。已上同州。丹川　烏水　水經注曰蒲水南自洛川縣流入丹陽川。又曰烏川水源出汾川縣西北。已上丹州。青牛　白帝　錄異傳曰秦文公伐雍州南山文梓樹有青牛走出灃水中。史記秦文公作鄜畤以祭白帝。漆水　桐池　水經注曰漆水出漆溪。又曰桐池水東北流入三交水。已上岐州。岐下　梁邱　史記曰古公亶父止於岐下。水經注曰梁邱谷水西南注于涇。芹川　芮水　水經注曰宜祿縣北有芹川。又曰芮水流入涇。已上豳州。烏亭　昆壞　漢烏氏縣。王莽改爲烏亭。宋初山川記曰安定昆戎舊壤也。已上涇州。隴水　吳山　三秦記曰俗歌云隴頭水。地道記曰汧陽縣屬秦國。吳山在西。已上隴州。芹谷　柞亭水經注曰芹谷水出羅川縣東子午山續漢書曰汾陽縣有五柞亭已上寧州兔川 雞水水經注曰兔川西南流注洛水又曰烏雞水出西流入洛已上慶州藍山 那邑十六國春秋云赫連定登于可藍山史記曰那戎邑也已上原州白水 蒲川水經注曰白水源出汾水嶺西又曰小蒲川水東南流入坊州已上鄜州神泉障 龍尾溪水經注云龍尾水出神泉障又有龍尾溪已上延州淥蓮池 青鹽澤十六國春秋云赫連勃勃田于三交至淥蓮池而還漢書曰朔方郡青鹽澤在南典農城 懷渾障水經注云河水經典農城又東北經懷渾障已上靈州濛水 雞山水經注云朔方縣有濛水紫河續漢書曰將軍竇憲出雞鹿山已上勝州［詩］晉摯虞雍州詩於皇先王經啓九有有州惟雍居京之右土載奥區山包神藪嘉生惟繁庶類伊阜悠悠州域有華有戎外接皮服內含岐豐周餘既淪夷德未終莫不慕義易俗移風［箴］揚雄雍州箴黑水西河橫屬崑崙邪指閶闔畫爲雍垠上侵積石下礙龍門安不忘危盛不諱衰牧臣司雍敢告綴衣

河東道第四

［敍事］河東道者禹貢冀州之域爾雅曰兩河間爲冀州舜置十二州分冀州爲幽州幷州今河東道即幷冀兩州之地漢書天文志曰畢昴爲冀州營室東壁爲幷州西南距河北盡朔垂悉其地河東本堯之所都周成王封其弟叔虞其子燮是爲晉侯及三家分晉自蒲州略河東至懷州屬魏懷州今屬河北道自澤潞而南至衞州盡太原府已北屬趙太原府昔高辛氏子實沉及金天氏子臺駘之所居也又爲唐國帝堯爲唐侯所都鄭玄詩譜曰唐者帝堯舊都地後徙平陽蒲州帝舜所都太康地記云舜都安邑是也絳州晉獻公遷都之地［事對］堯墟 禹跡鄭玄詩譜曰成王封母弟叔虞於堯之故墟皇甫謐帝王世紀曰禹自安邑都晉陽曾孫帝相

遷帝丘。子少康中興。還乎舊都。復禹之跡也。**太夏　中都**春秋地名云。晉太康一名太夏。後魏書曰。中都屬太原郡。**六名　五尉**春秋地名云。晉太鹵。太原。太夏。太墟。晉陽。太康。六名其實一也。晉太康地志。并州部太原六郡。又有護匈奴中郎。左部。右部。中部。南部。北部五都尉。**蒿垣　葦澤**春秋後語曰。張孟談謂趙襄子曰。臣聞董安于之在晉陽。公宮之垣皆荻蒿。後魏書云。石艾縣有葦澤。**潛邱　渦水**爾雅曰。晉有潛邱。郭璞注云。在太原晉陽縣。水經注曰。洞渦水出平樂縣西北。**祁墓　介祠**後漢書云。晉陽有祁奚墓。又曰。晉陽有介子推祠。已上并州。**涑水　滌山**水經注云。涑川水在桑泉縣界。晉地道記曰。雷首山一名滌山。**臼亭　虞坂**左傳曰。公子重耳取臼亭。杜預注曰。河東解縣有臼亭。戰國策曰。騏驥駕鹽車上虞坂。今按在安邑縣界。已上蒲州。**玉壁　天井**後魏大統四年。東道行臺王思政表築玉壁城。今按在後山縣西。水經注曰。天井水經堯城西流入汾水。**棗澗　桐鄉**水經注曰。乾棗澗水北出入石人嶺下。南流。俗謂之扶蘇水。漢書。武帝將幸緱氏。至左邑桐鄉。在聞喜縣界。已上絳州。**千畝　五城**左傳曰。晉穆侯以條之役生太子。命之曰仇。其弟以千畝之戰生。命之曰成師。後魏書云。晉州領五城郡是也。**襄陵　狐谷**後漢襄陵屬河東郡。水經注曰。平河水出晉陽縣西壺口山東。經狐谷亭。已上晉州。**漳川　冀浸**周禮曰。冀州其川曰漳。鄭玄注云。出長安。十三州志曰。潞水出潞縣。冀州之浸。**赤壤　黃山**上黨記曰。高平赤壤。其地阻險。百姓不居。後魏輿圖風土記曰。黃山在壺關縣東。已上潞州。**舜澤　晉山**墨子曰。舜漁于雷澤。在護澤縣西。後魏輿圖風土記云。司馬山在晉城縣北。晉代祠此山。因以爲名。**孟門　午臺**左傳曰。齊侯伐晉。入孟門。登太行。十三州志曰。太行山或曰孟門。蓋其險阨。水經注曰。午臺亭在晉城縣界。已上澤州。**石室　鐵騎**後魏輿圖風土記曰。太原郡山有石室方丈。四壁文字篆書。人不能識。十六國春秋曰。石勒當生之時。北山上草木變爲鐵騎形。**青谷　黃巖**水經注曰。清水源出武鄉縣西。名青谷水。又曰。黃嵓水源出遼山縣西黃岡下。已上宜州。**漚澤　汾關**呂氏春秋曰。大昭又名漚澤。水經注曰。鶴雀津。汾關名也。介休之西南。俗謂之雀鼠谷。八門　六壁十六國春秋云。劉元海遣將攻西河城。築營自固。有八門。城高九尺。後魏書曰。太武帝討胡賊于六壁城。有六面。因以爲名。已上汾州　紫川　黃谷水經注曰。紫川水源出隰川縣東紫谷也。黃櫨水出隰川縣東北黃櫨谷。已上隰州　夏屋　仙都史記曰。趙襄子北登夏屋。誘代王。徐廣注云。夏屋山名。水經注曰。晉永嘉中。鴈門百姓避亂。入五臺山。見仙人爲之先驅。因而不反。尋訪莫知所在。俗人以是山爲仙都。已上代州　三會　九原水經注曰。三會水東流入滹沲水。在定襄縣界。又云。三會水出九原縣西。其山經九原城　靈邱　聖阜後魏書曰。天平二年。置恒州。寄居秀容縣城。領靈邱等八縣。水經注曰。滹沲水東流。聖人阜北。阜下有水泉。側石上有手跡。西又有二脚跡。已上忻州　葦州　梅嶺十三州志曰。代郡故城。盧植說初置築時。方就板幹。夜自移西南五十里大澤中。自設結葦爲九門。於是就以爲城。周旋七里。今按在飛狐縣界土地記曰。鹵地東州四十八里有梅嶺焉　萊水　笄山周禮曰。萊州萊水。鄭玄注。萊水出廣昌。史記。趙襄子姊爲代王夫人。襄子殺代王。遂興兵平代地。其姊聞之。泣而呼天。磨笄自殺。代人怜之。號所死山爲磨笄山。今按在飛狐縣界。已上蔚州　如渾水　紇眞山水經注曰。如渾水。水經方山。又曰。紇眞山夏積雪。鳥雀死者一日千數　熒臺　火井水經注云。火山似火從地中出。故名熒臺。又曰。火山上有火井。已上嵐州　壺山　風穴漢書曰。壺口山在北屋東南。水經注曰。北屋縣故城西十里有風山。其山有穴如輪。風氣蕭瑟。常不止。已上朔州　永石　單于晉太康地記曰。西河國惠帝末陷於劉元海。至石勒時。置永石郡。後魏改爲離石郡。十六國春秋云。離石單于所徙之庭。已上石州

〔賦〕

後漢班叔皮冀州賦夫何事於冀州。聊託公以遊居。歷九土而觀風。亦哲人之所娛。望常山之峩峩。登北岳而高遊。建封壇於岱宗。瘞玄玉於此邱。徧五岳與四瀆。觀滄海以周流。

〔箴〕

揚雄幷州箴雍別朔方。河水悠悠。北辟獯鬻。南界涇流。畫茲朔土。正直幽方。自昔何爲。莫不來王。周穆遐征。犬戎不享。爰藐伊德。侵阮上國。宣王命將。攘之涇北。

宗幽罔識。日用爽蹉。既不俎豆。又不干戈。犬戎作亂。弊于驪阿。太上曜德。其次曜兵。德兵俱顛。靡不悴荒。牧臣司幷。敢告執綱。冀州箴洋洋冀州。鴻原大陸。岳陽是都。島夷皮服。潺湲河流。夾以碣石。三后攸降。列爲侯伯。降周之秦。趙魏是宅。冀制糜沸。泫沄如湯。更盛更衰。載從載衡。漢興定制。改列蕃王。治不忘亂。安不遺危。牧臣司冀。敢告在茲。[論] 魏盧毓冀州論。冀州。天下之上國也。尚書何平叔鄧玄茂謂其土產無珍。人生質朴。上古以來。無應仁賢之例。冀徐雍豫諸州也。盧釋曰。除黃帝已前。未可備聞。略言唐虞已來。冀州乃聖賢之淵藪。帝王之寶地。東河以上。西河以來。南河以北。易水以南。膏壤千里。天地之所會。陰陽之所交。所謂神州也。

河北道第五

[敍事] 河北道者。禹貢冀州之域。舜置十二州。分冀州爲幽州幷州。分青州爲營州。而幽。冀。營等三州及兗州之北界。今並爲河北道。漢書天文志曰。畢昴爲冀州。尾箕爲幽州分野。南距河。東至海。北盡幽營。悉其地。河北本殷之舊都。在衞州。周滅殷。分其甸內爲三國。邶。鄘。衞是也。至衞懿公爲狄所滅。其地屬晉。趙。韓。魏三家分晉。而懷屬魏。漢書地理志云。魏分晉得河內。卽今懷州也。自衞。相。洛。趙。貝。冀。北盡恆山。東至海。其地屬趙。幽。平已北。東至海。屬燕。洺州。邯鄲爲趙國。史記。趙敬侯所都。相州爲鄴。魏武帝後。趙石季龍。前燕慕容雋自薊徙。北齊文宣帝並都之。幽州曰燕。召公之所封也。營州。前燕慕容皝都之。[事對] 分晉 接燕 漢書曰。趙分晉。有信都。鉅鹿。清河。盧毓冀州論曰。冀州北接燕代。 南宮 北部 漢書曰。南宮縣屬信都國。許愼說文曰。冀州北部。以月朝作食爲膢祭。已上冀州。 三臺 九殿 陸翽鄴中記曰。魏武於鄴城西北立三臺。中臺名銅雀臺。南名金獸臺。北名水井臺。又曰。石季龍自襄國至鄴二百里。輒立一宮。宮有一夫人。侍婢數十。凡季龍所起內外大小殿九。臺觀行宮四十四所。 紫陌 赤橋 水經注曰。滏

陽縣有紫陌浮圖十里造生墓於此。鄴中記曰。鄴城東七里有赤橋之宮。已上相州。**軹縣**　**苑鄉**史記曰。秦昭襄伐魏。取軹縣。水經注曰。丹水經苑鄉之城。**平津**　**陸皐**晉陽秋曰。造河橋於富平津。卽河陽津也。水經注曰。陸眞阜南有皇母馬鳴二泉。東南合注于吳陂。已上懷州。**商墟**　**虞險**史記曰。成王伐管叔。以殷餘人封康叔爲衞君。居故商墟也。北征道理簿曰。蠮頭城。故虞國之險。淇水流其後。清水流其前。**蘇嶺**　**錫盆**十道志曰。蘇門山一名蘇嶺。孫登所隱處也。又曰。錫盆水一名盆泉。源出縣西北三十里。彎屈似盆。其味如醴。因以爲名。已上衞州。**雞澤**　**狗山**左傳。襄公三年六月。會單頃公及諸侯。同盟于雞澤。水經注曰。狗山頂上有狗跡。今在臨洺縣西。**塘泉**　**研塚**水經注曰。洺水東北流。經廣平縣故城東。水積於大澤之中。爲登泉。南北四十里。東西二十里。亦謂之黃塘泉。鄴中記曰。邯鄲城西南十里子岡上有冢如研子形。俗謂之研子塚。已上洺州。**斥邱**　**平邑**續漢書曰。斥丘縣屬魏郡。竹書曰。晉烈公四年。趙城平邑。今在昌樂縣東北。**沙鹿**　**石臺**左傳云。沙鹿崩。杜預注云。晉地也。元城東南有沙鹿山。酈善長水經注曰。武陽縣城有一石臺。大城門外又有故臺。號曰武陽臺。已上魏州。**蓼水**　**蘇亭**水經注曰。蓼水出襄國。漢書曰。襄國有蘇人亭。**百巖**　**千步**洺州記曰。龍岡縣西北有百巖山。水經注曰。洺水一名漳水。俗名千步。已上邢州。**柏亭**　**槐水**水經注曰。洺水東經柏暢亭。今按柏暢亭故城在房子縣西。又曰。槐水出黃石山。今在元氏縣界。**石柱**　**珪碑**水經注曰。平房城南門夾道有兩石柱。翼路若闕焉。又曰。漢明帝北迴。詔高邑於光武卽位所建石壇立珪頭碑。已上趙州。**善陸**　**清河**漢書。鄃縣。漢清河郡。王莽曰善陸。晉地道記曰。清河國凡領清河等六縣。**胥陵**　**甘泉**漢書。東陽縣屬清河郡。王莽曰胥陵。十三州志曰。歷城本周之甘泉西地。已上貝州。**重丘**　**浮水**左傳曰。諸侯同盟於重丘。今在聊城縣東南。水經注云。浮水出聊城東北。泛則津注。耗則輟流。**堂邑**　**靈城**漢高祖封陳嬰爲堂邑侯。又曰。靈城屬清河郡。已上博州。**胥國**　**宛鄉**漢武帝封河間獻王子讓爲胥侯。水經注云。浮水東北經高城縣之宛鄉城今在鹽城縣界。千童　百薄應劭注漢書曰千童縣。靈帝改曰饒安。水經注。滈河東北經富平故城北。分爲二水。南水爲長聚溝東注海。北水謂百薄溝東北注海。已上滄州。馬頰河　龍額縣爾雅云九河名有馬頰。上廣下狹。狀如馬頰。漢平原郡領龍額縣。管輅塚　曼倩祠魏志平原縣有管輅塚。漢書安德縣有東方朔祠。已上德州。新館　輿亭漢武帝封中山靖王子未央爲新館侯。續漢書北新縣東二十里有樊輿亭。樊城　柏國漢書曰武帝封中山靖王子爲樊輿侯。故城在清宛縣東南。又曰武帝時。趙敬肅王子然吉爲柏陵侯。今清克縣南有侯國故城。已上瀛州。仙巖　天井晉太康地記曰行唐縣西北有仙人巖。水經注曰派水歷天井澤南。馬觀　鴻闕水經注曰黑水東北有漢中山王故宮處。簡文造釣臺戲馬之觀。又曰定水東流歷山。俗謂是處爲戲頭。即晉書所謂鴻上闕。已上定州。輪井　核山水經注曰行唐城有大井若輪。水沸騰不測。又曰派水北流經大核山。夫城　女廟晉太康地記云行唐縣北二十里有如夫城。水經注曰行唐城內北門東側有玉女神廟。廟前碑云趙武靈王營斯邑。城彌載不立。聖女發歎。百堵皆興。不日而就。已上恒州。寧臺　歷室史記曰燕昭王伐齊得寶器。設祭於寧臺。戰國策曰樂毅與燕惠王書曰大呂陳於元東。故鼎反於歷室。今並薊州界。仲理金　伯雍璧神仙傳曰仲理居無終山中。含神丹作黃金五千斤。以救百姓。搜神記曰楊伯雍汲水作義漿。有一人就飲。以石遺之。伯雍種。遂生白璧。其處地可一頃。名曰玉田。已上幽州。桑谷　芻溪水經注曰三城水。經伏陵山南。與石門水合。有桑谷之名。蓋沿出桑溪故也。又曰鮑邱水東南流。龍芻溪水注之。三城　七渡水經注曰鮑邱水南流。合三城水。又曰水經漁陽故城南合七渡水。已上檀州。阪泉　轡野史記曰軒轅及炎帝戰於阪泉之野。周書曰蚩尤逐二帝。爭涿鹿之野。赤帝大懼。乃說黃帝執蚩尤殺之于中冀。名之曰絕轡野。覆釜　裂溝後魏輿圖風土記曰潘城西北三里有歷山。形似覆釜。因以爲名。水經注曰傳言昔時地裂。遂成溝壑。有水。俗謂之分家水。今之懷戎縣東北有地裂。已上嬀州。劍石　刀巖水經注曰徐水東北經郎山西衆崖竟舉若鳥翅立石嶄巖似劍又曰漆水南經藏刀山層巖壁立直上干霄 窮魚邱 巨馬水 竹書曰晉荀瑤伐中山窮魚之邱水經注曰巨馬卽淶水已上易州 素河 黃洛水經注曰素河水出今皮縣藍山南合新河又曰黃洛水出盧龍山 玄水 藍山水經注曰玄水出肥如縣北玄溪後魏輿圖風土記曰盧縣西三十九里有藍山已上平州 長谷 平川十六國春秋曰馮跋弟弘爲亂而跋驚死弘葬之長谷陵水經注曰高平川水出西北平川 狼河 龍苑魏氏土地記曰狼河附黃龍城東北下十六國春秋云慕容熙光始三年築龍騰苑起景雲臺已上營州 〔箴〕 揚雄幽州箴蕩蕩平川惟冀之別伊昔唐虞實爲平陸周末荐臻迫于獯鬻六國擅權燕趙本都東限穢貊羨及東胡強秦北排蒙公城疆大漢初定介狄之荒元戎屢征如風之騰義兵涉漠擾我邊甿既定且康復古虞唐盛不可圖衰不可忘隄潰蟻穴器漏鍼亡牧臣司幽敢告侍傍

隴右道第六

〔敍事〕 隴右道者禹貢雍州之域 雍州自岐隴已北爲關內道自隴而南并得禹貢梁州之北地爲隴右道 自隴而西盡其地也秦州有秦亭秦之先非子爲周孝王養馬於汧渭之間孝王封之附庸邑于秦也涼州漢武威郡故匈奴休屠王地也前涼張軌後涼呂光北涼沮渠蒙遜並都之甘州漢張掖郡故匈奴昆邪王地也西秦乞伏乾歸都之子熾盤徙都于河州肅州漢酒泉郡前涼張軌西涼李暠北涼沮渠蒙遜並都之西州漢車師國之高昌壁也 昔漢武遣兵西討師旅頓弊其中尤困者因住焉其地形高尚人物昌盛因名高昌也

〔事對〕 天水 神泉漢書曰天水郡武帝時置水經注曰渭州東南與神泉合也 黑城 朱圉水經注曰黑水出黑城北西南經黑城西抵渭川水經注尚書西傾朱圉鳥鼠至于大華已上秦州 艾亭 荊谷漢書曰騎都尉居密艾亭水經注曰荊頭川

水荆谷北流注渭川。雞聚　馬溪漢書曰。襄武縣有五雞聚。水經注曰。渭水東南流。經首陽縣南。左則天馬溪水。參差翼注。已上渭州。百頃　四山三秦記曰。仇池山號百頃。上有百頃池。壁立百仞。一人守道。萬夫莫向。沈約宋書曰。楊盛襲位。分四山氐羌爲二十部。已上成州。馬氐　狼種應劭注漢書曰。武都郡。故白馬羌氐也。漢書曰。參狼種。武都羌是也。已上武州。臨洮　望曲漢書曰。臨洮縣屬隴西郡。水經注曰。洮水東流。經甘根亭。歷望曲。已上岷州。洮水　墊江沙州記曰。洮水出強臺山。又曰。山東即洮水源。山南即墊江源。已上洮州。積石　銷銅尚書曰。導河積石。水經注曰。離水北經銷銅城西。榆城　廝壘水經注曰。離水東北經榆城。溪水注之。秦州記曰。枹罕城西有廝壘。壘中可容萬衆。已上河州。燕崖　鹿塞仇池記曰。武興城下有燕子崖。十三州志曰。鹿塞在蒼松縣南十里是也。龜觀　烏城十六國春秋曰。前涼張玄靜時。右將軍宋熙請取天龜觀。壞以爲宅。西河記曰。姑臧匈奴故曰蓋藏城也。城不方。有頭尾兩翅。名蓋烏城。已上涼州。柳谷　蘭池習鑿齒漢晉春秋曰。大柳谷夜激波滿溢。其聲如雷。王隱晉書曰。蘭池縣屬隴西郡。合黎　臨澤尚書曰。導弱水至于合黎。十三州志曰。昭武縣有臨澤亭。在其東。已上甘州。狄道　夷鎮漢書曰。狄道縣屬隴西郡。周地圖記曰。臨洮郡城。後魏太和中築。置夷城鎮。防羌要路。已上蘭州。漆水　金泉張華博物志曰。延壽縣南山石泉注爲溝。其水有脂。挹取若著器中。正黑如不凝膏。然之極明。但不可食。此方人謂之石漆。應劭漢官儀曰。酒泉城下有金泉。味若酒。酒泉　肥水漢書曰。酒泉郡。武帝太初元年開。博物志曰。酒泉延壽縣南有山泉。其水有脂。如煮肉汁。已上肅州。白土川　卑禾海水經注曰。白土川水出白土城。城西北下。十三州志曰。臨羌縣西有卑禾海。謂之青海。雞谷　龍城水經注曰。湟水東流。雞谷水北流注之。又曰。湟水出塞外。經藍池北。又東南經龍夷城。已上鄯州。效穀　宜禾漢書曰。效穀縣屬敦煌郡。晉太康地記曰。宜禾縣屬敦煌郡。龍堆　魚澤漢書曰。敦煌正西關外有白龍堆。十三州志曰。效穀縣。故魚澤障。已上沙州。地膏腴　田沃衍後漢書曰順帝時以伊吾舊膏腴地傍近西域復令開設屯田置伊吾司馬一人西河舊事曰繞蒲海肥美良田水草沃衍 天山 帝江 漢書曰使貳師將軍出酒泉擊左賢王於天山 山海經曰天山多金玉有神鳥狀如黃囊赤如丹火六足四翼渾無面目是識歌舞實惟帝江已上伊州 車師國 田地縣 漢書曰車師前王國居交河城地輿志曰晉咸和二年置高昌郡立田地縣 交河城 高昌壁漢書曰交河城有交河水分流繞城下十三州志曰高昌壁故屬敦煌有長谷在東都尉居之已上西州［歌］ 後魏溫子昇涼州樂歌遠遊武威郡遙望姑臧城車馬相交錯歌吹日縱橫 又歌曰路出玉門關城接龍城坂但事絃歌樂誰道山川遠［箴］ 揚雄涼州箴黑水西河横屬崑崙服指閶闔畫爲雍垠每在季王常失厥緒上帝不寧命漢作涼隴山以徂列爲西荒南排勁越北啓強胡并連屬國一護彼都

山南道第七

［叙事］ 山南道者禹貢荆梁二州之域 尚書曰荆及衡陽惟荆州華陽黑水惟梁州今按荆州之南界屬江南道東界入淮南道梁州自劍閣而南爲劍南道其北垂又入隴右道漢書天文志曰翼軫爲荆州分野 北距荆華二山之陽絶漢水而南至江西距劍閣盡其地也荆州楚文王始都之褒州古褒國也是爲嫣墟 江陵記曰楚文王始自丹陽徙都於郢今州北南城是也水經注曰漢水東經嫣墟在金牛縣界皇甫謐國都城記曰褒國故城在縣東二百步 襄州禹貢荆豫二州之界鄧州後漢之南都也光武起焉［事對］ 南荆 西楚周禮曰正南曰荆州史記曰自淮北沛陳汝南南郡爲西楚 雲澤 景洲春秋文耀鉤曰大别以東至雲澤九江衡山荆州今按卽雲夢澤也吳志曰魏將夏侯尚圍南郡作浮橋度量景洲今在江陵縣界已上荆州 南峴 北津荆州記曰襄陽本楚之下邑桓溪帶其西峴山亘其南習鑿齒襄陽記曰襄城本楚國

之北津。**習池**　**葛井**襄陽記曰峴山南八百步。西下道百步有習家魚池。荊州記曰。諸葛亮宅有井深四丈餘口廣一尺五寸。累塼如初。已上襄州。**厲鄉**　**舂邑**左傳曰楚伐徐齊師伐厲以救之杜預注曰隨縣北有厲鄉漢書曰元帝以舂陵卑濕割蔡際之白水二鄉爲舂陵侯邑。**隨國**　**唐鄉**左傳曰鬬伯比言於楚子曰漢東之國隨爲大杜預注曰隨國今義陽隨縣也又曰晉楚戰于邲唐侯爲左拒杜預注曰唐屬楚小國義陽安昌縣東南上唐鄉是也。已上隨州。**馬水**　**鼉湖**南雍州記曰龍居縣南有馬水荊州記曰沔陽縣東二十里有鼉湖。已上復州。**獸牙**　**狼尾**宜都山川記曰獸牙山有石壁其文黃赤色有牙齒形。勾將山記曰縣去山四十里別從狼尾灘下南崖。已上峽州。**黃龍**　**白帝**荊州記曰峽之首北岸曰白鹽峯中黃龍灘水沿泝所忌。水經注曰白帝山北接緣馬嶺南接赤甲山。**九坂**　**三溪**荊州記曰塞山九坂最爲峭險又曰三溪水南流數里南注大江。已上夔州。**明月峽**　**縉雲山**華陽國志曰巴郡江州有明月峽峽首南峯石壁有圓孔形如明月因以爲名縉雲山傳云黃帝於上合神丹藥故山得名焉。**涪陵**　**陽關**漢書曰巴郡領涪陵縣晉太康地記曰李雄亂復於陽關更置墊江縣亦屬巴郡按今州即古巴郡。已上渝州。**龍蹊**　**牛道**道家雜記曰張魯女曾浣衣於山下有白霧蒙身遂孕恥之自裁臨死謂婢曰死後破吾腹婢依其言破得龍子一雙遂入漢水女殯於山頂龍子後數遊母墓前遂成蹊徑十三州志曰秦王未知蜀道乃刻石牛五頭置金於尾下言此天牛能糞金蜀人信之乃令五丁共引牛成道今在褒城縣界。**讓水**　**廉川**梁州記曰梁西南十里有讓水水經注曰廉水出巴嶺山北流廉川今在南鄭縣界。已上梁州。**駱谷**　**龍亭**水經注曰路谷水源出駱谷南流梁州記曰龍亭縣屬儻城郡。已上洋州。**黃花川**　**紫柏坂**水經注曰大散水西流入黃花川華陽國志曰梁泉縣東八十里有紫柏坂。已上鳳州。**武關**　**文邑**史記曰秦昭王遺楚懷王書曰願與君會武關面約結盟。今在商洛縣東。水經注曰洛水東北過文邑在洛南縣。已上商州。**金水**　**錫城**漢水記曰金水郡領金岡縣本金城郡後魏改之。梁州記曰。後魏□華陽金城二郡爲忠城郡。領鄉亭。錫城。金川三縣。**虞舜祠**　**漢高廟**水經注曰。西城縣故城內有虞舜祠。梁州記曰。洵陽縣南山下有漢高帝廟。已上金州。**梅溪**　**棘水**南雍州記曰。南陽縣七里有梅溪。水經注曰。棘水經新野縣。歷黃郵聚。**五壟**　**六門**周地圖記曰。五壟山有五梁。漢延相接。曰六門堰。西三里擁湍。邵信臣所作也。已上鄧州。**熊川**　**龍井**南荊州記曰。豐利郡領豐利。熊川。陽川三縣。水經注曰。漢水又東爲龍潭。下臨龍井渚。已上均州。**景山**　**粉水**山海經曰。荊山之首曰景山。其上多金玉。水經注曰。粉水導東流。經上粉縣。**鴈塞**　**狼山**荊州圖副記曰。鴈浮山。鴈塞也。水經注曰。夷水導源狼山。已上房州。**鳴水**　**泉街**後魏書曰。落叢郡。武都。鳴水二縣。屬東益州。水經注曰。泉街水出河池。東南入沮縣。已上興州。**金溪**　**銅水**梁州記曰。益昌縣東山西北有金銅溪。溪出金。因以爲名。益州記曰。葭萌縣南十里有刀鐶山。赤銅水出焉。已上利州。**銅梁**　**石戶**左思蜀都賦曰。外負銅梁宕渠。益州記曰。龍盤山南有石。長三十丈。高五丈。當中有戶及扉。若人掩閉。古老以爲玉女房。已上合州。

[歌]　**梁宋史荊州樂歌**章華遊獵去。絕郢從禽歸。溶溶紫煙合。鬱鬱紅塵飛。**又歌**朝發江津路。暮宿靈溪道。平衢廣且直。長楊鬱裊裊。

[箴]　**揚雄荊州箴**杳杳巫山。在荊之陽。江漢朝宗。其流湯湯。夏君遭鴻。荊衡是調。雲夢塗泥。苞匭菁茅。金玉砥礪。象齒元龜。貢篚百物。世世以饒。戰戰慄慄。至桀荒溢。曰在帝位。若有天日。不順庶國。孰敢余奪。亦有成湯。果秉其鉞。放之南巢。號之以桀。南巢茫茫。多楚與荊。風飄以悍。氣銳以剛。有道後服。无道先強。世雖安平。无敢逸豫。牧臣司荊。敢告執御。

劍南道第八

[敍事]　劍南道者。禹貢梁州之域。梁州自劍閣而南。分爲益州。是爲劍南道。梁州劍閣之東。而分屬山南。隴右二道。漢書天文志曰。觜觿參爲益州分野。其始王則有蠶叢杜宇。揚雄蜀本紀曰。蜀始王曰蠶叢。次曰伯雍。次曰魚鳧。十三州

志曰蜀王杜宇自號望帝。後其地屬秦。前漢末公孫述居之。後漢末劉備居之。〔事對〕 蠶叢 杜宇並見敍事。石鏡 銅梁蜀本紀曰武都人有女蜀王納以爲妃疾卒葬於成都作石鏡一枚以表其墓左思蜀都賦曰外負銅梁宕渠內函要害膏腴已上益州。銀水 金山華陽國志曰涪陵有孱山水其源有金鑛益州記曰金山東臨澗水光照映川已上綿州。飛梁 絕澗華陽國志曰諸葛亮相蜀鑿石架空爲飛梁閣道卽古劍閣道也益州記曰姜維抗鍾會故壘其山峭壁千丈下臨絕澗已上劍州。南池 西水益州記曰南池在閬中縣東南八里又西水縣本秦閬中縣之地已上閬州。郪道 射洪蜀志曰姜維等聞諸葛瞻破乃引軍由廣漢郪道以審虛實水經注曰涪江水又東南至射洪今在射洪縣界已上梓州。龍鶴山 魚虵水華陽國志曰丹陽縣西北十五里有龍鶴山益州記曰魚虵水東北自陵州界入青神縣界已上眉州。隅山 陵井益州記曰東隅西隅南隅三山相對又曰三隅山去陵井一里已上陵州。金堂木 銅宮山華陽國志曰新都縣有金堂山水通於巴漢益州記曰五城縣西南六十里有銅宮山高出衆峯已上簡州。昆井 郪溪益州記曰南充縣西南六十里有昆井鹽井又曰雞郪神在相如縣東。次北下步有雞郪溪因此而爲之名已上果州。錦山 綿水華陽國志曰合江北有綾錦山水經注曰綿水至江陽縣方山下入江。謂之綿口已上瀘州。邛水 鄧山山海經曰峽山邛水出焉其陽多黃金漢書云文帝賜鄧通邛道銅山得擅鑄錢已上雅州。溫穴 曲池華陽國志曰溫水穴冬夏常熱應劭注漢書云蘇初縣西北有泥池按今曲池是也已上巂州。伏犀灘 騰龍水益州記曰伏犀灘東南六十里有黃魚像岸今在僰道縣界又曰龍騰溪水源出南溪縣已上戎州。〔箴〕 揚雄益州箴岩岩岷山古曰梁州華陽西極。黑水南流。秦作无道。三方潰叛。誼兵征暴。遂國于漢。拓開疆宇。恢梁之野。列爲十二。光羨虞夏。牧臣司梁。是職是圖。經營盛衰。敢告士夫。

淮南道第九

［敘事］　淮南道者。禹貢揚州之域。又得荆州之東界。尚書曰。淮海惟揚州。今按揚州之東偏爲江南道。南偏爲嶺南道。又漢書天文志曰。牽牛婺女爲揚州分野。自淮以南。略江而西。盡其地也。今揚州。漢廣陵郡。更名江都。吳王濞居之。廣陵厲王江都易王並居之。廬州。古廬子國。烈王都之。南巢之地。尚書曰成湯放桀于南巢。壽州。楚考烈王都之。

［事對］　南兗　東陽　輿地志曰。南兗州宋文帝元嘉八年始割江淮間爲境。居於廣陵。又曰。廣陵郡楚漢之際爲東陽郡。

釣臺　輿浦　西征記曰。雷陂有臺。高二丈。南兗州記曰。以爲吳王濞之釣臺也。南兗州記曰。輿浦朝夕恒淤濁。一朝淸澈。太守范邈表以爲瑞。已上揚州。

射陂　鹽瀆　漢書曰。廣陵王相勝之奏奪王射陂草田。賦與貧人。又云。鹽瀆屬臨淮郡。已上楚州。

豐浦　包湖　水經注曰。江水北合烏江縣之豐浦。上通湖池。又曰。次得陰塘水。同受皇后湖。湖水連接包湖。西翼潭湖。

橫津　洞浦　吳志曰。孫堅經略江東。揚州刺史劉繇遣將樊熊于糜屯橫津。筞擊破之。魏志曰。魏使曹休張遼伐吳。出洞口。酈元注水經曰。江上左對洞口江浦。已上和州。

鵲甫亭　馬邸聚　水經注曰。鵲甫溪水西北流。經鵲甫亭南。續漢書云。當塗有馬邸聚。徐鳳反於此。

禹聚　秦墟　帝王紀曰。禹會塗山。揚州之域。當塗縣有禹聚。水經注曰。洛澗北歷秦墟下。注淮。已上濠州。

廬國　舒城　應劭注漢書曰。廬江郡故廬子國。又曰。廬江六縣東有舒城。

桐鄉　巢邑　漢書曰。朱邑爲桐鄉嗇夫。廉平有恩惠。病且死。囑其子曰。桐鄉人愛我。必葬我於桐鄉。左傳曰。楚爲疆城巢。輿地志曰。楚名爲巢邑。已上廬州。

趙屯城　周瑜廟　水經注曰。破虜磯東有趙屯城。內有倉。又曰。江水對雷州之北側。有周瑜廟。已上舒州。

羊頭澗　龍泉陂　水經注曰。肥水左合羊頭溪水。受芍陂。謂之羊頭澗。伏滔正淮論曰。彼壽陽者。視龍泉之良疇萬頃。

鑊里　鼓川　吳志曰。吳使孫綝大發卒屯鑊里。水經注曰。泚水東北右會踖鼓川水。

洞臺　隱

室。黄庭經注曰霍山下有洞臺方二百里有二門其中有五香芝飛華之實。水經注曰八公山有隱室石井。已上壽州。**翻車**　**積布**史記曰九江王英布於翻車水北以築翻車城。水經注曰江水又東經積布山南俗謂之積布磯。**黄石**　**青林**水經注曰江之右岸有黄石山。江水經由其北。卽黄石之磯。又曰江水左得青林口。水積爲湖。謂之青林湖。已上蘄州。**蓼縣**　**蔣城**左傳曰楚公子燮滅蓼。杜預注曰安豐有蓼縣。又曰凡蔣邢茅胙祭周公之胤也。杜預注曰弋陽期思縣蔣鄉城是也。**弦子都**　**虞丘郭**左傳曰楚人伐弦。弦子奔黄。十三州志曰鄳城故弦子都也。水經注曰弋陽郡東有虞丘郭。南有伍子胥廟。並光州。**石城**　**天井**水經注曰師水經石城山。山甚高峻。又曰義陽郡南十五步對門有天井。周百餘步。**九塞**　**三關**淮南子曰何謂九塞。大汾。冥阨。荆阮。方城。豪阪。井陘。今𢇁句注居庸也。齊志曰後魏置平靖關於義陽。故云義陽有三關之塞。此其一焉。已上申州。**楚邑**　**新城**漢水記曰自漢口入二百里得涓口。有村。入三百里得鄖城。楚邑也。輿地志曰安陸縣東有新城。桓溫征石季龍所築。南臨涓水。已上安州。**龜頭山**　**龍驤水**水經注曰舉水出龜頭山。又江之左岸會龍驤水口。**沌陽鎭**　**象山城**水經注曰晉永嘉六年王敦以陶侃爲荆州。鎭於沌陽。輿地志曰臨江數十里。象山上有城。吳江夏太守所居也。已上沔州。

［箴］　揚雄揚州箴　夭矯揚州。江漢之滸。彭蠡既都。陽鳥攸處。橘柚羽貝。瑤琨篠簜。閩越北垠。沅湘攸注。太伯遜位。其吳紹類。夫差一誤。太伯无祚。周室不匡。勾踐入朝。當周之興。越裳重譯。春秋之末。侯甸畔逆。元首不可不思。股肱不可不慈。堯崇屢省。舜盛欽讓。牧臣司揚。敢告執籌。

江南道第十

［敍事］　江南道者。禹貢揚州之域。又得荆州之南界。揚州自江已北爲淮南道。自嶺而南爲嶺南道。北距江。東際海。南至嶺。盡其地也。蘇州爲吳泰伯之墟。地理志曰吳地斗之分野。泰伯卒。仲雍立。傳國至曾孫周章。武

王克殷因而封之也。越州爲越。夏少康封少子無餘以奉禹祠。地理志曰。越地牽牛婺女之分野。潤州春秋之朱方。江寧縣。楚之金陵邑也。吳晉宋齊梁陳六代都之〔事對〕東府 西州 山謙之丹陽記曰。東府城地則晉簡文爲會稽王時第。東則丞相會稽王道子府。道子領揚州故俗稱東府。又曰。揚州廨王敦所創開東南西三門俗謂之西州。孫陵 蔣廟 丹陽記曰。蔣陵因山以爲名。吳大帝陵也。輿地志曰。臺當孫陵曲衍之傍。故蔣陵亭亦名孫陵亭。丹陽記曰。蔣子文爲秣陵尉。自言己將死當爲神。後爲賊所殺。故吏忽見子文乘白馬如平生。孫權發使封子文而爲都中侯。立廟鍾山因改爲蔣山。已上潤州 扈瀆 鹽田 吳都記曰。松江東瀉海口名曰扈瀆。輿地志曰。扈業者濱海漁捕之名。插竹列於海中以繩編之向岸張兩翼。潮上即沒。潮落即出。魚隨潮礙竹不得去。名之云扈。又曰。海濱廣斥。鹽田相望。吳煑海爲鹽。即鹽官縣境也。包山 干隧 玄中記曰。吳西具區澤中有包山。有洞庭室。戰國策曰。越王散卒三千。擒夫差於干隧。吳縣西北有地名干隧是也。已上蘇州 横山 長瀆 左傳曰。楚子重伐吳克鳩茲至于横山。注曰。在烏程南。横古衡字通用。吳興記曰。河口山東濱大溪。西帶長瀆。若下 嵎中 吳錄云。長城若下酒有名。溪南曰上若。北曰下若。並有村。村人取若下水以釀酒。醇美勝雲陽。吳興記曰。風渚南三十里曰嵎中。即嵎山也。已上湖州 西部 東安 漢書曰。錢塘西部都尉居之。吳志曰。黄武五年丹陽會稽吳都山寇攻沒諸縣。乃分三郡之要害地置東安郡。居富春。樹呼龜 人化鶴 異苑曰。孫權時獲一大龜。持獻吳主。夜宿越里。繫船於大桑樹。樹呼龜曰。元緒奚事爾耶。龜曰。行不擇日。今方見烹。雖然盡南山之柴不能潰我。幽明錄曰。孫鍾以種瓜爲業。有二少年詣鍾乞瓜。曰此山下善。可作冢。當爲定墓。鍾隨下山三十步。二人悉化成白鶴。飛入空中。即孫堅所葬地。已上杭州 蒼蛟溪 白獺穴 孔氏志怪云。義興有白額獸。溪渚長橋有蒼鮫。并周處爲三害。周處風土記曰。長橋下有白獺。若將有兵。獺出穴口四望而嗥。舊言有神。横峴 長塘 風土記曰。峄山多縱石而有大横峴以承衆流。

輿地志曰。洮湖卽長塘湖。已上常州。 慈姥 舒姑 丹陽記曰。江寧南有慈母山。積石臨江。生簫管竹。俗呼爲鼓吹山。江寧謂之慈姥山。在當塗縣北。宣城記曰。登蓋山百步有泉。昔有舒氏女與父析薪於此山。忽坐泉處。牽挽不動。父遽告家。比來唯見淸泉湛然。因名舒姑泉。 鼈洲 牛渚 江記曰。江中有鼈洲。長三里。與蕪湖洲相接。續漢書曰。秣陵南有牛渚。已上宣州。 玉山 石蓋 郭璞注山海經曰。玉山。浙江水出其邊。輿地志曰。歙縣靈山甚高峻。有圓石高數丈。上有石蓋。 二礫 三姑 輿地志曰。黟縣南有五硍。二礫兩邊皆壇石。中央有溝。裁五尺許。水甚懸迅。礫音歷。硍下根反。又曰。黟縣東有靈山。山有三峯。名爲三姑山。三年一遇野火自燒。百姓放火輒降雨不燃。已上歙州。 賀齊城 嚴陵瀨 吳志曰。吳大帝使賀齊擊黟歙山賊。定立新都郡。輿地志曰。郡城賀齊所創也。東觀漢記曰。嚴光字子陵。耕於富春。後人名其釣處爲嚴陵瀨。已上睦州。 銅釜 石甑 異苑曰。吳時軍士五百人破湖。得銅釜。發之。水便暴出。卽五百人湖也。東陽記曰。崑崙山頂有一孤石。可高三十丈。其形似甑。人謂之石甑。已上婺州。 蓮鑊 梅池 鄱陽記曰。弋陽嶺上多密岩。宋元嘉中。有人見其岩內三鐵鑊。鑊各容百斛。中生蓮花。他日往尋。不知所在。宋初山川記曰。廣陵縣東有梅池。 夫岡 子石 鄱陽記曰。鄱陽西有望夫岡。昔縣人陳明與梅氏爲姻。未成而妖魅詐迎婦去。明詣卜者。決云。西北行五十里求之。明如言。見一大穴。深邃無底。以繩懸入。遂得其婦。乃令婦先出。而明所將隣人秦文遂不取明。其妻乃自誓執志。登此岡首而望其夫。因以名焉。又曰。九子石在弋陽水左岸間。相去數十步。石形似印。已上饒州。 石帆 玉笥 會稽志曰。射的北有石帆。壁立臨水。漫石宜山。遙望芃芃有似張帆。又名玉笥山。又曰石簣山。 鏡水 銅溪 輿地志曰。山陰南湖縈帶郊郭。白水翠岩。互相映發。若鏡若圖。故王逸少云。山陰上路行。如在鏡中遊。會稽志曰。昔歐冶子涸若耶之溪而出銅。破赤堇之山而出錫。已上越州。 丹洞 赤城 登眞隱訣云。赤城山下有丹洞。在三十六洞天數。其山足丹。名山略記云。赤城山一名燒山。東卿司命君所居。洞周回三百里。上有玉淸平天。 金庭 玉室 道書曰天台山其上八重視之如一中有金庭不死之鄉許邁與王逸少書曰自山至臨海多有金堂玉室仙人芝草已上台州 東甌 西隗 漢書曰惠帝立閩君搖爲東海王都甌永嘉記曰西隗山東接安固西接松陽 茅峴 劍峯 永嘉記曰塵嶼有盧隈又有茅峴去盧隈二十五里輿地志曰樓石山三石並高百丈杪如劍峯已上括州 彭澤 淺源 漢書彭澤縣屬豫章郡彭蠡澤在西尚書曰過九江至于敷淺源 廬山 盆水 廬山記曰匡俗出於周威王時生而神靈隱淪潛景廬于此山俗稱廬君故山取號焉潯陽記曰盆水出青盆山因以爲名帶山雙流而右灌潯陽東北流入江已上江州 銅精 劍窟 豫章記曰西山周回三百里此山時有夜光遠望如火氣輿地志曰此爲銅之精光也豫章記又曰豐城縣獄後有雷孔章掘神劍窟方七八丈 然石 熱泉 宋永初山川記曰建城縣西有羊山有然石色黄白而理疎以水灌之便熱可煑物故謂之然石又曰皮縣有熱泉如湯以生物投之須臾爛熟已上洪州 茨野 落亭 安城記曰昔豫章太守賈萌與安城侯張普爭境戰于新茨之野即茲地也又安成記曰郡渚江川發源同會落亭石上有芝草下有紫磨金 山都 木客 異物志曰廬陵大山之間有山都似人裸身見人便走自有男女可長四五尺能嘯相喚常在幽昧之中似魑魅鬼物又曰廬陵有木客鳥大如鵲千百爲羣不與衆鳥相厠云是木客所化已上吉州 金雞 石鴈 南康記曰雩都縣有金鷄石傍有穴宋永初中見金雞棲翔此穴頗時飛鳴又云覆笥山平湖中有石鴈浮在水每至炎氣代序則飛翔若知感候 松闕 梓潭 輿地志云歸美山有石城高數丈有二石夾左右石形似松儼如雙闕南康記曰梓潭昔有梓樹巨圍葉廣丈餘垂柯數畝吳王伐樹作船使童男女挽之船自飛下水男女皆溺死至今潭中時有歌唱之音已上虔州 甘渚 蜜巖 臨川記曰東興人家嘗以木甑沉井中乃流出達樊溪甘渚得之此泉穴相通也又曰五章山絕嵓嶮峭有蜜蜂依之爲房其形如笠望者皆懸磴數丈然後得至其所 石人 楓鬼 臨川記曰虛谷東英巨山岩內有石人坐磐石上體上塵穢則興風濕潤則致雨晴日便舉體鮮潔朗然

玉浮又云麻姑山上人登之有物人形眼鼻口面无臂脚俗名之楓子鬼也已上撫州米砂 雪壁安成記曰鍾山臨水阻峽春夏則湍洑沸涌濆上白沙如米兩岸各十餘斛呼曰米砂以之候歲若一岸偏饒則其方豐穰殷斌石室記曰第三室高十丈餘者粗相似皆素壁若雪則萬象森羅宜春水 羅霄山吳錄曰宜春泉水地道記曰宜春縣出美酒隨歲貢上安成記曰羅霄山有石井天旱祠之以木投井中卽雨至井溢木出乃雨止已上袁州鸚洲 鳳闕輿地志曰夏口江中有鸚鵡洲武昌記曰城東南角有岡名鳳闕吳時有鳳集之因以爲名鄂渚 樊山離騷云乘鄂渚而反顧武昌記曰樊口之東有樊山已上鄂州湘山 沅水史記曰秦始皇浮江至湘山水經注曰沅水注洞庭湖中方會於江也地道 江門湘中記曰君山有地道郭璞江賦曰爰有包山洞庭巴陵地道山海經曰洞庭山帝女居之其上沅澧之交瀟湘之源是在九江之門已上岳州楂渚 橘洲湘中記楂渚對岸古城孫權遣程普所立輿地志曰橘洲在郡南對南津常看如下及至夏水懷山渚洲皆沒橘洲獨在昭潭 羽瀨湘州記曰岳陽有昭潭其下無底湘水最深處又曰石子山西有小溪水石映澈名之羽瀨昔關羽南征頓此山下因以爲名已上潭州青壇 紫蓋湘州記云祝融峯上有青玉壇方五丈有蓋香峯行道處異苑曰衡山有峯名曰華蓋又一名紫蓋寶洞 仙宮南岳記云衡山者太虛之寶洞又曰流丹崖南五里得仙人宮道士休糧絕穀身輕清虛便得入此宮已上衡州菁口 蘭巖湘州記云都溪又西北流入營水謂之菁口王韶之神境記曰蘭嵒山其路危阻迥絕人迹登其山有石路松林焉杳然便是雲霞中館宇矣九疑山 五會水山海經曰蒼梧之丘九疑之山舜所葬也水經注曰都溪水出舂陵縣左與五溪俱會縣有五山山有一溪五水會於縣門故云都溪已上永州茹溪 澧浦荆州記曰茹溪源出茹龍山水極清澈離騷云遺余珮兮澧浦天帚 松粱荆州圖副記曰天門角上石生倒垂下一竹拂謂之天帚吳錄曰松粱山山石間開處容數十丈其高以弩射之不及其上已上澧州熱石 溫泉輿地志

曰。臨武縣山有熱石。置物其上立焦。荊州記曰。郴縣溫泉。下流有田。資以溉灌。常十二月下種。至明年三月。新穀便登。仙人祠　義
帝廟　輿地志曰。馬嶺山有仙人蘇耽壇。耽至孝。一朝忽辭母曰。受性應仙。當違供養。涕泗嗚咽。百姓立壇祠之。湘州記曰。郴縣南有義
帝廟。百姓祭之。漢書曰。項羽尊楚懷王以爲義帝。已上郴州。龍池　鶴澤武陵記曰。謝承爲武陵郡守時。有黃龍見於郡東水中。拜
表上賀。因號龍池。劉義慶世說曰。晉羊祜鎭荊州。於江陵澤中得鶴。教其舞動。以樂賓友。鼎口　風門沅川記曰。沅川水名鼎口。昔
有神鼎出乎其間。武陵記曰。風門山有石門。去地百餘丈。將欲風起。此門隱隱有黑氣上。須臾有黑風競起。已上朗州。葱嶺　茗山
沅川記曰。沅川有孤山。嵓石崔嵬。上有葱如人所種。人時往取。援輒斷絕。請神而求。不挽自出。武陵記謂之葱嶺。荊州圖副曰。茗山九嶺
嶮峻。木多杉松。獸多熊豹。龍門　鹿穴水經注曰。有獨母水。南出龍門。荊州記曰。宋元嘉初。武溪蠻人射鹿。逐入石穴。纔容人。蠻人
入穴。見其傍有梯。因上梯。豁然開朗。桑果蔚然。行人翱翔。亦不以怪。此蠻於路斫樹爲記。其後茫茫。無復髣髴。已上辰州。石牀　雲
水湘州記曰。文斤山上有石牀。方高一丈。四面綠竹扶疎。常隨風委拂。水經注曰。邵陵水東會雲泉。已上邵州。浪水　舞溪水經注
曰。浪水出武陵鐔城北界山谷。荊州記謂之浪溪。荊州記曰。舞溪東流注沅。西接牂牁。已上巫州。銅柱　石門周地圖記曰。江中有
銅柱灘。又曰。均提東十三里。至石門。東有石鼓。清臺　神窟史記曰。陵邑寡婦淸。其先得丹穴。家富不訾。淸能守其業。秦皇帝以爲
貞婦。爲築女懷淸臺。益州記曰。黃葛峽有相思崖。芳泉周灌。俗謂之神窟。已上涪州。牂牁　桂浦漢武帝平南夷。置牂牁郡。又曰。牂
牁郡有桂浦關。天井　石關華陽國志曰。牂牁郡上當天井。故多雨潦。又曰。且蘭縣西南有地名石潼關。已上牂州。［箴］□
□潤州箴洋洋潤州。江川秀遠。蔣廟鍾山。孫陵曲衍。江寧之邑。楚曰金陵。吳晉梁宋。六代都興。

嶺南道第十一

〔敍事〕嶺南道者。禹貢揚州之南境。其地皆粤之分。地理志云。今蒼梧。蔚林。合浦。交趾。九眞。日本南海。皆粤分。自嶺而南至海。盡其地。廣州故南海郡。秦末南海尉趙佗王有其地。

〔事對〕蒲澗　蘭湖南越志曰。熙安縣東北有昌蒲澗。咸安中。姚成甫嘗澗側遇一丈夫。曰。此昌蒲安期先生所餌。可以忘老。又曰。番禺北有芝蘭湖。並注西海。貪泉　湞水晉中興書曰。舊云。往廣州飲貪泉。失廉潔之性。吳隱之爲刺史。自酌貪泉飲之。題石門爲詩曰。石門有貪泉。一飲懷千金。試使夷齊飲。終當不易心。漢書曰。樓船將軍楊僕出豫章。下湞水。二山　八桂南越志曰。番禺縣有番禺二山。因以爲名。山海經曰。桂林有八樹。在番禺東。已上廣州。潮穴　泉山潮州記曰。斯溪西通淮水。其穴若井。或枯涸彌年。或一日十盈十竭。若潮水焉。又曰。泉山有峭壁。高竦連阜。湎屬石泉懸注。瀑布飛流。已上連州。錢石　玉山湘州記曰。曲江縣東有泉石山。其狀四方若臺。榭其南有石三面壁峭。其上有錢。故謂之錢石。又曰。曲江縣東有玉山。卉木滋茂。泉石澄潤。相傳云。昔有人采玉處。石臺　銀甕始興記曰。勞口東岸有石四方而高可百餘仞。其狀若臺。又曰。林水源出磐石上。羅列十甕。皆蓋以青盆。中悉銀餅。有人遇之。得開觀而不可取。取輒失路迷悶欲死。已上韶州。龍川　牛嶺漢書曰。龍川縣屬南海郡。南越志曰。羅浮山有石樓。右帶牛嶺山。左據龍尾。已上循州。文貝　錦虵南越志曰。潮陽南有小水。注海濱。帶層山。其中多文貝。可以解毒。輿地志曰。龍溪謂之盤龍虵。青黑色。赤帶錦文。隨濆瀵水而入于海。有毒傷人輒死。已上潮州。素女　青牛發蒙記曰。侯官謝端曾於海中得一大螺。中有美女。云我天漢中白水素女。天矜卿貧。令我爲卿妻。南越志。綏安縣北有連山。昔越王建德伐木爲船。其大千石。以童男女三千人牽之。既而入船。俱墜於潭。時聞附船有唱喚督進之聲。往往有青牛馳迴。與船俱蓋。神靈之至。靈江　神草輿地志云。從餘姚至海三十里。過溫麻江。有一江名靈江。道書云。霍山上有神草三十四種。已上泉州。建安　將樂吳志云。永安三年。以會稽南郡爲建安郡。吳錄云。將樂縣屬建安郡。已上建州。石室　嵩臺南越志曰。高安石室。自生風峒。南北二門。狀若人功。意者以爲仙都。又曰。高要有竦石。廣六十餘丈。高二百許仞。土人謂之嵩臺。已上端州。

端石 岑珠 吴錄曰。端溪有端山。山有五色石。石上多香水。南越志曰。端溪俚人岑班入山。遇一寶珠。徑五寸。取還。夜光明照燭。俚人甚懼。以火燒之。雖小損。猶照一室。已上康州。

香林 綸木 南越志曰。盆元縣利山上多香林。又曰。威寧縣有穿州。其上多綸木。似穀皮。可以爲綿。已上岡州。

蒼梧 班石 漢書曰。蒼梧郡。武帝元鼎六年開。輿地志曰。廣信縣之壽鄉有孤嵓。嵓有班石。石皆五色。已上梧州。

圍洲 合浦 交州記曰。合浦八十里有圍洲。周迴百里。漢書曰。合浦郡。武帝元鼎六年開。已上廉州。

賀水 富川 湘州記曰。臨水經臨賀縣東。又南至郡左合賀水。漢書曰。富川縣屬蒼梧郡。已上賀州。

二鼓 三田 輿地志曰。後漢周敞爲交趾刺史。伐龍山木以爲鼓。以下分鼓給桂林郡。上分鼓給交趾郡。擊一鼓則二鼓皆鳴。廣志曰。南方地氣暑熱。一歲田三熟。冬種春熟。春種夏熟。秋種冬熟。已上交州。

蘇嶠 麻嶺 南越志曰。寧浦郡東南有蘇摩嶠。屈璆道理記曰。沙麻嶺在寧浦郡南郡。郎嶺之北垠。已上横州。

樹止 竹梁 林邑記曰。狼野人居无室。依樹宿止。南征八郡志曰。麊泠縣有大竹。數圍。實中。任屋梁柱。覆用之則當瓦。已上峯州。

蟻漆 雞潮 吴錄云。居風縣有蟻絮藤。人視土中知有蟻。因墾發。以木皮插其上。則蟻出緣而生漆。輿地志曰。移風縣有潮雞。鳴長旦清如吹角。每潮至則鳴。一名林雞。

石坻 金屐 南越志曰。馬援鑿通九眞山。又積石爲坻。以遏海波。由是不復過漲海。又曰。軍安縣女子趙嫗。嘗在山中聚結羣黨。攻掠郡縣。著金箱齒屐。恒居象頭鬬戰。已上愛州。

咸驩 都沃 漢書曰。咸驩縣屬九眞郡。晉太康地志。都沃縣屬九德郡。已上驩州。

極外 海中 交廣二州記曰。珠崖在大海中南極之外。吳時復置太守。住徐聞縣遙撫之。漢書曰。武帝立珠崖郡。在南方大海中。居廣袤千里。

巢居 椎紒 廣志云。珠崖人皆巢居。珠崖傳曰。男女皆椎紒。或被髮徒跣。紒音髻。已上崖州。

儋耳 鏤頰 漢書曰。武帝元鼎六年。定越以爲儋耳郡。張晏注曰。儋耳鏤其頰及上連耳匡。分爲數支。狀似雞腸。纍纍下垂。已上儋州。

文魮　朱鼈南越志曰。海中有文魮。鳥頭尾。鳴似磬而生玉。又曰。海中多朱鼈。狀如肺。有四眼六脚而吐珠。騂馬　水犀南越志曰。平定縣東巨海有騂馬。似馬。牛尾一角。又云。平定縣巨海有水犀。似牛。其出入有光。水爲之開。已上高州。〔箴〕　揚雄交州箴　交州荒裔。水與天際。越裳是南。荒國之外。爰自開闢。不羞不絆。周公攝祚。白雉是獻。昭王陵遲。周室是亂。越裳絕貢。荊楚逆叛。大漢受命。中國兼該。南海之宇。聖武是恢。稍稍受羈。遂臻黄支。牽來其犀。航海三萬。泉竭中虛。池竭瀕乾。牧臣司交。敢告執憲。

卷八校勘表

頁數	行數	排印本原文	安刻本	嚴陸校	備註
一六三	一〇	赤縣州	赤縣中		
一六四	四	四水		泗水	
一六四	四	琅邪		琅玡郡	
一六四	一〇	河南尹河東		河南尹河內河東	
一六四	一一	潁州	潁川		
一六四	一二	留陽		陳留	
一六四	一二	齊北國		濟北國	
一六四	一二	濟陽		濟陰	
一六四	一三	濟陽南平問原樂北國		濟南平原樂安國	
一六四	一三	桂杜陽		桂陽	
一六四	一五	居延屬國		張掖居延屬國	
一六五	一	北平		右北平	
一六五	五	帝方		帶方	
一六五	一〇	蕩陰		湯陰	

一六五	一五	隴幽		隴豳	
一六五	一五	原都督府			孫星衍輯括地志云「原」下疑脫「州」字。以下簡稱「孫輯」或「孫云」。
一六五	一五	夏都督府			孫云「夏」下疑脫「州」字
一六五	一五	銀孟		銀鹽	
一六五	一五	家			孫輯作「宜」
一六六	一	秦			孫輯作「泰」
一六六	一	澤岱州		澤州	孫輯「岱」作「代」
一六六	一	其嵐			孫輯「其」作「箕」
一六六	一	邢霸	邢具	邢貝	
一六六	二	槙威	愼威		
一六六	二	陳潁	陳類		
一六六	二	滔宋		淄宋	
一六六	二	冀曹		戴曹	
一六六	三	通集		道集	

一六六	三	淪房			孫輯「淪」作「渝」
一六六	四	戎都督府			孫云「戎」下疑脱「州」字
一六六	五	髣			孫輯作「髴」
一六六	五	樂			孫輯作「槃」
一六六	五	除			孫輯作「滁」
一六六	六	梁州都督府			孫輯作「涼州」
一六六	六	尹			孫輯作「伊」
一六六	六	居			孫輯作「崌」
一六六	六	奉			孫輯作「秦」
一六六	六	諸眞			孫輯作「諸直」
一六六	六	老懿		嵯懿	
一六六	六	河			孫輯作「可」
一六六	六	器			孫云當爲「蓋」
一六六	七	泣			孫輯作「立」
一六六	八	郡			孫輯作「邵」
一六六	八	至			孫輯作「巫」
一六六	八	年恩		牢恩	

一六六	九	春湝賓邑		春潘賓邕	
一六六	九	龍			孫輯作「瀧」
一六六	九	龔州		龍州	
一六六	九	演			孫輯作「濱」
一六六	一三	五千里神州		句下宋本有「京師也」三字	
一六七	二	代王	代士	代亡	
一六七	一〇	陳地也		此下宋本有「古太昊氏之墟周封舜後嬀汭爲陳鄭州鄭地也」十九字	
一六九	一	神農		炎帝神農氏	
一六九	六	沙海之上	沙海之士		
一六九	八	瀨鄉		瀨東壁	
一六九	一二、一三	五丈　三嗀		此條下宋本多「重壁偃朱」一條·注「穆天子傳曰·天子游於河濟·盛君獻女·爲造重壁臺·竹書云·舜囚堯偃塞丹朱蓋此城也」·	

一七〇	一	鄀城		郢城	
一七〇	二	竈覆水		竈覆	
一七〇	五	帥師城郎		句下宋本有「杜預注曰」四字	
一七〇	八	以天		乃天	
一七〇	一〇	遂生兒		成小兒生	
一七〇	一四	上有石		上有大石	
一七〇	一五	羽士	士	〔陸〕勇士〔嚴〕道士	
一七一	二	九目	九日		
一七一	三	固見存在		國見在	
一七一	五	滎彼		滎波	
一七一	八	以靖		以霸	
一七一	一三	東井與鬼			按「與」疑是「輿」之誤
一七二	二	詩譜	鄭玄詩譜		
一七二	四	金城千里		「千里」下宋本有「天府之國」四字	
一七二	八	華山上		華山頂上	
一七二	一一	同州	丹州		

一七三	五	紫河		柴河
一七三	六、七	悠悠		攸攸
一七三	一四	舊都地		舊都此堯
一七三	一四	太康地記		晉陽太康記
一七三	一四	晉獻公	晉移侯	
一七四	二	幷州部		幷州太原部
一七四	三	石艾		石乂
一七四	七	經堯城		經堯帝城
一七四	九	命之曰仇		命之曰子仇
一七六	一	驪阿	麗河	鹿河
一七六	二	冀制	冀州	
一七六	一一	魏武帝後趙石季龍		魏武帝都之後趙石季龍
				都之
一七六	一二	自薊徙		自薊徙都之
一七七	一	十里		澄先
一七七	六	登泉		金泉
一七七	一三	眞州		莫州
一七七	一四	浮水		皆作「郭水」

一七八	二	領龍額		有龍額	
一七八	四	北新縣東二十里		北新縣東	
一七八	五	清克		清宛	
一七八	七	鴻上		鴻土	
一七八	一〇	五千斤		五十斤	
一七八	一一	其處地		其地處	
一七九	一	竟舉			疑當作「競舉」
一七九	一	又曰漆水		又曰涞水	
一七九	二	漆水		涞水	
一七九	七	侍傍	保旁		
一七九	一五	抵渭川水經注	莫吾川水經注	莫吾川水注之	
一七九	一五	荆頭川		荆頤川	
一八〇	一	漢書		續漢書	
一八一	六	厥緒	厥綱		
一八一	一二	皇甫謐國都城記			按隋志作徐才宗國都城記，史記正義亦作徐才宗。

一八一	一四、一五	度量景洲		宋本無	按吳志潘璋傳作「渡百里洲」
一八二	二、三	春邑下「左傳曰」至「唐鄉」五十字			
一八二	六	北岸		北崖	
一八二	一〇	遂入		遂放入	
一八二	一五	金岡縣		金圌縣	
一八三	三	漢延		漢廷	
一八三	六	落叢郡		落聚郡	
一八三	七	金銅溪		金溪	
一八四	一一	印道銅山得擅鑄錢		銅山鑄錢	
一八四	一二	蘇初		蘇亓	
一八四	一四	光羨		光美	
一八五	二	盡其地		蓋其地	
一八五	九	孫堅		孫策	
一八五	九	築擊破		策擊破	
一八五	一五	泚水		沘水	
一八六	一	飛華之實		飛華之寶	

一八六	五	軙城	輙城	軟城	
一八六	一一	攸注		攸往	
一八六	一一	紹類		紹類	
一八六	一一	入朝		入覇	
一八七	一〇	嵎中卽嵎山		礪中卽礪山	按本頁十行事對大字尚有「嵎中」二字．嚴未校．
一八七	一三	不能潰我		句下宋本有「吳王聞而放之」六字	
一八七	一三	二少年		三少年	
一八七	一三	當爲定墓鍾		鍾遂葬之	
一八七	一三、一四	三十步二人悉化成白鶴飛入空中卽孫堅所葬地		四十步回顧三人悉化成白鶴飛去後孫堅子權果爲吳王傳四世	
一八八	五	裁五尺		廣三尺〔陸〕裁三尺許	
一八八	七	破湖		破洞	
一八八	一五	東卿		東鄉	

一八九	二、三	盧隈		皆作「盧限」
一八九	三	樓石山		接石山
一八九	五	劍窟		石室　〔陸〕石匣
一八九	五	三百里		二百里
一八九	六	豫章記又曰豐城縣獄後有雷孔章掘神劍窟方七八丈		又曰昔張華爲豐城縣令見獄有光氣射斗牛使人掘獄至七八丈深得石匣貯劍二枚
一九〇	七	其上		其山
一九〇	七	之源	之淵	之泉
一九〇	七	古城		古城縣
一九〇	一四	余珮		余遊
一九一	五	競起		竟天
一九一	七	武溪		武陵
一九一	一四、一五	〔箴〕下□□	漢揚雄	〔嚴〕此箴非揚雄所作也．潤州唐武德三年置．疑楊師道或楊炯．當攷．

一九二	一	之分		分野
一九二	四	懷千金	重千春	
一九二	七	泉石		女石
一九二	八	澄澗		澄潤
一九三	二	照燭		照耀如燭
一九三	三	已上康州		已上廉州
一九三	三	威寧縣		咸寧縣
一九三	四	爲綿		爲緯
一九三	九	蘢冷		菤冷
一九四	四	之宇		之外

初學記卷第九

帝王部

總敍帝王

〔敍事〕皇者天人之總。美大之稱也。易緯曰。帝者天號也。德配天地。不私公位。稱之曰帝。天子者。繼天治物。改政一統。各得其宜。父天母地。以養人至尊之號也。大君者。君人之盛也。呂氏春秋曰。帝者天下之所適。王者天下之所往也。尚書緯曰。帝者天號。王者人稱。天有五帝以立名。人有三王以正度。天子爵稱也。皇者煌煌也。洛書曰。皇道缺。故帝者興。韓詩外傳曰。君者群也。敢群天下萬物而除其害者。謂之君也。天皇顏峻。始學篇曰。天地立。有天皇。十三頭。號曰天靈。治萬八千歲。洞冥記曰。一姓十三人也。徐整三五歷紀云。歲起攝提。元氣肇有神靈。一人有十三頭。號天皇。春秋緯云。天皇地皇人皇兄弟九人。分九州。長天下也。遁甲開山圖曰。天皇被跡在桂州崑崙山下。地皇。始學篇曰。地皇興於熊耳龍門山。人皇。始學篇曰。人皇九頭。兄弟各三百歲。依山川土地之勢。財度爲九州。各居一方。因是而區別。榮氏云。人皇兄弟九人。生於刑馬山。身九色。有巢氏。始學篇曰。上古皆穴處。有聖人教之巢居。號大巢氏。皇甫謐以爲有巢在女媧之後。遁甲開山圖曰。石樓山在瑯邪。昔有巢氏治此山南。燧人氏。尚書大傳曰。燧人爲燧皇。以火紀官。禮含文嘉曰。

燧人始鑽木取火炮生爲熟令人無腹疾遂天之意故爲燧人　太昊庖犧氏帝王世紀曰庖犧氏風姓也蛇身人首有聖德燧人氏沒庖犧代之繼天而王首德於木爲百王先帝出於震未有所因故位在東方主春象日之明是稱太昊都陳制嫁娶之禮取犧牲以充庖廚故號庖犧氏是爲犧皇後世音謬故謂之伏犧或謂之密犧（一解云虙古伏字後誤以虙爲密故曰密犧）尚書序曰伏犧氏之王天下也始畫八卦造書契以代結繩之政由是文籍生焉詩含神霧曰華胥履大人跡而生伏犧左傳曰伏犧氏以龍紀官　帝女媧氏帝王世紀曰女媧氏亦風姓也承庖犧制度亦蛇身人首一號女希是爲女皇　淮南子曰往古之時四極廢九州裂天不兼覆地不周載女媧鍊五色石以補蒼天斷鼇足以立四極殺黑龍以濟冀川積蘆灰以止滔水　其末有諸侯共工氏任知刑以强伯而不王以水承木非行次故易不載及女媧氏沒次有大庭氏柏皇氏中央氏栗陸氏驪連氏赫胥氏尊盧氏混沌氏有巢氏朱襄氏葛天氏陰康氏無懷氏凡十五世皆襲庖犧之號　炎帝神農氏帝王世紀曰神農氏姜姓也母曰妊姒有喬氏之女名女登遊於華陽有神龍首感女登於尚羊生炎帝人身牛首長於姜水有聖德以火承木位在南方主夏故謂之炎帝都於陳在位百二十年而崩至榆岡凡八世合五百三十年周書曰神農之時天雨粟神農耕而種之作陶冶斤斧古史考炎帝有火應故置官師皆以火爲名陸景典語曰神農嘗草別穀蒸民乃粒食

黃帝有熊氏帝王世紀曰黃帝少典之子姬姓也母曰附寶見大電光繞北斗樞星照野感附寶而生黃帝於壽丘龍顏有聖德受國於有熊居軒轅之丘故因以爲名得寶鼎興封禪有景雲之瑞故以雲

紀官。爲雲師。以土德王。在位百年而崩。年百一十歲。或言壽三百歲。故宰我疑以問孔子。孔子曰。人賴其利。百年而崩。人畏其神。百年而亡。人用其敎。百年而移。故曰三百年。史記曰。黃帝姓公孫氏。生而神靈。弱而能言。代神農氏。諸侯有不從者。從而征之。未嘗寧居。東至海。登桓山及岱宗。西至崆峒。登雞頭。南至江。登熊相。北逐獯粥。合符釜山。而邑于涿鹿之阿。遷徙無常。行以師兵爲營衞。官名皆以雲。采首山之銅。鑄鼎於荆山之上。鼎既成。有龍垂胡髯下迎黃帝。黃帝上騎。群臣後宮從上七十餘人。龍乃上天。餘小臣不得上。乃悉持龍髯。拔墮黃帝之弓。百姓仰望。帝既上天。抱其弓與龍髯而號。故後代因名其處曰鼎湖。其弓曰烏號。　少昊金天氏。帝王世紀曰。少昊帝名摯。字靑陽。姬姓也。母曰女節。黃帝時有大星如虹。下流華渚。女節意感而生少昊。是爲玄囂。降居江水。邑于窮桑。以登帝位。都曲阜。在位百年而崩。古史考曰。少昊以金德王。故號金天氏。或曰宗師太皡之道。故曰少皡。左傳曰。其立也鳳鳥適至。故紀於官爲鳥師。鳳鳥氏歷正也。　帝顓頊高陽氏。帝王世紀曰。顓頊。黃帝之孫。昌意之子。姬姓也。母曰景僕。蜀山氏女。爲昌意正妃。謂之女樞。金天氏之末。瑤光之星。貫月如虹。感女樞幽房之宮。生顓頊於若水。首戴干戈。有聖德。生十年而佐少昊。十二而冠。二十登帝位。以水承金。位在北方。主冬。以水事紀官。始都窮桑。後徙商丘。在位七十八年。年九十八歲。　帝嚳高辛氏。帝王世紀曰。帝嚳姬姓也。其母不覺。生而神異。自言其名曰夋。齵齒。有聖德。年十五而佐顓頊。三十而登帝位。都亳。以木承水。在位七十年。年一百五歲而崩。陶弘景云在位六十三年。年九十二。　帝堯陶唐氏。帝王世紀曰。堯伊祁姓也。母曰慶都。孕十四月而生堯於丹陵。名曰放勛。鳥庭荷勝。眉有八采。豐下銳上。或從母姓伊祁氏。年十五而佐帝摯。受封於唐。年二十而登帝位。以火承木。都平陽。景星耀於天。甘露降於地。朱草生於郊。鳳凰止於庭。廚中自生肉脯。其薄如翣。形搖鼓則生風。使食物寒而不臭。又有草夾階生。隨月而生死。名曰蓂莢。始堯在位五十年。登舜。二十年始老。使攝政。二十八年而崩。卽位九十八年。壽一百一十八歲。

帝舜有虞氏。帝王世紀曰。舜姚姓也。其先出自顓頊。顓頊生窮蟬。窮蟬生敬康。敬康生勾芒。勾芒有子曰橋牛。橋牛生瞽瞍。瞽瞍妻曰握登。見大虹。意感而生舜於姚墟。故姓姚氏。字都君。家本冀州。其母早死。瞽瞍更娶。生象。傲。而父頑母嚚。咸欲殺舜。舜能和諧。大杖則避。小杖則受。年二十始以孝聞。堯以二女娥皇女英妻之。耕於歷山之陽。耕者讓畔。漁於雷澤。漁者讓淵。陶於河濱。陶者器不窳。堯於是乃命舜爲司徒太尉。試以五典。舉八凱八元。四惡除而天下咸服。遂納于大麓。烈風雷雨弗迷。堯乃命舜代己攝政。明年正月。舜始受終文祖。以太尉行事。舜攝政二十八年而堯崩。三年喪畢。舜年八十一。以仲冬甲子月次于畢。始卽眞。以土承火。色尚黃。以正月元日格于文祖。申命九官十二牧。以禹爲司徒。舜年八十一。卽眞。八十三而薦禹。九十五而使禹攝政。攝政五年崩。年百歲也。尚書曰。舜生三十登庸。三十在位。五十載陟方乃死。孔安國注通服堯喪三年其一共三十之數凡壽一百一十一歲

伯禹帝夏后氏。帝王世紀曰。禹姒姓也。其先出顓頊。顓頊生鯀。堯封爲崇伯。納有莘氏女曰志。是爲修己。見流星貫昴。又呑神珠。意感而生禹於石紐。名文命。字高密。長於西羌。西夷人也。堯命以爲司空。繼鯀治水。十三年而洪

水平堯美其績乃賜姓姒氏封爲夏伯故謂之伯禹及堯崩舜復命居故官禹年七十四舜始薦之于天薦後十二年舜老始使禹代攝行天子事五年舜崩禹除舜喪明年始即眞以金承土都平陽或都安邑年百歲崩于會稽始納塗山氏之女生子啓即位皇甫謐云自禹至桀幷數有窮凡十九王合四百三十二年禹一啓二太康三仲康四相五羿六寒浞七少康八杼九槐十芒十一泄十二降十三扃十四廑十五孔甲十六皐十七發十八桀十九

商殷氏帝王世紀曰殷出自帝嚳子姓也主癸之妃曰扶都見白氣貫月意感以乙日生湯故名履字天乙是謂成湯帝豐下鋭上晳而有髯倨身而揚聲長九尺臂四肘有聖德諸侯不義者湯從而征之將伐桀先滅韋顧昆吾遂戰於鳴條之野桀奔于南巢之山湯乃即天子之位以水承金始居亳爲天子十三年壽百歲而崩湯娶有莘氏女爲正妃生太子丁外丙仲壬太子早卒外丙代立皇甫謐云商之享國也三十一王是見居位者實三十王而言三十一者兼數太子丁也自湯得位至紂凡六百二十九年成湯一外丙二仲壬三太甲四沃丁五太庚六小甲七雍已八太戊九仲丁十外壬十一河亶甲十二祖乙十三祖辛十四沃甲十五祖丁十六南庚十七陽甲十八盤庚十九小辛二十小乙二十一武丁二十二祖庚二十三祖甲二十四廩辛二十五庚丁二十六五乙二十七太丁二十八帝乙二十九紂三十商書曰成湯既沒太甲元年孔安國注云太甲太丁子湯孫也太丁未立而卒及湯沒而太甲立稱元年謚法殘義損善曰紂敗於牧野縣首白旗從黄帝至紂三十六世紂二年納妲己二十年四文王三十年武王觀兵於孟津

周帝王世紀曰周姬姓也文王始修政三年而天下二分歸之入爲紂三公年十五而生太子發文王九十七而崩太子發代立是爲武王武王二年觀兵至孟津之上四年始伐殷爲天子以木承水自酆徙都鎬武王崩年九

十二太子誦代立，是爲成王。皇甫謐云：自剋殷至秦滅周之歲，凡三十七王，八百六十七年。武王一，成王二，康王三，昭王四，穆王五，恭王六，懿王七，孝王八，夷王九，厲王十，宣王十一，幽王十二，平王十三，桓王十四，莊王十五，釐王十六，惠王十七，襄王十八，頃王十九，匡王二十，定王二十一，簡王二十二，靈王二十三，景王二十四，悼王二十五，敬王二十六，貞定王二十七，元王二十八，哀王二十九，思王三十，考王三十一，威烈王三十二，元安王三十三，夷烈王三十四，顯聖王三十五，愼靚王三十六，赧王三十七。

秦氏。帝王世紀曰：秦，嬴姓也。昔伯翳爲舜主畜多，故賜姓嬴氏。孝襄公始修霸業，壞井田，開阡陌。天子命爲伯。至昭襄王自稱西帝，攻周赧王，取九鼎。至莊襄王滅東西周。莊襄王崩，政立，爲始皇帝，并天下，置三十六郡。自以水德，故以十月爲正，色尚黑。使蒙恬築長城，焚詩書百家之言，坑儒士四百六十人。三十七年崩于沙丘平臺，年五十。皇甫謐云：自昭襄王滅周至子嬰，凡四王二帝，合四十九年。昭襄王一，孝文王二，莊襄王三，始皇帝四，胡亥五，子嬰六。又帝王世紀曰：秦改鎬曰咸陽，都焉。爲漢驅除，不求五運，別以水德王。秦自始封至滅，三十六世，合六百五十年。秦，顓頊之後也。先世造父之爲穆王御，有功，封之於趙城，國爲趙氏也。與簡子同祖，嬴姓也。秦亦在水火之間。

漢氏。火德。帝王世紀曰：漢出自帝堯，劉姓也。豐公生執嘉，卽太上皇也。太上皇之妃曰媼，是爲昭靈后，生子邦，字季，是爲漢高皇帝。秦二世元年，諸侯叛秦，沛人共立爲沛公。二年，入武關，至霸上，秦王子嬰降。項羽自立爲西楚霸王，立沛公爲漢王，王巴蜀。漢元年，還攻雍，遂定三秦。五年，破楚王羽於垓下，追斬於東城，天下始定。春正月，楚王韓信等請尊爲皇帝。二月，卽位于定陶汜水之陽，都長安。十二年，崩于長樂宮，年六十二。初納呂公之女，謂之高皇后，生太子盈，代立。按前漢十二帝：高祖一，惠帝二，高后三，文帝四，景帝五，武帝六，昭帝七，宣帝八，元帝

九成帝十哀帝十一平帝十二王莽立孺子嬰居攝三年簒位十五年更始立二年皇甫謐曰自高祖元年至更始二年凡得二百三十年

後漢 帝王世紀曰光武皇帝出自景帝也名秀字文叔更始元年爲偏將軍破王邑殺王尋誅王郎更始二年立爲蕭王建武元年四月更始降赤眉六月光武即帝位于常山鄗之陽千秋亭都洛陽在位三十三年中元二年二月崩于洛陽南宮年六十三太子莊代立是爲孝明皇帝按後漢十二帝光武一明帝二章帝三和帝四殤帝五安帝六順帝七冲帝八質帝九桓帝十靈帝十一獻帝十二皇甫謐云自漢元至更始五年凡二百一十二年自居攝元年至更始二年凡十八年自建武元年至延康元年凡一百九十五年漢前後幷諸廢帝及王莽合三十一帝四百二十六年

魏氏土德 帝王世紀曰魏曹姓也武皇帝諱操字孟德漢建安二十四年進爵爲魏王改二十五年爲延康元年春正月崩于洛陽年六十六太子丕代立是爲文皇帝其年冬十月受漢禪改延康元年曰黃初都洛陽黃初七年崩年四十 皇甫謐云自黃初元年至禪晉之歲凡五帝四十五年文帝一明帝二廢帝齊王三廢帝高貴鄉公四元帝五按魏文帝初立號黃初元年黃初二年劉備於蜀稱帝號章武元年立三年而崩年六十三子禪嗣位二主合四十三年爲魏所滅黃初三年孫權稱吳王於武昌號黃武元年後稱帝立二十一年而崩年七十子亮嗣位自權至皓四主合五十九年爲晉所滅

晉氏金德 晉書曰武皇帝諱炎字安世河內温縣人姓司馬氏太始元年升壇受禪禮畢即洛陽宮追尊宣王爲宣皇帝武帝祖景王爲景皇帝武帝伯父文王爲文皇帝武帝父 大熙元年崩年五十五立二十六年太子衷嗣是爲惠帝按晉書自武帝至恭帝凡一十五帝合一百六十五年禪于宋也武帝一惠帝二懷帝三愍帝四已上西朝都洛陽元帝五明帝六成帝七康帝八穆帝九哀帝十廢帝十一簡文帝十二孝武帝十三安帝十四恭帝十五已上東

朝都建鄴今潤州江寧縣是也［事對］犧軒　炎昊並見敘事　九舜　十堯桓範要論曰責公者易雖一賢少謬執難者衆雖九舜猶亂韓子曰今夫堯舜生而在上位雖有十桀而不能亂者則勢安也桀紂亦生而在上位雖有十堯舜而不能化之則勢亂也　白帝　玄王河圖曰白帝朱宣宋均曰少昊氏也國語曰玄王勤商十有四葉而興賈逵注曰玄王謂契湯之祖契謂之玄王　雲名　火紀左傳曰黄帝以雲紀故爲雲師而雲名又曰炎帝以火紀故爲火師而火名　大庭　少昊譙周古史考曰大庭氏姜姓以火德王故號曰炎帝皇甫謐帝王世紀曰少昊帝名摯字青陽　六羽　九翼春秋命歷序曰人皇九頭駕六羽乘雲谷口河圖曰天皇九翼是名旋復　若水　塗山呂氏春秋曰帝顓頊生自若水宧處空桑乃登帝位蜀王本紀曰禹母含珠孕禹坼副而生於塗山　生翼　在房春秋合誠圖曰赤帝之精生於翼下春秋元命苞曰姬昌蒼帝之精位在房心宋均注曰蒼帝靈威仰　玄鳥　赤龍列女傳曰簡狄者帝嚳之少妃有娀之女浴於玄丘之水有玄鳥啣卵而墜五色簡狄得而吞之遂生契詩含神霧曰慶都與赤龍合婚生赤帝伊祁堯也　夢日　感星漢武帝故事曰王皇后內太子宮得幸有娠夢日入其懷尚書帝命驗曰姚氏纖華感樞注曰舜母感樞星之精而生舜重華　繞星　貫月詩含神霧曰大電光繞北斗樞星照郊野感附寶而生黄帝河圖曰瑤光之星如虹貫月感女樞於幽房之宮生黑帝顓頊也　珠庭　玉理洛書曰黑帝子湯長八尺一寸珠庭春秋命歷序曰神農戴玉理宋均注曰玉理猶玉英也　四乳　八眉春秋元命苞曰文王四乳是謂含良蓋法酒旗布恩舒明宋均注曰酒者乳也能乳天下布恩之謂也尚書大傳曰堯八眉八眉者如八字　重瞳　齵齒春秋元命苞曰舜重瞳子是謂滋涼宋均注滋涼有滋液之潤且清涼光明而多見又曰武王齵齒是謂剛強宋均注曰重齒以爲表　龍顔　鳥喙春秋元命苞曰黄帝龍顔尸子曰禹長頸鳥喙貌亦惡矣天下從而賢之者好學也　望廣　視豐春秋合誠圖曰蒼帝之爲人望之廣視之專而長九尺一寸又曰赤帝之爲人視之豐長八

尺七寸。鱗身 牛首王延壽魯靈光殿賦曰伏犧鱗身女媧蛇軀。皇甫謐帝王世紀曰有蟜氏女名女登。爲少典妃遊華陽有神龍首感女登生炎帝人身牛首。戴干 懷斗春秋元命苞曰帝嚳戴干。是謂清明宋均注曰干盾也洛書曰有人出石夷掘地代戴成鈐懷玉斗。鄭玄注曰懷璇璣玉衡之道姚氏以禹胸有黑子如北斗。昭華 延喜尚書大傳曰舜耕於歷山堯妻之以二女屬其九子也贈以昭華之玉尚書璇璣鈐曰禹授啓握玄珪出刻曰延喜之玉受德天賜之佩。握河 沉洛皇甫謐帝王世紀曰堯率諸侯羣臣沉璧於洛河受圖書今尚書中候握河紀之篇是也尚書中候曰朕率羣臣沉璧於洛河良侯于下稷赤光起玄龜負書出赤文成字。金牛 玉馬孫氏瑞應圖曰金牛瑞器也王者土地開闢則金牛至又曰玉馬者瑞器也王者清明篤賢則至。温洛 榮河易乾鑿度曰帝盛德之應洛水先溫九日乃寒五日變爲五色尚書中候曰帝堯卽政榮光出河。大君 元后周易曰大君有命開國承家尚書曰可愛非君可畏非民衆非元后何戴。出震 開階周易曰帝出乎震齊乎巽春秋孔演圖曰天子皆五帝之精寶各有題序以次運相據起必有神靈符紀使開階立遂。當宁 置圖禮記曰天子當扆而立諸侯北面而見天子曰覲天子當宁而立諸公東面諸侯西面曰朝春秋孔演圖曰王者當置圖錄坐旁以自正也。按轡 垂拱陸子曰三皇垂拱五帝垂手唐虞按轡禹湯馳轅雖使周公御銜仲尼促節固不已也應劭風俗通曰皇天不言四時行焉百物生焉三皇垂拱无爲有似皇天故稱曰皇。時乘 或躍周易曰時乘六龍以御天又曰九四或躍在淵。纂堯 授舜漢書高祖述曰皇矣漢祖纂堯之緒實天生德聰明神武禮記曰堯授舜舜授禹湯放桀武王伐紂。擊壤 鼓腹史曰堯時有老父者擊壤而嬉於路言曰我鑿井而飲耕田而食帝力何有於我哉莊子曰赫胥氏時人居不知所爲行不知所之含哺而嬉鼓腹而遊。垂衣 卷領易曰黄帝堯舜垂衣裳而治天下蓋取諸乾坤淮南子曰古有鍪頭而卷領以王天下注曰古者蓋三皇以前鍪頭著兜帽言未知制冠卷領皮衣屈而紩之如今朝章襲反攝以爲領。鶉居　掬飮尸子曰。人言居天下者。瑤臺九累。而堯白屋。黼黻九種。而堯大布。宮中三市。而堯鶉居。禮記曰。塊桴而土鼓。汙樽而抔飮。鄭注。汙樽。杯飮。以手掬之。攣領　結繩　晏子曰。古者有紩衣攣領而王天下者矣。莊子曰。昔者容成氏。大庭氏。柏皇氏。中央氏。當是時。人結繩而用之。以爲政。垂筴　委裘陸子曰。三皇垂筴而五帝擊手。呂氏春秋曰。堯之官若委裘。以言少事。橧巢　營窟晏子曰。古者有處橧巢而王天下者矣。禮記曰。昔者先王冬則居營窟。夏則居橧巢。則地　揆天黃石公三略曰。帝者體天則地。有言有令。而天下太平。文子曰。伏犧氏之王天下也。功揆天地。就日　望雲大戴禮曰。宰我請問帝堯。孔子曰。放勛其仁如天。其智如神。就之如日。望之如雲。孟子曰。湯一征自葛載。天下信之。人望之若大旱之望雲霓也。合神　順命　七經義綱曰。孔子曰。天子之德。感天地。洞八方。以化合神者稱皇。德合天者稱帝。德合仁義者稱王。春秋元命苞曰。天道煌煌。非一帝之功。王者赫赫。非一家之常。順命者存。逆命者亡。大德　鴻名易曰。天地之大德曰生。聖人之大寶曰位。何以守位曰仁。何以聚人曰財。司馬相如封禪書曰。前聖之所以永保鴻名。常爲稱首者也。明一　通三管子曰。明一者皇。察道者帝。通德者王。謀得兵勝者霸。董子曰。古之人造文字者。三畫而連其中者謂之王。三畫者。天地與人也。連其中。通其道也。取其天地與人之才而三通之。非王者其孰能若是乎。合元　順紀何休注公羊傳曰。德合於元者稱皇。大戴禮曰。黃帝順天地之紀者也。巍巍　翼翼論語曰。巍巍乎。舜禹之有天下而不與焉。何晏注曰。美舜禹已不與求天下而得之也。巍巍者。高大之貌。毛詩曰。維此文王。小心翼翼。昭事上帝。聿懷多福。鄭箋云。翼翼。小心之貌。赫赫　煌煌毛詩曰。明明在下。赫赫在上。毛萇注曰。文王之德。明明於下。故赫赫然著於天也。漢書曰。孝成煌煌。臨朝有光威儀之盛。如珪如璋。禮記曰。天子穆穆。諸侯皇皇。穆穆　乾乾禮記曰。天子穆穆。諸侯皇皇。易曰。九三。君子終日乾乾。夕惕若厲。无咎。五德　三統月令曰。立春之日。盛德在木。其帝太皞。夏日盛德在火。其帝炎帝。季夏盛德在土。其帝黃帝。秋日盛德在金。其帝少昊。

冬日盛德在水。其帝顓頊。漢書曰。三統者。天施地化人事之紀也。步驟　質文　白虎通曰。三皇步。五帝驟。三王馳。五霸鶩。大戴禮曰。質文再而變。正朔三而改。三綱　一統　論語曰。周因於殷禮。所損益可知也。注曰。所因謂三綱五常也。所損益謂文質三統也。易乾鑿度曰。天子者。繼天理物。致政一統。各得其宜。父天母地。以養人。至尊之號。青丘　丹浦　歸藏啓筮曰。蚩尤出自羊水。八肱八趾。疏首。登九淖以伐空桑。黄帝殺之於青丘。帝王世紀曰。有苗處南蠻而不服。堯征而克之于丹水之浦。牧野　阪泉　尚書曰。武王戎車三百兩。虎賁三千人。與紂戰於牧野。大戴禮曰。軒轅與赤帝戰于阪泉之野。軒營　周陣　史記曰。軒轅邑于涿鹿之阿。遷徙无常。行以師兵爲營衛。尚書曰。武王伐殷。一月戊午。師渡孟津。癸亥。陳于商郊。俟天休命。鳳墟　鮪水　韓子曰。文王伐崇。至黄鳳墟而襪繫解。顧无左右。令繫。文王乃自結之。皇甫謐帝王世紀曰。武王四年。起師而東。遂率戎車至鮪水。甲子至于商郊。舜戚　軒弧　皇甫謐帝王世紀曰。有苗氏負固不服。舜乃修文教。三年執干戚而舞之。有苗請服。易曰。神農氏沒。黄帝堯舜氏作。弦木爲弧。剡木爲矢。弧矢之利。以威天下。蓋取諸睽。親耕　躬稼　呂氏春秋曰。神農之教曰。士有當年而不耕者。則天下或受其饑。女有當年而不績者。則天下或受其寒矣。故身親耕。妻親績。論語曰。禹稷躬稼而有天下。抵璧　藏金　張衡東京賦曰。抵璧於谷。陸賈新語曰。舜藏黄金於嶄嵓之山。以杜邪淫之欲。堯廚　舜甑　皇甫謐帝王世紀曰。堯廚中自生肉。脯其薄如翣形。搖鼓則生風。使食物寒而不臭。名曰翣脯。韓詩外傳曰。昔舜甑盆无羶。而工不以巧獲罪。栝柱　土階　周書曰。文王在鄗。召太子發曰。吾栝柱而茅茨。爲人愛費。墨子曰。堯堂高三尺。土階三等。茅茨不翦。采椽不斲。一八　四七　左傳曰。舜臣堯。舉八凱。使主后土。以揆百事。莫不時序。地平天成。舉八元。使布五教于四方。父義。母慈。兄友。弟恭。子孝。內平外成。史記曰。儒生強華自關中奉赤伏符來。曰。劉秀發兵捕不道。四方雲集龍鬭野。四七之際火爲主。又張衡西京賦。我光武忿之。乃龍飛白水。鳳翔參墟。授鉞四七。共工是除。攙槍旬始。羣兇靡餘。握髮　吐哺　皇甫謐帝王世紀曰。禹一沐三握髮。一餐三起。班叔皮王命論曰。高祖信誠好謀。達於聽受。當食吐哺。納子房之策。虞韶　夏籥論語曰。子在齊聞韶。三月不知肉味。孔安國注。韶。舜樂名。呂氏春秋曰。禹立。命臯陶作夏籥九成。以昭其功。犧瑟　媧笙帝王世紀曰。伏犧作瑟。三十六弦。長八尺一寸。禮記曰。女媧之笙簧。漢筑　虞琴史記曰。高祖還歸。過沛。置酒沛宮。悉召故人父老子弟縱酒。發沛中兒得百二十人。教之歌。酒酣。高祖擊筑。自爲歌詩。禮記曰。昔舜作五絃之琴。以歌南風。經綸　覆露周易曰。雲雷屯。君子以經綸。淮南子曰。帝者體太一。者紀綱八極。經緯六合。覆露昭導。普施而无私。亭毒　財成老子曰。亭之毒之。蓋之覆之。王弼注。亭謂品其形。毒謂成其質。易曰。天地交泰。后以財成天地之道。輔相天地之宜。以左右民。蔭樾　推溝淮南子曰。武王蔭暍人於樾下。而天下懷之。感於恩也。桓寬鹽鐵論曰。禹稷自布衣。思天下有不得所者。若己推而納之溝中。泣辜　扇暍劉向說苑曰。禹出見辜人。問而泣之。皇甫謐帝王世紀曰。武王自孟津還。及于周。見暍人。王自左擁而右扇之。神輸　人贊春秋元命苞曰。王者往也。神之所輸向。人所歸樂。范曄後漢書光武贊曰。靈慶既啓。人謀咸贊。明明廟謨。赳赳雄斷。貢雉　獻獒史記曰。周成王時。越裳貢白雉。尚書曰。西旅獻獒。注云。西戎遠國貢大犬。展義　觀風左傳曰。天子非展義不巡狩。禮記曰。命太師陳詩以觀民風。周轍　夏迹左傳曰。楚右尹子革曰。昔穆王欲肆其心。周行天下。將必有車轍馬迹。祭公謀父作祈招之詩。以止王心。是以獲沒於祈宮。又曰。芒芒禹迹。畫爲九州。舜旌　堯鼓管子曰。舜有告善之旌。而主不蔽也。禹立諫鼓於朝。而備訴訟。鄧子曰。堯置敢諫之鼓。夏磬　周鞀劉向說苑曰。禹之化天下也。以五聲聽。門懸鐘鼓鐸磬。而置鞀。以待四海之士。呂氏春秋曰。舜有誹謗之木。湯有司過之士。武王有戒慎之鞀。猶恐不知己過。獻櫻　薦黍漢書曰。惠帝嘗出遊離宮。叔孫通曰。古者春嘗果。方今櫻桃熟可獻。願陛下出。因取櫻桃獻宗廟。上許之。諸果獻由此興也。禮記曰。仲夏之月。農乃登黍。乃以雛嘗黍。羞以含桃。先薦寢廟。足履己　手握褒皇甫謐帝王世紀曰。脩己山行。見流星貫昴夢接意感生禹於石紐虎鼻大口足文履己孝經援神契曰舜龍顏大口手握褒宋均注曰握褒手中有褒字喻從勞苦受褒飾致大祚也 **得玉曆** **佩寶文** 干寶搜神記曰虞舜耕於歷山得玉曆於河際之巖舜知天命在己體道不倦河圖曰禹既治水功大天帝以寶文大字錫禹佩渡北海弱水之難 **醴泉出** **祥鳳至** 尚書中候曰帝堯即政七十載甘露潤澤醴泉出山榮光出河休氣四塞禮斗威儀曰人君政訟平即祥鳳至 **玉龜讖** **石馬圖** 瑞應圖曰玉龜者師曠時出河東之涯爲聖圖出河負錄讖書王隱晉書曰懷帝永嘉元年有玉龜出灞水魏氏春秋曰明帝青龍三年張掖郡刪丹縣金山玄川溢湧石馬負圖狀象靈龜立于川西有石馬七麟在東鳳在南 **紀鳳鳥** **舞神魚** 左傳曰少昊氏之立也鳳鳥適至故紀於鳥孔安國注尚書曰雄曰鳳雌曰凰靈鳥也漢書宣帝時東浮大河神魚舞於河 **御二龍** **駕六鳳** 括地圖曰禹誅防風夏德盛二龍降之禹使范氏御之以行春秋命歷序曰辰放六頭四乳在位二百五十年離光次之號曰皇談銳頭日角駕六鳳凰出地衡在位五百六十歲 **作舟車** **爲耒耨** 班固東都賦曰作舟車造器械斯乃軒轅氏之所以開帝功也易曰庖犧氏沒神農氏作斲木爲耜揉木爲耒耒耨之利以教天下 **建皇極** **合天中** 尚書洪範曰建用皇極孔安國注曰皇大也極中也凡立事當用大中之道春秋運斗樞曰虙犧女媧神農是三皇皇者中也弘也合天履中開陰布綱止合皇極其施光明煌煌盛美不可勝量 **含乾元** **體太一** 桓譚新論曰夫王道之主其德能載包含以統乾元也文子曰帝者體太一王者法陰陽 **法三才** **咸一德** 淮南子曰帝王者體太一以法三才尚書曰惟尹躬曁湯咸有一德 **皇侔天** **帝合地** 春秋繁露曰德侔天地者稱皇皇甫謐帝王世紀曰功合神者稱皇德合地者稱帝德合人者稱王 **禹孜孜** **湯栗栗** 尚書曰禹曰予思日孜孜孔安國注曰言己思日孜孜不怠奉成臣功而已又曰湯既黜夏命復歸于亳作湯誓曰栗栗危懼若將隕于深淵 **推五勝** **改三正** 漢書曰秦兼天下未遑暇也亦頗推五勝五行相勝秦以周爲火水以勝

之大戴禮曰正朔三而改 禹菲食 湯布衣 孔子曰禹吾無間然矣菲飲食而致孝乎鬼神尸子曰湯之救旱也素車白馬布衣身嬰白茅以身爲牲當此時絃歌舞者禁之 堯羹藜 舜飯糗 韓子曰堯之王天下糲粢之食藜藿之羹孟子曰舜之飯糗茹草若將終身焉 魏虚座 漢側席 吳書曰虞翻字仲翔著易甚有大意魏文帝聞翻名爲設虚座守之後漢書曰朕思望直士側席異聞 歌龍鱗 歎鴻翼 傅玄樂府雜歌詩曰鳳有翼龍有鱗君不獨興必須良臣管子曰桓公在灞管仲隰朋見忽有二鴻飛而過之公歎曰寡人有仲父猶飛鴻之有羽翼 得六相 有五臣 管子曰昔黄帝得蚩尤明乎天道得太常察乎地利得靑帝辨乎東方得祝融辨乎南方得大封辨乎西方得后土辨乎北方黄帝得六相而天下化論語曰舜有臣五人而天下治孔安國注禹稷契臯繇伯益 有十亂 用三傑 武王曰予有亂臣十人亂理也理官者十人周公召公太公畢公榮公大顚閎夭散宜生南宮适其一人謂文母也漢書曰高帝云夫運籌於帷幄之中決勝千里之外吾不如子房鎭國家撫百姓給餉饋吾不如蕭何運百萬之衆戰必勝攻必取吾不如韓信三者皆人傑吾能用之此吾所以取天下也 拔芻牧 舉行陣 漢書曰上方欲用文武求之如不及始以蒲輪迎枚生見主父而歎息群士慕向異人並出卜式拔於芻牧弘羊擢於賈豎班彪王命論曰舉韓信於行陣收陳平於亡命英雄陳力羣策畢舉此高祖之大略所以成帝業也 作承雲 和調露 呂氏春秋曰帝顓頊令飛龍作效八風之音命之曰承雲樂叶圖徵曰四時之節動靜各有分職不得相越當以度行謂調露之樂注曰調露和致於甘露樂 鳳集梧桐 龜出芝池 韓詩外傳曰黄帝即位鳳乃止於帝東園集帝梧桐樹食帝竹實沒身不去魏略曰魏文帝神龜出於靈芝池 東戶鴈行 西鄰禴祭 子思子曰東戶季子之時道上鴈行而不拾遺耕耨餘糧宿諸畝首易曰東鄰殺牛不如西鄰之禴祭實受其福 烏江追項 赤壁破曹 史記曰項王至東城乃有二十八騎追者數千人欲東渡烏江亭長艤船待謂項王曰江東雖小地方千里衆數十萬亦足王也願

大王急渡．今獨臣有船．漢軍至．無以渡．項王笑曰．籍與江東子弟八千渡江而西．今無一人還．縱江東父老憐而王我．我何面目見之．縱彼不言．籍獨不愧於心乎．蜀志曰．曹公南征劉表．率將精騎五千．急追先主．及於當陽之長坂．先主走至夏口．遣諸葛亮自結於孫權．與曹公戰於赤壁．大破之．焚其舟船．

周武仗鉞　漢高提劍　尚書曰．武王與受戰於牧野．甲子昧爽．王朝至于商郊．左仗黃鉞．右執白旄以麾．史記曰．高祖擊英布時．爲流矢所中．病．呂后迎良醫．醫入．高祖嫚罵之曰．吾以布衣提三尺劍取天下．此非天命．命乃在天．雖扁鵲何益．

鴻門謝羽　滍水敗尋　漢書曰．羽至函谷關．有兵守．不得入．聞沛公已屠咸陽．羽大怒．使當陽君英擊關．羽遂入至戲西鴻門．明日沛公從百餘騎至鴻門謝羽．自陳封秦府庫．還軍灞上．以待大王．閉關以備它盜．不敢背德．後漢書曰．王莽遣王尋王邑將兵百萬圍昆陽．光武乃與敢死者三千人衝其中堅．遂殺王尋．莽兵大敗．走者相騰踐．奔一百餘里間．會大雷風．屋瓦皆飛．雨下如注．滍水盛溢．士卒爭赴溺者萬數．水爲之不流．

周官棫樸　殷相鹽梅　毛詩曰．棫樸．文王能官人也．芃芃棫樸．薪之槱之．毛萇注曰．芃芃木盛也．棫白桵也．山木茂盛．萬民得而薪之．喻賢人衆多．國家得用蕃興也．尚書曰．高宗夢傅說．爰立作相．王置諸其左右．命之曰．若金．用汝作礪．若濟巨川．用汝作舟楫．若作酒醴．爾惟麴糵．若作和羹．爾惟鹽梅．若歲大旱．用汝作霖雨．

葛天八闋　虞帝九成　呂氏春秋曰．昔葛天氏之樂．三人操牛尾．投足以歌八闋．高誘注曰．葛天氏．古帝名也．投足猶蹀足．闋．終也．尚書曰．簫韶九成．鳳凰來儀．孔安國注曰．韶．舜樂名也．帝王世紀曰．帝舜即有虞氏．

軒皇夔鼓　漢帝鸞旗　皇甫謐帝王世紀曰．黃帝於東海流波山得奇獸．狀如牛．蒼身無角．能走出入水．則風雨．光如日月．其音如雷．名曰夔．黃帝殺之．以其皮爲鼓．聞五百里．史記曰．黃帝號軒轅氏．漢書曰．文帝時有獻千里馬者．詔曰．鸞旗在前．屬車在後．吉日行五十里．馬獨先焉往．於是還馬與道里之費．

見窘蘭池　微行柏谷　史記曰．始皇帝爲微行．與武士四人俱夜出．逢盜蘭池．見窘．武士擊殺盜．漢武故事曰．上嘗輕服爲微行．至柏谷．夜投亭長．不納．乃宿於逆旅．

出軫　吐珠　尚書帝命驗曰東南紛紛注精紀昌光出軫巳圖之鄭玄注曰謂劉氏也謂火精當起翼軫之野尚書考靈曜曰河圖子提期地留赤用藏龍吐珠鄭玄注曰河圖子劉氏而提起也珠寳物喻道也赤漢當用天之秘道故河龍吐之　侮人　樂沛　漢書王陵曰陛下慢而侮人項羽仁而愛人又曰高祖曰吾雖都長安之後吾魂魄猶思樂沛　降子嬰　封雍齒　史記曰漢元年十月沛公兵先諸侯至灞上秦王子嬰降於軹道漢書曰高祖於未央宫望見諸將於沙中偶語乃先封雍齒人人皆喜曰雍齒且侯吾等無患矣　貪財貨　起布衣　史記曰范增說項羽曰沛公居山東貪於財貨今入關財物無所取其志不小急擊之勿失荀悅紀曰高祖起於布衣奮劒而取天下　總萬廷　旅五緯　河圖曰高皇攝正總萬廷四海歸詠理威明文德道化承天精西京賦曰高祖之始入也五緯相叶以旅之于東井　隱芒澤　徭咸陽　帝王世紀曰高祖爲泗水亭長送徒驪山徒多道亡自度比至皆失盡到豐西澤中止飲夜乃解縱所送徒高祖卽自疑亡匿於芒碭山澤岩石之間史記曰高祖常徭咸陽縱觀秦始皇帝喟然太息曰嗟乎大丈夫當如此也　朱鴈　白麟　漢書曰孝武皇帝行幸東海獲赤鴈作朱鴈之歌又曰武帝行幸雍祠五時獲白麟乃作白麟之歌　芝房　瓠子　漢書曰武帝元封二年詔曰甘泉之宫中產芝九莖連葉作芝房之歌又曰武帝東巡於海上四月還祠泰山至瓠子臨決命從臣將軍以下皆負薪塞河隄作瓠子之歌　盛唐　蒿里　漢書曰元封五年帝南巡至于盛唐又元狩五年禪蒿里注曰蒿里山名也　甲帳　交門　漢武帝起九間神屋以琉璃珠玉明月夜光雜錯天下珍寳爲甲帳其次爲乙帳甲以居神乙以上自御之漢書曰元封四年幸不其祠神人于交門宫若有嚮坐拜者作交門之歌　歷鳴澤　濟汾河　漢書曰武帝元封四年北出蕭關歷鹿鳴澤漢武帝秋風詞曰泛樓船兮濟汾河橫中流兮揚素波簫鼓鳴兮發棹歌歡樂極兮哀情多少壯幾時兮柰老何　出竹宫　生蘭殿　漢儀曰郊泰時皇帝平明出竹宫東向揖日其夕西向揖月漢武帝故事曰武帝以乙酉年七月七日生於猗蘭殿　體亞聖

慮如神張儼默記曰漢光武體亞聖之才執文武略聰明仁德膺時而出薛瑩漢記曰光武寬容博納計慮如神是以任光竇融望風
附影也 仕金吾 擊銅馬 後漢書曰光烈陰皇后諱麗華南陽新野人也光武適新野聞后美心悅之後至長安見執金吾車騎
甚盛因歎曰仕宦當作執金吾娶妻當得陰麗華東觀漢記曰更始年立上爲蕭王擊銅馬大破之乃受降 殺王尋 擒張步 後
漢書曰更始元年王莽遣王尋王邑將兵百萬旌旗輜車千里不絶圍昆陽城數十重光武乃與敢死者三千人從城西水上衝其中堅
尋邑陣亂遂殺王尋莽兵大潰張儼默記曰漢光武中興破赤眉擒張步隗囂之徒羣凶夷滅華夏肅清 北部 西陵 魏志曰太祖
武帝二十舉孝廉爲郎除洛陽北部尉魏武帝遺令曰吾婕妤妓人皆著銅雀臺於臺上施六尺牀繐帳朝晡上脯糒之屬月朝十五輒
向帳作樂汝等時登銅雀臺望吾西陵墓田勿闕 擊蛟 射雉 幼童傳曰太祖幼而智勇年十歲嘗浴於譙水有蛟來逼自水奮
擊蛟乃潛退於是畢浴而還弗之言也魏書曰太祖於南皮一日射雉獲三十六頭也 林梅 野葛 劉義慶記魏武帝行兵失道三
軍皆渴帝曰前有大梅林結子甘酸可以解渴士卒聞之口皆出水乘此得以及前源張華博物志曰太祖習啗野葛至一尺亦得少多
飲鴆酒 脩渦 營洛 魏志曰黃初六年帝遂以舟師自譙修渦入淮從陸道達徐州築東巡臺至廣陵故城臨江觀兵又曰黃初元
年十二月帝初營洛陽宮戊午幸洛陽 書鞭 擊蔗 魏文帝臨渦賦序曰上建安十八年至譙余兄弟從上拜墳墓遂乘馬遊觀
經東園遵渦水高樹之下駐馬書鞭爲臨渦賦魏文帝典論自敘曰余幼學擊劍與平虜將軍劉勳奮威劉展等共飲酒宿聞展有手臂
能空手入白刃余與論劍長久謂言將軍法非也余顧嘗好之又得善術因求余對時酒酣耳熱方食竿蔗便以爲杖下殿數交三中其
臂 金車 寶鼎 吳志曰初興平中吳中童謠云黃金車班蘭耳闓閶門出天子閶門吳西郭門夫差所生也吳錄曰赤烏十二年寶
鼎見於臨平湖中 都武昌 遷建鄴 吳志曰黃初二年孫權自公安都鄂改名武昌又曰黃武元年四月祭南郊即皇帝位遷

都建鄴。持鞍緩鞚　受箭迴船虞溥江表傳曰。孫權征合肥。爲張遼所襲。乘駿馬上津橋。南回見徹谷利在馬後。使權持鞍緩鞚著鞭。遂得超渡。魚豢魏略曰。孫權乘大船來觀軍。曹公使弓弩亂發。箭著其船。船偏重將覆。權因迴船。以輕面受箭。箭均船平而去。大口方頤　長上短下虞溥江表傳曰。孫堅爲下邳丞時。權生。方頤大口。目有精光。漢獻帝春秋曰。張遼問吳降人曰。紫髯將軍長上短下。是誰。答曰。是孫會稽。結吳　亂漢蜀志曰。先主遣諸葛亮自結於孫權。華陽國志曰。漢末雄傑並起。先主名微衆鮮。建元亂漢。與之鼎跱。棄妻子　失匕箸蜀志曰。曹公遣精騎追及先主於當陽之長坂。先主棄妻子。與數十騎而走。又曰。曹公從容謂先主曰。天下英雄唯操與使君耳。袁本初之徒不足數也。先主方食。失匕箸。翦芳蘭　乘羽葆蜀志曰。先主將誅張裕。諸葛亮請罪。先主曰。芳蘭當門。不得不翦。又曰。先主舍東南角有桑樹。童童如小車蓋。先主少時與諸宗兒戲。言吾當乘此羽葆蓋車。有奇節　與大謀干寶搜神曰。高祖宣皇帝少有奇節。聰明多大略。又曰。宣帝遷太子中庶子。每大謀畫。策多善。由是爲太子所信重。討公孫　迎魏帝臧榮緒晉書曰。遼東太守公孫文懿反。詔宣帝討之。發自京。東都過魏溫。詔郡守已下皆會。幕次父老故舊讌飲累日。王隱晉書曰。魏帝謁高平陵。曹爽兄弟皆從。高祖以爽執政不平。廢之。起奏事永寧宮。悉起營兵及城中餘衆。承制發武庫仗。開四門出迎魏帝于洛濱。奏爽罪也。遷庶子　封舞陽干寶晉紀曰。魏國既建。高祖遷太子中庶子。與陳群吳質朱鑠號曰四友。又曰。天子疾篤。帝與曹眞陳群等見於崇華殿之南堂。並受顧命輔政。詔太子曰。有間此三公者。愼勿疑之。明帝即位。改封舞陽侯。被南國　終北面臧榮緒晉書曰。遼東以諸將獻捷交至。乃申投前命曰。躬擐甲冑。龔行天罰。掃平區域。申威吳會。神贊皇靈。被于南國。陸士衡晉書曰。文帝勢崇於三分。而身終乎北面。雖曰未暇。王業已固矣。忠恕無過言　仁厚有智量王隱晉書曰。武帝少厲高行。造次於忠恕。未嘗有過言失色於人。又曰。武帝寬惠仁厚。深密有智量。減膳　燒裘王隱晉書曰。武帝太始七年三月。詔太官減膳。

又曰。有獻雉頭裘者。上曰。異服奇裘。典制所禁也。其於前殿燒裘。勑有異服者依禮致罪。魏禪 吳平 王隱晉書曰。咸熙二年。魏禪位于上。臧榮緒晉書曰。武帝問劉毅曰。卿以吾可方漢何帝也。對曰。可方桓靈。帝曰。吾德雖不及古人。猶克己爲政。又平吳會。一同天下。方之桓靈。不亦甚乎。

[頌] 顏師古聖德頌 緬尋遐代。詳觀往冊。五勝質文。三正沿革。亂多化尠。明寡晦積。炎精既淪。大運斯斁。茫茫率土。黯焉已夕。皇矣大聖。誕受天符。雲飛九域。電擊八區。共工懸斃。豕鹿妖除。枝換斯撤。攙槍靡餘。建武戢刃。偃伯衅車。鐲苛削密。求瘼恤隱。琴瑟更張。銜策俱盡。滿堂已樂。聲誦猶軫。扇暍垂仁。泣辜流憫。吏勉端潔。民歸愿謹。肅恭禋祀。祇事上天。永唯孝享。式備吉蠲。外崇耆耋。內睦親姻。歲時纏纘。春秋醴饘。煢嫠是恤。痾瘵斯痊。閭閻外戶。馬牛內廐。畎畝相移。康莊交讓。勿用枹鼓。無虞亭障。晝納鮫人。朔班狼望。至誠感慶。休氣致祥。馴擾一角。棲集五章。華平挺幹。朱草曜芳。良秬爰爰。多稌穰穰。國儲億庾。家登萬箱。挓彼髦彥。仗任忠力。光被心膂。列居槐棘。如砥之平。如矢之直。淑慎微務。精明品式。菁菁者莪。芃芃彼棫。修容禮闈。翺翔書圃。談極五際。翫慕三古。杳眇義窟。恢台學府。儒墨兼陳。申韓迭去。豈資伯亮。寧勞封鉅。德音高朗。綸言昭普。黃竹麗章。柏梁清引。沈鬱澹雅。疏通敏迅。抽演闕文。網羅遺韻。孰登奧室。罕窺牆仞。妙心洞達。神筆允從。磥硌新勢。奮發奇鋒。珪稷鉤婉。霧散煙濃。竦同企鶴。蔚若據龍。豈唯於趙。信乃過鍾。道惟天縱。藝兼人術。用而不知。速而不疾。至德無象。微言罕述。玉裕桂宮。金植蘭室。禮極敬愛。行歸忠一。天下文明。日月貞觀。百神受職。三靈叶贊。泰階既平。光華常煥。超軒跨昊。騰周軼漢。萬壽無疆。永延遐算。

李百藥皇德頌 臣聞聖人與天地合其德。與日月合其明。含吐陰陽之氣。彈壓山川之精。叶吹萬以亭育。總得一而爲貞。我所以誕膺明命。大保鴻名。又曰。惟皇唐之獨運。冠風聲之往初。練五氣於圓蓋。張四極於方輿。定羣雄之逐鹿。拯方割之爲魚。在炎靈之交喪。屬皇輿之敗德。降薦瘥於上玄。恣咆哮於中國。無小無大。圖帝圖王。匹夫匹婦。爲盜爲賊。舉率土而咸棄。雖同舟而作慝。彼獨夫之肆志。何汨典而亂常。固違道而滅德。實罔念而作狂。始結怨於庶黎。終自絕於彼蒼．八荒九有山潰川竭．天軸且迴．地維將絕．文章咸蕩．風雅咸缺．在忠良而必焚．磬冠冕而同裂．或滔天而嫁禍．或觸山而作孽．極殷區以陸沉．盡漢塗而喋血．天縱神武．景屬上皇．自白水而龍躍．肇參墟而鳳翔．在中塗而聽誦．將再駕而剪商．惟神幾之獨運．乃撫翼而高驤．命蒼兕而臨河．曲殺黑龍而濟冀方．指牧野而泰誓．師鳴條而侮亡、又曰惟聖德之懷遠．敷彝倫於絕漠．在窮髮而畢冠．伊左衽而俱削．戎亭虛警．守大荒之外．地險悉平．夷中州之軼．合綦會而作貢．極遐方而獻琛．薦環袠而委質．候風海而歸心．周八荒而率俾．重九譯而相尋．効狻猊於昧谷．維神屏於鄧林．應咸池而率舞．遊上苑而懷音．竭寶用而咸競．罄虛心而畢舉．乍鳴觀閣．時遊林藪．文表仁義．聲諧律呂．下神雀於帝臺．導甘泉於神渚．龜書龍匣．河洛將遊．東鰈西鶼．云亭載佇．其餘藏山祕澤之珍．撫實排虛之侶．俱叶契於圖牒．差無得而稱序．又曰．昔天靈之八萬千歲．姬周三十六王．蓋歷數之眇小．曾不足以揄揚．惟聖朝之期運．符上帝之會昌．臣下拜而稽首．獻福壽之無疆．賚卜年與卜歷．共地久而天長．唐太宗頌　厥初造化．人倫既興．乃建君長．司牧黎烝．肇自爻畫．爰代結繩．軒昊既謝．唐虞以升．後隋德衰．順時革命．三季之末．干戈是爭．赫矣神武．經期作聖．下括九圍．上齊七政．業統文武．勳邁高光．何險不濟．何患不攘．士女胥悅．篚厥玄黃．斯物之至．昭于我王．我王覆育．資生懷造．配堯登唐．方周在鎬．翕受敷施．明徵定保．允迪厥德．惟清帝道．帝道欽明．天下和平．三時不害．百穀以成．我庾斯積．如坻如京．既富而教．訟息刑清．明明天子．令聞不已．百姓爲心．萬方在己．家賴寬政．朝稱多士．齊一華戎．混同書軌．東池溟渤．西苑崐丘．八蠻職貢．六狄懷柔．至德潛洽．玄化滂流．日愼一日．雖休勿休．先天不違．靈物效質．丹羽儀韶．犂黃承轡．甘露零草．祥風應律．嘉禾醴泉．比焉自出．符瑞見兮煥圖書．壇場設兮望鑾輿．至人忘己體冲虛．凝神姑射厭宸居．厭宸居．叶冥契．龍駕升兮邈遐逝．垂玄範兮光來裔．與玄象兮長昭晰．飛英聲兮越三代．永錫祚兮萬億載．［讚］唐睿宗漢高祖讚　天造草昧．雄圖糾紛．赫赫漢祖．應若興雲．秦原鹿喪．沛澤蛇分．大風一起．南面稱君．又晉宣帝讚　仲達猜忌．狼顧爲人．稱疾迷謬．形神不親。辛毗仗節。蜀將貽巾委質。北面終爲魏臣。又梁武帝讚緬惟梁武。九五居尊。何爲自屈。沉冥釋門。災興佛寺。兵纏帝闕。竟罹
凶逼。天道寧論。晉摯虞庖犧讚昔在上古。惟德居位。庖犧作王。世尚醇懿。設卦分象。開物紀類。施罟設網。人用不匱。晉王彪之
伏犧讚悠悠皇犧。體寂神澄。無爲而化。出道之凝。不知有之。冥感自興。因應之跡。畫象結繩。摯虞神農讚神農居世。通變該極。
民衆獸尠。乃教稼穡。聚貨交市。草木播植。務濟其本。不通其飾。晉曹毗黄帝讚軒轅應玄期。幼能總百神。體鍊五靈妙。氣含雲露津。
摻石曾城岫。鑄鼎荆湖濱。豁焉天扉闢。飄然跨騰鱗。儀轡灑長風。褰衣躡紫宸。摯虞黄帝讚黄帝在位。實號軒轅。車以行陸。舟以濟
川。弧矢之利。弭難消患。垂衣而治。萬國乂安。唐堯讚唐帝放勛。欽明文思。惟天爲大。惟堯則之。巍巍蕩蕩。萬邦雍熙。夏禹讚決隄
疏河。刊山敷土。四隩既宅。彝倫攸敍。卑宮菲食。以寧區宇。殷湯讚睿也惟商。實惟成湯。三五迭興。舍帝稱王。周文王讚周文翼
翼。儀刑體斆。上帝是臨。神明是勞。東鄰之昏。西鄰之曜。九有既集。以聖易暴。周武王讚於皇武王。天命是鍾。七德既耀。莫不率從。奄
清宇宙。盪商之蹤。周宣王讚宣王承衰。邦家多阻。懲難思理。官人以敍。山甫補闕。方叔禦侮。是用中興。恢復周宇。漢高祖讚漢祖
明達。兼咨權武。總御羣雄。剪翕強楚。奄正華夏。經略區宇。遂登天位。纘堯之緒。漢惠帝讚孝惠內脩。親親外禮。幸相優寵。齊悼趙隱。
恩敬篤矣。聞叔孫通之諫。則色瞿然。納曹相國之對。而心大悅。可謂寬仁之主。遭呂太后虧損至德。悲夫。漢文帝讚漢之光大。實惟
孝文。體仁尚儉。克己爲君。按轡細柳。抑尊成軍。營兆南原。陵不崇墳。[述]漢書高祖述皇矣漢祖。纂堯之緒。實天生德。聰明神
武。秦人不綱。網漏于楚。爰茲發跡。斷蛇奮旅。神母告符。朱旗乃舉。粵蹈秦郊。嬰來稽首。革命創制。三章是紀。文帝述太祖穆穆。允恭玄
默。化民以躬。帥下以德。我教如風。民應如草。國富刑清。登我漢道。景帝述孝景涖政。諸侯放命。克伐七國。王室以定。非怠非荒。務在
農桑。著於甲令。民用寧康。元帝述孝元翼翼。高明柔克。尊禮故老。優游亮直。外割禁囿。內損御服。離宮不衛。山陵不邑。奄尹之釁。穢我

明德。成帝述孝成惶惶。臨朝有光。威儀之盛。如珪如璋。壼闈恣趙。朝政在王。炎炎燎火。亦允不揚。平帝述孝平不造。新都作宰。不伊不周。喪我四海。

[論] 唐太宗晉武帝紀論武皇承基。誕膺天命。握圖御寓。敷化宏道。是以佚道代勞。以治易亂。絶縑緗之貢。去雕琢之飾。制奢俗以變儉約。澆風而反淳。雅好直言。留心採擢。劉毅裴楷以質直見容。嵇紹許奇雖讐而不棄。仁以御物。寬而得衆。宏略大度。有帝王之量焉。于時民和俗靜。家給民足。聿修武用。思啓封疆。決神算於深衷。斷雄圖於議表。馬隆西伐。王濬南征。師不延時。獯虜削跡。兵無血刃。揚越爲墟。通近代之不通。服前王之不服。禎祥顯應。風教肅清。天地之功成矣。霸王之業大矣。雖登封之禮讓而不爲。驕泰之心因斯以起。見土地之廣。謂萬葉而無虞。覩天下之安。謂千年而永治。不知處廣以思狹。則廣可長存。居治而忘危。則治無常治。加之建立非所。委寄失才。志欲就于升平。行先迎於禍亂。是猶將適越者指沙漠而遵途。欲登山者涉舟航而覓路。所趣逾遠。所向轉難。南北倍殊。高下相反。求其至也。不亦難乎。況以新習易動之基。而無久安難拔之慮。故賈充凶豎。懷奸志而擁權。楊駿豺狼。包禍心以專輔。遂至宮車晚出。諒闇未周。藩翰變親以成疏。連兵竟滅其本。棟梁迴忠而起僞。擁衆各舉其威。曾未數年。綱紀大亂。以至海內板蕩。宗廟播遷。帝道王猷。反居文身之俗。神州赤縣。翻成被髮之鄉。棄所大以資人。掩其小而自託。爲天下笑。此其故何哉。良由失慎於前。所以貽患於後。且知子者賢父。知臣者明君。子不肖則家亡。臣不忠則國亂。亂國不可以安也。亡家不可以全也。是以君子防其始。聖人閉其端。而世祖惑荀勖之奸謀。迷王渾之僞策。心屢移於衆口。事不定於已圖。元海當除而不除。卒令擾亂區夏。惠帝可廢而不廢。終使傾覆洪基。夫全一人者德之輕。拯天下者功之重。棄一子者忍之小。安社稷者孝之大。況乎資二世而成業。延二孽以喪之。所謂取輕德而捨重功。畏小忍而忘大孝。聖賢之道。豈若斯乎。雖則善始於初。而鮮令終於末。所以殷勤史策。不能無慷慨焉。

又隋高祖論夫帝王受命。非因衆人所舉。既乘便之取不同。優劣之勢各異。或雄圖內斷。英謀外決。海納山容。如覆如載。磊磊落落。眞帝王者也。只如文皇起自布衣。臨馭四海。欺孤兒以致天下。奪寡婦而登神器。復留心萬姓。務從儉約。自金陵滅後。奢泰日滋。起仁壽於五柞。移新都於灞岸。合浦珠璣。塡於帑藏。江南姬媛。納於椒掖。仁壽之役。萬姓力殫。雕琢之功。中民竭產。從渭至灞。寧不爲勞。移故就新。理多其弊。心隨地廣。意逐時驕。猜忌無端。觸途多諱。文母夷戮。兒母被誅。牝雞晨鳴。皇枝勦絕。廢長立少。付託失人。功臣良將。誅夷備盡。享年不永。豈非天乎。

後漢班叔皮王命論　在昔帝堯之禪曰。咨爾舜。天之歷數在爾躬。舜亦命禹。曁于稷契。咸佐唐虞。光濟四海。奕世載德。至于湯武。而有天下。雖其遭遇異時。禪代不同。至于應天順人。其揆一焉。是故劉氏承堯之祚。氏族之世。著于春秋。唐據火德。而漢紹之。始起沛澤。則神母夜號。以彰赤帝之符。由是言之。帝王之祚。必有明聖顯懿之德。豐功厚利積累之業。然後精誠通于神明。流澤加於生民。故能爲鬼神所福饗。天下所歸往。未見運世無本。功德不紀。而得倔然在此位者也。世俗見高祖興於布衣。不達其故。以爲適遭暴亂。得奮其劍。遊說之士。至比天下逐鹿。幸捷而得之。不知神器有命。不可智力求。悲夫。此世之多亂臣賊子者也。若然者。豈徒闇於天道哉。又不覩於人事矣。夫餓饉流隸。饑寒道路。思有短褐之襲。擔石之蓄。所願不過一金。終於轉死溝壑。何則。貧窮亦有命也。況乎天子之貴。四海之富。神明之祚。可得而妄處哉。

晉干寶晉武革命論　史臣曰。帝王之興。必俟天命。苟有代謝。非人事也。文質異時。興建不同。故古之有天下者。柏皇栗陸以前。爲而不有。應而不求。執大象也。鴻荒世及。以一民也。堯舜內禪。體文德也。漢魏外禪。順大名也。湯武革命。應天人也。高光爭伐。定功業也。各因其運而得天下。時隨之義大矣哉。古者敬其事則命以始也。今帝王受命而用其終。豈人事乎。其天意乎。

又晉紀總論　史臣曰。昔高祖宣皇帝以雄才碩量。應運而仕。值魏太祖創基之初。籌畫軍國。嘉謀屢中。遂服輿軫。驅馳三世。性深阻有如城府。而能寬綽以容納。行任數以御物。而知人善采拔。故賢愚咸懷。小大畢力。爾乃取鄧艾於農隙。引周泰於行役。委以文武。各善其事。故能西擒孟達。東舉公孫淵。內夷曹爽。外襲王陵。神略獨斷。征伐四克。維御羣后。大權在已。屢拒諸葛亮節制之兵。而東支吳人輔車之勢。軍旅屢動。邊鄙無虧。於是百姓與能。大象始搆矣。世宗承基。太祖繼業。玄豐亂內。欽誕寇外。潛謀雖密。而在機必兆。淮浦再擾。而許洛不震。咸黜異圖。用光前烈。然後推轂鍾鄧。長驅庸蜀。三關電掃。劉禪入臣。天符人事。於是信矣。始當非常之禮。終受備物之錫。名器崇於周公。權制嚴於伊尹。至於世祖。遂享皇極。正位居體。重言慎法。仁以厚下。儉以足用。和而不弛。寬而能斷。故民詠惟新。四海悅勸矣。

〔祭文〕唐太宗祭魏太祖文　夫大德曰生。資二儀以成化。大寶曰位。應五運而遞昌。貴賤廢興。莫非天命。故龍顏日角。顯帝王之符。電影虹光。表乾坤之瑞。不可以智競。不可以力爭。昔漢室亘分。群雄岳立。夫民離政亂。安之者哲人。德喪時危。定之者賢輔。伊尹之臣殷室。王道昏而復明。霍光之佐漢朝。皇綱否而還泰。立忠履節。爰在於斯。帝以雄武之姿。當艱難之運。棟樑之任。同乎曩時。匡正之功。異于往代。觀沉溺而不拯。視顛覆而不持。乖徇國之情。有無君之跡。既而三分肇慶。黃星之應久彰。主卜啓期。眞人之運斯屬。其天意也。豈人事乎。陳沈炯祭漢武帝陵文　臣聞喬山雖掩。鼎湖之靈可祠。有魯遂荒。大庭之跡不泯。伏惟陛下降德猗蘭。纂靈豐谷。漢道既登。神仙可望。射之罘於海浦。禮日觀而稱功。橫中流於汾河。指柏梁而高宴。何其甚樂。豈不然歟。既而運屬上仙。道窮晏駕。翠幕珠簾。一朝零落。茂陵玉碗。遂出人間。陵雲故基。與原田而膴膴。扶風餘跡。帶陵阜而茫茫。羈旅縲臣。豈不落淚。昔者承明見寵。嚴助東歸。駟馬可乘。長卿西返。恭聞故實。竊有愚衷。黍稷非馨。敢望徵福。爵臺之心。空愴魏君。雍邱之祠。未光夏后。瞻仰徽猷。伏增悽懼。

卷九校勘表

頁數	行數	排印本原文	安刻本	嚴陸校	備註
一九五	一〇	桂州	桂州		
一九五	一一	荆馬山		刑馬山	
一九七	七、八	少昊帝名摯字青陽姬姓也母曰女節黃帝時有大星如虹下流華渚女節意感		少昊名摯國於青陽因號青陽氏黃帝之子也母曰嫘祖感大星如虹下臨華渚之祥意感	
一九七	八、九	在位百年而崩		在位八十四年壽一百歲	
一九八	五	顓頊顓頊		顓頊	
		敬康敬康		敬康	
一九八	六	橋牛橋牛		蟜牛蟜牛	
一九八	八	讓淵		讓居	
一九八	一二	攝政五年崩年百歲		攝政十五年舜崩壽百十歲	
一九八	一四	出顓頊		出自顓頊	

一九八	一五	十三年而洪水平		勞身焦思居外十三年過家之門不入而洪水平	
一九九	二	五年舜崩		十五年舜崩	
一九九	三	始納塗山氏		初娶塗山氏	
一九九	三	合四百三十二年		合四百五十八年	
一九九	五	商殷氏		商湯氏	
一九九	五、六	意感以乙日生湯故名履字天乙是謂成湯帝		意感而生天乙是謂成湯名履	
一九九	八	太子丁外丙仲壬太子早卒外丙代立		太子太丁太丁早卒次子外丙二年仲壬四年太丁之子太甲立	
一九九	九	凡六百二十九年		凡六百四十四年	
一九九	一四、一五	而崩太子發代立		而終世子發代立	
一九九	一五	始伐殷爲天子		始代殷爲天子	
二〇〇	三	貞定王　元王		元王　貞定王	
二〇〇	七	四百六十人		四百六十餘人	
二〇〇	一四	年六十二		壽六十三	
二〇二	二	十堯舜		十堯	

二〇二	六	宕處		岩處	
二〇二	八、九	與赤龍合婚生赤帝伊祁堯也		有赤龍之祥孕十四月而生堯	
二〇二	九	繼華		帝華	
二〇二	一二	布恩舒明宋均注曰酒者乳也能乳天下		此十六字宋本無	
二〇二	一三	堯八眉八眉者		堯眉有八采	
二〇二	一三	舜重瞳子		舜目重瞳子	
二〇三	五	書今尙書中候握河紀之篇是也		此十三字宋本無	
二〇三	六	瑞器		皆作「瑞氣」	
二〇三	六	淸明篤賢		淸明篤實	
二〇三	一四	所爲		其所爲	
二〇三	一四	所之		其所之	
二〇四	一	人言居天		人言君天	
二〇四	一二	何晏注曰美舜禹己不與求天下而得之也		此十七字宋本無	
二〇五	三	致政		改政	

二〇五	六	爲營衞		爲衞
二〇五	六	一月		十二月
二〇五	六	商郊		南郊
二〇六	一	一沐三握髮一餐三起		一饋而十起一沐三握髮以勞天下之民
二〇六	二	孔安國注		孔安國注尚書曰
二〇六	四	自爲歌詩		自爲歌
二〇六	一二	說苑曰	說苑曰鬻子	
二〇七	五	删丹縣		曰紱丹縣
二〇七	一二	帝王者體太一以法三才		帝者體太一王者法三才
二〇七	一四	奉成臣功		奉王成功
二〇八	四	在灞		在霸
二〇八	八	給餉饋		給餉饋不絕糧道
二〇八	一〇	迎枚生		迎穆生
二〇九	五	已屠咸陽		已據咸陽
二〇九	七	奔一百		奔殪百
二〇九	九	高宗夢傳說		高宗夢得良弼

二〇九	九	王置諸其左右		乃物色求之得傅說王置諸左右	
二〇九	一三	無角		無足	
二一〇	三	長安之後		長安萬歲之後	
二一〇	六	歸詠		歸於	
二一〇	八	卽自疑亡		卽自亡	
二一〇	一二	甲帳		〔嚴〕甲帳注首脫書名。此漢武故事也。	
二一一	七	年十歲		年十六歲	
二一一	八	記魏武帝		記曰曹操	
二一一	九	帝曰		操詐曰	
二一一	一〇	修渦		循渦	
二一一	一二	劉展　聞展		劉辰　聞辰	
二一二	一	回見		已見	
二一二	四	自結		自結好	
二一二	八	搜神曰		晉紀曰	
二一三	一	勅有		又勅有	
二一三	一	依禮		依法	

二一三	五	聲誦猶軫	誦聲猶軫	
二一四	四	戎亭	戍亭	
二一四	四	之軼	之樂軼 軼音軌	
二一四	七	八萬	百萬	
二一四	八	唐太宗	唐太宗文皇帝	
二一四	九	隋德	伯德	
二一四	一四	唐睿宗	唐睿宗大聖眞皇帝	
二一五	三	出道	世道	
二一五	四	不通其飾	不道其飾	
二一五	四	雲露	雲霧	
二一五	七	睿也	濬也	
二一五	一〇	漢惠帝讚	漢書惠帝讚	
二一五	一一	漢文帝	摯虞文帝	
二一六	二	唐太宗	唐太宗文武皇帝	
二一六	二	敷化宏道是以佚道代勞	敷化道民以佚代勞	
二一六	三	仇讐而不棄	仇讎不棄	
二一六	九	遂至宮車	及乎宮車	
二一六	一四	而鮮	而乖	

二一七	一一	鴻荒		羲皇	
二一七	一三	深隩		深阻	
二一八	四	唐太宗		唐太宗文武皇帝	
二一八	一〇	輿原田		爲原田	

初學記卷第十

中宮部

皇后一　妃嬪二

儲宮部

皇太子三　太子妃四

帝戚部

王五　公主六　駙馬七

皇后第一

【敍事】　白虎通曰：天子之配謂之后。后者，君也。天子之配至尊，故謂后也。按夏殷已前，后妃之制，其文略矣。大率皆稱妃，故黄帝有四妃，帝嚳四妃。正嫡曰元妃，已下稱次妃。又有禹妃、湯妃，皆是也。並出史記。周則天子立后，正嫡曰王后。秦稱皇帝，正嫡曰皇后。漢因之，帝祖母稱太皇太后，母稱皇太后。魏晉之後，母后之號，並遵秦漢。其餘嬪御，代有沿革矣。出漢官及齊職儀。【事對】　琁宮　玉堂拾遺記曰：帝少昊以金德王，母曰皇娥，處琁宮。三輔黄圖有玉堂殿。侯瑾述志詩曰：嫫母升玉堂。金屋　瑤齋漢武帝故事曰：帝爲膠東王，年數歲，長公主指問曰：兒欲得婦不。曰欲得。指女阿嬌好不。笑曰若得阿嬌。當作金屋貯之。張華晉武皇后哀策文曰。瑤齋无主。長去烝嘗。追懷永悼。率土摧傷。
椒房　蘭殿　班固西都賦曰。後宮則掖庭椒房。后妃之室。漢官云。皇后稱房。詩云。椒聊之實。蕃衍盈升。國人美其繁以爲興。又以椒
塗宮室。亦取其溫煖辟惡氣。漢武帝故事曰。孝景王后。夢日入其懷。以乙酉年七月七日生武帝於猗蘭殿。玉階金戺　玄墀彤
庭　班固西都賦曰。後宮則掖庭椒房。后妃之室。合歡層城。安處常寧。茝若椒風。披香發越。蘭林蕙草。鴛鴦飛翔之列。於是玄墀釦砌。玉
階彤庭。張衡西京賦曰。後宮則有金戺玉階。彤庭輝輝。已上皇后居處。珠珥　金環　續漢書曰。皇太后皇后入太廟服紺上皂下。蠶
青上縹下。隱簪珥。珥璫垂珠也。俗說曰。晉哀帝王皇后有紫磨金指環。至小正可第五指著。褘衣　騩馬　周禮。內司服掌褘衣褕狄
闕狄鞠衣展衣褖衣。褘音火章反。漢魏故事。后親蠶禮。皇后著十二笄步搖。乘畫雲母安車。駕六騩馬。騩京媚反。玳瑁簪　珊瑚
玦　續漢書曰。皇后太后簪以玳瑁。長一尺。端爲花勝。左右各一。橫簪之。西京雜記曰。趙飛燕爲皇后。女弟上珊瑚玦。七華扇　五
色環　西京雜記曰。趙飛燕爲皇后。其女弟昭儀上遺雲母五明扇。七華扇。翟羽扇。又曰。趙皇后女弟上五色玉環。脂澤田　湯沐
邑　晉氏要事曰。安帝九年。右丞張項監議。瑯邪及湖孰界有皇后脂澤田四十頃。參詳以借貧人。漢舊儀曰。皇后太后各食三十縣。曰
湯沐邑。玉璽金鈕　金根玉輅　漢舊儀曰。皇后玉璽文與帝同。皇后玉璽金螭虎鈕。董巴輿服志曰。太后太皇太后皇后法駕六
御金根車。玉輅輦。已上皇后章服。流虹　繞電　河圖曰。帝摯少昊氏母曰女節。見火星如虹下流華渚。既而夢接意感。生白帝朱宣。
帝王世紀曰。黃帝有熊氏。少典之子。母曰附寶。見大電光繞北斗樞星。照郊野。感而孕。二十月生黃帝於壽丘。玄雲入戶　黃氣
滿室　易坤靈圖曰。其母萌之。玄雲入戶。蛟龍守門。鄭玄注曰。謂慶都天皇之女。天帝以玄雲覆衛。王沈魏書曰。卞皇后以漢延熹二年
生齊郡白亭。有黃氣滿室移日。父敬侯怪之。以問卜者。卜者曰。此吉祥也。方口美髮　日角偃月　東觀漢記曰。明德馬皇后傳曰。

后長七尺二寸。青白色。方口美髮。又順烈梁皇后傳曰。永建三年春三月丙申。選入掖庭。相工茅通見之。矍然驚駭。却再拜賀曰。此謂日角偃月。相之極貴。臣所未嘗見也。燕銜石字 人覆玉衣 西京雜記曰。元后在家。嘗有白燕銜白石。墜后績筐中。后取之。自剖爲二。其文曰母天地。魏書曰。文昭甄后以漢光和五年十二月丁酉生。每寢寐。家中髣髴見如有人持玉衣覆其上。父常怪之。已上皇后奇相。

周配 虞嬪 魏收後魏書曰。古先哲王。莫不明后妃之制。順天地之德。故二妃嬪嬀。虞道克昌。任姒配周。周室用光。尚書曰。有鰥在下曰虞舜。帝曰。我其試哉。女于時。觀厥刑于二女。釐降二女于嬀汭。嬪于虞。 翼夏 興嬀 謝承三夫人箴曰。降暨三代。創業之君。亦賴賢妃。用佐厥勳。塗山翼夏。有莘贊殷。後漢皇甫規女師箴曰。關雎首化。萬國承流。實有淑女。允作好仇。唐媛興嬀。文母盛周。厥德不回。弘濟天由。大帝之女 俔天之妹 春秋合誠圖云。堯母慶都。蓋大帝之女。生於什維之野。常在三河之東南。天大雷電。有血流潤大石之中。生慶都。毛詩大明篇云。大邦有子。俔天之妹。毛萇注云。俔。磬也。盡也。文王以太姒爲賢。問名。還卜之。既吉。盡禮尊敬之。如天之有女弟。俔口見反 思齊大任 思媚周姜 毛詩思齊篇云。思齊大任。文王之母。思媚周姜。京室之婦。毛萇傳曰。齊。莊也。媚。愛也。周姜。太姜也。常思莊敬太任。乃爲文王之母。又常思愛太姜之配太王之禮。故能爲京室之婦。言其德行純備。故生聖子。已上賢皇后

織室 桑壇 東觀漢記曰。明德馬皇后置織室。蠶宮於濯龍中。數往來觀視之。晉元康儀曰。皇后採桑壇在蠶宮西南。分絲 獻繭 蔡邕月令章句曰。季春之月。后妃齋戒。親東向躬桑。蠶事既畢。分繭稱絲。禮記曰。孟夏之月。蠶事既畢。后妃獻繭于天子。 中饋 內則 易曰。无攸遂。在中饋。女史箴曰。施衿結褵。虔恭中饋。謂祭祀飲食之務。禮記有內則篇。顏竣皇后廟登歌曰。載我聖文。奄有四海。外刑家邦。內貽女則。 統六宮 率八妾 魏志曰。文德郭皇后將登位。中郎棧潛上疏曰。在昔帝王之有天下。不惟外輔。亦有內助。是以聖哲預立元妃。必取先代名族之家。擇其令淑。以統六宮。東觀漢記曰。永平三年。有司奏請明德馬皇后。立長秋宮。以率八妾。上

未有所言。皇太后曰馬貴人德冠後宮。遂登至尊。

日之有月　天之有地 魏名臣奏曰。臣聞帝之有后。猶日之有月也。盧植奏事曰。后妃者所以郊天祀地祇。奉祖宗。外以肅恭明神。內以帥正九嬪。理陰陽者。猶天之有地。陽之有陰。已上皇后內職

習詩易　好黃老 續漢書曰。明德馬皇后誦易經詩論語。略記大義。漢書曰。竇皇后景帝母也。好黃帝老子之言。景帝及諸竇不得不讀老子。皆遵其術。

脩母道　聽女順 禮記曰。后脩女順母道也。鄭玄曰。母者施陰教於婦也。又曰。天子聽男教。后聽女順。天子治陽道。后治陰德。天子聽外治。后聽內職。

衣不擇采　食不求甘 續漢書曰。和熹鄧后傳曰。宮省宴會。諸貴人競自脩飾。極靡麗之服。而后獨濟然。衣不擇采。裝不務飾。東觀漢記曰。明德馬皇后傳曰。太后詔曰。吾萬乘之主。身衣大練縑裙。食不求所甘。左右傍人皆无薰香之飾。

外抑宗族　內無忌刻 續漢書曰。孝和鄧后性謙慎。兄弟中外皆先帝所寵。自攝政之後。內檢左右。外抑宗族。又云。順烈梁后立。順帝崩。沖帝在襁褓。太后攝政。初章德竇后嫉害恭懷皇后獨生聖嗣。陷以非辜。家屬坐徙九眞。章德后之從父昆弟章女為貴人。與太后並寵。章致大位大鴻臚。及上要駕后登至尊。章惶怖。太后內无忌刻之心。遂不以舊惡介意。

不喜觀游　不好戲弄 東觀漢記曰。明德馬皇后不喜出入游觀。希常臨御窻望。魏志曰。文昭甄皇后自少至長不好戲弄。年八歲。外有立騎戲馬者。家人諸姊皆上閣觀之。后獨不行。諸姊問之。答言豈女人之所觀也。

不尚華麗　不好音樂 王沈魏書曰。武宣卞皇后性儉約。不尚華麗。无文繡珠玉。又曰。文德郭皇后性儉約。不好音樂。常慕明德馬皇后之為人。已上皇后才能

〔詩〕

晉張華中宮歌詩 先王統大業。玄化漸八維。儀刑孚萬邦。內訓崇宮闈。皇英垂帝則。大雅詠三妃。含章體柔順。率禮蹈謙祗。螽斯弘慈惠。樛木逮幽微。徽音穆清風。高義邈不追。貴榮參日月。舉世仰餘輝。

晉成公綏中宮詩 天地不獨立。造化由陰陽。乾坤垂覆載。日月曜重光。理國先家道。立教起閨房。二妃濟有虞。三母翊周王。塗山興大禹。有莘佐成湯。齊晉霸諸侯。皆賴姬與姜。關雎思賢妃。此言安可忘。

〔頌〕

魏曹植母儀頌 殷湯

令妃有莘之女仁教內脩度義以處淸謐後宮九嬪有序伊爲媵臣遂作元輔 又賢明頌 於鑠姜后光配周宣非義不動非禮不言晏起失朝永巷告愆王用勤政萬國以虔［讚］ 曹植姜嫄簡狄讚 嚳十四妃子皆爲皇帝摯早崩堯承大綱玄鳥大跡殷周美祥稷契旣生功顯虞唐 又禹妻讚 禹妻塗山土功是急惟啓之生過門不入嬌達明義勳庸是執成長聖嗣天祿以襲 晉左貴嬪舜二妃讚 妙矣二妃體應靈符奉嬪于嬀光此有虞沉湘示教靈德永敷惟斯善美諒无泯乎［章］ 梁江淹爲建平王慶皇后正位章 伏承以嘉月惠時膺曜辰正翬珩昭品褕組在飾休徧函夏譽殷靈昧伏惟光曜靜德式懷謙順升降圖傳左右詩史夙諳茂資早擒芳訓衍教紫宸麗軌華屋聲激綺組風偃家邦 後魏溫子昇魏帝納皇后群臣上禮章 臣聞軒轅乃神西陵以之作合夏后至聖塗山於是來嬪伏惟陛下龍飛纘極大明理運長秋旣建陰教有主景命无窮皇圖長固普天之下莫不欣躍

［論］ 宋范曄皇后紀論 夫以周禮后妃正位宮闈同體天王夫人坐論婦禮九嬪掌教四德世婦主知喪祭賓客女御序于王之燕寢設官分務各有典司女史彤管記功書過居有保阿之訓動有環珮之響進賢才以輔佐君子哀窈窕而不淫其色所以能宣述陰化脩成內則秦幷取天下多自驕大宮備七國爵列八品漢興因循而婦制莫釐高祖帷簿不脩孝文袵席无辨然選納尙簡飾玩少華自武元之後世增淫費至乃掖廷三千增級十四及光武中興反彫爲朴六宮稱號唯皇后貴人又置美人宮人采女三等明帝聿遵先旨宮教頗脩登建嬪后必先令德內无出閫之言權无私溺之授可謂矯其弊矣孝章以下漸用色授恩崇好合遂忘淄蠹自古雖主幼時艱王家多釁委成冢宰未有專任婦人斷割重器唯秦芉太后始攝政事故穰侯權重於昭王家富於嬴國漢仍其謬知患莫改東京皇統屢絕權歸女主外立者四帝臨朝者六后莫不定策帷帟委事父兄貪孩童以久其政抑明賢以專其威任重道悠利深禍速身犯霧露於雲臺之上家嬰縲紲於圄犴之下湮滅連踵傾輈繼路而赴蹈不息焦爛爲期終乃陵夷大運淪亡神寶詩書所歎略同一

揆。〔文〕齊謝朓敬皇后哀册文曰 翠帟舒皐。玄堂啓扉。俎撤三獻。筵卷六衣。懷蜃衛以延首。想鷖輅而撫心。痛椒塗之先廓。哀長信之莫臨。身隔兩赴。時无二展。旋詔左言。光敷聖善。其詞曰。帝唐遠胄。御龍遙緒。在秦作劉。在漢開楚。肇惟淑聖。克柔克令。清漢表靈。曾沙膺慶。爰定厥祥。徽音允穆。光華沼沚。榮曜中谷。敬始紘綖。敎先穜稑。睿問川流。神襟蘭郁。先德韜光。君道方被。輔佐求賢。在謁無詖。顧史弘式。陳詩展義。厚下曰仁。藏往伊智。十亂斯矣。四敎罔忒。思媚諸姑。貽我嬪則。化自公宮。遠被南國。軒曜懷光。素舒佇德。閔予不祐。慈訓早違。方年冲藐。懷袖靡依。家臻寶業。身嗣昌暉。壽宮寂遠。清廟虛歸。帝遷明命。人神胥悅。乾景外臨。陰儀內缺。空悲故劍。徒嗟金穴。璋瓚奚獻。褘褕罔設。馮相告祲。宸駕長往。貽厥遠圖。末命是奬。懷豐沛之綢繆。背神京之弘敞。陋蒼梧之不從。遵鮒隅以同壤。陳象設於園寢兮。映輿鍐於松楸。望承明而不入兮。度清洛而南遊。繼虵綍於通軌兮。接龍帷於造舟。迴塘寂其已暮兮。東川澹而不流。籍閟宮之遠烈。聞纘女之遐慶。慕方纓於賜衣。悲日隆於撫鏡。思寒泉之罔極。託彤管於遺詠。嗚呼哀哉。

妃嬪第二

〔敍事〕周禮。天子后立六宮。三夫人。九嬪。二十七世婦。八十一御妻。以聽天下之內治。以明章婦順。故天下內和而家理。鄭注云。六宮者。前一宮。後五宮也。五者。后一宮。三夫人一宮。九嬪一宮。二十七世婦一宮。八十一御妻一宮凡百二十人。后正位宮闈。體同天王。夫人坐論婦禮。九嬪掌敎四德。世婦主知喪祭賓客。女御序王之燕寢。漢因秦制。正嫡曰皇后。其餘內職。有夫人。美人。良人。八子。七子。長使。少使之號。武帝加婕妤。娙五形反娥。容華。充衣。元帝加昭儀。又有五官。順常。舞涓。共和。娛靈。保林。良使。夜者之職。出漢書外戚傳 光武中興。並省前制。正嫡之外唯立貴人。美人。綵女之號。出范曄後漢書 魏武帝因西漢。置夫人。昭儀。婕妤。容華。美人。文帝增貴嬪。淑媛。

脩容。順成。良人。明帝增淑妃。昭華。脩儀。出魏志。 晉武採漢魏之號。以擬周之六宮。置貴嬪。夫人。貴人。是爲三夫人。淑妃。淑媛。淑儀。脩容。脩華。脩儀。婕妤。容華。充華。是爲九嬪。又置美人。才人。中才人。以爲散職。出臧榮緒晉書。 宋齊之後。大抵多依晉制。其間增損因革。或小異焉。宋書曰。孝武帝省晉氏夫人、脩華、脩儀。增置貴妃。與貴嬪、貴人爲三夫人。置昭儀、昭容、昭華。以代脩華、脩容。爲九嬪。明帝又省貴人。置貴姬。以備三夫人。增置淑容。與古淑媛、淑儀、昭華、昭儀、昭容、脩華、脩容、脩儀爲九嬪。又增置承徽、列榮。與古婕妤、容華、充華凡五職。班亞九嬪。以美人、才人、良人爲散職。齊書云。高帝以貴嬪、夫人、貴人爲三夫人。脩華、脩儀、脩容、淑妃、淑媛、淑儀、婕妤、容華、充華爲九嬪之數。梁書云。梁氏一遵齊舊。陳氏之初。亦无改作。至文帝以貴嬪、貴姬、貴妃爲三夫人。以淑媛、淑儀、淑容、昭華、昭容、昭儀、脩華、脩容、脩儀爲九嬪。以婕妤、容華、充華、承徽、列榮五職亞於九嬪。以美人、才人、良人爲散職。後魏書云。太武始立昭儀、貴人之號。孝文立左右昭儀視大司馬。三夫人視三公。三嬪視三卿。六嬪視六卿。世婦視中大夫。女御視元士。北齊書曰。文宣雖有夫人、嬪御之稱。未有員數。武成依古制。有三夫人。九嬪。二十七世婦。八十一御妻。置左右昭儀比丞相。立弘德、正德、崇德夫人比三公。光猷、昭訓、崇徽上嬪比三卿。宣猷、凝暉、宣明、順華、凝華、光訓下嬪比六卿。世婦比三品。御女比五品。亦並採擇嘉名。爲其題目。自外又置才人、綵女。以爲散號。後主又置娥英、淑妃之職。隋書云。高祖依周禮。有減其數。嬪三員。世婦九員。御女三十八員。初獨孤后妬。不設三夫人。防其上逼。自嬪已下。唯置六十員。后崩。置貴人三員。增嬪至九員。世婦二十七員。御女八十一員。煬帝置貴妃、淑妃、德妃爲三夫人。順儀、順容、順華、脩儀、脩華、脩容、充儀、充容、充華爲九嬪。婕妤十二員。美人、才人十五員爲世婦。寶林二十四員、御女二十四員、綵女三十二員爲女御。總一百二十員。又有承衣、刀人。皆趨侍左右。並无員數。

［事對］

論禮 明順 周禮鄭玄注曰。古者三夫人之於后。猶三公之於王。坐而論婦禮。无官職矣。明順見敍事。

褕翟 弓韣 禮記曰。王后褘衣。夫人褕翟。褕晉余蔡邕月令章句曰仲春之月玄鳥至之日以太牢祠于高禖高禖祈子之祀也后妃將嬪御皆會于高禖以祈孕姓乃醴天子所御帶以弓韣天子所御謂后妃已下至御妾孕姓有萌牙者也韣弓衣飲以醴酒帶以弓矢于高禖之前弓矢者男子之事也韣音獨

贊盦敦　載筐鉤　周禮曰凡祭祀九嬪贊玉盦玉敦后薦徹豆籩鄭注云玉盦玉敦黍稷之器盦音資敦音對漢魏故事后親蠶禮皇后著十二笄步搖乘雲母安車駕六騩馬三夫人九嬪世婦各載筐鉤從皇后蠶于嘉桑

教九御　繰三盆　周禮曰九嬪掌婦學之法以教九御婦德婦言婦容婦功各帥其屬而時御敘于王所又曰九嬪以婦職之法教九御禮記曰世婦卒蠶獻繭于夫人夫人受之親繰三盆手朱綠之玄黃之以爲黼黻文章君服之以祀先王先公敬之至也

餘三星　因八月　史記云中宮天極星後有四星其一爲正妃餘三星後宮之屬後漢書曰漢法常因八月算民遣中大夫與掖庭丞及相工於洛陽鄉中閱視良家童女合法相者載還後宮擇視可否乃用登御

取長白　合法相　臧榮緒晉書曰武帝泰始中大採擇公卿子女以充六宮使楊后簡選后妬不取端正妙好唯取長白肥大貌粗舉則取合法相已見因八月注

視卿比侯　銀印璝珮　後漢書曰婕妤視上卿比列侯晉服制曰婕妤銀印青綬佩采璝玉

雀釵　象簟　晉起居注曰有司今月九日當拜鄭夫人右婕妤案儀注應服雀釵袿襈西京雜記曰武帝以象牙爲簟賜李夫人

金環　玉簪　西京雜記曰戚夫人以百鍊金爲彄環照見指上骨上惡之以賜伴兒鳴玉耀光等各四枚又曰武帝過李夫人就取玉簪搔頭自此宮人搔頭皆用玉爲之

當熊　辭輦　漢書曰孝元馮昭儀初爲婕妤上幸虎圈鬭獸熊逸出圈攀檻欲上馮婕妤直前當熊而立上問何故婕妤對曰猛獸得人而止妾恐熊至御坐故身當之又曰孝成班婕妤帝初即位選入後宮成帝遊後庭嘗欲與婕妤同輦載婕妤辭曰觀古圖畫賢聖之君皆有名臣在側三代末主乃有嬖妾今欲同輦得无近似乎上善其言而止

宴北園　迎西宮　魏志曰明帝游後園召才人已上曲宴極樂明日帝見毛后曰昨宴北園樂乎明帝以左右洩令所殺

十餘人。王隱晉書曰。初惠帝晚成。武帝遣才人謝玖給惠帝。因是有娠。臨娶妃。遣致西宮。遂生愍懷也。**昭陽殿** **增城宮** 漢書曰。孝成趙皇后。本長安宮人。有女弟復召入爲昭儀。居昭陽殿。姊弟專寵十餘年。卒无子。成帝崩。帝素无疾。民間歸罪於昭儀。昭儀自殺。又曰。孝成班婕妤。帝初卽位。選入後宮。俄而大幸。爲婕妤。居增城宮。再就館。增城宮有男二。並失之。一死陽祿。一死柘館。**舉酒祝傅** **低頭泣邢** 漢書曰。孝元傅昭儀。哀帝祖母也。少爲上官太后才人。元帝進幸有寵。改爲昭儀。爲人有才略。善事人。主宮人飲酒酹地。皆祝願之。產平都公主及定陶恭王。史記曰。漢武帝時。尹夫人邢夫人同時並幸。有詔不得相見。尹夫人自請武帝。願見邢夫人。帝許之。卽令夫人飾從御者數十人來前。尹夫人見曰。非邢夫人。帝曰。何以知之。對曰。視其體貌形狀。不足以當人主。於是有詔使邢夫人衣故衣獨身前。尹夫人望見曰。眞是矣。乃低頭俛而泣。自痛其不如也。諺曰。美女入室。惡女仇之。**圖甘泉** **葬雲陵** 漢書曰。孝武帝李夫人。兄延年性知音。善歌舞。每爲新聲。延年侍上。起舞歌曰。北方有佳人。絕世而獨立。一顧傾人城。再顧傾人國。豈不知傾城與傾國。佳人難再得。帝太息曰。善哉。世豈有此人乎。平陽主因言延年有女弟。上召見之。實妙麗善舞。由是幸。生一男。是爲昌邑哀王。李夫人少而早卒。上憐愍。圖畫其形於甘泉宮。漢武帝故事曰。拳夫人從上至甘泉而卒。葬雲陵。上哀悼。爲起通靈臺。常有一青鳥集臺上。至宣帝時乃止。拳夫人卽昭帝母。

[賦] **漢武帝李夫人賦** 美娟娟以脩嫮兮。命勦絕而不長。飾新宮以延佇兮。泯不歸乎故鄉。慘鬱鬱其蕪穢兮。處隱幽而懷傷。釋輿馬於山椒兮。奄脩夜之不陽。秋氣憯以淒淚兮。桂枝落而消亡。

漢成帝班婕妤自傷悼賦 承祖考之遺德兮。何性命之淑靈。登薄軀於宮闕兮。充下陳於後庭。蒙聖主之渥惠兮。當日月之盛明。揚光烈之翕赫兮。奉殊寵於增城。旣過幸於非位兮。切庶幾乎嘉時。每寤寐而太息兮。思佩褵以自思。陳女圖以鏡鑒兮。顧女史而問詩。悲晨婦之作戒兮。哀褒閻之爲郵。美皇英之女虞兮。榮任姒之母周。雖愚陋之靡及兮。敢舍心而忘茲。歷年歲而悼懼兮。閔蕃華之不滋。痛陽祿與柘館兮。仍襁褓而離災。豈安人之殃咎兮將天命之不可求奉供養于東宮兮託長信之末流共灑掃於帷幄兮永終死以爲期重曰潛玄宮兮幽以清應門閉兮禁門扃華殿塵兮玉堦苔中庭萋兮綠艸生廣室陰兮帷幄暗房櫳虛兮風泠泠俯視兮丹墀思君兮履綦仰視兮雲屋雙涕兮橫流

［讚］ 曹植班婕妤讚 有德有言實惟班婕盈冲其驕窮其厭悅在夷貞艱在晉正接臨鳳端幹衡霜振葉

［詔］ 梁武帝立內職詔 刑于垂訓周文所以表德壼闈失序漢武所以喪邦並被諸方策式昭戒勸魏晉已來雖云簡薄而內職名號參差不同在宋太始位置繁冗遂設官九品且擬外朝塡委椒掖徽費無已自此相仍踵以成舊昭陽九華千門萬戶朕受命自天期延七百思所以立防自邇貽厥將來前代職品所宜因革外可詳議務令該允

［章］ 梁沈約爲六宮拜章 蓬闈菲質嘉淑無筭越自幽衡登軀宸漢奉日月之華侍巾屣之末何以厠鷖鸞之盛序眷屬車之清塵

［陳］ 江總爲陳六宮謝章 恭承禮命愧集丹縷之顏拜奉曲私愁縈翠羽之色魯宮夜火伯姬匪驚楚榭奔濤貞姜何懼豈期日月騰影風雲瀉潤遂復位崇九御聲高六列象服增華丹琗耀采何以弼佐王風克柔陰化兢惶並集追想流荇之詩荷濾相並遂失鳴環之節

［箴］ 晉張華女史箴 芒芒元化兩儀始分散氣流形既陶既甄在帝庖犧肇經天人爰始夫婦以及君臣家道以正王猷有倫婦德尙柔含章貞吉婉孌淑愼正位居室樊姬感莊不食鮮禽衛女矯桓耳忘知音志厲義高二主易心玄熊攀檻馮媛趨進夫豈無畏知死不悋班女有辭割驩同輦夫豈無懷防微慮遠人咸知飾其容而莫知飾其性性之不飾或愆禮正出其言善千里應之苟違斯義同衾亦疑懽不可以黷寵不可以專專實生慢愛極則遷致盈必損理固有然

［册文］ 宋謝莊殷貴妃謚册文 維年月日皇帝曰咨故淑儀殷氏惟爾含徽挺茂爰光素里友琴流荇實華紫掖奉軒景以柔明登譽處椒風以婉孌升名幽閑之範日藹層闈繁祉之慶方崇蕃世而當春掩藻中波滅源朕用震悼傷于厥心松區已翦泉冥將隧宜有旌德第行式衍聲芳今遣某官集册告謚曰宣魂而有靈尙茲寵渥嗚呼哀哉

皇太子第三

［敍事］韓詩外傳曰。五帝官天下。三王家天下。家以傳子。官以傳賢。故自唐虞已上。經傳無太子稱號。夏殷之王。雖則傳嗣。其文略矣。至周始見文王世子之制。白虎通曰。何以知天子之子稱世子。春秋傳曰。王世子會于首止。是也。何以知天子之子稱太子。尚書曰。太子發升于舟。是也。或云諸侯之子稱世子。則春秋傳云。晉有太子申生。鄭有太子華。齊有太子光。由是觀之。周制太子世子亦不定也。漢制天子稱皇帝。其嫡嗣稱皇太子。諸侯王之嫡稱世子。後代咸因之。［事對］

樹嫡　立長　晉起居注曰。武帝太始三年。有司奏正統立嫡。詔曰。統承大業。懼未能光祖宗之遺德。至於建嗣樹嫡。非所務也。盧植奏事曰。三后無子。擇立長。親年均以德。德均決之以卜筮。所以承先祖也。

幼海　少微　山海經曰。無皐之山。南望幼海。郭璞注曰。幼海。卽少海也。荆州星占曰。少微星一名處士星。儲君副主之宮。

黃離　蒼震　易曰。黃離元吉。離注曰。離。南方之卦。離爲火。土託位焉。土色黃。火之子。喩子有明德。能附麗於其父之道。順成其業。故吉也。又曰。震爲長子。又曰。震爲蒼琅竹。

天序　國貞　漢書成帝詔曰。定陶王欣。慈仁孝順。可以承天序。繼祭祀。執金吾任宏持節。徵欣爲皇太子。禮記曰。一人元良。萬邦以貞。太子之謂也。

儲貳　明兩　晉中興書曰。安皇帝。烈宗長子也。冊爲皇太子曰。岐嶷表于載誕。克廣同乎大成。是用命爾以登儲貳。易曰。明兩作離。大人以繼明照于四方。王肅注曰。兩離相續。明之義也。

守祧　主器　易曰。震雷百里。驚遠而懼邇也。出可以守宗廟社稷。以爲祭祀主。禮記曰。遠廟爲祧。又曰。主器莫若長子。故受之以震。

洊雷　重海　易曰。洊雷震。又曰。震爲長子。崔豹古今注曰。漢明帝爲太子。樂人作歌詩四章。以贊太子之盛德。其四曰。海重潤。已上總載太子事。

瑤山　伊水　山海經曰。西海之外有瑤山。其上有人。名曰太子長琴。顓頊生老童。老童生祝融。祝融生長琴。列仙傳曰王子晉好吹笙作鳳鳴伊洛之間有道士浮丘伯援以上嵩山 桂宮 蘭殿漢書曰孝成皇帝元帝太子也初居桂宮漢武故事曰武帝生猗蘭殿四歲立爲膠東王七歲立爲皇太子 靑宮 玄圃東方朔神異經曰東方東明山有宮靑石爲牆面一門門有銀牓以靑石碧鏤題云天地長男之宮潘尼詩序七月七日皇太子會於玄圃園有令賦詩 龍樓 雞戟漢書曰孝成皇帝元帝太子也寬博謹愼初居桂宮上嘗急召太子出龍樓門不敢絕馳道西直至城門得絕乃度張敞晉東宮舊事曰崇福門雞鳴戟十張 博望 宣猷漢書曰衛皇后生戾太子據上爲立博望苑使通賓客潘尼皇太子集詩曰置酒宣猷庭擊鐘靈沼濱霑恩洽明兩遭德會陽春 西池 東閣徐爰釋問注曰西明內有太子池孫權子和所穿有土山臺晉帝在儲宮所築故俗呼太子池或曰西池魏文帝集曰爲太子時北園及東閣講堂並賦詩命王粲劉楨阮瑀應瑒等同作 崇賢 求福陸士衡詩曰在晉蒙嘉運矯迹入崇賢假翼鳴鳳條濯足升龍泉張敞東宮舊事曰中庶子四人扃帷侍中若皇太子入宮與中書舍人各一人更日直求福坊 銀牓 銅扉銀牓見上靑宮注漢書曰孝成皇帝元帝太子也初居桂宮上嘗急召太子出龍樓門張晏注曰門樓上有銅龍許愼說文曰扉戶也已上太子居處 赤旆 黃麾張敞晉東宮舊事曰皇太子初拜有旆幢一又曰皇太子鹵簿有黃麾 鸞旌 象輅徐廣東宮頌曰禮樂承軒典冊授庭命服惟九龍旗鸞旌沈約宋書曰太始三年制太子安車乘象輅 花枕 畫轓張敞晉東宮舊事曰皇太子有大漆枕銀花鐶鈕自副續漢書曰皇太子安車朱輪靑蓋畫轓文輈五彩 銅羊 金馬張敞晉東宮舊事曰皇太子有銅水羊一枚管自副吳志曰孫登字子高權長子魏黃初二年立爲太子嘗失盛水金馬盂覺得主左右所爲不忍致罰 建九旗 舞六佾張敞晉東宮舊事曰皇太子初拜有石山安車一建九旗靑色四馬又曰皇太子大小會庭設三廂樂舞六佾 丹霞刀 彩虹劍魏文帝典論曰惟建安二十四年二月丙午魏太子丕造刀三其二曰含章彩似丹霞又曰造百辟寶劍三其二曰流彩虹已上太子章服 夏

啓 **周誦** 史記曰。夏禹東巡狩。至于會稽而崩。以天下授益。益讓帝禹之子啓。啓賢。天下屬意焉。諸侯皆去益而歸啓。曰。吾君帝禹之子。又曰。周武王崩。太子誦代立。是爲成王。 **周發** **漢莊** 尙書中候曰。文王廢伯邑考。立發爲太子。王曰。脩我度。遵德紀。後恆稱太子。范曄後漢書曰。孝明皇帝諱莊。光武第四子。生而豐下。十歲能通春秋。十九年立爲皇太子。師事博士桓榮。學尙書。 **魏丕** **晉紹** 魏志曰。文帝諱丕。武帝太子也。建安十六年爲五官中郎將。二十二年立爲魏太子。丕貞固睿敏。能鎭定大事。何法盛晉中興書曰。明帝諱紹。字道畿。中宗踐祚。尊號爲皇太子。東宮敬禮賢士。昵近明德。已上太子位號。 **四術** **三善** 禮記曰。樂正崇四術。立四教。順先王詩書禮樂以造士。王太子。王子。群后之太子。卿大夫元士之適子。國之俊選。皆造焉。又曰。世子齒於學。故父在斯爲子。君在斯爲臣。居子與臣之節。所以尊君親親也。故學之爲父子焉。學之爲君臣焉。學之爲長幼焉。行一物而三善皆得者。唯世子而已。 **玉裕** **金聲** 陸士衡侍皇太子宣猷堂詩曰。茂德川沈。天姿玉裕。潘尼皇太子釋奠頌曰。尊道讓齒。降心下問。嚮以金聲。光以玉潤。 **五稱** **三至** 周書曰。靈王太子幼而聰明。晉平公使叔譽于周。見太子晉與之言。五稱而三窮。禮記曰。文王之爲世子。朝於王季日三。雞初鳴而至於寢門外。問內豎之御者曰。今日安否何如。內豎曰安。文王乃喜。及日中又至。亦如之。及暮又至。亦如之。 **漢幄** **周寢** 范曄後漢書曰。時天下墾田多不以實。詔下州郡檢覆。其事帝見陳留吏牘上書云。潁川弘農可問。河南南陽不可問。帝詰吏。抵言於長壽街得之。時明帝爲東海公。年十二。在幄後言曰。吏受郡勑。欲以墾田相妨耳。帝曰。何故言河南南陽不可問。對曰。河南帝城多近臣。南陽帝鄉多近親。田宅踰制。不可爲准。詰問如明帝對。周寢見三至注。 **寢門** **馳道** 寢門見三至注。漢書。孝成皇帝。元帝太子也。宣帝愛之。字曰太孫。初居桂宮。上嘗急召。太子出龍樓門。不敢絕馳道。西至城門。得絕乃度。上以遲問其故。以狀對。上大悅。乃著令太子得絕馳道。 **嘗藥** **省膳** 禮記曰。太子朝夕至于寢門外。問於內豎曰。今日安否何如。若內豎言疾。則太子親齊玄冠而勸。膳宰之饌。必敬視之。疾之藥必親嘗之漢儀曰皇太子五日一至臺因坐東廂省視膳食齒胄　問豎禮記曰世子齒於學國人觀之曰將君我而與我齒讓何也曰有父在則禮然又曰王太子王子群后之太子卿大夫元士之適子凡入學以齒問豎見三至注春誦夏絃　撫軍監國禮記曰凡學世子學士以時春誦夏絃太師詔之左傳曰晉侯使太子申生伐東山皋落氏里克諫曰太子奉冢祀社稷之粢盛以朝夕視君膳者也故曰冢子君行則守有守則從從曰撫軍守曰監國古之制也已上並是太子才德問杜　禮荀晉中興書曰杜夷字行齊為儒林祭酒皇太子凡三至夷舍執經問義魏志曰文帝在東京太祖謂曰荀公達人之師表汝當盡禮敬之攸曾病太子問病獨拜於牀下鄭書　劉易漢書曰初元中立皇太子博士鄭寬以尚書授太子續漢書曰劉昆少學施氏易明帝為太子以易入授卞賦　温箴卞蘭贊太子賦曰切見所作典論及諸賦頌沉思泉涌華藻雲浮聽之忘味奉讀無倦晉中興書曰溫嶠拜太子中庶子數規諫諷議又獻侍臣箴甚有補益二疏　四皓漢書曰地節三年立皇太子疏廣為太傅兄子受為少傅父子並為師傅朝廷以為榮在位五歲上疏乞骸骨上許之大夫故人祖道東都門外道路觀者曰賢哉二大夫史記曰高祖欲易太子留侯諫不聽及讌置酒太子侍東園公甪里先生綺里季夏黃公從太子年皆八十餘鬚眉皓白上怪之四人前對各言姓名上大驚曰煩公等卒調護太子四友　六傅吳志曰孫登字子高權稱尊號為皇太子銓簡秀士以為賓友諸葛恪為左輔張休為右弼顧譚為輔正陳表為翼正都尉是為四友晉公卿禮秩曰愍懷立東宮乃置六傅省尚書事始置詹事丞文書關由六傅公子聞時號太子六友師友　賓客漢書曰疏廣字仲翁為太子太傅太子外祖父平恩侯許伯以太子幼使其弟舜監護太子家上問廣廣曰太子國儲副君師友必於天下英俊不宜獨親外家又曰衛皇后生戾太子據及冠就居上為立博望苑使通賓客西京雜記曰文帝為太子立思賢苑以招賓客端士　正人　司過虧膳　大戴禮曰昔周成王幼在襁褓之中選天下孝悌博聞有道術者以輔翼之使與太子居處出入故太子目見

正事。耳聞正言。左右前後皆正人也。又曰。太子既冠成人。免於保傅之嚴。則有司過之吏。虧膳之宰。太子有過。吏必書其過。而宰徹其膳。

已上太子輔翼。

【賦】

魏卞蘭贊述太子賦明明太子。既睿且聰。博聞強記。聖思無雙。猗猗左右。如虎如龍。八俊在側。侔光設凶。富不忘施。尊而益恭。研精書籍。留思異同。建計立議。廓然發蒙。天下延頸。歌頌德音。聞之於古。見之於今。深不可測。高不可尋。創法萬載。垂此休風。

【詩】

梁劉孝威奉和太子詩太子天下本。元良萬邦貞。周朝推上嗣。漢代紀重明。前星涵瑞彩。洊雷揚遠聲。三善傳樂正。百行紀司成。九流通已辨。七經咸所精。博聞強子政。高才凌長卿。禮尊逾屈己。德盛益卑情。仙氣貼鍾相。儒道推桓榮。延賢博望苑。視膳長安城。園綺隨金輅。浮丘侍玉笙。智囊前斂笏。端士後垂纓。九仙良所重。四海更東傾。班輪同策乘。甲館齊蓬瀛。

徐陵同江詹事登宮城南樓詩元良居上德。率土被中孚。漢幄朝无怠。周門夕復趨。桓經既受業。賀拜且尊儒。壯志皆風雅。高文會斗樞。鏗鏘叶舞蹈。熠爛等琨瑜。溝水慚雄伯。漳川仰大巫。鮑魚寧入俎。鈞鱉匪充厨。叔譽恆詞屈。防年豈濫誅。

江總宴樂脩堂應令詩肅城通甲觀。承華啓畫堂。北宮降恩賞。西園度羽觴。殊私奉玉裕。終宴在金房。庭暉連樹彩。鶯影接雲光。仙如伊水駕。樂似洞庭張。彈絲命琴瑟。吹竹動笙簧。庸疎濫應阮。衰朽忝連章。

虞世南追從鑾輿夕頓戲下詩重輪依紫極。前耀奉丹霄。天經戀宸扆。帝命扈仙鑣。乘星開鶴禁。帶月下虹橋。銀書含曉色。金輅輔晨飇。霧徹軒營近。塵暗斗城遙。蓮花分秀萼。竹箭下驚潮。撫已慚能幹。承恩集鳳條。搖山盛風樂。抽簡薦從謠。

褚亮奉和禁苑餞別應令詩大蕃初錫瑞。出牧邇皇京。暫以綠車重。言承朱傳榮。舒桃臨遠騎。垂柳映軍營。惠化宜千里。威風動百城。禁籞芳嘉節。神襟餞送情。金輅催別景。玉管切離聲。野花開更落。山鳥哢還驚。微臣夙多幸。薄宦奉儲明。釣臺慚作賦。伊水濫聞笙。懷德良知久。酬恩識命輕。

韓王元嘉奉和周太子監守違戀詩乾象開層構。離明啓少陽。卜征從獻告。守器屬元良。遜矣淩周誦。遙哉掩漢莊。好士傾南洛。多才盛北場。地分丹鳳嶺。途間白雲鄉。儲誠虔曉夕。宸愛積炎涼。珠璧

連霄漢萬物仰重光薛元超和周太子監守違戀詩儲禁銅扉啓宸行玉軑遙空懷壽街吏尙隔寢門朝地首瞻龍戟塵外想
鸞鑣飛文映仙牓瀝思叶神飈帝念紆蒼陸乾文煥紫霄歸塘橫筆海平圃振詞條欲應重輪曲鏘洋韻九韶［詔］梁武帝立
昭明太子詔朕屬當期運係迹前王所以長代流祚垂之萬葉百辟咸以元良之寄有國莫先自昔哲后降及近代莫不立儲樹嫡
守器承祧及旁扫羣議遠惟七百建茲蒙稚仰副宗祊承華肇開崇賢克永無疆之慶非獨在余恩霑渥澤被之遐邇又立晉安王
爲太子詔非至公無以王天下非博愛無以臨四海所以堯禪舜讓惟德是與文王舍伯邑考而立武王格于上下光于四表今岱
宗牢落天步艱難淳風猶鬱黎民未乂自非克明克哲允文允武豈能荷神器之重嗣龍圖之尊晉安王綱德行內敏威惠外宣羣后歸
美率土宅心可立綱爲皇太子庶百年勝殘方流餘慶必世後仁永固洪業後魏温子昇莊帝生皇太子赦詔有國三善事
屬元良本枝百世義鍾繼體朕應天纂命握圖受籙景祚惟新卜年以永令月吉辰皇子誕育彩雲映日神光照殿方開博望將起龍樓
遠近同懽人神共悅［表］宋謝莊慶太子元服上至尊表伏惟皇太子殿下明兩承乾元良作貳抗法遷身英華自遠
樂以脩中禮以治外三善克茂德成教尊今日吉辰昭加元服對靈祗之望儛上庠之歡率天罄世莫不載躍又太子元服上太
后表離景承震樞光陪極毓問東華飛英上序樂正歌風司成頌德清明神鏡溫文在躬練日簡辰昭備元服懋三王之敎屬少海之
重梁沈約爲太子謝初表臣實蒙稚溫文以闕不閑三善之訓未習四學之儀雖問安內豎因心自發而視膳寢門未任再至
乃降皇慈夙膺盛典貳體宸極守器宗祧顧循幼志如臨冰壑梁簡文帝上昭明太子文集別傳等表若夫正少陽之位主
承祧之則口實爲美唯稱啓誦自茲厥後罕或聞焉昭明太子稟仁聖之資縱生知之量孝敬兼極溫恭在躬明月西流幼有文章之敏
羽籥東序長備元良之德非假二疎寧勞四皓虎賁恧其經學智囊慚其調護豈止博望延賓壽春能賦問疑稟據書戒憑陵而已哉玉

折何追。星䅉靡續。地尊號嗣。外陽之術無徵。位比周儲。緱山之駕不返。臣以不肖。妄作明兩。出入銅龍。瞻仰故實。思所揄揚。盛軌宜記。德音謹撰。昭明太子別傳文集。請備之延閣。藏諸廟內。永彰茂實。式表洪徽。

周王褒爲百僚請立太子表 臣聞洊雷居震。春方應守器之禮。明兩作離。少陽纂重暉之業。是以三善昭德。載祀之祚克昌。一有元良。國貞之圖永固。至於軒轅得姓。高陽才子。上嗣佇賢。前星虛位。魯國公贇。親居元子。屬當儲貳。具僚仰則。列辟式瞻。臣等參議。請立爲皇太子。事崇監撫。教資審諭。問安寢門。視膳天幄。

［箴］周王褒太子箴 天生烝民。司牧斯樹。咸熙庶績。式昭王度。粤若欽明。丕承寶祚。重紐地維。再匡天步。惠人垂統。元良繼體。麗正離暉。推徵天啓。令問令望。聞詩聞禮。從曰撫軍。守曰監國。秋方通夢。春宮養德。桓榮獻書。荀攸觀則。元子爲士。齒卿命秩。昔在周漢。親賢保弼。朝服寢門。迴車作室。正陽居位。喬枝父道。臣子所崇。忠孝爲寶。勿謂居尊。禍福無門。勿恃親賢。王道無偏。無爲有慮。始爲事先。損之又損。而全之亦全。無往不復。無平不陂。美疾甘言。鮮不爲累。則哲惟艱。知人未易。居室爲善。分陰無棄。亡保其存。危安其位。神聽不惑。天妖斯忌。文昌著於前星。主鬯由於守器。庶僚司箴。敢告閽寺。

太子妃第四

［敍事］ 白虎通云。妃者匹也。妃匹者何謂也。相與偶焉。古者天子後宮。嫡庶皆曰妃。史記曰。黃帝有四妃。帝嚳有四妃。虞舜有二妃。周以天子之正嫡爲王后。秦稱皇帝。因稱皇后。以太子之正嫡稱妃。漢因之。漢書外戚傳云。太子有妃。有良娣。有孺子。妻妾凡三等是也。魏晉以後。咸遵之焉。

［事對］ 金璽 瑜珮 沈約宋書曰。皇太子妃金璽龜鈕。纁朱綬。佩瑜玉。又張敞晉東宮舊事曰。皇太子納妃。織成衮帶。白玉珮。

龍枕 鴨燈 晉東宮舊事曰。皇太子納妃。有漆龍頭支髻枕一。銀花鐶鈕自副。又曰。皇太子納妃。有金塗連盤鴨燈一。

文履 花簏 晉東宮舊事曰。太子納妃。有

絳地文履一量。又曰。皇太子納妃有漆花奩二具。龜鈕　雀鈕　龜鈕事見上金璽注。東宮故事曰。太子納妃有同心雀鈕一具。袞帶　綺綬　袞帶見瑜珮注。又曰。皇太子納妃有絳地織成綺綬。四望車　九鈿函　晉東宮舊事曰。皇太子納妃四望車。羽葆前後部鼓吹各一部。又曰。步搖一具。九鈿函盛之。册命　筮吉　晉起居注曰。元帝太興元年。上臨軒使册命拜晉王妃庾爲皇太子妃。沈約宋書曰。後廢帝江皇后諱簡珪。濟陽考城人。北中郎長史智深孫女。太始五年。太宗采訪太子妃。而后父祖已亡。弟又弱小。門無彊蔭。以卜筮最吉。拜爲皇太子妃。景殿　畫堂　漢書曰。元帝爲太子。司馬良娣死。後太子悲恚發病。宣帝令皇后擇後宮家人子可以娛侍太子者。王禁女政君預焉。時預擇者五人。政君獨衣絳緣諸于。太掖衣也。使侍送入太子宮。見於景殿。得御。幸有身。立爲太子妃。於甲觀畫堂生子。卽成帝也。畫堂。太子宮中之堂。稱萬歲　有五可　漢書曰。車騎將軍許嘉女選配太子。上令中常侍親送太子家。還白太子歡悅狀。元帝喜。謂左右曰。酌酒賀我。左右皆稱萬歲。太子立爲天子。卽成帝也。立妃爲皇后。王隱晉書曰。武帝娶楊后。生惠帝。初爲太子謀婚。久不決。上欲娶衛瓘女。楊后欲娶賈充女。充妻郭酷妬宿著。上曰。衛公女有五可。賈公女有五不可。衛家女種賢而多子。端正而長白。賈家女種妬而少子。醜惡而短黑。郭氏使輸物楊后。遂成納賈妃。後亂晉國。司徒公女　新安主生　王隱晉書曰。劉曜王彌寇洛。得將諸后妃去。愍懷太子王妃拔刀向賊曰。我司徒公女。皇太子妃。死則死。終不爲賊婦。賊乃害之。又曰。安僖皇后王氏。字神受。太常王獻之女。新安公主生。卽安帝姑也。孝武帝以后少孤無兄弟。故爲安帝納爲太子妃。孝武納采聘太子妃王氏。百官朱服會於新安公主第。祕書監王操之爲主人。

〔詩〕胡元範奉和太子納妃詩　帝子威儀絕。儲妃禮慶優。疊鼓陪仙觀。凝笳翼畫輈。鬱鬱神香滿。奕奕彩雲浮。排空列錦騶。騰歡溢皇州。金闉未息火。玉樹鍾天愛。月路飾還裝。星津動歸佩。紫極流宸渥。清規佇慈誨。恩波洽九流。光輝帙千載。列席詔親賢。式宴坐神仙。聖文飛聖筆。天樂奏鈞天。曲池涵瑞景。文宇孕祥煙。小臣同百獸。率舞悅堯年。裴守

眞奉和太子納妃詩 瑜珮升青殿。穠華降紫微。還如桃李發。更似鳳凰飛。金屋貞離象。瑤臺起婺徽。綵纓紛碧座。繢羽泛褕衣。雲路移彤䡅。天津轉明鏡。仙珠照乘歸。寶月重輪映。望園嘉宴洽。主第歡娛盛。絲竹揚帝薰。簪裾奉宸慶。蘂雲藹曉光。湛露晞朝陽。天文天景麗。睿藻睿詞芳。玉庭散秋色。銀宮生夕涼。大平超遂古。萬壽樂無疆。

〔詔〕唐太宗册蘇亶女爲太子妃詔 配德元良。必侯邦媛。作儷儲貳。允歸冠族。祕書丞蘇亶長女。門襲軒冕。家傳義方。柔順表質。幽閑成性。訓彰國史。譽流邦國。正位儲闈。實惟朝典。可皇太子妃。所司備禮册命。主者施行。

〔册〕唐太宗册太子妃文 惟爾祕書丞蘇亶長女。族茂冠冕。慶成禮訓。貞順自然。言容有則。作合春宮。實協三善。曰嬪守器。式昌萬葉。備玆令典。仰惟國章。是用命立爲皇太子妃。往欽哉。其光膺命。可不愼歟。 宋謝莊太子妃哀册文 樞凝桂奐。庭肅龍轀。風沉國路。雲起郊門。皇帝傷總綫之掩綵。悼副褘之滅華。行光既晏。長河又斜。顧而言曰。璇瑤有毁。郁烈無湮。蒻素裁簡。授之史臣。其詞曰。霍岫虧天。瀔流凝漢。祥發桐珪。慶昭金筭。毓景帝里。飛芳戚閈。祕儀施谷。升音集灌。月晷幾望。娣袟惟良。檡幃春宮。承籚少陽。五葉衍藻。四訓抽光。葳蕤蕙纕。婉孌瓊相。清徽就遠。褑沴方摶。臨華罷翠。當暉收蘭。複殿生響。長廊結寒。節移虛鐨。氣變容衣。中庭草藹。階上螢飛。傷縈里第。痛溢朝闈。

王第五

〔敍事〕 易稱先王建萬國。親諸侯。史記云。黄帝置左右大監。以監萬國。堯典云。協和萬邦。左傳云。禹會諸侯於塗山。執玉帛者萬國。萬國之數。蓋親賢兼封。夏列九州。制五服。立爵五等。分地有三。公侯方百里。伯方七十里。子男五十里。不足五十里曰附庸。殷則爵列三等。周又列爲五等。則公方五百里。侯伯子男各百里爲差。不滿百里爲附庸。凡王之子弟。並參封之。秦稱皇帝。除五等之制。以郡縣子弟爲匹夫漢興立爵二等大者王小者侯而王之號謂爲諸侯王蔡邕獨斷曰漢制皇子封爲王其實諸侯也周末諸侯或稱王而漢自以皇帝爲稱故以王號加諸侯總名諸侯王後漢建武初朱祐議以爲土無二王臣爵皆不過公於是悉封郡公十七年又依舊稱王魏改封郡王晉又封國宋齊以後皆封郡隋復封國公已上並見齊職儀及五代史志

［事對］

麟趾　犬牙毛詩曰麟之趾振振公子于嗟麟兮注云趾足也麟信而應禮以足至者振振信厚也吁嗟歎辭也漢書曰高帝王子弟犬牙相制所謂磐石之固

磐石　維城磐石見犬牙注毛詩曰懷德維寧宗子維城

藩屏皇家　維翰帝室魏志曹植傳曰植初封冊書曰爰茲靑社封於東土以藩屏皇家爲魏藩輔晉百官表注云封皇子及公族親屬爲王所以維翰帝室詩云大邦維翰

燾土苴茅　金璽駞鈕蔡邕獨斷云天子太社以五色土爲壇漢制皇太子封爲王者受天子太社之土以所封之方色東方受靑土他如其方色藉以白茅授之歸國以立社故謂之茅土孔安國注尚書曰王者封五色土爲社則各割方色土與之使立社燾以黃土苴以白茅茅取其潔黃取王者覆被四方漢書舊儀云諸侯王黃金璽槖駞鈕已上總載封建

二南　兩東毛詩序曰周南召南正始之道王化之本潘岳西征賦曰我徂安陽言陟陝郭美哉邈乎茲土之舊也固乃周召職之所分二南風之所交麟趾信於關雎兮騶虞應乎鵲巢東觀漢記曰東平獻王蒼少有孝友之賢寬仁弘雅中元二年光武帝崩明帝詔曰東平王蒼寬博有謀可以託六尺之孤臨大節而不可奪其以蒼爲驃騎將軍魏志曰臨淄侯善屬文徙封東阿王

魯衛　梁楚左傳曰管蔡郕霍魯衛毛聃郜雍曹滕畢原豐郇文之昭也漢書曰漢興之初海內新定同姓寡少於是割裂疆土立二等爵尊王子弟大啓九國奄有龜蒙爲梁楚也

晉桐葉　衛梓材史記曰唐叔虞者成王弟成王與叔虞戲削桐葉爲珪以封叔虞史佚因言請擇日立叔虞成王曰與之戲耳史佚曰天子無戲言於是遂封叔虞於唐後爲晉故毛詩曰此晉也而謂之唐又曰衛康叔名封周武王同母

弟也封爲衛君居河淇間周公懼康叔年少乃申告康叔作梓材篇言爲政之道如梓人理材焉已上載所封國 共室 同輦范曄後漢書曰清河王慶傳云帝初勅皇后令衣服與太子齊等太子時親愛入則共室出則同輿漢書曰淮南厲王長高帝少子孝文帝初卽位自以最親驕蹇數不奉法上寬赦之三年入朝甚縱橫從上入苑獵與上同輦入宿北宮 因留國邸東觀漢記曰清河王慶傳云永元四年移幸北宮章德殿講白虎觀慶得入省宿止漢書宣元六王傳曰成帝無嗣體常不平定陶共王來朝上謂共王曰我未有子人命不諱一朝有他且不復相見爾長留侍我矣因留國邸朝夕侍上甚見親重禮如家人 爵比皇子漢書曰齊悼惠王孝惠二年入朝帝與齊王宴飲太后前孝惠以齊王爲兄置上坐如家人禮又楚元王交高帝弟自文帝卽位交學詩內事文帝尊寵元王子爵比皇子 御雲母輦 設鐘虡懸 傅暢晉公卿禮秩曰安平王孚假黃鉞前後羽葆建九旒駕駟馬御雲母輦東觀漢記曰東海王彊兼食五郡二十九縣租入倍諸王賞賜恩寵絕於倫比置虎賁髦頭宮殿鐘虡之懸已上並王之親寵 好書 樂善漢書曰淮南王安爲人好書善鼓琴不喜弋獵又云河間獻王德脩學好古從人得善書必好寫與之留其本兼加賜金以招之東觀漢記曰東平獻王蒼少有孝友之賢寬仁弘雅美鬚髯明帝嘗從容問王在家爲人何好最樂蒼曰爲善最樂 楚詩 沛易 漢書曰楚元王交字孝游高祖同父少弟也好書多材藝元王好讀詩諸子皆讀詩號曰元王詩續漢書曰沛獻王輔性務嚴矜有威好經書善說京氏易 蟻封 象船東觀漢記曰沛獻王輔善京氏易永平五年少雨上御靈臺自卦以周易林占之其繇曰蟻封穴戶大雨將至上問輔輔曰蹇艮下坎上爲水山出雲雨蟻穴居其知雨將至魏志曰鄧哀王蒼舒少聰察岐嶷孫權會致巨象太祖欲知其斤兩蒼舒曰置象大船之中而刻其所至秤物以載之則其重可知矣 食時 七步 漢書曰淮南王安始入朝爲離騷傳朝受詔食時上劉義慶世說曰魏文帝令東阿王七步成詩不成將行大法遂作詩曰煑豆燃豆萁豆在釜中泣本是同根生相煎何太急文帝大有慚色

對三雍 **論五經** 漢書曰河閒獻王景帝子修學好古武帝時獻王來朝獻雅樂對三雍之宮應劭注曰辟雍明堂靈臺也東觀漢記曰沛獻王輔性好經書論集經傳圖讖作五經通論奉蕃以至沒遵履法度未嘗犯禁稱爲賢王 **北海善書** **東平工頌** 范曄後漢書曰北海敬王睦善大書當時以爲楷則寢疾帝於馬上令作草書尺牘十首又曰東平王蒼嘗上光武中興頌帝甚美之 **錢隷助國** **租秩賑人** 東觀漢記曰東海王彊孫傾王肅性謙儉永初中以西羌未平上錢二千萬元初中上縑萬疋以助國王隱晉書曰齊王攸國中文武下至士卒法令不食廩賜者皆以秩賦與疾病死亡者時有水旱出租稅加十二賦以賑國人須豐年乃收入本直已上王之才能 **曲觀** **平臺** 曹植娛賓賦曰感夏日之炎景兮游曲觀之清涼漢書曰梁孝王廣睢陽城七十里大修宮室爲複道自宮連屬於平臺四十餘里 **蘭坂** **桂山** 曹植詩曰明月澄清景列宿正參差秋蘭被長坂朱華冒淥池王逸劉安招隱士詩序曰招隱士者淮南王之所作也昔淮南王博雅好古招懷天下俊偉之士八公之徒感慕其德而歸其仁各竭才智著作篇章分造詞賦以類相從故或稱小山或稱大山其義猶詩有小雅大雅詞曰桂樹藂生兮山之幽偃蹇連拳兮枝相繆 **猨巖** **鴈沼** 西京雜記曰梁孝王好宮室苑囿之樂作曜華之宮營兔園園中有百室山山上有落猨巖鴈池池間有鶴洲鳧渚廣雅云沼池也 **檀欒竹** **連拳桂** 枚乘兔園賦曰脩竹檀欒夾地兔園梁孝王園也連拳桂見桂山注 **玳瑁筵** **琉璃盌** 劉楨瓜賦序曰在曹植座廚人進瓜植命爲賦促立成其辭曰布象牙之席薰玳瑁之筵憑彤玉之几酌縹碧之樽鮑昭淮南王宮使曲曰淮南王好長生服食鍊氣讀仙經琉璃藥盌牙作盤金鼎玉匕合神丹 **宴平樂** **望高唐** 曹植詩曰鬭雞東郊道走馬長楸閒觀者咸稱善衆工歸我妍歸來宴平樂美酒斗十千宋玉高唐賦曰昔者楚襄王遊於雲夢之臺望高唐之觀已上王之居處 **忘憂觀** **思仙臺** 西京雜記曰梁孝王遊於忘憂觀集諸游士各使爲賦葛洪神仙傳曰淮南王劉安好神仙黃白之事於是八公乃往迎之登思仙臺 **置館** **築宮**

西京雜記曰。河間王德築日華宮。置客館二十餘區。以待學士。史記曰。燕昭王卽位。卑身厚禮以招賢者。謂郭隗曰。誠得賢士。與共報先主之耻。孤之願也。隗曰。王必欲求士。請以隗爲始。況賢於隗者。豈遠千里哉。於是昭王爲隗版築宮而師事之。士爭趨燕。

康衢　碣石　史記曰。鄒奭。齊諸鄒。亦頗採鄒衍之術以紀文。於是齊王嘉之。自淳于髡以下。皆命曰列大夫。爲開第康莊之衢。天下言齊能致天下賢士也。又曰。鄒衍如燕。燕王築碣石宮。身親往師之。

賜田　置醴　宋玉小言賦曰。楚襄王旣登陽雲之臺。命諸大夫景差唐勒宋玉等並造大言賦。卒而宋玉受賞。又作小言賦。王曰。善。賜雲夢之田。漢書曰。初元王敬禮申公白公穆生等。穆生不嗜酒。元王每置酒。常爲穆生設醴。及王戊卽位。亦設醴。後忘設焉。穆生退曰。可以逝矣。

娛賓　敬客　娛賓見曲觀注。又曹植詩云。公子敬愛客。終宴不知疲。清夜遊西園。飛蓋相追隨。

唐宋　應劉　宋玉大言賦曰。楚襄王與唐勒景差宋玉遊於陽雲之臺。王曰。能爲大言者上坐。魏志曰。應瑒劉楨等。俱爲五官中郎將文學。咸善屬詩賦。後瑒楨等卒。文帝與吳質書曰。昔年疾疫。親故多罹其災。徐陳應劉。一時俱逝。

遊梁　趨燕　漢書曰。司馬相如會景帝不悅文士。齊人鄒陽淮陰枚乘吳人嚴忌夫子之徒。相如見而悅之。因病免。客遊梁。得與諸侯遊士居數歲。乃著子虛賦。史記曰。燕昭王卽位。卑身厚禮以招賢士。而師事郭隗。於是樂毅自魏往。鄒衍自齊往。劇辛自趙往。是以士爭趨燕。

先擁篲　不及履　史記曰。鄒衍如燕。昭王擁篲先驅。請列弟子之坐而受業。碣石宮身親往師之。葛洪神仙傳曰。淮南王劉安好儒學。兼該占候方術。作內書。言神仙黃白之事。名爲鴻寶。於是八公乃往。八公初詣門。鬚眉皓素。門吏先密以聞。安門吏自以意難問之。言畢。八公皆化成十五童子。雲髻色如桃花。於是門吏驚竦。以白王。王聞之。不及履。卽出迎之。以登思仙之臺。

曳長裾　飛廣袖　鄒陽上吳王書曰。臣聞蛟龍驤首奮翼。則浮雲出流。霧雨咸集。聖人砥節脩德。則游談之士歸義思名。今臣盡智畢議。易精極慮。則無國而不可干。飾固陋之心。則何王之門不可曳長裾乎。西京雜記曰。梁孝王遊忘憂觀。集諸遊士。各使爲賦。鄒陽爲酒賦曰。哲王臨國。綽矣多暇。召皤皤之臣。聚肅肅之賓。錦綺爲席。犀璩爲鎮。曳長裾。飛廣袖。奮長纓。英偉之士。莞爾而卽之。巳上王之好士。［賦］魏夏侯玄皇胤賦　覽二儀之上體。本人倫之大紀。道莫崇於后辟。統莫大於承祀。伊皇衢之光赫。享乾坤之元祉。在大和之五載。肇皇肖之盛始。時惟孟秋。和氣淑清。良辰既啓。皇子誕生。爾乃發愷悌之明詔。振湛恩之豐沛。末惠洽乎黎民。崇施暢於無外。爵群兆以布德。赦殊死以示仁。黔首詠而齊樂。願皇祚之日新。

［詩］宋劉孝義行過康王故第苑詩　入梁逢故苑。度薛見餘宮。尙識招賢閣。猶懷愛士風。光靈一超遠。衡館亦蒙籠。洞門餘舊邑。甘棠留故叢。送禽悲不去。過客慕難窮。池竹徒如在。林堂曖已空。遠橋隔樹出。迥澗隱崖通。芳流小山桂。塵起大王風。具物咸如此。是地感余衷。

隋薛昉巢王座韻得餘詩　平臺愛賓友。逢掖齒簪裾。藉卉懷春暮。開襟近夏初。嫩枝猶露鳥。細藻欲藏魚。舞袖臨飛閣。歌聲出綺疏。莫慮歸衢晚。馳輪待興餘。

隋于仲文答譙王詩　梧臺開廣宴。竹苑列英賢。景差方入楚。樂毅始遊燕。折角揮談柄。重席吐言泉。武騎初擒翰。文學正題鞭。玉徽調綠綺。璧散沉青田。晚霞澹遠岫。落景藻長川。未陪東閣賞。獨詠西園篇。

褚亮和望月應魏王教詩　層軒登皎月。流照滿中天。色共梁珠遠。光隨趙璧圓。落影臨秋扇。虛輪入夜筵。所欣東館裏。預奉西園篇。

李敬玄奉和別魯王詩　綠車旋楚服。丹蹕佇秦川。珠阜轉歸騎。金岸引行旃。一朝限原隰。千里間風煙。鬱喧上林谷。梟響御溝前。斷雲移魯蓋。離歌動舜弦。別念凝神扆。崇恩洽玳筵。顧惟慚叩寂。徒自仰鈞天。

又奉和別越王詩　飛蓋迴蘭坂。宸襟佇柏梁。別館分涇渭。歸路指衡漳。關山通曙色。林籞徧春光。帝念紆千里。詞波照五潢。

楊思玄奉和別魯王詩　元王詩傳博。文后寵靈優。鶴蓋動宸眷。龍章送遠遊。函關疎別道。灞岸引行舟。北林分苑樹。東流溢御溝。鳥聲含羽碎。騎影曳花浮。聖澤九垓普。天文七耀周。方徒獻雅樂。簪帶奉鳴球。

張大安奉和別越王詩　盛藩資右戚。連蕚重皇情。離襟愴雎苑。分途指鄴城。麗日開芳甸。佳氣積神京。何時驂駕入。還見謁承明。

劉禕之奉和別越王詩　周屛辭金殿。粱驂整玉珂。管聲依折柳。琴韻動流波。鶴蓋分陰。促龍軒別念。多延襟小山。路還起大風歌。［頌］魏陳王曹植皇子生頌於皇我后。懿章前志。克纂三皇。王靈昭事。祇肅郊廟。明德敬忌。潛和積德。鍾天之釐。嘉月令辰。篤生聖嗣。慶由一人。萬國作喜。喁喁萬國。岌岌群生。稟命我后。綏之則榮。長爲臣妾。終天之經。仁聖奕代。永戴明明。同年上帝。休祥淑禎。藩臣作頌。光流德聲。［册］唐太宗册梁州都督漢王元昌夫易陳利建。道貫三才。傳稱夾輔。業昌百代。是以周之魯衛。式固維城。漢之梁趙。克崇磐石。惟爾幼聞教義。器識聰敏。早開土宇。禮數優崇。逷矣南鄭。襟帶西蜀。按部之重。茂親是用。錫以茅土。賦茲典册。爰誓山河。永作蕃屏。朕聞曰。事君盡禮。資於孝敬。爲政以德。始於仁厚。故士無貴賤。由之者揚名。時無古今。背之者淤行。爾往欽哉。去奢從儉。遠佞尊賢。克勤匪懈。垂憲乃後。可不愼歟。又册荆州都督荆王元景　夫建官之道。實資明德。列爵之義。必俟茂親。故晉鄭佐周。功宣於僉亮。間平輔漢。業崇於藩屏。惟爾業尚忠肅。器懷恭懿。幼稟庭訓。早膺朝寵。仁恕聞於封畿。廉平著於方策。荆衡作鎭。江漢爲紀。包括巴漢之域。跨躡吳越之郊。褰帷永諳。分珪僉屬。是用備茲令典。錫以休命。奄有楚甸。代爲唐輔。可不愼歟。［奏］陳尚書八座奏封鄱陽王伯山　臣聞本枝惟茂。宗周之業以弘。磐石既建。皇漢之圖斯遠。故能協宣五運。規範百王。式固靈根。克昌丕緒。第三皇子伯山。發睿德於齠年。表奇姿於此日。光昭丹掖。輝映靑闈。而玉圭未執。金錫靡駕。豈所以敦序維翰。建樹蕃戚。臣等參議。宜封鄱陽王。［表］梁沈約爲南郡王讓中軍表臣聞建侯茂則。非賢罔樹。分器鴻典。惟懿實先。而臣挹道未弘。踐義多缺。徒升國彝。空襲宸寵。光珪華組。晻藹於闕垂。令采徽猷。寂寥於甸表。晨伸委帶。夕軫臨顏。皇衢肇啓。鼎運始資。魯衛兼啓。義邈周年。齊楚並建。禮高漢日。臣以末第。聯輝上序。祐履荆阿。懷壐蘿曲。拊志惟熏。佩握如擣。梁劉孝綽爲鄱陽嗣王初讓雍州表　臣聞大邦維屏。既慙宗子之詩。思樂頖宫。有缺僖公之頌。特以周興九伯。錫壤參虛。漢啓二河。分珪舊楚。身私家慶。總集微躬。雍部襟帶。跨制數州。西拒嶢關。北跨鄧塞。雖復呼韓來朝。稾街納質。二虜尋戈。四郊無警。猶當王戎雅識羊祜尙義臣退求諸己無或宴安進思盡忠幾乎私竭。〔章〕梁沈約爲晉安王謝南兗州章臣以萊孱幼無秀業。依天宅照藉海憑瀾王爵早加藩麾夙樹進不能閑詩西楚好禮北河退無以振朵六條宣風萬里懷慙起懼載溢心顏而皇明輝燭照被彌遠遂乃徙旆淮區遷金濟服朱驂出邸青組臨方瞻惟徽寵俯仰忘厝又爲安陸王謝荆州章臣託景宸區早延休寵身班帝穆爵首蕃珪好禮慙河敦詩愧楚懸旆出關徒違絳闕擬金入濟識謝戎麾而照臨彌廣復叨匪服紀南形勝任總上游西緯岷邛北繼嶓陝六轡在手猶或稱難羣牧稟威玆道孰易是以攄淸陸白布欸幄垂霄塗嚴遠事隔披照腆冒斯顏膺此謬荷祗奉兢懼罔知攸託。

公主第六

〔敘事〕昔堯女有娥皇女英。舜妹有敤手。敤音欺禍反。舜女有宵明燭光。湯有帝乙歸妹。即成湯妹。周武王之女嫁于陳。故公主未有封邑之號。至周中葉。天子嫁女于諸侯。天子至尊。不自主婚。必使諸侯同姓者主之。始謂之公主。秦代因之。亦曰公主。史記云。李斯男皆尙秦公主。是也。漢制。帝女爲公主。帝姊妹爲長公主。帝姑爲大長公主。後漢制。皇女皆封縣公主。儀服同蕃王。其尊崇者加號長公主。諸王女皆封鄉亭公主。儀服同鄉亭侯。范曄後漢書曰。章帝封東平憲王蒼琅邪孝王京女爲縣公主。其後安帝妹亦封長公主。同於皇女。封縣公主者。所生之子。襲母封爲列侯。後皆傳國。鄉亭之封則不傳。自晉之後。帝女依西漢。曰公主。帝之姑姊並曰長公主。自漢已來。皆別置第舍府屬。至隋省府屬。並見齊職儀及晉代百官志。唐神龍初。又置府屬。景龍末復省。〔事對〕歸妹　降嬪　應劭風俗通曰。易稱帝乙歸妹。以祉元吉。婦人謂嫁娶之禮曰歸。歸其妹於諸侯。亭終吉也。尙書曰。釐降二女於嬀汭。嬪於虞。注云。降下也。嬪婦也。沈約宋書曰。江斆尚孝武帝女。表讓婚曰。伏承詔旨。當以臨海公主降嬪。榮出望表。恩加典外。**節義** **肅雍** 范曄後漢書曰。鄧晨初娶光武姊元。及漢兵起。晨將會賓客棘陽。漢兵敗。姊亡。光武卽位。封晨房子侯。帝感悼姊歿於亂。追封諡元爲新野節義長公主。立廟於縣西。詩云。曷不肅雍。王姬之車。謂平王之女嫁齊侯也。**金根** **銅縷** 魏收後魏書曰。金根車。公主封君皆得乘之。但右騑而已。續漢書曰。印璽綬。王公玉匣銀縷。夫人貴人長公主銅縷。**賜金** **獻珠** 漢書曰。孝武衞皇后字子夫。爲平陽公主謳者。武帝卽位數年無子。過平陽公主。旣飲。謳者進。帝獨悅子夫。帝起更衣。子夫侍尚衣軒中得幸。還坐悅甚。賜平陽公主金千觔。列仙傳曰。朱仲會稽市販珠人。高后募三寸珠。乃詣闕上之。珠好過度。賜五百金。魯元公主私以七百金從仲求珠。獻四寸之珠。**常山** **沁水** 魏收後魏書曰。陸昕之風望端雅。尚獻帝女常山公主。拜駙馬都尉。公主奉姑有孝稱。神龜初。與穆氏琅邪長公主並爲女侍中。范曄後漢書曰。竇憲字伯度。女弟立爲皇后。憲恃宮掖聲勢。遂以縣直請奪沁水公主園。**金鄉** **蘭陵** 魏末傳曰。何晏婦金鄉公主。卽晏同母妹。公主賢明。謂其母沛王太妃曰。晏爲惡日甚。將不保身。母笑曰。汝得無妬晏耶。魏收後魏書曰。劉暉字重昌。正始初。尚蘭陵長公主。孝明第爵。**清河** **臨海** 魚豢魏略曰。東將初之植到關。自念有過。且當謝帝。乃留其從官著關東。將初使人微行。宜見清河公主。欲因主以謝。而關吏以聞。帝使人逆之。不用。太后以爲自殺。對帝泣。晉中興書曰。臨海公主。惠帝女。羊后所生。初封清河公主。未出適。値永嘉亂。**鄂邑** **襄城** 漢書曰。昭帝始立。年八歲。帝長姊鄂邑蓋長公主居禁中。共養帝。蓋公主私通客河間丁外人。上與大將軍聞之。不絕。有詔外人侍長公主。晉中興書曰。王敦字處仲。尚武帝女襄城公主。天下大亂。敦將還臺。悉以公主嫁時侍婢百餘人配給將士。金寶一時棄捐。**同姓主** **列侯尚** 同姓主見敍事。應劭風俗通曰。列侯尚公主。國人尙翁主。以妻制夫。陽屈於陰爾。**妻單于** **娉昆莫** 漢書曰。單于兵強。數苦北邊。上問婁敬。曰。陛下誠能以嫡公主妻單于。厚奉遺之。彼知漢女送厚。蠻夷必慕以爲閼氏。生子必爲太子。豈曾聞外孫敢與大父抗禮哉。又曰。烏孫以馬千疋娉漢女。元封中遣江都王建女細君爲公主。以妻焉。贈送甚厚。烏孫昆莫以爲右夫人。

出紫微　加綠綬　左貴嬪上萬年公主誄曰。篤生公主。誕應休期。秀出紫微。日輝月朗。臧榮緒晉書曰。帝之姑姊妹皆爲長公主。加綠綬。

爲子求郎　爲子贖罪　後漢書曰。館陶公主爲子求郎。明帝不許。而賜錢千萬。謂群臣曰。郎官上應列宿。出宰百里。非其人。民受其殃。是以難之。漢書曰。林慮公主子昭平君尚武帝女夷安公主。林慮困病。以金千觔錢千萬爲昭平君贖死罪。帝許之。林慮公主卒。昭平日驕。醉殺主傅。母繫獄。廷尉上請。左右爲前入贖。陛下許之。帝曰。吾姊老有是一子。死以囑我。於是爲之垂涕良久。曰。法令先帝所造。因姊故而誣先帝之法。吾何面目入高廟乎。遂可其奏。

董宣扣馬　高穆破車　范曄後漢書曰。董宣爲洛陽令。時湖陽公主蒼頭白日殺人。因匿主家。吏不能得。及主出行。而以奴驂乘。宣於夏門亭候之。乃駐車扣馬。以刀畫地。大言數主之失。叱奴下車。因格殺之。魏收後魏書曰。高道穆爲御史。尉莊帝姊壽陽公主行犯清路。執赤棒卒呵之不止。穆令棒破其車。公主深以爲恨。泣以訴帝。帝謂主曰。高中尉清貞之人。彼所行者公事。豈可以私責之。

下天孫之津　降帝子之渚　史記天官書曰。婺女。織女。天女孫也。楚辭云。帝子降兮北渚。目眇眇兮愁予。王逸注云。帝子。堯子也。

〔詩〕

李嶠長寧公主東莊侍宴詩　別業臨青甸。鳴鸞降紫霄。長筵鵷鷺集。仙管鳳凰調。樹接南山近。煙含北渚遙。承恩咸已醉。戀賞未還鑣。

崔湜長寧公主東莊侍宴詩　沁園東郭外。宸駕一遊盤。水榭宜時涉。山樓向晚看。席臨天女貴。林接近臣歡。聖藻懸辰象。微臣切仰觀。

李適長寧公主東莊侍宴詩　鳳樓紆睿幸。龍舸暢宸襟。歌舞平陽第。園亭沁水林。山花添聖酒。澗竹繞薰琴。願奉瑤池駕。千春侍德音。

李乂長寧公主東莊侍宴詩　紫禁乘雷動。青門訪水嬉。上台鱣堂慶。仙女鳳樓期。合宴簪紳滿。承恩雨露滋。北辰還捧日。東館幸逢時。

又奉和幸長寧公主莊詩　平陽館外有仙家。沁水園中好物華。地出東郊迴日馭。城臨南斗度雲車。風泉韻繞幽林竹。雨霞光搖雜樹花。已慶時來千億壽。還言日暮九重賒。徐彥伯奉和送金城公主詩鳳屋怜簫曲。鸞閨念掌珍。羌庭遙築館。廟策重和親。星轉天河夕。花移海樹春。聖情悽送遠。留蹕望行塵。閻朝隱奉和送金城公主詩甥舅重親地。君臣厚義鄉。還將貴公主。嫁與褥氈王。鹵簿山川闇。琵琶道路長。迴瞻父母國。日出在東方。[誄] 魏陳王曹植平原懿公主誄曰於維懿主。瑛瑤其質。協策應期。含英秀出。岐嶷之姿。實朗實一。在生十旬。察人識物。儀同聖表。聲協音律。驪眉識往。俛瞳知來。求顏必笑。和音郎該。阿保接手。侍御充傍。常在襁褓。不停笫床。專愛一宮。取玩聖皇。何圖奄忽。罹天之殃。魂神遷移。精爽翺翔。號之不應。聽之莫聆。帝用吁嗟。嗚咽失聲。嗚呼哀哉。怜爾早歿。不逮光陰。改封大郡。惟帝舊疆。建土開家。邑移蕃王。琨珮惟鮮。朱紱斯煌。國號既崇。哀爾孤獨。配爾名才。華宗貴族。爵以列侯。銀艾優渥。成禮於宮。靈輲交轂。生雖異室。歿乃同岳。爰搆玄宮。玉石交連。朱房皓璧。皜曜電鮮。長埏繕修。神閨啓扉。二柩並降。雙魂孰依。人誰不沒。怜爾尚微。晉潘岳南陽長公主誄曰於穆獻主。弈代熙盛。重作大司。黎牧火正。國之仁姑。家之慈母。天道輔仁。宜享遐壽。如何短命。皆不華首。

駙馬第七

[敍事] 漢制。天子以列侯尚公主。諸侯以國人承翁主。崔浩義云。尚。承。皆卑下之名也。公主別立第舍。太子之女。則令列侯就第奉事之。故尚公主。諸王女則當國人來承事之。皆不得謁見舅姑。通問而已。天子尊。令諸公代主婚。故曰公主。諸王卑。則自主之。故曰翁主。後漢皇女為縣公主。諸王女為鄉亭公主。晉已後王女為縣主。魏晉之後。尚公主皆拜駙馬都尉。初。駙馬都尉。漢武置也。掌御馬。說文云。駙馬。字從馬付聲。一曰駙。近也。疾也。應劭曰。自上安下曰尉。都。謂總領。歷兩漢。多宗室及外戚與諸公子孫任之。至魏何晏。大將軍何進孫。以主壻拜駙馬都尉。其後杜預尚晉宣帝女高陸

公主拜駙馬都尉王濟尚晉文帝女常山公主拜駙馬都尉後代因魏晉以爲恒每尚公主則拜駙馬都尉出漢書及齊職儀又晉書傅宣尚晉武帝女弘農公主桓溫尚元帝女南康公主荀羨尚元帝女尋陽公主劉惔尚晉明帝女廬陵公主皆拜駙馬都尉

〔事對〕

名才　貴族　名才見下江斅表曹植平原公主誄曰配爾名才華宗貴族爵以列侯銀艾優渥

天姻　國婚　天姻見下江斅表荀羨字令則年十五擬國婚之選羨不欲連姻帝室乃遠遁長沙監司追尋不獲已遂尚尋陽公主出荀氏家傳

同輿　連日　魏收後魏書曰馮誕字子正與高祖同歲幼侍書學特蒙親待尚高祖妹樂安公主拜駙馬都尉高祖寵誕同輿而載同按而食同席而坐臥謝萬駙馬都尉劉眞長誄曰弱冠振纓結婚帝室綢繆姻婭連光雲日

降鶴　賜駿　劉向列仙傳曰簫史善吹簫能招白鶴教弄玉鳳鳴居數十年吹簫作鳳聲鳳皇來止其屋爲作鳳臺夫婦止其上一日皆隨鳳飛去案弄玉秦穆公女也後魏書曰宿石元明帝時拜中壘將軍嘗從獵帝親欲射虎石扣馬諫引帝上高原上後虎騰躍殺人詔石爲忠臣切諫免虎之害賜馬一疋尚上谷公主拜駙馬都尉

傅粉　吹簫　魚豢魏略曰何晏字平叔美姿儀面絕白魏帝疑其傅粉後至夏月喚來而與熱湯餅大汗出遂以朱衣自拭色轉皎然帝始信之吹簫見上降鶴注中

二主同家　三尚異穴　范曄後漢書曰竇融長子穆尚內黃公主又子固尚涅陽公主竇氏一公兩侯二公主後魏書曰劉昶尚武邑公主主薨更尚建興公主又薨更尚平陽長公主及昶終與三公主同塋異宮

楊喬閉口　宋弘不諧　謝承後漢書曰楊喬爲尚書容儀偉麗數上書言政事桓帝愛其才貌詔妻以公主喬固讓不聽遂閉口不食七日而死范曄後漢書曰光武姊湖陽公主新寡帝共論朝臣微觀其意主曰宋公威容德器群臣莫及帝曰方且圖之後弘被引見帝令主坐屏風後因謂弘曰諺云富易交貴易妻人情乎弘曰臣聞貧賤之交不可忘糟糠之妻不下堂帝顧謂主曰事不諧矣

〔制〕

唐中宗賜駙馬封制　門下特進行右散騎常侍駙馬都尉觀國公楊愼矜分榮戚里藉寵公門恭肅著

於立身。恪勤効於從政。鳳凰樓上。宛符琴瑟之歡。烏鵲橋前。載叶松蘿之契。宜亶茅土。式廣山河。〔表〕宋虞通之爲江斆讓

尙公主表 伏承詔旨。當以臨海公主降嬪。榮出望表。恩加典外。顧審輶蔽。伏用憂惶。臣寒門悴族。人凡質陋。閭閻有對。本隔天姻。如臣素流。家貧業寡。年近將冠。皆已有室。荆釵布裙。足得成禮。自晉氏已來。配尙公主者。雖累經華胄。亟有才名。至如王敦懾氣。桓溫斂威。眞長佯愚以固辭。子敬奔走以求免。王偃無仲都之質。而裸雪於北階。何瑀闕龍工之姿。而見投於深井。謝莊殆自害於蠓膄。殷沖幾不免於強鉏。制勒甚於僕隸。防閑過於婢妾。往來出入。人理之常。當待賓客。朋從之義。而令掃轍息駕。無窺門之期。廢筵抽席。絕接對之理。非唯交友離異。乃兄弟疎闊。姆嬭爭媚。相勸以嚴。媚嫗競前。相詔以急。其間又有應答問訊。卜筮師母。乃至殘餘飲食。詰辨與誰。衣被故弊。必責頭領。或進不獲前。或入不聽出。不入則嫌於入疎。求出則疑有別意。召必以三更爲期。遣必以日出爲限。夕不見晚魄。朝不識曙星。至於夜步月而弄琴。晝拱袂而披卷。一生之內。與此長乖。又聲影才聞。則少婢奔迸。裾袂向席。則醜老叢來。左右整刷。以疑寵見嫌。賓客未冠。以少容致斥。如臣門分。代荷殊榮。足定家聲。便預提拂。青宮美宦。或由才升。一叨婚戚。咸成恩假。是以仰冒非宜。披露丹質。非唯上陳一已。規全身願。實乃廣申諸門受患之切。伏願天慈照察。特賜蠲停。若恩制頓降。披請不申。便當刊膚剪髮。投山竄海。云云

卷十校勘表

頁數	行數	排印本原文	安刻本	嚴陸校	備註
二三〇	九	遺雲母		雲母扇	
二三〇	一〇	張項		張項	
二三〇	一二	火星			「火」疑是「大」之訛
二三〇	一四	延熹	延喜	〔陸〕延禧	
二三一	一五	預立		順立	
二三二	二	理陰陽		理陰德	
二三二	三	皆遵		皆尊	
二三二	五	續漢書曰		續漢書	
二三二	六	東觀漢記曰		東觀漢記	
二三二	八	姝害恭懷皇后獨生聖嗣陷以非辜家屬坐徙九眞章德后		此二十三字宋本無	
二三三	五	辰正		展正	
二三三	五	昭品		昭臨	

二二三	六	聲激		聲徼	
二二三	一四	帷帟		帷幕	
二二四	二	時无二展		時無三辰	
二二四	三	紘綖		紛絺	
二二四	四	斯矣	斯俟		
二二四	七	虵紵		池紵	
二二四	八	聞纘女之遐慶		句下宋本有「始協德於蘋蘩終配祇而表命」十二字	
二二四	一〇、一二	以聽天下之內治以明章婦順故天下內和而家理		此二十字宋本無	
二二四	一四	舞涓	無涓		
二二五	四	古淑媛		古淑華	
二二五	五	脩華脩容		脩容脩華	
二二五	七	淑儀淑容		淑妃淑儀	
二二五	一五	明順見叙事		禮記曰古者天子后立六宮三夫人九嬪二十七世婦八十一御妻以聽天下之內治以明章婦順故天下內和而家理	「禮記曰古者」叙事作「周禮」。餘文皆同。

二二六	四	嘉桑		先桑
二二六	六	手朱綠	采朱綠	
二二七	五	祝願		祝延
二二七	八	豈不知		寧不知
二二七	一一	美娟娟以脩嫮兮		美連娟以脩嫮兮
二二七	一二	凄淚		凄戾
二二七	一三、一四	過幸		遇幸
二二八	三	窮其厭悅	窮悅其厭	
二二八	一一	耳忘知音		耳忌和音
二三〇	二、三	門有銀牓以青石碧鏤		此九字宋本無
二三一	八	響以金聲		鋪以金聲
二三二	九	東都門外		東門外
二三二	一四	就居		就宮
二三三	三	發蒙		發矇
二三三	四	萬邦		萬國
二三三	五	九流通	九流徧	
二三三	五	仙氣貽	仙氣胎	
二三三	一一	能幹		龍幹

二三三	一二	從謠		徙謠	
二三五	九	著於		著爲	
二三五	一四	白玉珮		玉珮	
二三六	六	諸子太掖衣			漢書元后傳及顏注·作「諸于大掖衣」·
二三六	一三	禮慶		禮度	
二三七	五	唐太宗		太宗文武聖皇帝	
二三七	八	施谷		施容	
二三九	四	宣元六王傳		〔嚴〕宋本無「宣元六王」字·按此引元后傳也·	
二三九	六	交學詩內事			「內事」疑衍
二三九	一〇	在家爲人何好		處家何事	
二三九	一一	性務嚴矜		性務嚴	
二四〇	五	疾病死亡者			此下疑有脫文
二四〇	一三	我姸	我賢		
二四一	一一、一二	「傳曰淮南王」至「內書言神仙」		此二十二字宋本無	

二四二	一二	楊思玄		李思玄	
二四三	一二	積德		積石	
二四四	二	閑詩		聞詩	
二四四	五	攄淸陸白布欸幄垂			「淸」疑當作「情」。此兩句似有誤字。各本皆同。
二四五	一〇	孝明第爵		孝明帝第二姊	
二四五	一二	私通客		私通于客	
二四六	五	爲前入贖		爲言前入贖	
二四六	九	淸貞		淸直	
二四六	一四	鱣堂		鱣宇	
二四七	三	褥氊		褥檀	
二四七	四	卽該		卽孩	
二四七	九	皆不	曾不		
二四八	一二	異宮		異穴	
二四九	三	才名		名才	
二四九	七	入疎		欲疎	「入」疑是「久」之誤

初學記卷第十一

職官部上

太師太傅太保一　太尉司徒司空二　尚書令三　僕射四　諸曹尚書五　吏部尚書六　左右丞七　侍郎八郎中員外郎附　中書令九　中書侍郎十　中書舍人十一

太師太傅太保第一

〔敍事〕　漢官儀云太師太傅太保皆古官也殷太甲時伊尹爲太保紂時胥餘爲太師武王克殷作周官立太師太傅太保爲三公 應劭云太師天子所師法也太傅謂傅相天子於德義太保謂保安天子於德義舊説以司馬司徒司空爲三公周以司馬司徒司空司寇冢宰宗伯爲六卿遂以師傅保爲三公 書云維茲三公論道經邦是也太師在太傅上太保次太傅無官屬與王同職無不總統禮記云三公無官言有其人然後充之無其人則闕 周武王時齊太公爲太師成王時周公爲太傅召公爲太保 秦漢之際並無其官至高后唯置太傅 王陵爲太傅 漢末以大司馬大司徒大司空爲三公立師傅保之官位在三公上崇號爲上公 平帝時以孔光爲太傅遷太師王舜爲太保馬宮爲太師 東漢已後皆以太尉司徒司空爲三公 太尉與大司馬恆不兩置歷代或以太尉或以大司馬爲三公 師傅保常曰上公後魏書官氏志云後魏尊師傅保爲三師五代史百官志云北齊因後魏亦曰三師

後周依周禮。又以師傅保爲三公。隋初又爲三師。煬帝廢之。自漢魏已來。皆開府置寮屬。至隋省寮屬。

〔事對〕 三足 六符 環濟要略曰。三公者象鼎三足。共承其上也。漢書云。六符。孟康注曰。泰階三台也。始三星。凡六星也。六符星之符驗也。應劭云。黄帝六符經曰。泰階天之三階。 黄閤 綠綟 沈約宋書云。三公黄閤。前史无其義。臣按禮記云。士韠與天子同。公侯大夫卽異。鄭玄注云。三公之與天子禮數相亞。故黄其閤以示謙。不敢斥天子。疑是漢末制也。晉官品令曰。三公綠綟綬也。綟音戾。 槐位 台階 周禮曰。三槐三公位焉。台階見上。 法三光 象五岳 韓非曰。背私曰公。三公象鼎足也。數三者。法三光。春秋漢含孳曰。舉三公象五岳。 理陰陽 節風雨 傅子曰。三公者佐天子理陰陽。劉向說苑曰。三公正天下。調陰陽。節風雨。已上三公。 三師事 經邦事 秉國均 尚書曰。立太師太傅太保。孔安國注云。師天子所法也。佐王論道。以經緯國事。有德乃堪之。詩曰。尹氏太師。維周之氐。秉國之均。四方是維。天子是毗。俾民不迷。鄭箋云。毗。輔也。言尹氏居太師之官。持國政之平。維制四方。 毗天子 備國師 詩云。天子是毗。已見秉國均注中。續漢書曰。趙典篤學博聞。宜備國師。國師卽太師也。 爕陰陽 經禮樂 尚書曰。立太師太傅太保。惟兹三公。論道經邦。爕理陰陽。孔安國傳曰。師天子所師法。惟三公之任。佐王論道。經緯國事。和理陰陽。大戴禮曰。天子不論於先聖王之德。不知軍國畜民之道。不見禮樂之正。不察應事之理。不博古今之典。傳不閑於威儀之數。禮樂無經。學業不法。凡是其屬太師訓之。 訓帝躬 持國政 應劭漢官儀曰。平帝元始元年。孔光以太師見授。太后曰。太師先聖人之後。道術通明。宜居四輔職。訓導帝躬。持國政事。見秉國均注。 得於磻溪 賜以靈壽 史記曰。周文王得呂尚於磻溪。以爲師。謂之太公。武王嗣位。號曰師尚父。成王卽政。尊爲太師。詩云。惟師尚父。時惟鷹揚。應劭漢官儀曰。孝平皇帝元始元年。太后詔曰。太師光今年老有疾。俊乂大臣。惟國之重。書曰。無遺老成。國之將興。尊師重傅。其令太師無朝。十日一賜餐。賜以靈壽杖。黄門令爲太師於省中施坐置几。太師入省杖焉。已上太師事。元老　中庸東觀漢記曰。詔云。行太尉事趙熹。三葉在位。爲國元老。其以熹爲太傅。時年八十。而心力克壯。繼母在。朝夕瞻省。傍無几杖。言不稱老。達練事體。明解朝章。雖無謇直之風。屢有補闕之益。故京師諺曰。萬事不理問伯始。天下中庸有胡公。　相天子　録尚書　尚書曰。立太師太傅太保。惟茲三公。論道經邦。孔安國注云。傅。傅相天子。續漢書云。太傅一人。當以善道。無常職。世祖以卓茂爲之。其後每帝即位。輒置太傅一人。録尚書事。薨輒省之。　三讓高　萬事理　應劭漢官云。和帝册曰。故太尉鄧彪。元功之族。三讓彌高。今以彪爲太傅。録尚書事。百官總己以聽。萬事理。見上。　明朝章　戒戎事　明朝章。見中庸注。大戴禮曰。天子不惠於庶人。不信於諸侯。不戒於戎事。凡是之屬。太傅之任。　三葉在位　百官總己　三葉。見趙熹注中。又百官總己。見三讓注。已上太傅事。　上公　元老　上公已見。叙事。王隱晉書曰。王祥字休徵。拜太保。制曰。耆艾元老。高行清粹。朕所毗倚。以崇道宏化。　安天子　諫王惡　尚書云。太師太傅太保。惟茲三公。論道經邦。注云。太保。保安天子於德義。周禮。保氏掌諫王惡。注云。諫者。以禮義正之也。　任伊尹職召公　齊職儀云。殷太甲時。伊尹爲太保。周成王時。召公爲太保。　明允篤誠　高行清粹　晉起居注云。太保衛瓘。明允篤誠。有匪躬之志。其給千兵。騎百人。高行清粹。見元老注。已上太保事。

〔表〕陳沈炯爲太傅讓表　奏六代之樂。不能祈天。具百神之歌。無以動聖。延首帝閽。轉增危慄。百川沸騰。王室如燬。釋位同謀。諸侯總至。盟書會府。餘臣一人。若使幅巾衡巷。口絶平吳。朝遊赤松。暮過濟北。出就侯服。入褫龍章。則四郊有壘。誰守社稷。如其雄戟在前。強弩自衛。負孺子之圖。飾緣鵠之鼎。軍威重於護將。國禮貴於塞門。臣道尚卑。孰云非逼。臣所以出謝公卿。入訓妻子。拜長陵之園。謁太祖之廟。不以九族違恩義。不以百姓負國家。所期陛下與北極同尊。朝廷與南山等固。

〔碑〕周王褒太保吳武公尉遲綱碑　昔者王室蕃屏。同族謂之宗親。列國諸侯。異姓稱爲伯舅。元勳懿德。周崇齊魯之封。疏爵疇庸。漢重韓吳之秩。司勳載其洪烈。典册備其徽章。山甫式列辟之功。紀績庸器。莊叔匡成獻之難。昭德彝鼎鴻名盛業公實兼焉公命代挺生膺期間出嵩華峻極降惟岳之上靈霜露所均體中和之秀氣寒松擢本且觀後凋之質眞桂挺生便結冬華之秀固以辰昴膺慶風雲交感者焉公柔順內凝英華外發斧藻仁義珪璋令範危勁之節貫四序而踰秀堅貞之操經百鍊而無銷加以逢蒙射法遠中戟枝養由箭道遙穿懸葉巧極將軍之伎精窮校尉之官及年踰艾服任崇台袞甲第當衢傳呼啓路不以寵貴驕人每以卑謙自牧易賁之言無忘寢縩城郢之志終於瞑目銘曰珠角膺期山庭表德出忠入孝自家刑國人物冠冕彝章表則任屬屯警官聯樞侍行部六條議班三吏逝水詎停光陰不借遽辭逆旅俄悲怛化旌舒夏練棺陳衛幕北郭人稀西山景落三千不見九原誰作銘茲鼎鼐永傳嵩霍

太尉司徒司空第二

〔敍事〕　齊職儀云皆古官也應劭云自上安下曰尉魚豢曰太尉掌武事古者兵獄官皆以尉爲稱尉罰也言兵獄羅罰也言兵獄羅尉姦非又應劭云徒衆也司徒主人衆也空穴也司空主土古者穴居主穿土爲穴以居人也堯時舜爲太尉舜時契爲司徒禹爲司空古亦爲三公之職其後常以太尉與大司馬迭置不兩立有大司馬則不置太尉歷代皆然周以太師太傅太保爲三公以大司馬大司徒大司空與大司寇大冢宰太宗伯爲六卿至西漢末師傅保之官崇其號爲上公以大司馬大司徒大司空爲三公後漢初省大司馬立太尉與司徒司空爲三公皆除大字歷魏晉宋齊之後常然至後周又依周禮以師傅保爲三公五代史志云隋又以太尉司徒司馬爲三公歷代皆開府置官屬唐廢府寮〔事對〕

上司　亞獻　東觀漢記曰楊震字伯起爲太尉性忠誠每諫爭中常侍樊豐等譖之收印綬歸本郡震到洛陽都亭謂門生曰吾蒙恩居上司姧臣狡猾而不能誅寵嬖傾亂而不能禁何面目

以見日月。遂飲鴆而死。續漢書曰。太尉郊廟掌亞獻。太喪告謚南郊。**統兵** **掌武**續漢書云。太尉一人。掌四方兵事。課功勳。歲盡則殿最而行賞罰焉。又漢書曰。太尉。秦官也。掌武事。**匪石** **斷金**應劭漢官曰。沖帝冊書。太尉趙峻。二世掌樞衡。有匪石不貳之心。又曰。三公國之楨幹。朝廷取正。以成斷金。大司農李固。公族之苗。忠正不撓。其以固爲太尉。**兩鹿** **三鱣**謝承後漢書曰。鄭弘爲臨淮太守。行春。有兩白鹿隨車。夾轂而行。弘怪問主簿黃國。鹿爲吉凶。賀曰。聞三公車轓畫作鹿。明府當爲宰相。弘後果爲太尉。范曄後漢書曰。楊震字伯起。嘗客於湖外。不答州郡禮命數十年。衆人謂之晚暮。而震勵志愈篤。後有鸛雀銜三鱣魚。飛集講堂前。都講取魚進曰。凡鱣者。卿大夫之服象也。數三者。法三台也。先生自此昇矣。後位至太尉。**畫鹿轓** **飛鵲印**畫鹿轓見上。博物志云。常山張顥爲梁相。天新雨後。有鳥如鵲。飛翔稍下。墮地。人取。化爲一圓石。顥椎破之。得金印。文曰忠孝侯印。顥表上聞。藏之祕府。顥漢靈帝時至太尉。**保皇家** **安劉氏**摯虞隴西王泰爲太尉冊曰。惟君行爲時表。親則宗臣。論道經邦。保乂皇家。是用進登上台。漢書云。上曰。周勃重厚少文。然安劉氏者必勃也。可爲太尉。**主九伐** **齊七政**謝靈運晉書曰。秦有太尉。掌兵。漢仍修之。或置或省。是故司馬之官。主九伐之職。汝南先賢傳曰。陳蕃拜太尉。讓曰。齊七政。訓五兵。臣不如議郎王暢。**歎黃憲** **舉蔡謨**謝承後漢書曰。陳蕃拜太尉。臨朝歎曰。黃憲若在。不敢先佩印綬。晉書。郗鑒字道徽。進祿太尉。疾篤。舉蔡謨自代。**置屏風** **賜錦被**謝承後漢書曰。鄭弘字巨君。爲太尉。主將第五倫爲司空。班位在下。每正朔朝見。弘曲躬自卑。帝知。遂置雲母屏風。分隔之。由此以爲故事。又朱寵字仲威。爲太尉。食脫粟飯。臥布被。朝廷賜錦被粱肉。皆不敢當。已上太尉事。**邦教** **地征**周禮。大司徒之職。乃立地官司徒。使帥其屬而掌邦教。以佐王安擾邦國。鄭玄注云。所以親百姓。訓五品也。擾亦安也。又曰。以土均之法。辨五物九等。制天下之地征。鄭玄注曰。均。平也。五物。五土所生之物也。九等。騂剛赤緹墳壤渴澤醎瀉勃壤埴壚強檕輕爂之屬。征。稅也。**五禮** **六樂**周禮。大司徒之職。以五禮防萬民之僞而教之中。鄭玄注禮所以節止人之侈僞。使其得中。又曰以六樂防萬民之情而教之和。注曰。樂以蕩正人之情思。使其心和。**度地　辯土** 周禮大司徒之職。凡建邦國以土圭土其地而制其域。注曰。土其地猶言度其地。又曰以土宜之法辯十有二土之名物。注曰。十有二土分野十有二邦也。土繫十二次各有所宜。**七政　五教** 常璩華陽國志曰。自建武之後。群儒修業。開案圖緯。漢之宰相當出坤鄉。於是司徒李公屢登七政。太傅于堅奕代論道。尚書帝曰。契百姓不親。五品不遜。汝作司徒。敬敷五教在寬。注曰。五常之教務在寬也。**夢松　取穗** 張勃吳錄曰。丁固爲司徒。初爲尚書。夢松樹生其腹上。謂人曰。松字十八公也。後十八年吾當爲公乎。遂如夢焉。范曄後漢書曰。蔡茂字子禮。建武二十年代戴涉爲司徒。在職清儉匪懈。茂初在廣漢。夢在大殿之極上有三穗禾。茂跳取之。得其中穗。輒復失之。主簿郭賀離席慶曰。大殿者官府之形象也。極而有禾。人臣之上祿也。取其中穗。中台之位。於字禾失爲秩。雖曰失之。乃以得祿秩也。袞職有闕。君其補之。旬月而茂徵焉。辟賀爲掾。**銅臭　象籌** 司馬彪九州春秋曰。靈帝賣官。廷尉崔烈入錢五百萬以買司徒。烈子均字孔平。亦有時名。烈問曰。吾作公。天下人謂何如。對曰。大人少有高名。不謂不當爲公。今登其位。海內嫌其銅臭。烈舉杖擊之。均走。烈曰。子授父撾而走。可謂孝乎。均曰。舜之事父。小杖則受。大杖而走。不陷父於不義。烈曰。爾以吾爲瞽瞍耶。又王隱晉書曰。王戎代王渾爲司徒。常以象牙籌晝夜計家財。遠及田牧。性又至儉。不能善自奉養。飲食通財不出外。天下謂之膏肓疾。**明七教　修六禮** 禮記曰。司徒明七教以興民德。又曰。司徒修六禮以節民性。**敷五典　齊八政** 尚書曰。司徒掌邦教。敷五典。擾兆民。注云。敷布也。主國教化。布五常之教。以安和天下之衆民也。禮記曰。司徒齊八政以防淫。已上司徒事。**別五土　決九州** 家語。孔子爲司空。乃別五土之性。而物其所生之宜。魚豢典略曰。禹爲司空。披九山。通九澤。次九州。使各以其職來貢。地方五千里。至于荒服。**作地圖　掌邦事** 王隱晉書曰。裴秀字季彥。爲司空。作禹貢地域圖。事成奏上。藏於祕府。爲時名公。禮記曰。司空執度度地。鄭玄曰。司空冬官卿。

掌邦事也。**通九澤　居四民**　通九澤見九州注。尚書曰。司空掌邦土。居四民時地利。注曰。冬官卿主國空土以居士農工商四民。使順天時分地利也。**造宮室　平水土**　鄭玄注考工記。司空掌營城郭。建邦邑。立社稷宗廟。造宮室車服器械。監百工。唐虞以上曰共工。尚書曰。四岳僉曰。伯禹作司空。帝曰。俞。咨禹。汝平水土。惟時懋哉。注。懋。勉也。**李通讖　王梁符**　華嶠後漢書曰。李通字文元。以讖記說光武爲大司空。又曰。王梁字君嚴。拜大司空。赤伏符曰。王梁主衛作玄武。上以野王本衛地。徙玄武水神。司空水土之官。於是擢拜梁也。**赤伏符　素絲節**　華嶠後漢書曰。王梁爲野王令。赤伏符曰。王梁主衛作玄武。玄武水神。司空水土之官。於是擢梁拜大司空。晉起居注曰。武帝詔鄭袤曰。體行純正。履道沖粹。退有清和之風。進有素絲之節。宜齊三階之曜。補袞職之闕。其以袤爲司空。**諮政化　勸德風**　荀彧家傳曰。顗爲司空。文帝平蜀。議復五等。表魏朝使公定禮儀。中護軍賈充正法律。尚書僕射裴秀議官制。公遂刪定舊文。行正式爲一代之典。書成奏上。藏於祕府。其服色旗幟。法駕之式。禮樂犧牲。柴燎之典。祫禘遷毀。配食之制。及於明堂辟雍之儀。皆公所議定。朝廷歸其美。公既爲台輔。德望淸重。加以留心禮敎。以年耆多疾。不數朝見。詔使侍中任愷諮問政化所宜行否。又華嶠後漢書第五倫雖峭直。然常以中興已來。二主好更化。俗尚苛刻。政化之本。宜先以寬和。及爲三公。値章帝長者。多恕。屢有善政。倫上疏褒稱盛美。因以勸成德風也。**數月超　百日至**　漢書曰。朱博字子元。以京兆尹數月超爲大司空。范曄後漢書曰。荀爽固辭徵聘。不得已乃行。起家百日至司空。已上司空事。

［讚］

晉孫綽賀司空循像讚　思文公侯。誕保休祥。素質玉潔。華藻金章。總角韞德。被褐韜光。自昔喪亂。鉦鼓日震。禮樂藏器。詩書蒙塵。哲人遐慨。垂模澄神。仰觀洙泗。揚波絕津。方曜金鉉。協贊衡機。昊天不弔。曾不憖遺。搢紳頹範。皇德莫毗。公之云殂。華裔同悲。

［箴］

後漢崔駰太尉箴　天官冢宰。庶寮之率。師錫有帝。命虞作尉。爰叶台極。爰平國域。制軍詰禁。王旅惟式。九州用綏。群公咸治。干戈載戢。宿躔其紀。上之云據。下之云戴。苟非其人。斁我帝載。昔周人思文公而召南詠甘棠昆吾崇夏伊摯嘉商季葉頽僻禮用不匡無曰我強莫余敢喪無曰我大輕戰好殺紂師百萬卒以不艾宰臣司馬敢告在際**又司徒箴**天鑒在下仁德是興乃立司徒亂茲黎烝茫茫庶域率土祁祁民具爾瞻四方是維乾乾夕惕靡怠靡違敬敷五敎九德咸事嗇人用章黜吒是富無曰爾悖忘于爾輔無曰余聖以忽執政匪用其良乃荒厥命庶績不怡疚于爾祿豐有折肱而鼎覆其餗書歌股肱詩刺南山尹氏不堪國度斯僽徒臣司農敢告執藩**又司空箴**善彼坤靈侔天作則分制五服畫爲萬國乃立地官空惟是職茫茫九州都鄙盈區網以群牧綴以方侯列列雋乂翼翼王臣臣當其官官宜其人九一之政七賦以均昔在季葉班祿遺賢掊克充朝而象恭滔天匪人斯力匪政斯敕流貨市寵而苞苴是鬻王路斯蕪孰不傾覆空臣司土敢告在側［**章**］**宋謝莊北中郎謝兼司徒章**臣聞爕理陰陽寅亮天地不惟其官無人則闕司徒掌敷五典職擾兆人豈悟乾靈罔匱光渥方闡不次之任殊絕藩岳豈可權尸三事假備六符慙震周迴顧步交悸［**碑**］**後漢蔡邕楊太尉碑銘曰**天監有漢誕生元輔代作三事勳在王府乃及尹公克光前矩悉心畢力肖其祖武化洽羣生澤浹區宇［**墓誌**］**沈約齊太尉文憲王公墓誌銘曰**德備九官功包十亂帝圖必舉王猷偕煥斯謂國楨是惟民幹翺翔禮園優游文館祕義烟涵瓌辭雨散揆路揚輝台庭改觀方翊升平爕茲天綱福履每遂降年多爽微言永謝庶寮誰仰

尚書令第三

［**敍事**］**尚書秦置也**尚書曰龍命汝作納言詩云仲山甫出納王命王之喉舌並尚書之任也周官有司會鄭玄注若今尚書耳天文志斗魁六星曰文昌宮苟綽云尚書是謂文昌天府也蕭望之云尚書百官之本後漢李固上書云國家有尚書猶天有北斗主爲喉舌斟酌元氣**漢官云初秦代少府遣吏四人在殿中主發書故號尚書尚猶主也漢因秦置之**漢猶隸

少府。魏晉已後，政歸臺閣，則不復隸矣。故尚書爲中臺，謁者爲外臺，御史爲憲臺，謂之三臺。齊職儀云：魏晉宋齊並曰尚書臺。五代史志云：梁陳後魏北齊隋則曰尚書省。唐龍朔二年更名中臺，咸亨初復爲尚書省。光宅初更名文昌臺，長安初又爲中臺，神龍初並復舊爲尚書省。案尚書令，秦官，漢因之。漢官云：漢初並用士人爲尚書令，秩二千石。至漢武帝別置謁者令，用宦者，遂省尚書官。成帝罷中書官，更以士人爲尚書令，而至爲臺主，主贊奏典綱紀。又東漢與司隸校尉、御史中丞皆專席坐，京師號曰三獨坐也。晉公卿禮秩云：尚書令拜，則册命；薨，則於朝堂發哀。五代史百官志云：尚書令至梁加秩中二千石。漢官云：尚書令秩千石，公爲之增至二千石。秦漢秩有中二千石、眞二千石、二千石、比二千石，凡四等。比二千石月得粟百石，二千石月得粟百二十石，眞二千石月得粟百五十石，其下三等雖號二千石，其數實不至也。唯中二千石月得粟百八十石，率一歲得二千一百六十石。中猶滿也，言其滿二千石。然則古三石，唯今一石耳。至陳加品至第一，其後並因之而不改。自魏已來，尚書令品並第三。

〔事對〕

中臺　上省　中臺見敍事。十洲記曰：崇禮門在東掖門內路西，即尚書上省。崇禮門東建禮門內，即尚書令下舍之門。

天府　仙臺　荀綽晉百官表注曰：尚書爲文昌天府。司馬彪續漢官志云：尚書省在神仙門內。王筠和劉尚書詩曰：客館動秋光，仙臺起寒霧。

天閣　禮闈　宋元嘉起居注曰：尚書左丞袁瑶啓：領曹郎中荀萬秋每設事緣私，遊肆其所之，豈可復參列士林，編名天閣？請免萬秋所居官。李充懷愁賦曰：在中秋之遙夜兮，直崇禮之禁闈。

天臺　畫省　傅玄答卞壼詩序曰：尚書左丞彈八座以下，居萬事之會，斯乃皇朝之司直，天臺之管轄。蔡質漢官典職曰：尚書奏事於明光殿，省中畫古烈士，重行書讚。

司會　文昌　周禮天官司會之職，鄭玄注曰：會，大計也。司會主天下之大計，計官之長，若今之尚書矣。文昌事已見天府注中。

出納詔命　通掌圖書　漢官解詁曰：尚書出納詔命，齊衆喉舌。司馬彪續漢書曰成帝建始四年罷中書宦官初置尚書員五人一人爲僕射分爲四曹通掌圖書祕記章奏各有曹任已上總載尚書都省 八座 三獨 續漢書曰光武帝分增三公曹爲二曹其一曹主歲終書課諸州郡事改常侍曹爲吏曹主選舉祠祀民曹主繕功作鹽池苑囿客曹主護駕羌胡朝賀二千石曹主辭訟中都官主水火盜賊與三公爲六曹并令僕二人謂之八座三獨見敍事 專席 迴車 應劭漢官曰尚書令秦官銅印墨綬司隸校尉御史中丞尚書令皆專席坐京師號曰三獨坐言其尊重魏文帝嘗幸至尚書門尚書令陳矯跪問陛下欲何之帝曰欲案行文書耳矯曰此臣職分非陛下所宜臨也帝聽迴車而返漢官云尚書官出百官寮皆迴車避也

黑軺 絳服 徐廣車服儀制曰尚書令軺車黑耳後戶齊職儀曰尚書令品第三秩千石絳朝服佩水蒼玉 方峻 博朗 續漢書曰陳蕃性方峻徵爲尚書令晉中興書曰刁協遷尚書令詔曰尚書令協抗志高亮才鑒博朗朕甚嘉之 在位肅 舉朝憚 張璠漢記曰左雄爲尚書令限年四十九試經然後舉孝廉故雄爲令在位者各自肅晉中興書曰卞壼爲尚書令司徒王導稱疾不朝壼奏導專任無敬事寢不行舉朝憚壼 納言幘 進賢冠 荀綽晉百官表注曰尚書令銅印墨綬五時朝服納言幘又曰尚書令進賢兩梁冠佩水蒼玉 黑耳車 彤管珥 徐廣車服儀制曰尚書令軺車黑耳後戶應璩新詩曰彤管珥納言貂璫表武弁 明習故事 識了舊典 東觀漢記曰樊淮字幼淸爲尚書令明漢家故事熊遠啓曰伏見吏部以太尉荀組爲尚書令領豫州組朝之素望識了舊典不應處外

〔文〕 陳後主授江總尚書令册文 夫文昌政本司會化經韋彪謂之樞機李固方之斗極況其五曹斯綜百揆是諧同冢宰之司專臺閣之任惟爾道業慓峻宇量弘深勝範淸規風流以爲準的儒宗學府衣冠以爲領袖故能師長六官具瞻允塞明府八座儀形載遠其端朝握揆朕所望焉往欽哉懋建爾徽猷亮采我邦國可不愼歟

〔箴〕 晉張華尚書令箴 明明先王開國承家作制垂憲仰觀列曜俯令百官政用罔僁昔舜納大麓七政以齊內成外平而風雨不迷山甫翼周靡剛靡柔

補我衮職。闡我王猷。王猷允塞。而四海咸休。雖曰聖明。必賴良材。無曰我智。官不任能。發言如絲。其出成綸。王季道缺。天網縱替。既無老成。改舊法制。法制不修。不長厥裔。尙臣司臺。敢言侍衞。〔啓〕 隋江總除尙書令斷表後啓司會化本。冢宰朝端。搢紳所屬。儀形攸在。皇世以來。無人則闕。陛下將備厥職。用穆臣僚。不容始自庸非。以讙物議。當今藩翰。至戚不無其人。廊廟重臣。亦有其器。伏願愼俞往之則。闡平章之道。公心布款。有理存焉。

僕射第四

〔敍事〕僕射。秦官。僕。主也。古者重武。故官曹之長。主領其屬。而習於射事也。漢書百官表曰。自侍中尙書博士郎軍屯吏馬宰永巷皆有僕射。隨所領之事以爲號。若尙書則名曰尙書僕射。漢因秦本置一人。至獻帝以執金吾營劭爲尙書左僕射。分置左右。蓋始於此。秦漢秩六百石。公爲之增至二千石。至梁加秩中二千石。自魏以來品第三。至陳加品第二。自魏晉以來。省置無恆。置二則左右僕射。或不兩置。曰尙書僕射。自東晉以來。祠部尙書多不置。以右僕射主之。若左右僕射並闕。則置尙書僕射。以掌左事。置祠部尙書。以掌右事。然則尙書僕射與祠部尙書。不恆置矣。已上出齊職儀及五代史官志。唐龍朔二年。改左右僕射曰左右匡政。咸亨初復舊。光宅初改爲左右相。神龍初復舊。開元初又改曰左右丞相。〔事對〕 蒼玉 皁襜 晉百官表注曰。僕射一人。銅印墨綬。五時朝服。納言幘。進賢冠。佩水蒼玉。官品第三。俸月四十五石。東觀漢記曰。鮑永字君長。拜僕射。行將軍事。將兵安集河東。永好文德。雖行將軍。常皁襜路。稱鮑尙書兵。 排閤 曳履 鍾離意別傳曰。意爲尙書僕射。其年匈奴來降。詔賜縑三百疋。尙書侍郎暨鄷受詔。誤以三千疋賜匈奴。詔大怒。鞭鄷欲死。意獨排省閤入諫。明帝以合大義。恚損怒消。帝謂意曰。非鍾離尚書。幾誤降威於此郎。漢書曰鄭崇字子游。爲尚書僕射。數求見諫爭。上初納用之。每見曳革履。上笑曰我識鄭尚書履聲。 **清恪** **忠允** 先賢傳行狀曰毛玠字孝先。爲尚書僕射。在官清恪。晉起居注曰尚書高陽王珪忠允善政。以珪爲右僕射。 **攝百揆** **副端右** 謝靈運晉書曰古者重武事。貴射御。取其捷御如僕。各置一人。尚書六人謂之八座。參攝百揆出納王命。古元凱之任也。何法盛晉中興書曰顧和爲尚書僕射。以母老固辭。詔敕諭特聽暮出朝還。其優遇如是。尋朝議以臨端右之副。不宜處於外。更加銀青光祿大夫。 **協宣庶績** **總統留事** 晉起居注曰。太康元年詔云。尚書舊置左右僕射。所以恢演政典。協宣庶績。魏志曰桓範薦徐宣爲僕射。後加侍中光祿大夫。車駕幸許昌。總統留事。帝還。主者奏呈文書。詔曰吾省與僕射何異。竟不視。 **國之司直** **官之師長** 魏志曰毛玠字孝先。爲尚書僕射。時太子未定。立臨淄王植有寵。玠諫曰近袁紹以嫡庶不分。覆宗滅國。廢立大事。非所宜聞。會玠起更衣。太祖謂曰國之司直。我之周昌。又曰文帝時欲以賈詡爲僕射。曰尚書僕射。官之師長。天下所望。詡名素不重。非所以服人。 **五遷四辭** **二龍雙驥** 范曄後漢書曰胡廣字伯始。五遷尚書僕射。王隱晉書曰荀顗代陳泰爲僕射。領吏部。四辭而後受。張詮南燕書曰慕容德以右僕射封嵩爲左僕射。尚書韓諱爲右僕射。時嵩諱並年三十。又以嵩弟融爲西中郎將。諱弟軌爲東中郎將。嵩等俱拜。帝臨軒詔令四人同入。嵩等升殿方謝。帝顧曰。躍二龍於長衢。騁雙驥於千里。朝野榮之。

〔詩〕

梁任彥昇出郡傳舍哭范僕射詩 平生禮數絕。式瞻在國楨。一朝萬化盡。猶我故人情。待時屬興運。王佐俟人英。結歡三十載。生死一交情。攜手遁衰孽。接景事休明。運阻衡言革。時泰玉階平。濬沖得茂彥。夫子值狂生。伊人有涇渭。非余揚濁清。將乖不忍別。欲以遣離情。不忍一辰意。千齡萬恨生。已矣平生事。詠歌盈篋笥。兼復相嘲謔。常與虛舟値。何時見范侯。還敘平生意。與子別幾辰。經塗不盈旬。弗覩朱顏改。徒想平生人。寧知安歌日。非君撤瑟辰。已矣柰何歎。輟舂哀國均。

任希古和左僕射燕公春日端居述懷詩 豐野光三傑。嬀庭贊五臣。綈緗歌美譽。絲竹詠芳塵。聖歷開環象。昌年降甫申。高門非捨築。華構豈垂綸。鳳邸摶霄翰。龍池躍海鱗。玉鼎昇黃閣。金章謁紫宸。禮闈通政本。文昌總國均。調風振薄俗。淸教正彝倫。星迴應緹管。日御警寅賓。葉上曾槐變。花發小堂春。思挂東都冕。言訪北山巾。赫赫容臺上。千祀耀平津。趙彥昭奉和悼右僕射楊再思詩 兩揆光天秩。三朝奉帝熙。何言集大鳥。忽此喪元龜。坐歎公槐落。行聞宰樹悲。壑舟今已去。寧有濟川時。［表］ 陳徐陵讓左僕射表臣聞七十之歲。揚雄擬經。六十之年。平津對策。若斯強壯。固無耆老。臣勵則胄華軒冕。才允卿相。出納流譽。朝野具瞻。臣弘正國老儒宗。情尚虛簡。玄風勝業。獨王當年。臣重器懷沉密。文史優裕。東南貴秀。朝廷親賢。並見壯猷。皆宜左執。若漢武好少。則微臣已老。若周文愛老。則有此群才。伏願天明。更謀梓匠。求其妙選。稱是能官。隋江總讓尚書僕射表 藻鏡官方。品裁人物。門鶩如市。不慙屋漏。心抱如水。無欺暗室。但屢淹星鳥。每知忝素。世網拘束。事歸僶俛。今此召會。尤增據蔑竊。以端揆副職。官稱師長。革履升降。傳呼寵赫。儀刑朝首。冠冕彝倫。兼復參綜衡流。匡佐聖治。安膺重責。必踐危機。

諸曹尚書第五

［敍事］ 諸曹尚書。秦官也。漢因之。並用士人。武帝改用宦者。成帝又改用士人。漢書云。武帝遊宴後庭。公卿不得入。故用宦者典尚書。置列曹尚書四員。通掌圖書章奏之事。各有其任。一曰常侍曹。二曰二千石曹。三曰民曹。四曰客曹。光武分爲六曹。分二千石曹爲二。分客曹爲二。改常侍曹爲吏部曹。并一令一僕射。謂之八座。魏有五曹。與二僕射一令。謂之八座。魏有吏部。左民。客曹。五兵。度支。凡五曹尚書。晉有六曹。晉初置吏部。三公。客曹。駕部。屯田。度支。六尚書。太康中有吏部。殿中。五兵。田曹。度支。左民。六尚書。東晉有祠部。吏部。左民。度支。五兵。五尚書。宋有六曹。宋加東都官尚書。梁陳六曹。齊曹名同宋氏。後魏北齊六曹。後魏北齊有吏部。殿中。祠部。七兵。都官。度支。後周依周禮置六官尚書之任。

隋氏六曹。隋有吏部。禮部。兵部。都官。度支。工部。開皇三年。改度支爲戶部。都官爲刑部是也。唐六曹。初置民部。餘同隋氏。貞觀末改民部爲度支。尋復改爲戶部。龍朔二年。改尚書爲太常伯。改吏部。禮部。戶部。兵部。刑部。工部。爲司列。司禮。司元。司戎。司刑。司平。則天后又依周禮六官也。初宋齊梁陳四代復有起部尚書。營宗廟則權置。畢則省。已上並漢官。齊職儀及五代史百官志。

〔事對〕再昇　周歷　謝承後漢書曰。魏朗字仲英。入爲尚書。再昇紫微。謇諤禁省。不屈豪右。爲百寮所服。以黨事免。朗性矜嚴。閉門整法。長吏希見。動有禮序。室家相待如賓。子孫如事嚴君焉。又曰。蔡邕字伯喈。以持書御史遷尚書。三月之間。周歷三臺。遷侍中。

委珠　賜劍　謝承後漢書曰。鍾離意字子阿。明帝徵爲尚書。交阯太守坐贓伏法。以資物簿入大司農。詔班賜群臣。意得珠璣。悉以委地而不拜。帝怪問其故。對曰。臣聞孔子忍渴於盜泉之水。曾參迴車於勝母之鄉。惡其名也。贓穢之寶。不敢拜。帝笑曰。淸乎尚書。賜錢三十萬。東觀漢記曰。章帝賜尚書劍各一。手署姓名。韓稜楚龍泉。郅壽蜀漢文。陳寵濟南鍛成。一室兩刃。其餘皆平劍。其時論者以爲稜淵深有謀。故得龍泉。壽明達有文章。故得文劍。寵敦朴有善於內。不見於外。故得鍛成劍。皆因名而表意。白衣　文劍　後漢書曰。鄭均字仲虞。爲尚書。澹泊無欲。以病乞骸骨。終不肯起。章帝車駕幸均舍。敕賜尚書祿終其身。時人號曰白衣尚書。文劍已見上。歷三臺　任七年　歷三臺見周歷注。晉書。杜預爲度支尚書。在內七年。損益萬事。酬酢諮諏。不可勝紀。賜鍛成　封廣武　華嶠後漢書曰。陳寵字昭公。以德行明敏。入爲尚書。寵性周密。常稱人臣之義。苦不畏愼。自在樞密。謝門人。不復教。拒知友。時賜寵劍。得鍛成劍。以其敦朴。晉書曰。張華爲度支尚書。決勝緣江。地近萬里。始羊祜謂所親曰。終吾事者。唯當華耳。卒如祜言。封廣武縣侯。酬酢諮諏　嘉謀良圖　酬酢諮諏見任七年注。晉書云。山濤轉尚書。表辭才下年老。詔曰。方今多事。嘉謀良圖。委以老成也。朱穆正直　黃琬方毅　謝承後漢書曰。朱穆爲尚書。讜言正直。續漢書曰。黃琬方毅廉貞。爲侍中尚書。〔詩〕宋顏延年直東宮答鄭尚書

詩　皇居體宸極。設險祇天工。兩闈阻通軌。對禁限淸風。跂予旅東館。徒歌屬南墉。寢興鬱無已。起觀辰漢中。流雲靄靑闕。皓月鑒丹宮。踟躕淸防密。徙倚恆漏窮。君子吐芳訊。感物側余衷。惜無邱園秀。景行彼高嵩。隋劉斌和許給事傷牛尚書詩　名臣不世出。百工之所求。況乃非常器。遭逢興運秋。符彩照千里。銓衡綜九流。經綸資博物。樽俎寄皇猷。韶濩傾復理。典禮紊還修。雖貞棟梁任。兼好藝文游。佇聞和鼎實。行當奉介邱。高衢翻稅駕。閱水遽遷舟。傳呼更何日。曳履聞無由。歸魂藐脩路。征棹艤邪溝。林薄長風慘。江上寒雲愁。夜臺終不曙。遺芳徒自留。崔融戶部尚書挽歌詩　八座圖書委。三臺章奏盈。舉杯常有勸。曳履忽無聲。市若荊州罷。池如薛縣平。空餘濟南劍。天子署高名。〔制〕唐中宗授李承嘉戶部尚書制　門下。紫極八座。非德勿居。丹屏六曹。惟賢是擇。金紫光祿大夫李承嘉。靈襟峻嶷。識宇嚴明。早聞通德之名。夙有大臣之望。雄材逐日。共騏驥而齊駈。迅翼搏風。與鵷鴻而並翥。栢臺憲府。高膺弄印之榮。芝甸神州。獨著題輿之任。堅同白玉。直若朱繩。臺閣風生。權豪氣懾。洪材可重。茂秩須崇。宜加曳履之班。式奬從橋之對。又授張錫工部尚書制　明光晝省。務總樞要。建禮仙門。職惟喉舌。尚書左丞張錫。白虹良寶。紫電雄鋒。家傳鵲印之祥。世襲貂冠之緒。文遒吐鳳。思縟騰蛟。質映南金。材逾東箭。自提綱左轄。立帷中臺。奏郭奕而無慙。射崔洪而不愧。紫樞佇俊。彤管須賢。宜升賜劍之榮。式表委珠之潔。〔箴〕後漢繁欽尚書箴　龍作納言。帝命惟允。山甫翼周。實司喉吻。赫赫禁臺。萬邦所庭。無曰我平。而慢爾衡。無曰我審。而怠爾明。四岳阿鯀。績用不成。虞登八凱。五教聿淸。舉涉其私。乃忝服榮。正直是與。伊道之經。先人匪懈。永世流聲。君子下問。敢告侍廷。〔表〕梁蕭子範爲兄宗正讓都官尚書表　納言之授。皇命所由。五星懸暉。差池紫宮之曲。百官根本。聯曹建禮之門。孔蔡該博。垂芳於兩京。陳鍾令才。比月於魏代。邈望前英。俯循庸薄。義無尸素。理絕祗奉。

吏部尚書第六

〔敍事〕吏部尚書者。初漢成帝置列曹尚書四人。其一曰常侍曹。主丞相御史公卿事。後漢初。光武改常侍曹爲吏部曹。主選舉齋祠事。後漢末改爲選部曹。魏代又爲吏部曹。專掌選職。右於諸曹尚書。至宋置二吏部尚書。尋復省一人。沈約宋書云。初晉世散騎常侍選望與侍中不異。其後職任材散。用人益輕。宋孝武欲重其選。待吏部尚書任重。遂分吏部置三人。以輕其任。蔡興宗謂人曰。選曹要重。常侍閒談。改之名而不以實。雖主意以爲輕重。人心豈有變。自漢及魏。授此職者。或云吏部尚書。若授諸曹尚書。直云尚書。漢魏晉世。若授吏部者。即云以某爲吏部尚書。若授他曹。云某爲尚書。至晉宋齊已後。始云某授工部刑部五兵度支等尚書耳。故歷代職官之書。皆別紀吏部尚書。不與諸曹同。今書倣此云。並出漢官齊職儀及五代史百官志。

〔事對〕銓衡　品藻何法盛晉中興書曰。吳隱之字處默。少有孝行。與太常韓康伯隣居。隱之母亡。每哭。康伯母輙泣涕悲不自勝。既而語康伯曰。汝後若居銓衡之職。當用此人。及康伯爲吏部尚書。因進用之。遂歷清望。又李重爲吏部尚書箴序曰。重忝曹郎。銓管九流。品藻清濁。雖祇愼莫知所寄。題才　著箴裴頠言吏部尚書表曰。臣少無鑒察之譽。長無題與之才。李重集曰。重爲選曹尚書。著選曹箴。置之左右。以明審才之官。庭牧馬　閤聚書王隱晉書曰。鄧攸爲吏部尚書。當時清靜。內外肅然。牧馬於家庭。妻息素食。不受一錢。沈約宋書曰。少帝即位。蔡廓爲吏部尚書。不肯拜。乃以王惠代焉。被召即拜。未嘗接客。人有與書求官者。輙聚於閤下。考簿世　調門戶習鑿齒晉陽秋曰。初陳群爲吏部尚書。制九格登用。皆由於中正考之簿世。然後授任。王隱晉書曰。王戎爲左僕射。領吏部尚書。自戎居選。未嘗進一寒素。退一虛名。理一寃枉。殺一疽嫉。隨其沉浮。門調戶選。好營生。廣收八方園田水碓。周徧天下。聚斂積實。不知紀極。清通簡要　祇愼廉平劉義慶世說曰。王濬冲裴叔則二人總角詣鍾士季。須臾去。後客問鍾曰。二童是誰。鍾曰。裴楷清通。王戎簡要。後二十年。此二賢當爲吏部尚書。冀爾時天下無滯才。又李重選曹尙書箴序曰。重忝曹郎。銓管九流。品藻清濁。雖祗慎莫知所寄。虞預晉書曰。盧欽字子若。少好學。爲尙書僕射。領吏部。清實選舉。稱爲廉平。〔箴〕晉傅玄吏部尙書箴明明王範。制爲九秩。君執常道。臣有定職。貴無常尊。賤不恒卑。不明厥德。國用顚危。昔舜舉禹咎繇。而俊乂在官。湯舉阿衡。而不仁流屏。且表正而象平。日夕而景側。處喉舌者。患銓衡之無常。不患於不明。故曰無謂隱微。廢公任私。無好自專。違衆取怨。是以古之君子。無親無疎。縱心大倫。修己以道。弘道以身。易貴好爵。書慎官人。官不可妄授。職不可闇受。能者養之致福。不能者弊之招咎。衡臣司書。敢告左右。〔表〕梁沈約爲褚炫讓吏部尙書表竊惟玄素未辨。必謬朱紫之察。規矩或昧。理喪方圓之功。東西兩漢。左雄孤絕於前。南北二晉。山濤莫嗣於後。良由性藏於貌。才隱乎心。楚越無以況其迥殊。山川未足方其險阻。雖復挫暗爲明。勉愚生智。亦何以登奇拔異。離渭分涇。梁張纘讓吏部尙書表漢革民曹。魏仍東掾。毛孝先以清公見美。盧子若以貞固任職。降及晉世。希覩其人。樂彥輔雍容自守。當時恨其寡譽。山巨源意在拔奇。不免與世沉浮。鄧攸牧馬家庭。何益止競之操。卞壼如含瓦石。未聞檢裁之功。隋江總讓吏部尙書表切以漢置五曹。方今六尙。魏降八座。擬古六卿。近喻喉舌。遠譬樞斗。如東京許郭。西晉裴王。仰首伸眉。可得而論矣。

左右丞第七

〔敍事〕尙書丞。秦官也。漢因之。至成帝分置列曹尙書四員。便置丞四人。至光武減其二。唯置左右二丞。丞。承也。言承助令僕。總理臺事。尙書令與左丞總領紀綱。僕射與右丞掌稟假財穀。魏晉以來。左丞得彈奏八座。故傅咸云。斯乃皇朝之司直。天臺之管轄是也。宋書百官志曰。晉宋之世。左丞主臺內禁令宗廟祠祀朝儀禮制。選用署吏。糾彈不法。右丞掌臺內庫藏廬舍。凡諸器用之物。及刑獄兵器。自漢魏以來。品皆第六。秩四百石。梁加品第四秩六百石。出齊職儀及五代史百官志。唐龍朔二年。改爲左右肅機。咸亨初復舊。〔事對〕紀綱管轄 蔡質漢官典職曰。尚書左丞凡臺中紀綱。皆無所不總。又傅咸答辛曠詩序曰。尚書左丞彈八座以下。居萬機之會。斯乃皇朝之司直。天臺之管轄。余前爲左丞。具此職之要。後忝此任。僶俛從事。日愼一日。司直 準繩 司直見管轄注中。傅暢諸公讚曰。許奇字子泰。爲尚書左丞。有準繩操。解交 增秩 漢官儀云。漢制八座丞郎初拜。並集都座交禮。遷又解交。續漢書云。黃香拜尚書左丞。功滿當遷。和帝詔留增秩。後拜尚書。遷僕射。百寮憚 三臺淸 王隱晉書曰。郄弘始爲尚書郎。轉左丞。在朝爲百寮所憚。後坐泄事免。又曰。劉恢字長升。爲尚書左丞。正色在朝。三臺淸肅。出兼中丞。彈八座 肅三臺 彈八座見管轄注。肅三臺見三臺淸注。奏郭奕 彈崔洪 王隱晉書曰。傅咸爲尚書左丞。時尚書郭奕。咸故將也。累辭疾病不起。復不上朝。又自表妹葬乞出臨喪。詔書聽許。咸舉奏之。又曰。郄詵爲尚書左丞。推奏吏部尚書崔洪。洪曰。舉詵丞而還奏我。此謂挽弩自射。詵曰。趙宣子任韓厥爲司馬。而厥以軍法戮宣子崔侯爲國舉才。我以才見舉。唯官是視。各明至公。何故其言乃至於此也。洪聞而悅服之。掌威儀 主財用 續漢書百官志曰。左丞掌錄尚書吏人上章。百官威儀。漢官典職曰。右丞與僕射掌稟假錢穀諸財用。〔詩〕梁沈約和左丞庾杲之移病詩 歲暮豈云聊。參差憂與疾。匪辭孰能賜。持身固無述。握蘭空盈把。待漏終不溢。囂喧滿眼前。簿領紛盈膝。安用談天辯。徒勞夢賜筆。挂冠若東都。山林寧復出。

侍郎郎中員外郎第八

〔敍事〕按侍郎。隋煬帝置也。郎中。秦官也。員外郎。隋文帝置也。初西漢置尚書郎四人。一人主匈奴單于營部。一人主羌夷吏人。一人主戶口墾田。一人主錢帛貢獻委輸。光武分尚書爲六曹。每一尚書則領六郎。凡三十六郎焉。秦初置郎中令。領諸郎之在中書者而爲之令長也。漢武改名光祿勳。其屬官有三署。五官中郎將左中郎將右中郎將凡三署也。署中有郎中侍郎。無員。多至千人。分隸三署。主執戟侍宮殿。出則充車騎。漢因之。郎中秩比三百石。侍郎比四百石。以其爲郎居中。故曰郎中。以其爲郎内侍。故曰侍郎。漢官云。尚書郎初從三署郎選詣尚書臺試。每一郎缺則試五人。先試牋奏。初入臺稱郎中。滿歲稱侍郎。故郎中侍郎之名。猶因三署本號也。西漢言郎者多非尚書郎。唯田蚡少爲諸曹郎是也。其文帝代馮唐爲郎中署長。直不疑盜同舍郎金。武帝代顔駟爲郎三世不遷。成帝時揚雄爲侍郎。及諸言以貲爲郎。父任爲郎。皆三署郎。至東漢猶雜分有尚書及曹名冠首者。即尚書郎。直言爲郎亦三署郎。魏以後即無三署郎。自漢以來。尚書諸曹郎中侍郎或不兩置。或唯置郎中。或唯置侍郎。然二者亦通爲尚書郎。漢世兩置。有郎中侍郎。魏晉宋齊後魏北齊唯有郎中。梁陳兩置。有郎中侍郎。五代史志云。梁尚書郎初入臺稱郎中。功高者轉爲侍郎。陳氏依梁制。按前代郎中侍郎兩置者。侍郎今郎中之任。郎中即今員外郎之任。若唯置郎中。亦今郎中之任。隋文帝開皇初。唯置侍郎。亦尚書郎也。隋氏諱中。不置郎中。唯置侍郎爲尚書郎耳。尋又每曹置一員外郎。煬帝各於六尚書曹置六侍郎。增品第四。以貳尚書之職。今六司侍郎。其諸曹侍郎直曰郎。除侍字。曹別置二郎。尋又每曹省一郎。而加承務郎一人。當開皇員外之職。唐又改爲郎中。又依開皇每曹置一員外郎。隋室諱中。故直稱郎。唐初復曰郎中。以上出漢官儀齊職儀及五代百官志。

〔事對〕

應宿 覩天 華嶠後漢書曰。館陶公主爲子求郎。不許。賜錢千萬。明帝謂群臣曰。郎中上應列宿。非其人則民受其殃。王隱晉書曰。樂廣爲尚書郎。與何晏鄧颺等談講。衛瓘見而奇之曰。常恐微言將絶。今復聞之。命諸子造焉。謂曰。此人之水鏡也。每見此人。瑩然猶披雲霧而覩青天也。

起草 題柱 漢官儀曰。尚書郎主作文書起草。晝夜更直五日於建禮門內。三輔決錄注曰。田鳳字季宗。爲尚書郎。容儀端正。入奏事。靈帝目送之。因題柱曰。堂堂乎張。京兆田郎。趨墀 伏省 應劭漢官儀曰。尚書郎含雞舌香。伏奏事。黃門郎對揖跪受。故稱尚書郎懷香握蘭。趨走丹墀。摯虞三輔決錄注。馮豹爲尚書郎。每奏事未報。常伏省閤下。或自昏至明。天子默使人持被覆之。持被 護衣 持被見伏省注中。應劭漢官儀曰。尚書郎入直臺廨中。給女侍史二人。皆選端正妖麗。執香爐香囊燒薰護衣服。奏事明光殿。省中皆以胡粉塗壁。丹朱漆地。覆錦 含香 蔡質漢官典職曰。尚書郎給青縑白綾被。或以錦被。含香已見趨墀注中。無雙 第一 東觀漢記曰。黃香知古今記群書。無不涉獵。兼明圖讖天官星氣鍾律歷算。窮極道術。京師號曰天下無雙。國士瞻重。京師貴香。慕其聲名。更饋衣物。拜尚書郎。司馬彪續漢書曰。胡廣字伯始。舉孝廉。試爲天下第一。旬月拜尚書郎。三年 五日 蔡質漢官典職云。尚書郎初從三署詣臺試。初上臺稱守尚書郎中。滿歲稱尚書郎。三年稱侍郎。又曰。尚書郎夜更直五日於建禮門內。給青縑白綾被。或以錦被。哀烏位 明時郎 漢官天文志曰。南宮二十五星哀烏郎位。故明帝云。郎官上應列宿。即此也。漢官儀云。郎見尚書。對揖曰明時郎。見二對揖曰左君右君郎。更直建禮 入奏明光 更直建禮見上起草注。入奏明光見上護衣注。兼理兩曹 奏事三世 續漢書曰。胡伯始旬月拜尚書郎。兼理兩曹。轉左丞。又曰。徐昉爲尚書郎。性惟周密畏慎。在臺閣典職十年。奏事三世。未嘗有過。

〔詩〕陸士衡贈尚書郎顧彥先詩 朝遊之會城。夕息旋直廬。迅雷中霄激。驚電光夜舒。玄雲拖朱閣。振風薄綺疏。豐注溢修霤。潢潦浸階除。停陰結不解。通衢化爲渠。沉稼湮梁潁。流民泝荆徐。眷言懷桑梓。無乃將爲魚。梁沈約悼齊故吏部郎謝脁詩 吏部信才傑。文鋒振奇響。調與金石諧。思逐風雲上。豈言淩霜質。忽隨人所往。尺璧爾何冤。忽此同丘壤。唐蘇味道在廣州聞崔馬二御史並拜臺郎詩 振鷺齊飛日。遷鶯遠聽聞。明光共待漏。清覽各披雲。喜得廊廟舉。嗟爲臺閣分。故林懷柏悅。新握阻蘭薰。冠去神羊影。車迎瑞雉群。遠從南斗外。遙仰列星文。

沈佺期酬蘇味道玄夏晚寓直省中詩並命登仙閣。分宵直禮闈。大官供宿膳。侍史護朝衣。卷幔天河入。披庭月露微。小池殘暑退。高樹早涼歸。冠劍無時釋。軒車待漏飛。明朝題漢柱。三署有光輝。〔表〕梁陸倕拜吏部郎表銓衡庶品。歷選名實。阮咸貞素。屢薦未登。陸亮忠心。裁居殿職。自非李重淸識。李毅恬正。則何以區分管庫。式鑒胥史。

中書令第九

〔敍事〕中書令。漢武所置。出納帝命。掌尙書奏事。蓋周官內史之任。周官內史掌王之八柄。初漢武遊宴後庭。公卿不得入。始用宦者典尙書。通掌圖書章奏之事。初秦代少府遣吏四人在殿中主發書。謂之尙書。尙猶主也。漢由之。初用士人。武帝改用宦者。其後遂罷尙書。改置中書謁者令。盡用宦者。故沈約宋書百官志云。中書本尙書官是也。謝靈運晉書云。以其總掌禁中書記。謂之中書。漢武時司馬遷被腐刑之後。爲中書令。則其職也。漢書不言謁者。史省文也。其官本名曰中書謁者令。漢書直云遷爲中書令。是史省文也。宣帝時弘恭坐腐刑。累遷爲令。明習文法。勢傾內外。然恭死。石君防亦坐腐刑。代爲令。至成帝。置尙書官。改中書謁者令。所掌非書權要舊任也。蓋直爲禁中宦者之職。非掌朝廷要事也。故謝靈運晉書云。漢成帝已後。無復中書之職是也。東漢初亦無其官。至獻帝時。魏武爲魏王。置祕書令。此又中書之任也。以其中書通掌圖書祕記之事。故以祕書爲名。魏文改祕書令爲中書令。以祕書右丞孫資爲中書令。魏晉以來。皆置一人。品第三。妙選文學通識之士爲之。掌王言。江左更重其任。多以諸公兼之。古者宰相本是三公。至魏晉。中書令掌王言。才望既重。多以諸公兼之。近世以來。若三公無其人。則闕而中書令當宰輔之任。近世始專其職。隋文帝改爲內史令。置二人。隋室諱中。依周官改爲內史。漢武置

中書有令有僕射宣帝時弘恭爲令石君防爲僕射恭死石代爲令至魏武置祕書令魏文改祕書令左丞爲中書令又置監一人當僕
射之職首以祕書右丞孫資爲中書令左丞劉放爲中書監歷晉宋齊梁陳北齊後魏皆置中書監位在令上至隋省之故令置二人焉
煬帝改爲內書令已上並出漢官及齊職儀并五代史百官志唐初又爲內史令武德三年復爲中書令龍朔二
年改爲西臺右相咸亨初復舊光宅初改爲鳳閣內史神龍初復舊開元初改爲紫微令五年復舊

〔事對〕龍池　雞樹卞伯玉中書郎詩曰大方信包含優渥遂不已躍鱗龍鳳池揮翰紫宸裏郭頒魏晉世語曰劉放孫資共
典樞要夏侯獻曹肇心內不平殿中有雞棲樹二人相謂此亦久矣其能復幾指謂中書監劉放中書令孫資　西掖　右曹劉楨贈
徐幹詩曰誰謂相去遠隔此西掖垣所限清切禁中情無由宣應劭漢官儀曰左右曹受尚書事前世文士以中書在右因謂中書爲右
曹又稱西掖　紫宸　清禁紫宸見龍池注清禁見西掖注　西省　內樞何法盛晉中興書曰范甯拜中書侍郎專掌西省宋泰
始起居注曰王言之職總司清要中將軍丹陽尹王景文夙尚弘簡情度淹粹忠規茂績實宜國道宜兼管內樞以重其任可中書令
掖垣　綸閣劉楨詩誰謂相去遠隔此西掖垣所限清切禁中情無由宣禮記曰王言如絲其出如綸王珉直中書詩云高閣臨雲
日險岧仰天居又中書職掌綸誥前代詞人因謂綸閣　雞棲樹　鱗躍池雞棲樹見雞樹注鱗躍池見龍池注已上總載中書省
專車　奪池曹嘉之晉記曰中書監令常同車入朝至和嶠爲令而荀勗爲監嶠意強抗專車而坐乃使監令異車自此始也又曰
荀勗自中書監遷尚書令人賀之勗曰奪我鳳皇池何賀之有　隔坐　奕世吳錄曰紀騭字子上景皇時騭父亮爲尚書令騭爲中
書令每朝會詔以屏風隔其坐宣城記云隔以雲母屏又晉陽秋曰王獻之爲中書令獻之少而標邁不循常貫爲一時風流之冠獻之
卒以王珉爲中書令世謂之大王令小王令也珉父洽又嘗爲此官珉復繼之時人以爲奕世令望　望士　勝會檀道鸞晉陽秋曰

溫嶠上疏曰臣才短學淺文疏不通中書之職酬對無方斟酌輕重豈唯文疏而已自非望士良才何可妄居斯任累辭而止又王獻之少而標邁不循常貫而撮其勝會故爲中書令 典詔命 宣國道 沈約宋書曰傅亮永初元年爲太子詹事中書令直中書專典詔命宋泰始起居注曰二年詔曰王言之職總司清要丹陽尹王景文夙尚弘簡情度淹粹忠規茂績實宣國道可中書令 參時務 典史書 王珉別傳曰珉字季琰詔曰王珉才學廣贍義理精通宜處樞近以參時務其以珉長兼中書令晉令曰中書爲詔令記會時事典作史書 立爲頌 共講文 崔鴻後趙錄曰徐光字季武頓邱人幼有文才年十三王陽攻頓邱掠之而令主秣馬光但書往作詩賦左右以白勒勒令召光付紙筆光立爲頌賜衣服遷爲中書令何法盛晉中興書曰王洽字敬和明帝曰敬和清才貴令昔爲中書郎吾時尚小數呼見意甚親之今以爲中書令共講文章 貴幸傾朝 尊寵任職 漢書曰石君防與弘恭皆少坐腐刑爲黃門以選爲中尚書宣帝時任中書官以恭爲令君防爲僕射恭死君防代爲令貴幸傾朝百寮皆敬事又曰司馬遷腐刑之後爲中書令尊寵任職 才學廣贍 文旨清遠 才學廣贍見參時務注 檀道鸞晉陽秋曰肅祖欲以溫嶠爲中書令手詔曰卿以令望忠允之懷著於周旋且文清而旨遠宜居機密今以卿爲中書令 意性調美 情度淹粹 薛瑩條列吳事曰胡沖意性調美心趣解暢有刀筆閑於時事爲中書令雖不能匡矯亦自守不苟求容媚情度淹粹見宣國道注 〔表〕 宋謝莊讓中書令表臣聞璧門天邃鳳沼神深絲綸王言出納帝命自非望允當時譽宜庠塾未有謬乘曲寵空席茲榮在於平壯猶不可勉況今綿痼百志俱淪

中書侍郎第十

〔敍事〕 中書侍郎魏官也按環濟要略曰中書有令僕射丞郎謂西漢時也又按衛宏漢舊儀曰漢置中書領尚書匈奴營部一郎民曹一郎謁者一郎此則中書郎已聞漢代記傳無明文莫知廢置之

由矣。沈約宋志云。魏文帝黃初間中書置通事郎。次黃門郎。黃門郎已署過。通事乃署名。帝省讀書可。晉改通事郎爲中書侍郎。蓋此始也。按魏志明帝詔舉中書郎。謂盧毓曰。選舉莫取有名。有名如畫地作餅。不可噉也。毓舉韓暨。帝用之。又司馬宣王辟王伯興。擢爲中書侍郎。亦明帝時。據此中書侍郎起魏代。沈約宋書云。晉改。似謬也。東晉又改爲通事郎。尋復爲中書郎。以後因之。按隋初改中書省爲內侍省。隋末改爲內書監。唐初又改爲內史省。龍朔二年改爲西臺。光宅初改爲鳳閣。開元初改爲紫微。其侍郎各因臺閣改易爲名。若鳳閣則名鳳閣侍郎。其舍人以下皆倣此。

〔事對〕 躍池　入室　卞伯玉赴中書郎詩曰。躍鱗龍鳳池。何法盛晉中興書曰。王濛字仲祖。恬暢能言名理。善隸書。與劉恢爲中書郎。太宗輔政。濛恢並數侍捷對。每爲入室之賓。恢字眞長。少淸峻。時人以濛比袁曜卿。以恢比荀奉倩。

專掌　無對　何法盛晉中興書曰。范甯字武子。少好學。多所通覽。拜中書郎。專掌西省。居職多所獻替。有益政道。王濛別傳曰。濛爲中書侍郎。四年無對。又遷司徒左長史。少選四人。年頻滿。以濛難與比肩也。

軌制　書檄　何法盛晉中興書曰。孔演字元舒。晉國建。與庾亮俱補中書侍郎。于時中興肇建。庶事草創。演經學博通。又練悉舊典。朝儀軌制。多所取正焉。由是元明二帝親愛之。又嵇氏世家曰。嵇含爲中書郎。書檄雲集。初不立草。

至行　直言　魏志曰。明帝詔舉中書郎。吏部尚書盧毓曰。得其人與否在盧生耳。毓舉韓暨。有至行。帝用之。晉中興書曰。范甯拜中書侍郎。時烈宗雅好文學。而明習五經。甚見親愛。朝廷擬議。輒諮訪之。甯指朝士直言無諱。

鍾表　卞詩　郭頒魏晉世語曰。司馬景王命中書郎虞松作表。再呈不可意。令松更定之。經時竭思不能改。心存形色。中書郎鍾會察有憂色。問松。松以實對。會取草視。爲定五字。松悅服。以呈景王。景王曰。不當爾耶。松曰。鍾會也。王曰。如此可大用。眞王佐才也。卞伯玉赴中書詩曰。躍鱗龍鳳池。揮翰紫宸裏。

五字　片言　五字見鍾表注。陸士衡轉中書侍郎。齊王收士衡付廷尉。士衡出後謝表曰。臣以職在中書制命所出而臣本以筆札見知慮逼迫不獲已乃詐發內妹喪出就弟雲哭泣受弔片言隻字文不關其間 難以比肩 肅然改容 難以比肩見無對注中宋書裴瓚字國寶風神標邁爲中書侍郎出入禁門見者肅然改容 〔詩〕 唐太宗餞中書侍郎來濟詩 曖曖去塵昏灞岸飛飛輕蓋指河梁雲峯衣結千重葉雪岫花開幾樹芳深悲黃鶴孤舟遠獨歎青山別路長聊制分袂寓襟淚還用持添離席觴 魏劉公幹贈徐幹詩 誰謂相去遠隔此西掖垣所限清切禁中情無由宣思子沉心曲長歎不能言起坐失次第一日三四遷步出北寺門遙見西苑園細柳夾道生方塘含清源輕葉隨風轉飛鳥何翩翩 齊謝玄暉直中書省詩 紫殿肅陰陰彤庭赫弘敞風動萬年枝日華承露掌玲瓏結綺錢深沉映珠網紅藥當階翻蒼苔依砌上茲言翔鳳池鳴珮多清響信美非吾室中園思偃仰朋情以鬱陶春物方駘蕩安得凌風翰聊恣山泉賞 梁沈約悼故中書侍郎王融詩 元長秉奇調弱冠慕前蹤眷言懷祖武一簣望成峯途艱行易跌命舛志難逢折風落迅羽流恨賦青松 魏知古春夜寓直鳳閣懷群公詩 拜門傳漏晚寓省索居時昔重安仁賦今稱伯玉詩鶯池滿不溢雞樹久逾滋夙夜懷山甫清風詠所思 韋承慶直中書省詩 清切鳳皇池扶疏雞樹枝唯應集鸞鷟何爲宿羇雌大造乾坤闢深恩雨露垂鵾鵬既含養駑駘亦駈馳木偶翻爲用芝泥忽濫窺九思空自勉五字本無施徒喜逢千載何階答二儀螢光向日盡蚊力負山疲禁宇庭除闊閑霄鍾箭移晻花臨戶發殘月下簾欹白髮隨身改丹心爲主披命將時並泰言與行俱危寄謝登巢客堯年復在斯 〔表〕 梁庾肩吾爲寧國公讓中書郎表 臣聞陟彼太行伯后之車屢怠望茲吳坂少游之馬難躋是知美非流水立致摧輈駿靡浮雲便期頓轡起登天漢寧陪九萬之風坐濟星橋非使千年之翼豈有幼稱辨慧足對元禮弱標俊穎能嘲子叔玉重組長空見休寵深宮邃宇孰知懷憂

中書舍人第十一

〔敍事〕 環濟要略云。舍人。古官也。周禮地官有舍人上士二人。舍猶宮也。掌宮中之政。出廩分財。列仙傳曰。琴高趙人。善鼓琴。爲宋康王舍人也。史記。李斯爲秦宮舍人。漢書。高祖起豐沛。周勃。傅亮。樊噲。皆以舍人從。酈食其亦以舍人知宮內事。 然則中書舍人。晉官也。自漢置中書。無聞其職。魏世中書始置通事一人。掌呈奏。魏明時有通事劉泰是也。高貴鄉公時。改爲通事都尉。尋又改爲通事侍郎。晉初置舍人一人。通事一人。至東晉。合舍人通事二職。謂之通事舍人。自晉宋以來。唯掌呈奏。宣王言。甚用事。至梁。用人殊重。多以尊官兼領。並入閤內。始專掌中書詔誥。自魏晉詔誥。皆中書令中書侍郎掌之。至梁始舍人爲之。裴子野嘗以鴻臚卿兼領通事舍人。其後除通事二字。直曰中書舍人。陳及北朝皆因之。掌制詔。陳及後魏。又別置通事舍人。掌宣奏。北齊唯置中書舍人。兼掌宣奏。隋又別置通事舍人。專掌宣奏。隋及唐皆隨臺省爲名。並內史省則曰內史舍人云。並出齊職儀及五代史百官志。

〔事對〕

忠慎　儒素　晉中興書曰。劉超字世踰。遷中書舍人。時臺省初建。內外多事。超出納書命。以忠慎稱。理身淸苦。衣不重帛。又曰。徐邈字景山。以東州儒素。性好學。尤善經傳。烈宗始覽典籍。招延禮學之士。後將軍謝安舉邈應選。補中書舍人。專在西省。撰正五經音訓。學者宗之。每預顧問。輒有獻替。多所補益。烈宗甚愛之。

預顧問　多補益　預顧問及多補益。並見上儒素注中。

出書命　善經傳　出書命。見忠慎注中。善經傳。見儒素注中。

掌文法　主呈奏　荀勗集曰。晉武帝時。門下啓令史伊羨趙咸爲中書舍人。對掌文法。勗奏以爲不可。百官志曰。魏初中書置通事一人。主呈奏。晉初中書又置舍人一人。至東晉。合通事及舍人二職。謂之通事舍人。兼掌呈奏。

合二職　由四戶　合二職。見主呈奏注。蕭景暢齊書云。永明元年。熒惑入紫微。時中書通事舍人四人。各注一戶。謂之四戶。既總重權。勢傾天下。會玄象失度。太史奏云。宜修福禳之。太尉王儉謂帝曰。天文乖忤。此由四戶。仍其舍人王文明等各奏之。至梁除通事二字。直曰中書舍人。掌文翰。猶兼呈奏。[詩] 唐上官儀酬薛舍人萬年宮晚景寓直懷友詩奕奕九成臺。窈窕絕塵埃。蒼蒼萬年樹。玲瓏下萱霧。池色搖晚空。巖光斂餘煦。湍切丹禁靜。浩蕩文河注。留連窮勝記。鳳期暌善謔。東望安仁省。西臨子雲閣。長嘯披煙霞。高步尋蘭若。金狄掩通門。彫鞍歸騎喧。燕餘對明月。制醼促芳樽。別有青山路。策杖訪王孫。張文琮和楊舍人詠中書省花樹詩華萼映芳叢。參差間早紅。因風時落砌。雜雨乍浮空。影照鳳池水。香飄雞樹風。豈不愛攀折。希君懷袖中。徐彥伯贈劉舍人古意詩支牀閟靈鳥。文章世所希。巢君碧梧樹。舞君青瑣闈。或言鳳池樂。撫翼更西飛。鳳池環禁林。仙閣霧沉沉。璇題激流水。珠綴綿淸陰。郁穆帝言重。熒煌台座深。鳳張丹虎翮。月弄素琴音。雙彩結不散。孤英跂莫尋。浩歌在西省。經傳恣潛心。

卷十一校勘表

頁數	行數	排印本原文	安刻本	嚴陸校	備註
二五二	四	疑是	宜是	〔嚴〕「疑是」見九家集註杜詩十九卷引	
二五二	一一	博古今	博古		
二五三	一二	緣鶴	緣鶴		
二五三	一三	非逼	非過		
二五三	一三	百姓	百代		
二五四	一	嵩華	嵩高		
二五四	五	三吏	三史		
二五四	一四	司馬	司空		
二五五	二	二世掌	貳掌		
二五五	一二	朱寵	劉寵		
二五五	一三	不敢當	不敢受		
二五七	三、四	字文元	字次元		
二五八	三	爾悖	余悖		

二五八	四	司農	司衆	
二五八	六	斯蕪		斯荒
二五八	七	罔匱	罔遺	
二五八	一〇	禮園		禮門
二五八	一〇	天綱		天網
二五九	三	案尙書令		句下「秦官」至「尙書令」十八字宋本無
二五九	四	省尙書官		省尙書
二五九	四、五	爲臺主主		爲臺主
二五九	一一	續漢官志		續漢書志
二五九	一五	解誌			疑是「解詁」之誤
二六〇	四	嘗幸至	嘗卒至	
二六〇	一三	慄峻		標峻
二六一	二	敢言			應是「敢告」
二六一	四	公心	汾心	
二六三	一	高門		下「非捨」至「金章」二十五字宋本無
二六三	八	危機	棟撓	

二六三	一二	吏部曹		吏部曹二	
二六三	一四	梁	齊梁		
二六四	四	仲英	少美		
二六四	五	侍中		侍中郎將	
二六四	一三	唯當華		唯華	
二六五	二	側余		惻余	
二六五	六	唐中宗		中宗孝和皇帝	
二六六	六	別紀		別紀官	
二六六	九	裴頠言			「言」疑是「謝」之誤・各本同・
二六六	一三	殺一疽			「疽」疑誤・各本同・
二六七	二	清實		清要	
二六八	四	準繩操		準繩操行	
二六九	六	爲侍郎及		「及」下「諸言」至「有尙書及」廿四字宋本無	
二六九	七	或唯置侍郎		句下「然二者亦通爲尙書郎」九字宋本無	

二六九	一五	晝夜		無「晝」字
二七〇	四	女侍史二人		句下宋本作「皆選端正指使從直女侍史執香爐香囊燒薰護衣服奏事明光殿省中」・無原文「皆選端正妖麗」至「丹朱漆地」三十八字
二七〇	六	貴香		黄香
二七〇	七	初上臺稱守	上稱侍	
二七〇	一〇	更直建禮見上起草注入奏明光見上護衣注		宋本作「蔡質漢官典職曰尙書郎晝夜更直五日於建禮門外又曰尙書郎給女侍二人皆選端正侍執香爐燒薰護衣從入臺奏事明光殿省中」五十三字
二七〇	一一	徐防爲尙書郎性惟		徐防爲尙書郎惟
二七一	一	玄夏		疑是「立夏」之誤

二七一	三	李重		季仲
二七二	一〇	「劉楨詩」以下二十三字		掖垣見西掖註
二七三	一	文疏		文義
二七三	二	而撮其勝會		〔陸〕而勗最其勝會
二七三	二	典詔命		此下至「可中書令」七十七字宋本無
二七四	八	西省	四省	
二七六	一四	各注		各主

初學記卷第十二

職官部下

侍中一　黄門侍郎二　給事中三　散騎常侍四　諫議大夫五　御史大夫六　御史中丞七　侍御史八殿中侍御史監察御史附　祕書監九　祕書丞十　祕書郎十一　著作郎十二著作佐郎附　太常卿十三　司農卿十四　太府卿十五　光祿卿十六　鴻臚卿十七　宗正卿十八　衞尉卿十九　太僕卿二十　大理卿二十一

侍中第一

［敍事］　侍中古官也黄帝時風后爲侍中周時號常伯周公立政篇戒成王常伯常任以爲左右是也秦取古官置侍中之職應劭漢官云侍中周官以其周曰常伯故曰周官班固漢書云侍中秦官以其秦取古官復置之故曰秦官其實古官　初秦置侍中本丞相史也丞相使史五人來往殿內奏事故謂之侍中漢因之多以爲加官漢書公卿表曰侍中散騎中常侍所加或列侯將軍卿大夫言此第官兼加侍中也初漢本用舊儒高德備切問近對然貴遊子弟及倖臣榮其官至襁褓受寵位服綺襦紈袴漢初籍孺閎孺皆冠鵕鸃冠貝帶傅脂粉張辟彊年十五霍去病年十八並爲侍中　漢官云侍中冠武弁大冠亦曰惠文冠漢書云昌邑王賀冠惠文音義云惠文今侍中所著　加金璫附蟬爲文貂尾爲

飾謂之貂蟬。侍中服之則左貂，常侍服之則右貂。董巴輿服志云：金取堅剛，百鍊不耗；蟬取居高飲清；貂取內勁悍外溫潤。本趙武靈王胡服之制，秦始皇破趙，得其冠，賜侍中。西漢无常員，多至十人。齊職儀云：漢侍中掌乘輿服物，下至褻器虎子之屬。武帝代孔安國爲侍中，以其儒者，特聽掌御唾壺，朝廷榮之。初漢侍中親省起居，故俗謂執虎子。虎子，褻器也。至魏文帝時，蘇則爲侍中，嘗與則同隱吉茂者，是時仕甫歷縣令，見則謂之曰：仕進不止執虎子。東漢初無常員。齊職儀云：東漢侍中便蕃左右，與帝升降。法駕出，多識者一人參乘，兼負傳國璽，操斬白蛇劍。至靈帝時，侍中舍有八區，論者因言員本八人。獻帝起居注曰：初置侍中六人，出入禁中，近侍帷幄，省尚書奏事。據此漢末未或省員。魏侍中置四人。齊職儀云：魏侍中掌儐贊，大駕出則次直侍中護駕，正直侍中負璽陪乘，不帶劍，皆騎從。御登殿，與散騎侍郎對挾帝，侍中居左，常侍居右，備切問近對，拾遺補闕也。晉宋齊梁陳置四人。齊職儀及五代史志云：自晉宋齊梁魏陳，侍中並與三公參國政，直侍左右，應對獻替。法駕出則正直一人負璽。後魏北齊置六人。五代史百官志云：北齊侍中因後魏置六人，掌獻納諫正及進御之職，參與諸公論國政也。後周初依周禮天官府置御伯中大夫，武帝改御伯爲納言，亦侍中之任。宣帝末又別置侍中，爲加官。隋文帝改侍中爲納言，置二人。煬帝改爲侍內，隋室諱中，故改避之。唐朝復爲侍中，龍朔初爲東臺左相，咸亨初復舊，光宅初改爲納言，神龍初復舊，開元初改爲黃門監，五年復舊。門下省，自晉以來名之。唐朝三年改爲東臺，光宅初改曰鸞臺，開元改爲黃門省。

[事對]

玉署　瑣闈　漢書曰：李尋字子長，通尚書。哀帝初即位，召尋待詔黃門，使侍中傅喜問尋。尋對曰：位卑術淺，偶隨衆賢待詔，反汚玉堂之署。漢官儀：侍中有玉堂署。衞宏漢舊儀曰：黃門郎屬黃門令，日暮入對青瑣闈，拜名夕郎。爾雅曰：宮中門謂之闈。

黃樞　青闥　盧諶宣徽賦曰：鄭山潛於谷口，揚朝隱於黃樞。諶注曰：揚雄爲黃門郎，三葉不徙官。散騎常侍范雲與王中書詩曰：攝官靑瑣闥。遙望鳳皇池。東寺　左曹　漢官儀曰。尚書令侍中上東西寺及侍中寺。又曰。左右曹受尚書事。沈約宋書曰。漢使左右曹諸吏分堂尚書奏事。光武省諸吏。信小黃門受事。前代文士皆謂門下爲左曹。亦曰東寺。畫室　丹地　漢官儀曰。侍中秩千石。黃門有畫室署。畫室署長一人。玉堂署長一人。蔡質漢官曰。尚書奏事於明光殿。省中皆胡粉塗壁。其邊以丹漆地。故尚書郎含雞舌香。伏其下奏事。黃門侍郎對揖而跪受。瑣闥　玉堂　瑣闥見靑闥注。中玉堂見玉署注。已上總裁門下。掌壺　負璽　孔叢曰。孔臧與子琳書曰。侍中安國。群臣近見崇禮。不供褻事。猶復掌御唾壺。朝廷之事。莫不榮之。環濟要略曰。侍帷幄。受顧問。拾遺於左右。大駕出則負璽以從。小則參乘。珠闕　金蟬　相書。占氣如連珠。雜要曰。氣色如連珠入闕門。爲侍中。漢官曰。侍中周官也。金蟬右貂。金取堅剛。百鍊不耗。蟬居高食潔。目在腋下。八舍　七車　八舍見敍事。陳壽益部耆舊傳曰。蜀郡張寬字叔文。漢武帝時爲侍中。從祀甘泉。至渭橋。有女人浴於渭水。乳長七尺。上怪其異。遣問之。女曰。帝後第七車者知我所來。時寬在第七車。對曰。天星主祭祀者。齋戒不嚴。則女人見。抱劍　伏茵　漢官曰。侍中殿下稱制。出則參乘佩璽抱劍。漢舊儀曰。侍中左右近臣。見皇后如見帝。見婕妤行則對壁。坐則伏茵。賜綬　引裾　後漢書曰。卞鴻字公永。永平中詔徵。賜綬。拜侍中。魏略曰。辛毗遷侍中。於時帝欲徙冀州戶十萬實於河南。毗曰。陛下不以臣不肖。置之左右。安得不與臣議。帝不答。起入內。毗隨而引其裾。帝遂奮衣不還。七葉　三代　三輔故事曰。金日磾字翁叔。封府侯。有忠勤之節。七葉侍中。東觀漢記曰。馮魴字孝孫。父子兄弟並帶靑紫。三代侍中。遊鸞渚　含雞香　遊鸞渚具下傅咸詩。應劭漢官曰。侍中方存年老口臭。上出雞舌香使含之。靑蒲伏　綠車載　漢官曰。史丹爲侍中。元帝寢疾。丹以親密近臣得視疾。候上。閒獨寢時。丹直入臥內。頓首伏靑蒲上。應劭注曰。以靑規地曰靑蒲。漢書曰。衞尉金敞疾甚。成帝拜敞子涉爲侍中。使綠車載送衞尉。注曰。綠車。皇孫車。所以寵之。言衞尉常淸顯。在朝尊貴。侍帷幄　管喉脣　戴逵竹林七賢論曰。山濤太始七年爲侍中。詔曰。淸風淳履。思心通遠。宜侍帷幄。謝綽宋拾遺曰。王華王曇首殷景仁劉湛四人宴飲。從朝至夕。帝甚歡。華既出。太祖目送之。歎曰。此四賢一時之秀。同管喉脣。恐後世難繼矣。

便繁左右　從容諷議　應劭漢官曰。侍中。周官也。便繁左右。與帝升降。卒思近對。拾遺補闕。百寮之中。莫密於兹。張隱文士傳曰。張衡拜侍中。恒居帷幄。從容諷議。拾遺左右。

〔詩〕西晉傅咸贈何劭王濟詩幷序　朗陵公何敬祖。咸之從內兄。國子祭酒王武子。咸從姑之外孫也。並以明德見重於世。咸親之重之。情猶同生。義則師友。何公既登侍中。武子俄而亦作。二賢相得甚歡。咸亦慶之。然自恨闇劣。雖願其繾綣。而從之末由。歷試無効。且有家艱。心存目替。賦詩申懷以貽之云爾。日月光太清。列宿曜紫微。赫赫大晉朝。明明闢皇闈。吾兄既鳳翔。王子亦龍飛。雙鸞游蘭渚。二離揚清暉。攜手升玉階。並坐侍丹帷。金璫綴惠文。煌煌發令姿。斯榮世所欽。繾綣情所希。豈不企高蹤。麟趾邈難追。臨川靡芳餌。何爲空守坻。枯槁待風飄。逝將與君違。違君能無戀。尸素當言歸。歸身蓬蓽廬。樂道以忘飢。進則無云補。退則恤其私。但願隆弘美。王度日清夷。

〔箴〕後漢胡廣侍中箴　皇矣聖上。神居天處。勤求俊良。是弼是輔。匪懈於位。庶工以序。昔在周文。創德西鄰。勗聞上帝。賴兹四臣。辛尹是訪。八虞是詢。濟濟多士。文用有勳。文公欽若。越興周道。亦惟先正。克慎左右。常伯常任。實爲政首。降及厲王。不祗不恪。暱彼宗夷。用肆其虐。惟敗天命。寇戎並作。圮墜宗緒。寢廟靡託。無曰我賢。不選至親。無曰我仁。妄用嬖人。籍閎飾顏。穢我神武。鄧通擅鑄。不終厥後。中書竊命。石弘作禍。高安斷袂。哀用無主。侍中司中。敢告執矩。

〔表〕梁王筠爲從兄讓侍中表　至如元勳舊儒之胄。積德累仁之家。九代七葉之華。相韓事漢之貴。不然則子駿之學。洞古今。平子之思。侔造化。仲宣之辯識無滯。次仲之解經不窮。然後可以喩旨公卿。問對帷扆。陪六尺之輿。通四方之意。求之微臣。此途頓隔。

任昉爲王思遠讓侍中表　行則六尺之內。陪接天光。上則服璽申命。誠信區寓。獻可替否。出納惟宜。敷奏於金華之上。進讓於玉堂之下。金還七貴之茂。王粲三公之孫。雖復中蔚孤緒。元卿末裔。未有不階人譽。妄承曲私。

黃門侍郎第二

〔敍事〕 按黃門侍郎秦官也漢因之無常員董巴漢書曰禁門曰黃闥中人主之故號黃門令矣然則黃門郎給事於黃闥之內入侍禁中故號曰黃門侍郎 劉向戒子歆書曰今若年少得黃門侍郎要處也李尋董賢並爲黃門侍郎成帝遣張禹歸第於牀下拜禹小息亦爲黃門侍郎 應劭曰黃門郎每日暮向靑瑣門拜謂之夕郎齊職儀曰初秦又有給事黃門之職漢因之漢書云揚雄劉向並爲給事黃門 至東漢初幷二官曰給事黃門侍郎後又改爲侍中侍郎尋復舊自魏及晉置給事黃門侍郎四人與侍中俱管門下衆事與散騎常侍並淸華代謂之黃散焉宋齊置四人 齊職儀云齊代侍中呼爲門下給事黃門侍郎呼爲小門下 五代史志云梁陳置四人至煬帝減二員去給事之名直曰黃門侍郎 隋氏用人益重裴矩裴蘊爲之皆知政事 唐朝因之

〔事對〕 夕郎 夜拜 夕郎見敍事東觀漢記曰馬防字子鉅爲常從小侯六年正月齋中宮其一日甲子上欲冠子鉅夜拜爲黃門侍郎 儀表 珪璋 東觀漢記曰鄧閶字季昭遷黃門侍郎于時國家每有災異水旱閶側身暴露憂懼顦顇形於顏色公卿以下咸高尙焉漢興以來爲外戚儀表王隱晉書曰顧榮少有珪璋符采朗澈仕吳弱冠舉賢良爲黃門侍郎當時後進盡相推謝稱榮有大才令望 侍講 著詩 魚豢魏略曰董遇字季直獻帝時爲黃門侍郎朝夕侍講焉天子甚愛信魏高貴鄉公集曰幸華林賜群臣酒酒酣上援筆賦詩群臣以次作二十四人不能著詩授罰酒黃門侍郎鍾會爲上 畫成圖 書壞本 王隱晉書曰張華爲黃門侍郎博覽圖籍千門萬戶畫地成圖王嘏別傳曰嘏字昭先魏文以嘏爲黃門侍郎每納忠言輒書壞本自在禁省歸書不封帝嘉其淑愼如此 二子並拜 三代不徙 桓階別傳曰階爲尙書令文帝幸見諸子少子元禪上搏手曰長者子元禪是日拜二子爲黃門侍

郎。漢書曰。王音薦揚雄待詔。歲餘。爲給事黃門。成哀平三代不徙。入拜青瑣　對揖丹墀上見敘事。下具侍中事對丹地注。恂
恂可觀　軒軒得志　漢書曰。馮參字叔平。以昭儀少弟。爲人矜嚴。好脩容儀。進止恂恂可觀也。傅子曰。王黎爲黃門郎。軒軒然得
志。煦煦然自樂。［詩］魏知古和鸞臺楊侍郎春夜寓直鳳閣懷群公詩　拜門傳漏晩。寓省索居時。昔重安仁賦。今
稱伯玉詩。鴛池注不溢。雞樹久逾滋。夙夜懷山甫。清風詠所思。［制］唐中宗孝和皇帝授韋嗣立黃門侍郎制　絳衣
近侍。秩亞貂蟬。青瑣崇班。職參鴛鷺。實神化之有寄。信賢才之攸重。通議大夫韋嗣立。中規奕葉。孝緒蟬聯。家匡玄燕之朝。人輔彤雲之
代。芝蘭並秀。見謝砌之階庭。麒麟齊驅。有劉山之昆季。入光振鷺。譽滿三臺。出據憑熊。聲流十部。近者命茲鸞渚。已擢鴈行。纔出芸扃。奄
歸蕙里。永言荆樹。坐折連枝。眷彼恒山。空餘一鳥。俾遷榮於皂蓋。宜襲寵於黃樞。

給事中第三

［敘事］漢官云。給事中。秦官也。漢因之。無常員。皆爲加官。所加或大夫博士議郎。兼加之。掌顧問應對。位次中常
侍。漢儀注。給事中曰上朝謁。平尚書奏事。以有事殿內。故曰給事中。齊職儀云。東漢省其官。魏晉宋齊
並置。無常員。皆隸集書省。齊職儀云。齊給事中皆隸集書省。與諸散騎同掌侍從左右。獻給省諸文奏。北齊依後魏。置六
十人。後周天官府置給事中士六十人。隋文帝門下省置給事二十人。除中字。國諱。掌陪從朝直。煬帝改名
給事郎。減置四員。掌省讀案奏。唐又曰給事中。龍朔二年。改爲東臺舍人。咸亨初。復舊。［事對］顧問　侍
從　顧問見敘事注。胡伯始曰。給事掌侍從左右。無員。位次侍中中常侍。名儒　茂親　胡伯始曰。給事常侍從左右。無員。位次侍中中
常侍。或名儒。或國親。漢東方朔中郎爲給事中。劉向諫議大夫爲給事中。履素　立德　晉起居注曰。武帝太康七年詔曰。郎中張建

忠篤履素爲江表士大夫所稱宜在中朝其以建爲給事中王隱晉書曰任熙字伯遠立德邈然徵拜給事中 潔行 俊才王隱晉書曰陳劭字節良太始六年詔曰燕王師劭清貞潔靜行著邦族荀綽兗州記曰袁准字孝居有俊才太始中拜爲給事中 明經 効車 范曄後漢書曰鄭衆字仲師以明經拜給事中傅玄子曰馬鈞字德衡爲給事中與高堂升平秦郎爭論與朝言及指南車二子云無此記虚耳鈞曰虚爭空言不如試之效矣〔詩〕 唐沈佺期自考工員外拜給事中詩南省推丹地東曹拜瑣闈惠移雙管筆恩降五時衣出入宜眞選遭逢每濫飛器慙公理拙才謝子雲微案牘遺常禮朋儕隔等威上台行揖讓中禁動光暉旭日千門起初春八舍歸贈蘭聞宿昔談樹隱芳菲省躬知任重寧止冒榮非 又訓楊給事廉見贈省中詩子雲推辨博公理擅詞雄始自尚書省旋聞給事中言從溫室祕籍向瑣闈通顧我叨郎署慙無章奏工分曹八舍斷解袂五時空宿昔叨餘論平生賴擊蒙神仙應東掖雲霧限南宮忽枉瓊田贈長歌蘭渚宮

散騎常侍第四

〔敍事〕 按散騎常侍本二官皆秦置也漢官云秦置散騎又置中常侍 散騎騎從傍乘輿車後獻可替否中常侍得出入禁中常侍左右漢因之兼用士人無常員多以爲加官所加或列侯將軍卿大夫兼加之原其所置二職皆舊儒骨鯁以備顧問與侍中同元帝時劉向累遷散騎常侍與蕭固大儒同侍左右是也後雜伍貴遊子弟班伯成帝時爲中常侍與王許子弟爲群在綺襦紈袴之中 皆銀璫附蟬爲文貂尾爲飾謂之貂璫 常侍服之則左貂中侍服之則右貂 東漢省散騎之職而中侍改用宦者無常員殤帝改施金璫齊職儀云魏文帝復置散騎之職以中常侍合爲一官除中字直曰散騎常侍置四人典章表詔命手筆之事晉置四人隸門下 又領員外散騎常侍無員魏末年又

有通直散騎常侍四人。晉武太始十年，使二人與散騎常侍四人同置。自魏至晉，散騎常侍、散騎侍郎與侍中、黃門侍郎共平章尙書奏事。江左乃罷之。又有員外散騎侍郎，無員，晉武所置。又有通直散騎侍郎四人，晉元太興初，使二人與散騎侍郎通員直，謂之通直散騎侍郎。凡六散騎焉。晉初此官選望甚重，與侍中不異。自宋以來，其任閑散，用人益輕。宋孝武大明年舉選此侍中，而人情久習，終不見重，情復舊也。別置集書省領之，齊氏因之。言掌圖書文翰之事，故曰集書省。其領諸散騎，同晉氏。五代史百官志云：梁陳集書省置散騎常侍四人。後魏、北齊集書省置六人，其領諸散騎，並同晉氏。隋文廢集書省，徙諸散騎入門下省。唐初並廢六散騎，以爲散官。貞觀初，唯置散騎常侍二人，隸門下。顯慶初，又置二人，隸中書。並金蟬，左右珥貂。侍中與左散騎則左貂，中書令與右散騎則右貂，世謂之八貂焉。龍朔二年，改爲左右侍極。在中書曰右侍極，在門下曰左侍極。咸亨初復舊。

〔事對〕

參乘　挾帝王隱晉書曰：鄭默字思元，爲散騎常侍。武帝出南郊，侍中以陪乘。詔曰：使鄭常侍參乘。齊職儀云：魏氏侍中掌擯贊，大駕出則次直侍中護駕，正直侍中負璽陪乘，不帶劍，皆騎從。帝登殿，與散騎常侍對挾帝，侍中居左，常侍居右。

插貂璫　賜牀帳魏略曰：散騎常侍比於侍中，貂璫插右。黃初中始置四人，出入侍從，與上談議，不典事。晉起居注曰：太康七年，詔曰：尙書馮翊，忠亮在公，歷職內外，勤恪匪懈，而疾未差，屢求放退。其以卿爲散騎常侍，賜錢二十萬，牀帳一具。

掌規諫　贊詔命魏志曰：文帝延康元年，置散騎常侍爲一官，省中字，置四人，與侍中同掌規諫。華嶠集詔曰：散騎以從容侍從，承答顧問，有職文掌贊詔命，平處分籍言。此官特宜選賢。

居獻替　答顧問晉起居注曰：升平五年，詔曰：前西中郎謝方才義簡亮，宜居獻替。其以爲散騎常侍。答顧問，見贊詔命注中。

夾乘輿　侍廊廡應劭漢官曰：秦及漢置散騎、中常侍各一人，官並无員。散騎馬夾乘輿車，獻可替否。環濟要略曰：散騎常侍入侍左右，出則侍事於廊廡之下。

入侍左右　與上談議

入侍左右見侍廊廡注魏略曰散騎常侍比侍中貂璫插右黄初中始置四人出入侍從與上談議不典事後遂以爲加官〔表〕梁任昉爲范雲讓散騎常侍吏部尚書表夫銓衡之重關諸崇替遠惟則哲而在昔帝猶難漢魏以降達識繼軌雅頌所歸唯稱許郭齊季陵遲官方弛亂革創惟始義存改作恭己南面責成斯在豈宜妄加寵私以瘝王事附蟬之飾空成寵章求之公私投受交失近代者功緒參差或足食關中或成軍河內或盛德如卓茂或師道如桓榮四姓侍祀已無足紀五侯外戚且非舊章而臣之所附唯在恩澤臣去歲冬初國學之老博士耳今茲首夏將亞台司雖千秋之一日九遷荀爽之十旬遠至方之微臣未爲速達臣雖无識唯利所視至於虧名損實爲國爲身知其不可不敢妄爲陛下不棄菅蒯愛同絲麻儻平生之言猶在聽覽宿心素志无復二辭矜臣所乞特迴寵命則彝章載穆微臣知免

諫議大夫第五

〔敍事〕按諫議大夫秦官也齊職儀云初秦置諫議大夫屬郎中令無常員多至數十人掌論議漢武改郎中令爲光祿勳漢初不置至武帝始因秦置之無常員皆名儒宿德爲之隸光祿勳光武增議字爲諫議大夫置三十人屬光祿勳依漢氏而晉宋齊並不置五代史百官志云梁陳亦置北齊依後魏集書省置諫議大夫七人隋門下省置七人唐因之減置四人龍朔二年改爲正諫議大夫神龍初復舊

〔事對〕清慎 諒直司馬彪續漢書曰周舉字宣光梁商表爲從事中郎商疾甚帝問遺言對曰臣從事中郎周舉清慎高亮可任諫議大夫謝承後漢書曰傅翻字君成轉諫議大夫天性諒直數陳讜言武帝嘉之 方正 忠謇漢書曰孔光字子夏經學尤明匡衡舉孔光方正爲諫議大夫謝承後漢書曰虞承字叔明拜諫議大夫雅性忠謇在朝堂犯顏諫爭終不曲撓散祿賑給諸生言德

無比論得失　陳讜言　漢書丙吉字子陽爲諫議大夫是時宮室車服甚盛外戚貴寵吉上疏論得失上以其迂闊不甚寵異謝承後漢書曰傅翻字君成轉諫議大夫天性諒直數陳讜言武帝嘉之　乘高車　止靈臺　東觀漢記曰郭丹字少卿從師長安買符入函谷關乃慨然而嘆曰丹不乘使者車不出此關既至京師嘗爲都講更始二年爲諫議大夫持節歸南陽自去家十三年果乘高車出關三輔決錄曰第五頡字子陵爲諫議大夫洛陽無主人鄉里无田宅寄止靈臺中或十日不炊　天子納善　好事從遊　漢書曰貢禹字少翁元帝徵禹爲諫議大夫數虛己問以政事是時年穀不登禹奏言宮室制度從儉省天子納其善言又曰揚雄字子雲以耆老久次轉爲諫議大夫以疾免復召爲諫議大夫家室貧嗜酒人稀至其門時有好事者載肴酒以從遊學　持節南陽　作賦東觀　持節南陽見乘高車注常璩華陽國志曰李尤字伯仁賈逵薦尤有揚雄之才明帝召入作東觀辟雍德陽諸觀賦銘遂拜諫議大夫　召入作賦　從幸爲歌　召入作賦見東觀注中漢書曰王褒字子淵爲諫議大夫褒從獵所幸之宮觀爲歌頌諫者以爲淫靡不急

[箴]　後漢崔寔諫議大夫箴　於昭上帝迪茲既哲匪于水鑒惟人是察處有誦訓出有旅賁木鐸之求爰納遒人各有攸記政以不分昔在大禹拜承昌言癸辛暴戾虐及於天逮於周厲慢德不鐲煦煦胥讒人謗乃作不顧厥愆是討是格庶類不堪流之彘宅防人之口譬諸防川豈不速止潰乃潺湲潺湲尙塞言擁爲賊默默之患用顚厥國諫臣司議敢告有翼

御史大夫第六

[敍事]　按御史大夫秦官也　應劭曰侍御之率故曰大夫周官宗伯之屬有御史掌贊書注曰御侍也進也戰國以爲糾察之官兼典史官秦趙會澠池各領御史監察御史置大夫以領之　漢因之掌副丞相九卿高第者拜之其任職者轉爲丞相至成帝改曰大司空　漢書曰何武建言依古置三公宮改御史大夫爲大司空改丞相爲大司徒與大司馬爲三公也　哀

帝復爲御史大夫。尋復改曰大司空。歷後漢因之。至獻帝時。魏武爲魏王。復置大夫。魏文黃初初復省置之。歷晉宋之後。咸因之。並以中丞爲臺主。已上並見漢官及齊職儀。至隋氏復置大夫。五代史百官志云。隋室諱中。置大夫。省中丞。唐朝因之。龍朔二年。改大夫爲大司憲。咸亨初復舊。

〔事對〕

署梓　列柏　衞宏漢舊儀曰。御史大夫寺在司馬門內。門無扁題署。用梓板不起郭邑。題曰御史大夫寺。漢書曰。朱博爲御史大夫。其府列柏樹。常有野烏數千棲宿其上。晨去暮來。號曰朝夕烏。

憲臺　法冠　謝靈運晉書曰。漢官尚書爲中臺。御史爲憲臺。謁者爲外臺。是爲三臺。自漢罷御史大夫而憲臺猶置。以丞爲臺主。中丞是也。漢官儀曰。侍御史。周官也。爲柱下史。冠法冠。一名柱後。以鐵爲柱。言其審固不撓。常淸峻也。

絳騶　白簡　沈約宋書曰。顏延之言其爲御史中丞。何尙之與延之書曰。絳騶淸路。白簡深劾。取之仲容。或有虧耶。

火精　霜簡　黃石公陰謀祕法曰。熒惑火之精。御史之象。主禁令刑罰收捕糾正。崔篆御史箴曰。簡上霜凝。筆端風起。漢書孫寶謂侯文曰。今鷹隼始擊。以成嚴霜之威。

副相　次卿　漢書曰。御史大夫。秦官。掌副丞相。應劭漢官曰。御史大夫本秦官也。位次上卿。

青綬　蒼佩　漢書曰。御史大夫秦官也。位次上卿。銀印青綬。佩水蒼玉。

侍御之率　刀筆之吏　漢書公卿表曰。御史大夫。秦官也。應劭曰。侍御之率。故稱大夫。漢帝集曰。武帝作柏梁臺。詔群臣二千石有能爲七言者。乃得上坐。御史大夫曰。刀筆之吏臣執之。

無以易堯　莫敢難錯　史記曰。齊人方與公謂御史大夫周昌曰。君之吏趙堯。年雖少。奇士也。君其必異之。是代君位。昌笑曰。刀筆之吏。安能至是。及昌相趙。高祖以御史大夫印弄之。誰可以爲者。視趙堯曰。無以易堯。遂拜之。又曰。晁錯遷爲御史大夫。請諸侯之罪過。削其地。收其版郡。奏上。上令公卿列侯宗室集議。莫敢難錯。獨竇嬰爭之。由此與嬰有隙。

奏去副封　涕對具獄　漢雜記事曰。故事。上書爲二封。其一曰副。領尙書者先發。一副封。有不善屛去不奏。魏相爲御史大夫。奏去副封。以防擁蔽。漢書曰。張敺爲御史大夫。上具獄事。可者卻之。

不可者不得已而爲之。涕泣而對之。其愛人若此。年老請免。天子亦寵以上大夫祿。歸老于家。請造白金　願罷滄海漢書。張湯爲御史大夫丞上請造白金與五銖錢。籠天下鹽鐵。排富商大賈。又曰。公孫弘爲御史大夫時。又東置滄海。北置朔方之郡。弘諫以爲罷弊中國以奉无用之地。願罷滄海。專奉朔方。上許之。飾詐釣名　舞文輔法漢書曰。汲黯謂上曰。公孫弘位在三公。俸祿甚多。然爲布被。此詐也。上問弘。弘謝曰。有之。夫三公爲布被。誠飾詐以釣名。今臣弘位爲御史大夫。九卿以下無差。誠如黯言。又曰。張湯爲御史大夫。舞文巧詆以輔法。

〔制〕　唐中宗授楊再思檢校左臺大夫制避車要秩。非德靡升。專席雄班。惟賢是屬。侍中楊再思。衣冠舊齒。廊廟宏材。寒暑不易其心。始終弗虧其度。在明時而有立。居暗室以無欺。投水陳謨。邁漢朝之三傑。霑砂作相。掩虞日之五臣。森乎抱松柏之心。凜乎實冰霜之氣。佇因獻替。兼肅權豪。宜分務於鸞扃。俾效能於烏署。又授蘇珦右臺大夫制烏臺峻秩。望總鐵冠。蒼珮崇班。威高石室。誠副相之榮級。實次卿之通任。前岐州蘇珦。詞吞楚澤。量湛黃陂。既光大廈之材。堪入巨川之用。西京展驥。道掩題輿。右輔凝熊。風超露冕。朱帷霧撤。初停州縣之勞。白簡霜凝。宜屏權豪之氣。

御史中丞第七

〔敍事〕　按御史中丞。秦官也。掌貳大夫。漢因之。御史大夫本有兩丞。其一曰御史丞。一曰御史中丞。謂之中者。以其別在殿中。掌蘭臺祕書。外督部刺史。內領侍御史。受公卿章奏。糾察百僚。休有光烈。至成哀間。改大夫爲大司空。而中丞更名御史長史。出外爲臺主。光武復曰中丞。與尚書令司隸校尉專席而坐。京師號曰三獨坐。獻帝權置大夫。而中丞不省。魏初罷大夫。改中丞名官正。復爲臺主。尋又改曰中丞。晉宋之後並因之。已上並見漢官及齊職儀。後魏書官氏志云。後魏改中丞爲中尉。五代史百官志

云北齊又改爲中丞隋室諱中省中丞增持書御史之品以代之 按持書侍御史者本漢宣帝時路溫舒上書宜

尙德緩刑帝深采覽焉季秋後請讞時帝幸宣室齋居而決事令侍御史二人持書故曰持書侍御史後因別置冠法冠與符璽郎共平

理廷尉奏事其後歷代並置之至隋增品代御史中丞之職唐朝初因之貞觀末省之 唐初因之貞觀末省持書侍御史又

置中丞龍朔二年改爲司憲大夫咸亨初復舊[事對] 專席 分路續漢書云傅巨公拜御史中丞與司隸校

尉尙書會同並專席而坐故京師號曰三獨坐魏氏春秋曰故事御史中丞與洛陽令相遇則分路而行以丞主多逐捕不欲稽留 石

室 蘭臺 環濟要略曰御史中丞有石室以藏祕書圖讖之屬漢官儀曰御史中丞二人本御史大夫之丞其一別在殿中兼典蘭

臺祕書外督部刺史內領侍御史受公卿章奏糾察百僚休有烈光 舉劾案章 休有烈光漢書曰御史中丞二人本御史大夫

之丞其一別在殿中舉劾案章故曰中丞休有烈光見蘭臺注中 肅內外 分黑白 傅宣別傳曰宣爲御史中丞明法直繩內外

震肅甚有威風漢書曰鮑宣字貢君宣爲中丞執法殿中外總部刺史郡國二千石所貶退稱進白黑分明由是知名 無迴避 不

吐茹 續漢書曰馬嚴字威卿拜御史中丞賜冠幘衣服車馬嚴舉劾案章申明舊典奉法察舉无所迴避百寮憚之王隱晉書曰熊遠

字孝文遷御史中丞中宗每歎其公忠謂遠曰卿在朝正色不茹柔吐剛忠亮至勁可謂王臣 奏彈夜警 法鞭儲傅晉中興書

曰王恬字元愉爲御史中丞值海西公廢太宗卽位未解嚴大司馬桓溫屯中堂夜吹警角恬奏劾大不敬請治罪明日溫見奏事歎曰

此兒乃敢彈我眞可畏也梅陶自序曰余居中丞嘗以法鞭皇太子傅親友莫不致諫余笑而應之堂高由陛皇太子所以崇於上由吾

奉王者法吾其枉道曲媚後皇太子將見延請賜以清讌於是太子禮敬之如師 周處正繩 陳謙奉法王隱晉書曰周處字子

隱爲御史中丞奏征虜將軍石崇大將軍梁王肜等正繩直筆權豪震肅續漢書曰陳謙字伯讓拜御史中丞執憲奉法多所糾正爲百

寮所敬也。〔詩〕隋江總贈孔中丞奐詩我行五嶺表。辭卿二十年。聞鶯欲動詠。披霧卽依然。疇昔同寮宷。今隨年代改。借問藏書處。唯君故人在。故人名官高。清簡肅權豪。誰知懷九歎。徒然泣二毛。〔箴〕晉傅咸御史中丞箴百官之箴。以箴王闕。余承先君之蹤。竊位憲臺。懼有忝累垂翼之責。且造斯箴。以自勗勵。不云自箴而云御史中丞箴者。凡爲御史中丞。欲通以箴之也。煌煌天文。衆星是環。爰立執法。其暉有涣。執憲之綱。秉國之憲。鷹揚虎視。肅清違慢。蹇蹇匪躬。是曰王臣。旣直其道。爰顧其身。身之不顧。孰有弗震。邦國若否。惟仲山甫。山甫是明。焉用彼相。莫扶其傾。淮南構逆。實憚汲生。赫赫有國。可无忠貞。憂責有在。繩亦必直。良農耘穢。勿使能植。无禮是逐。安惜翅翼。嗟爾庶寮。各敬乃職。无爲罰先。无怙厥力。怨及朋友。无慙於色。得罪天子。內省有慝。是用作箴。惟以自勑。

侍御史第八 殿中、監察御史附

〔敍事〕侍御史。秦官也。漢官云。老子爲周柱下史。張蒼秦時爲御史。主柱下方書。侍御史之任也。漢因之。署十五人。魏八人。晉九人。宋齊十人。梁陳九人。後魏北齊隋八人。出漢官及五代史百官志。殿中侍御史。魏置也。初魏蘭臺遣二御史居殿中伺察非法。故曰殿中侍御史。晉宋齊置二人。梁陳置四人。後魏置十四人。北齊置十二人。隋初改曰殿中侍御史。煬帝省之。出齊職儀及五代史百官志。監察侍御史。隋置也。晉置檢校御史。知行馬外事。宋齊梁陳並省之。後魏北齊復置十二人。隋改檢校御史爲監察御史。蓋亦取秦監察御史之義以名之。出五代史百官志。〔事對〕豸冠　鐵柱胡廣漢官儀曰。御史四人持書。皆法冠。一名柱後。一名獬豸。獬豸儒名知人曲直。觸邪佞。漢官曰。侍御史。周官爲柱下史。冠法冠。一名柱後。以鐵爲柱。言其審固不撓。繡衣　白筆漢書曰。王訢字翁歡。武帝時爲繡衣御史。逐捕群盜。魏略曰。帝嘗大會殿中。御史簪白筆。側階而坐。上問左右。此爲何官。何主。左右不對。辛毗曰。此謂御史。

舊時簪筆以奏不法今者直備官但珥筆耳。**避馬** **埋輪**續漢書曰桓典字公雅爲侍御史是時宦官亂政典執政心无所迴避常乘驄馬京都畏之爲語曰行行且止避驄馬御史又曰張綱字文紀遷侍御史漢初選八使巡行風俗八使同日拜謂之八彥皆宿儒要位唯綱年少官微受命各之部而綱獨埋車輪於洛陽都亭曰豺狼當路安問狐狸遂奏大將軍梁冀兄弟罪惡京師震竦 **橫劍** **持戟** 續漢書曰仲暠字景伯順帝時爲侍御史監護太子承光宮中常侍高梵受勅迎太子不賫詔書以衣車載太子欲出太子太傅高襄不知所以力不能止閉門臨去暠至橫劍當車曰御史受詔監護太子太子國之儲副天命所繫常侍來无一尺詔書安知非挾姦耶今日之事有死而已梵不敢爭陳壽耆舊傳曰楊仁字文義明帝引見問當代政治之事仁對上大奇之拜仁侍御史明帝崩是時諸馬貴盛各爭入宮仁披甲持戟遮勅宮門不得令入章帝既立諸馬更譖仁刻峻於是上善之 **劾霍光** **收梁冀** 漢書曰嚴延年遷侍御史劾霍光專廢立續漢書曰陳翔字子麟遷侍御史元日朝賀梁冀威儀不整請收理罪時人奇之 **左雍以能擢** **孫綝習事補** 曹氏傳曰左雍起於辟吏武帝以爲能擢爲殿中侍御史山公啓事曰中書屬通事令史孫綝限滿久習內事才宜殿中侍御史須空補之不審可否詔曰可

[詩]

蘇味道贈封御史入臺詩 故事推三獨茲晨對兩闈夕林共鳴舞屈草接芳菲盛府題青槖殊章動繡衣風連臺閣起霜就簡書飛凛凛當朝色行行滿路威唯當擊隼去復覩落鵰歸

又始背洛城秋郊矚目奉懷臺中諸侍御詩 薄遊忝霜署直指戒冰心荔浦方南紀蘅皋暫北臨山晴關塞斷川暮廣成陰場圃通圭甸溝塍礙石林野童來拾田叟去謳吟蟋蟀秋風起蒹葭晚露深帝城猶鬱鬱征傳幾駸駸迴憶披書地勞歌謝所欽

元希聲贈皇甫侍御赴都詩 東南之美生于會稽牛斗之氣蓄於昆溪有瑶者玉連城是齊有威者鳳非梧不棲其一猗嗟衆珍以況君子公侯之胄心腹其始利器長材溫儀峻峙其二道心惟微厥用允塞德暉不泯而映邦國靜以有神動而作則九皐千里其聲不忘其三粵在古昔分官厥初刺邪矯

枉。非賢勿居。稜稜直指。烈烈方書。蒼玉鳴佩。繡衣登車。其四綽綽夫君。是膺柱下。準繩有望。名器无假。寵蓋伯山。氣雄公雅。立朝正色。俟我能者。其五載懷朋情。嘗接閑宴。好洽昆弟。官聯州縣。如彼松竹。春榮冬蒨。柯葉藹然。不渝霜霰。其六會合非我。關山坐違。離鴻曉引。別葉秋飛。騑驂徐動。樽餞相依。遠情超忽。岐路光輝。其七金石其心。芝蘭其室。言語方間。音徽自溢。肅子風威。嚴子霜質。贈言歲暮。以保貞吉。其八

祕書監第九

[敍事] 按祕書監。後漢桓帝置也。掌圖書祕記。故曰祕書。後省之。至獻帝建安中。魏武爲魏王。置祕書令典尚書奏事。即中書之任也。亦兼掌圖書祕記之事。魏文黃初初。分祕書立中書。中書自置令典尚書奏事。而祕書改令爲監。別掌文籍焉。按漢官及齊職儀秦漢置尚書通掌圖書祕記章奏之事漢武罷尚書官置中書掌其事漢武罷中書官又置尚書漢獻帝置祕書令典尚書奏事當中書之任則知中書本尚書之任祕書本中書之任 初漢置尚書中書。屬少府。按漢官初秦代少府遣吏四人於殿中主發書故號尚書尚猶主也中書本尚書之官故總隸屬少府 而祕書本中書之官。故魏初猶隸少府。及王肅爲監。以爲魏之祕書。即漢之東觀之職。安可復屬少府。自此不復焉。後漢書云時學者以東觀爲老氏藏室道家蓬萊山至晉武。又以祕書并入中書省。省其監。晉惠復別置祕書監一人。後世因之。其少監隋煬帝置也以上並出漢官及齊職儀 唐因之。龍朔二年。改祕書省曰蘭臺。其監改名太史。咸亨元年。復爲祕書監。天授初。改祕書省曰麟臺。其監不改。神龍初。復舊。初漢御史中丞在殿中掌蘭臺祕書圖籍唐以祕書省爲蘭臺即因斯義也漢西京未央宮中有麟閣亦藏祕書即揚雄校書之處也改祕書爲麟臺亦因其義也春秋韓宣子聘魯觀書於太史氏古者太史掌書改監爲太史亦因其義。[事對] 祕署　仙室魚豢魏略曰。蘭臺。臺也。而祕書

署耳。華嶠後漢書曰。學者稱東觀爲老氏藏室。道家蓬萊山。王融曲水詩序曰。紀言事於仙室。謂藏室也。芸臺　蓬觀魚豢典略曰。芸臺香辟紙魚蠹。故藏書臺稱芸臺。蓬觀見仙室注中。延閣　祕府劉歆七略曰。武帝廣獻書之路。百年之間。書積如丘山。故外有太常史博士之藏。内則延閣廣内祕室之府。漢書曰。天下文籍悉在廣内祕府之室。謂之祕書。東壁　東觀　蘭臺麟臺石氏星經曰。東壁之星。主文籍。東觀事見仙室注中。漢書云。御史中丞掌蘭臺祕書圖籍。又魚豢魏略曰。薛夏爲祕書丞。時祕書掌公事移蘭臺。蘭臺自以臺也。祕書丞時爲署耳。謂夏不得移。當有坐者。夏報曰。蘭臺爲外臺。祕書爲内閣。臺也閣也。何不相移之有。蘭臺无以折之。三輔黃圖曰。未央宮東有麒麟殿。藏祕書。卽揚雄校書之處也。以上載祕書。典圖書　掌祕奧東觀漢記曰。桓帝延熹二年。初置祕書監。掌典圖書古今文字。考合異同。溫嶠舉荀崧爲祕書監。曰。夫國史之典。將以明失得之跡。謂之實錄。使一代之典。煥然可觀。散騎常侍崧。文質彬彬。思義通博。歷位先朝。莅事以穆。宜掌祕奧。宣明史籍。考同異　校古今考同異事見典圖書注。王隱晋書曰。惠帝永平元年詔云。祕書監綜理經籍。考校古今。課試署吏。領有四百人。宜專其事。典文章　綜經籍華嶠集曰。詔尙書曰。亭侯嶠。體素弘簡。文學該通。經覽古今。博聞多識。著書實錄。有良史之志。故轉爲祕書監。其加散騎常侍。班同中書寺爲內臺。使中書散騎及著作理禮音律天文數術。南省文章。門下撰集。皆典領之。綜經籍見校古今注中。撰皇覽　次竹書魏志曰。王象字羲伯。散騎常侍。領祕書監。撰皇覽。傅暢晋諸公讚曰。荀勗領祕書監。太康二年。汲郡冢中得竹書。勗躬自撰次注寫。以爲中經。列於祕書經傳闕文。多於證明。著陽秋　典文字何法盛晋中興書曰。孫盛自安國爲祕書監。加給事中。篤尙好學。自少及長。手不釋卷。旣居史官。乃著三國陽秋。典文字見典圖書注。幽讚符命　宣明史籍傅暢晋諸公讚曰。庾峻自司空長史遷祕書監。幽讚符命。天文地理。因有述焉。宣明史籍事見掌祕奧注。

〔詩〕宋顏延年和謝監靈運詩弱植慕端操。窘步懼先迷。寡立非擇方。刻意藉窮棲。伊昔適多幸秉筆侍兩闈雖慚丹雘施未謂玄素睽徒遭良時詖王道奄昏霾人神幽明絕朋好雲雨乖弔屈汀洲浦謁帝蒼山蹊倚巖聽緒風攀林結留荑跂予間衡嶠曷月瞻秦稽皇聖昭天德豐澤振沉泥惜无雀雉化何用充海淮去國還故里幽門樹蓬藜采茨葺昔宇剪棘開舊畦物謝時既晏年往志不偕親仁敷情昵興玩究辭悽芬馥歇蘭若清越奪琳珪盡言非報章聊用布所懷

梁沈約奉和竟陵王抄書詩 敎微因弛轡推峻屬貞期義乖良未遠斯文煥在茲超河綜絕禮冠㲃綴淪詩披縢辨蠹冊酌醴訪深疑沉流黜往性泛略引前滋漢壁含遺篆名山多逸詞緑編方委閣素簡日盈輜空幸參鴛鷺比秀惡瓊芝挹流既知廣復道還自嗤

梁庾肩吾和劉明府觀湘東王書詩 陳王擅書府河間富典墳五車方累篋七閣自連雲松槧鑑廉反芳帙氣栢熏許運反起廚文羽陵青簡出嫣泉綠字分方因接遊聖暫得奉朝聞峯樓霞早發林殿日先曛洛城復接眼歸軒畏後群

周庾信麟趾殿校書和劉儀同詩 止戈興禮樂修文盛典謨壁開金石篆河浮雲霧圖芸香上延閣碑石向鴻都誦書徵博士明經拜大夫璧池寒水落學市舊槐疎高談變白馬雄辯塞飛狐月落將軍樹風驚御史烏子雲方汗簡溫舒正削蒲連雲雖有閣終欲想江湖

［詔］ 唐太宗正授顏師古祕書監詔 祕府望華史官任重選衆而舉歷代攸難守祕書監顏師古體業淹和器用詳敏學該流略詞兼典麗職司圖書亟經歲序朱紫既辨著述有成宜正名器允茲望實可祕書監

［箴］ 後漢崔瑗東觀箴 洋洋東觀古之史官三墳五典靡義不貫左書君行右記其言辛尹顧訪文武明宜倚相見寶荆國以安何以季代咆哮不虔在強奮矯戮彼逢干衛巫蠱謗國莫敢言狐突見斥淖齒見殘焚文坑儒嬴反爲漢巫蠱之毒殘者數萬吁嗟後王曷不斯鑒是以明哲先識擇木而處夏終殷摯周聃晉黍或笑或泣抱籍遁走三葉靖公果喪厥緒宗廟隨夷遠之荆楚麥秀之歌億載不腐史臣司藝敢告侍後

祕書丞第十

〔敍事〕按祕書丞魏官也齊職儀云初漢獻帝置祕書令有丞二人蓋中書之任魏文分祕書立中書以祕書左丞劉放爲中書監祕書右丞孫資爲中書令而祕書改令爲監別掌文籍自置丞一人多以祕書郎遷之其後何禎上許都賦帝異之拜祕書郎後月餘禎闕事帝問外吾本用禎爲丞何故爲郎案主者罪遂改爲丞時祕書本有一丞尙未轉遂以禎爲右丞右丞置自禎始也至宋省一丞後代並因之唐龍朔二年改爲蘭臺丞咸亨初復舊〔事對〕 鹿車 銅印王肅表論祕書丞郎儀宜比尙書郎侍御史令侍御史乘犢車奏事用尺一祕書丞郎乘鹿車猶用尺奏恐非陛下崇儒之本意齊職儀云祕書丞銅印墨綬 近日月 奏文賦 王肅論祕書表云靑龍中議祕書丞郎與博士議郎同職近日月宜在三臺上魏略曰嚴苞以高才黃初中入爲祕書丞數奏文賦帝甚異之 謂薛君 用何禎 魚豢魏略曰薛夏天水人東詣京師文帝嘉其才黃初中引爲祕書丞帝與夏推論書傳未嘗不終日也每呼之不名而謂之薛君用何禎見敍事 雅有文才 徧觀今古王隱晉書曰稽紹字延祖雅有文才山濤啓武帝可爲祕書郎帝曰紹旣如此便可爲丞又曰庾峻少好學有文才轉祕書丞徧觀今古聞見益廣〔表〕 齊王融拜祕書丞謝表臣聞升離戒晨陰牆不照其景膚雲停夕幽草或漏其津至如明彙就日澤深行雨不有聖德誰或其然所以欽至道而出靑皐捨布衣而望朱闕懷祿仕在代耕期榮不謀入用豈悟特擢之例事均延祖置佐之恩任光元輔踰溢情涯普燭身表畏翾車而必讓誡濡翼之願辭旣聖主謂其可施故愚臣默思自免

祕書郎第十一

〔敍事〕祕書郎魏官也初漢獻帝置祕書令有丞郎蓋是中書之任魏文分祕書爲中書而祕書別

掌文籍。領祕書丞及祕書郎中。卽其任也。至宋除中掌直曰祕書郎。此職與著作郎。自置以來。多起家之選。在中朝或以才授。歷江左。多仕貴游。而梁世尤甚。當時諺曰。上車不落爲著作。體中何如則祕書。言其不用才也。至北齊又加中字。至隋又除中字。出齊職儀及五代史百官志。唐因之。龍朔二年曰蘭臺郎。咸亨初復舊。天授初曰麟臺郎。神龍初復舊。

[事對]　耽美書　删舊文　蜀志曰。郄正字令先。安貧好學。弱冠能屬文。遷祕書郎。性澹於榮利。尤耽意美文章及當代美書。王隱晉書曰。鄭默字思元。爲祕書郎。删省舊文。除其浮穢。著魏中經簿。中書令虞松謂默曰。而今而後。朱紫別矣。

賦三都　著中經　王隱晉書曰。左思專思三都賦。絕人倫之事。自以所見不博。求爲祕書郎。著中經見删舊文注。

掌三閣　定四部　晉令曰。祕書郎掌中外三閣經書。覆校殘闕。正定脫誤。晉太康起居注曰。祕書丞桓石綏啓校定四部之書。詔遣郎中四人。各掌一部。

別朱紫　澹榮利　別朱紫事見删舊文注。澹榮利事見耽美書注。

[彈文]　梁沈約奏彈祕書郎蕭遙昌文　謹按兼祕書郎臣蕭遙昌。盛戚茂年。升華祕館。淑愼之迹未彰。違惰之容已及。宜寘徽綱。以肅朝風。請以見事免遙昌所居官。

著作郎第十二　著作佐郎附

[敍事]　著作郎。魏官也。沈約宋書百官志云。初東漢圖籍在東觀。名儒碩學。多著作東觀。然皆他官假著作之名。而未立著作之官。至魏太和中。始置著作郎。官隸中書省。魏晉之際。中書兼國史之職。史官在焉。故魏代王沉爲中書著作郎。晉初繆徵爲中書著作郎並是也。至晉惠帝詔曰。著作舊屬中書。而祕書既別典文籍。今改中書著作郎爲祕書著作郎。亦爲大著作。後代因之。唐初因之。龍朔二年改

爲司文郎中咸亨初復舊著作佐郎魏置掌貳著作佐郎修國史初俱隸中書謂之中書著作佐郎晉惠帝時與大著作郎同隸祕書後代因之出宋書百官志唐因之龍朔二年改爲司文郎咸亨初復舊張華年四十得河南尹丞不拜轉著作佐郎又張載字孟陽爲著作佐郎作濛汜池賦傅玄見之歎息以車迎載郭璞獻南郊賦中宗嘉其才以爲著作佐郎沈約宋書曰後漢已來太史但掌天文律歷而已其國記撰述悉在著作江左王導表著作爲史官是也晉中興書曰華譚爲祕書監時晉陵朱鳳吳郡吳震等以單族二人並有史才白首於衡門後譚知之薦二人擢補著作佐郎並皆稱職也〔事對〕

待詔　刊石晉元康元年詔曰著作郎舊隸中書大興二年依漢故事召陳郡王隱待詔著作單衣介幘朝朔望於著作班次依佐郎也又晉中興書曰孫綽爲散騎常侍領大著作轉廷尉著作如故于時才筆之士綽爲冠故溫王郄庾諸公之薨必須綽銘而後刊石才筆　史法才筆事見刊石注王隱晉書曰何嵩善史法爲著作司文籍　議限斷司文籍見敍事王隱晉書曰陸士衡以文學爲祕書監虞濬所請爲著作郎議晉書限斷應亨五葉　崔駰三世應亨集讓著作表曰自司隸校尉奉至臣五葉著作不絕卿族以爲美談崔駰三世相繼其後無聞若乃談遷接武彪固踵跡亦各一世之良也以上著作郎西觀　東郊張隱文士傳曰束晢元康四年晚應司空府入月餘亦除著作佐郎著作西觀撰晉書草創三帝紀及十志晉中興書曰太興元年郭璞奏南郊賦中宗嘉其才以爲著作佐郎　難限斷　賦濛汜晉紀曰束晢字廣微祕書監賈謐請爲著作郎難陸士衡晉書限斷張載字孟陽作濛汜賦太僕傅玄見賦歎息以車迎載言談終日深相貴重載遂知名起家徵爲著作佐郎　撰三國　創十志張華別傳曰陳壽好學善著述師事同郡譙周少仕蜀在觀閣爲郎除中書著作郎撰三國志創十志事見西觀注中傅玄歎賦　夏湛壞書傅玄歎賦事見濛汜注中張華別傳曰陳壽好學善著述除著作佐郎當時夏侯湛等多欲作魏書見壽所作卽壞已書以上著作佐郎〔詩〕

北齊邢子才酬魏收冬夜直史館詩年病從衡至。動息自不安。兼豆未能飽。重裘詎解寒。况乃冬之夜。霜氣有餘酸。風音響北牖。月影度南端。燈光明且滅。華燭新復殘。衰顏依候改。壯志與時闌。體羸不盡帶。髮落強扶冠。夜景將欲近。夕息故无寬。忽有清風贈。辭義婉如蘭。先言歎三友。末言慙一官。麗藻高鄭衛。專學美齊韓。審喻雖有屬。筆削少能干。高足自无限。積風良可摶。空想青雲易。寧見赤松難。寄語山東道。高駕且盤桓。［表］梁沈約到著作省表臣約言。即日被召以本官兼今職。臣藝不博古。學謝專家。乏懷鉛之志。慙夢腸之術。聯事乖善。握蘭慙良。謬勒斷蛇之符。預刋氷河之業。路遙難騁。才弱未勝。而神工曲造。雕絢彌亹。珥筆史觀。記言文府。趨奉載揚。腆慚交顏。

太常卿第十三

［敍事］釋名云。卿。慶也。言萬物皆慶賴之。又卿。章也。言貴盛章著也。案古者天子諸侯皆名執政大臣曰正卿。自周以來。始有三公九卿之號。大率九卿多秦漢官也。漢世雖號九卿。其官無卿字。至梁始加卿字。其後並因之。秦漢以來。直云某爲太常。至梁始云某爲太常卿。梁又象四時置十二卿。陳氏因之。梁以太常司農宗正爲春卿。太僕太府爲夏卿。衞尉廷尉大匠爲秋卿。光祿鴻臚太尉爲冬卿。後魏依南齊以前置九卿。又各加少卿焉。北齊隋因之。自梁以下出五代史百官志。唐龍朔二年。加正卿以別少卿。咸亨初復舊除正字。歷代九卿廢置不同。自漢以來皆數少府。北齊隋則不數。後漢省衞尉。東晉及宋齊省太僕。齊宋以前無太府。以上總載九卿。宋太常。漢官也。宋百官春秋云。昔唐虞伯夷行秩宗。典三禮。周則春官宗伯掌禮樂。並其任也。初秦置奉常。漢祖更名太常。惠帝又曰奉常。景帝又曰太常。如淳曰。常。典也。常典三禮。故曰太常。或曰。太常。王者之旌。禮官主奉持之。故曰奉常。後改

曰太常。尊大之義。故改名之。王莽改曰秩宗。東漢又曰太常。五代史百官志云。至梁加卿字。曰太常卿。其後因之。唐初因之。龍朔二年。改爲奉常。咸亨初復舊。光宅初曰司禮卿。神龍初復舊。〔事對〕 法河 括海春秋漢含孳曰。三公象五嶽。九卿法河海。謝承後漢書曰。李淑諫更始曰。夫三公上應垣宿。九卿下括河海。龜鈕 犀印漢官儀曰。卿秩中二千石。孝武皇帝元狩二年。令通官印方寸。大小官印五分。王公侯金。二千石銀印龜鈕。司馬彪漢書曰。二千石以下至四百石佩雙印。皆以黑犀。藻衣 花綬漢官儀曰。衣裳公侯華蟲。卿大夫藻火。又曰。卿秩中二千石。綬青地桃花三彩。緹扇 朱轓續漢書曰。卿以下有騑者。緹扇汗青翅尾。又曰。秩中二千石。皆皂蓋朱轓。參三槐 位九棘帝王世紀曰。九卿者。所以參三公也。又周禮曰。面三槐。三公位焉。又曰。朝士掌外朝之法。左九棘。孤卿大夫位焉。鄭玄注曰。樹棘以爲位者。取其赤心而外刺。象赤心三刺。奉常 宗伯漢書曰。秦曰奉常。掌宗廟禮儀。景帝中平六年。更名太常。周禮曰。春官宗伯。掌天神地祇。掌宗廟 作禮樂掌宗廟事。見奉常注。續漢書。張奮拜太常。言禮樂當改作。上善之。典三禮 首九卿漢書曰。太常古官。云伯夷秩宗。典三禮。欲令國家盛大。社稷常存。古稱太常。漢官解詁曰。太常社稷郊時。事重職尊。故號九卿之首。造廬特賜 賣宅自給晉中興書曰。賀循字彥先。拜太常。中宗踐祚。下令曰。循冰清玉潔。行爲俗表。加位處上卿。居身服物。蓋身而已。屋纔庇風雨。孤常造其廬。特爲慨然。其賜以六尺床席褥。并錢二十萬。以表至德。魏志曰。和洽字陽士。爲太常。清貧。賣田宅以自給也。桓榮設几 孫通賜金華嶠後漢書曰。桓榮字春卿。以少傅遷太常。明帝即位。尊以師禮。甚見親重。拜之乘輿。每幸太常府。令榮東面坐。設几杖。會百官。史記曰。高祖滅秦。已登尊號。羣臣飲爭功。醉或妄呼。拔劍擊柱。高祖患之。於是叔孫通進說。遂設綿蕝野外。習之月餘。通曰。可試觀。上使行禮畢。復置法酒。無敢讙譁失禮者。高祖曰。吾乃今日知爲皇帝之貴也。拜通太常。賜金五百斤。馬安四至 段容再登漢書曰。司馬安巧宦。四至九卿。又曰。濮陽段容始事蓋侯信。信任容。官亦再至九卿。還第攝事　干齋怒妻晉起居注曰。安帝二年。太常臨川王寶啓。府舍窄狹。不足移家。母鍾年高。違離靡寧。乞還第攝事。詔聽之。應劭漢官曰。北海周澤爲太常。恒齋。其妻憐其年老疲病。窺內問之。澤大怒。以爲干齋。掾吏叩頭爭之。不聽。遂收送詔獄。并自劾。論者非其激發。諺曰。居代不諧。爲太常妻。一歲三百六十日。三百五十九日齋。一日不齋醉如泥。既作事。復低迷。

[表]　梁陸倕爲王光祿轉太常讓表昔者楚德方盛。叔敖濯衣。漢道克昌。王陽結綬。故拜命無辭。受爵不讓。況宗卿清重。歷選所難。漢晉已降。莫非素範。辭爵則桓郁張奮。讓封則丁鴻劉愷。潘尼之文雅純深。華表之從容退嘿。自此迄茲。風流繼軌。以臣況之。曾无等級。　陳沈炯爲周弘讓太常表臣聞玉舄彫楹。不取材於蟠木。丹珠繡黼。豈襲冕於薜蘿。何則。適用各有其宜。朝野不可一指。叔孫之野外定禮。倍資典實。刁協之躬爲唱引。豈易其儀。儻九賓闕相。封禪失儀。責以司存。云誰之咎。況南史執簡。轉見違才。君舉必書。尤難妄冒。

[箴]　後漢崔駰箴翼翼太常。實爲宗伯。穆穆靈祇。寢廟奕奕。稱秩元祀。班於羣神。我祀既祗。我粢孔蠲。匪叨匪忘。公尸攸宜。弗祈弗求。惟德之報。不矯不誣。庶無罪悔。無曰我材。輕身恃筮。東鄰之犧牛。不如西鄰之麥魚。秦殞望夷。隱斃鍾巫。常臣司宗。敢告執事。

司農卿第十四

[敍事]　司農卿。漢官也。漢官云。初秦置理粟內史。掌穀貨。漢因之。景帝更名大農令。武帝更名大司農。按堯命羲和四子。敬授人時。舜二十二官。棄爲后稷。播時百穀。蓋其任也。周官冢宰之屬。有太府下大夫。鄭玄注曰。太府主治藏之長。若今時司農也。並司農之任。王莽改大司農曰羲和。後又改爲納言。東漢復爲大司農。五代史百官志云。梁加卿字曰司農卿。省大字。後魏又加大字。北齊又除大字。隋氏因之。唐初因之。龍朔二年。改曰司稼卿。

咸亨元年復舊。[事對] 六府 萬石崔瑗飽德誄曰乃司大事。掌是六府。三事尤切。酒修酒聚。漢武帝柏梁詩大司農曰。陳粟萬石揚箕之。天倉。 國泉韓楊天文要集曰天倉者大司農也。史游急就篇曰司農少府國之泉也。司金 掌帛 揚雄大司農箴曰維時大農。爭司金穀。續漢書曰大司農卿一人。中二千石。掌諸錢穀金帛。周曰太府 莽改義和周曰太府見敘事注。漢書曰平帝元始元年改大司農曰羲和。以劉歆爲之。高詡方正 牟融明達東觀漢記高詡字季回。以儒學徵拜大司農。在朝以清白方正稱。又曰牟融字子優。爲大司農。性明達。稱爲名卿。安車徵鄭 天子器耿續漢書曰鄭玄公車徵爲大司農。給安車一乘。所過長吏送迎。又曰耿國字叔慮。爲大司農。曉邊事。能論議。數上便宜事。天子器之。延年盜錢 趙典交德漢書曰田延年爲大司農。坐盜都內錢三十萬自殺。續漢書曰趙典字仲經。爲大司農。閉門卻掃。非德不交。[箴] 漢揚雄大司農箴 時維大農。爰司金穀。自京阻荒。粒人是斛。肇自厥初。實施惟食。厥僚后稷。有无遷易。實均實贏。惟都作程。旁施衣食。厥人攸主。上稽二帝。下閱三王。什一之征。爲人作常。遠近貢篚。百則不忘。帝王之盛。實在農植。季周爛熳。而東作不勑。膏腴不獲。庶物並荒。府庫殫虛。靡積倉箱。陵遲衰微。周卒以亡。秦收大半。二世不瘳。泣血之求。海內無聊。農臣司均。敢告執繇。晉張華大司農箴 家有廬井。王有廛籍。阜茂豐物。和鈞關石。在周之季。不虔政首。弃稷弗務。不籍千畝。匱神乏祀。敗於戎醜。穡臣司農。敢告左右。

太府卿第十五

[敘事] 太府卿。周官也。周禮天官屬有太府下大夫。掌貢賦受其貨賄之入。掌府藏貨賄。秦漢以下不置其官。職務所司。分在司農少府矣。至梁始置太府卿。陳及後魏北齊隋皆因梁置之。並見五代史志及後魏官氏志。唐龍朔二年改爲外府卿。咸亨初復舊。光宅初改爲司府卿。神龍初復舊。自梁以前无太府。故其事對及文章並闕。

今既列在九卿之數。特存於敍事。應須作文章。亦可參採司農之事用也。

光祿卿第十六

〔敍事〕　光祿卿。漢官也。齊職儀云。初秦置郎中令。掌宮殿門戶。及主諸郎之在殿中侍衛。故曰郎中令。漢官云。郎中令屬官有五官中郎將。左右中郎將。曰三署。署中各有中郎。議郎。侍郎。郎中。皆無員。多至千人。主執戟衞宮陛。及諸虎賁郎。羽林。皆屬焉。謂之郎中令者。言領諸郎而爲之令長。漢因之。至武帝更名光祿勳。應劭曰。光。明也。祿。爵也。勳。功也。言光祿典郎謁者。虎賁羽林。舉不失德。賞不失勞。故曰光祿勳。應劭鄭玄並云。勳猶閽也。今光祿勳則古閽之職。後漢獻帝又爲郎中令。魏文又爲光祿勳。後世因之。五代史百官志云。至梁加卿字。曰光祿卿。除勳字。後代因之。北齊兼掌肴膳。隋則全掌肴膳。不復掌宮殿門。唐初因之。龍朔二年改曰司宰卿。咸亨初復舊。光宅初改爲司膳卿。神龍初復舊。

〔事對〕　首九列　總三署　庾氷集用樂謨詔草曰。光祿九列首。且職典吏署。續漢書曰。杜林字伯山。爲光祿勳。內奉宿衞。外總三署。周密敬愼。選舉稱平。

光宮室　掌掖門　光宮室見下揚雄箴。漢書奏曰。郎中令掌宮掖門戶。有丞。武帝太初元年更名光祿勳。

歎至德　薦名士　孟宗別傳曰。宗爲光祿勳。大會。宗先少酒。偶有強者。飮一杯便吐。傳詔司察。宗吐麥飯。察者以聞。上乃歎息曰。至德淸純如此。續漢書曰。杜林字伯山。選舉稱平。數薦名士。

入臥內　總從官　漢書曰。周仁景帝時爲郎中令。爲人陰重不洩。以是得幸。出入臥內。後宮祕戲。仁常在傍。終無所言。柏梁詩。光祿勳曰。總領從官柏梁臺。

辯棄甲　問投蜺　魏志曰。王肅字子雍。爲光祿勳。時有一魚長尺。集武庫之屋。有司以爲吉祥。肅辨之曰。魚生於泉。而見於屋。介鱗之物。失其所也。邊將其殆有棄甲之變乎。其後果有東關之敗。謝承後漢書曰。楊賜字伯欽。拜光祿勳。位特進。又嘉德殿前有靑赤氣。詔特進遣中使問賜

祥異禍福吉凶所在以賜博學碩儒故密諮問宜極陳其意嘗上疏陳請按春秋讖天投蜺海內亂今妾嬖閹尹共專國朝之所致也

宣王拜林　**景帝問袤**魏志曰常林徙光祿勳太常晉宣王以林鄉邑耆老每爲之拜或謂林曰司馬公貴重君宜且止之林曰司馬公自欲敦長幼之序以爲後生之法貴非吾之所制也言者慙而踧踖又曰鄭袤爲光祿勳毌丘儉作亂景帝自征之百官祖送時袤疾不在會上謂王肅唯不見鄭光祿爲恨袤聞自輿追上上笑曰固知生必來也遂與同載問以計謀帝甚重之**安世撻奴**　**曜卿賜穀**漢書曰張安世字孺子爲光祿勳郎有醉小便殿上主事白行法安世曰何以知其不覆漿水耶郎有淫官婢婢兄自言安世曰奴以恚怒誣汙衣冠告署撻奴其隱人過皆此類也魏志曰袁渙字曜卿爲郎中令時言劉備死君臣皆賀渙以常爲備吏獨不賀卒官太祖爲之流涕賜穀二千石太倉穀千斛垣下穀千斛與曜卿家上言官法下言親故

〔箴〕**漢揚雄光祿勳箴**經兆宮室晝爲中外廊殿門闥限以禁界國有周衞人有籓籬各有攸保守以不歧昔在夏殷桀紂淫湎持牛之飲門戶荒亂郎雖執戟謁者參差殿中成市或室內鼓鼙忘其廊廟而聚夫逋逃四方多罪載號載呶內不可不省外不可不清德人立朝義士充庭祿臣司光敢告執經

鴻臚卿第十七

〔敍事〕鴻臚卿漢官也漢官云昔唐虞賓於四門此則禮賓之制也與鴻臚之任亦同也周禮大行人掌賓客及諸侯朝覲事卽其任也漢官云秦置典客掌諸侯及歸義蠻夷漢因之景帝更名大行令武帝改曰大鴻臚胡廣曰鴻聲也臚傳也所以傳聲贊導九賓劉熙曰鴻大也腹前曰臚此言以京師爲心腹以王侯蕃國爲四體韋昭曰鴻大也臚其陳序也欲以大禮陳序於賓客初秦又有典屬國亦掌蠻夷降者漢亦因之成帝幷入大鴻臚王莽改鴻臚爲典樂東漢又曰鴻臚其後並因之五代史百官志云至梁加卿字曰鴻臚卿除大字後魏又加大字

北齊又除之隋氏因之唐初因之龍朔二年改爲同文卿咸亨初復舊光宅初改曰司賓卿神龍初復舊〔**事對**〕**掌蠻　主故**　漢書曰典客秦官秩中二千石掌諸侯及四方歸義蠻夷皇子拜授印綬山濤啓事曰鴻臚主故事前後爲之者率多不善了今缺當選御史中丞刁攸不審可爾不　**主祠　序客**　東觀漢記曰大鴻臚漢舊官建武元年復置屬官大丞一人大行丞有理禮員四十七人主齋祠擯贊九賓之禮韋昭釋名曰鴻臚者本故典客事掌賓禮武帝時更爲鴻臚鴻大也臚陳序也欲大以禮陳序於賓客也　**遷公　慙長**　東觀漢記曰鴻臚三十六人其陳寵左雄朱寵龐參施延並遷公謝承後漢書曰陳紀字元方遭父太丘長寔憂嘔血絶氣豫州嘉其至行表上尚書圖畫百城以勵風俗袁紹以太尉讓紀紀不受拜大鴻臚卒官子羣爲三公天下以爲公慙卿卿慙長　**掌四方夷　贊九賓**　禮掌四方夷見上掌蠻注贊九賓禮見上主祠注　**秦曰典客　漢置鴻臚**　並見敍事　**刁攸能人　韓宣稱職**　山濤啓事曰鴻臚多不善了今缺當選御史中丞刁攸舊能人魏略曰韓宣字景然爲大鴻臚始南陽曲阜韓暨以宿德在宣前爲大鴻臚及宣在官亦稱職故鴻臚中爲之語曰大鴻臚小鴻臚前後治行相曷如〔**箴**〕　**漢揚雄大鴻臚箴**　蕩蕩唐虞經通垓極陶陶百王天工人力畫爲上下羅條百職人有才能寮有級差遷能於官各有攸宜主以不廢官以不隳昔在三代二季不蠲穢德慢道署非其人人失其材職反其官宗寮荒耄國政如漫文不可武武不可文大小上下不可奪倫鴻臣司爵敢告在鄰

宗正卿第十八

〔**敍事**〕　**宗正卿周官也宋百官春秋云周受命封建宗盟**　周封兄弟之國十有五同姓之國三十有五　**始選其宗中之長而董正之謂之宗正成王時彤伯入爲宗正掌王親屬是也秦漢因之平帝更名宗伯王莽**

改爲秩宗。東漢復爲宗正。晉曰大宗正。後魏皆同姓爲之。晉以後雜用庶姓爲之。五代史百官志云。至梁加卿字。除大字曰宗正卿。北齊又加大字。隋又除之。唐初因之。龍朔二年改爲司宗卿。咸亨初復舊。光宅初改爲司屬卿。神龍初復舊。〔事對〕 司宗 掌親 司宗見下揚雄箴。掌親見敍事。 仁孝 忠直 東觀漢記曰。劉平字公子。以仁孝著聞。永平三年爲宗正。漢書曰。劉向字子政。元帝時。蕭望之、周堪薦向宗室忠直。明經有行。爲宗正。 掌親屬 錄嫡庶 漢書曰。宗正。秦官。掌親屬。有丞。平帝元始四年更名宗伯。司馬彪續漢書曰。宗正卿一人。秩二千石。掌序錄王國嫡庶人次。及諸宗室親屬遠近。郡國歲計上宗室名。若有犯法當髡以上。上諸宗正卿。 畏盛滿 竭忠節 漢書曰。劉德字路叔。修黃老術。有智略。少時數言時事。召見甘泉宮。武帝謂之千里駒。昭帝初爲宗正丞。後爲宗正卿。妻死。大將軍欲以女妻之。德不敢娶。畏盛滿也。東觀記曰。劉般字伯興。代名忠孝。在朝竭忠盡節。建初元年拜爲宗正。〔箴〕 漢揚雄宗正卿箴 巍巍帝堯。欽親九族。經哲宗伯。禮有攸訓。屬有攸籍。各有冑子。代以不錯。昔在夏時。少康不恭。有仍二女。五子家降。晉獻悖統。宋宣亂序。齊桓不胤。而忘其宗緒。周譏戎女。魯喜子同。高作秦祟。而扶蘇被凶。宗廟荒虛。魂靈靡附。伯臣司宗。敢告執主。

衛尉卿第十九

〔敍事〕 齊職儀云。衛尉。秦官也。掌宮門衛屯兵。蓋周禮宗伯官正之職。尉者。罻也。古者兵獄之官皆名尉。言以羅罻令主奸非。漢因之。景帝更名中大夫令。尋復舊爲衛尉。自王莽及後漢初並省之。至獻帝復置。魏晉宋齊因之。五代史百官志云。至梁加卿字。曰衛尉卿。後代並因之。唐武德初省之。貞觀中復置。龍朔二年改爲司衛卿。咸亨初復舊。光宅初又改爲司衛卿。神龍初復舊。〔事對〕 千列 八屯 班固西都賦曰。周廬千列徼道綺錯。張衡西京賦曰。衛尉八屯。警夜巡晝。徼道外周。千廬內附。**周廬** **夾道**漢官解詁曰。衛尉掌宮闕周廬殿屯陳夾道。當兵交戟。胡廣注曰。宮闕之內。周廬殿各陳屯交兵士。以示威武。交戟以遮妄出入者。**周衛** **巡警**漢武帝柏梁詩。衛尉曰。周衛交戟禁不時。張衡西京賦曰。衛尉八屯。警夜巡晝。**交戟** **屯兵**交戟見上。周廬注。漢書曰。衛尉秦官。掌宮門屯兵。有丞。景帝初更名中大夫令。後元年復爲衛尉。**案籍** **受傳** **見符** **識引**胡廣注解詁云。凡屋宮中者。皆施籍於掖門。按其姓名。當入者。本官長吏爲之封啓傳。審其印信。然後受之。有籍者皆復有符。用木長二寸。以所屬官兩字爲鐵印。分符當出入者。案籍畢。復識齒符。識其物色。乃引內之。**祿賜親戚** **身無愛惜**吳志曰。嚴畯常爲孫權立吳。及稱尊號。畯常爲衛尉。祿賜皆散之親戚知故。家常不充。續漢書曰。陰興爲衛尉。每將遠征。身行勞問。無所愛惜。

[**箴**]　漢揚雄衛尉箴茫茫上天。崇高其居。設置山險。畫爲防禦。重垠累垓。以難不律。闕爲城衛。以待暴卒。國以有固。人以有內。各保其守。永攸不敗。維昔庶僚。官得其人。荷戈而歌。中外以堅。齊桓怵惕。宿衛不勅。門非其人。戶啟其職。曹子摽劍。遂成其詐。軻挾匕首。而衛人不寤。二世妄宿。敗於望夷。閻樂矯詔。戟者不推。尉臣司衛。敢告執維。

太僕卿第二十

[**敍事**]　齊職儀云。太僕。周官也。尚書稱穆王命伯冏爲太僕正是也。蓋謂衆僕之長曰太僕。秦因之。掌輿馬。歷漢、後魏及晉。西朝咸置之。至東晉元帝省之。後復置。至成帝又省之。併入宗正。蓋有事郊祀則權置。畢則省。宋齊因之。五代史百官志云。梁又置之。加卿字。曰太僕卿。後皆因之。唐初因之。龍朔二年改爲司馭卿。咸亨初復舊。光宅初改爲司僕卿。神龍初復舊。

[**事對**]　**前驅** **馭駕**周禮曰。太僕王出入則自左馭而前驅。鄭玄注云。前驅如今導引也。續漢書曰。太僕周官。秩中二千石。掌車馬。天子出入大駕則奉小駕則馭。**拭輿** **數**

馬 漢武帝柏梁詩。太僕曰。牧拭輿馬待警來。漢雜事曰。石慶爲太僕。御出。上問車中幾馬。慶以策數馬。舉手曰。六馬。慶以兄弟中最爲簡易。而猶如此。 奉車 待警 漢書曰。夏侯嬰爲沛公太僕。常奉車。嬰自上初起。常爲太僕。竟高祖。以太僕事惠帝高后文帝。凡四主。待警見上拭輿注。 子尼儉 次孫清 魏志曰。國泉字子尼。爲太僕。居列卿位。布衣蔬食。祿賜散舊故宗族。以恭儉自守。續漢書曰。祭彤字次孫。爲太僕。朝廷聞彤素清。有道而衣無副。 建路鼓 箴乘輿 周禮曰。太僕掌王之服位。出入王之大命。建路鼓於大寢之門外。而掌其政。王出入則自右馭而前驅。魏志曰。潘尼字景叔。侍中爲太僕。造乘輿箴。 〔詩〕 晉孫楚太僕座上詩曰。朝欽厥庸。出尹京畿。迴授太僕。四牡騑騑。騄耳盈箱。翠華葳蕤。勳齊庭實。增國之暉。 〔箴〕 漢揚雄太僕箴。肅肅太僕。車馬是供。鏘鏘和鸞。駕彼時龍。昔在上帝。巡狩四宅。王用三驅。前禽是射。紂作不令。武王征殷。檀車孔夏。四騵孔昕。僕夫執轡。載騂載駰。我輿云安。我馬云閑。雖馳雖驅。匪逸匪慾。昔有淫羿。馳騁忘歸。景公千駟。而淫於齊。詩好牡馬。牧於坰野。聾車就牧。而詩人興魯。廐焚問人。仲尼厚醜。孟子蓋惡夫廐多肥馬。而野有餓殍。僕臣司駕。敢告執皂。

大理卿第二十一

〔敍事〕 齊職儀云。大理。古官也。唐虞以皐陶作士。士。理官也。春秋元命包曰。堯爲天子。夢馬啄子。得皐陶。聘爲大理。初秦置廷尉。應劭曰。古官兵獄官多以尉稱。尉者罻也。言以兵獄羅罻奸非也。古之聽訟。必質於朝廷。與衆共之。故曰廷尉。漢因之。景帝改曰大理。武帝又曰廷尉。哀帝又曰大理。王莽改曰作士。東漢又曰廷尉。晉宋齊並爲廷尉。五代史百官志云。梁加卿字曰廷尉卿。後並因之。唐龍朔二年。改曰詳刑卿。咸亨初復舊。光宅初改曰司刑卿。神龍初復舊。 〔事對〕 皐呂 于張 潘岳楊荊州誄曰。惟此大理。國之憲章。君莅其任。視民如傷。庶獄明愼。刑辟端詳。聽參皐呂。稱伻于張。皐。皐陶也。虞書曰。帝曰。皐陶汝作士。明於五刑。呂。呂侯爲周王司寇。周書曰。穆王訓夏贖刑。作呂刑。于。于定國。
張。張釋之事見下無冤注中。**流涕**　**垂念**　謝承後漢書曰。傅賢字仲舒。遷廷尉。賢淸廉正貞。自掌法官。無私間。常垂念刑法。務從輕
比。每冬至斷獄。遲迴流涕。又曰。盛吉字君達。拜廷尉。自掌憲平法。常懇惻垂念之。**有恩**　**無冤**　虞預會稽典錄曰。盛吉字君達。爲廷
尉。性多哀憐。其妻謂吉曰。君爲天下執法。不可使一人濫罪。殃及子孫。其囚無後嗣者。令其妻妾得入。使有遺類。視事十二年。天下稱有
恩。漢書曰。于定國爲廷尉。爲人卑恭。尤重經術。其決獄平法。務在哀鰥。罪疑從輕。加審愼之心。朝廷稱之曰。張釋之爲廷尉。天下無冤人。
于定國爲廷尉。人自以不冤。**耳剽**　**面決**　漢書曰。朱博遷廷尉。恐爲官屬所誣。召見正監典法掾吏。謂曰。廷尉本起於武吏。不明法
律。幸有衆賢。亦何憂。然廷尉治郡斷獄以來二十年。獨耳剽日久。三尺律令人事出其中。試與正監共撰前代決事吏議難知者數十事。
持以問廷尉。將爲諸君覆之。正監以爲博苟強意。未必能然。卽共條白焉。博皆召掾吏爲平處其輕重。十中八九。官屬咸服。顏師古注。剽。
劫也。疋妙反。鍾離岫會稽後賢記曰。孔坦遷廷尉卿。獄多囚繫。坦到官。躬執辭狀。口辨曲直。小大以情。不加楚撻。每臺司錄獄。無所顧問。
皆面決當時之事。**繫襪**　**署門**　漢書曰。王先生者。善黃老言。處士也。張釋之召居廷中。王生年老。與釋之及公卿會廷中立。王生襪
解。顧謂釋之爲我繫襪。釋之前跪而繫之。既退。或讓王生曰。何辱張廷尉乎。王生曰。廷尉方爲天下名臣。吾聊使繫襪。欲重之。諸公聞之。
賢王生而重廷尉。又曰。下邳翟公爲廷尉。賓客塡門。及免官。門外可設雀羅。復爲廷尉。署其門曰。一死一生。乃知交情。一貴一賤。交情乃
見。**議絕妻**　**決分子**　漢書曰。孔光爲廷尉。時定陵淳于長坐大逆誅。長少妻乃始等六人。皆以長事未發覺時棄去。或更嫁。及長
事發。丞相翟方進等議。乃始等於法無以解。論光以爲夫婦之道。有義則合。絕義則離。乃始或嫁。義已絕。而欲以爲妻論殺之。名不正。不
當坐。有詔以光議定。謝承後漢書曰。范延壽宣帝時爲廷尉。時燕趙之間。有三男共娶一妻。生四子。長各求離別。爭財分子。至聞於縣。縣

不能決斷．讞之於廷尉．於是延壽決之．以爲悖逆人倫．比之禽獸．生子屬其母．以子並付母．尸三男於市．奏免郡太守令長等．無帥化之道．天子遂可其言．吳家三世　郭氏七人華嶠後漢書曰．河南吳雄字季高．以明法律．桓帝時自廷尉致位司徒．雄少時家貧．母死．葬人所不封之地．喪事趨辦．不卜時日．巫皆言其族滅．而雄子訢孫恭三世爲廷尉．以法爲名家．又曰．郭躬字仲孫．爲廷尉正．遷廷尉．家代掌法律．鎭自廷尉左監遷廷尉．凡郭氏爲廷尉者七人．[箴]　漢揚雄廷尉箴天降五刑．惟夏之績．亂茲平人．不回不僻．昔在蚩尤．爰作淫刑．延於苗民．夏氏不寧．穆王耄荒．甫侯伊謀．厥後陵遲．上帝不孤．周輕其制．秦繁其辜．五刑紛紛．靡遏靡止．寇賊滿山．刑者半市．昔在唐虞．象刑天民．是全．紂作炮烙．墜人於淵．故有國者無云何謂．是刖是劓．無云何害．是剝是割．惟虐惟殺．人其莫泰．殷以刑顚．秦以酷敗．獄臣司理．敢告執謁．後漢崔德正大理箴邈矣皋陶．翊唐作士．設爲犴狴．九州允理．如石之平．如淵之清．三槐九棘．以賢以德．罪人斯殛．凶族斯逝．熙乂帝載．旁施作明．昔在仲尼．哀矜聖人．子罕禮刑．衛人釋艱．釋之其忠．勳亮孝文．于公哀寡．定國廣門．夐哉邈矣．舊訓不遵．主慢臣驕．虐用其民．賞以崇欲．刑以歸忿．紂作炮烙．周人滅殷．商用淫刑．湯誓其軍．衛鞅酷烈．卒殞於秦．不疑知害．禍不及身．嗟茲大理．愼於爾官．賞不可不思．斷不可不虔．或有忠能被害．或有孝而見殘．吳沉伍胥．殷剖比干．莫遂爾情．是截是刑．無遂爾志．以速以亟．天鑒在顯．無細不錄．福善禍惡．其效甚速．理臣司律．敢告執獄．

卷十二校勘表

頁數	行數	排印本原文	安刻本	嚴陸校	備註
二七九	一一	此第官	此等官		
二八〇	六、七	護駕正直侍中		護駕爲正直省侍中	
二八一	二	分堂	分掌		
二八一	四	瑣闥　玉堂		此聯及注宋本無	
二八一	五	之事	之士		
二八一	七	八舍見敍事		宋本作「應劭漢官曰侍中舍有八區論者因曰員有八人」十九字	敍事無「應劭漢官曰」五字
二八一	一〇	卞鴻		丁鴻	
二八一	一一、一二	封府侯		封秺侯	
二八二	九	又用		乂用	
二八二	一五	中蔚		中尉	
二八三	九	子鉅		均作「子矩」	
二八三	一五	幸見諸子少子元禪上搏手曰長者子元禪		行幸見諸少子無禪上搏手曰長者子	

二八四	一	入拜青瑣注上見敍事		宋本作「衞宏漢舊儀曰黃門令日暮入對青瑣門拜名夕郎」二十字	敍事「衞宏漢舊儀」作「應劭」，「黃門令」作「黃門郎」。
二八四	五	中規	忠規		
二八四	六	憑熊		懸熊	
二八四	九	掌顧問		「掌顧」至「中常侍」十字宋本無	
二八五	二	袁淮字孝居		袁準字孝尼	
二八五	三	與朝		於朝	
二八五	一二	雜伍		雜任	
二八五	一三	之中		之間非其所好	
二八五	一五	無員魏末年又		無常員魏末又置	
二八六	三	此侍中		比侍中	
二八六	四	重情	重尋		
二八六	一一	馮翊		馮統	
二八六	一三	文掌贇		文贇	
二八六	一四	謝方		謝万	

二八七	九	諫議大夫		諫大夫	
二八七	一一	依漢氏			「依漢氏」上疑當有「魏」字。各本同。
二八八	一一	無比		句下宋本有「人咸稱之」四字	
二八八	九	出有		出則	
二八八	一〇	不分	不紛		
二八八	一一	有翼		執翼	
二八九	八	秘法		秘書	
二八九	一三	版郡		版羣	「羣」字疑誤
二九〇	五	唐中宗		中宗孝和皇帝	
二九一	四	傳巨公		宣巨公	
二九一	五	尙書		尙書令	
二九二	一一	晉置	東晉置		
二九二	一五	殿中御史		殿中侍御史	
二九三	一一	始背洛城秋郊矚目		〔嚴〕自此下至祕書監二篇宋本多凌亂	

二九三	一二	場圃		場圃	
二九三	一三	征傳		征戍	
二九四	八	漢置	漢制		
二九五	五	內閣臺也閣也		祕書爲內臺也	
二九五	一〇	班同		班故	
二九五	一三	自安國	字安國		
二九六	九	唐太宗		太宗文皇帝	
二九六	一三	周聃		周稷	
二九八	五	耽意美文章		耽意文章	
二九九	八	司文籍見敍事		宋本作「晉元康元年詔曰著作郎隸中書既典司文籍今改中書著作郎爲祕書著作郎」三十一字	引文與敍事不同
三〇〇	一四	行秩宗	作秩宗		
三〇一	三	垣宿		台宿	
三〇一	八	中平六年			案漢景帝無「中平」年號，只有「中六年」。中平乃東漢靈帝年號。

三〇一	一〇	解詁			似應作「解詁」。各本同。
三〇一	一一	加位處		卽位處	
三〇一	一一	特爲慨然其賜以	特以爲賜慨然以	持以爲賜慨然以	
三〇一	一一、一二	六尺床席		六尺席	
三〇二	一	信任容		任容	
三〇二	一二	大農令		太農令	
三〇三	三	爭司	爰司		
三〇三	八	攸主	攸生		
三〇四	六	闇之職		之闇職	
三〇五	七	垣下穀	園不穀	監不穀	
三〇五	八	持牛		符牛	
三〇六	二	漢書曰		續漢書曰	宋本「掌四方夷」注引文有「續」字
三〇六	四	璭禮員		禮員	
三〇六	八	並見敍事			按應作「並見事對前註」

三〇六	九	小鴻臚		此三字宋本無
三〇七	九	冑子		育子
三〇八	一	周廬　夾道注		宋本有「班固西都賦曰周廬千列徼道綺錯」十四字
三〇九	五	景叔		正叔
三一〇	二	正貞		正直
三一〇	二	私間		私問
三一〇	七、八	數十事持以問廷尉	數十年事持問廷尉	
三一一	四	律鎮		子鎮
三一一	九	歸忿		肆忿
三一一	一〇	忠能		忠而

初學記卷第十三

禮部上

總載禮第一　祭祀第二　郊丘第三　宗廟第四　社稷第五　明堂第六 辟雍靈臺附　巡狩第七　封禪第八

總載禮第一

〔敍事〕　周禮大宗伯之職曰以吉禮事邦國之鬼神祇事謂祀之祭之享之以凶禮哀邦國之憂哀謂救患分災以賓禮親邦國親謂使之親附以軍禮同邦國同謂威其不協及僭差者以嘉禮親萬民嘉善也所以因人心所善而爲制　吉禮之別有十二一曰禋祀二曰實柴三曰槱酉燎四曰血祭五曰埋沈六曰疈普逼反辜七曰肆他歷反獻八曰饋九曰祠十曰禴十一曰嘗十二曰烝凶禮之別有五一曰喪禮哀死亡二曰荒禮哀凶札荒人物有害三曰弔禮哀禍災禍謂遭水火　四曰禬會禮哀圍敗同盟者合會財貨以更其所喪　五曰恤禮哀寇亂恤憂也隣國相憂　賓禮之別有八一曰朝二曰宗三曰覲四曰遇五曰會六曰同七曰問八曰視時聘曰問殷覜曰視軍禮之別有五一曰大師之禮用衆也二曰大均之禮恤衆也均其地征所以恤民三曰大田之禮簡衆也古者因田習兵閱其車徒之數　四曰大役之禮任衆也築宮室所以□人力強弱　五曰大封之禮合衆也正封疆溝塗所以合聚其民任嘉禮之別有六一曰飮食二曰婚冠三曰賓射四曰饗燕五曰脤膰

六曰慶賀管子曰禮者因人情緣義理爲之節文者也曲禮曰夫禮者所以定親疏決嫌疑別同異明是非道德仁義非禮不成教訓政俗非禮不備分爭辨訟非禮不決君臣上下父子兄弟非禮不定宦學事師非禮不親班朝治軍涖官行法非禮威嚴不行禱祠祭祀供給鬼神非禮不誠不莊禮記又曰故禮之於人也猶酒之有糵也如竹箭之有筠也如松柏之有心也漢書叔孫通爲高祖制禮儀十二篇後漢書章和元年詔曹褒於南宮東觀考正舊禮上自天子下至庶人婚冠吉凶終始制度爲一百五十篇

[事對]

明體　辨位春秋說題辭曰禮者所以設容明天地之體也家語曰孔子言於魯哀公曰人之所以生禮爲大非禮无以事天地之神辨君臣長幼之位

承天　法地禮記曰夫禮先王以承天之道以理人之情故失之者死得之者生白虎通曰所以作禮樂樂以象天禮以法地

設容　辨等上見明體注中周禮曰以人辨等則人不越

觀殷　適魯禮記曰言偃復問曰夫子之極言禮也可得而聞與孔子曰我欲觀夏道是故之杞而不足徵也吾得夏時焉我欲觀殷道是故之宋而不足徵也吾得坤乾焉左傳曰韓宣子適魯曰周禮盡在魯矣

諧民　安上周禮曰三曰禮典以和邦國以統百官以諧萬民孝經曰以安上治民莫善於禮

教敬　脩睦周禮十二教一曰祀禮教敬二曰陽禮教讓三曰陰禮教親禮記曰昔者仲尼與於蜡賓事畢出遊於觀之上喟然而歎曰大道之行也天下爲公選賢與能講信脩睦故人不獨親其親不獨子其子

制中　脩外禮記曰子貢越席而對曰敢問將何以爲此中者子曰禮乎夫禮所以制中也漢書曰六經之道同歸而禮樂之用爲急故樂以治內而爲同禮以脩外而爲異同則和親異則畏敬和親則無怨畏敬則不爭

順時　從俗漢書曰王者必因前王之禮而順時施宜有所損益節人之心稍稍制作愼子曰禮從俗政從上使從君國有貴賤之禮無賢不肖之禮

周旋　規矩左傳曰邾隱公來朝子貢觀焉邾子執玉高其容仰公

受玉卑。其容俯。子貢曰。以禮觀之。二君皆有死亡焉。夫禮。生死存亡之體也。將左右周旋。進退俯仰。於是乎取之。今正月相朝而皆不度。高仰驕也。卑俯替也。驕近亂。替近疾。君爲主。其先亡乎。禮記曰。禮之於正國也。猶衡之於輕重也。繩墨之於曲直也。規矩之於方圓也。故衡誠懸。不可欺以輕重。繩墨誠陳。不可欺以曲直。規矩誠設。不可欺以方圓。君子審禮。不可誣以姦詐。事師 敬長上見敘事中。袁淮正書曰。禮者何也。緣人情而爲之節文者也。嚴父愛親之情也。尊親敬長之義也。天經 地義左傳曰。子太叔見趙簡子。簡子問揖讓周旋之禮。對曰。是儀也。非禮也。簡子曰。敢問何謂禮。對曰。吉也聞諸先大夫子產曰。夫禮。天之經也。地之義也。民之行也。體信 成仁禮記曰。先王脩禮以達義。體信以達順。又曰。道德仁義。非禮不成。應變 從宜莊子曰。三王五帝之禮義法度。其猶柤梨橘柚耶。味相反而皆可於口。故禮義法度者。應時而變也。禮記曰。禮從宜。使從俗。鄭玄注云。事不可常也。晉士匄帥師侵齊。聞齊侯卒乃還。春秋善之。考信 成道禮記曰。禹湯文武成王周公。由此其選也。此六君子者。未有不謹於禮者也。以考其信。示人有常。鄭玄注云。考成也。成道已見上成仁注中。同天氣 合人心禮稽命徵曰。禮之動搖。與天地同氣。四時合信。禮記曰。禮者合於天時。設於地財。順於鬼神。合於人心。理萬物者也。統百官 理萬物上見諸民注下見合人心注。象五行 變四時大戴禮曰。禮之象五行也。其義四時也。故以四舉。有恩有義。有節有權。禮記曰。是故夫禮必本於太一。分而爲天地。轉而爲陰陽。變而爲四時。列而爲鬼神。兄弟親 君臣義禮記曰。非禮無以辨男女父子兄弟之親。婚姻疏數之文。又曰。朝覲之禮。所以明君臣之義也。聘問之禮。所以使諸侯相尊敬也。定君臣 篤父子禮記曰。君臣上下。父子兄弟。非禮不定。又曰。禮義爲紀。以正君臣。以篤父子。以睦兄弟。以和夫婦。以設制度。以立田里。別男女 決嫌疑家語曰。孔子言於魯哀公曰。人之所以生。禮爲大。非禮無以事天地之神。辨君臣長幼之位。別男女父子之交。決嫌疑已見敘事中。明是非 別同異並見敘事。含陰陽 同天地漢書云。六經之旨。同歸而禮樂之用爲急治身者斯須忘禮則暴慢入之矣爲國者一朝失禮則荒亂及之矣人含天地陰陽之氣有喜怒哀樂之情稟其性而不能節矣禮稽命徵曰禮之動搖也與天地同氣四時合信陰陽爲符日月爲明

達人情　從天道　禮記曰故禮義也者人之大端也所以講信脩睦而固人之肌膚之會筋骸之束也所以養生送死事鬼神之大端也所以達天道順人情之大竇也左傳齊侯伐曹入其郛討其來朝也季文子曰齊侯其不免乎已則無禮而討於有禮者曰汝何故行禮禮以順天天之道也

〔賦〕　楚荀況禮賦爰有大物非絲非帛文理成章非日非月爲天下光生者以壽死者以葬城郭以固三軍以強粹而王駁而霸無一焉而亡臣愚不識敢請之王王曰此夫文而不采者與簡而易知而致有理者與君子所敬小人所不亂者與性不得則若禽獸性得之則具足與匹夫崇之則爲聖人諸侯崇之則一四海者與至明而約甚順而體請歸之禮

〔詔〕　李德林爲隋文帝脩定五禮詔　禮之爲用時義大矣哉黃琮蒼璧降天地之神粢盛犧牲致宗廟之敬正父子君臣之序明婚姻喪紀之節故道德仁義非禮不成安上化民莫善於禮

貞觀年中頒禮樂詔　先王制禮辨方正位體國經野象天地以制法通神明以施化樂由內作禮自外成可以移風易俗揖讓而天下化者其惟禮樂乎固以同節同和無聲無體寧飾玉帛之容豈崇鐘鼓之奏

祭祀第二

〔敘事〕　尚書大傳曰祭之言察也察者至也言人事至於神也爾雅曰春祭曰祠 祠之言食 夏祭曰礿 以酌反新菜可礿 秋祭曰嘗 嘗新穀 冬祭曰烝 烝進也進品物 祭天曰燔柴 既祭積薪焚之也 祭地曰瘞埋 既祭埋藏之 祭山曰庪懸 或庪或懸置之於山 祭川曰浮沉 或浮或沉置之於水 祭星曰布 布散於地 祭風曰磔 張伯反今俗當大道磔狗此其遺像 是類是禡 師祭也 師出征伐類於上帝禡於出征之地 既伯既禱 馬祭也 伯馬祖也將用馬力必先祭

其祖。說文曰除惡之祭爲祓會福之祭曰禬會 告事求福曰禱道上之祭爲禓陽 潔意以享爲禋以類祭神爲禷類 祭司命爲𥘺俾利反祭豕先爲禮曹月祭爲祽子內反以上並出說文禱雨爲雩 左傳龍見而雩雩旱祭也禱晴爲禜 按左傳雪霜風雨之災則禜之 周禮曰以禋祀祀昊天上帝以實柴祀日月星辰以槱燎祀司中命風師雨師以血祭祭社稷五祀五嶽以沉埋祭山林川澤以疈普逼反 辜祭四方百物以肆他的反獻祼古亂反 享先王禮記孟春之月其祀戶祭先脾孟夏之月其祀竈祭先肺中央土其祀中霤祭先心孟秋之月其祀門祭先肝孟冬之月其祀行祭先腎天子祭天地祭四方祭山川祭五祀歲徧諸侯方祀祭山川祭五祀歲徧大夫祭五祀歲徧士祭其先祭日於壇祭月於坎日於東月於西 以別幽明以別內外祭不欲數數則煩煩則不敬祭不欲疏疏則怠怠則忘王立七祀 曰司命曰中霤曰國門曰國行曰泰厲曰戶曰竈諸侯五祀 曰司命曰中霤曰國門曰國行曰公厲 大夫三祀 曰族厲曰門曰行 士二祀 曰門曰行 庶人一祀 或立戶或立竈 夫聖王之制祭祀也法施於民則祀之以死勤事則祀之以勞定國則祀之能禦大災則祀之能捍大患則祀之日月星辰人所瞻仰山林川谷邱陵人所取材用也非此族也不在祀典 族猶類也

[事對] 薦敬 報功 穀梁傳曰宮室不設不可以祭祭者薦其時也薦其敬也薦其義也非享味也許愼五經異義曰公侯祭百辟自卿已下不過其族夫鬼神之所及非其族類則紹其國位百辟者國君先有功德於人者今在其位故報祭之 騂牡 黝牲 毛詩曰祭以淸酒從以騂牡享于祖考周禮凡陽祀用騂牲毛之陰祀用黝牲毛之鄭注陰祀祭北郊及社稷黝黑騂赤也 七祀 五祭 上見敍事袁准正論曰國之大祭有五禘祫郊祖宗報此五者禮之大節也 報德 崇恩 楊泉物理論曰古者尊祭重神祭

宗廟追養也。祭天地報德也。王充論衡曰。凡祭祀之義有二。一曰報功。二曰脩先。報功以勉力。脩先以崇恩也。鬱酒　蘭湯　周禮曰。凡祭祀賓客之祼事。和鬱鬯以實彝而陳之。鄭玄注曰。築鬱金煮之。和鬯酒也。鬱爲草若蘭。劉義慶幽明錄曰。廟方四丈。不墉壁。道廣四尺。夾樹蘭香。齋者煮以沐浴。然後親祭。所謂浴蘭湯。六變　九成　周禮曰。孤竹之管。雲和之琴瑟。雲門之舞。冬日至。於圜丘奏之。若樂六變。則天神皆降。可得而禮矣。尚書曰。簫韶九成。鳳凰來儀。朝日　夕月　禮記曰。朝日祀五帝。則張大次小次。設重席重案。合諸侯亦如之。鄭玄注曰。朝日。春拜日於東門之外。劉向列女傳曰。日中考正。敘人事。少采夕月。曹大家注曰。少采降之采也。以秋分祀夕月。以迎陰氣也。禮地　賓河　周禮曰。以玉作六器。以禮天地四方。以蒼璧禮天。以黃琮禮地。紀年曰。后荒即位元年。以玄璧賓于河。狩于海。獲大魚。彩壇　紺席　東觀漢記曰。桓帝立黃老祠北宮濯龍中。爲壇。彩色炫曜。衛宏漢舊儀曰。皇帝自行。羣臣從。齋皆百日。地祠不出。祭天紫壇幄帷。高皇帝配天。居堂下西嚮。紺幄紺席。宜社　類帝　禮記曰。天子將出征。宜于社。鄭玄注。宜。祭名也。尚書。肆類于上帝。禋于六宗。望于山川。徧于羣神。三望　六宗　左傳僖公三十一年。四卜郊不從。乃免牲。猶三望。尚書曰。禋于六宗。王肅注曰。所宗者六。皆潔祀之。埋少牢於太昭。祭時也。相近於坎壇。祭寒暑也。王宮。祭日也。夜明。祭月也。幽禜。祭星也。雩禜。祭水旱也。禋于六宗。此之謂也。受釐　致福　漢書賈誼傳曰。後歲餘。文帝思誼。徵之。至入見。上方受釐坐宣室。蘇林注曰。未央前正室。周禮曰。掌都祭之禮。致福于國。圜丘方澤　蒼璧黃琮　周禮曰。凡樂。圜鍾爲宮。黃鍾爲角。太簇爲徵。姑洗爲羽。冬日至。於地上之圜丘奏之。則天神皆降。可得而禮矣。函鍾爲宮。太簇爲角。姑洗爲徵。南呂爲羽。夏日至。於澤中之方丘奏之。則地祇皆出。可得而禮矣。又周禮曰。以玉作六器。禮天地四方。以蒼璧禮天。以黃琮禮地。以享以祀　是類是禡　毛詩曰。以享以祀。以介景福。大雅云。是類是禡。師祭也。

〔賦〕魏孫該三公山下祠賦　趙國元氏縣西界有六神祠。吾觀其一焉。在陘山之陽。即三公祠焉。崇堂既峻。危閣造雲。櫺軒臨萬仞之壑。土木被丹藻之華。是時寓目永日。夕宿東序。召彼故老訊之舊典。云棟宇初興七十載。三台耀靈實降甘雨。夫山以有形爲神。神以無形爲王。若乃歊烝於上。雷動於下。公田禳於多黍。豫婦利其滯穗。亦茲邦之所以報歷葉不輟也。於是援筆作賦。昭神靈之有憑。壯夏屋之弘麗。其亂曰。坤作地勢。恒岳吐精。怖濩磥磂。上秀太淸。三后讚事。雨師不寧。有渰凄凄。潤我羣生。先人諒德。圖象垂形。考之舊史。典謨無聲。晉嵇含祖道賦 祖之在於俗尙矣。自天子至庶人。莫不咸用。有漢卜日丙午。魏氏擇其丁未。至於大晉。則祖孟月之酉日。各因其行運。三代固不同。雖其奉祖。莫識祖之所由興也。說文祈請道神謂之祖。有事於道者。吉凶皆名。君子行役。則列之於中路。喪者將遷。則稱名於階庭。或云百葉遠阻。名皆凋滅。墳塋不復存其銘表。遊魂不得托於廟祧。智者故以歲初良辰。肇建華揮揚綵旗。將欲招靈爽於今夕。庶衆祖之來憑。蓋有兩端。俯歎壯觀。乃述而賦之。〔詩〕 宋謝莊烝齋應詔詩 霜露凝宸感。肅優動天引。西郊滅湮滸。東溟起昭晉。舞風泛龍常。輪霞浮玉軑。紫階協笙鏞。金途展轉應。方見六詩和。永聞九德潤。觀生識幸渥。睇服慙輶恪。陳弘讓春夜醮五岳圖文詩 夜靜瓊筵謐。月出杏壇明。香煙百和吐。燈色九微清。五岳移龍駕。十洲迴鳳笙。目想靈人格。心屬羽衣輕。薦肴薦神饗。桂醑達遙誠。熙然聊自得。挹酒念浮生。陳叔達州城西園入齋祠社詩 升壇預絜祀。詰早肅分司。達氣風霜積。登光日色遲。農敎先八政。陽和秩四時。祈年服垂冕。告幣動褰帷。瘞地尊餘奠。人天庶有資。椒蘭卒淸酌。簠簋徹香萁。折俎分歸胙。充庭降受釐。方憑知禮節。況奉化雍熙。〔歌〕 梁江淹牲出入歌辭 祝詳史具。禮備樂薦。有牲在陳。有鼓在縣。騰燭象星。奔水類電。郊燎夙戒。騶彼乘騢。以伺質明。以伸神宴。又薦豆毛血歌辭 時恭時祀。有物有則。伊我上聖。實抱明德。犧象交陳。鬱樽四塞。黍惟嘉穀。酒惟玄默。薦通蒼祗。慶覃黎黑。願靈之降。祚家祐國。又奏宣列之樂歌辭 殷崇配天。周尊明祀。瑞合汾陰。夢同泰時。靑幕雲舒。丹殿霞起。二曜惟新。五精告始。于以饗之。景福是履。

郊丘第三

〔敍事〕禮記曰。祭帝於郊。所以定天位也。爾雅云。圓丘泰壇。祭天也。方澤泰圻。祭地也。周書作洛篇曰。設丘兆於南郊。以祀上帝。配以后稷。周禮大宗伯之職。曰以禋祀祀昊天上帝禋之言煙也。煙者。周人尙臭。煙氣之臭聞。昊天上帝。冬日至祀於圓丘天皇大帝也。鄭玄注曰。昊天也。上帝玄天也。蒼璧禮天。鄭玄曰。禮天以冬日至。謂天皇大帝在北極者。凡禮神必以其類。璧圓以象天。黃琮禮地。禮地以夏日至。謂神在崑崙者也。琮方以象地。四圭有邸以祀天。以旅上帝。鄭玄注曰。於中央爲璧。圭著四面。一玉俱成也。故曰四圭有邸。圭末四出也。或說四圭有邸。圭四角也。上帝玄天也。鄭玄注云。禮天夏正郊天也。上帝五帝也。所郊以五帝殊言天者尊異之至。兩圭有邸。以祀地。以旅四望。兩圭者。象地數二也。謂所祀北郊神州之神。大司樂奏黃鍾。歌大呂。舞雲門。以祀天神。謂五帝及日月星辰也。王者各以夏正月祀其受命之帝於南郊。奏太簇。歌應鍾。舞咸池。以祭地祇。祭於北郊。謂神州之神及社稷。禮記曰。有虞氏禘黃帝而郊嚳。祖顓頊而宗堯。夏后氏亦禘黃帝而郊鯀。祖顓頊而宗禹。殷人禘嚳而郊冥。祖契而宗湯。周人禘嚳而郊稷。祖文王而宗武王。鄭玄注曰。禘郊祖宗。謂祭祀以配食。左傳曰。凡啓蟄而郊。

〔事對〕黃郊　黑畤後漢書曰。靈帝建寧二年。迎氣黃郊。道於洛水西橋。逢暴風雨。導從鹵簿車或發蓋。百官霑濡。還不至郊。使有司行禮。迎氣北郊。漢書曰。高祖入關。問故秦時上帝祀何帝。對曰。四帝。有白黃靑赤之祠。高祖曰。吾聞天有五帝而四。何也。莫知其說。於是高祖曰。吾知之矣。待我而具五也。乃立黑帝之祠。名曰黑畤。朱火　紫壇晉郊祀歌曰。整泰壇。禮皇神。精氣盛。百靈賓。蘊朱火。燎芳薪。紫煙起。冠靑雲。又曰。營泰畤。定天衷。思心睿。謀筮從。建表蘊。設郊宮。田燭置。爟火通。歷元旬。集首告。飾堦壇。坎列室。魯郊　雍畤晉止毛詩曰。皇皇后帝。皇祖后稷。注曰。皇皇。大也。

后．君也．帝謂天帝也．魯郊祭皇皇之君帝．以美祖后稷以配之．其祭如天子之禮．漢書曰．祭五帝於雍畤．在山上．四望不見四方．故曰雍畤．南郊　北畤周禮曰．設丘兆于南郊以祀上帝．配以后稷．北畤見上．黃玉　黝牲周禮．以玉作六器．禮天地四方．以蒼璧禮天．以黃琮禮地．以青圭禮東方．以赤璋禮南方．以白琥禮西方．以玄琮禮北方．又曰．牧人掌牧六牲．而阜蕃其物．以供祭祀之牲牷．凡陽祀用騂牲毛之．陰祀用黝牲毛之．保萬壽　懋百福傅玄饗神歌曰．整泰圻．祚皇祇．衆神感．羣靈儀．祚有晉．暨羣黎．溢九有．格天庭．保萬壽．延億齡．又曰．結方丘．祗國琛．樽既享．俎既歆．斂檢玉．具鑾金．棫百福．底自古．錫萬壽．迄在今．［賦］後漢鄧耽郊祀賦　咨改元正．誕章厥新．豐恩羨溢．含唐孕殷．承皇極．稽天文．舒優遊．展弘仁．揚明光．宥罪人．羣公卿尹．侯伯武臣．文林華省．奉贄厥珍．夷髦盧巴．來貢來賓．玉璧既卒．於斯萬年．穆穆皇王．克明厥德．應符蹈運．旋章厥福．昭假烈祖．以孝以仁．自天降康．保定我民．晉郭璞南郊賦時惟青陽．日在方旭．我后方將受命於靈壇．乃改步以鳴玉．升金軒．撫天僕．揚六轡．齊八騄．列五幡於一元兮．靡日月於黃屋．矯凌鳥以偵候．整豹尾於後屬．武騎仡以淸道．被練煥以波燭．爾乃造廣場．戾壇庭．百寮山立．萬乘雲屯．延祝史．肆玉牲．登圜丘．揖太淸．禮羣望．告皇靈．天澄其氣．日朗其精．祝融穆以肅侍．陽侯澹以中停．於是司指戒燧．火烈具炳．宗皇祖而配祀．增孝思之惟永．郊寰之內．區域之外．彫顏卉服．被髮左帶．駿奔在壇．不期而會．饗蹶鬼方．聲振邱隴．倒景望風．龍漢企踵．爛若列星之環辰．咸雲騰而海涌．此蓋和氣旁通．玄羅潛總．自然之感．鼓而遂動．［詩］梁傅昭恭職北郊詩皇猷屬穹昊．至德邁深淵．禋望沿禮擧．咸秩資化宣．端職恭壓祀．飭躬奉嚴蠲．淑氣符首節．光風臨上年．周王褒從駕北郊詩惟皇敬明祀．望拜出河東．地靈開複道．營星發紫宮．衡街饗淸蹕．值候起相風．森沉羽林騎．肅穆虎賁弓．隋盧思道駕出圜丘詩開年簡時日．上辛稱天吉．平曉禁門開．隱隱乘輿出．乘輿出九重．金根御六龍．章移千乘動．旆擧百神從．黃麾引朱節．靈鼓應華鐘．神歌已相續．神光復相燭．風中颺紫煙．壇上埋蒼玉．［歌］

宋顏延之天地郊夕牲歌辭 寅威寶命。嚴恭帝祀。奄受敷錫。宅中拓宇。宜地稱皇。饗天作主。月竁來賓。日際奉土。開元首正。禮交樂舉。六典聯事。九宮列序。有牲在滌。有潔在俎。式薦主衷。以答神祐。隋庾信方澤降神歌辭 報功陰澤。展禮玄郊。平琮鎭瑞。方鼎升庖。調歌孤竹。縮酒江茅。聲揚鍾鼓。器質陶匏。列耀秀華。凝芳郁荔。川澤茂祉。丘陵容裔。雲飾山罍。蘭浮沉齊。日至之禮。歆兹大祭。隋牛弘郊祀昊天上帝歌辭 肇禋嚴祀。式奉尊靈。因高盡敬。掃地推誠。六宗隨光。五緯陪營。金石諧合。絲竹凄清。我粢既成。我酌惟明。元神是鑒。百福來成。［頌］梁簡文帝南郊頌 肅恭明神。逖聽前蹤。配天道尊。迎陽義重。玄酒陶匏。燔柴雲聳。跨舜論韶。籠堯稱拱。郊宮載靜。紫壇新謐。肅肅禁園。陰陰仙室。六戎列野。八鑾昭日。架殿星羅。重宮霧出。康哉德盛。美矣時豐。三辰增曜。七政永崇。五方來洎。四煥兹通。懸縄度笮。駕鹿追風。既敷懋化。復覩瑞滋。金車出野。玉露霑墀。紫脱神章。華平瑞芝。長愉汪濊。永固雍熙。

宗廟第四

［敍事］禮記曰。天子七廟。三昭三穆。與太祖之廟而七。諸侯五廟。二昭二穆。與太祖之廟而五。大夫三廟。一昭一穆。與太祖之廟而三。士一廟。庶人祭於寢。遠廟爲祧。去祧爲壇。去壇爲墠。去墠爲鬼。此皆言祭先祖遠近之差自祧已上皆爲毁廟 釋名曰。宗。尊也。廟。貌也。先祖形貌所在也。漢書舊事曰。廟者。所以藏主。列昭穆。說文曰。宗廟之木主名曰祏。白虎通曰。言神無所依據。孝子以主繼心。論語曰。夏后氏以松。殷人以柏。周人以栗。栗敬也使人謹敬 五經要義曰。木主之狀。四方。穿中央以達四方。天子長尺二寸。諸侯長尺。皆刻謚於背。又摯虞決疑要注曰。凡廟之主。藏於戸外西牖之下。有石函。故名宗祏。周禮曰。五歲一禘。三歲一祫。續漢書曰。禘。諦也。序昭穆。諦父子也。祫。合也。毁廟之主。合食於太祖。諦審也 禘以四月。

祫以十月。四月陽氣在上。陰氣在下。正尊卑之義。十月五穀成熟。故骨肉合聚飲酒也。決疑要注曰。禘以孟夏。祫以孟秋。二說不同。故漢舊儀曰。子爲昭。孫爲穆。昭西面。穆東面。三年大祫。諸帝以昭穆坐於高廟。其諸隳廟神主皆合食。禮記曰。凡祭宗廟之禮。牛曰一元大武。豕曰剛鬣。豚曰腯肥。羊曰柔毛。雞曰翰音。犬曰羹獻。雉曰疏趾。兔曰明視。脯曰尹祭。槀魚曰商祭。鱻魚曰脡祭。水曰清滌。酒曰清酌。黍曰薌合。粱曰薌萁。稷曰明粢。稻曰嘉蔬。韭曰豐本。鹽曰鹹鹺。玉曰嘉玉。幣曰量幣。

【事對】

時類　月祀　張方賢魯國先賢傳曰。古者先王日祭。月享。時類。歲祀。諸侯舍日。卿大夫舍月。庶人舍時。國語曰。甸服者祀。日祭。月祀。先王之訓。

冬薦　秋嘗　毛詩曰。潛。季冬薦魚。孟春獻鮪也。猗歟漆沮。潛有多魚。以享以祀。以介景福。爾雅曰。春祭曰祠。夏祭曰礿。秋祭曰嘗。冬祭曰蒸。

薌合　嘉蔬　儀禮曰。始虞用柔日。曰哀子某敢用潔牲剛鬣。薌合嘉薦。嘉蔬已見敘事中。

瑤爵　玉豆　周禮曰。凡賓客獻。瑤爵皆贊。鄭玄注曰。謂王之同姓及二王後來朝覲爲王賓客者也。祼之禮亞王而禮賓也。獻謂王饗燕王獻賓也。禮記曰。季夏六月。以禘禮祀周公於太廟。鬱尊用黃目。灌用玉瓚大圭。薦用玉豆彫篹。爵用玉琖。

夏禘　冬蒸　禮記曰。春祭曰礿。夏祭曰禘。禘者陽之盛也。古者於禘祭爵賜服。順陽之義也。冬蒸見上。

閟宮　清廟　毛詩曰。閟宮有侐。鄭玄注曰。閟。神也。姜嫄神所依。古廟曰神宮。又曰。清廟。祀文王也。周公既成洛邑。朝諸侯。率以祀文王焉。鄭玄注曰。清廟者。祭有清明之德者之宮也。謂祭文王。天德清明。文王象之。故歌此詩而祭之。

春祠　夏禴　周禮曰。以饋食享先王。以祠春享先王。以禴夏享先王。以嘗秋享先王。以烝冬享先王。董仲舒春秋繁露曰。古者歲四祭。因四時所生熟而祭先祖父母也。禮。夏曰禴。

酎金　灌玉　衛宏漢舊儀曰。皇帝會諸侯酎金廟中。以上計儀設九賓陪位也。史記注云。正月旦作酒。八月成。名酎。酎言純也。武帝時八月嘗酎。會諸侯廟中。出金助祭。所謂助金。周禮曰。凡灌玉。濯之禮。陳之以贊灌事。鄭玄注云。灌玉謂珪瓚璋瓚。祀武告文毛詩曰執競祀武王也執競武王無競維烈不顯成康上帝是皇又曰維天之命太平告文王也維天之命於穆不已 五廟七室禮記曰當七廟五廟無虛主唯祫祭於祖爲無主耳傅暢晉諸公讚曰王俊字彭祖爲幽州刺史尋洛陽破後承制行臺以宗廟焚毀設壇望祀七室及功臣配食 介福 純嘏毛詩曰祝祭于祊祀事孔明先祖是皇神保是享孝孫有慶以介景福萬壽無疆又曰籥舞笙鼓樂既和奏烝衎烈祖以洽百禮百禮既至有壬有林錫爾純嘏子孫其湛鄭玄云純大也嘏謂尸與主人以福 三歲祫 五年禘 五經異義曰謹案叔孫通宗廟有日祭之禮知古而然也三歲一祫此周禮也五歲一禘疑先王之禮也禮稽命瀆曰三年一祫五年一禘以衣服想見其容色三日齊思親志意想見所好喜然後入廟 審昭穆 諦父子傅咸奏曰先儒解禘禘者諦也審昭穆故也白虎通曰位尊德盛所及彌遠謂之禘祫何禘之爲言諦也序昭穆諦父子祫者合也 昭孝 通神 露濡 霜降漢書曰祀者所以昭孝事祖通神明也禮記曰君子合諸天道春禘秋嘗霜露既降君子履之必有悽愴之心非其寒之謂也春雨露既濡君子履之必有怵惕之心如將見之 上下之際 神明之道 禮記曰夫祭有畀煇胞翟閽者惠下之道也此四者吏之至賤者尸又至尊以至尊既祭之味而不忘至賤是故明君在上則無凍餒者矣此之謂上下之際又曰鋪筵設同几爲依神也既詔祝於室而出於祊此交神明之道也

[詩] 宋孔欣祠太廟詩束帶從王事結纓奉清祀肅肅禁闈內翳然絕塵軌峩峩高堂上層構鬱雲起明發修薦享矜束不遑止磬折階廊間悽悽常靡已 梁張率太廟齋夜詩潔齋謝紛華寂寥清廟靜肅襟視牲盛端服侍嚴省

[歌] 宋顏峻七廟迎神辭 敬恭明祀孝道感通合樂維和展禮有容六舞肅列九變成終神之來思享茲潔衷靈之往矣綏我家邦 隋庾信太廟晨祼歌辭 永惟神武潛慶靈長龍圖革命鳳歷歸昌功移上惨德躍中陽清廟肅肅猛虡趪趪曲臺大廈聲和盛唐牲牷蕩滌蕭合馨香和鑾戾止振鷺來翔永敷萬國是則四方 陳叔達太廟祼地歌辭 清明既祼鬱鬯惟禮大哉孝思嚴

恭祖禰。龍袞以祭。鸞刀斯啓。發德朱紘。升歌丹陛。筵享粢盛。堂斟沉齊。降福穰穰。來儀濟濟。褚亮宗廟九德之歌辭皇祖誕慶。於昭於天。積德斯遠。茂緒攸先。繼天應歷。神武弘宣。肇跡嬀水。成功版泉。道光覆載。聲穆乾元。式備犧象。用潔牲牷。禮終九獻。樂展四懸。神貺景福。遐哉永年。〔頌〕 後漢王粲太廟頌思皇烈祖。思皇烈祖。時邁其德。肇啓洪源。貽宴我則。我休厥成。聿先厥道。丕明丕欽。允時祖考。又於穆清廟。翼嚴休徵。祁祁髦士。厥德允升。懷想成位。咸奔在宮。无思不若。永觀厥崇。又綏庶邦。和四宇。九功備。彝樂序。建崇牙。設璧羽。六拊奏。八音舉。昭大孝。衍妣祖。念武功。收醇祜。王肅宗廟頌明德惟馨。昊天子之眷祐我魏。薄言起之。起之伊何。黎元時雍。子之伊何。歷數在躬。於乎盛哉。神明是通。又湛湛甘露。濟濟醴泉。或涌于地。或降于天。天地交泰。品類蕃蕪。祥瑞嘉應。其集如雨。屢獲豐年。穀我士女。祖考既饗。於懽樂胥。

社稷第五

〔敍事〕 孝經緯曰。社。土地之主也。土地闊不可盡敬。故封土爲社。以報功也。稷。五穀之長也。穀衆不可偏祭。故立稷神以祭之。禮記曰。厲山氏之子柱。及周棄爲稷。厲山氏之有天下也其子曰柱能殖百穀夏之衰也周棄繼之故祀以爲稷神厲或爲列 共工氏之子后土爲社。共工氏之霸九州也其子曰勾龍爲后土能平九州故祀爲社。 尙書曰。湯既勝夏。欲遷其社。不可。湯承堯舜禪代之後順天應人逆取順守而有慙德故革命創制改正易服變置社稷以後代無及勾龍者故不可而遂止 禮記曰。王爲羣姓立社曰太社。王自爲立社曰王社。諸侯爲百姓立社曰國社。諸侯自爲立社曰侯社。大夫以下成羣立社曰置社。漢舊事曰。天子太社。以五色土爲壇。封諸侯者。取其方面土。苴以白茅授之。各以其方色以立社於其國。故謂之授茅土。〔事對〕 示本 表功禮記曰社所以神地之道也。地取於天。是以尊天而親地。故教人美報焉。家祭中霤而國主社稷。示本也。白虎通曰。王者所以有社稷何。爲天地求
福報功也。社稷所以有樹何。所以表功也。封樹　列土周禮曰。封人設王之社壝。爲畿封而樹之。鄭玄注曰。壝謂壇及埒坂。周書曰。
諸侯受命于周。而建太社于國中。其壝謂東青土。南赤土。西白土。北驪土。中央則以黃土。明建諸侯。鑿取其方一面土。苴以白茅。以土封
之。故曰列土于周室。南社　右稷尚書無逸篇曰。大社惟松。東社惟柏。南社惟梓。西社惟栗。北社惟槐。周禮。掌建國之神位。右社稷。
左宗廟。探金　取劍搜神記曰。中興初。有應嫗者生四子。而晝見神光照社。試探之。乃得黃金。自是諸子官學。並有才名。錄異傳曰。
會稽賀瑀。曾得疾。不知人。死三日。蘇。云吏將上天。見官府。使人將瑀入曲房。房中有層架。其上有印。其中有劍。使瑀唯意取之。瑀短不及上
層。取劍以出。門下問何得。云得劍。曰唯使社公耳。疾愈。果有鬼來稱社公。禹社　棄稷淮南子曰。禹勤天下。死而爲社也。棄稷見敘
事。殷柏　漢枌論語曰。哀公問社於宰我。對曰。夏后氏以松。殷人以柏。周人以栗。使民戰栗也。漢書曰。高祖詔於豐理枌楡社。春以
羊彘祠之。春祈　秋報毛詩曰。載芟。春籍田而祈社稷也。又曰。良耜。秋報社稷也。畟畟良耜。俶載南畝。播厥百穀。封土　藝樹
尚書曰。海岱及淮惟徐州。厥貢惟土。爲社五色。孔安國注曰。王者封五色土爲社。建諸侯則各割其方土與之。使立社。冒以黃土。苴以白
茅。湛方生盟文曰。廣廈雲構。非一人之功。吉凶大事。豈一家所濟。仰惟先王建社之制。俯從詩人匍伏之義。遂藝樹立壇。結誓神明。梁下
之期。猶或亡身。況乃啓告靈祇。相盟以道德者。庶能助周孔之一敎。申情禮於人神。通天地　受風雨　王充論衡曰。亡國之社。屋
其上。柴其下者。示絕於天地。夫春秋薄社。周以爲戒。夫經藝書傳。人當覽之。猶社當通氣於天地也。故人不通覽者。薄社之類。禮記曰。天
子大社。必受霜露風雨。以達天地之氣。是故喪國之社屋之。不受天陽也。亳社北牖。使陰明也。鄭玄注曰。絕其陽。通陰而已。亳社。殷都於
亳。冒黃土　苴白茅尚書無逸篇曰。天子社廣五丈。諸侯半之。上冒以黃土。下見敘事。殖百穀　平九土上見敘事。尚書曰。

越翌日戊午。乃社于新邑牛一羊一豕一。孔安國注曰。社稷之位。牲用大牢。共工氏有子曰勾龍。能平九土。祀以爲社。陳俎豆　施金石。禮記曾子問曰。諸侯之祭社稷。俎豆既陳。又曰。樂之施金石。越於聲音。用於宗廟社稷。〔歌〕隋牛弘春祈社歌辭　厚地開靈。方壇崇祀。建以風露。樹之松梓。勾萌既甲。芟柞伊始。恭祈粢盛。孝膺休祉。又春祈稷歌辭　粒食興教。播厥有先。尊神致潔。報本惟虔。瞻榆束阜。望杏開田。方憑戩福。佇詠豐年。〔頌〕魏曹植社頌　於惟大社。官名后土。是曰勾龍。功著上古。德配帝皇。實爲靈主。克明播植。農政日舉。尊以作稷。豐年是與。義與社同。方神此宇。建國承家。莫不修序。宋何承天社頌　社實陰祇。稷惟穀先。率育萬類。協靈昊乾。霸德方將。時號共工。厥有才子。實曰勾龍。稱物平賦。百姓熙雍。陶唐救災。決河敷江。稟亦播植。作乂萬邦。克配二祀。以報勳庸。勳庸伊何。厚載蒼生。倉廩既實。禮節斯行。人亦有言。因物思人。矧乃六德。功被陶鈞。乃家乃國。是奉是遵。

明堂第六

〔敍事〕　周禮曰。夏后氏太室。殷人重屋。周人明堂。度以九尺之筵。又曰。明堂者。明諸侯之尊卑。周書曰。明堂方一百一十二尺。室中方六十尺。牖高三尺。門方十六尺。東方曰青陽。南方曰明堂。西方曰總章。北方曰玄堂。中央曰太廟。亦曰太室。左爲左个。右爲右个。五經要義以太廟爲太室。　孝經援神契。明堂者。天子布政之宮。上員下方。八窗四闥。在國之陽。釋名云。明堂者。猶堂堂高明貌也。大戴禮曰。明堂凡有九室。一室而有四戶八牖。總三十六戶。七十二牖。以茅蓋屋。桓譚新論曰。王者造明堂。上員下方。以象天地。爲四面堂。各從其色。以倣四方。天稱明。故曰明堂。三輔黃圖曰。明堂者、天道之堂也。所以順四時。行月令。宗祀先王。祭五帝。故謂之明堂。辟雍、員如璧。雍以水。異名同事。其實一也。禮記曰。天子曰辟雍。

諸侯曰頖音判宮。白虎通曰。天子立辟雍。所以行禮樂宣德化也。辟者象璧。員法天。雍之以水。象教化流行。五經通義曰。諸侯不得觀四方。故缺東以南。半天子之學。故曰頖宮。頖者判也。管子曰。黃帝立明堂之議。舜有告善之旌。湯有總街之廷。武王有靈臺之候。按諸儒及舊說。明堂辟雍靈臺三事不同。明堂宗祀之所。辟雍教導之所。靈臺候望之所。三輔黃圖以爲明堂辟雍同。管子以爲明堂靈臺同。蓋今亦異說也。東觀漢記曰。光武中元年營造明堂辟雍靈臺。此卽三事不同。

［事對］

五府　九房。尚書帝命驗曰。帝者承天立五府。以尊天。注曰。天有五帝。集居大微。降精以生聖人。故帝者承天立帝之府。是爲天府。張衡東京賦曰。乃營三宮。布政頒常。複廟重屋。八闥九房。規天矩地。授時須鼎。

承天　統物。桓譚新論曰。王者造明堂辟雍。所以承天行化也。蔡邕月令論曰。明堂所以明天氣。統萬物。

四阿　九室。周禮曰。殷人重屋。堂修七尋。堂崇三尺。四阿重屋。鄭玄注云。四阿若今四柱也。大戴禮曰。明堂者。古之制。凡九室。一室有四戶。

四闥　八階。許愼五經異義曰。明堂之陽。三里之外。七里之內。上員下方。八牖四闥。布政之宮。故稱明堂。盛貌也。徐虔郊廟明堂議曰。明堂在國之陽。國門之外。一宮九室。四門八階。

布恩　施令。趙曄吳越春秋曰。越王召范蠡問。孤竊自志。欲以令日一登上明堂。布恩致令。以撫百姓。王隱晉書曰。紀瞻答秀才策曰。周制明堂。所以宗其祖。以配上帝。其正中者太廟。以順天時。施法令。

學南　汶上。宋起居注曰。今太廟太極既以隨時。明堂之制。國學之南。地實京邑。爽塏平暢。足以營建。蔡邕禮樂志曰。孝武帝封禪岱宗。立明堂於泰山汶上。

行正　聽朔。潁容春秋釋例曰。告朔行政。謂之明堂。徐虔郊廟明堂議曰。明堂天子每月於此聽朔布政。

蒿宮　茅屋。禮論曰。或以爲明堂者。文王廟。周德澤和洽。蒿茂大以爲宮柱。名曰蒿宮。三輔黃圖曰。孝武帝議立明堂於長安城南。許令褒等議曰。按五經禮樂傳記曰。聖人之教。制作之象。所以法天地。比類陰陽。以之宮室。本之太古。以昭令德。茅屋采椽。土階素輿。越席皮弁。蓋興於黃帝堯舜之世。是以三代脩之也。

策勳

布政 穎容春秋釋例曰周公朝諸侯於明堂太廟與明堂一體也春秋人君將出于宗廟及行策勳獻俘於廟布政見四闥注 **陽館 玄堂** 尸子曰黄帝曰合宫有虞氏曰總章殷人曰陽館周人曰明堂玄堂見敘事 **重屋 複道** 周禮曰殷人曰重屋堂脩七尋堂崇三尺四阿重屋鄭玄注云重者王宫王堂若太寢者漢書曰明堂圖中有一殿四面无壁以茅蓋通水之圜宫垣爲複道上有樓從西南入名曰崑崙 **正四時 統萬物** 禮含文嘉曰明堂所以通神明感天地正四時出敎令崇有德章有道褒有行蔡邕月令論曰明堂者所以明天氣統萬物 **禮三老 祭五帝** 白虎通曰禮三老於明堂所以教諸侯孝祭五帝於太學所以教諸侯悌三輔黄圖曰明堂者明天道之堂所以從四時行月令宗祀先王祭五帝故謂之明堂 **享上帝 祀先王** 淮南子曰自古者明堂之制下之濕潤不能及上之霧露不能入足以享上帝禮鬼神示人知節也祀先王見上祭五帝

〔賦〕 **李尤辟雍賦** 太學既崇三宫既章靈臺司天羣耀彌光太室宗祀布政國陽辟雍嵩嵩規圓矩方階序牖闥雙觀四張流水湯湯造舟爲梁神聖班德由斯以匡喜喜濟濟春射秋饗

劉允濟萬象明堂賦 睿哲惟唐受天之明究皇王之鴻休包宇宙之純精恢天祿以作乂攄元命之振英鼓黔雷以播氣運蒼昊而時成括闓陽與泰階襲三聖以光亨禮樂交通典謨洋溢天以洛視而龜書至地以河觀而龍圖出擁神休尊明號激清流揚茂實將大報於玄天享神祗以稱秩顧卑宫而自處惟禋宗而是恤思致美於總章覽娵訾而法營室訪夏后之軌儀云廣四而修一彼宗周之有制聞或九而或七錯綜乎舊典經始乎玉律紹先志以高興匪矜功而首出乃延公侯卿士藝人表臣而審其議焉咸以爲明堂者明乎天道者也所以明有功表有德崇大敎發大政登假嚴經欽修宗祀非夫爲已者也安可已乎粤正月庚午始創明堂之制焉考經緯之長策應黄鍾之旋宫穆穆四門可納四氣明明八窗均調八風靡金靡玉匪磨匪礱去隋侯之夜光明素質以爲工思承天以接神故峻相乎皇穹颺乎懿濞纚兮豐融雷承乾以震耀雲大壯乎其中非至聖之精誠孰能克勤乎此功

〔詩〕 梁孝

元和劉尚書兼明堂齋宮詩質明攝上宰言早乘車軒四圭邸蒼玉六變舞雲門香浮鬱金酒烟繞鳳皇樽貂冕交揮映珩珮自相喧微風颺清管輕雨發陳根新花臨御陌春色起天園河間獻樂語斯道愧能論〔頌〕宋虞通之明堂頌肅肅明堂惟國之光儀天矩地崇姬潤黃縣殷颺輝服夏擅芳無斁伊典有煥斯章綿綿教樞翳翳化紀聲沉五都風晦千祀我皇烝哉追孝創軌縟憲垂統光圖麗史宗祀既崇享配惟馨六樂薦和四圭流明殷殷華海鑒盟孚誠慶輝旁燭休光下盈

巡狩第七

〔敍事〕周易曰先王以省方觀民設教尚書曰歲二月東巡狩至于岱宗柴望秩于山川肆覲東后協時月正日同律度量衡修五禮五玉三帛二生一死贄如五器卒乃復五月南巡狩至于南岳如岱禮八月西巡狩至于西岳如初十有一月朔巡狩至于北岳如西禮歸格于藝祖用特禮記曰王者巡狩必觀諸侯問百年太師陳詩以觀民之風俗命市納賈以觀民之好惡白虎通曰巡者循也狩者牧也王者爲天循行以牧人也恐遠近不同化幽隱有不得所者故必視見五年再閏天道大備故五歲一巡狩漢書曰武帝南巡至于盛唐登天柱山舳艫千里薄樅陽而出作盛唐樅陽之歌東觀漢記曰章帝東巡狩至于岱宗祀五帝於汶上明堂耕于定陶〔事對〕省方　述職上見敍事毛詩譜注曰武王伐紂定天下巡狩述職陳諸國之詩以觀民之風也　觀風　展義禮記曰命太師陳詩以觀民風鄭玄注陳詩爲采其一詩而視之左傳曰天子非展義不巡狩杜預注云天子巡狩所以宣布德義　布德　設教並已見上　考職　賦政周禮職方氏掌天地之圖王將巡狩則戒于四方曰各修平乃守考乃職無敢不敬戒崔駰北巡頌曰禋潔享祈歆嘗百神爰始賦政授務于人　陳詩　觀禮

陳詩見上張衡巡狩誥曰惟二月初吉帝將狩於岱岳展義省方觀風設教丙寅朏率羣賓備法駕以祖于東門乙酉觀禮於魯而休齊焉

風行　雨施　周易曰風行地上觀先王以省方觀民崔駰南巡頌曰惟林蒸之鴻德允天覆而無遺壯雲行之博惠淑雨施於庶黎

天動　神行　崔駰東巡頌曰升九龍之華旗巡翠霓之旌旄三軍霆激羽騎火列天動雷震隱隱轔轔又北巡狩頌曰雍容淸廟謐爾無虞垂拱穆穆神行化馳

四維　五載　黄帝大一密推曰欲知巡狩之年當視太一與天目在四維之歲法爲巡狩尚書曰五載一巡狩羣后四朝

祀四岳　柴三辰　毛詩曰般巡狩而祀四岳河海也於皇時周陟其高山毛萇注云高山四岳也馬融東巡頌曰敷六典經八成燮和萬殊總領神明類乎上帝柴乎三辰禋祀乎六宗祇燎乎羣神

巡東作　秩西成　崔駰北巡頌曰登中山天帝觀神農將省陽穀相天功巡東作又西巡頌曰惟秋穀既登上將省斂平秩西成巡畿于西郊因斯萬物凝德綏俗昔既春遊今乃秋豫

審銓衡　同律度　越絶書曰禹巡狩大越見耆老納詩書審銓衡平升斛白虎通曰巡狩所以四時出何當承宗廟故不踰也以夏之仲月同律度得其中

祀五帝　禋六宗　上見敍事中下見柴三辰

備天官　運法駕　班固東巡頌曰翩六龍較五輅齊百寮練質素命南重以司歷厥中月之六辰備天官之列衞盛輿服而東巡又南巡頌曰既禘祖於西都又將袷于南庭是時聖上運天官之法駕建日月之旗旄

修五禮　問百年　尚書曰歲二月東巡狩至于岱宗柴修五禮五玉孔安國注云五等諸侯瑞圭璧也問百年見敍事

宣聲教　撫黎元　後漢章帝巡幸詔曰惟巡狩之制以宣聲教考同遐邇解釋怨結宋孝武帝巡幸賑恤詔曰夫足踐目見實尊天命尚怨踰深屷俗未同其化自遠幽隱不得其所故降省風俗躬撫黎元

同遐邇　察風俗　同遐邇見上宣聲教注宋孝武帝巡狩省風俗詔曰朕聿合五色奄一天下當沿時省方觀察風俗外詳考舊典以副側席之懷也

[詩]

唐太宗重幸武功詩　代馬依朔吹驚禽愁昔蘽況茲承春德懷舊感深衷積善欣餘慶暢武悅成功垂衣天下治端拱車書同白水

巡前跡。丹陵幸舊宮。列筵歡故老。高宴聚新豐。駐蹕撫田畯。迴輿訪牧童。瑞氣縈丹闕。祥煙散碧空。孤嶼含霜白。遙山帶日紅。於焉歡擊筑。聊以詠南風。

宋范曄樂遊應詔詩 軒駕時未肅。文囿降昭臨。流雲起行蓋。晨風引鑾音。

梁沈約侍遊方山應詔詩 淸漢夜昭晢。扶桑曉陸離。發歌縱陽下。巡羽朝夕池。摐金浮水若。聳罩映山祇。一霑九霄露。藜藿終自知。

北齊袁奭從駕遊仙詩 遊天響仙蹕。春望動神衷。澗水合初溜。山花發早藂。玉輿明淑景。珠旗轉瑞風。平原與上路。佳氣遠葱葱。

周明帝還舊宮詩 玉燭調秋氣。金輿歷舊宮。還如過白水。更似入新豐。秋潭淸晚菊。寒井落疏桐。舉盃延故老。今聞歌大風。

隋煬帝還京師詩 東都禮義舉。西京冠蓋歸。是月春之季。花柳相依依。雲蹕淸馳道。彫輦御晨暉。寥亮鐃笳奏。葳蕤旌旆飛。後乘起文雅。前駈勵武威。

隋李德林從駕巡道詩 大夏堯遺俗。汾河漢豫遊。今隨龍駕往。還屬鴈飛秋。天行肅輦路。日馭翼華輈。朝乘六氣輦。夕動七星旒。谷靜禽多思。風高松易秋。遠林才有色。遙水漫無流。京華佳麗所。目極與雲浮。但覩凌霄觀。詎見望仙樓。鏁門皆秀發。駕池盡學優。待君草封禪。東山觀射牛。

又從駕還京詩 至仁文敎遠。惟聖武功宣。太師觀六義。諸侯問百年。玄覽時乘隙。訓旅次山川。鎭彖屯休氣。華蓋翼飛煙。鼓奏千人響。旗動七星連。峻嶺戈迴日。高峯馬煦天。姑射神遊罷。簫關獵騎旋。更待東山上。看君巡狩篇。

隋薛道衡從駕天池應詔詩 上聖家寰宇。威略振邊陲。八維窮眺覽。千里曳旌旗。駕黿臨碧海。控驥踐瑤池。曲浦騰煙霧。深浪駭鯨螭。

又從駕幸晉陽詩 省方遵往冊。遊豫叶前經。金吾朝戒道。校尉晚巡營。重巒下飛騎。絕浦渡連旌。澗水寒逾咽。松風遠更淸。方觀翠華反。警蹕上云亭。

隋虞茂奉和幸太原輦上作應詔詩 唐巡光帝則。夏豫穆宸儀。珠旗揚翼鳳。玉獸儼丹螭。流吹和春鳥。交弄拂花枝。

又奉和幸江都應詔詩 巡幸光帝典。征吉乃先天。澤國翔宸駕。水府泛樓船。七萃縈長薄。三翼亘通川。夙興大昕始。求衣昧早前。澄瀾浮曉色。遙林卷宿煙。晨霞稍含景。落月漸虧弦。迴塘響歌吹。極浦望旌旃。方陪觀東后。登封禪肅然。

虞世南和至壽春應令詩 搖山盛風

樂。南巡務逸遊。如何事巡撫。人瘼諒斯求。文鶴揚輕蓋。蒼龍飾桂舟。汎沫縈沙嶼。寒澌擁急流。路指八仙館。途經百尺樓。眷言昔遊踐。迴駕且淹留。後車喧鳳吹。前旌映綵旐。龍驂駐六馬。飛閣上三休。調諧金石奏。歡洽羽觴浮。天文徒可仰。何以廁琳球。上官儀和過舊宅應詔詩 石闕清晚夏。璇輿御早秋。神麾颺珠雨。仙吹響飛流。沛水祥雲泛。宛郊瑞氣浮。大風凝漢筑。蓼煙入舜球。翠梧臨鳳邸。滋蘭帶鶴舟。偃伯歌玄化。扈蹕頌王遊。遺簪謬昭奬。珥筆荷恩休。〔頌〕 後漢班固東巡頌 竊見巡狩岱宗。柴望山虞。宗祀明堂。上稽帝堯。中述世宗。遵奉光武。禮儀備具。是以明神屢應。休徵乃降。又南巡頌 維漢再受命。系葉十一。協長和則天經。郊高宗光六幽。通神明。既禘祖於西都。又將祫於南庭。是時聖上運天官之法駕。建日月之旃旌。後漢崔駰東巡頌 伊漢中興三葉。於皇惟烈。允迪厥倫。纘王命。胤漢勳。矩坤度以範物。規乾則以陶鈞。於是考上帝以質中。總列宿於北辰。開太微於禁庭。延儒材以諮詢。于時載華抱實。徵爾而造曰。盛乎大漢。既重雍而襲熙。代增其德。唯斯岳禮。久而不修。神人之所慶幸。海內之所想思。頌有番山之征。典有徂岳之巡。時邁其邦。人斯攸勸。不亦宜哉。乃命太僕。馴六騶。閑路馬。戒師徒。於是乘輿登天靈之威輅。駕太一之象車。

封禪第八

〔敘事〕 禮記曰。昔先王因天事天。因地事地。因名山升中于天。中成也。祭天告以成功。河圖眞紀曰。王者封泰山。禪梁甫。易姓奉度。繼興崇初也。史記曰。齊桓公欲封禪。管仲曰。古封泰山。禪梁甫。七十二家。夷吾所記十有二焉。無懷氏封泰山。禪云云。伏犧氏封泰山。禪云云。神農氏封泰山。禪云云。炎帝封泰山。禪云云。黃帝封泰山。禪云云。顓頊封泰山。禪云云。帝嚳封泰山。禪云云。堯封泰山。禪云云。禹封泰山。禪會稽。湯封泰山。禪云云。周成王封泰山。禪初首。皆受命然後得封禪。古之封禪。鄗上之黍。北里之禾。所以爲盛。江淮之間。一茅三脊所以爲藉。東海致比目之魚。西海致比翼之鳥。然後有不召而自至者。十有五焉。又曰。秦始皇既并天下。卽帝位。徵齊魯儒生博士七十人至泰山下。議曰。古者封禪。爲蒲車。惡傷山之土石草木。始皇上泰山。立石頌始皇德。明其得封也。封藏皆祕。代不得而記。始皇上泰山。中坂遇風雨。休於樹下。因封其樹爲五大夫。五松樹　又曰。封禪則不死。黃帝是也。儒者皮弁薦紳。射牛。封泰山如郊太一之禮。

〔事對〕

承天　報地　司馬彪續漢書曰。上以用石功難。又欲及二月封。故詔梁松欲因故封石空檢。更加封而已。松疏爭之。以爲承天之敬。尤宜章明。奉圖書之瑞。尤宜明著。今因舊封。竄寄玉牒。故石下。恐非重受命之義。白虎通曰。天以高爲尊。地以厚爲德。故增泰山之高以報天。附梁父之厚以報地。

降禪　升封　謝靈運泰山吟行曰。岱宗秀維岳。崔崒刺雲天。登封瘞崇壇。降禪藏肅然。又白虎通曰。王者受命而起。必升封泰山。報告之義。

建號　著紀　司馬相如封禪書曰。業隆於襁褓。而崇冠于二后。揆厥所元。終都攸卒。未有殊尤絕迹。可存於今者也。然猶躡梁父。登泰山。建昭號。施尊名。應劭注曰。襁褓。謂成王也。二后。文武也。司馬彪續漢書曰。河圖會昌符云。漢大興之道。九代之王。封泰山。刻石著紀。禪於梁父。退省考功。

加厚　增高　白虎通曰。增泰山之高以報天。附梁甫之厚以報地。明天之所命。功成事就。有益天地。若高者加高。厚者加厚也。天示增高也。故曰奉高者。以事東岳。帝王禪代之處也。漢武立太壇於東山。

封金　刻石　白虎通曰。或曰封禪。金泥銀繩。封之以金印。言功成封禪。以告太平也。孝經鉤命決曰。封乎泰山。考績燔燎。禪于梁父。刻石紀號。

金策　石檢　漢書。元年四月癸卯。上還登封太山。應劭注曰。王者功成治定。告成功於天。刻石紀號。有金冊石函。金泥玉檢之封焉。應劭漢官儀曰。封禪泰山。就武帝封處。累其石。發壇。置玉牒書。封石。此中復封石檢。

金印　玉璽　金印見上。司馬彪續漢書曰。建武三十二年。上許梁松等奏。乃求元封故事。議封禪所施用。有司奏。當刻玉一枚。方寸二分。一枚方五寸二脊。六穗 史記曰。天子獨與侍中奉車子侯上泰山。亦有封。其事皆禁。明日下陰道。丙辰。禪泰山下阯東北肅然山。如祭后土禮。天子皆親拜見。衣上黃而盡用樂焉。江淮間茅三脊爲神藉。司馬相如封禪書曰。導一莖六穗於庖。注曰。導。擇也。一莖六穗謂擇嘉禾之米於庖。以供祭祀。西鶼 東鰈 謝莊八座太宰江夏王表請封禪奏曰。江淮部上之使。結軌於壘門。西鶼北采之譯。相望於道路。又尚書中候曰。昔古聖王功成道洽。符出。乃封泰山。今比目之魚不至。鳳皇不臻。麒麟遯。未可以封。鄭玄云。比目魚。東方異氣所生。其名曰鰈。檢玉 泥金 孫嚴宋書曰。袁淑爲吏部郎。太祖元嘉二十六年大舉北討。淑侍座從容曰。盛王令典。廢壞永久。今當鳴鑾中岳。席卷趙魏。檢玉岱宗。今其時也。臣逢千載之會。願上封禪書一篇。使聲齊上古。帝曰。盛德之事。何足以當之。封禪儀注曰。持凡三十人上發壇上石磩蓋。尚書令北向跪藏玉牒畢。持禮覆石磩。尚書令封上十石檢。亦纏以金繩。泥以金泥。四方各依其色。探策 封檢 應劭風俗通曰。封泰山。禪梁父。說岱宗上有金篋玉策。知人年壽修短。武帝探得十八。因倒讀曰八十。其後壽果如策。長漢書曰。元封元年四月癸卯。上還登封泰山。應劭注曰。王者功成治定。告成功於天。封岱宗者。助天高也。刻石紀號。有金策石函金泥玉檢之封也。石室 天闕 吳志曰。孫晧天璽元年。吳興陽羨山有空室。所禪事爲大瑞。乃遣兼司空董朝周處等封禪國。班明年改元。大赦。以協石文。應劭漢官儀曰。元封封禪。晝日白氣。夜有光。當天闕下石門之時。穆爾可畏。日觀 雲闕 應劭漢官儀曰。泰山東南山名曰日觀。北有石室。壇南有盤。中有玉龜。又曰。建武三十二年。車駕東巡狩。二月九日到晉。十九日國家居亭。百官布列。此日山上雲氣成宮闕。百姓皆見。合符 展采 漢書曰。公孫弘曰。黃帝封東岳泰山。禪凢山合符。然後不死。司馬相如封禪書曰。因雜縉紳先生之略術。獲曜日月之末光絶炎。以展采錯事。猶兼正列其義。而拔飾厥文。尊名 盛節 封禪書曰。躡梁父。登泰山。建昭號。施尊名。漢書倪寬對策曰。封泰山。禪梁父。昭姓考瑞。此帝王之盛節。秦雨 漢雲 史記曰。始皇立石頌其功德。從陰道下。禪於梁父。上太山中陂遇風雨暴至。休於樹下。又曰。李少君言云。從遠方奇獸飛禽及白雉以加祀。皆至太山。其夜若有光。晝有白雲起封中。石蓋　金繩封禪儀注曰。壇上置石𥗊。再累。階方五尺。厚一尺。置壇中。刻𥗊上。施十枚石檢。東西各二檢。南北各二檢。上有石蓋。若今之櫳子擨子。白虎通曰。或曰封者金泥銀繩。或曰石泥金繩。仙閭　天門漢書曰。上修五年之禮而加禪祠石閭。石閭者在泰山下阯南方。方士言仙閭也。漢官儀曰。泰山下直上七十里至天門。如從穴中窺天窗矣。勒石　瘞玉桓譚新論曰。言太山之有刻石。凡千八百餘處。而可識知者七十有二。沈約宋書曰。江夏王義恭表云。彫氣降於宮樹。珍露呈味於禁林。宜其修封泰山。瘞玉岱宗。射牛　縱雉史記曰。上念方士言封禪人人殊。不經。難以施行。天子下梁父。禮祠地主。已卯。命侍中儒者皮弁薦紳射牛行事。封泰山下東方。如郊祠太一之禮。縱雉已見漢雲注中。方嶽　圓壇韋曜毛詩問答曰。時邁之詩。巡狩告祭柴望也。鄭玄注曰。天子巡狩邦國。至方岳之下而封禪。司馬彪續漢書曰。建武三十年二月。羣臣上言。卽位三十年。宜封禪泰山。又有阯石。皆再累。枚長一丈。厚一尺。廣二尺。皆在圓壇上。玉盤　石𥗊　玉檢　石泥　並已見上。受符　奉牒春秋漢含孳曰。天子所以昭察。以從斗樞禁令。天下經體。守文宿思。以合神保長久。天子受符以辛日立號。司馬彪續漢書曰。御輦升山。日中後到山上。卽位于壇南。北面。帝升。尚書令奉玉牒檢。皇帝以寸二分璽親封也。發德號　飛英聲張華封禪儀曰。海內歸心。符瑞之應。備物之盛。未有若今之富者。上宜禮中岳。封泰山。禪梁父。發德號。明至尊。厚福慶。篤黎民。司馬相如封禪書曰。將以舊六爲七。攄之無窮。碑方出得激清流。揚微波。飛英聲。騰茂實。揚仁風　騰茂實張華封禪儀曰。肇自生人。則有后辟。載化之數。莫之能紀。大德齊代。揮揚仁風。茂實見上。

［詩］　李義府羡陪封禪詩天齊標巨鎭。日觀啓崇期。岧嶢臨渤澥。隱嶙控河沂。眺迥分吳乘。凌高屬漢祠。建岳誠爲長。升功諒在茲。帝猷符廣運。玄範暢文思。飛聲總地絡。騰化撫乾維。瑞冊開珍鳳。禎圖薦寶龜。創封超昔夏。修禪掩前姬。東后方肆覲。西都導六師。石閭環藻衞。金壇映黻帷。仙階溢秬黍。靈檢

燿祥芝。張樂紛韶濩。觀禮縱華夷。佳氣浮丹谷。榮光泛綠坻。三始昭遐貺。萬歲受重鼇。〔表〕 李百藥勸封禪表 大禮與天地同節。大樂與天地同和。六宗五帝禋祀惟永。名山大川饗禮無輟。而告成方岳。獨異師古。自朝及野。馳心蕩慮。伏願御六氣之辨。順四序之和。升彼岱宗。具斯盛禮。聽萬歲之逸響。紹千載之遐蹤。 朱子奢請封禪表 臣聞天地之大德曰生。遂其生者元后。聖人之大寶曰位。固其位者上玄。豈可不對越壇場。欽若穹昊。雖復舜格文祖。周變商俗。體淳德而揖讓。濟澆道於干戈。步驟之迹。以殊損益之功。斯異。誠有之矣。至於詔蹕梁父。張樂介丘。增類帝之封。典射牛之禮。考績禋燎。繼蹤韶夏。豈殊道也。 岑文本勸封禪表 伏願順萬國之歡心。膺三靈之睠命。備天官以周衛。盛輿服以巡遊。五輅齊列。六龍按轡。瞻岱郊而啓軔。指嬴里爲一息。詔卿士。延禮官。設壇場。陳玉帛。禋六宗而報上帝。班五瑞以朝諸侯。成天下之壯觀。紹帝王之盛節。俾夫山稱萬歲。壇燭神光。播厚福於無窮。揚鴻徽於來裔。 高若思勸封禪表 伏願褰旒寫照。洽羣請於帝俞。闢纊垂矜。遂微懇於人欲。騰茲璽誥。激彼天波。徵萬玉以警塗。詔八神而弭策。藉江茅而陳鄗黍。飾蒼璧而奠黃琮。馳萬歲以飛聲。接九重而媲美。使編珠鯨貺。開麗色於金泥。觸石凝禎。蕩浮華於石磃。式昭昌祚。永播鴻名。凡在生靈。義深聳踊。

卷十三校勘表

頁數	行數	排印本原文	安刻本	嚴陸校	備註
三一三	一一	恤民		憂民	
三一三	一二	□人		任人	
三一三	一三	合聚		會聚	
三一四	二、三	官學		宦學	
三一四	八	設容 辨等		此聯及注宋本無	
三一四	一〇	以安上		安上	
三一四	一一	莫善		〔陸〕莫先	
三一五	三、四	袁淮		袁準	
三一六	六	簡而	簡然	簡默	
三一七	三、四	司中命		司中司命	
三一七	一五	袁淮		袁準	
三一八	五	降之釆		降文釆	
三一八	六	以玉		聖王	案本頁十四行仍作「以玉」

三一八	六	后荒		后蓑
三一八	七	從齋		從駕
三一八	八	地祠		祠地
三一八	一〇	幽禜 雩禜		幽宗 雩宗
三一八	一三	函鍾		黃鍾
三一九	三	怖濩磔啓		布獲磔硌
三一九	五	說文祈請道神謂之祖		〔嚴〕可均案：說文無此語。宋書歷志上引作「說者云」。
三一九	六	遠阻		遠祖
三一九	六	建華		建華蓋
三一九	八	輪霞		輸霞
三一九	一〇、一一	登光		燈光
三二〇	五	者凡		者也
三二〇	一五	懽火		爟火
三二〇	一五	首告		首吉
三二一	一	雍時在山		雍時雍時在山
三二一	四	犖黎		犖蠡

三二一	五	鏖金		鏖沉
三二一	一〇	司指		司烜
三二一	一一	邱隴		岻隴
三二二	一	宜地　饗天		亙地　罄天
三二二	二	在脩		在滌
三二二	五	燔柴	燔紫	燔柴
三二二	六	架殿		深殿
三二三	一〇	祭爵		發爵
三二三	一一	古廟		故廟
三二四	三	以介景福		報以介福
三二四	五	五經異義		五經要義
三二四	五	稽命潛		稽命徵
三二四	八	悽惻		悽慘
三二四	一〇	設同凡爲依神也		設同几爲依神也
三二四	一〇	詔祝礿室	詔祝杓室	詔祝於室
三二四	一二	紛華		紛[illegible]
三二四	一三	迎神辭		迎神歌辭
三二四	一五	來翔		來相

三二五	三	思皇烈祖思皇烈祖		思皇烈祖
三二五	七	於懽		終懽
三二五	九	士地闕		地闕
三二六	二	堳坂		堦坂
三二六	六	會稽賀瑀		句下「會得」至「將瑀」二十二字宋本無
三二七	四	佇詠		得詠
三二七	六	作人		作乂
三二八	四	今亦		今古
三二九	五	祭五帝於太學		〔嚴〕藝文類聚三十三作「禮五更於太學」。
三二九	一四	可納		吐納
三二九	一四	去隋		却隋
三三〇	一	言早		詰早
三三〇	一	車軒		軺軒
三三〇	一三	禮記曰命太師陳詩		禮記曰歲二月東巡狩命太師陳詩
三三一	一四、一五	唐太宗		太宗文武皇帝

三三二	三	聳罩			各本同「罩」疑應作「翠」
三三二	三	映山祇		詔山祇	
三三三	五	系葉十一	爰葉一十	系葉一十	
三三三	七	胤漢		徹漢	
三三三	七	儒材		儒林	
三三三	九	太一之象車	句下有「聘東作之上務」六字		「聘」疑誤
三三三	一四	堯封泰山禪云云		句下宋本有「舜封泰山禪云云」七字	
三三三	一五	禪初首		禪社首	
三三四	六	尤宜		尤至	
三三四	一一	天示增高也故曰		晉太康地記曰	
三三四	一二	漢武立太壇於東山		故有明堂在縣西南四里漢武立太壇於東山以祭天示增高也	
三三四	一三	元年		九年	

三三四	一四	復封石檢		句下金印上宋本有「金泥玉牒」四字並註「並已見上」四字
三三五	三	北𥝤		北來
三三五	六	持凡		持禮
三三五	一〇	所禪事		在所表
三三五	一一	元封		元古
三三五	一一	晝日		晝有
三三五	一二	到晉		到魯
三三五	一二	布列		布野
三三五	一三	公孫弘		公玉帶
三三五	一五	中陂		中坡
三三六	一	休於樹下		休於松樹下
三三六	二	階方五尺		皆方五尺
三三六	二	樜子攈子		擨子
三三六	三、四	漢官儀		應劭漢官儀
三三六	六	下梁父		至梁父
三三六	一一	者上		者也

三三六	一二	碑方出	俾萬世
三三六	一五	黻帷	轍帷
三三七	六	啓軔	肇軔
三三七	六	爲一息	而一息
三三七	八	徵萬玉	徹萬玉
三三七	九	接九重	援九皇

初學記卷第十四

禮部下

籍田第一

〔敍事〕說文曰籍田者。天子躬耕使民如借。故謂之籍。禮記曰。天子親耕於南郊。諸侯耕於東郊。以供粢盛。月令曰。天子三推。三公五推。卿諸侯九推。庶人終畝。梁五禮籍田儀注曰。其田東去宮八里。遠十六里。爲千畝。天子耒耜一具。三公耒耜三具。九卿耒耜九具。立方壇以祠先農。應劭漢官儀曰。天子升壇。公卿耕訖。嗇夫下種。凡稱籍田爲千畝。亦曰帝籍。亦曰耕籍。亦曰東耕。亦曰親耕。亦曰王籍。

〔事對〕紺轅　青幘潘岳籍田賦曰。葱犗服于縹軛兮。紺轅綴於黛耜。應劭漢官儀曰。天子東耕之日。親率三公九卿。戴青幘。駕蒼馬。公卿已下車駕如常法。青壇　華畢潘岳賦曰。青壇蔚其岳立。翠幕黕以雲布。徐爰賦曰。衍參途之廣闢。眇道路之悠遠。增華畢之未驚。涉同方其已反。三推　千畝禮記曰。孟春之月。天子親載耒耜。躬耕藉田。天子三推。公五推。卿諸侯九推。國語曰。宣王卽位。不藉千畝。虢文公諫曰。夫人之大事在農。上帝粢盛於是乎出。人之蕃庶於是乎生。是以土乃脉發。先時九日。太史告稷曰。陽氣俱蒸。土賫其動。卽以告王。王卽齋宮。百官御事。王耕一撥。班三之。庶人終乎千畝。王弗聽。師敗於姜戎。**千耦　萬轡**繆襲籍田賦曰。詔勾芒
使掌歷兮。勅羲仲以農期。儀晨祥而舉趾兮。樂田祖以豳詩。嘉載芟之千耦兮。美振古之如茲。徐爰賦曰。隱千軫以風行。闐萬轡而霧轉。
白日麗晷乎桑野。大駕稅幸乎疆甽。**事天　祈社**禮記曰。昔者天子爲藉千畝。冕而朱紘。躬秉耒。諸侯爲藉百畝。冕而青紘。躬秉耒。
以事天地山川社稷先古。以爲醴酪粢盛。於是乎取之。敬之至也。毛詩曰。載芟春藉田而祈社稷也。載芟載柞。其耕澤澤。千耦其耘。徂隰
徂畛。侯主侯伯。侯亞侯旅。侯彊侯以。**教養　致敬**禮記曰。耕藉所以敎諸侯之養也。五經要義曰。天子藉田千畝。以供上帝之粢盛。
嘗孟冬啓蟄。旣郊之後。身率公卿大夫而親耕焉。所以先百姓而致孝敬。**載耜　秉耒**禮記曰。乃擇元辰。天子親載耒耜。置之車右。
公卿諸侯大夫躬耕藉田。注云。元辰。蓋郊後吉辰也。耒耜。農器也。又曰。昔者天子爲藉田千畝。冕而朱紘。諸侯藉田百畝。冕而青紘。躬秉
耒。以事天地山川社稷。**降靈壇　脩帝藉**潘岳賦曰。我皇乃降靈壇。撫御耦。游場染屨。洪縻在手。三推而舍。庶人終畝。貴賤以班。
或五或九。張衡東京賦曰。乘鑾輅而駕蒼龍。介馭間以剡耜。躬三推於天田。脩帝藉之千畝。**給宗廟　事社稷**漢書曰。文帝詔曰。
夫農。天下之本也。其藉田。朕親率耕。以給宗廟粢盛。禮記曰。天子爲藉千畝。躬秉耒以事天地山川社稷。〔賦〕**晉潘岳籍田賦**
伊晉之四年。正月丁未。皇帝親率羣后。藉于千畝之甸。禮也。于是迺使甸師清畿。野廬掃路。封人壝宮。掌舍設枑。青壇蔚其岳立兮。翠幕
黕以雲布。結崇基之靈趾兮。啓四塗之廣阼。沃野墳腴。高壤平砥。清洛濁渠。引流激水。遐阡繩直。邇陌如矢。葱犗服于縹軛兮。紺轅綴于
黛耜。儼儲駕於廛左兮。俟萬乘之躬履。百寮先置。位以職分。自上下下。具惟命臣。襲春服之萋萋。接游車之轔轔。微風生於輕幰。纖埃起
乎朱輪。森奉璋以階立。望皇軒而肅震。若湛露之晞朝陽兮。若衆星之拱北辰。於是前駈魚麗。屬車鱗萃。閶闔洞啓。參塗方駟。常伯陪乘。
太僕執轡。后妃獻穜稑之種。司農撰播植之器。挈壺掌升降之節。宮正設門閭之蹕。天子乃御玉輦。蔭華蓋。衝牙錚鎗。綃紈綷縩。震震塡

墳。塵鶩連天。以幸乎藉田。蟬冕熲以灼灼兮。碧色肅其芊芊。似夜光之剖荆璞。若茂松之依山巔。於是我皇乃降靈壇。撫御耦。遊場染屨。洪縻在手。三推而舍。庶人終畝。貴賤以班。或五或九。敢作頌曰。思樂甸畿。薄采其茅。大君戾止。言藉其農。其農三推。萬方以祗。耨我公田。實及我私。我簠斯盛。我簋斯齊。我倉如陵。我庾如坻。念茲在茲。永言孝思。人力普存。祝史正辭。神祇攸歆。逸豫無期。一人有慶。兆民賴之。

[詩]　梁武帝藉田詩　寅賓始出日。律中方星鳥。千畝土膏紫。萬頃陂色縹。嚴駕伫霞昕。浥露逗光曉。啓行天猶暗。伐鼓地未悄。蒼龍發蟠蜿。青旂引窈窕。公卿秉耒耜。庶甿荷鉏耰。一人慙百王。三推先億兆。　梁簡文帝藉田詩　禮經聞往說。觀寶著華篇。豈如春路動。祈穀重人天。蒼龍引玉軑。交旗影曲旃。皮軒承早日。豹尾拂游煙。地廣重畦淨。林芳翠幕懸。青壇出長畎。帷宮繞直阡。秉耒光帝則。報獻動皇虔。度諧金石奏。德厚歌頌詮。是知躬稼美。兼聞富教宣。　陳張正見藉田詩　玉輦帶飛煙。金輿映綠川。雨師淸遠路。風伯靜遙天。分渠通沃野。激水繞公田。草發青壇外。花飛蒼玉前。蒼玉陳珪璧。青壇躬帝藉。冒撅乃三推。齊衡均百辟。蘭場儼芝駕。桂圃芳瑤席。山禽韻管絃。野獸和金石。

[頌]　岑文本藉田頌　正位恭己。體元得一。望之如雲。就之如日。郊廟致敬。山川咸秩。敦先大道。學敦儒術。憲章載記。殷鑒周宜。迴輿南畝。駐蹕東廛。親耕帝藉。躬稼大田。方期多稼。介此豐年。富實教資。農惟政本。上敦播植。下勤蔍蓘。榮辱既著。淳朴可反。禮節既興。登封何遠。式敷帝典。載穆王度。元良育德。維城作固。股肱周召。爪牙信布。比漢之兆。方周之祚。

親蠶第二

[敍事]　禮記祭義曰。古者天子諸侯。必有公桑蠶室。近川而爲之。築宮仞有三尺。棘牆而外閉之。祭統曰。王后蠶於北郊。以供純音緇服。夫人蠶於北郊。以供冕服。月令曰。季春之月。后妃齋戒。躬桑以勸蠶事。孟夏之月。蠶事畢。后妃獻繭。梁五禮先蠶儀注曰。親蠶前二日。太祝令質明以太牢祠先蠶也。

〔事對〕織室　桑壇東觀漢記曰明德馬皇后置織室蠶室於濯龍中數來往觀視晉元康儀曰皇后採桑壇在蠶宮西南
蠶宮　蠒館蠶宮見上漢書曰孝元王皇后爲太后幸蠒館率皇后及列侯夫人桑也　北郊　東苑　北郊見上董巴輿服志曰漢皇后桑於東郊苑中　縹服　華簪董巴輿服志注曰太后入廟服紺上皂下蠶青上縹下簪以玳瑁長一尺端爲華勝上爲鳳皇
分蠒　均桑　禮記曰后妃躬桑蠶事既登分蠒秤絲以供郊廟之服又曰后妃獻蠒乃收蠒稅以桑爲均貴賤長幼如一以給郊廟之服　一條　三灑皇后親蠶儀注曰皇后躬桑始將一條執筐受桑周還古今輿服雜事曰蠶始生后食之三灑而止〔賦〕　晉閔鴻親蠶賦后課功以觀匱均衆寡而抽稅令織紝於命婦供禘郊之舊制洪恩美而周普配春天之景福揚黼黻之奇藻播朱紫之豔色〔頌〕　魏韋誕皇后親蠶頌躬耕帝藉邁德班令嘉柔桑之肇敷思郊廟之至敬命皇后以親蠶俾躬桑於外垧考時日於巫咸詔太卜以獻貞爾乃皇英衆乘塗山奉輿摠姜任於後陳載樊衛於貳車登崇壇以正位覿休氣於朝陽步雕輦而下降采柔條於公桑嬪妾肅以涖事各奉職而承筐供副褘之六服昭孝敬於蒸嘗盛華禮於中宇神化馳於八方

釋奠第三

〔敘事〕　禮記曰凡始立學必先釋奠于先聖先師及行事必以幣天子視學大昕鼓徵所以警衆也衆至然後天子至乃命有司行事適東序釋奠於先老夏小正曰二月丁亥萬用入學丁亥者吉日也萬者干戚舞也入學者太學也謂今時大舍音釋菜也〔事對〕　尊師　貴齒　潘尼釋奠詩曰敦書講業研幾通理尊師重道釋奠崇祀德成教倫執云不祉袁曜釋奠詩曰南庠貴齒東學尚親卑躬下問降禮師臣圓冠濟濟方領恂恂重道
崇儒重道見上顏延之釋奠詩曰國尚師位家崇儒門　肄業　講藝　袁曜釋奠詩曰肄業既終舍奠爰始韶音遞奏笙鏞間起茨

夏愔愔。晬容亹亹。德奢并憇。陳信焉恥。講藝見後顏延之詩。 立學 啓庠立學見上。王僧達釋奠詩曰。時泰道暢。禮備樂修。啓庠選俊。博敎深求。異人鱗萃。淑美雲浮。師尊訓浹。嘉敬載柔。 祭藻 舞戚禮記曰。皮弁祭菜。示敬道也。鄭玄注曰。菜芹藻之屬。舞戚見敍事。 肅肅 濟濟王朝之釋奠表曰。伏承仰遵古典。以今月吉日。釋奠先聖。率土臣民。順風載悅。臣宿嬰重患。不獲陪列。豫覩肅肅穆穆之容。仰望雲漢。伏枕欣慨。又傅咸皇太子釋奠頌曰。亹亹皇儲。希心闕里。濟濟儒生。侁侁胄子。 陳牲 釋菜李諧釋奠詩曰。沛澤南朝。峒山北面。帝曰師氏。陳牲委奠。神具醉止。薄言嘉宴。禮記曰。天子乃獻羔開冰。先薦寢廟。上丁命樂正習舞釋菜。天子乃率三公九卿諸侯大夫親往視之。鄭玄注。樂正。樂官之長。命舞者順萬物始出地鼓舞也。將舞必釋奠先師以禮也。 禮師 尙齒摯虞釋奠頌曰。如彼泉流。不盈不運。講業既終。禮師釋奠。升觴折俎。上下惟讌。邕邕其來。肅肅其見。何承天釋奠頌曰。乃昔孔顏。夢周希虞。自天由美。異代同符。經修講治。研幾識理。道貴崇業。降尊尙齒。 尊道 悅學潘尼釋奠頌曰。留精儒術。敦悅古訓。尊道讓齒。降心下問。鋪以金聲。光以玉潤。如川之升。如乾之運。何承天釋奠詩曰。黃中宣朗。徽音播越。祗事昧早。修禮明發。明發伊何。悅學崇儒。願言西雍。延想沂洙。 探幽 論奧潘尼釋奠頌曰。乃延台保。乃命學臣。聖容穆穆。侍講誾誾。抽演徽言。啓發道眞。探幽窮賾。溫故知新。溫嶠釋奠頌曰。敷論義奧。綜析毫芒。賦納以言。麗辭孔彰。管籥備舉。和樂載揚。 師臣 胄子並見上

〔詩〕

宋顏延之侍皇太子釋奠國尙師位。家崇儒門。稟道毓德。講藝立言。俊明爽曙。達義茲昏。來贍先覺。顧惟後昆。虞庠飾館。睿圖炳晬。懷仁景集。抱智麕至。踵門陳書。躡履獻器。澡身玄深。宅心道祕。正殿虛筵。司分簡日。尙席函丈。丞疑奉職。侍言稱詞。惇史秉筆。妙識幾音。王載有述。肆義方訊。大敎克鼎。敬躬祀典。告奠聖靈。禮屬觀盥。樂薦歌笙。

齊王儉侍皇太子釋奠宴詩禮惟國幹。義實民端。身由業澡。世以敎安。金鎔乃器。水術伊瀾。漸芳則馥。履冰固寒。風動萬宮。雲棲參館。禮邁仁周。樂超英漢。神保爰格。祝史斯贊。鬱鬯既終。德馨是與。降冕上庠。升宴東序。槐宰金

貞藩維玉譽時彥莘莘國胄楚楚 梁任昉爲王子侍皇太子釋奠宴詩 欽聖茲遠懷道茲沖踐言勤俗果行移風進往一簣啓或三蒙冰實因水金亦在鎔惟神知化在物立言樂正雅頌咸被後昆告奠明祀觀道聖門日月不息師表常尊 梁沈約侍皇太子釋奠宴詩 尊學尙矣道亦遐哉啓圖觀祕闢苑興才事高東序義邁雲臺峩峩德傅灼灼英台墜典必脩闕祀咸薦迴鸞獻爵擬金委奠肆士辨儀胥人掌縣髣髴神從徘徊靈睠 爲南郡王侍皇太子釋奠詩 義重師匡業貴虛受襄野順風西河杜帚表跡虧光降情迴首道御百靈祇存萬有尊學尙矣繼列傳徽旗章或舛茲道莫違自堂及室異軫同歸洋洋聖範楚楚儒衣 〔頌〕 晉傅咸皇太子釋奠頌 蒸蒸皇儲既睿且聰神而明之夫豈發蒙謙以制禮靡事不恭乃修嘉薦于國之雍敬享先師以酬聖功亹亹皇儲希心闕里企茲良辰卜近于中光光輿服穆穆容止祗奉聖靈躬承明祀濟濟儒生侁侁胄子淸酒于觴匪宴斯喜欣道之弘自今以始 陳徐伯陽皇太子釋奠頌 穆穆皇儲峩峩副主道尊主鬯德崇監撫春誦夏絃冬書秋羽漢召趨幄周朝問豎翔集禮闈逍遙義府四海無浪三階已平儲駕戾止和鸞有聲弘風講肆崇儒肅成丹書貴道黃金賤籯洙泗興業闕里增榮青槐陰市玄冕飛纓。

朝會第四

〔敍事〕 禮記曰天子無事與諸侯相見曰朝事謂征伐之事 周禮曰春見曰朝夏見曰宗秋見曰覲冬見曰遇時見曰會殷見曰同左傳曰凡朝以正班爵之義會以訓上下之則孟子曰諸侯朝于天子曰述職一不朝則貶其爵二不朝則削其地三不朝則六師移之摯虞決疑要注曰漢制會於建始殿晉制大會於太極殿小會於東堂其會則五時朝服庭設金石虎賁旄頭文衣繡尾白虎通曰凡臣見君

必有贄。贄者質也。致己質誠也。周禮曰。王執鎭圭。圭畫鎭山爲飾也。公執桓圭。雙植謂之桓。侯執信圭。信卽身也。謂圭上作人身。伯執躬圭。躬亦身也。子執穀璧。穀以養人。謂璧上作穀文。男執蒲璧。蒲者所以爲薦以安人也。亦謂璧上爲蒲草文。孤執皮帛。卿執羔。大夫執鴈。士執雉。庶人執鶩。工商執雞。又白虎通曰。公侯以玉爲贄者。取其燥不輕。濕不重。大夫以鴈爲贄者。取其飛成行。止成列。士以野雞爲贄者。取其不可誘之以食。脅之以威。畢死不可畜也。[事對]

考績 獻功 周禮曰。春朝諸侯而圖天下之事。鄭玄注曰。王春見諸侯。則圖其事可否。圖者考績之謂也。左傳。宣公十四年。孟獻子言於公曰。臣聞小國之免於大國也。聘而獻物。於是乎庭實旅百。朝而獻功。杜預注曰。獻其理國若征伐之功於牧也。

赦過 除慝 左傳曰。子產相鄭伯如楚曰。僑聞大適小有五美。宥其罪戾。赦其過失。救其災敗。賞其德刑。教其不及。周禮曰。殷覜以除邦國之慝。鄭注曰。慝惡也。

圖事 巡功 圖事見上。左傳曰。薳啓疆對楚子曰。朝聘有圭。享覜有璋。小有述職。大有巡功。

講禮 述職 左傳。叔向曰。明王之制。使諸侯歲聘以志業。間朝以講禮。再朝而會以示威。再會而盟以著昭明。志業於好。講禮於等。示威於衆。昭明於神。自古已來。未之或失。述職已見上。

示威 明義 示威見上。春秋說題辭曰。會者所以興德明義。考遺處也。

覲岳 朝臣 尚書曰。旣月乃日。覲四岳羣牧。孔安國注云。旣盡也。覲見也。言舜盡以正月中。乃日日見羣牧。左思吳都賦曰。昔夏后氏朝羣臣於玆土。而執玉帛者萬國。蓋先王之高會。四方之軌則。

考禮 正刑 穀梁傳曰。滕侯薛侯來朝。天子無事。諸侯相朝。正也。考禮修德以尊天子也。白虎通曰。諸侯相聘爲尊敬也。故諸侯朝聘天子。無恙法度。得無變更。所以憲禮正刑。壹德以尊天子也。

考制度 正班爵 尚書曰。六年五服一朝。又六年王乃時巡考制度于四岳。諸侯各朝于方岳。大明黜陟。孔安國注云。覲四方諸侯。各朝于其方岳之下。大明考績黜陟之法。左傳曰。莊公二十三年夏。公如齊觀社。非禮也。曹劌諫曰。夫禮所以整民也。會以訓上下之則。制財用之節。朝以正班爵之義。帥長幼之序。

命政事

供職貢 周禮鄭玄注曰五服諸侯皆使卿以聘禮來覜天子天子以禮見之命以政禁之事左傳曰子産相鄭伯以如楚舍不爲壇曰小適大有五惡赦其罪戾講其政事供其職貢從其時命不然則重其幣帛以賀其福而弔其凶皆小國之禍也焉用作壇以昭其禍 **歸時事　奉珍物** 左傳晉韓宣子聘于周王傳諸事對曰晉士起將歸時事於宰旅無他事矣王聞之曰韓氏其昌阜於晉乎辭不失舊白虎通曰聘者緣臣子欲知其君父無恙又當奉土地所生珍物以助祭是以皆得行聘問之禮 **訓上下　明尊卑** 訓上下見上禮記曰昔者周公朝諸侯于明堂之位天子負扆南鄉而立明堂者明諸侯之尊卑也 **講文德　明禮義** 春秋說題辭曰諸侯執政尊卑有序各來朝講文德明禮義讓天下法制四方受度白虎通曰朝者見也五年一朝備文德明禮義也

[賦] 晉傅玄朝會賦 仰二皇之文象詠帝德乎上系考夏后之遺訓綜殷周之典制采秦漢之舊儀定元正之嘉會於是先期戒事衆官允勅萬國咸享各以其職翼翼京邑巍巍紫極閶闔闢天門開坐太極之正殿嚴嵯峩以崔嵬嘉廣庭之敞麗美升雲之玉階相者從容俟次而入濟濟洋洋肅肅習習就位重列面席而立臚人齊立賓禮九重羣后德讓海外來同束帛戔戔羔鴈邕邕獻贄奉璋人肅其容是時天子盛服晨興坐武帳憑玉几正南面而以聽朝平權衡乎砥矢羣司百辟進阼納觴皇恩下降休氣上翔禮畢饗讌進止有章六樂遞奏磬管鏗鏘淵淵鼓鐘嘒嘒笙簧摶拊琴瑟以詠先皇雅歌内協頌聲外揚

[詩] 太宗皇帝正月臨朝詩 條風開獻節灰律動初陽百蠻奉選班萬國朝未央雖無舜禹跡幸欣天地康車輿同八表書文混四方赫奕儼冠蓋紛綸盛服章羽旄飛馳道鐘鼓震嵒廊紺練暉霞色霜戟照朝光晨宵懷至理終愧撫遐荒 隋煬帝冬至乾陽殿受朝詩 北陸玄冬盛南至晷漏長端拱朝萬國守文繼百王至德慙日用化道愧時康新邑建嵩岳雙闕臨洛陽圭影正八表道路均四方碧空霜華靜朱庭皎日光纓珮既濟濟鐘鼓何鍠鍠文戟翊高殿采眊分脩廊元首乏明哲股肱貴惟良舟楫行有寄庶此王化昌 陳江總賦得謁帝承明廬詩 霧開仁壽

殿。雲繞承明廬。輪停紺幰引。馬度紅塵餘。香貂拜黻衮。花綬拂玄除。謁帝升淸漢。何殊入紫虛。隋牛弘奉和冬至乾陽殿受朝應詔詩恭己臨萬寓。宸居馭八埏。作貢菁茅集。來朝圭黻連。司儀三揖盛。掌禮九賓虔。重欄映如璧。複殿繞非煙。隋許善心同前詩 森森羅陛衞。噦噦鏘璁珩。禮殫五瑞輯。樂闋九功成。虞世南淩晨早朝詩 萬戶霄光曙。重簷夕霧收。玉花停夜燭。金壺送曉籌。日暉靑瑣殿。霞生結綺樓。重門啓應路。通籍引王侯。魏徵奉和正日臨朝應詔詩百靈侍軒后。萬國會塗山。豈如今睿哲。邁古獨光前。聲教溢四海。朝宗別百川。鏘洋鳴玉珮。灼爍耀金蟬。淑景輝雕輦。高旌揚翠煙。庭實超王會。廣樂盛鈞天。既欣東戶日。復詠南風篇。願奉光華慶。從斯萬億年。顔師古同前詩七政璿衡始。三元寶歷新。負扆延百辟。垂旒御九賓。肅肅皆鴛鷺。濟濟盛纓紳。天涯致重譯。西域獻奇珍。岑文本同前詩時雍表昌運。日正叶靈符。德兼三代禮。功包四海圖。踰沙紛在列。執玉儼相趨。淸蹕喧輦道。張樂駭天衢。拂蜺九旗法。儀鳳八音殊。瀣氣浮仙掌。薰風繞帝梧。天文光七政。皇恩被九區。方陪瘞玉禮。珥筆岱山隅。楊師道同前詩皇猷被寰宇。端扆屬元辰。九重麗天色。千門臨上春。李百藥同前詩化歷昭唐典。承天順夏正。百靈警軒禁。三辰揚旆旌。充庭富禮樂。高讌齒簪纓。獻壽符萬歲。移風韻九成。張文琮同潘屯田冬日早朝詩假寐懷古人。夙興瞻曉月。通晨禁門啓。冠蓋趨朝謁。霜靄淸九衢。霞光照雙闕。紛綸文物紀。渙爛聲明發。腰劍動陸離。鳴玉和淸越。

[頌] 岑文本三元頌攝提改度。孟陬順紀。歸餘既終。獻歲方始。乃詔司存。命掌故。考憲章。修法度。三朝之禮畢陳。九賓之儀咸具。庭燎晃以飈舉。明燈曄以星布。爾乃月正元日。節應勾芒。浮祥煙而泛佳氣。闢閶闔而敞德陽。虞賓光於列位。呼韓廁於班行。百寮濟濟。萬國皇皇。腰金鳴玉。執贄奉璋。內自畿甸。外被要荒。輸琛王會。納貢職方。司儀之職无替。臚人之列有章。既伸睠於宸極。亦矯首於岩廊。猶川流之歸海。若湛露之晞陽。張崇牙。設柷敔。陳鼎實。列樽俎。梐枑肅而爲衞。戈鋋森以齊舉。五輅接軫。九旗揚旆。羽蓋葳蕤。雲車晻藹。發聲明於文物。備威儀於冠帶。

饗讌第五

〔敍事〕周禮曰饗宴之禮所以親四方之賓客韓詩外傳曰不脫屨而卽席謂之禮跣而上坐謂之宴能飲者飲不能飲者止謂之醧閉門不出客謂之湎毛詩序曰鹿鳴宴羣臣嘉賓也棠棣宴兄弟也湛露天子宴諸侯也〔事對〕賦湛露　歌大風　左傳曰衞甯武子來聘公與之宴爲賦湛露漢書曰高祖十二年擊英布還過沛留置酒沛宮悉召故人父老子弟佐酒發沛中凡百二十人敎之歌酒酣上自擊劍歌曰大風起兮雲飛揚威加四海兮歸故鄉安得猛士兮守四方　洪恩　渥惠　荀勖從武帝華林園宴詩曰習習春陽帝出乎震天施地生以應仲春思文聖皇順時秉仁欽若靈則飲御嘉賓洪恩普暢慶及衆臣牽秀宴曜武堂詩曰沐浴洪流飲服清芳將結徽根永晞朝陽恭承渥惠庶无怠荒芳饌　甘醴　潘尼詩曰聖朝命方岳爪牙司北隣皇儲延篤愛設饌送遠賓誰應今日宴其惟廊廟臣置酒宜猷庭擊鼓靈沼濱羽觴飛醽醁芳饌備奇珍劉楨詩曰昔我從元后鑾駕至南鄉過彼豐沛都與君共翺翔衆賓咸會坐明燈熺炎光清歌製妙聲萬舞在中堂金罍含甘醴羽觴行无方金罍　玉觴　金罍見上甘醴注中魏文帝詩曰清夜延賓客明燭發高光豐膳漫星陳旨酒盈玉觴華樽　羽爵　傅玄詩曰鸞鳥晞鳳皇望舒繼白日千秋遘嘉會來升君子室華樽享清酤珍肴自盈溢魏文帝詩曰良辰啓初節高構極歡娛通天拂景雲俯臨四達衢羽爵浮象樽珍膳盈豆區布惠　發德　阮瑀詩曰陽春和氣動賢主以崇仁布惠綏人物降愛常所親上堂相娛樂中外奉時珍五味風雨集杯酌若浮雲禮記曰賓酬而工升歌發德也鄭玄注曰以詩之義發明賓主之德嘉宴　樂飲　王濟從事華林園詩曰修罟灑鱗大庖妙饌物以時序情以化宜終溫且克有肅初筵嘉賓在茲干祿永年傅玄宴會詩曰日之既逝情亦既渥賓委餘歡主容不足樂飲今夕溫其如玉　明貴賤　觀威儀　禮記曰諸侯宴禮之義俎豆牲醴薦羞皆有等差所以明貴賤

也。左傳曰。衛侯饗苦成叔。甯惠子相成叔傲。甯子曰。苦成叔家其亡乎。古之爲饗也。以觀威儀省禍福也。今夫子傲。取禍之道也。

親賓客 宴朋友 周禮曰。以饗宴之禮親四方之賓客。來朝聘王爲設饗宴之禮以親之也。毛詩曰伐木。宴朋友故舊也。自天子至於庶人。未有不須友以成者也。親親以睦。友賢不弃。故舊不遺。則民德歸厚矣。

籩豆踐 樽俎陳 毛詩曰。我覯之子。籩豆有踐。張華詩曰。聽朝有暇。延命羣臣。冠蓋雲集。樽俎星陳。

[賦] **魏曹植娛賓賦** 遂衎賓而高會。丹帷曄以四張。辨中廚之豐膳兮。作齊鄭之妍倡。文人騁其妙說兮。飛輕翰而成章。談在昔之淸風。總賢聖之紀綱。欣公子之高義兮。得芬芳其若蘭。揚仁恩於白屋兮。踰周公之弃餐。聽仁風而忘憂兮。美酒淸而肴甘。

晉王沉宴嘉賓賦 朝陽曜景。天氣和平。君臣合德。禮儀孔明。酌羽觴以交歡兮。接敬恭以申誠。嘉膳備其八珍兮。絲竹獻其妙聲。樂用徧舞。金奏克諧。鍾儀之聽。南風是哀。義感君子。慨然永懷。思我王度。求福不回。惟禮終而贊退兮。賓繫心乎玉階。

晉成公綏延賓賦 延賓命客。集我友生。高談淸宴。講道研精。闇闇偘偘。娛心肆情。

隋薛道衡宴喜賦 梁孝王帝子帝孫。藉寵承恩。名高西漢。禮盛東蕃。引雍容文雅之客。坐檀欒修竹之園。水逶迤而繞砌。風淸泠而入軒。直凝神而迴矚。乃惆悵而興言。顧謂枚乘曰。予聞氣序環周。人生萍浮。補天立地之聖。不能止日光西落。疏山鑿川之力。不能停河水東流。韓王酸棗之觀。荒疎蕪漫。楚國陽雲之臺。空見塵埃。固可以縱志縱心。以遊以逸。窮宴樂於長夜。混是非而爲一。于時霜重庭蘭。秋深氣寒。横長河之耿耿。挂孤月之團團。乃有丹墀縹壁。栢館椒宮。徘徊宛轉。掩映玲瓏。妖姬淑媛。玉貌花叢。織女下而星落。姮娥來而月空。澄妝影於歌扇。散衣香於舞風。圖雲刻雷之樽。漬桂釀花之酒。拭珠瀝於羅袂。傳金杯於素手。

[詩] **太宗皇帝春日玄武門宴羣臣詩** 韶光開令序。淑氣動芳年。駐輦華林側。高宴柏梁前。紫庭文樹滿。丹墀衮紱連。九夷造瑤席。五狄列瓊筵。娛賓歌湛露。廣樂奏鈞天。盈樽浮綠醑。雅曲韻朱絃。粤余君萬國。還慙總八埏。庶幾保貞固。虚己厲求賢。

又置酒坐飛閣詩 高軒臨碧渚。飛簷迴架空。餘花攢漏檻。殘柳散雕欄。岸菊初含蘂。園梨始帶紅。莫慮崑山暗。還共盡杯中。又冬宵各爲四韻 雕宮靜龍漏。綺閣宴公侯。珠簾燭焰動。繡柱月光浮。塵起將歌發。風停與管遶。瓊池任多士。端扆更何憂。古詩曰 今日良宴會。歡樂難具陳。彈箏奮逸響。新聲妙入神。漢應瑒詩 巍巍主人德。嘉會被四方。開館延羣士。置酒于新堂。辨論釋鬱結。援筆興文章。穆穆衆君子。好合同歡康。魏文帝於講堂作詩 今日樂相樂。酣飲不知醉。悲箏激新聲。長笛吐清氣。又於醮作詩 清夜延貴客。明燭發高光。豐膳漫星陳。旨酒盈玉觴。絃歌奏新曲。遊響拂丹梁。餘音赴迅節。慷慨時激揚。獻酬紛交錯。雅舞何鏘鏘。羅纓從風飛。長劒自低昂。魏曹植詩 公子敬愛客。終宴不知疲。淸夜遊西園。飛蓋相追隨。明月澄清景。列宿正參差。秋蘭被長坂。朱華冒綠池。潛魚躍淸波。好鳥鳴高枝。神飈接丹轂。輕輦隨風移。梁劉孝綽陪徐僕射勉宴詩 大君追宴喜。十日遞來過。築室華池上。開軒臨芰荷。方堂交密篠。對霤接繁柯。景移林改色。風去水餘波。洛城雖半掩。愛客待驪歌。又侍宴同劉公幹應令詩 副君西園宴。陳王謂帝歸。列位華池側。文雅縱橫飛。小臣輕蟬翼。黽勉謬相追。置酒陪朝日。淹留望夕霏。梁庾肩吾侍宴宣猷堂應令詩 副君德將聖。陳王才掞天。歸來宴平樂。置酒對林泉。爐香雜山氣。殿影入池蓮。豔舞時移節。新歌屢上絃。聽曲慙迴顧。思經徒欲眠。北齊魏收月下秋宴詩 此夕具言宴。月照露華浮。使星疑向蜀。劒氣不關吳。良交契金石。上客慰萱蘇。何必應劉輩。還來遊鄴都。北齊楊訓羣公高宴詩 中郎敷奏罷。司隸坐朝歸。開筵引貴客。饌玉對春暉。塵起金吾騎。香逐令君衣。綠酒犀爲椀。鳴琴寶作徽。寸陰良可惜。千金本易揮。陳後主晚宴文思殿詩 晚日落餘暉。宵園翠蓋飛。荷影侵池浪。雲色入山扉。螢光息復起。暗鳥去翻歸。樂極未言醉。杯深猶恨稀。又宴詹事陸繕省詩 禁闥九重中。宴賞三春日。雲收山樹隱。葉長宮槐密。水綠已浮苔。花舒正含實。又入隋侍宴應詔詩 日月光天德。山河壯帝居。太平無以報。願上登封書。陳江總秋日侍宴婁湖苑應詔詩 翠渚還鑾輅。瑤池命羽觴。千門響雲蹕。四澤動榮光。玉軸昆池浪。金巵太液張。紅旗照島嶼。鳳蓋繞林塘。野靜重陰闊。淮秋水氣涼。霧開樓闕近。日迥煙波長。洛宴謙斯在。鎬飲詎能方。朽劣叨榮遇。簪笏奉周行。隋沈君道侍皇太子宴應令詩 副君監撫暇。禁苑暫停車。水落金沙淺。雲高玉葉疏。隨廚白羽駕。逐釣紫鱗魚。飽德良無已。榮陪終宴餘。隋劉端和初春宴東堂應令詩 睿賞叶春芳。開筵臨畫堂。庭梅飄早素。簷柳變初黃。八珍羅玉俎。九醖湛金觴。箏響流飛閣。歌塵落妓行。何必西園夜。空承明月光。虞世南侍宴賦韻得前應詔詩 芬芳禁林晚。容與桂舟前。橫空一鳥度。照水百花燃。綠野明斜日。青山澹晚煙。濫得陪終宴。握管類窺天。杜正倫侍宴北門詩 大君端扆暇。睿賞狎林泉。開軒臨禁籞。藉野列芳筵。參差歌管颺。容裔羽旗懸。玉池流若醴。雲閣聚非煙。湛露晞堯日。薰風入舜絃。大德侔玄造。微物荷陶甄。謬陪瑤水宴。仍廁柏梁篇。闕名徒上月。鄒辦記談天。既喜光華旦。彌傷遲暮年。猶奠升中日。簪裾奉肅然。薛曜正夜侍宴應詔詩 重關鐘漏過。夕敞鳳皇宮。雙日祥煙裏。千門明月中。酒筵浮湛露。歌曲唱流風。侍臣咸醉止。恒慙恩遇崇。魏元忠侍宴銀潢宮應制詩 別殿秋雲上。離宮夏景移。寒風生玉樹。涼氣下瑤池。塹花仍吐葉。宮木尚抽枝。願奉南山壽。千秋長若斯。杜審言蓬萊三殿侍宴奉勑詠終南山應制詩 北斗挂城邊。南山倚殿前。雲摽金闕迥。樹杪玉堂懸。半嶺通佳氣。中峯繞瑞煙。小臣持獻壽。長此戴高天。蘇瓌興慶池侍宴應制詩 金闕平明宿霧收。瑤池式宴仰清流。瑞鳳飛來隨帝輦。祥魚出戲躍王舟。帷齊綠樹當筵密。蓋轉緗荷接岸浮。如臨竊比微臣懼。若濟叨陪聖主遊。劉憲奉和春幸望春宮應制詩 暮春春色最便妍。苑裏花開列御筵。商山積翠臨城起。滻水浮光共幕連。鸎藏嫩葉歌相喚。蝶礙芳叢舞不前。歡娛節物今如此。願奉宸遊億萬年。馬懷素興慶池侍宴應制詩 積水逶迤繞貝城。含虛皎鏡有餘清。圖雲曲樹連緹幕。映日中塘勝綵旌。賞洽猶聞簫管並。歡留更睹木蘭輕。無勞海上尋仙客。即往蓬萊在帝京。

冠第六

【敍事】禮記曰。二十而弱冠。郊特牲曰。冠於阼。以著代也。醮於客位。加有成也。三加彌尊。諭其志也。冠而字之。敬其名也。始加緇布。次皮弁。次爵弁。冠益尊。則志益大也。冠義曰。冠者禮之始也。嘉事之重也。凡冠。卜日筮賓。於廟。見於母。母拜之。見於兄弟。兄弟拜之。以其成人而與爲禮。故冠而後服備。服備而後容體正。顏色齊。辭令順。言服未備。未可求以三始。左傳曰。國君十五而生子。冠而生。禮也。

【事對】筮門　冠阼　儀禮曰。士冠禮。筮于廟門。鄭玄注曰。筮者問日吉凶於易也。冠必筮日於廟門者。重成人之禮。禮記冠義曰。始冠緇布之冠也。太古冠布。齊則緇之。其緌也。孔子曰。吾未之聞也。冠而敝之可也。嫡子冠於阼。以著代也。

順德　敬名　儀禮曰。士冠禮。始加。祝曰。令月吉辰。始加元服。弃爾幼志。順爾成德。壽考惟祺。介爾景福。再加曰。吉月令辰。乃申爾服。敬爾威儀。淑愼爾德。眉壽萬年。永受遐福。禮記曰。冠而字之。敬其名也。

成德　喩志　儀禮曰。士冠禮。三加曰。以歲之正。以月之令。咸加爾服。兄弟具在。以成厥德。黃耇無疆。受天之慶。下見上。

一獻　三加　儀禮曰。冠者見於兄弟。兄弟再拜。冠者答拜。見贊者。西面拜。亦如之。入見姑姊。如見母。乃易服玄端爵弁。奠贄見小君。遂以贄見于卿大夫鄉先生。乃醴賓以一獻之禮。主人酬賓。束帛儷皮。三加見上。

正體　飾容　禮記曰。凡人之所以爲人者。禮義也。禮義之始。在於正容體。齊顏色。順辭令也。故曰。冠者禮之始也。應亨贈四王冠詩曰。令月惟吉日。盛服加元首。人咸飾其容。鮮能離塵垢。

卜日　筮賓　禮論云。王彪之以爲禮冠自卜日。不必三元也。又禮。夏冠用葛屨。冬冠用皮屨。明無定時也。儀禮曰。宗人告事畢。主人戒賓。賓禮辭。許。主人再拜。賓答拜。前期三日。筮賓。如求日之儀。鄭玄注云。筮賓。筮可使冠子者。

節金石　陳鼎俎　左傳曰。襄公九年。晉會諸侯伐鄭。公送晉侯。晉侯以公宴于河上。問公年。季武子對曰。會于沙隨之歲。寡君以生。晉侯曰。十二年矣。是謂一終。一星終也。國君十五而生子。冠而生子。禮也。君可以冠矣。大夫盍爲冠具。武子曰。君冠必以祼享之禮行之。金石之樂節之。以先君之祧處之。今寡君在行。

未可具也。請及兄弟之國而假備焉。東觀漢記曰。馬防子鉅爲常從小侯。六年正月齋宮中。上欲冠鉅。夜拜爲黃門郎。御章臺下殿。陳鼎俎。自臨冠也。敬威儀　齊顏色　並見上〔詩〕　後漢應亨贈四王冠詩　永平四年。外弟王景系兄弟四人並冠。故貽之詩曰。濟濟四令弟。妙年踐二九。令月惟吉日。成服加元首。雖無兕觥爵。杯醮傳旨酒。〔頌〕　後漢黃香天子冠頌　以三載之孟春。建寅月之上旬。皇帝將加玄冕。簡甲子之元辰。厥日王於太皞。厥時叶於百神。既臻廟而成禮。乃迴軫而及宮。正朝服以享宴。撞太簇之庭鍾。祚蕃屏而鼎輔。暨夷裔之君王。咸進酌于金罍。獻萬年之玉觴。〔表〕　宋孝武帝建平王宏冠表　宏筮辰協吉。撰禮備容。資比成德。允被休典。又廣陵王誕冠表　臣誕年禮既升。擇休申冠。順弁有成。服美任典。〔文〕　梁沈約冠子祝文　爾茲令日。元服肇加。成德既舉。童心自化。行之則至。無謂道賒。敦以秋實。食以春華。無恥下問。乃致高車。子孫千億。廣樹厥家。

婚姻第七

〔敍事〕　周禮大宗伯職曰。以昏冠之禮。親成男女。親其恩。成其性。禮記曰。合二姓之好。上以祀宗廟。下以繼後世也。又曰。夫婚禮萬代之始也。娶於異姓。所以附遠厚別也。又曰。男子五十而室。女三十而嫁。謂中古也。束皙論曰。男十六可娶。女十四可嫁。昏禮曰。壻執鴈而入。再拜奠鴈。壻出。御婦車。授綏。輪三周。共牢而食。合巹謹而酳。音澌　又曰。婦人年十五許嫁。笄而禮之。白虎通曰。婚者謂昏時行禮。故曰婚。姻者婦人因夫。故曰姻。爾雅曰。壻之父母曰姻。婦之父母曰婚。又釋名曰。婚者昏時成禮。凡姻者女媒也。三說互有異同。儀禮。婚有六禮。納采。鄭玄注曰。將爲婚。必先媒通其言。乃後使人納其采擇之禮。用鴈爲摯。取其陰陽往來之義也。問名。鄭玄注曰。問名者將婦卜其吉凶。納吉。鄭玄注曰。卜於廟得吉兆。復使往告婚姻之事。於是定也。納徵。白虎通曰。納徵用玄纁不用鴈。請期。鄭玄注曰。陽倡陰和期日宜由夫家卜得吉日。乃使人往辭之。親迎。其納采問名請期並用鴈也。方言曰。自家而出謂之嫁。公羊傳曰。婦人謂嫁曰歸。考工記曰。天子以穀圭聘女。諸侯以大璋聘女。穀圭七寸。鄭玄曰。謂納徵加於束帛。禮記曰。男女非有行媒。不相知名。鄭玄曰。媒之言謀也。謀合異類使和成也。

［事對］

合好　和成並見上附遠　厚別附遠見敘事。禮記曰。娶妻爲酒食以召鄉黨僚友。以厚其別。

待禮　備物毛詩曰。綢繆束薪。三星在天。毛萇傳曰。三星參也。在天始見東方。男女待禮而成。若薪蒭待人事而束也。列女傳曰。邵南申女許嫁。而夫家禮不備。女曰。夫家輕我。一物不備。守節持義。必死不往。

親成　判合親成見敘事。周禮。媒氏職曰。掌萬民之判。注曰。判。半也。得偶合成夫婦。

委禽　納幣左傳曰。鄭徐吾犯之妹美。公孫楚聘之。子晳使強委禽焉。又崔駰婚禮文曰。載納嘉贄。內結鞶褵。委禽奠鴈。配以鹿皮。納幣見敘事。

結帨　施鞶皇甫謐女怨詩曰。婚禮既定。婚禮臨成。施衿結帨。三命丁寧。春秋穀梁傳曰。女嫁。諸母施鞶紳。戒曰。謹慎從爾父母之言。徐邈注曰。鞶。佩囊也。紳。帶也。諸母爲施佩帶。又戒之也。

結褵　施衿毛詩曰。東山篇曰。親結其褵。九十其儀。傳曰。褵。婦人之禕。禕。香纓也。女將嫁。母結褵而戒之也。施衿見上。

百兩　三周毛詩曰。之子于歸。百兩御之。毛萇傳曰。兩。乘也。諸侯之子。嫁于諸侯。送迎皆百乘也。三周見敘事。

御輪　秣馬御輪見敘事。毛詩曰。之子于歸。言秣其馬。毛萇傳曰。之子者。是子也。謂女嫁適夫之時。

宋子　齊姜毛詩衡門篇云。豈其娶妻。必宋之子。豈其娶妻。必齊之姜。鄭玄箋云。何必大國之女。然後可妻。取其貞順而已。以喻在臣。何必聖人。取其誠孝而已。宋子姓。齊姜姓。

辭父母　遠兄弟丁儀婦賦曰。爲女子之有行。異代之彝倫。辭父母而言歸。奉君子之淸塵。毛詩泉水篇云。女子有行。遠父母兄弟。鄭玄箋云。婦人有出嫁之道。遠於親。故禮緣人情。使得歸寧也。

執巾櫛　備埽灑左氏傳曰。晉太子圉爲質於秦。將逃歸。謂嬴氏曰。與子歸乎。對曰。子晉太子。而辱於秦。子之欲歸。不亦宜乎。寡君之使婢子侍執巾櫛。以固子也。從子而歸。弃君命也。不敢從。亦不敢言。

杜預注曰。嬴氏。秦所妻子圉。懷嬴也。婢子。婦人之卑稱。禮記曰。納女於天子曰備百姓。於國君曰備酒漿。於大夫曰備掃灑。鄭注云。納女猶致女也。壻不親迎。則女之家遣人致之。此其辭也。姓之言生也。

共牢而食　合卺而酳　禮記昏義曰。共牢而食。合卺而酳。謹按共牢是同一牲。體合卺。是取一瓢斷而爲兩杯以酌酒。酳。飲酒也。

男女以正　父子以親　毛詩曰。男女以正。婚姻以時。禮記婚義曰。婚禮所以成男女之別。而立夫婦之義也。男女有別。而後夫婦有義。夫婦有義。而後父子有親。父子有親。而後君臣正。故曰婚者禮之本也。

三日不舉樂　三夜不息燭　禮記曾子問曰。娶婦之家。三日不舉樂。思嗣親也。嫁女之家。三夜不息燭。思相離也。

仲春成婚　霜降迨女　周禮媒氏職曰。仲春之月。會合男女。鄭玄注云。仲春陰陽交。以成婚禮。順天時也。董仲舒論曰。聖人以男女陰陽。其道同類。天道向秋冬而陰氣結。向春夏而陰氣去。故曰霜降而迨女。氷泮而止殺。

皆以秋冬　必用昏昕　聖證論曰。嫁娶古人皆以秋冬。毛詩曰。東門之楊。其葉牂牂。毛萇傳曰。男女失時。不逮秋冬也。儀禮昏禮曰。凡行事必用昏昕。鄭玄注曰。用昕使也。用昏壻也。謹按遣使行玄纁。吉禮必用昕時。親迎乃用昏時。

［賦］

後漢蔡邕協和婚賦　惟情性之至好。歡莫偉乎夫婦。受精靈之造化。固神明之所使。事深微以玄妙。實人倫之端始。考邃初之原本。覽陰陽之綱紀。乾坤和其剛柔。艮兌感其脢腓。葛覃恐其失時。摽梅求其庶士。惟休和之盛代。男女得乎年齒。婚姻協而莫違。播欣欣之繁祉。良辰既至。婚禮以舉。二族崇飾。威儀有序。嘉賓僚黨。祈祈雲聚。車服照路。驂騑如舞。既臻門屏。結軌下車。阿傅御豎。鴈行蹉跎。麗女盛飾。曄如春華。

晉張華感婚賦　方今歲在己巳。將次四仲。婚姻者競赴良時。粲麗之觀。相繼於路。嫁娶之會。不乏乎日。乃作感婚賦曰。彼婚姻之俗忌。惡當梁之在斯。逼來年之且至。迨星紀之未移云云。

［詩］

唐高宗皇帝太子納妃太平公主出降詩　龍樓光曙景。魯館啓朝扉。豔日濃妝影。低星降婺暉。玉庭浮瑞色。銀牓藻祥徽。雲轉花縈蓋。霞飄葉綴旗。雕軒回翠陌。星駕歸丹殿。鳴珠珮曉衣。鏤璧輪開扇。華冠列綺筵。蘭醑申芳宴。環階鳳樂陳。玳席珍羞鷰。舞蝶神香新。歌分落素塵。歡凝歡懿戚。慶叶慶初姻。暑闌炎氣息。涼早吹華辰。方期六合泰。共賞萬年春。後漢秦嘉述婚詩羣祥既集。二族交歡。敬茲新姻。六禮不愆。羊鴈總備。玉帛戔戔。君子將事。威儀孔閑。猗兮容兮。穆矣其言。又曰紛紛婚姻。禍福之由。衛女興齊。褒姒滅周。戰戰兢兢。懼其不仇。神啓其吉。果獲令攸。我之愛矣。荷天之休。晉張華感婚詩駕言遊東邑。東邑紛禳禳。婚姻及良時。嫁娶避當梁。窈窕出閨女。嬿婉姬與姜。素顏發紅華。美目流清揚。韡煒衆親盛。於我猶若常。譬彼暮春草。榮華不再陽。晉嵇含伉儷詩余執百兩轡。之子詠采蘩。我憐聖善色。爾悅慈姑顏。裁彼雙絲絹。著於同功綿。夏播比翼扇。冬坐蛩蛩氈。饑食並根粒。渴飲一流泉。朝蒸同心羹。暮庖比目鮮。挹用合卺酳。受以連理盤。朝採同本芝。夕掇騈穗蘭。臨軒種萱草。中庭植合歡。梁何遜看新婚詩霧夕蓮出水。霞朝日照梁。何如花燭夜。輕扇掩紅妝。良人以灼灼。席上自生光。所悲高駕動。環珮出長廊。陳周弘正看新婦詩莫愁年十五。來聘子都家。壻顏如美玉。婦色勝桃花。帶啼凝暮雨。含笑似朝霞。暫卻輕紈扇。傾城判不賒。楊師道初宵看婚詩洛城花燭動。戚里畫新蛾。隱扇羞應慣。含情愁已多。輕啼濕紅粉。微睇轉橫波。更笑巫山曲。空傳暮雨多。褚亮詠花燭詩蘭逕香風滿。梅梁暖日斜。言是東方騎。來尋南陌車。靨星臨夜燭。眉月隱輕紗。莫言春稍晚。自有鎮開花。陳子良七夕看新婦隔巷停車詩隔巷遙停幰。非復爲來遲。只言更尚淺。未是渡河時。鄭翼看新婦詩初笄競桃李。新妝應摽梅。疑逐朝雲去。翻隨暮雨來。雜珮含風響。叢花隔扇開。姮娥對此夕。何用久徘徊。李百藥戲贈潘徐城門迎兩新婦詩秦晉稱舊疋。潘楊有世親。三星宿已會。四德婉而嬪。雲光鬢裏薄。月影扇中新。年華與妝面。共作一芳春。鄭軌觀兄弟同夜成婚詩棠棣開雙萼。夭桃照兩花。分庭合珮響。隔扇護妝華。迎風俱似雪。映綺共如霞。今宵二神女。併在一仙家。郭正一奉和太子納妃公主出降詩桂宮初服冕。蘭掖早升笄。禮盛親迎晉。聲芬出降齊。金龜開瑞鈕。寶翟上仙枝。轉扇承宵月。揚旌照夕蜺。劉禕之同前詩夢梓光靑陛。穠桃藹紫宮。德優宸念遠。禮備國姻崇。萬戶聲明發。三條寶吹通。香輪送重景。綵旆引仙虹。元萬頃同前詩離光應春夕。帝子降秋期。鳴瑜合荐響。比玉麗穠姿。和聲躋鳳掖。交影步鸞墀。任知古同前詩帝子升青陛。王姬降紫宸。星光移雜珮。月彩薦重輪。龍旌翻地杪。鳳管颺天濱。槐陰浮淺瀨。葆吹翼輕塵。【箴】晉潘岳答摯虞新婚箴先王制禮。隨時為正。俯從企及。豈乖物性。女無二歸。男有再聘。女實存色。男實存德。德在居正。色在不惑。新舊兼弘。義申理得。然性情之際。誠難處心。君子過慮。爰獻明箴。

死喪第八

【敘事】劉熙釋名云。死者澌也。消澌也。諸侯曰薨。薨壞聲也。大夫曰卒。言終竟也。士曰不祿。不復食祿也。又以死為物故。言諸物皆朽故也。既定死曰尸。尸舒也。骨節舒解。不能復自勝斂也。禮記曰。生曰父。死曰考。考成也 生曰母。死曰妣。妣比也言比父亦然 壽考曰卒。短折曰不祿。死寇曰兵。男子不死於婦人之手。婦人不死男子之手。君夫人卒於路寢。大夫世婦卒於適寢。內子未命則死於下室。士之妻皆死于寢。小臣復。復者朝服。君以卷。夫人以屈狄。大夫以玄頳。命婦以襢衣。士以爵弁。士妻以稅衣。凡復男子稱名。婦人稱字。春秋說題辭曰。口實曰唅。象生時食也。天子以珠。諸侯以玉。大夫以璧。士以貝。禮記喪大記曰。衣尸曰斂。小斂於戶內。大斂於阼。君以簟席。大夫以蒲席。士以葦席。白虎通曰。在牀曰尸。在棺曰柩。柩究也。不復變也。說文曰。棺關也。可以掩屍。又曰櫬。又曰櫝。小棺曰槥。禮記曰。有虞氏瓦棺。夏后氏堲周。堲子逸反 殷人棺槨。周人牆置翣。釋名云。送死之器曰明器。神明之器。異於人也。白虎通曰。賻助也。賵者赴也。所以助生送死。追思終副至意也。貨財曰賻。車馬曰賵。玩好曰贈。衣被曰襚。貨財曰賻亦見公羊。贈之爲言稱也。襚之爲言遺也。春秋說題辭曰。知生則賻。知死則賵。又穀梁傳曰。乘馬曰賵。衣服曰襚。貝玉曰唅。錢財曰賻。〔事對〕氣散　形存　莊子曰。人之生。氣之聚也。聚則生。散則死。王充論衡曰。人死猶火之滅也。人病且死。與夫火之且滅無異。火滅光消而燭在。人死精亡而形存。數盡　物故　家語曰。哀公問孔子曰。人之命與性何謂乎。孔子對曰。分於道謂之命。形於一謂之性。化於陰陽象形而發謂之生。化窮數盡謂之死。故命者性之始也。死者生之終也。有始則必有終也。劉熙釋名曰。凡五材。膠漆陶冶皮革。乾槁乃成也。漢以來謂死爲物故。言其諸物皆就朽故。氣滅　精盡　王充論衡曰。王莽之時。省五經博士弟子。夜定舊說。死於燭下。精思不任。脈絕氣滅也。楊泉物理論曰。人含氣而生。精盡而死。死猶澌也。滅也。譬如火焉。薪盡而火滅。則無光矣。故滅火之餘。無遺炎矣。人死之後。無遺魂矣。人所不免　物之自然　史記曰。范睢說秦昭王曰。夫以烏獲任鄙之力。孟賁慶忌夏育之勇焉而死。死者人之所不免。漢書文帝遺詔曰。朕聞之。蓋天下萬物之萌生。靡不有死。死者天下之至理。物之自然。奚足甚哀。忽然長逝　隱然長寢　傅玄四言詩曰。忽然長逝。火滅煙消。曹植髑髏詩曰。牢落冥寞。與道相駈。隱然長寢。其樂無踰。爲一棺土　託萬鬼隣　淮南子云。吾生有七尺之形。死有一棺之土。又陸機王侯挽歌辭曰。昔居四人宅。今託萬鬼隣。璵璠斂　貝玉唅　孔子家語曰。季平子卒。將以君之璵璠斂。贈以珠玉。孔子聞之曰。送死以寶玉。是由暴屍於中原。示人以姦利之端左氏傳曰。會吳伐齊。陳子行命其徒具唅玉。杜預注曰。唅玉。示必死。說驂而賻　祭服以襚　禮記檀弓曰。孔子之衛。遇舊館人之喪。入而哭之哀。出使子貢說驂而賻之。鄭玄注曰。賻。助喪用也。騑馬曰驂。檀弓又曰。衛有太史曰柳莊。寢疾。公曰。若疾革。雖當祭必告。公再拜稽首請于尸曰。有臣柳莊也者。非寡人之臣。社稷之臣也。聞之死。請往。不釋服而往。遂以襚之。鄭玄注曰。不脫君祭服以襚臣。親賢也。〔賦〕漢張衡髑髏賦　死爲休息。生爲役勞。冬水之凝。何如春水之消。榮位在身。不以輕於塵毛。巢許所恥。伯成所逃。況我已化。與道逍遙。离朱不能見。子野不能聽。堯舜不能賞。桀紂不能刑。虎豹不能害。劍戟不能傷。以陰陽同其流。以元氣合其朴。以造化為父母。以天地為牀褥。以雷電為鼓扇。以日月為燈燭。以雲漢為川池。以星辰為珠玉。合體自然。無情無欲。澄之不清。混之不濁。不行而至。不疾而逐。**晉呂安髑髏賦** 全膚消滅。白骨連翩。四支摧藏於草莽。孤魂悲悼乎黃泉。生則歸化。明則反昏。格于上下。何物不然。**晉陸士衡大墓賦** 諒歲月之揮霍。豈人生之可量。知自壯而得老。體自老而得亡。顧黃壚之杳杳。悲下泉乎翳翳。挫千乘猶一毫。當何數乎知惠。徒假願於須臾。指夕景而為誓。忽呼吸而不振。奄神殂而形斃。顧萬物而遺恨。收百慮而長逝。**宋鮑昭傷逝賦** 晨登南山。望彼中阿。霧團秋槿。風卷寒蘿。淒淒傷心。悲如之何。盡若窮煙。離若斷絃。如影滅地。由星貫天。棄華室於明世。閉金扃於下泉。永山河以自畢。眇千齡而弗旋。思一言於向時。邈衆代於古年。

〔詩〕 **後漢阮瑀七哀詩** 丁年難再遇。富貴不重來。良時忽一過。身體為土灰。冥冥九泉室。漫漫長夜臺。身盡氣力索。精魂靡所能。嘉肴設不御。旨酒盈觴杯。**晉張載七哀詩** 北邙何壘壘。高陵有四五。借問誰人墳。皆云漢代主。恭文遙相望。原陵鬱膴膴。季葉喪亂起。盜賊如豺虎。毀壤過一坏。便房啓幽戶。珠匣離玉體。珍寶見剽虜。**宋吳邁遠臨終詩** 傷歌入松路。斗酒望青山。誰非一丘土。參差前後間。**劉允濟見道邊死人詩** 淒涼徒見日。冥寞詎知年。魂兮不可問。應為直如絃。

葬第九

〔敘事〕 禮記曰。葬也者。藏也。藏也者。欲人弗得見也。左傳曰。天子七月而葬。同軌畢至。諸侯五月。同盟至。大夫三月。同位至。士踰月。外姻至。釋名曰。葬。不如禮曰埋。埋。痗也。趨使腐朽而已。不得埋曰棄。不得其尸曰捐。捐於他境。葬下棺曰窆。左傳作翔。悲斂反。禮記曰。君葬用輴。四綍二碑。御棺用羽葆。大夫葬用輴。

二綍二碑。御棺用茅。士葬用車二綍無碑。白虎通曰。祖載者。始載於庭。乘軸車辭祖禰。故曰祖載。釋名曰。從前引曰紼。紼。發也。發車使行也。紼音弗。周禮作綍。杜預要集曰。凡挽天子六綍。諸侯四。大夫三。士二。

〔事對〕 丹鳥　青鳥 王子年拾遺記曰。舜葬蒼梧之野。有鳥如丹雀。自丹洲而來。吐五色之氣。氛氳如雲。名曰憑霄雀。能羣飛。銜土以成邱墳。相冢書曰。青烏子稱山三重相連。名連傘山。葬之二千石。 馬鬣　龍耳 禮記曰。孔子之喪。有自燕來觀者。舍於子夏氏。子夏曰。聖人之葬人與。人之葬聖人也。子何觀焉。昔夫子言曰。吾見封之若堂者矣。見若防者矣。見若覆夏屋者矣。見若釜者矣。吾從若釜者焉。馬鬣封之謂也。相冢書曰。凡葬龍耳者。當貴出五侯。 金鳧　玉匣 三輔故事曰。秦始皇葬驪山。起墳高五十丈。下周三泉。周迴七百步。以明月珠爲日月。人魚膏爲燈燭。水銀爲大海。金銀爲鳧鴈。西京雜記曰。漢帝及侯王送葬者。皆珠襦玉匣。形如鎧甲。連以金縷。匣上皆鏤以蛟龍鸞鳳龜麟之象。時謂蛟龍玉匣。 防山　欒水 史記曰。魯襄公二十年而孔子生。生而叔梁紇死。葬於防山。在魯東田。是孔子疑其父墓處。呂氏春秋曰。昔王季歷葬於渦水之尾。欒水齧其墓。見棺之前和。文王曰。譆。先君必欲一見羣臣百姓也。天故使明水見之。於是出而爲之張朝。百姓皆見之。 樹碑　開隧 周裴汝南先賢傳曰。周燕字少卿。爲決曹掾。平四罪不當死。太守劉虔欲殺之。燕犯顏諫。至于九復。虔怒。竟殺之。後死者家人有書稱冤。使覆考。虔見燕曰。太守相負。燕一日引私隱陷人之罪。傳詣長安。當下罷室。未至。燕乃慷慨絕命。於是葬王城之隱。樹碑以旌其葬。謝綽宋拾遺錄曰。桓溫葬姑孰之青山。平墳不爲封域。於墓傍開隧。亡碑。故謬其處。令後代人不知所在。 玉棺　石椁 應劭風俗通曰。鄴縣令王喬。天下一玉棺於廳前。喬謂曰。天帝召我。沐浴寢其中。葬於城東。趙曄吳越春秋曰。吳王闔廬有女自殺。闔廬痛之甚。葬於邦西昌門外。鑿地爲池。積土爲山。文石爲棺椁。 魚燈　龍匣 並見上。 北邙　南嶺 西京雜記曰。安定嵩眞善算術。成帝時。眞嘗自算其年七十三。至期果死。又曰。北邙青隴上。孤檟之西四丈所。鑿之七尺。吾葬地也。眞死。依言往掘。得古時空椁。即以葬焉。又曰。曹敞在吳章門下。章後見殺。令無敢收葬者。敞稱章弟子。收葬其尸。平陵人爲立碑於吳章葬側。章葬於龍首山南嶺上。

旌車　羽蓋傅暢晉公卿禮秩曰。特進薨。遣謁者監護軍喪事。賜東園秘器。五時朝服各一具。衣一襲。給青徘徊赤耳車。挽歌四十人。方相車。建七旒車。銘旌車。丁孚漢官儀曰。孝靈皇帝葬馬貴人。贈步搖赤綬青羽蓋駟馬也。

飾轄　設旐禮記曰。其轄有裧。緇布裳帷素錦以爲屋而行。鄭玄曰。轄載柩將殯之車飾也。又曰。孔子之喪。公西赤爲志焉。飾棺牆置翣。設披周也。設崇殷也。綢練設旐夏也。

四寸之棺　五寸之椁禮記檀弓有子曰。夫子制於中都。四寸之棺。五寸之椁。以斯知不欲速朽也。

朱器　畫棺東觀漢記梁商傳云。商薨。賜東園轜車朱壽器銀鏤黃玉匣。謝承後漢書曰。和帝追封謚皇太后父梁松爲褒親愍侯。改殯。賜東園畫棺玉匣衣衾。

止柩就道　止哭聽變禮記曰。曾子問曰。葬引至于堩。日有食之。則有變乎。且不行乎。孔子曰。昔吾從老聃助葬於巷黨。及堩而日有食之。老聃曰。丘。止柩就道右。止哭以聽變。既明反而後行。曰禮也。鄭玄注曰。堩道也。變謂異禮也。

下不及泉　上無通臭墨子曰。古者聖人制爲葬埋之法。桐棺三寸。足以朽體。衣衾三領。足以覆惡。昔者堯北教乎八狄。道死。葬蛩山之陰。禹東教於越。葬於會稽山。下不及泉。上無通臭。三王豈財用不足哉。以爲葬埋之法。

藉以黃壤　葬以土藏范曄後漢書曰。趙咨將終。告其故吏朱祗蕭建等曰。薄斂素棺。藉以黃壤。欲令速朽。且歸后土。不聽子孫改之。又楚國先賢傳曰。韓曁終遺言曰。夫俗奢易之。以儉儉則節之以禮。若曹敬聽吾言。斂以時服。葬以土藏。穿畢便葬。送以瓦器。

施玉匣　埋珍寶呂氏春秋曰。含珠鱗施。今葬皆用之。注曰。含珠口實。鱗施。施玉匣於死者之體。如魚鱗。潛夫論曰。生不極養。死乃崇喪。或至金縷玉匣。致藏埋珍寶偶人馬車。造起大冢。廣樹松柏。

駟馬不行　大鳥徐步博物志云。漢滕公夏侯嬰死。送葬至東都門外。駟馬不行。掊地悲鳴。即掘馬蹄下。得石椁。其銘云。佳城鬱鬱。三千年見白日。于嗟滕公居此室。乃葬斯地。謂之馬冢。華嶠後漢書曰。楊震爲太尉。中常侍樊豐驕恣。震

常切諫由是共譖震罷遣歸本郡遂仰鴆薨葬日有大鳥來止停樹上須臾下地行徐步到柩前止立低頭淚出更共抱持終不驚駭

【賦】後漢張衡冢賦乃立厥堂乃相厥宇在冬不寒在夏不暑祭祀是居神明是處　晉陸士衡感丘賦生矜跡於當世死同宅乎一丘翳形骸以下淪兮漂營魂而上浮隨陰陽以融冶託山原以爲疇妍媸混而爲一孰云識其所修必妙代以遠覽兮夫何徇乎區陳【詩】唐太宗望送魏徵葬詩閶闔總金鞍上林移玉輦野郊愴新別河橋非舊餞慘日映峯沉愁雲隨蓋轉哀笳時斷續悲旌乍舒卷望望情何極浪浪淚空泫無復昔時人芳春共誰遣　梁何遜悲行路孤墳詩行路一孤墳路成又已毁空疑年歲積不知陵谷徙幾經秋葉黃共見春流瀰金蠶不可織玉樹何曾蘂陌上駈馳人笑歌自侈靡今日非明日可憐詎隣此　梁虞騫遊潮山悲古冢詩長林帶朝夕孤嶺枕江村疏松含白水密篠滿平原荒墳改凍葉低壟變年根西光長櫝落促爾膝前樽　陳陰鏗行經古墓詩偃松將古墓年代理當深表柱應堪燭碑書欲有金逈墳由路毁荒隧受田侵霏霏野霧合昏昏壟日沉懸劍今何在風楊空自吟　陳張正見和楊侯送袁金紫葬詩玄泉開隧道白日照佳城一朝嗟此路千載幾傷情秋雨悲松色淒風咽晚聲歸雲向谷晚還柳背山輕唯當三五夜壟月暫時明　隋庾信送炅法師葬詩龍泉今日掩石洞卽時封玉匣摧談柄懸河落辨鋒香爐猶是柏麈尾更成松郭門未十里山迴已數重尚聞香閣梵猶聽竹林鐘送客風塵擁寒郊霜露濃性靈如不滅神理定何從

挽歌第十

【敘事】干寶搜神記曰挽歌者喪家之樂執紼者相和之聲也挽歌詞有薤露蒿里二章出田橫門人橫自殺門人傷之悲歌言人如薤上露易晞滅也亦謂人死精魂歸於蒿里故有二章　其一章曰薤上朝露何易晞明朝更復露人死一去何時歸二章曰蒿里誰家地聚斂魂魄無賢愚鬼伯一何相催促人命不得少踟蹰　至李延年

乃分爲二曲。薤露送王公貴人。蒿里送士大夫庶人使挽者歌之。又有長歌短歌。言壽命長短。不可妄求。〔事對〕虞殯　田歌左傳曰。吳與齊戰。齊人公孫夏將戰。命其徒歌虞殯。杜預注云。虞殯。葬歌。示必死。譙周法訓曰。今有挽歌者。高帝召田横至於戸鄉。自斃。從者挽至宮。不敢哭。故爲此歌以寄哀音也。松雲　薤露江智泉宣貴妃挽歌曰。桂襚來塵寂。筵俎竟虛存。雲松方靄露。風草已聲原。溫子昇相國清河王挽歌曰。高門詎改轍。曲沼尚餘波。何言吹樓下。翻成薤露歌。鈴唱　紼謳檀道鸞續晉陽秋曰。武陵王晞未敗四五年中。喜爲挽歌。自搖大鈴。使左右唱和。莊子曰。紼謳所生。必於斥苦。司馬彪注曰。紼。引柩索也。斥。慢緩若用力也。引紼所有謳者。爲人用力慢緩不齊。促急也。梁會　袁遊司馬彪續漢書曰。大將軍梁商三月上巳日會洛水。倡樂畢。極終於薤露之歌。坐中流淚。裴啓語林曰。張湛好於齋前種松。養鴝鵒。袁山松出遊。好令左右行挽歌。時人謂張屋下陳屍。袁道上行殯。

〔詩〕魏繆襲挽歌詩生時遊國都。死沒棄中野。朝發高堂上。暮宿黃泉下。白日入虞淵。懸車息駟馬。造化雖神明。安能復存我。形容稍歇滅。齒髮行常墮。自古皆有然。誰能離此者。晉陸機挽歌詩中闈且勿諠。聽我薤露詩。生死必異論。祖載當有時。舍爵兩楹位。啓殯進靈輀。餞飲悵莫反。出宿歸無期。又重阜何崔嵬。玄廬竄其間。磅礴云四極。穹崇效蒼天。側聽陰溝涌。臥觀天井懸。壙宵何遼廓。大暮安可晨。人往有返歲。我行無歸年。昔居四人宅。今爲萬鬼隣。昔爲七尺體。今成灰與塵。金玉昔所佩。鴻毛今不振。豐肌享螻蟻。形骸永夷泯。壽堂延魑魅。虛無自相賓。螻蟻爾何怒。魑魅我何親。拊心痛荼毒。永歎莫爲陳。宋陶潛挽歌詩荒草何茫茫。白楊亦蕭蕭。嚴霜九月中。送我出遠郊。四面無人居。高墳正嶕嶢。馬爲仰天鳴。風爲自蕭條。幽室一已閉。千年不復朝。千年不復朝。賢達無奈何。向來相送人。各亦歸其家。親戚或餘悲。他人亦已歌。死去何所適。託體同山阿。北齊祖孝徵挽歌詩昔日驅駟馬。謁帝長楊宮。旌懸白雲外。騎獵紅塵中。今來向漳浦。素蓋轉悲風。榮華與歌笑。萬事盡成空。隋盧思道彭城王挽歌詩旭早禁門開。隱隱靈輿發。纔看鳳樓逈。稍視龍山沒。猶陳五營騎。尙聚三河卒。容衛儼未歸。空山照秋月。又樂平長公主挽歌詩妝樓對馳道。吹臺臨景舍。風入上春朝。月滿涼秋夜。未言歌笑畢。已覺生榮謝。何時洛水湄。芝田解龍駕。朱子奢文德皇后挽歌詩神京背紫陌。縞駟結行轍。北去橫橋道。西分清渭流。寒光向隴沒。霜氣入松楸。今日泉臺路。非是濯龍遊。李百藥文德皇后挽歌詩徘徊兩儀殿。悵望九成臺。玉輦終辭宴。瑤筐遂不開。野曠陰風積。川長思鳥來。寒山寂已暮。虞殯有餘哀。上官儀故北平公主挽歌詩木落園池曠。庭虛風露寒。北里清音絕。南陔芳草殘。遠氣猶標劍。浮雲尙寫冠。寂寂琴臺晚。秋陰入井榦。又謝都督挽歌詩漠漠佳城幽。蒼蒼松檟暮。魯幕飄欲卷。宛駟悲還顧。楚鐃繞盧山。胡笳臨武庫。悵然郊原靜。煙生歸鳥度。又高密長公主挽歌詩湘渚韜靈跡。娥臺靜瑞音。鳳逐清簫遠。鸞隨幽鏡沉。霜處華英落。風前銀燭侵。寂寞平陽館。月冷洞房深。又江王太妃挽歌詩黃鶴悲歌絕。椒花清頌餘。埃凝寫隣鏡。網結和扉魚。銀消風燭盡。珠滅夜輪虛。別有南陵路。幽叢臨葉疏。駱賓王樂大夫挽歌詩蒿里誰家地。松門何代邱。百年三萬日。一別幾千秋。返照寒無影。窮泉凍不流。居然同物化。何處欲藏邱。劉禕之孝敬皇帝挽歌詩戒奢虛蜃輅。錫號紀鴻名。地叶蒼梧野。途經紫聚城。重照掩寒色。晨飈斷曙聲。一隨仙驥遠。雪露愁陰生。崔融則天皇后挽歌詩宵陳虛禁夜。夕臨空山陰。日月昏尺景。天地慘何心。紫殿金鋪澁。黃陵玉座深。鏡奩長不啓。聖主淚沾襟。又前殿臨朝罷。長陵合葬歸。山川不可望。文物盡成非。陰月霾中道。軒星落太微。空餘天子孝。松上景雲飛。

卷十四校勘表

頁數	行數	排印本原文	安刻本	嚴陸校	備註
三三九	七	三公五推	公五推		
三三九	九	亦曰耕籍		宋本無此四字	
三三九	一一	徐爰	徐姜		
三四二	二	孝元王皇后		孝元帝皇后	
三四二	一五	韶音		韶管	
三四三	一一	釋奠		釋奠詩	
三四三	一二	達義		達義	
三四三	一三	克鼎	克明		
三四四	一	爲王子	爲王嫡子		
三四四	四	師匡		師臣	
三四四	五	或舛		式外	
三四五	六	於牧	於牧伯		
三四五	一〇	遺處		遺廢	
三四六	二	五惡	五思	五美	

三四六	二	以賀	以禍	
三四六	三	傳諸		使請
三四六	四	聘問之禮		聘禮
三四六	五	負扆		負斧扆
三四六	六	受度		受慶
三四六	九	齊立	齊列	
三四六	一一	太宗皇帝		太宗文武聖皇帝
三四六	一四	皎日	暖日	
三四七	八	滻氣		佳氣
三四七	一四	踩王會		賦王會
三四八	五	四海		海內
三四八	八	飛醽醁	飛酃淥	
三四八	一〇	明燭		明燈
三四八	一一	晞鳳		師鳳
三四九	六	合德		令德
三四九	一〇	萍浮		若浮
三四九	一一	陽雲之臺		陽臺之雲
三四九	一三	太宗皇帝		太宗文武聖皇帝

三五〇	六	丹穀			「丹穀」疑是「丹轂」之誤
三五〇	六	輕輦隨風移		句下宋本有「飄颻放志意千秋常若斯」十字	
三五〇	一〇	思經		思君	
三五〇	一〇	露華浮		露方塗	
三五〇	一五	金卮		金舟	
三五一	一一	仰清流		俯清流	
三五一	一四	簫管並		簫管沸	
三五二	一	而弱冠		曰弱冠	
三五二	四	求以三始	永以言三加也		
三五二	一〇	三加見上		宋本作「冠禮曰三加彌尊喻其志也鄭元注云始加緇布也次皮弁次爵弁冠益尊則志益大」三十三字	「冠禮曰」及「喻其志」與敍事文異
三五二	一五	禖享之禮		禖享之禮	

三五三	五	建平王宏冠表		宋本有「臣諱言建平王」六字	
三五三	六	廣陵王誕冠表		宋本有「臣諱言北中郎南徐州刺史廣陵王」十四字	
三五三	一〇	女三十而嫁		句下宋本有「謂太古也男子三十而娶女二十而嫁」十五字	
三五三	一二	音澎			「澎」疑當作「胤」
三五四	五	一物不備		一物不中節	
三五四	八	施衿結帨		施衽結帨	
三五四	九	施衿		施衽	下同
三五四	九	禧襌		褘上	
三五四	一一	適夫		夫家	
三五五	九	協和	協初		
三五五	九	莫偉		莫備	
三五六	一一	神香		袖香	
三五六	一二	潘楊有		潘徐百	

三五六	一四	護妝		覻妝
三五六	一五	寶翟		寶鶴
三五七	一	寶吹		葆吹
三五七	一	離光		離元
三五七	三	晉潘岳答摯虞新婚箴	摯虞新婚箴	
三五八	八	之至理		之定理
三五八	一五	不以		不亦
三五九	一	以陰陽　以元氣		與陰陽　與元氣
三五九	三	而逐		而速
三五九	七	於古年	之古年	
三五九	九	毁壞		毁壞
三六〇	二	大夫三士二		大夫二士一
三六〇	九	魯東田是		魯東由是
三六〇	九	欒水	來水	
三六〇	一二	其葬		其義
三六〇	一二	宋拾遺錄		拾遺錄
三六〇	一二	於墓傍開		句下「隧亡」至「所在」十五字宋本無

三六〇	一四	邦西		城西
三六〇	一四	文石爲棺椁		以文石爲槨
三六〇	一五	嵩眞		徐眞
三六〇	一五	青隴		青龍
三六一	一	曹敞		張敞
三六一	一〇	道死葬輩山之陰	道死南已之市	
三六二	四	唐太宗		太宗文武聖皇帝
三六三	三	戶鄉自斃		尸鄉自殺
三六三	五	疎索		樞索
三六三	一〇	悵莫反		觴莫舉
三六四	六	楚鏡		楚挽
三六四	八	臨葉		涼葉
三六四	九	藏邱		藏舟
三六四	一〇	途經		途分
三六四	一〇	雪露		雲露
三六四	一〇	則天皇后		則天大聖皇后
三六四	一一	昏尺景		昏無景

〔唐〕徐　堅等著

初學記

下册

中華書局

初學記卷十五

樂部上

雅樂一　雜樂二　四夷樂三　歌四　舞五

雅樂第一

[敍事]　左傳曰。天子省風以作樂。世本曰。夔作樂。又禮記曰。夔始制樂。以賞諸侯。禮記曰。夫樂清明象天。廣大象地。終始象四時。周旋象風雨。白虎通曰。樂者。樂也。君子樂得其道。小人樂得其欲。聲者。鳴也。音者。飲也。剛柔清濁和而相飲。漢書曰。五聲者。宮商角徵羽。商。章也。物成熟可章度也。角。觸也。物觸地而出。戴芒角也。宮。中也。居中央。暢四方。唱始施生。爲四聲綱也。徵。祉也。物盛大而繁祉也。羽。宇也。物聚藏宇覆之也。五行則角爲木。五常爲仁。五事爲貌。商爲金。爲義。爲言。徵爲火。爲禮。爲視。羽爲水。爲智。爲聽。宮爲土。爲信。爲思。以君臣民事物言之。則宮爲君。商爲臣。角爲民。徵爲事。羽爲物。爾雅釋樂曰。宮謂之重。商謂之敏。角謂之經。徵謂之迭。羽謂之柳。郭璞注。皆五音之別名。其義未詳。五經通義曰。八音者。金石絲竹匏土革木也。金爲鐘。石爲磬。絲爲絃。竹爲管。匏爲笙。土爲塤。皮爲鼓。木爲柷敔。柷昌六反。敔音語。釋智匠樂錄曰。金爲鐘鎛鐲鐃。石爲磬。絲爲琴瑟箜篌箏筑琵琶。竹爲篪笛籥簫管。匏爲笙簧竽。土爲塤缶。革爲鼓。木爲柷敔也。國語曰。金尚羽。石

尙角。竹尙商。絲尙宮。匏土尙徵。呂以和樂。律以平聲。金石以動之。絲竹以行之。歌以詠之。匏以宣之。瓦以贊之。革木以節之。物得其常曰樂。樂之所集曰聲。聲相保曰和。細大不踰曰平。樂緯曰。六律。黃鐘十一月大簇正月姑洗三月蕤賓五月夷則七月無射九月六呂。大呂十二月夾鐘二月仲呂四月林鐘六月南呂八月應鐘十月陽爲律。陰爲呂。總謂之十二月律。黃帝之樂曰咸池。池音施道施於民故曰咸池顓頊曰五莖。道有根莖故曰五莖帝嚳曰六英。道有英華故曰六英堯曰大章。堯時仁義大行法度章明故曰大章舜曰簫韶。韶繼也舜繼堯之後循行其道故曰簫韶禹曰大夏。禹承二帝之後道重太平故曰大夏殷曰大濩。湯承衰而起濩先王之道故曰大濩濩音護。周曰勺。又曰大武。周承衰而起斟酌文武之道故曰勺周禮。奏大樂皆以鐘鼓奏九夏。夏樂章名若今之奏鼓吹一曰王夏。天子出入奏之二曰肆夏。祭祀尸出入奏之亦主賓入門奏之享四方奏之三曰昭夏。牲出入奏之四曰納夏。享四方奏之五曰章夏。納有功奏之六曰齊夏。大夫祭奏之七曰族夏。族人侍奏之八曰祴夏。賓醉出奏之九曰驁夏。公出入奏之天子祭祀用六代之樂。一曰雲門二曰咸池三曰簫韶四曰大夏五曰大濩六曰大武沈約宋書曰。秦樂曰五行。始皇所改漢樂曰文始。高祖改韶舞爲之武德。高祖造舞人執干戚以象天下樂已行武以除亂安世。舊曰房中秦改爲壽人孝惠改爲安世昭容。高祖造生於武德禮容。高祖造生於文始五行嘉至。叔孫通造以迎神四時。文帝所造昭德。孝武帝造薦之太宗廟盛德。孝宣造薦之太宗廟雲翹。育命。並漢樂以祀天地巴渝。漢初巴渝助漢有功作此舞魏樂曰。昭武。改漢巴渝正世。改漢安世又爲享神歌迎靈。改漢嘉至武頌。改漢武德昭業。改秦昭容鳳翔。改漢雲翹靈應。改漢育命大韶。改漢文始大武。改秦五行周禮曰。天子宮懸。四面如宮諸侯軒懸。去南面餘三面其形如軒亦曰曲懸大夫判懸。又去其北面

士特懸。凡樂作謂之奏。九奏乃終謂之九成。樂終謂之闋。凡懸鐘磬之半爲堵。全爲肆。半謂鐘磬各八。共十六枚而在一簴。【事對】

省風 考俗 左傳曰。伶州鳩曰。夫鼓音之輿也。鐘音之器也。天子省風以作樂。樂叶圖徵曰。樂聽其聲。和以音。考以俗。驗以物類。

滌邪 蕩穢 五經通義曰。功成作樂。治定制禮。所以禁奢侈。滌邪志。通中和也。史記曰。凡作樂者。使萬民咸蕩滌邪穢。斟酌飽滿。以飾厥性。

合愛 定和 禮記曰。樂者異文合愛者也。孫卿子曰。夫樂者。審一以定和。率一以定理。

昭德 表功 沈約宋書曰。魏公卿奏曰。烈祖未制樂舞。非所以昭德著功。夫歌以詠德。舞以象事。於文。文武爲斌。兼秉文武。聖德所以彰明也。臣等謹制樂名曰章斌文武之舞。五經通義曰。樂者所以象德表功。因事之宜。

同和 交泰 禮記曰。大樂與天地同和。大禮與天地同節。阮籍論曰。樂者使人精神平和。衰氣不入。天地交泰。百物來集。

五節 四會 許慎五經異義曰。樂所以節百事也。故有五節。漢書禮樂志曰。有鄭四會。楚四會。宋玉高唐賦亦云。聲似竽籟。五變四會。

升歌 列舞 儀禮曰。主人升受爵。樂闋。升歌鹿鳴。張衡東京賦曰。雷鼓鼘鼘。六變既畢。冠華秉翟。列舞八佾。

崇德 導志 周易曰。雷出地奮。豫。先王以作樂崇德。殷薦上帝。以配祖考。五經析疑曰。先王之制禮樂也。制禮以節事。修樂以導志。故觀其禮樂。理亂自知也。

通神 全性 史記太史公曰。音樂者。所以動蕩血脈。通液精神而和正心也。漢書曰。聲樂蕩滌人之邪意。全其正性。移風易俗。

飾節 成文 公孫尼子論曰。樂者審一以定和。比物以飾節。禮記曰。情動於中。故形於聲。聲成文謂之音。

鄭舞 齊謳 張衡南都賦曰。齊童唱兮列趙女。坐南歌兮起鄭舞。崔琦七蠲曰。暫唱御轉。時吟齊謳。窮樂極懽。濡首相煦。

六成 五降 史記曰。六成復綴以崇天子。鄭玄注曰。六奏象兵還振旅也。復綴反位止也。王肅注曰。以象尊崇天地也。許慎五經異義曰。先王之樂。所以節百事。故有五節。遲速本末中聲以降。五降之後。不容彈矣。

燕竽 趙瑟 袁安夜酣賦曰。拊燕竽。調齊笙。引宮徵。唱清平。史記曰。秦王飲酣曰。寡人切聞趙王好音。請王鼓瑟。秦御史前書曰。某年某月秦王與趙王會於澠池。秦王令趙王鼓瑟。鮑昭白紵詞曰。秦箏趙瑟挾笙竽。羌笛　胡笳　許愼說文曰。笛七孔。籥也。羌笛三孔。沈約宋書曰。應劭漢鹵簿云。騎執菰。菰晉先蠶儀注曰。車駕住。吹小菰。發。改大菰。菰卽葭也。又胡笳漢錄有其曲。不記所出本末。五莖　六瑩　樂叶圖徵曰。帝顓頊樂曰五莖。宋均注曰。能爲五行之道立根莖也。列子曰。周穆王時有化人來。穆王敬之若神。奏承雲六瑩九招晨露以樂之。張湛注曰。承雲。黃帝樂。六瑩。帝嚳樂。九招。舜樂。晨露。湯樂。鈞天　調露　史記曰。趙簡子疾。五日不知人。扁鵲曰。昔繆公嘗如此。五日不知人。七日乃寤。居二日半。簡子寤。語大夫曰。我之帝所甚樂。與百神遊于鈞天。廣樂九奏萬舞。不類三代之樂。其聲動人心。樂叶圖徵曰。時元日受氣於天。布之於地。以時出萬物者也。四時之節。動及各有分次。不得相踰。常以度行也。謂調露之樂。宋均注曰。以時出入。月令十二月政是也。從其入則無災祅也。調露。調和致於甘露也。大夏　成周　樂叶圖徵曰。禹樂曰大夏。宋均注曰。其德能大諸夏也。晏子春秋曰。齊太師曰。成周之樂。天子樂。臣不敢爲之。歌鍾　舞籥　左傳曰。鄭賂魯侯歌鍾二肆。杜預注。肆。列也。周禮。籥師掌教國子舞羽吹籥。鄭玄注。文舞有持羽吹籥者。所謂籥舞也。左傳曰。吳季札見舞南籥者。感天地　通鬼神　漢書曰。夫樂者。聖人所以感天地。通鬼神。安萬民。故聽者無不虛已竦神。悅而承流。於是海內被服其風。光輝日新。而不知所以然。禮記曰。夫禮樂之行乎陰陽。通乎鬼神。燭日月　風山川　莊子曰。黃帝張咸池之樂於洞庭之野。奏以陰陽之和。燭以日月之明。國語曰。晉平公旣作新聲。師曠曰。夫樂風德以廣之。山川以達之。賈逵注曰。樂所以通山川之風類。以達其德。節八風　成萬物　國語曰。金摩之石擊之。絲木越之。匏竹節之。鼓而行之。以節八風。賈逵注曰。八風。八卦之風也。阮籍樂論曰。聖人之作樂。將以順天地之體。成萬物之性。天地順　陰陽和　漢書曰。至於萬物不夭。天地順而嘉應降。故詩曰。鐘鼓鍠鍠。磬管鏘鏘。降福穰穰。禮記曰。樂由陽來者也。禮由陰作者也。陰陽和而萬物得也。和邦國　化黎庶　周禮曰。大合樂以和邦國。史記曰。樂所以上事宗廟。下以變化黎民。暢於中　動於外漢書曰。樂者。四暢交於中而發作於外。此先王立樂之方也。春秋元命苞曰。樂者。和盈於內。動發於外。應其發時。制禮作樂以成之。宋均注曰。和盈於內。鄉人邦國咸歌之。動發於外。形四方之風也。**本在心　象其性**　禮記曰。樂者。音之所由生。其本在人心感於物也。五經通義曰。受命而王者。有六樂焉。必象其性而爲之制。以樂其見祖也。**聞韶樂　奏新聲**　論語曰。子在齊聞韶。曰。不圖爲樂之至於斯也。韓子曰。衛靈公於濮水上聞新聲。召師涓撫琴寫之。**角惻隱　宮寬大**　邯鄲綽五經析疑曰。聞角聲。無不惻隱而慈者。韓詩外傳曰。湯作大濩。聞其宮聲。使人溫良而寬大也。**通八風　定萬物**　淮南子曰。夔作樂。合六律。調五音。所以通八風。阮籍論曰。先王之爲樂。將以定萬物之情也。**道施民　德潤物**　五經通義曰。黃帝樂所以爲咸池者何。咸。皆也。施也。黃帝時道皆施於民。樂叶圖徵曰。黃帝樂曰咸池。宋均注曰。咸。皆也。池。取無所不浸。德潤萬物。故定以爲樂名也。**天地和　陰陽順**　呂氏春秋曰。凡樂。天地之和。陰陽之調。君臣父子長少之所歡欣而悅之。詩記歷樞曰。樂者。非謂金石之聲。管絃之鳴。謂陰陽和順也。**薦上帝　下太一**　周易曰。雷出地奮。豫。先王以作樂崇德。殷薦上帝。以配祖考。樂叶圖徵曰。鼓和樂於東郊。致魂靈。下太一之神。**致神祇　薦郊廟**　周禮曰。大合樂以致鬼神祇。以和邦國。以諧萬民。以安賓客。以悅遠人。以作動物。漢書曰。樂者。歌九德。誦六詩。是以薦之郊廟。則鬼神享之。**商斷割　宮溫雅**　邯鄲綽五經析疑曰。聞商聲。無不斷割而亡事也。五經通義曰。聞宮聲。無不溫雅而和之。**致鱗羽　動風雲**　周禮曰。凡六樂者。一變而致羽物。三變而致鱗物。鄭玄注。變。更也。樂成則更奏也。夏仲御別傳曰。激南楚。吹胡笳。風雲爲之搖動。星辰爲之變度。**徵善養　商好義**　五經通義曰。聞徵聲。無不善養而好施者也。韓詩外傳曰。聞商聲。使人方廉而好義。**教胄子　掌成均**　尚書曰。帝曰。夔。命汝典樂。教胄子。王肅注曰。胄子。國子也。周禮曰。大司樂掌成均之法。以治建國之學政。而合國之子弟焉。鄭玄注曰。均。調也。樂師主調其音。大司樂主受此成事已。謂之樂。**事宗廟　安賓客**　上見史記云云。下見周禮云云。**通神**

明　和人理　漢書曰。夫樂者。聖人所以感天地。通神明。魏志曰。文帝行獵。中道頓息。問侍臣曰。獵之爲樂何如八音也。侍中劉曄對曰。獵勝於樂。兼侍中鮑勛抗辭曰。夫樂上通神明。下和人理。崇政致化。萬邦咸乂。虛己竦神　洞心駭耳　漢書曰。夫樂通神明。安民庶。故聽者無不虛己竦神。司馬相如上林賦曰。族君遞奏。金鼓迭起。鏗鏘闛鞈。洞心駭耳。英英鼓腹　洋洋盈耳　呂氏春秋曰。帝顓頊命鱓先爲樂倡。鱓乃偃寢。以其尾鼓其腹。其音英英。論語曰。師摯之始。關雎之亂。洋洋乎盈耳哉。注曰。魯大師摯識關雎之聲。而首理其亂者。洋洋乎盈耳。聽而美之。功成乃作　教尊後賞　禮記曰。王者功成作樂。治定制禮。其功大者。其樂備也。白虎通曰。太平乃作樂。所以防淫佚。禮記曰。故天子之爲樂也。以賞諸侯之有德者也。德盛而教尊。五穀時熟。然後賞之以樂也。鄭聲亂雅　齊音害德　論語曰。惡紫之奪朱。惡鄭聲之亂雅樂。包曰。鄭聲。淫聲之哀者。禮記曰。鄭音好濫淫志。宋音燕女溺志。衛音趨數煩志。齊音傲僻驕志。此四者淫於色而害於德。鐘鼓俱震　塤篪和鳴　曹植七啓曰。鐘鼓俱震。簫管齊鳴。陸機七徵曰。金石諧而齊響。塤篪合而和鳴。八音克諧　五色不亂　尚書曰。八音克諧。無相奪倫。禮記曰。五色成文而不亂。八風從律而不姦。移風易俗　播德通靈　孝經曰。移風易俗。莫善於樂。魏名臣奏事曰。夫樂所以播德通靈。號鐘之琴　空桑之瑟　楚辭曰。破伯牙之號鐘。王逸注曰。號鐘。琴名。又傅玄琴賦曰。齊桓公有鳴琴曰號鐘。周禮曰。空桑之琴瑟。鳳歌鸞舞　玉管朱紘　庾闡詩曰。蕭史吹鳴管。王子吐鳳歌。抱朴子曰。鸞鳥聞樂而舞。則主國安。應劭風俗通曰。章帝時。零陵太守舜祠下得笙白玉管。尚書大傳曰。大琴朱紘而達越。寶瑟綺琴　赤簫紫笛　漢書曰。莽何羅行觸寶瑟。張衡擬四愁詩曰。佳人遺我綠綺琴。又傅玄琴賦曰。蔡邕有琴曰綠綺。蕭方等三十國春秋曰。涼州人發涼王張駿墓。得赤玉簫紫玉笛。天籟地籟　南音北音　莊子曰。汝聞人籟而未聞地籟。既聞地籟而未聞天籟。郭象注曰。簫管參差。雖萬殊而不異也。呂氏春秋曰。塗山女令其女往候禹。女作歌。始作南音。有娀氏二女。帝令鷰遺二卵。

北飛不還。二女作歌。始作北音。　雲和之琴　霜條之篪　周禮曰。孤竹之管。雲和之琴瑟。冬日至。於地上圜丘奏之。鄭玄注。雲和。空桑龍門皆山也。郭子橫洞冥記曰。建元二年。帝起騰光臺以望四遠。於臺上橫碧玉之鐘。掛懸黎之磬。吹霜條之篪。唱來雲往日之曲。

〔詩〕　唐太宗皇帝三層閣上置音聲詩　綺筵移暮景。紫商引宵前。南陳歌塵合。分階舞影連。聲流三處管。響亙一重絃。不似秦樓上。吹簫空學仙。　梁王暕觀樂應詔詩　趙瑟含清音。秦箏凝逸響。參差陳九夏。依遲紛四上。從風繞金梁。含雲映珠網。遞奏豈二八。繁絃非一兩。幸叨東郭吹。廁陪南風賞。忘味信鏗鏘。飡和終俯仰。輕塵已飛散。游魚亦翻蕩。恩光實難遇。詠言寧易放。　隋何妥奉勅於太常寺修正古樂詩　大樂遺鐘鼓。至樂貴忘情。俗久淳和變。年深禮敎生。嶰谷調孤管。崙山學鳳鳴。浮雲成舞曲。白雪作歌名。聞詩六義辨。觀樂八風平。肅穆皇威暢。淪漣河水清。鈞天動絲竹。括地響錞鉦。盡美兼韶濩。威德總咸英。寥亮虡鍾徹。飄揚翟羽輕。小臣屬千載。時幸預簪纓。行欣負蒼璧。衢壇聽九成。　又樂部曹觀樂詩　東海餘風大。陶唐遺思深。何如觀徧舞。奏鼓閒摐金。清管調絲竹。朱絃韻雅琴。八行陳樹羽。六德審知音。至道兼韶濩。充庭總韎任。高天度流火。落日廣城陰。百神諧景福。萬國仰君臨。天樂非城鼓。且用戒民心。　薛道衡奉和月夜聽軍樂應詔詩　旋門臨古堞。徼道度深隍。月冷疑秋夜。山寒落夏霜。遙空澄暮色。清景散餘光。笳聲諠隴水。鼓曲噪漁陽。沉鬱興神思。眺聽發天章。嵩岱終難學。邱陵徒自強。　隋孔德紹觀太常奏新樂詩　大君膺寶歷。出豫表成功。鈞天金石響。洞庭絃管清。八音動繁會。九變叶希聲。和雲留睿賞。薰風悅聖情。盛烈光韶濩。易俗邁咸英。切吹良無取。率舞抃輕生。　隋卞斌觀太常奏　昔人夢黃帝。尙喜頌鈞天。況茲開景業。作樂武功宣。大雅發還理。乘風毀更懸。中和誠易擬。韶夏詎相沿。犍爲磬響徹。嶰谷管聲傳。小臣濫清耳。長奉南風絃。　隋許善心於太常寺聽陳國蔡子元所校正聲樂詩　維陽成禮樂。治定昔君臨。虞庭觀樹羽。漢帝仰摐金。既因鐘石變。將隨河海沉。湛露廢還序。承風絕復尋。衮章無舊迹。韶夏有餘音。澤竭英莖散人遺憂思深悲來未滅瑟淚下正聞琴詎似文侯睡聊同微子吟鐘奏殊南北商聲異古今獨有延州聽應知亡國音〔詔〕梁武帝問羣臣音樂詔 夫聲音之道與政通矣所以移風易俗明貴下賤而韶濩之稱空傳咸英之實靡記漢魏已來陵替滋甚遂使雅鄭混淆鐘石斯謬天人缺九變之節朝宴失四懸之儀歷年永久將墮于地朕昧爽坐朝思求厥旨而舊章匪存未獲釐正寤寐有懷所爲歎息卿學術通明可陳所見

雜樂第二

〔敘事〕 左傳曰煩手淫聲慆堙心耳乃忘和平謂之鄭聲 許愼五經通義曰鄭國有溱洧之水男女聚會謳歌相感今鄭詩二十一篇説婦人者十九故鄭聲淫也又云鄭衛之音使人淫逸也 梁元帝纂要曰古豔曲有北里靡靡激楚結風陽阿之曲又有百戲起於秦漢有魚龍蔓延假作獸以戲高絙鳳皇安息五案並石季龍所作見鄴中記都盧尋橦今之緣竿見西京記丸劍丸一名鈴見西京記戲車山車興雲動雷見李尤長樂觀賦跟挂腹旋並緣竿所作見傅玄西都賦呑刀履索吐火見西京賦激水轉石嗽霧扛鼎並見李尤長樂觀及傅玄西都賦 象人 見漢書韋昭曰今之假面怪獸含利之戲並見西京賦〔事對〕 流鄭 激楚桓譚新論曰夫不剪之屋不如阿房之宮不琢之椽不如磨礱之桷玄酒不如蒼吾之醇控揭不如流鄭之樂淮南子曰揚鄭衛之淫樂結激楚之遺風此齊人之所以淫泆流湎也 楚巫 宋溺 呂氏春秋曰楚之衰也作爲巫音高誘注曰男曰覡女曰巫禮記曰宋音燕女溺志 好俗 聽新 孟子曰莊暴見齊王曰寡人非能好先王之樂直好世俗之樂耳禮記曰魏文侯問於子夏曰吾端冕以聽古樂則唯恐臥聽鄭衛之音則不知倦敢問古樂之如彼何也新樂之如此何也 東舞 南歌 魏文帝詩曰齊倡發東舞秦箏奏西音張衡南都賦曰坐南歌兮起鄭舞白鶴飛兮蠒曳緒 麗

妙　奇偉　劉愼魯都賦曰。龍燭九枝。逸稻壽陽。賦湛露以留客。召麗妙之新倡。劉向列女傳曰。夏桀求四方美人。積之後宮。狀俳優
佅儒狎徒。而爲奇偉之戲。　魯幕　秦帷　穀梁傳曰。定公十一年。夾谷會。齊人使優施舞於魯君之幕下。孔子曰。笑君者罪當死。使
司馬行法焉。劉向說苑曰。秦始皇既兼天下。興驪山之役。錮三泉之底。關中建離宮四百所。皆有鐘磬帷帳。婦人倡優。　歌容　舞態
漢書曰。哀有哭踊之節。樂有歌舞之容。正人足以副其誠。邪人足以防其失。邊讓章華賦曰。舞無常態。鼓無定節。尋聲響應。脩短靡跌。
趙舞　燕歌　張華上巳篇曰。妙舞起齊趙。悲歌出三秦。魏文帝燕歌行曰。別日何易會日難。山川悠遠浮漫漫。鬱陶思君未敢言。寄
聲浮雲往不還。清歌　妙舞　夏仲御別傳曰。仲御從父家女巫章舟陳殊二人。妍姿冶媚。清歌妙舞。狀若飛仙。　東山妓　西巴
唱　郭子曰。謝公在東山畜妓。簡文曰。安石必出。與人同樂。亦不得不與人同憂。張華輕薄篇曰。美女興齊趙。妍唱出西巴。一顧城國傾。
千金寧足多。　佅儒戲　爛熳樂　家語曰。魯定公與齊侯會於夾谷。孔子攝行相事。齊宮中之樂。俳優佅儒戲於前。列女傳曰。夏桀
既棄禮儀。淫於婦人。求四方美人。積之後宮。造爛熳之樂。　［詩］　梁孝元帝夕出通波閣下觀妓詩　娥眉漸成光。燕姬戲
小堂。胡舞開齊閣。鈴盤出步廊。起龍調節鼓。卻鳳點笙簧。樹交臨舞席。荷生夾妓航。竹密無分影。花疏生異香。捉盃時笑語。歡茲樂未央。
又和林下作妓應令詩　日斜下北閣。高宴出南榮。歌清隨澗響。舞影向池生。輕花亂粉色。風篠雜絃聲。獨念陽臺下。願待洛川生。
梁昭明太子林下作妓詩　炎光向夕斂。徙宴臨前池。泉將影相得。花與面相宜。篪聲如鳥哢。舞袖寫風枝。歡樂不知醉。千秋長
若斯。　梁沈約樂將殫恩未已應詔詩　淒鏘笙管遒。參差舞行亂。輕肩既屢舉。長巾亦徐換。雲鬟垂寶花。輕妝染微汗。羣臣醉
又飽。聖恩猶未半。　梁劉孝綽同武陵王看妓詩　燕姬奏妙舞。鄭女發清歌。迴羞出慢臉。送態表頻蛾。寧殊遏行雨。詎減見淩波。
想君愁日落。應羡魯陽戈。　北齊蕭放冬夜對妓詩　佳麗盡時年。合瞑不能眠。銀龍啣燭燼。金鳳起爐烟。吹篪先弄曲。調箏更撮絃。

歌還團扇後。舞出妓行前。絕代終難及。誰復數神仙。

後梁沈君攸待夜出妓詩　簾間月色度。燭定妓成行。迴身釧玉動。頓履珮珠鳴。低衫拂鬢影。舉扇起歌聲。匣中曲猶奏。掌上體應輕。

陳陰鏗侯司空宅詠妓詩　佳人遍綺席。妙曲動鵾絃。樓似陽臺上。池如洛浦邊。鶯啼歌扇後。花落舞衫前。翠柳將斜日。偏是晚妝鮮。

陳劉删侯司空宅詠妓詩　石家金谷妓。妝罷出蘭閨。看花爭欲笑。聞瑟不勝啼。山邊歌落日。池上舞前溪。將人當桃李。何處不成蹊。

周庾信和趙王看妓詩　綠珠歌扇薄。飛燕舞衫長。琴曲隨流水。簫聲逐鳳皇。細縷纏鐘格。圓花釘鼓牀。懸知曲不誤。無事顧周郎。

又看妓詩　長思浣沙石。空憶擣衣砧。臨邛若有便。爲說解琴心。

隋江總和衡陽殿下高樓看妓詩　起樓侵碧漢。初日照紅妝。絃心豔卓女。曲誤動周郎。並歌時轉黛。息舞暫分香。挂纓銀燭下。莫笑玉釵長。

隋盧思道夜聞鄰妓詩　倡樓對三道。吹臺臨九重。笙隨山上鶴。笛奏水中龍。怨歌聲易斷。妙舞態難逢。誰能暫留客。解珮一相從。

隋虞茂衡陽王齋閤奏妓詩　金溝低御道。玉管正吟風。拾翠天津上。迴鸞鳥路中。鏡前看月近。歌處覺塵空。今宵織女見。言是望仙宮。

隋薛道衡和許給事善心戲場轉韻詩　京洛重新年。復屬月輪圓。雲間璧獨轉。空裏鏡孤懸。萬方皆集會。百戲盡來前。臨衢車不絕。夾道閣相連。驚鴻出洛水。翔鶴下伊川。豔質迴風雪。笙歌韻管絃。佳麗儼成行。相攜入戲場。衣類何平叔。人同張子房。高高城裏髻。峩峩樓上妝。羅裙飛孔雀。綺席垂鴛鴦。日映班姬扇。風飄韓壽香。竟夕魚負燈。徹夜龍銜燭。戲笑無窮已。歌詠還相續。羌笛隴頭吟。胡舞龜茲曲。假面飾金銀。盛服搖珠玉。宵深戲未闌。競爲人所難。臥驅飛玉勒。立騎轉銀鞍。縱橫既躍劍。揮霍復跳丸。抑揚百獸舞。盤跚五禽戲。狻猊弄斑足。巨象垂長鼻。青羊跪復跳。白馬迴旋騎。忽覩羅浮起。俄看鬱昌至。峯嶺既崔嵬。林叢亦青翠。麋鹿下騰倚。猴猿或蹲跂。金徒列舊刻。玉律動新灰。甲荑垂陌柳。殘花散苑梅。繁星漸寥落。斜月尚徘徊。王孫猶勞戲。公子未歸來。共酌瓊酥酒。同傾鸚鵡盃。普天逢聖日。兆庶喜康哉。

陳李元操詶蕭侍中春園聽妓詩　微雨散芳菲。中園照落暉。紅樹搖歌扇。綠珠。飄舞衣。繁絃調對酒。雜引動思歸。愁人當此夕。羞見落花飛。陳子良賦得妓詩 金谷多懽宴。嘉麗盡芳菲。流雲席上轉。迴雪掌中飛。明月臨歌扇。行雲接舞衣。何必桃將李。別有代春暉。弘執恭和平凉公觀趙郡王妓詩 小堂羅薦陳。妙妓命燕秦。挈質疑假黛。紅臉自含春。合舞俱迴雪。分歌共落塵。齊竽不可廁。空願上龍津。釋法宣和趙郡王觀妓應教詩 桂山留上客。蘭室命娼妖。城中畫眉黛。宮內束纖腰。舞袖風前擧。歌聲扇後嬌。周郎不相顧。今日管絃調。王勣詠妓詩 妖姬飾淨妝。窈窕出蘭房。日照當軒影。風吹滿路香。早時歌扇薄。今日舞衫長。不應令曲誤。持此試周郎。

四夷樂第三

〔敍事〕周禮春官鞮鞻氏掌四夷之樂。鄭玄注曰。東方曰昧。南方曰任。西方曰朱離。北方曰禁。禮記曰。昧東夷之樂。任南蠻之樂。〔事對〕德及 澤被 班固東都賦曰。四夷間奏。德廣所及。㑆兜離。罔不具集。五經通義曰。舞四夷之樂。明德澤廣被四表也。納魯廟 獻漢庭 禮記曰。納夷蠻之樂於太廟。廣魯於天下也。後漢書曰。永寧元年。西南夷撣國王獻月樂及伶人。明年元會作之於庭。安帝與羣臣共觀大奇之。狄鞮倡 扶婁伎 司馬相如上林賦曰。俳優侏儒狄鞮之倡。郭璞注曰。狄鞮。西方之樂名也。王子年拾遺記曰。成王之時。南垂之南有扶婁國。或於掌中備百獸之樂。婉轉屈曲於指間。人形或長數分。神怪歘忽。樂府傳此伎。末代猶學焉。被四表 穆八荒 上見五經通義。左思魏都賦曰。鞮鞻所掌之音。韎任昧禁之曲。以娛四夷之君。以穆八荒之俗。〔詩〕後漢遠夷慕德歌詩 蠻夷所處。日入之部。慕義向化。歸自明主。聖德恩深。與人富厚。冬多霜雪。夏多和雨。寒溫時適。部人多有涉危歷險。不遠萬里。夷俗歸德。心歸慈母。又遠夷懷德歌詩 荒服之外。土地墝埆。食肉衣皮。不見鹽穀。吏譯傳風。大漢安樂。攜負歸仁。長願臣僕。

歌第四

〔敍事〕尚書曰。詩言志。歌永言。永長也。長言之。蔡邕月令章句曰。歌者。樂之聲也。毛詩序曰。情動於中而形於言。言之不足。故嗟嘆之。嗟嘆之不足。故詠歌之。詠歌之不足。不知手之舞之。足之蹈之。山海經曰。帝俊八子。是始爲歌。爾雅曰。聲比於琴瑟曰歌。徒歌曰謠。亦謂之咢。謂無絲竹之類。獨歌之。韓詩章句曰。有章曲曰歌。無章曲曰謠。梁元帝纂要曰。齊歌曰謳。吳歌曰歈。楚歌曰豔。淫歌曰哇。又有清歌。高歌。安歌。緩歌。長歌。浩歌。雅歌。酣歌。怨歌。勞歌。韓詩曰。饑者歌食。勞者歌事。振旅而歌曰凱歌。堂上奏樂而歌曰登歌。亦曰升歌。古之善歌者有咸黑。帝嚳歌者。見呂氏春秋。秦青。薛談。秦青弟子。韓娥。齊人。三人見列子。王豹。處於淇而河西善謳。綿駒。處高唐而齊右善歌。瓠梁。見淮南子。魯人虞公。見劉向別錄。李延年。見漢書。古歌曲有陽陵。白露。朝日。魚麗。白水。白雲。江南。陽春。淮南。駕辯。淥水。陽阿。採菱。下里。巴人。並見襄陽耆舊傳及梁元帝纂要。八闋。葛天氏之歌。見呂氏春秋。唐歌。帝嚳之歌。南風。卿雲。並虞舜歌。晨露。湯歌。並見呂氏春秋。漢歌曲有大風。高祖所作。芝房。白麟。朱鴈。交門。天馬。房中。已上並郊居歌。盛唐。樅陽。武帝歌。瓠子。武帝觀決河所作。並見漢書。玄雲。步雲。西王母歌。見武帝內傳。古樂府有燕歌行。豔歌行。長歌行。魏武帝作。朝歌行。怨歌行。前緩聲歌行。櫂歌行。鞠歌行。放歌行。短歌行。蔡歌行。陳歌行。又古今樂錄。晉末已後歌曲有淫豫歌。楊叛兒歌。南齊有楊旻母爲師。入宮。童婦呼爲楊婆兒。婆轉爲叛。扶風歌。晉劉琨作。百年歌。晉王道中陸機並作。白日歌。宋沈攸之所作。亦曰落日歌。其歌曰。白日落西山。九曲歌。宋何承天作。採葛婦歌。古越人作。桃葉歌。晉王獻之作。同聲歌。漢張衡作。碧玉歌。晉孫綽作。四時歌。出於子夜。子夜歌。古有女名子夜。造此歌。上聲歌。亦名促柱。哀悲之古曲。白紵歌。起於吳孫皓時作。襄陽白銅鞮歌。前溪歌。晉車騎將軍沈玩所作。歡聞歌。晉穆帝初歌畢輒呼歡聞因以爲名。丁督護歌。宋高祖女夫徐逵之爲魯軌所殺。高祖使督護丁玕收殯之。逵之妻呼涕至閤下自問斂送之事。每問輒歎息曰丁督護。其聲哀切。後人因其聲廣爲曲焉。團扇歌。晉中書令王珉好捉白團扇。其侍人謝芳歌之。因以爲名。懊惱歌。晉石崇爲綠珠作。

[事對]

發德 詠功 禮記曰。賓酬而工升歌發德也。歌者在上。匏竹在下。貴人聲也。張載鞞舞賦曰。蓋以歌以詠。所以象德。足之蹈之。所以盡情。

白麟 赤鳳 漢書曰。武帝幸雍祠五時。獲白麟作歌。西京雜記曰。賈佩蘭說在宮時。常以管絃歌舞相娛。競爲妖服以趣良時。十月五日共入靈女廟。吹笛擊筑。歌上雲之曲。旣而相連臂蹋地爲節。歌赤鳳皇來。

八闋 九序 呂氏春秋曰。昔葛天氏之樂。二人操牛尾。捉足以歌八闋。一曰載人。二曰玄鳥。三曰遂草木。四曰集五穀。五曰敬天常。六曰達帝功。七曰作地德。八曰總禽獸之極。高誘注曰。樂之八篇名也。尚書曰。禹曰。於帝念哉。德惟善政。政在養民。水火金木土穀惟脩。正德利用厚生惟和。九功惟序。九序惟歌。

永言 厚志 尚書曰。詩言志。歌永言。律和聲。五經通義曰。歌之言聯也。以厚志意。故發聲而歌長言。

含徵 吐角 魏文帝詩曰。比坐高閣下。延賓作名倡。絃歌隨風厲。吐羽含徵商。習鑿齒襄陽耆舊記曰。昔有善歌者。歌陽陵白露。朝日魚麗。含商吐角。絕節赴曲。

靈芝 寶鼎 班固漢頌論功歌曰。因露寢兮產靈芝。象三德兮瑞應圖。延壽命兮光北都。配上帝兮象太微。參日月兮揚光輝。漢書曰。武帝得寶鼎於后土祠旁。又馬生渥洼水中。作寶鼎天馬之歌。

齊右 郢中 上見孟子。宋玉對問曰。楚襄王問於宋玉曰。先生有遺行歟。何士庶不譽之甚也。玉對曰。客有歌於郢中者。曰下里巴人。屬而和者數十人。爲陽春白雪。國中和者不過數人。其曲彌高。其和彌寡。

遺聲 遊響 列子曰。昔韓娥東之齊。匱糧。過雍門。鬻歌假食。故雍門之人至今善歌。放娥之遺聲。魏文帝詩曰。絃歌奏新詩。遊響拂丹梁。繁音赴促節。慷慨時激揚。

振木 涌泉 列子曰。秦青折節悲歌。聲振林木。響遏行雲。紀義宜城記曰。臨城縣南二十里有蓋山。登百許步有舒姑泉。俗傳云。有舒氏女未適人。與其父析薪於此。女坐泉處。牽挽不動。遽告家。比還。唯見淸泉湛然。母云。女好音樂。乃作絃歌。泉涌洄流。浩唱 曼聲 楚詞曰。陽枹兮拊鼓。疏緩節兮安歌。陳竽瑟兮浩唱。靈偃蹇兮姣服。芳菲菲兮滿堂。列子曰。昔韓娥曼聲長歌。一曲老幼喜抃。出塞 升隴 西京雜記曰。高帝令戚夫人歌出塞望歸之曲。侍婢數百皆爲之。後宮齊唱。聲入雲霄。秦州記曰。隴西郡隴山。其上懸巖吐溜。於中嶺泉渟。因名萬石泉。泉溢漫散而下。溝澮皆注。故北人升此而歌曰。隴頭流水。流離四下。念我行役。飄然曠野。登高遠望。涕零雙落。傳谷 遏雲 盛弘之荆州記曰。臨賀馬乘縣有老姥善歌。餘音傳谷數日。張華博物志曰。薛談學謳於秦青。未窮青之技而辭歸。青餞於郊。乃撫節悲歌。聲振林木。響遏行雲。乃謝求反。落日 流風 釋智匠古今樂錄曰。白日落西山歌者。沈攸之發荆州下未敗之前。思歸京師所作歌。張協霖雨詩。啾啾絲竹作。伶人奏奇祕。悲歌浩流風。實響回秋氣。石城 金闕 釋智匠古今樂錄曰。莫愁樂者。亦因石城樂而有此歌。石城西有女子名莫愁。善歌謠。且石城樂和中有忘愁聲。因有此歌章。昭洞歷記曰。紂無道。比干知極諫必死。作秣馬金闕歌。送易水 望秦川 燕丹子曰。荆軻起爲壽。歌曰。風蕭蕭兮易水寒。壯士一去兮不復還。辛氏三秦記曰。隴渭西關。其阪九迴。上有水四注下。俗歌云。隴頭流水。鳴聲幽咽。遙望秦川。肝腸斷絕。發皓齒 動朱脣 傅毅舞賦曰。眄般鼓則騰淸眸。吐哇聲則發皓齒。曹植七啓曰。動朱脣。發淸音。棗下纂纂 花上盈盈 潘岳笙賦曰。輟張文之哀彈。流廣陵之名散。詠桃園之夭夭。歌棗下之纂纂。劉敬叔異苑曰。臨川聶包死數年。忽詣南豐相沈道襲作歌。其歌笑甚有倫次。每歌輒作花上盈盈。正閒行當歸。不聞死復生。

[賦] 楊師道聽歌管賦

爾乃闢飛閣之臨空。望雕梁之架虹。奏東城之妙曲。命南荆之結風。莊華豔於朝日。長袖曳於芳叢。度參差以儀鳳。響飀飀之驚鴻。伊小臣之庸瑣。預恩私之嘉宴。聞仙管於帝臺。聽鈞天於蘭殿。悵崦嵫之易晚。惜宮羽之難遍。撫長笛而多慙。覽洞簫而興怨。徒隸齒於群龍。信庸音其已濫。

謝偃聽歌賦 于時日下梧宮。陰淸竹殿。群雲始落。光風初扇。餘霞未斂。殘虹猶見。玉輦旣陳。蘭肴乃薦。登飛閣以騁目。臨曲池而遊眄。於是徵趙女。命齊倡。動瓊珮。出蘭房。橫寶釵而曜首。靚鉛花而飾妝。低翠蛾而斂色。睇橫波而流光。聲欲抽而含態。氣未理而騰芳。作綿連以爛熳。時頓挫而抑揚。始折宮而合徵。終分角而和商。掩餘姿於彫扇。散輕塵於畫梁。若夫振幽蘭。飛激楚。俯仰豔逸。顧盼容與。故其繁會也類春禽。振響而流變。其微引也若秋蟬。輕吟而曳緒。似將絕而更連。疑欲止而復舉。短不可續。長不可去。延促合度。舒縱有所。聽之者慮蕩而憂忘。聞之者意悅而情抒。歌未終。君王乃喟然嘆曰。夫樂者。所以通神明。節情欲。和天地。調風俗。觀往哲之遺風。鑒前賢之輕躅。莫不治亂斯在。興亡攸屬。是故聖人以爲深誡。君子以之自勖。

〔詩〕 **梁孝元帝詠歌詩** 汗輕紅粉濕。坐久翠眉愁。傳聲入鐘磬。餘轉雜箜篌。**梁劉孝綽和詠歌人偏得日照詩** 獨明花裏翠。偏光粉上津。屢將歌罷扇。迴拂影中塵。**北齊劉逖淸歌發詩** 扇中通慢臉。曲裏奏陽春。久應迷座客。何啻起梁塵。**陳周弘正詠歌人偏得日照詩** 斜光入丹扇。的的最分明。欲持照彫拱。仍作繞梁聲。**隋庾信聽歌詩** 協律新教罷。河陽始學歸。但令聞一曲。餘聲三日飛。

舞第五

〔敍事〕 蔡邕月令章句曰。舞者。樂之容也。有俯仰張翕。行綴長短之制。呂氏春秋曰。陶唐氏之始。陰多滯伏。人氣壅閼。故爲作舞以宣導之。禮記曰。理人勞者。其舞行綴遠。理人逸者。其綴短。故觀其舞。知其德。人勞德薄舞人少 左傳曰。天子八佾。六十四人 諸侯六。四十八人 大夫四。三十二人 士二。十六人 夫舞所以節八音而行八風。故用八。周禮樂師曰。凡舞有帗舞。有羽舞。有皇舞。有旄舞。有干舞。有人舞。帗析玉色繒也。羽析羽也。皇雜五采羽如鳳皇毛。持以舞也。旄舞者。氂牛之尾也。干舞者。兵舞也。人舞者。手舞也。社稷以帗。宗廟以羽。四方以皇。辟雍以旆。兵事以干。星辰以人也。韓詩曰。萬。大舞也。爾雅曰。婆娑。舞也。又歷代舞名有象箾南籥之舞。周文王樂。武德文始五行之舞。漢高廟舞。昭德舞。孝文廟舞。盛德舞。孝武所作。四時舞。孝文所作。雲翹育命之舞。並光武所作。大武舞。光武廟舞。昭武。鳳翔。靈應。武頌。武始。咸熙。章斌之舞。並魏宋廟舞。以土地名之。有周舞。鄭舞。趙舞。巴渝舞。淮南舞。燕餘舞。古之舞曲有迴鸞舞。七盤舞。張衡有七盤舞賦。縈塵舞。集羽舞。見王子年拾遺記。翹袖舞。折腰舞。並戚夫人所作。見西京雜記。白符舞。吳孫皓時所作。淡水舞。見何承天纂文。杯柈舞。公莫舞。灑舞。拂舞。並晉初時俗所作。見沈約宋書。

〔事對〕

象功　明德　後漢書詔曰。歌所以象德。舞所以象功。光武廟樂舞名曰大武之舞。史記曰。孝景皇帝元年制詔御史。蓋聞歌者所以發德。舞者所以明德。高廟始奏文始五行之舞。

執盾　持矛　尚書曰。苗民逆命。帝誕敷文德。舞干羽于兩階。孔安國注。干。盾。羽。翳也。皆舞者之所執也。五經通義曰。東夷之樂持矛舞。助時之生。南夷之樂持羽舞。助時之養。

躡節　應度　傅毅舞賦曰。躡節鼓陳。舒意日廣。遊心無垠。遠思長想。郝默舞賦曰。哀則哭踊有節。樂則賡歌有章。男則踊躍逸豫。凌厲矜莊。女則委迤詰屈。窈窕幽房。俯仰應規度。進退合宮商。

俯仰　抑揚　蔡邕月令章句曰。樂容曰舞。有俯仰張翕。方綴長短之制。崔駰七依曰。表飛縠之長袖。舞細腰以抑揚。紛屑屑以曖曖。昭灼爍而復明。

千童　八佾　漢書郊祀禮歌曰。千童羅舞成八佾。合好交歡虞太一。

鸞逝　龍婉　邊讓章華賦曰。振弱支而紆繞。若綠蘩之垂幹。忽飄飄以輕游。似鸞飛於天漢。傅玄卻東西門行曰。和樂唯有舞。運體不失機。退似潛龍婉。進如翔鸞飛。

超絕　殊妙　張載鞞舞賦曰。鞞舞煥而特奏兮。冠眾妓而超絕。釆干戚之遺武兮。同數度於二八。夏侯湛鞞舞賦曰。專奇巧於樂府兮。苞殊妙乎伶人。匪繁手之末流兮。乃皇世之所珍。

應聲　合節　傅毅舞賦曰。其少進也。若翔若行。若竦若傾。兀動赴度。指顧應聲。楚辭曰。翾飛兮翠曾。展詩兮會舞。應律兮合節。靈之來兮蔽日。王逸注。乃復舒展詩曲。作為雅樂。合會六律。以應舞節。鳳翔　鴻翥　成公綏七唱曰。奮長袖以颺迴。擢纖腰以烟起。鎭抗首而委蛇。颭頓足而立跱。紛龍轉而鳳翔。忽若倒而中止。曹植七啓曰。凌躍超騰。蜿蟬揮霍。翻爾鴻翥。濈爾鳧沒。縱軀以迅赴。景追形而不逮。波迴　風轉　成公綏琵琶賦曰。飛龍列舞。趙女駢羅。進如鷩鶴。轉似回波。傅玄西都賦曰。奏新聲。理祕舞。颺回風。轉流采。成文脩袖連娟。長裾繽紛。赴若翔龍。降若頹雲。餘姿　逸態　傅玄卻東西門行曰。迴目流神光。傾亞有餘姿。劉劭趙都賦曰。乃進夫中山名倡。襄國妓女。狄鞮妙音。邯鄲才舞。姿絕倫之逸態。實倬然而寡偶。北里　西城　張華輕薄篇曰。北里獻奇舞。大陵奏名歌。新聲殊激楚。妙妓絕陽阿。陸雲詩曰。西城多雅舞。總章饒清彈。鳴簧發丹脣。朱絃繞素腕。飛輕裾　紆長袖　張載鞞舞賦曰。手運無方。足不及帶。輕裾鸞飛。漂微逾曳。左思蜀都賦曰。紆長袖而屢舞。翩僊僊而洩洩。樂賓主　諧君臣　張衡舞賦曰。且夫九德之歌。九韶之舞。化如凱風。澤譬時雨。移風易俗。混一齊楚。以祀則神祇來假。以饗則賓主樂胥。方之於此。孰者爲優。夏侯譚舞賦曰。在廟則格祖考兮。在郊則降天神。納和氣於兩儀兮。克諧乎君臣。協至美於九成兮。等太上乎睿文。或遲或速　若竦若傾　卞蘭許昌宮賦曰。興七盤其遞奏。觀輕捷之翩翾。或遲或速。乍在乍旋。傅毅舞賦曰。其少進也。若竦若傾。〔賦〕　後漢傅毅舞賦　楚襄王既游雲夢。將置酒宴飲。謂宋玉曰。寡人欲觴羣臣。何以娛之。玉曰。臣聞激楚結風。陽阿之舞。材人之窮觀。天下之至妙。噫。可進乎。王曰。試爲寡人賦之。玉曰。唯唯。爾乃鄭女並進。二八徐侍。姣服極麗。姁媮致態。貌嫽妙以妖冶。紅顏曄其揚華。眉連娟以增繞。目流睇而迴波。珠翠的皪而照曜兮。華袿飛髾而雜纖羅。顧形影。自整裝。順微風。揮若芳。動朱脣。紆清揚。抗音高歌。爲樂之方。其始興也。若俯若仰。若來若往。雍容惆悵。不可爲象。羅衣從風。長袖交橫。駱驛飛散。颯沓合幷。綽約閑靡。機迅體輕。於是合場遞進。按次而俟。埒材角妙。夸容乃理。軼態橫出。瑰姿譎起。迴身還入。迫於急節。紆形赴遠。漼似摧折。纖縠蛾飛。繽猋若絕。遷延微笑。退復次列。觀者稱麗。莫不怡悅云云。張衡舞賦　昔客有觀舞於淮南者。美而賦之。曰。音樂陳兮。旨酒施。

擊靈鼓兮吹參技。叛淫衍兮漫陸離。於是飲者皆醉。日亦既昃。美人興而將舞。乃脩容而改服。襲羅縠而雜錯。申綢繆而自飾。拊者啾其齊列。盤鼓煥以駢羅。抗脩袖以翳面。展清聲而長歌。歌曰。驚雄逝兮孤雌翔。臨歸風兮思故鄉。搦纖腰以互折。嬛傾倚兮低昂。增芙蓉之紅華兮。光的皪以發揚。騰嫮目以顧眄。眸爛爛以流光。連翩絡繹。乍續乍絕。裾似飛燕。袖如迴雪。於是粉黛施兮玉瑱粲。珠簪挺兮緇髮亂。然後飾笄整髮。被纖垂縈。同服駢奏。合體齊聲。進退無差。若影追形。

梁簡文帝舞賦 酌蒲萄。坐柘觀。命妙舞。徵清彈。卯髮初笄。參差俱集。信身輕而釵重。亦腰羸而帶急。響玉砌而遲前。度金扉而斜入。似斷霞之照彩。若飛燕之相及。既相看而縣視。亦含姿而俱立。於是徐鳴嬌節。薄動輕金。奏巴渝之麗曲。唱碣石之清音。扇纔移而動步。轉輕宜而遂吟。爾乃優游容與。顧眄徘徊。強紆顏而未笑。乍雜怨而成猜。或低昂而失侶。乃歸飛而相附。或前異而始同。乍初離而後赴。不遲不疾。若輕若重。眄鼓微吟。迴巾自擁。髮亂難持。簪輕易捧。牽福恃恩。懷嬌妬寵。

陳顧野王舞影賦 燿金波兮繡戶。列銀燭兮蘭房。出妙舞於仙殿。唱雅韻於清商。頓珠履於瓊簟。影嬌態於雕梁。圖長袖於粉壁。寫纖腰於華堂。縈紆雙轉。芬馥一房。類隻鸞於合鏡。似雙鴛之共翔。愁冬宵之尙短。欣此樂之方長。

謝偃觀舞賦 羅薦周設。黼帳高舒。露凝珠網。風清玉除。烟浮暉於緹幕。燭籠光於綺疏。爾乃咀清哇。揚激徵。金石奏。竹桐理。奇調間發。新聲互起。促宴冶而忘疲。歡情暢而未已。於是燕餘齊列。絳樹分行。曳綃裾兮拖瑤珮。簪羽釵兮珥鳴璫。擢纖腰之孤立。若卷旌之未揚。紆移袂而將舉。似驚鴻之欲翔。退不失倫。進不踰曲。流而不滯。急而不促。絃無差袖。聲必應足。香散飛巾。光流轉玉。若乃巴姬並進。鄭女俱前。對席齊舉。分庭共旋。乍差池以燕接。又颷沓而鳬連。止有餘態。動無遺妍。似兩鷁之同發。類雙花之偶然。進止合度。俯仰如一。節緩則顧遲。唱遠則迴疾。殊姿異制。不可殫悉。若夫金翠的皪。緗綺參差。方趨應矩。圓步中規。飛鉛雪落。顇鬢雲垂。舒類飛霞曳清漢。屈若垂柳縈華池。既而曲變終。雅奏闋。清角止。流商絕。頓華履以自持。整文袿而竚節。始綽約而迴步。乃遷延而就列。

〔詩〕

梁簡文帝詠舞詩 戚里

多妖麗。重娉蔑燕餘。逐節工新舞。嬌態似凌虛。扇開衫影亂。巾度履行疎。徒勞交甫憶。自愧專城居。**又** 嬌情因曲動。弱步逐風吹。懸釵隨舞落。飛袖拂鬟垂。**又** 可憐二八初。逐節似飛鴻。懸勝河陽妓。闇與淮南同。入行看履進。轉面望鬟空。腕動苕華玉。衫隨如意風。上客何須起。啼烏曲未終。**又詠獨舞詩**因羞强正釵。顧影時迴袂。非關善留客。更是嬌夫壻。**梁劉遵應令詠舞詩** 倡女多豔色。入選盡華年。舉腕嫌衫重。迴腰覺態妍。情繞陽春吹。影逐相思絃。履度開裙襵。鬟轉匝花鈿。所愁餘曲罷。爲欲在君前。**梁王訓應令詠舞詩** 新妝本絕世。妙舞亦如仙。傾腰逐韻管。斂色聽張絃。袖輕風易入。釵重步難前。笑態千金動。衣香十里傳。特比雙飛燕。定當誰可憐。**梁楊皦詠舞詩** 紅顏自燕趙。妙妓邁陽阿。就行齊逐唱。赴節闇相和。折腰送餘曲。斂袖待新歌。嚬容生翠羽。慢睇出横波。雖稱趙飛燕。比此詎成多。**梁何遜詠舞詩**逐唱迴纖手。聽曲動蛾眉。日暮能留客。相看詎此時。**梁王暕詠舞詩**從風迴綺袖。映日轉花鈿。同情依促柱。共影赴危絃。**梁劉孝儀和詠舞詩**迴履裾香散。飄衫鈿響傳。低釵依促管。慢睇入繁絃。**又舞就行詩** 依歌移弱步。傍燭豔新妝。徐來翻應節。去去反成行。**梁庾肩吾詠舞詩**飛鳧袖始拂。啼烏曲未終。聊因斷續唱。試託往還風。**又詠舞曲詩**歌聲臨畫閣。舞袖出芳林。石城聽若遠。前溪應幾深。**梁殷芸詠舞詩**斜身含遠意。頓足有餘情。方知難再得。所以遂傾城。**梁何敬容詠舞詩**因風且一顧。揚袂隱雙蛾。曲終情未已。含睇目增波。**陳徐陵詠舞詩**十五屬平陽。因來入建章。王家能教舞。城中巧畫妝。低鬟向綺席。舉袖拂花黄。燭送空邊影。衫傳合裏香。當由好留客。故作舞衣長。**隋庾信詠舞詩**洞房花燭明。燕餘雙舞輕。頓履隨疎節。低鬟逐上聲。步轉行初進。衫飄曲未成。鸞迴鏡欲滿。鶴顧市應傾。已曾天上學。詎是世中生。**虞世南詠舞詩**繁絃奏淥水。長袖轉迴鸞。一雙俱應節。還似鏡中看。**楊希道詠舞詩**二八如迴雪。三春類早花。分行向燭轉。一種逐風斜。**蕭德言詠舞詩**低身鏘玉佩。舉袖拂羅衣。對筵疑燕起。映雪似花飛。

卷十五校勘表

頁數	行數	排印本原文	安刻本	嚴陸校	備註
三六六	一、二	瓦以		土以	
三六六	一三	此舞		此樂	
三六六	一四	雲翔		雲翹	
三六七	二	樂叶		樂汁	下同
三六八	六	出萬物		出入物	
三六八	六	動及		動反	
三六八	六	相踰		相越	
三六八	一〇	通鬼神		通神明	
三六八	一二	國語曰		句下宋本有「物得其常曰樂樂之集曰聲聲相保曰和細大不踰曰平如是」二十四字	
三六八	一五	大合樂		句下宋本有「以致鬼神祇」五字	

三六八	一五	和邦國		句下宋本有「以諧萬民」四字	
三六八	一五	變化黎民		化黎民	
三六九	三	闡韶樂　奏新聲		此聯及注宋本無	
三六九	一五	大司樂主		大師	
三六九	一五	已謂		已調	
三六九	一五	上見史記云云下見周禮云云		宋本作「史記曰樂所以上事宗廟下以及黎庶也周禮曰大合樂以諧萬民以安賓客以悅遠人也」三十四字	原文「見史記周禮云云」具載前頁第十五行。但文字詳略不同。
三七〇	三	族君		族居	
三七〇	三	閶鎧		開鍠	
三七〇	四	俞鞞	俞暉		
三七〇	四	鞞乃	蟬乃		
三七〇	一五	其女		其妾	
三七〇	一五	令鸞		令鷰	
三七一	二	建元二年帝		此五字宋本無	

三七一	三	唐太宗皇帝		唐太宗文皇帝
三七一	·四	吹簫		雙簫
三七一	七	威德		成德
三七一	九	廣城	廣成	
三七一	九、一〇	天樂非城鼓		大樂非鐘鼓
三七一	一二	切吹		初吹
三七一	一三	觀太常奏	觀太常奏新樂詩	
三七二	四	卿學術		卿道衡
三七二	六	五經通義		五經異義
三七二	一五	如此何也		此下有「名倡　妙妓」一聯．注「劉邵趙都賦曰．中山名倡．襄國妓女．張華輕薄篇曰．新聲殊激楚．妙妓絕陽阿」．
三七三	一	劉愼		劉楨
三七三	二	當死		當誅

三七三	六	陳殊		陳珠	
三七三	七	與人同憂		句下宋本有「注曰謝公安石也」七字	
三七三	一〇	歡茲		勸茲	
三七三	一一	隨澗		通澗	
三七三	一三	輕肩		輕扇	
三七四	五	無事願		何事畏	
三七四	一二	竟爲		竟多	
三七五	一	流雲		流霞	
三七五	九	獻月樂		獻樂	
三七六	七	秦青		句下宋本有「響遏行雲聲振林木」八字夾註	
三七六	七	韓娥注「齊人」		句下宋本有「餘音繞梁二日已上」八字	
三七六	一一	武帝内傳		漢武帝内傳	
三七六	一三	童婦		童謠	
三七七	一二	上見孟子			應作「上見敍事」
三七七	一五	涌泉		迴泉	

三七八	二	迺流		迴流
三七八	二	陽枹		揚枹
三七八	一三	作歌其歌笑		其飲唉歌笑
三七八	一三	每歌輒		此三字宋本無
三七九	六	之輕躅		之軌躅
三七九	一二	其綴短		其舞行綴短
三七九	一四	周禮樂師曰凡舞		周禮曰舞
三八〇	一一	郊祀禮歌		郊祀歌
三八〇	一三	遺武		遺式
三八〇	一五	翠會	翠冒	
三八一	八	夏侯		夏侯湛
三八一	一一	可進乎		可造乎
三八一	一五	續姦若絕		續委若絕體似遊龍袖如素蜺
三八二	七	徽吟		徽唱
三八二	一一	紆移袂		紆修袂
三八二	一三	唱遠		唱速
三八三	四	王訓	王謝	

三八三	三八三	三八三
八	九、一〇	一五
裙香散　鈿響傳	又詠舞曲詩	對筵
		對簷
裙香散　釧響傳	又詠舞詩	

初學記第十六

樂部下

琴一　箏二　琵琶三　箜篌四　鐘五　磬六　鼓七　簫八　笙九　笛十

琴第一

〔敍事〕琴操曰。伏犧作琴。以脩身理性。反其天眞也。又按世本說文桓譚新論並云神農作琴二說不同。風俗通曰。琴者樂之統也。君子所常御。不離於身。非若鐘鼓陳於宗廟。列於簴懸也。以其大小得中。而聲音和。大聲不讙譁而流漫。小聲不湮滅而不聞。適足以和人意氣。感發善心也。白虎通曰。琴者禁也。禁止於邪。以正人心也。琴操曰。琴長三尺六寸六分。象三百六十六日廣六寸。象六合文上曰池。池者水也言其平下曰濱。濱者服也前廣後狹。象尊卑也。上圓下方。法天地也。五絃象五行。風俗通曰琴長四尺五寸者法四時五行。七絃以法七星。大絃爲君。小絃爲臣。文王武王加二絃。以合君臣之恩。釋智匠樂錄曰文王加一。武王加一。今稱二絃爲文武絃　三禮圖曰。琴第一絃爲宮。次絃爲商。次爲角。次爲羽。次爲徵。次爲少宮。次爲少商。爾雅云。大琴謂之離。郭璞曰大者十絃。樂錄曰大琴二十絃。今無此器　梁元帝纂要曰。古琴名有清角。黃帝之琴鳴廉。脩況。藍脅。號鐘。自鳴。空中。號鐘齊桓公琴繞梁。楚莊王琴綠綺。司馬相如琴燋尾。蔡邕琴鳳皇。趙飛燕琴古之善鼓琴者有瓠巴。

師文。師襄。並見列子師襄亦見家語孔子師之韓詩爲師堂子。成連。伯牙。方子春。鍾子期。並見琴操。漢有渤海趙定。梁國龍德。見劉向別錄。風俗通曰。凡琴曲和樂而作。命之曰暢。暢者言其道之美暢猶不敢自安。憂愁而作。命之曰操。操者言困阨窮迫猶不失其操。琴操曰。古琴曲有詩歌五曲。一曰鹿鳴。二曰伐檀。三曰騶虞。四曰鵲巢。五曰白駒。又有十二操。一曰將歸操。孔子所作孔子之趙聞殺竇鳴犢而作此曲。二曰猗蘭操。孔子所作傷不逢時。三曰龜山操。孔子作季桓子受齊女樂孔子欲諫不得退而望魯龜山作此曲喻季氏若龜山之蔽魯。四曰越裳操。周公所作。五曰拘幽操。文王作文王拘於羑里作此曲。六曰岐山操。周人爲文王所作。七曰履霜操。尹吉甫子伯奇無罪見逐自傷作此曲。八曰朝飛操。牧犢子所作牧犢子七十無妻見雉朝飛感而作此曲也。九曰別鶴操。商陵牧子所作娶妻五年無子父母欲爲改娶其妻聞之中夜悲嘯牧子感之作此曲。十曰殘形操。曾子所作曾子夢一狸不見其首而作此曲。十一曰水仙操。伯牙所作。十二曰懷陵操。伯牙所作。又有九引。一曰烈女引。楚樊妃作。二曰伯妃引。魯伯妃所作。三曰貞女引。魯次室女所作。四曰思歸引。衛女所作。五曰霹靂引。楚商梁所作商梁出遊九皐之澤遇風雷霹靂畏懼而歸作此引。六曰走馬引。樗里牧恭作爲父報冤殺人而亡藏於山林之下有天馬引之感之作此引。七曰箜篌引。樗里子高所作即公無渡河曲。八曰琴引。秦時屠高門作。九曰楚引。楚龍丘子高所作。又有河間雜歌二十一章。琴歷曰。琴曲有蔡氏五弄。雙鳳。離鸞。歸風。送遠。幽蘭。白雪。長清。短清。長側。短側。清調。大遊。小遊。明君。胡笳。廣陵散。白魚歎。楚妃歎。風入松。烏夜啼。宋臨川王義慶爲江州刺史爲文帝所徵家人大懼妓妾夜聞烏啼憂思而成曲。楚明光。石上流泉。臨汝侯。子安之流澌涸。雙燕。離。陽春弄。說人弄。連珠弄。中揮清。暢志清。蟹行清。看客清。便僻清。婉轉清。[事對]　防心　得

意 琴操曰。伏羲作琴。所以禦邪僻。防心淫。韓詩外傳曰。孔子學琴於師襄子曰。丘得其意。未得其人。有間曰。丘已得其人矣。未得其類
也。有間邈然遠望曰。洋洋乎。翼翼乎。其唯文王之間乎。 納正　禁邪 嵇康琴讚曰。閑邪納正。宣和養素。禁邪已見上。 宣情　理
性 戴逵琴讚曰。至人託玩。導德宣情。微音虛遠。感物悟靈。理性已見上敍事中。 歸風　積雪 西京雜記曰。趙后有寶琴曰鳳皇。皆以
金玉隱起爲龍鳳螭鸞古賢列女之象。亦善爲歸風送遠之操。宋玉諷賦曰。臣常行。僕飢馬疲。正值主人門開。主人出。獨有主人女在。欲
置臣堂上太高。堂下太卑。乃爲蘭房奧室。止臣其中。中有鳴琴焉。臣援琴而鼓之。爲秋竹積雪之曲。 落霞　流水 郭子橫洞冥記曰。
恆山夕望。東邊有青雲髣髴。俄而見雙白鶴集於臺上。倐忽化爲二神女。舞於臺上。握鳳管之簫。拊落霞之琴。歌清吳春波之曲。呂氏春
秋。伯牙鼓琴。志在泰山。鍾子期曰。巍巍乎志在流水。曰湯湯乎。鍾子期死。伯牙絶絃破琴。終身不復鼓之。 正聲　雅操 嵇康琴賦理
正聲。奏妙曲。揚白雪。發清角。紛淋浪以流離。渙淫衍以優渥。劉向琴賦曰。葳蕤心而自懟兮。伏雅操之循則。 養氣　怡心 嵇康琴賦
曰。穆穆重華。託心五絃。宣和養氣。介乃遐年。成公綏琴賦曰。清飈因其流聲兮。游絃發其逸響。心怡懌而踊躍兮。神感宕而惚怳。 一絃
五曲 晉書曰。孫登彈一絃琴。蔡氏五曲已見敍事中。 音之首　樂之輿 桓譚新論曰。八音之中。唯絃爲最。而琴爲之首。應劭
風俗通曰。琴者。樂之輿。八音並行。君臣以相御。 離鸞　別鶴 西京雜記。張安世十五爲成帝侍中。善鼓琴。能爲雙鳳離鸞之曲。別鶴
已見上敍事中。 陽柯　孫枝 張協七命曰。搆雲梯。陟崢嶸。翦藂賓之陽柯。剖大呂之陰莖。營匠斲其樸。伶倫均其聲。器舉樂奏。促調
高張。音朗號鐘。韻清繞梁。嵇康琴賦曰。顧茲桐以興慮。思假物以託心。乃斲孫枝。準量所任。至人攄思。制爲雅琴。 通萬物　協四
氣 桓譚新論曰。神農氏爲琴七絃。足以通萬物而考理亂也。成公綏琴賦曰。四氣協而人神穆兮。五教泰而道化通。 白鵠翔　玄
鶴舞 瑞應圖曰。師曠鼓琴。通於神明。而白鵠翔。韓子曰。師曠鼓琴。有玄鶴啣珠於中庭舞。 窮變化　通神明 成公綏琴賦曰。窮變

化於無極兮盡人心之好善桓譚新論曰神農氏繼宓羲而王天下亦上觀法於天下取法於地近取諸身遠取諸物於是始削桐爲琴繩絲爲絃以通神明之德合天人之和焉

梁甫吟　楚妃歎蔡邕琴賦繁絃既抑雅聲乃揚仲尼思歸鹿鳴三章梁甫悲吟周公越裳青雀西飛別鶴東翔石崇楚妃歎序曰楚妃歎莫知其由楚之賢妃能立德垂名於後唯楚妃焉故歎詠之

子期聽聲　君山獻曲子期已見流水注中後漢書曰桓譚字君山善鼓琴成公綏琴賦曰遂創新聲改舊用君山獻曲伯牙奏弄

〔賦〕

後漢傅毅琴賦歷嵩岑而將降睹鴻梧於幽阻高百仞而不枉對脩條而特處蹈通涯而遠遊圖茲梧之所宜信唯琴之麗樸乃升伐其孫枝命離婁使布繩施公輸之剞劂遂雕琢而成器揆神農之初制盡聲變之奧妙抒心志之鬱滯

後漢蔡邕賦清聲發兮五音舉韻宮商兮動徵羽曲引興兮繁絃撫然後哀聲既發祕弄乃開左手抑揚右手裴佪指掌反覆抑按藏摧於是繁絃既抑雅韻乃揚仲尼思歸鹿鳴三章梁甫悲吟周公越裳青雀西飛別鶴東翔飲馬長城楚曲明光走獸率舞飛鳥下翔感激絃歌一低一昂

晉嵇康琴賦　錯以犀象藉以翠綠絃以園客之絲徽以鍾山之玉爰有龍鳳之象古人之形伯牙揮手鍾期聽聲華容灼爍發彩揚明伶倫比律田連操張進御君子新聲寥亮及其初調則角羽俱起宮徵相證參發並趣上下累應若乃高軒飛觀廣廈閒房冬夜肅清月明垂光新衣翠粲纓徽流芳觸攙如志唯意所擬初涉淥水中奏清徵撫絃按歌新聲代起曲引向闌衆音將歇改韻易調奇音乃發裴佪顧慕擁鬱抑按盤桓毓養從容祕翫英聲發越彩彩粲粲穆溫柔以怡懌婉順序而逶迤或乘險投會邀隙趣危嚶若離鵾鳴清池翼若遊鴻翔增崖遠而聽之若鸞鳳和鳴戲雲中迫而察也若衆葩敷榮曜春風若次其曲引所宜則廣陵上息東武太山飛龍鹿鳴鵾鷄游絃更唱迭奏聲若自然下逮謠俗蔡氏五曲王昭楚妃千里別鶴論其體勢詳其風聲器和則響逸張急故聲清閒遼故音庳絃長則徽鳴性潔靜以端理含至德之和平誠可以感盪心志而發洩幽情云

晉成公綏琴賦伯牙彈而駟馬仰秣子野揮而玄鶴翔鳴清角發而陽

氣亢。白雪奏而風雨零。陳陸瑜琴賦龍門奇樹。上籠雲霧。根帶千仞之溪。葉泫三危之露。忽紛糅而交下。終摧殘而莫顧。逢蔡子之見矜。識奇響於餘烟。飛青雀兮歌綺殿。引黃鶴兮慘離筵。吟高松兮落春葉。斷輕絲兮改夏絃。歡曲舉而情踊躍。引調奏而涕流漣。亦有辭鄉去國。對此悲年。

［詩］南齊謝朓詠琴詩洞庭風雨幹。龍門生死枝。雕刻分布濩。沖響鬱清危。春風搖蕙草。秋月滿堦池。是時別鶴叫。侵淫客淚垂。梁劉孝綽秋夜詠琴詩上宮秋露結。上客夜琴鳴。幽蘭暫罷曲。積雪更傳聲。到溉詠琴詩寄語調絃者。客子心易驚。離泣已將墜。無勞別鶴聲。北齊馬元熙日晚彈琴詩上客敞前扉。鳴琴對晚暉。掩抑歌張女。淒清奏楚妃。稍視紅塵落。漸覺白雲飛。新聲獨見賞。莫恨知音稀。陳沈炯賦得爲我彈清琴詩爲我彈清琴。琴鳴傷我襟。半死無人覺。入竈始知音。空爲貞女引。誰達楚妃心。雍門何假說。落淚自淫淫。趙蕭慤聽琴詩洞門涼氣滿。閑館夕陰生。絃隨流水急。調雜秋風清。掩抑朝飛弄。淒斷夜啼聲。至人齊物我。持此說高情。隋江總賦得詠琴詩可憐嶧陽木。雕爲綠綺琴。田文垂睫淚。卓女弄絃心。戲鶴聞應舞。游魚聽不沉。楚妃幸勿歎。此異丘中吟。又侍宴賦得起坐彈鳴琴詩絲傳園客意。曲奏楚妃情。罕有知音者。空勞流水聲。楊希道賦得起坐彈鳴琴詩北林鵲夜飛。南軒日斜進。調絃發清徽。蕩心祛褊恡。變作離鴻聲。還入思歸引。長歎未終極。秋風飄素鬢。又詠琴詩久擅龍門質。孤竦嶧陽名。齊娥初發弄。趙女正調聲。嘉客勿遽反。繁絃曲未成。劉允濟詠琴詩昔在龍門側。誰想鳳鳴時。雕琢今爲器。宮商不自持。巴人緩疏節。楚客弄繁絲。欲作高張引。翻成下調悲。劉希夷夏彈琴詩碧山崒岑寂。素絲何清幽。彈爲風入松。崖谷颯已秋。嗚呼鍾子期。零落歸山丘。死兮若有知。魂兮從我遊。

［讚］晉殷仲堪琴讚五聲不彰。孰表大音。至人善寄。暢之雅琴。聲由動發。趣以虛深。晉王珣琴讚穆穆和琴。至至愔愔。如彼清風。泠然經林。宋謝惠連琴讚嶧陽孤桐。裁爲鳴琴。體兼九絲。聲備五音。重華載揮。以養人心。孫登是玩。取樂山林。

［銘］後漢李尤琴銘琴之在音。蕩滌邪心。雖有正性。

其感亦深存雅卻鄭浮侈是禁條暢和樂樂而不淫

箏第二

［敘事］　風俗通曰箏秦聲也或曰蒙恬所造五絃筑身幷涼二州箏形如瑟傅玄箏賦曰上圓象天下平象地中空準六合絃柱擬十二月斯乃仁智之器豈蒙恬亡國之臣所能關思運巧　釋名曰箏施絃高箏箏然阮瑀箏賦曰箏長六尺以應律數絃有十二象四時柱高三寸象三才［事對］　素質　朱絃　顧愷之箏賦曰其器也則端方脩直華文素質侯瑾箏賦曰物順合於律呂音叶同於宮商朱絃微而慷慨兮哀氣切而懷傷　應六律　總八風應六律已見上敘事中陶融妻陳氏箏賦曰列柱成陣既和且平總八風而熙泰兗貫微而洞靈不疾不徐　或離或合阮瑀箏賦曰平調定均不疾不徐遲速合度君子之衢傅玄箏賦曰追赴促彈急擊扣危洪纖雜奮或合或離移風易俗　推故引新侯瑾箏賦曰上感天地下動鬼神享祀宗祖酬酢嘉賓移風易俗混同人倫莫有尙於箏矣傅玄箏賦曰陰沉陽升柔屈剛興玄黃之分推故引新迭爲主賓四時之陳有始有終　不盈不縮傅玄箏賦曰清濁代興有始有終哀起清羽樂混大宮陶融妻陳氏箏賦曰度中楷模不縮不盈［賦］　後漢侯瑾箏賦於是急絃促柱變調改曲清商流轉兮若將絕而復屬若乃察其風采練其聲音美哉蕩乎樂而不淫雖懷思而不怨似幽風之遺音於是雅曲既闋鄭衞仍脩新聲順變妙弄優游微風飄裳冷氣輕浮感悲音而增歎愴顦悴而懷愁　魏阮瑀箏賦惟夫箏之奇妙極五音之幽微苞群聲以作主冠衆樂而爲師稟清和於律呂籠絲木以成資故能清者感天濁者合地五聲並用動靜簡易　晉陶融妻陳氏箏賦伊夫箏之爲體惟高亮而殊特應六律之攸和與七始乎消息括八音之精要超衆器之表則后夔創制子野考成牙氏攘袂而奮手鍾期傾耳以靜聽奏清角之要妙詠騶虞與鹿鳴獸連軒而率舞鳳踉蹌而集庭

晉賈彬箏賦 溫顏既緩。和志向說。賓主交歡。鼓鐸品列。鍾子授箏。伯牙擊節。唱葛天之高韻。讚幽蘭與白雪。剖狀同形。兩象著也。設絃十二。太簇數也。列柱參差。招搖布也。分位允諧。六龍御也。晉顧愷之箏賦 其器也則端方脩直。天高地平。華文素質。爛蔚波成。君子嘉其斌麗。知音偉其含情。罄虛中以揚德。正律度而儀形。梁簡文帝箏賦 爾乃促筵命友。銜觴置酒。耳熱眼花之娛。千金萬年之壽。白日蹉跎。時淹樂久。翫飛花之度窗。看春風之動柳。命麗人於玉席。陳寶器於紈羅。撫鳴箏而動曲。譬輕薄之經過。若夫鉤竿復發。蛺蝶初揮。動玉匣之餘怨。鳴陽烏之始飛。遂東趨於鄭女。和西舞於荆妃。足使長廊之瓦虛墜。梁上之塵染衣。陳顧野王箏賦 調宮商於促柱。轉妙音於繁絃。既留心於別鶴。亦含情於採蓮。始掩抑於紈扇。時怡暢於升天。[詩] 梁孝元帝和彈箏人詩 橫箏在故帷。忽憶上絃時。舊柱未移處。銀帶手經持。悔道啼將別。交成今日悲。又曰 瓊柱動金絲。秦聲發趙曲。流徵含陽春。美手過如玉。梁昭明太子詠彈箏人詩 故箏猶可惜。應度新人邊。塵多濫移柱。風燥脆調絃。還作三州曲。誰念九重泉。梁沈約詠箏詩 秦箏吐絕調。玉柱揚清曲。絃依高張斷。聲隨妙指續。徒聞音繞梁。寧知顏如玉。梁王臺卿詠箏詩 依歌時轉韻。按曲動花鈿。促調移輕柱。亂手度繁絃。唯有高秋月。秦聲獨可憐。陳陸瓊玄圃宴各詠一物得箏詩 三五倂時年。二八共來前。今逢泗濱樹。定減琴中絃。鶴別霜初緊。烏啼月正懸。

琵琶第三

[敍事] 風俗通曰。琵琶近代樂家所作。不知所起。長三尺五寸。法天地人與五行也。四絃象四時也。釋名曰。琵琶本胡中馬上所鼓也。推手前曰琵。引手卻曰琶。因以爲名。傅玄琵琶賦序曰。世本不載作者。故老云漢遣烏孫公主。念其行道思慕。使知音者於馬上作之。傅玄琵琶賦曰 中虛外實。天地象也。盤圓柄直。陰陽敍也。釋

智匠古今樂錄曰。琵琶出於絃鞉。杜摯以爲興之秦末。蓋苦長城役。百姓絃鞉而鼓之。古之善於彈琵琶者。有朱生。見傅子傳。阮咸。見竹林七賢傳。

［事對］

馬上　牖下　馬上見敍事中。劉義慶世說曰。謝仁祖在北牖下彈琵琶。故自有天際意。

丹桂　素桐　成公綏琵琶賦曰。樂則齊州之丹桂。柱則梁山之象犀。孫該詠琵琶賦曰。惟素桐之奇生。于丹澤之北垠。下脩條以迴固。上紛紜而干雲。開黃鍾以挺榦。表素質於蒼春。

駭耳　娛心　成公綏琵琶賦曰。好和者唱讚。善聽者咨嗟。眩睛駭耳。失節蹉跎。又傅玄歌詩曰。所樂亦非琴。唯言琵琶與箏。能娛我心。

緩調　急節　孫該琵琶賦曰。緩調平絃。原本反始。溫雅沖泰。弘暢通理。成公綏琵琶賦曰。改調高彈。急節促撾。飛龍引舞。趙女駢羅。

奏六引　理五章　傅玄琵琶賦曰。然後衆弄雜會。六引遞奏。纖絃振舞。迅手繁鶩。成公綏琵琶賦曰。撥止金石。屛斥笙簧。彈琵琶於私宴。授西施與毛嬙。撰理參暢。五齊五章。

梁山象柱　岱谷絲絃　梁山象柱。已見上丹桂注中。孫該琵琶賦曰。絃則岱谷檿絲。篚貢天府。伯奇執軛。杞妻抽緖。大不過宮。細不過羽。

聞促聲高　中虛外實　嵇康聲無哀樂論曰。平和之人。聽箏笛琵琶。則形躁而志越。聞琴瑟之音。則體靜而心開。夫琵琶箏笛。閒促聲高。故使人形躁而志越。中虛外實。已見上敍事。

［賦］

晉孫該琵琶賦　延年度曲。六彈俱成。紬邪存正。疎密有程。離而不散。滿而不盈。沉而不重。浮而不輕。綿駒遺謳。岱宗梁甫。淮南廣陵。郢中激楚。曲終歌闋。亂以衆契。上下奮鶩。鹿奔猛厲。波騰雨注。飆飛電逝。

晉成公綏琵琶賦　八音之用。調於曲藝。簫韶九奏。物有容製。惟此琵琶。與自末裔。爾乃託巧班倕。妙意橫施。因形造美。洪殺得宜。柄如翠虬之仰首。盤似靈龜之觜蠵。

晉傅玄琵琶賦　素手紛其若飄兮。逸響薄於高梁。弱腕忽以競騁兮。象驚電之絕光。飛纖指以促柱兮。創發越以哀傷。時旃搦以刼蹇兮。聲撤耀以激揚。啓飛龍之祕引兮。逞奇妙於淸商。哀聲內結。沉氣外澈。舒誕沉浮。徊翔曲折。

薛收琵琶賦　惟茲器之爲宗。總羣樂而居妙。應淸角之高節。發號鍾之雅調。處躁靜之中權。執疎密之機要。過浮雲而散彩。揚白日以垂耀。爾其狀也。龜腹鳳頸。

熊據龍旋。戴曲履直。破觚成圓。虛心內受。勁質外宣。磅礴象地。穹崇法天。候八風而運軸。感四氣而鳴絃。金華徘徊而月照。玉柱的歷以星懸。**虞世南琵琶賦** 尋斯樂之惟始。乃絃鼗之遺事。強秦創其濫觴。盛漢盡其深致。爰有達人。演茲奇器。參古今而定質。擬神明而攄思。慰遠嫁之羈情。寬絕域之歸志。既而班爾運能。鈎繩相設。求嘉木於五嶺。取殊材於九折。析文梓以縱分。剖香檀而橫列。木瓜貞柘。盤根錯節。或散錦而花開。或絲縈而綺結。徒觀其爲狀也。則衆形斗極。殊姿巧製。隨良璞之脩短。任規模之巨細。既異材而合體。亦刓方而就銳。唯適道以從宜。故無取乎凝滯。若乃聲備角商。韻包宮羽。橫卻月於天漢。寫迴風於洛浦。始聞絃之既調。乃長弄而徐撫。應緩步之疎節。隨輕身之妙舞。悲紫塞之昭君。泣烏孫之公主。季倫觀金谷之宴。仲容暢竹林之聚。宛如長河草綠。高樓月下。入小苑而看花。游上蘭而藉野。泛澄波而轉鷁。息長松而繫馬。臨清流而揮絃。與殊方而俱寫。音則抑揚嘈囋。聯綿斷續。紆餘雙鶴之吟。淸壯三秦之曲。望高山之遙翠。見西河之始綠。

[詩] **唐太宗皇帝詠琵琶詩** 半月無雙影。金花有四時。摧藏千里態。掩抑幾重悲。促節迎紅袖。淸音滿翠帷。駛彈風響急。緩曲釧聲遲。空餘關隴恨。因此代相思。**南齊王融詠琵琶詩** 抱月如可明。懷風殊復淸。絲中傳意緒。花裏寄春情。掩抑有奇態。凄鏘多好聲。芳袖幸持拂。龍門空自生。**梁徐勉詠琵琶詩** 雖爲遠道怨。翻成今日歡。含花已灼灼。類月復團團。**陳叔達聽隣人琵琶詩** 本自龍門桐。因妍入漢宮。香由羅袖裏。聲逐朱絃中。離有相思韻。翻將入塞同。關山臨卻月。花蕊散迴風。爲將金谷引。添令曲未終。

箜篌第四

[敍事] 風俗通曰。箜篌。一曰坎侯。漢武帝祠太一后土。令樂人侯調依琴作坎侯。言其坎坎應節也。侯以姓冠章也。或曰。空侯。取其空中。釋名曰。箜篌。師延所作。靡靡之樂。蓋空國之侯所好。琴操曰。朝鮮津卒霍里子

高作箜篌引。[事對] 漢祠　晉解漢祠已見敍事中。晉永和起居注曰。詔太史解土非祠典。可給琵琶箜篌。濮水　錢溪　劉熙釋名曰。箜篌師延所作。後出桑間濮上之音。曹毗箜篌賦曰。發愁吟。引吳妃。湖上颯沓以平雅。錢溪摧藏而懷歸。東郭念於遠人。參潭愁於永違。湖上　桑間　並見上濮水注。孫賦　霍歌　鈕滔母孫氏有箜篌賦。文具下。孔衍琴操曰。箜篌引者。朝鮮津卒霍里子高所作也。有一征夫。被髮提壺涉河而渡。其妻追止之不及。墜河而死。乃號天噓唏。鼓箜篌而歌曰。公無渡河。公竟渡河。公渡河而死。當奈何。曲終。投河死。子高援琴作歌。故曰箜篌引。操曰。朝鮮里子高爾。依琴　考筑　依琴已見敍事中。揚方箜篌賦序曰。羽儀采綠承先軾。鼓裳起於造衣。箜篌祖琴。琴考筑。箏作兹器於漢代。猶擬易之玄經。宋女揮　吳妃引　孫氏賦曰。后夔正樂。唱引參列。宋女揮絲。秦娥撫節。吳妃引見錢溪注中。[賦] 晉鈕滔母孫氏箜篌賦　伊兹器之所起。實侯氏之所營。遠不假於琴瑟。顧無取於竽笙。爾乃陟九峻之層嵓。晞承溜之朝日。剖嶧陽之孤桐。伐楚宮之椅漆。徽班輪以造器。命伶倫以調律。浮音穆以遐暢。沉響幽而若絶。樂操則寒條早榮。哀曼則晨華朝滅。邈澌離之清角。超子野之白雪。思超梁甫。願登華岳。路險悲秦。道難怨蜀。遺逸悼行邁之離秋。風哀年時之速淩。危柱以頡頏。憑哀絃以躑躅。於是數轉難測。聲變無方。或拂搦以飄沉。或頓挫以抑揚。或散角以放羽。或攄徵以騁商。曹毗箜篌賦　嶧陽之桐。植穎嵓標。清泉潤根。女蘿被條。爾乃楚班製器。窮妙極巧。龍身鳳頸。連翩杳窈。纓以金彩。絡以翠藻。其絃則烏號之絲。用應所任。體勁質朗。虛置自吟。宋臨川康王劉義慶箜篌賦　侯牽化而始造。魯幸奇而後珍。名啓端於雅引。器荷重於吳君。等齊歌以無讐。似秦箏而非群。[詩] 梁簡文帝賦得箜篌詩　捩遲初挑吹。弄急時催舞。釧響逐絃鳴。衫迴半障柱。欲知心不平。君看黛眉聚。

鐘第五

〔敍事〕釋名曰鐘空也空內受氣多故聲大白虎通曰鐘之爲言動也陰氣用事萬物動成五經通義曰秋分之音也世本曰倕作鐘又出山海經曰鼓延爲鐘爾雅曰大鐘謂之鏞音庸其中謂之剽疋妙反小者謂之棧仕板反周禮曰鳧氏爲鐘兩欒謂之銑鄭玄曰故書欒作樂杜子春云銑鍾口兩角也銑間謂之于于上謂之鼓鼓上謂之鉦鉦上謂之舞此四者鐘體也鄭司農云于鐘脣之上袪鼓所擊處鐘縣謂之旋旋蟲謂之幹旋屬鐘柄所以縣也鄭司農云旋蟲者旋以蟲爲飾也玄謂今之旋有蹲熊盤龍辟邪之蟲鐘帶謂之篆篆間謂之枚枚間謂之景帶所以分其名鄭司農云枚鐘乳也凡鐘磬各有筍思尹反虡寫鳥獸之形大聲有力者以爲鐘虡淸聲無力者以爲磬虡釋名云橫曰簨與筍同在上峻也植曰虡虡舉也從傍舉也毛詩注曰設大板以飾虡爲縣爲業又曰崇牙樹羽並以飾爲簨虡尙書大傳曰天子左五鐘右五鐘樂叶圖徵曰鐘有九乳三禮圖曰凡鐘十六枚同爲一簨虡爲編鐘特懸者謂之鎛音博古今樂錄曰凡金爲樂器有六皆鐘之類也曰鐘曰鎛曰錞音淳曰鐲音濁曰鐃奴交曰鐸大各反鎛如鐘而大錞錞于也圓如椎頭上大下小所謂金錞和鼓也鐲鉦也形如小鐘軍行爲鼓節鐃如鈴而無舌有柄而執之鐸如大鈴古鐘名有大林之鐘見國語景鐘見管子九龍之鐘見淮南子十龍之鐘見賈子千石之鐘見說苑及相如上林賦

〔事對〕生一　紀三樂叶圖徵曰黃鐘生一一生萬物故君子鑠金爲鐘王粲鐘銘曰紀之以三平之以六度量以加氣齊允淑　雷師　鳧氏傅玄歌詞曰雷師鳴鐘鼓風伯吹笙簧西母出穴聽王父吟東廂鳧氏見敍事　周編　鄭抱周禮曰磬師掌考擊編鐘尸子曰鄭簡公謂子產曰飲酒之不樂鐘鼓之不鳴寡人之任也國家之不乂朝廷之不治與諸侯交之不得志子之任也子無入寡人之樂寡人無入子之朝自是已來子產

治鄭。城門不閉。國無盜賊。道無餓人。孔子曰。若鄭簡公之好樂。雖抱鐘而朝可也。思武　錫文禮記曰。鐘聲鏗。鏗以立號。號以立橫。橫以立武。君子聽鐘聲則思武臣。王子年拾遺記曰。帝顓頊居位。文德者則錫以鐘磬。武德者則錫以干戈。左三　右五戴延之西征記曰。洛陽大極殿前左右各三銅鐘相對。大者三十二圍。小者二十五圍。韓詩外傳曰。古者天子左右五鐘。將出則撞黃金之鐘而鐘皆應之。旋蟲　繞獸旋蟲已見上敍事。陸翽鄴中記曰。銅鐘四枚。如鐸形。高二丈八寸。大面廣外一丈二尺。小面廣七尺。或作蛟龍。或作鳥獸繞其上。發鯨　雊雉張衡西京賦。發鯨魚。鏗華鐘。薛綜注曰。海中大魚名鯨。海島又有大獸名蒲牢。蒲牢畏鯨魚。鯨魚一擊蒲牢。輒大鳴吼。凡鐘欲令聲大。故作蒲牢於上。以所擊之者爲鯨魚。有篆刻文。故曰華鐘。淮南子曰。齊景公族鑄大鐘。撞之於庭下。郊雉皆雊。許愼注曰。族。聚也。其鐘聲如雷震。雉皆應之。二肆　一虡左傳曰。鄭人賂晉侯歌鐘二肆。注曰。肆。列也。縣鐘十六爲一肆。二肆三十二枚。三禮圖曰。鎛。鐘之大者也。形如鐘。但大耳。其在虡亦一名而已。攻罪　銘勳樂叶圖徵曰。聖王祗承天定祿爵人者。不過其能。尊卑有位。位有物。物有宜。功成者賞。功敗者罰。故樂用鐘。宋均注曰。不過其能。謂量能授爵也。有罪鳴鐘以攻之也。國語曰。晉克潞之役。秦來圖敗晉功。魏顆以身卻退秦于輔氏。親止杜回。其勳銘之景鐘。萬鈞　千石張衡西京賦曰。洪鐘萬鈞。猛虡趪趪。薛綜注曰。洪。大也。三十觔曰鈞。三輔黃圖曰。始皇造虡高二丈。鐘小者千石。兩欒　九乳兩欒已見敍事中。樂叶圖徵曰。君子鑠金爲鐘。四時九乳。是以撞鐘以知君。鐘調則君道得。宋均注曰。九乳法九州也。母感　子鳴東方朔傳曰。漢武帝時。未央宮殿前鐘無故自鳴。三夜三日不止。大怪之。召待詔王朔問之。朔對有兵氣。上更問東方朔。朔對曰。王朔知其一。不知其二。臣聞銅者土之子。以陰陽氣類言之。子母相感。山恐有崩弛者。故鐘先鳴。易曰。鳴鶴在陰。其子和之。上曰。應在幾日。朔曰。在五日內。居三日。南郡太守上言山崩。延袤二十餘里。上大笑。賜帛三十疋。齊毀　魯鑄晏子春秋曰。齊景公爲大鐘。將懸之。仲尼伯常騫晏子三人俱來朝。皆曰。鐘將毀。撞之果毀。公召三子問之。晏子曰。鐘大非禮。是以曰將毀。仲尼曰。鐘大懸下。其氣不得上薄。是以曰將毀。伯常騫曰。今日庚申。雷日也。陰莫勝於雷。是以曰將毀。愼子曰。魯莊公鑄大鐘。曹劌入見曰。今國褊小而鐘大。君何不圖之。

霍山文　江水字　何法盛晉中興書曰。義熙十一年。霍山崩。毀出銅鐘六枚。上有文科斗書。人莫能識。又虞喜志林曰。吳時於江水中得鐘。有百餘字。募求讀者。竟無人曉。

吳札去　杜蕢入　左傳曰。吳公子札自衞如晉。將宿於戚。聞鐘聲焉。曰。異哉。夫子之在此也。猶燕之巢於幕上。君又在殯。而以樂乎。遂去之。禮記曰。智悼子卒。未葬。平公飲酒。師曠李調侍。鼓鐘。杜蕢自外來。聞鐘聲。曰。安在。曰。在寢。杜蕢入寢。歷階而升。酌。曰。曠飲斯。又酌。曰。調飲斯。又酌。堂上北面坐。飲之。

鳴三日　聞百里　鳴三日已見上毋感注中漢官儀曰。高祖廟鐘十枚。撞之聲聞百里。

[賦]　漢賈誼虡賦　妙雕文以刻鏤兮。象巨獸之屈奇兮。戴高角之峩峩。負大鐘而顧飛。美哉爛兮。亦天地之大式。

[銘]　後漢王粲蕤賓鐘銘　有魏匡國。成功允章。格于上下。光于四方。休徵時序。人說時康。造茲衡鐘。有命自皇。三以紀之。六以平之。厥量孔嘉。厥齊孔時。音聲和協。人德同熙。聽之無射。用以啓期。

後魏溫子昇鐘銘　宮商遞變。律呂相生。立號則起。從革以成。調之必應。擊而不橫。銅盤韶響。火鳥和聲。出入成則。明宵有數。

岑文本太極殿前鐘銘　夫金之爲德。冠五材以稱寶。鐘之爲器。諧八音而表節。成物兼於軍國。致用適於洪纖。故習戎者用之以警衆。司曆者俟之以考辰。其由來也尙矣。粤以貞觀之十四載。歲在上章。乃詔工者鳧氏。鑠銅爲鐘。陳諸路寢之庭。以紀壺人之節。爾乃邛都作貢。虞倕騁神。六齊不忒。四時合度。大小允窕摦之中。清濁得舒疾之和。聲隨曉唱。則貴賤有序。響應漏盡。則士庶知禁。同夏后之喩義。異周王之鮮財。加以搏拊。故實無忘。彝典股肱之績必紀。爪牙之功是勒。永貽懿範。被之無疆。

磬第六

[敍事]　世本曰。無句作磬。樂錄又曰。磬叔所造。未知孰是。無句。堯臣也。五經要義曰。磬。立秋之樂也。白虎通曰。

磬者夷則之氣象萬物之成爾雅曰大磬謂之毊許喬反徒擊磬謂之寋郭璞曰磬形似犁琯以玉石爲之周禮曰磬人爲磬倨句一矩有半其博爲一三禮圖曰股廣三寸長尺三寸半十六枚同一筍虡謂之編磬周禮注曰在東方曰笙磬在西方曰頌磬笙生也頌作庸庸功也古磬名有離磬見禮記湘陰之磬見漢武內傳西王母侍女成花君所拊出磬石有泗濱尚書曰泗濱浮磬九眞浮嶽見劉欣期交州記小華之山涇水鳥危之山並見山海經

［事對］泗濱　瀛上尚書曰徐州泗濱浮磬孔安國曰泗水中見石可以爲磬也王子年拾遺記曰浮磬卽瀛洲也上有青石可爲磬磬長一丈而輕若鴻毛懸石　浮金王韶之始興記曰縣下流有石室內有懸石扣之聲若磬響十餘里郭子橫洞冥記曰漢武帝起招仙閣於甘泉宮西其上懸浮金輕玉之磬禹懸　夔拊淮南子曰禹以五音聽政懸鐘鼓磬鐸置鞀以待四方之士爲號曰教寡人以道者擊鼓喻寡人以義者擊鐘告寡人以事者振鐸告寡人以憂者擊磬有獄訟告寡人者搖鞀呂氏春秋曰堯命夔拊石擊石以象上帝玉磬之音以舞百獸孔注尚書曰拊擊也石磬也鳥應　獸舞東觀漢記曰王阜爲重泉令鸞鳥集學宮阜擊磬而舞尚書曰擊石拊石百獸率舞魯堂　漢閣漢書魯恭王好治宮室壞孔子舊宅以廣宮室聞鐘磬琴瑟之音遂不復壞漢閣已見浮金注中山陽石　水上金山海經曰鳥危之山其陽多磬石郭子橫洞冥記曰漢武帝懸浮金輕玉之磬浮金者自浮於水上輕玉者其質貞明而輕也賓媚賂晉　臧文告齊左傳曰晉師從齊師入自丘輿擊馬陘齊侯使賓媚人賂以紀甗玉磬國語曰魯饑臧文仲以玉磬如齊以糴

鼓第七

［敘事］風俗通曰鼓者郭也春分之音萬物皆鼓甲而出故謂之鼓易曰鼓之以雷霆則其所象也

不知誰之所造禮記曰伊耆氏蕢桴土鼓三禮曰夏后足鼓殷人置鼓置作植亦作樹周人懸鼓周禮曰以雷鼓鼓神祀鄭玄曰雷鼓八面以靈鼓鼓社祭靈鼓六面社祭地祇以路鼓鼓鬼享路鼓四面鬼享享宗廟以鼖音墳鼓鼓軍事大鼓爲鼖長八尺以鼛音高鼓鼓役事鼛鼓長一丈二尺以晉鼓鼓金奏晉鼓長六尺六寸又曰王執路侯執鼖將軍執晉鼓師帥執提旅帥執鼙易通卦驗曰冬至鼓用馬革圓徑八尺一寸夏至鼓用牛皮圓徑五尺七寸鄭玄注曰馬坎類牛離類爾雅云小鼓謂之應纂要曰應鼓曰鞞鼓亦曰朄鼓朄音胤亦曰田鼓胤者引也言先擊鼓以引大鼓也又見三禮圖樂之所成曰鞉鼓一作鼗音逃見毛詩大鼗謂之麻小鼗謂之料徒擊鼓謂之咢見爾雅又有鼉鼓見毛詩又司馬相如上林賦曰建靈鼉之鼓鷺鼓鶴鼓毛詩曰振振鷺于飛鼓咽咽又曰鷺者鼓精也古今樂錄及吳錄曰吳王夫差移於建康之宮南門有雙鶴從鼓中而飛上入雲中玉鼓見春秋緯布鼓見西漢書王遵傳銅鼓見馬援傳石鼓見鄧德明南康記聖鼓王韶之始興記曰秦鑿楊山桂楊縣閣下鼓便自奔逸息於臨武遂之始興洛陽遂名聖鼓今臨武有聖鼓城節鼓傅玄有節鼓賦鞉料鼓樂錄曰鼗如鼓而小執其柄搖其耳傍邊自相擊而鳴爾雅曰小鞉曰料今併而稱之馬上之鼓曰提鼓見周禮有木可提執施於朝曰登聞鼓堯置敢諫鼓卽此也施於府寺曰朝晡鼓在村墅曰枹鼓枹一作桴音俘謂擊鼓物在邊徼曰警鼓崔豹古今注曰漢有黃門鼓吹一名樓車古今樂錄曰鼓吹有龍頭大棡古浪反中鼓獨揭音桀小鼓皆有品秩天子以賜臣下及軍旅用之

［事對］

殷樹　周懸並見敍事中

擊玉　獻銅春秋孔演圖曰有人叩金豐擊玉鼓駕六龍虞喜志林曰建武二十四年南郡男子獻銅鼓有銘

廟西　座左禮記曰廟堂之上罍樽在阼犧樽在西廟堂之下懸鼓在西應鼓在東吳質答曹植書曰近者之歡實蕩鄙心秦箏發徽二人迭奏

塤篪擊於華幄，靈鼓動於座左。豫章伐木　交趾鑄銅盛弘之荆州記曰：始興郡山陽縣有豫木，本徑可二丈，名爲聖木。秦時伐此木爲鼓顙，鼓顙成，忽自奔逸，北至山陽。范曄後漢書曰：馬援好騎，善別馬名。交阯得駱越銅鼓，乃鑄爲馬式，進上。〔賦〕晉陸士衡鼓吹賦宫備衆聲，體僚君器。飾聲成文，彫音作蔚。響以形分，曲以和綴。放嘉樂於會通，宣萬變於觸類。適清響以定奏，期要妙於豐金。邈拊搏之所管，務戞歷之爲最。〔詩〕梁劉孝威賦得鳴𩋈應令詩雜扇雖俱斂，交行忿自分。轉袖時繞腕，揚履自開裾。梁蕭琛詠鞞應詔詩抑揚動雅舞，擊享逗和音。卻馬既云在，將帥止思心。

簫第八

〔敍事〕風俗通曰：舜作簫，其形參差，以象鳳翼。白虎通曰：簫者，中呂之氣也。易通卦驗曰：簫，夏至之樂。五經通義曰：編竹爲之，長尺有五寸。博雅曰：簫大者二十四管，無底；小者十六管，有底。三禮圖曰：無底者謂之洞簫。有雅簫，長四寸；頌簫，長尺二寸。古之善吹簫，有秦女弄玉、仙人蕭史。見列仙傳　漢元帝能吹簫，見漢書。靈帝見謝承後漢書〔事對〕七數　九成易通卦驗曰：夏至之樂以簫。鄭玄注曰：簫亦管也，形似鳳翼。鳳，火禽也。火數七，夏時又火用事。尚書曰：簫韶九成，鳳凰來儀。　帶牙　編竹王褒洞簫賦曰：班匠施巧，夔襄准法。帶以象牙，掍其會合。五經通義曰：簫者，編竹。已見上　象鳳　致鶴象鳳已見上。劉向列仙傳曰：蕭史者，秦繆公時人。善吹簫，能致孔雀白鶴。繆公女弄玉好之，公妻焉。其後隨鳳去，故秦人作鳳女祠於雍宫，代有簫聲云。　魚瞰　鳳飛王褒洞簫賦曰：蟋蟀尺蠖，蚑行喙息。螻蟻蝘蜓，蟬蜩還延，徙迤魚瞰，雞睨垂喙，蜿轉瞪瞢忘食。鳳飛已見上　薊宅　張墓葛洪神仙傳曰：薊子訓少嘗仕郡，人莫知其道。三百餘年，容色不老。及死，殯之。宿昔，棺輴然作雷電音，光照宅宇，見棺蓋飛在庭，棺中無復人，但餘履爾。須臾，聞陌上有人馬及簫鼓聲。蕭方等三十國春秋曰。涼州人胡安據盜發掠州人張駿墓。見駿貌如生。得赤玉簫紫玉笛。越宮　吳市呂氏春秋曰。客有以吹籟見越王者。上下宮商和而越王不喜。或爲之野音而王反說之。亦有如此者。要在好之而已。廣雅曰。籟謂之簫。史記曰。伍子胥鼓腹吹簫。乞食於吳市中。

〔賦〕　漢王襃洞簫賦原夫簫榦之所生兮。于江南之丘墟。洞條暢而罕節兮。標敷紛以扶踈。惟詳察其素體兮。宜清靜而弗喧。幸得謚爲洞簫兮。蒙聖主之渥恩。可謂惠而不費兮。因天性之自然。若乃徐聽其曲度兮。廉察其賦歌。啾咇喞而將吟兮。行鍖銋以和囉。風洪洞而不絕兮。優嬈嬈以婆娑。翩綿連以牢落兮。漂乍弃而爲它。要復遮其蹊徑兮。與謳謠乎相和。故聽其巨音。則周流汎濫。并包吐含。若慈父之畜子也。其妙聲則清靜厭瘱。順敘卑迭。若孝子之事父也。科條譬類。誠應義理。澎濞慷慨。一何壯士。優柔溫潤。又似君子。故其武聲則若雷霆輘輷。佚豫以沸渭。其仁聲則若凱風紛披。容與而施惠。或雜遝以聚斂兮。或拔摋以奮弃。悲愴怳以惻惐兮。持恬淡以緩肆。被淋灑其靡靡兮。時橫潰以陽遂。哀悁悁之可懷兮。良醰醰而有味。故聾瞽者聽之而廉隅。狠戾者聞之而不懟。剛毅強虣反仁恩兮。嘽唌逸豫戒其失。鍾期牙曠悵然而愕立。杞梁之妻不能爲其氣。師襄嚴春不敢竄其巧兮。浸淫叔子遠其類。嚚頑朱均協復慧兮。桀跖鬻博儡以頓悴。吹參差而入道德兮。故永御而可貴。〔詩〕　梁劉孝儀詠簫詩危聲合歌鼓。絕弄混笙篪。管饒知氣促。敘動覺脣移。蕭史安爲貴。能令秦女隨。

笙第九

〔敘事〕　釋名曰。笙。生也。象物貫地而生。以匏爲之。其中空以受簧也。白虎通曰。笙之言施也。牙也。萬物始施而牙。太簇之氣也。說文曰。笙。正月之音。物生故謂之笙。有十三簧。象鳳之聲。世本曰。隨作笙。禮記曰。女媧之笙簧。爾雅曰。大笙謂之巢。小笙謂之和。白虎通曰。笙有七政之節焉。有六合之和焉。天下樂之。故謂之笙。古之善吹笙者。有王子晉。見列仙傳。周靈王太子。董雙成。見漢武內傳。西王母侍者。漢桓帝。見東觀漢記。魏杜夔。見魏志。

〔事對〕

珠垂　玉振　潘岳笙賦曰。明珠在咮。若銜若垂。王廙笙賦曰。金淸而玉振。

離鴻　別鶴　潘岳笙賦曰。荆王喟其長吟。楚妃歎而增悲。夫其悽唳辛酸。嚶嚶關關。若離鴻之鳴子也。王廙賦曰。親眺遠遊。登山送離。發千里之長思。詠別鶴於路歧。

通氣　和神　蔡邕月令章句曰。季秋之月上丁。入學習吹。所以通氣也。管簫笙竽塤篪。皆以吹鳴者也。許愼說文曰。舜祠下得笙。玉管。夫以玉作音。故神人以和。鳳凰來儀。

達陰陽　移風俗　邯鄲綽五經析疑曰。夫笙者。法萬物始生。導達陰陽之氣。故有長短。黃鍾之始。象法鳳凰。王廙笙賦曰。直而不倨。曲而不悱。疏音簡節。樂不乃妙。足可以易俗移風。興洽至教。弘義著於典謨。兮歷萬代而彌劭。

〔賦〕

晉潘岳笙賦　河汾之寶。有曲沃之懸匏焉。鄒魯之珍。有汶陽之孤篠焉。若乃綿蔓紛敷之麗。浸潤靈液之滋。固衆作者之所詳。余可得而略也。徒觀其制器也。審洪纖。面短長。剠生幹。裁熟簧。設宮分羽。經徵列商。基黃鐘以舉韻。望儀鳳以擢形。寫皇翼以插羽。摹鸞音以厲聲。於是乃有始泰終約。前榮後悴。激憤於今賤。永懷於故貴。衆滿堂而飲酒。獨向隅而掩淚。援鳴笙而將吹。先嗢噦以理氣。或按衍夷靡。或竦踊剽急。或既往而不反。或已出而復入。徘徊布濩。渙衍葺襲。舞既蹈而中輟。節將撫而不及。輟張女之哀彈。流廣陵之名散。詠園桃之夭夭。歌棗下之纂纂。歌曰。朱實離離。宛其死矣。化爲枯枝。人生不能行樂。死何以空諡爲。爾乃引飛龍。鳴鵾雞。雙鴻翔。白鵠飛。子喬輕舉。明君懷歸。荆王喟其長吟。楚妃歎而增悲。新聲變曲。奇韻橫逸。縈纏歌鼓。網羅鍾律。爛熠爚以放豔。鬱蓬勃以氣出。秋風詠於燕路。天光重於朝日。大不踰宮。細不過羽。唱發章夏。導揚韶武。協和陳宋。混一齊楚。邈不逼而遠無攜。聲成文而節有序。

晉王廙笙賦　其制器也。則取不周之竹。曾城之匏。生懸崖之絕嶺。邈崛崒以崇高。延脩頸以亢首。獻瑶口之陸離。舞靈蛟之素鱗。銜明珠於帶垂。

晉夏侯湛笙賦　嗟萬物之殊觀。莫比美乎音聲。總衆異以合體。匪求一而取成。雖琴瑟之既麗。猶靡尙乎淸笙。爾乃抑揚噓吸。或協或吹。擪拈抯按。同覆互移。初進飛龍。重繼鵾雞。振引合和。如會如離。若夫纓綿約殺。足使放達者羞察。通豫平曠。足使廉規者弃節。沖虛冷澹。足使貪榮者退讓。開明爽亮。足使慢惰者進謁。豈衆樂之能倫。邈奇特而殊絶。陳顧野王笙賦聲流洛渚。器重汾陽。協歌鐘於宿夕。詠月扇於繞梁。同離鴻於流徵。會別鶴於淸商。〔詩〕梁陸罩詠笙詩管淸羅袖拂。響合絳脣吹。人情應節轉。逸態逐聲移。所美周王子。弄羽一參差。梁沈約詠笙詩彼美實枯枝。孤篠定參差。鵾雞已嘲哳。寡下復林離。本期王子宴。寧待洛濱吹。楊希道詠笙詩短長插鳳翼。洪細摹鸞音。能令楚妃歎。復使荆王吟。切切孤竹管。來應雲和琴。

笛第十

〔敍事〕風俗通曰。笛。漢武帝時丘仲所作也。又按宋玉有笛賦。玉在漢前。恐此說非也。又馬融長笛賦云。近代雙笛從羌起。笛。滌也。所以滌邪穢。納之於雅正也。長一尺四寸。七孔。笛音一定。諸絃歌皆從笛爲正。笛之所出。有雲夢之竹。見魏文與吳質書衡陽之幹。見宋玉笛賦柯亭之竹。見伏滔長笛賦古之善吹笛者。有馬融。見融自敍游楚。見魏志宋褘。見世說褘石崇綠珠弟子桓子野及奴顧。見語林

〔事對〕奇寶　良幹宋玉笛賦曰。芳林皓幹。有奇寶兮。博人通明。樂斯道兮。李尤笛銘曰。剡削長幹。三孔脩長。流離浩蕩。壯士抑揚。昭華琯　柯亭竹西京雜記曰。高祖初入咸陽宮。周行府庫。金玉珍寶不可稱言。其尤驚異者。笛長二尺三寸。六孔。銘曰昭華之琯。伏滔長笛賦序曰。余同僚桓子野有故長笛。傳之耆老。云蔡邕所製也。初邕避難江南。宿於柯亭之館。以竹爲椽。邕仰而盼之曰。良竹也。取以爲笛。奇聲獨絶。歷代傳之。以至于今。攄憤　滌邪蔡邕瞽師賦曰。天何蒙昧之瞽兮。心窮忽以鬱伊。目冥冥而無瞭兮。嗟懷煩以愁悲。撫長笛以攄憤兮。氣轟鍠以横飛。滌邪已見敍事。諭意　暢神馬融長笛賦曰。可以通靈感物。寫神諭意。致誠効志。率作興事。伏滔長笛賦曰。雲禽爲之婉翼。泉鱣爲之躍鱗。

遠可以通靈達微近可以寫情暢神　激朗　清哀馬融長笛賦曰彷徨縱肆曠瀁敞罔老莊之槩也溫直優毅孔孟之術也激朗清厲隨光之介也陶潛閑情賦曰起攝帶以伺晨繁霜粲於素階雞斂翅而未明遠笛鳴而清哀　雜引　奇曲沈約宋書曰晉太始十年中書監荀勖中書令張華令郝玉鼓箏宋同吹笛以爲雜引相和宋玉笛賦曰招伯奇於涼陰追申子于晉城夫奇曲雅樂所以禁淫也錦繡黼黻所以禦寒也　寫神　怡志寫神已見上諭意注中伏滔長笛賦曰達足以協德宣猷窮足以怡志保身兼四德而稱雋故名流而器珍　水龍鳴　雲禽娩馬融長笛賦曰龍鳴水中不見已截竹吹之聲相似雲禽娩已見上暢神注中　納雅正　雪垢滓納雅正已見敍事馬融長笛賦曰可以致誠効志率作興事溉滌汚穢澡雪垢滓　離南楚　出西涼宋玉長笛賦云八音和調咸稟受兮善善不衰爲時保兮絕鄭之遺離南楚兮美風洋洋而暢茂兮李尤笛銘曰出自西涼流離浩蕩

〔賦〕楚宋玉笛賦　余嘗觀於衡山之陽見奇篠異幹罕節簡枝之叢生也其處磅磄千仞絕溪陵阜崇崛萬丈盤石雙起丹水湧其左醴泉流其右師曠將爲陽春北鄙白雪之曲取其雄焉宋意將送荆卿於易水之上得其雌焉於是天旋少陰白日西靡命嚴春使午子延長頸奮玉手摛朱脣曜皓齒頳顏臻玉貌起吟清商追流徵

後漢馬融長笛賦融既博覽典雅精覈數術又性好音能鼓琴吹笛而爲督郵無留事獨臥郿縣平陽鄔中有洛客舍逆旅吹笛融去京師逾年暫聞甚悲而樂之作長笛賦其詞曰惟籦籠之奇生兮于終南之陰崖託九成之孤岑臨萬仞之石溪是以間介無蹊人跡罕到猨蜼晝吟鼯鼠夜叫於是放臣逐子棄妻離友攢乎下風收精注耳夔襄比律子野協呂十二畢具黃鍾爲主詳觀夫曲引之繁會叢雜何其富也紛葩爛熳誠可喜也波散廣衍實可異也律呂既和哀聲亦降曲終闋盡餘絃更興繁手累發密慨疊重上擬法於韶箾南籥中取度於白雪綠水下采制於延露巴人于時綿駒吞聲伯牙毀絃瓠巴輟柱師襄弛懸近代雙笛從羌起羌人伐竹未及已龍鳴水中不見已截竹吹之聲相似京房君明識音律故本四孔加以一君明所加孔後出

是謂商聲五音畢。陳傅縡笛賦貞筠翠節。冒霜停雪。江潭蘼竿。巴人所截。五音是備。六孔斯設。殊響抑揚。似出平陽。曲凝高殿。聲幽洞房。既逐舞而迴袖。亦將歌而繞梁。忽從弄而危短。乍調吹而柔長。於是時也。趙瑟輟謳。齊竽息唱。見象筵之說耳。聽清笛之寥亮。

〔詩〕陳周弘讓賦長笛吐清氣詩商聲傳後出。龍吟鬱前吐。情斷山陽舍。氣咽平陽塢。胡騎爭北歸。偏知別鄉苦。羈旅情易傷。零淚如交雨。陳賀徹賦得長笛吐清氣詩胡關氛霧侵。羌笛吐清音。韻切山陽曲。聲悲隴上吟。柳折城邊樹。梅舒嶺外林。方知出塞虜。不憚武溪深。隋姚察賦得笛詩作曲是佳人。製名由巧匠。鵾絃時莫並。鳳管還相向。隨歌響更發。逐舞聲彌亮。宛轉度雲窗。逶迤出黼帳。長隨畫堂裏。承恩無所讓。劉孝孫詠笛詩涼秋夜笛鳴。流風韻九成。調高時慷慨。曲變或淒清。征客懷離緒。鄰人思舊情。幸以知音顧。千載有奇聲。

卷十六校勘表

頁數	行數	排印本原文	安刻本	嚴陸校	備註
三八五	一一	次爲羽次爲徵		次爲徵次爲羽	
三八七	一	師襄	師堂子		
三八七	七	終身不復鼓之		句下宋本有「蓋言世無如子期知音也」十字	
三八八	五	蹈通涯而遠遊		蹈通塞而嬉遊	
三八八	一〇	田連	田建		
三八八	一四	王昭	王盄		
三八九	一	龍門奇樹		雲門琦樹	
三八九	五	絃者		音者	
三八九	七	趙蕭懿		隋趙蕭懿	
三八九	一一	嘉客		嘉賓	
三八九	一一	繁絃曲未成		句下「劉允濟」至「下調悲」四十六字宋本無	
三八九	一三	五聲	五音		

三九〇	七	列柱成陣		列柱成律	
三九〇	一二	飄裳		飄震	
三九二	四	迴固	迥固		
三九二	一二	九奏		九成	
三九二	一四	聲撒耀	聲撒糴	聲撒粂	
三九三	三	木瓜		木辰	「木辰」疑誤
三九三	六	疎節		竦節	
三九三	八	唐太宗皇帝		唐太宗文皇帝	
三九三	八	擢藏		嬌羞	
三九四	二	吳妃　平雅		吳姬　工雅	
三九四	六	鼔裳		鼓裳	
三九四	一二、一三	荷重		侍重	
三九五	八	樂叶	樂汁		下同
三九六	一〇	秦來	秦有		
三九六	一三	大怪之		上大怪之	
三九七	一二	邛都作貢虞倕騁神		中稱作貢歲倕騁神	「中稱」「歲倕」疑誤
三九七	一二	允寵	允寬		

三九八	一	謂之巷	謂之蹇		
三九八	六	長一丈		長一尺	
三九八	七	漢武帝		漢五年	本頁十一行仍引洞冥記作「漢武帝」
三九八	九、一〇	集學宮		集學官	
三九九	一一	置作植	置音植		
三九九	一四	叩金豐	卯金豐		
三九九	一五	二人	二八		
四〇〇	四	豐金		豐殺	
四〇〇	五	動雅		隨雅	
四〇〇	五	旣云在		云在此	
四〇〇	一〇	以簫		補以簫	
四〇〇	一〇、一一	火禽也		火鳥也	
四〇〇	一一	淮法	推法		
四〇〇	一三	其後隨		共隨	
四〇〇	一四	徙迤		迴迤	
四〇一	四	和囉	和羅		

四〇一	六	慷慨	沆瀣	
四〇一	七	沸[忄胃]	沸渭	
四〇一	八	横潰	潛潰	
四〇二	三	覫眺		覫昵
四〇二	九	援鳴笙		「援」疑是「爰」之誤
四〇二	九	盟噦	嗢噦	
四〇三	一	羞察		循察
四〇三	二	進謁		進竭
四〇四	一	孔孟之術也		句下「激朗清厲隨光之介也」九字宋本無
四〇四	一二	間介	閂介	
四〇五	六	流風韻九成		宋本作「韶九成」又此下「調高」至「舊情」二十字宋本無

初學記卷第十七

人部上

聖第一　賢第二　忠第三　孝第四　友悌五　恭敬六　聰敏七

聖第一

〔敍事〕　尙書曰睿作聖又曰聖作則易曰備物致用立成器以爲天下利莫大乎聖人知進退存亡而不失其正者其唯聖人乎禮記曰大哉聖人之道洋洋乎發育萬物峻極于天譬如天地之無不持載無不覆幬徒到切　如四時之錯行如日月之代明家語曰昔哀公問曰何謂聖人孔子對曰所謂聖人者智通乎大道應變而不窮測物之情性者也六韜曰夫聖人者與天下之人皆安樂管子曰聖人若天然無私覆也若地然無私載也私者亂天下也老子曰聖人無常心以百姓心爲心善者吾善之不善者吾亦善之莊子曰夫卜梁倚者有聖人之才而無聖人之道我有聖人之道而無聖人之才吾敎之其果爲聖人也孫卿子曰天下無二道聖人者天下利器也說苑曰聖人之於百姓其猶赤子乎餧者食之寒者衣之將之養之育之長之唯恐其不至於大也〔事對〕　受圖　加算尙書考靈曜曰四千五百六十歲精反初握命几起河圖聖受思鄭玄注曰聖謂堯也天握命人當起者河乃出圖黃帝堯受而思之以受歷數也河圖曰黃

帝曰凡人生一日天帝賜算三萬六千人賜紀二十聖人得三萬六千七百二十月人得三萬六千一紀主一歲聖人加七百二十 燭遠 照微 尸子曰聖人之身猶日也天日圓尺光盈天地聖人之身小其所燭遠顏延之論檢曰聖人者靈照燭微理絕功外 虛心 正己 老子曰聖人虛其心而實其腹尸子曰聖人中一正己也故曰天地之府 參天 配地 易曰昔者聖人之作易也幽贊於神明而生蓍參天兩地而倚數大戴禮曰哀公問曰何謂聖人者其事大配乎天地參乎日月若天之司莫之能識 合節 應樞 韓詩外傳曰舜生於諸馮遷於負夏卒於鳴條東夷之人也文王生於岐周卒於畢郢西夷之人也地之相去縣隔然得志而行乎中國如合符節孔子曰先聖後聖其揆一也殷康論易曰昔伏羲始畫八卦觀象以應樞 穆穆 洋洋 大戴禮曰哀公問曰何謂聖人孔子對曰所謂聖人者智通乎大道應變而不窮穆穆純純莫之能循此則聖人也尚書曰聖謨洋洋嘉言孔彰 隨時舉事 以德分人 文子曰聖人隨時而舉事因資而立功守清道拘雌節因循而應變常後而不先莊子曰以德分人謂之聖智似深淵明如日月謂之聖 窮神知化 盡妙體道 姚信士緯曰聖人高不可極深不可測窮神知化此所稟於天也五行論曰聖人盡衆妙體至當故不求有所示而物自親之 先識 玄照 姚信士緯曰聖人獨見先識仁若春陽信若影響揚雄五經鈎沈曰聖之生必資於陰陽陰陽之理即聖人所盡但盡陰陽之理則玄照之本自見此謂不求於自知而理盡自然知者 兼應 兩忘 祖台之道論曰大道以至虛順通聖人以忘懷兼應劉瑾論曰聖人體蘊乾坤故有無兩忘也 不相 無名 史記曰唐舉相蔡澤曰吾聞聖人不相殆先生乎莊子曰至人無己神人無功聖人無名 感而後應 言而後行 莊子曰聖人感而後應迫而後動不得已而後起管子曰聖人擇可言而後行偷得利而後害偷得樂而有憂上聖人不爲也 致用 備德 易曰備物致用立成器以爲天下利莫大乎聖人禮記曰聖人之記事也慮之以大愛之以敬行之以禮脩之以孝始之以義終之以仁是故古之人一舉事而衆皆知其德之備也 成務

創物易曰。夫易。聖人之所以極深而研幾。唯深也。故能通天下之志。唯幾也。故能成天下之務。唯神也。故不疾而速。不行而至。周禮曰。智者創物。巧者述之。百工之事。皆聖人之作。神化 天行文子曰。聖人者。與天地合其德。與日月合其明。能以神化者也。莊子曰。聖人之生也天行。其死也物化。靜而與陰同德。動而與陽同波。不爲福先。不爲禍始。天縱 玄達論語曰。太宰問於子貢曰。夫子聖者與。何其多能也。子貢曰。固天縱之將聖。又多能也。文子曰。聖人誠使耳目精明玄達。無所誘慕。精神內守。形骸不越。卽觀乎往代之外。來事之內。何足見也。純純 蕩蕩大戴禮。哀公問曰。何謂聖人也。孔子對曰。所謂聖人者。穆穆純純。莫之能循。此則可謂聖人矣。列子曰。孔子曰。西方有聖者焉。不治而不亂。不言而自信。不化而自行。蕩蕩乎人無能名焉。本天地 參日月禮記曰。聖人作則。必以天地爲本。以陰陽爲端。以四時爲柄。以日星爲紀。大戴禮曰。孔子曰。聖人者。事大配乎天地。參乎日月。而雜以霓雲。備九德 綜三綱孔融聖人優劣論曰。以爲聖人俱受乾坤之淳靈。稟造化之和氣。該百行之高善。備九德之淑懿。摯虞孔子讚曰。仲尼大聖。遭時昏荒。河圖沉翳。鳳鳥幽藏。爰整禮樂。以綜三綱。因史立法。是謂素王。稟四時 貫萬物姚信士緯曰。聖人所稟於四時也。所稟於元氣也。淮南子曰。聖人內脩其道術。而不外飾仁義。不知耳目之宜。而游乎精神之和。若然者。横廓六合。兼貫萬物。此聖人之游也。幽贊神明 彌綸天地易曰。聖人作易。幽贊於神明。參天兩地而倚數。又揚雄五經鉤沉曰。生而知之者上也。問曰。孰生而知之乎。答曰。聖人。二儀旣判。懸象列暉。八風有序。四氣錯御。覽日月而達陰陽之數。消搖八節。俯仰玄黃。彌綸天地之體。窮竟有生之機。瞻天爲師。用醒己心。故曰生知。不亦審乎。

[論] 後漢孔融聖人優劣論孔子稱大哉堯之爲君。唯天爲大。唯堯則之。是爲覆蓋衆聖最優之明文也。堯作天子九十餘年。政化洽於人心。雅頌流於衆聽。是以聲德發聞。遂稱爲首。易所謂聖人久於其位而天下化成。百年然後勝殘去殺。必世而後仁者也。故曰大哉堯之爲君。堯之爲聖也。明其聖與諸聖同。但以人見稱爲君也。梁沈約辨聖論聖人遺

情忘已。常以兼濟爲念。若不登九五之位。則其道不行。非以黄屋玉璽爲尊貴也。文王造周而未集。武王集之而未成。周公雖無王祿而父兄二聖之烈。不可以不終。若不表示聖功。制禮作樂。則太平之業不著。二聖之美不彰。晉華譚新論夫體道者聖。遊神者哲。體道然後寄意形骸之外。遊神然後窮理變化之端。故寂然不動。而萬物爲我用。塊然玄默。而衆機爲我運。殷仲堪天聖論天者爲萬物之根本。冥然而不言。百姓生而不用其功。萬物成而不疲其勞。聖者承天之照。用天之業。聖宣其道者也。〔頌〕張文琮太宗文皇帝頌赫矣神武。繼期作聖。下括九圍。上齊七政。業統文武。勳邁高光。何險不濟。何患不攘。士女胥說。厥篚玄黄。斯物之至。昭于我皇。我皇覆育。資生懷造。配堯登唐。攘周在鎬。翕受敷施。明徵定保。允迪厥德。惟清帝道。帝道欽明。天下和平。三時不害。百穀以成。我庾斯積。如坻如京。既富而教。訟息刑清。顔師古聖德頌天下文明。日月貞觀。百神受職。三靈叶贊。太階既平。光華照爛。超軒跨皞。騰周軼漢。萬壽無疆。永延遐算。後漢張超尼父頌巖巖孔聖。異代稱傑。量合乾坤。明參日月。〔讚〕晉湛方生孔公讚邈哉孔公。龍見九二。闡化繫象。道映周季。

賢第二

〔敍事〕語林曰。賢者國之紀。人之望。自古帝王。皆以之安危。故書曰。惟后非賢不乂。惟賢非后不食。昔者周公體大聖之德。而勤於吐握。由是天下之士爭歸之。向使周公驕而且吝。士亦當高翔遠去。所至寡矣。後漢李固上表曰。臣聞氣之清者爲神。人之清者爲賢。理身者以練神爲寶。理國者以積賢爲道。黄石公三略曰。傷賢者殃及三代。蔽賢者身當其害。達賢者福流子孫。嫉賢者名不全。呂氏春秋曰。信賢而任之。君之明也。議賢而下之。臣之忠也。又曰。得地千里。不如得一賢士。又語曰。黄金累千。不如一賢。列子曰。治國之難。在於知賢而不在自賢。論語曰。見賢思齊焉。見不賢而內自省也。孫卿子曰。古之賢者。食則饔飧不足。衣則短褐不完。然而非禮不進。非義不受。說苑曰。夫絕江海者託於舟。致遠道者託於乘。欲伯王者託於賢。西京雜記曰。漢文帝爲太子。立思賢苑。以招賓客。周書陰符曰。凡治國有三常。一曰君以舉賢爲常。二曰官以任賢爲常。三曰士以敬賢爲常。夫然雖百代可知也。[事對]

順德 樂道周禮曰。以賢制爵。則民順德。孔叢子曰。魯人有公儀潛。賢者也。樂道好古。恬於榮利。

建官 制爵尚書曰。建官惟賢。位事惟能。崇德報功。垂拱而天下治。制爵見上。

配聖 法天西涼武昭王賢明魯顏回頌曰。聞一洞十。速于神機。用舍行藏。配德聖師。黃帝素問曰。賢人者。法則天地。象以日月。

季子玄覽 林宗洞照孫子荊八賢讚曰。季子聰哲。思心精微。玄覽幽竄。觸類應機。李尤九賢郭有道頌曰。峩峩有道。英風霞爽。玄覽洞照。慧心秀朗。

詩喻鶴鳴 易稱鴻漸毛詩曰。鶴鳴。誨宣王也。鶴在野。聞其鳴聲。喻賢者雖隱居。人咸知之。易曰。山上有水。漸。君子以居賢德善俗。鴻漸于陸。其羽可用爲儀。吉。

管生抱璞 楚老含眞李尤九賢管徵君頌曰。管生含道。養志頤神。抱璞秉和。履信依仁。謝萬八賢楚老頌曰。楚老潛一。寂翫無爲。含眞內外。載戢羽儀。

積禮 富義任嘏道德論曰。夫賢人者。積禮義於朝。播仁風於野。使天下欣欣然歌舞其德。呂氏春秋曰。魏文侯過段干木之閭而軾。曰。干木蓋賢人也。干木富乎義。寡人富乎財。

國器 人表王褒聖主得賢臣頌曰。夫賢者。國家之器用也。所任賢則趨舍省而功施普。器用利則功用少而就効衆。班孟堅幽通賦曰。天造草昧。立性命兮。復心弘道。惟賢聖兮。渾元運物。周流而不處兮。保身遺名。人之表兮。

宰予風舉 戴矯雲停王廙宰我讚曰。翩翩宰我。首名言語。志表義章。英辭風舉。吳先賢傳。故揚州別駕從事戴矯讚曰。猗猗茂才。執節雲停。志勵秋霜。冰潔玉清。

顧承鴻飛 史胄鳳立吳先賢傳。奮武將軍顧承讚曰。於鑠奮武。奕奕全德。在家必聞。鴻飛高陟。又上虞令史冑讚曰。猗猗上虞。金鋈玉貞。鳳立鸞跱。邈矣不傾。 玉粹 金貞 孫綽原憲讚曰。原憲玄默。冰淸玉粹。志逸九霄。身安陋術。常景古賢詩曰。嚴公體沉靜。立志明霜雪。素節邁金貞。淸標淩玉澈。 避時 絕俗 論語子曰。賢者避世。其次避地。其次避色。其次避言。徐整豫章列士傳曰。舒令施陽。字季儒。宜春人也。爲人沉重謐靜。淸白絕俗。常以禮讓先人後已。爲行稱爲賢者。 贈帛 推衣 韓詩外傳曰。孔子遇齊程本子於談郯之間。傾蓋而語終日。甚說。顧子路曰。由來。取束帛以贈先生。子路曰。由也聞之於夫子。士不中道相見。女無媒而嫁者。君子不行也。孔子曰。詩云。有美一人。淸陽婉兮。邂逅相遇。適我願兮。且夫齊程本子。天下之賢士也。吾於是而贈。蔡邕琴操曰。昔思革子。成文子。叔僑子。三人相爲友。聞楚成王好士。相與俱往見之。於豪嶔巖之間。卒遇飄風暴雨。俱伏於空柳之下。衣寒糧乏。度不俱活。三人相視歎曰。與其俱死也。豈若併衣糧於一人哉。二子以革爲賢。推衣讓之。 擒光 戢景 謝萬八賢頌曰。皎皎屈原。玉瑩冰鮮。舒采翳林。擒光虬川。李尤九賢陳太丘頌曰。懿矣太丘。惟德之紀。弭迹下邑。戢景百里。 飛鸞 翔鳳 孫子荆八賢管仲讚曰。管生彎弓。與桓是讐。駿奔從糾。塊爲纍囚。沐浴西郊。鸞飛詹丘。李尤九賢華太尉頌曰。亹亹敬侯。誕縱淑姿。令迹鳳翔。淸塵龍飛。 主神明 安社稷 家語曰。夫賢人。百福之宗也。神明之主也。徐幹中論曰。大賢之爲行也。是非不與俗辨曲直。故得其志。則邦國以和。社稷以安。兆人受其福。群生賴其祚。 辨星辰 罩宇宙 黃帝素問曰。賢人者。辨星辰逆順。分別四時。李尤九賢嵇中散頌曰。肅肅中散。俊明宣哲。籠罩宇宙。高蹈玄轍。 克勤克儉 知章知微 尚書曰。帝曰。來禹。克勤于邦。克儉于家。弗自滿假。惟汝賢。摯虞顏子讚曰。顏子亹亹。仁心不違。行無貳過。知章知微。 宣慈惠和 溫良恭儉 左傳曰。昔高辛氏有才子八人。伯奮。仲堪。叔獻。季仲。伯武。仲熊。叔豹。季貍。忠肅恭懿。宣慈惠和。天下之人。謂之八元。論語曰。夫子溫良恭儉讓以得之。 勞身苦體 砥節礪行 樂動聲儀曰。召公賢者也。明不能與聖人分職。常戰慄恐懼。故舍於樹下而聽斷焉。勞身苦體。然後乃與聖人齊。是周南無美而召南有之。孔叢子曰。魯人有公儀潛賢者也砥節礪行不事諸侯穆公因子思欲以爲相 揮金 讓玉裴啓語林曰管寧與華子魚少相親友共園中鉏菜見地有片金揮鉏如故與瓦石無異華提而擲去劉向新序曰宋人有得玉者獻諸司城子罕子罕不受獻者曰玉人以爲寶故獻之子罕曰子以玉爲寶我以不貪爲寶若與我皆喪寶也不若各有其寶故宋國長者曰子罕非無寶也所寶異也 虛己 忘心任嘏別傳曰爲人純粹愷悌虛己如不足恭敬如有畏其脩德履義皆沉默潛行莊子曰養志者忘形養形者忘利致道者忘心 天授 神輔 周斐汝南先賢傳曰黃憲潔靜通理齊聖廣淵不矜名以詭時不抗行以矯俗論者咸曰顏子復生乎漢代矣而其祖族出自孤鄙父爲牛醫少無度數而後能傑然秀出可謂天授者也文子曰積道德者天與之地助之鬼神輔之 參日月 象天地莊子曰余將去汝入無窮之門以遊乎無極之野與日月參光與天地爲常譙周法訓曰好學以崇智故得廣業力行而卑體故能崇德是以君子居謙而弘道然後德能象天地

〔論〕 魏高貴鄉公顏子論心不違仁行無貳過用行舍藏與聖合契聽承微言罔有不諭序之於易以章殊異死則悲慟謂天喪己所以殷勤至於此者聖人嘉賢哲之效也

〔碑〕 後漢禰衡顏子碑睿哲之姿誕自初育英絕之才著于孩嬰知微知章聞一知十仲尼無舜禹之功先生抱元凱之烈

〔讚〕 晉夏侯湛左丘明讚世亂讒勝君子道憂丘明達聖致意春秋微言逃難傍行不流 後漢王粲正考父讚恂恂正父應德孔盛身爲國卿族則公姓年則耆耋三葉聞政誰能不怠申慈約敬饘粥予口傴僂受命名書金鼎祚及後聖 西晉嵇康原憲讚原憲味道財寡義豐棲遲蓽門安賤固窮絃歌自樂體逸心沖進應子貢邈有清風 晉摯虞左丘明讚丘明作史時惟袞周錯綜墳籍思弘徽猷闡明王典光演春秋誕宜聖旨曠代彌休東晉謝萬七賢嵇中散讚邈矣先生英標秀上希巢洗心擬莊託相乃放乃逸邁茲俗網鍾期不存寄音誰賞

忠第三

〔叙事〕韓詩外傳曰。忠之道有三。有大忠。有次忠。有下忠。以道覆君而化之。大忠也。以德調君而輔之。次忠也。以是諫非而怨之。下忠也。周公於成王。可謂大忠也。管仲於桓公。可謂次忠也。子胥於夫差。可謂下忠也。禮記曰。爲人臣殺其身有益於君者則爲之。左傳曰。楚子囊死。遺言謂子庚必城郢。郢楚所徙都。未有城郭。君子謂子囊忠。君薨不忘增其名。將死不忘衞社稷。可謂忠乎。忠人之望也。又曰。晉獻公使荀息傅奚齊。對曰。臣竭股肱之力。加之以忠貞。其濟。君之靈也。不濟。則以死繼之。公曰。何謂忠貞。對曰。公家之利。知無不爲。忠也。送往事居。偶俱無猜。貞也。又狐突曰。子之能仕。父教之忠。策名委質。貳乃辟也。又季文子卒。無衣帛之妾。無食粟之馬。無藏金玉。無器備。君子是以知季文子之忠於公室也。相三君矣。而無私積。可不謂忠乎。東觀漢記曰。鮑永字君長。行縣。過更始冢。引車欲下。從事諫止之。永曰。親北面事人。何忍車過其墓。雖獲罪司隸。不辭也。遂下車哭盡哀。上聞之。問公卿曰。奉使如此何如。太中大夫張堪對曰。仁者百行之宗。忠者禮義之宗。仁不遺舊。忠不忘君。行之高者。上悅。說苑曰。卑身賤體。夙興夜寤。進賢不解。數稱往古。以厲主意。以安國家。如此者忠臣也。又曰。逆命利君謂之忠。東觀漢記曰。上於大會中指王常謂群臣曰。此家率下江諸將輔翼漢室。心如金石。眞忠臣也。是日遷常爲漢中將軍。

〔事對〕孔達成衞　安于定趙　左傳曰。晉以衞之救陳也討焉。使人弗去。曰。罪無所歸。將加而師。孔達曰。苟利社稷。請以我說。遂縊而死。衞人以說于晉而免。衞人以爲成勞。後以其子復代其位。又曰。智文子使告趙孟曰。范中行氏雖爲亂。董安于則發之。是安于與謀亂也。趙孟患之。安于曰。我死而晉國寧。趙氏定。將焉用生。乃縊而死。

揚仁被甲　應詹貫戈　司馬續漢書

曰。揚仁字文義。明帝待詔補北宮衛士。及帝崩時。諸國貴盛各爭欲入宮。仁被甲持戟嚴勒門衛。莫敢輕進者。王隱晉書曰。王敦將作逆。明帝問應詹曰。如何。詹曰。陛下宜奮赫斯之威。臣等當負戈從戍。不顧族命之禍。以順討逆。卽日以詹爲護軍將同心滅敦。

張飛橫矛　銚期奮戟　蜀志曰。先主奔荆州。曹公追之。先主弃妻子走。使張飛將二十騎距後。飛據水斷橋。瞋目橫矛曰。身張翼德也。可來共決戰。无敢近者。東觀漢記曰。銚期從光武略地。時王郎檄書到薊中。起兵應王郎。上趨駕出。百姓聚觀。喧呼滿道。遮路不得行。期騎馬奮戟。瞋目大呼左右曰走。衆皆披靡。銚音姚。

耿恭推誠　傅彤授命　范曄後漢書曰。耿恭守疏勒。明帝崩。救兵不至。車師復叛。與匈奴共攻恭。恭與士推誠同死生。故皆無二心。蜀志曰。先主退軍。義陽傅彤斷後拒戰。兵人死盡。吳將語彤令降。彤罵曰。吳狗。豈有漢將軍降者。遂戰死。拜子僉爲左中郎將。後爲關羽都督。景曜六年又臨危授命。論者嘉其奕世忠義。

紀信傅纛　嵇紹端冕　史記曰。項羽圍漢王於榮陽。紀信說漢王曰。事已急矣。請爲王。王可以間出。紀信詐爲漢王。乃乘黃屋車傅左纛曰。城中食盡。漢王降。楚軍皆呼萬歲。王隱晉書曰。嵇紹以天子蒙塵。馳詣行在。王旅敗績於蕩陰。百官左右皆奔散。惟紹儼然端冕。以身扞衛。兵交御輦。飛箭雨集。遂以見害。

王堪杖節　周處奮劍　傅暢晉諸公讚曰。惠帝幸長安。東海王越表王堪爲尚書右僕射。假節都督。奉迎諸軍事。進於灞水上。與郭偉力戰。堪杖節臨陣。慷慨氣冠六軍。卽斬偉。迎惠帝還洛陽。其後爲石勒所襲。壘破。左右扶堪上馬。堪慷慨歎曰。我國家大將。不能禦難。以至於此。奈何面目復還朝廷。終不動。騎遂至。被害。周處別傳曰。氐賊齊萬年爲亂。以處爲建威將軍。進軍大戰。奮劍慷慨。仰天歎曰。有進無退。以身殉國。遂戰而死。

柳隱堅壁　羅獻保地　常璩華陽國志曰。柳隱字休然。魏鍾會伐蜀。入漢川。大城多下。唯隱堅壁不動。後主旣降。以手令勅隱。隱乃詣會。晉文帝聞而義之。習鑿齒襄陽耆舊記曰。魏伐蜀。羅獻爲巴東守。吳聞蜀已敗。遣盛獻等水陸並到。說獻以合同之計。獻銜枚夜出。擊破獻。旋軍保城。告誓將士。以勵節義。莫不用命。

當熊　授馬　漢書曰。孝元帝馮昭儀。

上幸虎圈鬬獸後宮皆坐熊遽逸出圈攀檻欲上殿左右貴人皆驚走昭儀直當熊前而立左右格殺熊上問人情驚懼何故前當熊對曰猛獸得人而止妾恐熊至御坐故以身當之帝歎嗟因爲敬重焉魏志曰曹洪字子廉太祖從弟也太祖起義兵下馬以馬授太祖太祖辭讓洪曰天下可無洪不可無君遂步從到汴水水深不得渡洪循水得船與太祖共濟

申蒯斷臂　弘演納肝　劉向新序曰崔杼弑莊公申蒯漁於海將入死之門者以告崔杼令勿內之申蒯曰汝疑我乎吾與汝臂乃斷左臂而與門者以示崔杼杼陳八列令入申蒯援劍呼天而鬬呂氏春秋曰狄人逐衛懿公於滎澤見殺盡食其肉獨舍其肝弘演使還哭畢呼天而號盡哀而止因自出其肝以內懿公之肝

碎首　袒背　公羊傳曰宋萬弑閔公仇牧聞之趨而至遇之於門手劍而叱之萬批殺仇牧碎其首齒著于門闔仇牧可謂不畏強禦矣左傳曰齊襄公田于貝丘喪屨反誅屨於徒人費弗得鞭之見血走出遇賊于門劫而束之費曰我奚禦哉袒而示之背信之費請先入伏公而出鬬死于門中

銜鬚　瞋目　范曄後漢書曰溫序爲護羌校尉行部至襄武爲隗囂別將苟宇等所劫宇謂序曰若子與我并威同力天下可圖序曰受國重任分當效死義不貪生宇賜以劍序受劍銜鬚於口顧左右曰既爲賊所迫殺無令鬚汙土梁祚魏統曰曹公之敗於張繡也唯校尉典韋力戰門中兵散賊從他門入韋突殺數人重創瞋目大罵而死

令德　高行　左傳曰忠爲令德管子曰忠者臣下之高行

季孫相魯　諸葛興漢　左傳曰晉人執季文子舍之於苕丘范文子謂欒武子曰季孫於魯相三君矣妾不衣帛馬不食粟可不謂忠乎蜀志曰諸葛亮表曰今南方已定兵甲已足庶竭駑鈍攘除姦兇興復漢室還于舊都此臣所以報先帝而忠於陛下之職分也

抉目　剖心　史記曰吳王賜子胥屬鏤之劍以死子胥仰天歎曰抉吾眼著吳東門上以觀越寇之滅吳也乃自剄而死尚書曰斮朝涉之脛剖賢人之心孔安國注曰比干忠諫謂其心有異於人剖而觀之

奉初　推後　左傳曰楚平王信讒使奮揚殺太子太子奔宋王召奮揚曰言出於余口入於爾耳誰告建也對曰臣告之君王命臣曰事建

如事余臣不佞不能苟貳奉初以還不忍後命故遣之漢書曰公孫弘奏事有所不可不肯庭辨常與汲黯請間黯先發之弘推其後

復楚 歸郗 左傳曰初伍員與申包胥友其亡也謂包胥曰我必覆楚國包胥曰子勉之子能覆之我必興之及昭王在隨包胥如秦乞師立依於庭而哭日夜不絕聲勺飲不入口如是秦師乃出又曰師入郗郗衆保於繹郗茅夷鴻以束帛乘車請救於吳吳子伐魯而郗子歸之也

勃蘇晝吟 許肅夜泣 戰國策曰吳入郢棼冒勃蘇贏粮潛行十日而薄秦朝鶴立而不轉晝吟宵泣七日不得水漿無入於口秦王聞而走之冠劍不相及左奉其首右濡其口於是秦救楚退吳師復楚國許肅別傳曰肅爲愍帝侍中帝送平陽頃之劉聰陰行鴆毒帝因食心悶欲見肅肅馳詣前帝已不能語執肅手流涕肅歔欷登床帝遂殂於扶抱之中晝夜號泣哀感異類

城郢 復陳 城郢見敘事中家語曰孔子讀史楚復陳曰賢哉楚莊王也輕千乘之國而重一言之信非申叔時之忠不能建其義非莊王之賢弗能受其訓

衞難 犯顏 禮記曰公叔文子卒其子戍請謚於君君曰昔衞國有難夫子以死衞寡人不亦貞乎漢書曰汲黯字長孺好面折不能容人之過其諫犯主顏色常慕傅伯袁盎之爲人

束帛 贏糧 事並已見上注

冒難 經險 許肅冒難持愍帝左右賊共讓曰此晉之忠臣也又抱朴子曰竭身命以狥國經夷險而一節者忠臣也

龔勝推印 胡剛懸冠 漢書曰王莽篡位遣使奉璽書印綬馳馬迎龔勝勝輒推不受曰吾受漢家大厚之恩無以仰報豈以一身事二姓范曄後漢書曰胡廣六葉祖剛清高有志節平帝時大司馬辟之王莽居攝解其衣冠縣府門而去

石碏滅親 樂羊食子 左傳曰衞州吁弒桓公石厚從州吁如陳石碏使告于陳曰此二人者實弒寡君敢卽圖之陳人執之而請於衞衞人使右宰醜莅殺州吁于濮石碏使其宰獳羊肩莅殺石厚于陳君子曰石碏純臣也惡州吁而厚與焉大義滅親其是之謂乎韓子曰樂羊爲魏將攻中山其子在中山中山之君烹其子而遺之樂羊坐於幕下而饗之

李不顧宗 祭不念屬 東觀漢記曰王郎遣將攻信都大姓馬寵開城內之收李忠母妻子而令

親屬招呼忠時寵弟從忠爲校尉忠時召見責數之以背恩反城因格殺之諸將皆驚曰家屬在人手中殺其弟何也忠曰若縱賊不誅則二心也上聞而謂忠曰今吾兵已成矣將軍可歸救若母妻子忠曰蒙明公大恩忠得効命誠不敢內顧宗親又曰信都反爲王郎所置信都王捕繫祭肜父弟及妻子使爲手書呼肜曰降者封爵不降者滅族肜泣報曰事君者不得顧家肜親所以至今得安於信都者劉公之恩公事方爭國不得復念私也〔文〕太宗文皇帝祭比干文道喪時昏奸邪並用暴君虐主正直難居雖識鑒存亡詎能遣凶殘之累智周萬物不能離顛沛之間然則大廈將崩非一木之能正天道去矣豈一賢之能全奮不顧身有死無二蹈斯節者罕有其人所以悽愴風烟靡尋餘蹟暄涼邱隴空有其名雖古今殊途年代冥寞式遵故實爰贈太師謚忠烈公淸酌少牢以陳薄禮游魄髣髴昭此嘉誠陳李元操爲宣帝祭比干文自獨夫肆虐天下崩離觀竅剖心固守誠節忠踰白日義槩秋天羲皇已來一人而已見馬卿之賦恨不同時聞李牧之名願以爲將九原不作恨深千古聊伸薄祭君其饗諸〔讚〕周庾信袁盎諫文帝讚千乘峻轍六轡危行路迴松坂山斜柳城龍淵地狹華蓋風驚賢臣攬轡可謂忠貞梁元帝忠臣傳受託篇讚太眞英挺投袂勤王伯猷蹈節身殞名揚巖巖景倩主亡與亡嗟乎尙矣惟國之貞忠臣傳諫爭篇讚子政鏗鏗誠存社稷朱雲折檻遂其婞直〔表〕梁元帝上忠臣傳表資父事君實曰嚴敬求忠出孝義兼臣子是以冬溫夏淸盡事親之節進思將美懷出奉之義是知理合君親忠孝一體性與率由恩義致極〔序〕梁元帝忠臣傳序夫天地之大德曰生聖人之大寶曰位由生所以盡孝因位所以立忠事君事父資敬之理寧異爲臣爲子率由之道斯一忠爲令德實所景行今將發篋陳書備加論討

孝第四

〔敍事〕爾雅曰善事父母曰孝孝經曰夫孝天之經也地之義也民之行也禮記曾子曰孝體有二

大孝尊親其次弗辱其下能養公明儀問曾子曰夫子可以爲孝乎曾子曰孝者先意承志諭父母於道參直養者也安能爲孝毛詩曰哀哀父母生我劬勞無父何怙無母何恃出則銜恤入則靡至父兮生我母兮鞠我拊我畜我長我育我顧我復我出入腹我欲報之德昊天罔極論語曰孟懿子問孝子曰無違樊遲曰何謂也子曰生事之以禮死葬之以禮祭之以禮韓詩外傳曰曾子曰往而不可還者親也故孝子欲養而親不待是以椎牛之葬不如雞豚之逮親存也初吾爲吏祿不過釜尙欣欣而喜者非以爲多也樂其逮親也既沒之後吾嘗南遊於楚得尊官焉堂高九尺轉轂百乘然猶北嚮而泣涕者非爲賤也悲不逮吾親故家貧親老不擇官而仕孝子傳曰老萊子至孝奉二親行年七十著五綵褊襴衣弄鶵鳥於親側又曰吳坦之性至孝母葬之夕設九飯祭每臨一祭輙號慟斷絕至七祭吐血而死呂氏春秋曰凡理國家者必先務本務本莫過於孝夫孝三皇五帝之本務而萬事之綱紀也執一術而百善至禮記曾子曰身也者父母之遺體也行父母之遺體敢不敬乎居處不莊非孝也事君不忠非孝也莅官不敬非孝也朋友不信非孝也戰陣無勇非孝也五者不遂災及於親敢不敬乎夫孝置之而塞乎天地敷之而橫乎四海斷一樹殺一獸不以其時非孝也孝經援神契曰元氣混沌孝在其中天子孝天龍負圖地龜出書夭蘖消滅景雲出游庶人孝則澤林茂浮珍舒怪草秀水出神魚

[事對] 陟屺 循陔 毛詩曰陟岵孝子行役思念父母也陟彼屺兮瞻望母兮母曰嗟予季行役夙夜無寐上愼旃哉猶來無棄束廣微補亡詩曰南陔孝子相戒以養也循彼南陔言採其蘭眷戀庭闈心不遑安 怡聲 愉色禮記曰適父母之所乃下

氣怡聲。又曰。孝子之有深愛者。必有和氣。有和氣者。必有愉色。有愉色者。必有婉容。**嗣服　繼志**毛詩曰。下武。繼文也。媚茲一人。應侯順德。永言孝思。昭哉嗣服。鄭玄注曰。服事也。昭哉武王言嗣行祖考之事。謂伐紂定天下也。禮記曰。武王周公其達孝矣乎。善繼人之志。善述人之事。**賜算　得壽**河圖曰。孝順二親。得算二千。天司錄所表事。賜算中功。禮記曰。舜其大孝也歟。德爲聖人。尊爲天子。富有四海之內。宗廟享之。子孫保之。故大德必得其位。必得其祿。必得其名。必得其壽。**問豎　求醫**禮記曰。文王之爲世子。朝於王季日三。鷄初鳴而衣服。至於寢門外。問內豎之御者曰。今日安否何如。內豎曰安。文王乃喜。及日中又至。亦如之。及暮亦如之。其有不安節。則內豎以告文王。文王色憂。行不能正履。王季復膳。然後亦復初。孝經援神契曰。孝悌之至。通於神明。病則致其憂。顧額消形。求醫翼全。宋均注曰。翼羽翼。翼親者也。**盡歡　竭力**禮記曰。子路曰。傷哉貧也。生無以養。死無以爲禮也。孔子曰。啜菽飲水盡其歡。斯之謂孝。論語。子夏曰。事父母能竭其力。事君能致其身。與朋友交。言而有信。雖曰未學。吾必謂之學矣。**先意　察色**禮記曰。公明儀問於曾子曰。夫子可以爲孝乎。曾子曰。是何言歟。君子之所謂孝者。先意承志。諭父母於道。參直養者也。安能爲孝也。東觀漢記曰。汝郁字叔異。年五歲。母被病。不能飯食。郁常抱持啼。不肯飲食。母憐之。強爲餐飯。欺言已愈。郁察母顏色不平。輒復不食。宗親共異之。因字曰叔異。**盡力　樂心**周書曰。忠愛以事親。歡以敬之。盡力而不固。敬以安之。忠孝者也。禮記曰。曾子曰。孝子之養親也。樂其心。不違其志。樂其耳目。安其寢食者也。**扇枕　溫席**東觀漢記曰。黃香字文強。父兄舉孝廉。无奴僕。香躬執勤苦。盡心供養。體無被袴。而親極滋味。暑則扇床枕。寒即以溫席。袁山松後漢書曰。羅威母年七十。天寒。常以身溫席而後授其處。**烝烝　孜孜**尚書曰。有鰥在下。曰虞舜。帝曰。俞。予聞。如何。岳曰。瞽子。父頑。母嚚。象傲。克諧以孝。烝烝乂。弗格姦。東觀漢記曰。章帝殂。明帝子。以至孝稱。孜孜膝下。**漢奩　魏璽**東觀漢記曰。明帝光武第四子。陰后所生。即祚。長思慕。至踰年正月。當謁原陵。夢先帝太后如平生懽。朝率百官上陵。上伏御床。視太后鏡奩中物。感動悲涕。令易脂澤粧具。左右皆泣。莫敢仰視。魏志曰。明帝太和元年。初營宗廟。掘地得璽。方一寸九分。其文曰。天子羨思慈親。明帝爲之改容。**曾閔** **荀何** 論語曰。孝哉閔子騫。人不間於其父母昆弟之言。家語曰。曾參字子輿。志孝道。故孔子因之作孝經。蕭廣濟孝子傳曰。閔損與曾參。門徒之中。最有孝稱。今言者莫不本之曾閔。荀伯子荀氏家傳曰。荀顗年踰耳順。而母年九十。色養烝烝。以孝聞。當時在喪。顦顇皃不可識。蓬首環絰。奉迎節使。若嬰孩之號。哀慟旁人。傅玄著書稱。勖與何曾曰。文王之道。事其親者。其順昌何侯乎。其荀侯乎。古稱曾閔。今有荀何。**色難** **敬易** 論語曰。子夏問孝。子曰。色難。有事。弟子服其勞。有酒食。先生饌。曾是以爲孝乎。鄭玄注曰。言和顏悅色爲難也。食餘曰饌。莊子曰。以敬孝易。以愛孝難。**陟岵** **倚門** 毛詩曰。陟岵。孝子行役。思念父母也。陟彼岵兮。瞻望父兮。父曰嗟予子。行役夙夜無已。上愼旃哉。猶來無止。師覺授孝子傳曰。趙狗幼有孝性。年五六歲時。得甘美之物。未嘗敢獨食。必先以哺父。出輒待還而後食。過時不還。則倚門啼以俟父。至數年。父沒。狗思慕羸悴。不異成人。哭泣哀號。居於塚側。鄉族嗟稱。名聞流著。漢安帝時。官至侍中。**吮癰** **嘗毒** 東觀漢記曰。雍㒰字長魚。事母至孝。母嘗病癰。㒰晝夜匍伏。不離左右。至爲吮癰。周斐汝南先賢傳曰。蔡順字君仲。有至孝之心。少喪父。奉養母。甘口之物。不敢先嘗。母至婚家。因飲酒變吐。順恐中毒。乃嘗其吐。母生瘡出膿。以口嗽之。**陸績懷橘** **殷揮持瓜** 吳志曰。陸績字公紀。年六歲。於九江見袁術。術出橘。績懷三枚。因拜辭墮地。術曰。陸郎何乃作賓客而懷橘乎。績跪答曰。欲歸遺母。術奇之。蕭廣濟孝子傳曰。殷揮生而謹愿。七歲喪父。哀號毀悴。不爲戲弄。得瓜果可啖之物。懷持進母。未嘗先食。**鮑永去妻** **郭道瘞子** 東觀漢記曰。鮑永字君長。上黨人也。少有志操。事後母至孝。妻嘗於母前叱狗。而永即去之。裴子野宋略曰。散騎常侍袁瑜薦會稽郭道。事繼母至孝。家貧產子。憂不能字。謂其妻曰。傷慈以終孝。吾无恨也。遂瘞之。**無改** **不忘** 論語曰。父在觀其志。父沒觀其行。三年無改於父之道。可謂孝矣。禮記曰。先王之孝也。色不忘乎目。聲不絕乎耳。心志嗜欲不忘乎心。君子生則敬養。死則敬享。思終身不辱。**陳紀畫像**　**丁蘭圖形**海內先賢傳曰。陳寔子故大鴻臚紀。字元方。有至德絕俗。才達過人。烝烝色養。不離左右。豫州刺史嘉其至行。表上尚書。畫像百城。以厲風俗焉。孫盛逸人傳曰。丁蘭者。河內人也。少喪考妣。不及供養。乃刻木為人。髣髴親形。事之若生。朝夕定省。其後鄰人張叔妻從蘭妻有所借。蘭妻跪報木人。木人不悅。不以借之。叔醉疾來。誶罵木人。以杖敲其頭。蘭還見木人色不懌。乃問其妻。妻具以告之。即奮劍殺張叔。吏捕蘭。蘭辭木人去。木人見蘭。為之垂淚。郡縣嘉其至孝通於神明。圖其形像於雲臺也。**杜孝投魚**　**羅威進果**蕭廣濟孝子傳曰。杜孝。巴郡人也。少失父。與母居。至孝。稱役在成都。母喜食生魚。孝於蜀截大竹筒盛魚二頭。塞之以草。祝曰。我母必得此。因投中流。婦出汲。乃見筒橫來觸岸。異而取視。有二魚。含笑曰。必我壻所寄。熟而進之。聞者歎駭。又陸徵廣州先賢傳曰。羅威字德仁。八歲喪父。事母至孝。耕耘為業。勤身苦體。以奉供養。令召署門下吏。不就。將母遁避隱居。增城縣界。令還復故居。朝暮供侍。異果珍味。隨時進前也。**有司旌門**　**太守表墓**魏收後魏書曰。楊引三歲喪父。為母所養。母年九十三終。引年七十五。哀毀過禮。三年服終。恨不識父。追服斬衰。誓終身命。經十三年。哀慕不改。為郡縣鄉閭三百餘人上狀稱美。有司奏宜旌賞。復其一門。旌其純孝。王烈之安成記曰。縣有孝子符表。以孝聞天下。年十六。其母姜氏有疾。侍省晝夜數十日。母一食表亦一食。母不食表亦不食。見母將絕。至慟成咽。遂至殞。俄頃母死。亦沒。一日二喪。在殯葬於四望岡。太守王府君樹雙旌闕以表其墓。

〔賦〕

魏陳思王曹植懷親賦獵平原而南騖。觀先帝之舊營。步壁壘之常制。識旌麾之所停。存官曹之典烈。心髣髴於平生。迴驥首而永逝。赴脩途以尋遠。情眷戀而顧懷。魂須臾而九反。

晉陸士衡思親賦悲桑梓之悠曠。愧蒸嘗之弗營。指南雲以寄欵。望歸風而効誠。年歲俄其聿暮。明星爛而將清。迴飈肅以長赴。零雪紛其下頹。羨纖枝之在榦。悼落葉之去枝。存顧復之遺志。感明發之所懷。兄瓊芳而蕙茂。弟蘭發而玉暉。感瑰姿之晚就。痛慈景之先違。

晉劉柔妻王氏懷思賦超離親而獨寄。與憂憤而長俱。雖毫分以自勉曾无間於須臾。想昔日之歡侍。奉膝下而怡裕。集同生而從容。常欣泰而逸豫。何運遇之偏否。獨遼隔於脩路。梁武帝孝思賦念過隙之倏忽。悲逝川之不停。踐霜露而悽愴。懷燧轂而涕零。仲由念枯魚而永慕。虞邱感風樹而長悲。雖一至而捨生。奉二親而何期。

[詩] 晉束晳補亡詩曰。南陔孝子相戒以養也。循彼南陔。言採其蘭。眷戀庭闈。心不遑安。彼其之子。罔或遊盤。循彼南陔。厥草油油。彼其之子。色思其柔。眷戀庭闈。心不遑留。馨爾夕膳。潔爾晨羞。有獺有獺。在河之涘。凌波赴汨。噬魴捕鯉。嗷嗷林烏。受哺于子。養優敬薄。惟禽之似。勖增爾虔。以介壽祉。其二章曰。白華孝子之潔白也。白華朱萼。被于幽薄。粲粲門子。如磨如錯。終晨三省。匪惰其恪。白華絳趺。在陵之陬。蒨蒨士子。涅而不渝。竭誠盡敬。亹亹忘劬。白華玄足。在邱之曲。堂堂處子。无營无欲。鮮侔晨葩。莫之點辱。 魏王粲思親四言詩穆穆皇妣。德音徽止。思齊先姑。志侔姜姒。躬此勞瘁。鞠予小子。小子之生。遭世罔寧。烈考勤時。從之于征。奄遘不造。殷憂是嬰。[讚] 梁元帝孝德傳天性讚生之育之。長之畜之。顧我復我。答施何時。欲報之德。不可方思。涓塵之孝。河海之慈。廢書歎息。泣下漣洏。 晉夏侯湛閔子騫讚烝烝子騫。立體中正。干祿辭親。孝親盡敬。勉心景迹。擢詞流詠。

友悌第五

[敍事] 論語曰。孝弟也者。其爲仁之本與。又曰。孝乎惟孝。友于兄弟。尚書君陳曰。友于兄弟。克施有政。爾雅曰。善兄弟爲友。詩曰。兄弟既翕。和樂且湛。又曰。陟彼岡兮。瞻望兄兮。兄曰。嗟予季行役。夙夜必偕。上慎旃哉。猶來無死。孔子曰。兄弟怡怡如也。汝南先賢傳曰。潁川陳寔有子曰元方。次曰仲方。並以名德稱。兄弟孝養。閨門雍睦。海內慕其風。四府並命。無所屈就。兄弟嘗過同郡荀爽。夜會飲宴。太史奏德星聚。周禮大司徒曰。六行。孝友睦婣任恤。春秋左氏傳曰。君義臣行。父慈子孝。兄友弟敬。所謂六順。

【事對】因心 本性毛詩曰維此王季因心則友則友其兄則篤其慶庾袞別傳曰次兄有疾癘氣方殷袞納㯓粥扶侍不舍晝夜友愛之至本之天性 梁王同輦 清河共室漢書曰梁孝王入朝景帝使使持乘輿駟馬迎梁王於闕下入則侍帝同輦出則同車遊獵梁之侍中郎謁者著籍引出入天子殿門與漢宦無異張瑩漢南記曰孝和皇帝諱肇章帝中子也兄慶爲皇太子其母被讒死慶爲清河王帝年四歲代爲太子而特親慶入則共室出則同車章帝以此更哀憐慶衣服飲食與帝同也 許荆解劒 李鴻刻印謝承後漢書曰許荆兄子常報讎殺人怨家會衆操兵至荆家欲殺之會荆始從府休歸與相遇因出門解劒長跪曰前無狀相犯咎皆在荆不能相敎兄既早沒一子爲嗣如全死者傷其滅絶今願殺身代之塞咎雖死已往猶謂更生怨家扶起荆曰許掾郡中稱爲賢吾何敢相侵因遂委去又曰李鴻字奉遜體性仁孝友于兄弟弟育爲人所侵辱育後陰結客報怨爲執法吏所得當伏罪時未有立嗣鴻爲大尉掾在京師傷育以義刷恥門戶斷絶自分代育遂刻印還歸欲過家恐見妻子虧移其意到縣北亭預作記乞代育通記便飮鴆而死縣令省記怛然驚感 孔融爭死 泠平讓生司馬彪續漢書曰山陽張儉以忠正爲中常侍侯覽所忿疾覽爲刑章下州郡召捕儉儉與孔融兄褒有舊亡投遇褒出時融年十五六少之不下告也融知儉長者有窘迫色謂曰吾獨不能爲君主乎因留舍藏之後以客發洩覺知國相已下密就掩儉得脫走登時收融及褒送獄融曰保納藏舍者融也融當坐之褒曰彼來投我罪我之由非弟之過我當坐之兄弟爭死郡縣疑不能決乃上讞詔書令褒坐焉融由是著名崔鴻南燕錄曰有司奏沙門僧智夜入臨淄人泠平舍淫其寡嫂季氏平與弟安國殺之郡縣按平兄弟以殺人論而平國各引手殺讓生競死義形急難 棣華 荆葉毛詩曰棠棣之華鄂不韡韡凡今之人莫如兄弟死喪之威兄弟孔懷周景式孝子傳曰古有兄弟意欲分異出見三荆同根接葉連陰歎曰木猶欣聚況我而殊異哉還爲雍和 陰慶推第 李孟讓園張瑩漢南記曰陰慶爲鮦陽侯其弟員及丹皆爲郞慶以明尚書脩儒術推

居第園田奴婢錢悉分與員丹慶但佩印綬而已當代稱之陳壽益部耆舊傳曰李孟元脩易論語大義略舉質性恭順與叔子就同居就有痼疾孟元推所有田園悉以讓就夫婦紡績以自供給 萌肥 禮瘦東觀記曰倪萌字子明齊國臨淄人也仁孝敦篤不好榮貴常勤身田農遭歲倉卒兵革並起人民餒餓相啖與兄俱出城採蔬爲赤眉賊所得欲殺啖之詣賊叩頭言兄年老羸瘠不如萌肥健願代兄賊義而不啖又曰趙孝字長平沛國蘄人王莽時天下亂人相食孝弟禮爲餓賊所得孝聞即自縛詣賊曰禮久餓羸瘦不如孝肥餓賊大驚並放之 壽子載旌 姚萇授馬左傳曰衞宣公烝於夷姜生急子屬諸左公子爲之娶於齊而美公取之生壽及朔宣姜與公子朔搆急子于公使諸齊使盜待諸莘將殺之壽子告之使行不可及行壽子飲以酒載其旌以先盜殺之崔鴻後秦錄曰姚襄與李歷戰馬中流矢死弟萇下馬以授襄襄曰汝何以自免萇曰兄濟此豎子安敢害萇會救至俱免死 陟岡 在原毛詩曰陟彼岡兮瞻望兄兮又曰鶺鴒在原兄弟急難 盧毓養寡 山偉訓孤漢書曰盧毓字子家涿郡人也父植有名於時毓十歲而孤遇本州亂二兄死難當袁紹公孫瓚交兵幽冀屬年荒養嫂孤兄子以學行稱魏收後魏書曰山偉弟少亡偉撫寡訓孤同居二十餘年恩義甚篤不營產業身亡之後賣宅營葬 王商推財 卜式分產漢書曰王商字子威涿郡蠡吾人也商爲太子中庶子以肅敬敦厚稱父薨商嗣爲侯推財以分異母諸弟身無所受又曰卜式河南人也以田畜爲事有少弟式脫身出獨取羊百餘口田宅財物與弟式入山牧十餘年羊致千餘頭買田宅而弟盡破其產式輒復分與之 姜肱同被 李充易衣司馬彪續漢書曰姜肱字伯維彭城廣戚人也肱兄弟三人皆以孝行著肱年最長與二弟仲季同被臥甚相親友杜預汝南記曰李充兄弟六人貧無擔石之儲易衣而出并日而食其妻竊謂充曰今貧如是我有私財可分異獨居人多費極無爲空自窮也充請呼諸隣里室家相對前跪舉觴告其母便顧其妻叱而遣之婦行泣出門去 趙孝食蔬 魏霸服糲東觀漢記曰趙孝字長平沛國蘄人也建武初天下新定穀食尚少孝

得穀。炊將熟。令弟禮夫妻使出。比還。孝夫妻共蔬食茹菜。禮夫妻歸告言已食。輒獨飯之。謝承後漢書曰。魏霸字喬卿。濟陰人。為鉅鹿太守。臨郡。終不遣吏歸鄉里。妻子不到官舍。常念兄嫂在家勤苦。己獨尊樂。故常服粗糲。不食魚肉之味。婦親蠶桑。子躬耕。與兄弟同苦樂。不得自異。鄉里慕其行。化之。陳葉灑血　徐苗含癰　謝承會稽先賢傳曰。陳業字文理。業兄度海傾命。時依止者五六十人。骨肉消爛而不可辨別。業仰皇天。誓后土曰。聞親戚者必有異焉。因割臂流血。以灑骨上。應時歃血。餘皆流去。王隱晉書曰。徐苗字叔冑。高密淳于人也。輕財重義。行人所難者。兄及小弟早卒。鞠養孤寡。隱約口腹。及與妻子兄弟客居四十餘年。田宅奴婢推之孤姪。弟亡。臨殯。口中有癰潰膿血。含去之。其行事類皆如此也。分甘美　同衣食　東觀漢記曰。孔奮篤骨肉。弟奇在雒陽為諸生。分祿俸以供給其糧用。四時送衣。下至脂燭。每有所食甘美。輒分減以遺奇。江徽陳留志曰。李銓平丘人也。少聰慧有至行。銓兄前母子。後母甚不愛也。而衣食皆使下銓。銓始年五歲。覺己衣服勝兄。即脫不著。須兄得已同。然後服之。其母遂不得有偏。及長。銓內曲順母。外奉其兄。故閨門雍睦。為群族所稱。〔詩〕小雅棠棣詩。棠棣之華。鄂不韡韡。凡今之人。莫如兄弟。死喪之威。兄弟孔懷。原隰裒矣。兄弟求矣。鶺鴒在原。兄弟急難。每有良朋。況也永歎。晉陸士龍答兄士衡詩。悠遠塗何極。別促怨會長。銜思戀行邁。興言在臨觴。南津有絕濟。北渚河無梁。神往同逝感。形留悲參商。銜軌若殊迹。牽牛非服箱。〔讚〕隋辛德源姜肱讚。姜肱濬雅。昆季遺榮。同衾協好。比德齊聲。戰勝而說。嘉遯以貞。孤舟直邁。卷跡滄溟。東晉庾統三人讚。運遘屯凶。三孤丞立。離禽嬰鳴。邂逅同集。式穀既熟。和響具翕。肇彼遠岐。泯焉齊入。朱明張臣尉讚。詩詠張仲。今也朱明。輸財敦友。衣不表形。寡妻屏穢。棠棣增榮。臣尉邈然。醜類感誠

恭敬第六

〔敘事〕論語曰。恭近於禮。遠恥辱也。禮記曰。中正無邪。禮之質也。莊敬恭順。禮之制也。昔者魯哀公

問孔子曰。何以敬身。對曰。君子過言則人作辭。過動則人作則。君子言不過辭。動不過則。百姓不令而敬恭。如是則能敬其身。能敬其身則能成其親。又禮記少儀曰。賓客主恭。祭祀主敬。敬恭之道。不可廢也。左傳曰。正考父佐戴武宣。三人皆宋君。三命茲益恭。三命上卿。故其鼎銘曰。一命而僂。再命而傴。三命而俯。俯恭於傴。傴恭於僂。循牆而走。言不敢安行。亦莫余敢侮。其恭如是。人亦不敢侮慢。論語曰。樊遲問仁。子曰。居處恭。執事敬。與人忠。雖之夷狄。不可棄也。夷狄雖無知。猶當以恭敬忠信。魯國先賢傳曰。魯有恭士者。名曰汜。行年七十。其恭益甚。冬日行陰。夏日行陽。一食之間三起。魯君問曰。子年甚長矣。何不釋恭。汜對曰。君子好恭以成其名。小人學恭以除其刑。譽人者少。惡人者多。行年七十。常恐斧鑕之加於汜者。何釋恭焉。

[事對]　思齊　致慤毛詩曰。思齊太任。文王之母。鄭玄注。文王之母常思莊敬者。太任也。禮記曰。祭之日入室。僾然必有見乎其位。周還出戶。肅然必有聞乎其容聲。出戶而聽。愾然必有聞乎歎息之聲。是故先王之孝也。色不忘乎目。聲不絶乎耳。心志嗜欲不忘乎心。致愛則存。致慤則著。著存不忘乎心。夫安得不敬乎。君子生則敬養。死則敬享。思終身弗辱也。

詩美溫溫　雅稱翼翼毛詩曰。溫溫恭人。如集于木。惴惴小心。如臨於谷。又爾雅云。肅肅翼翼。恭也。

敬以免禍　恭以存位禮記云。鄉飲酒之禮。主人拜迎賓于門之外。入三揖而後至階。三讓而後升。所以致尊讓也。盥洗揚觶。所以致潔也。拜至。拜洗。拜受。拜送。拜旣。所以致敬也。斯君子所以免禍也。故聖人制之以道。易繫辭曰。君子致恭以存其位。

正服　去冠虞預會稽典錄曰。陳瑞字文象。爲縣卒。瑞謙恭敬讓。行惟敬謹。及其居二千石九卿位。少年童豎拜者。皆正朝服與之抗禮。若疾病不能答拜。輒拊顙以謝之。左傳曰。楚子狩于州來。次于潁尾。使蕩侯潘子司馬督囂尹午陵尹喜帥師圍徐以懼吳。楚子次于乾溪。以爲之援。雨雪。王皮冠。秦復陶。翠被。豹舄。執鞭以出。僕圻父從。右尹子革夕王見之去冠被舍鞭杜預注曰敬大臣也 蘧瑗下門 韓卓趨社 孟儀同載曰衞靈公時蘧伯玉爲人恭儉篤禮夜行過公門必下靈公嘗與夫人夜坐有車當闕無聲公謂夫人曰知車爲誰夫人曰必蘧伯玉也何以言之伯玉衞之篤禮者也夫禮下公門式路馬今車當闕無聲是下門也非伯玉誰能闇行而不廢禮公使問之果是又江徵陳留志曰韓卓敦厚純固恭而多愛博學洽聞好道人以善遇社則趨見生不食其肉 尚賢 敬老 孔叢子曰定公問曰周書所謂庸庸祇祇威威何謂也孔子對曰不失其道明之於人之謂也夫能用可用則能致理矣敬可敬則能尚賢矣史記曰魯懿公弟稱肅恭明神敬事耆老賦事行刑必問於遺訓而咨於故實也 正巾 斂衽 習鑿齒襄陽耆舊傳曰龐公躬耕妻子相待如賓休息則正巾端坐梁祚魏國統曰山濤字巨源少有大量在總角之中耆老宗長見者箕踞斂衽 趙盾假寐 茅容危坐 左傳曰晉靈公不君趙宣子驟諫公患之使鉏麑賊之晨往寢門闢矣盛服將朝尚早坐而假寐麑退歎而言曰不忘恭敬民之主也賊民之主不忠棄君之命不信遂觸槐而死謝承後漢書曰茅容字季偉陳留人也年四十餘耕於野時與等輩避雨樹下衆皆箕踞相對容獨危坐愈恭郭林宗見而奇之

〔歌〕 魏文帝樂府短歌行 山不厭高水不厭深周公吐哺天下歸心

〔引〕 魏陳思王箜篌引 置酒高殿上親友從我遊中廚辦豐膳烹羊宰肥牛久要不可忘薄我義所尤謙謙君子德磬折欲何求

〔詩〕 宋鮑明遠還舊廬詩 肅裝屬雲旅奉靷承末塗嚴恭履桑梓加敬覽枌榆

聽敏第七

〔敍事〕 史記云人所以尚干將鏌耶者貴於立斷也所以尚騏驥者爲其立至也必若歷日曠久絲整猶能挈石駑馬亦能致遠是以聰明敏捷人之美材也劉劭人物志曰夫聖賢之所美莫美於聰明聰明之所貴莫貴於知人知人誠智則衆材得其序而庶績之業興矣是故堯以克明俊德爲稱舜以

登用二八爲功．湯以扶有莘之賢爲名．文王以舉渭濱之叟爲治．由是論之．聖人之爲治．孰不勞聰明於求人．獲安逸於任使．說苑云．昔黃香字文強．江夏人．博覽傳記．群書無不涉獵．京師號曰天下無雙江夏黃童．後魏書曰．後魏元順字子和．任城王澄之子．年九歲．師事樂安陳豐．晝夜誦書．旬有五日．一皆通利．豐奇之．白王曰．豐十五從師．迄于白首．耳目所經．未見此比．江夏黃童．不得無雙也．王笑曰．藍田生玉．何容不爾．王頍之童子傳曰．近代有樂安任嘏者．十二就師．學不再問．一年通三經．鄉人歌曰．蔣氏翁．任氏童．言蔣氏之門老而方篤．任家之學幼而多慧．魏志曰．王粲善屬文．舉筆便成．無所改定．人常以爲宿構．

[**事對**]

知十　應五　論語曰．孔子謂子貢曰．汝與回也孰愈．對曰．賜也何敢望回．回也聞一以知十．史記曰．淳于髡見鄒忌．說畢．趨出．面其僕曰．是人吾與之微言五．其應我若響之隨聲．是以對不久．

默識　響應　陳壽益部耆舊傳曰．趙閔字溫柔．幼時讀尚書．默識其音句．又孔融薦禰衡表云．安世默識．響應事已見上應五注中．

答果　題酪　劉劭幼童傳曰．楊氏子者．梁國人也．九歲．甚聰慧．孔君平詣其父．父不在．乃呼兒出．爲設果．果有楊梅．指以示兒．此君家果．兒卽答曰．未聞孔雀是夫子家禽．劉義慶說苑．人餉魏武．嘗訖．題酪器上爲合字．以示衆．衆莫之解．次至楊脩．脩便噉之．公問之．人皆遙過．卿何獨餐．脩曰公敎人一口．復何疑也．

誦千言　賦一物　劉劭幼童傳曰．夏侯榮字幼權．沛國譙人也．幼聰慧．七歲能屬文．誦書日千言．經目輒識之．張隱文士傳曰．吳郡張純少有令名．嘗謁驃騎將軍朱據．據令賦一物．然後坐．純應聲便成．文不加點．

五行並下　一字不遺　謝承後漢書曰．應奉讀書五行並下．魏收後魏書曰．祖瑩字元珍．范陽人．十二爲中書學生．博士張天龍講尚書．選爲都講．生徒悉集．瑩夜讀書勞倦．不覺天曉．誤持同房生趙郡李孝怡曲禮卷上座．置禮於前．誦尚書三篇．不遺一字．

校亡書　比軼字　漢書．張安世字子孺．少小以父任爲郎。因善書。給事尚書。上幸河東。嘗亡書三篋。詔問莫能知。唯安世識之。具作其事。後購求得。以相校。一字无遺失。上奇其才。擢爲尚書令。謝承後漢書曰。禰衡與黃祖子射尤善。衡與俱讀蔡邕所作碑文。射愛其文。恨不寫。取衡謂射曰。吾雖一過。猶識其言。其缺兩字。不明。因書出之。射寫還。比校皆無所謬。唯兩字缺。

［詩］吳郡張純少有清才。與同郡張儼、朱異俱童少。往見驃騎將軍朱據。據聞三人才名。欲試之。曰。今三賢屈顧老鄙。渴甚矣。其爲吾各賦一物。然後乃坐。純曰。驃褢以迅驟爲工。鷹隼以輕疾爲妙。何必積思。皆隨目立成。據大歡悅。純賦席曰。席爲冬設。簟爲夏施。揖讓而坐。君子攸宜。儼賦犬曰。守則有威。出則有獲。韓盧宋鵲。書名竹帛。異賦弩曰。南岳之榦。鍾山之銅。應機命中。射隼高墉。

［序］魏禰衡鸚鵡賦序　時黃祖太子射賓客大會。有獻鸚鵡者。舉酒於衡前曰。禰處士、今日無用娛賓、竊以此鳥自遠而至。明惠聰善。羽族之可貴。願先生爲之賦。使四座咸共榮觀。不亦可乎。衡因爲賦。筆不停綴。文不加點。

卷十七校勘表

頁數	行數	排印本原文	安刻本	嚴陸校	備註
四〇七	一〇、一一	吾教之		吾教	
四〇八	一	人賜紀	入賜紀	又賜紀	
四〇八	三	聖人中一		聖人守一	
四〇八	一〇	揚雄	揚方		案「揚方」應作「楊方」
四〇八	一三	劉瑾		劉珙	
四〇九	一一	揚雄		揚方	
四一〇	四	不用其功	不有其功		
四一〇	六	攘周在鎬		方周在鎬	
四一一	六	天下治	天下化		
四一一	七、八	李尤九賢		〔嚴〕按九賢頌當是李充	
四一二	一、二	「孫綽原憲讚曰」至「淩玉澈」		〔嚴〕按原憲讚是至人高士傳之一也・常景古賢下尚缺數句・下半是嚴光讚・	

四一二	四	孔子遇齊程本子		孔子過齊遇程本子	
四一二	六	於豪　飄風		於蒙　疾風	
四一四	一四	後以其子	復室其子	復以其子	
四一四	一四	復代其位	使復其位		
四一五	四	薊中起兵		薊州遂起兵	
四一五	五	瞋目大呼左右曰走		瞋目大呼左右曰趨	
四一五	七	後爲關羽都督		〔嚴〕誤	
四一五	八	請爲王王可以間出紀信詐爲漢王乃乘黃屋車傳左纛		請誑楚王可以間出紀信乃乘王車黃屋左纛	
四一五	一四、一五	遣盛獻等水陸並到		遣吳盛等水陸並至	
四一六	七	具邱			按今左傳作「貝邱」
四一七	三	依於庭	依於牆		
四一七	一〇	共讓	共議		
四一八	九	龍淵地狹華蓋風驚賢臣攬轡可謂忠貞	龍淵斬馬遂請魚文身摧欄檻義烈風雲應從御史翻賴將軍		

四一八	一〇、一一	婞直		忠直	
四一九	八	鷄鳥		烏鳥	
四一九	一一	於親		其親	
四二〇	二	伐紂定		武王周公定	
四二〇	九	安能		安得	
四二〇	一一	安之忠孝		安其忠孝	
四二〇	一一	樂其心		樂豫其心	
四二〇	一三	年七十天寒		年七十矣值天寒	
四二一	三	蕭廣濟孝子傳		孝子傳	
四二一	四	哀慟旁入	哀慟旁入	哀慟旁入	陸云「旁入」衍。按「旁人」似不誤。「慟」或係「動」之訛。
四二二	九	雍鯈		樊鯈	
四二二	一四	傷慈		傷慈養	
四二二	三、四	「叔醉疾來誶罵」至「爲之垂淚」		叔醉疾來罵木人以斧斫木人木人身覺有血蘭回乃問其妻妻具以告之蘭卽訟於官吏捕張叔決罪	

四二二	五	蕭廣濟孝子傳		孝子傳	
四二三	一一	母死亦沒	母又亦沒		
四二三	四	赴汨		赴洎	
四二三	五	壽祉		丕祉	
四二三	六	蒨蒨	偕偕		
四二三	九	孝親		事親	
四二三	一二	且湛	孔孺		
四二五	四	不唊		不殺	
四二七	八	思莊敬		思齊莊敬	
四二八	二	知車		知此	
四二八	二	言之		知之曰	
四二八	五	敬可敬則		敬則	
四二八	一一	雲旅	廬旅		
四二九	一〇、一一	劉義慶說苑			按「說苑」似應作「世說」
四二九	一四	十二爲		十二歲爲	
四三〇	八	榮觀		崇觀	

初學記卷第十八

人部中

師第一

〔敍事〕　禮記曰．凡學之道．嚴師爲難．師嚴然後道尊．道尊然後民知敬學．是故君之所不臣於其臣者二．當其爲尸．則弗臣也．當其爲師．則弗臣也．太學之禮．雖詔於天子．無北面．所以尊師也．善學者．師逸而功倍．又從而庸之．不善學者．師勤而功半．又從而怨之．穀梁曰．魯昭公云．子既生．不免於水火．母之罪也．成童不就師傅．父之罪也．就師學問無方．心志不通．師之罪也．老子曰．善人．不善人之師．孔子曰．三人行．必有我師焉．釋名曰．古者稱師曰先生．魏志曰．荀攸字公達．魏文帝在東宮時．太祖謂曰．荀公達．人之師表．汝當盡禮敬之．攸嘗病．太子問病．獨拜牀下．其見尊異如此．諺曰．三歲擇師．揚子法言曰．務學不如務求師．師者．人之模範也．孫卿子曰．師術有四．尊嚴而憚．可以爲師．耆艾而信．可以爲師．誦說不淩．可以爲師．知微而論．可以爲師．又曰．干將鏌耶．巨闕辟閭．此古之良劍也．然而不加砥礪．則不能利．不得人力．則不能斷．驊騮騏驥．纖離．綠耳．此皆古之良馬也．然而必前有銜轡之制．後有鞭策

之威加之造父之御然後一日而致千里夫人雖有性質美而心辯智必將求賢師而事之擇良友而
友之夫達師之教也弟子安焉樂焉休焉游焉肅焉嚴焉此六者得於學則邪僻之道塞矣此六者不
得於學則君不能令於臣父不能令於子師不能令於徒[事對] 函杖　束脩禮記曰凡講問席間函杖函
容也容杖足以指畫論語曰自行束脩以上吾未嘗無誨焉 桓榮東嚮　王祥南面東觀漢記曰明帝即位尊桓榮以師禮帝幸
太常府令坐東面設几杖會百官王隱晉書曰魏高貴鄉公之入學也將崇先典乃命王祥爲三老侍中鄭小童爲五更祥南面几杖以
師道自居帝北面乞言 模範　表儀揚雄法言曰務學不如務求師師者人之模範也韓詩外傳曰智如泉源行可以爲表儀者人
之師也 叩鐘　鳴鼓禮記曰善待問者如撞鐘叩之以小者則小鳴叩之以大者則大鳴待其從容然後盡其聲不善答問者反此
謝承後漢書曰董春字紀陽會稽餘姚人少好學師事侍中祭酒王君仲受古文尚書後詣京房授易究極聖旨條列科義後還師立精
舍遠方門徒學者常數百人諸生每升講堂鳴鼓三通橫經捧手請問者百人 在三　有四崔鴻後秦錄曰初姚泓之爲太子受經
於太學博士淳于岐岐病在家泓以師者人之表範傳先聖之訓加在三之義不可以不重親詣省疾拜於牀下孫卿子曰師有四術而
傳習不與焉 主善　司成尚書曰德無常師主善爲師禮記曰樂正司業父師司成一人元良萬邦以貞世子之謂也鄭玄注曰司
主也又曰大司成論說在東序凡侍坐於大司成者遠近間三席可以問也 坐帷誦書　隔幔講禮東觀漢記曰張奐使匈奴休
屠及朔方烏桓並同反叛遂燒度遼將軍門引屯赤坑烟火相望兵衆大恐各欲亡去奐安坐帷中與弟子誦書自若軍士稍安裴景仁
前秦記苻堅幸太學問博士經典博士盧壺對曰周官禮注未有其師韋逞母宋氏傳其父業得周官音義自非此母無可授後生於是
就宋立講室書堂生徒百二十人隔絳紗幔而授業焉拜宋爵號宣文君賜侍婢十人 循循　濟濟論語顔回曰夫子循循然善誘

人。博我以文。約我以禮。欲罷不能。潘岳閑居賦曰。兩學齊列。雙宇如一。右延國胄。左納良逸。祁祁生徒。濟濟儒術。**北海**　**西河**後漢書曰。鄭玄字康成。北海人也。玄好學。日夜討誦。未嘗怠倦。學徒相尋數百千人。國相孔融深敬玄。特立一鄉。曰鄭公鄉。廣其門。曰通德門。初師事馬融。質諸疑義。問辭歸。融歎曰。鄭生今去。吾道東矣。禮記曰。子夏哭其子而喪其明。曾子弔之曰。吾與汝事夫子於洙泗之間。退而老於西河之上。使西河之人疑汝於夫子。其罪一也。鄭玄注曰。言其不稱師也。**築宮**　**架廟**史記曰。鄒子如燕。昭王擁篲先驅。請列弟子之禮。而授業。築碣石宮。身親往師之。干寶搜神記曰。介琰者。不知何許人也。吳先主時。從北來。云從其師白羊公入東海。琰與吳主相聞。吳主留琰。乃為琰架宮廟。一日之中。數四遣人往問起居。或見琰如十六七童子。或如壯年。吳主欲學術。琰以帝常多內御。積月不教也。**善誘**　**博喻**論語。顏回曰。夫子循循然善誘人。禮記曰。君子知至學之難易。而知其美惡。然後能博喻。能博喻。然後能為師。**南郭**　**東陵**列子曰。列子既師壺邱子林。友伯昏瞀人。反居南郭。從遊者百數。王智深宋紀曰。詔徵士周勣於東陵立學。裹糧受業百餘人。**彥眞沉靜**　**玄覽純和**崔鴻前燕錄曰。劉讚字彥眞。平原人也。經學博通。為世純儒。貞清非禮不動。慕容廆重其德學。使太子晃師事之。魏收後魏書曰。梁越字玄覽。新興人也。少而好學。博綜經傳。無所不通。性淳和篤信。言行無擇。魏初為禮經博士。**聘玉帛**　**加金紫**江徵陳留志曰。婁望字次子。雍邱人也。少受春秋於少府丁子然。以節操稱。建武二十八年。趙孝王聞其名。遣大夫賫玉帛聘望為師。望不受。徐爰宋書曰。武帝登祚。加顏延之金章紫綬。領湘東王師。

[賦]**晉潘岳閑居賦**敎無常師。道在則是。故賢士投紱。明王懷璽。訓若風行。應如草靡。**漢班固西都賦**命夫敦誨故老。名儒師傅。講論乎六藝。稽合乎同異。

[詩]**應璩百壹詩**子弟可不愼。愼在選師友。師友必良德。中才可進誘。

[箴]**晉傅玄太子少傅箴**金木無常。方圓應形。亦有隱括。習與性成。

[序]**後漢蔡邕郭有道碑序**先生誕膺天衷。聰睿明哲。孝友溫恭。仁篤慈固。貞固足以幹事。隱括足以矯時。遂考覽六

經。探綜圖緯。周流華夏。隨集帝學。故拯文武之將墜。拯微言之未絕。于時纓緌之徒。紳佩之士。望形表而影附。聆嘉聲而響和者。猶百川之歸巨海。鱗介之宗龜龍也。爾乃潛隱衡門。收朋勤誨。童蒙賴焉。用祛其蔽。州郡聞德。虛已備禮。莫之能致。群公休之。遂辟司徒掾。又舉有道。皆以疾辭。文不具錄。蔡邕文範先生陳仲弓碑序夫其仁愛溫柔。足以孕育群生。廣大寬容。足以包覆無方。剛毅強固。足以威暴矯邪。正身體化。足以陶冶士心。先生有此四德。故言斯可法。行斯可樂。動斯可象。靜斯可儆。是以邦之子弟。遐方後生。莫不同情瞻仰。由其模範。從其趣嚮。戾狠思和。爭訟化讓。雖嚴君猛政。迫以刑戮。未若先生潛導之速。

交友第二

[敘事] 毛詩序曰。伐木。燕朋友故舊也。自天子至于庶人。未有不須友以成者也。魏文帝集論曰。夫陰陽交。萬物成。君臣交。邦國治。士庶交。德行光。同憂樂。共富貴。而友道備矣。易曰。上下交而其志同。由此觀之。交乃人倫之本務。王道之大義。非特士友之志也。白虎通曰。朋友之道有四。近則正之。遠則稱之。樂則思之。患則死之。揚子法言曰。朋而不心。面朋也。友而不心。面友也。說苑曰。魏文侯歎田子方曰。自友子方也。君臣益親。百姓益附。吾是以知友士之功焉。家語曰。夫內行不脩。身之罪也。行脩而名不彰。友之罪也。故君子入則篤行。出則友賢。禮記曰。君子之交淡如水。小人之交甘若醴。君子淡以成。小人甘以壞。論語曰。君子以文會友。以友輔仁。韓詩外傳曰。昔鮑叔有疾。管仲爲之不食。不內漿。甯戚患之。管仲曰。生我者父母。知我者鮑子。士爲知己者死。馬爲知己者良。鮑子死。天下莫吾知。安用水漿。雖爲之死。亦何傷哉。後漢書曰。李燮字德公。所交皆捨短取長。好成人之美。時潁川荀爽。賈彪。雖俱知名

而不相能。變並交二子。情無適莫。世稱其正。魏志曰。胡質云。古人之交也。取多知其不貪。奔北知其不
怯。聞流言而不信。故可終也。江表傳曰。吳有程普者。頗以年長。數淩侮周瑜。瑜折節容下。終不之校。普
後自敬服而親重之。乃告人曰。與周公瑾交。若飲醇醪。不覺自醉。風土記曰。越俗性率朴。初與人交有
禮。封土壇。祭以犬雞。祝曰。卿雖乘車我戴笠。後日相逢下車揖。我步行。卿乘馬。後日相逢卿當下。〔事
對〕 同心 合志 周易曰。二人同心。其利斷金。孔叢子曰。儒有合志同方。營道同術。 久敬 益親 論語曰。晏平仲善與人
交。久而敬之。家語曰。自季氏賜我粟千鍾。而交益親。 攝儀 糾德 毛詩曰。朋友攸攝。攝以威儀。周禮曰。司諫糾萬民之德而勸之朋
友。 彈冠 結綬 漢書曰。王吉與貢禹爲友。代稱王陽在位。貢禹彈冠。言其取捨同。又曰。蕭育與朱博爲友。著聞當代。長安語曰。蕭朱
結綬。王貢彈冠。言相薦達也。 刎頸 剖心 漢書曰。陳餘年少。父事張耳。相與爲刎頸之交。張奐與延叔堅書曰。吾與叔堅剖心相知。
豈以流言相猜耶。 解帶 披衿 周祗執友箴曰。落落喬松。遼遼莊惠。解帶一遇。道映萬代。王智深宋紀曰。孔淳之隱居剡山。嘗遇桑
門釋法崇於三山。披衿領契。自以爲得意之交。 同生 偕死 傅幹與張叔威書曰。吾與足下。義結縞素。恩比同生。吳志曰。吳範與魏
滕相善交。滕常有罪。吳王責怒。有諫處死。範謂滕曰。與汝偕死。諫得並免。 兩龔 二仲 漢書曰。兩龔皆楚人。勝字君賓。舍字君倩。二
人相友。著名節。故時號爲楚兩龔。趙岐三輔決錄曰。蔣詡字元卿。舍中三逕。唯羊仲裘仲從之遊。二仲皆推廉逃名。 金蘭 松竹 周
易曰。二人同心。其利斷金。同心之言。其臭如蘭。周祗執友箴曰。謙謙文侯。友賢好學。英英昭禮。敦詩致樂。推誠歲寒。功標松竹。 投分
推誠 潘岳詩曰。投分寄名友。白首同所歸。謝承後漢書曰。王嬰字仲豪。與同郡范巨卿爲友。其與友交。推誠據信。不負言誓。 忘年
得意 張隱文士傳曰。禰衡有逸才。少與孔融交。時衡未滿二十。而融已五十。敬衡才秀。忘年殷勤。得意見披襟。注。 伯牙絕絃 郢

人運斤伯牙絕絃見琴流水注。莊子曰。莊子送葬過惠子之墓。顧謂從者曰。郢人堊墁著其鼻端若蠅翼。使匠石斲之。匠石運斤成風。聽而斲之。盡堊而鼻不傷。郢人立不失容。元君聞之。召匠石曰。嘗爲之。匠石曰。臣則嘗斲之。雖然。臣質死久矣。自夫子之死。吾無以爲質矣。

總角　撫塵何法盛晉書曰。庾翼與桓溫友善。在總角之中。便相期以終始。東方朔與公孫弘書曰。蓋聞爵祿不相責以禮。同類之遊。不以遠近爲故。是以東門先生居蓬戶空穴之中。而魏公子一朝以百騎尊寵之。呂望未嘗與文王同席而坐。一朝讓以天下半。大丈夫相知。何必以撫塵而遊。垂髮齊年。偃伏以日數哉。

神交　冥契袁宏山濤別傳曰。陳留阮籍。譙國嵇康。並高才遠識。少有悟其契者。濤初不識。一與相遇。便爲神交。劉義慶世說曰。支道林喪法虔之後。精神實喪。風味轉墜。謂人曰。冥契既逝。發言莫賞。中心蘊結。余其亡矣。去後數年。支遂殞歿。

莫逆　忘言莊子曰。子祀。子輿。子黎。子來。四人相與語曰。孰能知死生存亡之體者。吾與之友。四人相視而笑。莫逆於心。遂相與爲友。又曰。蹄所以在兔。得兔而忘蹄。筌所以在魚。得魚而忘筌。言所以在意。得意而忘言。

尹班　荀李東觀漢記曰。尹敏字幼季。與班彪相厚。每相與談。常對案不食。晝即至冥。夜即徹明。司馬彪續漢書曰。李膺性簡亮。無所交接。唯以同郡荀淑陳寔爲師友。

子高抗手　楊政把臂孔叢子曰。子高遊趙。平原君客有鄒文節。與子高相友善。及將還魯。諸故人訣既畢。文節行三宿。臨別。文節流涕交頸。子高徒抗手而已。東觀漢記曰。楊政嘗過馬武。稱疾見政。對几據牀。欲令政拜牀下。入戶前排武。徑上牀坐武帳。言語不擇。政因把臂責之曰。卿蒙恩稱蕃臣。不思求賢報國。而驕天下英俊。會信陽侯至。責數武。合爲朋友。

〔詩〕　古善哉行。月沒參橫。北斗闌干。親友在門。忘寢與食。　梁蕭鈞晚景遊泛懷友詩龍門依御溝。鳳轄轉芳洲。雲峯初辨夏。麥氣早迎秋。山翠餘烟積。川平晚照收。浪隨文鷁轉。渡逐彩鸞浮。風花轉未落。巖泉咽不流。一辭金谷苑。空想竹林遊。

〔箴〕　周祇交箴人亦有言。貴則易交。利重太山。道輕鴻毛。久而益敬。見之晏平。霜雪既至。勁柏冬青。

〔碑〕　晉孫楚牽招碑君與劉備少長河朔。英雄同契。爲刎頸之交。因恐爲時所忌。每自酌損。在乎季孟之間。漢蔡邕貞定眞父碑其接友也。審辨眞僞。明于知人。度終始而後交。情不疎而貌親。

諷諫第三

〔敍事〕白虎通曰。諫者。間也。更也。是非相間。革更其行也。人懷五常。故知諫有五。其一曰諷諫。二曰順諫。三曰闚諫。四曰指諫。五曰陷諫。諷諫者。智也。知患禍之萌。睹其未然而諷告焉。順諫者。仁也。出辭遜順。不逆君心。闚諫者。禮也。視君顏色。不悅且卻。悅而復前。以禮進退。指諫者。信也。指者。質也。質相其事。陷諫者。義也。言國之害。忘生爲君。不避喪身。故孔子曰。諫有五。吾從於諷。諷也者。謂君父有闕而難言之。或託興詩賦以見乎詞。或假託他事以陳其意。冀有所悟而遷於善。諫也者。謂事有不當。指而言之。上至君父。下及朋友。諭之不疑。必有所益。故孔子稱君有爭臣。父有爭子。士有爭友。此之謂也。尙書曰。每歲孟春。遒人以木鐸徇于路。官師相規。工執藝事以諫。其或不恭。邦有常刑。又惟木從繩則正。后從諫則聖。禮記曰。父母有過。下氣怡色。柔聲以諫。諫若不入。起敬起孝。悅則復諫。又事君欲諫不欲陳。陳謂言過於外 又父母有過。諫而不逆。孔子曰。事君遠而諫。則諂也。近而不諫。則尸利也。顧子曰不諫則危君。諫則危身。是賢人君子上不敢危君。下不敢危身。三諫不從則去矣〔事對〕饋歎　飲歌左傳曰。魏獻子爲政。梗陽人以獄上。其大宗賂以女樂。魏子將受之。閻沒汝寬退朝待於庭。饋入召之。比置三歎。既食使坐。魏子曰。唯食忘憂。吾子三歎。何也。同辭對曰。饋之始至。恐其不足。是以歎。曰。豈有將軍食之而不足。是以再歎。及饋之畢。曰。願以小人之腹爲君子心。屬厭而已。獻子遂辭梗陽人。晏子春秋。曰景公起大臺。歲寒。役之凍餒者鄉有焉。公延晏子坐。飲酒樂。晏子歌終。喟然流涕。公止之曰。子殆爲大臺之役。寡人將罷之。后聖
臣直 后聖見敍事。漢書曰。薛廣德字長卿。爲御史大夫。直言諫爭。上出便門。欲御樓船。廣頓首曰。宜從橋。上不悅。光祿大夫張孟進。
曰臣聞君聖臣直。乘船危。就橋安。上乃從橋。 當車 扣馬 尙書洪範五行傳曰。昌邑王賀爲帝。天陰七日。晝夜不見日月。賀欲出行。
光祿大夫夏侯勝當車諫曰。天久陰不雨。臣下有謀上者。陛下欲何之。史記曰。趙肅侯遊大陸。出於鹿門。大戊午扣馬諫曰。耕事方急。肅
侯下車而謝之。又崔鴻前秦錄曰。苻堅如鄴。狩于西山。伶人王洛扣馬而諫。乃止。 汙輪 折檻 漢書曰。薛廣德字長卿。爲御史大夫。
直言諫爭。上出便門。欲御樓船。廣德當乘輿免冠頓首曰。宜從橋。陛下不聽臣。臣自刎以血汙車輪。漢書。成帝時。朱雲上疏求見。公卿在
前。雲曰。願賜上方斬馬劍。斷佞臣一人頭。以厲其餘。因指言張禹。上大怒曰。庭辱師傅。死罪不赦。御史將雲下。雲攀殿檻。檻折。呼曰。臣得
下從龍逄比干遊於地下。足矣。左將軍辛慶忌扣頭流血。諫曰。此臣素狂直。使其言非。固當容之。上意解。及當脩檻。上曰。勿易之。因而葺
之。以旌直臣。 逆耳 拂心 史記曰。沛公入秦。宮室帷帳狗馬珍寶婦女以千數。欲留居之。樊噲諫沛公出舍。沛公不聽。張良曰。忠言
逆耳利於行。良藥苦口利於病。願聽樊噲言。沛公乃還灞上。漢書曰。哀帝時。杜欽諫曰。臣竊有所憂。言之拂心逆耳。不言則日漸長。爲禍
不細。臣聞玩色不厭。必生好憎之心。好憎之心生。卽愛寵偏於一人。 三責 五失 晏子春秋曰。景公遊公阜。望齊國。曰。嗚呼。古而無
死。何如。晏子曰。古而無死。太公長有齊國。公不悅。無幾。梁邱據乘六馬。公曰。據與我和乎。晏子曰。此同也。公作色。無幾。公使禳彗星。晏子
曰。天敎也。若受諫賢聖。彗星將亡。公色不悅。及晏子卒。出位屏而泣曰。昔夫子一日三責我。今孰責寡人乎。王隱晉書曰。齊王冏輔政。歲
餘。驕矜多過。鄭方諫曰。今王安不慮危。耽于酒色。其失一。大王檄命。當使天下穆如清風。今則不然。其失二。四夷交侵。不以爲念。其失三。
興義人勞窮苦。不聞賑救之令。其失四。又興義兵論功未息。其失五。冏含忍曰。微吾子。則終不聞孤之過也。 斷鞅 攬轡 周斐汝南

先賢傳曰。建武八年。車駕西征隗囂。郭憲諫曰。天下初定。車駕未可以動。憲乃當車拔佩刀以斷車鞅。帝不從。遂上隴。其後潁川兵起。迴駕而還。帝歎曰。恨不用光祿之言。段龜龍西涼記曰。呂纂斬馳遊獵。或馬奔溝壍之間。殿中侍御史王回控馬諫曰。陛下宜憶袁盎攬轡之言。**盡言　開說**劉向說苑曰。有能盡言於君。用則留。不用則去。謂之諫也。魏志曰。明帝時。百姓凋匱。而役務方殷。衛覬上疏曰。非破家爲國。殺身成仁者。誰犯顏色。觸忌諱。建一言。開一說哉。**犯顏　逆意**范曄後漢書曰。銚期重於信義。在朝廷憂國愛主。其有不得於心。必犯顏諫爭。魏志曰。明帝時。百姓凋匱。而役務方殷。衛覬上疏曰。順顏者愛所由生。逆意者惡所從至。故人皆順顏而避逆意。又桓範世要論曰。揣人之耳。逆人之意。不爲諫爭。**屏几改容　免冠頓首**崔鴻前涼錄曰。張駿讌群寮。議欲嚴刑峻制。衆咸以爲宜。參軍黃斌進曰。臣未見其可。尊親犯令。卽令不行矣。駿性嚴猛。乃屏几改容曰。微黃生。吾不聞過矣。可謂忠之至也。范曄後漢書曰。銚期有不得於心。必犯顏諫爭。帝嘗出。期免冠頓首車前曰。古今之戒。變不意而成。不願陛下微行數出。帝爲之迴輿而還。

〔賦〕　謝偃**惟皇誡德賦**　惟皇王之迭代。信步驟之殊規。莫不慮失者常得。懷安者必危。是以戰戰慄慄。日慎一日。守勤守儉。去奢去逸。外無荒禽。內無荒室。惟賢是授。惟民斯恤。則三皇不足四。五帝不足六。若夫恃智驕力。狼戾倔強。忠良是弃。謟佞斯獎。構崇臺以造天。穿深池而絕壤。厚賦重役。積寶藏鏹。無罪加刑。有功不賞。則夏桀可二。殷辛易兩。

〔詩〕　**漢韋孟諷楚元王四言詩**　邦事是廢。逸遊是娛。人馬悠悠。是放是驅。所弘匪德。所親匪俊。唯囿是恢。唯諫是信。嗟哉我王。漢之睦親。曾不夙夜。以休令聞。**魏應璩百壹詩**　室廣致凝陰。臺高來積陽。奈何季世人。侈靡在宮牆。飾巧無窮極。土木被朱光。徵求傾四海。雅意猶未康。

貴第四

〔敍事〕　說文云。貴者。歸也。謂物所歸仰。汝潁言貴。聲如歸往之歸。抱朴子曰。貴遊子弟。生乎婦人之手。憂懼未嘗經心。或未免襁褓而加青紫之秩。纔勝衣冠而居寵榮之位。專生殺之威。操黜陟之柄。誠可畏矣。戰國策曰。田需貴於魏王。惠子曰。勉哉。夫楊橫樹之則生。折而樹之亦生。然十人樹之一人拔之則無楊矣。且以十人之衆。樹易生之物。然而不勝一人者。何也。樹之難而去之易。今雖自樹於王。而欲拔者衆。子必危矣。史記。李斯歎曰。吾聞荀卿有云。物禁太盛。吾昔上蔡布衣。今人臣之位無居其上者。可謂富貴極矣。物極則衰。吾未知所稅駕也。荀伯子荀氏家傳曰。惟我之先。至于有晉。人物盈朝。袞衣暐曄。六代九公。不亦偉乎。磊落瓌奇。光照六合。中興丞相王公歎曰。自巳後。榮寵莫二。爲天下貴門矣。

〔事對〕 七葉　五侯　左思詠史詩曰。金張籍舊業。七葉珥漢貂。漢書曰。成帝封舅譚爲平阿侯。商爲成都侯。立爲江陽侯。根爲曲陽侯。逢時爲高平侯。五人同日封。世謂之五侯。榮貴絕代。 金張　耿鄧　漢書曰。功臣之家。唯有金氏張氏。親近貴寵。比於外戚。又曰。金日磾勒功上將。傳國後嗣。七葉內侍。何其盛也。東觀漢記曰。耿氏自中興以後。迄建安之末。大將軍二人。九卿十三人。遂與漢盛衰。又曰。鄧氏自中興後。累葉貴寵。莫與爲比。 三王　五公　東觀漢記曰。耿氏自中興以後。迄建安之末。尙公主三人。列侯十九人。中郎將護羌校尉及刺史二千石數百人。司馬彪漢書曰。袁安桓帝初遷太尉。四葉五公。 許史　梁竇　漢書曰。許嘉爲大司馬車騎將軍。又曰。史丹男九人。皆以丹仕爲侍中。自宣元成哀外戚興者。許史三王丁傅之家。皆重侯累將。窮富極貴。謝承後漢書曰。梁氏在位二十餘年。窮極滿盛。威行內外。百僚側目。莫敢違命。東觀漢記曰。章帝崩。竇太后臨政。竇憲爲大將軍。食邑二萬戶。弟景執金吾。瓌將作大匠。光祿勳。 垂三組　佩六印　漢書。楊僕宜陽人也。稍遷至主爵都尉。南越反。拜爲樓船將軍。有功。封梁侯。因歸家。懷銀黃。垂三組。以誇鄉里。組。綬也。史記曰。蘇秦洛陽人也。師於鬼谷先生。後得周書陰符。讀之以出揣摩。因說六國。以秦爲從約長。并相六國。各佩其印行過洛陽重騎輜重諸侯各發使送之甚衆擬於王者周王聞之恐懼除道使人郊勞於是散千金以賜宗族 **一門三后 六葉九公**謝承後漢書曰梁不疑子爲潁陰侯胤子爲城父侯冀一門三皇后六貴人二大將軍夫人女侯邑稱君七人尙公主三人其餘卿將尹校五十七人百僚側目莫敢違命六葉九公見敍事 **朱輪 華轂**漢書楊惲曰吾家方全盛之時乘朱輪者十人又劉向上封事曰今王氏一姓乘朱輪華轂者二十三人青紫貂蟬充盈幄內 **觀閣彌亙 邸第相望**張璠漢記曰馬防兄弟貴盛大起第觀連閣彌亙東觀漢記曰竇融嗣子穆尙內黄公主而融弟顯親侯竇友嗣子固尙沮陽公主穆長子勳尙東海恭王女竇氏一公兩侯三公主四二千石自祖至孫官府邸第相望奴婢千數雖親戚功臣莫與爲比[**詩**] **晉左思詠史詩**濟濟京城內赫赫王侯居冠蓋陰四術朱輪竟長衢朝集金張館暮宿許史廬南鄰擊鐘磬北里吹笙竽 **古樂府詩**君家誠易知悠悠復難忘黄金爲君門白玉爲君堂堂上羅酒樽使作邯鄲倡中庭生奇樹華燈何煌煌兄弟兩三人中子爲侍郎五日一來歸道上自生光黄金絡馬頭觀者滿路傍 **齊鮑昭代京洛篇**鳳樓十二重四戶八綺窗繡角金蓮花桂柱玉盤龍珠簾無隔露羅幌不勝風寶帳三十萬爲爾一朝容 **梁吳均贈周興嗣詩**吾賢當路者聲名振華夏朱輪玳瑁牛紫鞚連錢馬朝花舞風去夜月窺窗下想君貴易交居然應見捨 **紹安贈蔡君詩**疇昔同幽谷伊爾遷喬木赫奕盛青紫討論窮簡牘 **李百藥寄楊公詩**公子盛西京光華早著名分庭接遊士虛館待時英高閣浮香出長廊寶釧鳴面花無隔笑歌扇不鄣聲 **鮑昭擬古詩**魯客事楚王懷金襲丹素既荷主人恩又蒙令尹顧日晏罷朝還輿馬塞衢路宗黨先光華賓僕遠傾慕富貴人所欲道得亦何懼

富第五

[**敍事**] 夫貴者必富而富者未必貴也故士之欲貴乃爲富也然欲富者非爲貴也從是觀之富人

之所極願也。故易曰。富有之謂大業。孔子曰。富而可求。雖執鞭之士。吾亦爲之。如不可求。從吾所好。又曰。富與貴。是人之所欲。不以其道得之。不處也。陽虎云。爲富不仁。爲仁不富。家語曰。以富貴而下人。何人不與。以富貴而敬人。何人不親。史記曰。夫用貧求富。農不如工。工不如商。刺繡文不如倚市門。此言末業貧者之資也。春秋左氏傳曰。齊慶氏亡。分其邑與晏子。晏子不受。人問曰。富者人所欲也。何爲不受。對曰。無功之賞。不義之富。禍之媒也。我非惡富。恐失富也。說苑曰。楚王問莊辛。君子之富奈何。對曰。君子之富。假貸人不貿也。餘食人不使不役也。親戚愛之。衆人善之。不肖者事之。皆欲其壽樂不傷於患。此君子之富也。王充論衡曰。揚子雲作法言。蜀富賈人齎錢十萬。願載於書。子雲不聽。曰。夫富無仁義。猶圈中之鹿。欄中之羊也。安得妄載。桓寬鹽鐵論曰。人大富則不可以祿使。尚書五福。二曰富。〔事對〕

素封　丹穴　史記曰。富人之情性。所不學而俱願者也。今有無秩祿之俸。爵邑之入。而比之者。命曰素封。漢書曰。寡婦清其先得丹穴。而擅其利。以致富焉。

筭金　量玉　徐廣晉記曰。王戎殖財賄。家僮數百。計算金帛。有如不足。以此獲譏於時。王子年拾遺記曰。郭況累金數億。庭中起高閣。置衡石於其上。秤量珠玉。

借車子　請如願　干寶搜神記曰。有周犫嘖者。貧而好道。夫婦夜耕。困臥。夢天公過而哀之。敕外有以給與。司錄案籍曰。此人相貧。限不過此。唯有張車子。應賜千萬。車子未生。請以借之。天公曰。善。又錄異傳曰。廬陵歐明從賈客道經彭澤湖。每以舟中所有多少投湖中。云以爲禮。積數年後。復過。忽見湖中有大道。上多風塵。有數吏乘車馬來候明。云是青洪君使要。須臾達。見有府舍門下吏卒。明甚怖。吏曰。無所怖。青洪君感君前後有禮。故要君。必有重遺君。皆勿取。獨求如願耳。明旣見青洪君。乃求如願。使隨明去。如願者。青洪君婢也。明將歸。所願輒得。數年大富。

金溝　錢井　劉義慶曰。王武子移第

北芒下。于時人多地貴。濟好馬射。買地作埒。編錢布地竟埒。時人號曰金溝。風俗通曰。河南平陰龐儉。遭倉卒之時。隨母流轉。客居廬中。鑿井得錢千萬。遂因得富。**陶白　程羅**史記曰。范蠡浮海出齊。變名姓。止于陶。致貲累巨萬。天下稱陶朱公。又曰。白圭樂觀時變。趨時若猛獸鷙鳥之發。漢書曰。程鄭山東遷虜也。冶鐵賈富埒卓氏。又曰。成都羅裒貲至巨萬。**積財如山　閉門成市**王隱晉書曰。石崇百道營生。積財如山。東觀漢記曰。樊重素富。閉門成市。**秦鍼　魏冉**左傳曰。秦后子有寵於桓。如二君。其母曰。不出懼禍。后子奔晉。其車千乘。注曰。景公母弟公子鍼。史記曰。穰侯魏冉之富。富如王家。**銅山　金穴**漢書曰。上使善相人相鄧通。曰當貧餓死。上曰。能富通在我。於是賜蜀嚴道銅山。得自鑄錢。布天下。東觀漢記曰。郭況遷大鴻臚。上數幸其第。賜金帛甚盛。京師號況家爲金穴。言其貴極也。**卓鄭　猗陶**史記曰。卓氏因鐵冶富。又曰。程鄭富埒卓氏。孔叢曰。猗頓大畜牛羊于猗氏之南。資擬王公。富於猗氏。故曰猗頓。史記曰。范蠡止陶。致貲累巨萬。天下稱陶朱公。**輜車千乘　僮客萬人**史記曰。穰侯富於王家。出關輜車千乘。蜀志曰。麋竺字子仲。祖業貨殖。僮客萬人。貲產巨萬。**谷量牛馬　閣稱珠玉**漢書曰。烏氏倮畜牧。及衆斥賣。求奇繒物。間獻遺戎王。王什倍其僨與之。積畜至用谷量牛馬。秦始皇令倮比封君。烏氏縣名。倮其名也。王子年拾遺記曰。郭況庭中起高閣。置衡石於其上。以稱量珠玉。**漿酒　藿肉**漢書曰。鮑宣上書曰。奈何獨私養外親與幸臣董賢。多賞賜以千萬數。奴從賓客漿酒藿肉。蒼頭盧兒皆用致富。非天意。

〔頌〕　**齊鮑昭河清頌**士民殷富。繁軼五陵。宮宇宏麗。崇冠山川。

〔論〕　**梁劉孝標廣絕交論**富埒陶白。貲巨程羅。山擅銅陵。家藏金穴。

貧第六

〔敍事〕　呂忱字林曰。窶貧空也。孫卿子曰。貨財粟米之於家。少有者謂之貧。至無者謂之窮。方言曰。

南楚人貧衣被醜敝謂之須捷捷謂狎𧛔也或謂之褸裂褸裂衣壞貌也音樓或謂之藍縷左傳曰蓽路藍縷謂貧也顔延之庭誥曰富則盛貧則病甚矣貧之爲病也不唯形色麤黶或亦神心沮廢豈但交友疎弃必有家人誚讓非廉潔深識者何能不移其植故欲蠲憂患莫若懷古之志當自同古人見深則憂淺識遠則患浮昔有琴歌於編蓬之中用此道也毛詩曰出自北門憂心殷殷終窶且貧莫知我艱又曰自我徂爾三歲食貧論語曰貧與賤是人之所惡不以其道得之不去也又曰貧而無怨難列子曰凡爲名者必廉廉斯貧矣

［事對］

六極　十盜尚書六極一曰凶短折二曰疾三曰憂四曰貧五曰惡六曰弱太公六韜曰武王問太公曰夫貧富豈有命乎將治生不得其意太公曰盜在其室計之不熟一盜收種不時二盜取婦無能三盜養女太多四盜弃事就酒五盜衣服過度六盜封藏不謹七盜井竈不便八盜舉息就利九盜無事燒火十盜安得富也

杼空　壁立毛詩曰小東大東杼軸其空箋云謂無他貨唯絲麻耳今盡杼軸不作也漢書曰梁孝王薨司馬相如歸而家貧徒四壁立

圭窬　蓽戶禮記曰儒有一畝之宮環堵之室蓽門圭窬又左傳曰蓽戶圭竇符子曰楚之交子魯之周子齊之狂子相與居乎泰山之陽處乎環堵之室蓽戶不扉蓋茨不翳而高歌不輟

縕袍　短褐論語曰衣敝縕袍淮南子曰貧人夏則被褐帶索含菽飲水以支暑熱冬則羊裘短褐不掩形而煬竈

蓬室　棘庭皇甫謐高士傳曰老萊子楚人也耕蒙山之陽以藿葭爲牆蓬蒿爲室杞木爲牀蓍艾爲席抱朴子曰洪貧無僮僕籬落頽決荆棘叢生庭宇

牛衣　蝸廬漢書曰王章家貧常臥牛衣中魚豢魏略曰楊沛前後宰歷城守不以私計介意故身退之後家無餘積蝸牛廬居止其中妻子凍餒

并日而食　同衣而出論語曰端木賜結駟連騎以從原憲憲居蓬蒿之中并日而食子貢曰甚矣子之病也後漢書曰李元字大遜陳留人也事母至孝家貧兄弟六人同衣而出入

蓬霤　桑樞抱朴子曰洪家貧荆

棘叢於庭宇蓬蒿塞乎階霤莊子曰原憲居環堵之室桑爲樞而甕爲牖　枯鮒　懸鶉莊子曰莊周家貧故往貸粟於監河侯侯曰待我得邑金貸子三百金周忿然作色曰周昨來視車轍有鮒魚呼我曰君豈有斗升之水相活哉周曰諾我且遊吳越令激西江之水而逆子可乎鮒魚忿然作色曰此曾不如早索我於枯魚之肆孫卿子曰子夏家貧鶉衣懸壁　一瓢　四壁論語曰賢哉回也一簞食一瓢飲崔鴻後燕錄曰魏郡王高家貧徒有四壁　茅宅　蓬廬李劭別傳曰公居貧而不好脩產業有稻田三十畝茅宅一區張衡歸田賦曰感老氏之遺戒乃迴駕乎蓬廬　坎壈　落魄楚辭曰坎壈兮貧士失時而志不平漢書曰酈食其好讀書家貧落魄　賣樵　鬻畚漢書曰朱買臣家貧好讀書不脩產業常刈薪樵賣以給食何法盛晉中興書曰王猛家貧鬻畚爲事　甕牖　席門禮記曰儒有一畝之宮環堵之室篳門圭窬蓬戶甕牖漢書曰陳平家貧好讀書不營生業居窮巷中以席爲門然門多長者車轍　夜耕　晝傭干寶搜神記曰有周犨嘖者貧而好道夫婦夜耕崔鴻後燕錄曰魏郡王高秦末飢亂夫妻晝則傭耕夜則伐草燒塼　歠菽　食藜禮記曰子路曰傷哉貧也生無以爲養子曰歠菽飲水以盡其歡斯之謂孝崔鴻後燕錄曰王高秦末飢亂父母兄弟死者十有五人飢食藜藿寒衣草衣　蓬戶　蒿牀莊子曰原憲居環堵之室蓬戶不掩皇甫謐高士傳曰田何年老家貧茅居蒿牀守道不仕　賣卜　傭書司馬彪續漢書曰范丹桓帝時辟爲太尉丹自以狷急不能從俗弊服賣卜於市魏收後魏書曰崔亮字敬儒清河東武城人家貧傭書自業　雪履　塵甑史記曰東郭先生久待詔公車貧困飢寒弊履不完行雪中履有上無下足盡跣地道中人笑之司馬彪續漢書曰范丹桓帝時以丹爲萊蕪長不到官遭黨人禁錮乃結草室而居有時絕糧閭里歌之曰甑中生塵范史雲釜中生魚范萊蕪　立錐地　擔石儲史記曰楚相孫叔敖知優孟賢病且死謂其子曰我死汝必貧困往見優孟居數年卒敖子果窮困負薪逢優孟遂謁謂孟父素所誡言孟卽爲敖子談說楚王謂叔敖復生欲以爲相孟曰請與婦計之三日而來曰婦言

愼勿爲楚相。孫叔敖之爲相。盡忠及死。其子無立錐之地。何足爲也。王遂封敖子。又魏志曰。華歆素淸貧。祿賜以賑施親戚。故家無擔石之儲。

子桑殆病　元安已絕莊子曰。子輿與子桑友。而霖雨十日。子輿曰。子桑殆病矣。裹飯而往食之。子桑若歌若笑。鼓琴曰。父母豈欲吾貧哉。天地豈私貧我哉。求其爲之者不得也。先賢行狀曰。胡定字元安。至行絕人。居喪。雉兔遊其庭。縣令遣戶曹掾問定。定已絕穀。

〔賦〕

束晳貧家賦余遭家之轗軻。嬰六極之困屯。無元憲之厚德。有斯人之下貧。愁鬱煩而難處。且羅縷而自陳。有漏狹之草屋。不蔽覆而受塵。欲恚怒而無益。徒拂鬱而獨嗔。蒙乾坤之徧覆。庶無財而有仁。

漢揚雄逐貧賦汝在六極。投弃荒遐。進不由德。退不受呵。久爲滯客。其意若何。人皆文綉。余褐不完。人皆稻粱。我獨藜飧。貧無寶玩。何以爲歡。徒行負笈。出處易衣。身服百役。手足胼胝。朋友道絕。進官陵遲。厥咎安在。職爾爲之。舍爾遠竄。崑崙之巔。爾復我隨。翰飛戾天。舍爾登山。巖穴隱藏。爾復我隨。陟彼高岡。舍爾入海。汎彼柏舟。爾復我隨。載沉載浮。我行爾動。我靜汝休。豈無他人。從我何求。今汝去矣。勿復久留。

〔詩〕

晉左思詠史詩習習籠中鳥。擧翮觸四隅。落落窮巷士。抱影守空廬。出門無通路。枳棘塞中塗。計策弃不收。塊若枯池魚。外望無寸祿。內顧無斗儲。親戚還相蔑。朋友日漸疏。

宋陶潛詠貧士詩萬族皆有託。孤雲獨無依。曖曖虛中滅。何時見餘暉。又曰。淒戾歲將暮。摧褐抱南軒。前圃無遺秀。枯條盈北園。傾壺絕餘瀝。窺竈不見煙。詩書塞坐外。白日去不還。又曰。榮叟老帶索。欣然方彈琴。原生納決履。淸歌暢高音。斂袂不掩肘。藜羹乏恆斟。豈忘襲輕裘。苟得非所欽。又曰。仲蔚愛窮居。繞屋生蒿蓬。翳然絕交遊。賦詩頗能工。介焉安其業。所樂非窮通。人事固已拙。聊得長自從。

宋袁伯文述山貧詩備滌倦閭閈。耕牧憊松邱。製荷依露堅。搴若逗霜洲。鬢垂驚年素。膚耗盈帶憂。幸有深棲性。幽山可以留。

梁王僧孺傷乞人詩少年空扶轍。白首竟塡溝。葦席何由足。菽藿不能周。自顧非好行。乞且欲包羞。勞君款曲問。冒此殷勤酬。

宋蕭璟貧士詩四時迭來往。苦辛隨事迫。三冬泣牛被。五月披裘客。遲遲春日永。憂來安所適。季秋授衣節。荷裳竟不易班超弃筆硯。妻敬脫挽輗。雖云丈夫志。終涉自媒迹。賢哉顔氏子。飲水常怡懌。 **晉張望詩** 荒墟人迹稀。隱僻閭鄰闊。葦籬自朽損。毁屋正寥豁。炎夏無完絺。玄冬無煖褐。四體困寒暑。六時疲饑渴。營生愈愁瘁。愁來不可割 **晉江逌詩** 蓽門不啓扉。環堵滿蒿榛。空瓢覆壁下。簞上自生塵。出門誰氏子。憊哉一何貧。 **梁朱超詠貧詩** 觸途皆可試。維貧獨未安。窗開兩片月。霜足一重寒。藁濕鋪牀冷。荷脆補衣難。若言爲客易。推劍與君彈。 **應瑗雜詩** 貧子語窮兒。無錢可把撮。耕日不得粟。采彼北山葛。簞瓢恒自在。無用相呵喝。 **魏武謠俗詞** 甕中無斗儲。發篋無尺繒。友來從我貸。不知所以應。

[**書**] **應璩與韋仲將書** 夫以原憲懸磬之居。而値皇天無已之雨。薪芻既盡。穀亦傾匱。進無顔子不改之志。退無揚雄晏然之情。是以懷戚。良不可堪。 **又與董仲連書** 穀糴騰踊。告求周鄰。日獲數升。猶無薪可以熟之。孟軻困於梁宋。宣尼戹於陳蔡。無以過此。出蒙誚於臧獲。入見讁於嬪息。忽使邑憤。不知處世之爲樂也。

離別第七

[**敍事**] 楚辭曰。悲莫悲兮生別離。又曰。憭慄兮若在遠行。登山臨水送將歸。江淹別賦曰。黯然銷魂者。唯別而已矣。家語曰。孔子去周。老子送之曰。吾聞富貴者送人以財。仁者送人以言。吾雖不能富貴而竊仁者之號。請送子以言。凡當世之聰明深察而近於死者。好議人者也。博辯宏大而危其身者。好發人之惡也。孔子曰。敬奉教。東觀漢記曰。陳遵使匈奴。辭於王丹。丹謂遵曰。子使絕域。無以相贈。贈子以不拜。遂揖而別。遵甚悅。管輅別傳曰。諸葛樂與輅別。戒以二言。卿性樂酒。雖溫克。然不可保。當節之。卿有水鏡之才。所見者妙。禍如膏火。不可不愼。持卿散才。以游於雲漢之間。不憂不富貴也。輅言酒不

可極。才不可盡。吾欲持酒以禮。持才以愚。何患之有耶。[事對] 宿濟 餞郿 毛詩曰。出宿于濟。飲餞于禰。又曰。申伯言邁。王餞于郿。浮雲 零雨 李陵贈蘇武詩曰。仰視浮雲馳。奄忽互相逾。風波一失路。各在天一隅。孫楚征西官屬於陟陽候。祖道詩曰。晨風飄歧路。零雨被秋草。傾城遠追送。餞我千里道。牽衣 總轡 魏文帝見挽船士兄弟辭別詩曰。舍我故鄉。客將適萬里道。妻子牽衣袂。落淚霑懷抱。陸機赴洛詩曰。總轡登長路。嗚咽辭密親。永歎遵北渚。遺思結南津。參辰 弦栝 李陵贈蘇武詩曰。昔爲鴛與鴦。今爲參與辰。昔時常相近。邈若胡與秦。陸機爲顧彥先贈婦詩曰。形影參商乖。音信曠不達。離合豈非常。譬彼弦與栝。送南浦 造北林 楚辭曰。余交手兮連行。送美人兮南浦。曹植離友詩曰。日匿景兮天微陰。經迴路兮造北林。北館 東城 漢武帝與秦卓子侯家詔曰。春時子侯於北館與家別。陸機贈馮文熊詩曰。鳳駕出東城。送子臨河曲。登樓望峻波。時逝一何速。白雲 黃鶴 穆天子傳曰。天子觴西王母瑤池之上。王母謠曰。白雲在天。山川間之。蘇武贈李陵詩曰。黃鶴一遠別。千里顧徘徊。胡馬失其群。思心長依依。北路 南津 曹彪答東阿王詩曰。盤徑難懷抱。停駕與君訣。即車登北路。永歎尋先轍。陸雲答兄機詩曰。悠遠途可極。別怨會何長。南津有絕濟。北渚無河梁。一鳧 雙鸞 蘇武別李陵詩曰。二鳧俱北飛。一鳧獨南翔。子當留斯館。我當歸故鄉。嵇康贈秀才入軍詩曰。雙鸞匿景曜。戢翼太山西。單雌偏獨遊。哀吟傷生離。蘭圃 桃館 嵇康贈秀才入軍詩曰。息徒蘭圃。秣馬華山。郢人逝矣。誰與盡言。荊州圖記曰。襄陽縣南陸道六里有桃林館。是餞行送歸之處。東津 西渚 酈元注水經曰。壽春縣城東爲長瀨津。津側有才堂。此亭迎送所泊也。戴逵離興賦曰。挾鳴琴於林下。理纖綸於長浦。迴餞行以越江。送猗人於西渚。四鳥 三荊 家語曰。孔子在衞。晨興。顏回侍。聞有哭聲甚哀。顏回曰。此哭聲非獨哀死。又悲生離也。孔子曰。何以知之。對曰。回聞恒山之鳥生四子。羽翼既成。將分離。悲鳴以相送。哀聲有類於此。吳均續齊諧記曰。京兆人田眞兄弟三人共分財。各居。堂前有一株紫荊華甚茂。共議破爲三。待明截之。忽一夕樹卽枯死。眞見之驚。謂諸弟曰。本同株。當分析。便憔悴。況人兄弟孔懷。而可離異。是人不如樹木也。兄弟相感更合。秣馬

理棹 徐幹哀別賦曰。秣余馬以候濟兮。心儃恨而內盡。仰深沉之晻藹兮。重增悲以傷情。王彪之與諸兄弟方山別詩曰。脂車總馳輪。汎舟理飛棹。絲染墨悲歎。路歧楊感悼。

臨江 絕河 趙曄吳越春秋曰。勾踐入臣於吳。群臣送至浙江上。臨水祖送。吳氏春秋曰。吳起行。魏武侯自送之。絕河西。與起相辭。

飛鵠 翔鴻 樂府飛鵠行曰。念與君離別。氣結不能言。各言重自愛。遠道歸來難。杜摯贈毌丘荊州詩曰。鵠飛舉萬里。一翀蜚昊蒼。翔高志難得。離鴻失所望。

雲乖 雨絕 張載述懷詩曰。跋涉山川。千里告辭。楊子哭歧。墨氏感絲。雲乖雨絕。心乎愴而。郭璞詩曰。君如秋日雲。妾似突中煙。高下理自殊。一乖雨絕天。

翔皃 驚鶴 蘇武別李陵詩曰。二皃俱北飛。一皃獨南翔。子當留斯館。我當還故鄉。曹植詩曰。雙鶴俱遨遊。相候東海傍。雄飛竄北朔。雌逝赴南湘。弃我交頸歡。離別各一方。

歸雲征 驚風散 李充送許從詩曰。來若迅風。歡逝如歸雲征。離合理之常。聚散安足驚。棗腆贈石崇詩曰。翕如翔雲會。忽若驚風散。分給懷離析。對樂增累歎。

發軫 弭棹 陸機贈馮文熊詩曰。發軫濁渭涘。駐馬大河陰。分索古所悲。志士多苦心。謝靈運從宋公戲馬臺集孔令詩曰。歸客遂海隅。脫冠謝朝列。弭棹泊桂渚。指景待樂闋。

結轍 揚舲 范廣泉征虜亭餞王少傅詩曰。挂冠東門閣。歸褐西唐足。結轍塵高衢。祖供懸長麓。孔法生征虜亭祖王少傅詩曰。若人鑒殆辱。解紱揚歸舲。眞感屬神慮。高興襲天情。

悽心 結念 卞裕詩曰。余弟適東邁。眷戀將乖情。離別信吾事。悽心相纏嬰。謝靈運送雷次宗詩曰。符瑞守邊楚。感念悽城壕。志苦離念結。情傷日月滔。

援琴 擊筑 蔡邕琴操曰。商陵牧子。娶妻五年無子。父母將欲爲改娶。妻聞中夜驚起。倚戶悲嘯。牧子聞。援琴鼓之。痛恩愛以永離。歎別鶴以舒情。故曰別鶴操。史記曰。燕太子送荊軻入秦。賓客知其事者。皆白衣冠以送之。至易水上。既祖道。高漸離爲之擊筑。

贈言 送揖 家語曰。子路將行。辭於孔子。曰贈以帛乎。贈汝以言乎。對曰。請以言。孔子曰。不強不達。不勞無功。不忠無親。不信無

復不恭無禮愼此五者而已矣子路曰由願終身奉之東觀漢記曰陳遵爲大司農護軍使匈奴過辭於王丹臨訣丹謂遵曰俱遭時變唯我二人爲天地所遺今子當之絕域無以相贈贈子以不拜遂揖而別遵甚悅

陟陽候　臨川亭孫楚征西官屬於陟陽候祖道詩曰晨風飄歧路零雨被秋草傾城遠追送餞我千里道荀雍臨川亭詩曰目極依春路披褐懷良辰明發戒徒御臨流餞歸人

卽長衢　陵高阜孫楚陟陽候詩曰乖離卽長衢惆悵盈懷抱孰能察其心鑒之以蒼昊卞裕送桓竟陵詩曰翰城將孰寄懷人應斯莅餞行陵高阜怡衿睦景氣

隔山河　闋邱谷孫楚之馮翊祖道詩曰舉翮撫三秦抗我千里目念當隔山河執觴懷慘毒郭愔與從弟別詩曰乖索易爲久尋離覺月促遼落隔脩途窈窕闋邱谷

征虜亭　領軍府范廣泉征虜亭餞王少傅詩曰韓卿辭輦路疎傅知殆辱素德燭光塵玄軌芳前覺謝琨送二王在領軍府集詩曰苦哉遠征人將乖萃余室明膽通朝暉絲竹盛蕭瑟

一日三月　二載千秋毛詩曰佻兮達兮在城闕兮一日不見如三月兮李陵與蘇武詩曰嘉會難再遇二載爲千秋臨河濯長纓念別悵阻脩

掩歡緒　起離端宋孝武帝幸中興堂餞江夏王詩曰送行悵川逝離酌偶歲陰陰雲掩懽緒江山起別心謝琨送二王在領軍府詩曰樂酒輟今辰離端起來日

〔賦〕

魏文帝離居賦惟離居之可悲愧獨處于空牀愁耿耿而不寐歷終夜之悠長驚風厲於閨闥忽增激乎中房動幃牀之晻藹對明燭而無光

梁劉孝儀歎別賦在初歸之爲慶庶因會而自收保私庭之宴喜共昆弟而嬉遊校小文於搖筆比楷式於臨流止每懽於接膝行必喜於同輈忽一去而數載遂離居而引隔阻同夕於當寐乖共飡於終食惟遠望以代歸負相思其無力

梁張纘離別賦隔願言於信次倘眷眷而興懷矧雲崖之遠訣抱離袖之長乖顧龍門而掩涕瞻郢路以何借在驚禽之屢感迫徂年之將暮眺湘沅之分流邅洞庭之永路山峻高而易隱浦邅迴而難泝猿啾啾而夜鳴鵾騷騷而曉度拊客子兮何心能辭鄉與別故共抱荃蕙之遺芳不離披於霜露

梁江淹別賦黯然銷魂者唯別而已矣況秦吳兮絕國復燕宋

兮千里。或春苔兮始生。或秋風兮暫起。是以行子腸斷。百感悽惻。風蕭蕭而異響。雲漫漫而奇色。舟凝滯於水濱。車逶遲於山側。棹容與而未前。馬寒鳴而不息。掩金觴而誰御。橫玉柱而霑軾。居人愁臥。怳若有亡。日下壁而沉彩。月上軒而飛光。見紅蘭之受露。望青楸之罹霜。巡丹楹而空揜。撫錦幃而虛涼。知離夢之躑躅。意別魂之飛揚。

〔詩〕古詩行行重行行。與君生別離。相去萬餘里。各在天一涯。道路阻且長。會面安可知。胡馬依北風。越鳥巢南枝。

李陵贈蘇武詩攜手上河梁。遊子暮何之。徘徊蹊路側。悢悢不能辭。行人難久留。各言長相思。安知非日月。弦望自有時。努力崇明德。皓首以爲期。

宋謝靈運相送方山詩祗役出皇邑。相期憩甌越。解纜及流潮。懷舊不能發。析析就衰林。皎皎明秋月。含情易爲盈。遇物難可歇。

宋鮑明遠贈別傅都曹詩輕鴻戲江潭。孤鴈集洲沚。邂逅兩相親。同念共無已。風雨好東西。一隔頓千里。追想棲宿時。聲容滿心耳。短翮不能翔。徘徊煙霧裏。

齊謝朓新亭渚別范雲詩洞庭張樂地。瀟湘帝子遊。雲去蒼梧野。水還江漢流。停驂我悵望。輟棹子夷猶。心事俱已矣。江上徒離憂。

齊王融蕭諮議西上夜集詩 徘徊將所愛。惜別在河梁。衿袖三春隔。江山千里長。寸心無遠近。邊地有風霜。勉哉勤歲暮。敬矣慎容光。山中殊未懌。杜若空自芳。

齊張融別詩白雲山上盡。清風松下歇。欲識離人悲。孤臺見明月。

梁庾肩吾新亭送劉之遴詩車轉黃山路。舟纚白馬津。送輪時合幰。分驂各背塵。常山喜臨代。隴頭悲望秦。欲持漢中策。還以贈征人。

周王褒別王都官詩聯綿憫流客。悽愴惜離群。東西御溝水。南北會稽雲。河橋兩堤絕。橫歧數路分。山川遙不見。懷袖遠相聞。

周庾信答林法師詩客行七十歲。歲暮遠徂征。塞雲凝不解。隴水凍無聲。君看日遠近。爲忖長安城。

江總別袁昌州詩河梁望隴頭。分手路悠悠。徂年驚若電。別日歎成秋。黃鵠飛飛遠。青山去去愁。不言雲雨散。更似東西流。

卷十八校勘表

頁數	行數	排印本原文	安刻本	嚴陸校	備註
四三二	九	百人		百餘人	
四三二	一四	盧壺		盧壹	
四三三	五	吳先主		吳主	
四三三	八	伯昏瞀人	伯瞀人		
四三五	一四	與友交		與人交	
四三六	一	遇惠子之墓			「遇」疑當作「過」
四三六	四、五	大丈夫		夫丈夫	
四三六	一一	徒抗手		抗手	
四三七	一	眞父	直父		
四三七	六	指者質也		質也	
四三八	一二	齊國		齊國乎	
四三八	一三	天教也		是教也	
四三九	一二	斬馳遊獵			「斬」字似誤
四四〇	一一	司馬彪漢書			似應作「續漢書」

四四一	一	重騎			疑是「車騎」
四四一	五	沮陽		恆陽	
四四一	七	悠悠復難忘		易知復難忘	
四四一	八	使作		作使	
四四二	一一	置衡石	歷衡石		
四四二	一一	犨嘖		犨嘖	
四四二	一四	無所怖	無可怖		
四四三	三	羅裒		盧襄	
四四三	一〇	置衡石		歷衡石	
四四四	三	其植		其操	
四四四	一〇	交子		文子	
四四四	一一	衣敝緼袍		句下宋本有「與衣狐貉者立而不恥者其由也歟鄭玄注緼絮也」二十字	
四四五	三	鶉衣懸壁		衣若懸鶉	
四四五	四	一瓢飲		句下宋本有「在陋巷人不堪其憂回也不改其樂」十四字	
四四五	五	失時		失時機	

四四五	六	爲事		爲生
四四六	七	達官		進官
四四六	一〇	餘暉		殘暉
四四六	一三	逗霜洲		逼霜洲
四四七	一四	當節之	寧當節之	
四四八	七	卓子侯	車子侯	
四四九	一一	本同株		木同株
四四九	一三	日月滔	日月慆	
四四九	一五	不忠無親不信無復		不宗無親不復無信
四五〇	一一	時變		時用
四五〇	一二	之爲慶	之爲興	
四五〇	一四	之屢慼迫徂年	之厲慼自徂	
			年	
四五一	一	逶遲		逶迤
四五一	一二	周庾信	江總問庾信	
四五一	一二、一三	塞雲凝		寒雲結
四五一	一三	江總別	又別	
四五一	一三	驚若電	若驚電	

初學記卷第十九

人部下

美丈夫一　美婦人二　醜人三　長人四　短人五　奴婢六

美丈夫第一

〔敍事〕　家語曰。息土之民美。周書曰。美男謂之破老。爾雅曰。美士爲彥。暀暀皇皇穆穆美也。論語曰。堂堂乎張也。注云言子張儀容盛。左傳稱公子鮑美而豔。登徒子賦稱宋玉爲人體貌閑麗。漢書云。張子房狀貌如婦人好女。直不疑狀貌甚美。吳志孫桓儀容端正。器懷聰明。語林曰。何平叔美姿儀而絕白。魏文帝疑其著粉。夏月與熱湯餅。既噉大汗出。隨以朱衣自拭。色轉皎然。潘安仁至美。每行於道。群嫗以果擲之。常盈車。晉書。王蒙字仲祖。美姿容。常覽鏡自照。稱其父字曰。王文開生如此兒耶。嘗帽破入市買之。群嫗悅之。爭遺之帽。漢書曰。張蒼肥白如瓠。東方朔目如懸珠。齒如編貝。後漢馬援眉目若畫。左傳。子太叔美秀而文。晉書。謝尚論中朝人物。杜乂膚清。衛叔寶神清。又王戎曰。王衍神姿高徹。如瑤林玉樹。自是風塵外物。又王澄謂王衍曰。兄形似道而神鋒太秀。又漢書。司馬相如車騎雍容。閑雅甚都。都。美也。晉裴楷容儀俊爽。時人謂之玉人。〔事對〕　乘羊車　執麈尾衛玠別傳曰。玠在齠齓中。乘羊車於洛陽市。舉市咸曰。誰家玉人。王夷甫美容貌。常執玉柄麈尾。與手一色而无別。**夏潘連璧**　**甥舅映珠**郭子曰。潘安仁。夏侯湛並有美容貌。常同行。人謂之連璧。衛玠別傳曰。王武子。玠之舅也。語人曰。昨與吾外甥並坐。炯然若明珠之在我側。朗然來映人。**班伯甚麗**　**何晏絕美**漢書曰。班伯少受詩於師丹。大將軍王鳳薦伯宜勸學。召見晏昵殿。中容貌甚麗。誦說有法。拜中常侍。何晏別傳曰。晏方年七八歲。慧心天悟。形貌絕美。出遊行。觀者盈路。咸謂神仙之類。**陳平冠玉**　**董偃賣珠**漢書曰。陳平美色。漢王曰。平雖丈夫。美如冠玉耳。又曰。董偃始與母賣珠爲業。偃年十三。隨母入平陽公主家。左右言其姣好。主養之。號董君。**得葛無恨**　**窺宋未許**異苑曰。鄢陽陳忠女名豐。鄰人葛勃有美姿。豐與村中女共聚絡絲。戲相謂曰。若得壻如葛勃。无所恨也。宋玉登徒子好色賦曰。玉爲人體貌閑麗。口多微詞。性又好色。願王勿與出入後宮。宋玉曰。臣東家之子。增之一分則太長。減之一分則太短。著粉太白。施朱太赤。然此女登牆三年。窺臣。臣至今未許。**龍章鳳姿**　**凝脂點漆**嵇康別傳曰。康長七尺八寸。好容色。雖土木形骸。不自飾。而龍章鳳姿。天質自然。語林曰。王右軍目杜弘治曰。面如凝脂。眼如點漆。此神仙中人。**宋鮑美豔**　**孫桓聰明**見叙事中。**宋明等珪璧**　**何晏若神仙**王智深宋紀曰。宋明帝諱彧。姿貌豐潔。與珪璧等質。何晏事見上。

［**行**］　**陳沈烱長安少年行**長安好少年。驄馬鐵連錢。陳王裝玉勒。晉后鑄金鞭。步搖如飛燕。劍鍔似舒蓮。去來新市北。遨遊大道邊。道邊三老翁。顏鬢似衰蓬。自言生漢代。少小見豪雄。五侯俱日拜。七貴各論功。建章連北闕。複道應南宮。太后居長樂。天子出回中。玉輦迎飛燕。金山賞鄧通。一朝復一日。忽見市朝空。扶桑无復海。崑山倒向東。少年何暇問。頹齡遇福終。子孫冥滅盡。鄉閭不復通。淚盡眼方暗。髀傷耳自聾。杖策尋遺老。歌嘯詠悲翁。遭隨今有遇。非敢訪童蒙。

美婦人第二

[敘事] 毛詩注云。美女爲媛。何承天纂文云。孚瑜。美色也。莊子曰。西施毛嬙。人之所美也。魚見之深入。鳥見之高飛。左傳稱鄭有徐吾犯之妹甚美。公孫楚與公孫黑爭聘之。又宋孔父嘉之妻美。宋華父督見之於路。目逆而送之。曰美而豔。公羊傳曰。邾婁顏夫人有國色。後漢書曰。梁冀妻孫壽色美。善爲妖態。作愁眉啼妝墮馬髻折腰步齲齒笑。以爲媚惑。[事對] 弄玉 飛瓊 劉向列仙傳曰。蕭史者。秦穆公時人。善吹簫。能致孔雀白鶴。穆公女弄玉好之。公以妻焉。一朝隨鳳飛去。漢武內傳。西王母乘紫雲之輦。履玄瓊之舄。下輦上殿。呼帝共坐。命侍女許飛瓊鼓雲和之簧。 南威 西子 戰國策曰。晉文公得南威。三日不朝。遂推南威而遠之。曰。後代必有以色亡國者。曹植扇賦曰。情駘蕩而外得。心悅豫而內安。增吳氏之姣好。發西子之玉顏。 楚娃 宋豔 服虔通俗文曰。南楚以美色爲娃。揚雄方言曰。宋衞晉鄭之間。美色曰豔。 絳樹 青琴 魏文帝與繁欽書曰。今之妙舞。莫巧於絳樹。清歌莫激於宋臈。司馬相如上林賦曰。若夫青琴宓妃之徒。絕殊離俗。冶閑都麗。靚妝刻飾。 巫峽 洛川 山海經曰。丹山西卽巫山也。帝女居焉。宋玉所謂我帝之季女。名曰瑤姬。其間首尾一百六十里。謂之巫峽。蓋因山爲名也。曹植洛神賦曰。容與乎揚林。流眄乎洛川。俯則未察。仰以殊觀。覩一麗人。于巖之畔。 高唐 下蔡 宋玉神女賦曰。楚襄王與宋玉遊於雲夢之澤。使宋玉賦高唐之事。其夜王寢。夢與神女遇。其狀甚麗。阮籍詩。二妃遊江濱。逍遙順風翔。交甫懷玉佩。婉孌有芬芳。傾城迷下蔡。容好結中腸。 翠翰眉 蟬翼鬢 陸機豔歌行。美目揚玉澤。蛾眉象翠翰。鮮膚一何潤。秀色若可餐。崔豹古今注。魏文帝宮人絕所愛者。有莫瓊樹。薛夜來。陳尙衣。陳巧笑。皆日夜在側。瓊樹始製爲蟬鬢。望之縹緲如蟬翼。故號曰蟬鬢。 束素腰 橫波目 宋玉登徒子賦曰。臣東家之子。眉如翠羽。腰如束素。傅毅舞賦曰。眉連娟以增繞。目流睇而橫波。

[賦] 宋玉高唐賦幷序 昔者先王嘗遊高唐。怠而晝寢。夢一婦人曰。妾巫山之女也。爲高唐之客。聞君遊高唐。願薦

枕席。王因幸之。去而辭曰。妾在巫山之陽。高唐之岨。朝爲行雲。暮爲行雨。朝朝暮暮。陽臺之下。王曰。朝雲始出。狀若何也。玉對曰。其始出也。昭兮若松榯。其少進也。晣兮若姣姬。揚袂鄣日而望所思。忽兮改容。偈兮若駕駟馬。建羽旌。湫兮如風。淒兮如雨。風止雨霽。雲无處所。中阪遙望。玄木冬榮。煌煌熒熒。奪人目精。爛兮若列星。曾不可殫形。漢司馬相如美人賦臣之東鄰。有一女子。玄髮豐豔。蛾眉皓齒。顏盛色茂。景曜光起。恒翹翹而相顧。欲留臣而共止。登垣而望臣。三年於茲矣。臣弃而弗許。離宮閑館。寂寞重虛。門閤晝掩。曖若仙居。臣排其戶而造其堂。芳香郁烈。黼帳高張。有女獨處。婉然在牀。奇葩逸麗。素質豔光。覩臣遷延欲笑而言曰。上客何國之公子。所從來无乃遠乎。遂設旨酒。進鳴琴。臣遂撫絃爲幽蘭白雪之曲。女乃歌曰。獨處室兮廓无依。思佳人兮情傷悲。有美人兮來何遲。日既暮兮華色衰。敢託身兮長自思。玉釵挂臣冠。羅袖拂臣衣。魏曹植洛神賦御者對曰。臣聞河洛之神。名曰宓妃。君王所見。无乃是乎。其狀若何。臣願聞之。余告之曰。其形也。翩若驚鴻。婉若遊龍。榮曜秋菊。華茂春松。髣髴兮若輕雲之蔽月。飄颻兮若流風之迴雪。遠而望之。皎若太陽升朝霞。迫而察之。灼若芙蕖出淥波。濃纖得所。脩短合度。肩若削成。腰若約素。延頸秀項。皓齒呈露。芳澤无加。鉛華不御。雲髻峩峩。脩眉連娟。丹脣外朗。皓齒內鮮。明眸善睞。靨輔承懽。瓌姿豔逸。儀靜體閑。柔情綽態。媚於語言。奇服曠代。骨象應圖。被羅衣之璀璨。珥瑤碧之華琚。戴金翠之首飾。綴明珠以耀軀。踐遠遊之文履。曳霧綃之輕裾。微幽蘭之芳藹兮。步踟躕於山隅。於是忽焉縱體。以遨以嬉。左倚彩旄。右蔭桂旗。攘皓腕於神滸兮。采湍瀨之玄芝。余情悅其淑美。心振蕩而不怡。收和顏以靜志兮。申禮防以自持。於是洛靈感焉。徙倚彷徨。神光離合。乍陰乍陽。竦輕軀以鶴立。若將飛而未翔。踐椒塗之郁烈。步蘅薄以流芳。超長吟以永慕兮。聲哀厲而彌長。歎匏瓜之無匹。詠牽牛之獨處。揚輕袿之綺靡。翳脩袖以延佇。體迅飛鳧。飄忽若神。凌波微步。羅襪生塵。動無常則。若危若安。又曰。越北沚。過南岡。紆素嶺。迴清陽。動丹脣以徐言。陳交接之大綱。恨人神之道殊兮。怨盛年之莫當。於是背下陵高。足往心留。遺情想像。顧望懷愁。宋謝靈

運江妃賦 小腰微骨。朱衣皓齒。綿視騰來。靡容膩理。出月隱山。落日映嶼。收霞斂色。迴飆拂渚。每馳情於晨暮。矧良遇之莫叙。投明珠以申贈。覬色授而魂與。嗟佳人之眇邈。眺霄際而皓語。懼展愛之未期。抑傾念而暫佇。天台二蛾。宮亭雙媛。青袿神接。紫衣形見。或飄翰凌煙。或潛泳浮海。萬里俄頃。寸陰未改。事雖假於雲物。心常得於無待。

[詩] 古詩青青河畔草。鬱鬱園中柳。盈盈樓上女。皎皎當窗牖。娥娥紅粉妝。纖纖出素手。自云倡家女。嫁爲蕩子婦。蕩子行不歸。空牀難獨守。 晉阮籍詩妊俊閑都子。英曜何芬葩。玄鬢發朱顏。睇眄有光華。傾城思一顧。遺視來相過。願爲三春遊。朝陽忽蹉跎。 又詩二妃遊江濱。逍遙順風翔。交甫懷玉佩。婉孌有芬芳。倚靡情歡愛。千載不相忘。傾城迷下蔡。容好結衷腸。感激生愛思。萱草樹蘭房。

[歌] 漢李延年歌北方有佳人。絕世而獨立。一顧傾人城。再顧傾人國。寧不知傾城國。佳人難再得。 晉傅玄歌有女懷芬芳。媞媞步東廂。蛾眉雙翠羽。明眸發清光。丹脣翳皓齒。秀顏若珪璋。巧笑露靨轉。衆媚不可詳。令儀希世出。無乃古毛嬙。首戴金步搖。耳繫明月璫。

[篇] 魏曹植美女篇美女妖且閑。採桑歧路間。柔條芬冉冉。葉落何翩翩。攘袖見素手。皓腕約金鐶。頭上金雀釵。腰佩翠琅玕。明珠交玉體。珊瑚間木難。羅衣何飄飄。輕裾隨風還。顧盼遺光彩。長笑氣若蘭。行徒用息駕。休者以忘餐。

[行] 古樂府陌上桑行日出東南隅。照我秦氏樓。秦氏有好女。自言名羅敷。羅敷善採桑。采桑城南隅。青絲爲籠繩。桂枝爲籠鉤。頭上髮墮髻。耳中明月珠。緗綺爲下裾。紫綺爲上襦。觀者見羅敷。下擔捋髭鬚。少年見羅敷。脫巾着幧頭。耕者忘其犁。鋤者忘其鉏。來歸相喜怒。但坐觀羅敷。使君從南來。五馬立踟躕。 宋鮑昭堂上行暉暉朱顏酡。紛紛織女梭。滿堂皆美女。自我對姮娥。箏笛更彈吹。高唱好相和。萬曲不關心。一曲動情多。欲知意厚薄。又聽聲相過。

醜人第三

[敍事] 釋名曰。醜。臭也。穢也。家語曰。耗土之人醜。尚書洪範六極。五曰惡。孔安國曰。醜陋也。發蒙記曰。

醜男。醱蔑。醜女。離春。廣雅曰。仳。倠。媒。婄。儓。䑕。顂。須。嗚。睢。頯。顝。顛。醜也。仳鼻之反。倠火遺反。婄音陪。儓音臺。䑕蒲北反。顂茗丈反。睢音佳。頯古來反。顝音骨。顛音欺。　毛詩曰。不見子都。乃見狂且。注曰。狂且。狂醜之人。左傳曰。賈大夫貌惡。取妻而美。三年不言。御以如皋。射雉獲之。其妻始笑。孫卿子曰。衛靈公有臣曰公孫呂。身長七尺。面長三尺而廣三寸。名動天下。史記曰。澹臺滅明狀甚惡。秦相蔡澤。欽頤折頞。晉書。左思貌醜而口訥。何承天纂文曰。嫫母。醜人也。列女傳曰。齊孤逐女。其狀甚惡。又齊宿留女。項有大瘤。梁鴻之妻孟光。醜黑而肥。力能舉石臼。

［事對］

短足　銳頭　崔鴻前秦錄曰。苻雄字元才。趙建武中。拜龍驤將軍。貌醜。頭大而足短。故軍稱爲大頭龍驤。劉謐之龐郎賦曰。其頭也則中骼而上下銳。額平而承枕四起。

欽頤　推顙　周斐汝南先賢傳曰。周燮字彥祖。欽頤折頞。貌甚醜。母欲不舉。其父曰。吾聞諸聖賢人。狀皆有異於人。興我宗者必此兒。遂舉之。呂氏春秋。陳有惡人曰郭洽。犨眉推顙。色如漆也。

承宮　管輅　後漢書曰。承宮名播匈奴。時單于使求見宮。曰。夷狄眩名。非識實也。臣狀貌醜。不可以示遠人。魏志曰。管輅容貌醜而嗜酒。飲食無威儀也。

孫秀　駘他　晉書。孫秀尚河東公主。形陋短小。奴僕之下者也。莊子曰。魯哀公問仲尼曰。衛有惡人焉。曰哀駘他。丈夫之與處者。思不能去也。婦人之請於其母曰。與爲人妻。寧爲夫子妾者。十數而未止也。是必有以異乎人也。寡人召而觀之。果以惡駭天下。

子羔貌惡　伯倫形陋　家語曰。高柴字子羔。長不過六尺。狀貌甚惡。爲人篤孝。知名孔子之門。仕爲郕宰。梁祚魏國統文曰。劉伶字伯倫。形貌醜陋。身長六尺。然肆意放蕩。悠焉獨暢。自得一時。常以宇宙爲狹。

支離隱頤　夏禹長頸　莊子曰。支離疏者。頤隱於臍。肩高於項。會撮指天。五管在上。兩髀爲脇也。尸子曰。禹長頸鳥喙。面目顏色亦惡矣。天下獨賢之。

鵩鵂　嫫母　焦贛易林復之蒙曰。鵩鵂娶妻。深目窈斗。折腰不媚。與伯相負。何承天纂文曰。嫫母。醜人也。黃帝愛幸。

誕女　亮妻　世說曰。王廣娶諸葛誕女。

入室。言語始交。王語婦曰。神色卑下。殊不似公休。婦曰。大丈夫不能髣髴彥雲。而令婦人比蹤英傑。習鑿齒襄陽記曰。黃承彥謂孔明曰。君擇婦。身有醜女。黃須黑色。而才堪相配。君子孔明許焉。載送之。時人以為笑樂。鄉里為之諺曰。莫作孔明擇婦。正得河外醜女。

卬鼻 宿瘤 劉向列女傳曰。齊鍾離春者。齊無鹽邑女。宣王之正后也。其為人極醜無雙。凹頭深目。長肚大節。卬鼻結喉。肥項少髮。折腰出胸。皮膚若漆。行年三十。無所容入。行嫁不售。於是拂拭短褐。自謁宣王。宣王納之為后。又曰。齊宿瘤女者。齊東郭採桑之女。閔王后也。項有大瘤。故號宿瘤。

孤逐 厚送 劉向列女傳曰。齊孤逐女者。其狀甚醜。三逐於鄉。五逐於里。過時無所容。乃造襄王之門而求見王。輟食而起。謹敬左右曰。三逐於鄉者不忠。五逐於里者少禮。何足為貴。王曰。子不識也。夫牛鳴而馬不應者。異類故也。其人必有異者。遂見與之語而悅之。韓詩外傳。齊王厚送女。欲妻屠門肚。肚辭以疾。其友勸之曰。子孫死腥臭之肆而已乎。何以辭之。肚應曰。其女醜。其友曰。何謂也。肚曰。吾肉善。如量而去苦少耳。吾肉不善。雖以他附益之。尚猶不售。今厚送子。子醜故耳。其友下問女。果醜。肚一作吐。

惠妃 允婦 王隱晉書曰。武帝為太子納妃。謀久不決。上欲娶衛瓘女。楊后欲娶賈充女。上曰。衛公女有五可。賈公女有五不可。衛家種賢而多子。端正而長白。賈家種妬而少子。醜而短黑也。郭子曰。許允婦是阮德如妹。奇醜。交禮竟。許永無復入理。桓範勸之曰。阮嫁醜女與卿。故當有意。宜察之。許便入見婦。即出。提裙裾待之。許謂婦曰。婦有四德。卿有幾。答曰。新婦所乏唯容。士有百行。君有其幾。許曰。皆備。婦曰。君好色不好德。何謂皆備。許有慚色。遂雅相重。

勃屑 隴廉 楚辭曰。西施媞媞而不得見。嫫母勃屑而日侍。又楚辭曰。珪璋雜於甑室。隴廉與孟陬同宮。舉世以為恆俗。固將愁苦而終窮。

[賦]

劉謐之龐郎賦 坐上諸君子。各各明君耳。聽我作文章。說此河南事。詞汎不具載。

朱彥時黑兒賦 世有非常人。實惟彼玄士。稟茲至緇色。內外皆相似。臥如驪牛驟。立如烏牛跱。忿如鬬鴿鬬。樂似鸐鵜喜。云云。詞汎不具載。

劉思眞醜婦賦 人皆得令室。我命獨何咨。不遇姜任德。正值醜惡婦。才質陋且儉。姿容劇嫫母。鹿頭獼猴面。椎額復出口。折頞曆樓鼻。兩眼顱一交切如臼。膚如老桑皮。耳如側兩手。頭如研米槌。髮如掘掃帚。惡觀醜儀容。不媚似鋪首。闇鈍拙梳。髻刻畫又更醜。妝頰如狗舐。額上獨偏厚。朱脣如踏血。畫眉如鼠負。傅粉堆頤下。面中不徧有。領如鹽豉囊。袖如常拭釜。履中如和泥。爪甲長有垢。脚皸可容箸。熟視令人嘔。宋玉登徒子好色賦登徒子妻。蓬頭攣耳。齗牛語反脣歷齒。旁行傴僂。又疥且痔。登徒子悅之。使有五子。王熟察之。誰爲好色者矣。

長人第四

〔敍事〕周書曰。丘陵之人專而長。淮南子曰。東方之人長。禮斗儀曰。君乘土而王者。其人長。帝王世紀曰。禹長九尺九寸。殷湯長九尺。孔演圖曰。孔子長十尺。帝王世紀曰。季歷之妃生文王昌。身長十尺。吳越春秋曰。伍子胥長一丈。眉間一尺。漢書曰。韓王信長八尺九寸。張蒼長大。肥白如瓠。金日磾長八尺二寸。東方朔長九尺三寸。河圖龍文曰。龍伯國人長三十丈。以東得大秦國人長十丈。又以東十萬里。得佻國人長三丈五尺。又以東十萬里中。秦國人長一丈。天之東南西北極。各有銅頭鐵額兵。長三千萬丈。又有金剛敢死力士。長三千萬丈。天中太平之都。有都甲食鬼鐵面兵。長三千萬丈。東方朔神異經曰。西南大荒中有人焉。長一丈。其腹圍九尺。踐龜蛇。戴朱鳥。左手憑青龍。右手憑白虎。知河海斗斛。識山石多少。知天下鳥獸言語。知百穀草木鹽苦。名曰聖。一名哲。一名先。一名無不達。凡人見拜者。令人神智。西北海外有人焉。長二千里。兩腳中間相去千里。腹圍一千五百里。但日飲天酒五斗。不食五穀魚肉。唯飲酒。好游山海間。不犯百姓。不干萬物。與天地同生。名無路之人。一名仁。一名信。一名神。

〔事對〕腰十圍 跡六尺 晉書曰尹緯字景亮少有大志不營產業身長八尺腰帶十圍魁梧有爽氣史記曰秦始皇時有大人見臨洮身長五丈腳跡六尺 見襄武 出蓬萊 魏志曰咸熙二年有大人見襄武縣長二丈餘腳跡長三尺二寸白髮著黃單衣黃巾漢書曰王莽時有奇士長一丈大十圍自謂曰巨毋霸本出於蓬萊東五城西北昭如海濱軺車不能載三馬不能勝即日大車四馬建旗載詣闕臥則枕股 眉見軾 骨專車 穀梁傳魯文公十一年叔孫得臣敗狄于鹹長狄也弟兄三人大害中國瓦石不能害叔孫得臣最善射者也射其目身橫九畝斷其首眉見於軾國語曰吳伐越隳會稽獲骨焉節專車吳子使問仲尼仲尼曰昔禹致羣臣於會稽之山防風氏後至禹戮之其骨節專車此爲大矣長狄五丈 千秋八尺 尚書洪範五行傳曰長狄之人長蓋五丈餘也漢書曰車千秋姓田爲高寢郎戾太子敗千秋訟太子冤上乃召見千秋長八尺餘體貌甚美馬騰雄異 趙壹魁梧 袁宏漢紀曰長樂衛尉馬騰其長八尺身體洪大面鼻雄異而性賢厚人多敬之後漢書趙壹字元淑體貌魁梧身長九尺美鬚眉望之甚偉恃才傲物爲鄉曲所擯 海釣巨鼇 河流大屧 列子曰大壑中有五山天帝使巨鼇戴五山龍伯國有大人釣六鼇合負而歸因灼其骨帝怒滅龍伯之國祖沖之述異記曰苻健皇始四年有長人見身長五丈語人張靖曰今當太平新平令以聞健以爲妖妄召靖繫之是月霖雨河渭泛溢滿坂津監寇登於河中流得大屧一隻長七尺三寸足跡稱屧指長尺餘文深七寸 巨霸枕股 申香拂蓋 巨霸已見上三十國春秋置左右鎮郎及拂蓋郎申香爲拂蓋郎長一丈九尺 十丈極數 三馬不勝 國語曰人之長極幾何仲尼曰長者不過十丈數之極也三馬事見出蓬萊注 林父千里 支提三丈 東方朔神異經東南隅大荒中有林父焉其高千里腹圍百輔郭子橫洞冥記曰有支提國人長三丈二尺有三手一手當胸手足各三指

〔賦〕漢司馬相如大人賦

世有大人兮在乎中州宅彌萬里兮曾不足以少留悲世俗之迫隘兮朅輕舉而遠遊垂絳幡之素霓戴雲氣而上浮建格澤之脩竿兮

總光耀之彩旄垂旬始爲緣兮曳彗星而爲鬌掉指揮以偃蹇兮又旖旎以招搖攬攙搶以爲旌兮靡屈虹以爲綢江杳眇以泫泫兮猋風涌而雲浮［讚］晉郭璞長臂國讚雙臂三丈體如中人彼曷爲者長臂之人脩腳是負捕魚海濱　又夸父讚神哉夸父難以理尋傾河及日遁形鄧林觸類而化應無常心

短人第五

［敍事］國語曰僬僥國人長三尺短之至也方言曰侏儒短人也𪘲昨啓切 䊴蒲楷切 短也漢武故事東郡送一短人長七寸名巨靈漢書曰嚴延年爲人短小精悍敏捷於事婁護爲人短小精辨何承天纂文曰漢光武時潁川張仲師長二尺魏書曰王粲樂進並爲人短小占夢書曰凡夢侏儒事不成舉事中止後無名百姓所笑人所輕拾遺記曰員嶠山有陀移國人長三尺壽萬歲廣延之國人長二尺東方朔神異經曰西北荒中有小人長一寸朱衣玄冠西海之外有鶴國男女皆長七寸［事對］　臧紇　高柴　左傳邾人莒人伐鄫臧紇救鄫敗於狐駘國人誦之曰臧之狐裘敗我於狐駘我君小子侏儒是使侏儒侏儒敗我於邾家語曰高柴字子羔不過六尺爲人篤孝　優旃　蔡義　史記曰優旃秦倡侏儒也始皇時置酒天雨陛楯者寒旃矜之乃大呼曰女雖長雨中立我雖短故幸休始皇乃使皆代之漢書蔡義爲丞相時年八十餘短小無鬚眉貌似老嫗行步俛僂常兩吏持夾乃能行

楚葉公　齊晏子　孫卿子曰楚葉公子高微小短瘠其行將若不勝衣晏子春秋曰晏子短奉使楚楚爲小門晏子不入曰使狗國卽從狗門入今使楚不當從狗門入也　蔡賦巴馬　郭讚竫人　蔡邕短人賦曰巴巔馬兮柙下狗郭璞讚曰僬僥極麼竫人又小竫音淨　王敬端方　張松放蕩宋書曰王敬弘形狀短小而坐起端方益部雜記曰張松爲人短小而放蕩不理節操　婁護

精辯　嚴延敏捷並見敘事中　巨靈七寸　陀移三尺並見敘事中　西海畏鵠　東方黠鷸東方朔神異經曰西海外有鵠國人長七寸行如飛日千里百物不敢犯唯畏海鵠海鵠遇則吞之壽三百歲人在鵠中不死漢書曰東方朔黠鷸侏儒曰帝以若曹無益於縣官今欲盡殺若曹侏儒大懼〔賦〕漢蔡邕短人賦侏儒短人僬僥之後出自外域戎狄別種去俗歸義慕化企踵遂在中國形貌有部名之侏儒生則象父唯有晏子在齊辨勇匡景拒崔加刃不恐其餘尫公劣厥僂窶嚖嘖怒語與人相距矇昧嗜酒喜索罰舉醉則揚聲駡詈恣口衆人恐忌難與並侶是以陳賦引譬比偶皆得形象誠如所語其詞曰雄荆雞兮鶩鷿鵜鶻鳩鷂兮鶉鷃雌冠戴勝兮啄木兒觀短人兮形若斯蟄地蝗兮蘆蝍蛆子如切繭中蛹兮蠶蠕音而蝢音須視短人兮形若斯木門閫兮梁上柱弊鑿頭兮斷柯斧鞞䩕鼓兮補履樸脫椎柄兮擣薤杵視短人兮形如許〔讚〕郭璞僬僥讚僬僥極麽竫人又小四體取足眉目纔了

奴婢第六

〔敘事〕風俗通曰古制本無奴婢即犯事者或原之臧者被臧罪沒入爲官奴婢獲者逃亡獲得爲奴婢也說文曰男入罪曰奴女入罪曰婢方言曰臧甬音勇侮獲奴婢賤稱也荆淮海岱山幷齊之間駡奴曰臧駡婢曰獲齊之北鄙燕之北郊凡人男而壻婢曰臧女而婦奴曰獲又亡奴謂之臧亡婢謂之獲皆謂奴婢之賤稱秦晉之間駡奴曰侮燕齊之間養馬者及奴婢女厮皆謂之娠女厮婦人給使者史記曰季布爲朱家鉗奴欒布爲人所略賣爲奴衞青爲侯家奴漢書曰王莽時匈奴侵寇乃大募天下囚徒人奴名曰豬突豨勇晉書曰烈宗之母本織坊中婢形色長黑宮人謂之崑崙太宗以計幸之生

列宗又裴秀之母婢秀年十八有令望而嫡母妬賓客滿座乃令秀母親下食與衆賓衆賓見並拜之

[事對]　周奚　晉隸周禮曰奚三百人鄭玄注曰古者從坐男女沒入縣官曰奴婢其少才智者以爲奚今時侍史官婢是也左傳曰斐豹隸也杜預注曰犯罪沒官爲奴　遺賈　賜光史記曰諸呂擅權陸賈曰天下安注意相天下危注意將將相和則士豫附於是陳平遂結歡太尉以奴婢百人遺賈漢書宣帝詔大司馬光宿衞忠正宣德明恩賞賜前後奴婢百七十人鄭泥中　龐竈下　劉義慶說苑曰鄭玄家奴婢皆讀書玄嘗怒使曳一婢於泥中一婢來問曰胡爲乎泥中答曰薄言往愬逢彼之怒風俗通曰河南龐儉少遇亂失父後鑿井得錢千餘萬行求老蒼頭使主牛馬有婚會奴在竈下竊言堂上母我妻也使驗問遂爲夫婦如初時人語曰廬里諸龐鑿井得銅買奴得翁　陳餘地　吳谷利應劭風俗通曰將作大匠陳國公孫志節有蒼頭餘地年七十工書疏江表傳曰谷利吳大奴也　翻羹汚衣　覆酒就杖東觀漢記曰劉寬性簡略夫人欲試寬意而當朝會裝嚴已訖使婢奉肉羹翻汚朝衣婢收之寬神色不異乃徐言羹爛汝手劉向列女傳曰周室大夫仕於周妻淫於鄰主父還恐覺之爲毒藥使媵婢進之婢私曰進之則殺主父告之則殺主母因僵覆酒主父怒而笞之妻恐婢言之因他過欲殺之婢就杖將死而不言主父之弟聞之直以告主父放其妻將納婢辭以自殺主父乃厚幣嫁之　拔劍斷席　平頭提霜史記曰任安衞將軍舍人過平陽主家主家設食與騎奴同席而食安拔佩刀斷席別坐古詩曰足下絲履五文章平頭奴子提履霜　沈當問耕　劉使執杼沈約宋書曰虜據滑臺太祖欲北伐沈慶之固陳不可丹陽尹徐湛之吏部尚書江湛並在坐上使湛之等難慶之曰理國譬如理家耕當問奴織當訪婢陛下今欲伐國而與白面書生輩謀之事何由濟上大笑劉謐之與天公牋曰在於建寧之邑始得數年相遲方欲敎奴學耕使婢執杼　翟青代死　杜墓更生皇甫謐列女後傳曰會稽翟素者翟氏之女也受聘未及配適遭賊欲犯之臨以白刃素婢名靑靑乞代素賊殺素後欲犯靑

青曰。向欲代素。恐被恥獲害耳。今素尚死。何以生爲賊。復殺之。干寶搜神記曰。晉杜嘏家葬。而婢誤不得出。十餘年開墓。而婢尚生。云始如眠。有頃漸覺。問之。自謂一再宿。初埋之十五六。及開冢更生。猶十五六。嫁之有子。胡婢善射 夷奴斫石三輔決錄曰。金禕爲郡上計。留在許都。時魏武使長史伍必將兵衞天子於許都。禕與必善。必見禕有胡婢善射。必常請之從役也。林邑記曰。范文夷師父奴也。以刀斫石障。如斬蘆葦。後爲國王。

〔賦〕後漢蔡邕青衣賦金生砂礫。珠出蚌泥。歎茲窈窕。產于卑微。盼倩淑麗。皓齒蛾眉。縱橫接髮。葉如低葵。綺袖丹裳。躡蹈絲屝。盤跚蹴蹀。坐起低昂。和暢善笑。動揚朱脣。都冶武媚。卓躒多姿。精惠小心。趨事如飛。中饋裁割。莫能雙追。關雎之潔。不陷邪非。察其所履。世之鮮希。宜作夫人。爲衆女使。伊何爾命。在此賤微。代無樊姬。楚莊晉妃。感昔鄭季。平陽是私。故因揚國。歷爾邦畿。雖得嬿婉。舒寫情懷。寒雪繽紛。充庭盈階。兼裳累鎮。展轉倒頹。昕昕將曙。雞鳴相催。飭駕趣嚴。將舍爾乖。矇冒矇冒。思不可排。張子並誚青衣賦彼何人斯。悅此豔姿。麗辭美譽。雅句斐斐。文則可嘉。志鄙意微。鳳兮鳳兮。何德之衰。高岡可華。何必棘茨。醴泉可飲。何必洿泥。隨珠彈雀。堂溪刈葵。鴛鶵啄鼠。何異乎鴟。歷觀今古。禍福之階。多猶孽妾。淫妻書戒。牝雞詩載。哲婦三代之季。皆由斯起。晉獲驪戎。斃壞恭子。有夏取仍。覆宗絕祀。叔肸納申。聽聲狼似。穆子私庚。豎牛餒已。黃歇之敗。從李園始。魯受齊樂。仲尼逝矣。文公懷安。姜誚其鄙。周漸將衰。康王晏起。畢公喟然。深思古道。感彼關雎。德不雙侶。但願周公。好以窈窕。防微誚漸。諷諭君父。孔氏大之。列冠篇首。晏嬰潔志。不顧景女。及雋不疑。奉霍不受。見尊不迷。況此麗豎。三族無紀。綢繆不序。蟹行索妃。旁行求偶。昏姻無媒。宗廟無主。門戶不名。依其在所。生女爲妾。生男爲虜。歲時酹祀。詣其先祖。或於馬廐。廚間竈下。東向長跪。接狎觴酒。悉請諸靈。僻邪當主。多乞少出。銅瓦鐵柱。積繒累億。皆來集聚。奇婉歡心。各有先後。臧獲之類。蓋不足數。古之贅壻。尚爲塵垢。況明智者。欲作奴父。

〔詩〕劉夷道詠死奴詩丹籍生涯淺。黃泉歸路深。不及江陵樹。千秋長作林。

〔篇〕喬知之綠珠篇石家金谷重新聲。明珠十斛買娉婷。

此日可憐。只自許此時可愛得人情。君家閨閤不曾難。恆持歌舞借人看。意氣雄豪非分理。驕矜勢力橫相干。辭君去。終不忍。徒勞掩面傷鉛粉。百年離別在高樓。一代紅顏為君盡。

〔牋〕　喬道元與天公牋　奴曰高安。兩手並殘。指如竹筒。畏風惡寒。小者家生。厥名曰饒。腹中瘕堅。大如飯梢。飽食終日。不能作勞。借一小兒傖公吳母。近因冬節。暫詣其舅。狗咬一脛。肉落如手。攣筋徹骨。跛而不愈。長婢來成。左目失明。動則入井。已死復生。次婢良信。有桓公司馬之瘮。行步雖曠。了無前進。隱疾難明。辭不盡韻。小婢從成。南方之奚。形如鶩鸁。言語嘍厲。聲音駭人。唯堪駈雞之無所役。遣詣阿稽。復被狗咋。困熟如泥。

〔辭〕　漢王褒責鬚髯奴辭　我觀人鬚。長而復黑。冉弱而調。離離若緣坡之竹。鬱鬱若春田之苗。因風披靡。隨身飄颻。爾乃附以豐頤。表以蛾眉。發以素顏。呈以妍姿。約之以紺綫。潤之以芳脂。莘莘翼翼。靡靡綏綏。振之發曜。黝若玄珪之垂，於是搖鬢奮髭。則論說虞唐。鼓鬐動鬣。則研覈否臧。內育環形。外闡宮商。相如以之都雅。顓孫以之堂堂。豈若子髯。既亂且赭。枯槁禿瘁。劬勞辛苦。汗垢流離。汚穢泥土。傖嚀穰擩音而與塵為侶。無素顏可依。無豐頤可怙。動則困於總滅。靜則窘於囚虜。薄命為髭。正著子頤。為身不能庇其四體。為智不能御其形骸。獺鬚瘦面。常如死灰。曾不如犬羊之毛尾。狐狸之毫氂。為子鬚者。不亦難哉。

〔約〕　漢王褒僮約　蜀郡王子泉以事到煎上寡婦楊惠舍。有一奴名便了。倩行酤酒。便提大杖上冢巔。曰大夫買便了時。但約守冢。不約為他家男子酤酒。子泉大怒曰。奴寧欲賣耶。惠曰。奴父許人。人無欲者。子即決賣券云。奴復曰。欲使皆上券。不上券便了不能為也。子泉曰。諾。券文曰。神爵三年正月十五日。資中男子王子泉，從成都安志里女子楊惠買夫時戶下髯奴便了。決賣萬五千。奴從百役使。不得有二言。晨起早歸。食了洗滌。居當穿臼縛帚。裁盂鑿井。浚渠縛落。鉏園斫陌杜埤音脾地刻大枷。屈竹作杷。削治鹿盧。出入不得騎馬載車。踑坐大呶。下牀振頭。垂釣刈芻。結葦臘纑。汲水酪佐䣪音徂醆音莫織履作麤。黏雀張烏。結網捕魚。繳鴈彈鳧。登山射鹿。入水捕龜。後園縱養鴈鶩百餘。駈逐鴟鳥。持梢牧豬。種薑養芋。長育豚駒。糞除常潔。餧食音飼馬牛。鼓四起坐。夜半益芻。二月春分。陂隄杜疆。落桑披棧。種瓜作音昨瓠。別茄披葱。焚槎發疇。壟集破封。日中早𡗗。音衞雞鳴起舂。調治馬驢。兼
落三重。舍中有客。提壺行酤。汲水作餔。音甫滌杯整案。園中拔蒜。斲蘇切脯。築肉臛芋。膾魚炰鼈。烹茶盡其餔。已而蓋藏。關門塞竇。餧猪
縱犬。勿與鄰里。爭鬭。奴但飯豆飲水。不得嗜酒。欲飲美酒。唯得染脣漬口。不得傾盂覆斗。不得晨出夜入。交關伴偶。舍後有樹。當裁作船。
下至江州上到煎。主爲府掾求用錢。推訪惡敗棧索。綿亭買席。往來都洛。當爲婦女求脂澤。販於小市。歸都擔枲。轉出旁蹉。牽犬販鵝。武
陽買茶。楊氏池中。擔荷往來市聚。愼護奸偷。入市不得夷蹲旁臥。惡言醜罵。日作刀弓。持入益州。貨易牛羊。奴自交精慧。不得癡愚。持斧
入山。斷槧裁轅。若殘當作俎机木屐及彘盤。焚薪作炭。礨力罪切石薄岸。治舍蓋屋。書削代牘。日暮以歸。當送乾薪二三束。四月當披。五
月當穫。十月收豆。多取蒲苧。音佇益作繩索。雨墮無所爲。當編蔣織箔。植種桃李。梨柹柘桑。三丈一樹。八尺爲行。果類相從。縱橫相當。果
熟收斂。不得吮嘗。犬吠當起。驚告鄰里。棖門柱戶。上樓擊鼓。荷盾曳矛。還落三周。勤心疾作。不得遨遊。奴老力索。種莞織席。事訖欲休。當
舂一石。夜半無事。浣衣當白。若有私斂。主給賓客。奴不得有姦私。事當關白。奴不聽教。當笞一百。讀券文徧訖。詞窮咋索。仡仡扣頭。兩手
自縛。目淚下落。鼻涕長一尺。當如王大夫言。不如早歸黃土陌。蚯蚓鑽額。早知當爾。爲王大夫酤酒。不敢作惡。此文相傳多誤。庶不遺漏。

卷十九校勘表

頁數	行數	排印本原文	安刻本	嚴陸校	備註
四五四	三	宴昵殿		宴昭殿	
四五四	四、五	「陳平美色」至「如冠玉耳」		周勃等言於漢王曰陳平雖美如冠玉其中未必有也	
四五六	一	之岨		之峴	
四五七	六	愛思		憂思	
四五七	八	醫轉			「醫轉」疑是「醫輔」之誤
四五八	八	遂舉之		遂育之	
四五九	一四	驪牛			似應作「驪馬」
四五九	一五	獨何吝	獨何咎		
四六〇	一	椎額	推額		
四六〇	一	折頞醫樓鼻兩眼顣一交切如臼	折頞厭黑面樓鼻兩眼顣交臼切		

四六〇	一〇	佻國		佻人國
四六一	三	昭如海濱		時如海濱
四六一	一一	蒲坂津監寇登		蒲坂津監寇中
四六二	七	長二尺	長二寸	
四六二	八	拾遺記		王子年拾遺記
四六二	一四	柙下狗		柙下狗國
四六三	一	駘騊	詒騊	
四六三	五	鶻鳩	鶻鳩	
四六三	七	履襆	履襆	
四六四	七	諸麁	之麁	
四六四	七	餘地		〔嚴〕藝文類聚三十五、御覽五百皆作「地餘」。疑此倒。
四六四	七	年七十		年十七
四六四	八	而當		伺當
四六四	九	婢收之		婢遽收之
四六四	九	爛汝手		爛汝手乎
四六五	一	杜瑕		杜瑕

四六五	五	盤姍		盤珊	
四六五	五	低昂　朱脣		昂低　脣朱	
四六五	六	女使		女師	
四六五	七	揚國		錫國	
四六五	七	昕昕		昒昕	
四六五	一一	好以		妃以	
四六五	一一	誚漸		消漸	
四六五	一四	銅瓦		銅丸	
四六五	一四	纍億		纍繶	
四六六	三	跂而		蹌而	
四六六	四	來成		未成	
四六六	七	外闌	外闔		
四六六	九	獺鬢		獺鬢	
四六六	一〇	王子泉		〔嚴〕王子淵	「淵」避唐諱作「泉」
四六七	一	陂隄杜彊		陂隄杜彊	
四六七	一	早彗音衞		早彗音快	
四六七	二	盡其餔		盡餔	

四六七	四	都洛		都落	
四六七	五	奸偷		行偷	
四六七	七	三丈一樹		三尺一樹	
四六七	九	事當關白		事當閞白	
補					
四六四	五	劉義慶說苑			按「說苑」似應作「世說」

初學記卷第二十

政理部

赦一　賞賜二　貢獻三　薦舉四　使五　假六　醫七　卜八　刑罰九　囚十　獄十一

赦第一

〔敍事〕爾雅曰.赦舍也.郭璞注.謂放置也.按虞書眚災肆赦.周禮司刺掌三赦之法.又曰.國君過市則刑人赦.論語曰.有罪不敢赦.是也.漢舊儀云.踐祚改元.立皇后太子.赦天下.每赦自殊死以下.及謀反大逆不道.諸不當得赦者.皆赦除之.命下丞相御史.復奏可.分遣丞相御史乘傳駕行郡國.解囚徒.布詔書.郡國各分遣吏傳廐車馬行屬縣.解囚徒.又荀悅漢紀論曰.夫赦.權時之宜.非常典也.漢興.承兵革之後.大過之代.比屋可刑.故設三章之法.申以大赦之令.蕩滌穢流.與人更始.時勢然也.後代承業.習而不革.失時宜矣.故管子曰.凡赦者.小利而大害也.故久而不勝其禍.無赦者.小害而大利也.故久而不勝其福.赦者.犇馬之委轡也.無赦者.痤疽之礦石也.又王符潛夫論云.或三辰有候.天氣當赦.故人從之施德也.史記.莊生謂楚王曰.某星犯某宿.宜以德報怨.楚王將爲赦.又望氣經曰.黃雲四出.注期五十日赦.又風角書.春甲寅風起.從申上來.爲大赦.期六十日應也.〔事對〕

作解　在宥周易

曰。雷雨作解。君子以赦過宥罪。莊子曰。聞在宥天下。不聞治天下。在也者。恐天下之淫其性。宥也者。恐天下之遷其德。天下不淫其性。不遷其德。則理有天下哉。 呂蒙病 王猛疾 韋昭吳書曰。呂蒙病發。孫權迎置內殿。夜不能寐。病中有瘳。爲下赦令。崔鴻前秦錄曰。王猛疾病未瘳。苻堅大赦殊死以下。 雲出 風來 黃雲四出見敍事中。風角書曰。冬至後丁巳日有風從巳上來。有大赦。 過市 入關 周禮曰。國君過市則刑人赦。袁山松後漢書曰。賈彪遊京師。郭林宗李元禮等爲談論之首。一言一行。天下以爲准的。黨錮事起。彪謂同志曰。吾不西行。大難不解矣。卽入關。乃設方略。天子爲之大赦。 動籥 鳴條 王充論衡曰。赦令將至。繫室籥動。獄中人當出。故其感應令籥動也。翼奉風角書曰。春甲寅日。風高去地三四丈。鳴條從申上來。爲大赦。期在六十日。 大恩 小惠 東觀漢記曰。章帝元年。赦天下繫囚在四月丙子以前。減死罪一等。勿笞。詣金城。而文不及亡命未發覺者。郭躬上封事曰。伏惟大恩。莫不蕩宥。罪死已下並蒙更生。而亡命捕得獨不霑澤。臣以爲赦前犯死罪而繫在赦後者。可皆勿笞。詣金城。以全人命。有益於邊。上善之。卽下詔赦焉。常璩華陽國志曰。丞相諸葛亮時有言公惜赦者。亮答曰。爲政以大德。不以小惠。故匡衡吳漢不願爲赦。先帝亦言。吾周旋陳元方鄭康成間。每見言理亂之道悉矣。曾不論赦也。若劉景升父子。歲歲赦宥。何益於政。 躬耕 親政 王隱晉書曰。泰始四年正月。初立籍田。丁亥。上帥羣臣躬耕千畝。大赦天下。吳志曰。孫亮太平二年四月。亮臨正殿。大赦天下。始親政事。 東狩 南郊 司馬彪續漢書曰。章帝元和二年二月。帝東巡狩泰山。至於岱宗。柴望秩山川羣神。大赦天下。王隱晉書曰。惠帝元康六年正月辛酉。上南郊。大赦天下。 河塞 湖開 漢書曰。武帝元封二年四月。臨決河。塞河堤。作瓠子歌。赦所道過徒。又吳志曰。孫皓天璽元年。吳郡言臨平湖自漢末草穢擁塞。今更開通。長老相傳此湖邊石函中有小石。青白色。長四寸。廣二寸餘。刻作皇帝字。於是改年大赦。 銀印 玉璽 吳志曰。孫皓天册元年。吳郡言掘得銀印。長一尺廣三分。刻上有年月字。於是改年大赦。崔鴻前趙錄曰。劉元海遷都平陽。汾水中得玉璽。文曰。有新保之歸元海蓋王莽時璽也獻者因增其三字元海以爲己瑞大赦天下改年　**升臺**　**設壇**　司馬彪續漢書曰明帝永平二年正月辛未宗祀光武於明堂祀畢升靈臺望雲物大赦天下王隱晉書曰咸熙二年十二月帝乃設壇受命南郊幸太極殿前大赦天下　**神光**　**芳氣**　漢書曰武帝元封六年詔曰朕祀首山昆田出珍物或化黄金祭祀后土神光三燭其赦汾陰殊死以下何法盛晉中興書曰成帝咸康元年詔曰有司條典虔奉郊祀燔柴既饗芳氣清穆其赦天下令咸得自新　**鶴留**　**鸞舉**漢書詔曰朕郊見上帝巡於北邊上見羣鶴留止光景並見其赦天下又詔曰嘉瑞並見鸞鳳並舉其赦天下　**甘露降**　**景星見**漢書曰宣帝神雀二年二月詔曰乃者鳳皇集甘露降京師羣鳥從之以萬數其赦天下蜀志曰後主景曜元年景星見於是大赦改元　〔**賦**〕　**後漢崔寔大赦賦**惟漢之二年四月大赦滌惡棄穢與海内更始亹亹乎思升平之道也寔就而賦焉以爲五帝異制三王殊事然其承天據地興設法制一也陛下以苞天之大承前聖之迹朝乾乾於萬機夕虔敬而厲惕然猶痛刑之未錯厥將大赦天下所以創太平之迹云云又曰方將披玄雲照景星穫嘉禾於疆畝收蓂莢於階庭捫麒麟之肉角聆鳳皇之和鳴雖羲皇之神化何斯之大寧　〔**詩**〕　**沈佺期則天門觀赦詩**聖人有天下幽籥動圜狴六甲迎黄氣三元降紫泥籠幢上西鼓振迅廣場雞歌舞將金帛汪洋被遠黎又**答甯愛州報赦詩**書報天中赦人從海上聞九泉開白日六翮起青雲命偶恩先貸情孤枉未分自怜涇渭别誰與奏明君〔**詔**〕

梁沈約南郊赦詔朕昧爽夙興念兹理道而明不燭遠弘之未易仰尋先烈思致升平自頃多故戎車代有軍政國容事緒非一刑禮參用未致和臻向隅之情永晉增歎今郊禋載洽幽明允從恩崇嘉祉被之兆庶可大赦天下

賞賜第二

〔**敍事**〕　說文曰賞賜有功也賜也者命也見鄭玄禮記注惠也見何晏論語注書曰德懋懋官功懋懋賞又

曰用命賞於祖弗用命戮於社又曰功多有厚賞弗迪有顯戮春秋傳曰古之理人者勸賞而畏刑恤人不倦賞以春夏刑以秋冬將賞爲之加膳加膳則飫賜此所以知其勸賞也禮記曰天子賜諸侯樂則以柷將之賜伯子男樂則以鼗將之 將謂執以致命 諸侯賜弓矢然後征賜鈇鉞然後殺賜珪瓚然後鬯又曰君賜車馬乘以拜賜衣服服以拜賜君未有命弗卽乘服凡賜君子與小人不同日此賞賜之義

〔事對〕

萬畝　千鍾 史記曰趙烈侯好音鄭歌者二人賜之田萬畝家語孔子曰自季孫之賜我千鍾也而交益親也

金鉤　玉玦 東觀漢記曰楊賜以病罷居無何拜太常詔賜御府衣一襲自所服冠幘綬玉壺革帶金錯鉤珮謝承後漢書曰馮魴爲侍中稍遷衞尉能取悅當時爲安帝所寵帝幸其府留飲十日賜駮犀玉具綬珮刀紫艾綬玉玦

紫綬　青裘 謝承後漢書曰馮魴爲安帝所寵賜紫艾綬葛洪西京雜記曰成帝好爲蹴踘羣臣以蹴踘勞體非尊所宜帝曰朕好之可擇似而不勞者奏之馬合作彈棋以獻帝大悅賜青羔裘紫絲履服以朝觀

累千　鉅萬 漢書曰衞青姊子夫得入宮幸上青時給事建章未知名武帝於是召青爲建章監侍中賞賜數日間累千金魏志曰明帝嘗夢見后於是差次舅氏親疏高下敍用各有差賞賜鉅萬

甘田　蘇宅 史記甘羅請文侯曰借臣車五乘請爲張唐先報文侯侯乃言之於始皇使於趙趙襄王郊迎甘羅說趙攻燕得上谷三十城令秦有十一甘羅還報秦乃封羅以爲上卿復以甘茂田宅賜之漢書曰蘇武初從匈奴還詔拜典屬國中二千石賜錢二百萬公田二頃宅一區

后衣　帝服 東觀漢記曰永平三年上賜東平王蒼書曰歲月鶩邁山陵寖遠孤心慘愴今以光烈皇后假紒帛巾衣各一篋遺王可時視瞻以慰凱風寒泉之思曹植表稱詔曰皇帝問雍邱王先帝昔常非於漢氏諸帝積貯衣被使敗於函篋之中遺詔以所服衣被賜公王卿官僚諸將今以十三種賜王

雙璧　千金 史記曰虞卿者遊說之士躡屩擔簦說趙孝成王一見賜黃金百鎰白璧一雙再見爲趙

上卿。故號曰虞卿。漢書曰。梁孝王招延四方豪傑。齊人公孫詭多奇邪計。初見日王賜千金。官至中尉。**明德　計功**管子曰。明賞不費。明刑不暴。賞罰明。德之至也。淮南子曰。忠臣之事君也。計功而受賞。不爲苟得。量力而受官。不貪爵祿。其所能者受之。勿辭也。**玉壺　金笥**玉壺已見玉玦注中。張衡綬笥銘序曰。南陽太守鮑德有詔所賜綬金笥。爲作銘曰。懿矣玆笥。爰藏寶神。金縷組履。文章日備。**金刀　珠劍**謝承後漢書曰。武陵五溪蠻夷作難。詔遣車騎將軍馮緄南征。緄表應奉。金錯刀一具。沈約宋書曰。太宗爲徐州刺史。昭太后賜以火珠鹿盧劍。**受北國　啓南陽**毛詩曰。其追其貊。奄受北國。鄭玄注。韓侯入覲宣王。使復其先祖之舊職。錫以追貊。受北方之國也。左傳曰。晉侯朝王。與之陽樊溫原攢茅之田。晉於是始啓南陽。**汝南帛　遼東錢**漢書曰。宣帝詔曰。迺者鳳皇集新蔡。其賜汝南太守帛百疋。東觀漢記曰。祭肜爲遼東太守三十年。衣无儲副。世祖嘉其功。賜錢百萬。

〔詩〕**唐太宗文武聖皇帝賜房玄齡詩**太液仙舟迥。西園隱上才。未曉征車度。雞鳴關早開。**又賜蕭瑀詩**疾風知勁草。昏日辨誠臣。勇夫安識義。智者必懷仁。**隋許善心奉和賜詩**帝道屬升平。天文預觀象。茲生荷化育。博施多含養。正始振皇風。端居留眷想。夕拜參近侍。朝恩濫弘獎。溫樹貴不言。克艱庶無爽。

〔制〕**唐中宗孝和皇帝賞張仁愿制**朕聞將帥興功。本期於邦國。帝王懸賞。用答於疇庸。持節朔方道大摠管右屯衞大將軍張仁愿。器宇端雅。風神秀傑。謀韜玉帳。寄重金壇。故得累司文武。歷參邊鎭。薊門作牧。既無東顧之憂。榆塞摠兵。方釋北乘之慮。而乃躬先士卒。負土築城。橫卻月於天街。劃長雲於地脉。宜列河山之賞。式崇帶礪之榮。進封韓國公。賜物三百段。及衣裳一副。**又賜成王千里衣物敕**晝巡周衞。夜警巖廊。既曰爪牙。實稱心腹。左金吾衞大將軍成王千里。聲高沛獻。德邁二南。以盤石之崇班。當執金之重寄。察姦無對。討猾若神。固以威動千廬。勤宣五校。近者衞仗之內。輙有詐僞之人。曾不斯須。遽令擒獲。能官之目。久已馳芳。稱職之名。從茲著號。可賜衣一副。兼賜物一百段。

貢獻第三

[敍事]　廣雅曰貢稅也上也鄭玄曰獻進也致也屬也奉也皆致物於人尊之義也周禮獻賢能之書于王鄭玄注獻進也又曰獻禽以祭社鄭玄注獻致也屬也又曰古者致物於人尊之曰獻通行曰饋毛詩箋云獻奉也　按尚書禹別九州任土作貢其物可以特進奉者曰貢盛之於筐而進者曰篚若不常歲貢須賜命乃貢者曰錫貢故兖州厥貢漆絲青州厥貢鹽絺海物惟錯岱畎絲枲鉛松怪石徐州厥貢惟土五色羽畎夏翟嶧陽孤桐泗濱浮磬淮夷蠙珠暨魚揚州厥貢惟金三品瑤琨篠簜齒革羽毛惟木荆州厥貢羽毛齒革惟金三品杶榦栝柏礪砥砮丹惟箘簵楛豫州厥貢漆枲絺紵梁州厥貢璆鐵銀鏤砮磬熊羆狐狸織皮雍州厥貢球琳琅玕兖州厥篚織文青州厥篚檿絲徐州厥篚玄纖縞揚州厥篚織貝荆州厥篚玄纁璣組豫州厥篚纖纊揚州錫貢厥包橘柚豫州錫貢磬錯荆州納錫大龜是也周禮以九貢致邦國之用一曰祀貢二曰嬪貢三曰器貢四曰幣貢五曰財貢六曰貨貢七曰服貢八曰斿貢九曰物貢是也獻者謂貢篚錫貢之外所進奉者也禮記曰獻車馬執綏獻馬者執靮獻人虜者操右袂執琴瑟者上左手獻几者拂之獻杖者執其末此其制也

[事對]　紈牛　文馬周書成王時西夷貢獻卜盧紈牛紈牛牛之小者孔晁注曰卜盧盧之西北戎今盧水是也東觀漢記曰建武二十六年南單于遣使獻駱駝二頭文馬十疋

江龜　海貝尚書曰九江納錫大龜孔傳云尺二寸曰大龜出九江水中尚書大傳曰夏成五服外薄四海南海魚革珠珍大貝鄭注所貢物也貝古以爲貨

青帶　白環魚豢魏略曰漢陽嘉三年疏勒國王獻西海青石帶皇甫謐帝王世紀曰西王母慕舜德來獻白環及玦并貢益地

圖。火鼠　冰蠶魏志。景初二年二月。西域獻火浣布。東方朔神異經曰。南荒之外有火山。晝夜火燃。火中有鼠。重百斤。毛長二尺餘。細如絲。可以作布。恒居火中。時時出外。而白色。以水逐而沃之。乃死。取緝其毛。織以爲布。王子年拾遺記曰。冰蠶長十寸。有鱗角。以霜雪覆之。然後爲繭。其色五彩。織爲文錦。入水不濡。投火不燎。唐堯世。海人獻之。以爲黼黻。　蔗一節　棃二箱鄧德明南康記曰。雩都縣土壤肥沃。偏宜甘蔗。味及彩色。餘縣所出。無一節數十碎。郡以獻御。魏武帝嘗爲兗州牧。上書曰。山陽郡美梨。謹獻甘棃三箱。　丹砂　玄玉周書曰。成王時。四夷來貢。卜盧人西南之蠻。丹砂所出。尚書大傳曰。夏成五服。外薄四海。主諸靈龜陰谷玄玉。鄭玄注。所貢物。

白鷴　丹鵠　葛洪西京雜記曰。閩越王獻高祖白鷴各一雙。高祖大悅。厚報使者。王子年拾遺記曰。塗脩國獻青鳥丹鵠。各一雄一雌。　然芳苡　置蔘苔郭子橫洞冥記曰。元鼎元年。起招仙門於閣上。然芳苡燈。此草形如麻奔。盧國來獻。王子年拾遺記曰。晉惠帝時。祖梨國貢蔘苔。色如金。縈叢如雞卵。投水中。蔓延波瀾之上。如火。宮人有幸者。以金苔賜之。置漆盤中。照燭滿室。名曰夜月。　桴苡　荃蘼周書。成王時。康人獻桴苡者。其實食之宜子。孔晁注曰。康人亦西戎之別。食芳苡即有身。郭子橫洞冥記曰。光和元年。波祇國亦名波弋國。獻神精香草。一名荃蘼。亦名春蕪。一根而百條。其枝間如竹節。柔軟。其皮如絲。可爲布。所謂春蕪布。亦曰香荃。堅密如冰紈也。握之一片。滿宮皆香。婦人帶之。彌芬馥也。　香橘　文瓜楊孚異物志曰。橘爲樹。白華而赤實。皮既馨香。裏又有美味。交阯有橘官長一人。秩三百石。主歲貢御橘。王逸荔枝賦曰。大哉聖皇。處乎中州。東野貢落疏之文瓜。南浦上黃甘之華橘。　古黃馬　茲白牛周書曰。成王時。犬戎獻文馬。文馬赤鬣縞身。目若金。名曰古黃之乘。孔晁注曰。犬戎西戎之遠者。又成王時。大夏獻茲白牛。茲白牛野獸也。牛形而象齒。孔晁注曰。大夏西北戎也。　合枝李　同心棃葛洪西京雜記曰。初修上林苑。羣臣遠方各獻異果。有合枝李。又段龜龍涼州記曰。呂光時。敦煌太守宋歆獻同心棃。　吉光裘　昆吾劍東方朔十洲記曰。天漢三年。西國王使使獻吉光裘。列子曰。

周穆王征西戎獻昆吾之劍。赤刀切玉如切泥。紫玉壺　青金鏡交州雜記曰。太康四年。林邑王范能獻紫水精唾壺一口。青白水精唾壺二口。山海經曰。堂夜之山多水玉。郭璞注。水玉卽水精也。郭子橫洞冥記曰。望蟾閣上有青金鏡。廣四尺。元光中。波祇國獻此青鏡。照見魑魅。百鬼不敢隱形。〔詔〕　梁沈約酬荊雍義士獻物者詔昔義舉之初。人懷自竭。輸賦罄產。同致厥誠。言稔一槩。思有所酬。其雄荊郢三州有獻物助軍國者。外可詳加鐲報。中宗孝和皇帝斷進獻奇巧制朕凝懷紫宙。濂想丹闕。考千古之澆淳。稽百王之治亂。蒿宮茅柱。實興國之清猷。玉席珠衣。乃危邦之弊化。朕自承天纂運。佩日披圖。希齊鶩飲之年。願躡鶉居之代。漢文提舄。少小留心。晉武焚裘。生平措意。頃爲皇符肇建。寶廟初登。眷彼王公。多爲進奉。莫不龍歌令節。蛟食芳辰。椒花獻頌之時。菊蘂浮觴之日。或雕金鏤玉。採六合之珍奇。或剪翠裁紅。飾三春之草樹。上行延納。下務經求。鄽開紛紜。公私逼迫。昇平欲濟。蠹害非輕。言念於茲。深無所謂。卽宜懲革。勿至因循。

薦舉第四

〔敍事〕　大戴禮記曰。古者諸侯貢士。一適謂之好德。再適謂之賢。三適謂之有功。乃加九錫。不貢士。一則黜爵。再則黜地。三則黜爵地畢矣。爵地俱削盡也　白虎通曰。諸侯所以貢士於天子者。進賢勸善者也。天子聘求之者。貪義也。治國之道。得賢則治。失賢則亂。故月令季春之月。開府庫。出幣帛。周天下。勉諸侯。聘名士。禮賢者。有貢者。復有聘者。以爲諸侯貢士。庸者貢其身。盛德者貢其名。及其幽隱。諸侯所遺失。天子之所昭。故聘之也。周官小司徒之職。三年則大比。考其德行道藝。而興賢者能者。鄉老及鄉大夫帥其吏與其衆寡。以禮賓之。厥明。鄉老及鄉大夫羣吏獻賢能之書于王。王再拜受之。登于天府內史貳之退而以鄉射之禮五物詢衆庶此謂使人興賢出使長之使民興能入使治之漢書博士官置弟子五十人復其身郡國縣官有好文學二千石謹察可當與計偕詣太常得受業如弟子一歲皆輒謂能通年藝以上補文學掌故缺其高第可以爲郎中太掌籍奏卽有秀材異等輒以名聞昭帝時舉賢良文學增博士弟子員滿百人又歲謂甲科四十人爲郎中乙科三十人爲太子舍人丙科二十人補文學掌故先是又命列侯中二千石諸侯相舉賢良方正直言極諫之士幷令州察吏人有茂材異等可爲將相及使絕國者命郡國舉孝悌有行義聞於鄉里者令三輔太常舉賢良郡國舉高第自此而公卿大夫士吏彬彬多文學之士此薦舉之制〔事對〕

登庸　亮采　尙書曰帝曰疇咨若時登庸孔安國傳曰疇誰庸用也誰能庶績順是事者將登用之也又曰舜曰咨四岳有能奮庸熙帝之載使宅百揆亮采惠疇

薦白屋　揚紫庭　韓子曰趙武薦四十六人於其君及武之死也四十六人皆就賓位其無私德者若此又曰趙武以薦白屋之士管庫者六十家劉琨薦任尤文曰伏見別駕從事任尤識量簡大執心貞固使琨得對揚紫庭必能撫翼霜露增崇台曜任蒙亮采以弘急賢之義

方正　孝廉　漢書武帝詔曰丞相御史列侯二千石諸侯相舉賢良方正之士又武帝詔曰今詔書昭先帝聖緒令二千石舉孝廉所以化元元移風易俗也

齎函　投板　陳壽益部耆舊傳曰嚴羽字子翼仕郡功曹刺史辟爲從事郡舉孝廉曰大士貢名下士貢身齎函貢身非高士也辭孝廉取吏部除無錫長周斐汝南先賢傳曰黃穆字子敬安成人也爲郡主簿忠上率下朝廷肅淸太守荆寓舉穆孝廉乃薦讓殷仲才寓不聽遂懷板入見寓曰若仲才者六選之首也而穆先之適足以興謗議便投板於內出則臥病寓知不可移遂從之

利賓　充賦　周易曰觀國之光利用賓于王漢書晁錯策曰下臣充賦

翹車　賁帛　逸詩曰翹翹車乘招我以弓尸

子曰。堯有建善之旌。漢書曰。以安車蒲輪徵枚乘。易曰。束帛戔戔。賁于丘園。弓旌 蒲帛並見上注。舉直諫 進奇謀漢書曰。武帝詔丞相御史列侯中二千石諸侯相舉賢良方正直言極諫之士。又曰。魏無知既進陳平。漢王以爲亞將。絳侯說之云盜嫂受金。漢王疑以讓無知。對曰。臣之所言者能也。陛下所問者行也。今有尾生孝已之行。而無益於勝敗之數。陛下何暇用之乎。今楚漢相拒。臣薦奇謀之士。顧其計誠足以利國耳。盜嫂受金。安足疑也。貢天朝 薦宰相虞預晉書曰。何楨字元幹。爲弘農郡守。有揚囂生爲縣吏。楨一見便待以不臣之禮。遂貢之天朝。趙穆別傳曰。汲郡脩武趙君。年三十七。四薦宰相不就。元康三年。太守羊伊以爲四科之貢。宜盡國美。遂扶輿激喩。以光歲貢。式百寮 化九服范曄後漢書曰。尚書陳忠上疏薦劉愷曰。伏見前司徒劉愷。頻歷二司。舉動得禮。以疾致仕。進退有度。百寮景式。海內歸懷。又何法盛晉中興書曰。桓溫上疏薦譙秀曰。竊聞巴西譙秀。植彩貞固。抱德肥遯。若蒙蒲帛之徵。足以鎭靜頹風。軌訓囂俗。幽遐仰流。九服知化。丹墀珥筆 紫宮論道杜預舉賢良方正表曰。按蘇贊布行於草野。著德於閭閻。放心直意。若得珥筆丹墀。推訪格言。必有諤諤匪躬之節。陸雲薦張贍文曰。若得言論端委太學。錯綜藝文。垂纓玉陛。論道紫宮。誠帝宮之瑰寶。淸廟之偉器。增暉日月 垂光虹蜺司馬彪續漢書曰。陳蕃胡廣上疏薦徐孺子等曰。伏見處士豫章徐孺子。彭城姜肱。德行純備。著于人聽。若使擢登三事。協亮天工。必能翼宣盛美。增輝日月矣。孔融薦禰衡表曰。伏見處士禰衡。淑質貞亮。英才卓犖。若得龍躍天衢。鳳奮雲漢。垂光虹蜺。足以昭近署之多士。

〔詩〕

梁劉溉等儀賢堂監策秀才連句詩雄州試異等。揚庭乃專對。顧學類括羽。奇文若錦繢。劉溉滋蘭成秀畹。照車光赤琲。攝官惡饗帶。疲痾謝名輩。盧舜乙奏飲餘。列甲科光往載。深奇無絕蹤。孫董有遺槩。伏挺春風涵宛轉。遲光乍明昧。列秀纖中筵。羣才盛皇代。王瑩如綸疾影響。裁蒲啓矇昧。雕龍既已彰。青紫行當佩。王顒褒然既玉響。高粲亦蘭粹。廣川良易追。淄水非難配。貢士光相門。搜賢盡幽塞。善說理無窮。借書心靡誨。來彥名東西。翼亮更出內。康哉信在今伊余事耕耒。[詔] 梁任昉求薦士詔 夫進賢茂賞。蔽善明罰。前王盛則。咸必由之。朕纂統鴻業。寅畏大寶。思求俊異。協贊雍熙。歷聽九功。物色輿皂。而白駒盈谷。萇楚未刈。是以臨朝永歎。日昃伊佇。便可博詢卿士。各舉所知。將量才授能。擢以不次。庶同則哲之明。副朕急賢之意。隋江總舉士詔 堯施諫鼓。禹拜昌言。求之異等。久著前冊。舉以滯淹。復聞昔典。斯乃治道之深規。帝王之切務。朕以寡昧。恭承鴻緒。未明虛己。日旰增懷。百揆多紊。四聰弗達。思聞謇諤。採其默語。三公已下。各薦所知。傍詢管庫。爰及輿皂。一介有能。片言可用。朕親聽覽。佇茲啓沃。[表] 沈約舉胡元秀表 竊惟經邦御遠。雖待大賢。摧鋒犯鏑。亦資小用。伏見錢塘新成主胡元秀。早歲斷馳。意幹強果。矛盾之用。氣淩百夫。若置之六師之間。處之一旅之上。必能前奮獲敵。卻沮強胡。臣實弱懦。不窺武節。昧妄輕言。伏懷悚懼。

奉使第五

[敍事] 魏武選舉令曰。夫遣人使於四方。古人所愼擇也。故仲尼曰。使乎使乎。言其難也。按周官。小行人掌邦國賓客之禮籍。以待四方之使者。凡四方之使者。大客則擯。小客則受其幣。聽其辭。行夫掌邦國傳遽之小事。凡其使也。必以旌節。毛詩曰。皇皇者華。君遣使臣也。四牡。勞使臣之來也。又風俗通云。周秦常以歲八月。遣輶軒之使。採異代方言。還奏之。永藏祕室。漢舊儀。奉璽書使者。乘馳傳。其驛騎也。三騎行。日夜千里爲程。又說苑曰。明君之使人也。任之以事。不制以辭。此奉使之事也。其稱謂有行李。左傳曰。行李之往來。杜預注。行李。行人也。 行人。論語曰。行人子羽脩飾之。注曰。行人。掌使之官。 凡國之將命。遣使往曰奉命。來曰復命。一曰報命。亦曰歸報。[事對] 天節 皇華 韓楊天文要集曰。天節星主奉使。小而明。即使忠正。皇華見敍

事執圭　持斧禮記曰大夫執圭而使所以申信也漢書曰武帝末郡國賊盜羣起拜暴勝之爲直指使者衣繡持斧捕盜賊埋輪　攬轡　司馬彪續漢書曰漢安帝元年遣八使巡行風俗張綱埋其輪於洛陽都亭曰豺狼當路安問狐狸遂奏大將軍梁冀河南尹尹不疑十五事書奏御京師震悚又曰冀州饑荒乃以范滂爲清詔使按察之滂登車攬轡慨然有澄清天下之志焉　獻節張旌　左傳曰秦伯使西乞術來聘且言將伐晉襄仲辭焉答曰寡君得徵福于周公魯公以事君不腆先君之弊器而使下臣致諸執事以爲瑞節要結好命所以藉寡君之命結二國之好是以敢致之蜀志曰陳震字孝起入拜尚書遷尚書令奉命使吳賀孫權踐祚震入吳界移關候曰東之與西驛使往來冠蓋相望申盟載好日新其事震以不才得充下使即日張旌語衆各自約誓國有典制懼或有違幸必斯誨示其所宜　謁關　移候儀禮曰使者及境張旜誓乃謁關人鄭玄注曰謁告也蜀志曰陳震奉使入吳賀孫權踐祚入吳界移關候云云　展幣　襲圭儀禮曰使者及館展幣於賈人之館如初又曰賓入門左公再拜賓避不答拜又賈人東面坐啓櫝取圭垂繅賓襲執圭鄭玄注云執圭盛禮也又畫飾爲相致敬也　河源　海上史記曰漢使窮河源其山多玉石采來云云又天子巡邊至朔方使郭吉告單于單于怒遷吉北海上　赤帷　白蓋司馬彪續漢書曰大使車五乘駕駟赤帷持節者重道五百䠶弩十二人又曰小使車蘭輿赤轂白蓋從騶騎四十人　奉璧　拭圭史記曰趙惠文王時秦昭王遺趙王書願以十五城易和氏璧藺相如奉璧入秦又儀禮曰賓朝服立東西面賈人北面坐拭圭鄭玄注賓使者拭淸之也　遺鴻　獻鵠魯連子曰展无所爲魯君使遺齊襄君鴻至淄而浴鴻鴻失其裝在御者曰鴻之毛物可使若一能買鴻耳无所曰吾非不能買鴻也是上隱君下易幣无所不敢劉向說苑曰魏文侯使舍人无擇獻鵠於齊侯无擇行道失之後獻空籠曰非无錢以買鵠惡輕易其幣　受命　從宜儀禮曰使者載旜帥以受命于朝禮記曰使從宜禮從俗　受圭　還玉儀禮曰使者受圭垂繅以命又曰君使卿皮弁還玉於館賓受圭退負右旁南

立。星飛斗 風入律漢書曰。飛星大如缶。出西南入斗下。占曰。漢使匈奴。明年匈奴單于雕陶莫皋死。遣中郎將楊興使匈奴。十洲記曰。天漢三年。西國王使使來獻。使者曰。常占東風入律。百旬不休。青雲干呂。連月不散。中國將有好道之君。我國故搜奇蘊而貢神香。乘毛車以濟弱水。於今十三年矣。［賦］ 隋江總辭行李賦維大梁三十有六載。神功懋乎開闢。垂恩儲祉。壓子代之盤盂。盛德形容。陋周年之弇石。月窟向風。日域仰澤。要荒款塞。諸戎重譯。輶軒巡履。聲芳亥步。旌節經過。事高禹跡。舉皇華之盡美。馳珽玉之多事。或江夏之无雙。匹洛陽之才子。訪羽儀於廊廟。旌秀異於杞梓。引強學之三端。賞彫文於四始。顧傯侗於罕志。奉朝章於信次。天鳳舉而張旃。濟龍沙而通蕡。斂異季札之聽歌。譽乘屬國之銜使。懷蘇子之抵掌。憶千秋之畫地。願自勵而飲水。揆无庸而案轡。嗟負恩之无力。每若竄於蕪棘。倏辭東平之樂。善再踐承明而遊息。豈異千里之奔踶。寧辭一錢之不直。諒无期於鴻漸。念有似於蟬翼。荷德澤之霈然。鑒丹愚之匪飾。慙借譽於瑟柱。免長繇於葱極。聊暇日以須臾。每長吟以鬱紆。異金石之能固。若草木之分區。進學慙於枝葉。綿力謝於康衢。構伯休之蓬戶。狎仲憲之桑樞。徒悅水而非智。庶因谷以爲愚。恥矯名於周客。寧濫響於齊竽。奉棲遲以偃仰。願太素之不汚。

［詩］ 北齊裴讓之公館讌詶南使徐陵詩 嵩山表京邑。鍾嶺對江津。方域殊風壤。分野各星辰。出境君圖事。尋盟我恤隣。有才稱竹箭。无用忝絲綸。列樂歌鍾響。張旃玉帛陳。皇華榮受命。垂譽本无因。韓宣將聘楚。申胥欲去秦。方期飲河朔。翻屬臥漳濱。禮酒盈三獻。賓筵盛八珍。歲稔鳴銅雀。兵戢坐金人。雲來朝起蓋。日落晚催輪。異國猶兄弟。相知无舊新。 周庾信將命至鄴詩大國脩聘禮。親隣自此敦。張壇事原隰。負扆報成言。西過犯風露。北指度轘轅。交歡值公子。展禮覿王孫。何以譽嘉樹。徒欣賦采蘩。四牢盈折俎。三獻滿罍樽。人臣无境外。何日欣此言。風俗既殊阻。山河不復論。无因旅南館。空欲祭西門。眷然唯此別。夙期幸共存。 隋虞茂在南接北使詩會玉二崤至。瑞節三秦歸。林蟬疏欲盡。江鴈斷還飛。牆垣崇客館。旌蓋入王畿。共此敦封植。方當篤紵衣。［書］ 梁

劉孝儀北使還與永豐侯書　足踐寒地。身犯朔風。暮宿客亭。晨炊謁舍。飄颻辛苦。迄屆氈鄉。雜種覃化。頗慕中國。而毳幙難淹。酪漿易猒。王程有限。時及玉關。射鹿胡奴。乃共歸國。刻龍漢節。還持入塞。馬銜苜蓿。嘶立故墟。人獲葡萄。歸種舊里。少子出迎。善隣相勞。倦握蟹螯。亟覆蝦椀。未改朱顔。略多自醉。用此終日。亦以自娛。

假第六

［敍事］　急告寧。皆休假名也。釋名曰。急。及也。言操切之使相逮及也。李斐漢書曰。告。請也。言請休謁也。寧。安也。告曰寧也。漢律使二千石有予告有賜告。予告者。在官有功最法所當得者也。賜告者。病滿三月當免。天子優賜其告。使得印綬將官屬歸家理疾。至成帝時。郡二千石賜告不得歸家。自馮野王始也。休假亦曰休沐。漢律吏五日得一下沐。言休息以洗沐也。晉令急假者。一月五急。一年之中以六十日爲限。千里內者疾病申延二十日。及道路解故九十五日。此其事也。書記所稱曰歸休。亦曰休急。休瀚。取急。請急。又有長假。併假。［事對］　賜告　分休　賜告見敍事。王威別傳曰。威少爲郡吏。刺史劉表題門上。有能陳便宜益於時。不限廝役賤長。以聞。威因陳事。得署州吏。大蜡分休。　荷擔　杖策　謝承後漢書曰。許荆字子張。少喪父。養母孝順。家貧爲吏。无有船車。休假常單步荷擔上下。清節稱於鄉里。又曰。范丹字史雲。陳留人也。爲郡功曹。每休假上下。常單步策杖。同類以車牛與之。不取。　祝問疾　吴拜老　謝承後漢書曰。祝皓字子春。志節抗烈。篤於仁義。爲吏歸休。先周旋鄉里。弔死問疾。畢乃還家。又曰。吳馮字子高。爲州郡吏。休假先存恤行喪孝子。次瞻病。畢。拜覲鄉里耆老。先進。然後到家。名昭遠近。　離兵　解職　王隱晉書曰。王尼字季孫。洛中貴盛名士王澄。胡母輔之。李垣等。皆與尼交。時尼爲兵在大將軍幕。澄等持羊酒詣軍門。吏疏名。內請入見大將軍。澄等既

入。語吏過王尼。炙羊飲酒訖而去。竟不見將軍。將軍聞之。因與尼長假。遂得離兵。晉起居注曰。孝武太康元年詔。大臣疾病假滿三月。解職。

遊集 定省劉義慶世說曰。車武子爲侍中。與東亭諸人期共遊集。車早急出。過詣王子敬。車求去。王問何以忩忩。車答曰。與東亭諸人期共行。王曰。卿何乃作此不急行。車遂不敢去。盡急而還。宋書曰。王敬弘子恢之爲秘書郎。恢之嘗請假還家。來定省。敬弘剋日見之。至輙不果。假日將盡。恢之乞求奉辭。敬弘呼前。至閤。復不見。

造渚 還都張隱文士傳曰。顧榮兼侍中。安慰河北。以前後功封嘉興伯。榮觀中國日弊。乃併求急還南。既造江渚。欣然自得。鄧粲晉記曰。郭璞爲王敦參軍。知敦作亂。受假還都。露布以討溫嶠爲名。及至建康南坑。殺參軍郭璞。初桓彝常令璞筮卦。卦成。彝問其故。璞曰。卦與吾同。

[詩] 齊謝朓休沐重還道中詩薄遊第從告。思閑願罷歸。還邛歌賦似。休汝車騎非。灞池不可別。伊川難重違。汀葭稍靡靡。江菼復依依。田鶴遠相叫。沙鴇忽爭飛。雲端楚山見。林表吳岫微。試與征徒望。鄉淚盡沾衣。賴此盈樽酌。含景望芳菲。問我勞何事。霑沐仰清徽。志狹輕軒冕。恩甚戀庭闈。歲華仍有酒。初服偃郊扉。 梁沈約休沐寄懷詩雖云萬重嶺。所歡終一丘。堦墀幸自足。安事遠遨遊。臨池清溽暑。開幌望高秋。園禽與時變。蘭根應節抽。憑軒搴木末。垂堂對水周。紫籜開綠篠。白鳥映青疇。艾葉彌南浦。荷花遶北樓。送日隱層閣。引月入輕幬。爨熟寒蔬剪。賓來春蟻浮。來往既云勸。光景爲誰留。 隋江總休沐山庭詩洗沐惟五日。棲遲對一邱。古槎橫近澗。巴石聳前洲。岸綠開河柳。池紅照海榴。野花寧辨晦。山蟲詎識秋。人生復能幾。夜燭非長游。

[文] 梁沈約奏彈孔稚珪違制啓假事臣聞禁憲有章。士子攸慎。守官有典。觸綱斯及。蓋所以崇威闡法。下肅上尊。謹按廷尉會稽品中正臣稚珪。歷奉朝班。頻登要近。九棘之任。理无休謁。冒制干聞。實虧恆典。恩許雖降。所制不闕。違犯之條。猶合約黜。且稚珪俯自內轄。作士下闑。通制明文。日陳几案。自踰規矩。莫斯爲甚。臣等參議。請以見事免稚珪所居官。除中正官名。輙下禁止。 又奏彈奉朝請王希聃違假謹按奉朝請臣王希聃。幸齒朝班。私敬蓋闕。休請有期。曾

无謚及違弛之愆。允膺裁糾。臣等參議。請以見事免所居官。輒下禁止。

醫第七

〔敍事〕　說文曰。巫彭初作醫。帝王世紀曰。黃帝使岐伯嘗味草木。典醫療疾。今經方本草之書咸出焉。周官曰。疾醫掌萬民之疾病。四時皆有癘疾。春時有痟首疾。夏時有痒疥疾。秋時有瘧寒疾。冬時有嗽上氣疾。痟酸削也首疾頭病以五穀五藥養其病。養猶治也以五色五氣五聲視其死生。兩之以九竅之變。參之以五藏之動。凡民之有疾病者。分而治之。又曰。瘍醫掌腫瘍潰瘍金瘍折瘍。凡療瘍以五毒攻之。以五氣養之。以五藥療之。以五味節之。物理論曰。夫醫者非仁愛不可託也。非聰明理達不可任也。非廉潔淳良不可信也。是以古之用醫。必選名姓之後。其德能仁恕博愛。其智能宣暢曲解。能知天地神祇之次。能明性命吉凶之數。處虛實之分。定逆順之節。原疾疹之輕重。而量藥劑之多少。貫微達幽。不失細小。如此乃謂良醫。且道家則尚冷。以草木用冷生。醫家則尚溫。以血脈以煖通。徒知其大趣。不達其細理。不知剛柔有輕重。節氣有多少。進退盈縮有節卻也。名醫達脈者。求之寸口三候之間。則得之矣。度節氣而候溫冷。參脈理而合輕重。量藥石皆相應。此可謂名醫。醫有名而不良者。有無名而良者。人主之用醫。必參知而隱括之。〔事對〕

六技　四家范曄後漢書曰。郭玉者。廣漢人。初有老父釣於涪水。因號涪翁。著針經脈法。弟子程高尋求積年。翁乃授之。玉少師事高。學方診六微之技。爲太醫丞。劉歆七略曰。論方技爲四家。有醫經家。有方家。有房中家。有神仙家。

九折　十全楚辭曰。九折臂而成醫。周禮。醫師掌醫之政令。聚毒藥以共醫事。歲終則稽其醫事。十全爲上。十失一次之十失四爲下。切脈　攻理史記曰扁鵲謂虢太子中庶子曰越人之爲方也不待切脈望色聽聲寫形。袁准正論曰良醫療病攻於腠理。高手　鴻術司馬彪續漢書曰東平王蒼到國病詔遣太醫丞將高手醫視病。郭璞巫咸山賦序曰蓋巫咸者以鴻術爲帝堯之醫。含血　舐痔韓子曰醫善吮人之瘍含人之血非有肌骨之親也利之所加也。莊子曰秦王有病召醫舐痔者得車五乘。出虵　走獺華陀別傳曰河內太守劉勳女苦左膝裏瘡痒迎陀使視陀以繩繫一犬於馬後走馬牽犬犬困不能行因取斷腸以向瘡口須臾有若虵者從瘡中出長三尺。又劉敬叔異苑曰廣陵下廟宋元嘉中縣人張氏女日暮宿祠門下夜有物假作其壻來女魅惑成病海陵王纂能療邪鬼始下一針有一獺從女被內走出。四難　三折范曄後漢書曰郭玉療貴人時或不愈帝問其故對曰有四難焉自用不任臣一難將身不謹二難骨節不強三難好逸惡勞四難。孔叢子曰梁邱據遇虺毒三旬不瘳齊列大夫並獻攻療之方據弟子曰梁邱已療矣而驟獻方欲梁邱復有虺害乎孔子曰三折臂然後爲醫梁邱慮有與之同病者問方故衆人言方耳。湔腸滌臟　解顱理腦史記曰虢太子死扁鵲至虢國中庶子曰暴蹷而死扁鵲曰尚可活也庶子曰先生得无誕乎臣聞上古有俞跗療病不以湯液乃割皮解肌湔洗腸胃漱滌五臟。又抱朴子曰淳于解顱而理腦。穿胸納餅　刮骨去毒抱朴子曰文摯愆筋以療危困仲景穿胸以納赤餅此但醫家猶能若是。蜀志曰關羽爲流矢貫臂每陰雨常疼痛醫曰矢鏃有毒當破臂刮骨去毒乃可除之也。

〔詩〕宋鮑昭過銅山掘黃精詩玉肪閟中經水芝韜內籍。寶餌緩童年命藥駐衰歷。矧蓄終古情重掩烟霧迹。羊角摟斷雲榼口流隘石。銅溪晝森沉乳竇夜涓滴。既類風門磴復像天井壁。蹖蹖寒葉離灇灇秋水積。松色隨野深月露依草白。空守江海思豈貴梁鄭客。仁愛古无怨順道今何惜。梁吳均採藥大布山詩我本此山北緣澗採山麻。九莖日澗照三葉長生花。可以蠲憂疾聊持駐景斜。景斜不可駐年來果如故。安得崑崙山偃蹇三珠樹。三珠樹始荄絳葉凌朱臺。玉壺白鳳肺金鼎青龍胎。韓衆及王子。

何代无仙才。安期儻欲顧。相見在蓬萊。梁江淹採石上菖蒲詩瑶琴久蕪沒。金鏡廢不看。不見空閨裏。縱横秋思端。綴步遵行波。揚枻泛春瀾。竇赤烟流綺。水淥桂含丹。憑酒意未悅。半景方自歎。每爲憂見及。杜若詎能寛。冀採石上草。得以駐衰顏。赤鯉儻可乘。雲霧不復還。〔讚〕宋王微茯苓讚皓苓下居。披紛上薈。中狀雞鳬。具容龜蔡。神侔少司。保延幼艾。終志不移。柔紅可佩。又禹餘糧讚疏波瀝浸。徒謂範常。沉靈祕用。神哉无方。阡疇不惠。稼穡非芳。明德禹功。信在餘糧。又桃飴讚阿鹿續氣。胡膠屬絃。未若桃飴。越地通天。液首化玉。酟貌定仙。人知喝日。胡不蔭年。又黃連讚黃連苦味。左右相因。斷涼滌暑。闡命輕身。縉雲昔御。飛蹕上旻。不行而至。吾聞其人。〔文〕梁簡文帝勸醫文天地之中。唯人最靈。人之所重。莫過於命。雖脩短有分。年壽懸天。然而寒暑反常。嗜慾乖節。故沉寒應首。致弊不同。伐斧爛腸。摧年匪一。拯斯之要。實在良方。亦有騷人起詠。彭殤秦國之稱。和緩季梁之遇。盧氏號子之値越人。爰至久視飛仙。長生妙道。猶變六一於金液。改三七於銀丸。畜玉字之精。研紫書之奥。桃膠何是。北斗靡錄其形。金漿非遠。明珠還恥其價。能使業門之下。鼓響獨傳。雍祀之傍。簫聲猶在。周禮疾醫。掌萬民之疾病者。分而理之。歲中則各書其所以。入于醫師。知其愈與不愈。以爲後法之戒也。理疾者衆。必孟浪酬賽。悞人者多。愛人者鮮。是則日處百方。月爲千軸。未常不輕其藥性。任其死生。淳華之功。於何而得。及其愛染親屬。情切友朋。患起膏肓。痾興俞跗。雖欲盡其理。切思无所出。何以故然。本不素習。卒難改變故也。胡麻鹿藿。纔救頭痛之痾。麥麴芎藭。暫止河魚之腹。思不出位。事局轅下。欲求反正者於玄都。揚己名於綠籍。其可得乎。

卜第八

〔敍事〕元命苞曰。古司怪主卜。世本曰。巫咸作筮。禮記曰。龜爲卜。蓍爲筮。白虎通曰。乾草槁骨衆多。獨以蓍龜何。龜之言久也。蓍之言耆也。尚書洪範五行傳曰。此禽獸草木之壽久而能知吉凶也。龜人掌六龜之屬。各有名物。天龜曰靈屬。地龜曰繹屬。東龜曰果屬。西龜曰雷屬。南龜曰獵屬。北龜曰若屬。卜師掌開龜之四兆。一曰方兆。二曰功兆。三曰義兆。四曰弓兆。開開出其書占之也。經兆一百二十體。言四兆者。爲分四部。若易之三篇。凡卜視高揚火以事作龜。致其墨。筮人掌三易。辨九筮之名。一曰連山。二曰歸藏。三曰周易。九筮之名。一曰巫更。二曰巫咸。三曰巫式。四曰巫目。五曰巫易。六曰巫比。七曰巫祠。八曰巫參。九曰巫環。以辨吉凶。巫皆讀爲筮。字之誤也。更爲遷都邑也。　又禮記曰。卜筮者。先聖王之所以使人信時日。敬鬼神。畏法令。決嫌疑。定猶豫也。故周易曰。定天下之吉凶。成天下之亹亹者。莫大乎蓍龜也。蓍之德圓而神。卦之德方以智。神以知來。智以藏往。洪範五行傳曰。若煩數瀆。或不精嚴。神不告也。或觀卦察兆。占不得也。或龜不神。蓍不靈。此其所以過差。聖人不得專用也。龜筮共違于人。神靈不祐也。〔事對〕

握粟　操金　毛詩曰。哀我塡寡。宜岸宜獄。握粟出卜。自何能穀。鄭玄注。可哀哉我窮盡寡財之民。仍有獄訟之事。持粟行卜。求其勝負。從何能得善。戰國策曰。鄒忌爲齊相。田忌爲將。不相悅。鄒忌以告公孫閈。閈使人操十金而卜於市。曰。我田忌人也。吾三戰三勝。聲威天下。欲爲大事。亦吉否。卜者出。因令捕卜者而驗其辭於王前。田忌遂走。　三兆　六龜　周禮。太卜掌三兆之法。六龜見敍事。　供燋　揚火　周禮。菙氏掌供燋契。以待卜事。杜子春注曰。燋讀如薪樵之樵。謂所爇灼龜之木。揚火見敍事。　神詒　象告　陳琳大荒賦曰。假龜筮以貞吉。問神詒以休祥。易曰。八卦以象告。韓康伯注曰。以象告人吉凶。　大橫　小數　史記曰。高后崩。丞相陳平等使人迎代王。計未定。卜之。龜兆云。大橫庚庚。余爲天王。夏后以光。抱朴子曰。卜者小數。飾福者謂知來之妙。　龜猒　筮瀆　毛詩曰。我龜既猒。不我告猶。鄭玄注。卜筮數而瀆龜。龜靈猒之。不復告其所圖之吉凶也。言雖得兆。繇不中也。易曰。初筮告。再三瀆。瀆則不告。　穆卜枚占尚書曰武王有疾不豫二公曰我其爲王穆卜歸藏曰昔者河伯筮與洛戰而枚占昆吾占之不吉也。孔愀 顔笑家語曰孔子嘗自筮而卦得賁愀然有不平之狀子張進曰賁是吉卦夫子色有不平何也孔子曰山下有火賁非正色也衞波傳曰孔子使子貢往外而未來謂弟子占之遇鼎皆言無下足不來顔子掩口而笑曰無足者乘舟而來賜至矣淸朝也子貢果朝至。代陳 獲晉左傳曰陳厲公生敬仲周內史筮之遇觀之否曰是謂觀國之光利用賓於王其代陳有國乎又曰秦伯伐晉卜徒父筮之吉涉河晉侯車敗詰之對曰乃大吉也三敗必獲晉君果如其言。法天地 敬鬼神史記曰卜法天地象四時禮記曰卜筮者先聖王所以使人信時日敬鬼神畏法令。齊小大 著尊卑易曰齊小大者存乎卦韓康伯注曰卦有小大也齊猶言辨也周禮圖曰大夫已上事卜且筮士則但筮尊卑之差。筮短龜長 陽奇陰耦左傳曰晉獻公欲以驪姬爲夫人卜之不吉筮之吉公曰從筮筮人曰筮短龜長不如從長易曰陽卦多陰陰卦多陽其故何也陽卦奇而陰卦耦。

刑罰第九

[敍事] 春秋元命苞曰刑者侀也說文曰刀守井也飲之人入井陷於川刀守之割其情也罔言爲詈刀守詈爲罰罰之爲言內也陷於害也 井飲人則人樂之不已則自陷於川故加刀謂之刑欲人畏懼以全命也詈以刀守之則不動矣今作罰用寸寸丈尺也言納以繩墨之事 古之用刑者畫象而不犯蓋上刑赭衣不純中刑雜屨下刑墨幪以居州里而人恥之見尚書大傳 故白虎通曰五帝畫象者其服象五刑也犯墨者蒙巾犯劓者赭其衣犯髕者以墨幪其髕處而畫之犯宮者履扉犯大辟者布衣無領尚書云五刑有服此之謂矣一云以畫跪當黥草纓當劓以履扉當刖以艾韠當宮凡斬人之支體鑿其形膚曰刑畫衣冠異章服曰戮之義也見愼子 後世

嚴刑而人不禁。故大刑用甲兵。其次用斧鉞。中刑用刀鋸。其次用鑽鑿。薄刑用鞭朴。見國語。故尚書呂刑云。惟敬五刑。以成三德。五刑者。墨罰之屬千。劓罰之屬千。剕罰之屬五百。宮罰之屬三百。大辟之屬二百。五刑之屬三千。又周官大司寇之職。以五刑糾萬民。一曰野刑。上功糾力。二曰軍刑。上命糾守。三曰鄉刑。上德糾孝。四曰官刑。上能糾職。五曰國刑。上愿糾暴。鄭注。糾謂察異也。至秦用商鞅。又設連坐之法。造參夷之誅。加肉刑大辟者。有鑿顛抽脅鑊烹之法。見漢書。蓋德多刑少者。五帝也。刑德相半者。三王也。刑多德少者。五霸也。純用刑而亡者。秦也。見桓範世要論。

［事對］

明罰　致刑　易曰。雷電噬嗑。先王以明罰敕法。又曰。雷電皆至。豐。君子以折獄致刑。

五辭　三讓　尚書曰。兩造備具。師聽五辭。周禮秋官曰。凡民有邪惡者。三讓而罰。

折獄　要囚　折獄見致刑注。尚書曰。要囚服念五六日。至于旬時。孔安國注云。要囚謂其要辭以折獄也。

天罰　國刑　尚書曰。今予惟恭行天罰。周禮曰。五刑。五曰國刑。

甲兵　鞭策　國語曰。臧文仲言僖公曰。大刑用甲兵。其次用斧鉞。中刑用刀鋸。其次用鑽鑿。薄刑用鞭朴。以威民也。白虎通曰。五刑。五帝之鞭策也。

六典　三章　周禮曰。大司徒職掌建邦之六典。以佐王刑邦國。漢書曰。高祖初入關。約法三章。

約法　省刑　約法見三章注。續漢書曰。建武二年詔曰。與中二千石諸大夫博士議郎省刑罰也。

弃灰　救火　韓子曰。殷之法。弃灰於街者刑。子貢以重問之仲尼。仲尼曰。弃灰於街必燔人。人必怒。怒則鬭。鬭則三族相殺。然則雖刑之可也。又曰。魯燒積澤。天北風。火南向。恐燒國。哀公自將衆趣救火者。人盡逐獸而火不救。乃召仲尼。而下令曰。不救火者。罪逐獸者比入禁之罪。令下未徧。火遂救矣。

刑書　政典　尚書曰。哀敬折獄。明啓刑書。又曰。政典曰。先時者殺無赦。不及時者殺無赦。孔安國云。政典。夏后氏爲政之典。

爗電　積陰　詩含神霧曰。爗爗震電。不寧不令。此應刑政之太暴。故震電驚人。使天下不安。漢書董仲舒云。陽爲德。陰爲刑。陽常居大夏。而生育養長爲事。陰

居大多而積於虛空不用之處。以此見天之任德不任刑者也。赤衣　丹筆　漢名臣奏事曰。唐林云。秦設重刑而羣盜盈山。赤衣半
道。謝承後漢書曰。盛吉爲廷尉。每至多節罪囚當斷。妻夜執燭。吉持丹筆。夫妻相對垂泣決罪。明察　平反　漢書曰。于定國爲廷
尉。明察寬恕。黄霸等以爲公平明察。雋不疑爲京兆尹。每行得囚徒。其母輒問不疑有所平反。活幾何人。不疑云多所平反。其母乃喜也。
晝斷　秋讞　漢書曰。秦始皇專任刑罰。躬操文墨。晝斷獄。夜治書。漢書。于定國爲廷尉。季秋後請讞時。上常幸宣室。齋居而決事。刑
獄號平反也。樹槐　叢棘　春秋元命苞曰。樹棘槐。聽訟於其下。棘赤心有刺。言治人者原其心。不失赤實。事所以刺人。其情令各歸
實。槐之言歸也。情見歸實。周易曰。習坎上六云。係用徽纆。寘于叢棘。三歲不得。凶。王弼注曰。險峭之極。不可升也。嚴法峻整。難可犯也。宜
其囚執寘于思過之地。〔詩〕　虞世南賦得愼罰詩　帝圖光往冊。上德表鴻名。道冠二儀始。風高三代英。樂和知化洽。訟息表
刑淸。罰輕猶在念。勿喜尚留情。明愼全无枉。哀矜在好生。五疵過亦察。二辟理彌精。幰巿示廉恥。嘉石務詳平。每削繁苛性。常深惻隱誠。
政寬思濟猛。疑罪必從輕。于張懲不濫。陳郭憲無傾。刑措諒斯在。懽然仰頌聲。〔詔〕　梁沈約使四方士民陳刑政詔　徑寸
之寶。或隱泥沙。以人廢言。君子斯惑。朕聽朝晏罷。思闡政術。雖百辟卿士。有懷必聞。而蓄響邊遐。未臻魏闕。或屈以貧陋。或間以山川。頓
足延首。无因奏澾。豈所謂沉浮靡陋。遠邇兼得者哉。四方士民。若有欲陳刑政。倫儗幽遠。不能自通者。各在條布所懷於刺史二千石。有
可申採。大小以聞。又立左降詔　刑乖政失。其源已久。罰罪之奏。日聞於早朝。弊獄之書。亟勞於晏寢。免黜相係。補代紛紜。一離譽囚。
乃永歲月。非所以弃瑕錄用。隨分盡才者也。是故減秩居官。前代通則。貶職左遷。往朝繼軌。自今內外羣司有事者。可開左降之科。又
降死罪詔　朕樹洪業。光宅區宇。而本枝之慶未廣。棷拔滕衞之地。猶闕蕃屏。言念弓韣。不能忘懷。策二子。始有盤石之資。於焉彌固。
慶雖自已。恩加覃及。凡死罪可降一等。五歲刑降二等。三歲刑以下。並悉原放。

囚第十

〔敍事〕 風俗通曰囚遒也言辭窮情得以罪誅遒也禮罪人寘諸圜土故囚字爲口守人此其象也尙書曰囚奴正士又曰要囚服念五六日至於旬時不蔽要囚詩曰在泮獻囚周官掌囚掌守盜賊凡囚者鄭玄注云囚拘也此其事也〔事對〕 籥動 杓虛 王充論衡曰赦令將至則繫室籥動獄中人當出故感其應令籥動也漢書曰有勾圜十五星杓曰賤人之牢牢中星實則囚多虛則開出詩含神霧云杓爲天獄 搶地 仰天 漢書司馬遷與任安書曰當此時也見獄吏則頭搶地視徒隷則心惕息史記趙高案問李斯拘執束縛居囹圄仰上天而歎息曰嗟乎悲夫不道之君何可爲計 夏挺 冬決 禮記曰仲夏門閭无閉關市無索挺重囚益其食鄭玄注挺寬也謝承後漢書曰會稽盛吉爲廷尉時每至冬節罪囚當斷妻夜執燭吉持丹筆夫妻相向垂泣而決其罪 就格 促械 華嶠後漢書曰范滂以黨事下黃門北寺滂以同囚多嬰病乃請先就格遂與同郡袁忠等爭受楚毒魚豢魏略曰賈逵爲丞相主簿魏王欲征吳逵諫王怒付獄吏不卽著械逵曰促著我械王且疑我在近職求緩於卿將遣人來察著械適訖果遣人視之 關三木 入五刑 漢書曰司馬遷書曰魏其大將也衣赭衣關三木尙書曰兩造具備師聽五辭孔安國注曰兩謂囚證造至也兩至具備則衆獄官共聽其入五刑之罪 係徽纆 拘囹圄 易曰習坎上六係用徽纆寘于叢棘三歲不得凶王弼注曰險峭之極不可升也嚴法峻整難可犯也宜其囚執寘于思過之地淮南子曰拘囹圄者以日爲脩當市死者以日爲短 解史慈 出房廣 吳志曰太史慈常爲山越所執孫策躬自解縛捉其手曰寧釋神湯時耶若卿下時得我云何慈曰未可量也策大笑曰今日之事與卿共之虞預會稽典錄曰鍾離意爲棠邑令縣民房廣爲父報仇繫獄其母病死廣聞之號泣獄中意爲悽愴出廣見之曰不還之罪令自受之廣臨殯畢卽自還獄也 至冬 休臘 至冬見冬決注中

陳留耆舊傳曰：虞延除淄陽令，每至歲時伏臘，輒休遣囚各歸家，囚並感其恩，應期而還。石室　金墉吳越春秋曰：吳王拘越王勾踐與大夫范蠡於石室。吳王疾，越王謂太宰嚭曰：囚臣請一見問疾。太宰入言，吳王乃見越王也。晉雜事曰：齊王冏舉義兵，囚趙王倫父子五人于金墉城。內宮　永巷孔衍春秋後語曰：秦穆公將兄三人囚於內宮。漢書曰：呂后爲皇太后，乃令永巷囚戚夫人。流星入昴　澍雨還宮　韓楊天文要集曰：流星入昴，貴人有繫囚者。東觀漢記曰：和帝永元六年七月，京師旱，幸洛陽錄囚徒，舉冤獄，未還宮而澍雨。竹囚　梧象晏子春秋曰：景公樹竹，令吏守之。有斬竹者，公以車逐之，得而拘之。晏子曰：君人者寬惠慈衆。公令出斬竹之囚。王充論衡曰：李子長爲政，欲知囚情，以梧桐爲之象囚形，鑿地爲牀，臥木囚其中，罪正者不動，冤者木自動出。〔詩〕隋虞綽於婺州被囚詩　窮達雖有命，逋亡誠負累。背恩已偷生，臨危未能死。待罪既不測，法禁復无已。厚顏羞朋友，囚心愧妻子。聖日始東扶，徂年迫西汜。方違盛明代，永向幽泉裏。況當此春節，物候驚田里。桃蹊日影亂，柳逕秋風起。動植皆順性，嗟余獨淪恥。投筆不重陳，此情寄知己。〔制〕唐中宗孝和皇帝慮囚制禮防君子，自昔通規；律禁小人，由來共貫。朕情存革務，志在懲愆，欲申作解之恩，慮開徼倖之路，非所以納人軌物，垂裕後昆。既屬陽和之辰，宜敦耕稼之業。三農啓候，方陳敬愛之規；百姓爲心，爰軫泣辜之念。將申慮降，再釋狴牢，庶无滯禁之冤，仍示小懲之誡。其都城之內見禁囚徒，朕特親慮，仍令所司具爲條例聞奏。

獄第十一

〔敘事〕釋名曰：獄，确也，言實确人情僞也。又謂之牢，言所在堅牢也。又謂之圜土，言築土之表牆，其形圜也。又謂之囹圄。囹，領也；圄，禦也。言領錄囚徒禁御也。按急就章，咎繇造獄，後代因之。風俗通云：夏曰夏臺，殷曰羑里，周曰囹圄是也。博物志云：夏曰念室，殷曰動止，周曰稽留，三代之異名也。又狴牢者，亦獄別名。家語曰孔子爲大司寇。有父子訟者同狴繫之。又詩曰宜犴宜獄。韓詩外傳云鄉亭之繫曰犴。朝廷曰獄。則其事也。〔事對〕 囹圄 狴牢 囹圄見敍事。漢書曰有罪當械者皆頌繫。應劭注曰頌者容也。言見寬容。但處曹吏舍。不入狴牢。 屬杓 象斗 漢書曰勾圜十五星。杓曰賤人之牢。牢星實則囚多。虛則開出。春秋元命苞曰爲獄圜者象斗運。合宋均注曰作獄圜者象斗運也。 東市 北寺 衛宏漢書儀曰東市獄屬京兆尹。司馬彪續漢書曰范滂字孟博。坐繫黄門北寺。北寺獄吏謂曰凡坐繫皆祭皋陶。滂曰皋陶賢者。古之直臣。知滂无罪。特理之帝。如其有罪。祭之何益。衆人由此止也。 掖廷 郡邸 史記曰武帝譴責鉤弋夫人。脱簪珥叩頭。帝曰引去送掖廷獄。衛宏漢書舊儀曰郡邸獄理天下郡國上計。屬大鴻臚也。 見螻 夢蟻 劉義慶幽明錄曰晉廬陵太守龎企字子及。上祖坐事繫獄。而非其罪。見螻蛄行其左右。相謂曰使爾有神。能活我死。不當生乎。因投飯與螻蛄。食盡去。有頃復來。形體稍大。意異之。復與食。數日間其大如豚。及意報當行刑。螻蛄掘壁根爲大孔。破得從此孔出。亡後遇赦得活。東無疑齊諧曰吳當陽縣董昭之乘船過錢塘江。江中見一蟻著一短蘆。惶遽垂死。使以繩繫蘆著船。船至岸。蟻得出。中夜夢一人烏衣來謝。云僕是蟻中王。君有急難。當見先語。歷十餘年。時江左所劫盜。橫錄昭之爲劫主。繫餘姚獄。昭之自惟蟻王夢緩急當告。今何處告之。獄囚言但取兩三蟻著掌中祝之。昭之如其言。暮果夢昔烏衣人云可急去入餘杭山。天下既亂。赦令不久也。於是便覺蟻攻商械已盡。因得出獄。過江投餘杭山。遇赦遂得免。 春省 秋繕 禮記曰孟春之月。命有司省囹圄。去桎梏。止獄訟。又曰孟秋之月。命有司脩法制。繕囹圄。具桎梏。鄭玄注曰囹圄所以禁守繫者。則今之獄矣。 上書 注史 范曄後漢書曰尚書郎張宏獄吏上書自頌。崔鴻後趙錄曰石季龍幽中書令徐光于襄國詔獄。光在獄中注解經史十餘萬言。 不留 勿擾 周易曰山上有火。旅。君子以明愼刑罰而不留獄。史曰蕭何卒。召曹參。參去。囑其後相曰以齊獄市爲寄。愼勿擾也。 星牢 天獄 天文要集曰貫索明貴人出。詩含神霧曰。枸爲天獄。主天殺也。圜扉　平砥　周禮曰。若无節則惟圜土內之。鄭玄注曰。圜土。獄城也。江淹上建平王書曰。犯庸闔門。含憤獄戶。又王融曲水詩序曰。鞠茂草於圜扉。衛展陳諺言表曰。諺言廷尉獄。平如砥。有錢生。无錢死。此諺之起。死生之出于此法獄也。中都官　未央廐　司馬彪續漢書曰。武帝置中都官獄二十六。獄頭先皆省。惟廷尉及洛陽有詔獄。衛宏漢舊儀曰。未央廐獄。主理大廐三署郎。屬太僕光祿勳。侵絳侯　辱安國　史記曰。周勃免相就國。歲餘。每河東守尉行縣至絳。侯勃自畏恐誅。常被甲。令家人持兵以見之。其後人有上書因告勃反。捕理之。勃恐不知置辭。吏稍侵辱之。絳侯旣出。曰。吾將百萬軍。安知獄吏之貴也。漢書曰。韓安國坐法抵罪。而獄吏田甲辱之。安國曰。死灰獨不復然乎。田曰。然則溺之。黃霸受經　杜篤爲誄　漢書曰。夏侯勝爲議不許宣帝尊武帝廟下獄。及丞相長史黃霸坐不舉劾。倶下獄。霸欲從勝受經。勝辭以死罪。霸曰。朝聞道。夕死可矣。勝賢其言。遂授之。繫更再冬。講不息。范曄後漢書曰。杜篤字季雅。客居美陽。令遊從數請託不諧。頗相恨。令怒收篤。送京。會大司馬吳漢薨。光武詔曰。諸儒誄之。篤於獄中爲誄。辭最高。帝美之。賜帛免之也。仰天　望氣　史記曰。趙高案李斯。拘束縛居囹圄中。仰天而嘆曰。悲夫。不道之君。何爲計哉。漢書曰。望氣者言長安獄中有天子氣。澤上有風　山下有火　周易曰。澤上有風。中孚。君子以議獄緩死。又曰。山下有火。賁。君子以明庶政。无敢折獄。

[詩]　隋魯本與胡師耽同繫胡州出被刑獄中詩　寂夜紘初絕。韓安灰未然。相悲不相見。幽繫與幽泉。

駱賓王獄中書情通簡知己詩　昔歲逢揚意。觀光貴楚材。穴疑丹鳳起。場似白駒來。一命淪驕餌。三緘慎禍胎。不言勞倚伏。忽此際邅迴。驄馬刑章峻。蒼鷹獄吏猜。絕縑非易辨。疑璧果難裁。揆晝慙周防。端憂滯夏臺。生涯一滅裂。岐路幾徘徊。入穽方搖尾。迷津遽易回。圜扉長寂寂。疏網尚恢恢。靑陸春芳動。黃沙旅思催。覆盆徒望日。蟄戶未驚雷。霜歇蘭猶敗。風多木屢摧。地幽蠶室掩。門靜雀羅開。自憫秦冤痛。誰憐楚奏哀。漢陽窮鳥客。梁甫臥龍才。有氣還衝斗。无時會鑿坏。莫言韓長孺。長作不然灰。

沈佺期幽繫詩　吾怜曾

家子。昔有投杼疑。吾怜姬文公。非无鴟鴞詩。臣子竭忠孝。君王惑讒欺。萋斐離骨肉。含惋與此辭。又詩昔日公冶長。无罪遭縲紲。聖人降兄子。古來歎獨絕。我无毫髮瑕。苦心懷冰雪。今代多秀才。誰能繼明轍。

卷二十校勘表

頁數	行數	排印本原文	安刻本	嚴陸校	備註
四七〇	三	丁巳日有風從		丁巳日風從	
四七〇	一〇	赦宥	赦之者		
四七〇	一〇	立籍田		置籍田	
四七〇	一五	廣三分		廣三寸	
四七一	九	照景星	昭景星		
四七一	一〇	廣場		廣陽	
四七二	一三	光烈皇后		句下「假紒帛」至「褰泉之思」二十二字宋本無	
四七三	一三	物三百段		段三百疋	
四七三	一四	衛仗		衛仗	
四七三	一五	兼賜物		兼賜帛	
四七五	一一	裹又有		囊又有	
四七五	一二	黃甘		黃掛	

四七六	三	青鏡	青銅鏡		
四七六	七	鄹開			開字疑誤
四七七	一〇	薦任光		薦任光	
四七七	一〇	從事任光		從事任光	
四七七	一〇	使琨得		使得	
四八〇	四	辭焉		辭玉	
四八〇	五	蜀志曰陳震		句下「字孝起」至「奉命使吳」十五字宋本無	
四八〇	一〇	五百	伍百		
四八〇	一三	齊襄君　浴鴻		齊襄王　展浴鴻	
四八一	七	豈異		豈羨	
四八一	一三	展禮覿	展覿遇		
四八三	一	孝武太康元年		孝武太始元年	按東晉孝武帝無「太康」「太始」年號・西晉武帝有之・
四八三	七	還卭　休汝		還塹　休言	
四八三	七	沙鵃	沙鳥		

四八四	五	兩之		察之	
四八四	九	疾疹		疾病	
四八五	八	梁邱慮有與之同病者	梁邱據有之 司侯必問		
四八五	一三	榼口	濤口		
四八六	二	桂舍丹	涵輕丹		
四八七	一三、一四	大横　大横		大黄　大黄	
四八七	一四	飾福		飭福	
四九〇	一一	倫儗		倫儀	
四九〇	一四	策二子	策三子		
四九二	三	乃令永巷囚戚夫人		乃令囚戚夫人於永巷	
四九二	四	幸洛陽		上幸洛陽	
四九二	七	逋亡		逋逃	
四九二	七	待罪		得罪	
四九三	三	象斗運		象斗連	若從嚴校，則第四行「斗運」亦應改作「斗連」。

四九三	七	不當生乎		不亦善乎	
四九四	三	頭先	所先		
四九五	二	明轍		明哲	

初學記卷第二十一

文部

經典一　史傳二　文字三　講論四　文章五　筆六　紙七　硯八　墨九

經典第一

［敍事］　釋名曰，經者，徑也，典，常也，言如徑路無所不通，可常用也。白虎通曰，五經，易、尚書、詩、禮、樂也。古者以易、書、詩、禮、樂、春秋爲六經，至秦焚書，樂經亡，今以易、詩、書、禮、春秋爲五經。又禮有周禮、儀禮、禮記，曰三禮，春秋有左氏、公羊、穀梁三傳，與易、書、詩通數，亦謂之九經。易者，按釋名言變易也。帝王世紀曰，庖犧氏作八卦，神農重之爲六十四卦，黄帝、堯、舜引而伸之，分爲二易。至夏人因炎帝曰連山，殷人因黄帝曰歸藏，文王廣六十四卦，著九六之爻，謂之周易。又漢書曰，文王重易六爻，作上下篇。孔子爲彖、象、繫辭、文言、序卦之屬十篇，故曰易道深矣，人更三聖，代歷三古。周易正義曰，伏犧重卦，周公作爻辭，此說與帝王世紀不同。又孔子作十篇，亦曰十翼。初卜商爲易傳，至西漢，傳之有能名家者，有施讎、孟喜、梁丘賀、京房、費直、高相。又東漢鄭重，魏王弼並注易，施、孟諸家自漢及魏並得立，而傳者甚衆。至西晉，梁丘、施、高三氏亡，孟、京二氏有書无師，而鄭玄、王弼所傳，則費氏之學。書者，按釋名言書其時事也。上世帝王之遺書有三墳、五典、訓、誥、誓、命，孔子删而序之，斷自唐、虞以下，訖于周，凡百篇，以其上古之書，故曰尚

書遭秦滅學並亡漢興濟南人伏勝能口誦二十九篇至漢文帝時欲立尚書學以勝年且九十餘老不能行乃詔太常掌故晁錯就其家傳受之伏生爲尚書傳四十一篇歐陽大小夏侯傳其學各有能名是曰今文尚書劉向五行傳蔡邕勒石經皆其本其後魯恭王壞孔子故宅於壁中得古文尚書論語悉以書還孔氏武帝乃詔孔安國定其書作傳義爲五十八篇見尚書序及正義安國書成後遭漢巫蠱事不行至魏晉之際滎陽鄭冲私於人間得而傳之獨未施行東晉汝南梅賾奏上始列於學官此則古文尚書矣詩者按卜商序曰志之所之也昔孔子刪詩上取商下取魯凡三百一十一篇至秦滅學亡六篇今在者三百五篇初孔子以詩授卜商商爲之序以授魯人曾申曾申授魏人李克李克授魯人孟仲子孟仲子授根牟子根牟子授趙人荀卿荀卿授漢人魯國毛亨作詁訓傳以授趙國毛萇時人謂亨爲大毛公萇爲小毛公以二公所傳故名其詩曰毛詩見毛詩正義東漢鄭玄取毛氏詁訓所不盡及異同者續之爲注解謂之曰箋箋薦也言薦成毛意禮者按釋名云體也言得事之體也周禮儀禮並周公所作記所謂禮經三百威儀三千禮經則周禮也威儀則儀禮也見三禮正義周禮遭秦滅學藏於山嵓屋壁以故不亡漢武帝時有李氏獲之以上河間獻王獨闕冬官一篇購之千金不得乃以考工記補之遂奏入於祕府時儒以爲非是不行至劉歆獨識其書知周公致太平之跡始奏立學官後鄭玄爲之注儀禮周衰當戰國之世其書並亡至漢高堂生所傳十七篇惟士禮存焉後世推士禮以致天子之禮而行之至馬融鄭玄王肅並爲之注解禮記者本孔子門徒共撰所聞也後通儒各有損益子思乃作中庸公孫尼子作緇衣漢文時博士作王制其餘衆篇皆如此例至漢宣帝世東海后蒼善說禮於曲臺殿撰禮一百八十篇號曰后氏曲臺記后蒼傳於梁

國戴德及德從子聖乃删后氏記爲八十五篇名大戴禮。聖又删大戴禮爲四十六篇名小戴禮。其後諸儒又加月令明堂位樂記三篇。凡四十九篇則今之禮記也。見禮記正義。禮記有馬融鄭玄二家注。馬注今亡。唯鄭注行於世。春秋者。按杜預序曰。魯史記之名也。釋名又云。言春秋冬夏終以成歲。舉春秋則冬夏可知也。昔孔子約魯史以脩春秋。書有褒貶。不可以書見。口授弟子。左丘明恐弟子各安其意以失其真。故論夫子所言而作傳。今左氏傳是也。初孔子授春秋於卜商。又授之弟子公羊高穀梁赤。又各爲之傳。則今公羊穀梁二傳是也。見春秋正義。左氏傳有賈逵訓詁。服虔杜預注。公羊傳有何休解詁。穀梁傳有范甯集解。又孔子爲曾參說孝經。孔子歿後。諸弟子記其善言。謂之論語。並行於世。孝經論語有鄭玄何晏等注。

[事對]

八卦 六虛 周易曰。易有太極。是生兩儀。兩儀生四象。四象生八卦。八卦定吉凶。又曰。易之爲書也。屢遷變動不居。周流六虛。注曰。六虛。六位也。

言樞 道籥 易曰。言天下之至賾而不可亂也。出其言善。則千里之外應之。言行。君子之樞機。易乾鑿度曰。易者。易也。變易也。不易也。管三成德爲道苞籥。鄭玄注曰。管猶兼也。一言而兼此三事。以成其德。道之苞籥。齊魯之間名門戶及藏器之管爲籥。

擬議 範圍 周易曰。擬之而後言。議之而後動。擬議以成其變化。又曰。範圍天地之化而不過。王弼注。範圍者。擬範天地而周備其理。

幽贊 發揮 易說卦曰。昔者聖人之作易也。幽贊於神明而生蓍。又曰。發揮於剛柔而生爻。

九師 五子 劉向別錄曰。所校讎中易傳淮南九師道訓。除複重。定著十二篇。淮南王聘善爲易者九人。從之採獲。署曰淮南九師書。又曰。所校讎中易傳古五子書。除複重。定著十八篇。分六十四卦。著之日辰。自甲子至於壬子。凡五子。故號曰五子。已上易。

帝書 王制 春秋說題辭曰。尚書凡百二篇。第次委曲。尚者。上也。上世帝王遺書也。孔安國尚書序曰。先君孔子討論墳典。斷自唐虞以下。訖于周。舉其宏綱。撮其樞要。凡百篇。示人主以軌範帝王之制，坦然明白。三家　百篇劉歆七略曰：尚書，直言也。始歐陽氏先君名之，大夏侯、小夏侯復立於學官，三家之學於今尤爲詳。孔安國尚書序曰：先君孔子覩史籍之煩，又懼覽之者不一，斷唐虞以下，訖于周，舉其宏綱，撮其樞要，典謨訓誥誓命之文，凡百篇，所以恢宏至道。授河　出洛孝經授神契曰：易長於變，書考命符授河。宋均注曰：授河者，授河洛以考命符也。尚書曰：天乃錫禹洪範九疇。孔安國注曰：天與禹洛出書。直言　證義劉歆七略曰：尚書，直言也，於今傳之。又曰：詩以言情，情者，信之符；書以決斷，斷者，義之證。已上書。五際　六情詩推度災曰：建四始五際而節通，卯酉之際爲革政，午亥之際爲革命，神在天門，出入候聽。春秋孔演圖曰：詩含五際六情。宋均注曰：六情即六義，曰風，曰賦，曰比，曰興，曰雅，曰頌。溫淳　敦厚淮南子曰：溫惠淳良，詩教也。禮記曰：溫柔敦厚，詩教也。集微　揆著　連類　含章詩含神霧曰：集微揆著，上統元皇，下序四始，羅列五際。宋均注曰：集微揆著者，綿綿瓜瓞，人之初生，揆其始是必將至著王有天下也。顏延之庭誥曰：詠歌之書，取其連類含章，比物集句，詩之爲祖也。已上詩。脩外　制中　漢書曰：樂以治內而爲同，禮以脩外而爲異；同則和親，異則畏敬也。禮記曰：夫禮所以制中。承天　事地史記曰：夫禮，先王以承天之道，治人之情。禮記曰：禮上事天，下事地，尊先祖而崇君師。不法　無體晏子春秋曰：晏子使魯，退見仲尼，曰：夫禮，堂上不趨，授立不跪，夫子反此禮乎？晏子曰：君行一，臣行二，君之所來速，吾是以趨以反位也；君授卑，故跪以下之。晏子出，仲尼送之，反命門人曰：不法之禮，唯晏子能爲之。禮記曰：無聲之樂，無體之禮，無服之喪，此之謂三無。粉澤　橘柚太公六韜對文王曰：禮者，天理之粉澤。莊子曰：三王五帝之禮義法度，其猶樝梨橘柚，雖其味相反，而皆可於口也。酌秦法　言夏禮　後漢書曹褒論曰：漢初朝制无文，叔孫通頗採禮經，參酌秦法，雖適物觀時，有救崩弊，然先王之宏典，蓋多闕矣。論語曰：夏禮吾能言之，杞不足徵也。已上禮。考符　稽象　春秋握成圖曰：孔子作春秋，陳天人之際，記異考符。春秋演孔圖曰：作法五經，運之天地，稽之圖象，質於三王，施之四海。

周法　孔經　杜預春秋序曰。其發凡以言例。皆經國之常制。周公之垂法。春秋演孔圖曰。公羊全孔經。宋均注曰。公羊。公羊高也。經指謂春秋。

四傳　兩家　漢書曰。春秋所貶損當時有威權者。是以隱其書而不宣。及末世口說行。故有公羊穀梁鄒夾之傳。四家之中公羊穀梁立於學官。劉歆七略曰。春秋兩家文或具四時。或不於古文。无事不必具四時。

隱書　晦義　漢書曰。春秋所貶損當世有威權者。其事實皆形於傳。是以隱其書而不宣。所以免時難也。顏延之庭誥曰。褒貶之書。取其正言晦義。輔制衰王。春秋爲上。

備三聖　掌四方　春秋說題辭曰。經文備三聖之度。周禮曰。掌四方之志。鄭玄注曰。志。記也。謂若魯之春秋。晉之乘。楚之檮杌。已上春秋

[詩]

唐太宗文武聖皇帝尚書詩　崇文時駐步。東觀還停輦。輟膳玩三墳。留燈披五典。寒心覩肉林。飛魄看沉湎。縱情昏主多。克己明君鮮。滅身資累惡。成名猶積善。旣承百王末。戰兢隨歲轉。

晉傅咸孝經詩　立身行道。始於事親。上下无怨。不惡於人。孝无終始。不離其身。三者備矣。以臨於民。以孝事君。不離令名。進思盡忠。義則不爭。匡救其惡。災害不生。孝悌之至。通於神明。

又論語詩　守死善道。磨而不磷。直哉史魚。可謂大臣。見危授命。能致其身。克己復禮。學優則仕。富貴在天。爲仁由己。以道事君。死而後已。

又毛詩詩　无將大車。維塵冥冥。濟濟多士。文王以寧。明允君子。大猷是經。聿修厥德。令終有俶。勉爾遯思。我言惟服。盜言孔甘。其何能淑。讒人罔極。有靦面目。

又周易詩　卑以自牧。謙尊而光。進德脩業。既有典常。暉光日新。照于四方。小人勿用。君子道長。

又周官詩　惟王建國。設官分職。進賢興功。取諸易直。除其不蠲。无敢反側。以德詔爵。允臻其極。辨其可任。以告于正。掌其戒禁。治其政令。各修乃職。以聽王命。

又左傳詩　事君之禮。敢不盡情。敬奉德義。樹之風聲。昭德塞違。不殞其名。死而利國。以爲己榮。茲心不爽。忠而能力。不爲利諂。古之遺直。威黜不端。勿使能植。

李百藥禮記詩　玉帛資王會。郊丘叶聖情。重廣開環堵。至道軼金籯。盤薄依厚地。遙裔騰太淸。方悅升中禮。足以慰餘生。

[啓]

齊謝朓謝隨王賜左傳啓　昭晰殺青。近發中汗。恩勸挾冊。慈勗下帷。朓未覩山笥。早慚河籍。

業謝專門說非章句庶得旣困而學括羽瑩其蒙心家藏賜書篋金遺其貽厥披覽神勝吟諷知厚劉孝綽謝爲東宮奉經啓皇太子四術夙知三善非學猶復旁求儒雅應物稽疑業光夏校德茂周庠諸侯宋魯於焉觀則參陪盛禮莫匪國華臣雖職典經圖而同官不一推擇而舉尚多髦俊龍光曲被獨在選中他日朝聞猶甘夕死況茲恩重彌見生輕

史傳第二

〔敍事〕 按世本注曰黄帝之世始立史官蒼頡沮誦居其職至于夏商乃分置左右言則左史書之動則右史書之故曰左史記言右史記事言經尙書事經春秋者也周官有太史小史內史外史御史凡五官太史掌建邦之六典八法八則以逆邦國之治小史掌邦國之志奠繫世辨昭穆若有事則詔王之忌諱內史掌王八柄之法書王命而貳之外史掌書外令掌四方之志掌三皇五帝之書掌達書名于四方御史掌邦國都鄙萬民之治令以贊冢宰掌贊書曲禮曰史載筆士載言夏有太史終古殷有太史摯周有太史佚太史儋太史叔服史籀史蘇史趙孔子曰周任古之良史也老子爲周守藏室史又爲柱下史則其職也春秋傳曰晉趙穿弑靈公太史董狐書曰趙盾弑其君盾曰不然對曰子爲正卿亡不越境反不討賊非子而誰齊崔杼弑莊公太史書曰崔杼弑其君崔子殺之其弟嗣書又殺之其弟又書乃舍之南史聞太史盡死執簡以往聞旣書矣乃還楚王與右尹子革語左史倚相趨而過王曰良史也能讀三墳五典八索九丘史記曰秦趙澠池之會其君相爲鼓瑟扣缶皆命御史書之是則周之列國亦各有史官書事記言以裁討典不虛美不隱惡善以勸世惡以示後所以暴露成敗昭彰是非

者也。遭秦滅學。官失其守。至漢武帝。始置太史令。天下計書。先上太史。副上丞相。故司馬談父子世居
此職。得撰史記。故史記太史公自序傳云。述陶唐以來。至麟止。自黃帝始。原始察終。考之行事。著十二
本紀。三十世家。十表。八書。七十列傳。凡一百三十篇。成一家言。是也。後漢書云。班彪續司馬遷後傳數
十篇。未成而卒。明帝命其子固續之。固以史遷所記。乃以漢氏繼百王之末。非其義也。大漢當可獨立
一史。故上自高祖。下終王莽。爲紀表傳九十九篇。逮上之。十志未畢。扶風馬續及其妹曹大家所成。今
漢書是也。其後又有東觀漢記。後漢書云。詔劉珍。陶伏無忌等。述于東觀。謂之東觀漢記。列傳載記。凡
百二十篇。是也。世以史記。班固漢書。及東觀漢記爲三史矣。後三國分方。魏吳各有史官。蜀無其職。晉
初陳壽採集其事。謂之三國志。凡六十五篇。自茲厥後。世有史書。雖不及遷固所修。亦其次也。[事對]

方志　直文周禮曰。外史掌四方之志。鄭玄注曰。志記也。謂若魯之春秋。晉之乘。楚之檮杌。　漢書曰。劉向揚雄皆稱遷有良史
之才。其文直。其事核。不虛美。不隱惡。不虛美　謂實錄魏志曰。王肅對明帝曰。司馬遷記事。不虛美。不隱惡。劉向揚雄服其敘事有
良史之才。謂之實錄。司籍　掌書左傳曰。荀躒如周。籍談爲介。王謂籍談曰。昔而高祖孫伯黶司晉之典籍。以爲大政。故曰籍氏。周
禮。內史掌書王命而貳之。記善　書過禮記曰。五帝憲養氣體而不乞言。有善則記之爲惇史。　韓詩外傳曰。周舍對趙簡子曰。臣
操牘秉筆。從君之後。伺君過而書之。帝書　王籍周禮。外史掌三皇五帝之書。　陸士衡晉書限斷議曰。三祖實終爲臣。故書爲臣
之事。不可如傳。此實錄之謂也。而名同帝王。故自帝王之籍。不可以不稱紀。則追王之義。新載　舊章張衡表求合正三史曰。臣伏
見陛下思光先緒。以典籍爲本。而史書枝別條異。不同一貫。建武以來。新載未就。杜預春秋序曰。其發凡以言例。皆經國之常制。周公之

垂法史書之舊章。嗣書　續記左傳曰齊崔杼弒莊公。太史書曰崔杼弒其君。崔子殺之。其弟嗣書又殺之。而死者二人。東觀漢記曰班固徵詣校書。除蘭臺令史。遷爲郎。典校祕書。令史卒前所續史記也。微文　隱切班固典引曰。永平十七年詔曰。司馬遷著書成一家言。揚名後世。至以身陷刑之故。反微文諷刺。貶損當代。非誼士也。魏志曰。明帝問王肅。司馬遷以受刑之故。內懷隱切。著史記。非貶孝武。則令人切齒。述漢　遵周東觀漢記曰。時人有上言班固私改作史記。詔下京兆收繫固。弟超詣闕上書。具陳固不敢妄作。但續父所記述漢事。杜預春秋序。仲尼因魯史策書成文。考其眞僞。而志其典禮。上以遵周公之遺制。下以明將來之禮法。書名　循理左傳曰。鄭爲游楚亂。罕虎。公孫僑。公孫段。印段。游吉。駟帶。私盟于閨門之外。公孫黑強與於盟。使太史書其名。且曰七子。晉中興書曰。仲尼遂因魯史而書陽秋。皆循理而動。著爲實錄。方册　直書家語曰。葉公問政於孔子。孔子曰。文武之道。布在方册。杜預春秋序曰。四曰盡而不汚。直書其事。具文見意。丹楹刻桷。天王求車。齊侯獻捷之類是也。八書　十志史記曰。遷爲太史。著十二本紀。十表。八書。東觀漢記曰。蔡邕徙朔方。上書求還。續成十志。書言　掌命禮記曰。天子玉璪。十有二旒。朝日東門之外。聽朔南門之外。動則左史書之。言則右史書之。周官內史掌書王命。外史掌四方之志。掌邦國　建侯王杜預春秋序曰。周禮有史官。掌邦國四方之事。漢書曰。漢書敘帝皇。列官司。建侯王。張晏注曰。十二紀。百官表。及諸侯王表也。別異同　明得失杜預春秋序曰。記事者以日繫月。以月繫時。以時繫年。所以紀遠近。別同異也。子夏詩序曰。國史明乎得失之迹。傷人倫之廢。

［詩］唐太宗文武聖皇帝詠司馬彪續漢志詩二儀初構象。三才乃分位。非惟樹司牧。固亦垂文字。綿代更膺期。芳圖无輟記。炎漢承君道。英謨纂神器。潛龍既可躍。衕兔奚難致。前史殫妙詞。後昆沉雅思。書言揚盛跡。補闕興洪志。川谷猶舊涂。郡國開新意。梅山未覺朽。穀水誰云異。車服隨名表。文物因時置。鳳戟翼康衢。鑾衡總柔轡。淸濁必能澄。洪纖幸无弃。觀儀不失序。遵禮方由事。政宣竹律知。時平玉條備。文

囿彫奇彩藝門藴深致雲飛星且流風揚月兼至禋類遵令典壇壝資良地五勝竟无違百司誠有庇我皇承暇景談叢引泉祕討論窮義府看虆披經笥大辨良難仰小學終先匱聞道諒知榮含毫孰忘愧

晉潘岳於賈謐坐講漢書詩 理道在儒弘儒由人光矣魯侯文質彬彬筆下摛藻席上敷珍前疑惟辨舊史惟新將分爾史既辨爾疑延我僚友講此微辭

〔表〕 梁沈約上宋書表 若不觀風唐代无以見帝嬀之美自非覩亂秦餘何由知漢祖之業是以掌言未記爰動天情曲詔史官追述大典若夫英主啓圖名臣建績拯世夷難之功配天光宅之運亦足以勒銘鍾鼎昭被方册臣遠愧南董近謝遷固以閭閻小才述一代盛典

〔銘〕 宋顏延之家傳銘 曠彼琅邪實惟海宇誰其來遷時聞遠祖青州隱秀爰始奠居內亂鼎府外康邦閭建節中平分竹黃初刑淸齊右政偃營區葛嶧明懿平陽總理或薦公庭或登宰士刋美霸朝雙鳳千里華著之茂於昭不已

文字第三

〔敍事〕 易曰上古結繩以治後世聖人易之以書契蓋取諸夬又帝王世紀曰黃帝垂衣裳蒼頡造文字然後書契始作則其始也按說文蒼依類象形謂之文形聲相益謂之字著於竹帛謂之書書有六義焉一曰指事二曰象形三曰諧聲四曰會意五曰轉注六曰假借古者子生六歲而教數與方名十歲入小學學六甲書計之事則文字之謂也自黃帝至三代其文不改秦焚燒先典乃廢古文更用八體一曰大篆周宣王史籀所作也二曰小篆始皇時李斯趙高胡母敬所作也大小篆並簡册所用也三曰刻符施於符傳也四曰摹印亦曰繆篆施於印璽也五曰蟲書爲虫鳥之形施於幡信也六曰署書門題所用也七曰殳書銘於戈戟也八曰隸書始皇時程邈所定以行公府也漢氏因之至王莽居

攝使甄豐刊定六體。一曰古文。二曰奇字。三曰篆書。四曰隸書。五曰錄書。六曰虫書。當代以教學童焉。又衛恆四體書勢曰。漢興。又有草書。不知作者。蓋兩漢銘勒。雜以古文篆籀及八分爲之。魏晉以還。隸文遂盛。蕭子良古今篆隸文體。有藁書。楷書。蓬書。懸針書。垂露書。飛白書。塡書。奠書。鳥書。虎爪書。偃波書。鶴頭書。象形篆。尚方大篆。鳳鳥書。科斗虫書。龍虎書。仙人書。芝英書。十二時書。倒薤書。龜書。麒麟書。金錯書。蚊腳書。凡數十種。皆出於六義八體之書。而因事生變者也。

[事對]

效奎 取夬 孝經援神契曰。奎主文章。蒼頡效象洛龜曜書丹青垂萌畫字。宋均注曰。奎星屈曲相鉤似文字之畫。周易曰。上古結繩以治。後世聖人易之以書契。蓋取諸夬。

六書 八體 周禮曰。保章氏掌教國子六書。許愼說文曰。六書。一曰指事。二曰象形。三曰諧聲。四曰會意。五曰轉注。六曰假借。自秦書有八體。一曰大篆。二曰小篆。三曰刻符。四曰虫書。五曰摹印。六曰署書。七曰殳書。八曰隸書。

懸針 倒薤 王愔文字志曰。懸針。小篆體也。字必垂畫細末。細末纖直如懸針。故謂之懸針。又曰。倒薤書者。小篆體也。垂支濃直若薤葉也。八體書亦圖此法。或云出扶風曹喜。蕭子良以爲仙人務光所作。

銅隱 金錯 酈善長水經注曰。臨淄人發古冢。得銅棺。前秘外隱起爲隸字。云齊太公六代孫胡公之棺也。唯三字是古。餘同今書。證知隸字出古。非始於秦。王愔文字志曰。金錯書。八體書法。不圖其形。或云以銘金石。故謂之金錯。

垂露 偃波 王愔文字志曰。垂露書。如懸針而勢不遒勁。阿那若濃露之垂。故謂之垂露。摯虞決疑要注曰。尚書臺召人用虎爪書。告下用偃波書。皆不可卒學。以防矯詐。

星離 雲布 衛恆四體書勢曰。黃帝之史沮誦蒼頡。眂彼鳥跡。始作書勢。紀綱萬事。垂法立制。因聲會意。類物有方。日處君而盈度。月象臣而虧傍。雲委迤而上布。星離離以舒光。鍾氏隸書勢曰。煥若星陳。鬱若雲布。

六義 八法 衛恆四體書勢曰。字有六義。其義見六書注中。鮑昭飛白書勢曰。秋毫精勁。霜素凝鮮。超工八法。盡奇六文。

視龜 變

鳥。宋均注孝經援神契曰．蒼頡視龜而作書．則河洛之應．與人意所惟通矣． 鍾氏隷書勢曰．鳥勢之變．乃惟左隷． 秦篆 周籀漢書曰．蒼頡六章．李斯所作．爰歷六章．趙高所作．博學七章．胡母敬所作．文字多取史籀篇．而篆復頗異．所謂秦篆者也．許慎說文曰．周宣王太史籀著大篆十五篇． 删舊 鐲煩 崔瑗草書勢曰．書契之興．始自頡皇．寫彼鳥跡．以定文章．爰曁末葉．典籍彌繁．官事荒蕪．勦其墨翰．惟作佐隷．舊字是删． 鍾氏隷書勢曰．鐲彼煩文．崇此簡易． 秦隷 漢草 衞恒四體書勢曰．秦既用篆．秦事繁多．字難成．即令隷人佐書．曰隷字．漢因行之．許慎說文曰．漢興有草書．又衞恒曰．漢興而有草書．不知作者姓名．

［詩］ 隋江總借劉太常說文詩 劉棻慕子雲．許慎詢景伯．碩學該虫篆．奇文秀鳥跡．曰余徒下帷．待問垂重席．不詣王充市．聊投班玩籍．三寫徧鑽研．六書多補益．幽居服藥餌．山宇生虛白．留連嗣芳杜．曠蕩依泉石．夫君愛滿堂．願言馳下澤． 岑文本奉述飛白書勢詩 六文開玉篆．八體曜銀書．飛毫列錦繡．拂素起龍魚．鳳舉崩雲絶．鸞驚遊霧疎．別有臨池草．恩霑垂露餘．

［雜文］ 漢崔瑗草書體 書體之興．始自頡皇．寫彼鳥跡．以定文章．爰曁末葉．典籍彌繁．人之多僻．政之多權．官事荒蕪．勦其墨翰．惟作佐隷．舊字是删．草書之法．蓋先簡略．應時諭旨．周於卒迫．兼功并用．愛日省力．純儉之變．豈必古式．觀其法象．俯仰有儀．方不中矩．圓不副規．抑左揚右．望之若欹．竦企鳥跱．志在飛移．狡獸暴駭．將奔未馳．或黕點染．狀似連珠．絶而不離．蓄怒拂鬱．放逸生奇．或淩遽而惴慄．若據高而臨危．傍點邪附．似螳蜋而抱枝．絶筆放體．餘綖糾結．若山蜂施毒．看隙緣巇．騰蛇赴穴．頭沒尾垂．是故遠而望之．漼焉若注岸崩涯．就而察之．即一畫不可移．纖微要妙．臨事從宜．略舉大較．彷彿若斯． 後漢蔡邕篆書體 因鳥遺跡．皇頡循．聖作則．制斯文．體有六．篆爲眞．形要妙．巧入神．或龜文斜列．櫛比龍鱗．紓體放尾．長短副身．頹若黍稷之垂穎．蘊若虫蛇之棼緼．揚波振體．龍躍鳥震．延頸脅翼．體似淩雲．或輕舉內投．微本濃末．若絶若連．似露緣絲．垂凝下端．從者如懸．衡者如編．杪者邪趣．不方不圓．若行若飛．蚑蚑翾翾．遠而望之．象鴻鵠群遊．駱驛遷延．迫而

察之端澄不可得見指撝不可勝原研桑不能數其詰屈離婁不能覩其隙間般倕揖讓而辭巧籀誦拱手而韜翰處篇籍之首目粲粲斌斌其可觀摛華豔於紈素爲學藝之範閑嘉文德之弘蘊懿作者之莫刊思字指之頫仰舉大體而論旃　晉成公綏隸書體　皇頡作文因物構思觀彼鳥跡遂以成意閱之後嗣存載道義綱紀萬事俗所傳述實由書記時變巧易古今各異虫篆既繁草藁近僞適之中庸莫尚於隸規矩有則用之簡易隨便適宜亦有弛張操筆假墨抵押毫芒彪煥磥落形體抑揚芬葩連屬溢分羅行爛若天文之布曜蔚若錦繡之有章或輕拂徐振緩案急挑挽橫引從左牽右繞長波鬱拂微勢縹緲工巧難傳善之者少應心隱手必由意曉爾乃動纖指舉弱腕握素紈染玄翰彤管電流雨下雹散點黭星垂擲挫安案繽紛駱驛華藻粲爛絪縕卓犖一何壯觀繁縟成文又何可翫章周道之郁郁表唐虞之輝煥若乃八分璽法殊好異制分白賦黑棋布星列翹首舉尾直刺邪掣繾綣結體剩彩奮節或若虯龍盤游蜿蟬軒翥鸞鳳翱翔矯翼欲去或若鷙鳥將擊并體抑怒良馬騰驤奔放向路仰而望之鬱若宵霧朝升遊烟連雲俯而察之凜若清風厲水漪瀾成文垂象表式有模有楷形功難詳聊舉大體

講論第四

[敍事]　廣雅曰講讀也論道也說文曰講和解也論議也又鄭玄云論倫也見詩箋賈逵曰論釋也見國語注皆解說談議訓詁之謂也見顧野王玉篇　論語曰德之不脩學之不講聞義不能徙不善不能改是吾憂也漢書曰夏侯勝每講常謂諸生曰學經不明不如歸耕又曰孔光居公輔位前後十七年時會門下諸生講問疑難舉大義其弟子多成就爲博士班伯爲中常侍上方嚮學鄭寬中與張禹朝夕入說尚書論語於金華殿中詔伯受焉既通大義又講異同於許商東觀漢記曰建初四年詔諸王諸儒

會白虎觀講五經同異則其事也〔事對〕撞鍾　鳴鼓禮記曰善待問者如撞鍾扣之以小者則小鳴扣之以大者則大鳴　謝承後漢書曰董春字紀陽少好學究極聖指後還歸立精舍遠方門徒從者常數百人諸生每升講堂鳴鼓三通橫經捧手請問者百人追隨上堂難問者百餘人　下帷　施帳史記曰董仲舒以明春秋孝景時爲博士下帷講誦弟子轉相授業或莫見其面范曄後漢書曰馬融常在高堂施絳紗帳前授生徒後列女樂弟子以相次傳授鮮有入其室者　禮師　奠聖禮記曰太學始敎皮弁祭菜示敬道也鄭玄注曰祭菜禮先聖先師也沈約宋書曰魏齊王每講肄經通輒使太常釋奠先聖先師於辟雍　肅成門　金華殿魏書曰文帝初在東宮癘氣數起士人凋傷帝深感嘆與大理王朗書云疫癘數起士人凋落余獨何人能全其壽故集諸儒於肅成門內講論大義侃侃无倦　漢書曰班伯爲中常侍上方鄉學鄭寬中與張禹朝夕入說尙書論語於金華殿中詔伯授焉　西唐　北海　范曄後漢書曰高鳳南陽人也專精誦讀爲名儒敎授西唐山中　又曰鄭玄北海人也遊學十餘年乃歸及黨事起杜門不出弟子自遠方至者數千人　敷經　說義東觀漢記曰桓榮拜議郎入侍太子每朝會輒令榮於公卿前敷奏經書帝稱善謝承後漢書曰戴憑字次仲正旦朝賀帝令羣臣說經義有不通者輒奪其席以益通者憑重五十席　六敎　四學孫卿子曰達師之敎使弟子安焉樂焉往焉游焉肅焉藏焉嚴此六者得其學則邪僻之道塞矣　沈約宋書曰元嘉十五年徵雷次宗至京師開館聚徒授敎使丹陽尹何約之立玄學太子率更令何承天立史學司徒參軍謝元立文學凡四學並建之　訓帝　授侯王隱晉書曰魏高貴鄉公之入學也王祥爲三老帝北面乞言祥乃言曰仰惟明主聖帝之軌俯以訓帝東觀漢記曰永平元年詔爲四姓小侯開置學五經師張輔以明經授於南宮　紹軻　繼孔陸士衡七徵曰演八代之洪旨統先聖之遺訓聳一心以紹軻敦四敎以承丘蘇順賈逵誄曰惟天生君繼孔之迹光明克哲果論至賾　居家　避地史記曰申公魯人也呂太后時游學長安與劉郢同師郢爲楚王令申

公傅其太子戊戊不好學疾申公及戊立爲王胥靡申公恥之退居家教授終身不出門范曄後漢書曰李育沉思專精博覽書傳州郡請召育輒云病常避地教授門徒數百人 四教 三德 論語曰子以四教文行忠信周禮曰師氏以三德教國子一曰至德以爲道本二曰敏德以爲行本三曰孝德以知逆惡 疑聖 對賢 束晳荅汲冢竹書難釋書曰其後子夏仲尼之徒傳業西河人疑其聖魚豢典略曰端木賜衛人字子貢齊景公問子貢曰子師誰對曰師仲尼公曰賢乎對曰賢也 西河 東海 史記曰孔子既沒子夏居西河教授爲魏文侯師 謝承後漢書曰包咸字子良明魯詩論語駐東海立精舍講授 講授澤中 執經壟畔 范曄後漢書曰楊倫通古文尚書不應州郡之命講授於大澤中弟子至千餘人又曰孫期少爲諸生通京氏易古文尚書家甚貧牧豕於澤中學者皆執經壟畔以追之 [詩] 梁任昉厲吏人講學詩 暮燭迫西榆將落戒南畝曰余本疎惰頽暮積榆柳踐境渴師臣臨政欽益友旰食願横經終朝思擁帚雖欣辨藹艾何用闢蒿蔣 陳周弘正學中早起聽講詩 詰朝參下座閑步出重闈北堂月稍隱南枝鵲已飛早霜垂靄靄初霧上霏霏巖唱雖龍柝高門尚掩扉既傷年緒促復嗟心事違平生愛山海宿昔特精微未解輕身去唯應下第歸 隋庾信和何儀同講竟述懷詩 无名卽講道有動定論幾安經讓禮席正業理儒衣似得遊焉趣能同拾講歸石渠人少歇華陰市暫稀秋雲低晚氣短景側餘暉螢排亂草出鴈拾斷蘆飛別有平陵逕蕭條客鬢衰實欣懷謏問逢君理入微 [碑] 梁元帝皇太子講學碑 皇太子洊雷種德重離作兩業冠孟侯道高上嗣宮牆累仞高山仰止承華之闈更似通德之門博望之園反類華陰之市家丞庶子並入四科洗馬後車俱通六學轉金輅而下辟雍晬玉容而經槐市詳其縣鏡高堂衢樽待酌瞻後忽前博文約禮將使東極長男之宮不獨銘於銀牓南皮太子之序豈徒擅於金碑 陳江總皇太子太學講碑 我大陳之御天下也若水渙其長瀾瑤星曜其永曆重華誕睿興於大麓之野敬仲繼業盛矣鳴鳳之占象以洪才海富逸思泉瀉含毫落紙動八闋之歌謠隻句

片言諧五聲之節奏。雲飛風起。追歷漢帝之辭。高觀華池。遠跨魏皇之什。爰復建藏書之冊。開獻納之路。帷帳叢殘。家壁遺逸。紫臺祕典綠帙奇文。羽陵蠹書。嵩山落簡。外史所掌。廣內所司。靡不飾以鉛槧。彫以緗素。此文教之脩也。

文章第五

〔敍事〕文章者。孔子曰。煥乎其有文章。子貢曰。夫子之文章可得而聞也。見論語蓋詩言志。歌永言。見尚書不歌而誦謂之賦。古者登高能賦。山川能祭。師旅能誓。喪紀能誄。作器能銘。則可以爲大夫矣。三代之後。篇什稍多。又訓誥宣于邦國。移檄陳于師旅。箋奏以申情理。箴誡用弼違邪。讚頌美於形容。碑銘彰於勳德。諡册褒其言行。哀弔悼其淪亡。章表通於下情。牋疏陳於宗敬。論議平其理。駮難考其差。此其略也。〔事對〕

主氣　本形　魏文帝典論曰。文以氣爲主。氣之清濁有體。不可力强而致。摯虞文章流別論曰。今賦以事形爲本。以義正爲助也。

粲匹　華文　魏文帝典論曰。王粲長於辭賦。徐幹時有逸氣。然粲匹也。王隱晉書曰。阮籍見張華鷦鷯賦。以爲王佐之才。成公綏亦推華文義勝也。

潤色　詆訶　論語曰。爲命。裨諶草創之。世叔討論之。行人子羽脩飾之。東里子產潤色之。曹植與楊脩書曰。劉季緒才不能逮於作者。而詆訶文章。掎摭利病。

辭條　言葉　陸士衡文賦曰。普詞條與文律。良予膺之所服。王充論衡曰。學問習熟。則能推類興文。文由外而滋。未必實才與文相副也。且淺意於華葉之言。无根荄之深。不見大體也。

筌簣　鼓吹　抱朴子曰。五典爲筌簣。三墳爲金玉。劉義慶世說曰。孫興公三都二京。五經之鼓吹。

雕龍　畫虎　史記曰。彫龍奭。談天衍。鄒衍之文飾之若龍文。故號彫龍。曹植與楊脩書曰。孔璋之才。不閑詞賦。而多自謂能與司馬長卿同風。譬畫虎不成。反爲狗也。

游魚出淵　飛兎越山　陸士衡文賦曰。於是沉詞怫悅。若游魚銜鈎而出重淵之深。陳琳答東阿王牋曰。清詞妙句。炎絕煥景。譬猶飛兎流星。

超山越海。龍驥所不追。况駑馬可得齊足哉。**比四科　若五色**魏文帝典論曰。夫文本同而末異。蓋奏議宜雅。書論宜理。銘誄尚實。詩賦欲麗。此四科不同。故能之者偏也。　陸士衡文賦曰。其爲物也多姿。其爲體也屢遷。其會意也尚巧。其遣言也貴研。暨音聲之迭代。若五色之相宣。**體弱　辭壯**魏文帝與吳質書曰。仲宣獨自善於詞賦。惜其體弱。不足起其文。至於所善。古人无以遠過。傅玄敍連珠曰。班固喻美詞壯。文章弘麗。最得其體也。**雕玉　鏤冰**揚子法言曰。或曰。良玉不彫。美言不文。何謂也。曰。玉不彫。璵璠不作器。言不文。典謨不作經。桓寬鹽鐵論曰。內无其質而外學其文。若畫脂鏤冰。費日損功。**丹青　綃縠**揚子法言曰。或問屈原智乎。曰。如玉如瑩。爰變丹青。李軌注曰。夫智者達天命。如玉如瑩。磨而不磷。今屈原放逐。感激爰變。雖有文采。丹青之論耳。李充翰林論曰。潘安仁之爲文也。猶翔禽之羽毛。衣被之綃縠。**彰漢　述殷**揚雄劇秦美新論曰。昔司馬相如作封禪一篇。以彰漢氏之休。程曉與傅玄書曰。文公詠周。孔父述殷。聲揚千載。業傳後嗣。**握虵珠　騁驥足**曹植與楊脩書曰。當此之時。人人自謂握靈虵之珠。家家自謂抱荊山之玉。　魏文帝典論曰。斯七子者。於學无所遺。於辭无所假。咸自騁騄驥於千里。仰齊足而並馳。**長卿温麗　公幹妙絕**西京雜記曰。枚皐文章敏疾。長卿制作淹遲。皆盡一時之美譽。而長卿首尾温麗。　魏文帝與吳質書曰。公幹有逸氣。但未遒耳。其五言詩之善者。妙絕時人。**王賦阮章　孔書陸議**魏文帝典論曰。王粲長於辭賦。陳琳阮瑀之章表書記。今之儁也。　李充翰林論曰。或問曰。如何斯可謂之文。荅曰。孔文舉之書。陸士衡之議。斯可謂成文矣。

〔賦〕

晉陸士衡文賦余每觀才士之作。竊有以得其用心。夫其放言遣詞。良多變矣。妍蚩好惡。可得而言。每自屬文。尤見其情。恒患意不稱物。文不逮意。蓋非知之難。能之難也。故作文賦。以述先士之盛藻。因論作文利害所由。佇中區以玄覽。頤情志於典墳。遵四時以嘆逝。瞻萬物而思紛。悲落葉於勁秋。喜柔條於芳春。心懍懍以懷霜。志眇眇而臨雲。詠世德之駿烈。誦先人之清芬。游文章之林府。嘉麗藻之彬彬。慨投篇而援筆。聊宣之乎斯文。其始也。皆收視反聽。躭思傍訊。精騖八極。心游萬仞。其致也情曈曨而彌鮮。物昭晳而互進。傾羣言之瀝液。漱六藝之芳潤。收百世之闕文。採千載之遺韻。謝朝華於已披。啓夕秀於未振。觀古今於須臾。撫四海於一瞬。然後選義按部。考辭就班。抱景者咸仰。懷響者必彈。或因枝以振葉。或沿波以討源。或本隱以之顯。或求易而得難。或虎變而獸擾。或龍見而鳥瀾。或妥帖而易施。或岨峿而不安。罄澄心以凝思。眇衆慮而爲言。籠天地於形內。挫萬物於筆端。伊茲事之可樂。固聖賢之所欽。課虛无以責有。叩寂寞而求音。函綿邈於尺素。吐滂沛於寸心。言恢之而彌廣。思案之而愈深。播芳蕤之馥馥。發靑條之森森。粲風飛而飈竪。鬱雲起乎翰林。故夫誇目者尙奢。愜心者貴當。言窮者无隘。論達者唯曠。詩緣情而綺靡。賦體物而瀏亮。碑披文以相質。誄纏綿而悽愴。銘博約而溫潤。箴頓挫而淸壯。頌優游以彬蔚。論精微而朗暢。奏平徹以閑雅。說煒曄而譎誑。雖區分之在茲。亦禁邪而制放。要詞達而理舉。故无取乎冗長。

〔詩〕陳江總賦得一日成三賦應令詩 副君睿賞逸。淸夜北園遊。下筆成三賦。傳觴對九秋。飛文綺縠采。落紙波濤流。樹密寒蟬響。簷暗雀聲愁。綠淪明曾殿。靑山照近樓。此時盛禮物。顧省良若抽。

〔書〕梁簡文帝答張纘謝示集書 卿少好文章。於今廿五年矣。竊嘗論之。日月三辰。火龍黼黻。尙且著於玄象。彰乎人事。而况文辭可止。謳歌可輟乎。不爲壯夫。揚雄實小言破道。非謂君子。曹植亦小辯破言。論之科刑。罪在不赦。至如春庭落景。轉蕙承風。秋雨朝晴。簷梧初下。浮雲生野。明月入樓。時命親賓。乍動嚴駕。琿璖屢酌。鸚鵡驟傾。伊昔三邊。久留四戰。胡霧連天。征旗拂日。時聞塢笛。遙聽塞笳。或鄉思悽然。或雄心憤薄。是以沉吟短翰。補綴庸音。寓目寫心。因事而作。梁沈約與范述曾論竟陵王賦書 夫渺泛滄流。則不識涯涘。雜陳鍾石。則莫辨宮商。雖復吟誦迴環。編離字滅。終无以仰酬睿旨。微表寸長。

〔詩序〕梁江淹雜體詩序 夫楚謠漢風。旣非一骨。魏製晉造。固亦二體。譬藍朱成采。雜錯之變无端。宮角爲音。靡曼之態不極。故蛾眉詎同貌。而俱動於魂。芳草寧共氣。而皆悅於魄。不其然歟。至於世之諸賢。各滯所迷。莫不論甘則忌辛。好丹則非素。豈所謂通方廣照。怨遠兼愛者哉。然五言之興。諒非變古。但關西鄴下。既以罕同。河外江南。頗爲異法。故玄黃經緯之辨。金璧浮沉之殊。僕以爲亦各具美。兼善而已。［集序］周庾信趙國公集序竊聞平陽擊石。山谷因之調。大夏吹筠。風雲爲之動。與夫含吐性靈。抑揚詞氣。曲變陽春。光迴白日。豈得同年而語哉。柱國趙國公發言爲論。下筆成章。逸態橫生。新情掞起。風雨爭飛。魚龍各變。方之珪璧。塗山之會萬重。譬以雲霞。赤城之岩千丈。文參曆象。即入天官之書。韻涉絲桐。咸歸總章之觀。論其壯也。則鵬起半天。語其細也。則鷦巢蚊睫。豈直能覊朝上。層城抱日月之輝。光餤宵飛。南斗觸蛟龍之氣。昔者屈平宋玉。始於哀怨之深。蘇武李陵。生於別離之代。自魏建安之末。晉太康以來。彫虫篆刻。其體三變。人人自謂握靈蛇之珠。抱荆山之玉矣。公斟酌雅頌。諧和律呂。若使言乖節目。則曲臺不顧。聲止操縵。則成均无取。遂得棟梁文囿。冠冕詞林。大雅扶輪。小山承蓋。

筆第六

［敍事］　釋名曰。筆。述也。謂述事而言之也。按博物志。蒙恬造筆。又按尚書中候。玄龜負圖出。周公援筆以時文寫之。曲禮云。史載筆。士載言。此則秦之前已有筆矣。蓋諸國或未之名。而秦獨得其名。恬更爲之損益耳。故說文曰。楚謂之聿。吳謂之不律。燕謂之拂。秦謂之筆。是也。西京雜記云。漢制。天子筆以錯寶爲跗。音夫毛皆以秋兔之毫。官師路扈爲之。又以雜寶爲匣。廁以玉璧翠羽。皆直百金。漢書云。尚書令僕丞相郎。月給大管筆一雙。傅玄云。漢末一筆之柙。雕以黃金。飾以和璧。綴以隋珠。文以翡翠。其筆非文犀之楨。必象齒之管。豐狐之柱。秋兔之翰矣。則其事矣。［事對］　文犀　翠羽傅子曰。漢末筆非文犀之楨。必象齒之管。西京雜記曰。漢制。天子筆。以雜寶爲匣。廁以玉璧翠羽。皆直百金。　吳律　趙毫許愼說文曰。筆所以書也。楚謂

之聿．吳謂之不律．燕謂之拂．秦謂之筆．王羲之筆經曰．漢時諸郡獻兔毫．出鴻都．惟有趙國毫中用．時人咸言兔毫无優劣．管手有巧拙．

寫圖 **書牘** 尙書中候曰．玄龜負圖出．周公援筆以時文寫之．謝承後漢書曰．第五永爲督軍御史．督使幽州．蔡邕等天下名才士人皆會祖餞於平樂館．高彪送永在坐．因援筆書牘．

當面 **銘心** 蔡邕書曰．侍中執事．相見无期．惟是筆疏．可以當面． 傅玄筆銘曰．韡韡彤管．冉冉輕翰．正色玄墨．銘心寫言．

寶跗 **金匣** 西京雜記曰．漢制．天子筆．以錯寶爲跗。毛皆以秋兔之毫．傅子云．漢末一筆之匣．彫以黃金．飾以和璧．

加點 **益字** 吳祚國統曰．吳主孫權．嘗夢北面頓首於天帝．忽見一人以筆點其額．舉以問徵士熊循．循曰．吉祥矣．大王必爲主．王者人之首．額者王之上．王上加點．主字之象也． 吳志曰．諸葛恪父瑾．長面似驢．孫權大會．使人牽一驢入．長於其面．題曰諸葛子瑜．恪跪曰．乞請筆益兩字．因聽與筆．恪續其下曰之驢．舉坐歡笑．

纏枲 **鏤管** 傅玄筆賦曰．於是班匠竭巧．名工逞術．纏以素枲．納以玄漆． 王羲之筆經曰．有人以綠沉漆竹管及鏤管見遺．錄之多年．斯亦可愛玩．詎必金寶彫琢．然後爲寶也．

象管 **寶匣** 王羲之筆經曰．昔人或以瑠璃象牙爲筆管．麗飾則有之．然筆須輕便．重則躓矣． 西京雜記曰．漢制．天子筆．以錯寶爲跗．毛皆以秋兔之毫．官師路扆爲之．以雜寶爲匣．廁以玉璧．

班投 **顏炙** 東觀漢記曰．班超家貧．投筆嘆曰．大丈夫當效傅介子．張騫立功異域．封侯．安能久事筆硯乎．魚豢魏略曰．顏斐爲河東太守．課人輸租車．便致薪兩束．爲寒冰炙筆硯．

制彤管 **綴翠匣** 傅玄鷹兔賦曰．兔謂鷹曰．汝害於物．有益於世．華髦被札．彤管以制．傅子曰．漢末一筆之匣．綴以隋珠．文以翡翠．

立憲成功 **雕金飾璧** 蔡邕筆賦曰．昔蒼頡創業．翰墨作用．書契興焉．夫制作上聖．立憲者莫先乎筆．詳原其所由．究察其成功．鑠乎煥乎．弗可尙矣． 傅子曰．漢末一筆之匣．彫以黃金．飾以和璧．

［**賦**］ **後漢蔡邕筆賦** 惟其翰之所生．于季冬之狡兔．性精亟以慓悍．體遄迅以騁步．削文竹以爲管．加漆絲之纏束．形調摶以直端．染玄墨以定色．畫乾坤之陰陽．讚宓皇之洪勳．敍五帝之休德．揚蕩蕩之典文．

紀三王之功伐兮。表八百之肆覲。傳六經而綴百氏兮。建皇極而序彝倫。綜人事於晻昧兮。贊幽冥於明神。象類多喻。靡施不協。上剛下柔。乾坤位也。新故代謝。四時次也。圓和正直。規矩極也。玄首黃管。天地色也。晉傅玄筆賦 簡脩毫之奇兔。撰珍皮之上翰。濯之以清水。芬之以幽蘭。嘉竹翠色。彤管含丹。於是班匠竭巧。良工逞術。纒以素枲。納以玄漆。豐約得中。不文不質。爾乃染芳松之淳烟兮。寫文象於紈素。動應手而從心。煥光流而星布。[詩] 梁簡文帝詠筆格詩 英華表玉笈。佳麗稱珠網。无如茲制奇。彫飾雜衆象。仰出寫含花。横抽學仙掌。幸因提拾用。遂厠璇臺賞。梁徐摛詠筆詩 本自靈山出。名因瑞草傳。纖端奉積潤。弱質散芳烟。直寫飛蓬牒。横承落絮篇。一逢掌握重。寧憶仲升捐。[讚] 晉郭璞筆讚 上古結繩。易以書契。經緯天地。錯綜羣藝。日用不知。功蓋萬世。[銘] 後漢李尤筆銘 筆之強志。庶事分別。七術雖衆。猶可解說。口无擇言。駟不及舌。筆之過悞。愆尤不滅。晉王隱筆銘 豈其作筆。必兔之毫。調利難禿。亦有鹿毛。[啓] 梁庾肩吾謝賚銅硯筆格啓 烟磨青石。已踐孔氏之壇。管插銅龍。還笑王生之璧。西域胡人。卧織成之金簟。游仙童子。隱芙蓉之行障。莫不並出梁園。來頒狹室。

紙第七

[敍事] 釋名曰。紙。砥也。謂平滑如砥石也。古者以縑帛依書長短。隨事截之。名曰幡紙。故其字從絲。貧者無之。或用蒲寫書。則路温舒截蒲是也。至後漢和帝元興中。常侍蔡倫剉故布擣抄作紙。又其字從巾。東觀漢記云。黃門蔡倫典作尚方作帋。所謂蔡侯紙是也。又魏人河間張揖上古今字詁。其巾部云。紙今帋。則其字從巾之謂也。見漢記及王隱晉書 一云。倫擣故魚網作紙。名網紙。後人以生布作紙。絲縋如麻。名麻紙。以樹皮作紙。名穀紙。見董巴記及博物志 [事對] 如石　方絮　釋名曰。紙。砥也。平滑如砥石也。服虔

通俗文曰。方絮白紙。**裹柱** **補絢**王羲之筆經曰。探毫竟以麻紙裹柱根。次取上毫薄薄布。令柱不見。然後安之。謝承後漢書曰。羊續字叔祖。爲南陽太守。以淸率下。唯臥一副布絢。敗。胡紙補之。**當策** **代簡**傅咸紙賦曰。既作契以代繩兮。又造紙以當策。猶純儉之從宜。亦唯變而是適。攬之則舒。舍之則卷。桓玄僞事曰。古无帋。故用簡。非主於敬也。今諸用簡者。皆以黄紙代之。**黄書** **白疏**王隱晉書曰。劉卞爲四品吏。訪問推一鹿車黄紙。令卞寫書。卞語訪問。劉卞非爲人寫黄紙也。訪問案卞罪。下品二等。補尙書令史。崔鴻前燕錄曰。慕容儁三年。廣義將軍岷山公黄紙上表。儁曰。吾名號未異於前。何宜便爾。自今但可白紙稱疏。**擣網** **持花**張華博物志曰。漢桓帝時。桂楊人蔡倫始擣故魚網造紙。孫放西寺銘曰。長沙西寺層構傾頹。謀欲建立。其日有帝子持紙花插地。故寺東西相去十餘丈。於是建刹。正當花處。**殘行** **分句**干寶表曰。臣前聊欲撰記古今怪異非常之事。會聚散逸。使同一貫。博訪知之者。片紙殘行。事事各異。張翰詩序曰。永康之末。疾苦瘻瘵。故人頗候之。常以閑靜爲著詩一首。分句改帋。各有別讀。**尙方** **祕府**東觀漢記曰。蔡倫傳云。倫典作尙方作紙。虞預表曰。祕府有布紙三萬餘枚。**縹紅** **青赤**東宮舊事曰。皇太子初拜。給縹紅紙各一百枚。桓玄僞事曰。詔命平准作青赤縹綠桃花紙。使極精。令速作之。**藤角** **桃花**范甯教曰。土紙不可以作文書。皆令用藤角紙。桓玄僞事曰。詔命平准作青赤縹綠桃花紙。使極精。令速作之。**別駕函** **右軍庫**魏武令曰。自今諸掾屬侍中別駕。常以月朔各進得失。紙書函封。主者朝常給紙函各一。裴啓論林曰。王右軍爲會稽令。謝公就乞牋紙。庫中唯有九萬枚。悉與之。桓宣武云。逸少不節。**蔡倫遺業** **唐季殘牋**盛弘之荆州記曰。棗陽縣百許步蔡倫宅。其中具存。其傍有池。卽名蔡子池。倫。漢順帝時人。始以魚網造紙。縣人今猶多能作紙。蓋倫之遺業也。先賢行狀曰。延篤從唐溪季受左傳。欲寫本。无紙。季以殘牋紙與之。篤以牋記紙不可寫。乃借本誦之。

[賦] **晉傅咸紙賦**蓋世有質文。則理有損益。故禮隨時變。而器與事易。既作契以代結繩兮。又造紙以當策。夫其爲物。厥美可

珍。廉方有則。體潔性眞。含章蘊藻。實好斯文。取彼之淑。以爲己新。攬之則舒。舍之則卷。可屈可伸。能幽能顯。［詩］梁江洪爲傳建康詠紅牋詩 雜彩何足奇。唯紅偏可作。灼爍類蕖開。輕明似霞破。鏤質卷芳脂。裁花承百和。不遇精華人。豈入風流座。後梁宣帝詠紙詩 皎白猶霜雪。方正若布棊。宣情且記事。寧同魚網時。隋薛道衡詠苔紙詩 昔時應春色。引渌泛清流。今來承玉管。布字改銀鉤。［表］晉虞預請祕府紙表 祕府中有布紙三萬餘枚。不任寫御書。而无所給。愚欲請四百枚。付著作吏。書寫起居注。［啓］梁劉孝威謝賚官紙啓 臣與謝嘏。俱慙基聖。臣之衝梯。實愧魯般之巧。嘏之城壘。時无禽子之守。攻弱侮亡。其勞甚薄。策勳行賞。爲渥過深。雖復鄴殿鳳銜。漢朝魚網。平准桃花。中宮穀樹。固以慙茲靡滑。謝此鮮光。

硯第八

［敍事］釋名曰。硯者研也。可研墨使和濡也。從征記曰。魯國孔子廟中有石硯一枚。蓋夫子平生時物。漢書云。宣帝微時。少與張彭祖同硯席書。後漢書云。王充於室內門戶牆柱。各置筆硯。著論衡八十五篇。魏武上雜物疏云。御物有純銀參帶圓硯。大小各一枚。晉書云。武帝與劉弘同年。少同硯書。東宮故事云。晉皇太子初拜。有漆硯一枚。牙子百副。紀有漆書硯一。則其事也。［事對］晉銀　孔石 蕭方等三十國春秋曰。永嘉六年。劉聰引上入讌。上謂曰。卿爲豫章王時。朕與王武子相造。卿贈朕以柘弓銀硯。卿憶否。聰曰。安敢忘之。且恨爾日不得早識龍顏。　伍緝之從征記曰。夫子床前有石硯一枚。作甚古朴。蓋夫子平生時物。　溪源　石穴 永嘉郡記曰。硯溪一源。中多石硯。劉澄之宋永初山川今古記曰。興平石穴深二百許丈。石靑色。堪爲硯。　銀帶　金池 魏武上雜物疏曰。御物三十種。有純銀參帶硯一枚。純銀參帶圓硯。大小各一枚。傅玄硯賦曰。卽方圓以定形。鍛金鐵以爲池。木貴其能軟。石美其潤堅。加釆漆之膠固。含冲

之德淸玄。御筵　置柱繁欽硯頌曰。鈎三趾於夏鼎。象辰宿之相扶。供无窮之祕用。御几筵之優遊。　謝承後漢書曰。王充於室內門戶牆柱。各置筆硯而作論衡。方員　班散繁欽硯讚曰。或薄或厚。乃員乃方。班采散色。漚染毫芒。點黛文字。耀明典章。生翰墨含淸玄。繁欽硯讚曰。顧尋斯硯。乃生翰墨。自昔頡皇。傳之罔極。　傅玄硯賦曰。木貴其能軟。石美其潤堅。加采漆之膠固。含冲德之淸玄。奪刺史　借府君謝承後漢書曰。楊班爲荊州刺史。趙凱橫奏檻車徵。奪其筆硯。劉道士傳曰。劉根字君安。能召鬼。張府君語曰。聞君能使人見鬼。可使形見。不者加戮。根曰。借府君前筆硯。因書奏以扣几。須臾五百鬼縛府君死父母至。篇籍永垂　讒邪無汚李尤硯銘曰。書契既造。硯墨乃陳。篇籍永垂。紀志功勳。太公金匱硯之書曰。石墨相著而黑。邪心讒言。无得汚白。魏后數用　晉帝少同王沉魏書曰。甄后九歲。喜書。數用諸兄弟筆硯。謂曰。汝當習女工。而學書。當作女博士耶。后曰。古賢女皆覽前代成敗。以爲已戒。不知書。何因見之。　梁元帝忠臣傳曰。劉弘。沛國人也。弘寓居洛陽。與晉武帝同年。少同硯書。

〔賦〕晉傅玄硯賦採陰山之潛樸。簡衆材之攸宜。即方圓以定形。鍛金鐵而爲池。設上下之剖判。配法象乎二儀。木貴其能軟。石美其潤堅。加采漆之膠固。含冲德之淸玄。

〔詩〕楊師道詠硯詩圓池類璧水。輕翰染烟華。將軍欲定遠。見弃不應賒。

〔頌〕魏繁欽硯頌有般倕之妙匠兮。睨詭異於遐都。稽山川之神瑞兮。識璿璣之內敷。遂縈繩於規矩兮。假卞氏之遺模。擬渾靈之肇制兮。效羲和之毁隅。鈎三趾於夏鼎兮。象辰宿之相扶。供无窮之祕用兮。御几筵而優遊。

〔讚〕魏繁欽硯讚方如地象。圓似天常。班彩散色。漚染毫芒。點黛文字。曜明典章。施而不德。吐惠无疆。浸漬甘液。吸受流光。

〔銘〕魏王粲硯銘爰初書契。以代結繩。人察官理。庶績誕興。在代季末。華藻流淫。文不爲行。書不盡心。淳樸澆散。俗以崩沉。墨運翰染。榮辱是若。念茲在茲。惟正是宅。

墨第九

〔敍事〕釋名曰。墨。晦也。言似物晦黑也。續漢書云。守宮令主御筆墨。漢書云。尚書令僕丞郎。月賜渝糜大墨一枚。小墨一枚。魏官儀云。尚書郎䟽試諸郎故孝廉能文案者。先試一日。宿召會都坐。給筆墨以奏東宮故事云。皇太子初拜。給香墨四丸。則其事也。

〔事對〕

噴紙　點繒　葛洪神仙傳曰。班孟不知何許人也。嚼墨一噴。皆成字。竟紙各有意義。王充論衡曰。論者既不知累害所從生。又不知被累害者行賢潔也。以塗搏泥。以墨點繒。孰有知之清受塵。白取垢。青蠅之汚。常在絹素。

一螺　九子　陸雲與兄書曰。一日上三臺。曹公藏石墨數十萬斤。云燒此消復可用。然不兄頗見之不。今送二螺。　鄭氏婚禮謁文讚曰。九子之墨。藏于松烟。本性長生。子孫圖邊。

吐魚　晝掌　葛洪神仙傳曰。葛玄見賣大魚。謂曰。暫煩此魚往河伯處。魚主曰。魚已死。玄曰。无苦。乃丹書帋內口中。投水。有頃魚化。騰躍上岸。吐墨書青色。如木葉而去。王子年拾遺記曰。張儀蘇秦二人同志。遞剪髮以相活。或傭力寫書。行遇聖人之文。无題記。則以墨晝於掌內及股裏。夜還。更折竹寫之。

惠葛龔　投庾亮　葛龔與梁相書曰。復惠善墨。下士所无。摧骸骨碎肝膽。不足明報。　蕭方等三十國春秋曰。王隱始成晉書。合八十八卷。家貧无紙。未成其志。遂南遊。投陶侃於荆州。又江州投庾亮。乃獲其紙墨。始書就焉。

伐薪買　禱石祠　何法盛中興書曰。葛洪好學。常伐薪賣買紙墨。干寶搜神記曰。益州之西有祠。自稱黃石公。初禱者持一百紙。一雙筆。一丸墨。先聞石室中有聲。便言吉凶。遂不見形。

天雨　松煙　災祥集曰。天雨墨。君臣无道。讒人進。曹植樂府詩曰。墨出青松烟。筆出狡兎翰。古人感鳥跡。文字有改判。

致夫　賜令　婦人集曰。汲太子妻與夫書曰。并致上書墨十螺。蔡質漢官曰。尚書令僕丞郎。月賜渝糜大墨一枚。小墨一枚。

筑陽山　懷化塹　盛弘之荆州記曰。筑陽縣有墨山。山石悉如墨。　顧微廣州記曰。懷化郡掘塹。得石墨甚多。精好可寫書。戴延之西征記曰。石墨山北五十里。山多墨。可以書。

供歲時　合朱麝　東觀漢記曰。和熹鄧后卽位。萬國貢獻悉禁絕。惟歲時供帋墨而已。　韋仲將墨

方曰。合墨法。以眞朱一兩。麝香半兩。皆擣細後。都合下鐵臼中。擣三萬杵。杵多愈益。不得過二月九月。〔銘〕後漢李尤墨研銘

書契既造。研墨乃陳。烟石附筆。以流以申。

卷二十一校勘表

頁數	行數	排印本原文	安刻本	嚴陸校	備註
四九七	八	分爲二易		爲二易	
五〇〇	四	天興禹	天與禹		
五〇一	六	留燈		輝燈	
五〇一	一一	謙尊而光	謙而益光		
五〇二	一	遺其貽厥		遜其貽厥	
五〇四	二	續史記		續史	
五〇四	三	隱切		隱語	案「切」既作「語」，則標題之「隱切」亦應作「隱語」方合。
五〇四	五	漢事		漢故事	
五〇四	六	罕虎		高宰虎	
五〇四	六	閨門	闈門		
五〇五	六	內亂		內辭	

五〇五	七	刊美		列美	
五〇六	五	六義		古文	
五〇六	一〇	前秘外			「秘」字疑誤。各本同。
五〇七	一一	或黠		或黜	
五〇七	一三	「因鳥遺跡」至「櫛比龍鱗」		字畫之始因於鳥跡蒼頡循聖作則制文體有六篆要妙入神或象龜文或比龍鱗	
五〇八	二	研桑	妍桑		
五〇八	六	布曜		布緯	
五〇八	七	星垂		折握	
五〇八	九	蜿蟬		蛇蟬	
五〇八	九	幷體		拜體	
五〇九	二	究極		窮極	
五〇九	二	門徒從		從學	
五〇九	三	轉相授		傳相授	
五〇九	七	門內		門上	

五〇九	七	漢書曰		後漢書曰	
五〇九	一一	十五年		十三年	
五一〇	六	揚倫		揚雄	
五一〇	九	特精徵		持精徵	
五一〇	一〇	定論幾	定叅徽		
五一〇	一一	低晚氣	從晚氣		
五一〇	一一	側餘暉	負餘暉		
五一〇	一三	忽前		思前	
五一一	八	有體		猶體	
五一二	七	之休		之德	
五一二	一四	頤情		熙情	
五一三	一〇	科刑		科臣	
五一四	三	掞起		振起	
五一四	五	生於		至於	
五一五	一一	爲寒冰		天寒冰	
五一五	一五	調摶		周摶	
五一五	一五	典文	明文		
五一七	一	探毫	掭毫		

五一七	二	一副布絹		一幅布絹	
五一七	六	帝子	意子	意手	疑應作「童子」
五一八	四	著作吏		著作史	
五一八	一四、一五	純銀參帶		純參	
五一九	一一	鈎三趾		鈎三趾	
五一九	一二	相扶		相遇	
五二〇	一四	化塹		化塹	
五二〇	一四	掘塹		掘塹	

初學記卷第二十二

武部

旌旗第一

〔敍事〕釋名曰旌精也言有精光也旗期也言與衆期於下也按列子黃帝與炎帝戰以鵰鶡鷹鳶爲旗幟蓋旌旗之始也周官司常掌九旗之物名各有屬以待國事日月爲常交龍爲旗通帛爲旃雜帛爲物熊虎爲旗鳥隼爲旟龜蛇爲旐全羽爲旞析羽爲旌龍旂九斿以象大火也鳥旟七斿以象鶉火也熊旗六斿以象伐也龜蛇四斿以象營室也弧旌枉矢以象弧也釋名曰九旗之名日月爲常畫日月於其端天子所建言常明也交龍爲旂旂倚也畫作兩龍相依倚通以一赤色爲之无文采諸侯所建也通帛爲旃旃戰也戰戰恭己而已三孤所建象无事也熊虎爲旗旗期也言與衆期於下軍將所建象其猛如熊虎也鳥隼爲旟旟譽也軍吏所建急疾趨事則有稱譽也雜帛爲物一作旃以雜色綴其邊爲燕尾將帥所建象物雜也龜蛇爲旐旐兆也龜知氣兆之吉凶建之於後察度事宜之形兆也全羽爲旞旞順滑貌析羽爲旌注旄竿首又廣雅云天子之旌高九仞諸侯七仞大夫五仞士三仞則禮含文嘉曰天

子之旗九仞。十二旒曳地。諸侯七仞。九旒齊軫。卿大夫五仞。七旒齊較。士三仞。五旒齊首。是也。又牙旗者將軍所建也。黃帝出軍決曰。有所攻伐作五采牙幢。青牙旗引往東。赤牙旗引往南。白牙旗引往西。黑牙旗引往北。黃牙旗引往中。此其義也。〔事對〕

招虞　警衆　孟子曰。齊景公招虞人以旌。不至。將殺之。禮記曰。前有水。則載青旌。鄭玄注曰。載。所謂擧於旌首。所以警衆者也。

擧皮　析羽　鄭記王贇問曰。擧於旌首。當皆以皮邪。盡之也。鄭答曰。皆俱擧皮置於首。不盡。周禮曰。析羽爲旌。

載青　尙黑　載青已見上。史記曰。秦并天下。以水德之始。於旄節旗皆尙黑。

翼明　鳥集　天文要集曰。翼星明。旌旗用。趙氏兵書曰。有鳥集將軍旌上。將軍增秩祿。

表門　設道　周禮曰。掌舍爲帷宮。設旌門。注曰。樹旌以表門。漢書文帝詔云。朝有進善之旌。應劭注曰。堯設五達之道。令人進善也。

在浚　沿河　毛詩曰。孑孑干旌。在浚之城。後魏書曰。太祖進師臨河。連旌沿河千餘里。

九名　五法　周禮曰。司常掌九旗之物名。河圖曰。風后曰。予告汝帝之五旗。東方法青龍曰旗。南方法赤鳥曰鼠。西方法白虎曰典。北方法玄蚍曰旂。中方法黃龍曰常。

九仞　六斿　並見上。

翠鳳　玄蚍　史記李斯上書曰。今陛下建翠鳳之旗。樹靈鼉之鼓。玄蚍已見上。

法鳥　擬虹　法鳥已見五法注。王沉餞行賦曰。曳招搖之脩旗。若蜿虹之垂天。

喜光　勝氣　郗萌占曰。旗上有光。人主大喜。延年益壽。黃帝出軍決曰。始立牙之日。吉氣來應。旗幡指敵。是謂堂堂之陣。正正之旗。此大勝之徵。

設黃　尙赤　周遷車服雜記曰。晉元皇始制五牛之旗。設青在左。黃在中。史記曰。沛公祠黃帝蚩尤於沛庭。旗幟皆尙赤。

擧青　懸赤　軍令曰。聞雷鼓音擧白幢絳旗。大小船皆進戰。不進者斬。聞金音擧青旗。船皆止。不止者斬。王孫子曰。桀紂或身放南巢。或頭懸赤旗。斯无他。不節財而暴人也。

五牛　四獸　五牛事已見上注。禮記曰。行。前朱雀而後玄武。左青龍而右白虎。招搖在上。急繕其怒。注曰。以此四獸爲軍陣。象天也。畫招搖星於旌旗上。以起居圍勁軍之威怒。

駭軍　指敵　詩推度災曰。上出號令而化天

下震雷起而驚蟄睹旗鼓動三軍駭觀其前動化而天情可見矣黄帝出軍決曰始立牙之日喜氣來應旗幡指敵或從風來此大勝之徵。賜黄鳥　法靑龍　墨子曰赤鳥銜書降曰命周文王伐殷天賜武王黄鳥之旗法靑龍已見上注［賦］吴胡綜大牙旗賦　黄初八年黄龍見孫權稱號因瑞改元作黄龍大牙旗常在軍中進退視其所向命綜爲賦曰狼弧垂象實惟兵精聖人觀法是做是營始作器械爰求厥成四靈既布黄龍處中周制日月實曰太常傑然特立六軍所望［祭文］後漢滕輔祭牙文恭脩太牢潔薦遐靈推轂之任實討不庭天道助順正直聰明宋鄭鮮祭牙文潔牲先事薦茲敬祭崇牙既建義鋒增厲人鬼一揆三才同契惟茲靈鑒庶必有察逆順取辨忠孝表節使凶醜時殲主寧臣悦振旅南原凱歸西蕃神器增輝四境永安　陳子昂禡牙文蓋先王作兵以討有罪奸慝竊命戎夷不龔則必肆諸市朝大戮原野皇家子育萬國寵綏百蠻靑雲千呂白環入貢久有年矣契丹凶羯敢亂天常乃蜂聚丸山豕食遼塞宴安鴆毒作爲攙搶天厭其凶國用致討皇帝命我肅將王誅今大軍已集吉辰叶應旄頭首建羽旆前列夷貊感威將士聽誓方候天命爲民殄災惟爾有神尚殲乃醜召太一會雷公翼白虎乘靑龍星流彗端冰消朔裔使兵不血刃戎夏大同以昭我天子之德允乃神之功豈非正直克明无縱大雠以作神羞

劍第二

［叙事］釋名曰劍撿也所以防撿非常也按管子曰昔葛天盧之山發而出金蚩尤受而制之以爲劍鎧此劍之始也周官桃氏爲劍臘廣二寸有半寸臘謂兩刃音獵兩從半之劍脊兩面殺趨鍔者以其臘廣爲之莖圍長倍之莖謂劍交人之所握以上中其莖設其後謂從中以郤稍大之身長五其莖長重九鋝音劣謂之上制上士服之身長四其莖長重七鋝謂之中制中士服之身長三其莖長重五鋝謂之下制下士服

之其後楚有龍泉秦有太阿工市吳有干將鏌耶屬鏤越有純鈎湛盧豪曹魚腸巨闕諸劍越絶書曰楚
王召風胡子令之吳越見歐冶子干將使之爲鐵劍三枚一曰龍泉二曰太阿三曰工市楚王問之何謂龍泉太阿工市風胡子對曰龍
泉狀如登高山臨深淵太阿巍巍翼翼如流水之波工市從文間起至脊而止如珠而不可枉文若流而不絶晉鄭聞此三劍求之不得
乃興師圍楚城楚王引太阿劍登城麾之士卒迷惑流血千里晉鄭之頭畢白吳越春秋曰干將吳人與歐冶子同師闔閭使造劍二枚
一曰干將二曰鏌耶鏌耶者干將之妻名干將作劍金鐵之精未肯流干將夫妻乃斷髮剪指投之鑪中金鐵乃濡遂以成劍陽曰干將
而作龜文陰曰鏌耶而作漫理干將匿其陽而出其陰獻之闔閭左傳曰吳王賜子胥屬鏤以死吳越春秋又曰越王允常聘歐冶子作
名劍五枚一曰純鈎二曰湛盧三曰豪曹四曰魚腸五曰巨闕秦客薛燭善相劍越王取豪曹巨闕魚腸等示之薛燭皆曰非寶劍也取
純鈎示薛燭曰光乎如屈陽之華沉沉如芙蓉始生於湖觀其文如列星之行觀其光如水溢於塘此純鈎也取湛盧示之薛燭曰善哉
銜金鐵之英吐銀錫之精寄氣託靈有遊出之神服此劍可以折衝伐敵人君有逆謀則去之他國允常乃以湛盧獻吳吳公子光弑吳
王僚湛盧去如楚漢有高祖斬虵劍見漢書魏有文帝飛景流彩華鋒三劍見典論吳有白虹紫電辟邪流星
青冥百里六劍見崔豹古今注皆陸斷馬牛水擊鴻鴈當敵則斬於甲盾戰國策曰韓卒之劍皆出於冥山棠谿墨
陽宛馮龍泉太阿皆陸斷馬牛水擊鴻鴈當敵斬於甲盾耳此天下名器也見列子古者天子二十而冠帶劍諸侯三
十而冠帶劍大夫四十而冠帶劍隸人不得冠庶人有事得帶劍無事不得帶劍見賈子禮之所興也
劍之在左青龍象也刀之在右白虎象也見春秋繁露舊制上公九命則劍履上殿儲君禮均羣后宜劍
舃升殿或云漢魏儲君制不納舃則知劍履上殿久矣漢儀諸臣帶劍至殿堦解劍晉世始代之以木

貴者猶用玉首賤者用蚌金銀玳瑁爲雕飾。見周遷輿服雜事 凡劍口謂之鐔。見呂靜韻集 鼻謂之璏。見字林 鞘謂之室見方言 韜謂之衣見說文亦曰襓音遶

［事對］

鐵英 金穎 越絕書曰楚王召風胡子問之曰聞吳王有干將越有歐冶請此二人作鐵劍可乎風胡子曰善於是使之吳見干將越見歐冶子使之作鐵劍歐冶干將鑿茨山洩其溪取其鐵英爲劍二枚。吳越春秋曰干將者吳人與歐冶同師俱作劍越前來獻劍三枚闔閭得而寶之故使干將造劍二枚干將曰昔吾師之作冶也金鐵之穎不銷夫妻俱入冶爐之中

飾鮫 雕蚌 山海經曰鮫魚皮有珠文而堅可以飾刀劍口周遷輿服雜事曰劍所從來久矣其後惟朝服帶劍晉朝代之以木貴者玉飾首賤者雕蚌見敘事

龜文 龍藻 吳越春秋曰吳使干將造劍二陽曰干將而作龜文龍藻曹毗魏都賦曰劍則流彩之珍素質之寶乍虹蔚波映或龜文龍藻服之可以威百蠻指麾可以開昏擾

步光 飛景 曹植七啓曰步光之劍華藻繁縟魏文帝典論曰選茲良金命彼國工精而鍊之至于百辟淶以清漳光似流星名曰飛景

齊金 楚鐵 國語曰桓公問曰齊國寡甲兵爲之若何管子曰小罪讁以金分宥問罪入美金以鑄劍戟試之狗馬史記曰秦昭王臨朝歎息曰吾聞楚之鐵劍利則士勇也

玉頭 珠口 張敞晉東宮舊事曰太子儀飾有玉頭劍山海經注曰鮫魚皮有珠文而堅可以飾劍口

犀表 魚文 魏文帝典論曰余好擊劍命彼國工以爲寶器飾以文玉表以通犀淮南子曰淳鉤魚腸之始下型擊不能斷刺不能入及加砥礪則水斷龍舟注魚腸文繞屈若魚腸

賜馮 賞魏 東觀漢記曰建武二年遣馮異西擊赤眉于關中上自河南賜異乘輿七尺玉貝劍張瑩漢南記曰魏應字尹伯任城人明魯詩章帝重之數進見論難於前特受賞賜劍玦衣服也

辟閭 巨闕 孫卿子曰干將莫邪辟閭皆古之良劍也巨闕見上

錯荆玉 銜越金 曹植七啓曰步光之劍華藻繁縟綴以驪龍之珠錯以荆山之玉吳越春秋曰秦客薛燭善相劍楚王取湛盧示之燭曰善哉銜金鐵之英吐銀錫之精已見上

候天 占氣 趙曄吳越春秋曰吳使

干將造劍二枚。一曰干將。二曰鏌耶。鏌耶者。干將之妻名。干將造劍。采五山之精。合六金之英。候天伺地。陰陽同光。雷次宗豫章記曰。吳未亡。恒有紫氣見牛斗之間。占者以爲吳興。唯張華以爲不然。及吳平。此氣愈明。華曰。此寶劍氣。**麾城**　**擊市**麾城已見敘事。擊市者。尉繚子曰。一賊挾劍擊於市。萬人无不觸辟者。臣以爲非一人獨勇。一市萬人皆不肖也。**鼓橐**　**駭鑪**吳越春秋。干將曰。昔吾師之作冶也。金鐵之潁不銷。夫妻乃斷髮剪指。投之鑪中。使童子二百鼓橐壯炭。金鐵乃濡。魏文帝典論。余好擊劍。善以短乘長。選茲良金。命彼國工。精而鍊之。至于百辟。其始成也。五色駭鑪。巨橐自鼓。**遷地**　**徹天**周禮曰。鄭之刀。宋之斤。魯之削。吳越之劍。遷乎其地而不能爲良。地氣然也。雷次宗豫章記曰。吳未亡。恒有紫氣見於斗牛之間。張華聞雷孔章妙達緯象。乃邀宿屏人問孔章曰。唯斗牛之間有異氣。是寶物之精。上徹於天耳。孔章具言。遂以孔章爲酆城令。掘得二劍。**墜竹**　**帶槐**趙曄吳越春秋曰。越王允常聘歐冶子作劍五枚。三大二小。三曰豪曹。秦客薛燭善相劍。王取豪曹示之。薛燭曰。實非寶劍也。今豪曹五色黯然无華。已殞其光。亡其神。此劍不登斬而辱。則墮於飲中矣。王曰。寡人置劍竹盧上。過而墜之。斷金獸之頸。飲濡其刃。以爲利也。周斐先賢傳曰。許嘉給縣功曹儀小吏常持劍侍功曹。月朔晨朝。并持炬火。嘉於是忿然歎曰。男兒爲吏。不免賤役。即投火於地。以劍帶槐樹。趨出府門。［詩］　梁吳均詠寶劍詩　我有一寶劍。出自昆吾溪。照人如照水。切玉如切泥。鍔邊霜凜凜。匣上風凄凄。寄語張公子。何當來見攜。崔融詠劍詩寶劍出昆吾。龜龍夾采珠。五精初獻術。十戶竟論都。匣氣衝牛斗。山形轉鹿盧。欲知天下貴。持此問風胡。［篇］　李嶠寶劍篇吳山開。越溪涸。三金合冶成寶鍔。淬綠水。鑒紅雲。五彩晱起光氛氳。背上銘爲萬年字。胷前點作七星文。龜甲參差白虹色。鹿盧宛轉黃金飾。駭犀中斷寧方利。駿馬羣驅未擬直。風霜凜凜匣上清。精氣遙遙斗間明。避災朝穿晉帝屋。逃難夜入楚王城。一朝配偶逢大仙。虎吼龍鳴騰上天。東皇提升紫微座。西王佩下赤城田。承平久息干戈事。僥倖得充文武備。除災辟患宜君王。益壽延齡後天地。［歌］　郭元

振古劍歌 君不見昆吾鐵冶飛炎烟。紅光紫氣俱赫然。良工鍛鍊經幾年。鑄得寶劍名龍泉。龍泉顔色如霜雪。良工咨嗟嘆奇絶。琉璃匣裏吐蓮花。錯鏤金環映明月。正逢天下无風塵。幸得周防君子身。精光黯黯青蛇色。文章片片綠龜鱗。非直結交遊俠子。亦嘗親近英雄人。何言中路遭弃捐。零落漂淪古獄邊。雖復沉埋无所用。猶能夜夜氣衝天。［啓］ 梁簡文帝謝賚方諸劍等啓 纔發玉函。雕奇溢目。始開牙檢。麗飾交陳。已疋丹霞之輝。乍比青雲之制。身文自貴。器用惟宜。寒暑兼華。左右相照。［銘］ 晉裴景聲文身劍銘 器以利表。實以名舉。良劍耿介。體文經武。陸斷玄犀。水截輕羽。九功斯象。七德是輔。晉張協太阿劍銘 太阿之劍。世濟其美。淬以清波。斂以越砥。如玉斯曜。若景在水。不運自肅。率土從軌。

刀第三

［敍事］ 釋名曰。刀。到也。以斬伐到其所乃擊之也。其末曰鋒。言若鋒刺之毒利。其本曰環。形似環也。或曰。黄帝採首山之金。始鑄爲刀。見郭子横洞冥記 歷代有吳刀。赤刀。容刀。鸞刀。歸藏曰。大副之吳刀。是用出禹。尚書曰。赤刀大訓。弘璧琬琰在西序。孔安國注曰。寶刀。赤刀。削也。毛詩曰。執其鸞刀。注曰。刀有鸞者。毛詩又曰。何以舟之。維玉及瑶。鞞琫容刀。注云。舟。帶也。容刀。言有武事。 鄭刀 見周禮 孟勞 穀梁傳曰。孟勞。魯之寶刀 西戎利刀 見孔叢子 秦王得之。割玉如割木也。昆吾割玉刀 見十州記 周穆王時。西胡所獻。切玉如切泥。 鳴鴻刀 見郭子横洞冥記 漢武帝以賜東方朔 百辟寶刀 典論曰。魏太子丕造百辟寶刀。一曰靈寶。二曰含章。三曰素質。又作露陌刀。一名曰龍鱗刀。 百鍊青犢漏影二刀 見崔豹古今注 漢文帝刀 古人鑄刀。以五月丙午。取純火精。以協其數。見虞喜志林 又阮師之作刀。受法於金精之靈。七月庚辛。見金神於冶監之門。向西再拜。金神教以水火之齊。五精之鍊。用陰陽之候。取剛柔之和。三年作刀千七百

七十口。其刀平背夾刃。方口洪首。截輕微不絕絲髮之系。斫堅剛無變動之異。見楊泉物理論。所謂百鍊利器。以辟不祥。懾服姦宄者此也。見魏武帝内戒令。

〔事對〕

吳刀 周寶 吳刀已見敘事。博物志曰。赤刀。周之寶器。

脫光 漏影 龍魚河圖曰。有脫光刀漏影。已見敘事中。

屠牛 斬虎 淮南子曰。屠牛坦一朝解九牛。而刀可以剃毛。何晏斬虎刀銘曰。用造斯器。螭虎是斬。

銅口 金頭 傅咸奏事曰。尚書舊奏給介士二百人。人給大銅口刀各一枚。謝尚與楊征南書曰。今餉五尺金頭刀。碧綾車中盾。

採金 切玉 並見敘事。

專諸持 凌統舞 烈士傳曰。專諸持一剛刀。置魚腹中。以刺王僚。吳書曰。凌統怨甘寧殺其父。寧常備統。不與相見。於呂蒙會。酒酣。統乃用刀舞。寧起曰。寧能雙戟舞。

白虎象 金馬形 春秋繁露曰。刀在右。白虎之象也。李尤金馬書刀銘云。巧冶鍊剛。金馬託形。

將軍賜 刺史與 祥班固與竇憲牋曰。今月中舍以令賜固把刀。曰此大將軍少小時所服。今賜固。伏念大恩。且喜且慙。晉中興書云。初魏徐州刺史任城呂虔有佩刀。工相之。以爲必三公可服此刀。虔謂別駕王祥曰。茍非其人。刀或爲害。卿有公輔之量。故以相與。祥辭之固。強乃受之。

師望鼓刀 庖丁游刃 楚辭曰。師望在肆。昌何識。鼓刀揚聲。后乃喜。莊子曰。庖丁爲文惠君解牛。丁曰。今臣之刀十九年矣。所解數千牛矣。而刀若新發於硎。彼節者有間。而刀刃者无厚。以无厚入有間。恢恢乎其遊刃必有餘地。於是以十九年刀刃如新。

淬以清流 礪以越砥 李尤金馬書刀銘云。淬以清流。礪以越砥。

陸剸犀兕 水截鯨鯢 王粲刀銘云。陸剸犀兕。水截鯨鯢。

〔賦〕

魏陳王曹植寶刀賦 建安中。魏王命有司造寶刀五枚。以龍熊鳥雀爲識。太子得一。余及弟饒陽侯各得一焉。有皇漢之明后。思冥遠而玄通。飛文藻以博致。揚武備以禦凶。然後礪以五方之石。鑑以中黃之壤。規圓景以定環。攄神思而造象。陸斬犀革。水斷龍舟。輕擊浮截。刃不纖流。踰南越之巨闕。超西楚之泰阿。實眞人之攸御。求天祿而是荷。

〔啓〕

梁簡文帝謝敕賚善勝刀啓 冰鍔含采。雕琰表飾。名均素質。神號脫光。五寶初成。

曹丕先荷其一。善勝今造。愚臣總被其恩。賜韓非之書。未足爲比。紿博山之筆。方此更輕。〔銘〕後漢李尤錯佩刀銘佩之有錯。抑武揚文。豈爲麗好。將戒其身。魏文帝露陌刀銘於鑠良刀。胡練亶時。譬諸麟角。靡所任茲。不逢不若。永世保持。魏陳王曹植寶刀銘造茲寶刀。既礱既礪。匪以尚武。予身是衞。麟角匪觸。鸞距匪蹶。晉張協文身刀銘寶刀既成。窮理盡妙。縈文波迴。流光電照。

弓第四

〔敍事〕釋名曰。弓。穹也。張之穹崇然也。按世本。揮始作弓。宋衷注曰。揮。黃帝臣。又孫卿子曰。倕作弓。墨子曰。羿作弓。三說不同。易所謂弦木爲弧。剡木爲矢。弧矢之利。以威天下。蓋取諸睽。周官司弓矢掌六弓四弩八矢之法。辨其名物。而掌其守藏。與其出入。六弓。王弓。弧弓。夾弓。庾弓。唐弓。大弓是也。中春獻弓弩。中秋獻矢箙。及其頒之。王弓弧弓。以授射甲革椹質者。夾弓庾弓。以授射豻侯鳥獸者。唐弓大弓。以授學射者。使者勞者。又弓人爲弓。取六材必以其時。六材既聚。巧者和之。幹也者。以爲遠也。角也者。以爲疾也。筋也者。以爲深也。膠也者。以爲和也。絲也者。以爲固也。漆也者。以爲受霜露也。凡爲弓。冬析幹而春液角。夏治筋。秋合三材。爲天子之弓。合九而成規。諸侯之弓。合七而成規。大夫之弓。合五而成規。士之弓。合三而成規。又孫卿子云。天子雕弓。諸侯彤弓。大夫墨弓。三禮圖云。彤弓。天子所用。旅弓。卿以下所用也。爾雅云。弓有緣者謂之弭。今角弓 以金者謂之銑。以蜃者謂之珧。以玉者謂之珪。用金蚌玉飾弓兩頭因取類以爲名 釋名又云。弓末曰簫。言簫梢也。又謂之弭。以骨爲之。滑弭弭也。中央曰弣。孚主反 弣。撫也。所撫持

也簫弣之間曰淵淵宛也言宛曲也又說文云弴丁昆反畫弓也弲虛全反角弓也弧木弓也彏弓曲也
彇舒招反弓便利也彏烏郭反弓急張也弸百生反鄙矜反弓彊皃也弙一弧反滿弓有所嚮也［事對］四
材　七幹　韓詩外傳云齊景公使人爲弓弓人之妻曰此弓者泰山南烏號之柘燕牛之角荆麋之弭河魚之膠四物者天下之精
材也周禮曰凡反幹之道七柘爲上檍檿桑橘木瓜荆次之竹爲下　繡質　綠沉陳琳武庫賦曰弓則烏號越棘繁弱角端象弭繡
質哲弣文身劉劭趙都賦曰其用器則六弓四弩綠沉黃間堂溪魚腸丁令角端　蜃珧　象弭爾雅曰弓有緣者謂之弭以蜃謂之
珧見敘事毛詩曰四牡翼翼象弭魚服鄭玄注曰以象骨爲之　定準　成規譙子法訶曰善耕者足以謹地待時而動善射者調弓
定準見可而發君子善養其人足用周禮云天子之弓合九而成規大夫之弓合五而成規士之弓合三而成規已見前敘事中　楚桃
越棘左傳曰楚靈王次於乾谿右尹子革夕王與之語曰昔我先王熊繹僻在荆山唯是桃弧棘矢以供禦王事陳琳武庫賦曰弓
則烏號越棘繁弱角端象弭繡質哲弣文身　沈懷遠南越志曰宋昌縣有棘竹長十尋里人取以爲弓　弦木　飾金周易曰弦木
爲弧剡木爲矢弧矢之利以威天下爾雅曰弓以金者謂之銑以蜃者謂之珧已具敘事　東房　西序尚書曰和之弓在東房孔安
國注曰和古之弓人也儀禮曰司射則告賓曰弓矢既具有司請射賓與大夫之弓倚于西序矢在弓下　招虞　遺郤左傳曰齊景
公田于沛招虞人以弓不進公使執之辭曰旌以招大夫弓以招士皮冠以招虞人臣不見皮冠故不敢進又曰晉楚戰於鄢陵郤至三
遇楚子之卒見楚子必下免冑而趨風楚子使工尹襄問之以弓杜預注曰問遺之也　靑檀　黑幹遁甲開山圖曰河東有獨頭山
多靑檀可以爲良弓周禮曰弓人爲弓取六材必其時凡相幹欲赤黑而陽聲赤黑則向心陽聲則遠根　楊幹　桑弧劉向說苑曰
齊攻魯子貢見哀公請求救於吳公曰奚先君寶之用子貢曰使吾寶而與我師是不可恃也於是以楊幹麻筋之弓六往禮記曰男子

生。桑弧蓬矢六射天地四方。注云。天地四方。男子所有事也。越麻　晉竹 越絕書曰。麻林山。勾踐欲伐吳。種麻爲弓弦。使齊人守之。晉令曰。弓弩士習弓射者。給竹弓角弓皆二人一張。救日　觀星 周禮曰。庭氏掌射國中之妖鳥。若不見其鳥獸。則以救日之弓救月之矢夜射之。鄭司農注曰。救月之矢。謂日月食所作弓矢。張勃吳錄曰。揮觀弧星始制弧。錫功　備盜 毛詩曰。彤弓。天子錫有功諸侯也。彤弓弨兮。受言藏之。韓揚天文要集曰。弧者天弓。備盜賊。象骨　檿肋 毛詩曰。四牡翼翼。象弭魚服。鄭玄注。象弭。弓反末彆者。以象骨爲之。以助御者。劉向列女傳曰。晉平公使工爲弓。其妻見公曰。妾之造此弓。亦已勞矣。幹生太山之阿。傅以燕牛之角。纏以荆檿之筋。糊以河魚之膠。此四者天下之選也。

〔詩〕　唐太宗文武聖皇帝詠弓詩 上弦明月半。激箭流星遠。落鴈帶書驚。啼猿映枝轉。後梁宣帝詠弓詩 虞人招不進。繁氏久彌工。已悲軒主跡。復挹楚王風。楊師道奉和詠弓詩 霜重麟膠勁。風高月影圓。烏飛隨帝輦。鴈落逐鳴弦。

〔啓〕　齊王融謝武陵王賜弓啓 殿下擒藻蕙樓。暢藝蘭苑。敷積玉於風筵。疊連珠於月的。兔園掩秀。鄴水慙奇。融揖讓未工。濫升下飲之賓。操弧反正。謬奉招賢之錫。文韜鏤景。逸幹捎雲。玩溢百齡。佩流千載。

〔銘〕　晉嵇含木弓銘 烏號之撲。豐條足理。弦弧走括。截飛駭止。射隼高牆。出必有擬。既用禦武。亦以招士。晉李尤良弓銘 弓矢之作。爰自曩時。鄉射載禮。招命在詩。妙稱顏高。巧發晉師。不爭之美。亦以辨儀。

箭第五

〔敍事〕　說文曰。箭。矢也。釋名曰。矢。指也。言其有所指向迅疾也。又謂之箭。前進也。方言云。自關而東謂之矢。江淮之間謂之鍭。侯 關西曰箭。郭璞注云。箭者竹名。因以爲號也。按世本。牟夷作矢。牟夷。黃帝臣名。孫卿子曰。浮游作矢。周官司弓矢掌八矢之法。八矢。一曰枉。二曰絜。三曰殺。四曰鍭。五曰矰。六曰茀。

七曰恆。八曰庫。凡枉矢絜矢利火射。用諸守城車戰。殺矢鍭矢用諸近射田獵。矰矢茀矢用諸弋射。恆矢庳矢用諸散射。此八矢者弓弩各有四焉。蓋枉殺矰恆弓所用也。絜鍭茀庳弩所用也。釋名又云。凡矢本曰足。言其形似木。木以下爲本。以根爲足也。又謂之鏑。鏑。敵也。言可以禦敵也。齊人謂之鏃。鏃。族也。言其所中皆族滅也。關西謂之釭。釭。鉸也。言有鉸刃也。其末曰括。括。會也。言與弦會也。括旁曰叉。形似叉也。其受矢之器以皮曰箙。柔服之義也。織竹曰笮。相迫笮之名也。步叉人所帶以箭叉於其中也。馬上曰鞬。鞬。建也。言弓矢並建立於其中。

[事對]

青鏃　赤莖　魏志曰。挹婁在夫餘東北千餘里。弓長四尺。如弩。括長八寸。青石爲鏃。太公六韜曰。陷堅陣。敗強敵。大黃參連弩。飛鳧電景自副。注云。飛鳧矢名。赤莖白羽。以鐵爲首。

象星　如雨　周禮曰。司弓矢掌八矢之法。枉矢絜矢利火射。用諸守城車戰。鄭玄注。枉矢者取名飛星。飛行有光也。今之飛矛是也。或謂之兵矢。絜矢象焉。二者可結火以射敵守城車戰。漢書曰。匈奴左賢王圍李廣。廣爲圓陣外向。矢下如雨。漢兵死者過半。

青莖　朱羽　太公六韜曰。電景青莖赤羽。以鋼爲首。國語曰。吳晉會于黃池。吳王擐甲陳卒。赤旗赤羽之矰。望之如火。賈逵注曰。矢羽爲矰。

飲石　發銅　劉向新序曰。楚熊渠子夜行。見寢石。似伏獸。射之飲羽。韓子曰。智伯將伐趙。趙襄子曰。奈无箭何。張孟談曰。董安于之治晉陽。公宮之堂皆鍊銅爲柱。君發而用之。有餘金矣。

夏服　趙韊　司馬相如子虛賦曰。左烏號之彫弓。右夏服之勁箭。史記曰。魏公子无忌進兵擊秦。秦兵解去。遂救邯鄲。趙王及平原君自迎公子。平原君負韊矢。爲公子先引。呂忱字林曰。韊。盛弩矢。

貫隼　傷鳧　國語曰。仲尼在陳。有隼集於陳侯之庭而死。楛矢貫之。石砮其長尺有咫。陳惠公使人如仲尼之館問之。仲尼曰。隼之來遠矣。此肅愼氏之矢也。焦貢易林曰。雙鳧俱飛。以歸稻池。經涉三澤。爲矢所射。傷我胸臆。

羊頭　鶉尾　揚雄方言曰。凡箭鏃三者謂之羊頭。其廣薄而長薄謂之錍。魏百官志曰。三公拜。賜鶡尾骰箭十二枝。金僕　石砮左傳曰。魯莊公以金僕姑射南宮長萬。杜預注曰。金僕姑。矢名也。石砮事見貫隼注。忘歸　信往孔叢子曰。楚王張繁弱之弓。載忘歸之矢。以射蛟兕於雲夢。趙氏兵書曰。矢一名信往。焦銅　毒鐵博物志曰。交廣州山名曰里子。弓長數尺。箭長尺餘。以焦銅爲鏑。塗毒藥於鋒中。陳琳武庫賦曰。矢則申息肅慎。箘簵空疏。焦銅毒鐵。簳鏃鳴鍭。

[讚]　梁昭明太子弓矢讚弓用筋角。矢製良工。亦以觀德。非止臨戎。楊葉命中。猿墮張空。[銘]　後漢李尤弧矢銘弦木爲弧。剡木爲矢。協并八極。四方同紀。晉江統弧矢銘幽都筋角。會稽竹矢。率土名珍。東南之美。易以獲隼。詩以殪兕。伐叛柔服。用威不韙。

甲第六

[敍事]　釋名云。甲。似物有孚甲以自禦也。亦曰介。亦曰函。亦曰鎧。皆堅重之名也。廣雅曰。函。甲。介。鎧也。按管子。葛盧之山。發而出水。金從之。蚩尤受而制之。以爲劍鎧。此其始也。又世本云。輿作甲。宋衷注云。輿。少康子。周官。函人爲函。犀甲七屬。音注　兕甲六屬。合甲五屬。犀甲壽百年。兕甲壽二百年。合甲壽三百年。犀堅者又支久。凡爲甲。必先爲容。然後制革。權其上旅與其下旅。而重若一。上旅謂要以上。下旅謂要以下。凡甲下飾謂之裳。見左傳　甲藏謂之纍。見國語　甲衣謂之櫜。見禮記　說文云。首鎧謂之兜鍪。亦曰冑。臂鎧謂之釬。頸鎧謂之錏鍜。[事對]　浴鐵　繅金晉建武故事曰。王敦死。祕不發喪。賊水南北渡。攻宮壘柵。皆重鎧浴鐵。都督應詹等出精銳距之。車頻秦書曰。苻堅使能邈造金銀細鎧。金爲綖。以繅之。連組　被練呂氏春秋曰。邾之故。爲甲常以帛。公息忌謂邾君曰。不若以組。高誘注曰。以組連甲。左傳曰。楚子重伐吳。至衡山。使鄧廖帥組甲三百。被練三千。以侵吳。馬融注曰。被練。練爲甲裏。卑者所服。

兕革　犀皮　國語曰晉平公射鷃不死使豎襄搏之逸公怒拘將殺之叔向聞之曰君必殺之昔吾先君唐叔射兕于徒林殪以爲大甲今君射鷃不死搏之不得是揚吾君之恥者也賈逵注曰以兕革爲大甲宋元嘉起居注曰御史中丞劉楨奏前廣州刺史韋朗於廣州所部作犀皮鎧六領請免朗官　纓縢　綴組　周書曰年不登甲則纓縢宮室不容注曰繩甲不以組左傳曰楚子重伐吳至衡山使鄧廖帥組甲三百以侵吳服虔注曰以組綴甲　益趙　繕京　戰國策曰陘山之事趙且與秦伐齊齊王懼蘇代爲齊獻書穰侯曰臣聞往來者之言曰秦且益趙甲兵四萬人以伐齊臣竊必之弊邑之王曰秦王明而熟於計穰侯智而習於事必不益趙甲兵以伐齊也毛詩曰叔于田刺莊公也叔處于京繕甲治兵以出田國人悅而歸之　楚鮫　鄭兕　孫卿子曰楚人鮫革犀兕以爲甲鹽鐵論曰強楚勁鄭有犀兕之甲　光耀　精剛　陸翽鄴中記曰石季龍左右直衛萬人皆著五色細鎧光耀奪目陳琳武庫賦曰鎧則東湖闕鞏百鍊精剛函師震椎韋人製縫玄羽縹甲灼爚流光　夾陛　環宮　吳越春秋曰公子光伏甲士於私室具酒而請王僚王僚乃被棠夷之甲三重使兵衛至光家之門夾陛帶甲左右皆王僚之親戚也左傳曰齊嘗于太公之廟慶舍莅事盧蒲癸王何執寢戈慶氏以其甲環公宮　伏窟　等山　左傳曰吳公子光伏甲於窟室而享王僚王僚使甲坐於道及其門東觀漢記曰劉盆子與丞相已下二十餘萬人詣宜陽降光武積甲於宜陽城西高與熊耳山等　賀吳　獻魏　吳越春秋曰勾踐使大夫文種於吳曰竊聞大王興大義誅強救弱越使賤臣種以先人藏器及甲二十領以賀君魏志曰景元二年肅愼國獻皮骨鐵雜鎧二十領　覆笠　蒙輪　吳志曰呂蒙約令軍中不得于庶人家有所求取蒙麾下士取人家一笠以覆官鎧官鎧雖公蒙猶以爲犯軍令左傳曰諸侯會于相遂伐偪陽狄虒彌建大車之輪而蒙之以甲以爲櫓

［銘］　李尤鎧銘　甲鎧之施扞禦鋒矢尙其堅剛或用犀兕內以存身外不傷害有似仁人厥道廣大好德者寧好戰者危專智恃力君子不爲

［表］　魏曹植上先帝賜鎧表　先帝賜臣鎧黑光明光各一領兩襠

鎧一領。今代以昇平。兵革无事。乞悉以付鎧曹自理。［書］ 晉庾翼與慕容皝鎧書鄧百川昔送此犀皮兩當鎧一領。雖不能精好。復是異物。故復致之。

鞍第七

［敍事］ 說文曰。鞍。馬鞁具也。鹽鐵論曰。古者繩鞚草鞮皮薦而已。其後代以革鞍鐵鑣而不飾。其後乃有鏤衢鞍三輔決錄曰。梁冀以一鏤衢鞍遺公孫奮。紫茸題高橋鞍魏百官各有紫茸題頭高橋鞍一具。或有金銀翠毛之飾。永昌記曰。文帝秦王金銀鞍加翠毛之飾。又有障泥障汗。亦曰弁汗。鞘尾珂。亦從鞍以爲飾。世說王武子常乘一馬著連乾障泥。前有水。馬不肯渡。王云。此必是惜障泥。使人解去。馬乃渡。百官各有織成障泥一具。鹽鐵論曰。今富者罽繡弁汗。鞘。音姑辨反魏百官各有赤茸珂石鞘尾一具。服虔通俗文曰。凡勒飾曰珂。

［事對］ 鏤衢 金梁 鏤衢見敍事。三輔決錄曰。平陵公孫奮富聞京師。梁冀知奮儉悋。以鏤衢鞍遺奮。從貸五千萬。劉義恭有謝金梁鞍啓。具於事後。懸柱 照人 魏志曰。太祖馬鞍在庫爲鼠所齧。庫吏懼死。鄧哀王沖以刀穿單衣如鼠齧者。謬有愁色。太祖問之。沖曰。俗以鼠齧衣者其主不吉。太祖曰。此妄言耳。俄而庫吏以齧鞍聞。太祖笑曰。兒衣在側而齧。況懸柱乎。古樂府左延年從軍詩曰。從軍何等樂。一駈乘雙駁。鞍馬照人白。龍驤自動作。紫茸 翠毛 並已見上。賜桓 迎魯 東觀記曰。永元元年。西謁園陵。桓郁兼羽林中郎將。上賜馬二疋。并鞍勒防汗。又吳志曰。曹公敗走。魯肅即先還。孫權大請諸將。肅將入閣拜。權禮之。因謂曰。子敬當解鞍下馬相迎。足以表卿志耳。賜趙 遺孫 司馬彪漢書曰。光武徵趙憙引見。賜鞍馬。待詔公車。又遺公孫奮。已見上。琉璃 玫瑰 西京雜記曰。武帝時。身毒國獻白光琉璃鞍。在暗室光照十丈。又武帝得貳師天馬。造玫瑰石爲鞍。挂長林 登高嶽 謝惠連詩曰。挂鞍長林側。飲馬脩川湄。劉琨扶風歌曰。繫馬長松下。登鞍高

岳頭。[表] 魏曹植上銀鞍表於先武皇帝代。敕此銀鞍一具。初不敢乘。謹奉上。[啓] 宋劉義恭謝金梁鞍啓賜臣供禦金梁橋鞍。制作精巧。宜副龍駟。聖慈下逮。猥垂光錫。[銘] 後漢李尤鞍銘駈騖馳逐。騰躍覆被。雖其捷習。亦有顛沛。井羸其瓶。罔不斯敗。

轡第八

[敍事] 釋名曰。轡。拂也。言牽引拂戾以制馬也。轡之爲飾。有銜勒鑣羈韁鞚之類。以成其用也。銜在口中之言也。勒。絡也。絡其頭而引之。鑣。包也。在傍包斂其口也。羈。撿也。所以持制之也。韁。疆也。繫之使不得出疆限也。韁亦曰靮。故埤蒼曰。靮。馬韁也。鞚。控制之義也。通俗文云。所以制馬曰鞚。夫轡之於馬也。猶人君以吏之御人也。故家語曰。古者天子以內史爲左右手。以德法爲銜勒。以百官爲轡。善御馬者。正銜勒。齊轡策。均馬力。和馬心。故口無聲而馬應轡。策不舉而極千里。善御人者。一其德法。正其百官。均齊人力。和安人心。故令不再而人順從。刑不用而天下理矣。[事對] 令舍　犯軷　周禮曰。挈壺氏挈轡以令舍。鄭司農注云。縣轡於所當舍止之處。又大馭掌馭玉路以祀。及犯軷。王自左馭。馭下祝。登受轡。犯軷。遂驅之。　如濡　沃若　毛詩曰。我馬維駒。六轡如濡。又曰。我馬維駱。六轡沃若。　在手　正身　毛詩曰。駟牡孔阜。六轡在手。家語曰。善御馬者。正身以總轡。　千乘弭　百馬齊　班固東巡頌曰。乘輿動色。羣后屏氣。萬騎齊鑣。千乘弭轡。魏明帝善哉行曰。百馬齊轡。御由造父。　君政　臣祿　家語曰。閔子騫爲費宰。問政於孔子。孔子曰。君者。人也。吏者。轡也。刑者。策也。人君之政。執其轡策而已矣。淮南子曰。權衡者。人主之車輿。爵祿者。人臣之銜轡矣。　令制下　禮齊人　孔叢子曰。夫子云。夫政令者。人君之銜轡。所以制下也。又曰。孔子適衛。衛將軍文

子問曰。今齊之以刑而猶弗勝。何禮之齊也。孔子云。禮之齊人。譬之於御則轡也。奔馬委　上車攝　管子曰。凡赦者。小利而大害也。故久則不勝其禍。故赦者。奔馬之委轡也。无赦者。痤疽之礦石也。淮南子曰。王良造父御也。上車攝轡。馬爲齊整。挈壺懸　太僕執　挈壺懸已見令舍注。百官春秋曰。大駕。公卿奉引。太僕執轡。大將軍陪乘。光武東京郊祀。法駕則河南尹奉引。奉車都尉執轡。侍中參乘。得之於手　應之於心　列子曰。凡御者得之於銜。應之於轡。得之於手。應之於心。［銘］　後漢李尤轡銘　轡御在手。急緩必時。賞罰在心。中和是思。馬知良御。進取道里。人知善政。令行禁止。

鞭第九

［敍事］　鞭。策。箠。皆馬檛之名。說文所謂驅遲者也。古者用革。以扑罪人。亦以驅馬。故其文從革。書曰。鞭作官刑。此則施於民也。傳曰。左執鞭弭。又曰。雖鞭之長。不及馬腹。此則施於馬也。其後以竹代革。故策箠二文。又並從竹。蓋因驅策箠擊之義。以立名也。漢書婁敬曰。周大王以狄伐。杖馬箠去居岐。禮記曰。獻車馬者執策綏。君車將駕。則僕執策立於馬前。則其事也。［事對］　楚令　秦謠　左傳曰。楚靈王使圍徐以懼吳。楚子次于乾溪。以爲之援。雨雪。王皮冠。秦復陶。翠被。豹舄。執鞭以出。杜預注曰。執鞭以教令。崔鴻苻秦錄曰。苻堅時。關中謠曰。長鞘馬鞭擊左股。太歲南行當避虜。　李銘　曹賦　李尤作馬鞭箠銘。具載於後。魏文帝臨渦賦曰。建安十八年。從上拜墳墓。遂乘馬遊觀東固。遵渦水。駐馬書鞭。爲臨渦賦。　持鐵　埋銅　蕭方等三十國春秋曰。王敦謀害王澄。而澄衆有二十人。持鐵馬鞭爲衞。吳會分地記曰。六山者。勾踐於此山鑄銅。銅不鑠。則埋之。上生箠。勾踐遣使者取。從南社種之。飾爲馬箠。獻於吳。　執鞭　投策　左傳曰。晉公子重耳對楚子曰。左執鞭弭。右屬櫜鞬。以與君周旋。公羊傳曰。陽虎將殺季孫于蒲。使臨南御之。至孟衢。臨南投策。使揚越下取策。

齊人　數馬 孔叢子曰。刑以齊人。譬之以御。則鞭策也。漢書曰。石慶爲太僕。御出。上問車中幾馬。慶以策數馬。舉手曰。六馬。**馬箠　駝鞭** 馬箠已見敘事。魏百官名曰。駝馬鞭二枚。**拄地　指天** 異苑曰。昔有人乘馬山行。遙望有二老翁相對樗蒲。遂造焉。以策拄地而觀之。自謂俄頃。視其馬鞭。摧然已爛。宋書曰。義旗起。桓玄戰敗將出奔。胡蕃提玄馬鞚曰。今羽林射手猶有八百。捨此歸可復得乎。玄直以馬鞭指天而已。**齊刑　占夢** 齊刑已具。齊人注。夢書曰。占夢得鞭策。欲有使也。**越銅** 晉金越銅見埋銅注。世說曰。王敦在姑孰。晉明帝出看。敦覺追帝。帝以金馬鞭與客姥。追者問姥。姥云去已久矣。**飾珊瑚　施象牙** 涼州記曰。咸寧二年。發張駿陵。得鞭飾以珊瑚。張華輕薄篇曰。橫簪刻玳瑁。長鞭施象牙。〔**銘**〕**後漢李尤馬箠銘** 御者箠策。示有威怒。東野之敗。督責過度。

獵第十

〔**敘事**〕 易曰。庖犧氏之王天下也。結繩而爲網罟。以佃以漁。蓋取諸離。此其始也。白虎通曰。王者諸侯所以佃狩者何也。爲田除害。上以供宗廟。下以簡集士衆也。故爾雅曰。春獵爲蒐。夏獵爲苗。秋獵爲獮。冬獵爲狩。郭璞注云。蒐爲搜索。取不任者。苗爲苗稼除害。獮爲順殺氣。狩爲得獸。取之无所擇。此則爲田除害之義。又禮記曰。古者天子諸侯无事。則歲三田。一爲乾豆。二爲賓客。三爲充君之庖。无事而不田曰不敬。田不以禮曰暴天物。天子不合圍。諸侯不掩羣。天子殺則下大綏。諸侯殺則下小綏。大夫殺則止佐車。佐車止則百姓田獵。獺祭魚。然後虞人入澤梁。豺祭獸。然後田獵。鳩化爲鷹。然後設罻羅。草木零落。然後入山林。昆蟲未蟄。不以火田。不麛不卵。不殺胎。不殀夭。不覆巢。又曰。季冬之月。天子乃敎田獵以習五戎。鄭玄注曰。田獵之禮。敎人以戰法。此則上供宗廟下以簡集之義。蔡邕月令章句曰。獵捷也。言以捷取之。獵亦曰狩。狩獸也。鄭玄詩箋言田獵搏獸也。亦曰畋。畋田也。則爾雅爲田除害之義。此獵之異名也。

〔事對〕

講武 習戎 班固東都賦曰。若乃順時節而搜狩。簡車徒以講武。則必臨之以王制。敎之以風雅。禮記曰。季秋之月。天子乃敎於田獵。以習五戎。注云。五戎謂五兵。弓矢殳矛戈也。

三驅 一面 周易曰。王用三驅。失前禽。皇甫謐帝王世紀曰。成湯出。見羅者方祝。湯問之曰。爾之祝何也。羅者曰。從天下者。從地出者。從四方來者。皆入吾網。湯聞曰。嘻。盡之矣。非桀其孰能爲。乃令解其三面。留其一面。

搏狩 大蒐 毛詩曰。田車既駕。四牡孔阜。東有甫草。駕言行狩。之子于苗。選徒囂囂。建旐設旄。搏狩于敖。魏文帝校獵賦曰。高宗征于鬼方兮。黃帝有事于阪泉。愠賊備之作戾兮。忿吳夷之不藩。將訓兵于講武兮。因大蒐乎田隙。

四校 二虞 司馬相如上林賦曰。前皮軒而後道游。孫叔奉轡。衞公參乘。扈從橫行。出乎四校之中。應瑒校獵賦曰。乃命有司。巡士周尋。二虞萊野。三扈表禽。

竦戎 講旅 揚雄長揚賦曰。平不肆險。安不忘危。迺時以有年出兵。整輿竦戎。振師五柞。習馬長楊。簡力狡獸。校武剽禽。王粲校獵賦曰。遵古道以游豫兮。昭勸助乎農圃。用時隙之餘日兮。陳苗狩而講旅。

晉鼓 虞旗 蔡邕月令章句曰。季秋之月。天子乃敎于田獵。以習五戎。班馬政。其出以順時取禽。其禮將軍執晉鼓。師率執提。旅率執鼙。以敎坐作進退徐疾之節。周禮曰。山虞掌山林之政令。若大田獵。則萊山田之野。及弊田。植虞旗于中。致禽而珥焉。

東津 南圃 魏文帝詩曰。巾車中鄴宮。校獵東橋津。重置結密網。罘罝飄如雲。張衡羽獵賦曰。於是皇輿綢繆。遷延容與。抗天津於伊洛。覽遙集乎南圃。大詔獵者。競逐長駈。輕車飈厲。羽騎電騖。

黃涔 紫陌 應瑒校獵賦曰。乃命有司。巡士周尋。二虞萊野。三扈表禽。北彌大陸。南厲黃涔。王粲獵賦曰。濟漳浦而橫陣。倚紫陌而並征。樹重圍於西阯。列駿騎乎東坰。

金郊 石室 張協七命曰。白商素節。月既授衣。天凝地閉。風厲霜飛。將因氣而致殺。

臨金郊而講師。越絕書曰。樂野者。越之弋獵處也。大樂。故謂之樂野。其上山石室者。勾踐所休謀。 詫楚 誇胡 司馬相如子虛賦曰。
楚使子虛於齊。齊王悉發車騎。與使者出田。田罷。子虛過詫烏有先生。而无是公存焉。揚雄長楊賦序曰。明年上將大誇胡人以多禽獸。
秋命右扶風發民入南山。西自褒斜。東至弘農。南敺漢中。張羅網罝罘。捕熊羆豪豬虎豹狖玃狐兔麋鹿。輸長楊射熊館。 秋田 冬
狩 司馬相如子虛賦曰。秋田于青邱。彷徨乎海外。吞若雲夢者八九。于其胸中曾不芥蔕。冬狩見敘事。 九井 雙川 何法盛晉中興
書曰。桓石秀。豁第二子也。不以榮爵嬰心。唯以弋釣爲事。游覽樂足一丘。桓冲嘗與石秀共獵。登九井山。獵徒甚盛。觀者傾坐。石秀未嘗
屬眄。嘯詠而已。魏文帝校獵賦曰。披高門而方軌。邁夷途而直鶩。超崇岸之曾崖。厲漳滏之雙川。 田渭陽 獵漆澤 太公六韜曰。
文王田于渭之陽。見呂望坐茅以漁。穆天子傳曰。天子獵于漆澤。得白狐玄貉焉。以祭于河宗。 發彼小豝 殪此大兕 毛詩曰。吉
日美宣王田也。悉率左右。以燕天子。既張我弓。既挾我矢。發彼小豝。殪此大兕。 [賦] 後漢張衡羽獵賦 皇上感天威之慘烈。
思太昊之觀虞。表林麓而廓萊藪。剪荆梓而夷榛株。於是鳳皇獻歷。太僕駕具。蚩尤先敺。雨師淸路。山靈護陣。萬神蹕御。羲和奉轡。弭節
西征。翠蓋葳蕤。鸞鳴玲瓏。山谷爲之淡泊。丘陵爲之歔傾。於是皇輿綢繆。遷延容與。抗天津於伊洛。夐遙集乎南圃。大詔獵者。競逐長驅。
輕車颷厲。羽騎電騖。霧合雲集。波流雨注。馬蹂麋鹿。輪轔狐兔。弓不妄彎。矢不虛舉。鳥驚網羅。獸與矢遇。 魏王粲羽獵賦 相公乃乘
輕軒。駕四駱。拊流星。屬繁弱。選徒命士。咸與竭作。旌旗雲擾。鋒刃林錯。揚輝吐火。曜野蔽澤。山川於是乎搖蕩。草木爲之以摧落。禽獸振
駭。魂忘氣奪。舉首觸網。搖足遇撻。陷心裂胃。潰腦破頰。鷹犬競逐。奕奕霏霏。墜者若雨。僵者若坻。淸野滌原。莫不殲夷。 [詩] 唐太
宗文武聖皇帝出獵詩 楚王雲夢澤。漢帝長楊宮。豈若因農暇。閱武出轘嵩。三驅陳銳卒。七萃列材雄。寒野霜氣白。平原燒火
紅。琱戈夏服箭。羽騎綠沉弓。怖獸潛幽壑。驚禽散翠空。長烟晦落景。灌木振嚴風。所謂除民瘼。非是悅林叢。 又冬狩詩 烈烈寒風起。

慘慘飛雲浮。霜濃類廣隰。冰厚結清流。金鞍多上苑。玉勒騁平疇。旌旗四望合。罝羅一面求。楚埒爭兕殪。秦巴角鹿愁。獸蛇投密樹。鳥驚起樂州。騎斂原塵靜。戈迴嶺日收。心非洛汭逸。意在渭濱游。禽荒非所樂。撫轡更招憂。周王褒和張侍中看獵詩 上林冬狩返。田中講射歸。還登宣曲觀。重獵黃山圍。嚴冬桑柘燥。寒霜馬騎肥。紲盧隨兔起。高鷹按翟飛。吁嗟來遠客。辛苦倦邊衣。陳張正見和諸葛覽從軍游獵詩 持兵曜武節。縱獵駭畿封。迅騎馳千里。高罝起百重。騰麏㹳馬足。飢鼯落劍鋒。雲根連燒火。鳥道絕禽蹤。方羅四海俊。聊以習軍戎。〔書〕漢司馬相如諫獵書 臣聞物有同類而殊能者。故力稱烏獲。捷言慶忌。勇期賁育。臣之愚竊以爲人誠有之。獸亦宜然。今陛下好凌險阻。搏猛獸。卒然遇軼材之獸。駭不存之地。犯屬車之清塵。輿不及旋轅。人不暇施巧。雖有烏獲逄蒙之技不得用。枯木朽株盡爲難矣。是胡越起於轂下。而羌夷接軫也。豈不殆哉。雖萬全無患。然本非天子之所宜近也。且夫清道而後行。中路而後馳。猶時有銜橛之變。而況乎涉豐草。騁丘墟。前有利獸之樂。而內无存變之意。其爲害也不難矣。夫輕萬乘之重不以爲安。樂出萬有一危之塗以爲娛。臣竊爲陛下不取也。蓋明者遠見於未萌。而智者避危於无形。禍故多藏於隱微。而發於人所忽也。故鄙諺曰。家累千金。坐不垂堂。此言雖小。可以喻大。臣願陛下留意幸察。

漁第十一

〔敍事〕說文曰。漁。捕魚也。按尸子。燧人之世。天下多水。故教人以漁。其後堯使人水處者漁。又舜漁雷澤。蓋因脩其法也。文子曰。堯使水處者漁。山處者木。事宜其械。械宜其人。尚書大傳曰。舜漁雷澤之中。漁之爲事也。有釣。網罟。筌𥵻。罶罺側交反罩。涔潛罾笱。鏊梁。罨箅籗力之反銛之類。各以用之。得魚一也。淮南子曰。釣者靜之。罾者舉之。爲之異。得魚一也。釣者。謂以獨繭絲爲綸。芒針爲鉤。荆篠爲竿。剖粒爲餌。引盈車之魚於百仞之川。汩流之中綸不絶竿不橈因水勢而施舍也已上詹何釣見列子或有以桂爲餌鍛黄金之鈎錯以銀碧垂翡翠之綸已上魯人釣見闕子網罟者結繩以爲之易所謂作結繩而爲網罟以佃以漁蓋取諸離也筌者以竹爲之見廣雅廣雅曰篝笭謂之笓是也莊子曰筌所以取魚得魚而忘筌也罛大網也見爾雅詩曰施罛濊濊鱣鮪發發罶者曲梁也見廣雅詩曰魚離于罶鱨鯊是也罺者以柴槮爲之爾雅云罺謂之汕所諫反郭璞注云罺今之柴槮罟罩者編細竹以爲之爾雅篧謂之罩篧祖較反涔者積柴木於水中以爲之爾雅白槮謂之涔是也罾者樹四木而張網於水車輓之上下見風俗通說文曰罾魚網又楚辭曰罾何謂兮木上是也笱者曲竹以爲之見說文詩曰敝笱在梁其魚唯唯蟞者以綸爲之見環濟要略廣雅曰罥謂之蟞梁者以木絶水取魚見鄭玄禮記注詩曰毋逝我梁毋發我笱罨網羃也箄取鰕也見廣雅籗取蟹也銛取黿鼉也見何承天纂文云銛鐵有距施竹頭以之擲黿鼉皆漁之器用也此近世爲之故詩人所不載淮南子曰聖人以道德爲竿綸以仁義爲鈎餌投之天地間萬物孰非其有哉張天下以爲籠因江海以爲罛又何亡魚失鳥之有乎故矢不若繳繳不若網網不若無形之象此亦漁釣之義也[事對]

玉璜　金鑠尚書大傳曰周文王至磻溪見吕望文王拜之尚父望釣得玉璜刻曰周受命吕佐檢德合于今昌來提祖冲之述異記漆澄豫章人有志幹絶倫嘗乘船釣魚俄頃盈舟既而有物出水麗鱗黑色長如十丈不見頭尾鬪船驚怖澄獨色不變

磻溪　珠澤磻溪事見上玉璜注穆天子傳曰天子北征舍于珠澤以釣于流水曰珠澤之藪方三十里

篠竿　旌餌並見敘事

坐茅　倚柳太公曰吕尚坐茅以漁文王勞而問取吕尚曰魚求於餌乃牽其緡人食於祿乃服於君故以餌取魚魚可殺以祿取人人可竭以小釣釣川而擒其

魚。中鉤釣國而擒其萬國諸侯。宋玉釣賦曰。左挾魚罶。右執喬竿。立于潢汙之涯。倚于楊柳之間。情不離乎魚喙。思不出乎鮒鯿。濮水

滋泉莊子釣於濮水之上。楚王使大夫往見焉。願以境內累矣。莊子持竿不顧。酈善長注水經曰。滋泉隅有石室。蓋太公所居。水次平石。卽太公垂釣處。芳餌 香鉤 徐廣釣賦曰。投芳餌於纖絲。灑長綸於平流。王子年拾遺記曰。帝常以季秋之月。泛衡瀾靈鵾之舟。窮晷繼夜。釣於臺下。以香金爲鉤。霜絲爲綸。丹鯉爲餌。得白蛟。長三丈。若大虵。无鱗甲。帝曰。非珍祥也。命天官爲鮓。肉紫骨青。味色香美。挂鯉 引鱸 焦贛易林曰。曳綸江海。釣挂鰐鯉。王孫利得。以饗仲友。葛洪神仙傳曰。左慈字元放。廬江人也。少有神道。嘗在曹公坐。公曰。今日高會。珍羞略備。所少者吳江鱸魚爲鱠耳。元放曰。此可得也。因求銅盤貯水。以竿餌鉤釣於盤中。須臾引一鱸魚出。會者皆驚。翠綸 魴餌 翠綸事見上。孔叢子曰。子思居衞。衞人釣於河。得鰥魚焉。其大盈車。子思問之曰。鰥魚之難得者。子如何得之。對曰。吾下釣。垂一魴之餌。鰥過而弗視。更以豚之半體。則吞之。子思曰。鰥雖難得。貪以死餌。士雖懷道。貪以死祿。白龍 紫貝 劉向列仙傳曰。陵陽子明好釣。釣於旋溪。得白龍。子明解釣拜謝放之。後得白魚。腹中有書。教子明服食。三年。白龍來迎之。司馬相如子虛賦曰。網玳瑁。釣紫貝。汴溪 涪水 列仙傳曰。呂尙釣於汴溪。益部耆舊傳曰。廣漢有老翁。釣於涪水。自號涪翁。

［賦］晉潘尼釣賦 抗余志於浮雲。樂余身於蓬廬。尋渭濱之遠跡。且游釣以自娛。左援脩竹。右縱飛綸。金鉤屬。釣甘餌垂。芬衆鯤奔湧。游鱗橫集。觸餌見擒。値鉤被執。長繳繽紛。輕竿翕習。雲往飈馳。光飛電入。躍靈末及。警策蓋已。獲其數十。且夫燔炙之鮮。煎熬之味。百品千變。殊芳異氣。隨心適好。不可勝紀。乃命宰夫。膾此潛鯉。電割星流。芒散縷解。隨風離鍔。連翩雪累。西戎之蒜。南夷之薑。酸醎調適。齊和有方。和神安體。易思難忘。

［詩］陳陰鏗觀釣詩 澄江息晚浪。釣侶拽輕舟。絲垂遙濺水。餌下暗通流。歌聲時斷續。楫影乍橫浮。寄言濯纓者。滄浪終滯游。

［篇］陳張正見釣竿篇 結宇長江側。垂釣廣川潯。竹竿橫翡翠。桂髓擲黃金。人來水鳥沒。楫渡岸花沉。蓮搖見魚近。綸

盡覺潭深渭水終須卜滄浪徒自吟空嗟芳餌下獨見有貪心隋李巨仁釣竿篇潺湲面江海滉瀁屬波瀾不惜黃金餌唯憐翠竹竿斜綸控急水定檝下飛湍潭逈風來易川平霧散難寄言朝市客滄浪余自安[文] 唐駱賓王釣磯應詔文余以三伏辰行至七里灘此地即新安之江口也有嚴子陵釣磯焉澄潭至淸洞徹見底往往有羣魚歷歷如水上行耳舟人有釣者試取而投或有游而不顧之者或有含而輟吞之者引竿而舉因以獲焉其始出也掉尾揚鬐有若恃力而自免其少退也即鼓鬣濡沫有似屈體而求哀嗟乎勢牽於人道窮乎我將欲以下座而呼馮子又安能中轍而呼莊周哉余乃祝之曰猛獸搏也拘於檻穽鷙鳥奮也縶於籠樊素龜濡也被髮阿門白龍神也挂鱗罝網何不泥潛而穴處何故吞鉤乎於是放之江流盡其生生之理也時同行者顧詰予曰夫至人之處物也擬跡而後投隱心而後動始終不易其業悔恡不生其情而吾子沉緡於川登魚於陸烹之可以習政術羞之可以助庖廚曩求之將何圖今舍之將何欲余笑而應之曰聖人不凝滯於物智士必推移於時知微之謂神含生之謂道殷乙聖也囚於夏矣孔丘賢也畏於匡矣以明哲之資尙羅幽憂之患況乎鱗羽之族能无弋釣之累哉故曩吾有心也恐求之不得今吾无心也旣得之而亡求夫求與捨不亦雙美乎烹與羞不亦兩傷乎況療飢者半菽可以充腹爲政者一言可以興邦亦奚必因小鱗而後明三異之規勸大命而後寄一飡之飽擒而不殺可不謂仁乎獲而不饗可不謂廉乎且夫垂竿而爲事者太公之遺術也形坐磻溪之石兆應滋水之璜夫如是者將以釣川耶將以釣國耶然後知古之善釣者其惟太公乎又有妙於此者其惟文王乎夫文王制六合爲鉤懸四履爲餌薦之於淸廟投之於巨川一引而獲太公再舉而登尙父由此觀之蹲會稽而沉犗者鮑肆之徒也據滄溟而負鼇者漁父之事也斯並眇小者之所習安知大丈夫之所釣哉

卷二十二校勘表

頁數	行數	排印本原文	安刻本	嚴陸校	備註
五二四	四	盡之也		盇之也	
五二四	五	不盡		不畫	
五二四	一一	郗萌占		郗萌占	
五二九	六	斂以		礪以	
五二九	八	鋒刺		〔嚴〕「鋒刺」之「鋒」疑作「蜂」	
五三〇	五	中盾		甲盾	
五三二	二	彏		彏	
五三二	四	檍檿桑橘木瓜荆次之		檍次之檿桑次之	
五三二	六	譙子法訶		譙子法訓	
五三二	九	里人	俚人		
五三二	一四	遠根		遠振	
五三三	一三	前進也		箭進也	
五三四	七	參連弩　鐵爲首	參連弓　銅爲首		

五三四	八	飛矛		飛子矛	
五三四	一〇	以鋼	以鋼		
五三五	一〇、一一	犀堅者		革堅者	
五三五	一一	上旅　下旅		上簇　下簇	注同
五三五	一四	車頬		〔嚴〕淵鑑類函作「車潁」	
五三五	一五	練爲甲裏		練爲裏	
五三六	五	竊必之	竊必是之		
五三六	七	直衛		置直衛	
五三七	一	今代以昇平		〔嚴〕類函作「今以昇平」	
五三七	七	罽繡		〔嚴〕類函作「罽飾」	
五三七	一三	當解鞍		孤持鞍	
五三八	一一	馭下視登受轡		馭下視登受轡	
五四一	五	非桀		非夏桀	
五四一	一一	執提		執振	
五四一	一二	而珥焉			「珥」疑當作「弭」
五四二	一	講師		講武	
五四二	五	榮爵		榮祿	
五四二	六	漳滏		漳淦	

五四二	一一	網羅		往羅	
五四二	一三	揚輝吐		吐字下「火曜野」至「駭魂」二十四字宋本無	
五四三	二	撫轡		執轡	
五四三	八	不難矣	不亦難乎		
五四三	一〇	臣願陛下		願陛下	
五四四	七	蠶者以綸爲之		句下「見環濟要略」至「取魚」二十字宋本無	
五四四	一二	呂佐檢		呂佐昌	
五四四	一三	釣魚俄頃		釣魚得金鑠俄頃	
五四四	一四	太公曰			「太公曰」上疑有脫字
五四五	一	喬竿		魚竿	
五四五	一	餅編		餌編	
五四五	五	鰐鯉		魴鯉	
五四五	七	得鰼魚		得鰥魚	
五四五	八	鰼過　鰼雖難		鰥過　鰥雖難	
五四五	一〇	釣索貝			案文選作「鉤紫貝」

五四五	一一	金鉤屬釣	金鉤厲鉅
五四五	一三	連翩	雲翩
五四六	一	唯懽	唯憐
五四六	二	應詔	〔嚴〕應詰
五四六	四	或有含	或有貪
五四六	五、六	奮也　濡也	擭也　靈也
五四六	六	阿門	河津
五四六	六	何故呑鉤乎	何故貪餌而呑鉤乎
五四六	一〇	因小鱗	因小鮮
五四六	一二	薦之	筮之

初學記卷第二十三

道釋部

道第一

[敍事] 靈寶眞一自然經訣曰。大道者。不可彊名也。彊名曰大。彊字曰道。隋書經籍志曰。蓋萬物之奥。聖人之至賾也。太玄眞一本際經曰。無宗無上。而獨能爲萬物之始。故名元始。運道一切爲極尊。而常處二清。出諸天上。故稱天尊。本行經曰。道言元始天尊以我因緣之勳。錫我太上道君之號。高上老子內傳曰。太上老君姓李氏。名耳。字伯陽。其母曾見日精下落。如流星。飛入口中。因有娠。七十二歲而生。常有五色雲繞其形。五行之獸衞其堂。於陳國渦水李樹下。剖左腋而生。又曰。鶴髮龍顏。廣額長耳。大目疏齒。方口厚脣。額有參牛達理。日角月懸。鼻純骨。有雙柱。耳豎大三門。頂有日光。身滋白血。面凝金色。舌絡錦文。形長一丈二尺。齒有四十八。受元君神圖寶章變化之方。及還丹伏火水汞胡總反液金之術。凡七十二篇。後魏釋老志曰。其爲教也。蠲去邪累。澡雪心神。積行立功。累德增善。乃有白日昇天。長生世上。又有三元九府。百二十官。一切諸神。咸所統攝焉。[事對] 氣祖　帝先玄妙內篇經曰。元道

本起於元首．萬氣之祖．老子曰．道冲而用之．挫其銳．解其紛．和其光．同其塵．湛兮似或存．吾不知誰氏之子．象帝之先．王弼注云．帝天帝也．

貸三 生一 明威經曰．天道善貸．貸以三氣．上氣曰始．其色正青．中氣曰元．其色正白．下氣曰亥．其色正黃．老子曰．道生一．孫登注曰．妙一宅於太虛之內．玄化資於至道之用．故因其所由謂之曰生．

感星 夢日 葛洪神仙傳曰．老子母感大流星而有娠．後聖九玄道君列紀經曰．後聖君之母．先夢玄雲日月纏其形．乃感而孕焉．

姓李 字芝 葛洪神仙傳曰．老子生於李家．猶以李爲姓．上清三天君列紀經曰．上清眞人姓桓．字芝．乃中皇時人也．

託洪胎 剖李腋 本行經曰．太上道君託胎洪氏之胞．凝神瓊胎之府．道德經序訣曰．周時復託神李母．剖左腋而生．生卽皓然．號曰老子．

玄女吞氣 聖母夢雲 玄妙內篇經曰．三氣八十一萬億歲後．化生玄妙玉女．又生後八十一萬億．歲後．三氣變化．五色玄黃．妙玉女口仍卽吞之．八十一萬億．乃化從玄妙玉女左腋而生．生而白首．故號爲老子．聖母夢雲見夢日注．

合氣爲名 指樹爲姓 龜山元錄經曰．高上玉皇上聖帝君九天玉眞．皆德空洞以爲字．合二氣以爲名．玄妙內篇經曰．老君托從李母生．李母无壻．老君指李樹曰．此爲我姓．

把十蹈五 雙柱三門 葛洪神仙傳曰．洪按朱韜玉札．金籥內經．皆云老子足蹈三五．手把十文．鼻骨雙柱．耳三門．

綠腸朱髓 蒼腎青肝 列記經曰．若三元宮有琳札綠腸朱髓．又曰．玄都丹臺有皇皇金字者．則青肝紫絡．蒼腎綾文．

綠筋紫腦 銜日戴星 道君列紀經曰．斗中若有玄籙玉籍者．則自有綠筋．若三元宮有琳札青紫腦錦舌．

七十二色 三十二光 龜山元錄經曰．自高上虛皇頂負圓光．七十二色．又曰．太微天帝君身生三十二色寶光矣．

〔書〕 上皇玉帝君乃吟玉清之隱書 上景發晨暉．金霄鬱紫清．三素曜瓊扇．九玄上招靈．手掇青林花．迴蓋太元庭．寢宴頤綠房．飛步透玉京．提攜朱景玉．長烟亂虛營．玄歸自司保．何以怨无生．

〔詩〕 東晉湛方生諸人共講老子詩 吾生幸凝湛．智浪紛競結．流宕失眞宗．遂之弱喪轍．雖欲反故鄉．埋翳歸途絕．滌除非玄風．垢心焉能歇．大矣五千鳴．

特爲道喪設鑒之誠水鏡塵穢皆朗徹［讚］東晉孫綽老子讚 李老无爲而无不爲道一堯孔跡叉靈奇塞關內鏡冥神絕涯永合元氣契長兩儀［序］後周宇文逌道教實花序 混成元胎先天地而生玄妙自然在開闢之外可道非道因金籙以詮言上德不德寄玉京而闡說高不可揆深不可源闚之而章三光舒之而綿六合廣矣大矣於得盡其鉤深恍兮惚兮安可窮其象物十善之戒四極之科金簡玉字之音瓊笈銀題之旨升玄內教靈寶上清五老赤書之篇七聖紫文之記故以暉諸篆籀煥彼啚牒玄經闕籍可得而談者焉若乃包含天地陶育乾坤无大不大无小不小隨之而不見其後迎之而不見其前周流六虛希微三氣无上大道游於空洞之上梵形天尊見於龍漢之劫日在丁卯拜東華之青童辰次庚寅虔台山之靜默漢史亦載道有三十七家九十三篇斯止略序宗塗匪探奧賾詎詳金液之異未悟石函之奇見之者尚迷聞之者猶豫非有天尊之說曾无大聖之言豈下四藥之丹罕識五光之彩區區瑣瑣盍各而言

僊第二

［敍事］釋名曰老而不死曰仙僊遷也遷入山也故制字人傍山也魏伯陽周易參同契曰惟昔聖賢懷玄抱眞體服九鼎化淪與并 九鼎謂丹砂之精 含精養神通德三元 天地人也 精液腠理筋骨致堅衆邪闢除正氣常存累積長久變形而仙史記曰蓬萊方丈瀛洲此三神山諸仙及不死藥在焉黃金白銀爲宮闕未至望之如雲及到三山反居水下欲到則風引船而去終莫能至崔玄山瀨鄉記曰老子爲十三聖師養性得仙各自有法凡三十六或以五行六甲陳或以服食度骨筋或以深巷大巖門或以呼吸見丹田或以流理還神丹或以歊歙游天山或以元陽長九分或以恬澹存五官或以清淨飛

凌雲。或以三辰建斗迴。或以三五竟復還。或以聲罔處海濱。或以三黃居魄魂。或以太一行成均。或以六甲御六丁。或以祭祀致鬼神。或以吹呴沉深泉。或以命門固靈根。或以乘璇璣得玉泉。或以專守升于天。或以混沌留吾年。或以把握知塞門。或以太一柱英氣。或以虛無斷精神。或以黃庭乘僮人。或以柱天德神仙。或以玉衡上柱天。或以六甲游玄門。或以道引俛仰伸。或以寂寞在人間。或以藥石上騰雲。或以九道致紅泉。或以厥陰三毛間。或以去欲但存神。抱朴子曰。求仙者要當以忠孝和順仁信爲本。若德不脩而但務方術。終不得長生也。行惡行大者司命奪紀。小過奪算。隨所犯輕重。故所奪有多少。

〔事對〕 桂父　茅君 裴氏廣州記曰。桂父常食桂葉。見知其神尊事之。一旦與鄉曲別。飄然入雲。葛洪神仙傳曰。茅君學道成而歸。自說吾有神靈之職。某月日當之官。至期登羽車而去。 赤松　黃石 劉向列仙傳曰。赤松子。神農時雨師。服水玉。散教神農。服入火自燒。至崑崙山上。常止西王母石室。隨風上下。炎帝少女追之。亦得仙俱去。神仙傳曰。黃石君者。脩彭祖之術。年數百歲。猶有少容。亦學地仙。不求升雲。 金母　玉妃 空洞靈章經曰。紫微煥七臺。騫樹秀玉霞。衆聖集琳宮。金母命清歌。靈寶赤書經曰。元始登命太眞案筆。玉妃拂筵。鑄金爲簡。刻書玉篇。 山圖　園客 劉向列仙傳曰。山圖隴西人。馬踏折腳。山中道人教服地黃當歸羌活玄參。服一年。病愈身輕。追道人。問自云五岳使也。能隨吾汝便不死。山圖追隨六十餘年。歸來行母服。復去莫知所之。又曰。園客濟陽人。種五色香草。積十年。服食其實。有五色蛾上香草。末客收而養之。生桑蠶。時有女夜至。自稱客妻。道蠶狀。客與俱蠶。繭大如盆。繰訖俱去。莫知所之。 木工　陶正 劉向列仙傳曰。赤松子輿者。黃帝時人。不食五穀。啖百草花。至堯時爲木工。能隨風雨上下。又曰。甯封子者。爲黃帝陶正。有人過之。爲其掌火。能出五色烟。積火自燒。而隨烟氣。或上或下。 龍師　魚吏 劉向列仙傳曰。師門能使火。食桃李葩。爲夏孔甲龍師孔甲殺而埋之外野。一旦風雨迎之。又曰。赤須子者。豐人云秦穆公時主魚吏也。食松實天門冬石脂。齒落更生。髮墮更出。後去止吳山七十餘年。莫知其所至。〔詩〕 東晉郭璞遊仙詩 暘谷吐靈曜。扶桑森千丈。朱霞升東山。朝日何晃朗。迴風流曲櫺。幽室發逸響。悠然心永懷。眇爾自遐想。仰思舉雲翼。延首矯玉掌。嘯傲遺世羅。縱情在獨往。明道雖若昧。其中有妙象。希賢宜勵德。羨魚當結網。又詩曰 採藥游名山。將以救年頽。呼吸玉滋液。妙氣盈胸懷。登仙撫龍駟。迅駕乘奔雷。鮮裳逐電曜。雲蓋隨風迴。手頓羲和轡。足踏閶闔開。東海猶蹄涔。崑崙螻蟻堆。遐邈冥茫中。俯視令人哀。 梁武帝游仙詩 水華究靈奧。陽精測神秘。具聞上仙訣。留丹未肯餌。潛名游柱史。隱迹居郎位。委曲鳳臺日。分明柏寢事。蕭史暫徘徊。待我升龍轡。 梁沈約奉和竟陵王游仙詩 朝止閶闔宮。夕宴清都闕。騰蓋擁奔星。低鑾避行月。九疑紛相從。虹旌乍升沒。青鳥去復留。高堂雲不歇。葛花有餘照。淹留且晞髮。 周庾信和趙王游仙詩 藏山還採藥。有道得從師。京兆陳安世。成都李意期。玉京傳相鶴。太一受飛龜。白石香新芋。青泥美熟芝。山精逢照鏡。樵客遇圍棋。石文如碎錦。藤苗似亂絲。蓬萊在何處。漢后欲遙祠。〔詞〕 步虛詞 東明九芝蓋。北燭五雲車。飄颻入倒景。出沒上烟霞。春泉下玉霤。青鳥向金華。漢帝看桃核。齊侯問棗花。上元應送酒。來往蔡經家。 又詞 北閣臨玄水。南宮坐絳雲。龍泥印玉策。天火練眞文。上元風雨散。中天歌吹分。虛駕千尋上。空香萬里聞。〔讚〕 宋謝靈運王子晉讚 淑質非不麗。難以之百年。儲宮非不貴。豈若登雲天。王子愛淸淨。區中實囂諠。冀見浮丘公。與爾共繽翻。 又巖下一老翁五少年讚 衡山採藥人。路迷糧亦絕。過息巖下坐。正見相對說。一老四五少。仙隱不可別。其書非世教。其人必賢哲。

道士第三

〔敍事〕 太霄琅書經曰。人行大道。號曰道士。士者何。理也。事也。身心順理。唯道是從。從道爲士。故稱道士樓觀本記曰周穆王尙神仙因尹眞人草制樓觀遂召幽逸之人置爲道士又曰平王東遷洛邑又置道士七人漢明帝永平五年置三十七人晉惠帝度四十九人給戶三百後魏武帝爲九州置壇又度三十五人文帝幸雍謁陳熾法師置道士五十人三洞道科曰道士有五一天眞道士高玄皇人之流也袪惑論曰鬱華子廣成子紫府先生中皇眞人河上丈人亦是也二神仙道士杜冲尹軌之例也袪惑論曰赤松子鬼谷子劉叔卿樂子長安期先生王方平魯女生亦是也三山居道士許由巢父之比也袪惑論曰王倪善卷東園公甪里先生亦是也四出家道士宋倫彭諶之匹也袪惑論曰杜冲彭宗王探封君達王子年陳寶熾李順興亦是也五在家道士黃瓊錢鏗之倫也陸法師曰凡道士道德爲父神明爲母清淨爲師太和爲友大戒三百以度未兆之禍威儀二千以興自然之福［事對］

素劵　赤明　太上丹簡墨錄經曰若受法位至眞一及太一素劵之號可署先生之位靈寶五練經曰昔赤明天中道士鄭仁安功德未滿死於長桑北戎之阿玄和先生於此五練生尸之符鬱然而起爲上宮南帝老君

悟師　無友　太平經曰悟師一人敎十弟子十以敎百百以敎千千以敎萬眞誥曰李少君口訣云道士去世不事王侯是无君也塊然獨立是无友也

稷丘　鬼谷　列仙傳曰稷丘公者太山下道士漢武帝東巡狩乃冠章甫衣黃衣擁琴來迎帝曰勿上必傷指帝上左指折爲丘公立祠鬼谷事見敘事

善忍　句曲　靈寶五練經曰昔善忍國有道士姓現字信然師无常眞誥曰秦孝王時道士周大賓往句曲山下種五果也

玄黃　青赤　洞眞隱玄玉晨金華玉經曰朱字鳳一明光映軒上座玄黃中序天眞老子立德經曰道士有上中下深於道多者名上座龜山元錄經曰皇上萬始先生秋三月則化形爲青赤紫三色之光

三景　一暉　太上八素眞經曰凡遵三景稱三景弟子已度三人付師友已從傳授得稱三景法師上淸紫晨君經云上皇先生紫晨君蓋二暉之胤結玉

晨之精貴人　給戶洞淵經云道士貴人悉天上來也給戶事見敘事東園公　西門惠漢書曰東園公綺里季夏黃公用里先生四皓也見敘事漢書曰道士西門惠知王莽之將終劉氏復爲天子［詩］魏知古玄元觀尋李先生不遇詩羽客今何在空尋伊洛間忽聞歸苦縣復想入函關未作千年別猶應七日還神仙不可見寂寞返蓬山

觀第四

［敘事］太上決疑經曰元始天尊在協晨靈觀諸天內音經曰太上觀罪福之賜開死生之門九靈觀主天地大期洞靈上觀主御帝君紫陽觀主雲風北靈觀主開八書于空洞通陽觀主得度之人大靈觀主得度升仙人太和眞人尹軌樓觀先師傳曰周穆王問杜沖靈宅棲玄爲修觀道學傳曰茅山南洞有崇元觀道士張允之觀前別地爲金陵觀女道士王道憐入龍山自造觀宇名玄曜觀張元始復於茅山南洞造玄明觀［事對］玉虛　金洞外國放品經曰北方有元洲地方三千里无色象形影唯有玉虛紫館洞玄經曰金洞素虛館金母太素三元君所居紫館　丹室玉皇玄聖記曰游龍交馳於紫館之上太洞五經注訣曰丹室者朱火天室館也叢霄　明霞洞玄五行經曰中黃老君曰子既知身藏又當知天地父母之家五城十二樓眞秘於叢霄之觀三元經曰元始天王於明霞之館大霄雲戶下教以授三天玉童三陰　九靈眞誥曰古英人改容於三陰之館童顏於九練之尸九靈事見敘事西華　北靈曲素決辭經曰高上玉皇辭曰目即西華館意合廣寒宮北靈事見敘事［詩］陳陰鏗遊始興道館詩紫臺高不極青溪千仞餘壇邊逢藥銚洞裏閱仙書庭舞經乘鶴池游被控魚稍昏蕪葉歛欲暝槿花疏徒教斧柯爛會自不淩虛［詔］後周武帝立通道觀詔制詔至道弘深混成无際體包空有理極幽玄但歧路既分流源愈遠淳離朴散形氣斯乖

遂三墨八儒。朱紫交競。九流七略。異說相勝。

佛第五

[敍事] 佛地論曰。佛者覺也。覺一切種智。復能開覺有情。如睡夢覺。故名爲佛。普曜經曰。佛兜率天降神於西域迦維衛國淨梵王宮。摩耶夫人剖右脅而生。時多靈瑞。生而能言。本相經曰。年十九。踰城出家學道。勤行精進。禪定六年。成道。具三十二相。八十種好。佛地論曰。姓釋迦。號牟尼佛。後魏釋老志曰。凡說教大抵言生生之類。皆因行業有三世。識神不滅。凡爲善惡。必有報應。漸積勝業。陶冶麤鄙。經無數形。澡練神明。乃致無生而得佛道也。其間階次心行。等級非一。皆緣淺以至深。藉微而爲著。在於積仁順。蠲嗜欲。習虛靜而成通照也。其始脩心。則依佛法僧之三歸。又有五誡。去殺盜婬妄言飲酒。大意與仁義禮智信同。隋書經籍志曰。釋迦在世教化四十九年。乃至天龍人鬼並來聽法。弟子多有得道證果。後於拘尸那城娑羅雙樹間。二月十五日入般涅槃。譯言滅度。亦言常樂我淨。弟子迦葉追共撰述其教。爲十二部。後漢明帝夜夢金人飛行殿庭。以問於朝。而傅毅以佛對。帝遣使往天竺。得佛經及釋迦像。自後佛法徧於中夏。

[事對] 離相　斷言法華經曰。如來生住於種種之地。所謂解脫相。離相。滅相。終歸於空。維摩經曰。法无名字。言語斷故。

慈室　慧門法華經曰。慈悲爲室。柔和忍辱爲度。經曰。通惠爲門。以法爲室。

龍步　鸞音佛名經曰。龍步佛。新經曰。鸞音佛。

金乘　珠藏佛名經曰。金乘佛。又曰。珠足佛。珠藏佛。

露山　金海法華經曰。甘露山佛。稱揚功德經曰。火光界金海如來。

寶洲　金界佛名經曰。南無寶洲佛。又曰。金色境界佛。

日月燈　旃檀海十方佛名經曰。三萬億日

月燈明佛。觀佛三昧經曰。五百旃檀海佛。**珠腋**　**金臂**觀佛三昧經曰。相佛腋下相中懸生五珠。如摩尼珠。上通佛腋。十住論曰。佛臂長過膝。如金關字。**髮**　**輪齒**十住論曰。佛髮色如墨蜂。中有德字安字。僧伽羅刹經曰。如來齒上有千輻輪相。**七滿**　**八平**十住論曰。佛身七處滿。謂兩手兩肩兩足及頸。佛地經曰。佛表裏八處平滿。三峯腹齊如等色好。**金精髮**　**珠火眉**大集經曰。佛不以惡事加衆生。故得髮色金精相。瓔珞經曰。佛眉象珠火。**琉璃咽**　**珊瑚舌**三昧經曰。佛咽喉如琉璃筒。大智論曰。佛舌相色如珊瑚。**珠澤毛**　**金花面**離垢施女經曰。賢者阿難以偈歎曰。白毛眉間生。美澤猶眞珠。修道經曰。佛面光如金花。

〔詩〕齊王融訶詰四大門詩　迅矣百齡。綿茲六入。出沒昏疑。興居愛習。總總予求。營營爾給。匪德曰歸。唯殃斯集。貪人敗類。无厭自及。昭回不希。玄墟何泣。又在家男女惡門詩在磨則磷。玉生雖堅。唯居必徙。豈曰能賢。冰開春日。蘭敗秋年。天敎斯類。及習情遷。命符三膈。生偕十纒。茲焉遂住。憂畏方延。又大慙愧門詩蘭室改蓬。心旌崖變。伊草丹青。有必渝。絲素豈常皓。曲蘖且繩直。詭木遂雕藻。一簣或成山。百里勸中道。崇漢乃王臣。大楚言元保。勉矣德不孤。至言匪虛造。又努力門詩豫北二山尚有移。河中一洲亦可爲。精誠必至霜塵下。意氣所感金石離。有子合掌修名立。時王權髮美譽垂。昔來勤心少驚墮。何不努力出憂危。勝幡法鼓燊且擊。智師道衆紛以馳。有生无我儼既列。无明有我孰能窺。又迴向門詩悠悠九土各異形。擾擾四生非一情。駈車策馬殉世業。市文鬻義炫虛名。三墨紛糾殊不會。七儒委鬱曾未幷。吉凶拘忌及數術。取與離合實縱橫。朝日夕月竟何取。投巖赴火空捐生。咄嗟失道爾迴駕。沔彼流水趣東瀛。

〔讚〕梁沈約千佛讚道有偕適。理无二歸。寂照同是。形相俱非。千覺符應。遞扣冥機。七尊緬矣。感謝先違。既過已滅。未來无象。一刹靡停。三念齊想。不常不住。非今非曩。賢劫雖遼。脩焉如響。棲林籍樹。背室違家。前佛後佛。跡同轉車。或游堅固。或蔭龍華。能達斯旨。可類恒沙。萃萃羣聖。均此妙極。先後參差。各隨願力。密跡弘道。數終乃陟。誓覩來運。永傳令識。

〔銘〕梁沈約釋迦文

佛象銘 積智成明。積因成業。能仁奚感。將吼妙法。駐景上天。降生右脅。始出四門。終超九劫。眇求靈性。曠追玄軫。道雖有門。跡无可睽。物我兼謝。心行同泯。一去後心。百非寧盡。式資理悟。悟以言陳。言不自布。出之者身。有來必應。如泥在鈞。應我以形。而余矇瞽。守慈大夜。焉拔斯苦。仰尋尊靈。法言攸吐。不有儀形。蔑焉誰覿。

菩薩第六

〔敍事〕度世經曰。菩薩著法冠幘。道印綬。觀藥王藥上二菩薩經曰。藥王藥上身長千二百由旬。隨應衆生。或十八丈。或八尺。紫金色。虛空藏經曰。普賢菩薩身無量無邊。百千之色。五十種光。虛空藏菩薩身二十由旬。頂上如意珠作紫金色。無涯際持法門經曰。勝怨菩薩在虛空中立。與流離雲覆世界。雨金色之花。沉水香。赤眞珠蓋。紺琉璃蓋。瑚珊蓋。大方等大集經曰。不空菩薩以三昧力。其地平正。猶如手掌。多羅樹八道間錯。羅布其中。金多羅樹。白銀葉花。銀樹琉璃葉花。頗黎樹馬腦葉花。馬腦樹車渠葉花。車渠樹眞珠葉花。赤眞珠樹黃金葉花。精進度無極經曰。菩薩爲魚王。漁人以網捕羣魚。則首倒植泥中。住尾舉繩。衆魚得活。六度集經曰。菩薩爲鸚鵡王。徒衆三千。有兩鸚鵡力勢踰衆。口銜竹衡。以爲車乘。王集其上。飛止游戲。大智度論曰。菩薩爲迦頻闍羅鳥。與大象獼猴友。共在必鉢羅樹下住。自相問言。我等不知誰應爲長。象言。我昔見此樹在我腹下。今大如是。我應爲長。獼猴言。曾蹲地手逸樹頭。我應爲長。鳥言。我於必鉢羅林中食此樹果子。隨糞出樹得生。以是推之。我應最大。象復言。先生宿舊。禮應供養。卽時大象背負獼猴。鳥在猴上。周游而行。九色鹿經曰。菩薩爲鹿。其毛九種色。角如白雪。僧伽羅刹經曰。菩薩立行。有鳥巢頂上。懼卵墜落。及鳥未能飛。終不捨去。〔事對〕 夢枕　飛鉢 優樓頻羅經曰。昔有童子。脩悟世間。化作女形。生長者家。其母夢琉璃枕有寶蓋。菩薩曰。所懷子是空明菩薩。普起三昧經曰。菩薩食鉢於空中自然飛來。 鴿王　獅子 大度集經曰。菩薩爲鴿王。優樓頻羅經曰。有獅子眼王菩薩。 日城　星劫 造天地經曰。祭河妻國士人無有日月之光。寶光菩薩往造日城。法華經曰。星宿劫也。 手花　心地 虛空藏經曰。寶手菩薩手中出无量花香瓔珞。四不得經曰。菩薩心等如地。 三願　四誓 菩薩內戒經曰。菩薩當如三願。迦葉經曰。菩薩有四種畢定誓。 八方　七品 寶女經曰。舍利佛菩薩八方無所患厭。樓炭經曰。有七品菩薩。 天子按樹　帝釋聽經 普曜經曰。菩薩成道。入水洗浴。八萬天子。各按樹枝。菩薩牽枝出。又曰。菩薩降神母胎。天帝釋梵咸來聽經。

〔讚〕 東晉釋慧遠曇無竭菩薩讚 亹亹大匠。道玄數盡。譬彼大壑。百川俱引。涯不俟津。涂不旋軫。三流開源。於焉同泯。 宋傅亮文殊師利菩薩讚 在昔龍種。今也童眞。業化游方。罔識厥津。高會維那。研微盡神。發揮幽賾。導達天人。 又彌勒菩薩讚 時无並后。道不二司。龍潛兜率。按轡候時。翳翳長夜。懷而慕思。思樂朗旦。屬想靈期。

僧第七

〔敍事〕 增一阿含經曰。四河入海。无復河名。四姓爲沙門。皆稱釋種。尊勝經名爲苾芻。諸經名爲比丘。漢明帝內傳曰。摩騰竺法蘭。漢地僧之始也。高僧傳曰。僧會。吳地僧之始也。長阿含經曰。凡沙門衣鉢隨身。譬如飛鳥。四十二章經曰。僧行道如牛負深泥中。疲極不敢左右顧。增一阿含經曰。沙門皆草蓐爲牀。四分律曰。沙門以世俗法教白衣。正法念經曰。沙門不得近一切捕鳥人。戲論人。外道人。長阿含經又曰。不畜象兵。馬兵。車兵。步兵。〔事對〕 六法　五門 成實論曰。如說比丘成就六法。能以口風吹散雪山。高僧傳曰。僧督得禪法要。遂精練五門。拘鄰 平叔增一阿含經曰。將養聖衆。不失威儀。卽阿若拘鄰比丘。高僧傳曰。廬山隱士劉遺民見僧肇般若无智論曰。不意方今復有平叔。離日 彌天增一阿含經曰。坐禪入定。心不錯亂。卽離日比丘。高僧傳曰。習鑿齒嘗詣道安曰。四海習鑿齒。答曰。彌天釋道安。鵬耆 鷹俊增一阿含經曰。言論辨了而无凝滯。又能造偈。誦嘆如來德。卽謂鵬耆舍比丘。高僧傳曰。支遁常養一鷹。人問之何以。答曰。賞其神俊。松柏 梧桐高僧傳曰。姚興問司徒姚嵩。僧睿如何。答曰。實鄴衞之松柏。又曰。惠紹將於東石室自焚。臨終謂同學曰。吾燒身處。當生梧桐。其後三日果生焉。三輩 四道无爲經曰。沙門有三。坐禪爲上輩。誦經爲中輩。助衆爲下輩。請僧福田經曰。聖僧四道果僧。菩薩僧。佛應化僧。聖應化僧。花氏城 杯度鉢法藏傳曰。馬鳴比丘於花氏城中與五百王子同時悟道。高僧傳曰。朱靈期使高麗還。値風飄至一洲。見一寺。有石人。靈期竭誠懺悔。乃爲眞人。因以鉢與杯度。度得鉢。直入雲。還接之云。我不見此鉢。乃四千年矣。仙人星 呪龍雨高僧傳曰。道開從西來。日行七百里。太史奏。石虎云。有仙人星見。當有高士入境。又曰。沙公苻堅時旱。呪龍下鉢中。天卽大雨。

［詩］隋江總經始興廣果寺題愷法師山房詩

息舟候香阜。悵別在寒林。竹近交枝亂。山長絕逕深。輕飛入定影。落照有疏陰。不見投雲狀。空留折桂心。

［詔］後魏孝文帝立僧尼制詔

門下。凝覺澄沖。事超俗外。揣摸莬蹟。理寄忘言。然非言何以釋教。非俗何能表眞。是三藏舒風。必資戒典。六度擒化。固憑尸波。自象教東流。千齡以半。秦漢俗革。禁制彌密。故前代英人。隨宜興引。時輕時重。以闡玄奧。先朝之日。嘗爲僧禁。小有未詳。宜其脩立。近見沙門統僧顯等。自云欲更一刊定。朕聊以淺識。共詳正典。事起悤悤。觸未詳究。且可設法一時。粗救俗習。須玄白一同。更釐厥喪。

宋孝武帝沙汰沙門詔

門下。佛法訛替。沙門混雜。未足扶濟鴻教。而專成逋藪。加頃姦心頻發。凶狀屢聞。欺道亂俗。人神交忿。可付所在與寺耆長。精加沙汰。後違犯嚴其誅。坐主者詳其條格。速施行。

寺第八

[敘事] 文殊師利菩薩經曰．佛初得道．在摩伽陀國伽耶山寺．增一阿含經曰．波斯匿等五王白世尊．此僧伽尸水側．福妙最是神地．欲造寺．世尊曰．汝等五王此處造寺．長夜受福．世尊卽申右手從地中出迦夜如來而告曰．欲作神寺．當依此法．佛游天竺本記曰．達親國有迦葉佛伽藍．穿大石山作之．有五重．最下爲鴈形．第二層作師子形．第三層作馬形．第四層作牛形．第五層作鴿形．名爲波羅越．波羅越蓋彼國名鴿．譬喻經曰．阿育王起千八百寺．高僧傳曰．漢明帝於城門外立精舍．以處摩騰焉．卽白馬寺是也．名白馬者．相傳云．天竺國有伽藍名招提．其處大富．有惡國王利於財．將毁之．有一白馬繞塔悲鳴．卽停毁．自後改招提爲白馬．諸處多取此名焉．[事對] 二梵 三利增一阿含經曰．世尊說四梵福．若能補理故寺．是謂二梵之福．譬喻經曰．王舍國人欲作寺．錢不足．入海得名寶珠．上國王言．我有三利．欲作寺．入海安隱．多得金寶．而不貪惜．三利．白馬 青鴛白馬事見敘事．大藏經曰．須彌山下有青鴛伽藍．四廟 兩塔增一阿含經曰．起四廟寺．譬喻經曰．罽賓國有兩塔寺．波羅越 麗䟦藍 波羅越事見敘事．十誦戒本經曰．拘夷國寺．阿麗藍石若阿麗䟦藍石三寺．比丘君依塔彌受法戒．此寺尼多是葱嶺以東王侯婦女也．[詩] 唐吳少微和崔侍御日用游開化寺閣詩 左憲多材雄．故戎光鷲鶚．馳贈單于使．休軺太原郭．館次厭煩歊．情懷尋寂寞．西緣十里餘．北上開化閣．初入雲樹間．冥濛未昭廓．漸出欄槐外．萬里秋景焯．歲晏風落山．天寒水歸壑．覽物頌幽果．至乘動玄鑰．但敷利解言．求用忘昏著．陳江總明慶寺詩 十五詩書日．六十軒冕年．名山極歷覽．勝地殊留連．幽崖聳絕壁．洞穴瀉飛泉．金河知證果．石室乃安禪．夜梵聞三界．朝香徹九天．山階步皎月．澗戶聽涼蟬．市朝霑草露．

淮海作桑田。何言望鍾嶺。更復切秦川。隋蕭愨和崔侍中從駕經山寺詩 鈎陳夜曕徼。河漢曉參橫。游騎騰文馬。前駈轉翠旌。野禽喧曙色。山樹動秋聲。雲表金輪見。岩端畫栱明。塔疑從地涌。蓋似積香成。泉高下溜急。松古上枝平。儀台多壯思。麗藻蔚緣情。自嗤非照廡。何以繼連城。隋孔德紹登白馬山護明寺詩 名岳標形勝。危峯遠鬱紆。成象建環極。大壯闓規模。曾臺聳靈鷲。高殿邇陽烏。暫同游閬苑。還類入仙都。三體開碧題。萬戶洞金鋪。攝心罄前禮。訪道把中虛。遙瞻盡地軸。長望極天隅。白雲起梁棟。丹霞映栱櫨。露花疑濯錦。泉月似沉珠。今日桃源客。相顧失歸塗。〔詔〕 北齊武成帝以三臺宮爲大興聖寺詔 思展聿修之重。念歸喜捨之路。肌膚匪恡。國城何寶。期濟率土。至於圓極。可以三臺宮爲大興聖寺。此處極土木之壯。窮丹素之妍。奇怪備於刻削。光華異於圖彩。願使靈心肸蠁。神物斉會。眞覺惟寂。有感必通。化爲淨土。廣延德衆。心若琉璃。法輪常轉。麗甘露於大千。照慈燈於廣劫。後周明帝脩起寺詔 制曰。孝感通神。曕天罔極。莫不布金而構祗園。流銀而成寶殿。方知鹿苑可期。鶴林无遠。敢緣雅頌。仰藉莊嚴。欲使功侔天地。興歌不日。太師晉國公總監置陟岵陟屺修寺營造。唐貞觀年爲戰陣處立寺詔 有隋失道。九服沸騰。朕親總元戎。致茲明罰。誓牧登陑。曾无寧歲。其有桀犬嬰此湯羅。銜鬚義憤。終乎握節。各徇所奉。咸有可嘉。日往月來。逝川斯遠。雖復項籍放命。封樹紀於丘墳。鮑信捐生。丹素著於圓象。猶恐九泉之下。尙淪鼎鑊。八難之間。永纒冰炭。湫然疚懷。用忘興寢。所以樹其福田。濟其營魄。可以建義以來交兵之處。爲義士凶徒殞身戎陣者各建寺剎。招延勝侶。望法鼓所振。變炎火於青蓮。淸梵所聞。易苦海於甘露。所司足量定處所。并立寺名。支配僧徒。及脩院宇。具爲事條以聞。稱朕矜哀之意也。仍命虞世南李百藥褚遂良顏師古岑文本許敬宗朱子奢等爲碑銘。以紀功業也。

卷二十三校勘表

頁數	行數	排印本原文	安刻本	嚴陸校	備註
五四七	一〇	參牛	參午		
五四七	一〇	日光		元光	
五四八	一〇	若三元		三元	
五四八	一一	皇皇		皁皇	
五四八	一二	錦舌			此下似脱「銜日戴星」注
五四八	一五	五千鳴		五千唱	
五四九	三	於得盡其鈎深		（嚴）案於同烏	
五五〇	一二	五岳使		吾岳使	
五五一	一	赤須子		赤須	
五五一	三	仰思　矯玉		仰天　鼓玉	
五五二	四	中皇	中黄		
五五二	四	河上丈人		河上貞人	
五五二	一三	朱字鳳一明光映軒		朱字鳳文精明光映	

五五二	一五	已從	已後
五五三	一二	雲戶	雲京
五五四	四	淨梵王宮	靜王之宮
五五四	一三	言語斷故	〔嚴〕「斷故」二字宋本脫
五五四	一三	爲度經	爲度俗經
五五五	一	上通	上跓
五五五	二	蜂中	鋒中
五五五	三	三峯	元蓬
五五五	八	絲素	絲髮
五五五	一〇	合掌　時王權	剌掌　王生擢
五五五	一五	萃萃	帝萃
五五六	一	將吼　眇求	將唯　耿求
五五七	九	導達	道達
五五七	一二	僧含	僧舍
五五七	一四	世俗	出俗
五五八	四	姚嵩	姚高
五五八	一〇	雲狀	雲杖
五五九	二	波斯匿	波羅匿

五五九	四	迦夜	迦葉		
五五九	一一	比丘君			疑是「比丘尼」之誤
五五九	一二	故戍		故城	

初學記卷第二十四

居處部

都邑一　城郭二　宮三　殿四　樓五　臺六　堂七　宅八　庫藏九　門十　牆壁十一　苑囿十二

園圃十三　道路十四　市十五

都邑第一

〔敍事〕春秋左氏傳曰。凡邑有宗廟先君之主曰都。無曰邑。又釋名云。都者。國君所居。人所都會也。邑猶偪。聚會之稱也。按帝王世紀曰。伏犧都陳。神農亦都陳。又營曲阜。陳今陳州。曲阜今兖州曲阜縣。黃帝都涿鹿。或曰都有熊。涿鹿今幽州界。有熊今鄭州界新鄭縣。少昊都窮桑。窮桑在魯北。故春秋傳曰。命伯禽而封少昊之墟。又尚書序曰。魯侯伯禽宅曲阜。顓頊都高陽。高陽在周爲衛地。故春秋傳曰。衛顓頊之墟也。或謂之衛丘。今濮陽縣。帝嚳都亳。一曰都高辛。今偃師也。堯始封於唐。後徙晉陽。卽帝位。都平陽。唐今定州唐昌縣。晉陽今太原府晉陽縣。平陽今晉州。舜都蒲阪。今蒲州河東縣。禹本封於夏。爲夏伯。及舜禪。都平陽。或在安邑。安邑蒲州縣名。一曰夏禹在陽城。蓋避舜子商均非都也。按尚書五子之歌曰。惟彼陶唐。有此冀方。言堯舜至禹及太康皆在冀州界。少康中興。而復還舊都。故春秋傳曰。復禹之迹。不失舊物。湯都亳。殷都有三亳。穀熟爲南亳。偃師爲西亳。湯都卽南亳也。或云西亳。至仲丁遷囂。或曰敖。今河南之敖倉也。河亶甲居相。相今相州。祖乙居耿。耿河東皮氏之耿鄉。及盤庚五遷。復南都亳之殷地。則西亳也。周文王都酆。武王都鎬。酆鎬並今京兆之界。周公相成王。以酆鎬偏處西方。方貢不均。乃營洛邑。今東都也。成王卽洛邑建明堂朝諸侯。復還酆鎬。至幽王爲犬戎所殺。平王東遷。乃居洛邑。及敬王時。又遷成周。今洛陽故都城是也。秦非子始封於秦。秦今在隴西。自非子之後。莊公徙楚丘。文公徙汧。寧公都平陽。平陽今岐州郿縣界。非堯之平陽都也。至德公又居雍。獻公徙櫟陽。孝公徙咸陽。後都咸陽。漢都長安。東觀漢記曰。光武中興。都洛陽。又於南陽置南都。三國時。魏略云。魏以長安譙許昌鄴洛陽爲五都。吳志云。吳都鄂。後遷建鄴。蜀志云。蜀都成都。晉書云。晉都洛陽。至永嘉南居建康。建康今潤州江寧縣。宋齊梁陳並同居建康。梁元帝及後梁蕭詧又別居江陵。晉亂。有十六國。各建都邑。前涼張軌都敦煌。後涼呂光都姑臧。南涼禿髮烏孤都樂都。西涼李暠都酒泉。北涼沮渠蒙遜都張掖。前燕慕容廆初都和龍。後徙薊。又徙鄴。後燕慕容垂都中山。南燕慕容德都廣固。北燕馮跋都和龍。前秦苻堅。後秦姚萇。並都長安。西秦乞伏國仁都定樂。前趙劉聰都平陽。後趙石勒都襄國。至石季龍都鄴。後蜀李特都成都。夏赫連勃勃都統萬城。晉永嘉南遷。後魏據有中原。初都代。後徙洛陽。至文帝遷長安。孝靜帝遷鄴。號東魏。北齊高洋以鄴爲上都。晉陽爲下都。西魏禪周。周禪隋。隋並都長安。隋高祖營大興城。後徙居之。更名曰長安。卽今西京城也。隋煬帝遷洛陽。於故周之王城南。封伊闕。卽今東都城也。　唐虞以前。都名不著。自夏之後。各有所稱。白虎通云。夏爲夏邑。商爲商邑。周爲京師是也。公羊傳曰。京師者何也。天子之所居也。京大也。師衆也。言天子所居必以衆大言之也。

〔事對〕

天府　帝畿　漢書曰。劉敬說上都關中。上疑之。左右大臣皆山東人。多勸上都洛陽。曰。東有成皋。西有崤澠。背河向洛。其固亦足恃也。張良曰。洛陽雖有此固。其中小不過數百里。地薄。四面受敵。此非用武之國。夫關中左崤函。右隴蜀。沃野千里。南有巴蜀之饒。北有胡苑之利。阻三面而守。獨以一面東制諸侯。此所謂金城千里。天府之國也。班固西都賦曰。華實之毛。則九州之上腴焉。防禦之阻。則天下之奧區焉。是故橫被六合。三成帝畿。**帶涇　貫渭**班固西都賦曰。漢之西都。在于雍州。實曰長安。帶以洪河涇渭之川。三輔黃圖曰。秦皇兼天下。都咸陽。渭水貫都。以象天漢。橫橋南度。以法牽牛。**作豐　營洛**毛詩曰。文王受命。有此武功。既伐于崇。作邑于豐。漢書曰。昔者周公營洛邑。以爲在于土中。諸侯蕃屏四方。故立京師。**三亳　二周**皇甫謐帝王世紀云。殷有三亳。在梁國。一亳在河南也。穀熟爲南亳。即湯都也。蒙爲北亳。即景亳。湯所盟地。偃師爲西亳。則盤庚所徙也。史記曰。王赧時東西周分。境王赧徙都西周。**千里　四縣**白虎通曰。京師者何謂也。千里之邑號也。法日月之徑千里。周禮曰。四縣爲都。以任地事。

居邰　徙雍三輔故事曰。周后稷居邰。公劉遷豳。亶甫遷岐山之陽。三輔黃圖曰。秦德公自汧徙雍。**法日　象漢**法日事見千里注。象漢事見貫渭注。**再徙　五遷**呂氏春秋曰。一徙成邑。再徙成都。三徙成國。尚書曰。盤庚五遷。將徙亳殷。**澗瀍　河洛**尚書曰。我乃卜澗水東。瀍水西。惟洛食。左思蜀都賦曰。崤函有帝皇之宅。河洛爲王者之里。**建瓴　定鼎**漢書曰。秦中形勝之國也。地勢便利。以加兵於諸侯。譬猶高屋之上建瓴水也。帝王世紀曰。武王伐紂。營洛邑而定鼎焉。今洛陽西南洛水北有鼎中觀是也。**伊洛**

崤函傅毅洛都賦曰。尋歷代之規兆。仍險塞之自然。決崑崙之洪流。據伊洛之雙川。漢書張良曰。夫關中左崤函。右隴蜀。**統四方**

兼六合五經要義曰。王者受命。創始建國。立都必居中土。所以總天地之和。據陰陽之正。均統四方。旁制萬國者也。左思蜀都賦曰。夫蜀都者。於水陸所湊。兼六合而交會也。**交風雨　總天地**張衡東京賦曰。昔先王之京邑也。掩觀九隩。靡地不營。土圭測景。不縮不盈。總風雨之所交。然後以建王城。總天地事已見統四方注。**挾成皋　據函谷**傅毅洛陽賦曰。挾成皋之嵓阻。扶二崤之崇山。班固西都賦曰。左據函谷二崤之阻。**四方之極　八紘之中**毛詩曰。商邑翼翼。四方之極。毛萇注曰。商邑。京師也。左思魏都賦曰夫魏土者.考之四隩.則八紘之中也.測之寒暑.則霜露所均也.［賦］後漢班固西都賦 漢之西都.在于雍州.實曰長安.左據函谷二崤之阻.表以太華終南之山.右界褒斜隴首之險.帶以洪河涇渭之川.華實之毛.則九州之上腴焉.防禦之阻.則天下之奧區焉.是故橫被六合.三成帝畿.周以龍興.秦以虎眂.及至大漢受命而都之也.仰悟東井之精.俯協河圖之靈.奉春建策.留侯演成.天人合應.以發皇明.乃眷西顧.實惟作京.後漢傅毅洛都賦 惟漢元運.會世祖受命而弭亂.體神武之聖資.握天人之契贊.揮電旗於四野.拂宇宙之殘難.受皇號於高邑.脩兹都之城館.尋歷代之規兆.仍險塞之自然.被崑崙之洪流.據伊洛之雙川.挾成皋之嵓阻.扶二崤之崇山.砥柱回波綴於後.三塗太室結於前.鎮以嵩高喬岳.峻極於天.後漢張衡南都賦 於顯樂都.既麗且康.陪京之南.居漢之陽.割周楚之豐壤.跨荆豫而爲疆.體爽塏之閑敞.紛郁郁其難詳.爾其地勢.則武闕關其西.桐柏揭其東.流滄浪而爲隍.廓方城以爲墉.湯谷湧其後.淯水蕩其匈.推瀨引湍.三方是通.晉左思蜀都賦 夫蜀都者.蓋兆基于上代.開國於中古.廓靈關而爲門.包玉壘而爲宇.帶二江之雙流.枕峨眉之重阻.水陸所湊.兼六合而交會也.又魏都賦 魏土者.畢昴之所應.虞夏之餘人.先王之桑梓.列聖之遺塵.考之四隩.則八紘之中.測之寒暑.則霜露所均.晉庾闡楊都賦 負鍾嵓以結宇.泝陽潭以開江.頫方山之磐崿.竦白石之靈峯.匯青谿之濬壑.枕百堵之層墉.横朱雀之飛梁.豁九達之遐衝.［詩］陳孔奐賦得名都一何綺詩 京洛信名都.佳麗擬蓬壺.九華彫玳瑁.百福上椒塗.黃金絡騕褭.蓮花裝鹿盧.咸言儀服盛.全勝執金吾.隋許善心奉和還京師詩 重光闡帝圖.肆覲荷來蘇.卜洛連新邑.因秦還舊都.雷警三辰衞.星陳七萃駈.從風折鳳羽.曜日拖魚鬚.憲章殫禮樂.容服備車徒.迴鑾入酆鎬.從蹕度枌楡.冉冉年和變.遲遲節物徂.餘花照玉李.細葉翦珪梧.朝夕萬國湊.海會百川輸.微生逢大造.倏忽改榮枯.虞世南賦得吳都詩 畫野通淮泗.星躔應斗牛.玉牒宏圖表.黃旗美氣浮.三分開霸業.萬里宅神州.高臺臨茂苑.飛閣跨澄流.江濤如素蓋.海氣似珠樓.吳趨

自有樂。還似鏡中遊。褚亮賦得蜀都詩 列宿光輿井。分芒跨梁岷。沉犀對江浦。駟馬人城闉。英圖多霸跡。歷選有名臣。連騎轡纓滿。含章詞賦新。得上仙槎路。無待訪嚴遵。李百藥賦得魏都詩 炎運精華歇。清都寶命開。帝里三方盛。王庭萬國來。玄武疏遙隥。金鳳上層臺。乍進仙童藥。時傾避暑杯。南館招奇士。西園引上才。還惜劉公幹。疲病清漳隈。鄭翼登北邙還望京洛詩 步登北邙阪。踟躕聊屬望。宛洛盛皇居。規模窮大壯。三河分設險。兩崤資巨防。飛觀紫烟中。層臺碧雲上。青槐夾馳道。迢迢脩且曠。左右多第宅。參差居將相。清晨謁帝返。車馬相追訪。胥徒各異流。文物分殊狀。囂塵暗天起。簫管從風颺。伊余孤且直。生平獨淪喪。山幽有桂叢。何爲坐惆悵。

〔詔〕 唐高宗天皇大帝建東都詔 朕聞踐華固德。百二稱乎建瓴。卜洛歸仁。七百崇乎定鼎。是以控膏腴於天府。啓黃圖於渭濱。襟沃壤於王城。摛緣宇於河渚。市朝之城。麗皇州之九緯。丹紫之原。邈神皋之千里。二京之盛。其來自昔。此都心茲宇宙。通賦貢於四方。交乎風雨。均朝宗於萬國。曲阜之規。猶勤測圭之地。載華。豈得宅帝之鄉。獨稱都於四塞。里王之邑。匪建國於三川。宜改洛陽宮爲東都。上棟下宇。彼勞昔以難前。廣夏高臺。我名今而改彼。仍茲舊貫。式表宸居。

城郭第二

〔敍事〕 管子曰。內爲之城。外爲之郭。釋名云。城。盛也。盛受國都也。郭。廓也。廓落在城外也。風俗通曰。郭或謂之郛。郛者亦大也。按淮南子。鮌作城。吳越春秋曰。鮌築城以衞君。造郭以守民。此城郭之始也。五經異義曰。天子之城高九仞。公侯七仞。伯五仞。子男三仞。又公羊傳注曰。天子之城千雉。高七雉。公侯百雉。高五雉。子男五雉。高三雉。白虎通曰。天子曰崇城。言崇高也。諸侯曰干城。言不敢自專。禦於天子也。月令。每歲孟秋之月。補城郭。仲秋之月。築城郭。左氏傳曰。計丈數。揣高卑。度厚薄。仞溝洫。物土方。

議遠邇量事期計徒庸慮材用書糇糧以令役此築城之義也釋名又曰城上垣謂之睥睨言於孔中睥睨非常也亦曰陴言裨助城之高也亦曰女牆言其卑小比之於城若女子之於丈夫也說文所謂堞者亦女牆也〔事對〕

卻月　長雲荆州記曰沔陽縣至沔口水北有卻月城西一里有馬騎城周迴五里高一丈鮑昭蕪城賦曰崪若斷岸矗似長雲

皇后　夫人酈道元注水經曰魯陽關水歷衡山西南經皇后城西建武元年光武遣侍中傅浚持節迎光烈皇后於淯陽浚發兵三百餘人宿衞皇后道路歸京師既稅捨所在故城得其名矣漢書曰匈奴使右都尉要擊漢軍於夫羊句山貳師遣屬國胡騎二千與戰虜兵敗散漢軍乘勝追北至范夫人城

西安　南武崔鴻北涼錄曰沮渠蒙遜等推段業爲涼州牧業築西安城董覽吳地記曰海渚有吳王闔閭與越結怨相伐築城名曰南武城以禦越後吳先主亦因此更繕脩以備魏也

臨江　踐華荆州圖記曰魚復縣西北赤甲城東南連白帝城西臨大江賈誼過秦論曰始皇奮六代之餘烈振長策而御宇內踐華爲城因河爲池

紫土　黃金崔豹古今注曰秦所築長城土色皆紫漢塞亦然故稱紫塞沈約宋書曰氐帥揚難當寇漢中魏興太守薛健據黃金城

千里　九重東方朔十洲記曰崑崙山有積金爲天墉城面方千里淮南子曰崑崙山有增城九重其高一萬一千一百一十里

玄菟　白鹿漢書曰昭帝元鳳六年某郡國徙築遼東玄菟城王歆之始興記曰含涯有三城白沙城馬鞍城白鹿城城南有白鹿岡

千丈　九仞荆州圖記曰白帝城西臨大江東南高二百丈西北高一千丈許愼五經異義曰天子城高九仭

天險　地中荆州圖記曰夷陵縣南對岸有陸抗故城周迴十里三百四十步卽山爲墉四面天險周書曰周公云余畏周室不延以爲天下宗乃作大邑于土中立城方六百二十丈周禮曰日至之晨尺有五寸謂之地中天地之所合也四合之所交也乃建王國焉

下魚　游鹿袁山松宜都記曰狼山縣東六十里有山名下魚城四面絕崖唯兩道可上皆險峻山上周迴可二十里有林木池水人田種

於山上。昔永嘉亂。土人登此避賊。守之經年。食盡。取池魚擲下與賊。以示不窮。賊遂退散。因此名爲下魚城。王歆之始興記曰。含涯有白鹿城。晉咸康中。都人張魴作令十年。甚有惠政。白鹿群游。取一而獻之。故以爲名。固國　表城趙曄吳越春秋曰。堯聽四岳之言。用鮌脩水。鮌曰。帝遭天災。厥黎不康。乃築城造郭。以爲固國。王肅表曰。夫城之有郭。猶骨之有皮。表裏各異。則保障不完。皮骨分離。則一體不具。顏田　廖葬莊子曰。孔子謂顏回曰。家貧居卑。胡不仕乎。顏回對曰。不願仕。回有郭外之田五十畝。足以給饘粥。足以給絲麻。鼓琴足以自樂。回不願仕也。後漢書曰。汝南廖扶者。畢志衡門。死葬北郭。號曰北郭先生。〔賦〕　魏文帝登城賦孟春之月。惟歲權輿。和風初暢。有穆其舒。駕言東邁。陟彼城隅。逍遙遠望。乃欣以娛。平原博敞。中田闢除。嘉麥被壟。緣路帶衢。流莖散葉。列倚相扶。水幡幡以長流。魚裔裔以東馳。風飄颻而既臻。日晻曖以西移。望舊館而言旋。永優游而无爲。宋鮑昭蕪城賦崪若斷岸。矗似長雲。制磁石以禦衝。糊頳壤而飛文。觀基扃之固護。傳萬祀而一君。出入三代。五百餘載。竟瓜剖而豆分。至若白楊早落。塞草前衰。稜稜霜氣。蔌蔌風威。孤蓬自振。驚沙坐飛。通池既已夷。峻隅又已頹。直視千里外。唯見起黃埃。若夫藻扃黼帳。歌臺舞閣之基。璇淵碧樹。弋林釣渚之館。吳蔡齊秦之聲。魚龍爵馬之玩。皆薰歇燼滅。烟沉響絕。東都妙姝。南國麗人。蕙心紈質。玉貌絳脣。埋魂幽土。委骨窮塵。豈憶同輦之愉樂。離宮之苦辛。歌曰。邊風起兮城上寒。井徑滅兮邱壟殘。千齡兮萬代。共盡兮何言。梁吳均吳城賦古樹荒煙。幾百千年。云是吳王所築。越王所遷。東有鑄劍殘水。西有舞鵠故墟。縈具區之廣宅。帶姑蘇之遠山。僕本蓄怨。千悲億恨。況復荆棘蕭森。叢蘿彌蔓。亭梧百尺。皆歷地而生枝。階筠萬本。或至杪而无葉。不見春荷夏槿。唯聞秋蟬冬蝶。木魅晨走。山鬼夜驚。不知九州四海。乃復有此吳城。〔詩〕

梁簡文帝從頓還城詩漢渚水初綠。江南草復黃。日照蒲心暖。風吹梅蕊香。征艫艤湯塹。歸騎息金隍。舞觀衣恒襞。歌臺絃未張。持此横行去。誰念守空牀。梁王筠和新渝侯巡城詩闉闍曖已昏。鈎陳杳將暮。棲烏城上喧。晚雀林中度。屯衛時巡警。凝威肆

安步閣道趨文昌禁兵連武庫銅烏迎旱風金掌承朝露罘罳分曉色睥睨生秋霧維城任寄崇空想靈均賦伊余方病免邱園保恬素

後魏溫子昇從駕幸金墉城詩茲城實佳麗飛甍自相並膠葛擁行風岧嶢閟流景御溝屬淸洛馳道通丹屏湛淡水成文參差樹交影長門久已閉離宮一何靜細草緣玉堦高枝蔭桐井微微夕渚暗肅肅暮風冷神行揚翠旗天臨肅淸警伊臣從下列逢恩信多幸康衢雖已泰弱力將安騁

李百藥秋晚登古城詩日落征途遠悵然臨古城頹墉寒雀集荒堞晚烏驚蕭森灌木上迢遞孤煙生霞景煥餘照露氣澄晚淸秋風轉搖落此志安可平

〔銘〕後漢李尤京師城銘天險匪登地險丘陵帝王設險乾坤是承

宮第三

〔敍事〕釋名云宮穹也言屋見於垣上穹崇然也周易曰上古穴居而野處後代聖人易之以宮室上棟下宇以待風雨蓋取諸大壯此其始也又白虎通曰黃帝作宮室以避寒溫世本曰禹作宮室二說不同昔黃帝有合宮見管子堯有貳宮、帝王世紀曰堯見舜處於貳宮搗宮見相兒經湯有鑣宮見墨子湯所受命之宮周有蒿宮大戴禮曰周德澤和洽蒿茂大以爲宮柱名爲蒿宮鄭宮春宮見紀年穆王所居室秦有蘄年宮信宮梁山宮見史記並始皇所居漢有長樂宮未央宮沛宮林光宮甘泉宮龍泉宮首山宮交門宮明光宮五柞宮萬歲宮池陽宮蒲陶宮竹宮壽宮建章宮黃山宮太一宮思子宮見漢書長樂等宮或在京師或在外郡或在王所居或祠祀所在或因事以立也夜光宮棠棃宮扶荔宮見三輔黃圖桂宮見三輔故事鼎湖宮宜春宮谷口宮望仙宮通天宮見漢武故事後漢有南宮北宮胡桃宮見東觀漢記魏有鄴宮見魏略吳有太初宮昭明宮見吳誌此諸宮皆範金合土而爲之以爲貴也見禮記。亦猶天文之有紫宮文昌及五宮見史記天官書。神仙之有金玉琉璃宮矣。見十洲記。然自古宮室一也漢來尊者以爲帝號下乃避之也見風俗通禮記曰命士以上父子皆異宮又曰儒有一畝之宮環堵之室此則士庶通謂之宮矣

［事對］紫微　玄武樂叶圖徵曰天宮紫微宮北極天一太一鉤陳後宮也史記天官書曰北宮玄武虛危危爲蓋星。長樂　未央漢武故事曰建章長樂宮皆輦道相屬懸棟飛閣不由徑路漢書曰高祖七年至長安蕭何脩未央宮。六星　五潢春秋文曜鉤曰魁戴匡六星曰文昌宮爲六府史記天官書曰咸池爲五潢。步高　望遠三輔黄圖曰京兆有步高宮又曰長安有望遠宮。望仙　集靈郭子横洞冥記曰元封三年起望仙宮西岳記曰漢武帝巡省五岳禮祀豐備故立宮其下號曰集靈宮。曜華　養德西京雜記曰梁孝王作曜華宮又趙王如意宮號曰養德宮。懸貝　張旗嚴助相兒經曰堯懸貝轂於塢宮漢書曰武帝置壽宮張羽旗以禮神君。幽房　昭臺河圖曰瑤光貫月感女嫗于幽房之宮生黑帝三輔黄圖云長安有昭臺宮。駁娑　逍遙漢宮閣名曰長安有駁娑宮高閣燕志曰慕容熙造逍遙宮。蒿柱　棠梨並見敍事。四寶　五柞西京雜記曰武帝爲七寶牀雜寶案廁寶屏風列寶帳設於桂宮時人謂之四寶宮漢書武帝後元二年幸盩厔五柞宮張晏注曰有五柞樹因以名宮。逃夏　宜春越絕書曰今太守舍有春申君所造後殿屋以爲逃夏宮漢宮閣名曰長安有宜春宮。祈年　延壽　增城　脩池漢宮閣名曰長安有祈年宮延壽宮三輔黄圖曰七里宮增城宮。增城宮在甘泉宮垣內長安有脩池宮

［賦］漢劉歆甘泉宮賦軼凌陰之地室過陽谷之秋城迴天門而鳳舉躡黄帝之明庭冠高山而爲居乘崑崙而爲宮按軒轅之舊處居北辰之閎中背共工之幽都向炎帝之祝融緣石闕之天梯桂木雜而成行芳肸蠁之依依翡翠孔雀飛而翺翔鳳皇止而集棲甘醴湧於中庭兮激清流之瀰瀰黄龍游而蜿蟺兮神龜沉於玉泥離宮持觀接比相連雲起波駭星佈彌山高巒峻阻臨眺廣衍

深林蒲葦湧水清泉芙蓉菡萏菱荇蘋蘩豫章雜木楩松柞棫女貞烏勃桃李棗檍〔詩〕梁簡文帝新成安樂宮詩遥看雲霧中刻桷映丹紅珠簾通曉日金華拂夜風欲知歌管處來過安樂宮　周明帝過舊宮詩　玉燭調秋氣金輿歷舊宮還如過白水更似入新豐秋潭漬晚菊寒井落疏桐舉杯延故老今聞歌大風　陳陰鏗新成長安宮詩　新宮實壯哉雲裏望樓臺迢遞翔鵾仰連翩賀雀來重欄寒霧宿丹井夏蓮開砌石披新錦梁花畫早梅欲知安樂盛歌管雜塵埃〔頌〕梁沈約朝丹徒故宮頌聖祖神傑堯蹤漢烈岳峻雄圖天張武節墜命既升霸略將騁清渭走烽濁河獻警恃峭劍關憑深桂嶺彝章委闕禮樂沉河拯壓傾構引溺危波盡物稱瑞窮靈委和玄精翼日丹羽巢阿〔銘〕後漢李尤永安宮銘　合歡黃堂中和是遵舊廬懷本新果暢春候臺集道俾司星辰豐業廣德以協天人萬福來助嘉娛永欣

殿第四

〔敍事〕蒼頡篇曰殿大堂也商周以前其名不載按史記秦始皇本紀始曰作前殿上可以坐萬人下可以建五丈旗漢書則有甘泉函德鳳皇明光皋門麒麟白虎金華諸殿　甘泉以下皆殿名　漢宮又有大夏長秋朱鳥玉堂飛雲昭陽鴛鸞銅馬蕭何曹參韓信諸殿後漢書有德陽溫明　在邯鄲　陽安華光諸殿洛陽宮殿簿有魏太極九龍芙蓉九華承光諸殿漢晉春秋有景福　在許昌　聽政　在鄴　諸殿晉宮閣名有靈圃百子虞泉清宴諸殿　洛陽故宮名云洛陽南宮有玉堂前殿黃龍殿翔平殿竹殿　歷代殿名或沿或革唯魏之太極自晉以降正殿皆名之摯虞決疑要注云其制有陛左城右平者以交塼相亞次城者爲階級也九錫之禮納陛以登謂受此陛以上殿〔事對〕敬法　含章　東觀漢記明德馬皇后嘗有不安時在敬法

殿東廂。上令太夫人及兄弟得入見。洛陽宮殿簿曰。太極殿近含章殿。增城 疏圃漢宮閣名。長安有曾城。洛陽宮殿簿曰。疏圃殿。殿在華林園中。飛羽 披香廟記曰。飛羽殿。或云飛雨殿。又曰。長安有披香殿。鴛鸞殿。飛翔殿。聽政 宣德聽政殿見敍事。三輔黃圖曰。未央宮有宣德殿。嘉德 徽音洛陽故宮名曰。洛陽宮有嘉德殿。洛陽宮殿簿曰。明光殿。徽音殿。九華 百福洛陽宮殿簿曰。九華殿。百福殿。式乾 清暑洛陽宮殿簿曰。式乾殿。淸暑殿。玉堂 銅柱漢宮閣名曰。長安有玉堂殿。銅柱殿。景福 延休洛陽宮殿簿曰。永寧宮有景福殿。安昌殿。延休殿。

〔賦〕 宋何尚之華林淸暑殿賦 遲綿亘之虹梁。列彫刻之華榱。網戶翠錢。淸軒丹墀。若迺奧室曲房。深沉幽密。始如易循。終然難悉。動微物而風生。踐椒塗而芳溢。觸遇成晏。暫游累日。卻倚危石。前臨濬谷。終始蕭森。激淸引濁。湧泉灌於堦戺。遠風生於楹曲。暑雖殷而不炎。氣方淸而含育。哀鶴唳暮。悲猿啼曉。靈芝被崖。仙花覆沼。

〔詩〕 隋江總侍宴瑤泉殿詩 水亭通枒詣。石路接堂皇。野花不識朵。旅竹本无行。雀驚疑欲曙。蟬噪似含凉。何言金殿側。亟奉瑤池觴。又侍宴臨芳殿詩 鐘箭自徘徊。皇堂薦羽杯。橋平疑水落。石迥見山開。林前暝色靜。花處近香來。西巘傷撫夕。此閣濫游陪。

〔銘〕 後漢李尤德陽殿銘 皇穹垂象。以示帝王。紫微之側。弘誕彌光。大漢體天。承以德陽。崇弘高麗。包受萬方。內綜朝貢。外示遐荒。陳徐陵太極殿銘 夫紫蓋黃旗。揚都之王氣長久。虎踞龍蟠。金陵之地體貞固。天居爽塏。大寢尊嚴。高應端門。仰模營室。歸于有德。譬彼河圖。傳我休明。義同商鼎。太極殿者。法氐象亢。王者之位以尊。左平右城。天子之堂爲貴。往朝煨燼。多歷年所。世道隆平。宜其休復。監軍鄒子度啓稱。卽日忽有一大梓柱。從流來泊在後渚。岸崖峨容與。若漢水之仙槎。搖漾波濤。似新庭之龍刹。孤拔靈山。允彰天貺。昔梁武承聖。將圖繕脩。東虜窺江。西胡犯蹕。定之方中。亟興師旅。揆之以日。輒有災故。是知秦人所止。實漢祖而爲宮。吳都佳氣。乃元皇而斯宅。千櫨赫奕。萬栱崚嶒。植綠芰而動微風。舒丹蓮而制流火。甘泉遠望。覩正殿之崢嶸。函谷遙看。美皇居之佳麗。信可以齊三光而示宇宙，會萬國而朝諸侯。爰命微臣，乃爲銘曰：雍畤相望，參差未央。偃師還望，崔嵬德陽。高捫太一，正覩瑤光。峨峨靈柱，赫赫流章。美矣宮室，嘉哉令日。御扆垂旒，當朝清蹕。樂備韶夏，禮兼文質。帝旅無讙，王旅斯謐。肅肅卿士，邕邕丞弼。漢坐彫屏，周人檻櫺。城隅有勒，殿省皆銘。況復皇寢，宜昭國經。方流典訓，永樹天庭。

樓第五

〔敍事〕　說文曰：樓，重屋也。又釋名曰：言牖戶諸射孔慺慺然也。按漢書武帝時，方士言黃帝爲五城十二樓，以候神人。又濟南人公玉帶上黃帝明堂圖，圖中有一殿，四面無壁，以茅蓋，通水，圜宮垣，爲複道，上有樓，從西南入。蓋樓之始也。其後魏有麗譙，越有飛翼，漢有井幹。並樓名也。莊子曰：魏武侯謂徐无鬼曰：欲見先生久矣，吾欲愛民而爲義偃兵，其可乎？徐无鬼曰：不可。愛民，害民之始；爲義偃兵，造兵之本也。君自此爲之，則殆不成。凡成美，惡器也。君雖爲仁義，幾且僞哉！形固造形，成固有代，變固外戰。君亦必無盛鶴列於麗譙之間。注曰：麗譙，戰樓名也。吳越春秋曰：勾踐立飛翼樓。漢書云：武帝立井幹樓，高五十丈。　羽林亭樓，見漢書。　馬伯騫樓，貞女樓，見漢宮閣名，在長安。　魏有白門樓，在下邳。魏志曰：呂布敗，乃登白門樓，圍之急，布下降，遂生得布。　吳有白雀樓，見吳紀。　晉有伺星樓、儀鳳樓、翔鳳樓，見晉宮閣名。幽明錄云：鄴城鳳陽門五層樓，安金鳳皇二頭於其上。石季龍將衰，一頭飛入漳河。述異記云：江下有黃鶴樓。陶季直京都記曰：宋華林園造景雲樓。齊書云：置鐘於景陽樓上，令宮人聞鐘聲，早起妝飾。　且樓之所居也。史記云：仙人好樓居，設具而候神人。墨子云：城備三十步置坐候樓，出堞四尺；百步一木樓，樓前面九尺；二百步一立樓，去城中二丈五尺。又淮南子云：亂之所由生者，皆在流遁。大構架，興宮室，延樓棧道，雞棲井幹，欂木欂櫨，以相支持，木巧之飾，此逓於木也。歷代營建所不同也。[事對] 井幹 麗譙並見叙事。盤龍 儀鳳鮑昭京洛篇曰：鳳樓十二重，四戶八綺窗，繡桷金蓮花，桂柱玉盤龍。晉宮閣名曰：總章觀儀鳳樓一所，在觀上，廣望觀之南極。五尋 百尺孫楚登樓賦曰：有都城之百雉，加層樓之五尋。洛陽地記曰：洛陽城內西北角金墉城東北角有樓，高百尺，魏文帝造。望氣 候神蕭方等三十國春秋曰：張華善天文，解望氣。元康初，嘗與鄱陽雷孔章共夜登樓，而見一氣起斗牛間。華謂孔章曰：此何氣也？對曰：其寶劍乎。史記曰：方士言武帝曰：黃帝為五城十二樓，以候神人。半城 出堞桓子新論曰：更始帝到長安，其大臣辟除東宮之事，為下所非笑，但為小衛樓半城而居之，以是知其將相非蕭曹之儔也。出堞見墨子，已具叙事。瞰蜿 翔鳳張衡西京賦曰：神明崛其特起，井幹疊而百層，峙游極於浮柱，結重欒以相承，瞰蜿虹之長鬐，察雲師之所憑。晉宮閣名曰：總章觀有翔鳳樓。淩雲 棲霞世說曰：淩雲臺樓觀極精巧，先稱平衆材，輕重當宜，然後造構，乃无錙銖，遞相負揭，臺雖高峻，恒隨風搖動，而終无崩隕。魏明帝登樓，懼其勢危，別以大材扶之，樓即便頹壞，論者謂輕重力偏故也。盛弘之荊州記曰：城西百餘步有棲霞樓，宋臨川康王置。五層 百丈幽明錄曰：鄴城鳳陽門五層樓。郭子曰：殷中軍廢後，恨簡文曰：上人著百丈樓上，擔梯將去。

[賦]

晉孫楚登樓賦有都城之百雉，加層樓之五尋，從明王以登游，聊暇日以娛心。鳴鳩拂羽於桑榆，游梟濯翅於素波，牧豎吟嘯於行陌，舟人鼓枻而揚歌。百寮雲集，從坐華臺，嘉肴滿俎，旨酒盈杯，談三墳與五典，釋聖哲之所裁。

[詩]

梁簡文奉和登北顧樓詩春陵佳氣地，濟水鳳皇宮。況此徐方域，川岳邁周灃。皇情愛歷覽，游陟擬崆峒。聊駐式道候，无勞襄野童。霧崖開早日，晴天歇晚虹。去帆入雲裏，遙星出海中。

梁沈約登玄暢樓詩危峯帶北阜，圓鼎出南岑。中有淩風榭，迴望川之陰。崖險每增減，湍平互淺深。水流本三派，臺高乃四臨。上有離羣客，各有慕歸心。落暉映長浦，煥景燭中潯。雲生嶺片黑，日下溪半陰。信美非吾土，何事不抽簪。

梁劉孝綽登陽雲樓詩吾上陽臺上，非夢高唐客。迴首望長安千里懷三益顧惟慙入楚殊私等申白西阻水潦收昭丘霜露積龍門不可見空慕淩霜柏〔銘〕宋鮑昭淩煙樓銘瞰江列檻望景延除積淸風路含采煙塗俯窺淮海俛眺荆吳我王結架藻思神居宜此萬春修靈所扶

臺第六

〔敍事〕釋名云臺持也言築土堅高能自勝持也按山海經有軒轅臺山海經曰西王母之山有軒轅臺射者不敢西向畏軒轅之臺帝堯臺帝舜臺在崑崙山東北其後夏有璿臺鈞臺歸藏曰夏后啓筮享神於晉之墟爲作璿臺又曰享神於大陵而上鈞臺殷有鹿臺尚書曰散鹿臺之財史記曰紂厚賦以實鹿臺南單臺晉束晳汲冢書抄云周武王親禽受於南單之臺周有靈臺淮南子云文王築靈臺重璧臺見穆天子傳秦有章臺見史記鳳皇臺見列仙傳望海臺見齊地記琅邪臺史記云始皇作琅邪臺刻石頌德漢有柏梁臺漸臺武帝作神明臺八風臺思子臺並見漢書後漢有雲臺見東觀漢記魏有銅雀臺金臺氷井臺淩雲臺南巡臺九華臺見魏志吳有鈞臺見吳志晉有崇天臺織室臺見晉宮閣名此其略也又五經異義曰天子有三臺靈臺以觀天文時臺以觀四時施化囿臺以觀鳥獸魚鼈諸侯卑不得觀天文無臺但有時臺囿臺也〔事對〕五仞　九層說苑曰楚莊王築五仞之臺老子曰九層之臺起於累土　觀天　望月劉向洪範五行傳曰天子曰靈臺諸侯曰時臺所以觀天文之變郭子橫洞冥記曰武帝升望月臺南端有三鴨群飛俄而下臺帝悅之至夕鴨宿臺端　候日　揆星趙曄吳越春秋曰范蠡起游臺於怪山以爲靈臺仰觀天文候日月之變怪白虎通曰天子立靈臺所以考天人之際察陰陽之會揆星度之驗　十成　九累楚詞曰璜臺十成誰所極焉尸子曰瑤臺九累而堯白屋　柏寢　匏居韓子曰景公與晏子游少海登柏寢之臺望其國曰美哉堂堂乎國語曰楚靈王爲章華之

臺與伍舉登焉曰臺美夫對曰先君莊王爲匏居之臺高不過望國氣大不過容宴豆民不廢時務官不易朝常今君爲此臺民罷財盡
數年而成諸侯莫至若君謂此美楚其殆矣賈逵注曰匏居高臺名 堯巡 夏享王韶之始興記曰含洭縣有堯山堯巡狩至於此
立行臺也左傳曰夏啓有鈞臺之享 記禮 藏書漢書藝文志曰曲臺后蒼記九篇如淳注曰行禮射於曲臺后蒼爲記故曰曲臺
記司馬彪續漢書曰靈臺者乃周家之所造臺也圖書術籍珍玩寶怪皆所藏也 窺天 望海陸賈新語曰楚靈王作乾溪之臺有
百仞之高欲登浮雲窺天文伏琛齊地記曰平壽城西北八十里有平望亭亦古縣也或云秦始皇爲望海臺 銅雀 金鳳魏志曰
建安十五年冬太祖乃於鄴作銅雀臺漢武故事曰漸臺高三十丈南有壁門三層內殿階陛咸以玉爲之鑄銅鳳皇高五丈飾以黃金
棲屋上 戲馬 鬬雞劉澄之山川古今記曰彭城西南有戲馬臺郭緣生述征記曰廣陽門北有鬬雞臺 慕許 懷清戴延之
西征記曰許昌城本許由所居也大城東北九里有許由臺高六丈寬三十步由恥聞堯讓而登此山邑人慕德故立此臺史記曰寡婦
清先得丹穴而擅其利數葉家亦不訾清寡婦也能守其業用財以自衛不見犯秦皇帝以爲貞婦爲築女懷清臺 一柱 百梁張
華博物志曰江陵有臺甚大而唯有一柱衆梁皆共此柱漢書曰元鼎二年春起百梁臺服虔注曰用百梁作臺因名之 朝漢 望
齊 沈懷遠南越志曰熙安縣東南有固岡高數十丈岡西面爲羊腸道說者云尉陁登此望漢而朝宗故曰朝漢臺史記曰趙武靈王
爲野臺以望齊中之境徐廣注曰野一作望 清泠 柃詣酈元注水經曰睢陽縣城中有掠馬臺臺東有曲池池東有一臺謂之清
泠臺張衡西京賦曰柃詣承光皆臺名 梁吹 蜀琴酈元注水經曰陳留縣有倉頡師曠城上有列仙吹臺梁王曾築以爲吹臺王
褒益州記曰司馬相如宅在州西笮橋北百許步李膺云市橋西二百步得相如舊宅今梅安寺南有琴臺故墟 越賀 蜀卜吳越
春秋曰越王平吳後立賀臺於越蜀記廣漢郡有嚴君平卜臺 〔賦〕 魏陳思王曹植登臺賦從明后而嬉游聊登臺以娛情

見天府之廣開觀聖德之所營建高殿之嵯峨浮雙闕乎泰清立冲天之華觀連飛閣乎西城臨漳川之長流望衆果之滋榮仰春風之和穆聽百鳥之悲鳴天功恒其旣立家願得而雙呈揚仁化於宇宙盡肅恭於上京雖桓文之爲盛豈足方乎聖明休矣美矣惠澤遠揚翼佐皇家寧彼四方同天地之矩量齊日月之暉光〔詩〕梁簡文帝琴臺詩 蕪階踐昔徑復想鳴琴游音容萬春罷高名千載留弱枝生古樹舊石抗新流由來遞相歎逝川終不收 梁庾肩吾過建昌故臺詩 魯國觀遺殿韓城想舊臺仲宣原隰滿子建悲風來夏蓮猶反植秋窗尚左開圖雲仍溜雨書石即生苔及君歡四望知余念七哀 陳祖孫登宮殿名登臺詩 獨有相思意聊敞鳳皇臺蓮披香稍上月明光正來離鵠將雲散飛花似雪迴遙思竹林友前窗夜夜間〔銘〕後漢李尤雲臺銘 周氏舊居惟漢襲因崇臺嶒峻上礙蒼雲垂示億載俾率舊章人脩其行而國其昌

堂第七

〔敍事〕釋名曰堂謂堂堂高明貌也按禮記天子之堂九尺諸侯七尺大夫五尺士三尺尚書大傳云天子之堂高九雉公侯七雉子男五雉 雉長三丈 歷代之堂論衡云墨子稱堯舜堂高三尺帝王世紀曰武王入殷登堂見美玉曰誰之玉或曰諸侯之玉也王取而歸之天下聞之曰王廉於財矣漢武故事有玉堂去地十二丈漢書云成帝生甲觀中畫堂東觀漢記曰光武生有赤光堂中盡明如晝續漢書云靈帝造萬金堂於西園魏名臣奏有翦吳堂水經注有魏茅堂 見酈善長水經注 晉宮闕名有堯母堂永光堂長壽堂 見晉宮閣名 在郡國魯城北有孔子學堂 見國都城記 蜀有文翁講堂 見華陽國志 北海有鄭玄儒林講堂 見鄭玄別傳 永康縣有縉雲堂 黄帝鍊丹處 費北有積弩堂 晉成帝作以上並見宋永初山川古今記

崑崙山有光碧堂。西王母所居。見十洲記。此其略也。又摯虞決疑要注曰。在殿堂之上。唯天子居牀。其餘皆鋪席。前設筵几。天子之殿。東西九筵。南北七筵。故曰度堂以筵。度室以几也。禮。堂上接武。堂下布武。武迹也。見禮記。一曰。堂上遠於百里。堂下遠於千里。門庭遠於萬里。管子云。今步者一日。百里之情通。堂上有事。一月而君不聞。步者十日。千里之情通。堂上有事。而君十月不聞。步者百日。萬里之情通。門庭有事。周年而君不聞。此謂遠於萬里也。［事對］

承慶　昌福　洛陽宮殿簿曰。承慶堂。昌福堂。綏福堂。　鱣集　鳳棲　袁山松後漢書曰。楊震好學講書。有鸛雀啣三鱣魚。飛集講堂前。都講進曰。蛇鱣者。大夫之象也。數有三者。法三台也。先生自此昇矣。潘尼詩曰。鸞鳳栖堂廡。　徽音　嘉德　洛陽宮殿簿曰。徽音堂。又曰。嘉德堂。　虛德　脩成　洛陽宮地記曰。洛陽有虛德堂。脩成堂。　去地　冠山　漢武故事曰。玉堂去地十二丈。已見敍事。班固西都賦曰。樹中天之華闕。豐冠山之朱堂。　李中　桃閒　和包漢趙記曰。劉聰嘉平三年。廷尉陳元達極諫。聰怒將斬之。聰時幸逍遙園李中堂。元達抱堂下樹叫曰。臣所言社稷之計。聰勉聽之。於是易李中堂為愧賢堂。洛陽宮殿簿曰。洛陽有桃閒堂。皇杏閒堂。皇柰閒堂。皇竹閒堂。皇李閒堂。皇魚梁堂。皇醴泉堂。皇百戲堂。皇。　樹椅　植柏　何尙之清暑殿賦曰。其西則堂皇博敞。正鵠是施。帶以綠流。樹以青椅。洛陽記曰。洛陽山中都亭堂皇。大小屋五十間。植五果木竹柏之屬。有五千七百二十九株。　九華　百戲　洛陽宮殿簿。有九華芳香琴堂。又有百戲堂。皇。　鍊丹　光碧　宋永初山川古今記曰。縉雲堂。黃帝鍊丹。十洲記曰。光碧堂。西王母所居。並見敍事。　高三尺　遠百里　並見敍事。［賦］

隋江總雲堂賦　覽黃圖之棟宇。規紫宸於太清。何面勢之膠葛。信不日之經營。仰一時之壯麗。跨萬古之威靈。吐觸石之奇色。混高臺之舊名。若乃二階八戶。百栱千櫨。瑩以玉琇。飾之金英。綠芰懸插。紅蕖倒生。於時木葉聲寒。壺人唱靜。承露擎虛。相風昭迥。天子乃下輦開燕。出豫娛神。文懸日月。思革風塵。實附鳳之多幸。愧屠龍之不眞。［詩］

梁庾肩吾詠疏圃堂詩 北堂多暇豫時駕總鸞鑣路靜繁葭澈輪移羽蓋飄臨空坐飛觀迴首望浮橋風長曙鐘近地遠洛城遙疎林不礙日涸浦暫通潮徒然尋賓從並作愧群僚 隋煬帝宴東堂詩 雨罷春光潤日落暝霞暉海榴舒欲盡山櫻開未飛淸音出歌扇浮颸香舞衣翠帳全臨戶金屏半隱扉風花意无極芳樹曉禽歸 唐虞世南侍宴歸鴈堂詩 歌堂面淥水舞館接金塘竹開霜後翠梅動雪前香鳧歸初可侶鴈起欲分行刷羽同棲集懷思愧稻粱

[頌] 晉庾闡樂賢堂頌 峨峨層構岌岌其峻階延白屋寢登髦俊神心所寄莫往非順靈圖表象平敷玉潤游虬一壑棲鸞一叢川澄華沼樹拂椅桐林有晨風翮有西雍高觀迴雲竦飇倚窗仰瞻崑丘俯懷明聖玄珠雖朗離人莫映淸風徘徊微言絕詠有邈高構永廓靈命

宅第八

[敘事] 釋名曰宅擇也言擇吉處而營之也周禮凡任地國宅無征鄭衆注云國宅城中宅無征無稅也又尉繚子曰天子宅千畝諸侯百畝大夫以下里舍九畝歷代之宅戴延之西征記曰蒲坂城外有舜宅瀨鄉記云譙城西有老子宅 瀨鄉記曰老子祠在瀨鄉曲仁里譙城西出五十里廣北二里李夫人祠是老子所生舊宅 漢書云魯有孔子宅 漢書曰魯恭王壞孔子舊宅以廣宮室聞鐘磬琴瑟之聲遂不敢壞於其壁中得古文經傳 水經注云齊城北門外有晏嬰宅 見酈元水經注左傳曰齊景公欲更晏子之宅公曰子之宅近市湫隘囂塵請更諸爽塏辭曰君之先臣容焉於臣侈矣且小人近市朝夕得所求小人之利也 荊州記云宛有伍子胥宅 見范汪注荊州記 秭歸縣有屈原宅 見庾仲雍荊州記 義陽安昌有漢光武宅 見范汪注荊州記東觀漢記曰建武十七年幸章陵修園廟舊宅田里舍 宅亦曰第 言有甲乙之次第也 漢書曰高祖詔列侯食邑者皆賜大第室吏二千石受小第室注曰有甲乙次第故曰第 一曰出

不由里門面大道者名曰第爵雖列侯食邑不滿萬戶不得作第其舍在里中皆不稱第見魏王奏事漢書曰夏侯嬰以太僕事惠帝高后德嬰之脫孝惠魯元於下邑間乃賜嬰北第第一曰近我以尊異之張放以公主子取皇后弟平恩侯嘉女成帝賜甲第哀帝爲董賢起大第北闕下東觀漢記曰竇氏一公兩侯三公主四二千石相與並代自祖及孫官府邸宅相望漢紀曰梁冀於洛陽城內起甲第魏志云明帝特爲舅孫甄暢起大第舍晉紀曰琅邪王道子開理東第 此第宅之事也〔事對〕

萬里 千畝 司馬相如大人賦曰時有大人兮在乎中洲宅彌萬里兮曾不足以少留悲時俗之迫隘兮揭舉足而遠游千畝事已見敘事膏腴 爽塏荀悅漢書曰武安田蚡營宅舍甲第必極膏腴堂羅鐘鼓左傳曰齊景公欲更晏子之宅於爽塏推友 讓親 吳志曰周瑜與孫策同年相友善瑜推道南大宅以舍策升堂拜母有无通共謝承後漢書曰沈輔字伯禽會稽山陰人也輔少儉約約身以禮喪父服闋推讓祖考財產田宅與親貧不足者蕭居 晏卜漢書曰蕭何爲相國買田宅必居窮巷僻處爲家不修垣屋曰令後代賢師吾儉不賢无爲勢家所奪左傳曰齊景公欲更晏子之宅晏子如晉公更其宅反則成矣既拜乃毀之爲里舍皆如其舊則使宅人返之曰諺曰非宅是卜唯鄰是卜二三子先卜鄰矣違卜不祥君子不犯非禮小人不犯不祥卒復其舊推貧 贍老推貧事見上讓親注崔鴻後燕錄曰封衡字百華中書監裕之子也輕財好施年十餘歲見一老父荷擔于路引歸問之父曰宣子一飯著名春秋宜給宅一區奴一口日供贍以終其年裕高其志而從之孔瑟 何金孔瑟見敘事干寶搜神記曰魏郡張氏大富忽衰老財散賣宅與程應應舉家病賣與何文文先獨持大刀暮入北堂梁上一更中有一人長丈餘高冠赤幘呼曰細腰細腰應諾何以有人氣答无便去文因呼細腰問向赤衣冠謂誰答曰金也在屋西壁下問君誰答云我杵也今在竈下文掘得金三百斤燒去杵由此大富定鄰 面道楊泉物理論曰處宅者先定鄰焉面道事見敘事譙郡西 齊城北譙郡西老子宅齊城北晏子宅並見敘事

霍辭　薛讓漢書霍去病曰匈奴未滅臣無以家爲遂辭其第宅又漢薛苞兄弟要分苞悉推其田宅奴婢[詩]　唐太宗文武聖皇帝過舊宅詩新豐停翠輦譙邑駐鳴笳園荒一徑斷臺古半階斜前池消舊水昔樹發今花一朝辭此地四海遂成家隋江總歲暮還宅詩悒然想泉石驅駕出樓臺甑竹春前筍驚花雪後梅青山殊可對黄卷復時開長繩豈繫日濁酒傾一盃又南還尋草市宅詩紅顏辭鞏洛白首入轘轅乘春行故里徐步採芳蓀逕毁悲仇仲林殘憶巨源見桐猶識井看柳尚知門花落空難徧鶯啼靜易諠无人訪語默何處叙寒溫百年獨如此傷心豈復論　隋元行恭過故宅詩積城百戰後荒邑四鄰通將軍戟已折步兵途轉窮吹臺有山鳥歌庭聒野蟲草深斜徑滅水盡曲池空林中滿明月是處來春風唯餘一廢井尚夾兩株桐　唐楊師道還山宅詩暮春還舊嶺徙倚翫年華芳草无行逕空山正落花垂藤掃幽石臥柳礙浮槎鳥散茅簷靜雲披澗戶斜依然此泉路猶是昔煙霞[啓]　梁元帝謝勑賜第宅啓　竊以漢錫五倫實云清吏魏寵衞臻用旌庸直未如靈光輪奐睢陽爽塏北連城闕有似甄侯之舍東望市鄽榮深豫章之門昔狼望未平冠軍辭第馬池猶隔雍丘讓邸臣慙霍曹遠志但識君命无違再思庸陋九殞非答[銘]　晉習鑿齒諸葛武侯宅銘　達人有作振此穨風彫薄蔚采鴟闌惟豐義範蒼生道格時雍自昔爰止於焉龍盤躬耕西畝永嘯東巒跡逸中林神凝巖端罔窺其奥誰測斯歡堂堂偉匠婉翮陽朝傾嵩搜寶高羅九霄慶雲集矣鑾駕三招

庫藏第九

[叙事]　釋名曰庫舍也舍也者言物所在之舍也又說文曰庫兵車所藏也帑台黨反金布所藏也故藏之爲名也謂之庫藏焉帑藏見漢書　凡安國治民從近制遠者必先實之見吳越春秋　故天有天庫藏府之星春秋文曜鉤曰軫南衆星曰天庫又韓楊天文要集曰天積者天子藏府也　王者審五庫之量禮記曰季春之月審五

庫之量。一曰車庫。二曰兵庫。三曰祭器庫。四曰樂庫。五曰宴器庫見蔡邕月令章句。一曰湯武破桀紂。海內無患。桀五庫藏五兵見商君書。則魯梓慎登大庭氏之庫以望見左傳杜預注大庭氏是古國名在魯城內於其處作庫。漢高祖七年蕭何立東闕前殿武庫見漢書。又更始至長安御府帑藏武庫皆安堵如故見東觀漢記。蓋此五庫也。或曰王者藏於天下。諸侯藏於百姓。農夫藏於囷庾。商賈藏於篋匱見韓詩外傳。鍾會芻蕘論曰國之稱富者。在乎豐民。非獨謂府庫盈倉廩實也。且府庫盈倉廩實。非上天所降。皆取之於民。民困國虛矣。

〔事對〕 寶臺 珠府 韓詩外傳曰晉平公藏寶之臺燒救火三日三夜乃止之公子晏賀曰臣聞王者藏於天下諸侯藏於百姓農夫藏於囷庾商賈藏於篋匱今百姓藏於外而賦斂无已昔桀紂殘賊爲天下戮今皇天降災於藏臺是君之福也韓楊天文要集曰離珠五星在須女北離珠爲藏府也 宴器 禁兵 蔡邕月令章句曰審五庫之量者審所用多少也五庫五曰宴器庫已見敍事謝承後漢書曰靈帝光和中武庫屋自壞司隸許冰上書曰武庫禁兵所在國之禁爲災深也 天潢 御府 春秋文曜鉤曰咸池曰天潢五帝車舍也宋均注曰舍庫也五帝車之庫府御府已見敍事 聚甲 藏金 焦贛易林曰武庫軍府甲兵所聚非邑非里不可以處許愼說文云帑金布所藏也 魚集屋上 龍見井中 魏志曰嘉平中魚二集於武庫屋上晉書曰太康五年二龍見于武庫井中

〔銘〕 後漢李尤武庫銘 摶噬爪牙。鋒距之先。毒螫芒刺。矛矢以存。聖人埀象。五兵已陳。 晉摯虞武庫銘 有財無義。惟家之殃。無愛糞土。以毀五常。

門第十

〔敍事〕 釋名曰。門。捫也。言在外爲人所捫摸也。又說文曰。門從二戶。象形也。閶闔。天門也。說文曰楚人名門曰闠闤。角亦天門也。見韓楊天文要集。皐門。庫門。雉門。應門。路門。天子門也。鄭玄禮記注云天子五門。皐雉庫應路。魯有庫雉路則諸侯三門。一曰王之正門曰應門。郭門曰皐門。見爾雅及毛萇詩注。內至禁省爲殿門。外出大道爲掖門。見應劭漢書注掖者言在司馬門之旁掖。王行幸設車宮轅門。帷宮旌門。無宮則供人門。見周官鄭玄注曰次車爲藩則卬車轅以表門張帷爲宮則樹旌以表門陳列周衞則立長人以表門。司門掌授管鍵以啓閉國門。見周官。閈城外郭內之里門也。見風俗通閈扞也言爲人藩屏以扞難也。閭里中門也。闤市外門也。見說文。長安有宣平門。萬秋門。橫門。東都有宣德門。禮成門。青綺門。章義門。仁壽門。壽城門。見漢宮殿名。又有章城門。直城門。洛城門。見三輔黃圖。洛陽有上西門。廣陽門。津門。小苑門。開陽門。中東門。上東門。司馬門。北闕門。玄武門。南掖門。北掖門。東掖門。西掖門。止車門。南端門。金門。九龍門。白虎門。春興門。青瑣門。金商門。雲龍門。神武門。宜秋門。見洛陽故宮記。又有大夏門。長春門。朱明門。青陽門。見晉宮閣名。夫重門擊柝。以待暴客。蓋取諸豫。見周易又曰艮爲門闕。大夫士出入君門。由闑右。不踐閾。凡與客入者。每門讓於客。客至於寢門。則主人請入爲席。主人入門而右。客入門而左。見禮記。其門名有正門。重門。通門。衡門。壁門。禁門。毛詩曰衡門之下可以棲遲。淮南子曰周文王作玉門。言以玉飾也。漢書曰太液池南有壁門。禁門已見上。

〔事對〕

濯龍　飛兔　袁宏漢紀曰建初二年。有司依舊典。請封諸舅。太后詔曰。前過濯龍門上。見外家車如流水。馬如龍。吾亦不譴怒之。但絶其歲用。冀知默止。洛陽故宮名曰洛陽有飛兔門。

青綺　黃金　漢宮殿名長安有青綺門。樂歌曰黃金爲君門。白玉爲君堂。

含章　建禮　洛陽故宮名曰洛陽有含章門。又曰有建禮門。

銅龍　金馬　漢書曰成帝爲太子。謹愼。初居桂宮。上急召太子。出龍樓門。不敢絶馳道。張晏注曰門樓上有銅龍也。張瑩漢南紀曰。馬援奏曰。武帝時善相馬者。鑄作銅馬法獻之。有詔立馬於魯班門外。則更名曰金馬門。 聽政 登賢 劉澄之宋永初山川古今記曰。魏武聽政殿前有聽政門。魏文帝槐賦序曰。王粲直登賢門。 西暑 東陽 淮南子自東北方土山曰蒼門。東南方曰波母之山曰陽門。南方曰南極之山曰西暑門。晉宮闕名曰。洛陽城東門曰東陽門。 廣德 明禮 洛陽故宮名曰。洛陽有廣德門。又曰有明德門。 銅馬 石牛 史記曰。金馬門者署門旁有銅馬。故謂之金馬門。常璩華陽國志曰。秦孝王以李冰爲蜀守。冰作石犀五頭以厭水精。一在市橋門。今所謂石牛門。 清明 閶闔 酈元注水經曰。咸陽本離宮東出北頭第二門本名淸明門。又曰閶闔。漢之西上門。 定鼎 望鍾 古今地名曰。河南有定鼎門。洛陽故宮名。洛陽有望鍾門。 仁壽 神仙 漢宮殿名曰。長安有仁壽門。洛陽故宮名曰。洛陽有神仙門。 含德 承明 洛陽故宮名曰。洛陽有含德門。晉宮閣名曰。洛陽城有承明門。 南端 北掖 並見叙事。 敬法 崇禮 洛陽故宮名曰。洛陽有敬法門。晉宮閣名曰。洛陽有崇禮門。 卻非 會福 洛陽故宮名曰。洛陽有卻非門。又曰有會福門。 析羽 卬車 何尚之奏曰。王有九旗。析羽爲門。謂之旌門。猶以車爲門。謂之轅門。周禮掌舍掌王之會同之舍。設梐枑再重。設車宮轅門。鄭玄注曰。謂王行次車以爲藩。則卬車轅表門。 授管鍵 脩闔扇 周禮司門掌受管鍵以啓閉國門。禮記曰。仲春之月脩闔扇。 建春 宜秋 酈元注水經曰。穀水東經建春門石橋下。卽上東門也。一曰上升門。晉有建陽門。洛陽故宮名曰。洛陽有宜秋門。 雲龍風虎 萬春千秋 酈元注水經曰。神獸門東對雲龍風虎一門。衡栿之上皆刻雲龍風虎之狀。洛陽宮舍記曰。洛陽有萬春門、千秋門。

〔詩〕 陳何胥賦得待詔金馬門詩 漢家一統軌。濟濟萬國朝。飛纓拂曉霧。輕蓋逐晨飈。槐衢映綠紱。日彩麗金貂。此時參待詔。誰復想漁樵。

〔銘〕 後漢李尤門銘 門之設張。爲宅表會。納善閑邪。擊柝防害。 又中東門銘 中東處仲。月值當卯。鶤鶠有聲。鷹隼匿爪。除去桎梏。獄訟勿考。 又開陽門銘 開陽在孟。位月惟巳。淸明冠節。太陽進起。 又津城門銘。名有定位。惟月在未。溫風鬱暑。鷹鳥習鷙。又雍城門銘。雍門處中。位月在酉。盲風寒濁。鴈歸山阜。又夏城門銘。夏門値孟。位。月在亥。陰陽不通。蝃蝀匿彩。迎冬北壇。從陰所在。又穀城門銘。穀門北中。位當于子。太陰主刑。殺伐爲始。〔祝文〕後魏溫子昇閶闔門上梁祝文。惟王建國。配彼太微。大君有命。高門啓扉。良辰是簡。枚卜无違。彫梁乃架。綺翼斯飛。八龍杳杳。九重巍巍。居宸納祜。就日垂衣。一人有慶。四海爰歸。

牆壁第十一

〔敘事〕爾雅曰。牆謂之墉。廣雅曰。墉。垣。牆也。釋名云。牆。障也。所以自障蔽也。垣。援也。人所依阻以爲援衞也。墉。容也。所以蔽隱形容也。按淮南子。舜作室。築牆茨屋。令人皆知去巖穴。各有家室。此其始也。尚書大傳云。天子賁庸。諸侯疏杼。鄭玄注曰。賁。大也。言大牆正直也。疏。衺也。杼亦牆也。言衺殺其上。下不得正直。新序曰。諸侯垣牆有黝堊。無丹靑之色。又左傳云。有牆以蔽惡。神異經曰。西北裔外大夏山有宮。以黃金爲牆。南方裔外罔明山有宮。以赤石爲牆。西南裔外老壽山有宮。以黃銅爲牆。東南裔外闔淸山有宮。以靑石爲牆。西方裔外西明山有宮。以白石爲牆。南州異物志曰。大秦國以瑠璃爲牆。則其事也。釋名又云。壁。辟也。言辟禦風寒也。漢書。魯恭王餘壞孔子舊宅。於壁中得古文經傳。又司馬相如家成都。徒四壁。又趙婕好居昭陽舍。殿壁帶往往爲黃金釭。後漢記。琅邪王京好宮室。理殿館。壁帶飾以金銀。漢官典職。漢省中皆胡粉塗壁。畫古烈士。則其事也。其名牆有雕牆。見尚書。高牆。繚垣。長崇垣。壁有粉壁。紅壁。見楚詞。皓壁。見曹植表。瓊壁。見張協七命。銀壁。見漢武故事。〔事對〕千仞　九丈　焦贛易林曰。千仞之牆。禍不入門。孟奧北征記曰。

鄴城避雷室西南石溝北有華林牆高九丈方圓一里。刻字　藏書葛洪神仙傳曰。白和逢東人師事王君。王君語曰。我暫往瀛洲。汝止此石室熟視北壁久久當見壁上有文字讀之得矣。和視三年方見壁有古人所刻太清經誦之而得仙。孔安國尚書序曰。魯共王好治宮室壞孔子舊宅以廣其居於屋壁中得先人所藏虞夏商周之書。及肩　蔽目論語曰。賜之牆也及肩。焦贛易林曰。豫之坎牆高蔽目。丹青　紫素劉向新序曰。諸侯垣牆有黝堊之色無丹青之彩。蔡質漢官典職曰。省中皆以胡粉塗壁紫素界之畫古烈士也。堯像　禹文家語曰。孔子觀四門之墉有堯舜桀紂之像而各有善惡之狀興廢之戒。衡山記曰。甘泉東有石壁禹所刻文在此。青石　黃金見東方朔神異經及漢書並見敍事。被黼　飾銀漢書曰。賈誼云黼繡古天子之服也今富人大賈嘉會召客者以之被牆壁。華嶠後漢書曰。瑯邪王京都莒好宮室殿館壁帶皆飾以金銀。已見敍事。引光　挂詔西京雜記云。匡衡勤學而無燭鄰舍干不得衡乃穿壁引其光以書映而讀之。崔寔正論曰。今典州郡者自違詔書縱意出入故里語曰。州郡詔如霹靂得詔書但挂壁。畫烈士　刻忠臣畫烈士見漢官典職已具敍事。戴延之西征記曰。焦氏山魯恭塚前有石祠四壁皆有青石隱起忠臣孝子貞婦形像像邊皆刻石記碑文。〔詩〕宋之問詠省壁畫鶴詩粉壁畫仙鶴昂藏眞氣多騫飛竟不去當是戀恩波。〔彈文〕

梁沈約奏彈御史孔橐題省壁悖慢事　謹按奉朝請臺侍御史臣孔橐海斥無聞謬列華省假攝去來仕子常務況東皋賤品非藉豐資旬日暫勞豈云卑辱而肆此醜言題勒禁省比物連類非所宜稱黜之流伍實允朝憲臣等參議請以見事免橐所居官輒下禁止。

苑囿第十二

〔敍事〕風俗通曰。苑蘊也。言薪蒸所蘊積也。說文曰。苑有園曰囿。囿猶有也。呂氏春秋曰。昔先王之爲苑囿園池也足以觀望勞形而已矣非好儉節平性也故周有靈囿毛詩曰王在靈囿毛萇注云囿所以養禽獸也天子百里諸侯四十里 國游 周禮曰囿人掌國游之獸禁鄭玄注云國之離宮小苑游觀處 漢有上林樂遊博望黃山後漢有鴻德畢圭靈崑廣成諸苑見漢書及後漢書後漢紀 晉有平樂鹿子桑梓諸苑並在洛陽見晉宮名及河南十二境簿 或曰囿有林池所以禦災也其餘莫非穀土見國語 及其衰也馳騁游獵以奪人之時勞人之力見淮南子 故漢書東方朔曰務苑囿之大不恤農時非所以强國富人者蓋此謂也其名苑有天苑禁苑上苑囿有君囿靈囿上囿〔事對〕 黃山 白水 漢書曰霍雲當朝請數稱病私出多從賓客張圍獵黃山苑陶季直京邦記曰覆舟山周迴二十許里有林名白水苑 取獸 戲狐 衞宏漢舊儀曰上林苑中廣長三百里置令丞左右中部尉百五十亭苑苑中養百獸當祠祀供客用鹿麠天子秋冬射獵苑中取禽獸無數張景陽七命曰苑戲九尾之狐囿栖三足之烏 因原 跨谷 班固東都賦曰因原野以作苑順流泉而爲沼發蘋藻以潛魚豐蒲草以育獸張衡西京賦曰上林禁苑跨谷彌阜東至鼎湖邪界細柳 甘泉 上林 三輔黃圖曰甘泉苑中起仙人觀緣山谷行至雲陽三百八十一里入右扶風凡周匝五百四十里衞宏漢舊儀云上林苑中廣長三百里離宮七十所皆容千乘萬騎 鴻德 廣成 東觀漢紀曰桓帝延禧元年置鴻德苑薛瑩後漢記曰靈帝光和五年校獵廣成苑 高望 漢平 後漢書曰永初六年詔越巂置長利高望始昌三苑又令益州置萬歲苑犍爲置漢平苑 思賢 博望 西京雜記曰文帝爲太子立思賢苑以招賓客漢書曰戾太子既冠就宮爲立博望苑使通賓客 桑梓 桂林 河內十二境簿曰洛陽城西有桑梓苑陶季直京邦記曰建康縣北漢朝爲桂林苑 養獸 射鴻 說文曰苑有園曰囿一曰養禽獸曰囿左傳曰衞獻公射鴻于囿 月祭 秋築 大戴禮曰正月祭韭囿韭囿者園之藩也左傳曰成公十八年秋築鹿囿書不時也 〔詩〕

梁紀少瑜遊建興苑詩 丹陵抱天邑。紫泉更上林。玉臺極百尺。銀樹起千尋。水流冠蓋影。風揚歌吹音。踟蹰憐拾翠。顧步惜遺簪。日落庭光轉。方幰屢移陰。願言樂未極。不道愛黃金。**陳釋洪偃遊故苑詩** 龍田留故苑。汾水結餘波。悵望傷游目。辛酸思緒多。寒煙慘高樹。凝露變輕蘿。澤葵猶帶荇。池竹尚侵荷。秋風徒自急。無復白雲歌。**盧藏用奉和立春游苑詩** 天游御蹕駐城闉。上苑遲光晚更新。瑤臺半入黃山路。玉檻傍臨玄灞津。梅香欲待歌前落。蘭氣先迴酒上春。幸預玉臺稱獻壽。願陪千畝及農辰。**沈佺期奉和立春游苑詩** 東郊暫轉迎春仗。上苑初飛行慶盃。風射狐冰千片斷。氣衝魚鑰九關開。林中覓草方知茘。殿裏爭花倂是梅。歌吹銜恩歸路晚。棲烏半下鳳城來。

園圃第十三

[**敘事**] 說文曰。園。樹果也。圃。樹菜也。按天文要集曰。匏瓜爲天子果園。又天園主果實菜茹蓄儲。史記有梁園。漆園。楚橘柚園。三秦記。漢有果園。三秦記云。漢武帝果園有大栗。魏志有芳林園。桐園。芳林後避少帝諱。故曰華林園。晉宮閣名有靈芝園。蒲萄園。此皆因草木樹果以立名也。又有玄圃 見莊子。山海經有玄圃。疏圃 見淮南子。瓜圃 見瑣語。葦圃。花圃。竹圃。見水經注。唐圃 見呂氏春秋。此雖因草木而立。亦隨事以名之。[**事對**]

靈芝 仙蕙 靈芝已具敘事。王子年拾遺記曰。崑崙山第三層下有芝田。蕙圃。皆數萬頃。群仙種耨焉。**蒲萄 苜蓿** 晉宮閣名曰。洛陽宮有瓊圃園。靈芝石祠園。鄴有鳴鵠園。蒲萄園。郭仲產仇池記曰。城東有苜蓿園。**濯龍 鳴鵠** 司馬彪續漢書曰。濯龍園在洛陽西北角。晉宮閣名曰。鄴有鳴鵠園。**步輦 飛蓋** 魏文帝校獵賦曰。登路寢而聽政。總羣司之紀綱。逍遙後庭。休息閑房。步輦西園。閑坐玉堂。曹植詩曰。公子敬愛客。終宴不知疲。清夜游西園。飛蓋相追隨。**樹桃 毓果** 毛詩曰。園有樹桃。其實之肴。周官九職。

二曰園圃毓果木。請善 假貧史記曰。王翦爲秦將伐楚。請善田宅園池甚衆。東觀漢紀曰。孝和元年詔有司。京師離宮園池。悉以假貧人也。持鋤 得印漢書。孫寶爲京兆尹。署侯文爲東部督郵。灞陵杜穉季杜門不通水火。持鋤自理園。不敢犯法。後漢紀曰。桓帝時沛國戴翼鉏園。得黃金印。法眞不窺 范丹自賃後漢書曰。法眞隱大澤。講論術藝。歷年不窺園圃。陳留耆舊傳曰。范丹學通三經。常自賃灌園。又前漢董仲舒下帷讀書。三年不窺園圃。襄邑始居 山陽餘利陳留志曰。園庾襄邑人也。庾始居園中。故世謂之園公。向秀與呂安灌園於山陽。收其餘利。以供酒食之費。漢陰抱甕 莊周作吏莊子曰。漢陰叟抱甕汲井。取水灌園。子貢教以桔槔。叟嫌其用機。不聽。又莊周嘗爲蒙邑漆園吏。

［賦］ 梁江淹梁王兎園賦或重古輕今者。僕曰。何爲其然哉。無知晉則已矣。聊爲古賦體。以奪枚叔之製云。金塘細演。綠竹被阪。繚繞蒼翠。若近復遠。水鳥駕鵝。鶤鷄鴻鴈。上飛衡陽。下宿沔漢。十十五五。忽合而後散。於是大夫之徒。稱時而歸。春陽始曉。朱華未晞。

［詩］ 宋謝靈運還舊園詩浮舟千仞壑。總轡萬尋巓。流沫不足險。石牀豈爲艱。夫子昭情素。探懷授佳篇。梁元帝遊後園詩暮春多淑氣。斜景落高舂。日照池光淺。雲歸山望濃。入林迷曲徑。渡渚隔危峯。又晚景游後園詩高軒聊騁望。煥景入川梁。波橫山渡影。雨罷葉生光。日移花色異。風散水文長。梁庾肩吾從皇太子出玄圃詩春光起麗譙。屣步陟山椒。閣影臨飛蓋。鸎鳴入洞簫。水還登故渚。樹長合前橋。綠荷生綺葉。丹藤上細苗。願循慙振藻。何用擬瓊瑤。

［頌］ 晉潘尼後園頌茫茫在昔。悠悠結繩。大樸未散。玄化霑凝。羲皇繼踵。三代相承。五德更王。文質迭興。天命匪諶。祐謙輔信。乃眷我皇。光有大晉。應期納祚。天人是順。和氣四充。惠澤旁潤。神祇告祥。四靈效質。遊龍升雲。儀鳳翳日。甘露晨流。醴泉涌溢。華夏既寧。八荒靜謐。人亦有言。吾何以休。乃延卿士。從皇以遊。長筵遠布。廣幕四周。嘉肴惟芳。旨酒思柔。岩岩峻岳。湯湯玄流。翔鳥鼓翼。游魚載浮。明明天子。肅肅庶官。文士濟濟。武夫桓桓。講論華林。肆射後園。威儀既是。弓矢斯閑。恂恂謙德。穆穆聖顏。賜以宴飲。詔以

話言黍稷既登貨財既豐仁風潛暢皇化彌崇征夫釋甲戰士罷戎遐夷慕惠絕越望風無或慢易在始慮終無或安逸在盈思沖

道路第十四

［叙事］ 釋名曰道蹈也路露也言人所蹈而露見也按爾雅一達謂之道路二達謂之歧旁歧道旁出也三達謂之劇旁旁出歧多故曰劇 四達謂之衢五達謂之康六達謂之莊康樂也莊盛也言交道康樂繁盛七達謂之劇驂驂馬有四今此有七比之方劇驂八達謂之崇期崇多也多道會期在此九達謂之逵逵一曰馗言似龜背故曰馗見說文 廟中路謂之唐釋名又云城下路謂之豪豪翶也言都邑內所翶翔祖駕處步所用道謂之蹊蹊傒也言射疾別用之故還傒於正道 又廣雅曰墿軌垣街徑闤闠畂衍道也墿音亦垣音亘畂音剛音航衍音干 又畛涂陳阡陌術亦道路別名 周官曰溝上有畛釋名曰涂度也言所由得通度也堂塗曰陳言賓主相迎陳列之處也風俗通曰南北爲阡東西爲陌呂氏春秋曰子產相鄭桃李垂於術 昔黃帝爲天子匠人營國國中九經九緯經涂九軌環涂七軌野涂五軌合方氏掌達天下之道路至於四畿凡道路之舟車擊互者敍而行之凡有節者及有爵者至則爲之辟禁野之橫行徑踰者 見周官 又禮記道路男子由右婦人由左車從中央此道路之事也五經要義曰將行者有祖道一曰祀行言祭祀道路之神以祈也

［事對］ 劇驂 方軌劇驂已具叙事左思蜀都賦曰闢二九之通門畫方軌之廣涂 龜背 羊腸許愼說文曰馗九達道也似龜背故謂之馗魏武帝苦寒行曰羊腸坂詰屈車輪爲之摧王智深宋紀曰氐人揚難當居在仇池山高二十里羊腸盤道三十六迴 八達 九緯爾雅曰八達謂之崇期周禮匠人營國中九經九緯經塗九軌鄭玄注曰國中城內也經緯之塗皆容九軌軌謂轍廣 鹿蹊 馬跡周易曰艮爲徑路鄭玄注曰田

間之道曰徑路。艮爲之者。取山間鹿兎之蹊。酈元注水經曰。晉昌郡南及廣武馬蹄谷盤石上有馬跡。若踐泥中。自然之形。故其俗號曰天馬徑。

九陌　四衢　漢宮殿疏曰。長安中有九陌。何法盛晉中興書曰。穆帝升平二年。詔曰。佽飛督王饒忽上吾鴆以辟惡。此凶物。豈宜妄進。於是頓鞭饒二百。使殿中孫雲監臨於四衢道焚之。

迎鐘　徇鐸　呂氏春秋曰。中山之國有厹由者。智伯欲攻之而無道也。爲鑄大鐘方車二軌以遺之。厹由之君斬岸堙溪以迎鐘。隨而攻之。而厹由遂亡。尚書曰。每歲孟春。遒人以木鐸徇于路。

交會　多歧　爾雅曰。五達謂之康。孫炎注曰。康。樂也。交會樂道也。列子曰。楊子隣人亡羊。率其黨。請楊子之豎追之。楊子曰。亡一羊何追者衆。曰。多歧路。既返。問獲羊乎。曰。亡歧路既多之中又有歧焉。吾不知所之。故返。楊子曰。大道以多歧亡羊。學者以多方喪生。

隱金　堆石　漢書賈山曰。秦東窮燕齊。南極吳越。蹕道廣五十步。隱以金椎。樹以青松。爲馳道之麗至於此也。注云。隱。築也。東觀漢記曰。王霸爲上谷太守。脩飛狐道。至平城。堆石布土三百餘里。

三條　九軌　班固西都賦曰。披三條之廣路。立十二之通門。九軌見敍事。

藩竹　樹槐　環濟吳紀曰。天紀二年。衛尉岑昬表脩百府。自宮門至朱雀橋夾路作府舍。又開大道。使男女異行。夾道皆築高牆。瓦覆。或作竹藩。崔鴻前秦錄曰。苻堅滅燕趙之後。自長安至於諸州。皆夾路樹槐柳。二十里一亭。四十里一旅。行者取給於涂。工商資販於道。

立鄙　列亭　國語曰。周制有之曰。列樹以表道。立鄙舍以守道路。謂置候人官也。東觀漢記曰。衛颯爲桂陽太守。鑿山通路。列亭置驛。

斬蛇　焚鴆　史記曰。漢高祖以亭長送徒於驪山。夜經澤中。有蛇當路。高祖拔劍斬蛇。蛇爲兩。徑開數里。焚鴆事見四衢注。

束馬　覆輪　任豫益州記曰。江曲由左擔道。按圖在陰平縣北。於成都爲西。注其道至險。鄧艾束馬懸車處。潘尼惡道賦曰。道深地狹。坂峭軌長。輪輿顛覆。人馬仆僵。

桂道　蘭術　七陌　九阡　劉義恭詩曰。飛流界桂道。深林冒蘭術。曹植詩曰。東西經七陌。南北越九阡。

[詩]　梁沈約循役朱方道路詩　分濡出帝京。升裝奉皇穆。洞野屬滄溟。聯郊溯河服。日映青丘島。塵起邯鄲陸。江移林岸

微。巖深煙岫複。歲嚴摧磴草。午寒散嶠木。縈蔚夕飈卷。蹉跎晚雲伏。霞志非易從。旌軀信難牧。豈慕淄宮梧。方辭兔園竹。羈心亦何言。迷蹤庶能復。隋孫萬壽東歸在路詩學官兩無成。歸心自不平。故鄉尙千里。山林猿夜鳴。人愁慘雲色。客意慣風聲。羈恨雖多緒。俱是一傷情。唐李百藥途中述懷詩伯喈遷塞北。亭伯之遼東。伊余何爲客。獨守雲臺中。途遙已日暮。時泰道斯窮。拔心悲岸草。半死落巖桐。目送衡陽鴈。情傷江上楓。福兮良所伏。今也信難通。丈夫自有志。寧傷官不公。［銘］　陳徐陵丹陽上庸路碑銘后王降德。于衆兆民。高文象緯。妙義通神。業冠遷夏。功踰入秦。時惟大畜。象及同人。惠雨方霤。禪枝獨春。帝德惟厚。皇恩甚深。觀乎禹跡。見我堯心。

市第十五

［敍事］　風俗通曰。市。恃也。言交易而退。恃以不匱也。按周易繫辭云。神農氏日中爲市。致天下之人。聚天下貨。交易而退。各得其所。蓋取諸噬嗑。噬嗑。卦名也。言設法以合物也。　一曰。祝融作市。見世本宋衷注曰。祝融。顓頊臣。爲高辛氏火正。古史考云。神農作市。高陽氏衰。市官不脩。祝融脩市。　周禮。建國後立市。設其次。置其敍。正其肆。陳其貨財。出度量。建國必面朝而後市。王立朝。后立市。陰陽相成之象。司市掌市之治教政刑。量度禁令。以次敍分地而經市。以陳肆辨物而平市。以政令禁物靡而均市。以商賈阜財而行布。大市日中而市。百族爲主。朝市。朝時而市。商賈爲主。夕市。夕時而市。販夫販婦爲主。又風俗通曰。市亦謂之市井。言人至市有所鬻賣者。當於井上洗濯。令香潔。然後到市也。或曰。古者二十畝爲井。因井爲市。故云也。又市巷謂之闤。市門謂之闠。巷謂之閎。見顏延之纂要市中空地謂之廛。見鄭衆周禮注。一云。市宅也。市樓謂之旗亭。張衡西京賦云。旗

亭五里。薛綜注云。市樓立亭於上。其市名有九市。四市。三市。三輔舊事曰。長安有九市。丹陽記曰。京師有四市。洛陽記曰。洛陽有三市。一云。周禮曰。側朝夕之市。則三市。方市見三輔黃圖。金市洛陽記云。金市在大城中。苑市。闞場市丹陽記曰。苑城市謂之苑陵。於陵有闞場市。都市列仙傳曰。玄俗賣藥於都市。京市見王肅景福殿賦。

〔事對〕

設次　開場設次見敘事。班固西都賦曰。九市開場。貨列隧分。殷室　齊宮太公六韜曰。武王伐殷。得二夫人。問曰。殷國將亡。亦有妖乎。曰。殷君喜脩宮室。大者宮室九市。戰國策曰。齊國將亡。亦有妖乎。其一人曰。齊桓公宮中七市。鶴舞　狼入趙曄吳越春秋曰。吳王闔廬有女。怨王先食蒸魚。乃自殺。闔廬痛之。葬於郢西閶門外。乃舞白鶴於吳市。令萬人隨觀。劉向洪範傳曰。秦惠王四年。狼入咸陽市。昭王六年。狼又入咸陽市中。閱書　滌器謝承後漢書曰。王充字仲任。會稽人也。家貧無書。常游洛陽市肆。閱所賣書。一見輒能誦憶。遂至博通衆經。漢書曰。司馬相如與文君之臨邛。盡賣其車騎而買酒。令文君當壚。相如身自與保庸雜作。滌器於市中。百貨　萬商管子曰。市者貨之準也。是故百貨賤則百利得。已見敘事。左思蜀都賦曰。亞以少城。接于其西。市廛所會。萬商之川。列隧百重。羅肆巨千。傳玉　懸金史記曰。玉櫝出於昆山。明月之珠出於四海。傳賣於市。聖人得之。以爲大寶。又曰。呂不韋爲丞相。招致術士。使人著其所聞。爲呂氏春秋。曝之咸陽市門。懸千金於其上。有能增一字。與之千金。時無能者。吹篪　擊筑史記曰。伍子胥出昭關。夜行晝伏。至於陵水。無以餬其口。吹篪乞食於吳市。與吳闔廬爲伯。又曰。荆軻既至燕。愛善擊筑者高漸離。擊筑。軻和而歌於市中。相樂。已而相泣。旁若無人。雲蔓　星繁王廙洛陽賦曰。肇建三市。廛開疆理。列肆雲蔓。脩層高峙。左思蜀都賦曰。亞以少城。接於其西。市廛所會。萬商之川。列隧百重。羅肆巨千。財貨山積。纖麗星繁。梅福　韓康漢書曰。王莽亂政。梅福一朝弃妻子去九江。至今傳以爲仙。其後人有見福於會稽者。變姓名爲吳市門卒。范曄後漢書曰。韓康字伯休。京兆霸陵人也。常採藥名山。賣藥於長安市。口不二價。過肆　倚門左太沖吳都賦曰。輕輿案轡以經隧。樓船舉帆而過肆。漢書曰。刺綉文不如倚市門。此言末業貧者之資。荆飲　聶屠　史記曰。荆軻既至燕。飲於燕市。已見擊筑注中。又曰。聶政。軹人也。殺人避仇。與母姊如齊。以屠爲事。降志辱身居市井。郱亭　湖里　桓譚新論曰。扶風郱亭部。言本太王所處。其人有會。曰以相與夜市。如不爲期。則有重災害。越絕曰。吳市者。春申君所造。在湖里。季主卜　君平筮　史記曰。司馬季主卜於長安東市。漢書曰。嚴君平卜筮於成都市。以爲卜筮賤業。而可以惠衆人。有邪惡非正之事。則依蓍龜而言之。信陵過　宜僚隱　史記曰。魏有隱士曰侯嬴。年七十。家貧。爲大梁門者。魏公子信陵君置酒大會客。公子從車騎。虚左自迎之。侯生謂公子曰。臣有客在市屠中。願枉車騎過之。楚國先賢傳曰。熊宜僚。楚人也。隱居市南。不屈於時。

［賦］　晉成伯陽平樂市賦　惟市之由興。自帝炎之所創。聚財貨以利用。等厮事之莫尙。爾乃巷列千所。羅居百族。街衢相望。連棟接屋。則能目語額瞬。動頰塞鼻。談智於尺寸之間。窺窬于分毫之利。

［詩］　梁庾肩吾看放市詩　旗亭出御道。遊目暫迴車。既非隨舞鶴。聊思索枯魚。因龜識季主。傍酒見相如。日中人已合。黄昏故未疎。

陳張正見日中市朝滿詩　雲閣綺霞生。旗亭麗日明。塵飛三市路。蓋入九重城。竹葉當壚滿。桃花帶綬輕。唯見爭名利。安知大隱情。

［教］　晉王彪之整市教　古人同市朝者。豈不以衆之所歸。宜必去物近。檢校山陰市。多不如法。或店肆錯亂。或商估沒漏。假冒豪彊之名。擁護貿易之利。凌踐平弱之人。專固要害之處。屬城承寬。亦皆如之。

周庾信答移市教　昔張楷碩儒。尙移弘農之市。宜宮妙象。猶致酒壚之客。況復德總郇周。聲高梁楚。希風慕義之士。舉袂成帷。臥轍攀車之人。摩肩相接。遂使王充閲書之處。遠出荒郊。石苞販鐵之所。飜臨涯岸。聖德謙虚。未安喧湫。欲令吹簫舞鶴。還返舊鄽。賣卜屠羊。請辭新闠。而交貨之黨。好留豳岐之衆。難遣。

［箴］　晉成公綏市長箴　貿遷有無。市朝有處。人以攸資。貨以攸敍。交易而退。各得其所。曹參相齊。清淨以義。姦不可擾。顧託有寄。市臣掌肆。敢告執事。

卷二十四校勘表

頁數	行數	排印本原文	安刻本	嚴陸校	備註
五六二	四	徒楚丘		徒廢邱	
五六四	一一	九達		九逵	
五六四	一三	拖魚鬚		施魚鬚	
五六六	一四	之晨		之景	
五六六	一五	狠山	限山		
五六七	八	萬祀		萬紀	
五六七	八	竟瓜剖而豆分		句下宋本無「至若白楊」至「起黃埃」四十六字	
五六九	三	樂叶	樂汁		
五六九	七	懸貝 張旗		宋本無此條事對及注	
五六九	一〇	廁寶	前寶		
五六九	一三	陽谷	谷陽		
五六九	一四	向炎帝之祝融		句下宋本有「封巒爲之東序」六字	

				〔嚴〕藝文類聚六十四有此句
五六九	一四	依依翡翠孔雀	依翡鸞孔	陸校「依依」作「依棐」
五六九	一五	於玉泥	而玉泥	
五七〇	四	賀雀來		賀燕來
五七〇	一一	陽安		玉堂陽安
五七〇	一四	左城右平者以交塼	右城左平平以交塼	
五七一	一二	左平右城		右平左城
五七一	一二	天子之堂爲貴		句下宋本無「往朝」至「斯宅」一百二十二字
五七一	一三	新庭	新亭	
五七二	九	造形		造化
五七二	九	有代	有伐也	
五七二	九	無盛鶴		盛鶴
五七二	一〇	貞女樓		宋本無此三字
五七三	一三	式道		貳道
五七三	一四	圓鼎	高頂	

五七四	二	列檻	列楹	
五七四	二	俛眺		仰眺
五七五	一	國氣		國氛
五七六	二	宇宙		宇內
五七六	三	矩量		矩墨
五七六	三	萬春	萬卷	
五七六	七	人脩	人循	
五七八	二	尋賓從		幸賓從
五八〇	四	仇仲		求仲
五八〇	九	甄侯之舍		甄侯之宅
五八〇	九	榮深		榮滿
五八〇	九	霍曹	曹霍	
五八二	一五	又曰有建禮門	又曰建禮門	
五八二	一五	龍樓門		銅龍門
五八三	四	又曰有明德門		又曰明禮門
五八三	一一	建陽門		定陽門
五八四	一	名有定位惟月在未		津名自定位月在未
五八四	一	雍城門	廣陽門	

五八四	一四	紅壁		宋本無此二字
五八五	五	衡山記		松山記
五八五	八	州郡詔		〔嚴〕御覽作「州縣記」。凡三行。
五八五	一一	海斥		〔嚴〕類函作「淺劣」
五八七	一五	閑坐		還坐
五八八	五	汲井	入井	
五八八	七	鸓鴟	鸓瑦	
五八八	八	稱時		稱詩
五八八	一二	晉潘尼後園頌		宋本無「茫茫」至「迭輿」三十二字
五八八	一三	和氣		和風
五八八	一三	惠澤旁潤		句下宋本無「神祇」至「載浮」八十字
五八八	一五	旣是	旣具	
五八九	七	闠闤		〔嚴〕闤闠
五八九	一〇	互者		互相
五八九	一三	坂詰屈		詰屈坂

五八九	一五	營國中		營國國中
五九〇	三	頓鞭饒二百		鞭饒三百
五九〇	六	歧路既多		歧路
五九〇	一〇	滅燕趙		滅燕
五九〇	一三	西注		〔嚴〕西北注
五九一	一	羈心		此心
五九一	二	山林猿夜鳴	山秋猿夜鳴	山猿夜夜鳴
五九一	四	上庸	上容	
五九一	一一	出度量		出其度量
五九二	四	貨列隧分		貨別遂分
五九二	五	其一人		其二人
五九二	七	衆經		五經
五九三	二	居市井		居市井中
五九三	七	等厮		蓋私
五九三	八	御道		街道

初學記卷第二十五

器物部

漏刻第一

［敘事］梁漏刻經云：漏刻之作，蓋肇於軒轅之日，宣乎夏商之代。周官曰：挈壺氏以水火守之，分以日夜。及冬則以火爨鼎水而沸之，而沃之。鄭玄注曰：冬水凍，故以火炊水，沸以沃之，謂沃漏也。梁漏刻經云：至冬至，晝漏四十五刻。冬至之後，日長九日加一刻。以至夏至，晝漏六十五刻。夏至之後，日短九日減一刻。或秦之遺法，漢代施用。邯鄲五經折疑曰：漢制，又以先冬至三日晝，冬至後三日晝漏四十五刻，夜五十五刻。先夏至三日晝，夏至後三日晝漏六十五刻，夜三十五刻。元嘉起居注曰：以日出入定晝夜。冬至晝四十刻，夏至夜亦宜四十刻；夏至晝六十刻，冬至夜亦宜六十刻；春秋分晝夜各五十刻。今減夜限日出前、日入後昏明際各二刻半，以益晝。夏至晝六十五刻，冬至晝四十五刻，二分晝五十五刻而已。張衡漏水轉渾天儀制曰：以銅爲器，再疊差置，實以清水，下各開孔，以玉虬吐漏水入兩壺，右爲夜，

左爲晝。殷夔漏刻法曰。爲器三重。圓皆徑尺。差立於水輿踟躕之上。爲金龍口吐水。轉注入踟躕經緯之中。蓋上鑄金爲司辰。具衣冠。以兩手執箭。李蘭漏刻法曰。以銅爲渴烏。以引器中水於銀龍口中吐之。

〔事對〕 權器 衡渠 李蘭漏刻法曰。以器貯水。以銅爲渴烏。狀如鉤曲。以引器中水於銀龍口中吐入權器。漏水一升。秤重一斤。時經一刻。殷夔漏刻法曰。漏水皆於器下爲金龍口吐出。轉注入踟躕經緯之中。流於衡渠之下。 流珠 把箭 李蘭漏刻法曰。以玉壺玉管流珠馬上奔馳行漏。流珠者。水銀之別名。張衡漏水轉渾天儀制曰。以左手把箭。右手指刻。以別天時早晚。 司辰 典刻 殷夔漏刻法曰。自午至子。亦五十刻。壺口上有蓋。其中天浮載箭出於蓋。蓋上鑄金爲司辰。桓譚新論曰。余爲郎。典刻漏。燥濕寒溫轉異度。故有昏明晝夜。參以晷景。 銅史 金徒 晉起居注曰。孝武太元十二年。有司奏。儲宮初建。未有漏刻。參詳永安宮銅漏刻。置漏刻史。張衡漏水轉渾天儀制曰。鑄金銅仙人。居左壺。爲金胥徒。居右壺。 星史 金胥 天文要集曰。女史一星在柱下西北。女史轉漏動靜。金胥見金徒注中。 三鼓 一鐘 衛宏漢舊儀曰。立夏立秋。晝六十二刻。夏至晝六十五刻。夜漏不盡五刻。擊五鼓。夜漏不盡三刻。擊三鼓。酈善長水經注曰。洛陽金墉城東門曰含春門。北有退門。城上西面列觀五十步。睥睨居屋。置一鍾以和漏鼓也。 九日 五夜 司馬彪續漢書曰。霍融上言。漏刻率九日增減一等。不與天相應。不如夏曆合晷景。刻漏四十八箭。晷景爲刻。少所違失。衛宏漢舊儀曰。五夜。甲夜。乙夜。丙夜。丁夜。戊夜。

〔賦〕 晉陸士衡漏刻賦 寸管俯而陰陽効其誠。尺表仰而日月與之期。玄烏懸而八風以情應。玉衡立而天地不能欺。既窮神以盡化。又設漏以考時。爾乃挈金壺以南羅。藏幽水而北戢。擬洪殺於編鐘。顯卑高而爲級。激懸泉以遠射。跨飛途而遙集。伏陰虫以承波。吞恆流其如挹。是故來象神造。去猶鬼幻。口納胸吐。水无滯咽。形微獨蠒之緒。逝若乘天之電。偕四時以合最。指昏明乎无殿。夫其立體也簡。而効績也誠。其假物也粗。而致用也精。積水不過一鍾。導流不過一筳。而用天者因其敏。分地者賴其平。徵聽者假其察。貞觀者借其明。信探賾之妙術。雖无神其若靈。梁鮑照觀漏刻賦　佩流嘆於馳年。纓華思於芬月。結蘭茗於望楚。弄參差以歌越。撫凝肌於廷帶。監彫容於髡髮。景有墜而易昏。憂无方而難歇。歷玉階而升陝。訪金壺之盈闕。觀騰波之吞瀉。視警箭之登沒。箭既沒而後登。波長瀉而弗歸。注沉穴而海漏。射懸途而電飛。墐戶牖而知天。掩雲霧而測暉。創百齡於纖隱。積千里於空微。[銘]李尤漏刻銘　昔在先聖。配天垂則。仰釐七曜。俯順坤德。乃建日官。俾立漏刻。昏明既序。景曜不忒。唐命羲和。欽授人時。懸象著明。帝以崇熙。季末不虔。德衰于茲。挈壺失節。刺流在詩。南齊陸倕新漏刻銘　夫自天觀象。昏旦之刻未分。治歷明時。盈縮之度无準。挈壺命氏。遠哉羲用。揆景測辰。微宮戒井。守以水火。分茲日夜。且今之官漏。出自會稽。漏水違方。導流乖則。六日无辨。五夜不分。於是俯察旁羅。登臺升庫。測于地四。參以天一。建武遺蠹。咸和餘舛。金箭方員之制。飛流吐納之規。變律改經。一皆懲革。以考辰正晷。測表候陰。不謬圭撮。无乖黍累。又可以校運算之暌合。分天地之邪正。察四氣之盈虛。課六律之疎密。永世貽則。傳之无窮。赫矣煥乎。无得而稱也。乃詔小臣爲其銘。曰。一寒一暑。有明有晦。神道无跡。天工空代。乃置挈壺。是惟熙載。氣均衡石。晷正權概。世道交喪。禮術消亡。遽遷水火。爭倒衣裳。擊刀舛次。聚木乖方。爰究爰度。時惟我皇。方壺外次。員流內襲。洪殺殊等。高卑異級。靈虬承注。陰蟲吐噏。倏忽往來。鬼神出入。微若抽繭。逝若激電。耳不輟音。眼无流眄。銅史司刻。金徒抱箭。合昏暮卷。蓂莢晨生。尙辨天意。猶測地情。況我神造。通幽洞靈。配等皇極。爲世作程。

帷幕第二

[敘事]　釋名曰。帷。圍也。以自障圍也。幕。幕絡也。在表之稱也。說文曰。在旁曰帷。在上曰幕。廣雅曰。帷幕。帳也。歸藏曰。昔女媧筮張雲幕而枚占神明。漢書曰。秦起咸陽而至雍。離宮三百。帷帳不移而具。史

記曰。漢孝文帝所幸愼夫人帷帳不得文繡。以示敦朴。王沉魏書曰。魏太祖雅性節儉。帷帳壞則補納。孫盛晉陽秋曰。晉武帝令曰。殿前及武帳織成帷不須施也。又曰。穆帝皇太后設紗帷於太極殿。儀禮曰。國君與卿圖事。管人布幕於寢門外。〔事對〕紫綃帷　青油幕王子年拾遺記曰。吳王孫權趙夫人善畫。巧妙无雙。權居昭陽宮。倦暑。乃展紫綃之帷。夫人曰。此不足貴。妾欲窮思慮。能使下綃帷而淸風自入。視外无有蔽礙。列侍飄然自涼。若御風而行。沈約宋書曰。劉塢與顏峻書曰。朱脩之三代叛兵也。一朝居青油幕下。作謝宣明面孔向人。　羅幃　紗幕魏文帝與繁欽書曰。白日西逝。淸風赴闥。羅帷徒袪。玄燭方微。王子年拾遺記曰。漢武帝李夫人死後。常思夢。命工人作李夫人形。或置於輕紗幕裏。婉若生時。帝大悅。　錦帷　綈幕典略曰。孔子反衞。見夫人在錦帷中。孔子北面稽首。夫人自帷中再拜。王子年拾遺記曰。漢武帝以珊瑚爲牀。紫錦爲帷。又武帝好微行。於池傍游宮。以漆爲柱。鋪黑綈之幕。器服乘輿。皆尙黑色。　運籌　撰歷史記曰。漢六年正月。封功臣。張良未嘗有戰功。高祖曰。運籌帷帳中。決勝千里外。子房功也。劉歆與揚子雲書曰。蕭何造律。張蒼撰歷。皆成於帷幕。貢於王門。　合疏縷　張綺羅劉向說苑曰。晏子復於景公曰。且合升斗之微。以滿倉廩。合疏縷之緯。以成帷幕。葛洪神仙傳曰。淮南八公詣淮南王安門。皆鬚眉皓素。王欲少者。八公皆成十五六童子。門吏以白。安聞之。不及履。卽出迎之。以登思仙之臺。張綺羅之幕。設象牙之席。　然明誦　延年寢東觀漢記曰。張奐字然明。使匈奴休屠及朔方烏桓並同反叛。遂燒度遼將軍門。列屯赤地。烟火相望。兵衆大恐。各欲亡去。奐安坐帷中。與弟子誦書自若。軍士稍安。漢書曰。江都王劉延年爲將。善綏御士衆。寢止布幕而已。〔詩〕南齊王融詠幔詩。幸得與珠綴。羃歷君之楹。月映不辭卷。風來輒自輕。每聚金鑪氣。時駐玉琴聲。但願置樽酒。蘭釭當夜明。

屏風第三

〔叙事〕釋名曰。屏風。障風也。扆在後。所依倚也。禮記曰。天子當扆而立。鄭玄注云。扆。屏風。又曰。天子負扆南鄉而立。鄭玄注云。負扆爲斧文屏風於戶牖之間。周官曰。掌次設皇邸。鄭玄注云。邸。後板也。其屏風邸。染羽像鳳皇以爲飾。謝承後漢書曰。鄭弘爲太尉時。舉第五倫爲司空。班次在下。每正朔朝見。弘曲躬自卑。上問知其故。遂聽置雲母屏風。分隔其間。由此爲故事。魏志曰。太祖平柳城。頒所獲器物。有素屏風。持以賜毛玠曰。君有古人之風。故賜君古人之服。齊書曰。襄陽盜發古冢。得玉屏風。吳均齊春秋曰。宜都王鏗年十歲。與吉景曜商略先言往行。左右誤排相瘤屏風倒。壓背。色貌不異。言談不輟。王子年拾遺記曰。董偃設紫琉璃屏風。西京雜記曰。廣川王去疾發魏哀王冢。有石屏風。又昭陽殿木畫屏風。如蜘蛛絲縷。

〔事對〕綠沉　白字宋元嘉起居注曰。十六年。御史中丞劉楨奏。風聞前廣川刺史韋朗。於廣州所作銀塗漆屏風二十三牀。又綠沉屏風一牀。請以見事追韋朗前所居官。王琰宋春秋曰。明帝性多忌諱。禁制迴避者數十百品。亦惡白字。屏風書古來名文。有白字。輒加改易。玄黃朱紫。隨宜代焉。　雲母　火齊西京雜記曰。趙飛燕爲皇后。其女弟上遺雲母屏風。迴風席。七華扇。拾遺記曰。董偃嘗臥延清之室。上設火齊屏風。列靈麿之燭。　納妃二合　烈女四堵晉東宮舊事曰。皇太子納妃。梳頭屏風二合。四牒。織成地屏風十四牒。銅鐶紐。劉向七略別錄曰。臣向與黃門侍郎歆所校烈女傳。種類相從爲七篇。以著禍福榮辱之效。是非得失之分。畫之於屏風四堵。　孫亮鏤瑞　季龍畫仙崔豹古今注曰。孫亮作琉璃屏風。鏤作瑞應圖一百二十種。陸翽鄴中記曰。石季龍作金鈿屈膝屏風。衣以白縑。畫義士仙人禽獸。　畫如蛛絲　玉爲龜甲蛛絲見叙事中。郭子橫洞冥記曰。上起神明臺。上有金牀象席。雜玉爲龜甲屏風。

〔賦〕漢劉安屏風賦惟斯屏風。出自幽谷。根深枝茂。號爲喬木。孤性陋弱。畏金彊族。移根易土。委伏溝瀆。飄颻危殆。靡安措足。思在蓬蒿。林有樸樕，然常无緣。悲愁酸毒。天啓我心。遭遇徵祿。中郎繕理。收拾捐朴。大匠攻之。刻雕削斵。表雖剝裂。心實貞慤。等化器類。庇蔭尊屋。列在左右。近君頭足。賴蒙成濟。其恩弘篤。何惠施遇。分好沾渥。不逢仁人。永爲枯木。**漢芊勝屏風賦** 屏風鞈匝。蔽我君王。重葩累繡。沓璧連璋。連以文錦。映以流黃。畫以古烈。顒顒昂昂。蕃后宜之。壽考无疆。［**詩**］ **隋蕭慤屏風詩** 秦皇臨碣石。漢帝幸明庭。非關重遊豫。直是愛長齡。讀記知州所。觀圖見岳形。曉識仙人氣。夜辨少微星。服銀有祕術。蒸丹傳舊經。風搖百影樹。花落萬春亭。飛流近更白。叢竹遠彌青。逍遙保青暢。因持悅性情。**周庾信詠屏風詩** 高閣千尋跨。重簷百尺齊。雲度三分近。花飛一倍低。吹簫近白鶴。照鏡舞山雞。何勞愁日暮。未有夜烏啼。**又詩** 三危出鳳翼。九阪度龍鱗。路高山裏樹。雲低馬上人。應巖泉溜響。深谷鳥聲春。駐馬來相問。應知有姓秦。［**銘**］ **李尤銘** 捨則潛僻。用則設張。立必端直。處必廉方。雍閼風邪。霧露是抗。奉上蔽下。不失其常。［**啓**］ **梁簡文帝謝賚碧慮棋子屏風啓** 臣綱啓。宣詔王伕慧奉宣敕旨。垂賚碧慮棋子屏風二十牒。極班馬之巧，兼曹史之慮。均天台之翠。璧雜水華之嘉名。使雲母之窗。慙其麗色。琉璃之扇。愧其含影。仰降聖慈。曲垂霑逮。喜逐恩來。聽同鳳舞。言因謝。盡更類三緘。不任銘荷之誠。謹奉啓謝以聞。謹啓。

簾第四

［**敘事**］ 釋名曰。簾、廉也。自鄣蔽爲廉恥也。廣雅云。幨𢅯。必依反。下音擔。㡘也。揚雄方言曰。宋魏陳楚江淮之間。箔謂之笛。或謂之麴。自關而西謂之箔。南楚謂之蓬箔。說文曰。曲受物之形也。西京雜記曰。漢諸陵寢。皆以竹爲簾。爲水文及龍鳳像。晉東宮舊事曰。簾箔皆以青布緣純。謝綽宋拾遺曰。戴明寶歷朝寵倖。家累千金。大兒驕淫。爲五色珠簾。明寶不能禁。孫卿子曰。局室蘆簾。稾蓐可以養形。［**事對**］

神屋白珠　靈閣翠羽漢武故事曰。上起神屋。以白珠爲簾箔。玳瑁押之。象牙爲篾。洞冥記曰。漢武帝二十年。起招靈閣。翠羽鱗毫爲簾。昭陽珠簾　明光玉箔西京雜記曰。昭陽殿織珠爲簾。風至則鳴。如金玉珠璣。三秦記曰。明光宮在漸臺西。以金玉珠璣爲箔。[詩]　唐太宗文武皇帝賦簾詩參差垂玉牖。舒卷映蘭宮。珠光搖素月。竹影亂清風。彩散銀鉤上。文斜桂戶中。唯當雜羅綺。相與媚房櫳。南齊虞炎詠簾詩青軒明月時。紫殿秋風日。曈曨孔光暉。晻曖映容質。清露依檐垂。蛸絲當戶密。褰開誰共臨。掩晦獨如失。隋盧思道賦得珠簾詩鑑帷明欲斂。照檻色將晨。可憐疎復密。隱映當窗人。浮清帶遠吹。含光動細塵。落花時屢拂。會待玉階春。

牀第五

[敍事]　釋名曰。牀。裝也。所以自裝載也。揚雄方言曰。齊魯之間謂之簀。牀板也。陳楚之間或謂之笫。其杠。北燕朝鮮之間謂之樹。自關而西。秦晉之間謂之杠。南楚之趙。東齊海岱之間謂之梓。音詵。其上板。衞之北郊。趙魏之間謂之牒。廣雅曰。棲謂之牀。浴牀謂之招。音韶。說文曰。牀。身之安也。簀。牀輚也。笫。牀簀也。杠。牀前木也。服虔通俗文曰。牀三尺五曰榻板。獨坐曰枰。八尺曰牀。天文集曰。紫宮門外有天牀六星。戰國策曰。孟嘗君出行五國。至楚。獻象牙牀。西京雜記曰。武帝爲七寶牀。設於桂宮。晉東宮舊事曰。皇太子納妃。有素柏局腳牀。八版牀。漆牀。鄴中記曰。石季龍御牀。辟方三丈。有轉關牀。射鳥獸。神仙傳曰。衞叔卿入華山。上有紫雲鬱鬱。白玉爲牀。商子曰。人主處匡牀之上。而天下大理。燕書曰。公孫鳳隱於昌黎九城。寢土牀。宋書。高祖嘗患體熱。有獻石牀。乃碎之。惡勞人也。[事對]　珊瑚　瑇瑁漢

武帝內傳曰武帝受西王母眞形六甲靈飛十二事帝盛以黄金几封以白玉函以珊瑚爲牀紫錦爲帷安著柏梁臺上西京雜記曰韓嫣以瑇瑁爲牀 象牙 麢角 象牙已具敍事異物志曰麔狼形似鹿而角觸前向入林則挂角故恒在平淺草中逐入林則得之皮可作履襪角正四據南人因以作踞牀 六星 七寶 六星已具敍事中魏收後魏書曰韓武字道威除龍驤將軍郢州刺史嘗獻七寶牀象牙席 坐穿 臥陷 皇甫謐高士傳曰管寧字幼安自越海及歸常自坐一木榻積五十餘年榻上當膝處皆穿劉向列仙傳曰脩羊公在華陰山石室中有懸石榻其上盡穿陷也 神女金 仙人石 馬明生別傳曰明生隨神女入室中臥金牀玉机酈善長水經注曰夷水右經石室南村人駱都小時到此室邊採蜜見一仙人坐石牀上［詩］後梁宣帝牀詩衡山白玉鏤漢殿珊瑚支踞膝中久坐屢好爲頻移 梁庾肩吾詠胡牀應教詩 傳名乃外域入用信中京足欹形已正文斜體自平臨堂對遠客命旅誓初征何如淄館下淹留奉盛明［銘］李尤臥牀銘 體之所安寢處和歡夕惕敬愼崇德遠奸

席第六

［敍事］釋名曰席釋也可卷可釋也說文曰筵竹席也三禮圖曰士蒲筵長七尺廣三尺三寸無純周禮曰王府掌王之祚席 祚席簟席 司几筵掌五几五席之名物凡大朝覲設莞席紛純加繅席畫純加次席黼純諸侯祭祀席蒲筵繢純 紛白綉也純緣也次獸皮爲席也繅席削蒲蒻編以五采若今合歡矣畫謂雲氣也次席桃枝席有次列成文 韓子曰夏禹爲茵蔣席尚書曰成王將崩牖間南嚮敷重篾席黼純 孔安國注篾桃枝竹也 西序東嚮敷重底席綴純 底蒻華也 東序西嚮敷重豐席畫純 豐莞也 西夾南嚮敷重筍席玄紛純 筍蒻竹也 漢書文帝莞蒲爲席大魏諸州記曰鉅鹿廣阿澤多葦出細御席多雲母晉東宮舊事曰太子有獨

坐龍鬚席。赤皮席。花席。經席。史記曰。古者封禪。席葅稭。漢舊儀曰。祭天。紫壇紺席。六采綺席。祭嶽。白菅席。

［事對］

五香　六采　鄴中記曰。石季龍作席。以金裹五香。雜以五采。綫編蒲皮。緣之以錦。六采席所以祭天。已具敘事。

茅葭　蓍艾　周斐汝南先賢傳曰。鄭敬以茅葭爲席。常隨杞柳之陰。皇甫謐高士傳曰。老萊子親沒。隱蒙山之陽。杞木爲牀。蓍艾爲席。

碧蒲　白莞　拾遺記曰。周穆王時。西王母來。敷碧蒲之席。黃莞之薦。宋元嘉起居注曰。御史中丞劉楨奏。風聞廣州刺史韋朗。於府州部所作新白莞席三百二十二領。請以見事追韋朗前所居官。

迴風　半月　見屏風事對中。拾遺記曰。蓐乘草高五尺。葉色紺莖如金。形如半月之勢。亦曰半月草。无花无實。其質溫柔。可以爲布爲席。

馮銘　張賦　馮衍席前右銘曰。脩爾容貌。飾爾衣服。文之以辭。實之以德。後右曰。冠帶之貳。從容有常。威儀之華。惟德之英。張隱文士傳曰。張純與張儼朱異俱少。往見驃騎將軍朱據。據聞三人才名。欲試之。告曰。吾欲賦一物。純乃賦席曰。席爲多設。簟爲夏施。揖讓而坐。君子攸宜。

黼繡純　鱗鳳飾　黼繡純已具敘事。拾遺記曰。燕昭王設鱗文席。散荃蕪香。鱗文者。錯雜寶飾席爲雲霧鱗鳳者也。

戴益五十　殷重八九　謝承後漢書曰。戴憑字次仲。汝南郡舉明經。徵博士。拜郎中。正朝朝賀。帝令群臣說經史。更相詰難。義有不通。轉奪其席。以益通者。憑重五十席。殷氏家傳曰。殷亮爲博士講學大夫。諸儒論勝者賜席。亮坐八九重席。帝曰。學不當如是耶。

［詩］

南齊謝朓詩　本生潮汐地。落景照參差。汀洲蔽杜若。幽渚奪江蘺。遇君時採擷。玉坐奉金巵。但願羅衣拂。无使素塵彌。

梁柳惲詩　照日汀洲際。搖風淥潭側。雖无獨蠒絲。幸有青袍色。羅袖少輕塵。象牀多麗飾。願君蘭夜飲。佳人時宴息。

［銘］

後漢李尤銘　施席接賓。士无愚賢。値時所有。何必芊腌。

晉傅玄銘　銘席之左端曰。閑居勿極其歡。右端曰。寢處毋忘其患。左後曰。居其安無忘其危。右後曰。惑生於邪色。禍成於多言。

扇第七

〔叙事〕揚雄方言曰。扇自關而東謂之箑。自關而西謂之扇。世本曰。武王作翣。崔豹古今注曰。舜廣開視聽。求賢人以自輔。作五明扇。漢公卿大夫皆用之。魏晉非乘輿不得用。又曰。殷高宗有雊雉之祥。服章多用翟羽。故有雉尾扇。周制以爲王后夫人車服。輦車有翣。卽緝雉羽爲扇。以鄣翳風塵也。漢乘輿服之後。以賜梁孝王。魏晉以來以爲常。唯諸王皆得用之。西京雜記曰。天子夏設羽扇。冬則設繒扇。晉東宮舊事曰。皇太子初拜。供漆要扇。青竹扇。黄竹扇。納妃同心扇三十。單竹扇二十。謝靈運晉書。孝武節奢飾。禁絹扇。

〔事對〕雉尾　鵲翅　雉尾具敍事。拾遺記曰。周昭王時。塗脩國獻靑鳳丹鵲各一雌一雄。孟夏取鵲翅爲扇。一名條融。一名反影。象牙　翟羽　象牙長丈餘。脫則深藏。作木牙易之。可作扇。翟羽見敍事。白羽　黄竹　裴啓語林曰。諸葛武侯持白羽扇。指麾三軍。黄竹具敍事。六角　一面　沈約晉書曰。王羲之在會稽山。見一老姥持十許六角竹扇。羲之因書扇。各作五字。語姥云。道是王右軍書。字索百錢。鄴中記曰。石季龍作雲母五明金薄莫難扇。此一扇之名也。薄打純金如蟬翼。二面采漆畫列仙奇鳥異獸。其五明方中。辟方三寸。或五寸。隨扇大小。雲母帖其中。細縷縫其際。雖掩盡而彩色明澈。看之如謂可取。故名莫難也。季龍出時。以扇挾乘輿。五明　七華　五明具敍事。西京雜記曰。趙飛燕爲皇后。其女弟上遺七華之扇。白綺　綠沉　班孟堅集有白綺扇之賦。鄴中記曰。季龍出時。乘輿用桃枝扇。或綠沉色。或木蘭色。或紫紺色。或鬱金色。仲祖畫　逸少書　曹毗扇讚序曰。會稽王仲祖畫扇。爲郭文舉見命爲讚。王羲之字逸少。已見六角注中。

〔賦〕晉陸士衡羽扇賦　彼凌霄之遼鳥。播鮮輝之蒨蒨。隱九皐以鳳鳴。游芳田而龍見。醜靈龜而遠期。超長年而久眄。累懷璧於美羽。挫千歲乎一箭。委四體以受制。奏雙翅而爲扇。則其布翮也。差洪細。秩長短。稠不逼。稀不簡。於是鏤巨獸之齒。裁奇木之榦。移圓根於新體。因天秩乎舊貫。鳥不能別其是非。人莫敢分其眞贋。

媥媥以微振風颼颼以垂婉妙自然以爲言故不積而能散其在手也安其應物也誠其招風也利其盡氣也平混貴賤而一節風無往而不清。梁江淹扇上綵畫賦織素麗於白日傳畫明於綵虹洛陽之技極江南之巧窮故飾以赤野之玉文以紫山之金空青生蛾眉之陽雌黃出嶓冢之陰丹石發王屋之岫碧髓挺青峻之岑粉則南陽鉛澤墨則上黨松心乃雜以爲此扇與君翳素女與玉琴玉琴兮珠徽素女兮錦衣促織兮始鳴秋蛾兮初飛重曰碧臺寂兮無人蔓丹草與朱塵度俄然如一代經半景若九春命幸得爲綵扇出入玉帶與綺紳。

〔詩〕南齊邱巨源詠七寶畫圖扇詩妙縞貴東夏巧技出吳閫裁狀白玉璧縫似明月輪表裏鏤七寶中銜駭雞珍畫作景山樹圖爲河洛神來延揮握玩入與鑷釧親生風長袖際晞華紅粉津倩盻迎驕意隱映含歌人時移務忘故節改競存心眷情隨象簟舒心謝錦茵厭歇何足道敬哉先後晨。梁何遜詠扇詩如珪信非玷學月且爲輪機杼曬蕪妾裁縫篋笥人搖風入素手招曲掩丹脣羅袖幸時拂微芳聊可因。陳周弘正詠班竹掩團扇詩齊紈將楚竹從來本相遠將申湘女悲宜並班姬怨。

〔讚〕宋謝惠連白羽扇讚惟茲白羽體此皎潔涼齊清風素同冰雪其儀可貴是用玩悅揮之襟袖以禦炎熱。王獻之桃葉團扇歌七寶畫團扇粲爛明月光與郎卻暄暑相憶莫相忘。

〔頌〕劉臻妻五時畫扇頌炎后飛軌引曜丹逵蕤賓應律融精協曦五象列位品物以垂兌降素獸震升青螭日月澄暉仙童來儀仰憩翠巖俯映蘭池靈柯幽藹卉木參差如山之壽如松之猗永錫難老與時推移。

〔啓〕梁簡文帝謝賚扇啓臣綱啓傳詔饒僧明奉宣勅旨垂賚細綾大文畫柳蟬山扇一柄文筠析縷香發海檀肅肅清風即令象簟非貴依依散彩便覺夏室含霜飲露青蜩應三伏之脩景羣飛黃雀迓六月之南風蔽日垂陰薰澤慙采浮涼滌暑蘋末愧吹聖人造物之巧俯萃庸薄王府好玩之恩於茲下被頂戴曲私伏增欣躍謹奉啓事謝聞謹啓。

香鑪第八

〔敍事〕　盧諶祭法曰香鑪四時祠坐側皆置徐爰家儀曰婚迎車前用銅香鑪二漢官典職曰漢尚書郎給端正侍女史二人潔衣服執香鑪燒燻從入臺中晉東宮舊事曰太子初拜有銅博山香鑪一枚鄴中記曰石季龍冬月爲複帳四角安純金銀鑿鏤香鑪傅先生南岳記曰衡山芝崗石室有瓦香爐　王琰冥祥記曰費崇先少信佛法常以鵲尾香鑪置膝前習鑿齒襄陽記曰劉季和性愛香直宮嘗上廁過香鑪上〔事對〕　銀塗　金鏤晉東宮舊事曰泰元二十二年皇太子納妃王氏有銀塗博山連盤三升香爐二金鏤見敍事　四周　九層　西京雜記曰長安巧手丁諼者作臥褥香爐一名被中香爐本出房風爲機環轉之者運四週又曰丁諼作九層博山香爐鏤以奇禽怪獸皆自然能動〔賦〕　梁昭明太子銅博山香鑪賦方夏鼎之瓌異類山經之敍詭制一器而備衆質諒茲物之爲侈于時靑女司寒紅光翳景吐圓舒於東岳匿丹曦於西嶺翠帷已低蘭膏未屏爨松柏之火焚蘭麝之芳熒熒內曜芬芬外揚似慶雲之呈色如景星之舒光齊姬合歡而流盼燕女巧笑而蛾揚劉公聞之見錫粵女惹之留香信名嘉而器美永服玩於華堂　陳傅縡博山香鑪賦　器象南山香傳西國丁諼巧鑄兼資匠刻麝火埋朱蘭煙毀黑結搆危峯橫羅雜樹寒夜含暖淸宵吐霧制作巧妙獨稱珍淑氣氛氳長似春隨風本勝千釀酒散馥還如一碩人〔詩〕　古詩詠香鑪詩四座且莫喧願聽歌一言請說銅爐器崔嵬象南山上枝似松柏下根據銅盤雕文各異類離婁自相連誰能爲此器公輸與魯班朱火然其中靑烟颺其間順風入君懷四座莫不歡香風難久居空令蕙草殘　南齊劉繪詠博山香鑪詩　參差鬱佳麗合沓紛可憐蔽虧千種樹出沒萬重山上鏤秦王子駕鶴乘紫煙下刻蟠龍勢矯首半銜蓮旁爲伊水麗芝蓋出岩間復有漢游女拾羽弄餘姸榮色何雜糅縟綉更相鮮麏麚或騰倚林薄杳芊眠掩華終不發含薰未肯然風生玉階樹露湛曲池蓮寒蟲飛夜室秋雲沒曉天　梁沈約和劉雍州繪博山香鑪詩

範金誠可則。摛思必良工。凝芳俟朱燎。先鑄首山銅。瓌姿信嵒寡。倚態實珍瓏。峯嶝互相拒。岩岫杳无窮。赤松游其上。斂足御輕鴻。蛟螭盤其下。驤首盼曾穹。嶺側多奇樹。或孤或複叢。岩間有佚女。垂袂似含風。翬飛若未已。虎視鬱餘雄。登山起重障。左右引絲桐。百和清夜吐。蘭烟四面充。如彼崇朝氣。觸石繞華嵩。

鏡第九

[敍事] 廣雅曰。鑒謂之鏡。釋名曰。鏡。景也。有光景也。韓子曰。古之人目短於自見。故以鏡觀面。智短於自知。故以道正己。鏡無見疵之罪。道無明過之惡。目失鏡則無以正鬚眉。身失道無以知迷惑。呂氏春秋曰。萬乘之主。人之阿亦甚矣。而無所鏡。其殘亡無日矣。孰當可鏡。其唯士人乎。鏡明己也功細。士明己也功大。淮南子曰。人舉其疵則怨人。鑑見其醜則善鑑。申子曰。豈不知鏡設精無爲。而美惡自備矣。莊子曰。至人之用心也若鏡。不將不迎。應而不藏。故勝物而無憂傷。淮南子又曰。然宮人得戟。則以刈葵。盲者得鏡。則以蓋卮。盲者不可貽以鏡。亂主不可舉其疵。尚書帝命期曰。桀失玉鏡。用其噬獸。玉鏡喻清明之道。噬獸喻暴也。 尚書考靈耀曰。秦失金鏡。魚目入珠。金鏡喻明道也。始皇呂不韋子。言亂眞也。 文子曰。夫鏡不設形。故能有形。晉東宮舊事曰。皇太子納妃。有著衣大鏡尺八寸。銀華小鏡一尺二寸。並衣紐自副。漆奩盛蓋銀華金薄鏡三。銀龍頭受福蓮花鈕鏁自副。

[事對] 金錯 銀華 魏武帝上雜器物疏。三十種。有尺二金錯鐵鏡一枚。九寸銀華小鏡。見敍事。 九寸 三尺 劉振別傳曰。以九寸明鏡照面視之。曰今日識己形。當令不忘。如此其神不散。疾患不入。鄴中記曰。石季龍三臺及內宮中鏡有徑二三尺者。有尺五寸者。 百鍊 四規 夏侯湛抵疑曰。百鍊之鑒。剔鬚

眉可數而辟土不見太山抱朴子曰用明鏡九寸自照有所思存七日則見神仙知千里外事也明鏡或用一或用二謂之四規鏡視鹿 照犬 抱朴子曰昔張蓋蹋及偶豪成二人精思於蜀雲臺山石室中忽有四人黃絹單衣葛巾往到其前曰勞乎道士辛苦幽隱於是二人顧視鏡中乃鹿也續搜神記曰林慮山下有一亭人每過此宿者或病死時有郅伯夷者宿於此明燭而坐中夜忽有十餘人來自共蒲博伯夷密以鏡照之乃是羣犬 應語 寫形 王子年拾遺記曰穆王時沮渠國貢火齊鏡人語則鏡中響應陸機與弟雲書曰仁壽殿前有大方銅鏡高五尺餘廣三尺二寸暗著庭中向之便寫人形體 金薄 玉榮 金薄鏡見敍事東方朔傳曰玉之榮石之精表如日光裏如衆星兩人相睹相知情此名爲鏡也 珠光 石色 孝經援神契曰神靈滋液百寶用則璣鏡出宋均注曰大珠有光可爲鏡拾遺記曰周穆王時有如石之鏡此石色白如月照面如雪謂之月鏡 玄錫粉 黃金繩 淮南子曰明鏡之始型音刑朦然及粉之以玄錫摩之以白旃則鬢眉鬢毛可得而察蕭方等三十國春秋曰慕容垂攻鄴苻丕遣其從弟就請救乃遺謝玄靑銅鏡黃金婉轉繩等以之爲信 仁壽殿 咸陽宮 仁壽殿見寫形注中西京雜記曰高祖初入咸陽宮有方鏡廣四尺九寸表裏有明人來照之則倒見以手掩心來卽腸胃五藏歷然无礙 有引有致 無藏無執 符子曰至人之道也如鏡有明有照有引有致賈誼子曰鏡儀而居无藏无執美惡必至各得其當

〔賦〕 晉傅咸鏡賦 順陰位於西裔採秋金之剛精醮祝融以致虔命歐冶而是營晞日月之光烈儀厥象乎曜靈不有心於好醜而衆形其必詳同實錄於良史隨善惡而是彰猗猗淑媛峨峨后妃眷春榮之零悴懼玉顏之有衰眄清揚而自鏡競崇姱以相暉若乃雲鬐亂於首額黛渝於色設有乏於斯器兮孰厥貌之能飾與暗瞽而同昧兮近有面而不識君子知貌之不可以不飾則內省而自箴既見前而慮後則祗畏於幽深察明明之待瑩則以此而洗心睹日觀之有瑕則稽訓於儒紳夫然尙何厥容之有慢而厥思之有淫

梁劉緩照鏡賦 夜籌已竭曉鐘將絕窗外明來帷前影滅荆王欲起侍妾應

還。前齋上幔。內閣除關。開屏易疊。捲簾攤設。搔頭斂髻。釵子縈鬟。階邊就水。盤中光映。訝宿粉之猶調。笑殘妝之不正。欲開奩而更飾。乃當窗而取鏡。臺本王宮。氏姓溫。背後銘文。宜子孫。四面迴風。若流水。勾欄匳匝似城門。分明似无礙。影前彌可愛。近來顏色不須紅。即時好眉猶約黛。〔詩〕隋孔範和陳主詠鏡詩虎賁愁興日。龍鏡覽顏時。懷恩未得報。空歎髮如絲。隋李巨仁賦得鏡詩魏宮知本姓。秦樓識舊名。鳳從臺上出。龍就匣中生。无波菱自動。不夜月恆明。非唯照佳麗。復得厭山精。周庾信詠鏡詩玉匣聊開鏡。輕灰暫拭塵。光如一片水。影照兩邊人。月生无有桂。花開不逐春。試挂淮南竹。堪能見四鄰。梁簡文帝詠鏡詩錙銖恆在側。誰言攬鏡稀。如冰不見水。似扇長含暉。全開瑇瑁匣。併卷織成衣。脫入相如手。疑言趙璧歸。〔銘〕後漢李尤鏡銘鑄銅為鑑。整飾容顏。脩爾法服。正爾衣冠。

鏡臺第十

〔敘事〕魏武雜物疏曰。鏡臺出魏宮中。有純銀參帶鏡臺一。純銀七子貴人公主鏡臺四。晉東宮舊事曰。皇太子納妃。服用有瑇瑁細漏鏡臺一。劉義慶世說曰。劉聰為玉鏡臺。溫嶠辟劉越石長史北征得之。後娶姑女。下焉。宋元嘉起居注曰。韋朗為廣州刺史。作銅鏡臺一具。御史中丞劉楨奏請以見事免朗所居官。〔事對〕瑇瑁　珊瑚　瑇瑁見敘事。古詩曰。珊瑚佳鏡爛生光。〔詩〕南齊謝朓詠鏡臺詩玲瓏類丹楹。迢亭似玄闕。對鳳臨清水。垂龍挂明月。照粉拂紅妝。插花理雲髮。玉顏徒自見。常畏君情歇。陳叔達入關詠空鏡臺詩即今裝飾廢。彫零銜路間。姮娥與明月。相共落關山。

舟第十一

〔敍事〕淮南子曰：古人見窾木浮而知爲舟。周易曰：刳木爲舟，剡木爲楫。舟楫之利，以濟不通。蓋取諸渙。呂氏春秋曰：虞姁作舟。物理論曰：化狐作舟。墨子曰：巧倕作舟。山海經曰：番禺始作舟。束晳發蒙記曰：伯益作舟。世本曰：共鼓、貨狄作舟，黄帝二臣也。揚雄方言曰：自關而東謂舟爲舩，自關而西或謂之舟。說文曰：舟言周流也。舩言循也，循水而行也。其上屋曰廬，重室曰飛廬，又在其上曰雀室，言於中候望若鳥雀之驚視也。揔名舩曰艘。廣雅曰：吴曰艑（蒲殄反）。李虔通俗曰：晉曰舶（音泊）。埤蒼曰：海中舩曰艆𦪇（郎鄒二音）。說文曰：江中舟曰艖（音禮）。釋名曰：上下重版曰艦（四方施版以禦矢，如牢檻）。外狹而長曰艨衝（以衝突敵舡）。二百斛曰舠。三百斛曰艇。西京雜記曰：太液池有鳴鶴舟、容與舟、清廣舟、採菱舟、越女舟。晉令曰：水戰有飛雲舩、蒼隼舩、先登舩、飛鳥舩。晉宫閣記曰：天泉池有紫宫舟、升進舟、曜陽舟、飛龍舟、射獵舟。靈芝池有鳴鶴舟、指南舟。舍利池有雲母舟、无極舟。都亭池有華泉舟、常安舟。

〔事對〕梁麗　吴䑽（莊子曰：梁麗可以衝城。司馬彪注云：麗，小舩也。張揖埤蒼曰：䑽，吴舩也。音彫）

沙棠舟　芙蓉艦（山海經曰：崑崙有沙棠木，食其實不溺。爲木不沉。銘曰：安得沙棠，木剡以爲舟舩。蕭方等三十國春秋曰：盧循寇京邑，芙蓉艦千餘艘）

潯陽艅　博昌舩（王智深宋記曰：司空劉彦範舉兵時，逆於湓裏，潛作艦艅，出潯陽，合于裝理，數晨之間，舟木大備。漢書曰：卜式願與博昌習船者死南越）

翔鳳　飛龍（陶季直京邦記曰：西巡記曰：宋孝武度六合，龍舟翔鳳以下三千四十五艘，舟航之盛，三代二京无比。飛龍舟事具敍事）

鷁首　鴨頭（淮南子曰：龍舟鷁首。高誘注曰：鷁，大鳥也。畫其象著船首。吴志曰：太傅諸葛恪制爲鴨頭船）

餘皇　太白（左傳曰：吴伐楚，獲餘皇以歸。杜預注曰：餘皇，舟也。蜀王本記曰：秦爲太白船萬艘，欲以攻楚。注曰：太白，船名）

馳馬　逐龍（崔豹古今注曰：孫權名

小船爲馳馬。洞冥記曰。露池西有昆雲池。方四百步。中有逐龍船。鴻毛　青翰洞冥記曰。影娥池中有鴻毛舟。說苑曰。莊辛謂襄城君曰。鄂君方汎舟於澌波之中。乘青翰之舟。蒼隼　青雀蒼隼具敘事。王隱晉書曰。陶侃擊蜀賊王眞。眞拘得侃青雀舟。五樓　三翼　吳志曰。曹公出濡須。孫權使董襲督五樓船住濡須口。越絕書曰。越爲大翼小翼中翼爲船軍戰。雲母　海鶻雲母具敘事。周遷輿服雜事曰。其人欲輕行。則乘海鶻合木船也。錦維　紼繫吳書曰。甘寧住止。常以繒錦維舟。去輒割棄。以示奢侈。毛詩曰。汎汎楊舟。紼纚維之。爾雅曰。紼。繂也。纚。綏也。注。紼。大索也。綏。繫也。鸚鵡　鸜鵒蜀王本記曰。蜀王有鸚鵡舟。周遷輿服雜事曰。遠國朝貢。越海則有大船。一名鸜鵒。合木爲槽。[賦]　西晉棗據船賦伊河海之深廣兮。嗟綿邈而无垠。彼限隔而靡覩兮。此由茲而莫聞。雖后土之同載兮。實殊代而乖分。嘉聖王之神化兮。理通微而達幽。悼生民之隔塞兮。愍王教之不周。立成器以被用兮。因垂象以造舟。濟淩波之絕軌兮。越巨川之玄流。水无深而不渡兮。路无廣而不由。運重固之滯質。雖載沉而載浮。飄燕鼎於吳會。轉金石於洪濤。溯无涯之浩浩。不抑進而輟留。登楊侯之激浦兮。方鳳翔而龍游。雖滔天而橫厲。長抱桀而无憂。乘流則逝。遇抵而停。受命若響。唯時而征。不辭勞而惡動。不偷安而自寧。不貪財以徇功。不愛力而欲輕。豐儉隨乎質量。所勝任乎本形。雖不乘而常浮。雖涉險而必正。周遊曲折。動與時併。博載善施。心无所營。囊括品物。受辱含榮。唯載涉之所欲。混貴賤於一門。包涵通於道德。普納比乎乾坤。感斯用之卻廣。信人道之所存。[詩]　陳張正見賦得雪映夜舟詩黃雲迷鳥路。白雪下凫舟。分沙映冰浦。照鶴聚寒流。檣風吹影落。纜錦雜花浮。舩梁若是桂。翻如月照秋。梁王筠賦詠輕利舟詩君侯飾輕利。搖蕩邁飛雲。淩波漾鷁彩。汎水渙蛟文。電流已光絕。鳥逝復超群。倏忽方千里。戀茲岐路分。梁元帝舩名詩天際浮雲飛。三翼自相追。池邊白鵠舞。林深青雀歸。松潤流星影。桂窗斜月暉。思此无情極。高樓淚染衣。[銘]　後漢李尤舟楫銘舟楫之利。譬猶輿馬。載重歷遠。以濟天下。相風視波。窮究川野。安審懼愼。終無不可。〔讚〕王叔元舟讚致遠任重。各因所由。陸則騁車。水惟用舟。弱楫輕棹。利涉濟求。緬彼漁父。鼓枻淸謳。謝靈運侍汎舟讚 汎畫鷁兮游蘭池。渚相委兮石參差。日隱雲兮月照林。風逶泠兮水漣漪。

車第十二

〔敘事〕譙周古史考曰。黃帝作車。少昊時略加牛。禹時奚仲駕馬。周禮曰。玉輅。錫樊纓。十有再就。建太常十有二斿以祀。玉在馬曰輅。錫 音陽 錫馬當面盧刻金爲之。所謂鏤錫也。樊 音鞶 謂今馬大帶也。此樊纓皆五色罽飾之十有二就 就。成也。大常九旗畫日月者 金輅。鉤樊纓。九就。建大旂以賓。同姓以封。象輅。朱樊纓。七就。建大赤以朝。異姓以封。革輅。龍勒。條纓五就。建大白以卽戎。以封四衞。木輅。前樊鵠纓。建大麾以田。以封藩國。沈約宋書曰。漢制乘輿金根安車立車。輪皆朱斑。黑轂兩轄。飛軨以金薄繆龍。輿倚較。靈文畫轓。文獸伏軾。龍首銜軛。鸞雀立衡。靈文畫轅。翠羽蓋黃裏。所謂黃屋也。金華施橑末。建旂旗十二斿也。畫日月升龍。駕六黑馬。又加犛牛尾。大如斗。置左騑馬軛上。所謂左纛也。其五色立車。五色安車。亦皆如之。太皇太后皇后法駕。乘重翟羽蓋金根車。加靑交輅。靑帷裳。雲靈畫轅。黃金塗五采。皇太子皇子皆安車。朱斑輪。倚獸伏鹿軾。旂旗九斿。畫降龍。皇孫乘綠車。〔事對〕游環　副轄 毛詩曰。游環脅驅。陰靷沃續。劉熙釋名云。游環在服馬背上。參馬之外。轡貫之。游移前卻無常處。蔡邕獨斷曰。乘輿之車。皆副轄者。施轄於外。乃復設轄者也。周輿　殷輅 周禮云。有虞氏尚陶。夏后氏尚匠。殷尚梓。周尚輿。殷輅見論語。朱蘭　紫蓋 司馬彪續漢書輿服志曰。小使車者。蘭輿皆朱赤轂。白蓋赤帷。從騶騎四十人。皆追捕考案。有所勑取者之所乘也。魏收後魏書曰。安車。紫蓋朱裏。與公侯同。子男皁蓋靑裏。步輿　臥

輦 張敞晉東宮舊事曰。太子有步輿一。鄴中記曰。石季龍皇后出蒿。乘輅輦。或朱漆臥輦。以雲母代紗。內外四望。皆通徹也。 青牛 白鹿 關令內傳曰。尹嘗登樓四望。見東極有紫氣西邁。喜曰。應有聖人經過京邑。果見老君乘青牛車來。葛洪神仙傳曰。沈羲學道於蜀中。與妻共載。道逢白鹿車一乘。 一器 六材 周禮曰。一器而工聚者車爲多。司馬彪續漢書輿服志曰。奚仲爲車正。具物以時。六材皆良。 珠輪 銅較 華覈駰馬賦曰。鞍蜀緝褭。珠輪玉光。許慎說文曰。較。車輢上曲銅鉤。音公卓反 皮軒 革輅 漢官解詁曰。太僕廐府皮軒鸞旗。胡廣曰。馬有廐。車有府。皮軒以虎皮爲軒。周禮鄭玄注曰。革輅輓之以革而漆之。 法陰陽 象日月 李尤小車銘曰。圓蓋象天。方輿則地。輪法陰陽。動不相離。周禮曰。輪輻三十。象日月也。 黃金車 碧玉輦 吳志曰。初平中。童謠曰。黃金車。班蘭耳。闓閶門。出天子。王子年拾遺記曰。周穆王馭黃金碧玉之輦。從朝及暮。而窮宇宙之內徧焉。 三寸轄 四尺輈 淮南子曰。夫車之所能轉千里者。以其要在三寸轄。周禮。輈度國馬之輈。深四尺有七寸。田馬之輈。深四尺。 三雲輦 七香車 眞人王君內傳曰。神人乘三雲之輦。魏武帝與楊彪書曰。今贈足下畫輪四望通幰七香車二乘。 輪重牙 轅兩尾 董巴輿服志曰。乘輿金根車五乘。輪皆朱班。重牙。貳轂。張揖埤蒼曰。輕車轅兩尾。 玳瑁廂 茱萸輞 周遷輿服雜事曰。五輅兩箱之後。皆用玳瑁鶡翅。注曰。鶡。大鳥名。其羽關纖利。故車箱象之。石崇奴券曰。作車當取大良白槐之輻。茱萸之輞。

〔賦〕 後梁甄玄成車賦 鑄金磨玉之麗。凝土剡木之奇。體衆術而特妙。未若作車而載馳。爾其車也。名稱合於星辰。圓方象乎天地。夏言以庸之服。周曰聚焉之器。制度不以陋移。規矩不以飾異。古今貴其同軌。華夷獲其兼利。爾其利也。天子以郊祀田伐。諸侯以朝聘會盟。庶人以商農工賈。夷狄以致蓄遷生。爾其作也。均輕重而攻材。正陰陽而斲木。既中正而合剖。亦面勢而審曲。候離婁之督繩。須公輸而削墨。布骸服之有定。施爪牙之不忘。既涉用於牛馬。亦受名於羊鹿。爾其容也。侔蓋樹之獨立。似高雲之出巘。獨映水也。如舞鸞之對鏡。衆行陸也。若翔鴻之赴遠。聽長響之轔轔。望遙儀之婉婉信有美兮宜比輿徒欲貌兮不能辨。及其駕也。堅珊瑚之駐。引絕群之駿。既絲靷之縈頭。亦銅鉤而瑩角。始向輗而龍轉。就入轅而獸躍。或軌亂而鳴鼻。或參差而動腳。咆哮歇轉。鬱怏隕閣。見輪陰之翻亂。視帶影之飛泊。及其乘也。或方夏虐暑。炎氣歊烈。浮爐動以來風。輕紗飛而去熱。纖埃著而卽墜。煩氣衝而受歇。或固陰沍寒。祁嚴凜厲。複帷下而前屏。重幨垂而後蔽。霜露侵而靡及。風飆激而不戾。或油雲雨霈。中逵半恢。宏宇宙而雷奔。杼軸割而去衍。被洪流染而自落。散水湔而不霑云。〔詩〕　梁孝元帝車名詩　長墟帶江轉。連甍映日分。佳人坐椒屋。接膝對蘭薰。繞砌縈流水。邊梁圖畫雲。錦色懸殊眾。衣香遙出群。日暮輕帷下。黃金妾贈君。〔銘〕　後漢馬衍車銘。乘車必護輪。治國必愛民。車无輪安處。國無民誰與。　後漢崔駰車右銘　擇御卜右。採德用良。詢納耆老。于我是匡。惟賢是師。惟道是式。箴闕旅賁。內顧自敕。匪望其度。匪愆其則。越戒敦儉。禮以華國。　後漢李尤小車銘　圓蓋象天。方輿則地。輪法陰陽。動不相離。合之嗛嘘。疏達開通。兩轄鄣邪。尊卑是從。軏輗之用。信義所同。

燈第十三

〔敍事〕　呂靜韻集曰。燈無足曰燈。有足曰錠。西京雜記曰。漢高祖入咸陽宮。秦有青玉五枝燈。高七尺五寸。下作蟠螭。口銜燈。然則鱗甲皆動。煥炳若列星盈盈焉。又曰。長安巧工丁諼作恆滿燈。九龍五鳳。雜以芙蓉蓮藕之奇。王朗秦故事曰。百華燈樹。正月朔朝賀殿下。設于三階之間。端門外設三尺五尺燈。月照星明。雖夜猶晝。張敞東宮舊事曰。太子有銅駝頭燈。銅倚燈。納妃有金塗四尺長燈。銀塗二尺連盤短燈。拾遺記曰。海人乘霞舟。以雕囊盛數升龍膏。獻燕昭王。王坐通雲之堂。亦曰通霞臺　然龍膏爲燈。火色曜百里。煙色如丹。洞冥記曰。漢武帝然芳苡燈於閣上。光色紫。有白鳳黑冠黑龍畀足來戲於閣。又曰。丹豹髓。白鳳膏。磨青錫爲屑。以淳蘇油和之。照於神壇。夜暴雨。火光不滅。以麟鬚拂拂霜蛾赴燈者。芳苡草出奔盧國。霜蛾如蜂。淮南子萬畢術曰。取蚖脂爲燈。置水中。卽見諸物。[事對] 豹髓 龍膏 並見敍事 駝頭 鳳腦 駝頭見敍事中拾遺記曰。周穆王設常生之燈以自照。烈蟠龍膏之燭。徧於宮內。行有鳳腦之燈。水荷以蓋其上。芳苡 蘭膏 芳苡見敍事。楚辭曰。娛酒不廢。沉日夜。蘭膏明燭華鐙錯。銅倚 玉枝 並見敍事。葛籠 荷蓋 沈約宋書曰。高祖淸簡寡欲。牀頭有土障。壁上有葛燈籠。荷蓋見鳳腦注中 百枝 九光 傅玄朝會賦曰。華燈若乎火樹。熾百枝之煌煌。漢武帝內傳曰。西王母遣使謂帝曰。七月七日我當暫來。帝至日。掃除宮內。然九光之燈。蚖脂 鳳膏 並見敍事。恆滿 常生 並見前 [賦] 周庾信燈賦 九龍將暝。三爵行棲。瓊鉤半上。弱木全低。窗藏明於粉壁。柳助暗於蘭閨。翡翠珠被。流蘇羽帳。舒屈膝之屛風。掩芙蓉之行障。卷衣秦后之牀。送枕荆臺之上。乃有百枝同樹。四照連盤。香添然蜜。氣雜燒蘭。燼長宵久。光靑夜寒。秀華掩映。蚖膏照灼。動鱗甲於鯨魚。燄光芒於鳴鶴。蛾飄則碎花亂下。風起則流星細落。況復上蘭深夜。中山醑淸。楚妃留客。韓娥合聲。低歌著節。游絃絕鳴。輝輝朱燼。焰焰紅榮。乍九光而連彩。或雙花而並明。寄言蘇季子。應知餘照情。梁江淹燈賦 淮南王信自華命綵女餌丹砂。學鳳音。紫霞沒。白日沉。掛明燈。散玄陰。顧謂小山儒士。斯可賦乎。於是泛瑟而言曰。若大王之燈者。銅華金檠。錯質鏤形。碧爲雲氣。玉爲仙靈。雙流百枝。豔帳充庭。照錦地之文席。映綉柱之鳴箏。恣靈脩之浩蕩。心何疑而永平。茲侯服之誇誕。而處士所莫營。若庶人燈者。非銀非珠。无藻无縟。心不貴麗。器窮於樸。是以露冷帷幔。風結羅紈。螢已引桂。蛾欲辭蘭。秋夜如歲。秋情若絲。怨此懷抱。傷此秋期。必然燈坐歎。欲說忘辭。至夫霜封園橘。冰裂池蓀。雲雪无際。河海方昏。冬膏既凝。冬箭未度。悁連冬心。寂歷冬暮。亦復朱燈空明。但爲君故。

[詩] 隋江總三善殿夜望山燈詩 百花疑吐夜。四照似含春。的的連星出。亭亭向月新。採珠非合浦。贈珮異江濱。若在扶

桑路堪言並日輪。梁范靖妻沈氏詠燈詩綺筵日已暮。羅帷月未歸。開花散鶴彩。含光出九微。風軒動丹焰。水宇澹清輝。不忝輕蛾繞。唯恐曉蠅飛。梁紀少瑜詠殘燈詩殘燈猶未滅。將盡更揚輝。唯餘一兩焰。裁得解羅衣。南齊謝朓詠燈詩發翠斜溪裏。蓄寶宕山峯。抽莖類仙掌。銜光似燭龍。飛蛾再三遶。輕花四五重。孤對相思夕。空照無衣縫。〔銘〕後漢李尤金羊燈銘賢哲勉務。唯日不足。金羊載曜。作明以續。傅玄燈銘晃晃華燈。含滋炳靈。素膏流液。玄炷亭亭。丹水揚輝。飛景蘭亭。

燭第十四

〔敍事〕周禮曰。凡邦大事。司烜氏共賁燭。麻燭也。一云大燭。祭祀共明燭。以燧取明火於日。儀禮曰。燕則庶子執燭於阼階上。司宮執燭於西階上。甸人執大燭於庭。閽人爲燭於門外。凡燭至起。異晝夜。禮記曰。燭不見跋。跋本也。燭盡則去之。爲嫌若燼多有厭倦。陸士衡毛詩草木疏曰。木蓼擣爲燭。明如胡麻燭。後魏書曰。世祖南伐。劉義恭獻蠟燭。世說曰。石季倫以蠟燭炊。〔事對〕照壁　映書戰國策曰。甘茂去秦之齊。出關遇蘇季子。曰。江上夜女有家貧无燭者。夜女相與欲去之。無燭者曰。妾以无燭之故。常先至。獨掃室布席。何愛東壁之照。壁者西京雜記曰。匡衡勤學而无燭。鄰舍有燭光。穿壁引其光。以書映而讀之。絕纓　陳席司馬彪戰略曰。楚莊王賜群臣酒。日暮燭滅。有引美人衣者。美人援絕其冠纓。告王。王曰。人醉失禮。奈何欲顯婦人之節而辱士乎。乃命曰。羣臣皆絕去冠纓。然後上燭。劉向列女傳曰。齊女徐吾者。東海上貧婦人。嘗與鄰人李吾合燭夜績。李吾曰。徐吾燭數不屬。請无夜績。徐吾曰。妾以貧故。起常見先。臥常在後。灑掃陳席以待來者。今益一人。燭不爲益明。去一人。燭不爲益闇。何愛東壁之餘光。益明　坐闇王符潛夫論曰。隅燭之施。明于幽室也。前燭則盡照矣。後燭而益明。二者相因。以成大光。謝承後漢書曰。巴祗爲揚州刺史。與客坐闇中。不然官燭。美女戴　飛蟲赴地鏡圖曰。見美女戴燭行從其出處有玉矣抱朴子曰夫明燭宵舉則飛蟲群赴武王晨舉 少翁夜張王充論衡曰武王伐商兵至牧野晨舉脂燭權掩不備漢武故事曰上所幸李夫人死上甚思悼之齊人少翁言能致其神乃夜張明燭上居他帳中遙望見李夫人不得就視

〔賦〕梁簡文帝對燭賦 雲母窗中合花氈茱萸幔裏鋪錦筵照夜明珠且莫取金羊燈火不須然下弦三更未有月中夜繁星徒依天於是挂同心之明燭施雕金之麗盤眠龍傍繞倒鳳雙安轉辟邪而取正推櫨窗而畏寬綠炬懷翠朱燭含丹豹脂宜火牛脂耐寒銅芝抱帶復纏柯金藕相縈共吐荷視橫芒之昭曜見蜜淚之蹉跎漸覺流珠走熟視絳花多宵深色麗焰動風過夜久唯煩鋏天寒不畏蛾菖蒲傳酒座欲闌碧玉舞罷羅衣單影度臨長枕煙生向果盤迴照金屏裏脉脉兩相看周庾信對燭賦 龍沙鴈塞甲應寒天山月沒客衣單燈前析衣疑不亮月下穿針覺最難刺取燈花持桂燭還卻燈檠下燭盤鑄鳳銜蓮圖龍並眠燼高疑數翦心濕暫難然銅荷承淚蠟鐵鋏染浮煙本知雪光能映紙復訝燈花今得錢蓮帳寒檠窗拂曙筠籠熏火香盈絮傍垂細溜上繞飛蛾光清寒入餤暗風過楚人纓脫盡燕君書誤多夜風吹香氣隨鬱金苑芙蓉池秦皇辟惡不足道漢武胡香何物奇晚星沒芳蕪歇還持照夜游詎減西園月

〔詩〕梁王筠詠蠟燭詩 執燭引佳期流影度單帷通朧別繡被依稀見蛾眉荧明不足貴燋燼豈爲疑所恐恩情改照君尋覆棋梁劉孝綽賦照棋燭詩 南皮弦吹罷終弈且留賓日下房櫳闇華燭命佳人側光全照局迴花半隱身莫辭纖手倦羞令夜向晨唐太宗文皇帝詠燭詩 焰聽風來動花開不待春鎮下千行淚非是爲思人又詩曰 九龍蟠焰動四照逐花生卽此流高殿堪持待月明

〔啓〕劉孝儀謝女出門宫賜紋絹燭啓 孝儀啓左右袁文成奉宣旨宜知臣私營發遣垂賜紋絹二十疋燭二十挺臣家本貧斂事多蹇闕桓室金縷本非所宜孟姬作具猶若未周殊澤曲臨珍華兼重制爲美服雙綺易儔秉而不息三夜有待臣名品卑末事隔榮賜慈渥之墜實見因心小人賤微豈能勝報不忘云云

煙第十五

[敍事] 淮南子曰。冬至甲子受制。木用事。火煙青。七十二日戊子受制。土用事。火煙黃。七十二日庚子受制。金用事。火煙白。七十二日丙子受制。火用事。火煙赤。七十二日壬子受制。水用事。火煙黑。七十二日。列仙傳曰。昔神人過甯封人爲其掌火。能出五色煙。教其積薪自燒。隨煙上下。封人黃帝時陶正。周禮蟈氏掌去鼃黽。焚牡蘜以灰灑之則死。以其煙被之則活。凡水蟲無聲。晉書曰。苻堅之將亂也。關中土然無火而煙氣大起。方數十里。月餘不滅。後爲慕容沖所滅。後魏書曰。慕容超之將亡也。南郊柴燎焰起而煙不出。靈臺令張光告人曰。火盛煙滅。國其亡乎。拾遺記曰。晉文公焚林以求介子推。有白鵶繞煙而噪。或集介子之側。火不能焚。晉人嘉之。爲立臺。號曰思煙。又曰。員嶠山西有星池。出爛石。常浮於水。色紅質虛似肺。燒之香聞數百里。煙氣升天則成香雲。雲徧則成香雨。

[事對] 火含　水滅　顔延之連珠曰。火含煙而煙妨火。桂懷蠹而蠹殘桂。然火勝則煙滅。蠹壯則桂折。漢書曰。漢元帝時有童謠曰。井水溢。滅竈煙。灌玉堂。流金門。

噪鵶　去黽　並見敍事。

張天　連雲　沈約宋書曰。桓玄使桓謙屯東陵口。卞範之屯覆舟山西。高祖躬先士卒以奔之。東北風急。因命縱火。煙漲天。謙等諸軍一時土崩。劉向熏鑪銘曰。中有蘭麝。朱火青煙。蔚術四塞。上連靑雲。

五色　四合　許邁列傳曰。邁少名映。有道術。高平閻慶就映受業。慶方去。映爲燒香。五色煙出。映亦去。莫知所在。潘尼火賦曰。玄煙四合。雲蒸霧萃。

[詩] 梁簡文帝煙詩　浮空覆雜影。含樹密花藤。乍如落霞發。頗類巫雲登。映光飛百仞。從風散九層。欲持翡翠色。時出鯨魚燈。

陳張正見浦狹村煙度詩　茅蘭夾兩岸。野燎燭中川。村長含夜影。水狹度浮煙。收光暗鳥弋。分火照漁船。山人不炊桂。樵華幸共然。

火第十六

[敍事] 譙周古史考曰。古者茹毛飲血。燧人初作燧火。人始燔炙。元命苞曰。火之爲言委隨也。故其立字人散子者爲火。説文曰。㷈。蒸火也。煨。盆中火也。熛。火飛也。熲。爚。火光也。左傳曰。人火曰火。天火曰災。春秋繁露曰。若人君惑於讒邪。內離骨肉。外疎忠臣。咎及於火。則大旱。必有火災。春秋潛潭巴曰。火從井出。有賢士從人起。火明賢者象。賢者屈滯。象從井出。周易曰。火在天上。大有。君子以遏惡揚善。順天休命。又春秋繁露曰。若火不炎上。秋多雹。由王者視不明也。國語曰。火焚其彝器。子孫爲疑。由王者簠棄五則。則常也。風俗通曰。夫火者。南方陽光輝爲明。聖人嚮之而治。取其象也。[事對] 化雀 流烏 魚豢典略曰。秦伯出獵。至于咸陽。有大鳥流下。化爲白雀。銜綠丹書。集于公車。史記曰。武王既渡河。有火自上復下。至于王屋。流爲烏。其色赤。 外照 內陰 湛方生論曰。俗之談者。以爲火外照。无納影之能。內鑒无朗闇之功。張隱文士傳曰。離火陰居內。故鑒之可映。 焚芝 爨柘 抱朴子曰。慮巫山之失火。恐芝艾之并焚。淮南子曰。夏爨柘燧火。多爨松燧火。 登庫 搆祠 左傳曰。宋衞陳鄭皆火。梓愼登大庭氏之庫以望之。漢書。陳勝吳廣聚祠中。夜搆火。狐鳴呼曰。大楚興。陳勝王。是也。 束縕 徙薪 漢書曰。蒯通曰。臣之里婦。與諸母相善。夜亡肉。姑以爲婦盜。遣之。里母。卽束縕請火。亡肉家曰。昨夜犬得肉。鬬相殺。請火以埋之。桓譚新論傳曰。託言淳于髡至隣家。見其竈突直而積薪在旁。謂曰。此有火災。卽更爲曲突。而遠徙其薪。 光戟 生矛 沈約宋書曰。晉惠帝永興元年。成都王伐長沙。每夜戈戟鋒有火光。如懸燭。漢書曰。車師後王姑句家矛端生火。其妻股訾陬謂姑句曰。矛端生火。此兵氣也。 蔽窗 塗隙 魏收後魏書曰。祖瑩好學。以晝繼夜。父母恐其成疾。禁之。後燃火讀書。以衣被蔽塞窗戶。恐人所覺。韓子曰。丈人之愼火也。塗其隙。白圭之行堤也。塞其穴。故

丈人无火難。白圭无水患。連鷄　結牛何法盛晉中興書曰。殷浩北伐。江逌爲長史。逌取數百鷄。以長繩連脚。皆繫火。一時駈放。飛過塹。集于羌營。火皆燃。史記曰。騎劫攻卽墨。田單取牛千頭。縛矛其角。結火其尾。穿城而出。壯士隨牛後出。火明所觸輒死。珠扞　荷猷國語曰。楚王孫圉聘于晉。謂趙簡子曰。珠足以扞火災。則寶之。沈約宋書曰。殿屋之爲圓泉方井。兼荷華者。以猒火祥。燄燄　烈烈尚書曰。无若火始燄燄。厥攸灼敍。弗其絕。詩曰。如火烈烈。則莫我敢遏。泥中　水上魏收後魏書曰。張天錫時。有火燃於泥中。周易曰。火在水上。未濟。臨邛井　神邱穴劉敬叔異苑曰。臨邛有火井。括地圖曰。神邱有火穴。光照千里。延北閤　越東家范曄後漢書曰。章帝時。新平王家失火。延及北閤後殿。崔鴻前趙錄曰。劉殷曾祖母柩在殯。西鄰失火。風颸甚盛。殷夫婦叩殯。火災遂越燒東家。

[賦]　西晉潘尼火賦形生於未兆。聲發於无象。尋之不得其根。聽之不聞其響。來則莫見其跡。去則不知其往。似大道之未離。而元氣之灝瀁。故能博贍羣生。資育萬類。盛而不暴。施而不費。其變無方。其用不匱。鑽燧造火。陶冶羣形。協和五味。革變羶腥。酒醴烹飪。於斯獲成。及至焚野燎原。埏火赫戲。林木摺拉。砂粒煎爢。騰光絕覽。雲散霓披。遂乃衝風激揚。炎光奔逸。玄煙四合。雲蒸霧萃。山陵爲之崩阤。川澤爲之涌沸。去若風驅。疾如電逝。蕭條長空。野无孑遺。无隰不灰。无坰不爇。榛蕪旣除。九野謐淸。蕩枝瘁於凛秋。候來春而改生。其揚聲發怒。則雷電之威也。明照遠鑒。則日月之暉也。甄陶品物。則造化之制也。濟育群生。則天地之惠也。是以上聖人擬火以制禮。鄭僑據猛以立政。功用關乎古今。勳績著乎百姓。戴逵流火賦火憑薪以傳燄。人資氣以享年。苟薪氣之有竭。何年燄之恒延。

[文]　晉成公綏戒火文余家遭火。屋宇焚盡。器用廓然。乃造於四鄰。以爲戒火文曰。經籍爲灰。篇章爲炭。

[論]　朱玄微火不熱論朱先生游於河洛之間。將舍逆旅。遇逆旅之火。有主人翁夷焉。先生褰裳下車。環而窺之。則喘喘然死矣。先生曰。嘻。火之盛物。一至此哉。弟子孔琨進曰。異哉。先生之談也。夫火之熱在羣形。則焚燎消鑠。在肌膚則灼爛湮滅。奚言物之盛矣。

卷二十五校勘表

頁數	行數	排印本原文	安刻本	嚴陸校	備註
五九五	六	梁漏刻經			隋志「梁」下有「伏」字
五九六	九	漏動靜		漏動	
五九六	一二	其誠		其繩	
五九六	一三	顯卑高		順卑高	
五九六	一四	恆流		橫流	
五九七	二	芬月　於望楚		奔月　以望楚	
五九七	二	難歇		難渴	
五九八	五	劉塢		〔嚴〕類函作劉穆之孫瑀	宋書亦作「劉瑀」
五九八	六	形或		形成	
五九八	八	黑色		黑也	
五九九	五	王鋻		王鑑	
五九九	九	王琰		沈王琰	
五九九	一四	白縑		白練	

五九九	一五	孤性	孤生	
六〇〇	二、三	鞈匜		張設
六〇〇	七	處必廉方		句下宋本無「雍閼」至「其常」十六字
六〇〇	八	伕慧		佛慧
六〇二	三	角正四據		角可作踞
六〇二	五	在華陰	上華陰	
六〇二	五	懸石榻		懸榻
六〇二	七	踞膝		當膝
六〇三	五	新白莞		雜白莞
六〇三	七	之貳		之張
六〇三	一三	芊肫	羊肫	
六〇四	四	常唯		常淮
六〇四	七	「象牙」至「見敍事」		西京雜記曰趙飛燕爲皇后其女弟上遺翟羽扇
六〇四	一〇	如謂		如金
六〇四	一四	四體	曲體	
六〇四	一四	雙翅		隻翅

六〇五	一	垂婉	垂琬	
六〇五	五	妙縞貴東夏	妙綺貴令夏	
六〇五	六	迎驕意隱映	送驕意隱笑	
六〇五	八	招曲掩丹脣	占曲掩朱脣	
六〇五	九	襟袖	於袖	
六〇五	一〇	五時畫扇	五晝扇	
六〇五	一〇	炎后飛軌	宋本無「炎后」至「協曦」十六字	
六〇五	一二、一三	文筠析縷	文均拆縷	
六〇六	四	上廁過	〔嚴〕類函作「上廁還過」	
六〇六	六	丁諼者　又曰丁諼	〔嚴〕案燈部作「丁諼」宋本作「丁緩」	
六〇六	七	敍詭	俶詭	
六〇六	九	劉公	超公	
六〇六	一五	含熏未肯然	句下宋本無「風生」至「曉天」二十字	
六〇七	一二、一三	自副　自副		「自副」疑有誤
六〇七	一四	尺二金錯鐵鏡一枚九寸		疑有脫誤

六〇七	一四	劉振		劉根	
六〇七	一五	徑二三尺		徑三尺	
六〇八	一	而辟		仰而辟	
六〇九	一	攤設搔		難扳握	
六〇九	一	殘妝		殘黃	
六〇九	二	城門		城闉	
六〇九	九	七子		七字	
六〇九	一二	佳鏡		桂鏡	
六一〇	一二	大備		人備	
六一一	七	祓用		備用	
六一一	一四	松潤		露潤	
六一一	一五	以濟天下		句下宋本無「相風」至「不可」十八字	
六一二	五	玉在馬曰輅			案周禮鄭注作「王在焉曰路」。賈疏復申言「王在」之義。此作「玉在馬曰輅」，疑誤。

六一二	六	大常九旗畫日月者		大常旗畫日月	
六一二	一一	雲靈畫轅黃金		雲虛金	
六一二	一四	般輅見論語		論語行夏之時乘般之輅 服周之冕	
六一三	四	騧馬賦		車賦	
六一三	四	解詁	解故		
六一四	四	「中逵」至「衍祓」			「中逵」以下十七字不可句讀・似有脫誤・但無可據改・
六一四	四、五	車名詩			全篇十二句與題不相應・似誤引・
六一四	七	越戒		越式	
六一四	八	動不相離		句下宋本無「合之」至「所同」二十四字	
六一四	一一	丁諼		丁緩	

六一五	六、七	恆滿常生注 並見前		恆滿見敍事王子年拾遺記曰周穆王設常生之燈以自照	
六一五	九	醑清		醽清	
六一五	一二	雙流		雙盌	
六一六	一	瀯清輝		浮清暉	
六一六	八	陸士衡		〔嚴〕丁氏溶以「陸璣」爲「陸士衡」誤當始此	
六一六	一〇	照壁者		照四壁者	
六一六	一三	无夜績		无與績	
六一七	四	朱燭	朱蠟		
六一七	六	甲應		早應	
六一七	九	書誤		袖誤	
六一八	一〇	連珠		廷諧	
六一八	一二	青雲	青天		
六一八	一三	亦去	亦自去		
六一九	一二	傳曰託言			此四字疑有誤
六二〇	一三	恆延		能延	

卷二十五嚴陸校宋本異文

[上接六一九頁七行「取其象也」][事對] 燎原 炎上書曰若火之燎於原不可嚮邇書又曰五行二曰火火曰炎上 化雀 流烏 魚豢典略曰泰伯出獵至于咸陽有大烏流下化爲白雀銜綠丹書集于公車史記曰武王既渡河有火自上復下至於王屋流爲烏 鑽燧 生雲管子曰黃帝鑽燧出火以熟葷臊淮南子曰練土生木練木生火練火生雲練雲生水練水生土 練木 消金練木見上淮南子曰火熯則水滅之金堅則火消之 夏焚 冬燥禮曰季夏出火爲焚也淮南子曰陽氣夏陰氣爲水水勝故夏至溼火勝故冬至燥 紀物 名官尚書大傳曰燧皇以火紀物左傳曰郯子以火紀故爲火師而火名 甯封 閼伯列仙傳曰甯封子黃帝陶正掌火能作五色烟左傳曰陶唐氏之火正閼伯居商丘以火紀時 槁竹 老槐淮南子曰槁竹有火弗鑽不然又曰老槐生火久血爲燐人弗怪也 熒臺 然石郡國志曰連渾府遙火山有火井深不可見底炎氣上升若微雷以草爨之則烟火發名曰熒臺王子年拾遺記曰宛渠之民泛黑水而至對始皇曰臣之國夜琢然石以代日光此石出於然山其土石皆自光明鑽斬皆火出大如栗則輝耀一室 徙薪 焚荻漢書曰初霍氏奢侈茂陵徐福言其太甚三上書輒報罷後霍氏誅滅告者皆封人爲徐生上書曰客有過主人者見其竈直突旁有積薪客曰子爲曲突遠徙其薪不者且有火患主人不應俄其家失火鄰里共救之幸而得息于是殺牛置酒謝其鄰人灼爛者在於上行而不錄言曲突者或謂主人鄉使聽客之言不費牛酒終無火患今論功而請賓曲突徙薪忘恩澤焦頭爛額爲上客邪主人悟而請之宣帝召福爲郎吳志曰姚光有火術孫權積荻數十束使光坐其上猛火焚之荻盡

端坐灰中持一卷書。蔽窗　塗隙後魏書曰祖瑩好學以晝繼夜。父母恐其成疾禁之。後然火讀書以衣蔽窗戶。韓子曰丈人之愼火也塗隙。廣樹　符鷁南越志曰廣州有大樹可以禦火。山海經曰符遇之山其鳥名鷁。其狀如翠而赤喙可以衞火。祝融　回祿淮南子曰南方火也其帝祝融。其佐朱胡。左傳曰鄭子產禳火於元圃回祿。崑岡　鼎鑊書曰火炎崑岡玉石俱焚。周禮曰亨人掌供鼎鑊以給水火之齊。泥中　水上魏收後魏書曰張天錫時有火燃於泥中。周易曰火在水上未濟。臨邛井　神丘穴劉敬叔異苑曰臨邛有火井縱廣五尺深二三丈。括地圖曰神丘有火穴光照千里。〔賦〕　西晉潘尼火賦覽天人之至周嘉火德之爲貴含太陽之靈輝。體淳剛之正氣。先聖仰觀。通神悟靈。窮神盡數。研幾至精。形生於未兆。聲發於無像。尋之不得其根。聽之不聞其響。來則莫見其跡。去則不知其往。似大道之未離。而元氣之灝溔。故能博贍羣生。資育萬類。盛而不暴。施而不費。其變無方。其用不匱。鑽燧造火。陶冶羣形。協和五味。革變羶腥。酒醴烹飪。於斯獲成。爾乃狄牙典膳。百品既陳。和羹酉醳。旨酒濃醇。烹黿煮鼈。灼龜膾鱗。若乃流金化石。鑠鐵融銅。造製戎器。以戒不恭。砥鍊兵械。整飭軍容。四海寧乂。邊境無寇。韜弓戢劍。解甲釋冑。銷鏑爲耒。鑄戈爲槈。戰士反於耕農。戎馬放於外廄。及至焚野燎原。埏火赫戲。林木摧拉。砂礫煎爍。騰光絕覽。雲散霓披。遂及衝風激揚。炎光奔逸。玄煙四合。雲蒸霧萃。山陵爲之崩阤。川澤爲之涌沸。去若風驅。疾如電逝。紛綸紆轉。倏忽橫厲。蕭條長空。野無孑遺。無隰不灰。無坰不爇。震響達乎八冥。流光燭乎四裔。榛蕪既除。九野謐清。蕩枝瘁於凜秋。候來春而改生。其揚聲發怒。則雷霆之威也。明照遠鑒。則日月之暉也。甄陶品物。則造化之制也。濟育羣生。則天地之惠也。是以上聖擬火以制禮。鄭僑據猛以立政。功用關乎古今。勳績著乎百姓。〔下接六二〇頁十二行「藏逵流火賦」〕

初學記第二十六

器物部

冠第一

［敍事］劉熙釋名曰．冠貫也．所以貫韜髮也．董巴漢輿服志曰．上古穴居野處．衣毛而冒皮．後代聖人易之．見鳥獸有冠角頓胡之制．遂作冠冕纓緌．春秋繁露曰．冠之在首．玄武之象也．玄武貌之最嚴威者．其像在右．服反居首．武之至而不用矣．三禮圖曰．大古冠布．齊則緇之．後以爲冠．冠之始也．今武冠則其遺象．春秋合誠圖曰．天皇大帝北辰星也．含元秉陽．舒精吐光．居紫宮中．制御四方．冠有五采．又曰．黃帝冠黃文．白帝冠白文．黑帝冠黑文．禮記曰．黃冠而祭息田夫．家語曰．大夫請罪．用白冠氂纓．禮記曰．玄冠朱組纓．天子之冠也．緇布冠繢緌．諸侯之冠也．玄冠丹組纓．諸侯之齊冠也．玄冠綦組纓．士之齊冠也．縞冠玄武．子姓之冠也．垂緌五寸．惰游之冠也．玄冠縞武．不齒之服也．居冠屬武．自天子下達．有事然後緌．左傳曰．鄭子臧好聚鷸冠．淮南子曰．楚莊王好獬冠．公孫屈子曰．屈到貊冠．戰國策

曰宋康王爲無頭之冠以示勇莊子曰宋鈃尹文爲華山之冠以自表漢武內傳曰上元夫人戴九雲夜光之冠西王母戴太眞晨嬰之冠

［事對］

卻敵 進賢 三禮圖曰卻敵冠前廣四寸通長四寸後高三寸衛士服之輿服志曰進賢冠古緇布冠儒者之服前高七寸後三寸長八寸公侯三梁中二千石以下至博士兩梁博士以下至小史一梁

獬豸 鵕鸃 漢官儀曰獬豸獸性觸不直故執憲者以其角形爲冠史記曰高祖時籍孺孝惠時閎孺婉佞貴幸與上臥起故惠帝時郎中皆冠鵕鸃貝帶傅脂粉比閎籍之屬

蟬翅 鶡尾 漢書曰張敞弟武爲梁相曰馭黠馬者利其銜策當以柱後蟪文強繩之耳如淳注曰蟪蟬也冠細如蟬翅今御史冠是也又曰高祖爲亭長乃以竹皮爲冠應劭注曰以竹始生皮作冠今鶡尾冠是也

鐵柱 金顏 漢官儀曰侍御史周官也爲柱下史冠法冠一曰柱後以鐵爲柱徐爰釋問曰通天冠金博山蟬爲之謂之金顏

卻非 交讓 三禮圖曰卻非冠宮殿僕射史服之高三寸東觀漢記曰馬援與公孫述有舊援從冀入蜀述見之甚喜與俱入宗廟令冠交讓冠立舊交之位

五彩 四重 三禮圖曰五彩方山冠各以其彩縠爲冠天子祀廟八佾樂五行舞人所服輿服志曰術氏冠有五彩衣青玄裳前員其制差池邐迤四重趙武靈王好服之今不施用也

夏收 殷冔 禮王制曰夏后氏收而祭燕衣而養老殷人冔而祭縞衣而養老

雙綏 禪纚 毛詩曰葛屨五兩冠緌雙止漢書江充召見上衣紗縠單衣冠禪纚步搖冠

金璫 珠璸 輿服志曰武冠一曰武弁大冠諸武官冠之侍中中常侍加黃金璫附蟬爲文貂尾爲飾崔鴻前燕錄曰慕容儁制平上冠悉賜廷尉以下中祕監令別施珠璸

温貂 勁鶡 漢官儀曰侍中金蟬左貂金取堅剛百鍊不耗蟬取高居食潔口在腋下貂內勁而外溫又曰虎賁冠插兩鶡尾鶡鷙鳥中之勁果者

苞楯 覆杯 輿服雜事曰楚漢會於鴻門項籍圖危高祖樊噲聞急乃裂衣包楯戴以爲冠排入羽營覆杯見弁敍事

招虞 遺越 招虞見旌事對春秋釋痾何休曰遺越人以冠終不以爲惠

翠緌 朱纓 梁書曰天子

著遠遊冠。金蟬翠緌纓。朱纓見敍事。鳩拂　烏萃蕭方等三十國春秋曰。晉永康元年正月大會。有鳩入御坐武帳中。拂司空張華之冠。伏侯古今注曰。魯參鋤瓜。三足烏來萃其冠。魏齊幹賦　纖麗細纓。輕配蟬翼。尊曰元飾。貴爲首服。君子敬愼。自強不忘。〔銘〕

李尤冠幘銘冠爲元服。幘爲首服。君子敬愼。自強不忘。傅玄冠銘居高无忘危。在上无忘敬。懼則安。敬則正。

弁第二

〔敍事〕白虎通曰。弁之爲言攀持髮也。釋名曰。弁如兩手相合抃音奮時也。以爵韋爲之。謂之爵弁。以鹿皮爲之。謂之皮弁。以韎韋爲之。謂之韋弁。董巴輿服志曰。爵弁。一名冕。廣八寸。長尺二寸。如爵形。前小後大。其上似爵頭色。有收持笄。所謂夏收殷冔虛宇反者也。祠天地五郊明堂。雲翹舞樂人服之。三禮圖曰。爵弁。士助君祭之服。以祭其廟。無旒。韋弁。王及諸侯兵服也。輿服志曰。皮弁與委貌同制。長七寸。高四寸。制如覆杯。前高廣。後卑銳。所謂夏之毋追。殷之章甫者也。行大射禮辟雍。公卿諸侯大夫行禮者冠委貌。執事者冠皮弁。衣都麻衣。周禮弁師掌王之皮弁。會五采玉璂。象邸玉笄。璂綦同。結也。縫中貫結五采玉者。魏臺訪議曰。五采玉。一玉有五色者也。邸以象骨周緣弁下根柢。如魏武帝所作弁柢。凡有笄無纓。曹褒云。天子弁以白玉飾。左傳曰。楚子玉自爲瓊弁。鄴中記曰。石季龍宮婢數十。盡著皁褠。頭著神弁。如今禮先冠。西王母交帶靈飛綬。上元夫人佩鳳文臨華綬。〔事對〕麟韋　象邸漢書曰。王莽初獻新樂於明堂太廟。群臣冠麟韋之弁。周禮曰。弁師掌王之皮弁。象邸玉笄也。騏文　鹿章毛詩曰。淑人君子。其弁伊騏。毛萇注曰。騏。文也。白虎通曰。上古質。先服鹿皮。取其文章也。加首　會髮穀梁傳曰。弁冠雖舊。必加於首。周室雖衰。必先諸侯。毛詩曰有斐君子充耳琇瑩會弁如星注謂弁所以會髮 **告朔** **視朔** 家語曰諸侯皮弁以告朔于太廟周禮曰視朔則皮弁服鄭玄注曰視外朝之事

印第三

［敘事］ 劉熙釋名曰印信也所以封物以爲驗也亦言因也封物相因付也許愼說文曰執政所持信也衛宏漢舊儀曰諸侯王印黃金槖駝鈕文曰璽列侯黃金印龜鈕文曰印丞相將軍黃金印龜鈕文曰章中二千石銀印龜鈕文曰章千石六百石四百石銅印鼻鈕文曰印續漢書禮儀志曰印璽王玉柙銀鏤文貴人長公主銅鏤何法盛晉中興書曰孔愉經餘亭放龜溪中龜中流左顧後以功封餘亭侯及鑄侯印而龜左顧更鑄亦然印工以聞愉悟乃取佩搜神記曰張顥爲梁相天新雨後有鳥如山鵲飛翔近地令人摘之化爲石顥命椎破得一金印文曰忠孝侯印顥上之藏宮後議郎汝南樊衡夷上言堯舜時舊有此官今天降印宜可復置

［事對］ **鑄龜** **給馬** 鑄龜事見敘事中魏收後魏書曰高帝詔軍警給雀印傳符次給馬印 **金龜** **玉蛟** 金龜事見敘事魏收後魏書曰高祖永明元年上谷郡人獻玉印上有蛟龍之文也 **種龍** **摘鵲** 圈稱陳留風俗傳曰巴吾縣者宋雜陳楚地故梁國寧陵種龍鄉也今其都印文曰種龍摘鵲事見敘事 **含鈎** **刻棗** 夢書曰印鈎爲人子所祿也夢見印鈎人得子含呑印鈎懷姙婦也鈎從腹出爲其乳失印子傷墮而懷之妻有子以口含之子爲宅中黃君制使虎豹法曰道士當刻棗心作印方四寸也

［銘］ **晉傅玄印銘** 往昔先王配天垂則乃設印章作信萬國取象昬度是銘是刻文明愼密直方其德本立道生歸乎玄默太上結繩下無荒慝 **後漢胡伯始印衣銘** 明明上皇旌以命服紆朱懷金

爲光爲飾邁種其澤撫寧四國宜慈惠和柔嘉維則克常厥心膺茲多福登位歷壽子孫千億 李尤印銘 赤紱在服非印不明棨傳符節非印不行龜紐犢鼻用爾作程

綬第四

[敍事] 漢官儀曰綬者有所承受也所以別尊卑彰有德也呂忱字林曰綬紱也董巴輿服志曰戰國解去紱佩留其綵襚以爲章表秦乃以采組連結於襚光明章表轉相結綬故謂之綬乘輿黃赤綬五采黃赤縹紺淳黃圭長二丈九尺五百首 太皇太后皇太后皇后皆同又漢官儀曰乘輿綬黃地骨白羽青絳緣五采四百首長二丈三尺 諸侯王赤綬四采赤黃縹紺淳赤圭長二丈八尺三百首 公主大貴人諸侯皆同又漢官儀云四采絳地骨白羽青黃赤采二丈一尺二百六首侯地絳紺縹三采百二十首長二丈八尺 諸國貴人相國綠綬三采綠紫紺淳綠圭長二丈一尺二百四十首公侯將軍紫綬二采紫白淳紫圭長丈七尺百八十首 公主封君同又漢官儀云丞相御史大夫匈奴亦同 九卿中二千石一云青緺綬緺紫青色緺音瓜 二千石青綬三采青白紅淳青圭長丈七尺百二十首 又漢官儀綬羽青地桃花縹長丈八尺 自青綬已上縌皆長三尺二寸與綬同采而首半之縌者古佩襚也佩襚相迎受故曰縌紫綬以上縌綬之間得施玉環玦千石六百石黑綬三采青赤紺淳青圭長丈六尺八十首又漢官儀云墨綬白羽青地絳二采長丈七尺 四百丞尉 三百長相 二百百石皆黃綬一采淳黃圭長丈五尺六十首 又漢官儀云黃綬緣八十首長丈七尺 晉令曰皇太子及妃諸王玄朱綬郡公主朱綬郡侯青朱綬輿服志又云自黑綬以下縌綬長三尺與綬同采而首半之百石青紺綬一

采宛轉繆織圭長丈二尺凡先合單紡爲一絲四絲爲一扶五扶爲一首五首成一文文采淳爲一圭首多者絲細少者絲麤皆廣尺六寸漢武內傳曰西王母交帶靈飛綬上元夫人佩鳳文臨華綬

[事對] 桃花　盭草二千石綬桃花縹具敍事注中漢書曰諸侯王高帝初置金璽盭綬如淳注曰盭綠也晉灼曰盭草名也出琅邪平昌縣似艾可染綠因以爲綬名盭音戾五色　四采西京雜記曰趙飛燕爲皇后其娣上遺五色文綬四采事見敍事白艾　青緺　焦貢易林曰二千石官白艾綬也史記曰武帝召東郭先生拜爲郡都尉先生久待詔公車行雪中履有上無下及其拜爲二千石佩青緺也　玄朱　青紫玄朱事見敍事中晉永安起居注曰太康四年有司奏鄯善國遣子元英入侍以英爲騎都尉佩假歸義侯印青紫綬各一具　赤地　絳緣漢名臣奏曰大司空朱游奏曰車府丞玄黃綬詔乘輿綬五采何黃多也可更用赤絲爲地絳緣見敍事

[銘] 後漢張衡綬笥銘　南陽太守鮑德有詔所賜先公綬笥傳世用之時德更理笥衡時爲德主簿作銘曰懿矣茲笥爰藏寶珍冠纓組履文章日信皇用我賜俾作帝臣服其令服黻封艾縉天祚明德大賚福仁垂光厥世子孫克神厥器惟舊中實惟新周公惟事七涓有隣後漢胡廣笥銘休矣斯笥凡器爲式受相君子承此印綬帝命所賚用褒令德備以自脩所以自敕忠肅恭懿鮮不爲則靡悔靡吝神人致福

笏第五

[敍事] 笏手板也釋名曰笏忽也君有教命及所啓白則書其上備忽忘也輿服雜事曰有指畫於君前有受命於君前書笏笏畢用也畢盡禮記曰天子以球玉諸侯以象大夫以魚須文竹士竹本象可也文猶飾也大夫飾竹以爲笏不敢與君並用純物也大戴禮曰天子御珽珽言珽然方正於天下諸侯御荼荼前詘後

直下天子也荼音舒大夫服笏前詘後詘無所不讓三禮圖曰士笏飾以象骨大夫飾以魚須鮫魚鬚輿服雜事又曰古者貴賤皆執圭書君上之政令有事則搢之於要帶中五代以來唯八座尚書執笏者白筆綴手板頭以紫囊裹之其餘王公卿士但執手板板主於敬不執笏示非記事官也［事對］魚須 象骨並見敍事 記善 書對 周遷輿服雜事曰應仲遠云昔荆軻逐秦王其後謁者持匕首擬宮掖以備不虞從此侍官皆執刀劍漢高祖偃武脩文始制以手板代焉故仲長子曰笏以書君教令記善刺過今之持板以象焉禮記曰將適公所史進象笏書思對命也 通理 耀握 相手板經曰當令理通直從上至下直如弦不得出邊絕理劉義恭啓事曰聖恩優重猥賜華纓玉笏珍冠飾首琛板耀握非臣朽薄所宜服受 與孟岐 擊錢鳳 郭子橫洞冥記曰孟岐清汝之逸周人也年可七百歲語及周初時事如目前岐時侍周公升壇上岐以手摩成王之足周公以玉笏與之晉記曰王敦以溫嶠爲丹陽尹嶠內欲離敦而外飾護錢鳳覺之未言嶠知將間已因敦公坐強鳳酒不肯飲嶠以手板擊鳳［讚］王升之笏讚愼爲德要唯善用光敬上尊賢貴不踰常用制斯器備對遺忘因事施禮升降有章

佩第六

［敍事］說文曰佩從人凡聲也佩必有巾從巾釋名曰佩倍也言其非一物有倍貳也有珠有玉魚豢魏略曰有雙璜雙珩琚瑀衝牙玭珠爲佩者漢明帝采古文始制蔡謨毛詩疑字議曰以爲佩者服用之稱珮者玉器之名稱其服用則字從人名其器則字從玉三禮圖曰凡玉珮上有雙衡衡長五寸博一寸下有雙璜璜徑三寸衝牙蠙珠以納其間上下爲衡半璧爲璜璜中橫以衝牙以蒼珠爲瑀禮

記曰天子佩白玉公侯佩山玄玉大夫佩水蒼玉世子佩瑜玉士佩瓀玟又曰孔子去魯佩象環五寸謙不比德云不事也象有文理者也環取可循而無窮 鹽鐵論曰子思銀佩晉宋舊事曰太皇太后雀鈕白玉佩搜神記曰元康中婦人飾五兵佩白虎通曰所以必有佩者表意見所能故脩道無窮卽佩環能大道德卽佩琨能決嫌疑卽佩玦是以見其所佩卽知其能故農夫亦佩其耒耜工匠佩其斧婦人佩其針縷亦佩玉也禮記又曰君在佩玉左結佩右設佩居則設佩朝則結佩朝於君亦結左 齊則綪結佩而爵韠綪屈也結又屈之思神靈不在事也爵韠者齊服玄端 又曰古之君子必佩玉右徵角左宮羽玉聲所中也徵角在右事也民也可以勞宮羽在左君也物也宜逸 趨以采齊行以肆夏周旋中規折還中矩進則揖之退則揚之然後玉鏘鳴也又曰圭佩倚則臣佩垂圭佩垂則臣佩委

［事對］

蠙珠　象環並見敍事

紉蘭　連若楚詞曰紉秋蘭以爲佩王逸注曰紉索也蘭香草也秋而芳所以爲佩飾也又曰連蕙若以爲佩過飽肆而失香

捨玦　解環孔叢子曰子產死鄭大夫捨佩玦婦女捨珠玉也劉向列女傳曰齊桓公行霸諸侯朝之衛獨不至公謀伐衛衛姬脫簪珥解環珮再拜請衛之罪公悅許諾

俘商　獻楚周書曰武王俘商得珮玉億有八萬左傳曰蔡昭侯爲兩珮如楚以一珮獻昭王子常欲其一弗與三年止之獻於子常乃得歸

雙渠璜　六火玉　董巴漢輿服志曰漢孝明皇帝乃爲大珮衝牙雙渠璜皆以白玉漢武帝內傳曰上元夫人帶六出火玉之珮

遺澧浦　解江濱　楚辭曰捐余玦兮江中遺余珮兮澧浦列仙傳曰江濱二女者不知何許人步漢江濱逢鄭交甫挑之不知神人也女遂解珮與之交甫悅受珮而去數十步空懷無珮女亦不見

［啓］

梁簡文帝謝賜玉佩啓臣綱言主衣褒智瑋奉宣敕旨垂賚臣玉珮一具藍田麗采槐水縷文飾以金闕之珠制以魯班之巧故以裾端照色影外生光恩發內府猥垂霑

賜臣方溫謝德比振﨟聲沐浴深慈欣荷交至不任云云 **褚彥回謝賜珮啓** 傳詔宣敕賜臣玉珮一具製懋姬嬴寶冠荆越璇瑰鑌曜珩玦凝華采賁蓬楹響聞緄戶佩服載驚心容交惕

履第七

[**敍事**] 世本曰於則作屝履釋名曰履禮也飾足以爲禮亦曰屨拘也所以拘於足也齊人謂草履曰屝不借言賤易有宜各自蓄不假借也說文曰鞁小兒履也又鞮草履賈子曰天子黑方履諸侯素方履大夫素圈履晉令履曰士卒百工履色無過綠青白奴婢履色無過純青古繪賣者一足著白履一足著黑履鹽鐵論曰古者庶人麤屝草履今富者韋沓絲履[**事對**] **履霜** **行雪** 毛詩曰大東小東杼軸其空糾糾葛屨可以履霜史記曰東郭先生待詔公車貧困飢寒衣敝不完行雪中履有上無下足盡踐地道中人笑之 **養體** **飾足** 孫卿子曰麤絲之履可以養體也飾足事見敍事 **跪遷** **坐取** 禮記曰嚮長者而履跪而遷履俯而納履又曰君子之飲酒三爵而退則坐取履隱避而後履 **納丹豹** **綴朱蠙** 王子年拾遺記曰穆王起春霄之宮西王母來焉納丹豹文履劉楨魯都賦曰纖纖絲履燦爛鮮新表以文綦綴以朱蠙 **仲子織** **嘯父補** 皇甫謐高士傳曰陳仲子子終齊人適楚楚王欲以爲相妻曰子織履以爲食恬淡而無爲樂在其中矣乃謝使者列仙傳曰嘯父冀州人在曲周市中補履數十年奇其不老 **文公墮** **昭王決** 韓子曰晉文公與楚人戰至鳳皇之陵係履墮因自結之賈誼子曰昔楚昭王與吳人戰楚軍走而履決失之行三十步復旋取左右問曰何惜是一蹻履乎王曰楚國雖貧豈愛一蹻履哉思與偕出弗與反也 [**詩**] **後梁宣帝詠履詩** 雙鳧應聲宣並飛時表異處卑彌更妍常安豈悲墜 [**銘**] **傅玄履銘** 戒之哉念履正無邪正者吉之路邪者凶之徵 **後漢李尤文履銘** 乃製茲履文質武

斌允顯明哲卑以牧身步此堤道絕彼埃塵

裘第八

[敍事] 說文曰裘皮衣也白虎通曰所以佐女工助温也古者緇衣羔裘黃衣狐裘禽獸衆多獨以狐羔取其輕暖因狐死首丘明君子不忘本也羔取其跪乳遜順也禮記曰孟冬之月天子始裘周官曰司裘爲太裘以供王祀天之服羔裘也仲秋獻良裘乃行羽物鄭玄注黼裘也行羽物飛鳥賜群吏季秋獻功裘以待班賜狐青麛裘之屬鳩化爲鷹故於此時爲賜五經要義曰諸侯黼裘以誓田雜羔狐爲黼文也禮記曰狐白裘錦衣以裼之君子狐青裘豹褎玄綃衣以裼之麛裘青犴褎絞衣以裼之犴胡犬也絞蒼黃之色羔裘豹飾緇衣以裼之狐裘黃衣以裼之錦衣狐裘諸侯之服也犬羊之裘不裼庶人無文飾裘之裼也見美也五經要義曰古者著裘於內而以繒衣覆之乃加以朝服會之時袒其朝服見裘裏覆衣謂之裼裼之言露可見之辭所以示美呈好而爲飾加以朝服謂之襲袒謂之裼大裘不覆反本取其質也毛詩曰公子狐貍裘舟人熊羆裘晉令曰山鹿白狗遊毛狐白貂領黃貂班白鼲子渠搜裘皆禁物

[事對] 狐掖　雉頭　王褒四子論曰千金之裘非一狐之掖晉咸寧起居注曰大司馬程據上雉頭裘一領詔曰據此裘非常衣服消費功用宜於殿前燒之

黑貂　青鳳　戰國策曰蘇秦說李兌兌送秦黑貂之裘黃金百鎰王子年拾遺記曰周昭王以青鳳之毛爲二裘一曰燠質一曰暄肌常以禦寒也

素錦　紫綈　禮記鄭玄注曰君衣狐白毛之裘則以素錦爲衣覆之可使裼也西京雜記曰慶安年十五爲成帝侍郎善鼓琴趙后悅之白上得出入御內絕見愛幸常著紫綈裘與后同居

鵠氅　鳳毛　劉義慶世說曰

謝萬與安詣簡文。著白綸巾鶴氅。見共談。鳳毛事見青鳳注中。豹襜　羔袖管子曰。武王爲侈靡令曰。豹襜豹裘。方得入廟。故豹皮百金。功臣之家。裘千鍾而未得一豹皮。左傳曰。齊以郲寄衛侯。右宰穀從而逃歸。衛人將殺之。穀辭之曰。余不悅初矣，余狐裘而羔袖。乃赦之。杜預注曰。狐裘羔袖。言一身盡善。唯少有惡。喻己雖從出。其罪不多。鷫鸘　狐貉西京雜記曰。司馬相如與卓文君還成都。居貧愁懣。以所服鷫鸘裘就市鬻酒。與文君爲歡。論語曰。緇衣羔裘。素衣麑裘。黃衣狐裘。褻裘長。短右袂。必有寢衣。長一身有半。狐貉之厚以居。青豻　玄狐青豻事見敍事。黃帝出軍決曰。黃帝伐蚩尤。未克。西王母遣人被玄狐之裘。以符授之。三英　千鎰郭璞毛詩拾遺曰。羔裘晏兮。三英粲兮。毛詩注曰。三英。三德也。英謂古者以素絲英飾裘。卽上素絲五紽也。墨子曰。江河之水。非一源。千鎰之裘非一狐白。玄華　翠雲玄華具下謝莊表中。宋玉風賦曰。主人之女。翳承日之華。被翠雲之裘。狐青　狖白狐青見敍事。魏志曰。夫餘國人如狐貍狖白黑貂之裘也。吉光　粹白方朔十洲記。漢武帝天漢三年。西國王獻吉光毛裘。色黃。蓋神馬之類。入水不沉。入火不焦。呂氏春秋曰。天下無粹白之狐。而有粹白之裘。取諸衆白。〔啓〕梁簡文帝謝東宮賜裘啓　綱啓。蒙賚豹裘一領。降斯止誨，垂茲信服。物華雉毳。名高燕羽。綱才慚齊相。受白狐之飾。德謝漢蕃。均黑貂之賜。地卷朔風。庭流花雪。故以裾生惠氣，袖起陽春。荷澤知慚。瞻恩興戀。不任下情。謹啓事謝聞。謹啓。〔表〕宋謝莊謝賜貂裘表臣莊言。主衣黃逵宣敕賜臣貂裘。匭發衽開。玄華有曜。靡毫柔毳。黯鑑自凝。固以綵越綴翬。光逾緝燕。臣聞嚬笑不忘。韓裳勿假。績以昭庸。楚纊爰建。臣歡忭自歌。而同委佽之澤。勤劬未報。而叨解裘之寵。空荷榮施。徒賁微軀。承殊恩必識。服以淪生。銘悅之情。罔知所寘。臣受假無由。躬拜。謹遣表。

衫第九

〔敍事〕劉熙釋名曰。衫芟也。衣無袖端也。揚雄方言曰。陳魏宋楚之間謂之襜。或謂之單襦。晉東宮舊事曰。太子納妃有白縠白紗白絹衫。並紫結纓。魏文帝列傳曰。吳還曹令史劉卓病荒。夢見一人以白越單衫與之。言曰。汝著衫汗。火燒便潔也。卓覺。果有衫在側。汙輒火浣之。劉敬叔異苑曰。毌丘儉征沃沮。使王傾窮其東界。父老云。曾有破船從漢海流得布衫。身如中人。但兩袖頓長三丈。〔事對〕白紗　絳納　車灌晉脩復山陵故事曰。梓宮衣物練單衫五領。練複衫五領。白紗衫六領。白紗縠衫五領。宋起居注曰。太始二年。御史中丞羊希奏。山陰令謝沈。親憂未除。常著青絳納兩襠衫。請免沈前所居官也。納布　織成　沈約宋書曰。徐湛之母會稽公主。高祖微時。有納布衫襖等衣。皆是敬皇后手自作。高祖既貴。以此衣付公主曰。後代若驕奢不節者。可以此示之。祖台之志怪曰。建康小吏曹著。爲廬山使君所迎。配以文婉。著形意不安。屢求請退。婉潸然流涕。賦序別。并贈織成褌衫也。

裙第十

〔敍事〕釋名云。裙。連接裙幅也。緣裙。裙施緣也。揚雄方言曰。陳魏之間謂裙爲帔。音披。繞衿謂之裙。續漢書曰。漢明德太后。禿裙不緣。五行志曰。獻帝時。女子好爲長裙而上甚短。西京雜記曰。趙飛燕立爲皇后。其弟上遺織成裙。晉東宮舊事曰。皇太子納妃。有絳紗複裙。絳碧結綾複裙。丹碧紗紋雙裙。紫碧紗文雙裙。紫碧紗文繡纓雙裙。紫碧紗縠雙裙。丹碧杯文羅裙。晉宋舊事曰。崇進皇太后爲太皇太后。有絳碧絹雙裙。絳絹襹屬裙。緗絳紗複裙。白絹裙。〔事對〕絳紗　緗綺　絳紗見敍事。古樂府陌上採桑曰。秦氏有好女。自名爲羅敷。湘綺爲下裳。紫綺爲上襦。薜荔　芙蓉　楚辭曰。採薜荔以爲裳。揚雄反離騷曰。衿芰荷之綠衣兮。被芙蓉之朱裳。白蜺　青羽　楚辭曰。青雲衣兮白蜺裳。舉長矢兮射天狼。眞人三君內傳曰。南極夫人被錦服青羽裙也。紫碧　緗絳紫碧具敘事中車灌晉脩復山陵故事曰梓宮衣物有細絳雙裙六腰。四等 三條周斐汝南先賢傳戴良嫁女緣裙四等。繁欽定情詩曰。何以合歡欣。紈素三條裙。［詩］ 陳蕭鄭詠裙複詩 晶晶金紗淨。離離寶縫裙。腰非學楚舞。寬帶爲思君。

酒第十一

［敘事］ 說文曰。酒。就也。所以就人性之善惡也。一曰造也。吉凶所起造也。釋名曰。酒。酉也。釀之米麴。酉懌而味美也。亦言踧也。能否皆彊相踧持飲之也。漢書曰。酒者天之美祿。帝王所以頤養天下。享祀祈福。扶衰養疾。百福之會。酒經曰。空桑穢飯。醞以稷麥。以成醇醪。酒之始也。烏梅女𩱆。胡板反 甛醹。乳九投。澄清百品。酒之終也。說文曰。醶。途 酒母也。醴。酒一宿熟也。醪。汁滓酒也。酎。三重之酒也。醨。薄酒也。醑。旨酒也。儀禮鄭玄注曰。醴。稻米酒也。世本曰。儀狄始作酒醪。變五味。少康作秫酒。春秋緯曰。凡黍爲酒。陽據陰乃能動。故以麥釀黍爲酒。麥陰也。是先漬麴黍後入。故曰陽相感皆據陰也。相得而沸。是其動也。凡物陰陽相感。非唯作酒。 周禮曰。酒正掌酒之政令。以式法授酒材。辨五齊之名。一曰泛齊。二曰醴齊。三曰盎齊。四曰醍齊。五曰沉齊。以節度作之。故以齊爲名。泛者成而浮滓滓泛然。如今宜成醪矣。醴猶體也。成而汁滓相將。如今甜酒矣。盎猶甕也。成而色蓊蓊然。如今鄼白酒矣。醍者成而紅赤。如今若下酒矣。沉者成而滓沉。如今造渭酒也。 辨三酒之物。一曰事酒。二曰昔酒。三曰清酒。事酒。如今之醳酒也。昔酒。久酒。今之舊醳也。清酒。今之冬釀夏成者也。 韓詩曰。夫飲之禮。不脫履而卽序者。謂之禮。跣而上坐者。謂之宴。能飲者飲之。不能飲者已。謂之醧。齊顏色。均衆寡。謂之沉。閉門不出者。謂之湎。故君子可以宴。可以醧。不可以沉。不可以湎。禮記曰。夫豢豕爲酒。非以爲禍也。而獄訟益繁。則酒

之流爲禍也。是故先王因爲酒禮。一獻之禮。賓主百拜。終日飲酒而不得醉焉。此先王之所以備酒禍也。周禮曰。蓱氏掌謹酒。使人節用酒。孔叢子曰。昔平原君與子高飲。强子高酒曰。昔有遺諺。堯舜千鍾。孔子百觚。子路嗑嗑。尚飲百榼。古之賢聖。無不能飲也。吾子何辭焉。子高曰。以予所聞。聖賢以道德兼人。未聞以飲也。平原君曰。卽如先生言。則此言何生。子高曰。生於嗜酒者。蓋其勸勵之辭。非實然也。〔事對〕

玄碧　縹清　列仙傳曰。安期先生與神女會圓丘。酣玄碧之香酒。曹植賦曰。蒼梧縹清。宜春　贊夏　吳錄曰。安成宜春縣出美酒。風土記曰。酒則五䴵贊夏䴵賓顯名。　琬液　瓊蘇　拾遺記曰。西王母薦穆王琬液淸觴。南岳夫人傳曰。夫人設王子喬瓊蘇綠酒。　梁市　阮廚　列仙傳曰。酒客梁市上酒家客也。作酒常美。日得萬錢。有過而逐之。主人酒便酸敗。阮籍聞步兵缺廚多美酒。營人善釀。求爲校尉。　斷蒲　切桂　萬畢術注曰。斷蒲漬酒中。卽厚。楚詞曰。奠桂酒兮椒漿。注曰。切桂於酒中。　簞醪　盎齊　黃石公記曰。昔者良將有饋簞醪者。投於河。令將士逐流而飲之。盎齊見敍事。　酃水　程鄉　吳錄曰。湘東有酃水酒。有名。荊州記曰。桂陽一郡程鄉有酒官。　靑田　玄鬯　古今注曰。烏孫國有靑田核。得水則有酒味。甚淳美。如好酒。飲盡隨更注水。隨盡隨成。不可久。久則苦不可飲。名曰靑田酒。抱朴子曰。玄鬯傾弃。而不羞醽醁。專灌於丘園。　鎬飲　沛酣　詩曰。王在在鎬。愷樂飲酒。史記曰。漢高祖過沛。置酒。酣。乃擊筑爲歌。　歡伯　敗首　易林曰。酒爲歡伯。除憂來樂。陳壽益部傳曰。楊子拒妻劉懿公女也。字公璞。貞勳達禮。有四男二女。拒亡。敎遵閨門。動有法則。長子元琮常出飲酒。還舍。母不見十日。因諸弟謝過。乃數責之曰。夫飲酒有不至湎者。禮也。汝乃沉荒慢而無敬。自倡敗首。何以帥先諸弟也。　舉兕　持螯　左傳曰。晉趙孟叔孫豹曹大夫入于鄭。鄭伯兼享之。穆叔子皮曹大夫興拜。舉兕爵曰。小國賴子。知免於戾矣。何法盛晉中興書曰。畢卓常謂人曰。右手持酒杯。左手持蟹螯。拍浮酒池中。便足了一生也。　弗淫　有輿左傳曰。酒以成禮。不繼以淫。毛詩曰。伐木許許。釃酒有藇。注曰。以筐曰釃。藇。美也。**軍法**　**觴政**史記曰。高后立諸呂爲王。王擅權用事。朱虚侯劉章入侍高后宴飲。高后令章爲酒史。章曰。臣將種也。請以軍法行酒。高后曰。可。酒酣。諸呂有一人亡酒。章追拔劍斬之。乃還報曰。有亡酒一人。臣謹行軍法斬之。劉向說苑曰。魏文侯與大夫飲。使公乘不仁爲觴政。曰。飲不盡者。浮以大白。文侯飲不盡。不仁舉白浮君。

〔賦〕　**西晉張載酃酒賦**　惟聖賢之興作。貴垂功而不泯。嘉康狄之先識。亦應天而順人。擬酒旗於玄象。造甘醴以頤神。雖賢愚之同好。似大化之齊均。物無往而不變。獨居舊而彌新。經盛衰而無廢。歷百代而作珍。若乃中山冬啓。醇酎秋發。長安春御。樂浪夏設。漂蟻萍布。芬香酷烈。播殊美於聖載。信人神之所悅。未聞珍酒出於湘東。丕顯於皇都。潛淪於吳邦。往逢天地之否運。今遭六合之開通。播殊美於聖代。宣至味而大同。匪徒用法之窮理。信泉壤之所鍾。故其爲酒也。殊功絶倫。三事既節。五齊必均。造釀在秋。告成在春。備味滋和。體色淳清。宜御神志。導氣養形。遣憂消患。適性順情。言之者嘉其美。志味之者弃事忘榮。于是糺合同好。以遨以遊。嘉賓雲會。矩坐四周。設金樽於南楹。酌浮觴以旋流。備鮮肴以綺錯。進時膳之珍羞。禮儀攸序。是獻是酬。頹顏微發。溢思凱休。德音晏晏。弘此徽猷。咸得志以自足。願棲遲於一丘。於是懽樂既洽。日薄西隅。主稱湛露。賓歌驪駒。僕夫整駕。言旋其居。乃憑軾以迴軌。騁輕駟於通衢。反衡門以隱跡。覽前聖之典謨。感夏禹之防微。悟儀氏之見疏。鑒往事而作戒。罔非酒而惟愆。哀秦穆之既醉。殲良人而弃賢。嘉衛武之能悔。著屢舞於初筵。察成敗于往古。垂將來於茲篇。**鄒陽酒賦**　清者爲酒。濁者爲醴。清者聖明。濁者頑騃。皆麴湒邱之麥。釀野田之米。流光醳醳。甘滋泥泥。醪醴既成。綠瓷既啓。且筐且漉。載篘載齊。庶人以爲欣。君子以爲禮。其品類則沙洛綠酃。烏程若下。齊公之清。關中白薄。青渚縈醇。凝醳醇酎。千日一醒。**揚雄酒賦**　鴟夷滑稽。腹大如壺。盡日盛酒。人復藉酤。常爲國器。託於屬車。猶是言之。酒何過乎。

〔啓〕　**劉孝儀謝晉安王賜宜城酒啓**　孝儀啓。奉敎。垂賜宜城酒四器。歲暮不聊。在陰即慘。惟斯二理。惣萃一時。少府鬪猴。

莫能致笑。大夫落雉。不足解顔。忽值瓶瀉椒芳。壺開玉液。漢樽莫遇。殷杯未逢。方平醉而遁仙。羲和耽而廢職。仰憑殊塗。便申私飲。未矚罍恥。已觀犢岸。傾耳求音。不聞霆擊。澄神密眂。豈覿山高。愈疾消憂。於斯已驗。遺榮忽賤。即事不欺。酩酊之中。猶知銘荷。不任云云。

[讚] 東晉戴逵酒讚 余與王元琳集于露立亭。臨觴撫琴。有味乎二物之間。遂共爲之讚曰。醇醪之興。與理不乖。古人既陶。至樂乃開。有客乘之。隗若山頹。目絶群動。耳隔迅雷。萬異既冥。惟無有懷。

[誡] 庾闡斷酒誡 蓋神明智慧。人之所以靈也。好惡情欲。人之所以生也。明智運於常性。好欲安於自然。吾以知窮智之害性。任欲之喪眞。於是椎金罍。碎玉椀。破兕觥。捐觚瓚。

[箴] 劉惔酒箴 爰建上業。曰康曰狄。作酒于社。獻之明辟。仰郊昊天。俯祭后土。歆禱靈祇。辨定賓主。啐酒成禮。則彝倫攸敘。此酒之用也。

[頌] 晉劉伯倫酒德頌 有大人先生。以天地爲一朝。萬期爲須臾。日月爲扃牖。八荒爲庭衢。行無轍跡。居無室廬。幕天席地。縱意所如。止則操巵執觚。動則挈榼持壺。唯酒是務。焉知其餘。有貴介公子。搢紳處士。聞吾風聲。議其所以。乃奮袂揚衿。怒目切齒。陳說禮法。是非蜂起。先生于是方捧罌承糟。銜杯漱醪。奮髯箕踞。枕麴藉糟。無思無慮。其樂陶陶。兀然而醉。怳爾而醒。俯觀萬物。擾擾焉如江漢之浮萍。二豪侍側焉。如果蠃之與螟蛉。

飯第十二

[敍事] 春秋運斗樞曰。粟五變。以陽化生而爲苗。秀爲禾。三變而粲謂之粟。四變入臼米出甲。五變而烝飯可食。周書曰。黃帝始烝穀爲飯。禮記曰。膳夫掌王之食飲。食飯也。飲酒漿也。食用六穀。稌黍稷粱麥苽苽彫胡。黍稷稻粱黃粱稰穛。稰音醑。熟穫也。穛音阻腳反。生穫也。呂氏春秋曰。飯之美者。玄山之禾。不周之粟。陽山之穄。南海之秬。闕澤九章曰。粟飯五十。糲飯七十。稗飯五十。糳飯四十八。御飯四十二。風土記曰。精

折米十取七八。取淅使青黍而飯。色乃紫紺。於東流水飯食與洗而除不祥。王烈之安成記曰。安成郡毛亭往同亭三十里。二亭田疇膏腴。厥稻馨香。飯若凝脂。周禮曰。凡食眂春時。飯宜溫齊調和 宋東宮儀記曰。掌侍臣常食唱飯二人。禮記曰。毋搏飯。毋放飯。毋揚飯。衛宏漢舊儀曰。齊則食文二人旋案陳三十六肉。九穀飯。潛夫論云。夫粱飯食肉。有好於面目。不若糲粱藜蒸之可食於口也。韓子曰。孫叔敖爲令尹。糲飯菜羹。晏子春秋曰。晏子相齊。食脫粟飯。宗躬孝子傳曰。吳人陳遺爲郡吏。母好食鍋底焦飯。遺在役。恆帶一囊。每煮食。取焦者以貽母。東方朔神異記曰。東方有人名黃父。以鬼爲飯。以霧爲漿。崔鴻前秦錄曰。苻堅以乞活夏默爲左鎭郎。胡人護磨那爲右鎭郎。以奄人申香爲拂蓋郎。默等身長一丈八尺。並多力善射。三人每食飯一石。肉三十觔。

[事對] 芳菰 奇稌 曹植七啓曰。芳菰精稗。霜蓄露葵。陸機七徵曰。神皋奇稌。嘉禾之穗。含滋發馨。素穎玉銳。 精鑿 濡潤 左傳曰。大羹不致。粢食不鑿。杜預注曰。不精鑿也。傅巽七誨曰。孟冬香秔。上秋膏粱。彫胡菰子。丹具東牆。濡潤細滑。流澤芬芳。 脫粟 折秔 漢書曰。公孫弘爲丞相封侯。食一肉脫粟之飯。魚豢魏略曰。太祖嘲王朗曰。不能劾君昔在會稽折秔米飯。朗曰。適宜實難。如朗者未可折。明公今日可折。乃不折。 饛簋 陪鼎 毛詩曰。有饛簋飧。有捄棘匕。毛萇注曰。饛。滿簋貌。飧。熟食。左傳曰。宴有好貨。食有陪鼎。禮之至也。 大粱之黍 不周之粟 張協七命曰。大粱之黍。瓊山之禾。唐稷播其根。農帝嘗其華。不周粟事見敍事。 西旅 東牆 王粲七釋曰。西旅遊梁。御宿素粲。瓜州紅麴。參糅相半。軟滑膏潤。入口流散。東牆事見濡潤注。 南海之秬 東湖之菰 南海秬見敍事。徐幹七喩曰。南土之秔。東湖之菰。

粥第十三

［敍事］廣雅曰粥糜饘也。釋名曰糜煮米使糜爛也。粥濯於糜粥粥然也。周書曰黃帝始烹穀爲粥。風土記曰天正日南黃鐘踐長是日始牙動爲饘粥以養幼俗尙以赤豆爲糜以象色也。天文要集曰玉井主粥廚。郭義恭廣志曰遼東赤粱魏武帝以爲御粥。南越志曰盧陵城中有井半靑半黃黃者甘滑宜作粥色如金似灰汁甚芬馨。左傳曰鼎銘有云饘於是粥於是以餬余口。說文曰周謂之饘宋衞謂之餰。揚雄方言陳楚之內相謁食麥謂之餥。扶味反 鄴中記曰并州之俗以冬至後百日爲介子推斷火冷食三日作乾粥中國以爲寒食。涼州異物志曰高昌僻土有異於華寒服冷水暑啜羅闍。郡人呼粥。

［事對］擲杯　納槖郭林宗別傳曰林宗嘗止陳國文學見童子魏德公求近其房供給灑掃林宗嘗不佳中夜命作粥一啜怒而訶之曰爲長者作粥使沙不可食以杯擲地德公更爲進之三訶德公終無變容。左傳曰晉人執衞侯甯子職納槖饘焉杜注饘糜粥也　屑麴　斧冰徐廣晉記曰愍帝建興四年京城糧盡屑麴爲粥以供帝食。魏武帝苦寒行曰行行日已遠人馬同時饑擔槖以取薪斧冰持作糜　烹穀　泛膏烹穀事見敍事。齊諧記曰吳縣張成夜起忽見一婦人立於宅南角擧手招成曰此地是君家之蠶室我卽是此地之神明年正月半宜作白粥泛膏於上以後年年大得蠶今之作膏糜象此。　劉家發盆　尹氏羅鼎　續搜神記曰樂安劉池苟家在夏口忽有鬼來劉家喜偷食劉卽於他家煮冶葛取二升汁密齎還家向夜擧家作粥食餘一甌因瀉葛汁著中於瓦上以盆覆之人定後聞鬼從外來發盆啖糜既須臾間在屋頭吐於此遂絕。錄異傳曰周時尹氏貴盛五葉不別會食數千人遭饑荒羅鼎作粥。聽之聲聞數十里。

肉第十四

〔敍事〕說文曰。肴雜肉也。腌漬肉也。膰宗廟熟肉也。穀梁曰。賑者俎實祭肉也。生曰賑。熟曰膰。蓋祉肉也。爾雅曰。肉曰脫之。剝其皮也揚雄方言曰。朝鮮冽水之間。凡暴肉及牛羊五臟謂之膊。家語曰。夫食肉者勇悍。禮記曰。濡肉齒決。乾肉不齒決。又曰。熬捶之。去其皽。音展編萑布牛肉焉。屑桂與薑以洒諸上而鹽之。乾而食之。欲濡肉。則釋而煎之以醢。欲乾肉。則捶而食之。魚豢典略曰。凡宗廟三歲大祫。每太宰分之。左辨上帝。右辨上后。俎餘委肉積於前。數千觔。名惟俎。

〔事對〕

鶂鶂　猩猩　王充論衡曰。仲子兄祿萬鍾。以兄之祿爲不義之祿而不食之。以兄之室爲不義之室而不居也。避兄離母。處於陵。他日歸。有饋其兄生鵝者。曰。惡用是鶂鶂者。他日其母殺是鵝與之食。其兄自外來至。曰。是鶂鶂者之肉。而仲子恥負前言。即吐而出之。呂氏春秋曰。肉之美者。猩猩之脣。

烏銜　鼠盜　漢書曰。烏孫王昆莫父難兜靡。小國也。大月氏殺奪其地。而就翖侯抱置草中。遠見獸乳之。又有烏銜肉翔其傍。以爲神。持向匈奴。又曰。張湯父爲長安丞。出。湯守舍。鼠盜肉。還怒笞湯。湯掘得鼠及餘肉。劾鼠傳爰書。訊鞫論報。并取鼠與肉具獄。磔於堂下。

寘堇　持蒲　國語曰。驪姬以君命命申生曰。今君夢見齊姜。必速祠之。申生祭于曲沃。歸胙於絳。公田。驪姬乃寘鴆于酒。寘堇于肉。賈逵注曰。堇烏頭也。臧榮緒晉書曰。趙高爲丞相。指鹿爲馬。持蒲作肉。

熊蹯　雞跖　左傳。晉靈公使宰夫胹熊蹯不熟。殺之。寘諸畚。載以過朝。又曰。楚太子商臣以宮甲圍成王。請熟熊蹯而死。不聽。呂氏春秋曰。善學者若齊王食雞。必食其跖數千而後足也。

殷圃　夏山　公孫尼子曰。殷紂爲肉圃。帝王世紀。夏桀爲肉山脯林。

登俎　寘橐　左傳曰。公將如棠觀魚。臧僖伯曰。鳥獸之肉。不登於俎。則公不射。古之制也。又曰。趙宣子田於首山。舍翳桑。見靈輒餓。食之。舍其半。曰。宦三年矣。未知母之存否。請以遺之。使盡之。簞食與肉。寘諸橐以與之。

屠門嚼　里社均　桓譚新論曰。人聞長安樂。出門西向笑。人知肉味美。即對屠門而嚼。漢書曰。陳平爲里中社。分肉甚均。里父老曰。善哉陳孺子之爲宰。平曰。使平得宰天下。亦如此肉。象白　燕翠張協七命曰。封熊之蹯。翰音之跖。燕髀猩脣。髦殘象白。呂氏春秋曰。肉之美者。雋燕之翠。述蕩之腕。龍肝　燕髀傅玄七謨曰。爚鳳皇之胎。豩飛龍之肝。燕髀事見象白注。牛脾　豬肝劉敬叔異苑曰。山陰有人常食牛肉。左脾便作牛鳴。每勞輒劇。食乃止。東觀漢記曰。閔仲叔客居安邑。老病家貧。不能置肉。日買一片豬肝。無損　追復神異經曰。南方有獸。名曰無損。其肉唯可作鮓。又十洲記曰。崑崙銅柱下有回屋焉。壁方丈。上有鳥名曰希。左翼覆東王公。右翼覆西王母。其肉若醯。仙人甘之。追復與天消息。不仙者食之。其肉苦如醷。音意。

羹第十五

[敍事]　釋名曰。羹。汪也。汁汪郎也。說文曰。羹。五味和也。燒豕肉羹也。廣雅曰。羹謂之湆。淮南子曰。豆之上先大羹。大羹肉湆。禮記曰。脯羹雞羹。折稌犬羹兎羹。和糝不蓼。稌稻也。凡羹齊以五味之和。米屑之糝。則不蓼矣。繆襲祭儀曰。夏祠和羹芼以葵。秋祠和羹芼以葱。冬祠和羹芼以韭。周禮曰。亨人於祭祀共大羹鉶羹。賓客亦如之。禮記曰。大羹不和。劉楨毛詩義問曰。鉶羹有菜鹽豉其中。菜爲其形象可食。因以鉶爲名。禮記又曰。羹食自諸侯以下至于庶人無等。士不貳羹胾。子卯稷食菜羹。凡居人之右。無嚃羹。亦嫌疾。無絮羹。調和也。客絮羹。主人辭不能亨。史記曰。堯之有天下。粢糲之食。藜藿之羹。劉向新序曰。紂王天下熊羹不熟而殺庖人。

[事對]　梅蘇　韭芼陸璣毛詩草木疏曰。梅杏類也。其子赤而酢。不可生噉。煮而曝乾爲蘇。可著羹臛中。韭芼見敍事。染鼎　吹虀左傳曰。子公之食指動。謂子家曰。必食異味。及入見靈公宰夫將解黿。子公相視而笑曰。果然。及食大夫黿羹。召子公而弗與也。子公怒。染指于鼎。嘗之而出。楚辭曰。懲於羹者而吹虀。王逸注曰。言人於歠羹而熱心中懲之。見虀則

恐而吹之。烹猴 斟雉淮南子曰：楚有烹猴者，而召其鄰人，鄰人以爲犬羹而甘之。後聞其猴，據地而盡吐瀉其所食。此未知味者。楚辭曰：彭鏗斟雉帝何饗。王逸注曰：彭鏗，彭祖也。好和滋味，善斟雉羹，事帝堯。子期走楚 羊斟入鄭戰國策曰：中山君饗大夫司馬子期在焉，羊羹不遍。子期怒走楚。楚王伐中山，中山君亡，曰：君以一杯羊羹亡國。劉向說苑曰：鄭伐宋，宋將戰，華元殺羊食士，其御者羊斟不與焉。及戰，曰：昔之羊羹，子爲政；今日之事，我爲政。與華元馳入鄭，宋師敗績。［賦］張翰豆羹賦孟秋嘉菽，垂枝挺莢。是刈是穫，充簞盈篋。香鑠和調，周疾赴急。

脯第十六

［敘事］釋名曰：脯，搏也，乾燥相搏著也。又曰：脩，脩縮也，乾燥而縮也。說文曰：脯，乾肉也。脩，脯也。膊補莫反，薄脯膊之屋上也。腕，骨脯也。朐，脯脡也。周禮曰：腊人掌乾肉，凡田獸之脯腊膴胖之事。夫物解肆乾之謂之乾肉，薄切曰脯，捶之而施薑桂曰腶脩。腊，小物而乾者。祭祀共豆脯，薦脯膴呼胖盧謁。祭法：春祠用脯，夏用腷憑逼反脯。儀禮曰：鄉飲酒，主人立于西階東，薦脯。使行出祖，釋軷，祭脯。士冠，賓東面薦脯。禮記又曰：婦人之贄脯脩。大夫燕禮，有脯無膾，有膾無脯。穀梁曰：束脩之肉，不行境中。有至尊者不貳。［事對］濁氏腊人漢書曰：濁氏以賣脯而連騎，張里以馬醫而擊鐘。腊人事見敘事。追復 不減東方朔神異經曰：西北荒有遺酒追復脯焉，其味如麞，食一片復一片。葛洪神仙傳曰：左慈詣劉表，請犒軍，有酒一器，脯一盤，百人接酒，賜兵人人三杯酒，一片脯，萬人皆周，而酒器如故，脯亦不減。四脡 二朐公羊傳曰：魯昭公出奔，齊侯使高子執簞食四脡脯，稽首以袵受。何休注曰：屈中曰朐，申曰脡。呂氏春秋曰：趙宣子將之絳，見翳桑之下有餓人，宣子與脯二朐，拜受而不敢食。問其故，曰：臣有母，持以遺之。宣子更賜之脯二束，遂去。仙

麟　冰鼠　葛洪神仙傳曰王方平至蔡經家與麻姑共設肴膳擗脯而行如巧狛炙云是麒麟脯東方朔神異經曰北方有層冰萬里厚百丈有𪖥鼠在冰下食冰下草水肉重萬斤可以作脯　瓊枝　金矢　楚辭曰折瓊枝以爲羞王逸注曰羞脯也周易曰噬乾脯得金矢王肅注曰四體純陰卦骨之象骨在乾肉脯之象金象所以獲野禽以食之反得金矢君子於味必思其毒於利必備其難　堯箑　紂林　王充論衡曰堯庖厨中自生肉脯如箑形搖鼓生涼六韜曰紂以脯肉爲林　正脅通幹　左朐右末　杜育荈賦曰脯則正脅通幹麄鹿肥麋禮記曰以脯脩置者左朐右末鄭玄注曰屈中曰朐

[賦]　唐陳子昂麈尾賦　天之浩浩兮物亦芸芸性命變化兮如絲之紛或以神好正直天蓋默默或以道惡強梁天亦茫茫此仙都之微獸固何負而離殃始居幽山之藪食乎豐草之鄉不害物以利己不營利以同方何忘情而委化而伐情之不忘卒羅網以見逼投庖丁而離傷不以斯尾之有用而殺身於此堂爲君彫俎之羞厠君金盤之實承主人之嘉慶對象筵與寶瑟雖信美於茲辰詎同歡於疇昔客有感之而嘆曰命不可思神亦難測吉凶悔吝未始有極借如天道之用莫神于龍受戮爲醢不知其凶王者之瑞莫聖於麟遇害於野不知其仁神既不能自智聖亦不能自知況林棲而谷走及山鹿與野麋古人有言天地之心其間無巧宜之則順動之則夭諒物情之不異又何有於情矯故曰天之神明與物推移不爲事先動而輒隨是以至人無已聖人不知子欲全身而遠害曾是浩然而順斯

餅第十七

[敍事]　釋名云餅并也搜麥麵使合并也胡餅言以胡麻著之也說文曰餅麵餈也揚雄方言曰餅謂之飥或謂之餦或謂之餛徐暢祭記五月麥熟薦新起溲白餅崔寔四民月令曰立秋無食煮餅及水溲餅崔鴻前趙錄曰石季龍諱胡改胡餅曰麻餅

[事對]　下乳　髣頭　范汪祠制曰夏薦下乳餅臞孟秋

下雀瑞孟冬祭下水引盧諶祭法曰春祠用曼頭餳餅髓餅牢丸夏秋冬亦如之夏祠別用乳餅冬祠用環餅也 麵起 水引 蕭子顯齊書曰永明九年正月詔太廟四時祭薦宣皇帝麵起餅又曰何戢爲司徒左長史太祖爲領軍與戢來往數置歡宴上好水引餅戢令婦女躬自執事以設上焉 十字 一笥 王隱晉書曰何曾尊豪累世蒸餅上不作十字不食東觀漢記曰光武問第五倫曰聞卿爲市掾有人遺卿母一笥餅知從外來奪之母遂探口餅出之倫對曰實無此衆人以臣愚蔽故爲出此言者也 薄夜 亥日 荀氏四時列饌傳曰春祠有曼頭餅夏祠以薄夜代曼頭無能作以白環餅雜五行書曰十月亥日食餅令人無病 進壺公 遺王悅 葛洪神仙傳曰壺公者從遠方來賣藥常懸一壺于坐上每日入後跳入壺市掾費長房于樓上見之知非常人也身爲掃除幷進餅公令長房共跳入壺但見樓觀五色重門閣道侍者數十人謝綽宋拾遺記曰瑯琊王悅少厲清操亮有風檢爲吏部郎隣省有會同者遺悅餅一甌辭竟不受曰所費誠復小小然少來不欲當人之惠 劉子揚知鹽 何平叔疑粉 皇甫謐玄晏春秋曰衛倫以郎應會于京師過予而論及於味倫稱魏故侍中劉子揚食餅知鹽生精味之至也予曰昔師曠識勞薪易牙別淄澠子揚之妙抑未乎倫曰晉師曠易牙古之精也魏之子揚今之妙子何間焉錢唐語林曰何平叔美姿儀面絕白魏文帝疑其著粉後正夏月喚來與熱餅既噉之汗出隨以朱衣自拭色轉皎潔帝始信之

〔賦〕 束皙餅賦 若夫三春之初陰陽交際寒氣既消溫不至熱于時享宴則曼頭宜設炎律方回純陽布暢服絺飲冰隨陰而涼此時爲餅莫若薄夜商風既厲大火西移鳥獸氄毛樹木疏枝肴饌尚溫則起溲可施玄冬猛寒清晨之會涕凍鼻中霜凝口外充虛解戰湯餅爲最然皆用之有時所適者也苟錯其次則不能斯善其可以通冬達夏終歲常施四時從用無所不宜唯牢丸乎爾乃重羅之麵塵飛白雪膠黏筋韌溔液濡澤肉則羊膀豕脅脂膚相半臠如蜿首珠連礫散薑枝葱本萃縷切判辛桂剉末椒蘭是灑和鹽漉豉攪和膠亂於是火盛湯涌猛氣蒸作振衣振裳握搦拊搏麵迷離於指端手縈迴而交錯紛

紛駮駮。星分雹落。籠無迸肉。餅無流麵。姝媮冽敕。薄而不綻。弱似春綿。白若秋練。氣勃鬱以揚布。香飛散而遠徧。行人垂涎於下風。童僕空噍而邪盼。擎器者舐脣。立侍者乾咽。〔序〕庾闡惡餅賦序范子常者嘗造予宿。臛雞爲餅。遍食之情甚虚。奇嘉之味不實。聊作惡餅賦以釋之。若乃董盧飛名於華肆。和均絕技於俗廛。王孫駁嘆于曳緒。束子賦弱於春緜。色必霜葩。雪皓。肉則錦爭。雲嫺。

卷二十六校勘表

頁數	行數	排印本原文	安刻本	嚴陸校	備註
六二一	二	器物部	服饌部	服饌部	
六二一	六	冠貫也所以貫韜髮也		冠絭也所以絭髮弁冕之總名也（嚴）案冠絭也云云是說文・宋本引以爲釋名・	
六二一	八	其像在右服反居首武之至而不用矣	象在後反居首者武武至而不用者矣		案安本「武武」疑是「武之」之誤
六二一	八	後以爲冠冠之始也		後以爲始冠之冠也	
六二一	一〇	黃文　白文　黑文		黃冠　白冠　黑冠	
六二一	一三	好獬冠		句下宋本無「公孫屈子曰屈到貊冠」九字	
六二二	三	輿服志		董巴輿服志	

六二二	四	漢官儀		應劭漢官儀	
六二二	五	強繩之		彈治之	
六二二	八	宮殿僕射史		宮殿門僕射	
六二二	八	從冀入蜀		入蜀	
六二二	九	八佾樂五行		舞八佾	
六二二	九、一一、一二	輿服志		漢輿服志	
六二二	一〇	差池邐迤四重		差池四重	
六二二	一一	雙緌　禪纚		此條事對及注宋本無	
六二二	一二	黃金璫		宋本作「以金璫」．又句下無「附蟬」至「爲飾」八字．	
六二二	一三	監令		殿令	
六二二	一三	百鍊不耗		百鍊不朽	
六二二	一三	內勁而外溫		內勁悍而外溫潤	
六二二	一四	輿服雜事		周遷輿服雜事	
六二二	一五	何休		何體敏	
六二三	二	伏侯古今注		崔豹古今注	
六二三	二	齊幹賦		徐幹冠賦	

六二三	三	李尤冠幘銘		宋本無此銘	
六二三	六	謂之韋弁		句下宋本有「周禮曰司服掌王之吉凶衣凡兵事韋弁服視朝皮弁服凡甸冠弁服凡凶事服弁服凡弔事弁經服」三十九字	
六二三	一〇	衣都麻衣		句下宋本無「周禮」至「無纓」六十九字	
六二三	一三	西王母交帶		「嚴」按「西王母」下十八字係綬第四敍事・誤入於此・宋本亦誤・	
六二四	五	文曰璽		印文曰璽	
六二四	八	乃取佩搜神記		乃佩焉博物志	
六二四	九	令人摘之化爲石		化爲圓石	
六二四	九	藏宮		藏之祕府	
六二四	一三	所祿		所保	
六二四	一三、一四	子爲宅中			語義未完・疑有脫文・

六二五	一四	玄朱綬		纁朱綬	
六二五	一五	縌綬長三尺		縌長三尺二寸	
六二六	二	尺六寸		六寸	
六二六	七	玄黃綬	横受		
六二六	一〇	備以		佩以	
六二六	一五	珽然			似應作「挺然」
六二七	六	出邊		屈邊	
六二八	九	紭索也		紭結也	
六二九	三	履第七	舄履第七		
六二九	四	亦曰履	亦曰屨		
六二九	一四	思與偕出弗與反也	思與偕出弗與人也	惡與偕出弗與反也	安本「與人」疑是「與入」之誤。
六二九	一四	應聲		待聲	
六三〇	一二	大司馬		大醫司馬	
六三〇	一五	慶安	度安		
六三一	八	方朔十洲記			各本同。案「方朔」上應有「東」字。
六三一	一〇	止誨	止謗		

六三一	一一	瞻恩興戀		承恩興感	
六三一	一二	不忘	不妄		
六三二	一	病荒		〔嚴〕徐本作「病篤」	徐本卽寧壽堂本
六三二	六	小吏		小史	
六三二	七	使君		侯君	
六三二	一二	紫碧紗縠		絳碧紗縠	
六三二	一五	南極		南岳	
六三三	五	酒者		酒乃	
六三三	六	穢飲		穢飯	
六三四	六	五䴵		五麯	
六三四	一〇	一郡程鄉		郡烏程鄉 〔嚴〕依文選七命注校改	
六三四	一二	公璞	恭璞		
六三五	六	播殊美於聖載		垂嘉稱於百代 〔嚴〕藝文類聚七十二	
六三五	七	用法	法用		
六三五	八	忘榮		遺榮	
六三五	一四	縈醇		縈停	

六三七	二、三	東宮儀記		東宮儀	
六三七	三	食文二人		〔嚴〕北堂書鈔引作「食丈二尺」	
六三七	五	鍋底		鎗底	
六三八	二	黃鐘踐長		黃鍾漸長	
六三八	二	始牙動		陽始牙動	
六三八	二	養幼		養幼扶微	
六三八	二	以象色也		所以象色也	
六三九	九	持向		持降	
六四〇	五	若醯		若醯醯	
六四〇	八	齊以	齊宜		
六四一	一三	人人三杯酒		人三杯酒	
六四二	三	純陰		皆陰	
六四二	八	嘉慶		喜慶	
六四三	一	雀瑞		雀喘　〔嚴〕類函作「省瑞」	
六四三	一	麵起		麯起	
六四三	二	麵起餠		麯起餠	

六四三	一〇	錢啓			據隋志應作「裴啓」
六四三	一二	服絺飲冰		服絺飲水	
六四三	一二	薄夜		薄壯	
六四三	一五	振衣振裳		攘木振衣	

初學記卷第二十七

寶器部 花草附

金第一

〔敍事〕　爾雅曰。黃金謂之璗。其美者謂之鏐。餅金謂之鈑。絕澤謂之銑。西南之美者。有華山之金石焉。璗音蕩。鏐。林幽反。鈑即紫磨金也。銑。最有光澤也。許愼說文曰。金有五色。黃金爲長。久埋不生。百陶不輕。西方之行也。周易曰。乾爲金。尚書曰。金曰從革。周易參同契曰。黃土金之父。流珠水之母。後漢書曰。益州金銀之所出。華陽國志曰。廣漢涪水有金銀之礦。王隱晉書曰。鄱陽樂安出黃金。鑿土十餘丈。披沙之中。所得者大如豆。小如粟米。南郡象林南有四國。皆稱漢人。貢金供稅。後魏書曰。枝豆國出金銀。河鈎羌國出金珠。齊書曰。金車。王者至孝則出。金人。王者有盛德則游於後池。林邑有金山。汁流於浦。葛洪神仙傳曰。容成公服三黃得仙。所謂雄黃。雌黃。黃金。漢武內傳曰。西王母有九丹金液金漿。林邑記曰。上金爲紫磨金。又曰。揚邁金。孟子曰。兼金。好金也。淮南子曰。玦五百歲生黃澒。五百歲生黃金。黃金千歲爲黃龍。玦石也。中央數五。故五百歲一化。澒音胡貢反。澒。黃金水銀也。秦以一鎰爲一金。而重一斤。漢以一斤爲一金。

［事對］紫光　赤氣晉永和起居注曰。盧江太守路永表言。於穀城北見水岸邊紫赤光。得金一枚。狀如印齒。地鏡圖曰。黃金之氣赤黃。千萬斤以上。光大若鏡盤。金氣發。大上赤下青也。

鳴山　耀室王子年拾遺記曰。少昊時。金鳴於山。銀湧於地。或如龜蚍之類。乍似人鬼之形。崔鴻後燕錄曰。董統上言於慕容垂曰。臣聞陛下之奇有六焉。厥初之奇。金光耀室。

賜郭　聘莊宗躬孝子傳曰。郭巨。河內溫人也。妻生男。謀曰。養子則不得營業。妨於供養。當殺而埋焉。鍤入地。有黃金一釜。上有鐵券曰。黃金一釜。賜孝子郭巨。韓詩外傳曰。楚襄王遣使持金千斤聘莊子。欲以爲相。莊子固辭不許。

照魅　抵鼃王子年拾遺記曰。方丈山有池。泥色金而味辛。以泥爲器。可作丹矣。百鍊可爲金。金色青。照鬼魅。猶如照面。不得藏形也。燕丹子曰。太子與荆軻之東宮。臨池而觀。軻拾瓦投鼃。太子奉金丸。軻用抵鼃。復進。軻曰。非爲太子愛金也。但臂痛耳。

緘書　封璽尚書曰。武王疾。周公作金縢。孔安國注云。爲請命之書。藏之於匱。緘之以金。不欲人開之也。春秋運斗樞曰。舜爲天子。東巡。臨觀。黃龍五采負圖出。置舜前。圖以黃玉爲柙。黃金爲繩。封兩端。章曰。金黃帝符璽也。

探鳩　化鵲劉義慶幽明錄曰。長安有張氏者。晝獨處室。有鳩自入。止于對牀。張惡之。披懷祝曰。鳩爾來爲我禍耶。止承塵。爲我福耶。入我懷。鳩翻飛入懷。以手探之。不知所在。而得一金帶鉤焉。遂寶焉。自是之後。子孫昌盛。又曰。常山張顥爲梁相。天新雨後。有鳥如山鵲。飛翔稍下。墮地。人爭取。即化爲一圓石。顥椎破之。得一金印。文曰忠孝侯印。

蓬萊觀　崑崙臺列子曰。夏革謂殷湯曰。渤海之東。不知幾億萬里。有大壑。中有山。一曰岱輿。二曰方壺。三曰員嶠。四曰瀛洲。五曰蓬萊。其上高觀皆金闕。闕令內傳曰。老子與尹喜登崑崙。上金臺玉樓。七寶宮殿。晝夜光明。乃天帝四王之所遊處。有珠玉七寶之林。

［詩］晉棗據詩金玉有本質。焉能不堅剛。惟在遠爐炭。幽居永潛藏。

［讚］晉郭璞金銀讚惟金三品。揚越作貢。五材之珍。是謂國用。務經軍農。爰及雕弄。

銀第二

〔敍事〕爾雅曰。白金謂之銀。其美者謂之鐐。遼說文曰。銀。白金也。漢書曰。朱提銀重八兩爲一流。直一千五百八十。他銀一流直一千。是爲銀貨。朱提縣名屬犍爲 後魏書曰。銀出始興陽山縣。又出桂陽陽安縣驢山。有銀礦二石。得銀七兩。白登山亦有銀礦八石。得銀七兩。宣武帝詔並置銀官每令採鑄 後魏書曰。後魏孝明皇帝開恆州銀山之禁。與人共之。魏志曰。濊國男女繫銀廣數寸以爲飾。廣州記曰。廣州市司用銀米。遂成縣任山有銀穴。有銀沙。瑞應圖曰。王者宴不及醉。刑罰中。人不爲非。則銀甕出。〔事對〕

洗礦 鑄礫 酈元注水經曰。潺水山水源有金銀礦。洗取火合之以成金銀。王韶之始興記曰。小首山宋元嘉元年夏霖雨山崩。自顛及麓崩處有光耀。望若辰砂。居人往觀。皆是銀礫。鑄得銀也。 搆宮 爲闕 列子曰。周穆王執化人之袂。騰而上天。曁化人之宮。搆以金銀。絡以珠玉。史記曰。蓬萊方丈瀛州。此三神山也。皆以黃金白銀爲宮闕。 鏤盤 飾鼎 魏收後魏書曰。太武皇帝和平二年詔中尙坊作黃金合盤。鏤以白銀。鈿以玫瑰。阮諶三禮圖曰。牛鼎受一斛。天子飾以黃金。錯以白銀。 牓闕門 雕層閣 東方朔十洲記曰。東方外有東明山。有宮焉。左右闕而立。其高百尺。建以五色門。有銀牓。以靑碧鏤題曰天地長男之宮。釋智孟游外國傳曰。龜茲國高樓層閣。金銀雕飾。〔銘〕 後魏太武帝作黃金盤鏤以白銀銘 九州致貢。殊域來賓。乃作茲器。錯用奇珍。鍜以紫金。鏤以燭銀。

珠第三

〔敍事〕易坤靈圖曰。至德之盛。五星如連珠。禮斗威儀曰。其政平。德至淵泉。則江海出明珠。樊文淵七經義曰。珠母者大珠在中小珠環之。爾雅曰。西方之美者有霍山之多珠玉焉。後漢書曰。珠蜯中陰精也。玓瓅明珠色也。璣珠不圓也。夫餘出珠大如酸棗。常璩華陽國志曰。廣陽縣山出青珠。永昌郡博南縣有光珠穴出光珠。珠有黃珠白珠青珠碧珠。後魏書曰。河鈎羌國出金珠。伏無忌古今注曰。章帝元和元年。明珠出館陶。大如李有光耀。三年。明珠出豫章海底。大如雞子圍四寸八分。和帝永元五年、鬱林降人得大珠。圍五寸七分。山海經曰。三珠樹生赤水上。其爲樹如柏。葉皆爲珠。徐衷南方草物狀曰。凡採珠常三月。用五牲祈禱。若祠祭有失。則風攪海水。或有大魚在蚌左右。白蚌珠長三寸半。在漲海中。其一寸五分。有光色。一旁小形似覆釜。爲第一璫珠。凡三品。其一寸三分。雖有光色。形不圓正。爲第二滑珠。凡三品。郭義恭廣志曰。有珠稱夜光。有至圓珠。置地終日不停。有石珠。鑄石爲之。一名朔珠。

[事對]　夜光　明月　魚豢魏略曰。大秦國出明珠。夜光珠。眞白珠。沈懷遠南越志曰。海中有大珠。明月珠。水精珠。

照金闕　歸瑤臺　東方朔神異經曰。西北荒中有二金闕。相去百丈。有明月珠。徑二尺。光照千里。太公六韜曰。武王入殷。釋紂之所拘刑罪皆免之。歸瑤臺之珠。

吐澤　藏川　春秋保乾圖曰。吐珠於澤。誰能不含。宋均注曰。珠出於野澤之中。誰能不含取以爲寶也。莊子曰。脩其道之謂備。不以物挫志之謂完。君子明於此。則韜乎其事沛乎其爲萬物逝也。若然者藏金於山。藏珠於川。

編星　照月　尚書考靈曜曰。甲子冬至。日月五緯俱起。牽牛日月若編珠。郭子横洞冥記曰。帝起甘泉望風臺。臺上得白珠。如花一枝。帝以飾九華之蓋。望之若照月。

鳳銜　龍吐　王子年拾遺記曰。黃帝之子名青陽。是曰少昊。一名摯。有白雲之瑞。號爲白帝。有鳳銜明珠。致於庭。少昊乃拾珠懷之。使照服於天下。尚書考靈曜曰。卯金出軫握命孔符。赤用藏龍吐珠也。鄭康成注曰。藏祕也。珠寶物喻道也。赤漢將用天之祕道。九品　六異　沈懷遠南越志曰。珠有九品。大五分以上至一寸八九分爲大品。有光彩。一邊小平似覆釜者。名璫珠。璫珠之次爲走珠。走珠之次爲滑珠。滑珠之次爲磥砢珠。磥砢珠之次爲官雨珠。官雨珠之次爲稅珠。稅珠之次爲葱符珠。墨子曰。和氏之璧。夜光之珠。三棘六異。此諸侯所謂良寶。笑舞鶴　握靈虵　孫柔之瑞應圖曰。晉平公鼓琴。有玄鶴二雙而下。銜明珠舞於庭。一鶴失珠。覓得而走。師曠掩口而笑。曹植與楊德祖書曰。偉長擅名於青土。公幹振藻于海隅。德璉發迹於北魏。足下高視於上京。當此時也。人人自爲握靈蛇之珠。家家自謂抱荆山之玉。曜瓊蚌　隱金沙　郭璞江賦曰。瓊蚌晞曜以瑩珠。石蛄應節而揚葩。曹植遠遊篇曰。夜光明珠。下隱金沙。採之誰遺。漢女湘娥。出黄枝　遺赤水　林邑記曰。黄枝州上戶口殷富。多明珠雜寶。莊子曰。黄帝游於赤水之北。登於崑崙之邱而南望。還歸遺其玄珠。於赤水使智索之而不得。使離朱索之而不得。使㑥緣蓋反詬空旦反索之而不得也。乃使象罔得之。黄帝曰。異哉。象罔乃可以得之乎。度寸　徑尺　韓詩外傳曰。良玉度尺。雖有十仞之土。不能掩其光。良珠度寸。雖有百仞之水。不能掩其輝。王子年拾遺記曰。燕昭王時。有黑鳥白頭。集王之所。銜洞光之珠。圓徑一尺。此珠色黑如漆。而懸室內。百神不能隱其精靈。照乘　媚川　史記曰。魏王與齊威王會田於郊。魏王問曰。若寡人國小。尚有徑寸之珠。照車前後十二乘者十枚。奈何以萬乘之國而無寶。陸機文賦曰。石蘊玉而山輝。水懷珠而川媚。三色　七采　沈約宋書曰。文帝詔太史令錢樂之作小渾天。安二十八宿中外。以白眞珠及青黄三色珠爲三象。星日月五星。悉居黄道。西京雜記曰。高祖斬白虵劍。上有七采珠九華玉爲飾。雜廁五色琉璃爲匣。劍在室。光景猶照於外也。一篋　千金　管子曰。桓公問管子曰。昔者周人有天下。諸侯賓服。名教通於天下。而奪於其下。何數也。管子對曰。君分壤而貢入市。朝同流。黄金一篋也。江陽之珠一篋也。此謂以寡爲多。以狹爲廣。莊子曰。河上有家貧。窮恃緯蕭而食者。其子沒川。得千金之珠。白花　文鏡　郭子横洞冥記曰。帝起甘泉望風臺。上得白珠。如花一枝。孝經援神契曰。神靈滋百寶用則珠母璣鏡也宋均注曰事神明得則文珠有光可爲鏡 拾濁水 沉丹泉 抱朴子曰識珍者必拾濁水之明珠賞氣者必採穢薮之芳蕙任嘏道論曰丹泉之珠沉於黃泥璠璵之寶藏於裔石 飾桂櫝 錮金盤 韓子曰楚人有鬻其珠於鄭者爲之木蘭之匱薰以桂椒飾以珠玉綴以玫瑰魏收後魏書曰武皇帝和平二年秋詔中尚坊作黃金合盤十二具錮以玫瑰珠玉也〔賦〕梁吳均碎珠賦 寶月生焉越浦隋川標魏之美擅楚之賢既登席而趨麗亦綴履而升妍豈銜恩以赴時獨佩皎而騰天瀛淮激電甘海震雷明珠碎矣於川之隈視員流而失轉見折水之亡迴謝驪宮之瑞飾粉靈蚌之神胎若有人兮聲芒昧芳徽斷兮明珠碎明珠碎兮愴何宣珠之形兮不復全撫陸離之瓊珮弔幽翳之金筵豈照車與璯燭但黃塵及寒烟聊歌曰玉川之津兮已濡幽蘭之草兮亦舒又聞珩璧之獨照不見掌上之明珠已矣哉若使青雲之可尙當與碎珠而同棲〔銘〕晉江統珍珠銘 嗣茲陰景係晷太陽嘉彼金生廉聲以彰〔讚〕晉郭璞蚌讚 萬物變蛻其理無方雀雉之化含珠懷璫與月虧盈氣協晦望

玉第四

〔敍事〕周易曰乾爲金爲玉雒書曰王者不藏金玉則紫玉見於深山服飾不逾祭服則玉英出大戴禮曰玉在山而木潤瑞應圖曰玉甕者聖人之應也不汲自盈王者飲食有節則出禮記曰君子比德於玉焉溫潤而澤仁也縝密以栗智也 縝緻也栗堅貌縝之忍反緻音稺 廉而不劌義也 劌傷也 垂之如隊禮也叩之其聲清越以長其終詘然樂也 越揚也詘止貌也詘音屈 瑕不揜瑜瑜不揜瑕忠也 瑕玉中病也瑜其中間美也 孚尹旁達信也 孚讀爲浮尹讀如竹箭之筠浮筠謂玉采色也采色旁達不有隱翳似信 氣如白虹天也精神見于山川地也圭璋特達德也天下莫不貴者道也詩云言念君子溫其如玉故君子貴之也禮含文嘉

曰。玉石得宜則太白常明。禮稽命徵曰。王者得禮制。則澤谷之中有白玉焉。逸論語曰。玉十謂之區。治玉謂之琢。亦謂之雕。雙玉爲瑴。五瑴爲區。雕治璞也。瑴音角。瑳玉色鮮白也。瑩玉色也。瑛玉光也。瓊赤玉也。璿瑾瑜美玉也。璑舞三采玉也。玲瑲琤瑱瑝鍠 玉聲也。璥玉佩也。瑱充耳也，璪玉飾以水藻也。山海經曰。珏。二玉相合。珏音角 琘琥。夷蠻係耳玉也。稷翼之山及鹿臺山。其上多白玉。瑜次之山多嬰垣之玉。泰冒之山浴水出焉。其中多藻玉。峚山之上。丹水出焉。中多玉膏。其源沸沸湯湯。黃帝是食玉膏。所出五色乃清。五味乃馨。瑾瑜玉堅栗有光。五色發作。以和柔剛。天地鬼神。是食是饗。君子服之。以禦不祥。龍首之山。若水出焉。其中多美玉。放皐之山。明水出焉。其中多蒼玉。平邱在三桑東。爰有遺玉。十洲記曰。瀛洲有玉膏如酒。名曰玉酒。飲數升輒醉。令人長生。京兆記曰。藍田出美玉。如藍。故曰藍田。本草曰。玉其味甘。生如白頭公。服之延年。

[**事對**]

抵鵲 **棲烏** 桓寬鹽鐵論曰。崑山之旁。以玉璞抵烏鵲。劉禎清慮賦曰。結束阿之扶桑。接西雷乎燭龍。上青騰之山。蹈琳珉之塗。玉樹翠葉。上棲金烏。

神寶 **帝瑞** 蔡邕琴操曰。卞和者。楚野人。常居山耕種。因得玉璞。以獻於懷王。王以爲欺慢。斬其足。和作歌曰。悠悠沂水經荆山兮。精氣鬱泱谷巖巖兮。中有神寶灼灼明兮。穴山採玉難爲功兮。禮含文嘉曰。龍馬金玉帝王之瑞應。

飾鳩杖 **名燕釵** 續漢書曰。三老五更杖玉杖。又曰。仲秋之月。郡道皆按行比人年始七十者。授之以玉杖。八十九十禮有加賜。玉杖長九尺。端以鳩爲飾。鳩者。不噎之鳥也。欲老人不噎也。郭子橫洞冥記曰。元鼎元年。起招靈閣。有一神女留一玉釵以與帝。帝以賜趙婕妤。至昭帝元鳳中。宮人猶見此釵。共謀欲碎之。明視釵匣。唯見白燕直升天。後宮人常作玉釵。因名玉燕釵。其言吉祥。

六瑞 **三棘** 周禮曰。以玉作六瑞。以等邦國。王執鎮圭。公執桓圭。侯執信圭。伯執躬圭。子執穀璧。男執蒲璧。

墨子曰。和氏之璧。夜光之珠。三棘六異。此諸侯之良寶者也。**垂棘　浮筠**　張揖廣雅曰。昭華。白珩。琁璜。和璧。璠璵。垂棘。玉也。禮記曰。子貢問於孔子曰。敢問君子貴玉而賤珉。何也。曰。瑕不掩瑜。瑜不掩瑕。忠也。浮筠旁達。信也。**荆璆　魯寶**　劉琨詩曰。握中有玄璧。乃自荆山璆。逸論語曰。璠璵。魯之寶玉也。孔子曰。美哉璠璵。遠而望之。煥若也。近而視之。瑟若也。一則理勝。一則孚勝。**白虹　青氣**　禮記曰。子貢問於孔子曰。敢問君子貴玉而賤珉。何也。子曰。夫玉者。君子比德於玉焉。溫潤而澤。仁也。氣如白虹。天也。司馬彪續漢書曰。桓帝時。光祿吏舍壁下夜有青氣。視之得玉鉤玦。鉤長七寸二分。玦五寸四分。各一枚。身中皆雕鏤。**瓊華　瑤蘂**　毛詩曰。尙之以瓊華乎而。劉禎淸慮賦曰。錯華玉以茨屋。駢雄黃以爲墀。紛以瑤蘂。糅以玉夷。**五德　三采**　五經通義曰。玉有五德。溫潤而澤。有似於智。鋭而不害。有似於仁。抑而不撓。有似於義。有瑕於內。必見於外。有似於信。垂之如墜。有似於禮。逸論語曰。玉如瑩也。璑。三采玉也。**昌城蘂　長洲英**　漢武內傳曰。西王母云。昌城玉蘂。夜山火玉。又長洲一名青邱。仙草靈藥。甘液玉英。靡所不有。**見紫光　浮青氣**　沈約宋書曰。紫玉。王者不藏金玉。則光見深山。地鏡圖曰。玉。石之精也。其在石中。若山中石潤而浸旁。有水。其居地。其氣淸而浮。其氣青白而圓。光轉其地中常潤。

〔賦〕晉傅咸玉賦　萬物資生。玉稟其精。體乾之剛。配天之清。故珍嘉在昔。寶用罔極。夫豈君子之是比。乃王度之所式。其爲美也若此。當其潛光荆野。抱璞未理。衆視之以爲石。獨見知於卞子。曠千載以遐弃。欻一朝而見齒。爲有國之偉寶。薦神祇於明祀。豈連城之足云。喜遭遇於知己。

錢第五

〔敍事〕周官曰。泉府上士四人。中士八人。下士十有六人。鄭玄注曰。泉或作錢。國語曰。周景王二十一年。將鑄大錢。以振救人。於是乎有母權子而行。母重也。重大倍。故爲母。子輕也。其輕小半。故爲子。漢書曰。凡貨金錢布泉之用夏殷以前其詳靡記周立九府圜法圜卽錢也秦兼天下幣爲二等黃金爲上幣銅錢質如周錢文曰半兩重如其文漢高后二年行八銖錢六年行五銖錢應劭曰秦作錢質如周錢文曰半兩則八銖也漢以太重更鑄莢錢今民間楡莢錢是也人患其太輕復行八銖錢五銖者應劭所謂莢錢文帝五年除盜鑄錢令更造四銖錢應劭曰四銖錢文亦曰半兩武帝建元元年行三銖錢五年罷三銖行半兩時郡國鑄錢人多公卿請令京師鑄官赤仄仄者以赤銅爲之郭一當五賦官用非赤仄不行禁郡國無得鑄專令上林三官鑄而天下非官錢不得行王莽居攝變漢制造大錢徑寸二分重十二銖文曰大錢五十又造契刀錯刀其環如大錢身形如刀長二寸文曰契刀錯刀以黃金錯其文曰一刀直五十與五銖錢凡四品並行莽卽眞乃罷錯刀契刀及五銖錢而更作金銀龜貝錢布之品名曰寶貨小錢次七分三銖曰公錢一十次八分五銖曰幼錢二十次九分七銖曰中錢三十次一寸九銖曰壯錢四十因前大錢五十是爲錢貨六品魏志曰黃初三年以穀貴罷五銖錢華陽國志曰公孫述廢銅錢置鐵錢百姓貨賣不行宋書曰元嘉七年六一錢署鑄四銖錢宋略曰泰始中通私鑄而錢大壞矣一貫長三寸謂之鵝眼錢減此者謂綖環錢貫之以縷入水不沉市井不復料數十萬不盈一掬斗米一萬他物稱之至是禁鵝眼綖環餘別通用也

〔事對〕

鮫文　鵝眼郭子橫洞冥記曰帝升望月臺有三青鴨化爲三小童皆著靑綺文襦合握鮫文之大錢三枚以置帝几前身止而影動因名曰輕影錢裴子野宋略曰沈慶之啓通私鑄而錢大壞矣一貫長三寸謂之鵝眼錢

贖罪　買官漢書曰隆慮公主病因以金千斤錢千萬爲子昭平君豫贖一死罪武帝許之九州春秋曰靈帝賣官廷尉崔烈入錢五百萬以

買司徒烈拜之日。天子臨軒。顧左右曰。恨不小靳。可至千萬。**青蚨　白撰**　干寶搜神記曰。南方有蟲。其形似蟬而大。其子著草葉。如蠶種。得子以歸。則母飛來就之。殺其母以血塗其子。以其子塗母。用錢貨市。旋則自還。淮南子術以之還錢。名曰青蚨。漢書曰。武帝更錢。造銀錫爲白金。以爲天用莫如龍。地用莫如馬。人用莫如龜。故曰金三品。其一重八兩。圜之。其文龍。名曰白撰。**選一　投三**　華嶠後漢書曰。劉寵字祖榮。拜會稽太守。政不煩苛。徵爲將作大匠。山陰有五六老叟。人賫百錢送寵。曰。鄙生未嘗識郡朝。自明府以來。狗不夜吠。人不見吏。今聞當見弃去。故自扶奉送。寵爲人選一大錢受之。趙岐三輔決錄曰。安陵淸者項仲山。飲馬渭水。每投三錢而去。**白金　赤仄**　漢書曰。武帝更錢。造銀錫爲白金。又曰。武帝時郡國錢多輕。而公卿請令京師鑄官赤仄。如淳注曰。以赤銅爲之郭。**體乾　効地**　綦母氏錢神論曰。黃金爲父。白銀爲母。鉛爲長男。錫爲適婦。天性剛堅。須火終始。體圓應乾。孔方効地。王隱晉書曰。惠帝時有錢神論曰。錢之爲體。有乾坤之象。其積如山。其流如川。**數甕　一囊**　王韶之始興記曰。勞口東岸有石。四方高百餘仞。其狀如臺。注云。父老相傳。此石昔有三人伐木。以作橋於石頂。戲見數甕錢。共取半甕還。趙壹詩曰。伊憂北堂上。抗髒倚門前。文史徒滿腹。不如一囊錢。**三官鑄　九府法**　漢書曰。禁郡國無得鑄錢。專令上林三官鑄。而令天下非三官鑄不得行。又曰。大公爲周立九府圜法。

［論］**晉魯褒錢神論**　錢之爲體。有乾坤之象。其積如山。其流如川。動靜有時。行藏有節。市井便利。不患耗折。難朽象壽。不匱象道。故能長久。爲世神寶。親愛如兄。字曰孔方。失之則貧弱。得之則富昌。無翼而飛。無足而走。解嚴毅之顏。開難笑之口。錢多者處其前。錢少者居其後云云。

［啓］**陳張正見錢啓**　豈期疲痾。壁立猥蒙。殊賜名稱。榆莢非投飲馬之橋。價重圜泉。寧弃呪雞之野。暫移周府。纔經漢鑄。始降王門。忽光私室。青鳧委質。笑夷甫之不言。赤仄垂緡。重河間之能數。

錦第六

〔敍事〕劉熙釋名曰錦金也作之用功重其價如金故制字帛與金也丹陽記曰歷代尚未有錦而成都獨稱妙故三國時魏則市於蜀吳亦資西蜀至是始乃有之益州記曰錦城在益州南笮橋東流江南岸蜀時故錦宮也其處號錦里城墉猶在鄴中記曰錦有大登高小登高大明光小明光大博山小博山大茱萸小茱萸大交龍小交龍蒲桃文錦斑文錦鳳皇朱雀錦韜文錦桃核文錦或青綈或白綈或黃綈或綠綈或紫綈或蜀綈工巧百數不可盡名也

〔事對〕文龍　朱雀　魏志曰景初中賜倭女王絳地文龍錦五疋陸翽鄴中記曰御府中有鳳皇錦朱雀錦　斑文　綠地　陸翽鄴中記曰織錦羅在中尚坊三署皆數百人有斑文錦西京雜記曰武帝時得貳師天馬以玫瑰石爲鞍鏤以金銀以綠地五色錦爲蔽泥　綢杠　束髮　爾雅曰素錦綢杠郭璞注曰以白地錦韜旗之竿也禮記曰童子之飾也緇布衣錦緣錦紳并紐錦束髮　維舟　挽車　韋昭吳書曰甘寧住止常以繒錦維舟去輒割棄以示奢虞溥江表傳曰陸遜攻劉備於夷陵備捨船步走燒皮鎧以斷道使兵以錦挽車走入白帝　似雲霞　若燈燭　王子年拾遺記曰嶓支國人時來獻貢有列堞錦文似雲霞覆以日月如城雉樓堞也又曰嶓支國人時來獻貢有列錦文似列於燈燭　鸞章　虎文　王子年拾遺記曰周靈王起昆昭之臺以享羣臣張鸞章錦文如鸞翔漢官儀曰虎賁中郎將古官衣紗縠單衣虎文錦袴餘文郎亦然　明光　柔滑　陸翽鄴中記曰石季龍冬月施熟錦流蘇斗帳四角安純金龍頭銜五色流蘇或用黃綈博山文錦或用紫綈大小明光錦王子年拾遺記曰員嶠之山名環邱東有雲石廣五百里有蠶長七寸黑色有角有鱗以霜雪覆之然後作繭長一尺其色五綵織爲文錦入水不濡其質輕輭柔滑　飜鴻　文鳥　郭子横漢武列國洞冥記曰元鼎元年起招仙靈閣於甘泉宮西編翠羽麟毫爲簾有走龍錦有翻鴻錦異物志曰錦鳥文章如丹地錦而藻繢互交俗人見其似錦因謂之錦鳥

〔詩〕前秦苻

堅秦州刺史竇韜妻蘇氏織錦迴文七言詩 仁智懷德聖虞唐貞妙顯華重榮章臣賢惟聖配英皇倫匹離飄浮江湘津河隔塞殊山梁民士感曠怨路長身微閔已處幽房人賤爲女有柔剛親所懷想思誰望純清志潔齊冰霜新故或億殊面牆春陽熙茂彫蘭芳琴清流楚激絃商奏曲發聲悲摧藏音和詠思惟空堂心憂增慕懷慘傷

繡第七

[敍事] 周官曰五色備謂之繡此言刺繡衣所用也釋名曰繡脩也文脩然尚書曰予欲觀古人之象日月星辰山龍華蟲作繪宗彝藻火粉米黼黻絺繡禮記曰仲秋之月命有司文繡有恆必循其故所以交於神明者不可以同於所安樂之義也故有黼黻文繡之美疏布之尚反女功之始也春秋元命苞曰織女之爲言神女也成衣立紀故齊能成文繡應天道女功之事齊能神天下故懸以衣人得此氣 漢書曰賈人無得衣錦繡綺縠絺紵罽景帝詔曰錦繡纂組害女功也又曰黼黻者古天子之服也今富人大賈嘉會召客以被牆也晉東宮故事曰太子納妃有絳杯羅繡幅被一孫卿子曰天子者勢至重尊無上矣衣被則五綵雜間色重文繡加飾之以珠玉也范子計然曰古者庶人老耋而後衣絲其餘則麻枲而已故曰布衣今富者綺繡羅紈素綈冰錦也繡細文出齊上價匹二萬中萬下五千也 [事對] 連煙 布地 漢武別國洞冥記曰元鼎元年起仙靈閣編翠羽麟毫爲簾有連烟之綉走龍之錦潛潭巴曰天子文綉布地地必動絶無嗣也 加五采 成六幣 王充論衡曰綉之未刺錦之未織絲帛何以異哉加五采之巧施針縷之飾則文章炫耀學士有文章其猶絲帛五色之功周禮曰合六幣圭以馬璋以皮璧以帛琮以錦琥以綉璜以黻此六物者以和諸侯之好 衣馬

藻龍 史記曰。楚莊王有所愛馬。衣以文綉。置華屋之下。席之以露牀。啗之以棗脯。郭子橫漢武別國洞冥記曰。甘泉宮有霞光綉。有藻龍綉。[賦] 梁張率繡賦 尋造物之妙巧。固飾化於百工。嗟莫先於黼綉。自帝虞而觀鳳。雜藻火與粉米。鬱山龍與華蟲。若夫觀其締綴。與其依放。龜龍爲文。神仙成象。總五色而極思。藉羅紈而發想。具萬物之有狀。盡衆化之爲形。既綿華而稠彩。亦密照而疏明。若春隰之揚蘤。似秋漢之含星。已間紅而約紫。亦表玄而裏素。間綠竹與蘅杜。雜青松與芳樹。若乃邯鄲之女。宛洛少年。顧影自媚。窺鏡自憐。極車馬之光飾。盡衣裳之妖妍。既徙倚於丹墀。亦徘徊於青閣。不息末而反本。吾謂遂離乎澆薄。

羅第八

[敍事] 劉熙釋名曰。羅文羅疏也。魏志曰。魏制自公列侯以下。大夫以上。皆得服綾錦羅綺紈素金銀飾鏤之物。自是以下。雜綵之服。通於賤人。張敞東宮舊事曰。太子納妃。有絳眞文羅幅被一。絳眞文羅袴七。晉書曰。晉令六品以下。得服羅綃。[事對] 絳文 金簡 張敞東宮舊事曰。太子納妃。有絳眞文羅幅被一。太上黃庭經曰。黃庭爲不死之道。受者齋九日。然後受之。結盟立誓。期以勿泄。古者盟以玄雲之錦。九十尺金簡。鳳文之羅。四十匹。薦地 從風 漢武內傳曰。帝七月七日。掃除宮掖之內。設座大殿之上。以紫羅薦地。燔百和香。然九微燈。以待王母。孫子曰。隋珠曜日。羅衣從風。

絹第九

[敍事] 劉熙釋名曰。絹。絚也。絚一音古費反。又音古兩反。其絲厚而疏也。廣雅曰。繁繐鮮支縠。絹也。後魏書曰。四民月令曰。八月凊風戒寒。趣絹縑帛。晉故事。凡民丁課田。夫五十畝。收租四斛。絹三疋。綿三斤。

凡屬諸侯。皆減租穀畝一斗。計所減以增諸侯。絹戶一疋。以其絹爲諸侯秩。又分民租戶二斛。以爲侯奉。其餘租及舊調絹二戶三疋。綿三斤。書爲公賦。九品相通。皆輸入於官。自如舊制。晉令。其趙郡中山常山國輸縑當絹者。及餘處常輸疏布當綿絹者。縑一疋當絹六丈。疏布一疋當絹一疋。絹一疋當綿三斤。舊制。人間所織絹布等。皆幅廣二尺二寸。長四十尺爲一端。令任服後乃漸至濫惡。不依尺度。

[事對] 王獻書　沈慶夢　沈約宋書曰。羊欣父不疑爲烏程令。欣年十二。王獻之爲吳興。甚知愛之。嘗夏日入縣。欣著新絹裙晝寢。獻之書裙幅而去。欣書本工。因此彌善。又曰。沈慶之字弘先。廢帝遣從子攸之賚藥賜慶之死。時年八十。是夕。慶之夢有人以兩疋絹與之。謂曰。此絹足度。謂人曰。老子今年不免矣。兩疋八十尺。足度無盈餘矣。　疎絙　繁繐　劉熙釋名曰。絹。絙也。絲厚而疎也。廣雅。繁繐鮮支穀。絹也。　光如雪華　輕比蟬翼　魏文帝說諸物曰。江東葛爲可。寧比總絹之繐輩。其白如雪華。輕譬蟬翼。

[啓]

梁徐勉謝敕賜絹啓　臣勉言。傳詔傅靈惠宣敕。垂賜絹二十疋。伏惟皇太子睿情天發。粹性玄凝。作震春方。繼離朱陸。嘉日茂辰。畢宮告始。龍樓起曜。博望增華。含生飛藻。率土抃躍。臣運屬會昌。命逢多幸。預奉休盛。復頒恩錫。白素起獨麗之色。兼兩邁邱園之賁。慶荷之情。實百常品。不任下情。謹奉啓謝聞。謹啓。梁庾肩吾謝武陵王賚絹啓　肩吾啓。蒙賚絹二十疋。清河之珍。邱園慙其束帛。關東之妙。潛織陋其卷綃。下官謬沓扁舟。暫瞻還旆。而天人渥盼。增餘論之榮。江漢安流。無泝洄之阻。遂使鶴露宵凝。輕絺立變。鴈風朝急。冶服成溫。有謝筆端。无辭陳報。不任下情。謹奉啓事謝聞。謹啓。

草部 附

五穀第十

〔敍事〕周易曰。日月麗於天。百穀草木麗於土。周書曰。凡禾麥居東方。黍居南方。稻居中央。粟居西方。菽居北方。周官曰。太宰以九職任萬民。一曰三農生九穀。鄭司農云。稷秫黍稻麻大小豆大小麥。凡王之膳食用六穀。鄭司農云。稻黍稷粱麥苽。以五味五穀五藥養其病。鄭玄注。五穀。麻黍稷麥豆。職方氏掌天下之圖。辨其邦國都鄙九穀之數。揚州荆州其穀宜稻。豫州并州其穀宜五種。鄭玄云。黍稷菽麥稻。青州其穀宜稻麥。兗州其穀宜四種。黍稷稻麥。雍州冀州其穀宜黍稷。幽州其穀宜三種。黍稷稻。大戴禮曰。食氣者神明而壽。食穀者智惠而巧。不食不死。禮斗威儀曰。歲凶年穀不登。君膳不祭肺。馬不食穀。孟春之月。天子乃以元日祈穀於上帝。孟夏驅獸無害五穀。仲夏之月。乃命百縣雩祀百辟。以祈穀實。孟秋之月。農乃登穀。天子嘗新。先薦寢廟。臣專政。私其君位。則草木不生。禾穀不實。穀梁傳曰。一穀不升曰歉。二穀不升曰饑。三穀不升曰饉。四穀不升曰康。五穀不升曰荒。大祲之禮。君食不兼味。廷道不除。百官布而不制。鬼神禱而不祠。五穀皆熟爲有年。揚雄方言曰。凡以火乾五穀之類。出自山東。齊楚以往曰熬。隴冀以往曰㷅。平力反 秦晉之間曰聚。創眇反 楊泉物理論曰。穀氣勝元氣。其人肥而不壽。養性之術。常使穀氣少則病不生矣。粱者黍稷之總名。稻者漑種之總名。菽者衆豆之總名。三穀各二十種。爲六十。蔬果之實助穀各二十。凡爲百穀。故詩曰。播厥百穀。穀者穀種衆種之大名也。范子計然曰。五穀者萬民之命。國之重寶。東方多麥稻。西方多麻。北方多菽。中央多禾。五土之宜。各有高下。高而陽者多豆。平而陰者多五穀。許愼說文曰。禾嘉穀也。木王而生。金王而死。禾之秀實爲稼。莖節爲禾。一曰稼事也。在野曰稼。禮記曰。稻曰嘉蔬。蔡邕月令曰。十月穫稻。在九月熟者謂之半夏稻。異物志曰。交趾一歲再種。抱朴子曰。南海晉安有九熟之稻。郭義恭廣志曰。有虎掌稻。紫芒稻。赤穬稻。蟬鳴稻。七月熟。稻有蓋下白。正月種。五月穫。穫其莖根復生。九月復熟。青芋稻。六月熟。累子稻。白漠稻。七月熟。此三種大且長。三枚長一寸半。養生要集曰。秔稻屬也。稻亦秔之總名也。道家方藥有用稻米秔米。此則是兩物也。稻米粒白如霜。味苦。主溫服之令人多瘦。無肌膚。秔米味甘。主利五臟。長肌膚。好顏色。說文曰。秫稷之粘者也。又曰。秫粘粟也。崔豹古今注曰。稻之粘者爲秫。禾之粘者爲黍。廣志曰。秫有赤有白。有胡秫。早熟。及麥。養生要集曰。秫米味酸。汜勝之書曰。黍者暑也。種必除暑。先夏至三十日。禮記曰。黍曰薌合。說文曰。秬黍也。一稃二米。所以釀鬯。黍禾屬粘者也。孔子曰。黍可以爲酒。廣志曰。有燕頷黍。牛黍。南尾秀成。赤黍。馬革大黑黍。秬黍。有縕毛黃黍。白黍。說文曰。稷五穀之長也。廣志曰。破藏稷。逼麥稷也。此二者以四月熟。本草曰。稷米甘無毒。主益氣。補不足。說文曰。粟嘉穀之實也。粟之爲言續也。廣志有赤粟。白莖粟。有黑粟。有張公班粟。本草曰。陳粟味苦無毒。主胃疸熱中渴。利小便。崔豹古今注曰。糜穄也。後漢書曰。烏丸國其地宜穄。呂氏春秋曰。飯之美者。山陽之穄。楊泉物理論曰。粱者黍稷之總名也。爾雅曰。虋（門）赤苗。芑白苗。（郭璞注虋赤粱粟。芑白粱粟。皆好穀。）廣志曰。有具粱。解粱。有遼東赤粱。本草曰。白粱味甘微寒無毒。主除熱。益氣。有襄陽竹根者最佳。黃粱出青冀。左思魏都賦曰。有雍邱之粱。崔駰七依曰。玄山之粱。廣雅曰。

大豆菽也小豆荅也豍豆豌豆留豆也胡豆跭雙也豆角謂之莢其葉謂之藿也巴菽巴豆也說文曰其豆莖楊泉物理論曰菽者衆豆之總名也廣志曰種小豆一歲三熟味甘白豆粗大可食刺豆亦可食秬豆苗似小豆紫華可爲麵生朱提建寧胡豆有青有黄者禮記曰仲秋之月天子乃以犬嘗麻先薦寢廟淮南子曰汾水濛濁而宜麻養生要集曰麻子味甘無毒主補中益氣服之令人肥健麻子一名麻蕡一名麻勃廣雅曰苣藤弘胡麻也抱朴子曰胡麻一名方莖服餌不老耐風濕其葉名青蘘廣雅曰大麥麰(牟)也小麥䅘也說文曰麥金也金王而生火王而死麰周所受來麰也稍麥莖廣志曰稊麥似大麥出涼州旋麥三月種八月熟出西方赤小麥而肥出鄭縣有半夏小麥有秀芒大麥有黑穬麥

［事對］　靈稼　嘉穀　曹植社頌曰靈稼阿那一禾千莖許愼說文曰禾嘉穀也至二月始生八月而熟得時之中故謂之禾此其義也

合穎　連莖　魏收後魏書曰許謙字元遜代人也子洛陽爲鴈門太守家田三生嘉禾皆異隴合穎春秋說題詞曰嘉禾之滋莖長五尺五七三十五故連莖三十五穗以成盛德

六穟　三苗　虞預會稽典錄曰謝承遷吳郡督郵歲穰嘉禾六穗生於部屬尚書大傳曰成王時有苗異莖而生同爲一穗人有上之者王召周公而問之公曰三苗爲一穗抑天下其和爲一乎

銜滋　吐秀　春秋說題辭曰禾者銜滋之宋均注曰銜滋液以生故以禾爲名鄭氏婚禮謁文讚曰嘉禾爲穀班祿是宜吐秀五七乃名爲嘉

充箱　實野　尚書大傳曰成王時有苗異莖而生同爲一穗長充箱董仲舒春秋繁露曰禾實於野粟郵於倉皆奇怪非人意者也

北里　西山　史記曰管仲說桓公曰古之封禪北里之禾所以爲盛蘇林注曰北里地名也阮籍詩曰豈若西山草琅玕與丹禾

照九阿　齊萬畝　阮籍詩曰垂穎臨曾城餘光照九阿曹植社頌曰秀吐穟萬畝齊平蔭蓋隴百穢不生

九熟　再種　抱朴子

曰南海晉安有九熟之稻楊孚異物志曰交趾冬又熟農者一歲再種青穟 紫莖周處風土記曰穛稻之青穟米皆青白也許愼說文曰稻稌也穛稻紫莖不黏者半夏 一旬蔡邕月令章句曰十月穫稻人君嘗其先熟故在季秋九月熟者謂之半夏稻王子年拾遺記曰東有融澤五穀多良有浹日之稻言一旬而生也紫芒 赤穬郭義恭廣志曰有虎掌稻紫芒稻又曰有赤穬白米稻南方有蟬鳴稻累子稻白漠稻並七月熟青芋 白莖郭義恭廣志曰有青芋稻六月熟王子年拾遺記曰東極之東有和靈稻言寒者食之則溫熱者食之則體冷莖多白黑穬 白霜郭義恭廣志曰秔有烏秔黑穬有青幽白夏之名本草經曰秔米味苦主溫米粒白如霜五里香 三月種魏文帝與朝臣書曰江表唯長沙名有好米何得比新城秔耶上風吹之五里聞香崔寔四民月令曰三月可種秔稻秋薦 夏登禮記曰庶人春薦韭夏薦麥秋薦黍冬薦稻又曰仲夏之月農乃登黍也滿握 盈疇劉穎魯都賦曰黍稷油油秔族垂芒殘穟滿握一穎盈箱王粲登樓賦曰背墳衍之廣陸兮臨皋隰之沃流北彌陶牧西接昭邱華實蔽野黍稷盈疇燕鴿 馬革郭義恭廣志曰黍有燕頷之名又有驢皮黍又曰牛黍南尾秀成赤黍馬革大黑黍芃芃 銍銍毛詩曰芃芃黍苗陰雨膏之悠悠南行召伯勞之爾雅曰銍銍穫也劉熙釋名曰銍銍斷黍稷聲東門徙 南夷獻韓子曰吳起欲攻秦小亭置一石赤黍門外令人能徙此於西門外者賜之上田宅人爭徙之乃下令曰明日攻秦能先登者仕之大夫賜之上田宅於是攻之一朝而拔沈約宋書曰黃帝時南夷乘白鹿來獻秬鬯爾雅云秬黑黍薦宗廟 享司寒古今注曰和帝元興元年黑黍禾二實生任城得米三斗八升以薦宗廟左傳曰申豐對季武子曰其藏冰也黑牡秬黍以享司寒杜預注云黑牡黑牲秬黍黑黍也司寒北方玄冥之神也故物皆用黑有事於外故祭其神盈倉 破藏毛詩曰我黍與與我稷翼翼我倉既盈我庾惟億郭義恭廣志曰破藏稷也四月熟 五穀長郭義恭廣志曰逼麥稷以四月熟許愼說文曰稷五穀之長瓊膏 玉粒王子年拾遺記曰東極之

東。有瓊脂粟。言質白如玉。柔滑如膏。食之盡壽不病。又曰。員嶠之山名環邱。上有方湖千里。多大鶴。高一丈。群飛於湖際。銜採不周之粟於環邱之上。粟生穟高五丈。其粒皎然如玉也。**龍枝**　**鳳冠**　王子年拾遺記曰。東極之東有龍枝之粟。言其枝屈曲似游龍。食之善走。又曰。有鳳冠粟。似鳳之冠。食者令人多力。**千株**　**五變**　王子年拾遺記曰。東極之東有雲渠粟。藂生。葉似扶蕖。食之益顏色。粟莖赤多黃。皆長二丈。千株藂生。春秋說題辭曰。粟五變。以陽化生爲苗。秀爲禾。三變而發。謂之粟。四變入臼。米出甲。五變而蒸飯可食。**大粒**　**長枝**　楊泉物理論曰。凡種有強弱。土有剛柔。土宜強。高莖而疏。粟長穗而大粒。王子年拾遺記曰。東極之東有耀枝粟。言其枝長而弱。無風自搖。食之多壽。**薌萁**　**鹽鑽**　禮記曰。祭宗廟之禮。粱曰薌萁。郭義恭廣志曰。鹽鑽粱。粒如蛾子。魏文帝以爲粥云云

長莖　**大目**　呂氏春秋曰。得時之菽。長莖而短足。其莢二七以爲族。多枝數節。競葉蕃實。春秋佐助期曰。豆神爲靈趙。長七尺大目通於時節。**紫花**　**綠色**　郭義恭廣志曰。秬豆苗似小豆。紫華。可爲麵。生朱提。王子年拾遺記曰。東極之東有傾離豆。見日即傾葉。食者歷歲不飢。豆莖皆大若指而綠。一莖爛熳數畝。以上豆

紫色　**紅苣**　王子年拾遺記曰。東極之東有紫實之麻。粒如粟。色紫。迮爲油。則汁如清水。食之目視鬼魅也。又曰。有倒葉麻。如倒苣。紅紫色。亦名紅冰麻。言冰寒乃有實。**益氣**　**飛明**　本草經曰。麻子味甘無毒。主補中益氣。令人肥健。王子年拾遺記曰。有飛明麻。葉黑。實如玉。風吹之如塵。亦名明塵麻。**紅冰**　**紫粒**　王子年拾遺記曰。東極之東有倒葉麻。色紅赤。亦名紅冰麻。食之令人顏色白潔。又曰。有紫實麻。粒如粟。以上麻

一莖　**九穗**　晉起居注曰。太康十年。嘉麥出扶風郡。一莖兩穗。傾皆有枝實三倍。崔鴻前涼錄曰。永嘉元年。嘉麥一莖九穗。生于姑臧。**三葉**　**兩歧**　呂氏春秋曰。孟夏之山。百穀三葉而獲大麥。東觀漢記曰。張堪爲漁陽太守。勸人耕種。以致殷富。百姓歌曰。桑無附枝。麥穗兩歧。以上麥

［賦］　**晉張翰豆羹賦**　乃有孟秋嘉菽。垂枝挺莢。是刈是穫。充簞盈篋。香鑠和調。周疾赴急。時御一杯。下咽三歎。時在下邑。頗多艱難。空匱之厄。固不輟

懽。追念昔日。啜菽求安。〔讚〕晉湛方生孫苗讚　脩脩嘉苗。擢擢堦側。弱葉蘩蔚。員棘疎植。流津沃根。輕露濯色。

蘭第十一

〔敍事〕　按說文曰。蘭。香草也。離騷曰。紉秋蘭以爲佩。又曰。秋蘭兮蘼蕪。又曰。疏石蘭兮以爲芳。王逸曰。石蘭。香草。疏。布也。易曰。同心之言。其臭如蘭。蘭。芳也。禮記曰。婦人或賜之茝蘭。則受獻諸舅姑。家語曰。芝蘭生於深林。不以無人而不芳。君子脩道立德。不爲困窮而改節。文子曰。日月欲明。浮雲蓋之。叢蘭欲發。秋風敗之。孫卿子曰。民之好我。芬若椒蘭也。〔事對〕　燕夢　謝庭　左傳曰。鄭文公有賤妾曰燕姞。夢天與已蘭。曰。余爲伯儵。余而祖也。以是爲而子。蘭有國香。人服媚之。文公與之蘭而御之。辭曰。妾不才。幸而有子。將不信。敢徵蘭乎。公曰。諾。語林曰。謝太傅問諸子姪曰。子姪何預人事。而政欲使其佳。諸人莫有言者。車騎答曰。譬如芝蘭玉樹。欲使其生於庭階。　紉佩　蔭池　離騷曰。紉秋蘭以爲佩。晉傅玄詠秋蘭詩曰。秋蘭蔭玉池。池水清且芳。雙魚自踊躍。兩鳥時徊翔。　綠葉　紫莖　離騷曰。秋蘭兮蘼蕪。羅生兮堂下。綠葉兮素莖。芳菲兮襲予。又秋蘭兮青青。綠葉兮紫莖。　丹穎　縹蔕　左思齊都賦曰。其草則有杜若蘅菊。石蘭芷蕙。紫莖丹穎。湘葉縹蔕。〔賦〕　顏師古幽蘭賦　惟奇卉之靈德。稟國香於自然。洒嘉言而擅美。擬自操以稱賢。詠秀質於楚賦。騰芳聲於漢篇。冠庶卉而超絕。歷終古而彌傳。若乃浮雲卷岫。朗月澄天。光風細轉。清露微懸。紫莖膏潤。綠葉水鮮。若翠羽之群集。譬彤霞之競然。感羇旅之招恨。狎寓客之留連。既不遇於攀採。信無憂乎翦伐。魚始陟以先萌。鶗雖鳴而未歇。願擢穎於金陛。思結陰乎玉池。泛旨酒之十醞。耀華燈於百枝。〔詩〕　太宗文皇帝詠芳蘭詩　春暉開紫苑。淑景媚蘭湯。映庭含淺色。凝露泫浮光。日麗參差影。風和輕重香。會須君子折。佩裏非芬芳。　梁孝元帝賦得蘭澤多芳草詩　春蘭本無豔。春澤最葳蕤。燕姬得夢罷。尚書奏事歸。臨池影入浪從風香拂衣當門已芬馥入室復芳非蘭生不擇逕十步豈難稀 後梁宣帝詠蘭詩 折莖聊可佩入室自成芳開花不競節含秀委微霜 陳張正見賦新題得蘭生野逕詩 披襟出蘭畹命酌動幽心鋤罷還開路歌喧自動琴華燈共影落芳杜雜花深莫言閒逕裏遂不斷黃金

菊第十二

[敍事] 爾雅云菊治蘠也周處風土記曰日精治蘠皆菊之花莖別名也生依水邊其華煌煌霜降之時唯此草盛茂九月律中無射俗尙九日而用候時之草也名山記曰道士朱孺子服菊草乘雲升天抱朴子曰日精更生周盈皆一菊也而根莖花實異名或無効者故由不得眞菊又曰菊花與薏花相似直以甘苦別之耳菊甘而薏苦所謂苦如薏者也應劭風俗通曰南陽酈縣有甘谷水甘美云其山上有大菊水從山上流下得其滋液谷中有三十餘家不復穿井悉飲此水上壽百二三十中百餘下七八十者名大夭菊花輕身益氣令人堅彊故也本草經曰菊有筋菊有白菊黃菊菊花一名節花一名傳公一名延年一名白花一名日精一名更生又云陰威一名朱嬴一名女花其菊有兩種者一種紫莖氣香而味甘美葉可作羹爲眞菊一種青莖而大作蒿艾氣味苦不堪食名薏非眞菊也 [事對] 白華 黃蘂 吳氏本草曰菊華一名白華盧諶菊賦曰翠葉雲布黃蘂星羅熒明蒨粲菴藹猗那 青柯 紫莖 鍾會菊華賦曰青柯紅芒嵇含菊花銘曰煌煌丹菊暮秋彌榮旋蕤圓秀翠葉紫莖詵詵仙徒食其落英 糅玉英 耀金華 鍾會菊花賦曰掇以纖手承以輕巾揉以玉英納以朱脣服之者長生食之者通神 左九嬪菊花頌曰英英麗質稟氣靈和春茂翠葉秋耀金華

儀鳳集鵷 星羅雲布潘尼秋菊賦曰。馨達幽遠。光燭隰原。招仙致靈。儀鳳舞鸞。飛莖散葉。倚靡相尋。游女望榮而巧笑。鵷鶵遙集而哢音。盧諶菊賦曰。何斯草之特瑋。涉節變而不傷。超松柏之寒茂。越芝英之冬芳。翠葉雲布。黃蘂星羅。〔賦〕魏鍾會菊花賦 何秋菊之可奇兮。獨華茂乎凝霜。挺葳蕤於蒼春兮。表壯觀乎金商。延蔓蓊鬱。緣阪被崗。縹幹綠葉。青柯紅芒。芳實離離。暉藻煌煌。微風扇動。照曜垂光。於是季秋初月。九日數并。置酒華堂。高會娛情。百卉彫瘁。芳菊始榮。紛葩曄曄。或黃或青。乃有毛嬙西施。荊姬秦嬴。妍姿妖豔。一顧傾城。擢纖纖之素手。雪皓腕而露形。仰撫雲髻。俯弄芳榮。晉潘尼秋菊賦 垂采煒於芙蓉。流芳越於蘭林。游女望榮而巧笑。鵷鶵遙集而哢音。若乃眞人採其實。王母接其葩。或充虛而養性。或增妖而揚娥。既延期以永壽。又蠲疾而弭痾。〔詩〕唐太宗文皇帝賦得殘花菊詩 階蘭凝曙霜。岸菊照晨光。露濃晞晚笑。風勁淺殘香。細葉彫輕翠。圓花飛碎黃。還將今歲色。復結後年芳。宋鮑昭答休上人菊詩 酒出野田稻。菊生高岡草。味貌復何奇。能令君傾倒。玉椀徒自羞。爲君慨此秋。金蓋覆牙柈。何解心獨愁。陳叔達詠菊詩 霜間開紫蔕。露下發金英。但令逢採摘。寧辭獨晚榮。

芙蓉第十三

〔敍事〕爾雅曰。荷。芙蕖。江東呼荷華爲芙蓉 其莖茄。其葉荷。其本蔤密 其華菡萏。其實蓮。其根藕。其中的。的中薏。詩義疏曰。的五月中生。生噉脆。至秋表皮黑。的成可食。或可磨以爲飯。如粟飯。輕身益氣。令人强健。又可爲糜。華山記曰。華山頂上有池。生千葉蓮花。服之者羽化。太清諸草木方曰。七月七日採蓮花七分。八月八日採蓮根八分。九月九日採蓮實九分。陰乾。下篩。服方寸匕。令人不老。〔事對〕紫飾朱儀 張奐芙蓉賦曰。綠房翠蔕。紫飾紅敷。黃螺圓出。垂蕤散舒。纓以金牙。點以素珠。閔鴻蓮華賦序曰。川源清澈。羨溢中塘。芙蓉豐植。彌被大澤朱儀榮藻有逸目之觀。同幹　駢花　沈約宋書曰文帝元嘉二十一年。天泉池。樂遊苑池玄圃圓池並二蓮同幹。宋起居注曰泰始二年。嘉蓮一雙。駢花並實合跗同莖。生豫州鱧湖。金房　珠實　傅玄歌曰煌煌芙蕖從風芬葩陰結其根陽發其華金房綠葉。素珠翠柯王子年拾遺記曰漢昭帝游柳池有芙蓉紫色大如斗花葉甘可食芬氣聞於十里之內蓮實如珠　星懸　電發　孫楚芙蓉賦曰芬馥揚馨。烟晃星懸。爛如朱霞朝興。炯若流景在天孫楚蓮華賦曰紅花電發。暉光煒煒仰曜朝霞俯照淥水。兩華　千葉　宋紀曰文帝元嘉二年。蓮生建康額擔湖。一莖而兩華。華山記曰華山頂有池生千葉蓮華服之羽化。映丹墀　濯玄瀨　傅亮芙蓉賦曰伊玄匠之有瞻。悅嘉卉於中蕖。既暉映於丹墀。亦納芳於綺疏。嵇含甘瓜賦曰芙蕖振采濯莖玄瀨。流葩映川。莫此爲最

[賦]　魏曹植芙蓉賦　竦芳柯以從風。奮纖枝之璀璨。其始榮也。皦若夜光尋扶桑。其揚暉也。晃若九陽出湯谷。芙蕖騫産。菡萏星屬。絲條垂珠。丹莖吐綠。焜焜爗爗。爛若龍燭。宋鮑昭芙蓉賦　青房兮規接。紫菂兮圓羅。樹妖嬈之弱幹。散菡萏之輕柯。上星光而倒景。下龍鱗而隱波。戲錦鱗而夕映。濯繡羽而晨過。排積霧而揚芬。鏡洞泉而含綠。葉折水而爲珠。條集露而成玉。潤蓬山之瓊膏。耀葱河之銀燭。冠五華之仙草。超四照之靈木。[詩]　唐太宗文皇帝採芙蓉詩　結伴戲方塘。攜手上雕航。船移分細浪。風散動浮香。游鷺無定曲。驚鳧有亂行。蓮稀釧聲斷。水廣棹歌長。棲鳥還密樹。泛流歸建章。孝元帝賦得涉江採芙蓉詩　江風當夏淸。桂棹逐流縈。初疑京兆劍。復似漢冠名。荷香風送遠。蓮影向根生。葉卷珠難溜。花舒紅易輕。日暮鳧舟滿。歸來度錦城。隋杜公瞻詠同心芙蓉詩　灼灼荷花瑞。亭亭出水中。一莖孤引綠。雙影共分紅。色奪歌人臉。香亂舞衣風。名蓮自可念。況復兩心同。

萱第十四

[敍事]　說文曰。萱。忘憂草也。束晳發蒙說曰。甘棗令人不惑。萱草可以忘憂。毛詩曰。安得萱草。言樹

之背。背北堂也。[事對] 忘憂 解思 束晳發蒙說曰。萱草可以忘憂。張華博物志曰。神農經曰。中藥養性。謂合懽蠲忿。萱草忘憂也。王朗與魏太子書不遺惠書。所以慰沃奉讀。歡笑。以藉飢渴。雖復萱草忘憂。皐蘇釋勞。無以加也。[賦] 梁徐勉萱草花賦 覽詩人之比興。寄少木以命詞。惟平章之萱草。欲忘憂而樹之。爰有幽憂。庭閒志靜。高木列其陰。蘭芳糅其影。翫叢蘤之爭芬。悅羣根之競穎。或開紅而散紫。咸荎薹於上春。信玆華之獨秀。投金質於炎辰。既耀色以祛痗。亦含香而可均。不恃合歡之木。無俟孫枝之筠。同萎荷於蘭暑。及蟬露乎首旻。其葉四垂。其跗六出。亦曰宜男。加名斯吉。華而不艷。雅而不質。隨晦明而舒卷。與風霜而榮悴。笑杜蘅與揭車。何衆彙之能匹。[詩] 隋陽休之詠萱草詩 開跗幽澗底。散彩曲堂垂。優柔清露濕。微穆惠風吹。朝朝含麗景。夜夜對華池。隋魏彥深詠階前萱草詩 綠草正含芳。靃靡映前堂。帶心花欲發。依籠葉已長。雲度時無影。風來乍有香。橫得忘憂號。余憂遂不忘。

萍第十五

[敘事] 爾雅曰。苹。萍也。郭璞曰。江東謂之薸。其大者蘋。周處風土記曰。萍。蘋。芹菜之別名也。呂氏春秋曰。菜之美者。崑崙之蘋焉。禮記曰。季春之月。萍始生。淮南子曰。萍樹根於水。木樹根於土。淮南萬畢術曰。老血變爲萍。聚血之精至黃泉。本草曰。水萍一名水華。味辛寒。治暴熱身癢。下水氣。烏鬚髮。久服輕身。生雷澤。[事對] 浮水無根 渡江得實 許愼說文曰。苹。萍也。無根浮水而生。家語曰。楚王渡江得萍實。大如斗。赤如日。剖而食之甜如蜜。生水澤 寄清池 本草經曰。水萍一名水華。味辛寒。生池澤水上。療暴熱身癢。下水氣。勝酒。何晏詩曰。轉蓬去其根。流飄從風移。芒芒四海涂。悠悠焉可彌。願爲浮萍草。託身寄清池。且以樂今日。其後非所知。色青 華白 范子計然曰。水萍出三輔。

色淸者善。吳氏本草曰。水萍一名水廉。生池澤水上。葉圓小。一莖一葉。根入水。五月華白。三月採。日乾之。共祭祀 羞王公 毛詩曰。采蘋大夫妻能循法度。則可以承先祖。共祭祀。左傳曰。蘋蘩蘊藻之菜。可羞於王公。[賦] 西晉夏侯湛浮萍賦 步長渠以遊目兮。覽隨波之微草。紛漂瀲以澄茂兮。羌孤生於靈沼。因纖根以自滋兮。乃逸蕩乎波表。散圓葉以舒形兮。發翠綵以含縹。蔭脩魚之華鱗兮。翳蘭池之淸潦。旣澹淡以順流兮。又雍容以隨風。有纚薄於崖側兮。或迴滯乎湍中。紛上下而靡常兮。漂往來其無窮。仰熙陽曜。俯憑綠水。渟不安處。行無定軌。流息則寧。濤擾則動。浮輕善移。勢危易盪。似孤臣之介立。隨排擠之所往。內一志以奉朝兮。外結心以絕黨。萍出水而立枯兮。士失據而身枉。覩斯草而慷慨兮。固知直道之難爽。[詩] 南齊劉繪詠萍詩 可憐池內萍。氛氳紫復靑。巧隨浪開合。能逐水低平。微根無所綴。細葉詎須莖。漂泊終難測。留連如有情。庾肩吾賦得池萍詩 風翻乍靑紫。浪起時疎密。本欲歎無根。還驚能有實。

苔第十六

[敍事] 周處風土記曰。石髮。水苔也。靑綠色。皆生於石也。爾雅曰。藫。石衣也。郭璞曰。水苔也。一名石髮。又廣雅曰。石髮。石衣也。說文曰。菭。水衣也。沈懷遠南越志曰。海藻一名海苔。或曰海羅。生研石上。廣志曰。空室無人行則生苔蘚。或靑或紫。一名圓蘚。一名綠錢。[事對] 石髮 水衣 爾雅曰。藫。石衣也。郭璞注云。水苔也。一名石髮。江東食之。張揖廣雅曰。石髮。石衣也。許愼說文曰。菭。水衣也。 沒階 生閤 王智深宋紀曰。王微字景玄。太保弘之弟子也。吏部尚書江湛愛其才。用擧爲吏部郞。陳病篤不受。因以與湛書。告絕。足不踰閾十有餘載。棲遲於環堵之室。苔草沒階。謝莊月賦曰。陳思王初喪應劉。端憂多暇。綠苔生閤。芳塵凝榭。悄焉疚懷。弗怡中夜。[賦] 梁江淹靑苔賦 余鑿山楹爲室。有靑苔焉。意之

所之故爲是作。嗟青苔之依依兮無色類而可方。必居閒而就寂。似幽意而深傷。故其處石。則松栝交陰。泉雨長注。橫澗俯視。崩壁仰顧。悲凹險兮唯流水而馳騖。遂能踦屈上生。班駮下布。異人貴其貞精。道士悅其迴趣。咀松屑以高想。捧丹經而永慕。若其在水。則鏡帶湖沼。錦匝池林。春塘秀色。陽鳥好音。青郊未謝兮白日照路。貫千里兮綠草深。乃生水而搖蕩。遂出波而沉淫。假青條兮揔翠。借黃華兮舒金。游梁之客。徒馬疲而不能去。兔園之女。雖蠶飢而不自禁。寂兮如何。苔積網羅。視青蘼之杳杳。痛百代兮恨多。故其所詣。哀以情起。感以怨來。魂慮斷絕。精念徘徊。覩彼木蘭與豫章。既中繩而獲夭。及薜荔與蘼蕪。又懷芬而見表。至哉青苔之無用。吾孰知其多少。〔詩〕

梁沈約詠青苔詩 緣階已漠漠。汎水復綿綿。微根如欲斷。輕絲似更聯。長風隱細草。深堂沒綺錢。縈鬱無人贈。葳蕤徒可憐。

卷二十七校勘表

頁數	行數	排印本原文	安刻本	嚴陸校	備註
六四五	七	不生		不生衣	
六四五	一二	所謂雄黃		謂雄黃	
六四六	七	可作丹		可鍊作丹	
六四六	九	章曰金		章曰大	
六四七	三	後魏書		〔嚴〕案當是後漢	
六四七	四	宣武帝		後魏宣武帝	
六四七	一一	智孟	智猛		
六四八	一一	七經義		七經義綱	
六四八	一一	野澤		江海	
六四八	一二	韜乎		燭乎	
六四八	一五	使照服		以照服	
六四九	七	緣蓋反　空日反	緣蓋反　空豆反	宋本無此兩音注	
六四九	一三、一四	何數		何人	

六五〇 三	薰以桂椒	薰桂之櫝	
六五一 四	羭次之山	瑜次之山	
六五一 四	嬰垣		嬰烜
六五二 五	玦五寸		玦三寸
六五三 一	布泉	布帛	
六五三 六	五十文		五十
六五三 九	一寸		一十
六五三 一四	三枚		五枚
六五四 三	造銀錫		造銀
六五四 四	祖榮		子榮
六五四 六	造銀錫		造銀
六五四 一一	晉魯褒錢神論	王隱晉書曰 惠帝時有 錢神論曰	
六五七 一〇	四十匹	四十尺	
六五八 二、四	綿三斤	綿二斤	
六五八 六	是夕		先是
六五八 一二	謬眷		謬奉

六五九	三	稷秫黍稻麻大小豆大小麥		黍稷稻粱秫菰麻麥豆是也
六五九	九	禾穀		五穀
六六一	五	弘胡麻		元胡麻
六六一	一五	百穢不生		句下宋本有「以上禾」三字
六六二	一	冬又熟		冬有熟
六六二	五	莖多白		句下宋本有「以上稻」三字
六六二	一四	祭其神		句下宋本有「以上黍」三字
六六二	一五	逼麥		菽麥
六六三	二	粟生穟		更生穟
六六三	五	耀枝		長枝
六六三	六	云云		以上粟粱
六六三	一二	色紅赤		色紅紫
六六三	一三	一莖兩穗傾	一莖而穗傾	一莖而穗傾兩
六六四	一	苗讚		苗葉讚
六六四	一	員棘		員珠

六六四	一一	湘葉	湘菄	湘蕙	
六六五	三	閒逕裏		閒逕晏	
六六五	九	有大菊		大有菊	
六六六	四	百卉		百草	
六六六	四	曄曄	暐韡		
六六七	五	二年		二十年	宋書符瑞志繫於元嘉七年
六六七	九、一〇	蕊河		芬河	
六六七	一〇	仙草		衆華	
六六七	一一	密樹		繞樹	
六六七	一一	孝元帝			「孝元帝」上當脫「梁」字
六六八	三	幽憂		忘憂	
六六八	四	荎藎		荎蘊	
六六八	五	華而		麗而	
六六八	一二	鬢髮	鬢髮		
六六八	一三	萍也		洴也	
六七〇	三	路貫千里		路賁千里	

初學記卷第二十八

果木部

李第一

[敍事]　許愼說文曰李果也從木子聲杍古文李爾雅曰休無實李郭璞注曰一名趙李座接慮李今之麥熟李駁赤李桃李醜核棗李曰疐之孫炎曰桃李類皆核疐之去柢也疐音帝西京雜記曰漢武初脩上林苑群臣遠方各獻名果樹有朱李黃李紫李綠李青李綺李青房李車下李顏回李合枝李羌李燕李猴李漢武內傳曰李少君謂武帝溟海棗大如瓜鍾山之李大如瓶臣以食之遂生奇光陸翽鄴中記曰華林園有春李冬華春熟鹽鐵論曰桃李實多者來歲爲之穰本草曰李根治瘡服其花令人好顏色凡李實熟食之皆好除固熱調中食之不可合雀肉食又不可臨水上噉之李皮水煎含之治齒痛

[事對]　翠質　青皮傅玄李賦曰潛實內結豐彩外盈翠質朱變形隨運成郭義恭廣志曰有黃建李青皮李馬肝李　採春山　沉寒水山海經曰邊春之山多李里人常採之魏文帝與吳質書曰浮甘瓜於清泉沉朱李於寒水　南居先熟　東苑

已朱 周處風土記曰。南居細李四月先熟。荊州記曰。房陵南居有名李。張華眞人篇曰。朱李生東苑。甘瓜出西郊。廬山白 房陵縹 魏文帝列異傳曰。袁本初時。有神出河東。號度索君。人共立廟。兗州蘇氏母病。往禱。見一人着白布單衣。高冠似魚頭。謂度索君曰。昔廬山共食白李。未久已三千年。日月易得。使人悵然。去後。度索君曰。此南海君也。傅玄李賦曰。乃有河沂黃建。房陵縹青。一樹三色。異味殊名。

［賦］ 西晉傅玄李賦 植中州之名果兮。結脩根於芳園。嘉列樹之蔚蔚兮。美弱枝之爰爰。既乃長條四布。密葉重陰。夕景迴光。傍蔭蘭林。於是肅肅晨風。飄飄落英。潛實內結。豐彩外盈。翠質朱變。形隨運成。淸角奏而微酸起。大宮動而和甘生。既變洽熟。五色有章。種別類分。或朱或黃。甘酸得適。美逾蜜房。浮彩點駮。赤者如丹。入口流濺。逸味難原。見之則心悅。含之則神安。乃有河沂黃建。房陵縹青。一樹三色。異味殊名。乃上代之所不覩兮。咸升御乎紫房。周萬國之口實兮。充薦饗於神靈。昔怪古人之感貺。乃答之以寶瓊。翫斯味之奇瑋兮。然後知報之爲輕。

［詩］ 唐太宗皇帝賦得李詩 玉衡流桂圃。成蹊正可尋。鶯啼密葉外。蝶戲脆花心。麗景光朝彩。輕烟散夕陰。暫顧暉章側。還眺靈山林。又探得李詩 盤根植瀛渚。交幹橫倚天。舒華光四海。卷葉蔭三川。梁沈約詠麥李詩 青玉冠西海。碧石彌外區。化爲中園實。其下成路衢。在先良足貴。因小邈難逾。色潤房陵縹。味奪寒水朱。摘持欲以獻。尚食且踟躕。梁王筠答元金紫餉朱李詩 李華春發彩。結實下成蹊。潘生詠金谷。魏后沉寒溪。逢君重妖麗。移翫入崇闈。慙無瓊玖報。徒用萃幽棲。

柰第二

［敍事］ 晉起居注曰。嘉柰一蔕十五實。或七實。生於酒泉。西京雜記曰。漢初脩上林苑。群臣各獻名果樹。中有白柰。綠柰。漢武帝內傳曰。仙藥之次者。有圓邱紫柰。廣志曰。柰有青白赤三種。張掖有白柰。

酒泉赤柰。西方例多柰。家以爲脯數十斛。以爲蓄積。如收藏。本草曰。柰味苦。令人臆脹。病人不可多食。

〔事對〕 浮朱　耀白　孫楚井賦曰。沈黄李。浮朱柰。潘岳閑居賦曰。三桃表櫻胡之别。二柰耀丹白之色。　設玄室　投淸渠　南岳夫人傳曰。夫人姓魏。名華存。性尤樂神仙。季冬夜半。有四眞人降夫人靜室。因設玄室紫柰絳實靈瓜。夫人還王屋山。王子喬等並降。時夫人與眞人爲賓主。設三玄紫柰。潘尼東武館賦曰。飛甘瓜於浚水。投素柰於淸渠。　摘圓邱　濯玉井　漢武故事曰。上握蘭園之金精。摘圓邱之紫柰。王子年拾遺記曰。崑崙山上有柰。冬生子。碧色。須玉井之水洗。方可食。　綠花　紫核　西京雜記曰。上林苑有白柰。綠柰。綠花紫色。郭子横洞冥記曰。有紫柰。大如升。甜如蜜。核子花青。　瓜州素　酒泉赤　張載詩曰。江南郡蔗。張掖豐柿。三巴黄甘。瓜州素柰。凡此數品。殊美絶快。渴者所思。銘之裳帶。郭義恭廣志曰。柰有白青赤三種。張掖有白柰。酒泉有赤色柰。

〔詩〕

梁謝瑱和蕭國子詠柰花詩　俱榮上節初。獨秀高秋晚。吐綠變衰園。舒紅搖落苑。不逐奇幻生。寧從吹律暖。幸同瑤華折。爲君聊贈遠。

梁褚澐詠柰詩　成都貴素質。酒泉稱白麗。紅紫奪夏藻。芬芳掩春蕙。映日照新芳。叢林抽晚蔕。誰爲種三株。終焉競八桂。不讓圓邱中。粢潔華庭際。

〔表〕　魏曹植謝賜柰表　即夕殿中虎賁宣詔。賜臣等冬柰一奩。以柰夏熟。今則冬生。物以非時爲珍。恩以絶口爲厚。非臣等所宜荷之。蒙報植等詔曰。山柰從涼州來。道里既遠。又東來轉暖。故柰中變色不佳耳。

桃第三

〔敍事〕 爾雅曰。桃李醜核。桃曰膽之。膽擇取其美者。　西京雜記曰。漢初脩上林苑。群臣遠方各獻名果。有緗核桃。紫文桃。霜桃。霜下可食。金城桃。鄴中記曰。石虎苑中有勾鼻桃。重二斤半。郭氏玄中記曰。木子之大者。有積石之桃焉。大如十斛籠。本草云。梟桃在樹不落。殺百鬼。玉桃服之長生不死。典術曰。桃者

五木之精也故厭伏邪氣制百鬼故今人作桃符著門以厭邪此仙木也太清諸卉木方曰酒漬桃花而飲之除百病好容色［事對］

穠華　甘實　毛詩曰何彼穠矣華如桃李平王之孫齊侯之子傅玄桃賦曰葉落實結與時剛柔既甘且脆入口消流

宜五沃　已三偸　管子曰五沃之土其木宜桃漢武故事曰東郡獻短人帝呼東方朔朔至短人指朔謂上曰王母種桃三千歲一子此子不良已三過偸之矣後西王母下出桃七枚母自噉二以五枚與帝帝留核着前母曰用此何上曰欲種之母笑曰此桃三千年一著子非下土所植

紫文　青色　西京雜記曰脩上林苑群臣遠方各獻名果有緗核桃紫文桃漢武內傳曰西王母以七月七日降帝宮命侍女索桃須臾以玉盤盛桃七枚大如鴨卵形圓色青以呈王母王母以五枚與帝自食二枚

青花　紅蕚　王子年拾遺記曰磅礴山去扶桑五萬里日所不及其地寒有桃樹千圍其花青黑色萬歲一實謝靈運詩曰山桃發紅蕚野蕨漸紫苞

緗核　綬花　西京雜記曰脩上林苑群臣遠方獻名果有緗核桃應劭漢官儀曰二千石綬青地桃花縹三彩

生玉嶺　植霜園　鄧德明南康記曰南康玉山上有石桃故老云古有寒桃生於嶺巔隱淪之士將大取其實因變成石焉王子年拾遺記曰漢明帝常山獻巨核桃霜下結花隆暑方熟常使植於霜林園謂相陵誤

武陵源　洛陽路　陶潛桃源記曰晉太康中武陵人捕魚從溪而行忘路遠近忽逢花林夾兩岸芳華鮮美落英繽紛林盡得山山有小口初極狹行四五步豁然開朗邑屋連接雞犬相聞男女衣著悉如外人見漁父驚爲設酒食云先世避秦難率妻子來此遂與外隔問今是何代不知有漢無論魏晉既出白太守遣人隨往尋之迷不復得宋子侯董嬌嬈詩曰洛陽城東路桃李生路傍花花自相對葉葉自相當春風南北起花葉自低昂［賦］

西晉傅玄桃賦　有東園之珍果兮承陰陽之靈和結柔根以列樹兮豔長畝而駢羅夏日先熟初進廟堂辛氏踐秋厥味益長亦有冬桃冷侔冰霜和神適意恣口所嘗華升御於內庭兮飾佳人之令顏實充虛而療飢兮信功烈之難原嘉休午於斯林兮悅萬國

之乂安。望海島而慷慨兮。懷度索之靈山。何茲樹之獨茂兮。條枝紛而麗閑。根龍虬而雲結兮。彌萬里而屈盤。禦百鬼之妖慝兮。列神荼以司姦。辟凶邪而濟正兮。豈唯榮美之足言。〔詩〕 唐太宗皇帝詠桃詩 禁苑春暉麗。花蹊綺樹裝。綴條深淺色。點露參差光。向日分千笑。迎風共一香。如何仙嶺側。獨秀隱遙芳。隋蕭慤奉和詠龍門桃花詩 舊聞開露井。今見植龍門。樹少知非塞。花高異少原。論時應未發。故欲影歸軒。秪言經摘罷。猶勝逐風翻。孔紹安應詔詠夭桃詩 結葉還臨影。飛香欲徧空。不意餘花落。翻沉露井中。

櫻桃第四

〔敍事〕 爾雅曰。楔荊桃。郭璞注。今櫻桃也。楔音戛。禮記曰。仲夏之月。天子羞以含桃。先薦寢廟。鄭玄注。含桃今櫻桃。漢書曰。惠帝出離宮。叔孫通曰。禮。春有嘗果。方今櫻桃熟可獻。願陛下出因取櫻桃獻宗廟。上許之。諸獻果由此興。廣志。櫻桃大者有長八分者。有白色多肌者。凡三種。本草曰。櫻桃味甘。主調中益脾氣。令人好顏色。美志氣。一名牛桃。一名麥英。〔事對〕 鸎含 蟬翳 呂氏春秋曰。仲夏之月。羞含桃。高誘注曰。含桃櫻桃。爲鳥所含。故曰含桃。傅咸粘蟬賦曰。櫻桃爲樹則多陰。爲果則先熟。故種之於廳事之前。有蟬鳴焉。顧命黏取以弄小兒。遂寓目以周覽。聽鳴蜩於纖枝。翳翠葉以長吟。信厥樂之在斯。緗葉 紅蘂 王僧達詩曰。初櫻動時豔。擅藻爍輝芳。緗葉未開蘤。紅葩已發光。張華詩曰。櫻桃含紅蘂。春就 夏羞 左思蜀都賦曰。朱櫻春就。素柰夏成。禮記曰。仲夏之月。天子羞以含桃。先薦寢廟。二株 三種 洛陽宮殿簿曰。顯陽殿前櫻桃六株。徽音殿前。乾元殿前。並二株。郭義恭廣志曰。櫻桃大者有長八分者。有白色多肌者。凡三種。

〔賦〕 後梁宣帝櫻桃賦 懿夫櫻桃之爲樹。先百果而含榮。既離離而春就。乍苒苒而多迎。異群龍之無首。垂牢器之晚成。鳥纔食而便隳雨薄灑而皆零未覩紅顔之實空有薦廟之名等橘柚於詹戶匹諸薦乎中庭異梧桐之棲鳳愧綠竹之恆貞豈復論其美惡且聳榦乎前檻葉繁抽而掩日枝長弱而風生且得蔽乎羲赫實當暑之凄凊

〔詩〕 唐太宗皇帝賦得櫻桃春爲韻詩華林滿芳景洛陽徧陽春朱顔含遠日翠色影長津喬柯囀嬌鳥低枝映美人昔作園中實今來席上珍梁簡文帝奉答南平王康賚朱櫻詩倒流映碧叢點露擎朱實花茂蝶爭飛枝濃鳥相失已麗金釵瓜仍美玉盤橘寧異梅似丸不羨萍如日永植平臺垂長與雲桂密徒然奉推甘終以愧操筆

棗第五

〔敍事〕 爾雅曰棗壺棗 郭璞曰今江東呼大而銳上者爲壺棗壺猶瓠也 遵羊棗 實小而員紫黑色孟子曰曾晳嗜羊棗 洗大棗 今河東猗氏出大棗子如雞卵大 蹶洩苦棗 子味苦也蹶居衞反 晳無實棗 不著子 還味稔棗 還味短味 棗李曰疐之 孫炎曰疐去其柢 周官曰饋食之籩其實棗 毛詩曰八月剝棗 禮記曰婦人之贄椇榛脯脩棗栗 又曰棗曰新之栗曰撰之桃曰膽之樝梨曰鑽之 食棗桃李不致于核 盧諶祭法曰春祠用棗油 史記曰李少君以卻老方見武帝少君言帝曰臣嘗遊海上見安期先生食巨棗大如瓜 漢書曰安邑千樹棗此與千戶侯等 尹喜內傳曰老子西遊省太眞王母共食玉文棗其實如瓶 孟子曰曾晳嗜羊棗曾子不忍食之 廣志曰穀城紫棗長二寸 西王母棗三月熟在衆果之先 梁國夫人棗大白棗名曰蹙咨小核多肌 三皇棗 駢白棗 灌棗 獲此四者官園所種棗 有雞心牛頭獼猴細腰之名 又有互棗大棗崎廉棗桂棗夕棗之名 本草曰凡棗九月採日乾補中益氣久服神仙 〔事對〕 羊角 雞心 陸翽鄴中記

曰。石季龍園有羊角棗三子一尺。郭義恭廣志曰棗有狗牙雞心牛頭羊角獮猴細腰之名。**駢白** **鹿盧** 郭義恭廣志曰三皇棗駢白棗。郭璞曰子細腰者今謂之鹿盧棗。**細核** **弱枝** 王子年拾遺記曰北極有岐峯之陰多棗樹百尋其枝莖皆空其實長尺核細而柔。歷百歲一實。潘岳閑居賦曰周文弱枝之棗房陵朱仲之李。**東鄰伐樹** **北園垂陰** 漢書曰王吉少時學問居長安其東家有棗樹垂吉庭中吉婦取以啖之吉知乃去其婦東家聞欲伐其樹鄰里共止之。趙整詩曰北園有一棗布葉垂重陰。**細腰** **圓實** 爾雅郭璞注曰子細腰者今謂之鹿盧棗又曰遵羊棗郭璞注曰實小而圓紫黑色。**玉文** **朱實** 尹喜內傳曰老子西遊省太眞王母共食玉文之棗其實如瓶。傅玄棗賦曰斐斐素華離離朱實脆若離雪甘如含蜜。**萬年實** **千戶侯** 郭子橫洞冥記曰元鼎元年起招仙閣進崂嶆細棗此棗出崂嶆山臨碧海上萬年一實子如今嫩棗迮之有膏膏可然燈。漢書曰安邑千樹棗此其人與千戶侯等。

〔賦〕**晉傅玄棗賦** 有蓬萊之嘉樹植神州之膏壤擢剛莖以排虛誕幽根以滋長北陰塞門南臨三江或布燕趙或廣河東既乃繁枝四合豐茂蓊鬱斐斐素華離離朱實脆若離雪甘如含蜜脆者宜新當夏之珍堅者宜乾薦羞天人有棗若瓜出自海濱全生益氣服之如神。**陳後主棗賦** 芳園列榦森梢繁羅藥餘莖少葉暗枝多復有奇樹風間臨柯深夜影來未若丹心美實絳質嘉枝重針共暗枝瓠同瑰羞金盤于冰水薦玉案于深杯此歡心之未已方夢腸而屢迴。

〔詩〕**後秦趙整詠棗詩** 北園有一樹布葉垂重陰外雖多棘刺內實懷赤心。**梁簡文帝賦棗詩** 浮華齊水麗垂彩鄭都奇白紛英靡靡紫色標離離風搖羊角樹日映雞心枝。穀城蹌石蜜蓬岳表仙儀已聞安邑美永茂玉門垂。

〔讚〕**晉郭璞棗讚** 建國辨方外朝九棘因材制義赤心絻直藹藹卿士亮此袞職。

栗第六

〔敍事〕毛詩曰。阪有漆。隰有栗。詩義疏曰。栗五方皆有。周秦吳揚特饒。唯漁陽范陽栗甜美長味。他方不及也。倭韓國上栗大如雞子。亦短味不美。桂陽有栗叢生。大如杼。周官曰。饋食之籩。其實栗。漢書曰。燕秦千樹栗。與千戶侯等。西京雜記曰。上林苑有侯栗。瑰栗。魁栗。榛栗。嶧陽栗。辛氏三秦記曰。漢武帝果園大栗十五枚爲一斗。〔事對〕女贄 籩實 左傳曰。女贄不過榛栗棗脩。周禮曰。饋食之籩。其實栗。 南安出 北朔薦 王褒僮約曰。南安拾栗採橘。注云。南安縣名。出好栗橘。王逸荔枝賦曰。西旅獻崑山之蒲桃。北燕薦朔濱之巨栗。 華林一株 燕地千樹 晉宮閣名曰。華林園中栗一株。侯栗六株。漢書曰。燕秦千樹栗。此人與千戶侯等也。 秦王苑 漢帝園 韓子曰。秦饑。應侯謂王曰。五苑之果蔬橡棗栗。足以活人。請發與之。三秦記曰。漢武帝果園大栗十五枚爲一斗。 華山麓 汝水灣 華山記曰。西山麓中有栗林。藝植以來。蕭森繁茂。酈元注水經曰。汝南灣中有地數頃。上有栗山。味不並南安之實也。燕歲貢四百石以充天府。水渚卽栗洲也。〔賦〕後漢蔡邕傷故栗賦 樹遐方之嘉木兮。于靈宇之前庭。通二門以征行兮。夾階除而列生。彌霜雪之不凋兮。當春夏而滋榮。因本心以誕節兮。挺青蘗之綠英。形猗猗以豔茂兮。似碧玉之精明。 陳陸瓊栗賦 四時逸盛。百果玄芳。綠梅春馥。紅桃夏香。何羣品之浮脆。惟此質之久長。外刺同夫枳棘。內潔甚於冰霜。伏南安而來清。列御宿而懸房。薦羞則棋榛並列。加籩則菱芡同行。金盤兮麗色。玉俎兮鮮光。周人以之戰慄。大官稱於柏梁。〔詩〕梁陸玢賦得雜言詠栗詩 貨見珍於有漢。木取貴於隆周。英肇萌於朱夏。實方落於素秋。委玉盤。雜椒糈。將象席。糅珍羞。

梨第七

〔敍事〕說文曰。梨。果也。從木利聲。漢書曰。淮北滎南河濟之間千樹梨。此其人皆與千戶侯等。晉令曰。諸官秩梨守護者置吏一人。尹喜內傳曰。老子西遊。省太眞王母。共食紫梨。漢武內傳曰。太上之果。有玄光梨。辛氏三秦記曰。漢武帝園一名樊川。一名御宿。有大梨如五升瓶。落地則破。其主取布囊承之。名曰含消梨。何晏九州論曰。安平好棗。眞定好梨。廣志曰。洛陽北邙張公夏梨。海內唯有一樹。有常山眞定。山陽鉅野梨。梁國睢陽梨。齊郡臨淄梨。鉅鹿豪梨。上黨楟梨。小而甘。新豐箭谷梨。關以西梨多供御。廣都梨重六斤。數人分食之。又眞定御梨。大若拳。甘若蜜。脆若凌。可以解煩釋餶。一肰反。〔事對〕

眞定　廣都 魏文帝詔曰。眞定梨大如拳。甘如蜜。郭義恭廣志曰。廣都梨重六斤。數人分食之。靈關　御宿 謝朓謝梨啓曰。味出靈關之陰。旨介玉津之滋。辛氏三秦記曰。漢武帝園名樊川。一名御宿。有大梨如五升瓶。落地則破。名含消梨。大谷　鉅野 潘岳閑居賦曰。張公大谷之棃。梁侯烏椑之柿。郭義恭廣志曰。有常山眞定梨。山陽鉅野梨。生玄圃　種青田 王讚梨頌曰。太康十年。梨樹西枝。其條與中枝合生於玄圃園。皇太子令侍臣作頌。永嘉記曰。青田村人家多種梨。有一梨樹名曰官梨。大一圍五寸。恆以供獻。名爲御梨。甘香　津潤 韓子曰。夫樹柤梨橘柚者。食之則甘。嗅之則香。左思蜀都賦曰。紫梨津潤。榛栗罅發。〔詩〕梁沈約應詔詠梨詩 大谷來既重。岷山道又難。摧折非所忝。但令入玉盤。梁劉孝綽於座應令詠梨花詩 玉壘稱津潤。金谷詠芳菲。詎匹龍樓下。素葉映華扉。雜雨疑霰落。因風似蝶飛。豈不憐飄墜。願入九重闈。後梁宣帝大梨詩 大谷常流稱。南荒本足珍。綠葉已承露。紫實復含津。

甘第八

〔敍事〕周處風土記曰。甘。橘之屬。滋味甜美特異者也。有黃者。有頳者。謂之壺甘。崔豹古今注曰。甘實形如石榴者。亦謂之壺甘。廣志曰。有黃甘。一核。有成都平蔕甘。大如升。色蒼黃。犍爲南安縣出黃甘。荆州記曰。宜都郡舊江北甘園。名宜都甘。襄陽記曰。李叔平臨終。敕其子曰。龍陽洲裏有千頭木奴。及甘橘成。歲得絹數千匹。〔事對〕　平蔕　圓實　郭義恭廣志曰。成都平蔕甘。大如升。色蒼黃。胡濟甘賦曰。三秋迭運。初寒履霜。壺形既兆。圓實一煌。披黃苞　系丹實　潘岳笙賦曰。披黃苞以授甘。傾縹瓷以酌醽。劉韶甘樹賦曰。豐條翠葉。系以丹實。西平更生　東望共食　范甯表曰。南昌令解列。西平里有一甘樹。枯死一年後。以今年更生。枝葉豐茂。今多少作子。述異記曰。南康郡南東望山有人入山。山頂有果林。衆果畢植。行列整齊。如人工。甘子正熟。三人共食致飽。懷二枚。欲示人。聞空中語云。催放雙甘。乃聽汝去。若菱華　侔萍實　胡濟黃甘賦曰。照曜原隰。蔭映林荒。丹黃赫以晨煒。逸景接乎離光。若菱花之繡綺。并似燭龍之銜金璫。謝惠連甘賦曰。侔萍實於江介。超玉果於崑山。超玉果　若金璫　並見上注。〔賦〕　劉瑾甘樹賦　伊冥造之綿綿兮。纚群象於成遇。嗟卉草之森秀兮。將歸美於甘樹。誕寄生於南楚兮。播萬里而東布。浸冷泉以搖根兮。竦逸條以承露。結密葉以舒蔭兮。漉纖塵以開素。仰清氣以旭晨兮。流惠飈於薄暮。雖飛榮於園沼兮。契貞松之貞趣。時屢遷而彌眞兮。凌寒暑而一度。宋謝惠連甘賦　嘉寒園之麗木。美獨有此貞芳。質葳蕤而懷風。性耿介而凌霜。擬夕霞以表色。指朝景以齊圓。侔萍實乎江介。超玉果於崑山。傾子節兮湘之區。承君翫兮堂之隅。濯雨兮冒霜。長無絕兮芬敷。〔詩〕　梁徐陵詠甘詩　朱實挺荆南。苞品擅珍淑。上林雜嘉樹。江潭間脩竹。萬室擬封家。千株挺荆國。綠葉萋以布。素榮芬且郁。得陳終宴歡。良垂雲雨育。

橘第九

〔敍事〕　禹貢曰。淮海惟揚州。厥包橘柚錫貢。孔安國曰。小曰橘。大曰柚。周書曰。秋食樝梨橘柚。周禮曰。橘踰淮北而爲枳。此地氣使然也。春秋運斗樞曰。璇星散爲橘。漢書曰。江陵千樹橘。與千戶侯等。張勃吳錄曰。建安郡中有橘。冬月於樹上覆裹之。至明年春夏色變青黑。味尤絶美。上林賦云。盧橘夏熟。盧。黑色也。蓋近是也。又曹叔異物志曰。橘爲樹。白華赤實。皮既馨香。又有善味。交阯有橘官長一人。秩三百石。主歲貢御橘。〔事對〕 白華 朱實 李尤七歎曰。梁土靑麗。盧橘是生。白華綠葉。扶疎冬榮。曹植橘賦曰。朱實不凋。焉得素榮 綠葉 金衣 楚詞橘頌曰。后皇嘉樹。橘來服兮。受命不遷。生南國兮。深固難徙。更其志兮。綠葉素榮。紛其可嘉兮。李尤七歎曰。金衣素裏。班理內充。滋味偉異。淫樂無窮。 懷三 擲兩 吳志曰。陸績年六歲。於九江見袁術。出橘。績懷三枚。去拜辭墮地。績曰。欲歸遺母。術大奇之。陶潛搜神後記曰。會稽東野有女子。姓吳字望子。路忽見一貴人。儼然端坐。卽蔣侯像也。因擲兩橘與之。數數形見。遂降情好。 建春山 德陽殿 東方朔神異記曰。東方裔外有建春山。其上多橘柚。李尤德陽殿賦。橘柚含桃。百果成叢。〔賦〕 魏曹植橘賦 播萬里而遙植。列銅爵之園庭。背江洲之暖氣。處玄朔之肅清。邦換壤別。爰用喪生。處彼不凋。在此先零。朱實不凋。焉得素榮。惜寒暑之不均。嗟華實之永乖。仰凱風以傾葉。冀炎氣之可懷。颸鳴條以流響。晞越鳥之來棲。夫靈德之所感。物無微而不和。神蓋幽而易激。信天道之不訛。既萌根而弗幹。諒結葉而不華。漸玄化而不變。非彰德於邦家。拊微條以歎息。哀草木之難化。〔詩〕 梁范雲園橘詩 芳條結寒翠。園實變霜朱。徙根楚州上。來覆廣庭隅。 梁沈約園橘詩 綠葉迎露滋。朱苞待霜潤。但令入玉柈。金衣非所吝。 周李元操園中雜詠橘樹詩 嘉樹出巫陰。分根徙上林。白華如霰雪。朱實似懸金。布影臨丹地。飛香度玉岑。自有淩冬質。能守歲寒心。〔讚〕 王叔之甘橘讚 節重履險。操貴有恆。一樹保榮。四運齊能。在質惟美。于味斯弘。異分南域。北則枳橙。

梅第十

[敍事] 詩義疏曰。梅杏類也。樹及葉皆如杏而黑耳。西京雜記曰。漢初。脩上林苑。群臣各獻名果。有侯梅。朱梅。紫花梅。同心梅。紫蔕梅。麗友梅。異物志曰。楊梅似彈丸。五月熟。廣州記曰。盧山頂上有湖。廣數頃。有楊梅山桃。止得於上飽噉。不得將去。廣志曰。蜀名梅爲藤。大如鴈子。梅藤皆可以爲油黃梅。以熟藤作之。藤音老。

[事對] 紫蔕　白花　西京雜記曰。脩上林苑。群臣各獻名果。有紫蔕梅。燕脂梅。劉義慶遊鼉湖詩曰。暄景轉諧淑。草木日滋長。梅花覆樹白。桃杏發榮光。

一枝　三實　劉向說苑曰。越使諸發執一枝梅遺梁王。梁王之臣曰韓子。顧左右曰。惡有一枝梅乃遺制國之君乎。毛詩曰。摽有梅。其實三兮。

明目　香口　吳氏本草曰。梅核明目。益氣不飢。詩義疏曰。梅暴乾爲腊。羹臛韲中。又可含以香口。

雲山　乾腊　洛涘　繁榮　山海經曰。雲山之上。其實乾腊。郭璞注曰。腊。乾梅也。潘岳閑居賦曰。退而閑居于洛之涘。又曰。梅杏郁棣之屬。繁榮麗藻之飾。華實照爛。言所不能極也。

[賦] 梁簡文帝梅花賦　層城之宮。靈苑之中。奇木萬品。庶草千叢。光分影雜。條繁幹通。寒圭變節。冬灰徙籥。並皆枯悴。色落摧風。年歸氣新。搖芸動塵。梅花特早。偏能識春。或承陽而發金。乍雜雪而披銀。吐豔四照之林。舒榮五衢之路。既玉綴而珠離。且冰懸而雹布。葉嫩出而未成。枝抽心而插故。漂半落而飛空。香隨風而遠度。挂靡靡之遊絲。雜霏霏之晨霧。爭樓上之落粉。奪機中之織素。於是重閨佳麗。貌婉心嫺。憐早花之驚節。訝春光之遣寒。袂衣始薄。羅袖初單。折此芳花。舉茲輕袖。或插鬢而問人。或殘枝而相授。恨鬢前之大空。嫌金鈿之轉舊。顧影丹墀。弄此嬌姿。洞開春牖。四卷羅帷。春風吹梅畏落盡。賤妾爲此斂蛾眉。花色持相比。恒愁恐失時。

[詩] 梁簡文帝雪裏覓梅花詩　絕訝梅花晚。爭來雪裏窺。下枝低可見。高處遠難知。俱羞惜腕露。相讓道腰羸。定須還剪綵。學作兩三枝。

梁何遜詠早梅詩　菟園標物序。驚時最是梅。銜霜當路發。映雪擬寒開。枝橫卻月觀。花遶凌風臺。朝灑長門泣。夕駐臨邛杯。應知早飄落。故逐上春來。

梁王筠和孔中丞雪裏梅

花詩水泉猶未動庭樹已先知翻光同雪舞落素混冰池今春競時發猶是昔年枝唯有長顰頓對鏡不能窺梁庾肩吾同蕭左丞詠摘梅花詩窗梅朝始發庭雪晚初消折花牽短樹幽叢入細條垂冰溜玉手含刺冒春腰遠道終難寄馨香徒自饒周庾信詠梅花詩常年臘月半已覺梅花闌不信今春晚俱來雪裏看樹動懸冰落枝高出手寒早知覓不見眞悔著衣單

石榴第十一

〔敍事〕埤蒼曰石榴柰屬也博物志曰張騫使西域還得安石榴胡桃蒲桃繆襲祭儀曰秋嘗果以梨棗柰安石榴沈約宋書曰晉安帝時武陵臨沅獻安石榴一蔕六實鄴中記曰石虎苑中有安石榴子大如椀盞其味不酸周景式廬山記曰香鑪峯頭有大磐石可坐數百人垂生山石榴三月中作花色似石榴而小淡紅敷紫萼煒曄可愛〔事對〕丹鬚 紫萼夏侯湛石榴賦曰接翠萼於綠蔕冒紅牙於丹鬚艶然含蘤璀爾散珠周景式廬山記曰山石榴紅敷紫萼煒曄可愛六實 千房沈約宋書曰武陵臨沅獻安石榴一蔕六實潘尼石榴賦曰千房同蔕十子如一繽紛磊落垂光耀質玉潤 星懸范堅安石榴賦曰膏凝玉潤光猶瑩徹頳如丹砂粲若銀礫應吉甫安石榴賦曰丹葩結秀朱實星懸素粒 紅膚張協安石榴賦曰素粒紅液金房緗隔范堅安石榴賦曰縞隔區分彤實綺錯紅膚帖素揉以紫的 玉瑩 珠駢張協安石榴賦曰柔膚冰潔凝光玉瑩漼如冰碎泫若珠迸應貞安石榴賦曰膚折理阻爛若珠駢

〔賦〕西晉夏侯湛石榴賦覽華圃之嘉樹兮羨石榴之奇生滋玄根於夷壤兮擢繁幹於蘭庭霑靈液之粹色兮含渥露以深榮若乃時雨新希微風扇物藹萋萋以鮮茂兮紛扶輿以蓊鬱枝摻稔以環柔兮葉鱗次以周密纖條參差以窈窕兮洪柯流離以相拂於是乎青陽之末朱明之初翕微煥以摛采兮的瘤瓅以揚敷接翠萼於綠蔕兮冒紅牙以丹鬚艶然含蘤璀爾散珠若乃叢紈始裹

聚葩方離。潛暉蜿蟺。綠采未披。照灼攢列。熒瑩玄垂。西晉潘岳河陽庭前安石榴賦仰天路而高睇。顧鄰國以相望。位莫微於宰邑。館莫陋於河陽。雖則陋館。可以遨遊。實有嘉木。曰安石榴。脩條外暢。榮榦內樛。扶疏偃蹇。冉弱紛柔。於是暮春告謝。朱夏戒初。新莖擢潤。膏葉垂腴。㑹華曄以先越。含榮韡其方敷。丹暉綴於朱房。緗的點乎紅鬚。煌煌煒煒。熠爚委累。似琉璃之棲鄧林。若珊瑚之映淥水。既乃攢乎狹庭。載阤載褊。土階無等。肩牆惟淺。壁衣蒼苔。瓦被駮蘚。處悴而榮。在幽彌顯。〔詩〕梁孝元帝賦得石榴詩塗林未應發。春暮轉相催。燃燈疑夜火。連珠勝早梅。西域移根至。南方釀酒來。葉翠如新剪。花紅似故栽。還憶河陽縣。映水珊瑚開。隋魏彥深詠石榴詩分根金谷裏。移植廣庭中。新枝含淺綠。晚蕚散輕紅。影入環階水。香隨度隙風。路遠無由寄。徒念春閨空。孔紹詠石榴詩可惜庭中樹。移根逐漢臣。只謂來時晚。開花不及春。

瓜第十二

〔敍事〕爾雅曰。瓞瓝。其紹瓞。孫炎曰。詩云。綿綿瓜瓞。瓝。小瓜子。其本子小瓝。蒲角反。說文曰。瓜。象形也。瓣。瓜實也。大戴禮曰。五月乃瓜。乃瓜者。治瓜之辭也。瓜也者。始食瓜。八月剝瓜。蓄瓜時也。禮記曰。爲天子削瓜者副之。巾以絺。副。析也。既削又四析之。乃橫斷之。而巾覆焉。爲國君者華之。巾以綌。華中裂也。不四析也。爲大夫累之。累。倮也。謂不巾覆也。士疐之。不中裂。橫斷去疐而已。庶人齕之。不橫斷。又曰。瓜祭上環。食中棄所操。婦人之贄。瓜桃李梅。盧諶祭法曰。夏祠秋祠。皆用瓜。續漢書曰。漢安帝三年。有瓜異本同蔕。共生一瓜。時以爲嘉。太上黃庭經注曰。大霍山下有洞臺。司命君府也。中有神盤靈瓜。食之者至玄也。莊子曰。朽瓜化爲魚。物之變也。廣志曰。凡瓜之所出。以遼東盧江敦煌之種爲美。有魚瓜。縑瓜。貍頭瓜。瓜州大瓜如斛。御瓜也。有青登瓜大如三斗魁有柸杖瓜長二尺餘蜀地温食瓜至冬熟有秋泉瓜秋種冬熟魚龍河圖曰瓜有兩鼻者殺人〔事對〕 青門 朱火 阮籍詩曰昔聞東陵瓜近在青門外連畛距阡陌子母相鉤帶漢武內傳曰西王母謂上元夫人曰共造朱炎山陵食靈瓜其味甚好憶此未久已七千歲 蜜房 冰谷 劉楨瓜賦曰甘逾蜜房冷亞冰圭郭子横洞冥記曰有龍肝瓜長一尺花紅葉素生於冰谷所謂冰谷素葉之瓜 龍肝 獸掌 龍肝事見上冰谷注中張揖廣雅曰龍蹄獸掌羊骸兔頭瓜屬也 紫花 素葉 伏侯古今注曰孝平帝元年武陵縣生瓜花如葵花紫色實如小麥墮地復生素葉事見冰谷注中 五色 九彩 阮籍詩曰昔聞東陵瓜近在青門外五色曜朝日嘉賓四面會劉楨瓜賦曰豐細異形圓方殊務揚暉發藻九彩雜糅 黄花 絳實 劉楨瓜賦曰三星在隅温風節暮枕翹於藤流美遠布黄花炳曄潛實獨著豐細異形圓方殊務南岳夫人內傳曰夫人姓魏名華存性樂神仙季冬之月夜半清明有眞人至靜室陳玄室紫柰絳實靈瓜 白瓝 玄骭 張揖廣雅曰桂枝蜜筩白瓝無餘瓜屬陸機瓜賦曰小青大班玄骭素椀 二莖 一實 四剖 三離 劉敬叔異苑曰漢安帝元初三年平陸有瓜異本同蔕共生一瓜晉武太康八年王濬園生瓜三莖一實劉楨瓜賦曰析以金刀四剖三離承之以雕盤羃之以纖絺

〔賦〕 西晉陸機瓜賦 佳哉瓜之爲德邈衆果而莫賢殷中和之淳祐播滋榮於甫田背芳春以初載近朱夏而自延奮脩系之莫莫邁秀體之綿綿赴廣武以長蔓粲烟接以雲連感嘉時而促節蒙惠露而增鮮若乃紛敷雜錯鬱悅婆娑發彼適此迭相經過熙朗日以熠熠扇和風其如波有葛虆之覃及象椒聊之衆多發金縈於秀翹結玉實於柔柯蔽翠景以自育綴脩莖而星羅夫其種族類數則有括蔞定桃黄瓝白摶金文蜜筩小青大班玄骭素椀狸首虎蹯東陵出於秦谷桂髓起於巫山五色比象殊形異端或濟貌以表內或惠心而醜顔或摅文以抱綠或被素而懷丹氣洪細而俱芬體脩短而必圓 晉傅玄瓜賦 調土下種播之有經應運候時負甲徐生遂日就而月將旣成母而盤縈次落莫

之密葉兮交逶迤之脩莖敷碧綠之純采金華炳其朗明育之以人功養之以六氣黃逾金細青侔含翠雖貍首之甘美兮未若東門之奇偉舊有蜜箭及青括蕫嘉味溢口鮮類寡儔一齧之頃至三搖頭選美芳園重簡其珍拔以吳刀承以朱盤中割而破雖分若完質兼三味氣美芳蘭愈得冷而益甘兮怡神爽而解煩細肌密裏多瓤少瓣豐旨絕異食之不飴 一犬反

木部 附

松第十三

〔敍事〕說文曰松木也從木公聲古文㮤從木容聲尙書青州厥貢岱畎絲枲鉛松怪石郭氏玄中記曰松脂淪入地中千歲爲茯苓劉向神仙傳曰偓佺好食松實能飛行速如走馬以松子遺堯堯不能服松者橫也時受服者皆至三百歲嵩山記曰嵩高山有大松樹或百歲或千歲其精變爲青牛爲伏龜採食其實得長生抱朴子曰松樹之三千歲者其皮中有聚脂狀如龍形名曰飛節芝又玉策記曰千歲松樹四邊披起上杪不長望而視之有如偃蓋其中有物或如青牛或如青犬或如人皆壽萬歲王逸子曰木有扶桑松柏皆受氣淳矣異於群類者也廣志曰千歲老松子色黃白味似栗可食本草曰松脂出隴西如膠者善松脂一名松肪味苦溫久服輕身延年〔事對〕

棲鸞　繫馬　謝承後漢書曰方儲字聖明丹陽人也除郎中遭母憂弃官行禮負土成墳種松柏奇樹千餘株鸞鳥棲其上白兔游其下劉琨扶風詩曰繫馬長松下發鞍高岳頭烈烈悲風起泠泠澗水流

麈尾　龍形　周景式廬山記曰石門北巖即松林也有數百株松大皆連拱長近二十丈

攢生絕崖上。南臨石門澗。澗中仰視之。離離如駢麈尾。於尋陽望聚見之分明。抱朴子曰。松樹其皮中有脂。狀如龍形。

偃蓋 飛節

抱朴子曰。玉策記曰。千歲松如偃蓋。又曰。松樹皮中有聚脂。名曰飛節芝。

貞甤 秀葉

庾肅之松讚曰。流潤飛津。沉精幽結。貞蕤含芳。仰拂素雪。左九嬪松柏賦曰。敷纖莖之蘢蓯。布秀葉之葱青。

翠實 素髓

左九嬪松柏賦曰。列翠實之離離。馥幽藹而永馨。許詢詩曰。青松凝素髓。秋菊落芳英。

［賦］

南齊王儉和蕭子良高松賦 山有喬松。峻極青葱。既抽榮於岱嶽。亦擢穎於荆峯。受靈命於后土。方虞舜以齊蹤。貫四時而不改。超五玉之嘉容。上拂天而獨遠。下流雲而自重。重陰微微。漏景含暉。日既升而猶晦。時方中而未晞。通霄漢而隱影。集鸞皇之翻飛。偓佺食和而輔性。墨翟昌言於宋圍。想周穆之長阪。念東平之思歸。若乃朔窮於紀。歲亦暮止。隆冰峩峩。飛雪千里。擘三秀而靡遺。望九山其相似。翔鴈哀迴於天津。振鷺鶩鳴於川涘。嗟萬有之必衰。獨貞華之無已。積皓霰而爭光。延微飇而響起。

南齊謝朓和蕭子良高松賦。閱品物於幽記。訪寰育於秘經。巡紀林之彌望。識斯松之最靈。豈榆柳之比性。指蕡椿而等齡。若夫脩榦垂陰。喬柯飛穎。望肅肅而既閑。即微微而方靜。懷風音而送聲。當月路而留影。即芊眠於廣隰。亦迢遞於孤嶺。集九仙之羽儀。棲五鳳之光景。固總木之爲選。貫山川而自永。爾乃青春受謝。雲物含明。江皐綠草。曖然已平。紛弱葉而凝照。競新藻而抽英。陵翠山其如剪。施懸蘿而共輕。至於星迴窮紀。沙鴈相飛。同雲泱其無色。陽光沉而減暉。卷風飇之欻吸。積霰雪之巖皚。豈彫貞於寒暮。不受令於霜威。

［詩］

梁沈約寒松詩 梢聳振寒聲。青葱標暮色。疎葉望嶺齊。喬榦臨雲直。

梁吳均詠慈姥磯石上松詩 根爲石所蟠。枝爲風所碎。賴我有貞心。終凌細草輩。

隋煬帝詠北鄉古松樹詩 古松唯一樹。森竦詎成林。獨留麈尾影。猶橫偃蓋陰。雲來聚雲色。風度雜風音。孤生小庭裏。尚表歲寒心。

隋李德林詠松樹詩 結根生上苑。擢秀邇華池。歲寒無改色。年長有倒枝。露自金盤灑。風從玉樹吹。寄言謝霜雪。貞心自不移。

柏第十四

〔敘事〕爾雅曰：柏，掬也。史記曰：松柏爲百木長，而守宮閭。尙書曰：荆州厥貢杶幹栝柏。周官曰：冀州其利松柏。劉向列仙傳曰：赤松子好食柏實，齒落更生。漢武內傳曰：藥有松柏之膏，服之可以延年。三輔舊事曰：漢諸陵皆屬太常，不屬郡縣。其入盜柏者棄市。抱朴子曰：天陵偃蓋之松，大谷倒生之柏。凡此諸木，皆與天齊其長，地等其久也。廣志曰：柏有績柏，有計柏。崔寔月令曰：七月收柏實。〔事對〕衞國舟　殷人社 毛詩曰：柏舟，言仁而不遇也。衞頃公之時，仁人不遇，小人在側也。汎彼柏舟，亦汎其流。論語曰：哀公問社於宰我，宰我對曰：夏后氏以松，殷人以柏，周人以栗。鄭玄注云：主，四主，謂社也。鵲立　鸞棲 東方朔傳曰：孝武皇帝時，閑居，鵲鳴，新雨止，朔執戟在殿上，呼問之，答曰：殿後柏樹上有鵲，立枯枝上，東嚮鳴。上遣視，如朔言。謝承後漢書曰：方儲遭母憂，種松柏，鸞棲其上。泰山千樹　華林二株 太山記曰：山南有太山廟，種柏千樹，大者十五六圍，長老傳云漢武帝所種。晉有華林園柏二株。〔賦〕西晉左九嬪松柏賦 何奇樹之英蔚，託峻岳之崔嵬。被玄澗之逶迤，臨渌水之素波。擢脩木之丸丸，萃綠葉之芬葩。敷纖莖之蘢蓯，布秀葉之葱青。列翠實之離離，馥幽藹而永馨。紛翕習以披離，氣肅肅以清泠。應長風以鳴條，似絲竹之遺聲。稟天然之貞勁，經嚴冬而不零。雖凝霜而挺榦，近靑春而秀榮。若君子之順時，又似乎眞人之抗貞。赤松游其下而得道，文賓飡其實而長生。詩人歌其榮蔚，齊南山以永寧。〔詩〕北齊魏收庭柏詩 古松圖偃蓋，新柏寫爐峯。凌寒翠不奪，迎暄綠更濃。茹葉輕沉體，咀實化衰容。將使中臺麝，違山能見從。

槐第十五

〔敍事〕春秋說題辭曰。槐木者。虛星之精也。元命苞曰。樹槐而聽訟其下者。槐之言歸也。情見歸實。爾雅曰。守宮槐葉晝聶宵炕。槐大葉而黑。郭璞注曰守宮槐晝日聶合而夜炕布孫炎曰聶合炕張也 淮南子曰。老槐生火。久血爲燐。人不怪。血精在地暴露百日則爲燐 廣志曰。槐材有青黃白黑數種。太淸草木方曰。槐者虛星之精也。以十月上巳取子服之。好顏色。長生通神。〔事對〕連理 一心 摽末千畝 摯虞連理頌曰東宮正德之內。承華之外。槐樹二枝。連理而生。二榦一心。以蕃本根。傅選槐樹賦曰。葉葉扶疎。參林蕭蔘。松蘿寄生。綿連摽末。延袤千畝。蓊鬱晻藹 晝聶夜舒 兔目鼠耳 爾雅曰。守宮槐葉晝聶宵炕。郭璞注曰。守宮槐晝聶合而夜舒布也。江東有槐樹與此相反。俗因名爲合昏。既晝夜各一。其理等耳。孫炎注云。聶合炕張也。莊子曰。槐之生也。入季春五日而兔目。十日而鼠耳。〔賦〕魏曹植槐樹賦 羨良木之華麗。爰獲貴於至尊。憑文昌之華殿。森列峙于端門。觀朱榱以振條。據文陛而結根。揚陰沉以溥覆。似明后之垂恩。魏王粲槐樹賦 惟中堂之奇樹。稟天然之淑資。超疇畝而登植。作階庭之華暉。既立本於殿省。植根柢其弘深。鳥願棲而投翼。人望庇而披衿。晉摯虞槐樹賦 爾乃觀其誕狀。察其攸居。豐融濯霨。蓊鬱扶疎。樂雙游之黃鸝。嘉別鸞之王雎。春棲敎農之鳥。夏憩反哺之烏。晉王濟槐樹賦 若炎龍升南陸。火集正陽。恢茲鬱陶。靜暑無方。鼓柯命風。振葉致涼。朗明過乎八闥。重陰踰於九房。〔詩〕魏繁欽槐樹詩 嘉樹吐翠葉。列在雙闕涯。旖旎隨風動。柔色紛陸離。

桐第十六

〔敍事〕詩義疏曰。梓實桐皮曰椅。今人云梧桐也。有白桐。有青桐。有赤桐。雲南牂牁人績以爲布。易緯曰。桐枝濡毳而又空中。難成易傷。須成氣而後華。周書曰。淸明之日桐始華。桐若不華。歲有大寒。韓詩曰其桐其椅其實離離離離長貌毛詩曰椅桐梓漆爰伐琴瑟爾雅曰櫬梧也榮桐木也華陽國志曰益州有梧桐木其華采如絲人績以爲布名曰華布沈懷遠南越志曰青桐華頗似木綿而輝薰過之謝靈運游名山志曰吹臺有高桐皆百圍嶧陽孤桐方此爲劣劉會鄒山記曰鄒山古之嶧山魯穆公改爲鄒山今鄒山嶧陽猶多桐樹莊子曰鵷雛發南海而飛到北海非梧桐不止非竹實不食管子曰五沃之土其木宜桐齊民要術曰梧桐山石間生者爲樂器則鳴瑞應圖曰王者任用賢良則梧桐生於東廂

[事對]

嶧陽特生　洞庭傍秀　尚書曰羽畎夏翟嶧陽孤桐孔安國注曰嶧陽特生桐中琴瑟也崔駰七依曰爰有洞庭之椅桐依峻岸而傍生

蒼岑吐榦　玄溪託根　張協七命曰寒山之桐出自大冥含黃鍾以吐榦據蒼岑以孤生崔琦七蠲曰爰有梧桐產乎玄溪傅根朽壤託險生危

鳳翔　鸞集　傅咸梧桐賦曰停公子之龍駕息旅人之行肩瞻華實之離離想儀鳳之來翔劉義恭華林四瑞桐樹甘露贊曰遠延鳳翮遙集鸞步惠潤何廣霑我萌庶

三株　一葉　晉宮闕名曰華林園青白桐三株伏侯古今注曰昭帝丹鳳三年馮翊人獻桐枝長六尺九枝枝一葉也

孤生　半死　孤生事見蒼岑吐榦注枚乘七發曰龍門之桐百尺無枝鬱結輪菌其根半死半生冬則烈風飄霰飛雪之所激夏則雷霆霹靂之所感

止鵷雛　俟鸞鷟　莊子曰鵷鶵發南海而飛到北海非梧桐不止非竹實不食司馬彪與山巨源詩曰處身孤且危於何託余足昔也植朝陽傾枝俟鸞鷟

[賦]

南齊蕭子良梧桐賦　植椅桐於廣囿嗟倏忽而成林依層楹而吐秀臨平臺而結陰乃抽葉於露始亦結實於星沉聳輕條而麗景涵清風而散音發雅詠於悠昔流素賞之在今必鸞鳳而後集何燕雀之能臨匪伊楚宮側豈獨嶧山岑邈蓬萊之難儷永配道於仙琴

劉義恭桐樹賦　伊梧桐之靈材蔚踈林而擢秀玄根通徹於幽泉密葉垂藹而增茂挺脩榦蔭朝陽招飛鸞鳴鳳凰甘霞灑液於其莖

清風流薄乎其枝。丹霞赫奕於其上。白水浸潤乎其陂。［詩］南齊謝朓游東堂詠桐詩 孤桐北窗外。高枝百丈餘。葉生既阿那。葉落更扶疎。無華復無實。何以贈離居。裁爲圭與璋。足可命參墟。梁沈約詠孤桐詩 龍門百尺時。排雲少孤立。分根蔭玉池。欲待高鸞集。梁吳均共賦韻同詠庭中桐詩 龍門有奇櫝。自言梧桐枝。華暉實掩映。細葉能披離。不降周王子。空待歲時移。嚴風忽交勁。遂使無人知。隋魏彥深詠桐詩 未求裁作瑟。何用削成珪。願寄華庭裏。枝横待鳳棲。

柳第十七

［敍事］說文曰。楊蒲柳也。從木昜聲。檉河柳也。從木聖聲。柳小楊也。從木丣聲。爾雅曰。檉河柳。郭璞注曰。河旁赤莖小楊也。旄澤柳。生澤者。楊蒲柳。詩義疏曰。蒲柳之木二種。一種皮正青。一種皮紅。正白。葉皆長廣。可爲箭笴。又曰。杞柳生水旁。樹如柳。葉麤而白。木理微赤。今人以爲車轂。今淇水旁魯國泰山汶水邊路。純杞柳也。山海經曰。虒山之西有谷焉。名曰藋谷。其木多柳。鳳伯之山。熊山。眞陵之山。木多柳。平邱山爰有楊柳。決民之國有白柳。崔豹古今注曰。白楊葉員。青楊葉長。柳葉亦長細。移 時題反 楊員葉弱蔕。微風則大搖。一名高飛。一曰獨搖。蒲柳生水邊。蔕似青楊。亦曰蒲移。亦曰移柳。亦曰水楊。蒲楊也。支勁韌。任大用。又有赤楊。霜降則葉赤。材理亦赤也。廣志曰。白楊一名高飛。木葉大於柳也。［事對］

流絲 飛絮 枚乘柳賦曰。漠漠庭階。白日遲遲。吁嗟細柳。流亂輕絲。伍緝之柳花賦曰。步江皋兮騁望。感春柳之依依。垂綠葉而雲布。颺零花而雪飛。按神農本草經曰。柳花一名柳絮。 東門葉 北郭枝 毛詩曰。東門之楊。其葉牂牂。阮瑀樂府詩曰。駕出北郭門。馬行不肯馳。下車少踟躅。仰折楊柳枝。 九成 十圍 魏文帝柳賦曰。在余年之二七。植斯柳乎中庭。始圍寸而高尺。今連拱而九成。

劉義慶世說曰。桓公北征。經金城。見爲琅邪時種柳。皆已十圍。嘆曰。木猶如此。人何以堪。攀枝執條。泫然流涕。**赤葉　綠條** 崔豹古今注曰。蒲柳生水邊。葉似青楊。又有赤楊。霜降則葉赤。材理亦赤。陳琳柳賦曰。偉姿逸態。英豔妙奇。綠條縹葉。雜遝纖麗。**龍鱗　鳳翼** 魏文帝柳賦曰。上扶疎而孛散兮。下交錯而龍鱗。陳琳柳賦曰。龍鱗鳳翼。綺錯交施。蔚曇曇其沓藹。象翠蓋之葳蕤。**射葉　攀枝** 劉向說苑曰。養由基。楚之善射者也。去楊葉百步。百發百中。劉義慶世說曰。桓公征金城。見琅邪時種柳。攀枝執條。**蔚通衢　蔭清沼** 劉義恭擬陸士衡詩曰。綠柳蔚通衢。青槐蔭脩垌。謝尙贈王彪之詩曰。長楊蔭清沼。游魚戲淥波。

〔賦〕

後漢王粲柳賦 覽茲樹之豐茂。紛旖旎以脩長。枝扶疎而覃布。莖森梢以奮揚。人情感於舊物。心惆悵以增慮。行游目而廣望。覩城壘之故處。悟無生之話言。信思難而存懼。嘉甘棠之不伐。畏敢累於此樹。苟遠跡而退之。豈駕遲而不屢。

魏文帝柳賦 伊中國之偉木兮。瑰姿妙其可珍。稟靈祇之篤施兮。與造化乎相因。四氣邁而代運兮。去冬節而涉春。彼庶卉之未動兮。因肇萌而先辰。盛德遷而南移兮。星鳥正而司分。應隆時而繁育兮。揚翠葉之青純。脩榦偃蹇以虹指兮。柔條阿那而拖紳。上扶疎而孛散兮。下交錯而龍鱗。於是曜靈次乎鶉首兮。景風扇而增煖。豐弘陰而博覆兮。躬愷悌而弗倦。四馬望而傾蓋兮。行旅仰而迴睠。秉至德而不伐兮。豈簡卑而擇賤。含精靈而寄生兮。保休體之豐衍。惟尺斷而能植兮。信永貞而可羨。

西晉傅玄柳賦 美允靈之鑠氣兮。嘉木德之在春。何茲柳之珍樹兮。稟二儀之清純。受大角之禎祥兮。生濛汜之遐濱。參剛柔而定體兮。應中和以屈伸。長莖舒而增茂兮。密葉布而重陰。夾通塗與廣庭兮。環清沼而成林。於是玄雲反岳。素景含暉。太液渥流。朝露未晞。似精靈之所鍾兮。蔚鬱鬱以依依。居者觀而弭思兮。行者樂而忘歸。夫其結根建本。則固於泰山。兼覆廣施。則均於昊天。雖尺斷而逾滋兮。配生生於自然。無邦壤而不植兮。象乾道之屢遷。紛猗靡以從風兮。若將往而復旋。若乃豐葩茂樹。長枝夭夭。阿那四垂。凱風振條。同志來遊。攜手逍遙。

〔詩〕

唐太宗文皇帝詠春池柳詩 年柳變池臺。隨隄曲直迴。

逐浪聯陰去迎風帶影來疎黄一鳥哢半翠幾眉開縈雪臨春岸參差間早梅 又賦得臨池柳詩 岸曲絲陰聚波移帶影疎還將眉裏翠來就鏡中舒 梁孝元帝詠雲陽樓簷柳詩 楊柳非花樹依樓自覺春枝邊通粉色葉裏映紅巾帶日交簾影因吹掃席塵拂簷應有意偏宜桃李人 陳張正見賦得垂柳映斜谿詩 千仞清溪險三陽弱柳垂葉細臨湍合根空帶石危風翻夾浦絮雨濯倚流枝不分梅花落還同橫笛吹 杜之松敬和衛尉于卿柳詩 漢將本屯營遼河有戍城大夫曾取姓先生曾得名高枝拂遠鴈疎影度遙星不辭攀折苦爲入管絃聲

竹第十八

〔敍事〕 說文曰竹冬生草象形下者箁箬也凡竹之屬皆從竹尚書曰揚州厥貢篠簜荆州厥貢惟箘簵楛 孔安國注曰篠竹箭簜大竹箘簵美竹也出雲夢之澤三國常致貢之其名天下稱善 周官曰孤竹之管孫竹之管陰竹之管 鄭玄注曰孤竹竹特生者孫竹枝根之末生者陰竹生山北者 禮記曰日短至則伐木取竹箭河圖曰少室之山大竹堪爲甑器史記曰渭川千畝竹其人與千戶侯等漢書曰秦地有鄠杜竹林南山檀柘號陸海也謝靈運晉書曰元康二年巴西界竹生花紫色結實如麥徵祥記曰王者德至於天和氣感而甘露降尊賢容衆不失細微則竹葦受之王子年拾遺記曰蓬萊有浮筠之簳葉青莖紫子如大珠有青鸞集其上下有砂礰細如粉暴風至竹條翻起拂細砂如雪霧仙者來觀戲焉風吹竹折聲如鐘磬之音山海經曰衛邱山南帝俊 郭璞曰俊舜字假借音 竹林在焉大可爲舟 言舜林中竹一節則可以爲船 丹陽記曰江寧縣南二十里慈母山積石臨江生簫管竹王褒洞簫賦所稱卽此也其竹圓緻異於餘處自伶

倫採竹嶰谷。其後唯此簳見珍。故歷代常給樂府。俗呼曰鼓吹山。今慈胡戍常禁採之。戴凱之竹譜曰。竹之別類有六十一焉。有桂竹甚毒。傷人必死。有箭竹節間三尺。堅勁中爲矢。箘簬亦皆堪爲矢箭。大者爲筆。鍾龍竹。伶倫所伐也。廣志曰。雲母竹。大竹也。㰏竹。細而多刺也。篦竹堪作笛。篃竹宜爲屋椽。蔓竹皮青內白如雪。輭韌可爲索。漢竹大者一節受一斛。小者數升。爲椑榼。利竹蔓生實中。堅韌。爾雅曰。筍竹萌。𥳇堅中。簡箹中 其中空 仲無笎本草曰。竹葉一名升斤。竹花一名草華。羅浮山記曰。邛竹本出邛山。張騫西至大夏所見也。而此山左右時有之。鄉老多以爲杖。爾雅又曰。東南之美者。有會稽之竹箭焉。

〔事對〕

鳴鳳　棲鸞　王子年拾遺記曰。岑華山名也。在西海之西。有𥰭竹。爲簫管。吹之若群鳳之鳴。謝靈運山居賦曰。其竹則二箭殊葉。四苦齊味。水石多名。巨細各彙。企山陽之游餞。遲鸞鷟之棲託。噫崑圃之悲調。慨伶倫之哀籥。

翠實　紫筠　劉楨魯都賦曰。竹則塡彼山陔。根彌阪域。蒙雪含霜。不渝其色。翠實離離。鳳鸞攸食。王子年拾遺記曰。蓬萊山有浮筠之簳。葉青莖紫。子如大珠也。

紫花　素筍　謝靈運晉書曰。元康二年春二月。巴西界竹生花。紫色。結實如麥。王彪之閩中賦曰。竹則粉苞赤箬。縹箭斑弓。篔簹函人。桃枝育蟲。緗箬素筍。彤竿綠筒。

繡皮　綠葉　戴凱之竹譜曰。箘𥳭竹大如脚指。蟲食其筍皮。類繡。甚可愛。左思吳都賦曰。竹則苞筍抽節。往往縈結。綠葉翠莖。冒霜停雪。

似桂　如松　戴凱之竹譜曰。笹竹似桂而概節。沈懷遠南越志曰。博羅縣東蒼州足簟竹銘曰。簟竹既大。薄且空中。節長一丈。其直如松。

湘妃　雲母　張華博物志。舜死。二妃淚下。染竹卽斑。妃死爲湘水神。故曰湘妃竹。郭義恭廣志曰。雲母大竹。

雉頭　雞頸　劉敬叔異苑曰。有吳郡桐廬人嘗伐餘遺竹。見一宿竿雉頭蛇身。猶未變。此亦竹爲蛇。蛇爲雉也。戴凱之竹譜曰。雞頸竹似竹而細。

苯䔿　檀欒　王彪之閩中賦曰。竹則緗箬素筍。彤竿綠筒。攢岡坻之苯䔿。漫原澤之蓊蒙。枚乘梁王兎園賦曰。脩竹檀欒夾池水。變虵　飛鵠　變虵事見雉頭注中。墨子曰。公輸子削竹木以爲鵲。鵲成而飛之。三日不下。自以爲巧。葉履　皮冠　戴凱之竹譜曰。篃竹。江漢間謂之竿篏。一尺餘。葉大如履。可以衣篷。漢書曰。高祖爲亭長。乃以笋皮爲冠。應劭注曰。以竹始生皮作冠。今鵲尾冠是也。朱書　青簡　史記曰。智伯率韓魏攻趙。襄子奔晉陽。原過後至。於王澤見三人。自帶以上可見。自帶以下不可見。與原過竹二節。要過曰。爲我以是遺趙無恤。原過告襄子。襄子齊三日。親自剖竹。有朱書曰。余霍太山陽侯天吏也。應劭風俗通曰。殺青書可繕寫。謹按劉向別錄曰。殺青者。直用青竹簡書耳。十尋　百尺　沈懷遠南越志曰。宋昌縣有棘竹。長十尋。大如甕。其間短者。輒六七丈也。爲竹叢薄。葉下有鈎刺。或在條末。如芒針也。東方朔神異經曰。南方荒中有沛竹。其長百丈。圍二丈五六尺。厚八九寸。可以爲船也。夔重谷　掃員池　曹毗湘表賦曰。其竹則篔簹白烏。實中紺族。濱榮幽渚。繁宗隈曲。萋蒨陵邱。夔逮重谷。鄭緝之東陽記曰。崑山去蕪城山十里。山峯嶺高峻。常秀雲表。故老傳云。嶺上有員池。魚鼈具有。池邊有竹極大。風至垂屈。掃地恒淨潔。如人掃也。

〔賦〕　梁簡文帝脩竹賦　有嫕娟之茂篠。寄江上而叢生。玉潤桃枝之麗。魚腸雲母之名。日映花靡。風動枝輕。陳王歡舊。小堂佇軸。今餞故人。亦賦脩竹。伊嘉賓之獨劭。顧余躬而自恧。

陳顧野王拂崖篠賦　詩詠淇水。騷美江干。崖憐拂石。神貴掃壇。既來儀於鳴鳳。亦優狎於翔鸞。入扇壁之宵月。映沅澧之鶩湍。帶金風之爽朗。雜玉潤之檀欒。陪嘉宴於秋夕。等貞節之歲寒。

梁江淹靈邱竹賦　登崎嶇之碧巘。入朱宮之瓏玲。臨曲江之迴邃。望南山之蔥青。鬱春華於石岸。艷夏彩於沙汀。遠亘紫林祕埜。近匝玉苑禁埛。於是綠筠繞岫。翠篁綿嶺。參差黛色。陸離紺影。上謐謐而留閑。下微微而停靖。蒙朱霞之丹氣。曖白日之素景。故非英非藥。非香非馥。而珍跨仙草。寶踰靈木。夾池水而檀欒。繞園塘而橚矗。既間霜而無凋。亦中暑而增肅。每冠名於華戎。將擅奇於水陸。況有朝雲之館。行雨之宮。甯崢嶸而綠色。戶踟躕而臨空。綺疏敞而停日。朱簾開而留風。被箘簵之窈蔚。結篠簜之溟濛。或産鵜鵠之左。或植露寒之東。

此皆金輿之所出入瑤輦之所周通。隋蕭大圜竹花賦嗟春色之澄明。映陽流之徹清。花繞樹而競笑。鳥徧野而俱鳴。殘陂萍合。斜蹊草縈。喧條絮滿。煖路絲横。游蜂集而銜蘂。戲蝶飛而帶英。鶗欲啼而菮歇。鴈始去而蘆生。別有葳蕤繡蕩。嬋娟綠筒。縹枝承露。緗箬來風。漢律依節。月桂臨叢。乍影翻於樂沼。時名留於瑞宮。學應龍於葛水。宿鵷鳳於方桐。洛下七賢。湘濱二女。傾翠蓋之踟躕。泛蓮舟之容與。倜儻傲人。便嬛笑語。拊嫩筍以含啼。顧貞筠而命醑。

〔詩〕唐太宗文皇帝賦得竹詩貞條鄣曲砌。翠葉負寒霜。拂牖分龍影。臨池待鳳翔。梁孝元帝賦得竹詩嶰谷管新抽。淇園節復脩。作龍還葛水。爲馬向并州。柯亭臨絕澗。桃枝夾細流。冠學芙蓉様。花堪威鳳游。邛王若有獻。張騫應拜侯。梁劉孝先詠竹詩竹生荒野外。梢雲起百尋。無人重高節。徒自抱貞心。恥染湘妃淚。羞入上宮琴。誰能製長笛。當爲作龍吟。北齊蕭放詠竹詩懷風枝轉弱。防露影逾濃。既來丹穴鳳。還作葛陂龍。陳陰鏗侍宴賦得竹詩夾池一叢竹。青翠不驚寒。葉醞宜城酒。皮裁薛縣冠。湘川染別淚。衡嶺拂仙壇。欲見葳蕤色。當來兎苑看。陳張正見賦得山中翠竹詩脩竹映巖垂。來風異夾池。複澗藏高節。重林隱勁枝。雲生龍未上。花落鳳將移。莫言棲嶰谷。伶倫不復吹。陳賀脩賦得夾池竹詩綠竹影參差。嬋娟帶曲池。逢秋葉不落。經寒色詎移。來風韻晚逕。集鳳動春枝。所欣高蹈客。未待伶倫吹。唐虞世南賦得臨池竹詩葱翠梢雲質。垂彩映清池。波泛含風影。流搖防露枝。龍鱗漾嶰谷。鳳翅拂漣漪。欲識凌冬性。惟有歲寒知。

卷二十八校勘表

頁數	行數	排印本原文	安刻本	嚴陸校	備註
六七五	二	棨美	營美		
六七八	八	味不並		殊不並	
六七八	八	燕歲貢		然歲貢	
六七八	一〇	精明		清明	
六七八	一二	梁陸玢		陸玢	
六七九	四	稾棃		豪棃	
六七九	七	旨介	旨珍	旨珍	
六七九	九	玄圃園		玄圃	
六七九	一〇	御棃		王棃	
六七九	一二	素葉映華扉		素蕊映朱扉	
六七九	一二	後梁宣帝大棃詩		宋本無此詩	
六八〇	四	圓實	圓質		
六八〇	一五	橘柚錫貢		句下宋本無「孔安」至「橘柚」十九字	

六八〇	一五	禹貢曰		尙書禹貢曰	
六八一	一	璇星		璇樞星	
六八一	三	有橘官	有置官		
六八一	四	不凋	不萌		
六八一	九	肅清	肅霜		
六八二	一三	持相比	時相比		
六八四	一〇	瓜也者		瓜者	
六八五	一	桂杖	桂枝		
六八五	一三	金文		金叉	
六八六	二、三	兼三味		兼五味	
六八六	六	從木公聲		從木容聲	今說文曰「从木公聲」又曰「松亦从容」
六八六	七	速如		健如	
六八六	一一	扶桑松柏		梧桐松柏	
六八七	九	月路		月露	
六八七	一〇	新藻		新蕚	
六八七	一一	滅暉		滅暉	

六八八	三	赤松子		赤須子	
六八九	五	正德	止德		
六八九	七	各一		異一	
六八九	一〇	誕狀		延林	
六九〇	一一	桐木也		桐也	
六九〇	一〇	九枝枝一葉也		九枝一葉也	
六九〇	一一	鬱結輪菌		中鬱結之輪囷根扶疎以分離	
六九〇	一一	之所激		句下宋本無「夏則」至「所感」九字	
六九一	九	名曰藿谷	名均藿谷		
六九一	九	眞陵之山	直陵之山		
六九一	一〇	決民		沃民	
六九一	一二	任大用	任夫用		安本「夫」疑是「矢」之訛
六九一	一三	漠漠庭階		〔嚴〕類函引作「階草漠漠」	
六九二	六	森梢		摻捎	

六九二	一〇	寄生		奇生	
六九二	一五	夭夭		嫋嫋	
六九三	二	葉裏	隙裏		
六九三	二	掃席	掃窗		
六九三	七	下者笞箸也			案今說文作「下垂者笞箸也」．
六九四	一	慈胡		慈湖	
六九四	四	數升		數斗	
六九五	二	一尺餘		一尺數節〔嚴〕類函引．箟竹謂之箭竿．一尺數節．葉大如扇．可以衣篷．江漢之間謂之籢．	
六九五	六	鈎刺		鈎棘	
六九五	一五	綺疏敞		綺疏蔽	
六九六	一〇	韻晚逕	顯晚逕		
六九六	一一	捎雲質		摽雲質	

卷二十八嚴陸校宋本異文

菓木部

李第一

[敍事] 毛詩曰何彼穠矣華如桃李投我以桃報之以李爾雅曰休無實李春秋運斗樞曰玉衡星散爲李西京雜記曰上林苑有紫李青李綠李黃李顏淵李合枝李羌李朱李車下李燕李猴蠻李廣志曰李有黃建李青皮李馬肝李赤李房林李饌李椋李杏李夏李冬李 [事對] 北山 南郡 毛詩曰北山有李風土記曰南郡有細李青皮李 安陽殿 華林園 任昉述異記曰魏文帝安陽殿前天降朱李八枚啖之日不食鄴中記曰華林苑有李多華春熟 玄泉 寒水 庾玄默水井賦曰接朱李於玄泉魏文帝與吳質書曰沈朱李於寒水 玄雲 碧玉 王褒內傳曰五靈丹山有玄雲李食之得仙洞冥記曰琳國生五葉李色如碧玉數千歲一熟 秋實 冬華 韓詩外傳簡子曰春樹桃李夏得蔭其下秋得食其實 沈朱 浮朵 漢武修上林苑羣臣各獻其菓有沈朱李浮素李晉傅玄李賦曰浮朵黚駁赤者如丹 甘鮮 洞澈 兩京記曰東都嘉慶坊有李樹其實甘鮮抱朴子曰五原蔡延□山云崑崙山有玉李光明洞澈而堅以玉井水洗之便軟可食 [賦] 晉傅玄李賦 乃有河沂黃建□□房陵縹青一樹三色異味殊名潛實內結豐彩外盈翠質未變行隨運成種別類分或朱或黃甘酸得適美踰蜜房 [詩] 古歌詩 桃生露井上李生桃樹傍蟲□齧桃根李樹代爲僵樹木身相伐骨肉還

相忘。梁沈約詠李詩青玉冠西海碧石彌化區化爲中國實其下成路衢色潤房陵縹味奪寒水朱隋江總詠李詩嘉樹□生
早春風花落伸但見成蹊處幾得正冠人常知露井側復與夭桃鄰

㮈第二

[敍事]　西京雜記曰上林苑有白㮈紫㮈綠㮈廣志㮈有青赤白三種張掖有白㮈酒泉有赤㮈洞
冥記曰有紫㮈大如斗甜如蜜核紫花青盧諶祭法曰夏祠用白㮈秋祠用赤㮈[事對]　漢國　晉
閣漢武內傳曰仙藥之次者有園紫㮈晉宮閣名曰華林園有白㮈四百株冬生　夏熟王子年拾遺記曰崑崙山有㮈冬生碧色
須玉井之水洗方可食曹植謝表曰㮈以夏熟今則冬生物以非時爲珍甘以絕口爲原　玄雲　甘露紫虛南岳夫人季冬夜半有
四眞人降因酒饌陳玄雲紫㮈晉起居注曰寧州上言甘露降城北㮈園　耀白　浮朱潘岳閑居賦曰二㮈耀青白之色劉孝威謝
賜㮈啓曰孫井浮朱[詩]　梁褚澐㮈詩成都貴素質酒泉稱白麗紅紫奪夏藻芬芳掩春蕙誰重三株終焉競八桂

桃第三

[敍事]　毛詩曰桃之夭夭灼灼其華投我以木桃報之以瓊瑤禮記月令曰驚蟄之日桃始華春秋
運斗樞曰玉衡星散爲桃山海經曰東海有山名度索山有大桃實榥盤三千里曰蟠桃廣志曰桃有
夏桃秋桃冬桃西京雜記曰上林苑有秦桃霜桃緗核桃綺葉桃紫紋桃金城桃典術曰桃者五木之
精也故能厭服邪氣制百鬼鄴中記曰石虎苑中有勾鼻頭桃重二斤半[事對]　雲臺　露井神仙
傳曰張陵與諸弟子登雲臺山絕巖山有一桃樹大如臂古歌辭曰桃生露井上　沃土　華林管子曰五沃之土其果宜桃晉宮闕

記曰。華林園桃七百三十株。紅萼　紫榮　古詩曰。豔陽桃李節。山桃發紅萼。晉江淹山桃頌曰。丹□擎露。紫榮競風。候時　占歲　崔寔四民月令曰。三月三日桃花盛。農人候時而種也。鹽鐵論曰。桃李之實。多者來歲爲之穰。春華　夏實　焦氏易林曰。桃生春華。季女以家。韓氏外傳曰。春種桃李。夏得其實。三偷　牛啖　漢武故事曰。東郡獻短人。帝呼東方朔至。短人指朔謂曰。王母東園桃。三千年一結子。此子已三偷之矣。韓子曰。昔彌子瑕有寵於衞君。遊於菓園。食桃而甘。以其半啖君。君曰。忠乎。忘其口而啖寡人。王母降　關尹遊　漢武內傳曰。西王母以七月七日降於帝宮。命侍女索桃。須臾以玉盤盛七枚。以呈王母。以五枚與帝。自食二枚。關令尹喜傳曰。從老子西遊。省太眞王母。共食碧桃。

〔賦〕

晉傅玄桃賦　有東園之珍菓兮。承陰陽之靈和。結柔根以列樹兮。豔百畝而駢羅。夏日先熟。而進廟堂。辛氏踐秋。厥味益長。亦有冬桃。冷侔冰霜。放神適意。恣口所嘗。華升御於內庭兮。飾佳人之令顏。實充虛而療飢兮。信功烈之難原。嘉放牛於斯林兮。悅萬國之乂安。望海島而慷慨兮。懷度朔之靈山。何茲樹之獨茂兮。條枝而麗閑。根龍虬而雲結兮。彌千里而屈盤。禦百鬼而妖慝兮。列神荼以司姦。辟凶邪而濟正兮。豈惟榮美之足言。

宋伍輯之園桃賦　嗟王母之奇菓。特華實兮兼副。既陶照之夏成。又淩寒而冬就。絕嗟異殖兮難枝。亦晚枯兮先成。農黃品其味。漢帝鸞其珍。林反歸耕之牛。宅樹同惡之神。景㸌勇於不足。彌增罪於甘分。雖無言兮成蹊。而充殺於魏君。時令載始。周南申章。膽擇有制。藥齊惟良。魯扶柩以悔荆。楚供孤以事王。

陳張正見衰桃賦　巖巖秀峯。吐桂榮松。獨夭桃之灼灼。輕擢朶於寒蹤。爾迺萬株成錦。十林以翼。苔風波文。花然樹色。發秦源而逸氣。飄漢綴而流芳。譬蘭釭之夜炷。似明鏡之朝粧。成蹤逃遙光崔豔泥間。眞定之食梨。雜房陵之縹李。芬芳難歇。照耀無儔。舒若霞光欲起。散似電朶將妝。既而風落新枝。霜飛故葉。歡垂鈞之妖童。怨傾城之麗妾。

〔詩〕

太宗文武聖皇帝詠桃詩　禁苑春暉麗。花蹊綺樹裝。綴條深淺色。點露參差光。向日分千笑。迎風共一香。如何仙嶺側。獨秀隱遙光。

梁簡文帝詠初桃詩　初桃麗新朶。

照地吐其芳。枝間留紫燕。花裏發輕香。飛花入露井。交幹拂華堂。若映牕前柳。懸疑紅粉粧。梁任昉詠池邊桃詩已謝西王苑。復緝綏山枝。聊逢賞者愛。栖趾傍遵池。花開紅灼灼。結實夏離離。

櫻第四

〔敍事〕爾雅曰楔荆。注曰今櫻桃。禮記月令曰。仲夏之月。天子羞以含桃薦宗廟。廣志曰櫻桃大者如彈丸。有長八分者。白色多肌者。凡二種。博物志曰櫻桃或如手。春秋冬夏華實竟歲〔事對〕離宮乾殿漢書曰惠帝出離宮。叔孫通曰今櫻桃熟可獻。陛下宜薦宗廟。晉宮閣名曰式乾殿前櫻桃二枝。含章殿前櫻桃一枝。華林園櫻桃二百七十枝。鳥含蟬噪呂氏春秋注曰櫻桃爲鳥所含。故曰含桃。宋劉義恭啓曰櫻桃爲樹則多陰。爲菓則先熟。故種之於廳事而前有蟬鳴焉〔啓〕梁庾肩〔校注「肩」下似脫「吾」字〕謝櫻桃啓殿側□□猶連裂賦之條。結實兩園。非復粘蟬之樹。異合浦之歸來。疑藏朱實。同秦人之逐□似得金丸〔詩〕太宗文武聖皇帝詠櫻桃詩華林滿芳景。洛陽遍陽春。朱顔含遠日。翠色影長津。喬柯轉嬌鳥。低枝映美人。昔作園中實。今來席上珍。梁簡文帝朱櫻桃詩倒流映碧叢。點露擎朱實。花茂蝶爭飛。枝濃鳥相失。已麗金釵瓜。仍美玉盤橘。寧異梅似丸。不羨萍如月。永植萍臺垂。長與雲桂匹。徒然奉推甘。終以愧操筆。宋王僧達詩初櫻動時豔。蟬噪灼輝芳。緗葉未開蕋。紅苑已發光。

棗第五

〔敍事〕毛詩曰八月剝棗。爾雅曰棗壺棗。細腳棗。擠白棗。樲酸棗。遵羊棗。洗大棗。蹶泄苦棗。晳無實棗。還味稔棗。周官曰饋食之籩其實棗。禮記曰婦人之贄脯脩棗栗。關令尹喜內傳曰老子西遊省太眞王母共食玉文之棗其食「校注「食」疑應作「實」」如瓶王子年拾遺記曰北極有歧峰之陰多棗樹百尋其枝莖皆空其實長尺核細而柔百歲一實武帝內傳曰七月七日西王母下爲帝設玉門之棗西京雜記曰上林苑有弱枝棗西王母棗棠棗玉門棗青華棗赤心棗廣志曰東郡穀城紫棗長二寸西王母棗大如李核「事對」安邑　信都　漢書曰安邑千樹棗與千戶侯等左思魏都賦曰信都之棗　紫文　朱實　杜寶拾遺錄曰信都獻仲思棗長四寸圍紫色細文味勝青州棗潘岳賦曰棗下纂朱實離離也　赤心　黃葉　郭璞棗讚曰赤心鯁直傅玄歌詞曰黃棗離高柯丹棗生白零　萬年實　九月花　調宜記曰塴塘細棗萬年一實子如今軟棗笮之有膏膏可燃燈鄴中記曰石虎園中有西王棗冬夏有葉九月生花「賦」晉傅玄棗賦素華離離朱實甚肥色如霜雪甘如含蜜「詩」後秦趙整詠棗詩北園有一樹布葉重重陰外雖多棘內實懷赤心梁簡文賦棗詩浮華齊水麗垂彩鄭都奇日紛英靡靡紫字標離離風搖羊角樹日映雞心枝穀城踰石蜜逢岳表仙儀已闥「校注「闥」疑應作「聞」」安邑美永茂玉門垂「讚」晉郭璞棗讚建國辨方外朝九棘因材制義赤心鯁直藹藹卿士亮此衰職

柑第八

「敍事」神異經曰東方裔外有建春山□□多美柑樹風土記曰柑橘之屬滋味甜美特異者也有黃者有頳者頳者謂之胡柑廣志曰柑有二十一種有成都平蔕柑大如升色蒼盧諶祭法曰冬祠用柑「事對」千樹　十株　襄陽記曰李衡於武陵龍陽州上種柑千樹京口記曰京城東州門時堂前柑樹十餘株　枝江　荆州

記曰。枝江有名甘。化鳶 遇虺異苑曰。河內司馬元胤喪官。月旦設祭。甘化爲鳶。又曰。南康皎美山有柑橘。就食其實。任意取足。脫持歸者。便遇大虺。黃芭 玉液潘岳賦曰。披黃色以授柑。傾縹□以酌醽。劉孝儀啓曰。削彼金衣。咽玆玉液。甘踰萍實。冷亞冰圭。立消煩饋。頓除酩酊。〔賦〕 晉胡濟黃〔校注 「黃」下似有脫字〕賦 惟江南之奇果。資天地之正陽。生殊方之妙域。植朱鳥之遐鄉。處漢之南。皆江之陰。左協蘭皐。右接桂林。帶激水之清流。向崇山之高岑。三秋迭運。初寒履霜。照曜原隰。蔭映林莽。若菱華之繡綺。井燭龍之御金璫。宋謝惠連柑賦 嘉寒園之麗冰。美獨有此眞芳。質葳蕤而懷風。性耿介而凌霜。擬夕霞以表色。指朝景以齊圓。粹萍實乎江介。超玉英於崑山。〔詩〕 梁徐陵詠柑詩 朱實挺荊南。苞品擅珍淑。上林雜嘉樹。江浦間條竹。萬室以封〔校注 「封」下似有脫字〕千株挺荊國。綠葉萋以布。素榮芬且都。〔啓〕 梁庾肩謝賚柑啓 名傳地理。遠自武陵之淵。族茂神經。遙開建春之嶺。王逸爲賦。取對荔支。張衡製辭。用連石蜜。足使萍實非甘。蒲萄猶酳。〔讚〕 晉王升之甘橘讚 節重履險。操貴有恆。二樹保榮。四運齊能。在質爲美。于味斯弘。異分南域。北則枳橙。〔頌〕 宗炳甘頌 煌煌嘉實。磊磊景星。南金其色。隨侯厥形。

梅第十

〔敍事〕 毛詩曰。摽有梅。其實七兮。山有嘉卉。侯栗侯梅。詩義疏曰。梅杏類也。樹及葉皆如杏而黑。大戴禮曰。夏小正五月煑梅爲豆實。山海經曰。靈山其木多梅。西京雜記曰。上林苑有朱梅。同心梅。紫帶梅。燕□梅。麗枝梅。紫花梅。〔事對〕 和羹 解渴 尙書曰。若作和羹。爾惟鹽梅。世說曰。魏武帝行失三軍皆渴。帝令曰。前有大梅林。饒子甘酸。可以解渴。玉桂 紅瓊隋江總詩曰。滿酌金巵催玉桂。落梅樹下宜歌舞。周庾信詩曰。好折時賓侶金盤薦紅瓊。落素　懸冰 梁王詩曰。翻光同雪舞。落素混冰池。周庾信詩曰。樹功懸冰落。枝高出手寒。折花　摘蕋 陸凱與范曄贈於[校注「於」似應作「梅」]詩曰。折花逢驛使。寄與隴頭人。江南無所有。聊贈一枝春。隋江總落梅詩曰。桃李佳人欲相照。摘蕋牽花來並笑。

[賦]

梁簡文帝梅花賦 梅花特早。偏能識春。或承陽而發金。乍雪而披銀。摽半落而飛空。香隨風而遠度。挂靡靡之遊絲。□霏霏之晨霧。爭樓上之落粉。奪機中之織□。乍開華而傍巘。或含蘤而臨池。向玉階而結采。拂網戶而□枝。七言表栢梁之詠。三運傳魏武之奇。於是重閨麗□。貌婉心開。憐早花之驚節。訝春光之遺寒。顧影丹墀。弄此嬌姿。春風吹梅畏落盡。賤妾爲此斂娥眉。花色持相比。恒愁恐失時。陳暄食梅賦 魏無林而止渴。范晉信而前嘗。賜一時之名菓。遂懷核而矜莊。昔詠酸棗之臺。今良酸味之梅。眼同曹瞞之見形。異韋誕之聞雷。胷既咽而思魂。杖悶欲死而相仙。杯非投壺而天笑。等王孫而客咍。

[詩]

梁簡文帝雪裏覔梅花詩 絕訝梅花晚。爭來雪裏窺。下枝低可見。高處遠難知。定須還剪綵。學作兩三枝。梁元帝詠梅花詩 梅含早春樹。還臨日光遲。人懷前歲。憶花發故年枝。梁鮑泉詩 可憐階下掩。飄浪逐風迴。度簾拂羅幌。縈窗落梳臺。乍隨纖手去。還因插髮來。客心屢看此。愁眉斂詎開。梁何遜早梅詩 兔園標物序。驚時即是梅。御霜當露發。映雪擬寒開。枝橫却月觀。　發凌風臺。知應早飄玉。故逐上林來。庾肩吾詩 窗梅朝始發。庭雪晚初消。折花牽遠樹。幽叢入細條。垂冰溜玉手。含刺冒春腰。遠道終南寄。馨香徒自消。陳陰鏗雪梅詩 春近寒雖轉。梅舒雪尚飄。從風還共落。照日不俱銷。葉開隨足影。花多助重條。今來漸異昨。向晚判勝朝。早知覔不見。眞悔著衣單。

初學記卷第二十九

獸部

獅子第一

〔敍事〕　按說文曰。虓。獅子也。虓音呼交反。爾雅曰。狻猊如虦貓。食虎豹。郭璞注曰。即獅子也。狻音酸。猊音倪。虦音士奸反。　漢書西域傳曰。有獅子似虎。正黃。尾端毛大如斗。司馬彪續漢書。章和元年。安息國遣使獻獅子符枝。形似麟而無角。穆天子傳曰。狻猊日走五百里。十洲記曰。聚窟洲在西海中申未地。面各方三千里。北接崑崙二十六里。有獅子辟邪鑿齒天鹿長牙銅頭鐵額之獸。〔事對〕　服狸　擊象　張華博物志曰。魏武伐冒頓。經白狼山。逢獅子。使格之。殺傷甚衆。見一物從林中出。如狸。上帝車軛上。獅子將至。便跳上其頭。獅子服不敢起。遂殺之。得獅子。還。未至四十里。雞犬皆無鳴吠者。宋炳獅子擊象圖序曰。梁伯玉說沙門釋僧吉云。嘗從天竺欲向大秦。其間忽聞數十里外哮哮嚂嚂。驚天怖地。頃之。見百獸率走。蹌地足絕。而四亘象俄焉而至。以鼻卷泥自厚塗數尺。數數噴鼻。隅立。俄有獅子三頭。搏象。血若濫泉。亘樹草偃。食豹　似麟　穆天子傳曰。狻猊日走五百里。郭璞注曰。獅子也。食虎豹。司馬彪續漢書曰。條支國出獅子。犀牛。章帝章和元年安息國遣使獻獅子符枝形似麟而唯無角也毛淺若虦　尾大如斗爾雅曰狻猊如虦貓食虎豹淺毛也漢書西域傳曰烏弋國有獅子似虎正黃尾端毛大如斗成敬則之夢　破林邑之軍蕭子顯齊書曰王敬則母爲女巫敬則胞紫色謂人曰此兒有鼓角相敬則年長兩腋下乳各長數寸夢騎五色獅子後位至太尉尋陽公沈約宋書曰宗慤隨檀和之伐林邑檀海氿山經入象浦林邑王范楊邁傾國來逆限渠不得度以具裝被象前後無際慤以爲外國有獅子威伏百獸乃制其形與象相禦象果驚奔賊衆因此潰亂慤乃與馬軍主馬通厲渠直渡步軍因之共奮擊楊邁迸走大衆一時奔散遂克林邑　〔賦〕虞世南獅子賦

惟皇王之御歷乃承天而則大洽至道於區中被仁風於海外通鳳穴以文軌襲龍庭以冠帶舍夷言於藁街陳方物於王會眇眇地角悠悠嶂表有絶域之神獸因重譯而來擾其爲狀也則筋骨糺纆殊姿異制闊臆修尾勁毫柔毳鈎爪鋸牙藏鋒畜鋭弭耳宛足伺間借勢豐乎奮鬣舐脣倏來忽往瞋目電曜發聲雷響拉虎吞貔裂犀分象碎隨兕於齦齶屈巴蛇於指掌踐藉則林麓摧殘哮呼則江河振蕩服精心於猛氣遂感德以依仁同百獸之率舞共六擾而來馴斯則物無定性從化如神譬鱗羽變質於淮海金錫成器於陶鈞當是時也兆庶欣瞻百僚嘉歎悅聲教之遐宣屬光華之在旦臣載筆以叨幸得寓目於奇翫順文德以呈祥乃編之於東觀

象第二

〔敍事〕爾雅曰南方之美者有梁山之犀象焉說文曰象長鼻牙南越之大獸三歲一乳象身四足而大春秋運斗樞曰樞光散爲象大宛傳曰身毒國其人乘象以戰吳録地理志曰九眞郡龐縣多象生山中郡內及日南饒之晉諸公讚曰晉時南越致馴象於皐澤中養之爲作車黃門鼓吹數十人令越人騎之每正朝大會皆入充庭帝行則以象車導引以試橋梁後象以鼻擊害人有司祝之而殺象

垂鼻泣。血流地不敢動。自後朝議以象無益於事。悉送還越。萬震南州異物志曰。俗傳象牙歲脫。猶愛惜之。掘地而藏之。人欲取。當作假牙。潛往易之。覺則不藏故處。鼻爲口役。望頭若尾。呂氏春秋曰。肉之美者。髦象之約。高誘曰。髦象肉之美者。張華博物志曰。南海四象。各有雌雄。其一雌死。百有餘日。其雄泥土著身。獨不飲酒食肉。長吏問其所以。輒流涕若有哀狀。

［事對］藏牙　役鼻　沈懷遠南越志曰。象牙長一丈餘。脫其牙則深藏之。削木代之。可得。不爾。窮其主得乃已也。萬震南州異物志曰。象之爲獸。形體特詭。身倍數牛。目不踰狶。鼻爲口役。望頭若尾。馴良承教。聽言則跪。素牙玉潔。載籍所美。服重致遠。行如邱徙。泣子　哀雌　蔣子萬機論曰。莊周婦死而歌。曰通性命者。以卑及尊。死生不悼。周不可論也。夫象見子皮。無遠近必泣。周何忍哉。張華博物志曰。昔南海四象。其一雌死。若有哀狀。焚身　燧尾　左傳曰。象有齒以焚其身。又曰。吳伐楚。鍼尹固與王同舟。王使執燧象奔吳師。杜預曰。燒燧火繫象尾。使吳師驚卻之。天竺戰　蒼梧耕　范曄後漢書曰。東離國治陟奇城。在天竺東南三千餘里。大國也。男女皆長八尺而怯弱。乘象駱駝往來鄰國。有寇乘象以戰。皇甫謐帝王世紀曰。舜葬蒼梧下。有群象常爲之耕。身倍數牛　目不踰豕　萬震南州異物志曰。象身倍數牛。而目不如豕。鼻長六七尺。大如臂。其所食物皆以取之。郭璞山海經圖象讚曰。目不踰豕。南方之美　瑤光之精　爾雅曰。南方之美者。有梁山之犀象焉。春秋運斗樞曰。瑤光之精散爲象。變江淮之桐。斬伐無度。則瑤光不明。

［讚］　晉郭璞山海經圖象讚　象實魁梧。體巨貌詭。肉兼十牛。目不踰豕。望頭如尾。動若邱徙。

麟第三

［敘事］爾雅曰。麟。麕身牛尾一角。說文曰。麒麟。仁獸也。春秋保乾圖曰。歲星散爲麟。尚書中候曰。黃

帝時。麒麟在囿。毛詩義疏曰。麟。馬足黃色圓蹄。角端有肉。音中黃鍾。王者至仁則出。大戴禮曰。毛蟲三百六十而麟爲之長。禮記曰。麟鳳龜龍。謂之四靈。麟以爲畜。則獸不狘。呼厥反 蔡邕月令曰。天宮五獸。中有大角軒轅麒麟之信。凡麟生於火。游於土。故修其母。致其子。五行之精也。視明禮修。則麒麟臻。左傳曰。魯哀公十四年春。西狩獲麟。叔孫氏之車子鉏商獲之。以爲不祥。以賜虞人。仲尼觀之曰。麟也。然後取之。春秋感精符曰。麟一角。明海內共一主也。王者不刳胎。不剖卵。則出於郊。淮南子曰。麒麟鬭則日月蝕。廣雅曰。麟者。含仁懷義。行步中規。折還中矩。游必擇土。翔必後處。不履生蟲。不折生草。不群居。不旅行。不犯陷穽。不羅罘罳。何法盛徵祥記。麒麟者。毛蟲之長。仁獸也。牡曰麒。牝曰麟。牡鳴曰遊聖。牝鳴曰歸昌。夏鳴曰扶幼。秋鳴曰養綏。

[事對]

木精　仁獸　春秋孔演圖曰。蒼之滅也。麟不榮也。麟。木精也。宋均曰。麟。木精。生水。故曰陰木。氣好土。土黃木青。故麟色青黃。不榮。謂見紲也。許愼說文曰。麒麟。仁獸也。麕身牛尾。肉角。麒從鹿。其聲。麟。牝麒也。從鹿粦聲。

狼頭　牛尾　何法盛晉中興徵祥記。麟。麕身牛尾。狼頭一角。黃色馬足也。

一角　五蹄　春秋感精符曰。麟一角。明海內共一主也。王者不刳胎。不剖卵。則出於郊。漢書曰。終軍從上幸雍。獲白麟。一角五蹄。又得木枝。旁出輒復合上。異之。終軍對曰。野獸幷角。明同本也。衆支內附。示無外也。若此之應。殆將有解編髮。削左衽。襲冠帶。要衣裳。而蒙至化者焉。

駕六飛　吐三卷　春秋命歷序曰。洛書摘亡辟曰。次是民沒。六皇出天地命。易以第絕。宋均曰。次民沒。民始穴處之世終也。六皇。此下人數者也。辰放。大頭四乳。號曰皇次屈。地勃。辰放。次屈之名也。地勃。地名。駕六飛麟。從日月。飛。麒麟獸有翼能飛者。從日月。謂循其度也。治二百五十歲。孝經古契曰。孔子夜夢豐沛邦有赤烟氣起。顏回子夏侶往觀之。驅車到楚西北范氏之廟。見芻兒捶麟。傷其前左足。束薪而覆之。孔子曰。兒來。汝姓爲誰。兒曰吾姓爲赤松字時僑名受紀。孔子曰。汝豈有所見乎。吾所見一獸如麕。羊頭頭上有角。其末有肉。方以是西走。孔子發薪下麟視。孔子趨而往。麟蒙其耳吐三卷書。孔子精而讀之。出搜神記。四靈之畜　五行之精　禮記曰麟鳳龜龍謂之四靈。麟以爲畜則獸不狘。蔡邕月令章句曰。天宮五獸中有大角軒轅麒麟之信。凡麟生於火。遊於土。故脩其母而致其子。五行之精也。視明禮修則麒麟臻。

[頌]　後漢蔡邕麟頌　皇矣大角。降生靈獸。視明禮修。麒麟來孚。春秋既書。爾來告就。庶士子鉏。獲諸西狩。吳薛綜麒麟頌　懿哉麒麟。惟獸之伯。政平覿景。否則戢足。德以衛身。不布牙角。屛營唐日。帝堯保祿。委體大吳。以昭遐福。天祚聖帝。享茲萬國。西涼武昭王麒麟頌　一角圓蹄。行中規矩。游必擇地。翔而後處。不入陷穽。不罹網罟。德無不王。爲之折股。

馬第四

[敍事]　按春秋說題辭曰。地精爲馬。十二月而生。應陰紀陽以合功。故人駕馬。任重致遠。利天下。月度疾。故馬善走。周官曰。馬八尺以上爲龍。七尺以上爲騋。六尺以上爲馬。又曰。凡特居四之一。三牝者一特也。春祭馬祖。執駒。馬祖天駟也。執駒無令近母也。夏祭先牧。頒馬攻特。先牧始養馬者。則謂之特。秋祭馬社。馬社始乘馬者。世本曰相土作乘馬。冬祭馬步。馬步神爲災害馬者。凡大祭祀朝覲會同。毛馬而頒之。飾幣馬。執扑而從之。禁原蠶。原再也。天文辰爲馬。蠶爲龍精。月直火則浴其種。是蠶與馬同氣也。物莫能兩大。禁再蠶者爲傷馬也。禮記曰。大夫士下公門。式路馬。乘路馬必朝服。步路馬必中道。蹙路馬芻有誅。路馬死埋之以帷。左傳曰。凡馬日中而出。日中而入。中春秋分也。春分放出之。秋分收入之。爾雅曰。騊駼馬。北海有獸。狀如馬。名騊駼。色青。野馬。如馬而小。絕有力駥。膝上皆白惟馵。馵後兩膝白者。馵音注。四骹皆白。驓。繒。四蹢皆白首。俗呼爲踢雪馬。前足皆白騱。奚。後足皆

白狗馰前右足白啓左白踦後右足白驤左白馵騵馬白腹驪馬白跨驈逃白州驠音燕尾本白騴
音晏尾白駺郎的顙白顛白達素縣素鼻莖面顙皆白惟駹莫江反顙額也回毛在膺宜乘旋毛在腹下如乳者千
里馬也在肘後減陽在幹茀方幹脇在背闋廣音決此皆旋毛所在逆毛居馻音竞毛逆刺者是牡曰騭之逸反牝
曰騇音舍草馬也蒼白雜毛騅黃白雜毛駓音丕今之桃花馬陰白雜毛駰今之豬白馬白馬黑鬣駱白馬黑脣
駩詮黑喙騧淺黃色者一目白瞯閑二目白魚宗廟齊毫尚純戎事齊力尚强田獵齊足尚疾馬八尺爲駥何
承天纂文曰馬一歲爲馵注二歲爲駒八歲爲駅八秅力會反馬色也趽防曲脛馬也媽文黃目之馬也
騊中高反馬行也漢書曰元狩二年馬生余吾水中在朔方北元鼎四年馬生渥洼水中野馬中有奇異者飲
水中土人持羇得之獻其馬神異之故云從水中出也又曰大宛國別邑七十餘城多善馬馬汗血言其先天馬子
也大宛國嶠山上有馬不可得因取五色牝馬置其下與集生駒皆汗血國人號天馬子也漢書音義曰騕褭者神馬也赤
喙黑身魏志曰穢國出果下馬漢時獻之高三尺魚豢典略曰神馬者河之精也代馬陰之精常璩華
陽國志曰會無縣有元馬河元馬日行千里死於蜀今元馬冢是也縣有元馬祠家人牧山下或產駿
駒元馬子也又曰神馬四匹出滇池河中宋書曰宋大明五年吐谷渾拾寅遣使獻舞馬西京雜記曰
文帝自代還有良馬九匹皆天下駿也一名浮雲一名赤電一名絕群一名逸驃一名紫鷰一名綠離
驄一名龍子一名驎駒一名絕塵號爲九逸符瑞圖曰貴人而賤馬則白馬朱鬣集任用賢良則見又
云車馬有節則見騰黃者神馬也其色黃一名乘黃亦曰飛黃或作古黃或曰翠黃一名紫黃其狀如

狐。背上有兩角。出白民之國。乘之壽可三千歲。黃帝乘之相馬經伯樂曰。馬頭爲王欲得方。目爲丞相欲得明。脊爲將軍欲得强。腹爲城郭欲得張。四下爲令欲得長。眼欲得高。匡鼻孔欲得大。鼻頭有王火字。口中欲得赤。膝骨員而張。耳欲得相近而前豎。小而厚。凡相馬之法。先除三羸五駑。乃相其餘。大頭小頸一羸。弱脊大腹二羸。小頸大蹄三羸。其五駑者。大頭緩耳一駑。長頸不折二駑。短上長下三駑。大胳短脇四駑。淺髖薄髀五駑。

［事對］

青龍　白兔　呂氏春秋曰。伊尹說湯曰。天子不得至味。故須青龍之匹。遺風之乘。高誘注曰。皆馬名也。疾若此遺風也。崔豹古今注曰。秦始皇有七名馬。追風。白兔。躡景。追電。飛翮。銅爵。晨鳧。

如龍　似鹿　後漢書曰。馬皇后過濯龍門上。見外家問起居。車如流水。馬如龍。韓子曰。衞嗣君云。夫馬似鹿者千金。有千金馬而無一金之鹿者。何也。馬爲人用而鹿不爲人用也。

歕玉　流珠　穆天子傳曰。天子東遊于黃澤。宿于曲洛。曰黃之池。其馬歕沙。皇人威儀。黃之澤。其馬歕玉。皇人壽穀。傅玄乘輿馬賦曰。揮沫成霧。流汗如珠。

千里　九逸　漢書。文帝時有獻千里馬者。詔曰。鸞旗在前。屬車在後。吉行日五十里。朕乘千里馬。獨先安之乎。於是還馬。西京雜記曰。文帝自代還。有良馬九匹。號曰九龍。

朱翼　縞身　黃章龍馬賦曰。夫龍馬之所出。于太蒙之荒域。分虞淵之幽濬。通天光之所極。生河海之濱涯。被華文而朱翼。稟神氣之純化。乃大宛而稱育。周書王會曰。人乘黃。乘黃者似狐。其有五肉角。犬戎文馬者。赤鬣縞身。目若黃金。名曰古黃之乘。

河精　坤象　魚豢典略曰。神馬者。河之精。周易曰。坤元亨。利牝馬之貞。王弼文言注曰。以龍敘乾。以馬明坤。隨事義而取象也。

翹陸　奔踶　莊子曰。齕草飲水。翹陸而居。此馬之眞性也。漢書曰。馬或奔踶而致千里。士或有負俗之累而致功名。

奔霄　追電　王子年拾遺記曰。周穆王即位。巡行天下。馭八龍之駿。名曰絕地。翻羽。奔霄。越影。踰暉。超光。騰霧。挾翼。崔豹古今注曰。秦始皇有七名馬。追風。白兔。躡景。追電。飛翮。銅爵。晨鳧。

騂騏　騄駟　毛詩曰。駉駉牡馬。在坰之野。薄言駉者。有驈有皇。有驪有黃。有騅有駓。有騂有騏。有驒有駱。史記。造父以善御幸於周穆王。得驪驥。溫驪。驊騮。騄耳之駟。西巡狩。樂而忘歸。**麟形　雞目**　張駿山海經圖畫讚曰。敦山有獸。其名爲轂。麟形一角。尙書大傳曰。散宜生之犬戎氏取美馬。駮身朱鬣雞目者。取九六焉。陳於紂之庭。紂出見之。還而觀之曰。此何人也。散宜生遂趨而進曰。吾西蕃之臣昌之使者。**麟駵　騏驥**　東方朔傳曰。騏驥騄耳。飛兔麟駵。天下之良馬者也。將以捕鼠於深宮之中。曾不如跛貓。孫卿子曰。驊騮騏驥。纖離騄耳。古之良馬也。

［賦］**宋劉義恭白馬賦**　惟皇有造。惟靈有祕。麗氣擒精。底愛覃粹。八埏稽首。以賓庭九荒。斂衽而納贄。象車垂德以服箱。龍馬宅仁而受轡。是以周稱踰輪。漢則天駟。體自乾維。衍生坎位。伊赭白之爲俊。超絕世而稱驥。爾其爲狀也。竦身輕足。高顙露精。氣猛聲烈。步遠視明。著獻西宛。表德東京。價傾函夏。觀竭都城。飾金鏤之倏爍。揚玉鑾之玲瓏。發鳴鏑於懸月。駈永埒於修坰。施四介以作好。耀二矛之重英。舉舊閑而未儔。考前迅而較名。**宋顏延之赭白馬賦**　惟宋二十有二載。盛烈光乎重葉。武義奧其肅陳。文教迄以優洽。泰階之平可升。興王之軌既接。訪國美於舊史。考方載於往牒。昔帝軒陟位。飛黃服皁。后唐膺籙。赤文候日。漢道亨而天驥呈才。魏德楙而澤馬效質。伊逸倫之妙足。自前代而間出。並榮光於瑞典。登郊歌乎司律。所以崇衞威神。扶護警蹕。是用精曜叶從。靈物咸秩。暨明命之初基。罄九區而率順。有肆險以稟朔。或逾遠而納賮。徒觀其附筋樹骨。垂梢植髮。雙瞳夾鏡。兩權協月。異體峯生。殊相逸發。超攄絕夫塵轍。駈騖迅於滅沒。然而盤于遊畋。作鏡前王。肆於人上。取悔義方。天子乃輟駕迴慮。息徒解裝。鑒武穆。憲文光。振民隱。修國章。戒出豕之敗御。揚飛鳥之跱衡。故祗順乎所常。忽警備乎所未防。輿有重輪之安。馬無泛駕之佚。處以瀏龍之奧。委以紅粟之秩。服養知仁。從老得卒。加弊帷。收仆質。天情周。皇恩畢。**宋謝莊舞馬賦**　天子敘三光。總萬宇。挹雲經之留憲。裁河書之遺矩。是以德澤上昭天而下漏泉。符瑞之慶咸屬。榮懷之應必躔。月晷呈祥。乾維效氣。賦景阿房。承靈天駟。淩原郊而漸景。躍流

泉而泳質。辭水穴而南傃。去輪臺而東暨。登璧門而歸實。掩芝庭而獻辔。及其養安騏校。進駕龍涓。暉大厩於國皁。貢二襄於帝閑。超益野而踰綠地。軼蘭池。而轢紫燕。五王晦其頤。孫氏懵其玄。東門豈或狀。西河不能傳。既秣芭以均性。又佩銜以崇躅。養雄神於綺文。蓄奔容於惟燭。蘊騰雲之銳影。戢追電之逸足。方疊鎔於丹縞。亦連規於朱駁。觀其雙璧應範。三封中圖。玄骨滿。燕室虛。陽理競。潛策紆。汗飛赭。沫流珠。至於肆夏已升。采齊既薦。始徘徊而龍俛。終沃若而鸞盻。迎調露於飛鍾。起承雲於鶩箭。寫秦坰之[illegible][illegible]。狀吳門之曳練。窮虞庭之蹈蹀。究遺野之埋輪。

〔詩〕 唐太宗文皇帝詠飲馬詩 駿骨飲長涇。奔流灑絡纓。細紋連噴聚。亂荇繞蹄縈。水光鞍上側。馬影溜中橫。翻似天池裏。騰波龍種生。陳沈炯賦得邊馬有歸心詩 窮秋邊馬肥。向塞甚思歸。連鑣渡蒲海。束舌下金微。已御魚麗陣。將摧鶴翼圍。彌憶長楸道。金鞍背落暉。楊師道詠飲馬應詔詩 清晨控龍馬。弄影出花林。躞蹀依春澗。聯翩度碧潯。苔流染絲絡。水潔寫雕轡。一御瑶池駕。詎憶長城陰。楊師道詠馬詩 寶馬權奇出未央。彫鞍照曜紫金裝。春草初生馳上苑。秋風欲動戲長楊。鳴珂屢度章臺側。細蹀經向濯龍傍。徒令漢將連年去。宛城今已獻名王。

牛第五

〔敍事〕 按說文曰。牡。畜父也。從牛土聲。犅。古郎反特牛。㹔牛。牝。畜母也。從牛匕聲。犢。牛子也。𤛓。普外反。二歲牛也。犙。山耽反三歲牛也。牭。思貳反四歲牛也。犗。戒又音加騰驤牛也。牻。莫江反白黑雜毛牛也。㹇。力强反⿰牛虎牛也。犡。力制反牛白脊也。⿰牛余。達胡反黃牛虎文也。犖。駁也。⿰牛寽。力抴反牛白脊也。⿰牛平。四耕反牛駁如星也。犥。普表反牛黃白色也。犉。而純反黃牛黑脣也。⿰牛隺。岳白牛也。⿰牛畺。居羊反牛長脊也。⿰牛殳。叨牛徐行也。犨。牛息聲也。一曰牛鳴。牷。全牛純色也。牿。谷牛馬牢也。犓。楚拘反以芻莖養牛也。犪。如小反牛柔謹也。呂忱字林曰。⿰牛句。火口反牛鳴也。犎野牛也。犏皮祕反牛具齒也。何承天纂文曰。尥力弔反牛後腳正也。牛羊無角謂之牦。苦戈反牛羊角長謂之𤙖。上徒反。世本曰。胲作服牛。胲黃帝臣也。能駕牛。周官曰。牛人掌養國之公牛。以待政令。祭祀供享牛求牛。賓客供積膳牛。軍事供犒牛。喪事供奠牛。軍旅供兵車之牛。牛角長二尺有五寸。三色不失。謂之載牛。三色本白中青末豐也。載牛掌直一牛。禮記曰。祭宗廟之禮。牛曰一元大武。祭天地之牛角繭栗。宗廟之牛角握。賓客之牛角尺。又曰。帝牛不吉。以爲稷牛。帝牛必在滌三月。稷牛唯具。又曰。天子以犧牛。諸侯以肥牛。大夫以索牛。郭氏玄中記曰。萬歲樹精爲青牛。甯戚相牛經曰。牛歧胡壽。歧牽兩腋下分爲三。眼去角近。行駛。眼欲得大。眼中有白脈貫童子。最快。二軌從鼻至髀爲前軌。從髀至顙爲後軌。頸骨長且大快駛也。壁堂欲得闊。壁堂腳股門倚。欲得如絆馬。聚而正也。膺庭欲得廣。膺庭胸前也。天關欲得成。天關脊接骨。儁骨欲得垂。脊中央欲得下。插頭欲得高。百體欲得緊。蘭株欲得大。尾株。豐岳欲得大。膝株骨。垂星欲得有怒肉。垂星蹄上也。肉覆蹄間名怒肉。力柱欲得大而成。當車骨也。懸蹄欲得如八字。陰虹屬頸千。陰虹者有雙筋自尾骨屬頸。甯公所飯。陽鹽欲得廣。陽鹽者夾尾株前兩膁上。常有似鳴者有黃也。廣志曰。犘馬家反牛出巴中。千斤。犦涌角反牛一曰犎牛。有赤豹封牛。周留水牛。毛青腹大。狀似豬。有牧牛。項上堆肉大如斗。似馲駞。日行三百里。出徐門。有犤牛。猶庳小。今謂之㹀牛。又呼果下牛。出廣州高涼郡。犩五威反牛如牛而大。肉數千斤。出蜀中。夔牛重千斤。晉時此牛出上庸郡。犣力涉反牛旄牛也。髀膝尾間皆有長毛。花蹄牛高六尺。尾環繞角。有四耳。角端有肉。蹄如蓮華。堂牛色黑或黃。日南有之。潛牛形似水牛。一名犺沉牛。

麟牛似鹿。又似羊。肉美牱方牛。如馲駝能行。又有犛牛。莊子曰。其大若垂天之雲。〔事對〕文角 花蹄 臧彥駮牛賦曰。乃有超群獨出。騂毛文角。玷斑凝白。鮮纖蜎曲。郭子橫洞冥記曰。元封三年。大秦獻花蹄牛。高六尺。緊體 促身 甯戚相牛經曰。捶頭欲得高。百體欲得緊。大膁疎肋難齡。龍頭突目好跳。又曰。角欲得細。身欲得促。形欲得如卷。白角 青毛 穆天子傳曰。犬戎胡觴天子于雷首之阿。乃獻良馬四匹。天子使孔牙受之。爰有黑牛白角也。異物志曰。周留水牛也。毛青大腹。銳頭青尾。

四耳 八足 郭子橫洞冥記曰。元封間。大秦獻花蹄牛。高六尺。尾環繞角。有四耳。干寶搜神記曰。晉太興元年。武陵太守王諒有牛生子。一頭八足。兩尾而共一腹者也。獻白 乘青 郭璞洞林曰。義興方叔保得傷寒垂死。令璞占之。不吉。令求白牛厭之。求之不得。唯羊子玄有一白牛。不肯借之。璞爲致之。卽日有大白牛從西來。逕往臨叔保。驚惶病卽愈。關令傳曰。周無極元年。老子度關。關令尹喜先勑門吏曰。若有老翁從東來。乘青牛薄板車者。勿聽過關。其日果見老翁乘青牛車求度關。關吏入白。喜曰。諸道今來矣。我見聖人矣。卽帶印綬出迎。設弟子之禮。東夷占骨 西河畜牸 楊方五經鉤沉曰。東夷之人。以牛骨占事。呈示吉凶。無往不中。牛非含智之物。骨有若此之効。孔叢子曰。猗頓。魯之窮士。聞朱公富。往問術焉。告之曰。子欲速富。畜五牸。乃適西河。大畜牛羊于猗氏之南。十年之間。子息萬計。貲擬王公。〔賦〕 宋孔甯子犛牛賦 惟茲獸之攸生。亦棲遐而憑阻。遁綿野於岷隅。挹清源於庸渚。奔逸躅而倫巇。載賁首而亂狩。茸長犛之髼鬣。戾狠情而首鼠。邁羔羊之如膏。侔蜉蝣之楚楚。旣作表於禮樂。又爲容於軍旅。奉藩岳之休明。被戎荒而旣序。班睬賂而來庭。超印蒳乎其所云云〔詩〕 柳顧言詠死牛詩 一朝辭紺幰。千里別黃河。對衣徒下泣。扣角詎聞歌。

驢第六

〔敘事〕 說文曰。驢似馬長耳。驝驢子也。何承天纂文曰。驢一曰漠驪。其子曰驝。符子曰。有驢仙者。享五百歲負乘而不輟歷無定主大驛於天下漢書五行志靈帝於西園駕四白驢躬自操轡公卿相放價與馬齊[事對] 名駒 奇畜 臧道顏弔驢文曰聰敏寬詳高音遠暢眞驢氏之名駒也史記曰匈奴奇畜卽驢騾也廣額 長耳 袁淑俳諧集廬山公九錫文曰青脊絳身長頰廣額修尾後垂巨耳雙磔許愼說文曰驢似馬而長耳 子瑜面 孫楚聲 吳志曰諸葛子瑜面似驢晉書曰王濟好驢鳴孫楚哭之曰子好驢鳴為汝作一聲而形體俱似[文] 袁淑俳諧集廬山公九錫文 若乃三軍陸邁糧運艱難謀臣停算武夫吟歎爾乃長鳴上黨忼慨應官崎嶇千里荷囊致餐用捷大勳歷世不刊斯實爾之功也音隨時興晨夜不默仰契玄象俯叶漏刻應更長鳴毫分不忒雖挈壺著稱未足比德斯復爾之智也若乃六合昏晦三辰幽冥猶憶天時用不廢聲斯又爾之明也青脊絳身長頰廣額修尾後垂巨耳雙磔斯又爾之形也嘉麥既熟實須精麪負磨回衡迅若轉電惠我衆庶神祇獲薦斯又爾之能也爾有濟師旅之勳而加之以衆能是用遣中大夫閭丘驟加爾使銜勒大鴻臚斑腳大將軍宮亭侯以揚州之廬江江州之廬陵吳國之桐廬合浦之珠廬封爾為廬山公 臧道顏弔驢文 夫徵祥契於有感景行表於事跡故銓才授任必求之卓越考能覈用亦存乎望實以貌定名則稱謂而標聲色位號則由焉而授爰有奇人西州之馳駈體質强直稟性沉雅聰敏寬詳高音遠暢眞驢氏之名駒也

駝第七

[敘事] 淮南萬畢術曰橐駝之本出泉渠廣志曰天竺以北多馲駝山海經曰虢山陽光之山獸多橐駝善行流沙中日三百里負千斤漢書西域傳曰鄯善國多馲駝[事對] 出天竺 鬭龍祠 廣志曰橐駝亦出天竺國東觀漢記曰河西太守竇融遣使獻橐駝南單于上書獻橐駝單於歲於龍祠走馬鬭橐駝以為樂事 識泉源

知水脉 識泉源見後郭璞山海經圖橐駝讚中張華博物志曰敦煌西度流沙往外國流沙千餘里中無水時有伏流處人不能知皆乘橐駝駝知水脉遇其處停不肯行以足蹋地人於其所蹋處掘之輒得水矣 **實外廄** **夾中陽** 史記蘇秦傳曰蘇秦說楚威王曰大王誠能用臣之愚計則韓齊燕趙鄭衛之妙音美人必充後宮燕代橐駝良馬必實外廄陸翽鄴中記曰二銅駝如馬形長一丈高一丈足如牛尾長二尺脊如馬鞍在中陽門外夾道相向 〔讚〕 晉郭璞山海經圖橐駝讚 駝惟奇畜肉鞍是被迅騖流沙顯功絕地潛識泉源微乎其智

羊第八

〔敍事〕 說文曰羊詳也羔羊子也羜五月生羔也䍪亡具反六月生羔也羍他達反七月生羔也䍦雉矯反羊未卒歲也牂牝羊也羒扶分反牡羊也羠因几反乘羊也羳扶貞反黃腹羊也羥猎閒反羊名也廣雅曰吳羊牝一歲曰牝䍦三歲曰羝牡一歲曰牸䍦三歲曰牂吳羊犗居謁反曰𦏁蒲各反羖羊犗曰羯羍䍪羜𦏺思究反羔也爾雅曰麢大羊似羊大角員銳在山崖間 羱如羊音元似吳羊羊牡羒墳牝牂夏羊黑羖䍽也牡羭牝羖未成羊羜絕有力奮禮記曰凡祭宗廟之禮羊曰柔毛譙周法訓曰羊有跪乳之禮雞有識時之候鴈有庠序之儀人取法焉王充論衡曰解豸者一角之羊也性知有罪臯陶治獄其罪疑者令羊觸之崔豹古今注曰羊一名長髯主簿瑞應圖曰鍾律和調則玉羊見白澤圖曰羊有一角當頂上龍也殺之震死山海經曰羬羊尾如馬尾出錢來之山羬音針玉篇作五咸反 涼州異物志曰封羊其背如駝廣志曰驢羊似驢〔事對〕 **觸藩** **跪乳** 周易曰羝羊觸藩羸其角鄭氏婚禮謁文讚曰群而不黨跪乳有敬禮以爲贄

吉事之宜。譙子法訓曰。羊有跪乳之禮。雞有識時之候。而人取法焉。**土怪 嶽精** 國語曰。桓子穿井。獲如土缶。其中有羊焉。使問仲尼。曰。吾穿井得狗。何也。對曰。以丘所聞羊也。木石之怪夔魍魎。水之怪龍罔象。土之怪曰羵羊也。周易編謀類曰。太山失金雞。西岳亡玉羊。鄭玄注曰。金雞玉羊。二岳之精。**柔毛 羵首** 禮記曰。凡祭宗廟之禮。羊曰柔毛。詩曰。牂羊賁首。三星在罶。鄭玄注曰。羊牝曰牂。賁大也。**吒石 噉珠** 葛洪神仙傳曰。黄初平者。丹溪人也。年十五。牧羊。有道士便將至金華山。其兄初起。行索初平。歷年不得。見市中有道士。乃隨求弟。相見語畢。問羊何在。平曰。羊近山東。兄往視。但見白石。平言叱叱羊起。於是白石皆起。成數萬頭羊。劉義慶幽明錄曰。洛下有澗穴。婦欲殺夫。推下。經多時至底。乃得一穴。宮館金寶爲飾。明踰三光。人長三丈。如此九處。至最後告飢。長人指樹下一羊。令跪捋羊鬚。初得一珠。長人取之。次亦取一。後令噉。即療飢。請問九處名。求停不去。答云。君不得停。**丹毛 白血** 續異記曰。吳興俞亮。以永明八年補護軍府史。於常眠處聞有羊聲。疑爲神怪。竊於戶窺之。見其牀下有羊。可高二尺。毛色若丹。光耀滿室。穆天子傳曰。犬戎觴穆王于雷首之阿。乃獻良馬四匹。天子使孔牙受之。曰。雷水之平。爰有黑牛白角。爰有黑羊白血。**五羖 六飛** 呂氏春秋曰。百里奚未遇時。號亡奚。飯牛於秦。傳鬻以五羖羊之皮。公孫枝得獻諸繆公。繆公用之。謀無不當。舉必有功。春秋命歷序曰。有人黃頭大腹。出天齊。政三百四歲爲神次之。號曰皇神。出淮。駕六飛羊。政三百歲。五葉千五百歲。**重十斤 高三尺** 郭義恭廣志曰。大尾羊。細毛薄皮。尾上旁廣。重且十斤。出康居。春秋說題辭曰。羊者詳也。詳以改也。合三爲生。以養士也。故羊高三尺。

〔**詩**〕 **晉郭璞山海經圖讚羊讚** 月氏之羊。其類在野。厥高六尺。尾亦如馬。何以審之。事見爾雅。

豕第九

〔**敍事**〕 **爾雅曰。豕。豬也。**江東呼爲豨。**䝐豶。**䝐羊垂反。俗呼小豶豬爲䝐子也。**幺豚。**最後生者。俗呼爲幺豚。**奏者豱。**豱音溫。

今豱豬短頭皮理腠蹙也豕生三豵宗二師一特所寢槽四蹢皆白豥其跡刻絶有力豝音厄豕高五尺者牝豝
㱿五尺爲豝大豕爲豝今漁陽呼豬大者爲豝也許愼說文曰豰許卜反小豘也豯豘生三月也豵子公反豘生六
月也或曰一歲曰豵豝牝豕豶豮也豕豣公姸反三歲豕豭壯豕也豨豶也豛役俗名豬曰豛豷於麗反
豕息也彖以㱿圈養豕也何承天纂文曰梁州以豕爲豬之于反河南謂之㱿吳楚謂之豨火豈反漁陽
以豬爲豝齊徐以小豬爲貗仕主反䝈覓白豕黑頭也豱豕奏毛也禮記曰凡祭祀之禮豕曰剛鬣春秋
說題辭曰斗星時散精爲㱿四月生應天理崔豹古今注曰豬一名參軍山海經曰貓豬大者肉至千
斤豪豬狀如豚而白毛毛大如笄而黑端郭璞曰豬猪也夾髀有麤毫長數尺能以頸上毫射物也〔事對〕剛鬣
攢錐禮記曰凡祭祀之禮豕曰剛鬣豚曰腯肥郭璞山海經圖豪㱿讚曰剛鬣之族號曰豪豨毛如攢錐中有激矢白頭青
爪東觀漢記曰朱浮與彭寵書責之曰伯通自伐以爲功高天下往時遼東有豕生白頭異而獻之行至河東見群豕皆白懷慚而還若
以子之功論於朝廷則爲遼東豕也養生要集曰豕白蹄青爪不可食也長垣澤木蘭橋東觀漢記曰吳祐年二十喪父獨居家
無擔石而不受贍遺常牧豕於長垣澤中習鑿齒襄陽耆舊傳曰木蘭橋者今之豬蘭橋是也劉和季以此橋近荻有䔲菜於橋東大養
豬襄陽太守皮府君曰作此猪屎臭當易名作豬蘭橋耳莫復云木蘭橋也初如戲之而百姓遂易其名魯津伯大蘭王符子
曰朔人有獻燕昭王大豕者宰夫膳之豕既死乃見夢於燕相曰造化勞我以豕形食我以人穢今仗君之靈而化始得爲魯津之伯也
袁淑俳諧集大蘭王九錫文〔文〕宋袁淑大蘭王九錫文大亥十年九月乙亥朔十三日丁亥北燕伯使使者豪豨冊命大
蘭王曰咨惟君稟太陰之沉精標群形於玄質體肥腯而洪茂長無心以遊逸資豢養於人主雖無爵而有秩此君之純也君昔封國殷

商號曰豕氏葉隆當時名垂千世此君之美也白蹢彰於周詩涉波應乎隆象歌詠垂於人口經千載而流響此君之德也君相與野遊唯君爲雄顧群數百自西徂東俯歕沫則成霧仰奮鬣則生風猛毒必噬有敵必攻長駈直突陣無全鋒此君之勇也

狗第十

〔敍事〕　春秋考異郵曰狗三月而生陽主於三故狗各高三尺爾雅曰犬生三猣宗二師一玂祈未成豪狗絕有力狣兆獢狗四尺爲獒說文曰狡犬多毛也猲虛謁反短喙犬也獫胡斬反犬吠不止也獒犬人心可使也犴言佳反壯犬也狄赤犬也呂忱字林曰獹韓良犬也猈鵲宋良犬也豣五見反逐虎犬也何承天纂文曰守犬爲獖扶本反隴西以犬爲猶酉獳乃容反牦乃庚反皆多毛犬也獟乃校反猘居例反㹦彫屈尾犬也周官曰犬赤股而躁臊後漢書曰帝高辛氏有狗名槃瓠其文五色時犬戎兵强乃募能得犬戎吳將軍首者賜以少女槃瓠得之於是少女隨槃瓠升南山產子男女十二自相夫妻後繁盛也干寶搜神記曰槃瓠者本高辛氏宮中老婦人有耳疾醫者挑治之有物大如繭以瓠離盛之以槃覆之有頃化爲犬其文五色因名槃瓠雜五行書曰白犬虎文南斗君畜之可致萬石黑犬白耳大王犬也畜之令富貴黑犬白前兩足宜子孫白犬黃頭家大吉黃犬白尾代有衣冠黃犬白前兩足利人

〔事對〕　金畜　斗精應劭風俗通曰殺犬磔禳犬者金畜禳御也抑金使不害也春秋考異郵曰七九六十三陽氣通故斗運狗三月而生宋均注曰狗斗精之所生也　烏龍　青鶴陶潛搜神記曰會稽句章人張然養一狗甚快名曰烏龍周處風土記曰犬則青鶴白雀飛龍虎子駠良捷警難狎易使也　竦耳　注精賈岱宗大狗賦曰竦耳側聽搜神記曰張然有少婦與奴通謀殺然因

作飯共食奴拔刀倚戶。然有犬名烏龍。注精舐脣視奴。然亦覺之。大喚曰烏龍。犬應聲傷奴。奴仆地。遂取刀斬之。黄頷 赤精許慎說文曰。猃黑犬黄頭也。傅玄走狗賦曰。轉視流光。朱耀赤精。長耳 短喙白澤圖曰。黑狗白頭長耳卷尾。龍也。蔡氏淸論曰。望視之兔。白蹄之豕。短喙之犬。修頭之馬。斯禽獸也。猶形乎勢。觀況君子之貌。獨無表告者哉。旅獒 周狗尚書曰。西旅獻獒。公羊傳曰。靈公有周狗。謂之獒也。鈴蹄 鋸齒傅玄走狗賦曰。舒節急筋。豹耳龍形。蹄如結鈴。五魚體成。周處風土記曰。犬則靑鶴白雀。飛龍虎子。猲獢五魚。狼牙鋸齒。宋淖 韓盧莊子曰。介闖閭里有狗。宋人之獒狗也。其家命之爲淖。逐狗不及。止而望之。自以爲過矣。戰國策曰。齊欲伐魏。淳于髡謂齊王曰。韓盧者天下之壯犬也。東郭㕙者海內之狡兔也。韓盧逐東郭㕙。環山者三。騰山者五。兔極於前。而犬疲於後。各死其處。白首 素牙山海經曰。陰山有獸焉。其狀如狸。白首。其名天狗。傅玄走狗賦曰。足縣鉤爪。口含素牙。首類驪螭。尾如騰蛇。賫書 銜卵述異記曰。陸機家在吳。謂犬曰。我家絕無書信。以竹筩繫之犬頸。犬疾走向吳。其家作答。內竹筩中。仍馳還洛。郭緣生述征記曰。古徐國宮人娠而生卵。弃之水濱。有犬名后蒼。銜而歸。俄而成人。遂爲徐嗣君。走百里 高三尺穆天子傳曰。天子之狗走百里。執虎豹也。郭頒魏晉俗語曰。太康七年。天郊壇下有白犬。高三尺。光色鮮明。恒臥。見人則去。

〔賦〕魏賈岱宗大狗賦余生處大魏之祚。政遭王路之未闢。進不得補過之功。退不得御國之冊。帝曰疇咨。逬在朔易。越彼西旅。大犬是獲。其頭顱也。不可論以盡。其骨法也。不可辨而釋。傞傀蹴蹌。雄資猛相。亢然高八九尺。形體如箭鏑。象貌如刻畫。毛踰紫豔光。雙眉如白璧。時頻伸而振迅。若應龍之騰擲。爪類刀戈。牙如交戟。聞林獸之群爭。欻斷鏁而齕石。逆風長厲。野禽是覓。鼻嗅微香。眼裁輕跡。盻矚而奮怒。揮霍而振閱。鬱天梁折。地柱劈。倒曳白象。挫其腰。齧摯六駮。折其脊。拓捺熊羆。破其匈。搒抄獸頭。斷其𠂢。爪處如劍蒡。牙創似鈹。刺視其未死之間。血泉涌如箭射。於是駈麋鹿之大群。入窮谷之峻厄。走者先死。往者被擊。前無孑遺。後無一隻。然其所折伏。敬主識人。晝則無窺窬之客。夜則無奸淫之賓。通聽百里。夜吠狺狺。若乃蠻夷猾夏。列士異操。輕欙單集。人馬銜枚。猛火先覺。音聲正擢。竦耳側聽則恆山動。南向嚾嚾則霍山頹。眈精直視則會邱磈。虓嚇奔突則重闈開。非吾畋獵之有益。乃可安國家衛四鄰者也。昔宋人有鵲子之譽。韓國珍其大盧。彌明振之於巨獒。桀瓠受之於蠻都。淪百代之名狗。敢餘犬之能俱。絕駟鐵之猲獢。云何盧令之足書。

西晉傅玄走狗賦 蓋輕迅者莫如鷹。猛捷者莫如虎。惟良犬之稟性。兼二儁之勁武。應天人之景暉。順儀象而近處。憑水木之和氣。鍊金精以自輔。統黔喙於秋方。居太素之內寓。諒韓盧其不抗。豈晉獒之能禦。既乃濟盧泉。涉流沙。踰三光。跨大河。希代來貢。作珍皇家。骨相多奇。儀表可嘉。足懸鉤爪。口含素牙。首類驤螭。尾如騰蛇。修頸闊腋。廣前捎後。豐顱促耳。長叉緩口。舒節急筋。豹耳龍形。蹄如結鈴。五魚體成。勢似凌青雲。目若泉中星。轉視流光。朱曜赤精。震茹黃而慴宋鵲兮。越妙古而揚名。於是尋漏跡。躡遺蹤。形疾騰波。勢如駭龍。邈朝烏之輕機兮。絕猛獸之逸軌。漂星流而景屬兮。逾窈冥而騰起。陵岡越壑。橫山超谷。原無遁逸。林無隱鹿。顧茫隰以嬉遊兮。步蘭皐而騁足。然後娛志苑囿。逍遙中路。屬精萊以待蹤。逐東郭之狡兔。既洋洋以衍衍。逞妙觀於永路。既迅捷其無前。又閑暇而有度。樂極情遺。逸足未殫。抑武烈而就羅兮。順指麾而言旋。歸功美於執紲兮。其桀瓠之不虞。感恩養而懷德兮。願致用於後田。聆輶車之鸞鑣兮。逸猲獢而盤桓。

鹿第十一

[敍事] 爾雅曰。鹿。牡麚。牝麀。其子麛。絕有力麉。春秋運斗樞曰。瑤光散爲鹿。江淮不祠則瑤光不明。毚生鹿。衡波傳曰。鹿生三年角自墮。史記曰。古者皮幣。諸侯以聘享。乃以白鹿皮方尺。緣以藻繢。爲幣直四十萬。王侯朝覲享聘。必以爲幣薦璧。然後得行。漢西夷傳曰。雲南縣有神鹿兩頭。食毒草。抱朴子曰。鹿壽千歲。滿五百歲則色白。瑞應圖曰。王者承先聖法度。無所遺失。則白鹿來。爾雅曰。麠。大麃。薄交

反牛尾。一角。麐。大麢。旄毛。狗足。旄毛尾濃長也。說文曰。麐或作麃。或作麖。〔事對〕 四駕 六飛 越絕書曰。越王勾踐有寶劍。薛燭曰。是巨闕。非寶劍也。王曰。然巨闕初成之時。吾坐於露壇之上。宮中有四駕白鹿而過者。奔車驚。春秋歷命序曰。神駕六飛。鹿化三百歲。三角 七星 伏侯古今注曰。漢明帝永平九年。三角鹿出江陵。劉敬叔異苑曰。鄱陽樂安彭會射一鹿。兩角間有道家七星符。而其祖名字鄉居年月存焉。遂斷射獵。求友 鳴麑 楚詞曰。飛鳥號其群兮。鹿鳴求其友。把宮而宮應。彈角而角動。魏文帝短歌曰。呦呦游鹿。銜草鳴麑。翩翩飛鳥。挾子巢棲。黃衣 紫纈 劉義慶幽明錄曰。陳郡謝鯤常在一亭中宿。此亭從來殺人。夜四更末。有一黃衣呼幼輿可開戶。鯤令申臂於窗中。於是授腕。鯤即極力而牽之。臂便脫。乃還去。明日看。乃鹿臂。尋血遂取獲焉。陶潛搜神後記曰。淮南來氏於田種豆。忽見有二女。姿色甚美。著紫纈襦。青裙。天雨而衣不濕。其壁先挂一銅鏡。鏡中見二鹿。以刀斫獲之。以爲脯。齊逐 戎掎 韓詩外傳曰。齊景公逐白鹿至畝邱。見封人曰。使吾君壽。金玉是賤。百姓是寶。公曰善。左傳曰。譬如捕鹿。晉人角之。諸戎掎之。賜百金 壽千歲 管子曰。桓公問管子。楚之强國。舉兵伐之。恐力不能過。奈何。對曰。公貴買其鹿。公即爲百里之城。使人載錢二千萬。求生鹿於楚人。楚人釋其農而田鹿。管子告楚人賈曰。爲致生鹿。賜子金百斤。什至金千斤。抱朴子曰。鹿壽千歲。滿五百歲則色白。老子乘 王母使 崔玄山瀨鄉記李母碑曰。老子乘白鹿。下託於李母也。孫柔之瑞應圖曰。黃帝時。西王母使使乘白鹿。獻白環之休符。有金方也。〔賦〕 虞世南白鹿賦 惟皇王之盛烈。表帝德之休符。有金方之瑞獸。乃曜質於名都。既馴洽於郊甸。亦騰倚於山隅。素毳呈彩。霜毫應圖。宴嘉賓於雅什。偶仙客於天衢。故能著美祥瑞。流名典謨。〔頌〕 吳薛綜白鹿頌 皎皎白鹿。體質馴良。其質皓曜。如鴻如霜。

兔第十二

〔敍事〕爾雅曰。兔子娩。數萬反其迹迒。絶有力欣。春秋運斗樞曰。玉衡散爲兔。禮記曰。祭宗廟之禮。兔曰明視。伏侯古今注曰。建平元年。山陽得白兔。目赤如朱。山海經曰。大池山有獸如兔。鼠首。以其背飛。名飛兔。以背上毛飛去。王充論衡曰。兔舐雄毫而孕。及其生子。從口中。瑞應圖曰。赤兔者。瑞獸。王者盛德則至。〔事對〕目赤　背飛伏侯古今注曰。成帝建平元年。山陽得白兔。其目赤如朱。山海經曰。天池山有獸如兔鼠首。以其背飛。名飛兔。以背上毛飛。得髕　進肩應劭風俗通曰。兔髕。俗説臘正祖之食。得兔髕者。名之曰幸。賞以寒酒。幸者令人吉利。東觀漢記曰。王郎追上。自薊東南馳。至南宮。馮異進麥飯兔肩。因渡呼沲河。擾室　環山范曄後漢書曰。蔡邕性篤孝。母亡。廬于冢側。有兔馴擾其室。戰國策曰。齊欲伐魏。淳于髡謂齊王曰。韓盧者。天下之壯犬也。東郭㕙者。海內之狡兔也。韓盧逐東郭㕙。環山者三。騰山者五。兔極於前。犬疲於後。田父見之。無勞倦之苦。而擅其功。擣藥　和丹傅玄歌辭曰。兔擣藥月間。安足道。神烏戲雲間。安足道。抱朴子曰。和安丹法。以兔血和丹與蜜。蒸之百日。服之如梧子者二丸。一百日。有神女二人來侍。可役使也。爰爰　趯趯毛詩曰。兔爰。閔周也。有兔爰爰。雉離于羅。又曰。趯趯毚兔。遇犬獲之。往來行言。心焉數之。舞鎬　遊墳紀年曰。宣王三年。有兔舞鎬。謝承後漢書曰。方儲字聖明。幼喪父。事母孝。母死。乃負土成墳。種奇樹千株。鸞鳥棲其上。白兔遊其下。射首　刻毛范曄後漢書曰。劉昆。王莽時教授弟子。恒五百餘人。每春秋饗射。常備列典儀。以素木匏葉爲俎豆。桑弧蒿矢。以射兔首。每月行禮。縣宰輒率吏屬而觀之。張璠漢記曰。梁冀起兔苑于河南。移檄在所。調發生兔。刻其毛以爲識。人有犯者。罪至死。〔賦〕東晉王廙兔賦曰。皇大晉祖宗重光。固坤厚以爲基兮。廓乾維以爲綱。方將朝服濟江。傳檄萬國。反梓宮於舊塋兮。奉聖帝乎洛陽。建中興之遐祚兮。與二儀乎比長。於是古之有德則納瑞而永安。無德則不勝而爲災。赤烏降於周文兮。尚稱曰休哉。桑穀生於殷庭兮。中宗克己以成仁。雊雉登夫鼎耳兮。武丁責躬而敎純。

狐第十三

[敍事] 說文曰。狐。妖獸也。鬼所乘也。有三德。其色中和。小前大後。死則首邱。從犬瓜聲。爾雅曰。貍狐。貒貉醜。其足蹯。其跡狃。狃指頭反 白虎通曰。狐死首邱。不忘本也。明不忘危也。德至鳥獸。則九尾狐見者九配。得其所。子孫繁息也。於尾者。後當盛也。春秋潛潭巴曰。白狐至。國民利。不至。下驕恣。山海經曰。武都之山。黑水出焉。其上有玄狐蓬尾。郭氏玄中記曰。千歲之狐爲淫婦。百歲之狐爲美女。道士名山記曰。狐者。先古之淫婦也。其名曰紫。紫化而爲狐。故其怪多自稱阿紫也。抱朴子玉策記曰。狐及貍狼皆壽八百歲。滿三百歲。暫變爲人形。詩義問曰。狐之類。貉貒貍也。貉子曰貆。貆形狀與貉類。異世人皆名貆胡烜反 貉子似貍。爾雅曰。貈子貆。其雌者名㺜。音才䕩反 今江東呼貉爲𧲸𧳌。貒子貗。貒豚也。一名貛。又曰。貍子貄。今或呼貍爲狐貍。

[事對] 忌犬 首邱 劉敬叔異苑曰。胡道洽自云廣陵人。好音樂醫術之事。體有臊氣。常以名香自防。惟忌猛犬。自審死日。誡弟子曰。氣絕便殯。勿令狗見我尸也。死於山陽。斂畢。覺棺空。即開看。不見尸體。時人咸謂狐也。禮記曰。古之人有言曰。狐死正首邱。仁也。白虎通曰。狐死首邱。不忘本也。

持火 聽冰 管輅傳曰。夜有二小物如獸。手持火。以口吹之。書生舉刀斫斷腰。視之狐也。自此無火災。郭緣生述征記曰。北風勁。河冰始合。要須狐行。云此物善聽。聽冰下無水聲。然後過河。

有三德 長百獸 許愼說文曰。狐。妖獸也。鬼所乘也。有三德。其色中和。小前大後。死則首邱。戰國策曰。荆宣王問群臣曰。吾聞北方之民畏昭奚恤。果誠何如。江乙對曰。虎求百獸而食之。得狐。狐曰。天帝令我長百獸。今子食我。是逆天帝命也。子以我不信。吾爲子先行。子隨我後。觀百獸之見我而敢不走者乎。虎以爲然。遂與之行。獸見皆走。應夏禹　瑞周文　趙曄吳越春秋曰。禹年三十未娶。行塗山。恐時暮失嗣。曰。吾之娶也。必有應矣。乃有白狐九尾而造於禹。禹曰。白者吾服也。九尾者其證也。於是塗山人歌曰。綏綏白狐。九尾龐龐。成于家室。我都攸昌。于是娶塗山女。郭璞山海經圖讚曰。作瑞周文。〔讚〕晉郭璞山海經圖九狐讚。青邱奇獸。九尾之狐。有道翔見。出則銜書。作瑞周文。以摽靈符。

鼠第十四

〔敍事〕說文曰。鼠。穴蟲總名也。象形。凡鼠之屬皆從鼠。爾雅曰。鼢鼠。地中行。鼸鼠。以頰裏藏食。鼷鼠。有螫毒者。鼶鼠。上音斯。鼬鼠。今鼬似貂，赤黃色，大尾，啖鼠，江東呼爲鼪。鼩鼠。音劬，小鼱鼩也。鼨鼠。形大如鼠，頭似兔，尾有毛，青黃色，好在田中食粟豆。關中呼爲鼩鼠。豹文鼮鼠。音廷，文彩如豹。鼰鼠。音孤覓反，似鼠而蒼黑色，在樹木上。鼯鼠夷由。狀如小狐，似蝙蝠，肉翅，飛且乳，亦謂之飛生，音如人呼。　說文曰。鼢鼠。伯勞之所化也。鼶鼠。令鼠者也。束晳發蒙記曰。西域有火鼠之布。東海有不灰之木。魚豢魏略曰。大秦國有辟毒鼠。劉敬叔異苑曰。西域有鼠王國。鼠之大者如狗。中者如兔。小者如常鼠。頭悉白。商估有經過其國者。不先祈祀。則嚙人衣裳。山海經曰。丹熏之山有獸焉。其狀如鼠而兔首麋耳。以其尾飛。名曰耳鼠。可禦百毒。鄭氏玄中記曰。百歲之鼠化爲蝙蝠。晉太康地記曰。鳥鼠山在隴西首陽縣。鼠尾短如家鼠。穴入三四尺。鼠在內。鳥在外。鄧德明南康記曰。南康英山石室有金鼠。時見。百怪占書曰。鼠咋人衣領。有福至。吉。本草曰。鼴鼠。世中一名隱鼠。形如鼠而無尾。黑色長鼻。莊子曰。鼹鼠飲河。不過滿腹。〔事對〕

食火　飲泉　爾雅曰。鼯鼠夷由。郭璞注曰。狀如小狐，食烟火能從高赴下。不能從下上高。沈懷遠南越志。鼫鼠似鼲鼠。常洞地穴。飲泉噬竹。銜炷　齧鞍　釋法顯佛游本記曰。祇園精舍燒香續明。日月不絕。鼠銜炷燒幡蓋。遂及精舍都盡。魏志曰。鄧哀王沖字蒼舒。時軍國多事。用刑嚴重。太祖馬鞍在庫而爲鼠所齧。報太祖。笑曰。兒衣在側。尚齧。況馬鞍懸於柱乎。玉星　金室　春秋運斗樞曰。玉衡星散而爲鼠。鄧德明南康記曰。南康山石室號金堂。內金色有金鼠時見也。尾白　毛蒼　郭璞洞林曰。宣城郡有隱鼠。大如牛。形似鼠。象腳。腳有三甲。皆如驢蹄。身赤色。胸前尾上白。異物志曰。鼠母頭腳似鼠。毛蒼。口銳。大如水牛。而畏狗。水田時有外災。起於鼠。盜肉　捧珠　史記。張湯杜陵人。其父爲長安丞。湯守舍。還而鼠盜肉。其父怒笞湯。湯掘鼠窟。得鼠及餘肉。劾鼠掠治。劉敬叔異苑曰。景平中。東陽大水。永康蔡喜夫避住南壟。夜有大鼠浮水而來。伏喜夫奴牀角。奴愍而不犯。每以飯與之。水勢既退。喜夫既得反故居。鼠以前腳捧青絹紙裹三斤許珠。著奴牀前。啾啾狀如欲語也。有皮　無骨　毛詩曰。相鼠刺無禮也。相鼠有皮。人而無儀。人而無儀。不死何爲。干寶搜神記曰。晉太康中。會稽郡蟛蜞及蟹皆化爲老鼠。大食稻爲災。始成者有肉而無骨。腹白　背蒼　廣志曰。白猨鼠長尾白腹。善登緣。與鼠小異者也。郭璞曰。狀如小狐。似蝙蝠。肉足。短尾。頭脅毛紫。背上蒼文。腹下黃喙頷雜白也。爪長　尾短　爾雅曰。鼯鼠夷由。郭璞注曰。狀如小狐。腳短爪長。廣志曰。鼢鼠深目短尾。食鳥　毀牛　爾雅曰。鼳鼠。郭璞注曰。江東呼鼳鼠者。似鼠大而食鳥。在樹木上也。魏文帝與王朗書曰。早蝨雖細。困於安寢。鼷鼠雖微。猶毀郊牛。尾飛　背騰　山海經曰。丹熏之山有獸焉。其狀如鼠而兔頭麋耳。其音如嗥犬。以尾飛。名曰耳鼠。郭璞山海經圖飛鼠讚曰。或以尾翔。或以髯凌。飛鳴鼓翰。倏然背騰。固無常所。唯神所憑。肉萬斤　壽三百　東方朔神異記曰。北方曾冰。磎鼠在冰下出焉。其狀如鼠。肉重萬斤。抱朴子玉策記稱。鼠三百歲滿者則色白。善憑人而卜。名曰仲。能知一年中吉凶及千里外事也。見東宮　獲北苑　晉起居注曰。元康元年五月。白鼠一見東宮。後魏書曰。永興三年春。於北苑獲白鼠。尋死。剖之腹中三子盡白。

［賦］後

魏盧元明劇鼠賦　跖實排虛，巢居穴處，惟飲噬於山澤，悉潛伏於林藪，故寢廟有處，茂草別所，剏乃微蟲，乖群異侶，干紀而進，於情難許，爾雅所載，厥類多種，詳其容質，並不足重，或處野而隔陰山，或同穴而鄰嶓冢，或飲河以求飽腹，或噏烟而游森聳，然今者之所論，出於人家之壁孔，嗟乎在物，最爲可賤，毛骨莫充於玩賞，脂肉不登於俎膳，故淮南輕舉，遂嘔腸而莫追，東阿體拘，徒稱仙而被譴，其爲狀也，惽惔咀吁，睢離睒睗，鬚似麥穟半垂，眼如豆角中劈，耳類槐葉初生，尾若杯酒餘瀝，乃有老者，羸髖疥癩，偏多奸計，衆中無敵，託社忌器，妙解自惜，深藏厚閉，巧能推覓，或尋繩而下，或自地高擲，登机緣櫃，踰扉動帟，切切終朝，轟轟竟夕，是以詩人爲辭，實云其碩，盜干湯之珍俎，傾留髡之香澤，傷繡領之斜製，毀羅衣之重襲，曹舒由是獻規，張湯爲之被謫，亦有閑居之士，倦游之客，絕慶弔以養眞素，擯左右而尋詩易，庭院肅清，房櫳虛寂，爾乃群鼠乘間，東西擴擲，或牀上捋髭，或戶間出額，貌甚舒暇，情無畏惕，又領其黨，與欣欣奕奕，欹覆箱奩，騰踐茵席，共相侮慢，特無宜適，嗟天壤之含弘，產此物其何益。

猴第十五

［敍事］　毛詩草蟲經曰：猨，獮猴也。楚人謂之沐猴，老者爲獑在咸反猢。獑猢駿捷也。其鳴嗷嗷而悲。抱朴子玉策記曰：山中申日稱人君，猴也。猴壽八百歲。繁露曰：蝯似猴，大而黑，長前臂，壽八百，好引其氣也。周索氏孝子傳曰：蝯寓屬也，或黃黑，通臂輕巢，善緣，能於空輪轉，好吟，雌爲人所得，終不徒生。爾雅曰：累，猴似猴，南海人名爲累，猴也。玃似犬，母猴也，色蒼黑，持人，好顧盼也。玃父善顧，狒狒如人，被髮迅走，食人。威夷長脊而泥，泥少力反蜼卬鼻而長尾。蜼似獮猴而大，蒼黑色，尾長數尺，似獺尾，末有歧，鼻露上向，雨則自懸於樹，以尾塞鼻。又曰：狖女滑反無前足。狙，玃屬也。豦竭於反如豹而形似獮猴，多鬚，奮迅，其頭能舉石以

摘於人也。又曰。蒙頌似猴而小。紫黑色。可畜以捕鼠。勝貓。說文曰。㺄火木反 類犬。腰以上黃。腰以下黑。
食母猴。吳錄地理志曰。果然。蝯狖之類也。色青赤有文。居樹上。說文曰。禺。禺音愚玉篇音扶沸反 人身反踵。
自笑則上脣掩其目。一名梟羊。如麃。善登木。劉欣廣州記曰。狒母似蝯而無尾。見人若慙。屈頸扣頭。打
殺得風還活。括地圖曰。猩猩人面豕身。知人名也。[事對] 抱梁 升木 袁淑俳諧集常山王九命文曰。及至
圖身失所。羈靮人間。馴纓服制。惟意所牽。登楹而遨。抱梁而眠。拾摭遺餘。恣口所便。毛詩曰。無教猱升木。毛萇注曰。猱。猨屬也。孫炎注爾
雅曰。猱。母猴也。丹脣 赤足 傅玄猨猴賦曰。戴以赤幘。襪以朱巾。裝其面。丹其脣。揚眉蹙額。若愁若嗔。江乘地記曰。攝山有山猨。赤
足。或見涉冬積雪。輒有一行跡。騎牛 服鼠 郭頒魏晉世語曰。司馬宣王辟周泰爲新城太守。鍾毓謂泰曰。君釋褐登宰府。乞兒乘
小車。一何駛。泰曰。君明公之子。少有文彩。故守吏職。獼猴乘土牛。一何遲。衆賓悅服。王充論衡曰。蚊虻之力。不如牛馬。牛馬困於蚊虻者。
勢也。鹿之角足以觸犬。猴之手足以搏鼠。然而鹿制於犬。猴服於鼠。爪不利也。蟲質 獸身 譙子法訓曰。人之所以貴者。以其禮節
也。人而無禮。其獼猴乎。雖人象而蟲質也。阮籍獼猴賦曰。體多似而匪類。貌乖殊而不純。外察慧而無度兮。故人面而獸身。[賦]
後漢王延壽王孫賦 原天地之造化。實神偉之屈奇。道玄微以密妙。信無物而弗爲。有王孫之狡獸。形陋觀而醜儀。顏狀類乎老
公。軀體似乎小兒。眼睚崖 隅五流反 以眩乎盼反 卹。視睠戢 睫以映乎悅反 睳。乎迷反 突烏決反 高目而曲額。瞏儇 瞑乎久反 歷而隳離。
鼻䶏許解反 齁許候反 以齅吸。歔許夾反 耳聿役以適商知。口嗛呼黍反 眄以䶎則咸反 齺。鄒 脣齴 制㛒反 噣 而懾反 以䏸疋卑反 視。妍
卑反 齒崖崖以齾獻 齾嚼咀嚥染而嗫 而葉反 喫。儲糧食於兩頰。稍委輸於胃脾。踡菟蹲而狗踞。聲歷鹿而喔咿。或嗝格嗝而嚱嚱。又
嘀的嗅 火歷反 其若啼。姿僭傔呼店反 而愬贑。音貢 豁盱閱以瑱醘。胎苦 踠苑 騣子公反 而瞷覓 睗錫 睆阮 瞛 而兗反 悈而踧跮。嘗

生深山之茂林。處嶄巖之嶔崎。性㹮猜之猾疾。態峯出而横施。緣百仞之高木。攀窮枲之長枝。背牢落之峻壑。臨不測之幽溪。尋柯條以宛轉。或捉腐而登危。若將頹而復著。紛嬴絀以陸離。或群跳土弔反而電透。或瓜懸而瓠垂。上觸手而拏攫。下對足而登跂。至攀攬以狂接。覆縮臂而電赴。時遼落以蕭索。乍睥睨以容與。或蹂跌決以踐遊。又咨嗷而攢聚。扶嶔崟以揀陳。椽勑緣反躡危臬而騰舞。忽涌逸而輕迅。羌難得而覼縷。同甘苦於人類。好哺糟而啜醨。乃設酒於其側。竟爭飲而蹈火綠反馳項。火蜀反陋酌火侯反以迷醉。矇眠睡而無知。暫拏鬏子公反以緳火結反縛。遂纓絡以縻羈。歸鎖繫於庭廐。觀者吸咽而忘疲。〔詩〕陳蕭銓夜猨啼詩　桂月影才通。猨啼適入風。隔巖還嘯侶。臨潭自響空。挂藤疑取飲。吟枝似避弓。別有三聲淚。霑裳竟不窮。

卷二十九校勘表

頁數	行數	排印本原文	安刻本	嚴陸校	備註
六九七	八	符枝			後漢書班超傳作「符拔」
六九七	一〇	伐冒頓經	越蹋□經	伐冒頓道經	
六九七	一一	宋炳		宗炳	
六九七	一二	俄焉		[illegible]焉	
六九八	一	符枝			見前備註
六九八	三	檀海汍山		汎海淩山	
六九八	五	虞世南獅子賦		（嚴）此賦依絳帖校	
六九八	六	惟皇王		惟聖王	
六九八	七	殊姿異制		殊文異質	
六九八	八	踐藉		跋踐	
六九八	九	從化		絛化	
七〇〇	八	歸昌	歸和		
七〇一	一〇	則謂之特		攻特謂乘之	

七〇一	一五	後兩膝白者		後兩股者	宋本「股」下疑有闕字
七〇二	一	音燕	音燕州竅		
七〇二	三	音決此皆	音決光也		
七〇二	九	嶠山上	高山其上		
七〇三	九	壽穀		懿壽	
七〇三	一一	稟神氣		乘神稟	
七〇三	一三	有五肉角		背生肉角	
七〇四	二	温驪			據爾雅疏引穆天子傳作「盜驪」
七〇四	四	跋貓	跋犬		
七〇五	一	二裹		上裹	
七〇五	三	惟燭		帷蠋	
七〇五	五	埋輪		環袨	
七〇五	九	經向		輕向	
七〇六	一	尬	尬		
七〇六	二	上徒反	士彼反		

七〇六	四	末豐也載牛掌		末黑也載牛角	
七〇六	七	童子最快		句下〔嚴〕據類函補「二軌齊者快」五字。據注當有之。然未知所出。	
七〇八	一	歷無定主大驛於天		居無定主周繞於天	
		下		下	
七〇八	三、四、五、九	廬山公	驢山公		
七〇八	七	回衡		回行	
七〇八	八	閭邱		廬邱	
七〇八	一〇	以貌		以面貌	
七〇八	一五	歲於	歲三		
七一〇	二	編謀類		是類謀	
七一〇	七	次亦取一		次亦取之	
七一一	一	所寢槽			爾雅作「所寢檜」
七一一	三	貕也豕			「也豕」疑倒
七一二	五	狵狗			爾雅作「尨狗也」
七一二	六	壯犬也		狂犬也	

七一二	一五	「竦耳　注精」注		宋本作「搜神記」曰・張然滯役不歸・婦遂與奴私通・然養一狗・名曰烏龍・後歸・奴與婦謀・欲殺然・狗注精舐脣視奴・然曰烏龍與手・應聲盪奴・失刀仗・然取刀殺奴也・
七一三	一〇	郭頒魏晉俗語	郭頒魏晉俗語	郭頒魏晉世語
七一三	一〇	天郊壇下		郊天壇下
七一三	一一	王路		政路
七一四	二	嗺嗺		啀喍
七一四	二	曾丘魂		曾丘隗
七一四	七	猛獸		龜獸
七一四	九	精萊		精釆
七一四	九	旣洋洋		裔洋洋
七一四	一三	衡波		衝波

七一五	一	施毛	施眉	施肩
七一六	一〇	宣王三年		宣王三十年
七一七	九	鈌獀		鈌貗
七一七	一二	二小物		一小物
七一八	二	其證	王證	吾證
七一八	二	攸昌		其昌
七一八	八	鼰鼠		鼰鼠
七一八	九	令鼠者也		今鼠也
七一八	一三	如家鼠	如家獸	
七一九	一〇	鼫鼠夷由	鼢鼠夷由	
七一九	一〇	深目		果目
七二〇	五	忉忉		切切
七二〇	一二	通臂		通胛
七二一	七	鍾鋶		尙書鍾鋶
七二一	一二	高目		高匡
七二一	一二	曲額		曲頞
七二二	一四	嗝格		嗝古厄反

卷二十九嚴陸校宋本異文

〔上接七一二頁八行「犬赤股而躁躁」〕周書曰渠溲犬者露犬也能飛食虎豹廣雅曰殷虞晉獒楚茹黄韓盧宋鵲竝犬屬廣志曰狗有懸蹄尾之號山海經曰陰山有獸焉其狀如狸白首其名天狗又曰蜪犬如犬青色食人自頭始又曰金門之山有赤犬名曰天犬下則有兵雜五行書曰白犬虎文畜之可致萬石黑犬白耳畜之令富貴黑犬白足宜子孫白犬黄頭家大吉黄犬白尾代有衣冠黄犬白足利人漢書高祖曰諸公知獵乎爲人逐獸者狗也指蹤示獸者人也史記曰跖犬吠堯堯非不仁吠非其主西京雜記曰茂陵年少李亭好馳駿狗逐獸或以鷹鷂兔皆以爲佳名狗則有脩毫氂腱白望青曹之名〔事對〕　兌象　斗精易曰兌爲狗宋均曰狗斗星之所生也盧令　旅獒毛詩國風曰盧令令其人美且仁盧重環其人美且鬈尚書曰西旅獻獒太保乃作旅獒　青骹　黄倉西京雜記曰楊萬年獵狗名青骹直百金陳書曰張彪敗後與妻楊氏去唯所養一犬黄倉在前後未嘗離　烏龍　赤虎搜神記曰會稽民張然養一狗甚快名烏龍三國典略曰齊高緯以伏斯狗爲赤虎吠形　見首潛夫論曰一犬吠形百犬吠聲呂氏春秋曰飢馬盈廐嘆然未見芻也飢狗盈宫嘆然未見首也見首與芻動則不可禁懸蹄　巨口説文曰犬狗之有懸蹄者也又曰狡少狗也匈奴有胶犬巨口而黑身逐麋　搏兔史記曰逐麋之犬不顧兔范睢説秦昭王曰夫以秦而治諸侯譬如縱韓盧而搏蹇兔也　狺狺　嗺嗺楚詞曰猛犬狺狺而迎吠兮關梁閉而不通管子曰管

仲將死。謂桓公曰。有吠嚾嚾。旦夕。欲噬我股而不死也。君必去之。言易牙豎貂必爲亂也。黃耳　白蒼述異記曰。陸機少時好獵在吳。豪客獻快犬。名黃耳。機後仕洛。戲語犬曰。我家絕無書。汝能馳往否。犬搖尾作聲應之。機爲書。盛以竹筒。繫之犬頸。犬疾走向吳。其作答內竹筒內。仍馳還洛。郭緣生述征記曰。古徐國宮人娠而生卵。棄之水濱。有犬名白蒼。銜而歸。俄而成人。遂爲徐嗣君。［下接七一三頁九行「走百里高三尺」］

初學記卷第三十

鳥部

鱗介部

蟲部

鳳第一

〔敍事〕孔演圖曰。鳳。火精。毛詩草蟲經曰。雄曰鳳。雌曰皇。其雛爲鸑鷟。或曰。鳳皇一名鸑鷟。一名鸀。毛詩疏曰。鳳非梧桐不棲。非竹實不食。論語摘衰聖曰。鳳有六像。九苞。六像者。一曰頭像天。二曰目像日。三曰背像月。四曰翼像風。五曰足像地。六曰尾像緯。九苞者。一曰口包命。二曰心合度。三曰耳聽達。四曰舌詘伸。五曰彩色光。六曰冠矩州。七曰距銳鈎。八曰音激揚。九曰腹文戶。行鳴曰歸嬉。止鳴曰提扶。夜鳴曰善哉。晨鳴曰賀世。飛鳴曰郎都。知我唯黃。持竹實來。故子欲居九夷。從鳳嬉。宋均曰。緯五緯也。度。

尺也州當作朱朱色也戶所由出入也應天下和平者也黃黃中通理也鳳遇亂則潛居九夷。許愼說文曰。鳳神鳥也。天老曰。鳳像。麟前鹿後。蛇頸而魚尾。龍文龜背。燕頷雞喙。五色備舉。出東方君子之國。翺翔四國之外。過崑崙。飲砥柱。濯羽弱水。暮宿丹穴。見則天下大安寧。字從鳥凡聲也。鳳飛則群鳥從以萬數也。皇甫謐帝王世紀曰。黃帝服齋于中宮。坐于玄扈洛上。乃有大鳥雞頭燕喙。龜頸龍形。麟翼魚尾。其狀如鶴。體備五色。三文成字。首文曰順德。背文曰信義。膺文曰仁智。不食生蟲。不履生草。或止帝之東園。或巢阿閣。其飲食也。必自歌舞。音如簫笙。漢書。元始三年。有鳳皇集東海。遣使祠其處。宣帝時。鳳皇神雀甘露降集京師。赦天下。鳳皇集上林。迺作鳳皇殿。以答嘉瑞。任子曰。鳳爲羽族之美。麟爲毛類之俊。龜龍爲介蟲之長。楩枏爲衆材之最。是物之貴也。

[事對]

銜圖　授璽　春秋合誠圖曰。黃帝坐玄扈洛水上。與大司馬容光等臨觀鳳皇銜圖置帝前。帝再拜受圖。宋均注。玄扈石室名。又曰。堯坐舟中。與太尉舜臨觀。鳳皇負圖授堯。圖以赤玉爲柙。長三尺。廣八寸。黃玉撿。白玉繩。封兩端。其章曰。天赤帝符璽五字。

丹穴　紫庭　山海經曰。丹穴之山有鳥。名曰鳳皇。是鳥自歌自舞。見則天下大安寧。蔡邕琴操曰。周成王時。天下化。鳳皇來舞於庭。成王乃援琴而歌曰。鳳皇翔兮於紫庭。余何德兮以感靈。

六德　五象　桓玄鳳皇賦曰。惟羽族之殊誕。獨鸞皇而稱傑。邈區宇以超棲。撫朝陽於丹穴。備六德以成文。暉藻翰之郁烈。韓詩外傳曰。夫唯鳳爲能究萬物。通天地。故得鳳像之二。則鳳過之。得鳳像之三。則鳳集之。得鳳像之四。則春秋下就之。得鳳像之五。則鳳沒身居之。黃帝曰。於戲允哉。朕何敢與之焉。

十子　五雛　焦贛易林曰。鳳有十子。同巢共母。懽以相保。又曰。鳳生五雛。長于南郭。君子康寧。身榮悅樂。

巢閣　棲桐　尚書中候曰。堯卽政七十年。鳳皇止庭。伯禹拜曰。黃帝軒轅時。鳳皇巢阿閣。詩義疏曰。鳳皇名鷟鸑。非梧桐不棲。非竹實不食。諸說鸑鷟鳳類。與此不同。風翼　雲儀　論語摘衰聖曰。鳳有六像。四曰翼像風。晉陶潛讀山海經詩曰。靈鳳撫雲儀。神鸞垂玉音。雖非世上寶。爰得王母心。金咮　朱冠　陸翽鄴中記曰。石季龍皇后在觀上。有詔書五色紙。著鳳口中。鳳既銜詔。侍人放數百丈緋繩。轆轤徊轉。鳳皇飛下。鳳以木作之。五色漆畫。咮腳皆用金。晉顧愷之鳳賦曰。朱冠赫以雙翹。陽精　靈質　鶡冠子曰。鳳皇鶉火之禽。陽之精也。德能致之。其精畢至。顧愷之鳳賦曰。靈質翽其高舉。止帝梧　集王谷　韓詩外傳曰。黃帝乃服黃衣。帶黃紳。戴黃冕。齋于中宮。鳳乃蔽日而至。黃帝降于東階。西向再拜稽首。皇天降祉。不敢不承命。鳳乃止帝東園。集帝梧桐。食帝竹實。沒身不去。焦贛易林曰。神鳥五色。鳳皇爲王。集於王谷。使君得所。五彩羽　千金毛　東觀漢記曰。建武十七年。鳳皇至。高八九尺。毛羽五彩。集潁川。群鳥並從。蓋地數頃。留十七日乃去。王子年拾遺記曰。周昭王以青鳳之毛爲二裘。一曰燠質。一曰暄肌。常以禦寒。至厲王末。猶寶此物。及厲王流于彘。人得而珍之。罪有陷大辟者。以青鳳毛贖罪免死。片毛則准千金。

〔賦〕

唐太宗文皇帝鳳賦　有一威鳳。憩翮朝陽。晨游紫霧。夕飲玄霜。資長風以舉翰。戾天衢而遠翔。西翥則烟氛閟色。東飛則日月騰光。化垂鵬於北裔。訓群鳥於南荒。彌亂世而方降。膺明時而自彰。幸賴君子。以依以持。引此風雲。濯斯塵滓。披蒙翳於葉下。發光華於枝裏。仙翰屈而還舒。靈音摧而復起。眄八極以騰翥。臨九天而高峙。庶廣德於衆禽。非崇利於一己。是以徘徊感德。顧慕懷賢。憑明哲而禍散。託英才而福延。答惠之情彌結。報功之志方宣。非知難而行易。思令後以終前。俾賢德之流慶。畢萬葉而芳傳。

晉傅咸鳳皇賦　仰天文以彌觀兮。覽神象乎太淸。伊儀鳳之誕育兮。稟朱行之淳精。故能體該衆妙。德備五靈。穢維塵之紛濁兮。患俗網之易嬰。心眇眇其悠遠兮。意飄飄以遐征。翔寥廓以輕舉兮。凌淸霄而絕形。若乃龍飛九五。時惟大明。闡隆正道。既和且平。感聖化而來儀兮。讚簫韶於九成。隨時宜以行藏兮。諒出處之有經。豈以美而賈害兮。固以德而見榮。曠千載而莫覩兮。忽翩爾而來庭。應龍至兮。庶有感於斯誠。而君子之是忽兮。賦微物以申情。雖綺靡之可翫兮。悲志大之所當。敢砥鈍於末蹤。今則瓦礫於瑤瓊。［詩］後漢劉楨鳳皇詩鳳皇集南岳。徘徊孤竹根。於心存不厭。奮翅騰紫氛。豈不常辛苦。羞與雀同群。何時當來儀。要須聖明君。陳張正見賦得威鳳棲梧桐詩丹山下威鳳。來集帝梧中。欲舞春花落。將飛秋葉空。影照龍門水。聲入洞庭風。別有將離曲。翻更合絲桐。

鶴第二

［敘事］詩義疏曰。鶴大如鵝。長三尺。腳青黑。高三尺餘。赤頰赤目。喙長四寸。多純白。亦有蒼色。蒼色者。今人謂之赤頰。常夜半鳴。其鳴高朗。聞八九里。唯老者乃聲下。今吳人園中及士大夫家皆養之。雞鳴時亦鳴。繁露曰。鶴知夜半。鶴水鳥也。夜半水位。感其生氣。則益喜而鳴。鶴所以壽者。無死氣於中也。相鶴經曰。鶴者陽鳥也。而遊於陰。因金氣。依火精以自養。金數九。火數七。故七年小變。十六年大變。百六十年變止。千六百年形定。體尚潔。故其色白。聲聞天。故頭赤。食於水。故其喙長。軒於前。故後指短。棲於陸。故足高而尾凋。翔於雲。故毛豐而肉疎。大喉以吐。故修頸以納新。故生大壽不可量。所以體無青黃二色者。木土之氣內養。故不表於外。是以行必依洲嶼。止不集林木。蓋羽族之宗長。仙人之騏驥也。鶴之上相。瘦頭朱頂。露眼玄睛。高鼻短喙。䯓音故解反頰。𩨨音德宅反耳。長頸促身。燕膺鳳翼。雀毛龜背。鼈腹軒前垂後。高脛粗節。洪髀纖指。此相之備者也。鳴則聞於天。飛則一舉千里。鶴二年落子毛。易黑點。三年產伏。復七年羽翮具。復七年飛薄雲漢。復七年舞應節。復七年晝夜十二時鳴中律。復百六十年不食生物。復大毛落。茸毛生。雪白或純黑。泥水不污。復百六十年雄雌相視。目睛不轉而孕。千六百年飲而不食。

鸞鳳同爲群。聖人在位。則與鳳凰翔於甸。〔事對〕 陽鳥 仙禽 淮南八公相鶴經曰。鶴者。陽鳥也。而遊於陰。鮑昭舞鶴賦曰。偉胎化之仙禽。金衣 玉羽 西京雜記曰。始元元年。黄鵠下太液池。上爲歌曰。黄鵠飛兮下建章。羽肅肅兮行蹌蹌。金爲衣兮菊爲裳。自顧薄德。愧爾嘉祥。鮑昭舞鶴賦曰。振玉羽而臨霞。翔紫蓋 養青田 盛弘之荆州記曰。衡山有三峯極秀。一名紫蓋。澄天明景。輒有一雙白鶴。迴翔其上。清響亮徹。永嘉郡記曰。有洙沐溪。去青田九里。此中有一雙白鶴。年年生子。長大便去。只惟餘父母一雙在耳。精白可愛。多云神仙所養。入帳 乘軒 李遵太元眞人茅君傳曰。好道者入廟。或見一白鶴入帳中。白鶴者。皆是九轉還丹使。左傳曰。衛懿公好鶴。鶴有乘軒者。飲瑤池 翔金穴 鮑昭舞鶴賦曰。朝戲於芝田。夕飲乎瑤池。李遵太元眞人茅君内傳曰。茅盈留句曲山。告二弟曰。吾去有局任。不復得數相往來。父老歌曰。茅山連金穴。江湖據下流。三神乘白鶴。各居一山頭。佳雨灌得稻。陸田亦復周。妻子保堂室。使我百無憂。白鶴翔金穴。何時復來遊。素羽 玄睛 王韶之神境記曰。滎陽郡南百餘里。有蘭岩。常有雙鶴。素羽皦然。日夕偶影翔集。傳云。昔夫婦倶隱此。年數百歲。化成此鶴。淮南八公相鶴經曰。鶴之上相。露眼玄睛。丹頰 朱頂 詩義疏曰。鶴形如大鵝。丹頰赤目。相鶴經曰。鶴之上相。瘦頭朱頂。長頸促身。龜背 鳳翼 淮南八公相鶴經曰。鶴之上相。雀毛龜背。又曰。燕膺鳳翼。飲溶溪之水 唼太湖之荇 王子年拾遺記曰。周昭王時。塗修國獻青鳳丹鶴各一雄一雌。以潭皐之粟飼之。以溶溪之水飲之。何晏詩曰。雙鶴比翼遊。群飛戲太清。常畏失網羅。憂患一朝并。豈若集太湖。順流唼浮萍。〔賦〕

魏曹植白鶴賦

嗟皓麗之素鳥兮。含奇氣之淑祥。薄幽林以屏處兮。蔭重景之餘光。狹單巢於弱條兮。懼衝風之難當。無沙棠之逸志兮。欣六翮之不傷。承邂逅之僥倖兮。得接翼於鸞皇。同毛衣之氣類兮。信休息之同行。痛良會之中絶兮。遘嚴災而逢殃。共太息而祇懼兮。抑吞聲而不揚。

宋鮑昭舞鶴賦

散幽經以驗物。偉胎化之仙禽。鍾浮曠之藻質。抱淸迥之明心。指蓬壺而翻翰。望崑閬而揚音。匝日域以迴騖。窮天漢而高尋踐神區其既遠積靈祀而方多睛含丹而星曜頂凝紫而烟華引員吭之纖婉頓修趾之洪姱疊霜毛而弄影振玉羽而臨霞朝戲於芝田夕飲乎瑤池厭江海而游澤掩雲羅而見羈去帝鄉之岑寂歸人寰之喧卑歲崢嶸而愁暮心惆悵而哀離云云［詩］梁簡文帝賦得舞鶴詩來自芝田遠飛渡武溪深振迅依吳市差池逐晉琴奇聲傳迵澗動翅拂花林欲知情物外伊洛有清潯梁吳均詠鶴詩本自乘軒者爲君階下禽摧藏多好貌清唳有奇音陳陰鏗詠鶴詩依池屢獨舞對影或孤鳴乍動軒墀步時轉入琴聲陳孔德紹賦得華亭鶴詩　華亭失侶鶴乘軒寵遂終三山凌苦霧千里激悲風心危白露下聲斷綵絃中何言斯物變翻復似遼東

雞第三

［敍事］春秋說題辭曰雞爲積陽南方之象火陽精物炎上故陽出雞鳴以類感也雞之爲言佳也佳而起爲人期莫寶也善爲人制晏早之期春秋運斗樞曰玉衡星散爲雞遠雅頌著倡優則雄雞五足爾雅曰雞大者蜀蜀子雞未成雞曰僆絕有力奮雞三尺爲鶤棲於杙爲桀鑿垣而棲爲塒　郭璞注曰蜀今蜀雞也雛雞子名也今江東呼雞少者爲僆鶤古之名雞也易林曰巽爲雞雞鳴節時家樂無憂尚書曰牝雞之晨惟家之索韓詩外傳曰田饒謂魯哀公曰夫雞頭戴冠者文也足搏距者武也敵在前敢鬭者勇也見食相告者仁也守夜不失時者信也雖有五德猶日瀹而食之者何也以其所從來近也周官曰工商執雞取其守時而動禮記曰祭宗廟之禮雞曰翰音風俗通曰呼雞曰朱朱俗云相傳雞本朱氏翁化爲之今呼雞皆朱朱也崔豹古今注曰雞一名燭夜廣志曰雞有胡髯五指金骹反翅之種大者蜀小者

荆。白雞金骹者美。長尾雞。尾細而長。長五尺餘。出東夷韓國。九眞郡出長鳴雞。龍魚河圖曰。玄雞白頭。食之病人。雞有六指亦殺人。雞有五色亦殺人。白澤圖曰。雞有四距重翼者。龍也。殺之震死。論墓書曰。養白雞。令識其主聲形。以五月五日。九月九日。任意用五色綵長五寸。係雞頸。將雞於名山。放雞著山。仰頭咒曰。必存鳴晨雞。心開悟。本草曰。烏雞。主補中。

[事對]

玉瑲 金距 習報長鳴雞賦曰。朱冠玉瑲。形素並施。左傳曰。季郈之雞鬬。季氏芥其雞。郈氏爲之金距。平子怒。益宮於郈氏。且讓之。故郈昭伯亦怨平子。

芥羽 花冠 左傳曰。季郈之雞鬬。季氏芥其雞。杜預注云。擣芥子播其羽也。或曰。以膠沙播之爲芥雞。沈懷遠南越志曰。雞冠四開如蓮花。鳴聲清徹也。

翠冠 玄羽 沈懷遠長鳴雞讚曰。翠冠繽茵。碧距麗陳。就昏別夕。望旭驚晨。傅休奕鬬雞賦曰。玄羽黝而含曜。

金骹 鐵距 郭義恭廣志曰。雞有金骹反翅之種。吳時外國傳曰。扶南山范尋以鐵爲鬬雞假距。與諸將博錢。

能言 善鬬 王子年拾遺記曰。含塗國去王都七萬里。人善服鳥獸。雞犬皆使能言。西京雜記曰。成帝時。交趾越巂獻長鳴雞。即刻漏驗之。晷刻無差。長鳴一食時不絕。長距善鬬也。

翠彩 朱光 傅休奕鬬雞賦曰。翠彩蔚而流青。曹植鬬雞詩曰。悍目發朱光。

雙頭 四翼 王子年拾遺記曰。太初二年。月氏貢雙頭雞。四足一尾。鳴則俱鳴。魏書曰。崔光字長仁。河東淸河人也。正始元年夏。有典事史元顯獻四足四翼雞。詔散騎侍郎趙邕以問光。光表曰。翅足衆多。亦群下相扇動之象。雛而未大。脚弱差小。亦其勢尚微。易制御也。武帝覽之悅。後數日而顯皓等並以罪伏法。於是禮光逾重。

飛海外 鳴雲中 郭子橫洞冥記曰。有遠飛雞。夕則還依人。曉則絕飛四海外。朝往夕還。沈懷遠南越志曰。威平有巨穴焉。至於重陰四晦。則雞鳴雲中。

[賦]

傅玄鬬雞賦

玄羽黝而含曜兮。素毛頴而揚精。紅縹厠於微黃兮。翠彩蔚而流青。五色錯而成文兮。質光麗而豐盈。前看如倒。傍視如傾。目象規作。觜似削成。高膺峭跱。雙翅齊平。躍身竦體。怒勢橫生。爪似錬鋼。目如奔星。揚翅因風。撫翮長鳴。猛志橫逸。勢凌天廷。或躑躅踟蹰。或蹀躡容與。或爬地俯仰。或撫翼未舉。或狼顧鴟視。或鸞翔鳳舞。或佯背而引敵。或畢命於強禦。於是紛紜翕赫。雷合電擊。爭奮身而相戟兮。競隼鷙而鵰睨。得勢者淩九天。失據者淪九地。徒觀其戰也。則距不虛挂。翮不徒拊。意如飢鷹。勢如逸虎。**習暇長鳴雞賦** 嘉鳴雞之令美。智窮神而入冥。審琁璣之迴遽。定昏明之至精。應青陽於將曙。忽鶴立而鳳停。乃拊翼以讚時。遂延頸而長鳴。若乃本其形像。詳其羽儀。朱冠玉璫。彤素並施。紛葩赫弈。五色流離。殊姿豔溢。采曜華披。雍容鬱茂。飄颻風靡。扇六翮以增暉。舒毳毛而下垂。違雙距之岌峩。曳長尾之逶迤。

[詩] **魏曹植鬬雞詩** 群雄正翕赫。雙翹自飛揚。揮羽激清風。悍目發朱光。願蒙貍膏助。常得擅此場。**後周王褒看鬬雞詩** 蹀躞始橫行。意氣欲相傾。妬敵金芒起。猜群芥粉生。入場疑挑戰。逐退似追兵。誰知函谷下。人去獨閑城。**梁簡文帝鬬雞詩** 歡樂良無已。東郊春可遊。百花非一色。新田多異流。龍尾橫津漢。車箱赴戍樓。玉冠初警敵。芥羽忽猜儔。十日驕既滿。九勝勢恒遒。脫使田饒見。堪能說魯侯。**陳褚玠鬬雞東郊道詩** 春郊鬬雞侶。捧敵兩逢迎。詭群排袖出。帶勇向場驚。錦毛侵距散。芥羽雜塵生。還同戰勝罷。耿介寄前鳴。

鷹第四

[敍事] 易通卦驗曰。鷹者。鷙殺之鳥。周書曰。驚蟄之日。鷹變爲鳩。處暑之日。鷹乃祭鳥。大戴禮曰。正月鷹則爲鳩。鷹也者。其殺之時也。鳩也者。非其殺之時也。善變而之仁。故具言之也。鳩爲鷹而之不仁。故不盡其辭。春秋元命苞曰。瑤光散爲鷹。立秋之日。鷹鸇擊。爾雅曰。鷹鶆鳩。廣雅曰。白鷢鷹也。廣志曰。鷹一歲爲黃。二歲爲撫。三歲爲青。**[事對]** **制鵰鶚　逐鳥雀** 孔氏志曰。楚文王好田。天下快狗名鷹畢聚焉。有人獻一鷹。曰非王鷹之儔。俄而雲際有一物凝翔。飄颻鮮白。而不辨其形。鷹於是竦翮而升。矗若飛電。須臾羽墮如雪。血灑如雨。良久有一

大鳥墮地而死度其兩翅廣數十里喙邊有黃衆莫能知有博物君子曰此大鵬鷁也始飛爲故爲鷹所制乃厚賞獻者左傳曰子產始知然明問爲政焉對曰視民如子見不仁者誅之若鷹鸇之逐鳥雀

春化　秋吟　禮記曰仲春之月鷹乃學習孟秋之月鷹乃祭鳥用始行戮魏文帝答繁欽書曰於是商風振條春鷹秋吟斯可謂聲協鍾石氣應風律

猛氣　雄姿　傅玄鷹賦曰含炎離之猛氣兮受金剛之純精獨飛跱於林野兮復徊翔於天庭又曰觜利吳戟目類星明雄姿邈代逸氣橫生

恥燕雀　截鵠鸞　傅玄長歌行曰蒼鷹厲爪翼恥與燕雀遊成敗在縱者無令鷙鳥憂孫楚鷹賦曰有金剛之俊鳥生井陘之巖阻擒狡兔於平原截鵠鸞於河渚

棲茂樹　擊中原　焦貢易林曰鷹棲茂樹候雀往來傅玄鷹賦曰雖逍遙於廣厦思擊厲於中原

青骹素羽　華絆金鐶　傅玄蜀都賦曰鷹則流星曜景奔電飛光青骹素羽飄雪繁霜傅玄鷹賦曰奮翅不得起撫翼無所翔飾五彩之華絆結璇璣之金鐶

[賦]

隋魏彥深鷹賦　唯茲禽之化育實鍾山之所生資金方之猛氣擅火德之炎精何虞者之多端運橫羅以羈束綴輕絲於雙臉結長皮於兩足飛不遂於本情食不充於所欲逸翰由而暫斂雄心爲之自局若乃貌非一種相乃多途指重十字尾貴合盧立如植木望似愁胡觜同利劍腳等荆枯亦有白如散花赤如點血大文若錦細斑似纈眼類明珠毛猶霜雪身重若金爪剛如鐵或復頂平似削頭圓如卵臆闊頸長筋粗脛短翅厚羽勁髀寬肉緩求之事用俱爲絕伴或似鶉頭或似鵄首赤睛黃足細骨小肘懶而易驚姦而難誘住不可呼飛不及走若斯之輩不如勿有若夫疾食速消此則有命兔頸猴立是爲無病厠門忌大結肚惡軟縧不欲絕背不宜喘生於窟者則好伏巢於水者則常立雙骹長者則起遲六翮短者則飛急毛衣屢改厥色無常寅生酉就總號爲黃二周作鴘千日成蒼雖曰排虛性殊衆鳥雌則體大雄則形小遇犬則驚猜得人則馴擾養雛則少病野羅則多巧察之爲易調之實難格必高適屋必華寬蓋以取熱酒以排寒韝須溫煖肉不陳乾近之令狎靜之使安晝不離手夜便火宿微加其毛少減其肉肌羸腸瘦心和性熟念絕雲霄志在

馳逐。［詩］隋煬帝詠鷹詩 遷朔欲之衡。忽投尉羅裏。既以鷹華絆。仍持獻君子。青骹固絕儔。素羽誠難擬。深目表茲稱。闊臆斯爲美。鷙獸不及奔。猜禽無暇起。雖蒙韝上榮。無復凌雲志。

烏第五

［敍事］說文曰。烏孝鳥也。春秋運斗樞曰。飛翔羽翮爲陽。陽氣仁。故烏反哺也。春秋元命苞曰。日中有三足烏者。陽精。其僂呼也。僂呼溫潤生長之言孝經援神契曰。德至鳥獸。則白烏下矣。東觀漢記曰。章帝元和三年。代郡高柳烏生子三足。大如雞。色赤。頭上有角。長寸餘。張勃吳錄曰。彭澤有烏接丸。行者丸飯投之。高下無失。宋起居注曰。元嘉十三年。陽羨縣民談合送白烏。皓質潔映。有若輝璧。爰稽圖瑞。實惟嘉祥。崔豹古今注曰。烏一名鶩。烏通俗文曰。白頭烏謂之鸛鶴。鸛治八反。詩義問曰。有鵯烏。鵯音匹雅烏。楚烏也。爾雅曰。鸒斯鵯鶋。楚烏也。又曰雅烏小而多聲。腹下白。又曰。烏鵲醜。其掌縮。飛縮腳腹下。又曰。有燕烏。山烏。炎烏。燕白脰烏。鸀山烏。鸀似烏而小赤觜。穴乳。出西方。［事對］ 日禽 陽烏 孔子曰。烏嘔呼也。取其助氣。故以爲烏呼。烏爲日中之禽。故爲像形也。張衡靈憲曰。日陽精之宗。積而成烏。烏有三趾。陽之類數也。銜纖 萃冠 劉義慶世說曰。徐干木年少時。嘗夢烏從天下。銜長斗纖樹其庭前。烏復上天。銜纖下。凡樹三纖。竟。烏大鳴。作惡聲而去。徐後果得疾。遂以惡終。伏侯古今注曰。曾參鋤瓜。三足烏萃其冠。歸飛 返哺 毛詩曰。弁彼鸒斯。歸飛提提。譙子法訓曰。夫孝。行之本。替本而求末者。未見得之者也。如或得之。君子不貴矣。烏者猶有返哺。況人而無孝心者乎。巢門 畫壁 常璩華陽國志曰。僰道縣孝子吳順養母。赤烏巢其門。風俗通曰。按明帝起居注曰。東巡泰山。到滎陽。有烏飛鳴乘輿上。虎賁王吉射中之。作辭曰。烏烏啞啞。引弓射左腋。陛下壽萬歲。臣爲二千石。

帝賜錢二百萬。令亭壁畫爲烏也。丹質 素體 薛綜赤烏頌曰。赫赫赤烏。惟日之精。朱羽丹質。希代而生。又白烏頌曰。粲焉白烏。皓體如素。宗廟致敬。乃胥來顧。化魚 銜鵲 南越記曰。烏賊魚常自浮水上。烏見以爲死。便啄之。乃卷取烏。故謂烏賊魚。今疋烏化爲之。吳歷曰。吳王爲神主來立廟蒼龍門外。時有烏巢朱雀門上。又有兩烏銜一鵲置神座前。或得神書說改元之意。乃改赤烏爲太元。

八子 九雛 古樂府歌曰。烏生八九子。端坐秦氏桂樹間。昔我秦氏家有遨蕩子。用睢陽蘇合彈。司馬彪續漢書曰。桓帝時童謠曰。城上烏。尾畢逋。一年生九雛。公爲吏。兒爲徒。一徒死。百乘車。

【賦】

晉成公綏烏賦 惟玄烏之令鳥兮。性自然之有識。應炎陽之純精兮。體乾剛之至色。望仁里之迴翔兮。翩群鳴以拊翼。嗟自託於君子兮。心雖邇而不逼。起彼高林。集此叢灌。棲息重陰。列巢布榦。繽紛霧會。迴皇塵亂。來若雨集。去如雲散。哀鳴日夕。鼓翼昧旦。噫啞相和。音聲可玩。嗟斯烏之克孝兮。心識養而知慕。同蓼莪之報德兮。懷凱風之至素。雛既壯而能飛兮。乃銜食而反哺。遊朝霞而凌厲兮。飄輕翥於玄冥。有崑山之奇類兮。體殊形於玉趾。凌西極以翺翔兮。爲王母之所使。時應德而來儀兮。介帝王之繁祉。入中州而武興兮。集林木而軍起。能休祥於有周兮。矧貞明于吉土。嘉茲烏之淑良兮。永和樂而靡已。

梁何遜窮烏賦 嗟窮烏之小鳥。意局促而馴擾。聲遇物而知哀。翮排虛而不矯。望絕侶於夕霞。聽翔群於月曉。旣滅志於雲霄。遂甘心於園沼。時復搶榆決至。觸案窮歸。若中氣而自墮。似驚弦之不飛。同雞塒而共宿。啄鴈稗以爭肥。異海鷗之去就。無青鳥之是非。豈能瑞周德而丹羽。感燕悲而素暉。雖有知於理會。終失悟於心機。

【詩】

唐太宗文皇帝詠烏代師道詩 凌晨麗城去。薄暮上林棲。辭枝枝暫起。停樹樹還低。向日終難託。迎風詎肯迷。只待纖纖手。曲裏作宵啼。

梁朱超詠城上烏詩 朝飛集麗城。猶作夜啼聲。近日毛雖暖。聞弦心尚驚。

隋明慶餘死烏詩 暮空長罷噪。箭急不知驚。賴餘琴裏曲。猶有夜啼聲。

虞世基晚飛烏詩 向日晚飛低。飛飛未得棲。只爲歸林遠。恆當侵夜啼。

隋楊師道應詔詠巢烏詩 桂樹春暉滿。巢烏刷羽儀。朝飛麗城上。夜宿碧林陲。背風藏密葉。向日逐疎枝。仰德還能哺。依仁遂可窺。驚鳴雕輦側。王吉自相知。

鵲第六

〔敍事〕爾雅曰。鵲䳁醜。其飛也翪。竦翅上下也。音宗 說文曰。鵲知太歲之所在。象文從隹。昔聲。易統卦曰。鵲者陽鳥。先物而動。先事而應。見於未風之象。令失節不巢。癸氣不通。故言春不東風也。周書曰。小寒之日鴈北鄉。又五日鵲始巢。鵲不始巢。國不寧。孫卿子曰。王者之政。好生惡殺。則烏鵲之巢可俯而窺也。張華博物志曰。鵲巢開口背太歲。此非才智。任自然之得也。雜五行書曰。埋鵲一枚溝中。辟盜賊姦邪。本草曰。五月五日鵲腦入術家用。一名駮鳥。〔事對〕

巢知背歲　立必順風　張華博物志曰。鵲巢開口背太歲。此非才智。任自然之得也。東方朔傳曰。朔曰。以人事言之。從東方來。鵲尾長。傍風則傾。背風則蹶。必當順風而立。是以東嚮鳴也。

南飛月夜　東嚮雨晴　魏武帝樂府詩曰。月明星稀。烏鵲南飛。遶樹三匝。何枝可依。東方朔傳曰。孝武皇帝時。閒居無事。燕坐未央前殿。天新雨止。當此時。東方朔執戟在殿階傍。屈指獨語。上從殿上見朔。呼問之。生獨所語者何也。朔對曰。殿後柏樹上有鵲立枯枝上。東嚮而鳴也。

銜火清谿　採粟員嶠　郭子橫洞冥記曰。帝解鳴鴻之刀。以賜東方朔。刀長三尺。朔曰。此刀採首山之金鑄爲此刀。雄者以飛。雌者獨在。金出九陽清溪。有鵲銜火於清溪之上。王子年拾遺記曰。員嶠之山名環邱。上有方湖千里。多大鵲。高一尺許。群飛於湖際。銜採不周之粟。於環邱之上。

〔賦〕

梁徐勉鵲賦　觀羽族之多類。實亘細以群飛。旣若雲而彌上。亦棲睫而忘歸。爰有茲禽。六翮斯具。生無隱嘿。質有玄素。匪違涼而就暑。通四節以馳騖。出崑山而抵玉。入召南而興賦。其識知來。其巢知風。比之烈士。時起則雄。逢翳薈而翔集。乘清吹而西東。荷休明以得性。游苑囿以自終。

〔詩〕

魏收看柳上鵲詩　背歲心能識。登春巢自成。

立枯隨雨霽。依枝須月明。疑是雕籠出。當由抵玉驚。間關拂條軟。迴復振毛輕。何獨離婁意。傍人但未聽。梁蕭紀詠鵲詩 欲避新枝滑。還向故巢飛。今朝聽聲喜。家信必應歸。隋魏彥深園樹有巢鵲戲以詠之曰 畏玉心常駭。塡河力已窮。夜飛還繞樹。朝鳴且向風。知來寧自伐。識歲不論功。早晚時應至。輕舉一排空。

鴈第七

[敍事] 爾雅曰。鳧鴈醜。其足蹼。郭璞曰腳間幕蹼相連也音卜。廣雅曰。鴚音何又音加。鵝。倉鳴。鴈也。揚雄方言曰。鴈自關而東謂鳴鵝。南楚之外謂之鵝。或謂之倉鳴。周書曰。白露之日鴻鴈來。鴻鴈不來。遠人背畔。小寒之日鴈北鄉。鴈不北鄉。民不懷至。儀禮曰。大夫執鴈。取其候時而行也。婚禮下達。納采用鴈。禮記曰。孟春之月鴻鴈來。季秋之月鴻鴈來賓。季冬之月鴈北鄉。春秋繁露曰。凡贄。大夫用鴈。鴈有類長者。在民上必有先後。鴈有行列。故以爲贄。山海經曰。鴈門山。鴈出其間。在高柳北。梁州記曰。梁州縣界有鴈塞山。傳云此山有大池水。鴈棲集之。故因名曰鴈塞。十三州記曰。上虞縣有鴈爲民田。春銜拔草根。秋啄除其穢。是以縣官禁民不得妄害此鳥。犯則有刑無赦。[事對] 集玄塞 射上林 成公綏鴻鴈賦曰。起塞門之北垠兮。集玄塞以安處。賓弱水之陰岸兮。有沙漠之絕渚。史記曰。蘇武在匈奴中。昭帝遣使通和。武乃夜見漢使。教使謂單于曰。天子射上林中。得鴈足有係帛書。言武等在某澤中。使者如其言。單于於是大驚。乃使武還。過雲夢 度塞門 成公綏鴈賦曰。奔巫山之陽隅兮。趨彭澤之遐裔。過雲夢以娛遊兮。投江湘而中憩。盛弘之荊州記曰。鴈塞北接梁州汝陽郡。其間東西嶺屬天無際。雲飛風翥。望崖迴翼。唯一處爲下。朔鴈達塞。矯翮裁度。故名鴈塞。同於鴈門。嬉玄渚 濯淸泉 羊祜鴈賦曰。排雲墟以頡頏。汰弱

波以容與。進凌厲於泰清。退嬉遊乎玄渚。成公綏雁賦曰。上揮翮於丹霄兮。下濯足於清泉。經天地之遐極兮。樂和氣之純煖。接羽拂翼　曹植離繳鴈賦曰。接羽翮以南北兮。羊祜鴈賦曰。浮若漂舟乎江之濤。色若委雪乎嵩之阿。邑邑兮悲鳴。雲間因風臨虛厲淸和。眇眇兮瞥若入淸塵。扶日拂翼揚光羅。背青春　翔玄月　孫楚鴈賦曰。迎素秋而南遊。背青春而北息。泝長川以鳴號。凌洪波以鼓翼。郭璞江賦曰。陽鳥爰翔。于以玄月。千類萬聲。自相喧聒。蕭廣濟注曰。陽鳥鴈之屬。出高柳　經景山　山海經曰。鴈門山鴈出其間。在高柳北。荆州圖記曰。沮縣西北平里有鴈浮山。是山海經所謂景山。沮水之所出也。高三十餘里。修巖遐亘。擢榦干霄。鴈南翔北歸。徧經其上。土人由茲山名改焉。

〔賦〕魏曹植繳鴈賦　憐孤鴈之偏特兮。情悵焉而內傷。尋淑類之殊異兮。稟上天之休祥。含中和之純氣兮。赴四節而征行。遠玄冬於南裔兮。避炎夏於朔方。白露淒以飛揚兮。秋風發乎西商。感節運之復至兮。假魏道而翺翔。接羽翮以南北兮。情逸豫而永康。望范氏之發機兮。播纖繳以凌雲。挂微軀之輕翼兮。忽頽落而離群。旅朋驚而鳴逝兮。徒矯首而莫聞。

陳後主夜亭度鴈賦　春望山楹。石暖苔生。雲隨竹動。月共水明。暫逍遙於夕逕。聽霜鴻之度聲。度聲已悽切。猶含關塞鳴。從風兮前侶駛。帶暗兮後群驚。帛久兮書字滅。蘆束兮斷銜輕。行雜響時亂。響雜行時散。已定空閨愁。還長倡樓歎。空閨倡樓本寂寂。況此寒夜褰珠幔。心悲調管曲未成。手撫弦聊一彈。一彈管且陳。歌翻使怨情多。

〔詩〕唐太宗皇帝賦得早鴈出雲鳴詩　初秋玉露淸。早鴈出空鳴。隔雲時亂影。因風乍含聲。

梁劉孝綽賦得始歸鴈詩　洞庭春水綠。衡陽旅鴈歸。差池高復下。欲向龍門飛。

陳周弘正於長安詠鴈詩　南思洞庭水。北想鴈門關。稻粱俱可戀。飛去復飛還。

隋王胄送周員外充戍嶺表賦得鴈詩　旅鴈別衡陽。天寒關路長。行斷由經箭。聲嘶爲犯霜。罹繳無人閔。能鳴反自傷。何如侶汎汎。刷羽戲方塘。

周庾信秋夜望單飛鴈詩　失群寒鴈聲可憐。夜半單飛在月邊。無奈人心復有憶。今暝將渠俱不眠。

虞世南秋鴈詩　日暮霜風急。羽翮轉難任。爲有傳書意聯翩入上林。

鸚鵡第八

[敍事] 說文曰。鸚䳇能言鳥也。鸚從鳥嬰聲。䳇從鳥毋聲。劉艾漢帝傳曰。興平元年。益州蠻夷獻鸚䳇三。詔曰。往者益州獻鸚䳇三枚。夜食三升麻子。今穀價騰貴。此鳥無益有損。可付安西將軍楊定。因令歸本土。山海經曰。黃山及數歷之山有鳥焉。其狀如鴞。赤喙人舌能言。名曰鸚䳇。郭璞云鸚䳇舌似小兒舌。有五色者。亦有純白純赤者。廣州記曰。根杜出五色鸚䳇。曾見其白者大如母雞。南方異物志曰。鸚鵡有三種。青大如烏臼。一種白大如鴟鴞。一種五色大於青者。交州巴南盡有之。及五色出杜薄州。凡鳥四指。三向前一向後。此鳥兩指向後。[事對] 紺翼　翠衿 曹毗鸚鵡賦曰。其形則雉顧鵠盼。鸞跱鴈息。丹喙含映。紺葩煥翼。禰衡鸚鵡賦曰。紺趾丹觜。綠衣翠衿。丹足　紫毛 傅玄鸚鵡賦曰。鳳翔鸞跱。孔質翠榮。懸頳分於丹足。婉朱咮之熒熒。孫暢異物志曰。鸚鵡其毛色或蒼綠。或紫赤。喙曲如鴞而目深。行如鳩雀而能效人言。故見殊貴。擇林　啄蘂 禰衡鸚鵡賦曰。飛不妄集。翔必擇林。郭璞山海經圖讚曰。鸚鵡慧鳥。棲林啄蘂。四指中分。行則以嘴。如雞　似鴞 吳時外國傳曰。扶南東有漲海。時出五色鸚鵡。曾見其白者。大如母雞。南方異物志曰。鸚鵡有三種。一種大白如鴟鴞。通夢　憂賢　感神　滅火 周宣夢書曰。鸚鵡爲亡人。居宅也。夢見鸚鵡。憂亡人也。其在堂上。憂豪賢也。劉義慶宣驗記曰。鸚鵡飛集他山。山中禽獸輒相愛重。鸚鵡自念雖樂不可久也。便去。後數月。山中火。鸚鵡遙見。便入水霑羽。飛而灑之。天神言。汝雖有志。何足云也。鸚鵡曰。知不能救。然嘗僑居是山。禽獸行善。皆爲兄弟。不忍見耳。天神嘉感。卽爲滅火。[賦] 後漢禰衡鸚鵡賦 惟西域之禽鳥兮。挺自然之奇姿。體金精之妙質兮。含火德之明輝。性辨慧而能

言兮。心聽明而識機。故其嬉游高峻。棲跱幽深。飛不妄集。翔必擇林。紺趾丹觜。綠衣翠衿。采采麗容。咬咬好音。雖同族於羽毛。固殊智而異心。配鸞皇而等美。焉比德於衆禽。魏曹植鸚鵡賦 美中洲之令鳥。超衆類而殊名。感陽和而振翼。遁太陰以成形。遇旅人之嚴網。殘六翮而無遺。身挂滯於重緤。孤雌鳴而獨歸。豈余身之足惜。憐衆雛之未飛。分糜軀以潤鑊。何全濟之敢希。蒙育養之厚德。奉君子之光輝。怨身輕而施重。恐往惠之中虧。常戢心以懷懼。雖處安其若危。永哀鳴以報德。庶終來而不疲。宋顏延之白鸚鵡賦 余具職崇賢。預觀神祕。有白鸚鵡焉。被素履玄。性溫言達。九譯絕區。作玩天府。同事多士。賢奇思賦。其辭曰。稟儀素域。繼體寒門。貌履玄而被潔。性既養而亦溫。恨儀鳳之無辨。惜晨鷺之徒暄。宋謝莊赤鸚鵡賦 夫慧性昭和。天機自曉。審國音於中寰。達方聲於遐表。及其雲移霞峙。霰委雪翻。陸離翬漸。容與鴻軒。躍林飛岫。煥若輕電溢烟門。集場棲圃。曄若夭桃被玉園。至於氣淳渚淨。霧下崖沉。月圖光於淥水。雲寫影於青林。[詩] 李義府詠鸚鵡詩 牽弋辭重海。觸網去層巒。戢羽雕籠際。延思彩霞端。慕侶朝聲切。離群夜影寒。能言殊可貴。相助憶長安。

龍第九

[敍事] 說文曰。龍。鱗蟲之長。能幽能明。能小能大。能長能短。春分而登天。秋分而入川。廣雅云。有鱗曰蛟龍。有翼曰應龍。有角曰虬龍。無角曰螭龍。方言曰。龍未升天曰蟠龍。河圖曰。黃金千歲生黃龍。青金千歲生青龍。赤白之金千歲各生龍。左傳曰。古者畜龍。故國有豢龍氏。御龍氏。豢養也 昔有飂叔安。飂古國名叔安其君名 有裔子曰董父。實甚好龍。能求其嗜欲以飲食之。龍多歸之。乃擾畜龍。以服事帝舜。舜賜姓董氏。元命苞曰。龍之言萌也。陰中之陽。故言龍舉而雲興。山海經曰。應龍處南極。殺蚩尤與夸父。

不得復上。應龍遂在地。故下數旱。旱而爲應龍狀。乃得大雨。氣應所感。括地圖曰。龍池之山四方高中有池。方七百里。群龍居之。多五花樹。群龍食之。去會稽四萬五千里。淮南子曰。夫蛟龍伏潛於川。而卵剖於陵。其雄鳴上風。其雌鳴下風。而化者形精之至也。人不見龍之飛舉而能高者。風雨奉之也。抱朴子曰。有自然之龍。有虵蝎化成之龍。又曰。山中辰日稱雨師者。龍也。瑞應圖曰。黃龍曰神靈之精。四龍之長也。王者不漉池而漁。德達深淵。則應氣而游池沼。

［事對］

躍淵　階水　周易曰。九四。或躍在淵。無咎。趙曄獻帝春秋曰。孫策獲太史慈。乃出教曰。龍欲騰翥。先階尺水。且今署慈爲門下督。須軍還。當更議。

銜燭　捧鑪　楚詞曰。燭龍何照。王逸注曰。大荒西北隅有山而不合。因名之不周山。故有神龍銜燭而照之。趙曄吳越春秋曰。王允常聘歐冶子作劍。赤堇之山破而出錫。若耶之溪涸而出銅。雷公擊橐。蛟龍捧鑪。天帝裝炭。太一下觀。

騰雲　乘水　楚國先賢傳曰。宋玉對楚王曰。神龍朝發崑崙之墟。暮宿於孟諸。超騰雲漢之表。婉轉四瀆之裏。夫尺澤之鯢。豈能到江海之大哉。管子曰。蛟龍水中之神者也。乘水則神立。失水則神廢。

五彩　九色　河圖曰。舜以太尉即位。與三公臨觀。黃龍五彩負圖出。置舜前。漢武內傳曰。王母乘紫雲之輦。又駕九色之斑龍。

翠鱗　赤帶　揚子雲太玄曰。作龍者施木爲骨。緄縚爲皮。丹黃爲文。翠羽爲鱗。水以游之。風以嬉之。沈懷遠南越志曰。蟠龍身長四丈。青黑色。赤帶如錦文。常隨渭水而下。入于海。有毒。傷人即死。

紀官　賜氏　皇甫謐帝王世紀曰。太昊庖犧氏。風姓。有景龍之瑞。故以龍紀官。左傳曰。陶唐氏既衰。其後有劉累。學擾龍于豢龍氏。以事孔甲。能飲食之。夏后嘉之。賜氏曰御龍氏。

投杖　挂梭　葛洪神仙傳曰。費長房與壺公俱去。後壺公謝而遣之。長房憂不能到家。公與所用杖騎之。忽然如睡。已到家。以所騎竹杖投葛陂中。顧視之。乃青龍也。劉敬叔異苑曰。陶侃常捕魚。得一織梭。還挂着壁。有頃雷雨。梭變成赤龍。從屋而躍。

三友　兩壻　魏志。華歆邴原管寧三人爲友。號曰一龍。歆爲龍頭。原爲龍腹。寧爲龍尾。又曰黄尙爲司徒。與李元禮俱娶太尉桓溫女。時人謂桓叔元兩女俱乘龍。言得壻之如龍。

【賦】魏劉劭龍瑞賦歲在析木。時惟仲春。靈威統方。勾芒司辰。陽升九四。或躍于淵。有蜿之龍。來遊郊甸。應節合義。象德效仁。紆體聳榮。摛藻布文。青耀章采。雕琢璘玢。燥若羅星。蔚若翠雲。光烏弈以外照。水清景而內分。聖上觀之。無射左右。察之既精。聊假物以擬身。忽神化而無形。泉含物而不澹。固保險而常寧。魏繆襲青龍賦懿矣神龍。其知惟時。覽皇代之云爲。襲九泉以潛處。當仁聖而覿儀。應令月之風律。照嘉祥之赫戲。敷華耀之珍體。耀文采以陸離。曠時代以稀出。觀四靈而特奇。是以見之者驚駭。聞之者崩馳。觀夫仙龍之爲形也。蓋鴻洞輪碩。豐盈修長。容姿溫潤。蜲蜿成章。繁虵虯蟉。不可度量。遠而視之。似朝日之陽。邇而察之。象列缺之光。爚若鑒陽和映瑤瓊。闇若望飛雲曳旗旌。或蒙翠岱。或類流星。或如虹蜺之垂耀。或似紅蘭之芳榮。煥璘彬之瓌異。實皇家之休靈。奉陽春而介福。賚乃國以嘉禎。

魚第十

【敍事】莊子曰。朽瓜化爲魚。物之變也。列子曰。終髮之北有溟海。魚廣千里。其身稱焉。廣志曰。武陽小魚大如針。號一斤千頭。蜀人以爲醬。崔豹古今注曰。鯉之大者曰鱣。鱣之大者曰鮪。白魚。雄者鮏魚子好群浮水上。名曰萍。淮南子曰。詹公之釣千歲之鯉。陶弘景本草曰。鯉最爲魚中之主。形既可愛。又能神變。乃至飛越山湖。所以琴高乘之。又鯉魚鮓不可合小豆藿食。害人。又發諸瘡。鱧魚一名鮦。除蒙反味甘。無毒。主除水氣。面大腫及五痔。䱇魚味甘。大溫無毒。云是芹根變作。又曰。是人髮所化。作臛食之甚補。鮑魚味辛。無毒。主逐痿蹷腕折瘀血。鰒蒲角反魚。治青盲失精。鰻莫于反鱺力奚反魚。味甘。形似䱇。

能緣樹食藤花。取作脯食之。廣州記曰。魴魚廣而肥甜。魚之美者也。鯨鯢長百丈。大亦稱之。雌曰鯢。雄曰鯨。目卽明月珠。死不見有眼睛。而噴浪翳於雲日。爾雅曰。鯉。今之赤鯉名。鱣。今江東呼爲黃魚。鰋。今鰋額白魚。鮎。別名鯷。鮂。大鱯。小者鮡。鱯似鮎而大色白。或鰊之大者曰鱯。鱦。小魚。魚子未成者。鰕魚。鯢大者謂之鰕。似鮎。四足。聲似小兒。南越志曰。鱣鱏子林反屬也。長鼻輭骨。長數丈。而骨可啖。似黃雒而長。鋸魚左右如鐵鋸。三牙魚似石首。或曰雄石首也。鬻魚肥美。有餘土人重之。魏武時四人食鬻。鱣魚大如五斗奩。長丈。口頷下。常三月中從河上。常於孟津捕之。黃肥。唯以作鮓。淮水亦有。毛詩義疏曰。鮪魚出海。三月從河上來。今鞏縣東洛度北崖上山腹穴。舊說北穴與江湖通。鱣鮪從北穴而來。入河。鮪似鱣而色青黑。頭小而尖。如鐵兜鍪。口在頷下。大者七八尺。益州人謂之鮪鱏。大者王鮪。小者叔鮪。一名鱏。肉色白。今東萊遼東人謂之尉魚。或謂之神明者。樂浪尉溺死海中。化爲此魚。鱮似魴而大頭。魚之不美者。故語曰。買魚得鱮。不如噉茹。徐州謂之鰱。里然反。鯊。沙魚。吹沙也。似鯽魚狹小。常張口吹沙也。一名重脣蘥鯊鱨魚。一名揚合黃頰。骨正黃。魚之大而有力者。魚貍。背上有斑文。腹下純青。今以飾弓鞬步文也。海水將潮及天將雨。毛皆起。潮還天晴。毛則伏。常千里外知海潮也。山海經曰。鱖厥衞反魚。大口而細鱗。有斑彩。鰩與昭反魚。狀如鯉魚。身鳥翼。蒼文白首赤喙。常從西海游於東海。以夜飛。音如鸞。見大穰。何羅魚。一首而十身。其音如犬吠。食之已癰。鮨詣魚身大首。音如嬰兒。食之已狂。鱄市戀反珠鱉。如肺而有目。六足有珠。魚狀如鮒彘毛。其音如豚。見則天下旱。薄魚。其狀如鱣而一目。其音如歐。如人歐吐聲。見則天下反。鯤魚、赤目赤鬣者食之殺人。鯪陵魚。背腹皆有刺如三角菱。吳錄曰。錯魚。一作鰭魚子生後朝出索食。暮皆入母腹中。水經曰。海鰌且由反魚長數千里。穴居海底。入穴則海水爲潮。出穴則水潮退。出入有節。故潮水有期。異物志曰。鮫魚皮可以飾刀。其子驚則入母腹中。吳地志曰。石首魚至秋化爲冠鳧。冠鳧頭中猶有石也。南越記曰。烏賊魚一名河伯度事小史。常自浮水上。烏見以爲死。便往啄之。乃卷取烏。故謂之烏賊。今疋烏化之。天牛魚方員三丈。眼大如斗。口在脅中。露齒無脣。兩肉角如臂。兩翼長六尺。尾長五尺。比目魚不比不行。江東呼爲王餘昔越王爲膾。剖而未切。墮落于水。化爲魚。臨海異物志曰。比目魚似左右分魚。南越謂之板魚。人魚似人。長三尺。不可噉。張華博物志曰。牛魚目似牛。形如犢子。剝皮懸之。潮水至則毛起。去則毛伏。又南方草物狀曰。水賭魚似猪形。又異物志曰。鹿魚頭上有兩角如鹿。

[事對]　有翼　無鱗　劉向列仙傳曰。子莫者。舒鄉人也。善入水捕魚。得赤鯉魚。愛其色。持之著池中。數以米穀食之。一年長丈餘。遂生角有翼。河圖曰。黃帝遊於洛。見鯉魚長三丈。青身無鱗。赤文成字。

千斤　七里　大魏諸州記曰。小平津有洞穴。鯉魚從穴中出入。大者重千斤。色青。皮如鮫魚皮。沈瑩臨海水土異物志曰。鯉魚長百步。俗傳有七里鱣魚。

如鮫　似龍　大魏諸州記曰。每至三月中。有鱣魚從穴出入河。重千斤。色青。皮如鮫魚皮。有珠文。口在頷下。毛詩義疏曰。鱣身似龍。銳頭。口在頷下。背上腹下有甲。大者千餘斤。

北濵鯤　南海鯨　莊子曰。北溟有魚。其名爲鯤。其大不知幾千里也。王子年拾遺記曰。黑河北極也。其水濃黑不流。上雲生焉。有黑鯤魚千尺。如鯨。常飛往南海。或宕而失所。死於南海之濱。肉骨皆消。唯膽如石上仙藥也。

若獸　如虵　山謙之南徐州記曰。鯪魚若鯉魚。四足。吳都賦曰。所謂鯪魚若獸。沈懷遠南越志曰。鯪魚鯉也。形如蛇而四足。腹圍五六寸。頭似蜥蜴。鱗如鎧甲。異物志謂之鯪鯉。**黑身** **青目**沈懷遠南越志曰。烏鯌魚通身黑。長二丈。臨海水土記曰。鯌魚鹿文青目。**虎形** **蝦尾** 沈瑩臨海水土異物志曰。虎鯌長五丈。黃黑斑。耳目齒牙有似虎形。唯無毛。或變乃成虎。沈懷遠南越志曰。蝦鯌長五丈。尾似蝦。**白腹** **斑文** 沈瑩臨海水土異物志曰。鯌腹下正白。長五尺。又曰。虎鯌長三尺。黃色斑文。**鋸齒** **霜牙** 萬震南州異物志曰。鱷齒網羅則斷。如刀鋸。居水中。以食魚爲本。庾闡吳都賦曰。鱷鱗霜牙。**珠文** **毒尾** 劉欣期交州記曰。鮫魚出合浦。長三尺。背上有甲。珠文堅強。可以飾刀口。又可以鑪物。山海經曰。燕山漳水出焉。其中多鮫魚。注曰。鮫有珠文。尾青毒。皮可以飾刀劍口。**春來** **秋化** 臨海異物志曰。石首小者名蹹水。其次名春來。石首異種也。又有石頭。長七八寸。與石首同。張勃吳錄曰。婁縣有石首魚。至秋化爲鳧。**片立** **雙游** 臨海水土記曰。板魚片立。合體俱行。比目魚也。孫綽望海賦曰。王餘孤戲。比目雙游。**象獺** **似牛** 揚孚臨海水土記曰。魚牛象獺。大如犢子。毛青黃色。其毛似毡。知潮水上下。

[賦]

西晉摯虞觀魚賦 觀鱗族於彪池兮。睨羽群於瀨涯。乃有消泉之鯉。濯陂之鰋。𨘏潏涌躍。浚浪赴遠。集于曲瀧之隈。逐乎澹淡之深。攢聚輻轃。或躍或沉。倏爍攸驛。眩目驚心。徒極觀而無獲兮。羨鮮肴之柔嘉。於是六柱俱起。參構橫羅。編莞爲筏。摭木激波。奔突轉薄。流不及瀾。魚未驚而失行。忽浪達於急湍。諒形勝之得勢。實有往而無反。炰鱠膾鯉。亦有庶羞。肴核並陳。既旨且柔。泛溢爵於通溝。因素波以獻酬。騁微巧於浮觴。競機捷於迅流。既歡豫而不倦。願窮晝而兼夜。獨臨川而慷慨。感逝者之不捨。惟修名之求立。戀景曜之西謝。懼留連之敗德。遂收歡而命駕。是時也。含懷湛遁。需于酒食。盤衎宴安。歡情未極。選興之言。矯枉以直。悅而不懌。莫不歎息。

[詩]

梁張率詠躍魚應詔詩 戢鱗隱繁藻。頒首承漆漪。何用遊溟澥。且躍天泉池。**陳張正見賦得魚躍水花生詩** 漾色桃花水。相望濯錦流。躍浦疑珠出。依池似鏡浮。淩波銜落蘂。觸餌避沉鉤。方遊蓮葉外。詎入武王舟。

隋阮卓賦得蓮下遊魚詩 春色映澄陂。涵泳且相隨。未上龍門路。聊戲芙蓉池。觸浪蓮香動。乘流葉影披。相忘自有樂。莊惠豈能知。隋岑德潤詠魚詩 劍影侵波合。珠光帶水新。蓮東自可戲。安用上龍津。

龜第十一

［敍事］ 雒書曰。靈龜者。玄文五色。神靈之精也。上隆法天。下平法地。能見存亡。明於吉凶。王者不偏黨。尊者老則出。洪範五行曰。龜之言久也。千歲而靈。此禽獸而知吉凶者也。周官曰。龜人掌六龜之屬。各有名物。天龜曰靈屬。地龜曰繹屬。東龜曰果屬。西龜曰靁屬。南龜曰獵屬。北龜曰若屬。各以方色與其體辨之。屬言非一也色謂天龜玄地龜黃東龜青西龜白南龜赤北龜黑凡取龜用秋時。攻龜用春時。各以其物入于龜室。六龜各異室上春釁龜。祭祀先卜。大戴禮曰。甲蟲三百六十。而神龜爲之長。逸禮曰。天子龜尺二寸。諸侯八寸。大夫六寸。士民四寸。龜者陰蟲之老也。龜三千歲。上游於卷耳之上。老者先知。故君子舉事必考之。禮統曰。神龜之象。上圓法天。下方法地。背上有盤法邱山。玄文交錯以成列宿。五光昭若玄錦。文運轉應四時。長尺二寸。明吉凶。不言而信。運斗樞曰。瑤光星散爲龜。爾雅曰。龜三足賁。龜俯者靈。仰者謝。前弇諸果。後弇諸獵。左倪不類。右倪不若。一曰神龜。二曰靈龜。三曰攝龜。小龜也腹甲曲折解能自張閉也四曰寶龜。五曰文龜。六曰筮龜。常在蓍叢下潛伏也七曰山龜。八曰澤龜。九曰水龜。十曰火龜。史記曰。褚先生曰。能得名龜者。財物歸之。家必大富至千萬。一曰北斗龜。二曰南辰龜。三曰五星龜。四曰八風龜。五曰二十八宿龜。六曰日月龜。七曰玉龜。八曰九州龜。凡八名。其龜圖各有文在腹下。文曰某之龜也。不必滿尺二。得七八寸可寶矣。又曰。上有稠著。下有神龜。著生滿百莖者。其下常有龜守之。其上

有青雲覆之南方老人用龜支牀足經二十年老人死移牀龜尚生不死龜能行氣導引宋略曰吳郡獻六眼龜南齊書曰永明年唐潛獻青毛神龜一頭玄中記曰東南之大者巨鼇焉以背負蓬萊山周迴千里巨鼇巨龜也又千歲之龜能與人語南越志曰龜甲一名神屋出南海生池澤中吳越謂之元佇神龜大如拳而色如金上甲兩邊如鋸齒爪至利而能緣大木捕鳴蟬至美可食不中於卜以其小故也涪陵大龜文似瑇瑁俗號曰靈龜抱朴子曰千歲之龜五色具焉其額上兩骨起似角浮於蓮葉之上或在叢蓍之下其上或時有白雲蟠蛇龜蛇潛蟄則食氣夏恣口而甚瘦冬穴蟄而大肥博物志曰大要龜鼉之類無雄與蛇通氣則孕龜鼉皆卵生崔豹古今注曰龜名玄衣督郵廣志曰蟕茲維反蠵夷佳反形如龜出交州山龜在山上食草長尺餘柳氏龜經曰龜一千二百歲可卜天地之終始何以言之三千四十二占於天地千歲之龜甲黑龜有五色依時用之〔事對〕

法天　象地　禮統曰神龜之象上員法天下方法地背上有盤法邱山玄文交錯以成列宿洛書曰靈龜者上隆法天下平象地

十朋　四品　周易曰或益之十朋之龜王弼注曰龜者決疑之物獲益而得十朋之龜則盡天人之助也漢書曰元龜距形長尺二寸直一千一百六十爲尺貝十朋公龜九寸以上直五百爲壯貝十朋侯龜七寸以上直三百爲公貝十朋子龜五寸以上直百爲小貝十朋是爲寶四品

玄服　繡裳　史記曰宋元王問博士衞平曰今昔寡人夢見一丈夫玄繡之服而乘輕車曰我爲江使於河而豫且得我而不能去身在患中莫可告語王有德義故來告愬是何物也衞平乃援式而起對曰昔壬子宿在牽牛使者當囚衣玄服而乘輜車其名爲龜王可使問而求之王曰善哉孫惠龜言賦曰有緇衣之丈夫兮衣玄繡之衣裳乘輕車之岌岌兮駕雲霧而翺翔風雨爲之電奮五色赫以焜煌

赤靈

白若柳隆龜經曰龜有五色依時用之青靈之龜春宜用之西坐東向赤靈之龜夏宜用之北坐南向墨子曰昔夏后氏使飛廉析金于郴山以鑄鼎於昆吾使翁難乙灼白若之龜是也**巢蓮　升木**史記褚先生曰江南嘉林龜在其中常巢於芳蓮之上左脅書文曰甲子重光得我者匹夫爲人君有土正諸侯得我者爲帝王王子年拾遺記曰崑崙山第五層有神龜長一尺九寸有四翼萬歲則升木而居亦能言也**朱字　玄文**尚書中候曰堯沉璧於洛玄龜負書出於背上赤文朱字止壇又沉璧於河黑龜出赤文題禮統曰神龜之象上有盤法邱山玄文交錯以成列宿**春灼　冬釁**三禮圖曰龜以上春灼後左夏灼前左秋灼前右冬灼後右蔡邕月令章句曰孟冬之月命大卜釁龜筴以牲祠龜筴塗以牲血謂之釁龜釁者龜甲所以卜也筴者蓍草所以筮也**陸行　坎居**焦贛易林曰龜厭江海陸行不止自令枯槁失其都市李顒龜賦曰質應離象位定坎居賤彼朶頤貴我靈符浮洛川見緯書洞祕奧通玄虛**支牀　懸室**史記曰南方老人用龜支牀足二十餘年又曰取龜置室西北隅懸之以入深大林中不惑**督郵　神使**古今注曰龜名玄衣督郵神使神龜也郭璞江賦曰應交甫之喪珮愍神使之纓羅**錦文　金色**禮統曰神龜之象若玄錦文運轉應四時沈懷遠南越志曰神龜出大如拳而色如金**養氣　含神**郭璞山海經圖蠵龜讚曰水圓三方潛源溢沸靈龜爰處掉尾養氣莊生是感揮竿傲貴沈懷遠南越志曰神龜出江水中廬江郡常獻生龜於大卜寘含神知爲効之大**左顧　右轉**臧榮緒晉書曰孔愉字敬康會稽山陰人也少時嘗得一龜放於溪中龜中流左顧數過及鑄侯印而龜左顧更鑄亦然印工以告愉悟取佩焉續搜神記曰鄱陽人黄赭入山采荆楊遂失路數日忽見大龜赭便咒之曰汝是靈物而吾迷不知道今騎汝背頭向便是路龜即回右轉赭即從行十許里便得溪水即估客行舟者也**三足　四翼**山海經曰大若山陽狂水出焉注于伊水中多三足龜王子年拾遺記曰崑崙第五層有神龜四翼**青純　翠毫**尚書中候曰周公攝政七年制禮作樂成王顧於洛沉璧禮畢王退有玄龜青純蒼光背甲刻書上

蹲于壇。赤文成字。周公寫之。徐湛之翠龜表曰。句容縣人獲龜一頭。體披翠毫。騰雲飛集。大蒙 元緒 淮南子曰。周人簡珪。產於古石。大蒙神龜。出於溝壑。劉敬叔異苑曰。吳時。有人入山。見一大龜。即擔之以歸。欲上吳王。夜宿越里。纜船桑樹下。夜中。樹忽呼龜曰。元緒何得在此。龜曰。行不擇日。今方見烹。雖然。盡南山之樵。不能潰我。[賦] 魏曹植神龜賦龜號千歲。時有遺余龜者。數日而死。肌肉消盡。唯甲存焉。余感而賦之。曰。嘉四靈之建德。各潛位乎一方。蒼龍虯於東岳。白虎嘯於西崗。玄武集於塞門。朱雀棲於南鄉。順仁風以消息。應聖時而後翔。嗟神龜之奇物。體乾坤之自然。下夷方以則地。上規隆而法天。順陰陽以呼吸。藏景曜於重泉。食飛塵以實氣。飲不竭於朝露。步容趾以俯仰。時鸞回以鶴顧。忽萬載而不恤。周無疆於太素。感白靈之翔翥。卒不免乎豫且。雖見珍於宗廟。離刳剝之重辜。欲愬怨於上帝。將等愧乎游魚。懼沉泥之逢殆。赴芳蓮以巢居。安玄雲而好靜。不汪翔而改度。昔嚴州之抗節。援斯靈而記喻。嗟祿運之屯蹇。發遇獲於江濱。歸籠檻以幽處。遭諄美之仁人。晝顧瞻而終日。夕撫順以接晨。遘淫災以隕越。命勦絕而不振。天道昧而未分。神明幽而難燭。黃氏沒於空澤。松喬化於株木。虵折鱗於平皋。龍蛻骨於深谷。亮物類之遷化。疑斯靈之解殼。[詩] 北齊趙儒宗詠龜詩有靈堪託夢。無心解自謀。不能著下伏。強從蓮上游。負圖非所冀。支牀空見留。儻蒙一曳尾。當爲屢回頭。[讚] 晉郭璞爾雅龜讚 天生神物。十朋之龜。或游於火。或游于蓍。雖云類殊。象二一歸。亹亹致用。極數盡幾。

蟬第十二

[敍事] 爾雅曰。蜩調蜋良蜩。螗蜩。蚻札蜻蜻。䖿茅蜩。蝒彌煎反馬蜩。蜺寒蜩孫炎曰。蜋五色具。蜩宮中小青蟬也。蝒蝘青口。蟬小者也。郭璞注云。蜩蜋。俗呼爲胡蟬。江南謂之螗蛦。如蟬而小。有文。江東呼䖿曰茅䖿。似蟬而小青。一曰馬蟬。蟬中最大者。蜺。寒蜩也。似蟬而小。青而赤。揚雄方言曰。蛥蚗。蛥音析。蚗音決。齊謂之螇螰。楚謂之蛉蛄。音零。秦謂之蛥蚗。自關

而東謂之虭蟧。上音貂下音聊或謂之蝭蟧。上音啼或謂之蜓蚞。廷西楚與秦通名也。江東呼爲蝭蟧。楚謂之蜩。宋衞之間謂之螗蜩。今胡蟬也陳鄭之間謂之蜋蜩。秦晉之間謂之蟬。海岱之間謂之蛴。按其大者謂之蟧。或謂之蝒馬。其小者謂之麥札。截有文者謂之蜻蜻。其雌謂之疋。音祖一反。大而黑者謂之蝬。棧黑而赤者謂之蜺蜩。蟧謂之茅蜩。蠬謂之寒蜩。寒蜩暗蜩也。此諸蟬名通出爾雅而多駁錯未可詳據蠬音應 說文曰。蟬旁鳴也。禮記曰。仲夏之月蟬始鳴。孟秋之月寒蟬鳴。徐廣車服雜注曰。侍臣加貂蟬者。取其清高飲露而不食也。王充論衡曰。蠐螬化爲腹育。腹育轉爲蟬。生兩翼。不類蠐螬。淮南子曰。蟬無口而鳴。三十日而死。蟬螟。胡蟬。蛁蟟。茅蟬。凡五種也。

[事對]

飲露 聆風 徐廣車服雜注曰。侍臣加貂蟬。取飲露而不食也。傅玄蟬賦曰。聆商風而和鳴。

嘒庭 翔水 董仲舒答問曰。牛亨問仲舒曰。蟬名齊女何故。答曰。昔齊王之后怨王而死。屍變爲蟬。登庭樹嘒唳而鳴。王悔恨之。故曰齊女也。文子曰。飛鳥反鄉。兔走歸窟。狐死首邱。寒螿翔水。各依所生。蜺寒蜩。郭璞注爾雅曰。蜺寒螿也。

噪柳 鳴榆 謝靈運燕歌行曰。孟冬初節寒氣成。悲風入閨霜依庭。秋蟬噪柳燕辭楹。念君行役怨邊庭。劉向說苑曰。吳王欲伐荆。舍人少孺子者欲諫不敢。乃操彈於後園。露霑其衣。如是者三日。王曰。子來何若霑衣如此。對曰。園中有榆。其上有蟬。高居悲鳴飲露。不知螗蜋在其後。螗蜋委身曲斧。欲取其蟬。又不知黃雀在其後。黃雀延頸欲啄螗蜋。不知彈丸在其下。此二者欲得其前而不顧其後患。吳王曰。善哉。乃罷兵。

五德 八名 陸雲寒蟬賦曰。昔人稱雞有五德。而作者賦焉。至於寒蟬。才齊其美。而莫斯述。夫頭上有緌。則其文也。含氣飲露。則其清也。黍稷不享。則其廉也。處不巢居。則其儉也。應候守節。則其信也。爾雅曰。蜩蜋蜩。螗蜩。蚻蜻蜻。蠽茅蜩。蝒馬蜩。蜺寒蜩。蜓蚞螇螰。李巡注曰。自蜩螗以下。皆分別五方之語而名不同也。顏延之寒蟬賦曰。飡霞之氣。神歇乎九仙。稟露之混。氣精於八蟬。

[賦]

魏曹植蟬賦惟夫蟬之清潔兮。潛厥類乎太陰。在炎陽之仲夏兮。始游豫乎芳林。實淡泊而寡欲兮。獨怡樂而長吟。聲皦皦而彌厲兮。似貞士而介心。內含和而弗食兮。與衆物而無求。棲喬枝而仰首兮。嗽朝露之清流。隱柔桑之稠葉兮。快啁號以遁暑。苦黃雀之作害兮。患螗蜋之勁斧。飄高翔而遠託兮。毒蜘蛛之網罟。欲降身而卑竄兮。懼草蟲之襲予。免衆難而弗獲兮。遙遷集乎宮宇。依名果之茂蔭兮。託修榦以靜處。有翩翩之狡童兮。步容與於園圃。體離朱之脫視兮。姿才捷於猴猿。條罔葉而不挽兮。樹無榦而不緣。翳輕軀而奮迅兮。跪側足以自閑。恐此身之驚駭兮。精曾睆而目連。恠柔竿之冉冉兮。運微粘而我纏。欲翻飛而逾滯兮。知性命之長捐。亂曰。詩歎鳴蜩。聲嘒嘒兮。盛陽則生。太陰逝兮。皎皎貞素。侔夷惠兮。帝臣是戴。尚其潔兮。西晉傅玄蟬賦美茲蟬之純潔兮。稟陰陽之微靈。含精粹之貞氣兮。體自然之妙形。潛玄昭於后土兮。雖在穢而逾馨。經青春而未育兮。當隆夏而化生。忽神蛻而靈變兮。奮輕翼之浮征。翳密葉之重蔭兮。噪閑樹之肅清。緣長枝而仰觀兮。吸渥露之朝零。泊無為而自得兮。聆商風而和鳴。聲嘒嘒以清和兮。遙自託乎蘭林。臺群吟以近唱兮。似簫管之餘音。清激暢於遐邇兮。時感君之丹心。陳褚玠風裏蟬賦有秋風之來庭。於高柳之鳴蟬。或孤吟而暫斷。乍亂響而還連。垂玄緌而嘶定。避黃雀而聲遷。愁人兮易驚。靜聽兮傷情。聽蟬兮靡倦。更相兮風生。終不校樹兮寂寞。方復飲露兮光榮。

〔詩〕唐太宗文皇帝賦得弱柳鳴秋蟬詩散影玉階柳。含翠隱鳴蟬。微形藏葉裏。亂響生風前。梁褚雲賦得詠蟬詩避雀喬枝裏。飛空華殿曲。天寒響屢嘶。日暮聲逾速。繁吟如欲盡。長韻還相續。飲露非表清。輕身易知足。梁蕭子範後堂聽蟬詩試逐微風遠。聊隨夏葉繁。輕飛避楚雀。飲露入吳園。流音繞叢藿。餘響切高軒。借問邊城客。傷情寧可言。後梁沈君攸同陸廷尉驚早蟬詩日暮野風生。林蟬候節鳴。望枝疑數處。尋空定幾聲。地幽吟不斷。葉動噪群驚。獨有河陽令。偏嫌秋翅輕。陳張正見賦得寒樹晚蟬疏詩寒蟬噪楊柳。朔吹犯梧桐。葉迥飛難住。枝殘影共空。聲疏飲露後。唱絕斷絃中。還因搖落處。寂寞盡秋風。

又秋蟬喝柳應衡陽王教詩 秋鴈鳥遙天。園柳集驚蟬。競噪長枝裏。爭飛落木前。風高知響急。近樹覺聲連。長楊流喝盡。詎識蔡邕絃。陳劉刪詠蟬詩 聲流上林苑。影入侍臣冠。得飲玄天露。何辭高柳寒。虞世南秋蟬詩 垂緌飲清露。流響出疎桐。居高聲自遠。非是藉秋風。李百藥詠蟬詩 清心自飲露。哀響乍吟風。未上華冠側。先驚翳葉中。隋顏之推聽鳴蟬詩 聽秋蟬。秋蟬悲。非一處。細柳高飛夕。長楊明月曙。歷亂起秋聲。參差攪人慮。單吟如轉簫。群噪學調笙。乍飄流曼響。多含斷絕聲。垂陰自有樂。飲露獨爲清。短緌何足貴。薄羽不羞輕。螗蜋翳下偏難見。翡翠竿頭絕易驚。容止由來桂林苑。無事淹留南斗城。城中帝皇里。金張及許史。權勢熱如湯。意氣諠城市。劍影奔星落。馬色浮雲起。鼎俎陳龍鳳。金石諧宮徵。關中滿季心。關西饒孔子。詎用虞公立國臣。誰愛韓王游說士。紅顏宿昔同春花。素鬢俄頃變秋華。中腸自有極。那堪教作轉輪車。

蝶第十三

〔敍事〕 崔豹古今注曰。蛺蝶。一名野蛾。一名風蝶。江東謂之撻木。色白背青者是也。其有大如蝙蝠者。或黑色。或青斑。名曰鳳子。一名鳳車。一名鬼車。生江南橘樹間。搜神記曰。朽葦爲蛬。麥爲蝴蝶。列子曰。陵舄得鬱棲則爲烏足。此含而相生也。其葉爲蝴蝶。〔事對〕 入夢 戲園 莊子曰。昔者莊周夢爲蝴蝶。栩栩然蝴蝶。自逾適志與。不知周也。俄然覺。則蘧蘧然周也。不知周之夢爲蝴蝶與。蝴蝶之夢爲周歟。古樂府歌詞。蛺蝶行。蝶遊蝶遨戲東園。奈何卒逢三月養子燕。接我苜蓿間。〔詩〕 梁簡文帝詠蝶詩 空園暮烟起。逍遙獨未歸。翠鬣藏高柳。紅蓮拂水衣。復此從風蝶。雙雙花上飛。寄語相知者。同心終莫違。梁劉孝綽詠素蝶詩 隨蜂遶綠蕙。避雀隱青薇。映日忽爭起。因風乍共歸。出沒花中見。參差葉際飛。芳華幸勿謝。嘉樹欲相依。梁徐昉賦得蝶依草應令詩 秋園花落盡。芳菊數來歸。那知不夢作。眠覺也恒飛。

螢第十四

〔敍事〕爾雅曰。螢火卽炤也。廣雅曰。景天。螢火燐也。禮記曰。季夏之月。腐草爲螢。大戴禮夏小正曰。丹鳥羞白鳥。丹鳥也者。謂丹良也。白鳥也者。謂蚊也。其謂之鳥者。重其養也。凡有翼者爲鳥。羞也者進也。不盡食也。崔豹古今注曰。螢火一名暉夜。一名景天。一名熠燿。一名燐。一名丹良。一名丹鳥。一名夜光。一名宵燭。腐草爲之。食蚊蚋也。〔事對〕羞鳥 卻馬 大戴禮曰。丹鳥羞白鳥。淮南萬畢術曰。螢火卻馬。注云。取螢火裹以羊皮。置土中。馬見之。鳴卻不敢行。化草 流金 易通卦驗曰。立秋腐草化爲螢。潘岳螢賦曰。熠熠熒熒。若丹英之照葩。飄飄熲熲。若流金之在沙。景天 暉夜 並見敍事〔賦〕西晉傅咸螢火賦 潛空館之寂寂兮。意遙遙而靡寧。夜耿耿而不寐兮。憂悄悄而多傷。哀斯火之烟滅兮。近腐草而化生。感詩人之悠懷兮。覽熠燿於前庭。不以姿質之鄙薄兮。欲增輝乎泰清。雖無補於日月兮。期自照於陋形。當朝陽於戢景兮。必宵昧而是征。進不競於天光兮。退在晦而能明。諒有似於賢臣兮。於疏外而盡誠。蓋物小而論大兮。固作者之所旌。假乃光而爾熾兮。庶有表乎忠貞。西晉潘岳螢火賦 翔太陰之玄昧。抱夜光以清遊。熲若飛電之霄逝。彗似移星之雲流。動集陽暉。灼如隋珠。熠熠熒熒。若丹英之照葩。飄飄熲熲。若流金之在沙。載飛載止。光色孔嘉。無聲無臭。明影暢遐。啗朝露於曠野。庇一葉之垂柯。無干欲於萬物。豈顧恤於網羅。至夫重陰之夕。風雨晦暝。萬物眩惑。翩翩獨征。奇姿燎朗。在陰益榮。猶賢哲之處時。時昏昧而道明。若蘭香之在幽。越群臭而彌馨。隨陰陽以飄颻。非飲食之是營。問螽斯之無忌。希夷惠之清貞。羡微蟲之琦瑋。援綵筆以爲銘。梁蕭和螢火賦 聊披書以娛性。悅草螢之夜翔。乍依欄而回亮。或傍牖而舒光。忽翔飛而暫隱。時凌空而更颺。竹依窗而度影。蘭因風而送香。此時逸趣方遒。良夜淹留。眺姮娥之澄景。觀熠燿之群遊。類乾沙之火飛。若清漢之星流。入玄夜而光浮。出明燈而色幽。時臨池而汎影與列宿而俱浮。覺更籌之稍竭見微光之漸收。爾其斜月西傾。獨照蓬楹。矚曙河之低漢。聞伺潮之遠聲。望落星之掩色。見晨禽之曉征。悲扶桑之吐曜。翳微軀而不明。寫余襟其未盡。聊染翰以書情。[詩] 梁簡文帝詠螢火詩 本將秋草並。今與夕風輕。騰空類星隕。拂樹若花生。屏疑神火照。簾似夜珠明。逢君拾光彩。不恡此身輕。梁紀少瑜詠月中飛螢詩 遠度時依幕。斜來如畏牕。向月光還盡。臨池影更雙。梁沈旋詠螢火詩 火中變腐草。明滅靡恆調。雨墜弗虧光。陽昇反奪照。泊樹類奔星。集草疑餘燎。望之如可灼。攬之徒有燿。陳楊縉照帙秋螢詩 秋窗餘照盡。入暗早螢來。忽聚還同色。恆然詎落灰。飛影黃金散。依帷縹帙開。含明終不息。夜月空徘徊。虞世南詠螢詩 的歷流光小。飄颻弱翅輕。恐畏無人識。獨自暗中明。李百藥詠螢詩 窗裏憐燈暗。階前畏月明。不辭逢露濕。祗爲重宵行。

卷三十校勘表

頁數	行數	排印本原文	安刻本	嚴陸校	備註
七二四	一二	郁烈	有烈		
七二五	一	摘褎聖曰	摘褎聖承進誠曰		
七二五	二	皇后		與皇后	
七二六	一	心存		心有	
七二七	四	洙沐溪		沐溪沃野	
七二七	一三	弱條		弱枝	
七二八	四	軒墀	軒遲		
七二九	四	雞心開悟		句下宋本無「本草」至「補中」八字	
七二九	五	平子怒		句下宋本無「益宮」至「平子」十六字	
七二九	一四	傅玄	傅休奕		
七三〇	一、二、三	「或躑躅踟躕」至「勢如逸虎」	此文列作傅玄鬭雞賦		

七三〇	三	迴遽	迴處	
七三〇	一一	「易通卦驗曰」至「鷹乃祭鳥」		宋本作「爾雅曰・鷹・鶆鳩・鶆鷞也又曰・鷹隼醜・其飛也翬・春秋緯曰・瑤光星散爲鷹・周書曰・驚蟄之日・鷹變爲鳩・處暑之日・鷹乃祭鳥・易通卦驗曰・鷹者・鷙殺之鳥・春秋考異郵曰・金伐木・故鷹擊雉。」
七三〇	一二、一三	「善變而之仁」至「白鷺鷹也」		宋本無此五十三字
七三〇	一三	廣志曰		句下宋本有「鷹有雉鷹有菟」六字
七三一	一	大鵰鶚		鵰鶚
七三一	九	一種		一體
七三一	一三	好伏	好眠	

七三二	九	多聲		多犛
七三二	九	其掌縮		句下宋本無「飛縮脚」至「鸜山烏」二十一字
七三三	一〇	嘔呼也		禽也
七三三	一一	陽之類數也		宋本無此五字
七三三	一二	竟鳥大鳴		宋本無此四字
七三三	一五	「射中之」至「射左腋」		宋本作「射之中而祝曰烏鳴啞引身射洞左腋」
七三三	三	主來		主表
七三三	一〇	靡已		靡紀
七三三	一一	中氣		絕氣
七三三	一二	失悟	未悟	
七三四	一〇	柏樹		桐樹
七三五	七	懷至		懷生
七三五	一二	武乃	常惠	
七三五	一五	矯翮	矯翼	
七三六	一	丹霄		丹霞

七三六	二	委雪乎		委雪于	
七三六	二	悲鳴		悲鳴乎	
七三六	二	因風	因飛		
七三六	一五	今暝		今宵	
七三七	四	楊定因		楊定國	
七三七	七、一二	鵾鶡	鵝鶡		
七三七	一三	他山		凶也	
七三八	五	作玩		作瑞	
七三八	七	圖光		圓光	
七三九	九	豈能到		豈能料	
七三九	一〇	五彩		五色	
七三九	一二	渭水		潘水	
七四〇	一	桓温			各本同。案後漢時太尉桓焉字叔元。「温」應是「焉」之誤。
七四〇	一〇	終髮	終北		
七四〇	一一、一二	魚子	魚小		

七四一	三	鰕			各本同。字書無此字。爾雅作「鰕」。
七四一	四	輭骨		而少骨	
七四一	五	時四人食鱀		四時食制曰	
七四一	七	今鞏縣		入今鞏縣	
七四一	一一	步文	步丈		
七四一	一五	珠魚	珠鱉		
七四一	一五	天下旱		天下反	
七四二	一二	從穴出　色青		從穴中　魚色青	
七四二	一五	鯪魚	鯪鯉		
七四三	一	蝦尾		題下宋本無「沈瑩臨海」至「白腹斑文」五十三字	
七四三	四	交州記		交州志	
七四三	八	彪池		滮池	
七四三	一〇	筏摵		棧束	
七四三	一〇	炰鱨		炰鼈	

七四四	一四	玉龜	王龜		
七四四	一五	稠著	禱著		
七四五	六	忞口		咨口	
七四五	一一	距形			各本同。「距」疑是「矩」。
七四五	一一	尺貝		大貝	
七四六	四	止壇	止壇場		
七四六	五	龜以上		龜亹者	
七四六	一〇	神龜出		神龜	
七四六	一二	數過		數轉	
七四六	一四	十許里		去十餘里	
七四八	一	楚謂之蜩	蟬謂之蜩		
七四九	八	臺群	差群		
七五〇	一	喝柳又注喝盡			各本同。兩「喝」字似應作「唱」。
七五〇	三	聽鳴蟬詩	和陽納言聽鳴蟬篇		

七五二	四　火申				各本同。案禮記月令「季夏之月昏火中」。又「腐草爲螢」。此「申」字似應作「中」。

卷三十嚴陸校宋本異文

鳥部

雞第三

〔上接七二九頁十一行「鳴則俱鳴」〕魏收後魏書曰。正始元年夏。有典事史元顯獻四足四翼雞。細尾　長翹魏志曰。馬韓國出細尾雞。劉楨鬪雞詩曰。長翹驚風起。勁翮正敷張。承露　司晨江表傳曰。南郡獻長鳴承露雞。西京雜記曰。成帝時。越巂獻司晨雞。卽下漏驗之。晷刻無差。桃都　金穴　元中記曰。桃都山有大樹曰桃都。枝相去三千里。上有天雞。日出照木。天雞卽鳴。天下雞皆鳴。述異記曰。雩都縣江邊有石室。常有神雞。色如金。出穴奮翼長鳴。見人飛入。號爲金穴。〔賦〕晉傅玄鬪雞賦　前看似倒。旁視如傾。目象規作。觜似削成。高膺峭峙。雙翼齊平。躍身竦體。怒勢橫生。爪似鍊鋼。目如奔星。揚翅因風。撫翮長鳴。猛志橫逸。勢凌天廷。或躑躅踟蹰。或蹀躡容與。或爬地俯仰。或撫翼未舉。或狼顧鴟視。或鷹揚鵠舉。或佯背而引敵。或畢命於强禦。得勢者凌九天。失據者淪九地。習嘏長鳴雞賦　嘉鳴雞之令美。智窮神而入冥。審璇璣之迴處。定昬明之至精。應青陽於將曙。忽鶴立而鳳停。乃拊翼以贊時。遂延頸而長鳴。若乃本其形象。詳其羽儀。朱冠玉璢。彤素並施。紛葩赫奕。彩色流離。殊姿豔溢。采曜華披。扇六翮以增暉。舒毛羽而下垂。〔詩〕梁簡文帝鬪雞篇　玉冠初驚敵。芥羽忽猜儔。十日驕旣滿。九勝勢恒遒。脫使田饒見。堪能說魯侯。梁劉孝威雞鳴篇丹雞翠羽張。妒敵得專場。翅中含芥粉。距外曜金芒。願賜淮南藥。一使雲間翔。周庾信鬪雞詩　開軒望平子。驟馬看陳王。狸膏爍。鬬敵芥粉壒舂場。解翅蓮花動。猜羣錦臆張。陳徐陵鬬雞詩季子聊爲戲。陳王欲騁才。花冠已銜力。金爪復驁媒。鬬鳳羞衣錦。變鸞恥鏡臺。陳倉若有信。爲覓寶雞來。陳周弘正詠老敗鬬雞詩少壯摧雄敵。眄視生猜忌。一隨年月衰。摧積落毛駛。閒看春光滿。東郊草色異。無復先鳴力。空餘擅場意。

蟲部

蟬第十二

〔敍事〕 毛詩曰。咨汝殷商。如蜩如螗。蜩蟬也。螗蝘也。爾雅曰。蜋蜩。五采具者。螗蜩。俗呼爲胡蟬。蠽茅蜩。似蟬而小青也。蝒馬蜩。蟬中大者。蜺寒蜩。寒螿也。小青赤。禮記月令曰。仲夏之月。蜩始鳴。季秋之月。寒蟬鳴。檀弓。范有冠而蟬有緌。周書曰。夏至又五日。蜩始鳴。不鳴。貴臣放逸。立秋之日。寒蟬鳴。不鳴。人臣不力爭。孝經援神契曰。蟬無力。故不食。方言曰。蟬。楚謂之蜩。宋衛之間謂之螗蜩。陳鄭之間謂之蜋蜩。秦晉之間謂之蟬。海岱之間謂之蝭。或謂之蝒馬。其小者謂之陵蟄。有文者謂之蜻蜻。其雌謂之匹。大而黑者謂之踐。黑而赤者謂之蜺。淮南子曰。蟬飲而不食。三十日而蛻。又曰。蟬無口而鳴。自然之象也。風土記曰。七月而蟪蛄鳴於朝。寒螿鳴於夕。〔事對〕 淸虛 純潔 崔豹古今注曰。貂蟬。胡服也。貂者。取其有文而不煥。外柔而內剛也。蟬者。取其淸虛而識時變也。傅玄蟬賦曰。美茲蟬之純潔。稟陰陽之微靈。 餐露 翕風 梁昭明太子蟬賦曰。茲蟲淸潔。惟露是餐。晉溫嶠蟬賦曰。飢翕晨風。渴飲朝露。 吸露 聆風 曹大家蟬賦曰。吸淸露于舟園。杭喬枝而理融。晉傅玄蟬賦曰。聆商風而和鳴。流

響　揚音曹大家蟬賦曰當三秋之盛暑。淩高木而流響。蔡邕蟬賦曰要明年之中夏。復長鳴而揚音。噪柳　隱桑謝靈運燕歌行曰秋蟬噪柳燕辭楹。曹植蟬賦曰隱柔桑之稠葉。集冠　賜扇梁書曰朱异除中書郎日有飛蟬正集冠上。時咸謂蟬珥之兆。又曰何戢爲吳興太守宋孝武賜蟬雀扇。淩高木　據長枝漢曹大家蟬賦曰當三秋之盛暑。陵高木之流響。融風被而來遊。商飈厲而化往。晉孫楚蟬賦曰當中夏而始出。據長枝而悲鳴。翼如羅禪。形如枯槁。〔賦〕魏陳王曹植蟬賦唯夫蟬之清潔。潛厥類乎太陰。在炎陽之中夏。始遊豫於芳林。內含和而弗食。與衆物而無求。栖高枝而仰首。漱朝露之清流。隱柔桑之稠葉。快閑居以遁暑。苦黃雀之作害。患螳螂之勁斧。有翩翩之狡童。運微黏而我纏。委厥軀于膳夫。歸炎炭而就燔。秋霜紛以宵下。暑風烈其過庭。氣憯怛而薄軀。足攀木而失莖。吟嘶啞以沮敗。狀枯槁以喪形。晉傅咸黏蟬賦櫻桃爲樹則多陰。爲果則先熟。有蟬鳴焉。聊命黏取之。退惟當蟬之得意于斯樹。不知黏之將至。亦猶人之得意於富貴。而不虞禍之將來也。有嘉果之珍樹。蔚弘覆於我庭。在赫赫之隆暑。獨肅肅而自清。遂寓目以周覽。見鳴蜩于纖枝。翳翠葉以長吟。信厥樂之在斯。苟得意於所歡。曾黏往而莫知。匪爾命之適薄。出偷安而忘危。嗟悠悠之躭寵。請茲覽以自規。晉陸士龍蟬賦昔人稱雞有五德。而作者賦焉。至於寒蟬。才齊其美。獨未思之。而莫斯述。夫頭上有蕤。則其文也。含氣飲露。則其清也。黍稷不享。則其廉也。處不巢居。則其儉也。應候守常。則其信也。加以冠冕。取其容也。君子則其操。可以事君。可以立身。豈非至德之蟲哉。伊寒蟬之感運。迓嘉時以遂征。含二儀之和氣。稟乾元之清靈。躰貞粹之淑質。吐呼嘒之哀聲。容麗蜩螗。聲美宮商。飄如飛焱之運。鷩風渺如輕雲之麗泰陽。爾乃振脩緌以表首。舒輕翅以迅翰。挹朝華之墜露。含烟煴以夕飧。望北林以鸞飛。集椮木而龍蟠。若夫歲聿云暮。上天其涼。感運悲聲。貧士含傷。或歌我行永久。或詠之子無裳。原思歎于蓬室。孤竹吟於首陽。不御草以穢身。不勤身以營巢。志高乎鳲鳩。節妙乎鵾鵑。附枯枝以永處。倚峻林之迴條。乃綴以玄冕。增成首飾。映華蟲於朱裳。表馨香乎明德。宋顏延之寒蟬賦始蕭岑以攢吟。終嬋媛而孤引。越客發度漳之歌。代馬懷首燕之信。不假緌于范冠。豈鏤躰于人爵。折清飈而下淪。園高木以飄落。[詩] 梁簡文帝聽早蟬詩 草飲題鳴初。蟬思花落後。乍飲三危露。時蔭五官柳。莊晝西鵬翼。衛賦宜螓首。桂樹可淹留。勿謂山中久。梁褚澐賦得蟬詩 避雀芳枝裏。飛空華殿曲。天寒響屢嘶。日暮聲愈促。繁吟如欲盡。長韻還相續。飲露非衣清。輕身易知足。梁范雲詠早蟬詩聲隨春水薄。宜與秋塵輕。瑞緌挹霄液。飛黃承露清。陳張正見寒樹晚蟬踈詩寒蟬噪楊柳。朔吹犯梧桐。葉上飛難住。枝殘影共空。聲疏飲露後。唱絕斷絃中。還因搖落處。寂寞盡秋風。又 秋雁寫遙天。園柳集驚蟬。竟噪長枝裏。爭飛繁木前。風高知響急。樹近覺聲連。長埸流喝盡。詎識蔡邕絃。陳劉删詠蟬詩聲流上林苑。影入守臣冠。得飲玄天露。何辭高柳寒。隋王由禮賦高柳鳴蟬詩 園柳吟涼久。嘶蟬應序驚。露下緌恒濕。風高翅轉輕。葉疎飛更迥。秋聲響自清。何言枝裏翳。遂入蔡琹聲。隋江總詠蟬詩白露涼風吹。朱明落照移。鳴條噪林柳。流響遍臺池。虞世南詠蟬詩垂緌飲清風。流響出疎桐。居高聲自遠。非是藉秋風。

蝶第十三

[敍事] 列子曰。烏足之根爲蠐螬。其葉爲蝴蝶。崔豹古今注曰。蛺蝶一名野蛾。一名風蝶。東人謂爲撻末。色白背青者是也。其大有如蝙蝠者。或黑色。或赤斑。名曰鳳子。一名鳳車。一名曰鬼車。生江南柑橘園中。續古今注曰。龜鼈之類無雄。蜂蝶之類無雌。[事對] 蝝化蠶蛻 漢實錄曰。右監門衛大將軍許遷言。臣奉命傅州。至傅平縣戴村。有蝝彌亘數里。一夕言並化蝶飛去。嶺表錄異曰。鶴子草葉上春生雙蟲。食盡其葉。越女收於粧奩中養之如蠶。摘其葉飼之。蟲老不食而蛻爲蝶。蝶赤黃色。婦女收而帶之。謂婚蝶。莊周夢 髻孺逐 莊子曰。昔周夢爲蝴蝶。栩栩然胡蝶

也。不知周也。周覺則瞿瞿然周也。不知周之夢爲蝴蝶與胡蝶之夢爲周也。周與胡蝶。則必有分矣。此謂物化。抱朴子曰。髫孺背千金而逐蛺蝶。越奔八珍而甘龜蛇。〔詩〕古樂府蛺蝶行蝶遊蝶遨我東園。奈何未還。三月養子燕。接戲苜蓿間。古詩胡蝶朝高飛。暮宿桑樹間。梁簡文帝詠蝶詩空園暮烟越。逍遙獨未歸。翠鬣藏高柳。紅蓮拂水衣。復此從風蝶。雙雙花上飛。寄語相知者。同心終莫違。梁徐昉賦得蝶依草詩秋園花落盡。芳菊數未歸。那知不夢作。眠覺也恆飛。

螢第十四

〔敍事〕毛詩七月曰。町畽鹿場。熠燿宵行。螢火。禮記月令曰。季夏之月。腐草爲螢。丹鳥卽螢也。又曰。丹鳥羞白鳥也。白鳥卽蚊也。爾雅曰。螢火卽炤。廣雅曰。景天。螢火。燐也。崔豹古今注曰。螢一名耀夜。一名景耀。一名熠燿。一名燐。一名丹良。一名夜光。一名宵燭。腐草爲之。食蚊蚋焉。〔事對〕夜照　宵行本草曰。螢火一名夜照。宵行見上。流金　戴火潘岳螢賦曰。飄飄歘歘。若流金之在沙。傳曰。螢戴火面寒。照書　却馬續晉陽秋曰。車胤家貧無油。以絹囊聚螢火。以照夜讀。淮南子萬術曰。囊火却馬。註云。取螢火。裹以羊皮。置土中。馬見之鳴。却不敢行。腐草化　濕地生格物論曰。螢是腐草根及爛竹根所化。初猶未如蟲。腹下已有光。數日變而能飛。又曰。螢生陰濕地。在大暑前後得大火之氣而化。此明照也。〔賦〕晉潘岳螢火賦嘉熠燿之精將。與衆類乎超殊。東山感而增歎。行士慨而懷夏。翔太陰之玄昧。抱夜光以清遊。頻若飛焱之宵遊。彗如星移之雲流。動集剽楊。灼如墮珠。熠熠熒熒。若丹良之照葩。飄飄頻頻。若流金之在沙。飲湛露于曠野。庇一葉之垂柯。無于欲於萬物。豈顧恤於網羅。晉傅咸螢火賦余曾獨處。夜不能寐。顧見螢火。遂有感。于是執以自炤。而爲之賦。其辭曰。潛空館之寂兮。意遙□□。靡寧夜。耿耿而不寐兮。憂悄悄而多傷。□□火之烟滅兮。近腐草而化生。感詩人之攸懷兮。□熠燿于前庭。不以資質之鄙薄兮欲增輝□□□雖無補于日月兮期自照于陋形。當朝□□□□□必宵昧而是征。進不競于天光兮退□□□□□□諒有似于賢臣兮于昧［校注　陸作「疏」］外而盡誠。□□□□□□□固作者之所旌。假乃光而諭爾職兮。庶有表乎潔貞。

［詩］　梁簡文帝詠螢詩　本將秋草幷今與夕風輕。騰空類星隕拂樹若花生。屏疑神火照簾似夜珠明。　梁元帝詠螢詩　著人疑不熱集草訝無烟。列來燈下暗翻往雨中然。陳楊縉賦照帙秋螢詩　秋窗餘照盡入暗早螢來。忽聚還同色恆燃詎落灰。飛影黃金散遶帷縹帙開。含明自不息夜月空徘徊。

［讚］　晉郭璞螢火讚　熠耀宵行蟲之微幺出自腐草烟若散熛物之相咆。墩［校注　陸作「燉」］之其陶。